孔凡禮 撰

蘇軾年譜

上册

中華書局

圖書在版編目(CIP)數據

蘇軾年譜/孔凡禮撰. —北京:中華書局,1998.2
(2024.4 重印)

ISBN 978-7-101-01473-0

Ⅰ.蘇…　Ⅱ.孔…　Ⅲ.蘇軾-年表　Ⅳ.K825.6-62

中國版本圖書館 CIP 數據核字(95)第 09310 號

責任編輯:劉尚榮
責任印製:陳麗娜

蘇軾年譜

(全三册)

孔凡禮 撰

*

中華書局出版發行

(北京市豐臺區太平橋西里 38 號　100073)

http://www.zhbc.com.cn

E-mail:zhbc@zhbc.com.cn

三河市鑫金馬印裝有限公司印刷

*

850×1168 毫米 1/32 · 46⅜印張 · 6 插頁 · 990 千字

1998 年 2 月第 1 版　2024 年 4 月第 9 次印刷

印數:10301-12300 册　定價:186.00 元

ISBN 978-7-101-01473-0

重印説明

《蘇軾年譜》自一九九八年二月出版後，深受學界關注，並榮獲第四屆國家圖書奬提名奬。此次重印，只作了部分挖改，因不能改動版面，孔凡禮先生撰寫了「重印後記」，將其最新補正文字附於全書之末。初版將此書列入「年譜叢刊」，此次重印重新設計了封面，並從「年譜叢刊」中抽出單行。

中華書局編輯部

二〇〇三年十二月

蘇軾年譜總目録

自序

丁巳（一九七七）仲春，余膺中華書局重托，點校蘇軾詩、文集，有幸得飽覽蘇集各種善本，以其餘力，得窺總集、别集、類書、史書、筆記、詩話、方志、金石碑帖中有關蘇軾之紀述。從役之第二年，乃於點校同時，着手撰寫《蘇軾年譜》，中經《蘇軾詩集》、《蘇軾文集》出版，九易寒暑，終底於成。

竊考宋人所撰蘇軾年譜傳世較廣者，有王宗稷《東坡先生年譜》及傅藻（一作「澡」）《東坡紀年録》。二書所依據之蘇集，不盡見於今；其依據之其他書，亦有失傳者。二家之作，頗為歷代所重視。近年，何掄《眉陽三蘇先生年譜》、施宿《東坡先生年譜》久晦復彰，讀蘇者為之驚喜不已。前者距離蘇軾年代較近，後者有「時事」專欄，置蘇軾個人於廣闊背景之中，於年譜中實為首創。二書有裨於蘇軾研究，自不待言。此二書，益以前二書，記述皆簡略，雖當時年譜體例類如是，不可苛求於古人，然終覺不足。集全力探討蘇集及其他有關材料以詳細紀述、考察蘇軾一生行實者，則有清人王文誥《蘇文忠公詩編註集成總案》。

王氏窮畢生精力，研討蘇詩，撰寫《總案》，發明不少，有功後學。然王氏乃以個人所藏，從事著述，而又僻居一隅，類以百十計有關纂撰蘇軾年譜之必讀要籍，皆未曾寓目。非王氏不欲寓目，而其時其勢有所不能。故時至今日，其書已不能盡饜人之意，此余《蘇軾年譜》之所由作也。

蘇軾生北宋中葉，卒近末葉，身經慶曆新政、熙寧變法、元祐更化、紹聖紹述，升沉於其間。此一時期，人才之盛，為我國古代歷史所罕覯。舉其大者言之，政治則王安石，歷史則司馬光、劉恕、范祖禹，科學則沈括、蘇頌，文學則歐陽修、蘇洵、蘇轍、曾鞏、黄庭堅、張耒、秦觀、晁補之、陳師道、李廌、李之儀，書畫則蔡襄、米黻、李公麟。蘇軾涵泳於其間。本書於以上二者紛紜交錯之事實，第其先後，辨其訛誤，旨在調理整齊之，期於讀蘇集者有所便，如是而已矣。

戊辰清和月，晉熙孔凡禮。時年六十有五。

今歲為甲戌，距戊辰又六載。自初撰至今，就全局而言，稿凡四易，至於局部修訂，則隨時為之，蓋前後竭心力於此者，已十餘年矣。暮春日。

凡例

一、本譜簡稱中華書局版點校本《蘇軾詩集》為《詩集》；中華書局版點校本《蘇軾文集》為《文集》，《蘇軾佚文彙編》為《佚文彙編》。

本譜簡稱《增刊校正王狀元集註分類東坡先生詩》為《集註分類東坡詩》，《重編東坡先生外集》為《外集》。

本譜簡稱蘇轍《亡兄子瞻端明墓誌銘》為《墓誌銘》，何掄《眉陽三蘇先生年譜》為《何譜》，王宗稷《東坡先生年譜》為《王譜》，傅藻《東坡紀年録》為《紀年録》，施宿《東坡先生年譜》為《施譜》，朋九萬《東坡烏臺詩案》為《詩案》，王文誥《蘇文忠公詩編註集成總案》為《總案》。

本譜並簡稱李燾《續資治通鑑長編》為《長編》，黄以周、馮一梅等《續資治通鑑長編拾補》為《長編拾補》。

二、本譜旨在紀述蘇軾一生行實。與此相聯繫，遵知人論世之古訓，本譜注意廣泛考察蘇軾交游。紀述、考察，言必有徵。

三、蘇軾作品乃考察蘇軾行實之首要依據。本譜致力於考訂《詩集》編年疏誤。本譜行實涉及《文集》及詞作中之作品，則致力考察其寫作時間。《文集》尺牘部分，原編者所註寫作時間，往往有誤。今除涉及本譜所著録之行實而予以考察外，他不一一校訂。

四、歷史文字，如《長編》、《長編拾補》、《太平治迹統類》、《宋大詔令集》、《宋會要輯稿》、《東都事略》、《宋史》及宋元方志，乃考察蘇軾行實之重要依據，本譜詳加採録。散見於總集、别集有關蘇軾之制文同此例。

五、蘇軾行實，宋人筆記、詩話記載頗多，後代亦間有。其中如宋王鞏《隨手雜録》敘元祐三年四月中使宣召入内草制事，宋邵伯温《邵氏聞見録》卷十一敘元豐七年蘇軾移汝州，過金陵，見王安石與安石言時事事，為《宋史》採入《蘇軾傳》。大抵以宋人紀宋事，可資稽考者多。其中或有一事雜見於多種書，輾轉相傳，内容歧異，文字增損不一，本譜為採其時代較早或時代雖不早而記述較為完備者，益以其所不及，附註其并見之書。其中或有真疑參半，本譜則在譜文正文中突出其真實部分，其可疑部分，則在註文中，予以説明；其錯誤部分，則逕去之。其或記載之事，涉及神怪，事雖不經，然由此可覘蘇軾之為人，亦有參考價值，今亦為採入，加一「傳」字，表明此屬傳聞。其或記載之事全出附會或依托，則僅書其篇目卷次，其内容不予採録。

六、蘇軾同時代人與晚輩人為蘇軾所作啟、贊、賀詩，與蘇軾次韻詩，與考察蘇軾行實關係不甚密切者，唯著其題，不採其内容；其較密切者則視其程度，略取之或詳取之。其所作書簡，着重表述個人仰慕之情，則略取之；涉及交往踪迹，或以切磋、勸戒為内容者，則詳取之。以上云云，乃就有專集傳至今者言之。其無專集行世者，有關上述各類文字，均詳取之。

七、自蘇軾同時代人至南宋初、中葉人所作有關蘇軾題跋文字，可資考證者頗多。南宋末、元人題跋，則以年代稍遠，考證間有訛誤；然去其訛誤，其本身價值固在。今於此類文字，作較大範圍搜採。

八、金石碑帖、書畫録及方志中未入《文集》文字，除已收入《佚文彙編》者外，近七八年，尚復屢見。此於考察蘇軾行實，至為重要。今廣泛搜求，去其偽作，著之於本譜。

九、蘇軾交游中，史書有傳，有行狀、碑、銘可考者，敘述文字從簡。其人事迹，久隱而不彰，則深入搜求，表而出之。其尚待考者，則或提出若干線索，以供探討。其首見本譜，略説明其字、貫；其末見者，則略述其此後仕歷。

一〇、見於本譜之蘇軾行實，其源出《詩集》註文者，註其來源。蘇軾交游，其詳《詩集》註文中，不重述，但註明詳見或參見某註。

本譜遵《詩集》之例，於歷代註家，稱施元之等註為「施註」、查慎行註為「查註」、馮應榴註為「合註」、王文誥註為「誥案」。

一一、《詩集》編年詩中之紀行詩、有重要行實意義之詩、詩註行實部分不詳或有誤需訂補之詩，皆著於本譜，他不一一見譜。

一二、《詩集》、《文集》、《佚文彙編》及詞作文字，本譜視其需要，或僅録其題，或略取其内容，一般不録全文。然不見《佚文彙編》之佚文，則不在此例。

一三、本譜引用《詩集》、《文集》、《佚文彙編》，註明卷次、篇名。其不註明篇名者，則在有關卷次之文字後，加括弧，註明頁碼，如《文集》卷二十（五八六頁）、《詩集》卷十五（七四六頁）。

一四、本譜甲條所引述之事實，其以甲條為主，而兼及乙條者，為避免行文重複，則於乙條之下註「參見」甲條字樣。

本譜乙條所涉及之人，早在此前若干年前甲條已提到，為便於前後照應，亦於乙條之下註「參見」甲條字樣。

一五、為節省篇幅，前人與當代人研究中疏誤，唯其影響較大者，乃為辨之。基於同一理由，如《長編》、《宋史》同載某一事，文字或文意全同，但引《長編》；重要不同者為勾出。

一六、本譜地名說明，其出自《元豐九域志》、《新定九域志》者，略去書名。

一七、關於地方志，本譜統一標為：宋、元方志，其書名號上限包括其成書年號之文字，如《景定建康志》、《至元嘉禾志》；明、清方志，書名號不包括其成書年號之文字，如嘉靖《惠州府志》、乾隆《諸城縣志》。

一八、本譜於遼、夏人名，以蘇軾本人著作及《宋史》為準。

一九、古人紀日，例用干支。今據陳垣《二十史朔閏表》統一為：凡正文有關干支之文字後，加括弧，註所合日期之具體數字，如「初三」、「十四」等。

引用書目

一、本書目簡稱影印《四庫全書》文淵閣本為庫本，《四部叢刊》初、續、三編本為叢刊本，《叢書集成》本為集成本，《四部備要》本為備要本。

二、本書目於明、清地方志各該志之首，冠以年號，如嘉靖《太平府志》、乾隆《諸城縣志》，其年號即成書、刊刻之年代，今略去編纂者及刊刻年代字樣。其成書在前，刊刻在後，或屬重刊，則註明刊刻或重刻年代。

一　總集

皇朝文鑑宋呂祖謙　叢刊本

清江三孔集宋孔文仲等　章叢書本、庫本

二程集宋程顥等　中華書局一九八四年點校本

聲畫集宋孫紹遠　楝亭十二種本

回文類聚宋桑世昌　清刊本

蘇門六君子文粹　明刻本

聖宋名賢五百家播芳大全文粹宋刊本、庫本

唐宋諸賢絶妙詞選宋黄昇　叢刊本

分門纂類唐宋時賢千家詩選宋劉克莊　楝亭十二種本

成都文類宋程遇孫　庫本
中州集金元好問　叢刊本
洞霄詩集元孟宗寶　知不足齋叢書本
宋文選宋佚名　庫本
兩宋名賢小集題宋陳思元陳世隆　庫本
瀛奎律髓元方回　清康熙刊本
全蜀藝文志明楊慎　民國鉛印本
補續全蜀藝文志明杜應芳　明刊本
宋六十名家詞明毛晉　備要本
歷代文選　抄本
松風餘韻清姚弘緒　清乾隆刊本
江西詩徵清曾煥　清嘉慶刊本
吳興詩存清陸心源　潛園總集本
宋代蜀文輯存傅增湘　鉛印本
全唐詩　中華書局排印本，一九六〇年第一版
全宋詞　中華書局排印本，一九八〇年第二版
全宋詞補輯　中華書局一九八一年排印本
全宋詩
四庫輯本別集拾遺欒貴明　中華書局一九八三年排印本

二　別集

歐陽文忠公集宋歐陽修　萬有文庫本
文潞公文集宋文彥博　明嘉靖刊本
溫國文正司馬公文集宋司馬光　叢刊本
司馬文正公傳家集　清乾隆刊本
司馬光奏議　山西人民出版社一九八六年點校本
都官集宋陳舜俞　庫本
安陽集宋韓琦　庫本
趙清獻公文集宋趙抃　明嘉靖刊本
范忠宣公文集宋范純仁　清康熙刊本
古靈集宋陳襄　庫本

丹淵集宋文同　叢刊本
蘇魏公文集宋蘇頌　清刊本
彭城集宋劉攽　集成本
祖龍學集宋祖無擇　宋人集本
廣陵先生集宋王令　嘉業堂叢書本
王荆文公詩宋王安石　清乾隆刊本
王臨川集宋王安石　世界書局排印本
徂徠石先生文集宋石介　中華書局一九八四年點校本
梅堯臣集編年校注　上海古籍出版社一九八〇年排印本
欒全集宋張方平　庫本
公是集宋劉敞　集成本
章安集宋楊蟠　台州叢書本
鄖溪集宋鄭獬　湖北先正遺書本
直講李先生文集宋李覯　叢刊本
范文正公集宋范仲淹　叢刊本

蔡忠惠集宋蔡襄　明刊本
王華陽集宋王珪　武英殿聚珍版本
蘇舜欽集　上海古籍出版社一九八一年校點本
嘉祐集宋蘇洵　叢刊本
嘉祐集宋蘇洵　庫本
類編老蘇集宋蘇洵　文學遺産一九八二年第三期劉尚榮蘇洵佚詩輯考引
蘇老泉先生全集　清康熙刊本
蘇軾詩集　中華書局點校本，一九九二年第三次印刷本
蘇軾文集　中華書局點校本，一九九二年第三次印刷本
東坡先生全集　明末刊本
東坡集　宋刊十行本
經進東坡文集事略　叢刊本
東坡樂府　上海古籍出版社一九七九年排印本
注坡詞宋傅幹　抄本，劉尚榮校證本
重編東坡先生外集　明萬曆刊本

東坡雜著五種　明萬曆刊本
增刊校正王狀元集註分類東坡先生詩　叢刊本
蘇文忠公海外集清樊清　清嘉慶刊本
注東坡先生詩宋施元之顧禧　宋嘉泰刊本、影宋景定補刊本
補註東坡編年詩清查慎行　清刊本
東坡先生和陶淵明詩　宋刊本
蘇文忠詩合註清馮應榴　清光緒刊本
欒城集宋蘇轍　上海古籍出版社一九八七年點校本
淮海集宋秦觀　叢刊本
淮海居士長短句　上海古籍出版社一九八五年校注本
柯山集宋張耒　集成本
張耒集　中華書局一九九〇年點校本
雞肋集宋晁補之　叢刊本
豫章黄先生文集宋黄庭堅　叢刊本
山谷全書宋黄庭堅　清刊本

山谷詩集註　備要本
山谷外集詩註　備要本
山谷別集詩註　備要本
山谷琴趣外編　影宋本
山谷老人刀筆　清刊本
元豐類稿宋曾鞏　叢刊本
曾鞏集　中華書局一九八四年點校本
净德集宋吕陶　集成本
王魏公集宋王安禮　豫章叢書本
畫墁集宋張舜民　集成本
長興集宋沈括　叢刊本
西溪集宋沈遘　叢刊本
雲巢編宋沈遼　叢刊本
節孝集宋徐積　庫本
范太史集宋范祖禹　庫本
忠穆集宋吕頤浩　庫本

後山集宋陳師道　備要本
後山詩注　集成本
陶山集宋陸佃　集成本
雲莊集宋曾協　豫章叢書本
馮安岳集宋馮山　宋人集本
無為集宋楊傑　宋人集本
元城先生盡言集宋劉安世　叢刊本
學易集宋劉跂　集成本
忠肅集宋劉摯　集成本
浮沚集宋周行己　庫本
潏水集宋李復　陝西文獻徵輯處刊本
樂靜集宋李昭玘　庫本
眉山唐先生文集宋唐庚　叢刊本
參寥子詩集宋釋道潛　叢刊本
西塘先生文集宋鄭俠　清刊本
道鄉集宋鄒浩　清道光刊本

北湖集宋吴則禮　湖北先正遺書本
寶晉英光集宋米芾　湖北先正遺書本
石門文字禪宋釋惠洪　叢刊本
慶湖遺老詩集宋賀鑄　宋人集本
太倉稊米集宋周紫芝　清抄本
跨鼇集宋李新　庫本
濟南集宋李廌　宋人集本
松隱文集宋曹勛　嘉業堂叢書本
龍雲先生文集宋劉弇　豫章叢書本
西臺集宋畢仲游　集成本
演山集宋黄裳　庫本
姑溪居士文集宋李之儀　清刊本
伐檀集宋黄庶　宋人集本
錢塘韋先生文集宋韋驤　武林往哲遺著本
嵩山文集宋晁説之　叢刊本
斜川集宋蘇過　集成本

斜川集宋蘇過　清抄本

東堂集宋毛滂　庫本

竹隱畸士集宋趙鼎臣　庫本

日涉園集宋李彭　豫章叢書本

豐清敏公遺書宋豐稷　四明叢書本

莊簡集宋李光　庫本

文定集宋汪應辰　集成本

北山集宋鄭剛中　庫本

梁溪先生全集宋李綱　清道光刊本

何博士備論宋何去非　浦城遺書本

雲溪集宋郭印　庫本

相山集宋王之道　庫本

北山小集宋程俱　叢刊本

毗陵集宋張守　庫本

蘆川歸來集宋張元幹　上海古籍出版社排印本

丹陽集宋葛勝仲　常州先哲遺書本

漢濱集宋王之望　湖北先正遺書本

青山集宋郭祥正　清道光刊本

鴻慶居士集宋孫覿　常州先哲遺書本

内簡尺牘宋孫覿　庫本

東牟集宋王洋　庫本

盧溪文集宋王庭珪　明刊本

東萊詩集宋呂本中　叢刊本

筠溪集宋李彌遜　庫本

陵陽先生集宋牟巘　吳興叢書本

陸游集（包括劍南詩稿、渭南文集、入蜀記）　中華書局一九七六年排印本

北海集宋綦崇禮　庫本

周益國文忠公集（包括省齋文稿、平園續稿、二老堂雜志、泛舟游山録、南歸録、奏事録）宋周必大　清咸豐刊本

摛文堂集宋慕容彥達　常州先哲遺書本

南軒先生文集宋張栻　清康熙刊本
攻媿集宋樓鑰　集成本
石湖居士詩集宋范成大　叢刊本
誠齋集宋楊萬里　叢刊本
東塘集宋袁説友　庫本
雪山集宋王質　湖北先正遺書本
南澗甲乙稿宋韓元吉　集成本
雙溪集宋蘇籀　粤雅堂叢書本
淳熙稿宋趙蕃　集成本
止齋先生文集宋陳傅良　叢刊本
北礀集宋釋居簡　庫本
昌谷集宋曹彦約　庫本
後村先生大全文集宋劉克莊　叢刊本
浮溪集宋汪藻　叢刊本
竹溪鬳齋十一稿續集宋林希逸　清抄本
南海百詠宋方信孺　琳琅秘室叢書本
鶴山先生大全文集宋魏了翁　叢刊本
晦菴先生朱文公文集宋朱熹　備要本
豫章文集宋羅從彦　庫本
性善堂集宋度正　庫本
挈齋集宋袁燮　集成本
適安藏拙餘稿宋武衍　抄本
遺山先生文集金元好問　叢刊本
滹南遺老集金王若虚　國學基本叢書本
閑閑老人滏水文集金趙秉文　叢刊本
吴文正公文集元吴澄　清乾隆刊本
清容居士集元袁桷　叢刊本
秋澗先生大全文集元王惲　叢刊本
道園學古録元虞集　叢刊本
桐江續集元方回　庫本
禮部集元吴師道　庫本
雪樓集元程鉅夫　庫本

范德機詩集元范梈　叢刊本
剡源戴先生文集元戴表元　叢刊本
説學齋稿明危素　庫本

三　史書、年譜、傳記

續資治通鑑長編宋李燾　上海古籍出版社影清刊本
續資治通鑑長編拾補清黄以周等　上海古籍出版社影清刊本
續資治通鑑清畢沅　中華書局點校本，一九八六年第五版
靖康要録宋佚名　集成本
東都事略宋王偁　清乾隆刊本
三朝名臣言行録宋朱熹　叢刊本
宋史全文續資治通鑑　明覆元刊本
益州名畫録宋黄休復　王氏書畫苑本
畫繼宋鄧椿　人民美術出版社排印本，一九八三年第二版
圖畫見聞志宋郭若虚　叢刊本
圖繪寶鑑元夏文彦　國學基本叢書本
宣和畫譜　津逮秘書本
宋史　中華書局一九七七年點校本
金史　中華書局一九七五年點校本
宋史大事講義　庫本
南宋書明錢士升　清嘉慶刊本
名賢氏族言行類稿宋章定　庫本
京口耆舊傳宋劉宰　守山閣叢書本
名臣碑傳琬琰之集宋杜大珪　庫本
琬琰集删存　燕京大學鉛印本
莆陽比事宋李俊甫　影宛委别藏本
羅湖野録宋釋曉瑩　庫本
禪林僧寶傳宋釋惠洪　庫本
續燈録　清刻本
五燈會元宋釋普濟　中華書局一九八四年點校本
佛祖統紀宋釋志磐　日本大正大藏經本

指月録明瞿汝稷　明刊本
宋大詔令集　中華書局一九六二年排印本
宋名臣奏議宋趙汝愚　庫本
歷代名臣奏議明楊士奇　明刊本
宋會要輯稿　中華書局一九五七年影縮印本
玉海宋王應麟　清刊本
籀史宋翟耆年　守山閣叢書本
建炎以來繫年要録宋李心傳　國學基本叢書本
宋史紀事本末明陳邦瞻　中華書局一九七七年點校本
文獻通考元馬端臨　商務印書館影印本
眉陽三蘇先生年譜宋何掄　中華文史論叢一九八六年第二輯王水照記蓬左文庫舊鈔本東坡先生年譜引
東坡先生年譜宋王宗稷　萬有文庫本蘇東坡集附録
東坡紀年録宋傅藻　增刊校正王狀元集註分類東坡先生詩附録
東坡先生年譜宋施宿　王水照蘇軾選集附録

蘇文忠公詩編註集成總案清王文誥　清道光刊本
蘇潁濱年表宋孫汝聽　點校本欒城集附録
元祐黨人傳清陸心源　清光緒刊本
米海岳年譜清翁方綱　湖北先正遺書本
王荆公年譜考略清蔡上翔　上海人民出版社一九七三年排印本
唐宋詞人年譜夏承燾　上海古典文學出版社一九五五年排印本
淮海先生年譜清秦瀛　清嘉慶刊本
東坡烏臺詩案宋朋九萬　集成本
詩讞宋周紫芝　集成本
元遺山先生年譜清施國祁　清光緒刊元遺山全集附録本
宋元學案補遺清王梓才　四明叢書五集本
北宋制撫年表清吴廷燮　中華書局一九八四年點校本
宋宰輔編年録宋徐自明　中華書局一九八六年校補本
東家雜記宋孔傳　庫本

孔氏祖庭廣記元孔元措　叢刊本
太平治迹統類宋彭百川　適園叢書本
自號録宋徐光溥　影宛委别藏本
蘇文繫年考畧吴雪濤　内蒙古教育出版社一九九〇年本
蘇洵評傳曾棗莊　四川人民出版社一九八三年本
清真先生遺事王國維　廣倉學術叢書鉛印本

四　筆記

江鄰幾雜志宋江休復　紛欣閣叢書本
湘山野録宋釋文瑩　中華書局一九八四年點校本
玉壺清話宋釋文瑩　中華書局一九八四年點校本
夢溪筆談宋沈括　中華書局一九五八年校注本
涑水紀聞宋司馬光　集成本
龍川略志宋蘇轍　中華書局一九八二年點校本
龍川别志宋蘇轍　中華書局一九八二年點校本
邵氏聞見録宋邵伯温　中華書局一九八三年點校本
邵氏聞見後録宋邵博　中華書局一九八三年點校本
鐵圍山叢談宋蔡絛　中華書局一九八三年點校本
石林燕語宋葉夢得　中華書局一九八四年點校本
泊宅編宋方勺　中華書局一九八三年點校本
春渚紀聞宋何薳　中華書局一九八三年點校本
默記宋王銍　中華書局一九八一年點校本
東軒筆録宋魏泰　中華書局一九八三年點校本
元城先生語録宋馬永卿　小萬卷樓叢書本
萍洲可談宋朱彧　守山閣叢書本
畫墁録宋張舜民　影宋百川學海本
道山清話宋王暐　影宋百川學海本
避暑録話宋葉夢得　掃葉山房石印本
曲洧舊聞宋朱弁　集成本
能改齋漫録宋吴曾　上海古籍出版社一九八四年第二次印刷點校本
侯鯖録宋趙令時　知不足齋叢書本

甲申雜記宋王鞏　知不足齋叢書本

聞見近録宋王鞏　知不足齋叢書本

隨手雜録宋王鞏　知不足齋叢書本

吕氏雜記宋吕希哲　指海本

東京夢華録宋孟元老　古典文學出版社一九五七年標點本

野老紀聞宋王大成　中華書局一九八七年點校本野客叢書附録

五總志宋吴坰　知不足齋叢書本

過庭録宋范公偁　集成本

澠水燕談録宋王闢之　集成本

孫公談圃宋孫升　影宋百川學海本

書史宋米黻　影宋百川學海本

畫史宋米黻　湖北先正遺書本

孔氏談苑宋孔平仲　寶顔堂秘笈本

墨莊漫録宋張邦基　叢刊本

墨客揮犀題宋彭乘　稗海本

續墨客揮犀題宋彭乘　影宛委别藏本

濟南先生師友談記宋李廌　集成本

丞相魏公譚訓宋蘇象先　叢刊本

西溪叢語宋姚寬　中華書局一九九三年點校本

家世舊聞宋陸游　中華書局一九九三年點校本

老學庵筆記宋陸游　萬有文庫陸放翁集本

可書宋張知甫　明穴硯齋抄本

欒城先生遺言宋蘇籀　影宋百川學海本

明道雜志宋張耒　學海類編本

高齋漫録宋曾慥　學海類編本

揮麈録宋王明清　叢刊本

夷堅志宋洪邁　中華書局一九八一年點校本

容齋隨筆宋洪邁　國學基本叢書本

獨醒雜志宋曾敏行　知不足齋叢書本

梁溪漫志宋費衮　上海古籍出版社一九八五年點校本

新編分門古今類事宋委心子　中華書局一九八七年標點本
鶴林玉露宋羅大經　中華書局一九八三年點校本
糖霜譜宋王灼　學津討原本
傷寒總病論宋龐安時　士禮居叢書本
吹劍録全編宋俞文豹　古典文學出版社一九五八年校訂本
西塘集耆舊續聞宋陳鵠　集成本
澗泉日記宋韓淲　武英殿聚珍版本
却掃編宋徐度　學津討原本
齊東野語宋周密　中華書局一九八三年點校本
北山酒經宋朱翼中　庫本
陳氏香譜宋陳敬　庫本
愛日齋叢鈔宋葉寘　集成本
捫蝨新話宋陳善　津逮秘書本
賓退録宋趙與時　上海古籍出版社一九八三年點校本
桯史宋岳珂　中華書局一九八一年點校本
愧郯録宋岳珂　集成本
雲麓漫鈔宋趙彦衛　集成本
困學紀聞宋王應麟　備要本
癸辛雜識宋周密　中華書局一九八八年點校本
寓簡宋沈作喆　集成本
晁氏客語宋晁説之　學海類編本
鼠璞宋戴埴　影宋百川學海本
武林舊事宋周密　古典文學出版社一九五七年標點本
游宦紀聞宋張世南　集成本
懶真子宋馬永卿　庫本
芥隱筆記宋龔頤正　集成本
雲林石譜宋杜綰　知不足齋叢書本
樂庵語録宋李衡　庫本
西畬瑣録宋孫宗鑑　學海類編本
四朝聞見録宋葉紹翁　知不足齋叢書本

朱子語類宋朱熹　庫本
甕牖閑評宋袁文　上海古籍出版社一九八五年點校本
皇朝仕學規範宋張鎡　宋刊本
吴中紀聞宋龔明之　集成本
蒙齋筆談宋鄭景望　學海類編本
深雪偶談宋方岳　學海類編本
善誘文宋陳録　影宋百川學海本
厚德録宋李元綱　影宋百川學海本
月河所聞録宋莫君陳　吴興叢書本
步里客談宋陳長方　守山閣叢書本
演繁露續集宋程大昌　學津討原本
行營雜録宋趙葵　古今説海本
黄氏日鈔宋黄震　清乾隆刊本
清波雜志宋周煇　叢刊本
清波別志宋周煇　知不足齋叢書本
楊公筆録宋楊彦齡　學海類編本

朝野遺記宋佚名　學海類編本
朝野類要宋趙升　知不足齋叢書本
貴耳集宋張端義　明刊本
麈史宋王得臣　上海古籍出版社一九八六年點校本
楓窗小牘宋袁褧　寶顔堂秘笈本
雞肋編宋莊綽　中華書局一九八三年點校本
蘆浦筆記宋劉昌詩　中華書局一九八六年點校本
席上腐談宋俞琰　寶顔堂秘笈本
歸潛志金劉祁　中華書局一九八三年點校本
拊掌録元元懷　學海類編本
錢塘遺事元劉一清　武林往哲遺著本
研北雜志元陸友　庫本
河朔訪古記元迺賢　庫本
清暑筆談明陸樹聲　寶顔堂秘笈本
青泥蓮花記明梅鼎祚　明刻本
六硯齋筆記明李日華　清刊本

六硯齋二筆　明李日華　清刊本

六硯齋三筆　明李日華　清刊本

味水軒日記　明李日華　清刊本

北窗瑣語　明余永麟　集成本

武林梵志　明吴之鯨　庫本

西湖夢尋　明張岱　武林掌故叢編本

西村十記　明史鑑　武林掌故叢編本

真迹日録　明張丑　庫本

求古録　清顧炎武　槐廬叢書本

因樹屋書影　宋周亮工　清道光刊本

蜀道驛程記　清王士禛　王漁洋著述本

宋稗類鈔　清潘永因　清刻本

霞外攟屑　清平步青　中華書局一九五九年排印本

鷗陂餘話　清葉廷琯　筆記小説大觀本

黄嬭餘話　清陳錫露　清乾隆刊本

五　詩文評

六一詩話　宋歐陽修　中華書局一九八二年第二次印刷歷代詩話排印本

温公續詩話　宋司馬光　中華書局一九八二年第二次印刷歷代詩話排印本

石林詩話　宋葉夢得　中華書局一九八二年第二次印刷歷代詩話排印本

彦周詩話　宋許顗　中華書局一九八二年第二次印刷歷代詩話排印本

紫微詩話　宋吕本中　中華書局一九八二年第二次印刷歷代詩話排印本

竹坡老人詩話　宋周紫芝　影宋百川學海本

四六話　宋王銍　庫本

風月堂詩話　宋朱弁　清刊本

冷齋夜話　宋釋惠洪　掃葉山房石印本

觀林詩話宋吳聿　中華書局一九八三年歷代詩話續編排印本

韻語陽秋宋葛立方　中華書局一九八二年第二次印刷歷代詩話排印本

蛩溪詩話宋黄徹　人民文學出版社一九八六年校注本

二老堂詩話宋周必大　中華書局一九八二年第二次印刷歷代詩話排印本

四六談塵宋謝伋　影宋百川學海本

庚溪詩話宋陳巖肖　中華書局一九八三年歷代詩話續編排印本

竹莊詩話宋何谿汶　庫本

詩話總龜宋阮閲　叢刊本

誠齋詩話宋楊萬里　中華書局一九八三年歷代詩話續編排印本

詩人玉屑宋魏慶之　古典文學出版社一九五八年排印本

苕溪漁隱叢話宋胡仔　萬有文庫二集本

詩林廣記宋蔡正孫　中華書局一九八二年點校本

碧雞漫志宋王灼　古典文學出版社標點本

吳禮部詩話元吳師道　中華書局一九八三年歷代詩話續編排印本

東坡詩話録元陳秀明　學海類編本

宋詩紀事清厲鶚　萬有文庫二集本

宋詩紀事補遺清陸心源　清刊本

歷代詞話清王奕清　詞話叢編本

詞苑叢談清徐釚　萬有文庫二集本

詞林紀事清張思巖　古典文學出版社一九五七年排印本

宋詩話輯佚郭紹虞　中華書局一九八〇年排印本

六　志書

元豐九域志宋王存　中華書局一九八四年點校本

新定九域志　中華書局一九八四年點校本

輿地紀勝宋王象之　清咸豐刊本

方輿勝覽宋祝穆　影宋刊本
廣輿記明陸應揚　明刻本
讀史方輿紀要清顧祖禹　中華書局排印本
大清一統志　叢刊本
乾道臨安志　集成本
淳祐臨安志　武林掌故叢編本
咸淳臨安志　清刊本
淳熙三山志　庫本
嘉泰會稽志　民國影清刊本
寶慶會稽續志　民國影清刊本
寶慶四明志　影宋本
紹熙雲間志　清嘉慶刊本
吴郡志　影宋刻本
嘉泰吴興志　吴興叢書本
嘉定赤城志　清刊本
嘉定鎮江志　清刊本
仙溪志　中華書局影印本
至元嘉禾志　抄本
至順鎮江志　民國刊本
齊乘元于欽　清乾隆刊本
無錫縣志元佚名　庫本
汴京遺迹志明宋濂　庫本
西湖遊覽志明田汝成　上海古籍出版社一九八〇年新一版排印本
西湖遊覽志餘明田汝成　上海古籍出版社一九八〇年新一版排印本
蜀中廣記明曹學佺　庫本
蜀中名勝記明曹學佺　國學基本叢書本
徑山志明宋奎光　明刊本
桂勝明張鳴鳳　庫本
桂故明張鳴鳳　庫本
羅浮志明陳槤　嶺南遺書本

永樂樂清縣志
弘治八閩通志
弘治太平府志
正德瓊臺志
嘉靖彰德府志
嘉靖太平府志
嘉靖廣東通志
嘉靖惠州府志
嘉靖九江府志
嘉靖惟揚志
嘉靖建寧府志
浙江通志　商務印書館影印本
廣東通志　商務印書館影印本
四川通志　雍正刊本
江南通志　庫本
福建通志　庫本

羅浮山志彙編　清康熙刊本
西湖志清傅王露　清雍正刊本
歷陽典録　清嘉慶刊本
焦山志　清光緒刊本
蜀故清彭遵泗　清光緒刊本
順治吉安府志
康熙德清縣志
康熙曲江縣志
康熙太平府志
康熙揚州府志
康熙新會縣志
康熙高州府志
康熙高安縣志
康熙雷州府志
康熙徽州府志
唐熙贛縣志

康熙儋縣志　抄本
康熙當塗縣志　抄本
康熙衢州府志　清光緒重刊本
乾隆潮州府志
乾隆漢陽縣志
乾隆浮梁縣志
乾隆莆田縣志
乾隆歸善縣志
乾隆濰縣志
乾隆南昌府志
乾隆晉江縣志
乾隆諸城縣志
乾隆重修鳳翔府志
乾隆漳州府志
乾隆淮安府志
乾隆泉州府志
乾隆仙遊縣志
嘉慶眉州屬志
嘉慶餘杭縣志
嘉慶揚州府志
嘉慶彭山縣志
嘉慶華陽縣志
嘉慶安陽縣志
嘉慶寧國府志
嘉慶邛州志
嘉慶耀州志
嘉慶峨眉縣志
嘉慶南平縣志
嘉慶海州直隸州志
嘉慶雷州府志
嘉慶高郵州志
道光定州志

道光肇慶府志
道光鶴山縣志
道光南雄州志
道光德興縣志
道光長清縣志
道光東陽縣志
道光嘉興縣志
道光輝縣志
道光榮縣志
道光諸城縣續志
道光儀徵縣志
道光福建通志
咸豐郴縣志
咸豐瓊山縣志 民國刊本
同治義寧州志
同治藤縣志

同治嘉定府志
同治襄陽府志
同治德興縣志
同治都昌縣志
同治瑞州府志
同治安福縣志
同治連州志
同治贛縣志
同治玉山縣志
同治韶州府志
光緒江西通志
光緒新寧縣志
光緒黄梅縣志
光緒滁州志
光緒蘄水縣志
光緒盱眙縣志稿

光緒上猶縣志
光緒吉安府志
光緒重刊宜興縣志
光緒清遠縣志
光緒青神縣志
光緒六合縣志
光緒臨高縣志
光緒惠州府志
民國儋縣志
民國麻城縣志續編
民國犍為縣志
民國夾江縣志
民國眉山縣志
民國丹稜縣志
民國昌化縣志
民國銅山縣志

民國閩清縣志
民國霞浦縣志
民國開平縣志
中國古方志考張國淦　中華書局排印本
諸城市志山東諸城市史志編委會一九九二年排印本

七　金石、題跋、書目

考古圖宋呂大臨　庫本
金石録宋趙明誠　叢刊本
金石萃編清王昶　清嘉慶刊本
金石續編清陸耀遹　清光緒石印本
八瓊室金石補正陸增祥　民國刻本
金石苑清劉喜海　清道光刊本
關中金石記清畢沅　經訓堂叢書本
濟南金石志清馮雲鵷　清道光刊本
粵東金石畧清翁方綱　清乾隆刊本

山左金石志清阮元　清嘉慶刊本
兩浙金石志清阮元　清光緒刊本
河朔訪古新録顧燮光　鉛印本
河朔金石目顧燮光　鉛印本
湖北金石志楊守敬　民國刊本
台州金石録清黄瑞　嘉業堂叢書本
潛研堂金石文跋尾清錢大昕　清嘉慶刊本
德隅堂畫品宋李廌　庫本
硯箋宋高似孫　楝亭十二種本
雲烟過眼録宋周密　抄本
古今畫鑒元湯垕　人民美術出版社排印本
石墨鐫華明趙崡　庫本
趙氏鐵網珊瑚明趙琦美　庫本
名迹録明朱珪　庫本
清和書畫舫明張丑　清乾隆刊本
大觀録清吴升　民國鉛印本

式古堂書畫彙考清卞永譽　清刊本
古緣萃録清邵松年　清光緒刊本
金石文考畧清李光暎　庫本
佩文齋書畫譜　中國書店影印本
晚香堂蘇帖　影印本
景蘇堂帖　影印本
蓴輝堂法帖
禱雨帖
巴慰祖摹古帖
十百齋書畫録
翰香館法書
渤海藏真帖
大玉烟堂帖
石渠寶笈清張照　庫本
壯陶閣書畫録裴景福　民國鉛印本
湖北金石詩清嚴觀　集成本

寶蓋齋金石文跋尾清韓崇　集成本
寰宇訪碑録清孫星衍　集成本
昭德先生郡齋讀書志宋晁公武　影宋刊本
直齋書録解題宋陳振孫　國學基本叢書本
遂初堂書目宋尤袤　集成本
四庫全書總目提要清紀昀　萬有文庫本
四庫提要辯證余嘉錫　北京科學出版社一九五八年排印本

八　類書及其他

宋代事實類苑宋江少虞　上海古籍出版社一九八一年排印本
事類統編　石印本
古今事文類聚宋祝穆　明刊本
古今合璧事類備要宋謝維新　庫本
古今事文類聚外集元富大用　明刊本
説郛　宛委山堂本
説郛　涵芬樓鉛印本
説郛　庫本
永樂大典
詩淵　影明抄本
排韻增廣事類氏族大全元佚名　庫本
蘇東坡軼事彙編顏中其　岳麓書社一九八四年排印本

蘇軾年譜卷一

蘇軾，字子瞻，一字和仲。或謂小字同文，行九二。

《墓誌銘》：「公諱軾，姓蘇氏，字子瞻，一字和仲。」《文集》卷六十八《書葛道純詩後》稱和仲，卷十九《洗玉池銘》稱仲和父。《雞肋集》卷三十三《題小飛來詩後》（大觀戊子作）稱武功和仲。據《墓誌銘》，蘇軾封武功縣開國伯。不稱蘇軾而稱武功和仲，蓋以武功和仲不為人所熟知，黨禍方熾，不得不爾。清平步青《霞外攟屑》卷三《三蘇文範》引嘉樂堂《三蘇文範》卷首《三蘇考實》：「軾字子瞻，小字同文。」又云：「轍字子由，小字同叔。」《詩集》卷三十八《游羅浮山一首示兒子過》自注「子由一字同叔」，卷三十三《感舊詩》自注同，詩並稱轍為阿同。謂蘇軾字同文，他書未見，姑志此。

《甕牖閑評》卷三：「黃太史詩云：『為喚謫仙蘇二來。』故人謂蘇東坡排行第二，其實第九二也。濟南先生李方叔集中，有《讀小蘇先生九三丈》詩，則知東坡第九二矣。」此詩不見今本《濟南集》，已佚。然今本該集仍有二處稱蘇轍為九三丈，一在卷四《小蘇先生九三丈自司諫拜起居郎》詩題中，一在卷五《金鑾後賦·序》中。《老學庵筆記》卷一敍紹聖四年蘇軾貶儋，與轍相遇於梧、藤間，軾呼轍為九三郎。《霞外攟屑·三蘇文範》謂軾行九二，其依據當在此。此「九二」、「九三」不知是否為第九十二、第九十三之意。然據《嘉祐集》卷十三《蘇氏族譜》，眉山蘇氏屬於洵曾祖蘇祜一枝者人不多，疑就眉山蘇氏全族言之。

清陳錫露《黄嬭餘話》引《丹淵集》謂蘇軾一字子平，今人古柏《蘇東坡年譜》謂軾又字子平。按：《丹淵集》卷十《寄題杭州通判胡學士官居詩》之胡學士及詩中所云之子平，原刊此集者謂爲蘇軾，乃以此集北宋末初刊時「黨禍未解故竄易」之以致「失真」。不可據此謂軾字子平。軾友人有蘇鈞，字子平，見元豐六年「答蘇鈞簡」條。

號東坡、東坡居士、老泉山人、鐵冠道人、戒和尚、玉局老、眉陽居士、雪浪齋。人稱無邪公、仇池翁、毗陵先生、泉南老人、水東老人、東坡道人、海上道人、蘇仙、坡仙。賜謚文忠後，人復尊稱以文忠。

號東坡、東坡居士，見本譜元豐四年紀事。

《石林燕語》卷十：「蘇子瞻……晚又號老泉山人，以眉山先塋有老翁泉，故云。」

《夷堅志·丙志》卷十三《鐵冠道士》：「坡在海上嘗自稱鐵冠道人。」

自稱戒和尚，見《冷齋夜話》卷七《夢迎五祖戒禪師》條。

《佚文彙編》卷五《書贈徐信》末自稱玉局老；卷六《李伯時畫像跋》末有眉陽居士印章。

自號雪浪齋，見《自號録》。

「無邪公」，見《永樂大典》卷八百九十九引徐恢《月臺集·蒙劉元中沔數示東坡詩》。

《姑溪居士後集》卷十五有《仇池翁南浮集序》；此仇池翁乃蘇軾。

《觀林詩話》提及「趙德麟家所收泉南老人《雜記》」，此泉南老人乃蘇軾。

《渭南文集》卷二十八《跋蘇氏易傳》：「此本，先君宣和中入蜀時所得也。方禁蘇氏學，故謂之毗陵先生云。」謂為毗陵先生，以嘗居毗陵。

稱水東老人，見《眉山唐先生文集》卷三《乙未正月丁丑》詩。

《豫章黄先生文集》卷二十六《跋東坡樂府》稱蘇軾為東坡道人。

《省齋文稿》卷十七《跋山谷書東坡聖散子傳》：「山谷作《龐安常傷寒論後序》云：『前序，海上道人諾為之，故虛右以待。』道人指東坡也。」《龐安常傷寒論後序》，見《豫章黄先生文集》卷十六。黄庭堅此文，約作於元符間，時蘇軾在儋州。參以上所引《夷堅志・丙志》。

《山谷詩集注》卷九《次韻宋楙宗三月十四日到西池都人盛觀翰林公出遨》：「還作遨頭驚俗眼，風流文物屬蘇仙。」

金元好問《遺山先生文集》卷四《奚官牧馬圖息軒畫》稱蘇軾為坡仙，明李贄編選評點蘇軾各體文章，名曰《坡仙集》。

以上所述，或則流傳較廣，影響較大，或則有特定重要意義，或則不甚為世人所知，故拈而出之。除此以外，蘇軾自稱及他人所稱尚多，如自「東坡」生發，自稱即有東坡老、東坡病叟、東坡翁，他人所稱則有東坡老人、東坡公、坡、坡公、坡老、坡翁、老坡、大坡等，東坡先生則二者兼而有之，不一一細述。在當時社會中，以官爵、地望、鄉里代稱某有名望之人，大體如是，於蘇軾則稱蘇賢良、太史、蘇太史、蘇翰林、蘇内翰、内翰、蘇學士、蘇端明、蘇禮部、蘇密州、蘇徐州、蘇湖州、蘇黄州、蘇惠州、蘇副使、蘇眉山、蘇眉州、眉山公等(參《古籍整理研究》第二十七輯周正舉《蘇軾稱謂考辨》),亦不一一細述。賜謚乃孝宗乾道六年事,見本書卷末。

古柏《蘇東坡年譜》謂軾「自號長公」。按:軾兄弟三人,見以下「兄景先」條。以景先早卒,人乃尊稱之曰「蘇長公」,如《後山集》卷二《次韻應物有歎黄樓》即有「一代蘇長公」之句,非自稱也。以兄弟行輩言,人或稱蘇軾大蘇(《欒城集》卷十六《神水館寄子瞻兄四絶》其三)、大蘇公(《碧雞漫志》卷一)、蘇二(《山谷外集詩註》卷十六《避暑李氏園二首》其二)。兹并志於此。

蘇氏系出高陽。後漢時,蘇章子孫家趙郡。唐武后以後,蘇味道之子始居於眉,是為蘇軾之遠祖。

《嘉祐集》卷十三《蘇氏族譜》、《族譜後録》上下篇:蘇氏之先,出於高陽。其後有昆吾,昆吾之後,其一始姓蘇。至周,有忿生為司寇,周公稱之。封於河,世世仕周,家於其封,故河南、河内皆有蘇氏,蘇秦及厲、代,皆其苗裔。漢興,蘇氏徙於秦。其後曰建,家於長安杜陵。建三子:嘉、武、賢。其六世孫純,生子曰章,當順帝時,為冀州刺史,又遷為并州,有功於其人,其子孫遂家於趙郡。其後至唐武后之世有味道,聖曆初為鳳閣侍郎,後貶為眉州刺史,遷為益州刺史,未行而卒,有子一人不能歸,遂家焉,自是眉始有蘇。

《舊唐書》卷九十四《蘇味道傳》:「蘇味道,趙州欒城人也。少與鄉人李嶠俱以文辭知名,時人謂之蘇、李。弱冠,本州舉進士。……延載初,歷遷鳳閣舍人,檢校鳳閣侍郎,同鳳閣鸞臺平章事,尋加正授。……神龍初，以親附張易之、昌宗，貶授郿州刺史。俄而復為益州大都督府長史，未行而卒，年五十八。」

按：蘇軾屢稱「趙郡蘇軾」，蘇轍以「欒城集」名集，皆志所自。欒城屬河北西路真定府常山郡。趙州屬趙郡，乃古欒城，晉欒氏別邑。轍所言欒城，乃古欒城。《直齋書録解題》卷十七《欒城集》：「欒城，真定府縣也。蘇氏望趙郡，欒城元魏時屬趙郡，故名。」

自蘇軾而上五世蘇釿，妻黄氏。

《嘉祐集》卷十三《族譜後録》下篇引其父序語：「蘇氏自遷於眉，而家於眉山，自高祖涇則已不詳。自曾祖釿而後稍可記。曾祖娶黄氏，以俠氣聞於鄉閭。」《墓誌銘》：「世家眉山。」《文集》卷十六《蘇廷評行狀》謂釿不仕，有隱德。

高祖蘇祜，高祖母李氏。

《嘉祐集》卷十三《族譜後録》下篇引父序語：「吾祖祜最少最賢，以才幹精敏見稱。生於唐哀帝之天祐二年，而殁於周世宗之顯德五年，蓋與五代相終始。……吾祖娶於李氏。李氏唐之苗裔，太宗之子曹王明之後世曰瑜，為遂州長江尉，失官，家於眉之丹稜。祖母嚴毅，居家肅然。」《蘇廷評行狀》「祜」作「祐」，謂「是時王氏、孟氏相繼王蜀」，高祖終不肯仕，有隱德。

曾祖蘇杲，贈太子太保；曾祖母宋氏，追封昌國太夫人。

據《墓誌銘》。《嘉祐集》卷十三《族譜後録》下篇引父序語：「吾父杲最好善，事父母極於孝，與兄弟篤於愛，與朋友篤於信，鄉閭之人無親疏皆愛敬之。娶宋氏。夫人事上甚孝謹而御下甚嚴。……善治生，有餘財。時蜀新破，其達官爭棄其田宅以入覲。吾父獨不肯取，曰：『吾恐累吾子。』終其身田不滿二頃，屋弊陋不葺也。好施與，曰：『多財而不施，吾恐他人謀我。然施而使人知之，人將以我為好名。』是以施而尤惡使人知之。……卒之歲，蓋淳化五年。推其生之年，則晉少帝之開運元年也。」《蘇廷評行狀》謂杲不仕，有隱德。

祖父蘇序；祖母史氏，卒於仁宗明道元年（一〇三二），追封嘉國太夫人。

祖父蘇序，詳慶曆七年五月十一日紀事。

《嘉祐集》卷十三《族譜後録》下篇謂祖母史氏夫人：「眉之大家，慈仁寬厚。宋氏姑甚嚴，夫人常能得其歡，以和族人。」以下謂祖母先祖父十五年而卒，當仁宗明道元年。

《族譜後録》謂祖母追封蓬萊縣太君，《蘇廷評行狀》同。《欒城集》卷二十五《伯父墓表》則謂追封仙游蓬萊縣太君。此當以伯父渙登朝所追封。追封嘉國太夫人，見《墓誌銘》，乃元祐時事。

父洵，少舉進士不中，二十七歲始大發憤讀書。母程氏以賢稱。

《歐陽文忠公集·居士集》卷三十四《故霸州文安縣主簿蘇君墓誌銘》（以下簡稱《蘇洵墓誌銘》）：「諱洵，字明允。」以下云：「年二十七，始大發憤，謝其素所往來少年，閉户讀書為文辭。歲餘，舉進士，再不中。」既云「再」，知少時嘗應舉。

《温國文正司馬公文集》卷七十六《蘇主簿夫人墓誌銘》（以下簡稱《程夫人墓誌銘》）謂夫人姓程氏。

以下云：「生十八年歸蘇氏。程氏富而蘇氏極貧。夫人入門，執婦職，孝恭勤儉，族人環視之，無絲毫鞅鞅驕倨可譏訶狀，由是共賢之。或謂夫人曰：『若父母非乏於財，以父母之愛，若求之，宜無不應者，何為甘此蔬糲，獨不可以一發言乎！』夫人曰：『然。以我求於父母，誠無不可，萬一使人謂吾夫為求於人以活其妻子者，將若之何？』卒不求。時祖姑猶在堂，老而性嚴，家人過堂下，履錯然有聲，已畏獲罪，獨夫人能順適其志，祖姑見之必説。」又云：「府君年二十七，猶不學，一旦慨然謂夫人曰：『吾自視今猶可學，然家待我而生，學且廢生，奈何！』夫人曰：『我欲言之久矣，惡使子為因我而學者。子苟有志，以生累我可也。』即罄出服玩，鬻之以治生。不數年，遂為富家。府君由是得專志於學，卒成大儒。」

《欒城後集》卷二十《遺适歸祭東塋文》稱母程氏為五三君。

伯父：澹，不仕；渙，天聖二年進士。姑母二。

《文集》卷十六《蘇廷評行狀》：三子，長曰澹，不仕，次曰渙，洵居三。《蘇洵墓誌銘》謂澹、渙皆以文學舉進士。《欒城集》卷二十五《伯父墓表》：公諱渙，字公羣，晚字文父（甫），天聖元年始就鄉試，明年登科。自是至蘇軾出生前，渙為鳳翔寶鷄主簿，鳳州司法，永康録事參軍。

《蘇廷評行狀》：女二人，長適杜垂裕，幼適石揚言。

兄景先，姊三。

《蘇洵墓誌銘》謂三子，長曰景先，有三女。《嘉祐集》卷十四《極樂院造六菩薩記》謂長女約殤於天聖六年。《類編老蘇集》卷二《自尤》謂幼女壬辰卒，年十八，知長軾一歲。《文集》卷十五《乳母任氏墓誌銘》：「乳亡姊八娘與軾。」八娘當即第三姊。

堂兄：位、佾、不欺(子正)、不疑(子明)、不危(子安)。

位小蘇洵五歲，見《嘉祐集》卷十四祭位文。位、佾皆澹子，見《嘉祐集》卷十三《蘇氏族譜》。《文集》卷十六《蘇廷評行狀》「佾」作「份」。不欺等三人，皆涣子，見蘇轍《伯父墓表》。蘇軾分别稱大哥、二哥、三哥。

堂姊妹五人，其可考者四。

《伯父墓表》：「女四人：長適進士楊薦，次適進士王東美，次適遂州節度判官任更，季適宣德郎柳子文。」《文集》卷十有《楊薦字説》。柳子文以後屢見。

《文集》卷六十三《祭亡妹德化縣君文》謂序之孫「十有六人」。計涣房七人，洵房六人，澹房已知二人，餘一人屬澹房，為女。

外家程氏，為眉山大姓。外曾祖仁霸，蘇軾有專文敍其事。外祖父文應，外祖母宋氏。

《净德集》卷二十一《太中大夫武昌程公墓誌銘》敍程公名濬。濬乃蘇軾舅父；軾母程氏乃文應女，見《程夫人墓誌銘》。《文集》卷二十《十八大阿羅漢》敍文應少時事，謂文應年九十；卷六十六《書外曾祖程公逸事》稱仁霸「以仁厚信於鄉里」。

宋仁宗景祐三年(一〇三六)丙子　一歲

十二月十九日（一〇三七年一月八日）卯時，生眉山縣紗縠行。

據《施譜》。

《施譜》謂紗縠行為私第。《詩集》卷三十一《異鵲》有「家有五畝園」之句，或為《施譜》所本。《文集》卷七十三《記先夫人不發宿藏》：「先夫人僦居於眉之紗縠行。」與《施譜》所云不同。《欒城集》卷三《次韻子瞻潁州留別二首》其一：「永懷江上宅。」卷九《次韻張耒見寄》：「我家初無負郭田，茅廬半破蜀江邊。」僦居為可信。《蜀中名勝記》卷十二謂蘇氏故宅在紗縠街。

《王譜》：「按先生送沈逵詩云：嗟我與君皆丙子。又有贈長蘆長老詩云：與公同丙子，三萬六千日。又按玉局文云：十二月十九日，東坡生日。置酒赤壁磯上。又按《志林》云：退之以磨蝎為身宮，而僕以磨蝎為命。若以磨蝎為命推之，則為卯時生。」

眉山屬成都府路之眉州，眉州治眉山縣。

民國《眉山縣志》卷五：「撥股祠。劉鴻典記云：眉城紗縠行有三蘇祠，舊相傳為三蘇故宅，而州西七十里有撥股祠，亦相傳為三蘇故宅。說者謂三蘇父子皆生於撥股祠，既乃遷於紗縠行，理合然也。……吾師李西漚先生僑寓眉州，……周覽撥股祠基址，而慨然歎曰：形如飛鳳，秀氣特鍾，此真三蘇故宅也。（下略）」

《貴耳集》卷上：「蜀有彭老山，東坡生則童，東坡死復青。」

《古今合璧事類備要》後集卷十《眉山生三蘇》：「蘇洵生蘇軾、轍，以文章名，其後二子繼之，故時人謠曰：「眉山生三蘇，草木盡皆枯。」

《歸潛志》卷九引金雷淵（希顔）語：「昔東坡生，一夕眉山草木盡死。」

《吴文正公文集》卷四十八《題東坡古木圖》：「當年眉山孕三蘇，曾聞眉山草木枯。」

《冷齋夜話》卷七《夢迎五祖戒禪師》引蘇軾語：「先妣方孕時，夢一僧來託宿，記其頎然而眇一目。」

母程氏命乳母任採蓮哺之。

據《文集》卷十五《乳母任氏墓誌銘》。採蓮，眉山人。

景祐四年（一〇三七）丁丑　二歲

伯澹卒。

《嘉祐集》卷十四《極樂院造六菩薩記》謂祖母史氏卒後五年即今年而澹卒；澹字希白。《墓誌銘》希白作太白。

寶元元年（一〇三八）戊寅　三歲

兄景先卒。

《極樂院造六菩薩記》繼「喪兄希白」後，云「又一年而長子死」。

父洵與史經臣（彦輔）游。

《嘉祐集》卷十四祭經臣文謂寶元間初與經臣結交，遂「契心忘顔」，謂經臣「以氣豪」，「奇文怪論，卓者無敵」。《文集》卷一《思子臺賦》之引謂經臣「眉山人，與其弟沆子凝皆奇士，博學能文，慕李文饒之為人，而舉其議論」。卷六十五《史彦輔論黄霸》謂經臣為豪偉人。卷七十二《史經臣兄弟》謂「沆才氣絶人而薄於德」。

寶元二年（一〇三九）己卯　四歲

二月丁亥（二十日），弟轍生。

據《蘇潁濱年表》。

康定元年（一〇四〇）庚辰　五歲

慶曆元年（一〇四一）辛巳　六歲

伯父涣通判閬州，祖父序往視，約為本歲前後事。

《文集》卷十六《蘇廷評行狀》：「涣嘗為閬州，公往視其規劃措置良善，為留數日，見其父老賢士大夫，閬人亦喜之。」

慶曆二年（一〇四二）壬午　七歲

始讀書。

《文集》卷四十八《上梅直講書》：「軾七八歲時，始知讀書。」

朱姓老尼為言後蜀主孟昶避暑磨訶池撰詞事。

《東坡樂府》卷上《洞仙歌・序》敍之。

二姑母卒。

《嘉祐集》卷十四《極樂院造六菩薩記》繼「長子死」後云：「又四年而幼姊亡。」

慶曆三年（一〇四三）癸未　八歲

入小學，師張易簡，與陳太初同學。受李伯祥之賀。

《文集》卷十一《衆妙堂記》：「眉山道士張易簡教小學常百人，予幼時亦與焉。居天慶觀北極院，予蓋從之三年。」卷七十二《陳太初尸解》敍與太初同學，元祐末太初「尸解」。涵芬樓《説郛》卷四十三曾慥《集仙傳》：「陳太初：眉州市道人子也。蘇軾方八歲，與先生同學。」《施譜》：「是年先生入鄉校。」《淮海後集》卷三《送陳太初道録》有云：「先生髻紱後，世系木綿瓜。駐馬生枯骨，回車濟病蛇。帶雲眠酒市，和月醉漁家。落日千山路，西風一枕霞。」

《文集》卷六十八《題李伯祥詩》稱伯祥為眉山矮道士，好為詩，「余幼時學於張易簡觀中，伯祥與易簡往來，嘗歎曰『此郎君貴人也』」。

讀石介《慶曆聖德詩》，慕韓琦、范仲淹、富弼、歐陽修為人。

《王譜》、《紀年録》均繫此事於本年。

《文集》卷十《范文正公文集敍》敍本年入鄉校，以下云：「士有自京師來者，以魯人石守道所作《慶曆聖德詩》示鄉先生。軾從旁竊觀，則能誦習其詞，問先生以所頌十一人者何人也？先生曰：『童子何用知之？』軾曰：『此天人也耶，則不敢知；若亦人耳，何為其不可？』先生奇軾言，盡以告之，且曰：『韓、范、富、歐陽此四人者，人傑也。』時雖未盡了，則已私識之矣。」守道名介，《宋史》卷四百三十二有傳。詩見介所撰《徂徠石先生文集》卷一。

《宋史紀事本末》卷二十九《慶曆黨議》：「國子監直講石介，篤學尚志，樂善嫉惡，喜聲名，遇事奮發敢為。會呂夷簡罷相，章得象、晏殊、賈昌朝、韓琦、范仲淹、富弼同時執政，而歐陽修、蔡襄、王素、余靖並為諫官。夏竦既拜，復奪之，以（杜）衍代。因大喜曰：『此盛事也，歌頌吾職，其可已乎！』作《慶曆聖德詩》。」以下謂詩所稱多一時名臣，其言大姦，蓋斥竦也。

慶曆四年（一〇四四）甲申　九歲

續從張易簡讀書。

據《文集》卷十一《衆妙堂記》。

弟轍始入學，當為本歲事。自是至出蜀，或切磋琢磨，或登山臨水，未嘗相捨。

《龍川略志》卷一《夢中見老子》條：「余幼居鄉閭，從子瞻讀書天慶觀。」

《欒城集》卷十二《次韻子瞻感舊見寄》：「結髮皆讀書，明月入我牖。縱橫萬餘卷，臨紙但揮手。」《和王適炙背讀書》：「少年讀書處，寒夜令無火。」卷七《逍遥堂會宿》引：「轍幼從子瞻讀書，未嘗一日相捨。」卷二十四《武昌九曲亭記》：「昔余少年，從子瞻遊，有山可登，有水可浮，子瞻未始不褰裳先之。有不得至，為之悵然移日，至其翩然獨往，逍遥泉石之上，擷林卉，拾澗實，酌水而飲之，見者以為仙也。」

《欒城後集》卷二十《祭亡嫂王氏文》：「轍幼學於兄，師友實兼。志氣雖同，以不逮慚。」《再祭亡兄端明文》謂兄弟幼時：「遊戲圖書，寤寐其中，曰予二人，要如是終。」《詩集》卷四《和子由蠶市》：「憶昔與子皆童丱，年年廢書走市觀。市人争誇鬭巧智，野人喑啞遭欺謾。」

與程之元嬉戲，或為此時事。

《詩集》卷二十七《送表弟程六知楚州》：「炯炯明珠照雙璧，當年三老蘇程石。里人下道避鳩杖，刺史迎門倒凫舃。我時與子皆兒童，狂走從人覓梨栗。健如黄犢不可恃，隙過白駒那暇惜。醴泉寺古垂橘柚，石頭山高暗松櫟。（下略）」程六乃之元，見題下「施註」。參下文皇祐四年「三姊受虐」條。

滕宗諒降知虢州。先是趙元昊反，宗諒知涇州，禦之有功，言者上不實之論，置獄，范仲淹救之，乃有虢州命。蘇軾聞宗諒建功，深仰其人，及聞其以功而降，深為之不平。

《長編》卷一百四十六本年正月辛未：「降刑部員外郎、天章閣待制、權知鳳翔府滕宗諒為祠部員外郎、知虢州。」以下敍朝廷為宗諒置獄邠州，獄未具而有是命，從參知政事范仲淹言也。宗諒字子京，河南人，與范仲淹同年舉進士。《宋史》卷三百三有傳。傳敍趙元昊反，宗諒知涇州，防禦有功，以下云：「會范仲淹自環慶引蕃漢兵來援，時天陰晦十餘日，人情憂沮，宗諒乃大設牛酒迎犒士卒；又籍定川戰没者於佛寺祭酹之，厚撫其孥，使各得所，於是邊民稍安。」徙慶州。以下云：「御史梁堅劾奏前在涇州費公錢十六萬貫，及遣中使檢視，乃始至部日，以故事犒賚諸部屬羌，又間以饋遺遊士故人。宗諒恐連逮者衆，因焚其籍以滅姓名。仲淹時參知政事，力救之，止降一官，知虢州。」宗諒旋知岳州，卒於慶曆七年，《范文正公集》卷十有祭文。

《文集》卷六十三《祭滕大夫母楊夫人文》：「士盛慶曆，如漢武宣。用兵西方，故西多賢。惟時滕公，實顯於西。文武殿邦，尹范是齊。功名不終，有命有義。我時童子，知為公喟。四十餘年，墓木十圍。」

以下敍滕公之子希靖，即滕大夫。希靖詳本譜元祐八年、紹聖元年紀事。祭文所云滕公乃宗諒，尹乃尹洙，范乃范仲淹。洙字師魯，河南人，《宋史》卷二百九十五有傳。喜談兵，提倡古文運動，有《河南先生文集》傳世。

《范文正公集》卷十三《天章閣待制滕君墓誌銘》謂宗諒配李氏，子希仲、希魯、希德、希雅。希靖及母楊氏不載。黄宗羲《墓銘例》：「庶出不書。」知希靖乃庶出，楊氏非正配。蘇轍為蘇軾所作墓銘，即不書朝雲，益可證。《姑溪居士文集》卷三十《跋戚氏》謂希靖海陵人。上引宗諒墓銘謂嘗知泰（海陵），楊氏或為海陵人，希靖即生於海陵，遂為海陵人。

文彦博知益州。彦博任中為處士張愈（俞）置居青城山白雲溪。父洵嘗與俞游。

文彦博云云，據《長編》卷一百五十三本年十二月甲辰紀事。為俞置居，見《宋史》卷四百五十八《張愈傳》；俞隽偉有大志。《文集》卷六十八《題張白雲詩後》：「張俞少愚，西蜀隱君子也。與予先君游，居岷山下白雲溪，自號白雲居士。本有經世志，特以自重難合，故老死草野，非槁項黄馘盗名者也。」《蜀中廣記》卷九十八著録俞《白雲集》三十卷，佚。《成都文類》有俞文數十篇，《宋文鑑》卷二十七有俞《蠶婦》詩。彦博，汾州介休人，《宋史》卷三百一十三有傳。

嘗夢自身是僧。

《冷齋夜話》卷七《夢迎五祖戒禪師》：「軾年八九歲時，嘗夢其身是僧，往來陝右。」《王譜》引《冷齋夜話》謂為七八歲時事。

嘗讀錢易詩。

《文集》卷六十八《跋翰林錢公詩後》：「軾齠齔入鄉校，即誦公詩。」

易字希白，惟演從弟。《宋史》卷三百一十七有傳。傳稱易「才學瞻敏過人，數千百言，援筆立就，又善尋尺大書行草」。

慶曆五年（一〇四五）乙酉　十歲

續從張易簡讀書。

據《文集》卷十一《衆妙堂記》。

應父洵命作《夏侯太初論》。

論見《佚文彙編》卷一，係殘句，並詳該文校註第一條。《王譜》謂洵「愛此論」。

父洵與史經臣（彥輔）東游，至長安，晤石揚休（昌言），至京師，與顔太初（醇之、鳧繹先生）等卿士大夫游。

《嘉祐集》卷十四《送石昌言使北引》：「吾以壯大，乃能感悔，摧折復學。又數年，游京師，見昌言長安，相與勞苦，如平生歡。」

《墓誌銘》：「公生十年，而先君宦學四方。」

《嘉祐集》卷十四《祭史彥輔文》：「旅游王城，飲食寤寐，相持以安。」王城，此處乃指京師。

與太初游，據《文集》卷十《鳬繹先生詩集敘》。太初，徐州彭城人，《宋史》卷四百四十二有傳。

母程氏，親授蘇軾兄弟以書，以氣節勉二子；不發宿藏，不殘鳥雀，以身教。讀書南軒。

《墓誌銘》敘父洵宦游後，云：「太夫人親授以書。聞古今成敗，輒能語其要。太夫人嘗讀《東漢史》，至《范滂傳》，慨然太息。公侍側曰：『軾若為滂，夫人亦許之否乎？』太夫人曰：『汝能為滂，吾顧不能為滂母耶？』」

《欒城後集》卷十二《潁濱遺老傳》上：「母成國太夫人程氏，亦好讀書，明識過人，志節凜然，每語其家人，二子必不負吾志。」

《欒城三集》卷十《墳院記》：「(先)夫人程氏，……生而志節不羣，好讀書，通古今，知其治亂得失之故。有二子，長曰軾，季曰轍也。方其少時，先公、先夫人皆曰：『吾嘗有志茲世，今老矣，二子其尚成吾志乎？』」

《程夫人墓誌銘》：「夫人喜讀書，皆識其大義。軾、轍之幼也，夫人親教之，常戒曰：『汝讀書勿效曹耦止欲以書自名而已。』每稱引古人名節以勵之，曰：『汝果能死直道，吾無戚焉。』」以下云二子同登進士第，同登賢良方正科，乃程氏之素勗，并謂「知愛其子」。

《文集》卷七十三有《記先夫人不發宿藏》、《記先夫人不殘鳥雀》。後者云及武陽君。武陽君乃母程氏，見《程夫人墓誌銘》。後者又云「有桐花鳳，四五日翔集」少時所居書堂前，不畏人，「閭里間見之，以為異事」。《詩集》卷三十一《異鵲》首十六句敘其事，以為「仁孝行於家」之徵。

《詩集》卷二十《正月十八日蔡州道上遇雪次子由韻》：「憶我故居室，浮光動南軒。」《欒城集》卷七《初發彭城有感寄子瞻》：「念昔各年少，松筠閟南軒。」《文集》卷七十一《夢南軒》敘元祐末夢歸紗縠行宅坐南軒取筆作文情景。此雖敘夢，實乃當時讀書實情。

是歲，黄庭堅生。

據《山谷全書》卷首《年譜》。

與程建用、楊堯咨、弟轍會學舍中，作《天雨聯句》。

《文集》卷六十八《記里舍聯句》敘其事，謂為幼時事。

《欒城集》卷十五《送程建用宣德西歸》首云：「昔與君同巷，參差對柴荆。」詩末自註：「君昔嘗税居，與弊廬東西相望，武昌君見其家事，知非貧賤人也，此語未嘗語人。俯仰三十年矣。」詩作於元祐元年。武昌君謂母程氏。楊堯咨，待考。

《總案》：「以子由聯句論之，要不出十齡作也。」今從其說。

吕陶《净德集》卷三十一《送程彝仲赴東川教授》：「與君同縣又同甲。」彝仲，建用字。見《詩集》卷二十七《送程建用》題下「王堯卿注」。此同甲謂同年生。《宋史》卷三百四十六《吕陶傳》謂為成都人，嘉慶《彭山縣志》卷三謂陶為彭山人。陶詩所云「同縣」乃指彭山。彭山、眉山相連，知建用為彭山人。陶傳謂：「徽宗立，復集賢殿修撰、知梓州，致仕。卒，年七十七。」知陶卒於徽宗即位後不久。建用長於軾。

慶曆六年（一〇四六）丙戌　十一歲

父洵與史經臣（彥輔）同舉制策，皆不中。

《文集》卷七十二《史經臣兄弟》：「先友史經臣」，「與先君同舉制策」。《蘇洵墓誌銘》：「又舉茂才異等，不中。」《元豐類稿》卷四十一《蘇明允哀詞》：「始舉進士，又舉茂才異等，皆不中。」《長編》卷一百七仁宗天聖七年閏二月壬子紀事：詔設置「高蹈丘園科、沉淪草澤科、茂才異等科，以待布衣之被舉」。

《却鼠刀銘》約作於此歲或略前，祖父序稱之。

銘見《文集》卷十九。

《欒城先生遺言》：「東坡幼年作《却鼠刀銘》，……曾祖稱之，命佳紙修寫、裝飾，釘於所居壁上。」《續墨客揮犀》卷五《却鼠刀》：「蘇子瞻有却鼠刀，云得之於野老，嘗匣藏之。用時，但焚香置净几上，即一室之内無鼠。」

慶曆七年（一〇四七）丁亥　十二歲

父洵與伯父涣相遇於京師，涣作詩慰洵下第。

《詩集》卷二十一詩題：「伯父送先人下第歸蜀詩云：人稀野店休安枕，路入靈關穩跨驢。」《總案》謂渙自閬州解還。

父洵離京師，自嵩洛之廬山，與訥禪師、宣僧、景福順長老游。至虔州，觀白居易墨迹，與隱君子鍾棐（子翼）及其弟槩游。

《嘉祐集》卷十五《丙申歲余在京師》詩云「經行天下愛嵩嶽」，《總案》謂為此時事。《詩集》卷二十三詩題云「圓通禪院，先君舊游」，蜀僧宣逮事訥長老，識先君。《欒城集》卷十一《贈景福順長老二首・引》敍父遊廬山，與訥禪師、景福順長老二鄉僧遊，「今三十六年」。轍詩作於元豐五年，上溯三十六年，即今年。訥禪師，全稱廬山圓通居訥祖印禪師，梓州人，姓蹇。《五燈會元》卷十六有傳。《禪林僧寶傳》卷二十五傳謂熙寧四年卒，年六十二。《詩集》卷三十八《天竺寺・引》敍父洵在虔州天竺寺見白居易真迹，「今四十七年」，詩作於紹聖元年。《文集》卷六十三棐哀詞敍父洵與鍾氏兄弟遊。鍾氏兄弟，《宋史翼》卷三十六有傳。

五月十一日，祖父序卒於家，後贈太子太傅。序能詩，薄己而厚人，嘗拆廟毀妖神像。

序卒日見《文集》卷十六《蘇廷評行狀》，行狀并云：「享年七十有五。」《嘉祐集》卷十三《族譜後録》下篇謂序生開寶六年（一〇七三），合。行狀又云：「以八年二月某日葬於眉山縣修文鄉安道里先塋之側。累贈職方員外郎。」《欒城集》卷二十五《伯父墓表》謂以伯父渙登朝授祖父序「大理評事，累贈尚書職方員外郎」。元祐六年二月癸巳，蘇轍為尚書右丞，七年六月辛酉，為門下侍郎，見本譜各該年紀事。太子太傅之贈，為此時事。

《族譜後録》下篇謂序字仲先，以下云：「先子少孤，喜為善而不好讀書，晚乃為詩，能白道，敏捷立成。凡數十年得數千篇，上自朝廷郡邑之事，下至鄉閭子孫畋漁治生之意，皆見於詩。觀其詩雖不工，然有以知其表裏洞達，豁然偉人也。性簡易，無威儀，薄於為己而厚於為人。與人交，無貧賤，皆得其歡心。見士大夫曲躬盡敬，人以為諂。及其見田父野老亦然，然後人不以為怪。外貌雖無所不與，然其中心所以輕重人者甚嚴。居鄉閭出入不乘馬，曰：『有甚老於我而行者，吾乘馬無以見之。』敝衣惡食，處之不恥，務欲以身處衆之所惡，蓋不學《老子》而與之合。居家不治家事，以家事屬諸子。至族人有事就之謀者，常為盡其心，反覆而不厭。凶年嘗鬻其田以濟飢者。既豐，人將償之，曰：『吾自有以鬻之，非爾故也。』卒不肯受。力為藏退之行，以求不聞於世。然行之既久，則鄉人亦多知之，以為古之隱君子莫及也。」《蘇廷評行狀》謂序年二十二時，父殁，會李順攻城，執禮盡哀如平日。《曾鞏集》卷四十三載序墓銘略同。

《濟南先生師友談記》引蘇軾語，謂其祖父：「甚英偉，才氣過人，雖不讀書，而氣量甚偉。頃年在鄉里郊居，陸田不多，惟種粟，及以稻易粟，大倉儲之，人莫曉其故。儲之累年，凡至三四千石。會眉州大饑，太傅公即出所儲，首族人，次外姻，次佃户、鄉曲之貧者，次第與之，皆無凶歲之患。或曰：『公何必粟也？』『惟粟性堅能久，故可廣儲以待匱爾。』又繞宅皆種芋魁，所收極多，即及時多蓋薪蒭。野民乏食時，即用大甑蒸之，羅置門外，恣人取食之。」

同上：「祖父嗜酒，甘與村父箕踞，高歌大飲。忽伯父封告至。伯父登朝，而外氏程舅亦登朝。外祖甚富，二家連姻，皆以子貴封官。程氏預為之，謂祖父曰：『公何不亦預為之？』太傅曰：『兒子書云，作官器用亦寄來。』一日方大醉中，封告至，并外纓、公服、笏、交椅、水罐子、衣版等物。太傅時露頂戴一小冠子如指許大，醉中取告，箕踞讀之畢，并諸物置一布囊中。取告時，有餘牛肉，多亦置一布囊中，令村童荷而歸，跨驢入城。城中人聞受告，或就郊外觀之，遇諸途，見荷擔二囊，莫不大笑。程老聞之，面誚其太簡，惟有識之士奇之。」伯父謂序子渙。

同上：「眉州或有神降，曰茅將軍，巫覡皆狂，禍福紛錯，州皆畏而禱之，共作大廟，像宇皆雄，祈驗如響。太傅忽乘醉呼村僕二十許人入廟，以斧钁碎其像，投溪中，而毀拆其廟屋，竟無所靈。後三年，伯父初登第，太傅甚喜，親至劍門迎之。至七家嶺，忽見一廟甚大，視其榜曰茅將軍。太傅曰：『是妖神却在此為幻耶？』方欲率衆復毀，忽見一廟吏前迎拜，曰：『君非蘇七君乎？某昨夜夢神泣告曰：明日蘇七君至，吾甚畏之，哀告蘇七君，且為容恕，幸存此廟，俾竊食此土也。』衆人怪之，共勸焉，乃捨。」

八月，父洵在虔州得祖父噩耗，奔喪回蜀。史經臣亦回。洵歸後以顏太初詩文相示。

《嘉祐集》卷十四《祭史彥輔文》敘奔喪，與經臣相遇途中，同歸。《文集》卷十《鳧繹先生詩集敘》敘父洵示太初詩文，蘇軾深贊太初乃有為而作。

伯父渙自京師奔喪回至蜀中。與弟轍深受渙教益。

《欒城集》卷二十五《伯父墓表》云「轍生九年，始識公於鄉」，以下敍兄弟侍伯父，聞其言曰：「予少而讀書，師不煩。少長為文日有程，不中程不止。出遊於途，行中規矩。入居室，無惰容。非獨吾爾也，凡與吾遊者舉然。……爾曹才不逮人，姑亦師吾之寡過焉可也。」

得異石，試以為硯。父洵謂為天硯，并謂是乃文字之祥。

《文集》卷十九《天石硯銘·敍》敍之，石得之紗縠行宅隙地中。

父洵嘗誦歐陽修謝表文，應父命擬作。

《侯鯖録》卷一：「東坡年十餘歲，在鄉里，見老蘇誦歐公《謝宣召赴學士院仍謝對衣并馬表》。老蘇令坡擬之，其間有云：『匪伊垂之帶有餘，非敢後也馬不進。』老蘇喜曰：『此子他日當自用之。』」《四六話》卷上亦敘此事。《王譜》謂為十歲事。

是歲，二姊卒。

《嘉祐集》卷十四《極樂院造六菩薩記》繼「幼姊亡」後云：「又五年而次女卒。」即今年。

慶曆八年（一〇四八）戊子　十三歲

二月，祖父序葬於眉山安道里先塋之側。

據《文集》卷十六《蘇廷評行狀》。

父洵居喪眉山，不出蜀，教二子。嘗與父洵論富弼（鄭公）慶曆二年使北事。

《嘉祐集》卷十五《憶山送人》：「到家不再出，一頓俄十年。」

《蘇潁濱年表》本年紀事：「父洵以家艱閉户讀書，因以學行授二子曰：『是庶幾能明吾學者。』」「是庶幾」云云，乃據《欒城後集》卷十二《潁濱遺老傳》上。

《墓誌銘》：「少與轍皆師先君。」

《欒城第三集》卷十《藏書室記》：「予幼師事先君，聽其言，觀其行事，今老矣，猶志其一二。先君平居不治産業，有田一廛，無衣食之憂。有書數千卷，手緝而教之，以遺子孫，曰：『讀是，内以治身，外以治人，足矣！此孔氏之遺法也。』」

《欒城後集》卷二十《祭亡兄端明文》：「幼學無師，受業先君。」

《元城語録》卷下：「先生曰：某之北歸，與東坡同途，兩舟相銜，未嘗三日不相見。嘗記東坡自言：少年時與其父并弟同讀鄭公《使北語録》，至於説大遼國主云『用兵則士馬物故，國家受其害，爵賞日加，人臣享其利，故凡北朝之臣勸用兵者，乃自為計，非為北朝計，虜主明知利害所在，故不用兵』，三人皆嘆其言，以為明白而切中機事。時老蘇謂二子曰：『古人有此意否？』東坡對曰：『嚴安亦有此意，但不如此明白。』老蘇笑以為然。先生又云：前輩讀書，例皆如此，故謂之學問，必見於用乃可貴，不然，即腐儒爾。武帝時，嚴安上書諫用兵，其略云：『今徇南夷，朝夜郎，深入匈奴，燔其龍城，議者美之。此人臣之利，非天下之長策也。』鄭公之言，其源出於此。」《清波雜志》卷一亦載此，文略同。

《文集》卷十八《富鄭公神道碑》即用此處所述《使北語録》中語。其《使北語録》，《神道碑》名《奉使録》，已佚。

父洵亦嘗命蘇軾兄弟學於劉巨（微之），從巨學者，尚有家定國（退翁）、家安國（復禮）、家勤國（漢公）兄弟。

《愛日齋叢鈔》卷四：「眉山劉微之巨，教授郡城之西壽昌院，從游至百人，蘇明允命東坡兄弟師之。時尚幼。微之賦《鷺鷥》詩，末云：『漁人忽驚起，雪片逐風斜。』坡從旁曰：『先生詩佳矣，竊疑斷章無歸宿，曷若「雪片落蒹葭」乎？』微之曰：『吾非若師也。』」

《詩集》卷二十八《次韻子由送家退翁知懷安軍》：「永懷舊山叟。」叟，句下「誥案」謂為劉巨。

《欒城集》卷十五《送家安國赴成都教授》其一：「城西社下老劉君，春服舞雩今幾人。白髮弟兄驚我在，喜君遊宦亦天倫。」自註：「微之先生門人，惟僕與子瞻兄、復禮與退翁兄皆仕耳。」

《宋史》卷三百九十《家愿傳》：「家愿字處厚，眉山人。父勤國，慶曆、嘉祐間與從兄安國、定國同從劉巨遊，與蘇軾兄弟為同門友。」又云：宋理宗淳祐間，嘗親書賜愿之曾孫大酉，其中即有「西社同門友」之語。勤國詳見熙寧十年「任伋家勤國寄詩來答詩」條紀事。《詩集》卷二十八《次韻子由送家退翁知懷安軍》題下「施註」謂定國居長，今從。定國、安國後屢見。

《愛日齋叢鈔》卷四又云：巨不第，郡三公以遺逸舉，不應，鄉人呼為孝廉；其卒，范鎮弔以詩，有「案前曾立二賢良」之句。足見劉巨有名於鄉里。鎮詩中「二賢良」，當指蘇軾兄弟。

王令《廣陵先生文集》卷十七有《答劉公著微之書》，「著」當即「巨」。

蘇軾兄弟亦嘗師事鄉人史清卿。

《宋元學案補遺》卷九十九《蘇氏蜀學略補遺·東坡師承·史先生清卿》：「史清卿，眉山人。東坡兄弟皆師事之。子炤，字見可，官左宣義郎，博古能文，嘗作《通鑑釋文》三十卷（原注：《姓譜》）。」《直齋書録解題》卷四著録炤《通鑑釋文》，謂「馮時行為之序，今考之公休之書，大略同而加詳焉，蓋因其舊而附益之者」。公休，司馬光子康之字，有《通鑑釋文》二十卷。嘉慶《眉州屬志》卷十一謂蘇軾兄弟師事史炤。康參熙寧四年「與堂兄簡敍與司馬光之子康聯姻事」條。《蔡忠惠集》卷二十九有《送史炤赴邠州幕序》，據序，其人通武事，有將略，有名於時。嘉慶《耀州志》卷三謂炤嘉祐間知耀州，建儒學。

是歲，王鞏、李之儀生。

《老學庵筆記》卷四謂鞏與神宗同日生。《宋史·神宗紀》謂神宗本年四月戊寅生。《姑溪居士後集》卷三《寄耀州畢九》謂「長我一歲」。畢九謂仲游。仲游生慶曆七年，見《永樂大典》卷二萬二千二百五墓銘。

皇祐元年（一〇四九）己丑　十四歲

任伋（師中）罷官還鄉，父洵與伋有交往，蘇軾嘗見伋。

《詩集》卷十五《答任師中家漢公》敍其事。詩云「皇祐初」，故繫於此。

蘇洵作《名二子説》，名軾及弟轍。

説見《嘉祐集》卷十四。《總案》繫洵文於慶曆七年奔喪歸里後，不從。《霞外攟屑》卷三《居喪不作詩文》：「吴草廬題朱文公答陳正己講學墨帖云：眉山二蘇兄弟，文人也，再期之内，禁斷作詩作文，寂無一語，是亦嘗講乎喪禮也。」二蘇能如此，當有洵之影響與教育。洵文當作於免喪後，今繫此。

秦觀生。

據《淮海先生年譜》。

伯父渙免喪後，攜姪位居京師。

《嘉祐集》卷十四《祭姪位文》：「余適四方，而汝留故園，余既歸止，汝乃隨汝仲叔旅居東都，十有三歲而不還。」位，卒於嘉祐五年六月十四日，詳該年紀事。自此至嘉祐五年首尾合計十二年，疑「三」為「二」之誤。仲叔乃渙。

夢謁於某公府。

《新編分門古今類事》卷七《東坡大吴》引《幕府燕閑録》：「蘇子瞻學士少時夢謁於公府，主人紫衣面赤而多髭，謂軾曰：『君是大吴。』覺以告父、弟，皆不悟也。是時子瞻年十四歲。」參嘉祐六年「上謝制科啓」條。

皇祐二年（一〇五〇）庚寅　十五歲

三姊適表兄程之才。

《類編老蘇集》卷二《自尤》詩序謂幼女「適其母之兄程濬之子之才」，壬辰歲卒，年十八。詩有「生年十六亦已嫁」之句。知其嫁為今歲事。

濬事迹見皇祐四年「三姊」條紀事。

嘗往來於田間。家中薄有田産。

《詩集》卷三十六《書晁説之考牧圖後》：「我昔在田間，但知羊與牛。川平牛背穩，如駕百斛舟。舟行無人岸自移，我卧讀書牛不知。前有百尾羊，聽我鞭聲如鼓鼙。我鞭不妄發，視其後者而鞭之。澤中草木長，草長病牛羊。尋山跨坑谷，騰趠筋骨强。（下略）」同上卷四十四《狄韶州煮蔓菁蘆菔羹》首云：「我昔在田間，寒庖有珍烹。常支折脚鼎，自煮花蔓菁。」《欒城集》卷四《和子瞻焦山》：「稻田一頃良自給。」卷五十《謝改著作佐郎啟》：「無負郭之桑麻。」田在郊野。《欒城第三集》卷十《藏書室記》：「先君平居不治生業，有田一廛，無衣食之憂。」《詩集》卷十八《罷徐州往南京馬上走筆寄子由》其五：「卜田向何許，石佛山南路。下有爾家川，千畦種秔稌。山泉宅龍蜃，平地走膏乳。」又云：「故山豈不懷，廢宅生蒿櫓。」其田或在爾家川。《文集》卷六十七《題淵明詩》其一自稱「世農」，卷七十《跋李伯時卜居圖》謂「余本田家」，《佚文彙編》卷四《與堂兄》自稱「寒族」。

奮厲有當世志。

據《墓誌銘》，《銘》敍母程氏勉蘇軾為范滂後即敍此，母喜曰「吾有子矣」。

《詩集》卷六《次韻柳子玉過陳絶糧》其一：「早歲便懷齊物志。」卷十七《張安道見示近詩》：「少年有奇志，欲和南風琴。」卷二十一《次韻和王鞏六首》其二：「少年帶刀劍，但識從軍樂。」卷四十一《和陶擬古》其四：「少年好遠遊，蕩志隘八荒。九夷為藩籬，四海環我堂。盧生與若士，何足期渺茫。」以上詩句，皆可證明蘇軾少時即具有遠大抱負。

《詩集》卷六《送安惇秀才失解西歸》：「我昔家居斷還往，著書不暇窺園葵。」可為奮厲注脚。

同上卷四十三《和陶郭主簿》其一：「却去四十年，玉顔如汝今。閉户未嘗出，出為鄰里欽。家世事酌古，百史手自斟。」作於元符三年。「四十年」乃舉成數，實為四十餘年。

《欒城集》卷七《次韻子瞻見寄》：「憶公年少時，濯濯吐新萌。堅姿映松柏，直節凌榛荆。」

同上《初發彭城有感寄子瞻》：「念昔各年少，松筠閟南軒。閉門書史叢，開口治亂根。文章風雲起，胸膽渤澥寬。不知身安危，俯仰道所存。」

好書畫筆硯。嘗手抄經史。

《文集》卷七十二《子由幼達》：「子由之達，蓋自幼而然。方先君與吾篤好書畫，每有所獲，真以為樂。唯子由觀之，漠然不甚經意。」

同上卷十一《寶繪堂記》：「凡物之可喜，足以悦人而不足以移人者，莫若書與畫。……始吾少時，嘗好此二者，家之所有，惟恐其失之，人之所有，惟恐其不吾予也。」

《硯箋》卷二引蘇軾《劍易張近龍尾子石硯詩跋》：「僕少時好書畫筆硯之類，如好聲色。」全文見元豐七年「以銅劍易張近龍尾子石硯」條紀事。

《欒城後集》卷二十一《汝州龍興寺修吴畫殿記》：「予兄子瞻少而知畫，不學而得用筆之理。」卷二《畫文殊普賢》：「吾兄子瞻苦好異，敗繒破紙收明鮮。」《龍川畧志》卷一《燒金方術不可授人》：「子瞻少好畫。」

《春渚紀聞》卷六《筆下變化》：「晁丈無咎言：蘇公少時，手抄經史，皆一通。每一書成，輒變一體，卒之學成而已。乃知筆下變化，皆自端楷中來爾。不端其本而欺以求售，吾知書中孟嘉，自可默識也。」

《真迹日録》卷五有「蘇長公手録《漢書》全部及《金剛經》……見之記載中」語。其録《漢書》或為少時事。蘇軾凡三經手抄《漢書》，參元豐七年「在黄嘗稱賞教授朱載上之詩」條。

少知種松，接花果，讀醫藥書。

《詩集》卷三十五詩題：「予少年頗知種松，手植數萬株，皆中梁柱矣。」卷二十《戲作種松》敘少年種松東岡。卷六《送安惇秀才失解西歸》：「故山松柏皆手種。」《文集》卷七十三《種松法》乃自少年起之經驗談。同上《接果説》敘少時與弟轍用苦楝子接李。同上《艾人着灸法》敘幼時見艾灸書。

嘗習琴。

《文集》卷七十一《雜書雷琴十事・家藏雷琴》贊雷琴之妙。以下《琴非雅聲》、《琴貴桐孫》，有創見。《佚文彙編》卷六《雜書琵琶》：「唐僧段和尚善彈琵琶，製道調」，「予家舊有婢，亦善作此曲，音節皆妙」。《歷代琴人傳》引張右衮《琴經・大雅嗣音》謂「古代多以琴世家，最著者」中，有「眉山三蘇」。

皇祐三年（一〇五一）辛卯　十六歲

皇祐四年（一〇五二）壬辰　十七歲

始與劉仲達往來於眉山。

據《東坡樂府》卷上《滿庭芳・序》，云時年十七。

三姊受其舅程濬、姑宋氏、夫之才（正輔）之虐，卒。蘇、程結怨。然濬之另二子之元（德孺）、之邵（懿叔），自元祐起，與蘇軾兄弟交往頗密。四十二年後，軾與之才亦釋怨。

《類編老蘇集》卷二《自尤》詩序：「壬辰之歲而喪幼女，始將以尤其夫家，而卒以自尤也。女幼而好學，慷慨有過人之節，為文亦往往有可喜。既適其母之兄程濬之子之才，年十有八而死。濬本儒者，然内省有所不謹，而其妻、子尤好為無法。吾女介於其間，固為其家之所不悦，適會其病，其夫與其舅、姑，遂不之視而急棄之，使至於死。」詩中詳敍受虐之狀。《排韻增廣事類氏族大全》卷三有三姊「鄉人嫁娶重母黨，雖我不肯將安云」詩二句，乃《自尤》中語。

《文集》卷五十四與之才第二簡：「今吾老兄弟，不相從四十二年矣，念此，令人悽斷。」紹聖二年作。蓋四十二年略有餘。

《齊東野語》卷十三《老蘇族譜記》引蘇洵《族譜亭記》及《自尤》，謂「其怨隙不平也久矣，其後東坡兄弟以念母之故，相與釋憾」。《族譜亭記》見《嘉祐集》卷十三。

《浄德集》卷二十一《太中大夫武昌程公墓誌銘》：公諱濬，字治之；天聖五年，賜同學究出身，再舉進士，中乙科，通判彭州，遷殿中丞，又通判梓、嘉二州，改太常博士，賜五品服，徙夔州路轉運使；熙寧三年，年七十，乃謝事。以下謂元豐五年十一月戊子卒，年八十三。娶宋氏，封長壽縣君，先濬十六年卒。子男五人：之才、之元、之邵、之祥（宣德郎）、之儀（未仕）。《范忠宣公集》卷三有《贈眉陽致政程濬少卿》詩。

伯父渙約於本年知祥符。

《欒城集》卷二十五《伯父墓表》謂：「服除。選知祥符。祥符多富貴家，公均其繇賦而平其爭訟，民便安之。」謂懲姦利，不屈於權貴，包拯見之，嘆曰：「君以一縣令能此，賢於言事官遠矣！」祥符屬開封府，為赤縣。

《墓表》謂渙罷祥符即知衡州，而到衡為至和二年四月（見該年紀事），則渙知祥符約為本年事。

皇祐五年（一〇五三）癸巳　十八歲

至是歲，日益壯大，好讀史、論史，間亦好道。

《文集》卷四十八《上韓太尉書》：「自七八歲知讀書，及壯大，不能曉習時事，獨好觀前世盛衰之迹與其一時風俗之變。自三代以來，頗能論著。」《欒城後集》卷七《歷代論》引：「父兄之學，皆以古今成敗得失為議論之要。」

《文集》卷十一《思堂記》敍少遇隱者，教以近道少思寡欲。卷十九《與劉宜翁使君書》：「軾齠齔好道，本不欲婚宦，為父兄所强，一落世網，不能自逭。然未嘗一念忘此心也。」卷六十《與王庠》其一：「軾少時本欲逃竄山林，父兄不許，迫以婚宦，故汩没至今。」卷七十《跋李伯時卜居圖》：「余本田家，少有志丘壑。」《詩集》卷九《次韻答章傳道見贈》：「嗟我昔少年，守道貧非疚。」

吴瓘登進士。

據光緒《江西通志》卷二十一。光緒《吉安府志》謂瓘字伯玉，永新人。又謂：「家居縣南連岡。闔門數百口，以孝弟稱。蘇軾薦為檢討，除徐州通判。」軾之薦不知為何年事，姑以瓘登進士第年份繫入。

晁補之、陳師道生。

《柯山集》卷四十八祭晁文謂晁生癸巳。《後山集》卷首《後山陳先生集記》謂陳卒於建中靖國元年，年四十九。

蘇軾年譜卷二

至和元年（一〇五四）甲午　十九歲

七月，張方平除知益州。十一月，到任。

七月云云，據《長編》卷一百七十六。到任據《文集》卷十四方平墓銘、《宋史》卷三百十八傳。

娶王弗為妻。

《文集》卷十五《亡妻王氏墓誌銘》：「君諱弗，眉之青神人，鄉貢進士方之女。生十有六年，而歸於軾。」弗卒於治平二年，年二十七，其來歸為今年。卷六十三《祭王君錫丈人文》：「軾始婚媾，公之猶子。」

與史經臣（彦輔）論歷史人物，當為此歲前後事。嘗愛經臣所作《思子臺賦》。

《文集》卷六十七《書太白廣武戰場詩》敍與經臣論歷史人物。卷七十二《史經臣兄弟》、卷一《思子臺賦·引》盛贊《思子臺賦》。

張耒生。

據《張耒集》附録年譜。

至和二年(一〇五五)乙未　二十歲

四月,伯父渙以職方員外郎到知衡州任。

據《永樂大典》卷八千六百四十七引《衡州府圖經·州守題名》。《欒城集》卷二十五《伯父墓表》敍知衡政績。《詩集》卷三十四《送王竦朝散赴闕》云「我家衡山公」,謂渙。

父洵上書張方平。與父洵謁方平於成都。方平薦洵使代學官黄柬,不報。

明崇禎十年重編《嘉祐集》,有《上張益州書》。《樂全集》卷三十九《文安先生墓表》、《欒城後集》卷二十《祭張宫保文》均敍父洵謁方平。

《文集》卷十《樂全先生文集敍》:「軾年二十,以諸生見公成都,公一見待以國士。」卷十四《張文定公墓誌銘》:「晚與軾先大夫游,論古今治亂及一時人物,皆不謀而同。軾與弟轍皆以是得出入門下。」

《邵氏聞見後録》卷十五引雷簡夫《上張文定書》、《上韓忠獻書》敍方平薦洵。

游大聖慈寺中和勝相院,見僧惟度、惟簡(寶月)。弟轍亦游。約為九月事。

《文集》卷十二《中和勝相院記》敍見惟度、惟簡。中和勝相院,在大聖慈寺内,見《渭南文集》卷二十七《跋中和院東坡帖》。寺建於唐肅宗至德間,在成都東門,見《蜀中名勝記》卷三。惟簡事迹詳《文集》卷十五《寶月大師塔銘》。《塔銘》惟度作惟慶,宋本《經進東坡文集事略·中和勝相院記》亦作惟度,疑作「慶」誤。

《欒城後集》卷二十《祭寶月大師宗兄文》言從父游成都,「覽觀藥市,解鞅精舍,時始見兄」。《石湖居士詩集》卷十七《丁酉重九藥市呈坐客》，作於成都，知蘇洵父子重九藥市時在成都。「精舍」當指中和勝相院。

嘗以益州所得缸硯遺弟轍，轍為賦。

《欒城集》卷十七《缸硯賦·敍》：「先蜀之老有姓滕者，能以藥煮瓦石使軟，可割如土。嘗以破釀酒缸為硯，極美，蜀人往往得之，以為異物。余兄子瞻嘗遊益州，有以其一遺之。子瞻以授余，因為之賦。」《欒城先生遺言》亦敍作賦事。

作《正統論》。是歲，已學通經史。

論在《文集》卷四，題下注：「至和二年作。」時歐陽修著正統論，章望之（民表）著明統論，於正統之外，倡言霸統。蘇軾以修為歸，出以己意，與望之辯。望之，建州浦城人。《宋史》卷四百四十三望之傳稱其「為文辯博，長於議論」。集三十卷，早佚。

《墓誌銘》：「比冠，學通經史，屬文日數千言。」

是歲，成都人費孝先來眉山，言青城山老人授以軌甲掛影之術。

據《文集》卷七十二《費孝先掛影》。《東軒筆録》卷十一：「自至和、嘉祐以來，費孝先以術名天下，士大夫無不作卦影。」敍其事二則。《萍洲可談》卷三敍其事一則。孝先字景韶，見《新編分門古今類事》卷十二《孝先共占》引《蜀異志》。

是歲，弟轍娶史氏。父洵命轍以軾為師。

《蘇潁濱年表》：轍娶史氏，年十五。《欒城後集》卷二十一《子瞻和陶淵明詩集引》：「子瞻既冠而學成，先君命轍師焉。」

嘉祐元年（一〇五六）丙申　二十一歲

隨父洵至雅州，謁雅守雷簡夫。

《嘉祐集》卷十五《憶山送人》：「到家不再出，一頓俄十年。昨聞盧（原作廬，據《蘇洵評傳》改）山郡，太守雷君賢。往求與識面，復見山鬱蟠。」

《輿地紀勝》卷一百四十七《雅州》：「雷簡夫：至和初，儂智高走入雲南，蜀人相驚，以智高且至。知益州張方平乞用簡夫知雅州。既至，而蜀人遂安。老蘇攜二子來謁，簡夫力薦之，蘇氏父子名滿天下。」又謂州廳後有雙鳳堂，「為二蘇設」；州治有賢範堂，繪簡夫及蘇氏父子像；州城龍興寺有四經樓，有蘇軾墨迹，有二蘇龍興寺碑墨迹。

民國《丹稜縣志》卷八：「東坡嶺。《蜀故》：在總岡山。昔傳坡、子由適雅州，曾憩於此，因以為名。」

雷簡夫盛稱父洵有王佐之才，撰書薦之於張方平、歐陽修、韓琦。簡夫有盛譽於當時，然殊不為蘇軾兄弟所重，以簡夫出仕後有負初衷也。

《邵氏聞見後録》卷十五載簡夫三《書》全文。與方平《書》謂洵所撰「《洪範論》真王佐才也，《史論》真良史才也，豈惟西南之秀，乃天下之奇才爾」。《書》末願方平「薦洵之狀，至於再，至於三，俟得其請而後已」。與修《書》稱洵「寡言笑，淳謹好禮，不妄交游，嘗著《六經》、《洪範》等論十篇」，有王佐才。查修集卷首《年譜》本年五月癸未，修知通進銀臺司兼門下封駁事。與琦《書》稱洵「《權書》十篇，譏時之弊，《審勢》、《審敵》、《審備》三篇，皇皇有憂天下心」。《書》末稱「會今春將二子入都，謀就秋試」，知洵謁訪簡夫為今春事。謁訪簡夫為今春事。琦時約官三司使，見《宋史·宰輔表》。琦字稚圭，相州安陽人，《宋史》卷三百一十二有傳。

《邵氏聞見後録》謂簡夫以《書》薦蘇洵於韓琦、張方平、歐陽修，以後蘇軾兄弟但言琦、方平、修而不言簡夫，不知其故，問洵之曾孫符，亦不能言其故。涵芬樓鉛印本《説郛》卷四《老學庵續筆記》亦以為言：「老泉集中與太簡往來，亦止有辭召試一書耳。如《與太簡請納拜書》，蜀人至今傳之，集亦不載，初疑偶然耳，久之，又得老蘇所作《太簡墓銘》，亦不在集中，乃知編集時有意删去，不知其意果何如也？」

簡夫，同州郃陽人。《宋史》卷二百七十八有傳。初隱居，有盛譽。《墨池編》卷三引宋祁贈簡夫詩，有「高氣横九州」之句。《温國文正司馬公文集》卷三、《伐檀集》卷上、《豫章黄先生文集》有詩文相贊。入仕後改初衷，為史所譏，蓋無令聞於終。《彭城集》卷三十五《劉敞行狀》敍敞治長安，云：「大姓范偉積産數巨萬，冒武功縣令范祚為其祖。偉所取信者，特祚為令時黄勅耳。偉家不繇役者五十年。更西事調發，下户困敝，而偉自若。盗相祚墓以己祖母合葬之，謾云祚繼室也。雷簡夫以處士登用，能為文辭，偉賂簡夫使為墓碑，以信其偽。偉因此出入公卿間，持府縣短長，數犯法至徒流，輒以贖去。長安人皆知偉罔冒，畏偉不敢言，吏授賕者，輒為偉蔽匿。公因事發之，窮治偉，伏罪。」簡夫受惡人之略，為惡人張目，蘇軾兄弟著述中不及簡夫，當以是。而又以簡夫嘗薦父洵，亦不欲揚其惡，故默而不言。

《侯鯖録》卷一早於陸游謂簡夫墓銘乃洵撰。洵受簡夫知遇，撰簡夫墓銘，乃人情之常。然既撰墓銘，自不能不隱其惡，《嘉祐集》編集時删去簡夫墓銘，乃二蘇意。

《邵氏聞見後録》作者邵博言蘇軾、蘇轍兄弟「無一字及簡夫，似絶不知其人者，勢位富貴蓋可忽乎哉」！二蘇胸懷坦蕩，疾惡如讎，其眼中實不能容砂粒。此意，余在《文學遺産》一九八九年第六期《關於蘇軾生平的若干資料》一文已言之，博之論非。然平情而論，博之論乃出於誤會。博之時代固與《彭城集》作者劉攽及蘇軾兄弟近，然其時天下擾攘，靖康之變，中原板蕩，汴京作者所作，不易見到，博蓋未見《彭城集》也。

《關中金石記》卷五有簡夫所撰《妙德禪院明覺殿記》，作於嘉祐八年六月，其卒當在此後不久。《輿地紀勝》卷一百四十七《雅州・風俗形勝》尚引蘇洵所撰簡夫墓銘，知其文在雅有流傳。

《文集》卷六十九《書張少公判狀》謂簡夫「云聞江聲而筆法進」，殆謬。蘇軾著述中提及簡夫者僅此。簡夫之語，見《六藝之一録》卷二百七十三簡夫所撰《江聲帖》：「近刺雅州，晝卧郡閣，因聞平羌江瀑漲聲，想其波濤番番迅駛，掀搕高下，蹙逐奔去之狀，無物可寄其情，遽起作書，則心中之想，盡出筆下矣。」

在眉山，常來往醴泉山、石佛山、爾家川。

《詩集》卷九《自昌化雙溪館下步尋溪源至治平寺二首》其一：「正似醴泉山下路，桑枝刺眼麥齊腰。」卷二十七《送表弟程六知楚州》：「醴泉寺古垂橘柚，石頭山高暗松櫟。」叙兒時嬉戲事。《蜀中名勝記》卷十二《眉州》：「《通志》云：醴泉山在治西八里，環繞州城。山半有八角井，清甘如醴。松江在治東南，自蜀江分派西南流，至州城與醴泉江合。」《方輿勝覽》卷五十三謂蜀江在城外，一名玻璃江；謂石頭山在眉山之南。

《欒城集》卷二《和子瞻鳳翔八觀·東湖》：「異鄉雖云樂，不如反故岑。瘦田可鑿耕，桑柘可織紝。東有軒轅泉，隱隱如牛涔。西有管輅宅，尚存青石碪。彭女留漆踝，禮拜意已欽。慈母抱衆子，亂石寒蕭森。朝往暮可還，此豈不足臨。慎勿語他人，此意子獨諶。」

《蜀中名勝記》卷十二《眉州》引《通義志》云：「昔人評吾州，山不高而秀，水不深而清，列眉通衢，平直衍廣，夾以槐柳，緑陰翳然。小南門城村，家多竹籬桃樹，春色可愛，橋之下流，皆花竹楊柳。泛舟其間，鄉人謂之小桃源。蘇子瞻詩：『清江入城郭，小圃生微瀾。』子由詩：『彷佛城南路，繁香撲市橋。』」

民國《眉山縣志》卷一：「石佛山，治西，山半有石佛像。東坡寄子由詩：『卜宅在何許，石佛山南路。』指此。」「此」下注：「舊志記二十五里，今失其處。」意不明，疑有脱文。「卜宅」後二句云：「下有爾家川，千畦餘秔稌。」《眉山縣志》卷一謂爾家川在石佛山下，今失所在。

在眉山，傳嘗讀書連鼇山棲雲寺及三峰山、實相寺、華藏寺。

《蜀中名勝記》卷十二《眉州》引《志》:「連鼇山,在西南九十里,山形如鼇,旁即棲雲寺。東坡少時讀書寺中。嘗於石厓上作連鼇山三大字,大如屋宇,雄勁飛動,其畫專車今存。」民國《眉山縣志》卷一:「連鼇山,治西九十里,陂陀起伏。山之陽有大石一畝餘,深刻連鼇山三字,各一丈二尺許,係東坡手書。清光緒六年,丹稜令莊定域為置石欄護之,禁磨毀。」又:「棲雲山:治西八十里。山陰與丹稜赤崖相對,層崖絕壑,翠障叢蹊,積為佳勝。下臨棲雲寺,舊傳東坡病後遊棲雲寺,有題壁詩,今亡。」《眉山縣志》卷十三謂軾有《病狗賦》書於棲雲寺壁。《蜀中名勝記》卷十二謂丹稜縣北有龍鵠山。民國《丹稜縣志》卷一謂連鼇山距龍鵠山二里許,距縣城十五里,山勢連續,其形若鼇。

民國《眉山縣志》卷一:三峰山,治西七十五里。以下謂:「山右有洞,洞周壁多孔,天將雨,烟雲四吐,俗名巴蛇洞。《蜀故》云:有東坡讀書處。」又:「東坡山:治南四十里,有實相寺,相傳係東坡讀書院。」卷十三:「華藏寺:治南三十里,上有東坡讀書臺古迹。」以下引僧德果詩并序:「州治五里山華藏庵前,一峰突起,平如掌然,舊為東坡先生讀書堂。」

傳嘗讀書青神上巖,題中巖「唤魚池」字,作《中巖尊者洞》詩。

嘉慶《眉州屬志》卷二《古迹·青神縣·上巖》謂巖在治東南十八里一山之上並云:「巖有三石筍鼎峙,宋蘇東坡嘗讀書於此。」《中巖》:「去上巖二里許。即巨那尊者道場。下有唤魚池,客至撫掌,魚羣出。……巖上,東坡書『唤魚池』三大字。」詩見光緒《青神縣志》卷四十八,題軾作,詩云:「額上明珠已露機,那堪聖佛放頭低。洞門不是無人鎖,這鎖還須這鎖題。」疑僞托,姑録此。

訪程建用（彝仲），至星橋别業，或為此次離蜀前事。

《文集》卷五十八與建用第二《簡》，作於密州，云：「心貌衰老，不復往日，惟念斗酒隻雞，與親舊相從爾。星橋别業，比來更增葺否？」知軾在蜀時，嘗遊星橋别業。此别業或為建用家所有。

與弟轍隨父洵赴京師。至成都，謁張方平（安道）。方平撰書薦洵於歐陽修，以六科勉軾兄弟。

《蘇潁濱年表》：「是春，轍父子三人同游京師，過成都，謁知益州張方平。方平一見，待以國士。」《欒城集》卷三《送張公安道南都留臺》、《欒城第三集》卷一《追和張公安道贈别絶句一首・引》敍其事。

《避暑録話》卷下謂方平為洵「作書辦裝，使人送之京師」謁歐陽修。

《欒全集》卷三十九《文安先生墓表》：「初，君將游京師，過益州與僕别，且見其二子軾、轍及其文卷。曰：『二子者將以從鄉舉，可哉？』僕披其卷，曰：『從鄉舉，乘騏驥而馳閭巷也。六科所以擢英俊，君二子從此選，猶不足騁其逸力爾。』君曰：『姑為後圖。』」

三月二十八日，與弟轍遊成都大慈寺極樂院，觀盧楞伽筆迹，題名。

題名見《佚文彙編》卷六（二五七九頁）；《輿地紀勝》卷一百三十七、《全蜀藝文志》卷五十一上謂「今存」。楞伽，《益州名畫録》有傳，唐人。《范成大佚著輯存》所收《成都古寺名筆記》記大慈寺保福院佛殿内有「羅漢一堂，盧楞伽筆」，稱「妙格上品」。

在成都，嘗晤李士寧。

《文集》卷六十八《書章詧詩》：「士寧，蓬州人也。語默不常，或以為得道者，百歲乃絶。嘗見余於成都，曰：「子甚貴，當策舉首。」已而果然。」參元祐元年閏二月六日紀事。

《歐陽文忠公集·居士集》卷九《贈李士寧》有云：「蜀狂士寧者，不邪亦不正。混世使人疑，詭譎非一行。平生不把筆，對酒時高詠。初如不著意，語出多奇勁。傾財解人難，去不道名姓。」《彭城集》卷十五《送李士寧山人》有「帝城車馬日喧喧，物外相從意爽然」之句，是士寧常至京師。《欒城集》卷十二《同孔常父作張夫人詩》亦及之。

發成都，過劍門，經鳳翔府郿縣橫渠鎮，游崇壽院，經扶風，過長安，經華清宫，出關中，至澠池。

參本年三月二十八日紀事，發成都，約及閏三月。

《輿地紀勝》卷一百九十二《利州路·劍門關·碑記·唐碑》引蘇軾《南行録·題木櫪觀》詩，敍經劍門事，詳嘉祐四年「過萬州武寧縣木櫪觀題詩」條紀事。

《蜀故》卷十：「劍閣兩石壁上，鐫唐、宋人碑碣無數，悉皆剥落斷鈌，惟李義山、陸放翁、蘇東坡三碑尚可披讀，惜乎懸崖絶壁，不可摹搨耳。」玆附於此。

《詩集》卷三《太白山下早行，至横渠鎮，書崇壽院壁》末云：「再遊應眷眷，聊亦記吾曾。」《欒城集》卷一次韻：「據鞍應夢我，聯騎昔嘗曾。」皆憶敍此行。蘇軾詩題下「查註」：「崇壽院，在郿縣東五十里横渠鎮南。」郿縣屬鳳翔府，在府東南一百里，有横渠鎮。

《文集》卷十一《鳳鳴驛記》：「始余丙申歲舉進士，過扶風，求舍於館人，既入，不可居而出，次於逆旅。」鳳翔府有扶風縣，在府東八十里，然鳳翔府為扶風郡，此所云之扶風，為鳳翔府城。

《欒城後集》卷二十一《汝州龍興寺修吴畫殿記》：「東遊至岐下，始見吴道子畫，乃驚曰：『信矣，畫必以此為極也。』」岐下乃鳳翔。乃此時事。

《嘉祐集》卷十五《途次長安上都漕傅諫議》敘過長安，與傅諫議相逢。《文集》卷六十八《記關右壁間詩》云「舊見此詩於關右壁間」，當為此時事。經華清宫，見元豐五年十月七日紀事。

《欒城集》卷一《懷澠池寄子瞻兄》自注：「轍昔與子瞻應舉，過宿縣中寺舍，題老僧奉閑之壁。」題壁不見。《詩集》卷三有和。澠池在京西一百五十六里，屬河南府。

五六月間，抵京師，館於興國寺浴室老僧德香之院。時大雨。

《文集》卷二十一《興國寺浴室院六祖畫贊》敘住浴室院，惠汶為堂上侍者。《嘉祐集》卷十《上韓樞密書》：比來京師，游阡陌間，「蓋時五六月矣，會京師憂大雨」。《詩集》卷一《牛口見月》：「忽憶丙申年，京邑大雨霧。」以下敘大雨景象。

《欒城集》卷四《和子瞻宿臨安净土寺》中云：「昔年旅東都，局促吁已厭。城西近精廬，長老時一覘。每來獲所求，食飽山茶釅。塵埃就湯沐，垢膩脱巾幨。不知禪味深，但取飢腸饜。」乃寫浴室院時事。

《汴京遺迹志》卷十：興國寺，在馬軍橋東北，太平興國間建。

父洵上《書》歐陽修，并上所作《洪範論》、《史論》。修大稱賞，上之朝薦之。洵會遇吴中復。

《書》乃《嘉祐集》卷十一《上歐陽内翰第一書》。修嘗知制誥，又嘗為翰林侍讀學士。見《歐陽文忠公集》卷首《年譜》。歐集《奏議集》卷十四《薦布衣蘇洵狀》稱洵「論議精於物理而善識權變，文章不為空言而期於有用」，上所撰書二十篇。《樂全集》卷三十九《文安先生墓表》謂修見洵，大稱嘆，目為孫卿子，自是名動天下。《欒城集》卷二十六祭修文、《欒城後集》卷十二《潁濱遺老傳》皆敍修盛贊父洵。《濟南先生師友談記》引蘇軾語謂修「薦章才上，一時公卿爭先求識面，交口推服，聲名一日大振」。《避暑録話》卷下謂修得洵所著書，大喜曰：「後來文章當在此。」

庫本《嘉祐集》卷十五《送吴侯職方赴闕引》：「吴侯有名於世三十年，而猶於此為遠官，今其東歸，其不碌碌為此官也哉！」《輿地紀勝》卷一百四十六《成都府路·嘉定府·官吏》：「吴中復：為犍為令。土産紅桑、紫竹、荔枝，三者為民害。作《三戒》詩勸諸石。」《長編》卷一百七十五皇祐五年十二月庚申：「太常博士吴中復為監察御史裏行。」並謂：「中復，興國軍人。嘗知犍為縣，有善政。」《宋史》卷三百二十二《吴中復傳》：「字仲庶，興國永興人。」《文集》卷六十九《跋先君書送吴職方引》：「先君家居，人罕知之者，公攜其文至京師，歐陽文忠公始見而知之。」作於元豐七年四月十四日，時過興國軍慈（磁）湖。知吴職方乃吴中復。中復官犍為時，蘇洵與游；歐陽修知洵，首得力於中復。《嘉祐集》卷十二《與吴殿院書》云「在京師逾年，相見至少」，作於嘉祐二年。此吴殿院即中復。《梅堯臣集編年校注》卷二十七有《送吴仲庶殿院使北》，亦作於嘉祐二年。《宋史》中復傳謂嘗官殿中侍御史，稱殿院，以此。

《跋先君書送吴職方引》又云：「公（按：指吴職方）與文忠交蓋久，故文忠謫夷陵時，贈公詩有『落筆妙天下』之語。」修詩見歐集中之《居士集》卷十一，題作《送前巫山宰吴殿丞》，題下原注：「字照鄰。」

中有「高文落筆妙天下」之句，景祐三年作。是蘇軾以中復、照鄰為一人。然《梅堯臣集編年校注》卷二十八既有《送吳照鄰都官通判成都》詩，作於嘉祐三年，而同年又有《次韻和吳仲庶舍人送德化郭尉》、《次韻和吳仲庶苗察二君村墅閑居》二詩。知中復（仲庶）與照鄰為二人，蘇軾蓋偶誤。《總案》以以上所云之《與吳殿院書》中之「殿院」為「殿元」，並謂此人乃吳照鄰，亦誤。

《宋史》中復傳謂卒年六十八，《長編》卷二百九十五謂元豐元年十二月卒。

七月癸巳（十三日），朝廷以范師道、王疇、胡俛、韓彥、王瓘、宋敏求等考試開封舉人。

《蘇潁濱年表》本日紀事：「以侍御史范師道、開封府判官祠部郎中直秘閣王疇、祠部員外郎集賢校理胡俛、屯田員外郎集賢校理韓彥、太常博士集賢校理王瓘、太常丞集賢校理宋敏求考試開封舉人。」

師道字貫之，吳縣人，嘉祐八年卒，年五十九。《宋史》卷三百二有傳。疇字景彝，曹州人。治平二年卒，年五十九。《宋史》卷二百九十一有傳。俛字公謹，事迹詳《雞肋集》卷六十六墓誌銘。《蘇魏公文集》卷三十三有《三司度支判官尚書刑部郎中充集賢校理王瓘可尚書兵部郎中依前集賢校理充三司度支判官制》。敏求見熙寧三年「嘗與宋敏求論杜詩」條。彥，待考。

秋，應開封府解。與林希（子中）、王汾（彥祖）、顧臨（子敦）、胡宗愈（完夫）同試景德寺。

秋云云，據《施譜》。與林希云云，據《詩集》卷三十二《次韻林子中王彥祖唱酬》自注，弟轍亦在內。

《東京夢華録》卷三謂上清宮在新宋門裏街北，而「景德寺在上清宮背」。卷一《東都外城》謂東城一邊，其門有四，新宋其一。

希，福州人。《宋史》卷三百四十三有傳。嘉祐二年進士，見《淳熙三山志》卷二十六。汾，禹偁曾孫，見《長編》卷二百八治平二年十月甲午紀事。臨，會稽人；宗愈，常州晉陵人：《宋史》卷三百四十四、三百一十八分別有傳。臨卒年七十二，《長編》卷五百九謂元符二年四月卒，知長於蘇軾八歲。

應舉時，杜叔元（君懿）以所藏諸葛筆贈之。父洵兄事叔元。

應舉云云，據《文集》卷七十《書杜君懿藏諸葛筆》。

叔元，成都人。參元豐三年四月十三日紀事。《梅堯臣集編年校注》卷二十五有《送杜君懿屯田通判宣州》詩。其通判宣州，為嘉祐三年。見《宣城右集》卷八引《池軒記》。《公是集》卷七有詩及叔元。嘗為都官郎中，見《文集》卷七十《書許敬宗硯二首》。宋黃康弼《續會稽掇英集》卷二、清閔麟嗣《黃山志定本》卷六有叔元詩各一首。

《大觀録》卷五《與杜道源》宋吳幵跋謂蘇洵「友君懿而兄事之」。《晚香堂蘇帖》有父洵與叔元簡，云：「洵頓首。前辱臨顧，未由詣謝，承惠教，祗增愧悚。晴暖，尊體佳勝。旦夕□前次。人還，且此布謝，不宣。洵再拜君懿郎中仁兄閣下。」另行起云：「錢亦如數領訖，何用忙也。」「□」似「走」字；作「走」，文義不順，疑有缺文，如有缺文，則「前次」屬下讀亦可。洵稱叔元為郎中，以梅堯臣送叔元詩言之，或為屯田郎中。其時，二人似皆在京師，為嘉祐事，抑為治平事？則不詳。簡後，蘇軾楷書為跋，云：「此先子手書也，謹泣而藏之。軾。」《佚文彙編》未收。茲以洵簡並軾跋附之於此。

榜出，袁轂（容直、公濟）首選，蘇軾第二。弟轍亦中其選。

榜出云云，據《挈齋集》卷十七《先公墓表》。弟轍云云，據《蘇潁濱年表》。《詩集》卷三十二《袁公濟和劉景文登介亭詩復次韻答之》「秋風起鴻雁，我亦繼華躅」乃敘此時事。《寶慶四明志》卷八《袁轂傳》謂轂嘉祐六年登第。《文集》卷二《儒者可與守成論》、《物不可以苟安論》，題注「程試」作，即此次作。《文集》卷四十六《謝秋賦試官啟》：「觀其發問於策，足以盡人之材。講求先聖之心，考其詩義；深悲古學之廢，訊以曆書。條任子之便宜，訪成均之故事。」策不見。啟，明年登第後作。

九月十九日，父洵撰《送石昌言使北引》，軾書。

據《文集》卷六十六《跋送石昌言引》，洵文見《嘉祐集》卷七。昌言名揚休，使遼除命見《長編》卷一百八十三本年八月丙寅紀事。《文集》卷十六《蘇廷評行狀》謂幼女適石揚言，揚言與揚休當為兄弟輩，故蘇軾稱揚休次子康伯為表兄。揚休，《宋史》卷二百九十九有傳，《名臣碑傳琬琰之集》有范鎮所撰墓銘。卒於嘉祐二年，年六十三。同年司馬光有哀辭，見光集卷七十五。《湘山野録》卷中謂皇祐館中詩筆，「揚休最得唐人風格」。蓄名墨，不許人磨，《文集》卷七十《書石昌言愛墨》及之，有微詞。

父洵上《書》樞密使韓琦，論制兵之豪縱在厲威武，琦不用。

《書》乃《嘉祐集》卷十《上韓樞密書》，并上所作《權書》。《書》言「今之所患，大臣好名而懼謗，好名則多樹私恩，懼謗則執法不堅，是以天子之兵，豪縱至此而莫之或制」；制之之道，在「厲威武以振其墮」。

《避暑録話》卷上謂琦為樞密使，「時軍政久弛，士卒驕惰，欲稍裁制，恐其忤怨而生變，方陰圖以計為之」，會洵自蜀來，乃探琦意，遽為《書》顯載其説，且聲言教琦先誅斬，琦大駭，謝不敢再見，微以咎歐陽修。

張方平為三司使，自益州抵京師。父洵嘗訪方平，方平詢其學業。

《長編》卷一百八十三本年八月癸亥（十四日）紀事：知益州張方平為三司使。方平得新除後抵京師，約已及歲末。

《高齋漫録》（涵芬樓鉛印本《説郛》卷二十七）：「三蘇自蜀來，張安道、歐陽永叔延譽於朝，自是名譽大振。明允一日見安道，安道問云：『令嗣近日看甚文字？』明允答以軾近日方再看《前漢》。安道曰：『文字尚看兩遍乎？』明允歸以語子瞻，子瞻曰：『此老特未知世間人果有看三遍者。』安道嘗借人十七史，經月即還，云：『已盡閲。』其天資强記，數行俱下，前輩宿儒，罕能及也。」

傳張方平（文定）嘗試蘇軾兄弟以制科文字。

涵芬樓《説郛》卷四十六《瑞桂堂暇録》：「老泉攜東坡、潁濱謁張文定公。時方習制科業，將應詔，文定公與語奇之，館於齋舍。翌日，文定公忽出六題，令人持與坡、潁云：『請學士擬試。』文定密於壁間窺之。兩公得題，各就坐致思。潁濱於一題有疑，指以是（按：當作「示」）坡，坡不言，但舉筆倒敲几上云：『《管子》注。』潁濱疑而未决也，又指其次，東坡以筆勾去，即擬撰出以納。文定閲其文，益喜，勾去一題，乃無出處，文定欲試之也。次日，文定見老泉，云：『皆天才。長者明敏尤可愛，然少者謹重，成就或過之。』所以二公皆受知文定，而潁濱感之尤深。」《鐵圍山叢談》卷二亦云：「昔東坡公同其季子由入省草試，而坡不得一，方對案長嘆，且目子由，子由解意，把筆管一卓，而以口吹之，坡遂寤，乃《管子》注也。」蓋出傳聞，故不同。前者所敘乃此時事，非嘉祐六年應制科時事。

在京師，嘗與弟轍潛心稽考《公羊》、《穀梁》、《左氏》三傳。

《欒城先生遺言》：「潁昌吾祖書閣，有厨三隻，《春秋説》一軸，解注以《公》、《穀》、《左氏》、孫復。卷末後題：『丙申嘉祐元年冬，寓居興國浴室東坐第二位，讀《三傳》。』次年夏辰時，坡公書名押字。少年親書此卷，歷積蠹簡中，未嘗開緘。籀偶開之，一一對擬今黄門《春秋集傳》，悉皆有指定之説。想爾時與坡公同學，潛心稽考，老而著述大成，遺書具在，當以黄門《集傳》為證據。坡公晚歲謂《春秋傳》皆古人未至，故附記之於斯。」又：「公少年與坡公治《春秋》。」

在京師，頗不滿紈綺習氣。

《詩集》卷二十二《寄周安孺茶》中云：「粤自少年時，低徊客京轂。雖非曳裾者，庇廕或華屋。頗見紈綺中，齒牙厭粱肉。」

蘇軾年譜卷三

嘉祐二年（一〇五七）丁酉　二十二歲

正月六日，以翰林學士歐陽修知貢舉，翰林學士王珪、龍圖閣直學士梅摯、知制誥韓絳、集賢殿修撰范鎮並權同知貢舉。

據《宋會要輯稿》第一百七册《選舉》一之一一。《輯稿》第一百一十五册《選舉》一九之一二本年正月五日紀事謂梅堯臣、鮮于侁等充點檢試卷官。珪字禹玉，摯字公儀，絳字子華，鎮字景仁，堯臣字聖俞，《宋史》卷三百十二、二百九十八、三百十五、三百三十七、四百四十三分別有傳。侁見治平四年十一月初四日紀事。

應省試，所撰《刑賞忠厚之至論》無所藻飾，一反險怪奇澀之「太學體」。梅堯臣得之以薦，歐陽修喜置第二。省試時並作雜策五首、詩一首。

《宋史》卷三百十九《歐陽修傳》：「時士子尚為險怪奇澀之文，號『太學體』，修痛排抑之，凡如是者輒黜。」

《歐陽文忠公集》附録卷五歐陽發等所述《事迹》謂「僻澀如『狼子』、『豹孫』、『林林』、『逐逐』之語，怪誕如『周公俘圖』、『禹操畚鍤』、『傳説負版築來築太平之基』之説」。《石林詩話》謂「平時有聲如劉煇輩，皆不預選」。

《墓誌銘》：「嘉祐二年，歐陽文忠考試禮部進士，疾時文之詭異，思有以救之。梅聖俞時與其事，得公《論刑賞》以示文忠。文忠驚喜，以為異人，欲以冠多士。疑曾子固所為，子固，文忠門下士也，乃置公第二。」《詩集》卷八《監試呈諸試官》敍修變革文體。《欒城後集》卷二十三《歐陽文忠公神道碑》：「子瞻以進士試稠人中，公與梅聖俞得其程文，以為異人。」卷二十六《祭歐陽少師文》敍修變革文體。

論見《文集》卷二。雜策見卷七。《宋史》卷一百五十一《選舉志》：「凡進士，試詩、賦、論一首，策五道。」雜策《休兵久矣而國益困》有「自寶元以來」休兵十有餘年語，知為此時作。詩乃《詩集》卷四十八《豐年有高廩》，參注文所引《江鄰幾雜誌》。賦不見。

《文集》卷四十九《謝梅龍圖啟》：「軾長於草野，不學時文，詞語甚樸，無所藻飾。」

《濟南先生師友談記》：「王仲薿承事，字豐甫，相國郇公之子也。昔為廌言：東坡自蜀應進士舉，到省時，郇公以翰林學士知舉，得其論與策二卷稿本。論即《刑賞忠厚之至》也。凡三次起草，雖稿亦結塗注，其慎如此。論卷竊為道人梁冲所得，今所存惟策稿爾。冲以吐納、醫藥為術，東坡貶時識之。今在京師，豐甫欲訴於官取之爾。」郇公，王珪。仲薿，珪少子，建炎初知袁州，《南宋書》卷三有傳。冲，參元豐七年「賦詩贈梁冲道人」條。

《石林燕語》卷八:「蘇子瞻自在場屋,筆力豪騁,不能屈折於作賦。省試時,歐陽文忠公銳意欲革文弊,初未之識。梅聖俞作考官,得其《刑賞忠厚之至論》,以為似《孟子》。然中引臯陶曰『殺之三』,堯曰『宥之三』,事不見所據,亟以示文忠,大喜。往取其賦,則已為他考官所落矣,即擢第二。及放榜,聖俞終以前所引為疑,遂以問之。子瞻徐曰:『想當然耳,何必須要有出處?』聖俞大駭,然人已無不服其雄俊。」《侯鯖録》卷七謂《刑賞忠厚之至論》乃應直言極諫科時所作,誤;謂諸主文不知堯、臯陶事出處,及蘇軾入謝日,「引過詣兩制幕次,歐公問其出處,東坡笑曰:想當然耳,數公大笑。」《捫虱新話》卷二《東坡作文用事》條記載略同《石林燕語》。

《老學庵筆記》卷八敍梅堯臣得蘇軾所撰《刑賞論》,以下云:「以示歐陽公。公曰:『此出何書?』聖俞曰:『何須出處。』公以為皆偶忘之,然亦大稱歎。初欲以為魁,終以此不果。及揭榜,見東坡姓名,始謂聖俞曰:『此郎必有所據,更恨吾輩不能記耳。』及謁謝,首問之,東坡亦對曰:『何須出處。』乃與聖俞語合。公賞其豪邁,太息不已。」

《誠齋詩話》謂歐陽修作省試知舉,蘇軾為第二。以下云:「坡來謝,歐陽問坡所作《刑賞忠厚之至論》,有『臯陶曰殺之三,堯曰宥之三』,此見何書?坡曰:『事在《三國志·孔融傳注》。』歐退而閲之,無有。他日再問坡,坡云:『曹操滅袁紹,以袁熙妻賜其子丕。孔融曰:昔武王伐紂,以妲己賜周公。操驚問何經見,融曰:以今日之事觀之,意其如此。堯、臯陶之事,某亦意其如此。』歐退而大驚,曰:『此人可謂善讀書,善用書,他日文章,必獨步天下。』然予嘗思之,《禮記》云:『獄成,有司告於王。王曰宥之，有司曰在辟。王又曰宥之，有司又曰在辟。三宥不對，走出，致刑於甸人。』坡雖用孔融意，然亦用《禮記》故事，其稱王謂王三皆然，安知此典故不出堯。」按：「獄成」云云，見《禮記》卷二十《文王世子》。參《芥隱筆記》。

《詩集》卷三十《和子由除夜省宿致齋三首》其三：「當年踏月走東風，坐看春闈鎖醉翁。」寫省試。

復以《春秋》對義，居第一。

據《墓誌銘》。

《經進東坡文集事略》卷三《南省講三傳十事》總題題下郎曄注：「仁宗嘉祐二年，歐陽文忠公修考試禮部，既置公第二，復以《春秋》對義，居第一，即此十事。見公《墓誌》。」

《總案》謂「《春秋》對義，本集不載」，誤。文在《文集》卷六，即《三傳義》十篇。

三月辛巳（初五日），仁宗御崇政殿，試禮部奏名進士，又試特奏名。內出《民監賦》、《鸞刀詩》、《重申巽命論》題。

三月辛巳云云，據《長編》卷一百八十五。「內出」云云，見《宋會要輯稿》第一百一十册《選舉》七之一七；「申」原脱。

蘇軾此次御試所作賦、詩已佚，論見《文集》卷二。

《鐵圍山叢談》卷二謂蘇軾與弟轍：「將就御試，共白厥父明允，慮一有黜落奈何。明允曰：『我能使汝皆得之，一和題一駡題可也。』由是二人皆得中。」茲附於此。

丁亥(十一日),賜進士章衡等二百六十二人及第,一百二十六人同出身。

據《長編》卷一百八十五。《宋史·仁宗紀》三月紀事:「是月,賜禮部奏名進士、諸科及第出身八百七十七人。」《長編》本月壬午有「試諸科」記載。此八百七十七人當包括進士及第及同出身者三百八十八人。

章衡見以下「同年以後」條紀事。

蘇軾、蘇轍皆進士及第。與瓊林苑宴,與蔣之奇約卜居陽羨。見歐陽修,以書啟謝修及梅摯、王珪、范鎮、韓絳。上書韓琦及梅堯臣,見琦及富弼。謝秋賦試官。修喜得軾,并以培植其成長為己任。士聞者始譁不厭,久乃信服,文風為變。蘇氏文章,遂稱於時。

《墓誌銘》:「殿試中乙科。」《王譜》同。《紀年録》謂中丙科,升一甲。

歐陽修《蘇明允墓誌銘》、曾鞏《蘇明允哀詞》皆謂軾、轍舉進士在高等,前者並謂於是「父子隱然名動京師,而蘇氏文章遂擅天下」。《太平治迹統類》卷二十八引李復圭《紀聞》,列舉是科登第者十六人之名,首章衡,軾居第六,轍居第十五。《蘇潁濱年表》謂轍中第五甲。李復圭,《宋史》有傳,略長於蘇軾。其《紀聞》已佚。

《文集》卷六十三《祭歐陽文忠公夫人文》敍見修,修「為撫掌,歡笑改容」,為言「我老將休,付子斯文」。卷四十九《謝歐陽内翰(修)書》敍當時文弊「求深者或至於迂,務奇者怪僻而不可讀」;敍省試擢在第二後,「羣嘲而聚罵者動滿千百」。《謝梅龍圖(摯)書》、《謝范舍人(鎮)書》亦見卷四十九。

《謝王内翰（珪）啟》、《謝韓舍人（絳）啟》見卷四十六。《上韓太尉（琦）書》、《上梅直講（堯臣）書》見卷四十八。卷十《范文正公文集敍》：「登第，始見知於歐陽公。」以下言因修以識韓琦、富弼，「皆以國士待軾」。卷四十六有《謝秋賦試官啟》，《七集·續集》此文「謝」前有「登第後」三字。《蘇潁濱年表》嘉祐元年紀事：明年登第後，有《謝秋試官啟》。轍啟不見。

《詩集》卷二十四《次韻蔣潁叔》：「瓊林花草聞前語，罨畫溪山指後期。」自註：「蔣詩記及第時瓊林苑宴坐中所言，且約同卜居陽羨。」潁叔，之奇字。之奇見本年以下「同年以後」條。

《詩集》卷九《韓子華石淙莊》：「我舊門前客。」卷二十六《次韻王定國謝韓子華過飲》：「我亦老賓客。」子華，絳字。「客」云者，以絳為座主也。

《歐陽文忠公集·書簡》卷六嘉祐二年《與梅聖俞》：「某啟。承惠答蘇軾書，甚佳，今却納上。」又謂：「讀軾書，不覺汗出，快哉！快哉！老夫當避路，放他出一頭地也。可喜！可喜！」又謂：「因出，頻見過。某居常在家。吾徒為天下所慕，如軾所言是也。奈何動輒逾月不相見。軾所言樂，乃某所得深者爾，不意後生達斯理也。」

《文集》卷六十四《太息一章送秦少章秀才》：「昔吾舉進士，試於禮部，歐陽文忠公見吾文，曰：『此我輩人也，吾當避之。』方是時，士以剽裂為文，聚而見訕，且訕公者所在成市。曾未數年，忽焉若潦水之歸壑，無復見一人者。」《宋大事記講義》卷七《變文體》謂訕者「或為祭歐陽文」。《宋史》卷三百一十九《歐陽修傳》謂「囂薄者伺修出，聚譟於馬首，街邏不能制」，然文體自是亦變。

《欒城集》卷十五《送歐陽辯》：「我年十九識君翁，鬢髮白盡顴頰紅。奇姿雲卷出翠阜，高論河決生清風。我時少年豈知道，因緣父兄願承教。（下略）」

《嵩山文集》卷九《題六一東坡像》詩末自註：「歐陽云：『自古異人間出，前後參差不相待。予老矣，乃今見之，豈不為幸哉！』」所云「見」者，見蘇軾也。

《能改齋漫録》卷十一《放出一頭地》：「東坡初登第，以詩謝梅聖俞。聖俞以示文忠公，公答梅書略云：『不意後生能達斯理也。吾老矣，當放此子出一頭地。』」軾詩未見。

同年以後交往者有章衡、曾鞏、曾布、林希、朱光庭、蔣之奇、張琥、鄭雍、章惇、葉温叟、林旦、晁端彦、邵迎、刁璹、蘇舜舉、程筠、傅才元、鄧綰、蕭世京、家定國、吴子上、王琦、陳侗、莫君陳、蔡元導、蔡承禧、黄好謙、單錫、李惇、丁騭、劉同年、石同年、時同年、孫同年、楊同年、□處善。

章衡，字子平，浦城人。《宋史》卷三百四十七有傳。

曾鞏，字子固，建昌南豐人。《宋史》卷三百一十九有傳。

曾布，字子宣。鞏弟。《宋史》卷四百七十一有傳。

林希。已見嘉祐元年「應開封府解」條。

朱光庭，字公掞，偃師人。《宋史》卷三百三十三有傳。《詩集》卷二十七《次韻朱光庭初夏》題下「王堯卿註」謂與蘇軾同年。

蔣之奇，常州宜興人。《宋史》卷三百四十三有傳。《詩集》卷二十四《次韻蔣穎叔》題下「王堯卿註」謂與蘇軾同年。

張琥，後改名璪，字邃明，滁州全椒人。《宋史》卷三百二十八有傳。《文集》卷十《稼說》謂與琥為同年。

鄭雍，字公肅，襄邑人。見《北海集》卷三十四行狀。

章惇，字子厚。見《曲洧舊聞》卷五。謂與晁端彥同榜及第，同歲生。

葉温叟，見《避暑録話》卷下。

林旦，見《淳熙三山志》卷二十六；希之弟。

晁端彥，見本譜本年「晁端彥來定交」條紀事。

邵迎，見《文集》卷十《邵茂誠詩集敍》。

刁璹，見《至順鎮江志》卷十八《人才・僑寓》。

蘇舜舉，見《詩集》卷九《與臨安宗人同年劇飲》題下「查註」。

程筠，見《詩集》卷二十三詩題。

傅才元，見本譜紹聖二年紀事。

鄧綰，見本譜治平四年「四月護父喪還家」條紀事。

蕭世京，見順治《吉安府志》卷四。

家定國，見《欒城集》卷二詩題。

吴子上，見《文集》卷六十九《跋先君書送吴職方引》。

王琦（文玉），見元豐七年「至池州」條紀事。

陳侗，見《欒城集》卷十四詩題。

莫君陳，見《嘉泰吴興志》卷十七。

蔡元導、蔡承禧，見《蘇魏公文集》卷五十六《承議郎集賢校理蔡公墓誌銘》。

黄好謙，見《文集》卷六十三《祭黄幾道文》。幾道，好謙字。

單錫，見《咸淳毗陵志》卷十一。

丁騭，見《咸淳毗陵志》卷十一。

李惇，見《詩集》卷二十五《李憲仲哀詞》敍。憲仲，惇字。

劉同年，見《文集》卷四十九《答劉沔都曹書》；此同年，乃沔之父。

石同年，見《佚文彙編》卷四《與子明》第六簡。

時同年，見元豐元年「滕縣時同年建西園」條。

孫同年，見《詩集》卷十九詩題。

楊同年，見元祐五年「楊同年自秀州至」條。

□處善，見《佚文彙編》卷三《與處善宣德》。

晁端彦（美叔）來定交。

《詩集》卷三十五《送晁美叔發運右司年兄赴闕》起八句云：「我年二十無朋儔，當時四海一子由。君來扣門如有求，頎然鶴骨清而修。『醉翁遺我從子遊，翁如退之蹈軻、丘，尚欲放子出一頭』，酒醒夢斷四十秋。」自註：「嘉祐初，軾與子由寓興國浴室，美叔忽見訪。云：『吾從歐陽公遊久矣，公令我來，與子定交，謂子必名世，老夫亦須放他出一頭地。』」《王譜》引此詩前三句謂端彥與蘇軾定交為至和二年事，似誤解詩意。

端彥字美叔。參《詩集》卷十三《懷西湖寄晁美叔同年》題下「施註」。

梅堯臣作詩贈勉曾鞏、蘇軾。

詩乃《梅堯臣集編年校注》卷二十七《送曾子固蘇軾》，首云「屈宋出於楚，王馬出於蜀」，中云「楚蜀得曾蘇，超然皆絶足」。

四月七日，母程氏卒。訃至，父子倉惶返蜀，父洵與歐陽修、吴中復簡報之。

四月七日云云，據《温國文正司馬公文集》卷七十六程氏墓誌銘；程年四十八。

《嘉祐集》卷十一《上歐陽内翰第三書》、卷十二《與吴殿院書》皆敍返蜀倉惶，未及告別歐陽修、吴中復。與修簡回蜀後作。

十月，伯父渙知衡州任滿。

據《永樂大典》卷八千六百四十七引《衡州府圖經》。

十一月庚子（二十二日），母程氏葬於眉州武陽安鎮鄉可龍里老翁泉側。

葬時據《温國文正司馬公文集》程氏墓誌銘。葬地據《嘉祐集》卷十四《祭亡妻文》、《老翁井銘》。前者有「鑿為二室，期與子同」，蓋自營墓室也；《文集》卷六十六《書温公誌文異壙之語》亦及之。「可」疑為「石」之誤，見治平四年八月壬辰紀事。

歐陽修覆父洵簡，簡及蘇軾兄弟。

修簡見《歐陽文忠公集·書簡》卷七，本年作。簡有「今者賢郎又至，得書」云云，知軾兄弟亦有書致候歐陽修；「賢郎又至」當為賢郎又遣人至之略文，軾兄弟未嘗於今年回京師。

史經臣（彦輔）卒。父洵為立後、治喪；奉父命往弔。

《嘉祐集》卷十四祭經臣文云及回蜀時，經臣「病告革」，旋卒，乃為收拾其遺稿；末云「命軾往奠」。《文集》卷七十二《史經臣兄弟》敍父洵為經臣治喪、立後；贊經臣有才氣，篤於節義。

是歲，弟轍賦蜀州絶勝亭詩。嘗為書之。

據《文集》卷六十八《書子由絶勝亭詩》，亭乃新建。

嘉祐三年（一〇五八）戊戌　二十三歲

梅堯臣（聖俞）題老人泉詩寄父洵，贊蘇軾兄弟，勉洵出仕。

詩見《梅堯臣集編年校注》卷二十八，次今年。《文集》卷六十八《書聖俞贈歐陽閥詩後》亦引堯臣寄父洵詩，並敍二人友誼。

十月，父洵得雷簡夫《書》，聞將召試學士院。

《嘉祐集》卷十二《答雷太簡書》云及「前月辱書，承諭朝廷將有召命」，據下引《上皇帝書》，即召試學士院。「前月」乃就中書劄子到時之前一月而言，即十月。參下條十一月五日紀事。

十一月五日，召命下。父洵稱病不赴試。

《何譜》：「老蘇年五十，天子召試紫微閣，辭以疾不就。」餘參以下十二月一日紀事。

十二月一日，父洵上《書》仁宗皇帝。

《嘉祐集》卷九《上皇帝書》：「嘉祐三年十二月一日，眉州布衣臣蘇洵謹頓首再拜冒萬死上書皇帝闕下。臣前月五日，蒙本州録到中書劄子連牒臣，以兩制議上翰林學士歐陽修奏臣所著《權書》、《衡論》、《機策》二十篇，乞賜甄録。陛下過聽，召臣試策論舍人院，仍令州發遣臣赴闕。」以下敍辭不赴，再下提出改革吏治、恢復武舉等十條措施。「前月」乃十一月。

《何譜》謂此《上皇帝書》為萬言書。

父洵答雷簡夫《書》，致《書》梅堯臣，敍不赴試之意。

答簡夫書敍歐陽修以《權書》等進之朝廷，「苟朝廷以為其言之可信，則何所事試」！《嘉祐集》卷十二與堯臣《書》謂「不可苟進以求其榮利」，「昨適有病，遂以此辭」。

嘉祐四年（一〇五九）己亥　二十四歲

往成都，與宗兄惟簡（寶月）過往頗多。離成都時，惟簡遠出相送。

《佚文彙編》卷四與惟簡第一《簡》：「昨者累日奉喧，既行，又沐遠出，至刻厚意。」又云：「昨所説兩藥方，劄去呈大人。」在惟簡處，借折枝兩軸、浮漚畫一軸。在成都，蘇軾買纈一匹，以花樣不入意，欲换黄地月□者，託惟簡問價。二人情誼甚深。《簡》作於四月三日，往成都當爲三月間事。參本年四月三日紀事。

王素自定州移知成都，往見之，并上《書》爲蜀人陳情。

《文集》卷四十八《上知府王龍圖書》云及「先魏公宰天下十有八年」。查《宋史》，知此魏公乃王旦，而此知府乃旦之孫素。《書》有「公爲定州」、「爲之三年」之語。查《長編》卷一百八十三，嘉祐元年八月辛亥，權開封府王素知定州。按：此乃除命日期，到任例晚二三月不等。據《書》，素乃自定州移知成都。「三年」乃舉其成數，實不及三年。則素知成都當爲嘉祐四年春間事。《書》云：「軾負罪居喪，不當輒至貴人之門，妄有所稱述。」若三年爲實數，則素至成都時，軾兄弟等已將離去矣。

《書》首云「軒車之來，曾未期月」，作於到任之初。

《書》云：「國家蓄兵以衛民，而賦民以養兵，此二者不可以有所厚薄也。」又云：「庚子之小變，起於兵離，而甲午之大亂，由於民怨。由此觀之，固有本末也。」其本在養民。又云：「蜀人之爲怯，自昔而然矣。民有抑鬱，至此而不能以告者。」意在使民情能上達。

王素，字仲儀，旦之季子。《宋史》卷三百二十有傳。旦，《宋史》卷二百八十二有傳。

弟轍始見趙抃，約爲此時事。

《欒城集》卷二十四《太子少保趙公詩石記》：「轍昔少年，始見公於成都。」抃時爲益州路轉運使，見《文集》卷十七抃之神道碑。轍或與軾同至成都，軾亦或見之也。

抃字閱道，衢州西安人。《宋史》卷三百一十六有傳。

四月三日，與宗兄惟簡（寶月）簡。

簡乃《佚文彙編》卷四與惟簡第一簡。簡云「三日早」作，未云月份。簡云「趁追薦」，當指為亡母程氏四月八日忌日所擬舉行之宗教儀式。簡又有「須至五月十間方得了當」之語，亦可證作於四月。《嘉祐集》卷十四《極樂院造六菩薩記》云及「造六菩薩并龕座二所」。簡云及「點檢粧佛」，當與此有關。

五月，父洵作《自尤》詩，哀幼女之死。

詩見《類編老蘇集》卷二。幼女即軾之第三姊。

六月，父洵上書歐陽修，云秋後赴京師。

書乃《嘉祐集》卷十一《上歐陽内翰第四書》，時召命再下。書首云「夏熱」，《總案》定為六月，今從。

八月，宋君用赴京師，有詩勉其行。

詩見《詩集》卷四十八（二六〇三頁）。詩云「八月秋風高」，點明季節。

父洵作《極樂院造六菩薩記》，追念骨肉之親。

記見《嘉祐集》卷十四，云適將離家「由荆楚走大梁」。

李覯（泰伯）卒。

覯卒於本年仲秋，據《直講李先生文集》附録墓銘，年五十一。南城人，《宋史》卷四百三十二有傳。《文集》卷六十六《跋邢敦夫南征賦》贊李覯之賢，其引覯自述「天將壽我」云云，見覯集卷首自序。《道山清話》謂覯「賢而能文章，蘇子瞻諸公極推重之」。

免喪。

《嘉祐集》卷十一《上歐陽内翰第四書》：「今歲之秋，軾、轍已服闋。」《施譜》云七月，《總案》云九月。

嘗游猪母泉，與妻兄王愿觀魚。

《文集》卷七十二《猪母佛》敍其事。文謂泉在眉州青神縣道側，又謂「泉在石佛鎮南五里」。《蜀中名勝記》卷十二云及眉州「治南石佛鎮」，知石佛鎮屬眉山縣，則猪母泉乃青神邊沿地；又謂鎮有猪龍泉，「曾有乳猪伏於此，化二鯉，蓋猪龍也，詳見《怪異記》中」，當即猪母泉。蘇軾續娶王閏之，有弟箴（元直），未云有兄，知此王愿乃弗之兄。

家有怪石，植疏竹軒中，作詩。

詩乃《詩集》卷四十八《咏怪石》。

十月四日（或五日），蘇軾兄弟侍父洵離眉州，赴京師。別楊濟甫。

《佚文彙編》卷四《與寶月》第二簡作於十月十二日，其時，已至嘉樹五六日。知至嘉樹為六日或七日。據范成大《吴船録》，眉州至嘉州一百二十里，一二日可至。今定為二日，則自眉起程日期當為四日或五日。

《文集》卷十《南行前集敍》：「時十二月八日，江陵驛書。」同上卷四十八《上王兵部書》：「自蜀至於楚，舟行六十日。」可參。

《王譜》：「十二月，侍老蘇舟行適楚。」《施譜》：「九月，侍宮師如京師。」均誤。《紀年録》謂「冬侍宮師適楚」，得之。別濟甫參嘉祐五年二月十五日紀事。

六日（或七日），至嘉樹。

已見十月四日紀事。

《蜀中名勝記》卷十一《峨眉縣》：「嘉樹，在羅目縣東南三十里陽山江溉。兩樹對值，圍各二二尺，上引横枝，亘二丈，相援連理，陰庇百夫。其名曰黄葛，號嘉樹。蘇子由詩：『予生雖江陽，未省到嘉樹。』即此。」據此，嘉樹乃勝概，并非聚落、市鎮，可繫舟暫訪，然不可久停。《與寶月》簡云「至嘉樹亦五六日間」，是以嘉樹指嘉州。「予生」云云二句，見《欒城集》卷一《初發嘉州》。

父洵遊龍巖、凌雲寺，有詩。遇河西猛士郭綸，與弟轍贈詩。遊九頂山治易洞，題詩；為清音亭命名、書額。

《類編老蘇集》卷一有《遊嘉州龍巖》，卷二有《遊凌雲寺》。《詩集》、《欒城集》卷一有《郭綸》。《輿地紀勝》卷一百四十六《嘉定府》：「治易洞，在九頂山後門。皇祐間郡守吴秘名，上有磨崖大字。」詩見《詩集·增補》。《蜀中名勝記》卷十一謂磨崖為「聖作《易》，晦其數，劉傳吴，識易祖」，蘇軾書。同治《嘉定府志》卷三十三：「吴秘受《易》於劉牧，慶曆中，獻牧《易傳》五十卷於朝，優詔獎之。後知嘉州，有善政。州之治易洞，其遺迹也。

《輿地紀勝》卷一百四十六：「清音亭：在九頂山，東坡書額，下瞰大江，萬瓦在目，三峨横陳。」又：「凌雲寺：在府之南山，寺有清音亭，邵博《記》云：『天下山水之勝在蜀，蜀之勝曰嘉州，州之勝在凌雲寺，寺之南山，又其勝也。嘉祐中，東坡字其亭曰清音，又南山之勝也。』」「嘉祐中」三字原脱，據《補續全蜀藝文志》卷二十七引文補。同治《嘉定府志》卷四十三邵博《清音堂記》以下云：「有近歲所謂廉訪者，輒曰亭雖佳，其名字於吾意不可，自書為『横山堂』易之。余舊聞寺有東坡遺迹，過而訪焉，照禪師告余以故。嗟乎，此孔子習禮之樹所以不免於宋人也。雖然，東坡前日之不幸，何獨此哉！而小人之無忌憚，則不復有加矣。舊榜尚存，復置於額而并刻之石，且記其事，以為往來士大夫之一笑。」博字公濟，伯温子。紹興間官果州、眉州、犍為。紹興二十八年卒，《宋史翼》卷十有傳。有《邵氏聞見後録》傳世。

《蜀道驛程記》謂嘉州凌雲大像「南為競秀亭，由佛殿左折而上，有小澗跨石梁，坡公洗墨池也，旁為清音亭，二亭皆俯江干，平視三峨，極曠望之致」，殿右為宋州守吴秘治易洞。《蜀中名勝記》卷十一《峨眉縣》謂峨眉山有純陽殿，「殿前俯溪，有石如船，水出灌堰，石上『龍門』二字，蘇子瞻書」；嘉慶《峨眉縣志》卷九引袁子讓《遊大峨山記》謂山有龍門洞，洞前有龍潭，壁間有「龍門」二字，乃蘇軾筆：有傳聞因素。

傳隨父洵弟轍訪逸民程公望，傳讀書蘇稽山，傳於爛柯洞等處題字，傳題詩白水寺。

同治《嘉定府志》卷五《樂山》：「白崖三洞，城北十里，曰白雲、曰朝霞、曰清風。朝霞洞一名蘊真洞，亦名治易洞，是為宋逸民程公望注《易》故居。」以下謂蘇洵父子數過其地。卷四十六引《憩園偶談》謂程公望寓白巖院注《易》，蘇洵嘗攜二子過之；又引同上書熙寧辛亥十二月十九日韓璹程公洞題名，有「謁公望先生隱舍」之語。

同上卷四《樂山》：「蘇稽山：在城西三十里，有坡老亭。」以下謂陳文燭謂蘇軾讀書於此。卷五：「爛柯洞：城東北，近龍泓寺，有東坡擘窠『爛柯巖洞』四字。」卷四十六：「按《蜀志補罅》，東巖『魚化龍』三字，龍泓寺『爛柯巖洞』四字、『金蝌池』三字，皆軾書。」卷四十《白水寺》：「但得身閑便是仙，眼前黑白漫紛然。請君試向巖中坐，一日真如五百年。」題蘇軾作，疑偽托，姑録此。

十月十二日，因嘉倅任屯田之便，致簡宗兄惟簡（寶月），以行前惟簡不能按約前來為快。

《佚文彙編》卷四與惟簡第二《簡》敍之。《簡》云：「今嘉倅任屯田秀才行，聊附此為問。」屯田不詳其名、字。《温國文正司馬公文集》卷九《和任屯田感舊敍懷》題下自注謂任迥，字元道，或是其人。《佚文彙編》卷四《與友人》謂任為名士，因此識之；作於蜀中。

約於十三日，初發嘉州，父子三人皆有詩。

《佚文彙編》卷四與惟簡第二《簡》：「來早且解纜前去。」作於十二日。洵詩見《類編老蘇集》卷一，首云「家托舟航千里速」，蓋乃全家入京，二子、二媳、蘇軾兄弟之乳母任氏、楊氏皆同行。軾詩見《詩集》卷一，轍詩見《欒城集》卷一。

過犍為，題王齊愈、齊萬書樓，過宜賓，夜泊牛口。至戎州，留題壽昌院。舟中聽父洵彈琴。《詩集》卷一有《犍為王氏書樓》、《過宜賓見夷中亂山》、《夜泊牛口》、《牛口見月》、《戎州》、《舟中聽大人彈琴》。《欒城集》卷一有《過宜賓見夷中亂山》、《夜泊牛口》、《戎州》、《舟中聽琴》諸詩。民國《犍為縣志》人物下謂蘇軾「嘗遊覽犍為山水於子雲亭下，訪王氏書樓古迹，賦詩感慨云」。

《詩集》卷二十《王齊萬秀才寓居武昌縣劉郎洑正與伍洲相對伍子胥奔吳所從渡江也》：「君家稻田冠西蜀，搗玉揚珠三萬斛。塞江流柹起書樓，碧瓦朱欄照山谷。」齊愈字文甫，齊萬字子辯，時寓居武昌。見《犍為王氏書樓》題下「誥案」。

《輿地紀勝》卷一百四十六謂犍為在嘉州東一百二十里。

同上書卷一百六十三《潼川府路·敍州·景物下》：「壽昌院：在城北甘泉門外。東坡過戎州，艤舟遊此，壁間留題，所謂『江山石𥓌之雄觀』是也。有浮圖，高二百尺。」

《山谷先生年譜》元符元年紀事：「重九日遊（戎州）無等院。」以下引黃庭堅《題名》，謂「步自無等院，登永安門，遊息此寺」，「見東坡先生題云，低回其下，久之不能去」。「此寺」未明指，據《年譜》，元符元年，庭堅嘗居南寺，或是。

民國《犍為縣志》人物下謂蘇軾：「嘗至犍為三聖驛，客巡檢署司，題小絶於岩，士人命工刻之。及烏臺獄起，懼株連，悉鑿去。」同上疆土：「三聖石，縣北七十里三聖驛，壁窠大書『三聖石』三字，不著姓名，年代無考。宋眉山蘇東坡與弟子由艤舟游此，題小絶於岩。其詩因禁鑿去，今鑿迹猶存。」有傳聞因素，茲附於此。

在淯井監，得蠻布弓衣所織梅堯臣《春雪》詩，至京師後，贈歐陽修。

據《六一詩話》。《詩話》云此弓衣乃西南夷人所賣者。又云《春雪》在梅集中未為絶唱，「蓋其名重天下，一篇一詠，傳落夷狄，而異域之人貴重之如此耳，子瞻以余尤知聖俞者，得之因以見遺」。於是為修家寶玩。

《輿地紀勝》卷一百六十六《潼川府路・長寧軍・軍沿革》：「國朝初置淯井監，屬瀘州江安縣。」監在瀘州西南二百六十三里。

《春雪》詩見《梅堯臣集編年校注》卷十八，次皇祐元年。

泊南井口，父洵老友任孜（遵聖）來。或亦別任伋。

《詩集》卷一有《泊南井口期任遵聖長官到晚不及見復來》、《欒城集》卷一有《泊南井口期任遵聖》詩。瀘州有南井監，在州西七十里。

《宋史》卷三百四十五《任伯雨傳》：「眉州眉山人。父孜，字遵聖，以學問氣節推重鄉里，名與蘇洵埒。」又云其弟伋，字師中，亦知名；當時稱大任、小任。《詩集》卷六《送任孜通判黄州兼寄其兄孜》云「平泉老令更可悲」，謂孜。平泉屬簡州。蘇氏父子過此時，孜為平泉令，故稱以長官。詩又云「別來十年學不厭」，謂伋。詩作於熙寧二年，距今適為十年，疑伋亦來別。

過合江縣安樂山，作詩。

詩見《詩集》卷一(一四頁)。合江屬瀘州,在州東一百二十三里,有安樂山、安樂溪。《輿地紀勝》卷一百五十三《瀘州》:「天符葉: 初生安樂山,一夕大風雨拔去,不知所在,後得於容子山,俗以為神所遷,如荔枝葉而長,上有文,如蟲蝕,或密或疎,宛類符篆,不知何木也,或以為劉真人仙迹。」以下引軾此詩其一,嗣引其二「真人已不死」云云,謂為轍詩。同上書同卷節引伋《遊安樂山》詩。

過渝州、涪州,經明月峽,至忠州豐都縣,晤知縣李長官,遊仙都觀。

《詩集》卷一有《渝州寄王道矩》、《江上看山》、《涪州得山胡次子由韻》、《留題仙都觀》、《仙都山鹿》。《晚香堂蘇帖》:「軾至豐都縣,將遊仙都觀,見知縣李長官。云:『固知君之將至也。此山有鹿,甚老,而猛獸獵人,終莫能害,將有客來游,輒夜鳴,故常以此候之。』」《佚文彙編》未收。《詩集·仙都山鹿》題下「王註」引此文,謂為蘇洵《仙都山鹿》詩之序;以下尚有「而未嘗失,予聞而異之,乃為此詩」十三字。按:《類編老蘇集》卷二有《仙都山鹿》詩,有此序。此文屬蘇軾作,「而未嘗失」云云,為脱文。《類編老蘇集》卷二尚有《題仙都觀》。《欒城集》卷一有《江上早起》、《江上看山》、《山胡》、《白鷴》詩。《詩集·留題仙都觀》「王註子仁」引有蘇轍《留題仙都觀》一首。

《詩集》卷三《留題仙遊潭中興寺》:「蜀客曾遊明月峽。」宋程縯注謂峽在忠、涪二州境。

《文集》卷六十六《書鮑靜傳》敍遊忠州酆都觀。卷六十八《記白鶴觀詩》:「昔游忠州白鶴觀,壁上高絶處有小詩,不知何人題也。」以下記詩。白鶴觀即仙都觀,見《詩集·留題仙都觀》題下注文。

在忠州境内,題屈原塔、嚴顔碑、望夫臺,作竹枝歌。

《詩集》卷一有《屈原塔》、《望夫臺》、《竹枝歌》，卷四十七有《嚴顔碑》。《欒城集》卷一亦有同題詩。

《輿地紀勝》卷一百七十三《忠州・碑記》有屈原碑、嚴顔碑。

過萬州武寧縣木櫪觀，題詩。

《詩集》卷一有《過木櫪觀》，《類編老蘇集》卷二有同題詩。《輿地紀勝》卷一百七十七《萬州》：「白鶴寺：在武寧縣西，許旌陽舊宅。」又：「白鶴觀：在武寧縣。唐乾符元年，有白鶴降而賜額，三蘇皆有題詠及記。」又：「木櫪山：在武寧西十餘里。《圖經》云：昔大禹治水過此，見衆山漂没，惟此山木櫪不動，因以為名。」洵、軾之詩皆詠白鶴寺、白鶴觀。據此，詩題《過木櫪觀》乃過木櫪山白鶴觀之意。洵詩之引，乃《輿地紀勝》所云之記。轍詩佚。軾詩無引。

蘇軾《過木櫪觀》「飛簷如劍寺」句下自注：「出劍門東，望上，寺宇彷彿可見。」《輿地紀勝》卷一百九十二《利州路・劍門關・碑記・唐碑》：「在劍門山巔，有一寺曰梁山寺，産茶，亦為蜀中奇品。東坡《南行録・題木櫪觀》詩有云『飛簷如劍寺』之語，其下注云：『出劍門東望，有一寺，山巔樓閣，隱隱可見，有一二碑皆磨滅，此唐碑也。』」注文有不同處。

至夔州，題八陣磧、諸葛鹽井、白帝廟、永安宫。

《詩集》卷一有《八陣磧》、《諸葛鹽井》、《白帝廟》。卷四十七有《永安宫》。《欒城集》卷一有《八陣磧》。

《類編老蘇集》卷二有《題白帝廟》。

《文集》卷六十五《諸葛亮八陣》記自山上俯視八陣磧事。

發瞿唐，作《灧澦堆賦》。入峽，過巫山，經神女廟，過巴東。

賦見《文集》卷一。《詩集》卷一有《入峽》、《巫山》、《巫山廟上下數十里》、《神女廟》、《過巴東縣不泊》。《欒城集》卷一有《灧澦堆》、《入峽》、《巫山廟烏》。《類編老蘇集》卷二有《神女廟》。奉節屬夔州路，乃夔州之治，有灧澦堆；巫山亦屬夔州，在州東七十五里，有巫峽山。巴東屬歸州，在州西六十四里。

過秭歸，作《屈原廟賦》，題昭君村，阻風雪新灘。

賦見《文集》卷一，《詩集》卷一有《昭君村》、《新灘》、《新灘阻風》詩。《新灘阻風》云：「飛雲滿巖谷，舞雪穿窗牖。灘下三日留，識盡灘前叟。」《欒城集》卷一有《昭君村》詩。秭歸乃歸州之治。《輿地紀勝》卷七十四《荆湖北路·歸州·古迹·清烈公廟》引《晏公類要》：「三閭大夫祠，在秭歸縣，在州東五里，即屈原之故宅也。」歸州治秭歸，領縣三：秭歸、巴東、興山。《屈原廟賦》中云「峽山高兮崔嵬，故居廢兮行人哀」，明言屈原廟及其故居在峽中。《總案》次《屈原廟賦》於忠州，誤。《輿地紀勝》同上卷載屈原故宅多處，兹述於下，以備參考。《古迹》欄《清烈公廟》引《元和郡縣志》云：「屈原宅，在興山縣北三十里。」又《屈大夫宅》云：「《東漢·地理》注引《荆州記》云：秭歸縣北一百里，有屈平故宅，累石為屋基，今其地名樂平宅。其東北六十里，有女須廟。《寰宇記》云：女須即大夫姊也。有擣衣石猶存。」《昭君村》：「在州東北四十里。」屬興山，又有《明妃廟》條。《經進東坡文集事略》卷一《屈原廟賦》郎注引晁補之語，謂為護父喪歸蜀過屈原祠所作，今不從。

江上值雪，與弟轍倡酬。

《詩集》卷一詩題：「江上值雪，效歐陽體，限不以鹽、玉、鶴、鷺、絮、蝶、飛、舞之類為比，仍不使皓、白、潔、素等字，次子由韻。」弟轍原倡已佚。

《欒城集》卷一《次韻子瞻病中大雪》中云：「空記乘峽船，行意被摧剉。溟濛覆洲渚，泠冽光照坐。我唱君實酬，馳騁不遑卧。譬如逐獸盧，豈覺山徑坷。酒肴助喧熱，筆硯盡霑涴。詩詞禁推類，令肅安敢破？亦有同行人，牽挽赴程課。」乃寫此時事。「乘峽」乃云已入峽，「摧剉」乃云為風雪所阻，「禁推類」乃云禁常用字入詩。倡酬乃阻風雪新灘時事。此處參《蘇洵評傳》。

過黃牛峽，題黃牛廟，游蝦蟇背，出峽，游三游洞。

《詩集》卷一有《黃牛廟》、《蝦蟇背》、《出峽》、《游三游洞》。父洵、弟轍有游三游洞詩，《游三游洞》題下注文已引。轍另有《三游洞》，見《欒城集》卷一。洵詩，《類編老蘇集》卷二題作《題三游洞石壁》。

《輿地紀勝》卷七十三《峽州》：「黃牛靈應廟：在黃牛峽。相傳佐禹治水有功。」並謂：「諸葛武侯建祠兹土。」歐陽修嘗為峽州夷陵令，作《黃牛廟》詩。元豐五年正月，蘇軾題其後，并歐陽詩皆刻石。

《豫章黃先生文集》卷二十《黔南道中行記》謂紹聖三年，曾於此觀修詩及蘇軾題跋。

《詩集》卷三《壬寅三月有詔令郡吏》詩自注：「昔與子由遊蝦蟇背，方冬，洞中温温如二三月。」卷二十二《寄周安孺茶》：「蟆培頃曾嘗，瓶罌走僮僕。」「培」即背，見《詩集》卷一第七十七條校記。

至峽州，題清溪寺、甘泉寺、歐陽修至喜堂。

《詩集》卷一有《寄題清溪寺》、《留題峽州甘泉寺》、《夷陵縣歐陽永叔至喜堂》。《欒城集》卷一有《寄題清溪寺》。峽州領夷陵、宜都、長陽、遠安四縣，治夷陵。

《詩集》自注謂清溪寺乃鬼谷子故居，甘泉寺乃姜詩故居。《輿地紀勝》卷七十三《峽州》引《晏公類要》，謂遠安有仙居洞，乃鬼谷子所隱；洞之竹葉上，多生符篆，文如籀，俗云鬼谷子遺迹；姜詩溪在州之南岸，有泉湧。

江行途中，楊緯贈父洵木山。

《類編老蘇集》卷一《寄楊緯》敘其事。此木山，非眉山所蓄木山。

《詩集》卷四十八《和張均題峽山》，作於江行途中。茲附此。均，待考。

抵江陵，父子三人彙江行詩文一百篇為《南行前集》，十二月八日，蘇軾作敘。

《南行前集敘》見《文集》卷十。江陵為府，治江陵縣。《詩集》卷四《九月二十日微雪懷子由》：「江上同舟詩滿篋。」

茲考三人現存江行詩文。《詩集》卷一收詩四十首，卷四十七收詩二首，卷四十八收詩一首，《增補》收詩一首；《文集》卷一收賦二首：蘇軾詩文共四十六首。《欒城集》卷一自《郭綸》至《寄題清溪寺》共二十三首，其中《巫山廟》有「乘船入楚溯巴蜀」句，曾棗莊《蘇洵年譜》以為非此時作，是；除去此首，加《詩集》卷一注文引詩二首：實得轍詩二十四首。《欒城集》卷十七有《巫山賦》、《屈原廟賦》共二首。計轍之詩文二十六首。《類編老蘇集》詩十首。三人現存詩文凡八十二首。

上荆州守王兵部書。食荆州黄魚，留江陵度歲。

書見《文集》卷四十八（一三八四頁）。江陵府又稱荆州，見《輿地紀勝》卷六十四。《嘉祐集》卷十四《王荆州畫像贊》謂此荆州爲齊人，生於辛丑。時已五十九歲。《欒城集》卷五《送王璋長官赴真定孫和甫辟書》：「昔年旅南服，始識王荆州。威動千里肅，恩寬行客留。從容見少子，風采傾凡儔。温然吐詞氣，已覺清且修。不見十五年，相逢話百憂。（下略）」作於熙寧八年，時在齊州。此荆州之名，待考。孫和甫名固。

《詩集》卷五《渼陂魚》：「早歲嘗爲荆渚客，黄魚屢食沙頭店。濱江易採不復珍，盈尺輒棄無乃僭。」《欒城集》卷一《辛丑除日寄子瞻》：「初來寄荆渚，魚鴈賤宜客。楚人重歲時，爆竹鳴磔磔。」乃敘此時事。

是歲，長子邁生。

據《斜川集》卷五《送仲豫兄赴官武昌敘》，邁長於迨十一歲。迨生於熙寧三年，見該年紀事。則邁實生於本年。邁出蜀前或已生，當亦同出蜀。

李廌生。

據《墨莊漫録》卷四。

《永樂大典》卷二萬二千五百三十七引李之儀《濟南月巖集序》，作於政和六年，謂廌已卒八年。《宋史》卷四百四十四《李廌傳》謂廌卒年五十一。據是推，廌應生嘉祐三年。今仍從《墨莊漫録》。

蘇軾年譜卷四

嘉祐五年（一〇六〇）庚子　二十五歲

觀息壤，弔渚宮，作荊州雜詩。

《詩集》卷二有《息壤詩》、《渚宮》、《荊州十首》。前二者為去臘抑今年作，不易確定，姑繫此。後者其七云「殘臘多風雪」，其十云「東風動緑芒」，作非一時，以敍述方便，亦繫此。《欒城集》卷一有《息壤》。

《詩集·渚宮》題下宋人注引轍《渚宮》殘句，原詩佚。

正月五日，發江陵，陸行赴京師。

《總案》：「公《荊州》詩云：『柳門京國道，驅馬及春陽。』又子由除日寄公詩云：『新春始值五，田凍未生麥。相攜歷唐、許，花柳漸芽坼。』合二詩觀之，乃正月五日自荊州出陸之證也。」

過荊門軍，父子三人皆題惠泉。

《詩集》卷二有《荊門惠泉》、《次韻答荊門張都官維見和惠泉詩》。《欒城集》卷一有《荊門惠泉》、《答荊門張都官維見和惠泉》。《類編老蘇集》卷二有《荊門惠泉》詩。

《輿地紀勝》卷七十八《荊湖北路·荊門軍·景物上·蒙泉》：「在軍城西，出於硤石山之麓，即蒙山也。南曰蒙泉，北曰惠泉。每晝夜兩潮，水溢數寸，世傳南出玉，北出珠。」同上《蒙泉詩》欄引洵《荆門惠泉》首二句，引軾《次韻答荆門張都官維》詩「泉源本無情」四句。

發淯陽，渡漢水，至襄陽，作古樂府。題峴山，懷羊祜；題萬山，至隆中，訪諸葛亮故里。

《詩集》卷二有《淯陽早發》、《夜行觀星》、《漢水》、《襄陽古樂府三首》——《野鷹來》《上堵吟》《襄陽樂》、《峴山》、《萬山》、《隆中》。《欒城集》卷一有《淯陽早發》、《襄陽古樂府二首》。《類編老蘇集》卷一有《襄陽懷古》、《萬山》。

《輿地紀勝》卷八十二《襄陽府》謂呼鷹臺在鄧城東南一里，峴山離襄陽府十里，萬山在城西十里，隆中在城西二十里；又謂有「東坡帖在高齋」。

《東牟集》卷二《乙酉閏八月二十一日出南城遊峴山壁間讀東坡詩感而有作》：「千年陵谷多遷變，高名長在唯稱賢。峴山上下碑在否？見説父老猶潸然。襄陽但記羊叔子，雪上風流亦如此。壁間誰記萬瓦詩，歎息前賢淚如洗。」「萬瓦詩」不見《峴山》，蘇軾或另有一作。

過唐州，作《新渠詩》，贊唐守趙尚寬善政。

詩見《詩集》卷二，敍云正月過唐，贊尚寬復三陂、疏召渠，招懷遠人，散耕於唐。

尚寬字濟之，河南人。《宋史》卷四百二十六有傳。《長編》卷一百九十二本年七月丙午，詔尚寬再任。《詩集》「查註」謂蘇軾過唐正尚寬再任時，誤。《長編》卷二百治平元年正月甲寅謂尚寬尋以母喪去任，並謂在唐五年；二百三十三、二百四十謂熙寧五年五月壬辰，尚寬以知梓州、少府監為司農卿，十一月辛亥卒，賜錢五十萬。以有功於民。《蜀中廣記》卷九十四謂尚寬皇祐初守忠州，俗畜蠱殺人，乃教人服藥，殺造毒者，著録其《治蠱方書》。

至葉縣，題雙鳧觀。至襄城潁橋，題潁大夫廟。

詩皆見《詩集》卷二(八二頁)。《欒城集》卷一有《雙鳧觀》詩。葉縣在汝州東南二百四十里。雙鳧觀，本縣令王喬祠。詩自注謂廟在汝州潁橋。襄城在汝州東南一百五十里，有潁橋鎮。

過昆陽，弔劉秀與王莽作戰戰場，作賦。

賦乃《文集》卷一《昆陽城賦》。《類編老蘇集》卷二有《昆陽城》詩。《經進東坡文集事略》卷一《昆陽城賦》注文謂昆陽故城在葉縣北。

至許州，始識范仲淹仲子純仁(堯夫)，作《許州西湖》詩。

《文集》卷十《范文正公文集敍》謂登第「後三年，過許，始識公之仲子今丞相堯夫」，以其父「遺稿見屬為敍」。

純仁，《宋史》卷三百一十四有傳，時簽判許州。

詩見《詩集》卷二。《詩集》次此詩於《雙鳧觀》、《潁大夫廟》前，不當。許州州治距東京一百一十五里，自界首至東京一百八十里，而汝州州治距東京四百五十里。自地理位置言，先汝後許。今據此次其前後。

過尉氏，登阮籍嘯臺，弔朱亥墓。

尉氏屬開封府，為畿，在京南九十里。《詩集》卷二有《阮籍嘯臺》、《大雪獨留尉氏》、《朱亥墓》詩。《文集》卷十五《朱亥墓誌》或亦作於此時。

《塵史》卷下《風俗》：「朱亥墓在都城南，過所謂四里橋之道，左旁有祠，垣宇甚全，木亦茂，呼為屠兒墓園。清明則衆屠具酒肴祠之，出於人情也。」《汴京遺迹志》卷九謂朱亥墓在開封城西南朱仙鎮。

《詩集》卷三十五《和陶飲酒二十首》其七：「頃者大雪年，海派翻玉英。有士常痛飲，飢寒見真情。牀頭有敗榼，孤坐時一傾。未能平體粟，且復澆腸鳴。脱衣裹凍酒，每醉念此生。」乃《大雪獨留尉氏》所敍時事。

二月十五日，到京師，賃居西岡一宅子。

《文集》卷五十九《與楊濟甫》第一簡敍之。簡首云「為别忽已半歲」，末云「春暄」。自去歲十月初自眉州起發至今年三月末，適為半歲，簡作於此時。簡又云「前月半已至京」，則至京師為二月十五日事。

蘇頌（子容）來敍宗盟，約為此時事。

《文集》卷六十二《薦蘇子容功德疏》：「自昔先君以來，常講宗盟之好。俯仰之間，四十餘年。」作於建中靖國元年。據《蘇魏公文集》附行狀，時頌除館閣校勘。頌，泉州南安人，父紳葬潤州丹陽，因徙居之。《宋史》卷三百四十有傳。參熙寧六年二月二十一日紀事。

三月，弟轍以選人至流内銓，天章閣待制楊畋（樂道）調詮之官吏。

據《蘇潁濱年表》。《欒城集》卷十八《楊樂道龍圖哀辭》之序敍其事。

四月八日，梅堯臣（聖俞）卒。蘇軾嘗愛堯臣《和宋次道紫宸早朝》詩。

四月八日云云，據《歐陽文忠公集・居士集》卷三十三《梅聖俞墓誌銘》，卒年五十九。

蘇軾嘗愛云云，據《侯鯖録》卷七。詩見《梅堯臣集編年校注》卷二十八，云：「陸生聲譽在雲間，來預簪裾謁帝顔。冠劍有容夔與契，文章全盛馬兼班。耽耽玉宇龍纏棟，靄靄金鋪獸嚙環。却出常衙殿前過，戟衣風動自相攀。」作於嘉祐三年。

乙亥（十七日），江休復（鄰幾）卒於京師。蘇軾嘗見休復。

乙亥云云，據《歐陽文忠公集・居士集》卷三十三《江鄰幾墓誌銘》，年五十六。休復晚年修起居注，累遷刑部郎中。

《文集》卷五十六《與江惇禮》第一《簡》：「僕雖晚生，猶及見君之王父也。」惇禮名端禮，又字子和，乃休復孫。見《嵩山文集》卷十九《江子和墓誌銘》。

五月戊申（二十一日），蔡襄（君謨）知開封。蘇軾嘗與襄論書。

五月戊申云云，據《長編》卷一百九十一。

《文集》卷六十九《記與君謨論書》：「往年，予嘗戲謂君謨言，學書如泝急流，用盡氣力，船不離舊處。君謨頗諾，以謂能取譬。今思此語已四十餘年，竟如何哉！」軾與襄論書，為自此至赴鳳翔前事。《總案》繫入嘉祐二年，誤；時襄知福州，見《淳熙三山志》卷二十二（襄以嘉祐元年八月知福州，三年五月移知泉州）。

蘇軾有評襄之書文多篇，稱襄書為當世第一。文在《文集》卷六十九，題作《跋蔡君謨書海會寺記》、《論君謨書》、《跋君謨飛白》、《跋君謨書賦》、《跋君謨書》等。襄，興化仙遊人。《宋史》卷三百二十有傳。

《硯箋》卷三《紅絲石硯》引蘇軾與襄帖：「紅絲發墨，謂勝端則過。」全簡已佚，《佚文彙編》失收。兹附此。

授河南府福昌縣主簿，不赴。

據《墓誌銘》。弟轍授河南府澠池縣主簿，據《蘇潁濱年表》，亦不赴。

見伯父渙，渙為言為政之方。

《經進東坡文集事略》卷九《刑賞忠厚之至論》注：「潁濱嘗語陳天倪云：亡兄子瞻及第調官，見先伯父，問所以為政之方。伯父曰：『如汝作《刑賞忠厚論》。』子瞻曰：『文章固某所能，然初未嘗學為政也，奈何？』伯父曰：『汝在場屋，得一論題時，即有處置，方敢下筆，此文遂佳。為政亦然。有事入來，見得未破，不要下手；俟了了而後行，無有錯也。』至今以此言為家法。伯父即提刑渙，事見語録。」渙知衡州任滿後，授知漣水軍，未行。見《欒城集》卷二十五《伯父墓表》。

堂兄位卒。六月十四日，父洵為文祭之。

《嘉祐集》卷十四《祭姪位文》謂位小洵五歲，知位享年四十六。文又謂位歿之五日將殯於京城之西郊，則其卒在六月九日或十日。

父洵寓雍丘。

《嘉祐集》卷十二《謝趙司諫書》：「寓居雍丘，無故不至京師詹望君子。」《蘇老泉先生全集》卷十六《賀歐陽樞密啟》：「阻以在外，闕至於門。」雍丘屬畿，在京東八十七里。《欒城集》卷一《辛丑除日寄子瞻》：「居梁不耐貧，投杞辟糠覈。」杞即雍丘，見《讀史方輿紀要》卷四十七。

按：《謝趙司諫書》作於本年八月後，《賀歐陽樞密啟》作於同年十一月，《辛丑除日寄子瞻》，作於嘉祐六年末。寓雍丘一年餘。《總案》嘉祐六年閏八月謂蘇軾「於宜秋門内得南園，奉宫師徙居其中」，並引「本集《與楊濟甫》云『都下春色已盛』」云云為證。考與濟甫簡，見《文集》卷五十九，乃熙寧三年初作，敍除父洵喪還朝後事，非敍此時事。《總案》誤。此處參《蘇洵評傳》。

歐陽修、楊畋分别舉蘇軾、蘇轍應材識兼茂明於體用科。

《本傳》：「(嘉祐)五年，調福昌主簿，歐陽修以材識兼茂薦之秘閣。」

《歐陽文忠公集·奏議集》卷十六嘉祐五年《舉蘇軾應制科狀》：「右臣伏以國家開設科目以待儁賢，又詔兩省之臣舉其所知，各以聞達，所以廣得人之路，副仄席之求，臣雖庸暗，其敢不勉。臣伏見新授河南府福昌縣主簿蘇軾，學問通博，資識明敏，文采爛然，論議蠭出，其行業脩飭，名聲甚遠。臣今保舉，堪應材識兼茂明於體用科。欲望聖慈召付有司，試其所對。如有繆舉，臣甘伏朝典。謹具狀奏聞，伏候勑旨。」時歐陽修任禮部侍郎。其任禮部侍郎，為七月庚子事；九月丁丑，兼翰林侍讀學士。見

《歐陽文忠集》卷首《年譜》。是修之薦，乃本年七月庚子至九月丁丑間事。

舉蘇轍，見《蘇潁濱年表》。

楊畋以蘇軾之文五十篇奏之，以薦應制科也。

《紀年録》引蘇軾《上吴内翰書》：「今年春，天子將求直言之士，而某適來調官京師，舍人楊公不知其不肖，而采其鄙野之文五十篇奏之。」《佚文彙編》未收。内翰乃奎，《宋史》卷三百十六有傳。舍人乃楊畋。此五十篇，不知是否為《中庸論》等？參嘉祐六年八月二十五日紀事。書中所言「調官京師」，乃指調福昌主簿。《避暑録話》卷下：「故事，制科必先用從官二人，舉上其所為文五十篇，考於學士院，中選而後召試，得召者不過三之一。」以下言惟歐陽修為學士時，所薦皆天下名士，無有不在高選者，有蘇軾兄弟、李清臣、孫洙，世遂稱修善舉賢良。

與弟轍寓居懷遠驛。

據《蘇潁濱年表》。《詩集》卷二十二《初秋寄子由》「施注」謂驛在汴京麗景門河南岸。《東京夢華録》卷六《元旦朝會》：「諸番國在瞻雲館或懷遠驛。」當謂來朝下榻處。《汴京遺迹志》卷十三：懷遠驛，待交阯使，為都城四館驛之一。懷遠驛當在市區。《欒城集》卷一《辛丑除日寄子瞻》：「城南庠齋静，終歲守墳籍。」驛或在城南。

《詩集》卷三《辛丑十一月十九日既與子由别於鄭州西門之外馬上賦詩一篇寄之》自注「嘗有夜雨對牀之言」，趙次公注謂乃懷遠驛事。《欒城集》卷七《逍遥堂會宿二首·引》：「轍幼從子瞻讀書，未嘗一日相舍。既壯,將遊宦四方,讀韋蘇州詩,至『安知風雨夜,復此對牀眠』,惻然感之,乃相約早退,為閑居之樂。」《欒城後集》卷二十《再祭亡兄端明文》:「昔始宦遊,誦韋氏詩。夜雨對牀,後勿有違。」皆寫此時事。《詩集》卷二十二《初秋寄子由》、卷三十三《感舊詩》皆敍及懷遠驛事。《曲洧舊聞》卷三:「東坡嘗與劉貢父言,某與舍弟習制科時,日享三白,食之甚美,不復信世間有八珍也。」謂一撮鹽、一楪生蘿蔔、一盌飯。

劉巨(微之)寄贈蘇軾兄弟詩。

《愛日齋叢鈔》卷四敍軾兄弟應制科,巨贈詩,有曰:「驚人事業傳三館,動地文章震九州。老夫欲別無他祝,以願雙封萬户侯。」乃寄贈。

朝旨許應制科,上富弼、曾公亮、兩制及吴奎書。

《文集》卷四十八《上富丞相書》末云翰林歐陽公「使與於制舉之末」。《上曾丞相書》:「今也天子舉直諫之士,而兩制過聽,謬以其名聞。」《應制舉上兩制書》:「當世之君子,不以其愚陋,而使與於制舉之末。」公亮為相,乃明年閏八月事;此時為參知政事。稱丞相,當是編集時改動。公亮字明仲,泉州晉江人。《宋史》卷三百一十二有傳。

《上吴内翰書》,見《紀年録》;以上「楊畋以蘇軾所為文五十篇奏之」條所引「舍人楊公不知其不肖而采其鄙野之文五十篇奏之」之後,尚有「於是天子使與明詔之末」之語。

前三書,《總案》繫嘉祐六年;然此三書既為朝旨許應制科而作,以繫於本年為是。後一書,《紀年録》

繫入嘉祐六年。然細考後一書，實作於嘉祐五年，書中起始所言「今年春」，一直貫下。

八月甲子（初八日），父洵爲秘書省試校書郎。以趙抃之薦也。

八月甲子云云，據《長編》卷一百九十二。《宋會要輯稿》第一百二十册《選舉》三四之三九謂此爲本年九月八日事，無「試」字。《輯稿》註謂：「成都府路轉運使趙抃言洵學行推於鄉里，故有是命。」《施譜》嘉祐六年紀事：「是年五月，宫師始以歐公薦授官。」與《長編》、《輯稿》不同。

父洵上歐陽修書，並致書趙抃，謝其推薦。弟轍謁見抃。

《嘉祐集》卷十一《上歐陽内翰第五書》：「今洵已有名於吏部，執事其將以道取之耶，則洵也猶得以賓客見。不然，其將與奔走之吏同趨於下風，此洵所以深自憐也。」望繼續待以客禮。同上卷十二《謝趙司諫書》：「今閣下舉人而取於不相識之中，則其去世俗遠矣。」時抃已自益州路轉運使還朝。《文集》卷十七《趙清獻公神道碑》：移充梓州路轉運使，未幾，移益。以右司諫召。《長編》卷一百九十一本年五月癸丑：抃除右司諫。

《欒城集》卷二十四《太子少保趙公詩石記》：「轍昔少年，始見公於成都，中見公於京師，其容晬然以温，其氣肅然以清。」蘇軾或同謁見。

上劉敞書，論求才論氣；誦敞才氣之盛美；時敞將知永興。

《宋史》卷三百一十九《劉敞傳》：「字原父，臨江新喻人。」以下謂敞以議論與衆忤，求知永興軍，拜翰林侍讀學士。永興軍屬陝西路。《歐陽文忠公集·書簡》卷五即以侍讀稱敞。《文集》卷四十八《上劉侍讀書》云「付之全秦之地」，知侍讀即敞。《長編》卷一百九十二：本年九月丁亥，知制誥劉敞知永興。

訪馬正卿(夢得)。

《文集》卷七十二《馬正卿守節》敍之：「正卿，杞人，作太學正。」同卷《馬夢得窮》謂與己同歲生，少己八日。正卿窮苦狀，《欒城集》卷六《贈馬正卿秀才》有描敍。

十一月辛丑(十六日)，歐陽修拜樞密副使。父洵有賀啟。蘇軾代伯父渙作賀啟。

十一月云云，據歐集卷首《年譜》。洵賀啟見《老泉蘇先生文集》卷十五。

《文集》卷四十七《賀歐陽樞密啟》云：「拜恩王庭，署事兵府。非徒儒者之盛節，實為天下之殊休。」以下有「名冠當代」、「大賢」云云，與修合。啟云：「某分守遠郡。」據《欒城集》卷二十五伯父渙墓表，時渙除知漣水軍。啟下原注：「代大中公作。」據墓表，渙累贈太中大夫，知「大」為「太」之誤。以太中公稱渙，乃入集時所定。

嘉祐六年(一〇六一)辛丑　二十六歲

與弟轍繼續寓居懷遠驛。

《詩集》卷三十三《感舊詩·敍》：「嘉祐中，予與子由同舉制科，寓居懷遠驛，時年二十六，而子由二十三耳。」

三月癸巳（初十日），王俊民為進士及第第一人。蘇軾嘗記其軼事。

三月癸巳云云，據《長編》卷一百九十三；俊民，掖縣人。俊民字康侯，嘗為應天府發解官。見《齊東野語》卷六《王魁傳》；嘉祐八年五月卒，年二十八。

《文集》卷七十三《禄有重輕》敍俊民未第時事。文中稱王狀元，在蘇軾生活六十餘年中，王姓狀元唯俊民。

五月丁酉（初九日），宋祁卒。蘇軾嘗評其集。

五月丁酉云云，據《長編》卷一百九十三。祁字子京，安州安陸人。《宋史》卷二百八十四有傳。時以翰林學士承旨兼端明殿學士翰林侍讀學士、知制誥。

《郡齋讀書志》卷四下：「《宋景文集》一百五十卷。右皇朝宋祁。」以下謂：「通小學，故其文多奇字。蘇子瞻嘗謂其『淵源皆有考，奇險或難句』，以為知言。」「淵源」云云，見《詩集》卷十六《密州宋國博以詩見紀在郡雜詠次韻答之》。《山谷老人刀筆》卷十七《與範長老》第八簡：「宋子京十贊，不能稱東坡極口稱道之意，在當時同輩中，乃為雄文耳。」知蘇軾之評頗有影響。

楊畋進龍圖閣直學士、知諫院，有賀啟。

《文集》卷四十七《賀楊龍圖啟》：「伏審新改直職，擢司諫垣。」以下有「伏惟諫院龍圖」之語。《宋史》卷三百《楊畋傳》次「進直龍圖閣直學士復知諫院」於封還「李珣自防禦使遷觀察，劉永年自團練使遷防禦」詞頭後。封還詞頭乃上年十一月丁亥，見《長編》卷一百九十二。《長編》卷一百九十四，本年八月乙卯有龍圖閣直學士兼侍講知諫院楊畋言事記載，知畋進龍圖閣直學士知諫院約為本年春、夏間事，今次此。以上敍述，參考《蘇文繫年考略》。

七月，父洵為霸州文安縣主簿，與項城令姚闢修纂禮書。

據《長編》卷二百六治平二年九月辛酉紀事。

《何譜》：洵「為霸州文安縣主簿，使食其禄」。

闢字子張，金壇人。究心六經。皇祐元年進士第。受知歐陽修、王安石。《京口耆舊傳》有傳。

秋，送伯父渙赴利州提刑任。

渙以都官郎中為利州路提點刑獄，見《欒城集》卷二十五《伯父墓表》。《墓表》謂渙乃出樞密副使孫抃之薦，並云：「嘗行部至閬中，民觀者如堵牆，其童子皆相率環公，揮之不去。公謂之曰：『吾去此二十年矣，爾何自識予？』皆對曰：『聞父、祖道公為政，家有公像，祝公復來，故爾。』公笑曰：『何至是！』」

《文集》卷六十三《祭伯父提刑文》：「辛丑之秋，送伯西郊。淫雨蕭蕭，河水滔滔。言别於槁，屢顧以招。孰知此行，乃隔幽明。」《詩集》卷五《亡伯提刑郎中挽詩》其二：「揮手都門别，朱顔鬢未霜。」亦寫此事。「都」原作「東」，今從西樓帖。

净因懷璉（大覺）禪師以閻立本畫贈父洵，洵報以詩，應洵命次韻。

次韻見《詩集》卷二（八六頁），洵詩附録。懷璉，《五燈會元》卷十五有傳，全稱明州育王山懷璉大覺禪師。皇祐時，詔住淨因禪院，賜號大覺禪師。

始經營南園。

《總案》：「公後在鳳翔，子由賦園中草木十詩以寄，云『南園地性惡』，是此園名南園也。又云『吾兄客關中，果贏施吾宇』，是顯為公之園也。公答詩云『煌煌帝王都』、『閉門觀物變』，是園在京師也。」轍詩在《欒城集》卷二，軾詩在《詩集》卷五（二〇二頁）。軾經營南園，在赴鳳翔前。赴鳳翔後，由弟轍繼續經營。

嘗與黎錞僦居比鄰。

《輿地紀勝》卷一百六十五《廣安軍》：「黎錞，字希聲，渠江人。任直講日，英宗以蜀士問歐陽修，對曰：『文行蘇洵，經術黎錞。』帝大悦。初，眉山蘇洵與公俱客京師，僦居比鄰。蘇公二子軾、轍及公二子僑、侁皆在。二公父子俱受知於歐陽公，時望歸之。」《欒城集》卷七《次韻子瞻寄眉守黎希聲》自注：「轍昔侍先人於京師，與希聲鄰，居太學前。」轍侍父洵時，軾官鳳翔。軾官鳳翔前，或已為鄰。錞事迹詳《淨德集》卷三十三墓銘，登慶曆六年第。

蘇洵父子彙江陵至京師途中所作詩賦五十二篇，為《南行後集》，弟轍作引。

據《蘇潁濱年表》。轍所作引已佚。

《南行後集》現存詩文，屬洵者，有《答張子立見寄》、《荆門惠泉》、《和楊節推見贈》、《襄陽懷古》、《萬山》、《昆陽城》六首，見《類編老蘇集》；屬軾者有《詩集》卷二詩三十七首，《文集》卷一賦一首；屬轍者有《欒城集》卷一詩七首，《渚宮》殘句一首：共五十二首。

八月十七日，命翰林學士吴奎、龍圖閣直學士楊畋、權御史中丞王疇、知制誥王安石就秘閣考試制科，奎等上王介、蘇軾、蘇轍論各六首，合格。其科號賢良方正能直言極諫。

八月十七日云云，據《宋會要輯稿》第一百一十一册《選舉》一一之八；此六論為《王者不治夷狄》、《禮義信足以成德》、《劉愷丁鴻孰賢》、《禮以養人為本》、《既醉備萬福》、《形勢不如德》。六論見《文集》卷二；《文集》「萬福」作「五福」。介字中甫，衢州人。見《明道雜志》。

《墓誌銘》：「秘閣試六論，舊不起草，以故文多不工，公始具草，文義粲然，時以為難。」

《施譜》：「先生試秘閣六論，合格。」

據《潁濱遺老傳》，考官尚有起居舍人、同知諫院司馬光及知制誥沈遘。蓋合御試而言，參八月二十五日紀事。

《文集》卷四十九《答李端叔書》：「軾少年時，讀書作文，專為應舉而已。既及進士第，貪得不已，又舉制策，其實何所有。而其科號為直言極諫，故每紛然誦說古今，考論是非，以應其名耳。」其科全稱賢良方正能直言極諫，亦見《宋會要輯稿》第一百一十一册《選舉》一一之八。《墓誌銘》亦云應直言。然歐陽修奏文及以下所引《王臨川集》制文及《宋史》本傳皆云所應者乃材識兼茂明於體用科，蓋二者乃一科。《文集》卷六十《與吕龍圖》第一首稱「中茂才科」，益信。

《濟南先生師友談記》：「東坡云：頃同黄門公初赴制舉之召，到都下，是時同召試者甚多。一日，相國韓公與客言曰：『二蘇在此，而諸人亦敢與之較試，何也？』此語既傳，於是不試而去者，十蓋八九矣。」又：「東坡云：國朝試科目，亦在八月中旬。頃與黄門公既將試，黄門公忽感疾卧病，自料不能及矣，相國韓魏公知之，輒奏上曰：『今歲召制科之士，惟蘇軾、蘇轍最有聲望。今聞蘇轍偶病，未可試。如此人兄弟中一人不得就試，甚非衆望，欲展限以俟。』上許之。黄門病中，魏公數使人問安否。既聞全安，方引試。凡比常例展二十日。自後試科目並在九月，蓋始於此。比者相國吕微仲語及科目何故延及秋末之説，東坡為吕相國言之。相國曰：『韓忠獻其賢如此，深可慕爾。』」《施譜》亦節引此段記載。然據上所引之《宋會要輯稿》，試六論為八月十七日，正在中旬，並未延期；據下引《長編》，御試在本月二十五日舉行，亦未延期。待考。

《硯箋》卷一《二蘇賢良硯》引蘇過《先君與叔父試制策各攜一端硯外孫文驥得其一過藏其一名賢良硯》詩：「兩翁出蜀時，不攜一束書。揭來奉大對，昧死排姦諛。諫官與御史，鉗口慚青蒲。翁登鸞臺上玉堂，論思獻納在帝旁。居夷渡海不汝置，險阻艱難曾備嘗。」《斜川集》未收。

《吹劍録全編·四録》：「東坡《形勢不如德論》，不知出處；《禮知信足以成德》，知子由記不得，乃厲聲索硯水曰：『小人哉！』子由始悟出《樊遲學稼》注。」

乙亥（二十五日），仁宗御崇政殿，試蘇軾等。考官為胡宿、沈遘、范鎮、司馬光、蔡襄。進《策》，答《策問》。進《中庸論》等凡二十五篇。

乙亥云云，據《長編》卷一百九十四。《宋史·仁宗紀》本日紀事：「策制舉人。」《施譜》：「九月，御試，考官胡宿、沈遘、范鎮、司馬光、蔡襄。」今仍從《長編》、《宋史》，定御試為八月二十五日。

《文集》卷二十七《辯試館職策問劄子》第二首：「臣昔於仁宗朝舉制科，所進策論及所答聖問，大抵皆勸仁宗勵精庶政，督察百官，果斷而力行。」《策》見《文集》卷八、卷九。《答策問》即《御試制科策一道》，見卷九；此文附《策問》，乃胡宿撰，見《經進東坡文集事略》卷二十注文。

胡宿字武平，常州晉陵人。治平四年卒，年七十二，謚文恭。《宋史》卷三百十八有傳。宗愈乃宿姪。

沈遘字文通，年未四十卒，錢塘人。《宋史》卷三百三十一有傳。司馬光，字君實，陝州夏縣人。《宋史》卷三百三十六有傳。

《經進東坡文集事略》卷四至八皆收《進論》，郎曄注：「此係應制科時所上進卷。」其中《中庸論》三首，見《文集》卷二；《秦始皇帝論》、《漢高帝論》、《魏武帝論》、《伊尹論》、《周公論》、《管仲論》、《孫武論》二首、《子思論》、《孟子論》，見《文集》卷三；《樂毅論》、《荀卿論》、《韓非論》、《留侯論》、《賈誼論》、《晁錯論》、《霍光論》、《揚雄論》、《諸葛亮論》、《韓愈論》、《大臣論》二首，見《文集》卷四。

《詩集》卷十五《贈寫御容妙善師》：「憶昔射策干先皇，珠簾翠幄分兩廂。紫衣中使下傳詔，跪奉冉冉聞天香。仰觀眩晃目生暈，但見曉色開扶桑。迎陽晚出步就座，絳紗玉府光照廊。野人不識日月角，仿佛尚記重瞳光。」敍此時事。

蘇軾入三等，轍為四等。軾除大理評事、簽書鳳翔府判官；轍除商州軍事推官。

據《長編》卷一百九十四，王介為四等，為秘書丞，知静海縣。《宋史》本傳謂「宋初以來，制策入三等，惟吴育與軾」。《石林燕語》卷二云「故事，制科分五等，上二等皆虚，惟以下三等取人，然中選者亦皆第四等」，故蘇軾《謝制科啟》云「誤占久虚之等」。《王臨川集》卷五十一《應才識兼茂明於體用科守河南府福昌縣主簿蘇軾大理評事制》：「勑某。爾方尚少，已能博考羣書，而深言當世之務，才能之異，志力之强，亦足以觀矣。其使序於大理，吾將試爾從政之才。夫士之强學贍辯，必知要然後不違於道。擇爾所聞，而守之以要，則將無施而不稱矣，可不勉哉！可。」《歐陽文忠公文集》卷一百五十《與焦殿丞千之》：「蘇氏昆仲，連名並中，自前未有，盛事！盛事！」簡作於本年。

上《謝制科啟》。

啟見《文集》卷四十六，凡二首。其一或為上吴奎、楊畋、王疇、王安石等，其二或為上胡宿、沈遘、范鎮、司馬光、蔡襄等。

《新編分門古今類事》卷七《東坡大吴》引《幕府燕閑録》叙蘇軾十四歲時，夢人謂軾「君是大吴」，以下云：「後十四年，舉賢良中選，詣御臺謝知試王綽，既入門，儼如夢中，視綽乃夢中人也。既坐，謂子瞻曰：『君是大吴。』兄弟相顧而笑，因請其故。綽曰：『前日賢良就試，綽與封彌，以大吴為卷號，是時意君為第一，今則果然。』亦問其笑，乃以夢答，賓主大歡久之。」「十四」當為「十二」之誤。然考官無王綽，待考。茲附於此。

《邵氏聞見後録》卷十四：「東坡中制科，王荆公問吕申公：『見蘇軾制策否？』申公稱之。荆公曰：

「全類戰國文章，若安石為考官，必黜之。」故荆公後修《英宗實録》，謂蘇明允有戰國縱横之學云。」

按：安石乃考官，《後録》偶失實。申公乃公著。

嘗晤小兒醫張荆篚，荆篚為言空冢小兒事。

《文集》卷七十二《空冢小兒》敍之，謂本年京師時事。

簽書鳳翔府判官告下，追封母程氏為武陽縣君。

《程夫人墓誌銘》：「軾登朝，追封武陽縣君。」簽書全銜為：「將仕郎、守大理寺評事、簽書鳳翔府節度判官廳公事。」參本年以下「在長安」條。

父洵與李育（仲蒙）交游。

《文集》卷六十三《李仲蒙哀詞》敍之，謂「昔吾先君始仕於太常，君以博士朝夕往來相好」。軾嘗識之。育為皇祐元年進士，為第四人。見《避暑録話》卷下。文同《丹淵集》卷一有《哭仲蒙》。與修《太常因革禮》，該書卷首育銜為：「尚書祠部員外郎、充秘閣校理、同知禮院。」

別陸詵。

《詩集》卷六《陸龍圖詵挽詞》：「塵埃輦寺三年別。」「王堯卿註」謂此乃謂與詵別於京師。蘇軾與詵約於嘉祐七年會於鳳翔，參該年「與陝西轉運副使陸詵相會於鳳翔」條。「三年」乃謂自始見至再見。據此，軾與詵始見約為嘉祐五年，首尾計之為三年。

《宋史》卷三百三十二《陸詵傳》：「字介夫，餘杭人。」詵嘗判太常禮院，稱以「輦寺」，當以此。

辭父離京師赴鳳翔任。同行者有馬正卿（夢得）。

《詩集》卷二十一《東坡八首·敍》：「余至黄州二年，日以困匱。故人馬正卿哀余乏食。」詩其八云：「馬生本窮士，從我二十年。日夜望我貴，求分買山錢。」詩作於元豐四年。

《王譜》謂十二月赴任，失之。《施譜》謂為十一月，《紀年録》謂冬。

十一月十九日，與弟轍别於鄭州之西門。過澠池，和弟轍《澠池懷舊》。

《詩集》卷三詩題：「辛丑十一月十九日，既與子由别於鄭州西門之外，馬上賦詩一篇寄之。」《欒城集》卷一《懷澠池寄子瞻兄》起四句云：「相攜話别鄭原上，共道長途怕雪泥。歸騎還尋大梁陌，行人已度古崤西。」乃寫此時事。沈欽韓《蘇詩查註補正》謂鄭州西門乃汴京新鄭門，誤。又，《詩集》卷四《九月二十日微雪懷子由弟二首》其二：「鄭西分馬涕垂膺。」和詩在《詩集》卷三（九六頁）。

至長安，晤劉敞（原父），敞留劇飲，為述陳元龍答陳季弼語。游石林亭，觀敞所蓄唐苑中石，作詩。

《文集》卷六十八《書黄州詩記劉原父語》：「昔為鳳翔幕官，過長安，見劉原父，留吾劇飲數日。」以下敍敞酒酣，述陳元龍答陳季弼敬陳元方兄弟等人之語，以「餘子瑣瑣，亦安足録哉」作結。以下云敞「因仰天太息」，並云此乃敞之雅趣。按：敞意蓋謂蘇軾有可敬之處也。

詩見《詩集》卷三（九七頁）。

《鐵圍山叢談》卷四：「原父號博雅，有盛名。曩時出守長安，長安號多古簋、敦、鏡、甗、尊、彝之屬，因自著一書，號《先秦古器記》。」又謂：虞、夏而降，制器尚象，著焉後世，粱劉之遴好古愛奇。以下云：

「然在上者初不大以為事，獨國朝來寖乃珍重，始則有劉原父侍讀公為之倡，而成於歐陽文忠公。又從而和之，則若伯父君謨、東坡數公云爾。」知蘇軾喜古器有敞之影響。

《金石萃編》卷一百三十五《石林亭唱和詩》（原注：石高三尺九寸二分，廣一尺九寸，共十六行，行二十七字，正書。額題京兆唱和四字，篆書。在麟遊縣）：「《石林亭詩》：翰林侍讀學士、尚書禮部郎中、永興軍路安撫使兼知軍府事劉敞。（詩略）《次韻和》：將仕郎、守大理評事、簽書鳳翔府節度判官廳公事蘇軾。（詩略）嘉祐七年十二月十五日，將仕郎、守縣尉兼主簿事李郃書。登仕郎、試秘書省校書郎、守鳳翔府麟遊縣令郭九齡建。」永興軍路治長安、萬年二縣。

十二月十四日，到鳳翔府簽判任。

《文集》卷四十六《鳳翔到任謝執政啟》：「違去軒屏，忽已改歲。」以下云：「前月十四日到任，翌日尋已交割訖。」前月，上月也。到任、交割，又見《文集》卷五十九《與楊濟甫》第二簡。

鳳翔屬陝西路之秦鳳路，縣十：天興、岐山、扶風、盩厔、郿、寶雞、虢、麟游、普潤、好畤；監一：司竹。治天興。

時宋選代崔嶧知鳳翔府。選厚遇蘇軾。

《長編》卷一百九十三：本年六月丁卯，嶧徙知河中，以所至貪污。嶧字之才，京兆長安人，《宋史》卷二百九十九有傳。

《文集》卷十一《鳳鳴驛記》謂今年八月選始至。

《温國文正司馬公文集》卷十有《和宋郎中（原注：選字子才）孟秋省直》、《送宋郎中知鳳翔府》詩。後者有「昔解陳倉印，於今二十秋」之句。選知鳳翔前，與司馬光、韓宗彥、沈遘為三司僚屬。見《温公續詩話》。《畫繼》稱選嘗為少府監。

選，鄭州滎陽人。兄弟三人，選居長，次道、迪。選有子子房（漢傑）。道、迪、子房與蘇軾皆有交往。《文集》卷五十九與子房第一簡：「某初仕即佐先公，蒙顧遇之厚，何時可忘。」《詩集》卷三《東湖》：「予今正疎懶，官長幸見函。」《次韻子由除日見寄》：「兄今雖小官，幸忝佐方伯。」《新葺小園》其二：「西鄰幸許庇甘棠。」可證選顧遇。卷四《題寶雞縣斯飛閣》：「誰使愛官輕去國，此身無計老漁樵。」因選發。《鳳鳴驛記》贊選敬禮賓客，「四方之至者如歸其家」。

王彭（大年）為監軍。與彭游甚密，彭為言佛法。

據《文集》卷六十三《王大年哀詞》：彭乃太原人。全斌曾孫，凱子。全斌宋初平蜀有功，凱數敗趙元昊，有邊功，《宋史》卷二百五十五同傳。據《哀詞》，彭從父討賊，亦邊功卓著，奏功不賞，不以為意。蘇軾其時與彭「居相鄰，日相從」；彭喜蘇軾之文，軾每為出一篇，輒拊掌歡然終日；為言佛法大略，蘇軾喜佛書，蓋自彭發之。以上云云，皆見《哀詞》。《文集》卷六十六有《記王彭論曹劉之澤》。

張琥為鳳翔府户曹參軍，胡允文（執中）為鳳翔府屬縣令。

琥據《錢塘韋先生文集》卷十八《故大資政張公行狀》。未冠登嘉祐二年第，滁州全椒人，後改名璪，《宋史》卷三百二十八有傳。

《文集》卷十一《鳳鳴驛記》有鳳翔府屬「縣令胡允文」云云，卷六十三《祭胡執中郎中文》云「從事於岐，始識君面，相從之歡，傾蓋百年」。執中乃允文之字。鳳翔府治天興，允文或爲天興令。

至孔子廟，觀石鼓；過府廳，讀詛楚文；游開元寺，觀王維、吴道子畫；游天柱寺，觀楊惠之塑維摩像；泛東湖；登真興寺閣；游李氏園，弔秦穆公墓：彙爲《鳳翔八觀》詩。嘗鈎《石鼓文》。

《詩集》卷三《鳳翔八觀·石鼓歌》：「冬十二月歲辛丑，我初從政見魯叟。」《施譜》、《總案》入此八詩於本年，今從。

《六硯齋筆記》卷三：「東坡首鈎《石鼓文》一本，篆籀特全，音釋具備，遠勝潘迪、薛尚功、鄭樵所録。」

歐陽修盛贊蘇軾文章，喜其出己之上。

《歐陽文忠公集·試筆·蘇氏四六》：「往時作四六者，多用古人語及廣引故事，以衒博學，而不思述事不暢。近時文章變體，如蘇氏父子以四六敍述，委曲精盡，不減古人。自學者變格爲文，迨今三十年，始得斯人，不惟遲久而後獲，實恐此後未有能繼者爾。自古異人間出，前後參差不相待，余老矣，乃及見之，豈不爲幸哉！」此所云四六，實兼指散體；所云蘇氏父子，其重心自是蘇軾。歐陽修爲天聖八年進士，九年任西京留守推官，與尹洙、梅堯臣切磋革新詩文。見歐集卷首年譜。自天聖九年至今年爲三十年。

《風月堂詩話》卷上：「東坡詩文，落筆輒爲人所傳誦，每一篇到歐公處，公爲終日喜，前後類如此。一日，與棐論文及坡公，歎曰：『汝記吾言，三十年後世上人更不道着我也。』」《曲洧舊聞》卷八亦及此。

嘗有雜書小冊。

《禮部集》卷十七《蘇文忠公雜書小冊》：「右蘇文忠公雜書一小冊，文定公題識二十八字，冊本，抄黃石公素書及占相等法，題乙卯歲寶元元年。文忠纔二歲，文定始生。『乙』當作『己』，誤也。此公早年所嘗繙閱，往往因餘紙信手肆筆，縱横斜正，間見錯出，如《道德經》文，杜、韋、韓公詩章及雜事古語，雖無倫次，而皆可諷誦。又作人物面目，椶樹水波，游戲姸巧，悉有思致，後來書畫之妙，已見於此。擬對制策稿，論列時事十數條。按：公嘉祐六年所對策，首用此文，而下移一段以為結語。中間如勤政、御臣制敵、用人、阜財消變之方，皆與此合。蓋當時天下之事，其要有幾，惟明者所見略同，而言必出此，有以見公之偉識，非區區揣摩套括者比也。至若弟懷其兄而書之前，兄懷其弟而書其後，追計歲月，感歎離合，使人惻怛之心悠然而生，豈徒好云乎哉！文定公長子湧泉少傅，僑居婺，其家寶藏此冊，裔孫某出以示余，三百年物，手澤如新，風規可仰。既欣幸寓目，因敍梗概，以識而歸之。」湧泉乃遲，字伯充。見《蘇潁濱年表》。遲建炎間知婺州，見《宋史翼》卷四《蘇遲傳》。文中所云「所對策」，乃《文集》卷九《御試制科策一道》。今據此繫此事於本年。

蘇軾年譜卷五

嘉祐七年(一〇六二)壬寅　二十七歲

正月,上謝宰相韓琦啟。

《文集》卷四十六《鳳翔到任謝執政啟》首云「違去軒屏,忽已改歲」,知作於正月。中云「伏惟昭文相公」,據《宋史·宰輔表》,嘉祐六年閏八月琦拜昭文館大學士。

十日,次韻弟轍除夕見寄。

詩乃《詩集》卷三《次韻子由除日見寄》,云「詩成十日到」。

二月五日,朝廷命官録被水諸州繫囚。

據《宋史·仁宗紀》。《詩集》卷三詩題:「壬寅二月,有詔令郡吏分往屬縣減决囚禁。」

十三日,出府城,赴寶雞、虢、郿、盩厔四縣減决囚禁,暮宿武城鎮。

十四日,自寶雞行至虢。

十五日,經郿縣至清秋鎮。

十六日,至盩厔。

以上均據二月五日所引詩題及詩之自注;詩題云「畢事」,乃言四縣既至,王事畢。

十七日,謁太平宮,晤監宮張杲之。

據二月五日所引詩自注。據詩題,蓋王事之餘,因便遊之。杲之,熙寧五年為台州黃巖令,見《嘉定赤城志》卷十一。《蘇魏公文集》卷三十一有《前華州下邽縣令張杲之可著作佐郎制》。《宋詩紀事補遺》卷二十有詩。

十八日,循終南山而西,遊崇聖觀、大秦寺、延生觀、仙遊潭,宿中興寺;晤道士趙宗有。

據二月五日所引詩自註。《詩集》卷四《重遊終南子由以詩見寄次韻》「溪上有堂還獨宿,誰人無事肯重來,古琴彈罷風吹座,山閣醒時月照杯」、《次韻子由以詩見報編禮借雷琴記舊曲》「誰知千里溪堂夜,時引驚猿撼竹軒」,皆敍此時事。

十九日,歸至郿。二十日,回府。

據二月五日所引詩自註。二月五日所引詩詩題又云:「作詩五百言,以記凡所經歷者寄子由。」《欒城集》卷一有和。

始識董傳,因與定交。

《文集》卷五十《上韓魏公》言官鳳翔「始識傳,至今七八年」。書作於熙寧二年,識傳約為今年。傳字至和,洛陽人,能詩。見《詩集》卷五《和董傳留別》宋王堯卿注。上韓書云「傳居喪二曲」,知乃寓居。

二曲乃盩厔，《讀史方輿紀要》卷五十三：「山曲曰盩，水曲曰厔。」蘇軾行部自盩厔回，因據《總案》繫此。

《梅堯臣集編年校注》卷二十三《送董傳秀才之汝陰》：「社燕已歸盡，秋鶯猶繞林。久為梁國客，不起灞陵心。徒步赴朋館，遠遊無橐金。江君丈人意，莫入楚鄉深（自注：鄰幾常止此行）。」此詩作於皇祐五年。鄰幾當為撰《江鄰幾雜志》之江鄰幾。

新葺小園，有詩。

《詩集》卷三《新葺小園》云「三年輒去豈無鄉，種樹穿池亦漫忙」，時初到任。《次韻子由岐下詩》之引詳敍小園結構，首云「予既至岐下逾月，於其廨宇之北隙地為亭」，其經營始於正二月間。

旱，赴郿禱於太白山，作祝文。自太白山早行，至橫渠鎮，書崇壽院壁。復游延生觀玉真堂，題仙游潭中興寺，至玉女洞、馬融石室，過樓觀、郿塢，入磻溪，觀太公釣石，至石鼻城，有詩。

《文集》卷六十二有《鳳翔太白山祈雨祝文》。太白山在郿縣。卷十一《喜雨亭記》謂本年春雨麥於岐山之陽，「既而彌月不雨」。禱雨約為二月末。詩見《詩集》卷三，凡七首（一二九至一三三頁）。郿縣有橫渠鎮，虢縣有磻溪。

次韻弟轍所賦岐下廨亭諸詩。

詩見《詩集》卷三（一三四頁）。《總案》謂「詩不及喜雨之事」，作於三月未雨之前。

三月初五日，與從叔簡。

《陵陽先生集》卷十七《跋周卿所藏坡帖》：「此東坡公鳳翔簽幕時與其從叔書也。公以嘉祐七年二月十三日被命疏決寶雞等四縣囚禁，乃是月壬寅詔旨。書中云『近有詔書疏决』是也。既竣事，遂朝謁太平宫，並南山而西，游樓觀、大秦等寺，帖中云『因得恣游南山』是也。十九日始歸，書中云『近方還府』是也。是時，老泉被命編修禮書，留京師，書中云『屢得編禮書』是也。此書後題『三月初五日』，距十九歸府時僅半月。鳳翔去蜀頗近，家問不絶，猶有以嘆，而况吾儕流落羈旅萬里外，回首故山，可勝淒然。」周卿乃度正字，《宋史》有傳，南宋中葉人。有《性善堂集》，今傳本乃《永樂大典》輯本。

乙卯（初七日），吴奎自翰林學士、權知開封府除樞密副使。有賀啟。

《長編》卷一百九十六本月乙卯紀事：「翰林學士、右司郎中、知制誥、權知開封府吴奎為右諫議大夫、樞密副使。」《宋史·宰輔表》同。

啟見《文集》卷四十七（一三四九頁）；啟首云：「頃聞休命，擢領上都。」按，「上都」謂開封。以下云「釋府事之喧繁，總兵權於禁密」。

《宋史》卷三百十六《吴奎傳》：「字長文，濰州北海人。」失載權知開封事。

《經進東坡文集事略》卷二十七郎曄注謂此啟乃賀吴育者。案：育除樞密副使乃慶曆五年四月事，時蘇軾猶在蜀中，郎注誤。

乙卯，雨，甲子（十六日），雨，民以為未足。宋選復遣專使禱雨於太白山。

乙卯云云，據《文集》卷十一《喜雨亭記》。宋選云云，《文集》卷七十二《太白山神》敍及之；卷六十二

《鳳翔醮土火星青詞》亦為禱雨作，約作於此時。

十九日，宋選親禱雨於真興寺閣，大雨降，有詩。作《喜雨亭記》、《乞封太白山神狀》。

記見《文集》卷十一，云「丁卯(十九日)大雨，三日乃止」。其時新作之亭適成，乃以喜雨名之，作記。

《詩集》卷三《真興寺閣禱雨》謂「太守親從千騎禱」；《攓雲篇·引》敍及大雨將臨景象，《文集》卷七十二《太白山神》敍及大雨。乞封狀見《文集》卷三十七。太白山神原封靈應公(一作神應公)，近改濟民侯，今乞改明應公。《文集》卷六十二《禱龍水祝文》亦為十九日禱雨作。

修南山木栰河運衙規，衙前之困稍紓。

《墓誌銘》謂「自趙元昊叛命，人貧役重，岐下歲以南山木栰，自渭入河，經砥柱之險，衙前以破産者相繼」。乃為修衙規，使自擇水工，以時進止，自是害減半。《宋史》本傳亦敍之。《文集》卷四十六《鳳翔到任謝執政啟》敍及「編木栰竹，東下河渭，飛芻輓粟，西赴邊陲，大河有每歲之防，販務有不蠲之課，破蕩民業，忽如春冰」。以下有「救之無術」之語，知積弊已深。據此啟，知到任之初，即着手調查研究。

以隋仁壽宮中怪石植之喜雨亭，弟轍有詩。

轍詩乃《欒城集》卷二《子瞻喜雨亭北隋仁壽宮中怪石》，敍石原棄之草間，蘇軾乃「累石作臺」。詩有「三年此亦非公有」句，為到任後不久口吻。

六月，與張琥登真興寺閣遠眺懷古，弟轍應請有賦。

賦乃《欒城集》卷十七《登真興寺樓賦》。敍南望連山，東望五丈原，發思古之情。

秋，楊克從墓碑成。墓文乃父洵應克從之子申之請而作。

《平園續稿》卷七《跋老泉所作楊少卿墓文》敍楊申「在京師從老泉蘇公明允乞曾祖光禄少卿諱克從墓文，又得王廣淵書丹，時君卿篆額」，碑成於本年秋；申，臨江人。墓文，《嘉祐集》不見。君卿與蘇軾有交往，見元豐七年十一月十三日紀事。

秋，至長安，與章惇（子厚）同考試永興軍路、秦鳳路應解試士子，作策問。自長安回。

《施譜》：「秋，考試永興軍。」繫嘉祐八年。按：嘉祐時，禮部試每二年一次，為嘉祐二年、四年、六年、八年。此考試乃解試，考試永興軍為本年事。《施譜》偶誤。《高齋漫録》：「蘇子瞻任鳳翔府節度判官，章子厚為商州令，同試永興軍進士，劉原父為帥，皆以國士遇之，二人相得歡甚。」《西塘集耆舊續聞》卷四：「子厚為商州推官。時子瞻為鳳翔幕簽，因差試官開院，同途小飲山寺。聞報有虎者，二人酒狂，因勒馬同往觀之。去虎數十步外，馬驚不敢前。子瞻云：『馬猶如此，著甚來由。』乃轉去。子厚獨鞭馬向前去，曰：『我自有道理。』既近，取銅沙鑼於石上攧響，虎即驚竄，歸謂子瞻曰：『子定不如我。』異時姦計，已見於此矣。」據《歐陽文忠公集》卷三十五劉敞（原父）墓銘，敞於嘉祐八年八月召還。進而肯定考試永興軍乃本年事。《宋史》卷四百七十一《章惇傳》謂惇時為商洛令。商洛屬商州。惇，建州浦城人。商州屬永興軍路，鳳翔府屬秦鳳路，皆屬陝西路。秦鳳路解試亦在永興軍治所長安舉行，劉敞當以永興軍安撫使兼領其事。

《文集》卷七《永興軍秋試舉人策問》「漢唐不變秦隋之法近世乃欲以新易舊」當為王安石而發。安石嘉祐六年《上時政疏》已言及「因循苟且，逸豫而無為，可以徼倖一時，而不可以曠日持久」，須汲汲講求法度。參《王荆公年譜考略》卷九。

《詩集》卷四《病中聞子由得告不赴商州》：「近從章子聞渠説，苦道商人望汝來。」自注章子乃惇。《文集》卷四十九與惇第一簡：「軾始見公長安，則語相識，云：『子厚奇偉絶世，自是一代異人。至於功名將相，乃其餘事。』」皆此時事。《道山清話》：「章子厚與蘇子瞻少為莫逆交。一日，子厚坦腹而卧，適子瞻自外來，摩其腹以問子瞻曰：『公道此中何所有？』子瞻曰：『都是謀反底家事。』子厚大笑。」當為此時事。

八月乙亥（初一日），伯父渙卒。作祭文、挽詩。

八月云云，據《欒城集》卷二十五《伯父墓表》；時渙在利州提刑任上，年六十二。《祭伯父提刑文》在《文集》卷六十三。挽詩見《詩集》卷五（二一八頁），詩題云「甲辰十二月八日鳳翔官舍書」，當作於卒後不久。詩云「後事書千紙」，謂著作。《伯父墓表》謂渙「善為詩，得千餘篇，題其編曰《南麓退翁》」。《輿地紀勝》卷一百四十五、一百八十五有渙詩殘句。

九月九日，獨遊普門寺僧閣，作詩懷弟轍。

詩見《詩集》卷四（一五一頁）。《金石萃編》卷一百三十五《蘇文忠獨遊南山詩》謂詩係正書，題云：「壬寅重九以不與府會，故獨遊至此，有懷舍弟子由。」為「元祐庚午秋天王院僧□□、鳳翔府天興縣尉林□」刻石。

作《太白詞》迎送太白山神。時詔封太白山神為明應公，修其廟，親往祀之。作祝文。

詞見《詩集》卷四(一五二頁)，依《詩集》編次。詔封云云，據《文集》卷七十二《太白山神》。祝文見《文集》卷六十二(一九一三頁)。

二十日，微雪，懷弟轍，有詩。時兼鳳翔府學教授。

詩見《詩集》卷四(一五四頁)，云「冷官無事屋廬深」；《集註分類東坡詩》卷七此詩「師註」：「公為鳳翔簽判，太守陳公弼命公兼府學教授，故用冷官事。」《施譜》：「秋，(陳)希亮命公兼府學教授。」《詩集》卷五《和子由記園中草木》其十自注：「八月十一日夜，宿府學。」作於治平元年。微雪詩，《欒城集》卷一有次韻。按：時太守為宋選。

冬初，與李庠(彭年)送崔岐歸二曲，作詩。

詩見《詩集》卷四(一五五頁)，起云「霜乾木落愛秦川」。《文集》卷五十七《與監承事》敍及庠讀此詩「蓋淚下」，贊庠為關中豪俊。監承事乃張杲之。簡云「往來鄠、虢、二曲三邑」。此二曲乃盩厔。《詩集》「查註」謂為韋曲、杜曲，則是回長安矣，誤。簡作於熙寧間。庠，京兆萬年人，官至水部員外郎。熙寧九年卒，年六十五。事迹詳《范忠宣公集》卷十二墓銘。

病中聞弟轍得告不赴商州推官以侍奉父洵居京師，作詩。

《詩集》卷四《病中聞子由得告不赴商州三首》，《欒城集》卷一次韻。《欒城後集》卷十二《潁濱遺老傳》上：「除商州軍事推官。知制誥王介甫意其右宰相，專攻人主，比之谷永，不肯撰詞。」《蘇潁濱年表》：「父洵被命編修禮書。而兄軾出簽書鳳翔判官。傍無侍子，轍乃奏乞養親，詔從之。」宋人趙次公注謂轍得官為秋季事，軾詩之作，當已入冬。

大雪，虢令趙薦（賓興）詩來，次韻。

次韻見《詩集》卷四（一五八頁）。《淨德集》卷二十四薦墓銘：邛州依政縣人；為虢令，「民以豪悍相勝，抵禁自若，君設為規範，諭以可不可，民信之，刑省五六」；好為詩，凡十八卷，四千三百首。其詩不傳。

歲晚，懷蜀之風俗，作饋歲、別歲、守歲詩寄弟轍。楊蟠嘗有次守歲韻。

詩見《詩集》卷四（一五九頁）。《欒城集》卷一次韻。

《王譜》：「記歲暮鄉俗三首，以子由和守歲詩考之，云『顧兔追龍蛇』，子由注云：是歲壬寅。乃知記歲暮鄉俗三詩，作於壬寅歲矣。」

《章安集》引《三台詩録》有楊蟠《除夕次東坡守歲韻》，中云：「明朝四十過，暮景真易斜。」蟠為慶曆六年進士，據《嘉定赤城志》卷三十三，年長於蘇軾。此詩當作於軾詩後不久，題乃以後所加，蟠作此詩時，或與軾有交往。蟠乃章安人，章安今在臨海東南，屬台州（赤城）。《輿地紀勝》卷四十三《高郵軍·官吏》謂為錢塘人。嘉靖《建寧府志》卷十八謂為建安人。餘詳元祐六年「次韻楊蟠梅花」條。

上三司使蔡襄（君謨）書，論朝廷放欠意旨為三司曹吏所阻，乞放欠鳳翔府二百二十五家。

《文集》卷四十八《上蔡省主論放欠書》：「軾於府中，實掌理欠。」以下敘欠户中有甚足悲者：「或管押竹木，風水之所漂；或主持糧斛，歲久之所壞；或布帛惡弱，估剥以為虧官；或糟滓潰爛，紐計以為實欠；或未輸之贓，責於當時主典之吏；或敗折之課，均於保任干繫之家。」此等人每赦必及，而三司之曹吏獨不許。乞放欠「二百二十五人，錢七萬四百五十九千，粟米三千八百三十斛」，以養其老幼。《長編》卷一百九十嘉祐四年十一月丙申《翰林學士王珪御史中丞韓絳同知諫院范師道同詳定除放欠負》條下引此書，謂為「上蔡襄書」，知蔡省主乃襄。《宋史》卷三百二十《蔡襄傳》謂召為三司使，「較天下盈虛出入，量力以制用，剗剔蠹敝，簿書紀綱纖悉皆可法」。三司使即省主。軾或得請。襄傳以下云「英宗不豫，皇太后聽政」，查《宋史·英宗紀》，此乃嘉祐八年四月事。襄為三司使在此前。軾書約上於到任之初，云「今歲麥熟以來」，此「今歲」謂本年。

應縣令胡允文請，作《鳳鳴驛記》。

記見《文集》卷十一，作於到鳳翔之「明年」；紀宋選善政，時選尚在任。

與陝西轉運副使陸詵相會於鳳翔之扶風。　詵在任中嘗舉蘇軾臺閣清要任使。

《詩集》卷六《陸龍圖詵挽詞》：「樽俎岐陽一笑新。」岐陽屬扶風，為鎮。《詩案·供狀》：蘇軾供稱歷仕舉主，首言詵。《宋史》卷三百三十二《陸詵傳》：詵嘗提點陝西刑獄，徙湖南、北轉運使，直集英院，進集賢殿修撰、知桂州。未載詵任陝西轉運副使。《詩集》施注「謂詵所歷桂、延、秦鳳、晉、真定、成都六州，秦鳳未上而改命」，當以是故。《長編》卷二百三：治平元年十一月己卯，詵知桂州奏事。詵為陝西轉運副使，約在提點陝西刑獄前後，約為今年。今姑次此。

嘉祐八年（一〇六三）癸卯　二十八歲

弟轍賦《踏青》、《蠶市》，記歲首鄉俗。有和。

弟轍詩見《欒城集》卷一，總題為《記歲首鄉俗寄子瞻二首》。《詩集》卷四有《和子由踏青》、《和子由蠶市》。前者宋趙次公註引弟轍《踏青詩敍》謂踏青乃人日事。《集註分類東坡詩》卷二十三《和子由蠶市》趙次公註引弟轍詩敍：「眉之二月望日，鬻蠶器於市，因作樂縱觀，謂之蠶市。」二月望亦可謂歲首，轍詩約作於正月。

正月十五日夜，題府城東院王維畫，書壁。蘇軾嘗評維畫。

書壁乃《文集》卷七十《題鳳翔東院王畫壁》。同上《書摩詰藍田烟雨圖》：「味摩詰之詩，詩中有畫。觀摩詰之畫，畫中有詩。詩曰：『藍谿白石出，玉川紅葉稀。山路元無雨，空翠濕人衣。』此摩詰之詩，或曰非也，好事者以補摩詰之遺。」《詩話總龜》前集卷八引《詩史》：「東坡嘗與人書，言味王摩詰之詩，詩中有畫；觀摩詰之畫，畫中有詩。云：『藍田白石出，玉關紅葉稀。山路元無雨，空翠濕人衣。』此東坡詩，非摩詰也。」

寄示弟轍岐陽十五碑，弟轍賦詩。

詩見《欒城集》卷一。據《欒城集》編次。

二月，至長安。和劉敞題薛周逸老亭詩。

詩見《詩集》卷四（一六四頁）。周之兄弟輩有向及姪紹彭與蘇軾有交往，參熙寧二年「嘗過薛紹彭家」條、元祐二年六月紀事。《欒城集》卷二有《次韻子瞻題薛周逸老亭》。

游岐山令王紳家中隱堂，作詩。

詩見《詩集》卷四（一六五頁）。詩敍云中隱堂有名長安城中。紳事迹見《丹淵集》卷三十九墓誌銘。紳自少喜讀書，記問精博，為詞章有條理。為岐山令，有善政，去之日，「老幼婦女皆奔走涕泣」。卒于治平元年三月，年四十一。餘詳註文。

詩其三有「二月驚梅晚」之句，是至長安為二月事。

《欒城集》卷二有《次韻子瞻題長安王氏中隱堂五首》。

回，過寶雞，題斯飛閣。

詩見《詩集》卷四（一六八頁）。詩有「泛泛春風弄麥苗」之句，為春日事。

重游終南，弟轍聞之，寄詩來，次韻。

《欒城集》卷二《聞子瞻重游南山》：「終南重到已春回，山木緣崖緑似苔。谷鳥鳴呼嘲獨往，野人笑語記曾來。定邀道士彈《鳴鹿》，誰與溪堂共酒杯？應有新詩還寄我，與君和取當遊陪（原註：彈《鳴鹿》，飲溪堂，皆前游終南時事）。」次韻見《詩集》卷四（一六八頁）。

寒食前一日，弟轍作詩以寄，次韻。

《詩集》卷四《和子由寒食》，題下「查註」附轍詩。軾詩云「寒食今年二月晦」，又云「忽聞啼鴂驚羈旅」，知尚未回至鳳翔。轍詩見《欒城集》卷一。

回鳳翔。遊開元寺，記所見吴道玄畫答弟轍詩。

詩見《詩集》卷四（一七〇頁）。弟轍詩題作《畫文殊普賢》，在《欒城集》卷二。軾詩乃次轍韻，云：「春遊古寺拂塵壁。」知為春季事。開元寺，詳《邵氏聞見後録》卷二十八，題下「查註」已引。

弟轍以詩報父洵彈琴，次韻。

弟轍詩見《欒城集》卷二，有「春水生波滿舊痕」之句，或為春季事。次韻詩見《詩集》卷四（一七三頁）。

三月甲子（二十二日），賜進士、諸科及第等。邵光為進士。蘇軾嘗稱之。

三月甲子云云，據《宋史·仁宗紀》。邵光為是科進士，見《咸淳毗陵志》卷十一。《范太史集》卷五十五《手記》有邵光，云「子瞻稱之，已卒」。按：《手記》約撰於元祐末。

辛未（二十九日），仁宗卒。

四月壬申（初一日），皇子曙即位，是為英宗。

據《宋史·仁宗紀》、《宋史·英宗紀》。

虢令趙薦罷，有詩送行。

詩見《詩集》卷四十八（二六〇〇頁）。《詩集》卷四詩題云及七月二十五日，宿虢縣僧舍曾閣，「壁間有前縣令趙薦留名」，則薦之去，約為本年春、夏間事。據《净德集》卷二十四薦墓銘，薦元豐四年卒，年四十八。

上韓琦論場務書，陳衙前之役之害，議以官榷與民。

書見《文集》卷四十八(一三九二頁)。書稱「陛下新御宇内」,作於英宗即位之初。衙前乃州役,詳《宋史》卷一百七十七《食貨志》。「官榷與民」,乃變官賣為民賣,即私賣。書謂「今日之所宜深懲而永慮」者在革除弊政。書云「議以官榷與民」,「其詳固已具於府之所録以聞者」,是另有一奏,已佚。

六月十日,伯母楊氏卒。

據《文集》卷五十九《與蒲誠之》第一簡。簡云「伯父之喪未及一年」,知卒於今年。《欒城集》卷二十五《伯父墓表》敍楊氏卒。

蒲誠之過鳳翔。有簡與誠之。

《文集》卷五十九與誠之第一簡首云「聞軒馬已至多時」,乃至鳳翔。第二簡云「向經由時,甚恨不款曲」,亦可證。味二簡,誠之經由,乃夏季事。

《净德集》卷二十七《静安縣君蒲氏墓誌銘》:堂兄不欺妻蒲氏,乃宗孟姊。第一簡以不欺之母病逝事告誠之,是誠之為宗孟家族,與蘇軾亦屬戚誼。宗孟見熙寧三年「與蒲宗孟同朝」條紀事。

《丹淵集》卷十七有《拙詩六韻奉寄興州分判誠之蒲兄》、《依韻和蒲誠之春日即事》,是誠之嘗官興州。

宋選罷知鳳翔府任,陳希亮來代。

《文集》卷五十九《與蒲誠之》第一簡云伯母卒於本年六月十日,末云「殘暑」,當作於七月間。簡云:「新牧、倅皆在此,常相見。」既云「新」,知到任不久。新牧,陳希亮也。到任當在夏。《總案》謂希亮本年正月到任，誤。

希亮字公弼，其先京兆人，後遷眉州青神之東山。《宋史》卷二百九十八有傳，《文集》卷十三有《陳公弼傳》。

陳希亮以嚴著，有能名，然以鄉里長老自視。其始，軾與希亮不甚叶，作《客位假寐》詩。

《陳公弼傳》：「目光如冰，平生不假人以色，自王公貴人，皆嚴憚之。」以下云：「所至姦民猾吏，易心改行，不改者必誅，然實出於仁恕，故嚴而不殘。」

《畫墁集》卷六《房州修城碑陰記》云陳希亮有吏能名。又云：「治平末年，予為岐府掾。是時，陳公去岐未久，竊嘗訪其行事，大略馭吏嚴察，人不敢欺。姦吏不敢欺，則良民自安堵矣。小大之牘，罔不經目，小則幕府，大則自操筆為之。常屬紙數幅，使兩人持其端，提筆歷歷書之，理法皆備，出人意表。官吏以此服之。是時，蘇子瞻登制舉，簽判府事，實佐公。其後子瞻亦自負吏事，人或詰之，乃曰：『吾得之陳公也。』」

《陳公弼傳》：「公於軾之先君子，為丈人行。而軾官於鳳翔，實從公二年。方是時，年少氣盛，愚不更事，屢與公争議，至形於言色，已而悔之。」《邵氏聞見後録》卷十五謂希亮覽蘇軾所撰《凌虛臺記》，笑曰：「吾視蘇明允猶子也，某猶孫子也。平日故不以辭色假之者，以其年少暴得大名，懼夫滿而不勝也，乃不吾樂耶！」又謂：蘇軾簽判鳳翔，吏呼蘇賢良。公弼怒曰：「府判官何賢良也！」杖其吏不顧。又謂蘇軾作府齋醮、禱祈諸小文，希亮必塗墨改定，數往反。《房州修城陰碑記》謂希亮「以鄉里長老自處」。

《詩集》卷四《客位假寐》：「謁入不得去，兀坐如枯株。豈惟主忘客，今我亦忘吾。」寫謁希亮不得見，又不得去，甚不堪。為此時事。

大旱。七月二十四日，出禱磻溪，宿虢縣。

二十五日，渡渭，宿於僧舍曾閣。

以上均見《詩集》卷四詩題（一七三頁）。

《施譜》：「秋，禱雨磻溪。」

二十六日，至磻溪，禱雨；往陽平，憩於麻田青峰寺之翠麓亭。

據《詩集》卷四詩題（一七四頁）。《文集》卷六十二有《禱雨磻溪祝文》。虢縣有陽平鎮。《欒城集》卷二《次韻子瞻麻田青峰寺下院翠麓亭》，韻不同，疑蘇軾另有一作。

二十七日，自陽平至斜谷，宿於南山蟠龍寺。

據《詩集》卷四詩題（一七五頁）。《欒城集》卷二《次韻子瞻宿南山蟠龍寺》，韻不同，疑蘇軾另有一作。

二十八日，至下馬磧，憩於北山僧舍，登懷賢閣，題詩懷諸葛亮。

據《詩集》卷四詩題（一七六頁），云懷賢閣，「南直斜谷，西臨五丈原，諸葛孔明所從出師也」。《總案》：「二十七日自陽平至斜谷，地屬郿縣，此則已過斜谷入岐山縣境，當為二十八日之事。」今從。

回鳳翔。中元節假不過知府廳，為陳希亮所案，罰銅八斤。

中元節云云，據《詩案・供狀》，云係「公罰」；據《邵氏聞見後録》卷十五，乃陳希亮所按。《畫墁集》卷六《房州修城碑陰記》：「子瞻在岐下，與陳公不相叶，竟至上聞。」當指此事。《文集》卷四十六《謝館職啟》：「一參賓幕，輒蹈危機。已嘗名挂於深文，不自意全於今日。」亦謂此事。

題招隱亭。

詩見《詩集》卷四（一八二頁），云「風迴落醉巾」，乃秋間事。《欒城集》卷二次韻。

九月十六日，挈家來遊天和寺，有詩。

詩見《詩集》卷四（一八三頁）。《欒城集》卷二《次韻子瞻題扶風道中天花寺小亭》乃次軾此詩之韻。知天和寺即天花寺。

《金石續編》卷十六《天和寺詩刻并記》（原注：詩十行，記九行，行書大小不等，在陝西扶風縣）：「癸卯九月十六日，挈家來遊，眉山蘇軾題。（詩略）天和寺在扶風縣之南山。東坡蘇公留詩於廳壁，迄今二十年矣。予承乏斯邑，因暇日與絳臺田愿子立、洛陽趙卬勝翁同觀，愛其真墨之妙，慮久而漫滅，乃召方渠閻圭公儀就模於石。時元豐癸亥六月二十三日，終南陳雄武仲題。」

扶風驛舍聞泣者甚怨，作詩感歎人間貧富懸殊。時晤楊耆。

詩見《詩集》卷二十二（一一九一頁），詩引敍其事，首云「西蜀楊耆，二十年前，見之甚貧」。二十年後，當元豐六年，見耆黄州，乃書贈此詩，見該年十一月九日紀事。詩首云「孤村微雨送秋涼」，中云「天寒滯穗猶横畝」，作於深秋，當為遊天和寺略後事。詩末云「人間貧富海茫茫」。

與仁宗山陵事，有詩敍山陵事勞民。

《詩集》卷四十《和子由聞子瞻將如終南太平宫溪堂讀書》敍山陵事迫，「府縣煩差抽」。詩云及「秋風」，為秋季事。《宋史・仁宗紀》：本年十月甲午，葬永昭陵。《嘉祐集》卷十二《上韓昭文（琦）論山陵書》，主薄葬仁宗；《欒全集》卷三十九《文安先生墓表》亦敍之。朝廷未從。

至盩厔上清宫溪堂，讀道藏。觀唐太宗所書《急就章》。題二詩南溪竹上。

《詩集》卷四有《和子由聞子瞻將如終南太平宫溪堂讀書》、《將往終南和子由見寄》、《讀道藏》。後者云：「嗟余亦何幸，偶此琳宫居。宫中復何有，戢戢千函書。」同上卷有《九月中曾題二小詩於南溪竹上既而忘之昨日再遊見而録之》，南溪，在終南山。知至上清讀道藏，為九月事。觀唐太宗云云，見《文集》卷六十九《書太宗皇帝急就章》。

《欒城集》卷二有《聞子瞻將如終南太平宫溪堂讀書》、《和子瞻讀道藏》。《將往終南和子由見寄》未見原韻。

冬，再至盩厔，謁上清宫，作《上清詞》。弟轍應邀亦賦。

詞見《詩集》卷四十八，《佚文彙編》卷五《書上清詞後》敍其事。弟轍《上清詞》，在《欒城集》卷十八。

小留終南山，十二月十五日，南溪賞雪；新構避世堂，留題溪堂。

《詩集》卷四凡三詩（一八三至一八五頁）。《欒城集》卷二有《次韻子瞻南溪避世堂》。

覃恩轉大理寺丞。

《紀年録》謂為英宗即位後事。《詩案·供狀》未云歲月。《施譜》繫此事於本年，未云月。治平元年正月十三日所撰遊仙遊潭文署大理寺丞，見該日紀事。

知成都府韓絳（子華）欲薦蒲誠之替蘇軾。未成。

《文集》卷五十九與誠之第二簡敍替事。簡云「盡今歲方及二年」，知作於今年；簡云韓益州，乃絳，見《宋史》卷三百一十五絳傳及《北宋經撫年表》卷五。第三簡亦略及此。事終未成，觀以後事可知。《詩集》卷九《韓子華石淙莊》：「我舊門前客。」絳於軾為舉主，味軾簡，絳此時亦薦軾。

作《思治論》。

文見《文集》卷四。

父洵作《辨姦論》刺王安石。蘇軾兄弟有「嘻其甚矣」之諫。

論見《樂全集》卷三十九洵墓表，謂安石母卒，洵不往吊，乃作論。安石母卒於今年八月，見《王臨川集》卷首《王安石評傳》。論作於今年，收四庫本《嘉祐集》卷九。諫父語見《文集》卷四十九謝張方平撰父洵墓碣書（一四二六頁）。《避暑録話》卷上敍作論事。

張琥（璪、邃明、叔毅）回京師，蘇軾作考辭；軾并作《稼説》以送，勉琥務學。

《錢塘韋先生文集》卷十八《故大資政張公行狀》：「授校書郎，為鳳翔府户曹參軍。在官舉職，操守堅正。今尚書蘇公軾，時簽書府幕，嘗與公為考辭，而曰『緩於利而急於義，利其外而介其中』，則少時風節已可見矣。」考辭，《佚文彙編》失收。

送文見《文集》卷十（三三九頁）。文云：「博觀而約取，厚積而薄發，吾告子止於此矣。」并囑琥「歸過京師」時「以是語」告子由。

琥回京師具體時間不詳，今姑從《總案》繫此。

陳希亮作凌虛臺，應其請，作記。

記見《文集》卷十一（三五〇頁）。記謂物之廢興成敗，不可得而知，臺不足恃以長久，「而或者欲以夸世而自足，則過矣，蓋世有足恃者，而不在乎臺之存亡也」。郎曄注謂希亮（公弼）覽文後，有「不吾樂耶」之語，意為軾不樂希亮塗改其文，軾實有諷之之意。然希亮「不易一字，亟命刻之石」，是贊其才也。記約作於今年。

結交陳希亮之子慥（季常），為本年事。

《文集》卷十三《方山子傳》：「前十有九年，余在岐下，見方山子從兩騎，挾二矢，游西山。鵲起於前，使騎逐而射之，不獲。方山子怒馬獨出，一發得之。因與余馬上論用兵及古今成敗，自謂一世豪士。」傳作於黃州。方山子乃慥。

歐陽修約於是歲作《鵯鵊詞》。蘇軾以後嘗書之。

《剡源戴先生文集》卷十八《題坡書歐陽公鵯鵊圖》：「右草書歐陽公《鵯鵊詞》一卷，建業翁舜咨得於姑孰士大夫家。從來以為山谷書。漁陽鮮于伯機以為東坡草書，世人見者絶少。余嘗見所書《秋聲賦》，筆法與此略相仿佛。蓋皆書歐陽公所作，一時師友，心相向往，風流映帶，自古未之有也。（下略）」

《鵯鵊詞》見《歐陽文忠公集·居士集》卷九。歐集目録謂「嘉祐□年」作。歐詩分體編年，此詩前《寄題洛陽張少卿静居堂》，嘉祐六年作。則《鵯鵊詞》乃作於嘉祐七、八年，今次本年。

蘇軾年譜卷六

宋英宗治平元年(一〇六四)甲辰　二十九歲

正月十三日,與章惇同遊仙遊潭,為文記之。時惇與蘇旦、安師孟來訪。因與惇遊樓觀、五郡、大秦、延生、仙遊。是為三遊終南山。惇別去,有詩。

《晚香堂蘇帖》:「嘉祐九年正月十三日,軾與前商洛令章惇子厚,同遊仙遊潭。始軾再至潭上,畏其險不渡,而心甚恨之。最後□潭水而西,至其稍淺可涉處,亂流而濟,得唐人之遺塔,上有石刻天王鬼神飛仙十有六方,為二級,雖摹刻之迹,而其顧瞻俯仰睢盱哆冶之狀,非吴道子不能至也。軾既歎其神妙,而悲其不□□世人觀扣,于是以墨本歸而記其上。大理寺丞、簽書鳳翔府節度判官廳公事蘇軾書。」《佚文彙編》未收。

《關中金石記》卷五《章惇題名記》:「甲辰正月立。行書,在鄠縣草堂寺。文云:惇自長安率蘇君旦、安君師孟至終南謁蘇君軾。」《金石萃編》卷一百四十《草堂寺題名》第二十七段:「惇自長安率蘇君旦、安君師孟至終南謁蘇君軾,因與蘇遊樓觀、五郡、延生、大秦、仙遊。」以下敍與旦、師孟過渼陂,漁於旦之園池,晚宿草堂,明日宿紫閣,晚復宿草堂,間過高觀,題名潭東石上。題於本年正月二十三日。《宋史》卷四百七十一《章惇傳》：「與蘇軾游南山，抵仙游潭，潭下臨絶壁萬仞，横木其上，惇揖軾書壁，軾懼不敢書。惇平步過之，垂索挽樹，攝衣而下，以漆墨濡筆大書石壁曰：『蘇軾、章惇來。』既還，神彩不動，軾撫其背曰：『君他日必能殺人。』惇曰：『何也？』軾曰：『能自判命者，能殺人也。』惇大笑。」涵芬樓《説郛》卷二十七引《高齋漫録》有此事，或為《宋史》所本。《高齋漫録》「抵仙游潭」句前尚有「同游南山諸寺，寺有山魈為祟，客不敢宿，子厚宿，山魈不敢出」云云。

《石墨鐫華》卷六《宋蘇軾仙游塔題字》：「塔上有唐畫天王鬼神，子瞻謂非吴道子不能，而題其下，云云。雖用卧筆，而時作渴筆，甚有素師藏真律公二帖意，比公他書不同，即《上清詞》亦當遜其俊爽。」塔在仙游寺前，乃小塔，俗云逼水塔。

《詩集》卷五《自清平鎮游樓觀五郡大秦延生仙游往返四日得十一詩寄子由同作》之《樓觀》、《五郡》、《授經臺》、《大秦寺》、《仙游潭》、《南寺》作於同游時。《南寺》首云「東去愁攀石，西來怯渡橋」，即《章惇傳》所云過仙游潭横木橋。《文集》卷七十《再跋醉道士圖》引章惇跋，有「子瞻性好山水」、「不肯渡仙游潭」語，乃敍此時事。《欒城集》卷二有《和子瞻三游南山九首》。

本年以下有「晤安師文」條，師孟或為師文兄弟輩。《文集》卷四十九《答安師孟書》或作於鳳翔。書稱師孟「以美才積學取榮名於當時」。

二月十六日，與張杲之、李庠游南溪。

據《詩集》卷五詩題（一九八頁）。詩題並云醉後相與解衣濯足，詠韓愈《山石》，遂次愈韻。嘉祐八年二月間，弟轍寄詩云「應有新詩還寄我」（見該年「重游終南」條），軾《重游終南子由以詩見寄次韻》報以「懶不作詩君錯料」。《總案》據此定本詩作於今年。蓋本年詩作頗多，非「懶不作詩」也。今仍次此。

或與蒲誠之相晤。

《文集》卷五十九與誠之第四簡：「聞車騎已在二曲，即見風采，喜慰可知。」簡云「冒寒」，或為春間事。第五簡言「須至旦出城」，為與蒲相晤也。不知臨時是否有變更，故云「或」。

過岐山周公廟，觀潤德泉，作詩。

詩見《詩集》卷五（一九九頁），有「尚喜秋來過故宮」之句。岐山在鳳翔府東四十里。

《欒城集》卷二《次韻子瞻題岐山周公廟》有「有客賦詩題屋壁」之句，謂軾。

八月十一日，夜宿府學，和弟轍園中草木十一首。

詩見《詩集》卷五（二〇〇頁），其一云「吾歸於汝處，慎勿嗟歲晚」，謂歲末成資將解還，作於今年。其十自注：「八月十一日夜宿府學，方和此詩。夢與弟游南山，出詩數十首，夢中甚愛之。及覺，但記一句云：蟋蟀悲秋菊。」

《欒城集》卷二《賦園中所有十首》乃原韻，自注「時在京師」。軾和作以詠夢中「蟋蟀悲秋菊」一首繫此後，故為十一首。轍詩云「南園地性惡」，此園乃南園。

秋，夏軍攻静邊砦。多詩及邊事，有從戎之意。朝廷以王素（仲儀）知渭州，夏軍解去。

《王華陽集》卷五十八《王素墓誌銘》：治平元年秋，敵寇静邊砦，權涇原帥陳述古與副總管劉几議進兵不合，以端明殿學士知渭州。《宋史》卷三百二十《王素傳》謂於是「蕃夷故老皆歡賀，比至，敵解去」。《文集》卷二十一《王仲儀真贊》詳敘之。

《詩集》卷五《次韻和子由聞予善射》云「豈信邊隅事執鼙」，《次韻子由論書》云「爾來又學射，力薄愁官笴」，《次韻和子由欲得驪山澄泥硯》末云「近日從戎擬學班」。《欒城集》卷二《聞子瞻習射》首云「舊讀兵書氣已振，近傳能射喜征鼙」。《欒城後集》卷一《次韻子瞻感舊》詩自註：「子瞻每欲為國守邊，顧不敢請耳。」

《詩集》卷十二《鐵溝行贈喬太博》：「忽憶從軍年少時，輕裘細馬百不知。臂弓腰箭南山下，追逐長楊射獵兒。」寫此時事。南山乃終南山。

十月，與楊濟甫簡，詢王道矩來訪起發之期。

簡乃《文集》卷五十九與濟甫第三簡。簡云「去替不兩月」、「十二月十七八間離岐下」，約作於十月下旬。

《詩集》卷一有《渝州寄王道矩》。《總案》謂道矩似為妻弗之兄；來與否，不詳。

十一月乙亥（初四日），科陝西户三丁之一，刺以為義勇軍。蘇軾嘗親行之，然不滿其政。

十一月云云，據《宋史·英宗紀》。據《東都事略·韓琦傳》，此乃應琦請。蘇軾云云，據《文集》卷二十五《上神宗皇帝書》。

五日，冬至，上皇帝書。

《文集》卷三十七《上皇帝書》：「臣伏以今月初五日南至，文武百僚入賀，所以賀一陽來復也。」南至即冬至。冬至日在夏曆十一月。自蘇軾入仕，三度經歷十一月五日冬至，一為本年，一為元豐六年，一為紹聖元年。元豐六年，軾在黄州貶所；紹聖元年冬至，軾初至惠州貶所：皆無因上書。書作於本年。書末云「臣敢因至日以獻」，知作於冬至日。以上云云，據《蘇文繫年考略》。書以嗇養為言，謂「用之於國，則安静而不勞，用之於身，則冲和而不竭」。

本月，孫抃卒。蘇軾嘗有《華陰老嫗》敘抃赴舉軼事。

本月云云，據《蘇魏公文集》卷五十五抃墓銘、卷六十三行狀。抃，眉州眉山人，天聖八年進士，官至參知政事，卒年六十九。《宋史》卷二百九十二有傳。軾文見《文集》卷七十三。

陳希亮招飲凌虚臺，蘇軾賦詩，前嫌已釋。

《詩集》卷五《凌虚臺》：「浩歌清興發，放意末禮删。」已親近不受拘束。又云：「是時歲云暮，微雪灑袍斑。吏退迹如掃，賓來勇躋攀。臺前飛雁過，臺上雕弓彎。」約及仲冬。

《欒城集》卷二有《次韻子瞻凌虚臺》。

和弟轍苦寒見寄，復及邊事。

詩見《詩集》卷五（二一五頁），末云：「西羌解仇隙，猛士憂塞壖。廟謨雖不戰，虜意久欺天。山西良家子，錦緣貂裘鮮。千金買戰馬，百寶粧刀鐶。何時逐汝去，與虜試周旋。」《宋史·王素傳》敘「敵解去」，以下云：「拓渭西南城，濬隍三周，積粟支十年。屬羌奉土地來獻，悉增募弓箭手。行陳出入之法，身自督訓。」以邊境有備，得以復安。據詩，知蘇軾不滿朝廷不戰。轍原韻佚。

至司竹監，燒葦園，觀會獵，食獵物，豪飲而歸，作詩。

詩見《詩集》卷五（二一六頁），有「深冬放火如紅霞」之句。司竹監在府東南二百三十里。

《欒城集》卷二《和子瞻司竹監燒葦園因獵園下》：「吾兄善射久無敵，是日斂手稱不能。憑鞍縱馬聊自適，酒後醉語誰能應。」

十二月八日，書挽伯父涣詩。

據《詩集》卷五詩題。

十七日，罷簽書鳳翔府節度判官廳公事任。

《文集》卷六十九《書所作字後》有「治平甲辰十月二十七日自岐下罷」之語；卷五十九《與楊濟甫》第三簡云及「某只十二月十七八間離岐下」。《總案》謂「十月二十七日」為「十二月十七日」之誤，是。

《蘇穎濱年表》謂本月蘇軾「自鳳翔解官歸京師」，《施譜》謂本月自鳳翔代還。

磨勘轉殿中丞，乃本年此前事。

《紀年録》繫今年，今從。《施譜》繫治平二年二月。《詩案·供狀》及此事，未云歲月。

鄭獬《鄖溪集》卷二《大理寺丞蘇軾可殿中丞制》：「汝以高文典册，伏對於大庭。忠言俊氣，直出諸生之右。宜擢之不次，絶群而進，尚可歲月之累耶！夫奏言試功，大舜之所以治也。凡汝所言者，朕既得之，而其所試者，今又載於有司。稍遷以通籍，勉爾志業，以需不次之澤。可。」「出諸生之右」，當指應制科事。獬，《宋史》卷三百二十一有傳，英宗即位前，已知制誥。

始識文同（與可、石室先生）。為同畫竹作贊，亦為本年此前事。

《文集》卷六十三《黄州再祭文與可文》：「我官於岐，實始識君。」以下敍一别五年而再見京師。同，梓州梓潼人。據同所撰《丹淵集》卷首年譜，同今年服父喪服除回京師。鳳翔為出、入蜀交通孔道，其相見以此。參熙寧三年「文同來官京師」條。

《文集》卷二十一《石室先生畫竹贊》之敍云：「與可，文翁之後也。蜀人猶以石室名其家，而與可自謂笑笑先生。」《總案》謂此敍「首推其所自，次敍其道號，信為岐下初遇時作也」。

和弟轍《木山引水》詩。

詩見《詩集》卷五（二一九頁），有「蜀江久不見滄浪，江上枯槎遠可將」句。此木山乃父洵嘉祐四年江行赴汴時得之楊緯者。《總案》此處引《木假山記》，誤。轍詩在《欒城集》卷二。

寄題興州太守晁仲約（延之）新開古東池。

詩見《詩集》卷五（二二〇頁）。《欒城集》卷二有《興州新開古東池》詩。

《王臨川集》卷五十有《屯田員外郎晁仲約可都官員外郎制》。慶曆間知高郵軍，迥孫，見《宋會要輯稿》第九十七册《職官》六四之四三、第一百八册《選舉》三之一八。餘見詩注。迥，《宋史》卷三百五有傳。

在鳳翔，開元寺僧嘗授以燒金方書，後不得已與陳希亮。

《龍川略志》卷一《燒金方術不可授人》：「予兄子瞻嘗從事扶風，開元寺多古畫，而子瞻少好畫，往往匹馬入寺，循壁終日。有二老僧出揖之曰：『小院在近，能一相訪否？』子瞻欣然從之。僧曰：『貧道平生好藥術，有一方能以朱砂化淡金為精金。老僧當傳人而患無可傳者，知公可傳，故欲一見。』子瞻曰：『吾不好方術，雖得之，將不能為。』僧曰：『此方知而不可為，公若不為，正當傳矣。』是時，陳希亮少卿守扶風，平生溺於黃白，嘗於此僧求方，而僧不與。子瞻曰：『陳卿求而不與，吾不求而得，何也？』僧曰：『貧道非不悦陳卿，畏其得方不能不為耳。貧道昔嘗以方授人矣，有為之即死者，有遭喪者，有失官者，故不敢輕以授人。』即出一卷書，曰：『此中皆名方，其一則化金方也。公必不肯輕作，但勿輕以授人。如陳卿，慎勿傳也。』子瞻許諾。歸視其方，每淡金一兩，視其分數，不足一分，試以丹砂一錢益之，雜諸藥入甘鍋中煅之，鎔即傾出，金砂俱不耗，但其色深淺斑斑相雜，當再烹之，色匀乃止。後偶見陳卿，語及此僧，遽應之曰：『近得其方矣。』陳卿驚曰：『君何由得之？』子瞻具道僧不欲輕傳人之意，不以方示之。陳固請不已，不得已與之。陳試之良驗，子瞻悔，曰：『某不惜此方，惜負此僧耳，公慎為之！』陳姑應，曰：『諾！』未幾，坐受鄰郡公使酒，以贓敗去。子瞻疑其以金故，深自悔恨。後謫居黃州，陳公子慥在黃，子瞻問曰：『少卿昔竟嘗為此法否？』慥曰：『吾父既失官至洛陽，無以買宅，遂大作此。』然竟病指癱而没，乃知僧言誠不妄也。(下略)」《夷堅志·補》卷十三《鳳翔開元寺僧》條亦記載此事，文字略有異，如「未幾……黃州」，《夷堅志》作：「未幾，坐受鄰郡酒罷去，旋捐館。後十五年，坡謫居黃州。」

《邵氏聞見後録》卷十五謂希亮「受他州饋酒，從贓坐，沮辱抑鬱抵於死」。《文集》卷十三《陳公弼傳》則云：「始，州郡以酒相餉，例皆私有之，而法不可。公以遺游士之貧者，既而曰：『此亦私也。』以家財償之。且上書自劾，求去不已。坐是分司西京。」似有解釋、開脱之意。「分司西京」云者，即罷官也。又，《傳》謂希亮「寡欲」，與《龍川略志》所云有不一致處，蘇軾或以陳慥之故而有所迴護也。

《席上腐談》卷下：「東坡先生年二十有六，初仕岐下，有異僧强授之以化金方。既得其方，自是緘封之。後以授潁濱先生。潁濱亦藏之。逮居潁昌，有親故知之，因扣其術。潁濱曰：『自先兄見授，秘之有年矣。暇日當求之巾笥間。』久之，呼求者至，出書示之。東坡岐下緘之宛然，潁濱乃啟封，披其書曰：『此其是乎？』求者欣然曰：『是矣。』潁濱即焚於爐中，語求者曰：『貧可忍也，此寧可為乎！』求者愧赧，若無所容，倉皇狼狽而去。」兹附於此。

在鳳翔，妻王弗常以慎於行事與交游為戒，嘗諫止發地下所藏。

《文集》卷十五《亡妻王氏墓誌銘》敍戒軾慎於行事與交游，謂「軾有所為於外，君未嘗不問知其詳」，戒以慎。謂弗能識人。卷七十三《先夫人不發宿藏》敍：「所居古柳下，雪，方尺不積雪，晴，地墳起數寸。吾疑是古人藏丹藥處，欲發之。亡妻崇德君曰：『使先姑在，必不發也。』吾愧而止。」先姑云者，謂母程氏僦宅紗縠行不發宿藏事。崇德君乃弗封號，參治平二年五月丁亥紀事。

在鳳翔，嘗與董傳論杜詩，嘗與魏起（興叔）論杜逸詩，嘗因秦州所進肉騣馬論杜詩誤刊。

《文集》卷六十八《記董傳論詩》敍與傳論杜詩「已知仙客意相親，更覺良工心獨苦」；卷六十七《記子美逸詩》敍與起論杜逸詩《聞惠子過東溪》；《書子美驄馬行》因見肉駿馬悟杜《鄧公驄馬行》「肉驄碨礧連錢動」之「驄」當作「駿」。

在鳳翔，嘗識武功令王頣於武功，頣以銅龜子贈之。

《詩集》卷六《王頣赴建州錢監求詩及草書》：「我昔識子自武功，寒廳夜語樽酒同。酒闌燭盡語不盡，倦僕立寐僵屏風。丁寧勸學不死訣，自言親受方瞳翁。（下略）」武功屬永興軍路，永興軍路治長安，武功距長安一百五十里。頣為太原人，見《文集》卷十九《鳳咮硯銘》序。

《文集》卷六十四《捨銅龜子文》：「故人王頣為武功宰，長安有修古塔者，發舊葬，得之以遺予，予以藏私印。」

《詩集》卷五《次韻和子由欲得驪山澄泥硯》：「豈知好事王夫子，自採臨潼繡嶺山。」「誥案」謂此王夫子乃頣，是。臨潼亦屬永興軍，境内有驪山。是頣嘗自採澄泥硯并或贈蘇軾也。

在鳳翔，嘗得吴道玄（道子）所畫四菩薩以獻父洵。

《文集》卷十二《四菩薩閣記》敍其事。

在鳳翔，與弟轍有《岐梁唱和詩集》。

《欒城集》卷三《次韻姚孝孫判官見還岐梁唱和詩集》首云「伯氏文章豈敢知，岐梁偶有往還詩」。岐謂鳳翔，梁謂開封，即京師。今存岐梁唱和，見《詩集》者一百十二首，見《欒城集》八十七首。孝孫字光祖，安吉人。官司農主簿。見《吴興備志》卷十一。

在鳳翔，嘗於終南山下得古器；寫楚一章；見村邸壁詩，記之；戲作賈梁道詩；上虢守啟。

《歐陽文忠公集·集古録跋尾》卷一《終南古敦銘》：「右終南古敦銘。大理評事蘇軾為鳳翔府判官，得古器於終南山下。其形制與今《三禮圖》所畫及人家所藏古敦皆不同，初莫知為敦也。蓋其銘有『寶尊敦』之文，遂以為敦爾。」

《雙溪集》卷十一《跋東坡拔冢帖》：「先生早年在岐下寫楚詞一章云，似鍾繇行體，筆能趁意。是時書畫已絶出世俗。」

《詩集》卷四十七有《戲作賈梁道詩》，外集謂鳳翔作。《文集》卷六十五《賈充叛魏》敍作詩事。《文集》卷六十八《記西邸詩》録村邸壁詩。

《文集》卷四十七有《上虢州太守啟》，有「某仕版寒蹤，賓僚俗吏」語，知作於鳳翔。虢州屬陝西路之永興軍路，距鳳翔不遠。

在鳳翔，張舜民從游。

《永樂大典》卷三千四百一引張舜民《畫墁録(集)·祭子由門下文》：「憶昔關中，嘗親伯氏。」《宋史》卷三百四十七舜民傳謂為邠州人。邠州屬陝西路之永興軍路，離鳳翔不遠。

傳嘗畫梅菊老竹於府判廳署壁上。

重修《鳳翔府志》卷一《古迹·鳳翔縣》：「蘇文忠公畫，石刻梅、菊、老竹，在府判廳署壁上。」

離鳳翔，赴長安，謁石蒼舒(才翁)；應蒼舒之請，書字數幅，并跋。

跋見《文集》卷六十九，題作《書所作字後》。

蒼舒，京兆人，善行草，見《詩集》卷六《石蒼舒醉墨堂》題下「王子仁註」、「查慎行註」及「誥案」。

晤安師文，為跋其所藏顏魯公書草。

文見《文集》卷六十九（二一七八頁），文謂師文為長安人。《書史》卷上敘安師文藏懷素絹帖，《山谷全書》外集卷二十四《雜書》敘元祐中見師文祭濠州刺史伯父文，學顏書得其妙處。《長編》卷四百八十七、四百九十八分敘紹聖四年五月甲子師文以朝奉郎論熙河邊事、提舉涇原路沿邊新弓箭手，蓋師文亦習武。

過陳漢卿家，首見吴道玄畫佛。

據《詩集》卷十六（八二九頁）詩題，詩作於元豐元年。詩題云「後十餘年復見」此畫於鮮于侁（子駿）家。《總案》繫此於熙寧元年十二月，與「十餘年」不合。

漢卿字師黯，世居閬中，好古書奇畫，事迹詳《歐陽文忠公集·居士集》卷三十墓銘。至和元年卒，年四十六。有子安期，軾或見之。《詩集》題下「誥案」以《文集》卷五十九之《答漢卿》之「漢卿」當陳漢卿，誤。

為王頤（正父）跋《醉道士圖》，和董傳留別詩。

跋見《文集》卷七十（二二二〇頁）。詩見《詩集》卷五（二二一一頁），《施譜》亦繫此詩於本年。

與陳睦飲於朝元閣上。游驪山，有詩。

《詩集》卷二十七《送陳睦知潭州》敍二十三年前長安事。元祐元年作，所敍為今年。睦字和叔，嘗奉使三韓，事迹詳「施註」。《欒城集》卷十四次軾韻自注云「子雍奉使三韓」，知睦一字子雍。《詩集》卷五有《驪山三絶句》。

是歲，趙令時（德麟）生。

《濟南集》卷三《趙德麟中秋生日》：「治平初年歲執徐，越王國邸生英儒。」《爾雅》謂太歲在辰曰執徐，即今年。令時生於今年八月十五日中秋。《文集》卷一《秋陽賦》為令時作，首云令時為「越王之孫」。令時為宗室，太祖次子燕懿王德昭玄孫，德昭卒後贈越王。德昭、令時，《宋史》卷二百四十四有傳。《全宋詞》謂令時生於皇祐三年，誤。令時元祐中與蘇軾過從甚密，其《侯鯖録》載軾事頗多，故繫於此。參拙撰《趙令時的生年》，載《文學遺産》一九九四年第五期。

治平二年（一〇六五）乙巳　三十歲

至華州，與胡允文（執中）遇。

《文集》卷六十三《祭胡執中郎中文》：「我徂華州，見君逆旅。淫雨彌旬，道淖没車。他人為泣，君樂有餘。」

過華陰，寄弟轍詩。

詩見《詩集》卷五（二二四頁），中云「東風吹雪滿征衣」。《總案》繫此詩於治平元年。《施譜》繫今年，今從。《詩集》卷二十《梅花》其一首云「春來幽谷水潺潺」，第三句「一夜東風吹石裂」，春來而東風吹。

同上卷《陳州與文郎逸民飲别攜手河堤上作此詩》云「春風料峭羊角轉」，「合註」引唐陸龜蒙詩：「東風料峭客帆遠。」「春風」、「東風」相互轉用。「東風吹雪」云云，蓋為春初事。華陰在華州東五十里。

華岳道中，入岳神祠，責神。

《濟南先生師友談記》：「公曰：頃在鳳翔罷官來京師，道由華岳。忽隨行一兵，遇祟甚狂，自褫其衣巾不已，公使人束縛之，而其巾自墜。人皆曰：此岳神之怒故也。公因謁祠，且曰：『某昔之去無祈，今之回無禱，特以道出祠下，不敢不謁而已。隨行一兵，狂發遇祟，而居人曰神之怒也，未知其果然否？此一小人如蟣蝨爾，何足以煩神之威靈哉！縱此人有隱惡，則不可知，不然，以其懈怠失禮，或盜服御飲食等，小罪爾，何足責也，當置之度外。竊謂岳鎮之重，所隸甚廣，其間强有力富貴者，蓋有公為奸慝，神不敢於彼示其威靈，而乃加怒於一卒，無乃不可乎！某小官，一人病則一事缺，願恕之可乎？非某愚直，諒神不聞此言。』出廟，馬前一旋風，突而出，忽作大風，震鼓天地，沙石驚飛。公曰：『神愈怒乎，吾弗畏也。』冒風即行，風愈大，惟趁公行李，而人馬皆辟易，不可移足。或勸之曰：『禱謝之。』公曰：『禍福，天也。神怒即怒，吾行不止，其如予何！』已而風止，竟無别事。」

《北山集》卷十三《西征道里記》敍紹興乙未六月十九遊關東店、潼關、關西店、西嶽廟，至華陰縣，出南門，朝謁雲臺觀，然後還宿潼關，以下云：「又土人言，有康通判者，嘗與東坡為僚，踰百歲，從弟子四五人，往來諸峰間，無定處，然土人不能具道其名。」玆附此。

赴京師途中，與蒲誠之簡，求添差防護廂軍。

簡乃《文集》卷五十九與誠之第六簡，云「為華州減却十人」，「明日至府謁見」，誠之乃官於華州東某地。

二月，還朝，除判登聞鼓院。

據《施譜》。

弟轍出為大名府推官。

《潁濱遺老傳》卷上：「子瞻解還，轍始求為大名府推官。」《蘇潁濱年表》云本年「為大名府留守推官」，未云月份。《何譜》謂本年「授大名府路安撫總管司機宜文字」。

陳貽序（叔倫）登進士第，貽序為蘇軾所知。

據《嘉定赤城志》卷三十三，貽序臨海人，亦為曾鞏所知，終奉議郎、湖南運判，子克。《全宋詞》、《全宋詞補輯》有克詞。

《文集》卷七十三《菱芡桃杏説》云「今日見提舉陳貽叔，云舒州有醫人李惟熙者」。此貽叔或即貽序。蘇軾自海南北歸時，有簡與李惟熙，見《佚文彙編》卷三。《菱芡桃杏説》或作於晚年。

四月，陳希亮卒。年六十六。

據《琬琰集删存》卷二《陳希亮墓誌銘》。

參元豐四年「慥父陳希亮傳」條。傳，蘇軾撰。

五月丁亥（二十八日），妻王弗卒。弗以後封為魏城君、崇德君、通義郡君。

五月丁亥云云，據《文集》卷十五弗墓銘，時弗年二十七；本年六月，殯京城西。《詩集》卷二十一《伯父送先人下第歸蜀詩云云因以為韻》：「哀哉魏城君，宿草荒新墓。」注謂弗。《文集》卷七十三《先夫人不發宿藏》稱弗為崇德君。《墓誌銘》謂「追封通義郡君」。

呂公著舉應試館職，簡謝。

《文集》卷六十《謝呂龍圖》第一簡敍「兩登進士舉，一中茂才科」，「歐公引之於其始，韓公薦之於其中，今又閣下舉之於其後」。歐公乃歐陽修，韓公或為韓琦。簡所云呂龍圖乃公著。《宋史》卷三百三十六《呂公著傳》：「英宗親政，加龍圖閣直學士。」公著字晦叔，夷簡子。《紀年録》繫此簡於嘉祐五年，失之。

學士院試策，優詔直史館。此乃以制科特旨命試。有謝啟。

據《宋會要輯稿》第一百十九册《選舉》三一之三五。《輯稿》謂為治平三年二月四日事。

《墓誌銘》：「英宗在藩聞公名，欲以唐故事召入翰林，宰相限以近例，欲召試秘閣，上曰：『未知其能否故試，如蘇軾有不能耶！』宰相猶不可，及試二論，皆入三等，得直史館。」二論乃《學士院試孔子從先進論》、《學士院試春秋定天下之邪正論》，俱見《文集》卷二。

《濟南先生師友談記》：「東坡云：頃試制舉，中程後，英宗皇帝即欲便授知制誥。相國韓公曰：『蘇軾之才，遠大之器也，他日自當為天下用，要在朝廷培養之，使天下之士莫不畏慕降伏，皆欲朝廷進用之，然後取而用之，則人人無復異詞矣。今驟用之，則天下之士未必以為然，適足以累之也。』英宗曰：『知制誥既未可，且與修起居注，可乎？』魏公曰：『記注與制誥為鄰，未可遽授，不若且於館閣中擇近上貼職與之，他日擢用，亦未為晚。』乃授直史館。歐陽文忠公時為參政，慮執政官中有不喜魏公者喋於東坡，坡曰：『公所以於某之意，乃古之所謂君子愛人以德者歟！』」韓公乃琦。《文集》卷三十二《杭州召還乞郡狀》謂「琦以臣年少資淺，未經試用，故且與館職」。

按：《墓誌銘》言未試欲召入翰林，《師友談記》言試後即欲便授知制誥，是其不同處。《長編》卷二百七治平三年二月一日「殿中丞蘇軾直史館」紀事取材於《墓誌銘》與《師友談記》，從前者云「上在藩邸，聞軾名，欲以唐故事召入翰林，便授知制誥」。《宋史》本傳略同《長編》。

《王譜》、《紀年録》、《施譜》均謂直史館為治平二年事，今從。《詩集》卷五《入館》：「黄省文書分道山，靜傳鐘鼓建章閑。天邊玉樹西風起，知有新秋到世間。」細味詩意，乃初入館時作。據「新秋」云云，知直史館乃夏末秋初事。若「新秋」所云為治平三年事，則父洵已卒，與事理不合。《文集》卷四十六有《謝館職啟》。

《避暑録話》卷上：「祖宗故事，進士廷試第一人及制科一任回，必入館，然須用人薦，且試而後除。進士聲律固其習，而制科亦多由進士，故皆試詩賦一篇，唯富鄭公以茂才異等起布衣，未嘗歷進士，既召試，乃以不能為詩賦懇辭，詔試策論各一，自是遂為故事。制科不試詩賦，自富公始。至子瞻，復不試策，而試論三篇。」此處云「試論三篇」，與《墓誌銘》不同，當從後者。《却掃編》卷下則謂：「舊制召試館職，詩賦各一篇。治平中，東坡被召，自言久去場屋，不能為詩賦，乃特詔試論二篇。」

劉攽（貢父）有賀啟。

《彭城集》卷二十九《回賀蘇學士詔啟》：「伏審光奉詔函，擢躋史觀。本朝厚方聞之選，儒士榮藏室之華。非夫擅三良之能，兼兩如之直，曷膺遴柬，以副僉言。恭以某官積學淵微，軼材超特。以直諒多聞之益，被賢良高第之求。豈其拘累日之勞，是以不待次而進。側聆休命，方集歡悰；過沐華箋，亟聞讜論。銘佩之素，啟處不忘。」據「回賀」、「華箋」云云，知蘇軾先有啟與劉攽。

攽，敞弟，臨江新喻人。《宋史》卷三百十九有傳。據傳，時攽約為館閣校勘。

七月辛巳（二十三日），呂公弼（寶臣）除樞密副使。有賀啟。

七月云云，據《宋史·宰輔表》。啟乃《文集》卷四十七《賀呂副樞啟》。公弼，夷簡子。《王魏公集》卷八有行狀，《宋史》卷三百一十一有傳。卒於熙寧六年，年七十六。傳謂公弼嘗知瀛、開封、渭、延、成都，與啟「出領數郡」合。《經進東坡文集事略》卷二十七謂啟乃賀公弼者。

過蔡茂先，贈詩。

詩見《詩集》卷五（二二七頁），首云「京城三日雨留人」。《宋史·英宗紀》，本年八月庚寅，京師大雨，九月壬戌雨，罷大宴。詩作於八、九月間。

九月辛酉（初三日），《太常因革禮》修成。

據《長編》卷二百零六。一百卷。《宋史·蘇洵傳》敍書成「方奏未報，卒」。

重九，韓琦賦詩。父洵有和。

琦詩為《安陽集》卷十《乙巳重九》，洵和作為《瀛奎律髓》卷十六《九日和韓魏公》：「晚歲登門最不才，蕭蕭華髮映金罍。不堪丞相延東閣，閑伴諸儒老曲臺。佳節已從愁裏過，壯心偶傍醉中來。暮歸衝雨寒無睡，自把新詩百遍開。」

《瀛奎律髓》選評者方回注評：「《詩話》謂韓魏公九日飲執政，老泉以布衣與坐。今味『閑伴諸儒老曲臺』之句，即是修《太常禮》之時，非布衣也。蓋英宗治平二年乙巳，韓公首倡，見《安陽集》。是日有雨，所和詩非席上所賦。其曰『暮歸衝雨寒無睡』，乃是飲歸而和此詩耳。」回所云《詩話》，乃葉夢得《石林詩話》。「九日飲執政」云云，見該書卷下，云：嘗遇重陽，韓琦置酒私第，惟歐陽修與一二執政，「而明允乃以布衣參其間，都人以為異禮，席間賦詩，明允有『佳節屢從愁裏過，壯心時傍醉中來』之句，其意氣尤不少衰」，謂為初來京師時事。按：回之言是。《總案》繫洵詩於嘉祐元年九月，蓋據夢得所云，誤。

大覺禪師懷璉乞歸明州，英宗依所乞。蘇軾與懷璉別。

《文集》卷六十一與大覺第二簡：「奉別二十五年。」簡作於元祐四年。逆數至今年，連首尾計，為二十五年。同上卷十七《宸奎閣碑》謂禪師住京師，與己游最舊。

《五燈會元》卷十五《育王懷璉禪師》敘乞歸後，謂「渡江，少留金山、西湖」。《宸奎閣碑》謂出守杭州時，大覺「歸山二十三年」，蓋以途中淹留也。

與父洵等聞歐陽修論吏事。

《能改齋漫録》卷十三《歐陽公多談吏事》引張舜民（芸叟）言，謂歐陽公（修）云「大抵文學止於潤身，政事可以及物」，在夷陵時，見陳年公案「枉直乖錯，不可勝數」，乃仰天誓心，「遇事不敢忽」。舜民又言老蘇父子嘗聞此語，軾以吏能自任，自謂「於歐陽公及陳公弼學來」。《容齋隨筆》卷四《張浮休書》謂此事出舜民（浮休）與石司理書。按：舜民書已佚。

與杜沂（道源）多簡。

《佚文彙編》卷二第一簡與沂云及王弗之逝，第三簡云及父洵修禮書事冗。第一簡尚云及「尊丈不及作書」，知沂父叔元（君懿）亦在京師。簡中所云孟堅，乃沂子傳，時為監簿。參元豐三年四月十三日紀事。《咸淳臨安志》卷二十五引蔡襄《游徑山記》，謂景祐三年十二月十五日與杜沂等同游，知沂長於軾頗多。

孫鼛（叔静）嘗從父洵講問，父洵稱之。

《文集》卷六十九《跋先君與孫叔静帖》敍之。《宋史》卷三百四十七《孫鼛傳》謂錢塘人，「年十五，游太學。蘇洵、滕甫稱之」。

始識王震。

《詩集》卷二十六《次韻王震》：「攜文過我治平間。」震，素姪孫。《宋史》卷三百二十素傳及之。

以以往所得某道人方贈單驤，或為此時事。

《文集》卷五十五《與林子中》第四簡敍及往歲所得道人方，「後以與單驤」。簡云「初傳者若非絶世隱淪之人為之，恐有災患」，參治平元年「在鳳翔開元寺僧嘗授以燒金方書」條，此道人方蓋燒金方之類。轘參治平三年「父洵疾」條。

治平三年（一〇六六）丙午　三十一歲

直史館。嘗於秘閣見法帖。

直史館據《王譜》。《文集》卷六十九《辨法帖》：「余嘗於秘閣觀墨迹，皆唐人硬黄上臨本，惟鵞群一帖，似是獻之真筆。」

與范純禮（彝叟）遇於京師。

《文集》卷十《范文正公文集敍》敍見范仲淹（文正）第三子純禮於京師，又十一年，遂與其第四子純粹（德孺）同僚於徐。知相遇為今年事。純禮，《范忠宣公文集》附録、《宋史》卷三百十四有傳。

四月二十五日，父洵卒。洵疾，歐陽修三簡致候。洵臨終，命完成《易傳》等，泣受命。

四月云云，據歐陽修《蘇洵墓誌銘》；時年五十八歲。

《墓誌銘》：洵臨終囑蘇軾完成《易傳》，葬杜氏姑、蔭伯父澹。分詳元豐四年「述父洵遺志成《易傳》」、熙寧元年七月、熙寧三年「是月罷權開封府推官……嘗奏彭蔭補」條。

簡見歐集《書簡》卷七，題下注「治平三年」作。其一云：「初聞風氣不和，謂小小爾，昨日賢郎學士見過，始知尚未康平。」其二云：「孫兆藥多涼，古方難用於今，更且參以他醫，為善也。」其三云：「單藥得效，應且專服，千萬精審，無求速功。」單名轘。轘、兆皆有聞於時。見《文集》卷七十三《單龐二醫》。

庫本《説郛》卷十七下引《南墅閑居録·神珠》：「蘇子瞻嘗言其先祖光禄云：有一書生，晝坐簷下，見大蜂觸網相螫，久之，俱墮地，起視之，已化為小石矣。書生異而收之，因置衣帶中。一日過市，遇蠻賈數輩，視書生，愕眙，揖曰：『願見神珠。』笑而辭之，書生戲以帶中石示之。群賈相顧，喜曰：此破霧珠。蠻人至海採珠寶，常以霧暗為苦，有此珠，即霧自開。因以寶貨易之，值數千緡耳。」父洵贈光禄丞。此所云「先祖」當為「先君」之誤。此事有傳聞因素，附此。

司馬光來弔喪，與弟轍求光為母程氏銘墓。光從請。

《温國文正司馬公文集》卷七十六《程夫人墓誌銘》（治平三年作）敍洵卒，光往弔，以下云：「二孤軾、轍哭且言曰：『某將奉先君之柩終葬於蜀，蜀人之祔也，同壟而異壙，日者吾母夫人之葬也，未之銘，子為我銘其壙。』光固辭不獲命。因曰：『夫人之德，非異人所能知也，願聞其略。』二孤奉其事狀，拜以授光，光拜受。」

六月壬辰（初九日），應蘇軾請，詔贈父洵光禄寺丞，並敕有司具舟載喪歸蜀。

據《長編》卷二百八。《長編》云並賜銀絹各百兩匹。

《宋史·蘇洵傳》云「賜其家縑、銀二百」。

《邵氏聞見録》卷十四：「《英宗實録》：『蘇洵卒，其子軾辭所賜銀絹，求贈官，故贈洵光禄寺丞。』與歐陽公之《誌》『天子聞而哀之，特贈光禄寺丞』不同。或云：《實録》，王荆公書也。」《英宗實録》乃王安石修，見熙寧二年七月己丑紀事。

嘗見韓琦，語及王迥，當為治平在朝時事。

《宋朝事實類苑》卷六十五引《魏王語録》：「公在政府，蜀人蘇軾往見公，公因問軾云：『近有人來薦王迥，其為人如何？學士相識否？』軾云：『為人奇俊。』公不諭軾意。後數日，公宴，出家妓，有歌新曲《六么》者，公方悟軾之言，蓋歌有『奇俊王家郎』也。既而公語諸子云：『蘇軾學士，文學過人，然豈享大福德人也？』」《魏王語録》，琦門客撰。佚。

《萍洲可談》卷一：「朝士王迥，美姿容，有才思。少年時不甚持重，間為狎邪輩所誣，播入樂府，今《六么》所歌『奇俊王家郎』者，乃迥也。元豐中，蔡持正舉之可任監司。神宗忽云：『此乃奇俊王家郎乎？』持正叩頭謝罪。」可參。

迥字子高，見《詩集》卷十六《芙蓉城·敍》及注文，並參元豐元年三月紀事。

六月，遵父洵遺命，葬妻王弗於母程夫人墓側。作墓誌銘。

《文集》卷十五《亡妻王氏墓誌銘》：「六月壬午，葬於眉之東北彭山縣安鎮鄉可龍里先君先夫人墓之西北八步。」謂乃弗卒之明年，即今年。以下云：「始死，先君命軾曰：『婦從汝於艱難，不可忘也。他日汝必葬諸其姑之側。』未期年而先君没，軾謹以遺令葬之。」六月無壬午。弗之葬，疑為治平四年六月事，以本年六月，軾猶未歸蜀。姑志此待考。

辭別姚闢。

《詩集》卷七《姚屯田挽詞》：「七年一別真如夢。」作於熙寧五年。至是首尾為七年。

《京口耆舊傳》卷六《姚闢傳》謂禮書修成後，闢官屯田員外郎。

與弟轍舟載父洵之柩歸蜀。 過泗州、洪澤。

《詩集》卷六《泗州僧伽塔》：「我昔南行舟繫汴，逆風三日沙吹面。 舟人共勸禱靈塔，香火未收旂脚轉。 回頭頃刻失長橋，却到龜山未朝飯。」

同上《龜山》：「我生飄蕩去何求，再過龜山歲五周。」作於熙寧四年。自治平三年至作詩時為五周年。

《發洪澤中途遇大風復還》：「居民見我還，勞問亦依依。」《欒城集》卷九《過龜山》：「再涉長淮水，驚呼十四年。 龜山老僧在，相見一茫然。」作於元豐三年。

泊樊口，過樊山聖母廟。

《詩集》卷二十《次韻前篇》：「憶昔扁舟泝蜀峽，落帆樊口高桅亞。」自注謂樊口在黄州南岸。

《文集》卷七十一《記樊山》：「今山中有聖母廟，予十五年前過之。」作於黄州。 時在元豐四年。 樊山在武昌，見《輿地紀勝》卷八十一。

過石首。

《欒城集》卷三《和子瞻渦口遇風》：「憶同泝荆峽，終夜愁石首。 餘飈入幃幄，跳沫濺窗牖。 平生未省見，驚顧欲狂走。」石首在江陵府東南二百里，屬江陵府。

過江陵，初識劉摯（莘老）。

《詩集》卷六《廣陵會三同舍以其字為韻仍邀同賦·劉莘老》：「江陵昔相遇，幕府稱上賓。」「施註」：

「東坡以治平丙午夏，奉老蘇公喪，舟行歸蜀道江陵，而忠肅（莘老）正在荆州幕府，故云。」《宋史》卷三百四十《劉摯傳》謂摯時官江陵觀察推官；摯，東光人；卒年六十八。《長編》卷四百九十三謂摯紹聖四年卒。知長蘇軾六歲。

道遇李師中。

《長編》卷二百十四熙寧三年八月癸亥紀事：命天章閣待制李師中供析照驗見蘇軾妄冒差借兵卒事實以聞，侍御史知雜事謝景温劾奏故也。蓋謂蘇軾扶父喪歸蜀途中，嘗差借兵卒，李師中見之。《總案》謂景温之奏雖妄而相遇則確，今從。師中字誠之，楚丘人。《宋史》卷三百三十二有傳。

十二月，入峽。

據《蘇潁濱年表》。

治平四年（一〇六七）丁未　三十二歲

正月初八日，英宗卒，神宗即位。二十日，與弟轍經險路過雲安下巖。並題字。

初八日云云，據《宋史》。《文集》卷七十一《題雲安下巖》敍過下巖。雲安屬夔州。《蜀中名勝記》卷二十三《雲陽縣》謂縣西百里有上下巖，並謂下巖即燕子龕。雲陽即雲安。

《輿地紀勝》卷一百八十二《夔州路·雲安軍·仙釋》：「劉道者：黄太史詩序云：萬州之下巖，唐末有劉道者，定州人，聞道於雲居禪師，為開巖第一祖。自鑿石龕，曰：『死，便藏龕中。』門人奉其命。二百年矣，來遊者題詩不可勝讀。蘇東坡、潁濱、黄太史經行，皆有題字刻諸巖右云。」題字或即《題雲安下巖》之文。

泊舟仙都山下。

《龍川略志》卷一《養生金丹訣》：「予治平末泝峽還蜀，泊舟仙都山下，有道士以陰真君長生金丹訣石本相示。予問之曰：『子知金丹訣否？』道士曰：『不知也。』然士大夫過此，必以問之，庶有知之者。」

《詩集》卷一《留題仙都觀》題下「查註」引《百川學海》：「治平末，東坡泝峽，泊舟仙都觀下。道士持陰長生石刻金丹訣，就質真贋。坡曰：『不知也。』然士大夫過此必以請，久久自有知之者。」此當本《龍川略志》而誤為蘇軾事。

許安世為進士及第第一人。安世嘗來啟，有答。

許安世為狀元，見《長編》卷二百九本年三月紀事。《宋史·神宗紀》謂為三月壬子。

答啟見《文集》卷四十七。啟云：「雖喜車旌之召，旋興弓劍之悲。」謂英宗之逝也。

安世字少張，《都官集》卷十二有《贈孔經甫賢良并簡許少張狀元》詩。雍丘人，見《默記》卷中。

楊從（存道）、方蒙、伍誥為是科進士。

從據《豫章黃先生文集》卷十四《故江陽楊君畫像贊》。文謂從累世以儒學著，孝弟慈祥，以學行表於鄉，年四十九卒。江陽乃彭山縣東。

《文集》卷五十三《與王元直》悼從之逝，是蘇軾與從少時有交往。

蒙為進士見影印本《浙江通志》卷一百二十三。《揮麈録·後録》卷七：「汴水湍急，失足者隨流而下，不可復活。舊有短垣以限往來，久而傾圮，民佃以為浮屋。元祐中，方達源為御史，建言乞重修短垣，護其堤岸。疏入，報可。遂免渰溺之患。達源名蒙，桐廬人，陳述古壻，多與蘇、黄遊。」又云有集，已佚。蒙卒贈銀青光禄大夫，見《南澗甲乙稿》卷二十一蒙孫滋（務德）墓銘。詰據同治《安福縣志》。有《咏月》「扁舟何日江南岸，與子歸來竹一竿」句，軾亟賞之，以為不減己「半篙新漲百灘空」之句。王安石嘗薦為諸王宫教授，然「剛介寡合，不附會安石新法，安石亦忌之」。見《縣志·傳》。

四月，護父喪還里。撰祖父序之行狀，因同年鄧綰（文約）求曾鞏（子固）作墓誌銘。

《文集》卷五十與鞏簡敍其事。《文集》卷十六《蘇廷評行狀》乃序之行狀。綰，成都雙流人，《宋史》卷三百二十九有傳，年五十九。卒於元祐元年四月二十八日，見《長編》卷三百七十五注文。

始識趙庾（成伯）。

《文集》卷十一《密州通判廳題名記》謂成伯罷眉之丹稜令，「余適還眉，於是始識君」。成伯名庾，見熙寧九年四月癸卯紀事。

九月十五日，跋弟轍得自河朔之摹本《蘭亭》。作《中和勝相院記》。時勝相院僧惟簡來。

跋乃《文集》卷六十九《書摹本蘭亭後》，云「子由自河朔持歸，寶月大師惟簡請其本，令左綿僧意祖摹刻於石」。知惟簡自成都來。《總案》謂記為本日作，云軾「與惟簡可謂厚矣，此文獨戲之不以為嫌，信初年所作也」。記見《文集》卷十二，敍戲僧事。

十月壬申(二十七日)，葬父洵於眉州彭山安鎮可龍里——蟇頤山東二十餘里老翁泉，母程氏同葬。稱東塋。手植青松營塋。其後於塋側建廣福禪院。

十月壬申云云，據《蘇穎濱年表》。《欒全集》卷三十九《文安先生墓表》謂葬於八月壬辰。然八月無壬辰，待考。彭山在州治北四十里。《嘉祐集》卷十四《祭亡妻文》：「安鎮之鄉，里名可龍。隸武陽縣，在州北東。有蟠其丘，惟子之墳。鑿為二室，期與子同。」同卷《老翁井銘·敍》云「卜葬亡妻，得武陽安鎮之山」。蘇氏兄弟以父母合葬，遵父治命也。武陽即彭山，見《蜀中名勝記》卷十二。《詩集》卷二十七《送賈訥倅眉》：「老翁山下玉淵回，手植青松三萬栽。」謂營塋。自注：「先君葬於蟇頤山之東二十餘里，地名老翁泉。」

《欒城第三集》卷十《墳院記》：「旌善廣福禪院者，先公文安府君贈司徒墳側精舍也。」下敍元祐五年官尚書右丞，與聞國政，以故事得於墳側建刹度僧，以薦先福；墳東南四里許，有故伽藍，請於朝，改賜今牓，時元祐六年。記作於政和二年九月。《欒城後集》卷十八有《東塋老翁井齋僧疏》。

《蜀中名勝記》卷十二《眉州》謂洵葬地在「今蟇頤山之東，地名石龍，柳家溝老翁泉之側」，疑「可龍」為「石龍」之誤。今仍從《嘉祐集》。又謂嘉靖間嘗求墓所在，未得。嘉慶《彭山縣志》卷五明余承勛《修復老泉先生墳祠記》謂石龍適在彭山、眉山界中。

民國《眉山縣志》卷一：「蟇頤山。治東八里。以濱玻璃江，林巒特秀，如蝦蟇狀，故名。山周約五里，高二里許。腹有洞，深二丈餘，洞有泉，自山罅流出，極清洌，潛通玻璃江，名老人泉。」又：「老翁泉。治東二十里。舊志載：其山高大，分兩股（原注：即柳溝山），泉出兩山間，傍右股，下蓄為井，可日飲百家，西流入高橋河。」

同上卷十三謂廣福寺在治東二十里，並謂：「《名勝志》云：東坡兄弟讀書處，有韓琦記老泉詩刻石。」按：琦《安陽集》卷二十一有《蘇洵員外挽辭二首》。

傳葬父時，眉之豪傑士為送磚。

涵芬樓本《說郛》卷二十九錢功《澹山雜識·東坡借磚》：「某年十三歲時，見東坡過先君，具言世有豪傑之士隱而不見於世者。吾鄉隱居君子（原注：予失其姓名），世居眉山之中。坡節葬時，會期日已迫，而墓磚未足。謀之於人，皆曰：『當往見此君，則立可辦也。但多游獵，又所居山林夐絕，未易見之。試往圖之。』東坡凡兩日，始得至其居，又俟至日昃，伏於道左，方見其從數騎歸，乃整（按：此下疑脫一字）少年也。既下馬，始通謁。少年易服，出迎於門外，執禮無違。坐定問其所以，東坡具以告。少年曰：『易事爾，已具飯，且宿於此，當令如期辦所須。』少頃，數青衣童跪進盤飧，皆今日所擊之鮮也。進酒數大白，飲啖旁若，食兼數人。飯畢，始從容對榻。翌日，遣僕馬送坡下山。三日無耗，明日且下手破土，坡甚疑悔，欲罪元告者。是夕至晚，磚猶無一口至者。明日曉，視其墓地之側，則五萬口斬斬然羅列矣。衆皆驚歎。事畢，再往謁謝，卒不得見，送所直，亦不得達。豪傑士哉！」《說郛》謂錢功號淮海野人。

十一月戊寅（初四日），詔求直言。鮮于侁應詔陳事，神宗愛其文。蘇軾嘗傳其文。

十一月云云，據《宋史·神宗紀》。

《宋史》卷三百四十四《鮮于侁傳》：「神宗詔求直言，侁為蔡河撥發，應詔陳十六事，神宗愛其文。……除利州路轉運判官。」侁，閬人。《欒城集》卷二十五《伯父墓表》敍伯父渙倅閬，禮侁甚厚。蘇軾傳侁文，見熙寧三年八月初六日紀事。

十二月七日，自老翁井還，偶憩大池院，題柱。

題柱見《佚文彙編》卷六（二五八〇頁）。

《輿地紀勝》卷一百三十九《眉州·碑記》及《蜀中名勝記》卷十二《川南道·眉州》引《碑目》，均云院去眉山縣十里。後者「大池」作「天池」。老翁井，父洵葬地，此乃省墓後過此。

致書同年曾鞏，薦蜀士黎生、安生。

《元豐類稿》卷十三《贈黎安二生序》：「趙郡蘇軾，余之同年友也。自蜀以書至京師遺余，稱蜀之士曰黎生、安生者。既而黎生攜其文數十萬言，安生攜其文亦數千言，辱以顧余。讀其文，誠閎壯雋偉，善反復馳騁，窮盡事理，而其材力之放縱，若不可極者也。二生固可謂魁奇特起之士，而蘇君可謂善知人者也。頃之，黎生補江陵府司法參軍。將行，請予言以為贈。」以下引黎生語，謂學不近俗，里人皆笑以為迂闊，鞏謂此乃小迂，若己之「知信乎古而不知合乎世，知志乎道而不知同乎俗」，乃迂之大者，勉其信古志道，「遂書以贈二生，并示蘇君」。軾書佚，作時不詳，姑繫此。

蘇軾年譜卷七

宋神宗熙寧元年(一〇六八)戊申　三十三歲

春,致書曾鞏,求為祖父序作墓誌銘。

《元豐類稿》卷四十三《贈職方員外郎蘇君(序)墓誌銘》:「熙寧元年春,余之同年友趙郡蘇軾,自蜀以書至京師,謂余曰:『軾之大父行甚高而不為世用,故不能自見於天下。然古之人亦不必皆能自見而卒有傳於後者,以世有發明之者耳。故軾之先人嘗疏其事。蓋其屬銘於子,而不幸不得就其志,軾何敢廢焉,子其為我銘之。』」此書,《佚文彙編》未收。據《宋史·曾鞏傳》,時鞏在史館。

四月八日,劉敞(原父)卒。有祭文。

四月云云,見《彭城集》卷三十五敞行狀,年五十。祭文見《文集》卷六十三(一九四五頁)。

《曲洧舊聞》卷四:「東坡《祭原父文》云:『大言滔天,詭論滅世。』蓋指介甫也。介甫當時在流輩中,以經術自尊大,唯原父兄弟敢抑其鋒,故坡特於祭文表之。」卷二亦略及此,并謂此文「宣和以來,始得傳於世」。

《古今事文類聚·別集》卷一引曾慥《百家詩選》:「劉原父敞在詞掖,有立馬揮九制之才。歐陽文忠公嘗以簡問：『入閣起於何年？閣是何殿？名閣延英起於何年？五日一起居遂殿正衙不坐起何年？三者孤陋所不詳，乞示本末。』公方與客對食，曰：『明日為答。』已而復追回，令立候報，就坐中疏入閣事，詳盡無遺。歐公大驚，曰：『原父博學，不可及也。』《五代史》載入閣一段事，即答簡所云。公嘗私謂所親曰：『好個歐九，極有文章，可惜不甚讀書耳。』東坡公聞此言，曰：『軾輩將如之何。』」附志此。

七月，除喪。　葬杜氏姑，遵父洵之遺命也。

《施譜》：「秋七月，除宮師喪。」

《墓誌銘》：「伯父太白早亡，子孫未立，杜氏姑卒未葬，先君没，有遺言，公既除喪，即以禮葬姑。」杜氏姑，即適杜垂裕者，見本書卷一「姑母二」條。

至成都。二十八日，與成都學官侯溥會食嘉祐院，觀佛牙，作《油水頌》。嘗薦王箴（元直）之文於溥。旋回眉山。

頌見《文集》卷二十，頌後附溥跋。《斜川集》卷五《王元直墓碑》：「弱冠，以所屬文見先君子，愛之，稱於賢良侯元叔。時為成都學官，見而奇之。」乃此時事。今年，箴適二十歲。元叔，溥字。箴或與蘇軾同往成都也。

溥乃蜀人，博學。見《楊公筆録》。溥所跋《油水頌》則稱河南人，其祖上當自河南遷入蜀中。《成都文類》卷三十四、三十八、四十八有溥文多篇。

娶王介（君錫）之幼女閏之（季璋）為妻。

《文集》卷六十三《祭王君錫丈人文》敍其事。君錫名介，青神人，見《斜川集》卷五《王元直墓碑》。元直名箴，閏之弟也。據《文集》卷二十一《阿彌陀佛贊》，閏之今年二十一歲。續娶閏之，當為服除後事，故繫於此。閏之乃弗之女弟，見《墓誌銘》。

十月二十六日，作《四菩薩閣記》。

文見《文集》卷十二。四菩薩者，乃鳳翔所得吳道玄所畫四菩薩，父洵愛之，已見治平元年「嘗得吳道玄所畫」條紀事。記謂以此捨施惟簡，惟簡將為大閣以藏之，且畫父洵像其上，期以明年冬閣成。

自居喪至離眉山前及嘉祐間居喪期間，常往來青神瑞草橋；與王淮奇（羣、子衆、慶源）、楊宗文（君素）、蔡褒（子華）游；王箴（元直）亦與游。

《文集》卷五十三與箴第一簡，卷五十六與宗文第一、三簡，卷五十九與淮奇第八、十、十一簡敍之。《詩集》卷三十一《寄蔡子華》亦敍之；詩題下「王註」謂褒青神人，與王、楊稱三老。箴乃淮奇姪，見《斜川集》卷五《王元直墓碑》。淮奇之名與字，見《山谷全書·外集》卷二十二《題子瞻與王宣義書後》；淮奇官宣義郎。

《蜀中名勝記》卷十二：「（青神）縣西瑞草橋，橋崩，得殘碑，乃蘇東坡與丈人丈母書也。東坡外家在是，所謂『相望六十里，共飲玻瓈江』矣。」書今不見。眉州治眉山，州南六十五里即青神。蘇軾與淮奇簡中所云「江上」、「江邊」，當指玻瓈江。

成都永康軍迎祥寺鐘樓碑，隆州《多心經》，或為在蜀時所書。

《輿地紀勝》卷一百五十一《成都府路・永康軍・碑記》謂迎祥寺「有老泉為記，東坡所書碑刻俱存」。同上卷一百五十《隆州・碑記》著録《東坡多心經》，謂在州治。

將離眉山，與堂兄不疑（子明）別，以墳墓囑託堂兄不危（子安）及楊濟甫照管。

《蘇潁濱年表》熙寧元年紀事：「冬，轍兄弟免喪，東游京師。」

《佚文彙編》卷四與不疑第八簡云及「闊別十年」，作於元豐元年。《文集》卷六十與不危第二簡、第三簡，卷五十九《與楊濟甫》第九簡、《與楊子微》第二簡敍照管墳墓事。子微名明，濟甫子，見建中靖國元年「楊明奉其父濟甫命」條。

蔡褒（子華）來送，手種荔樹以期歸。辭別正信和尚（表公），與家安國別。遂行。

《詩集》卷三十一《寄蔡子華》云「故人送我東來時，手栽荔子待我歸」。作於元祐四年。《文集》卷六十六《書正信和尚塔銘後》敍辭別正信，正信姓楊，弟兄三人，與祖父序、父洵相善。《詩集》卷二十九《送家安國教授歸成都》云「別君二十載」，作於元祐二年。舉成數，可言二十載。

過益昌，晤鮮于侁（子駿），時侁漕利路。

據《文集》卷六十八《題鮮于子駿八詠後》。《欒城集》卷六《和鮮于子駿益昌官舍八詠・寶峯亭》：「昔過益昌城，暮登君子堂。駕言念長道，未假升崇岡。」益昌乃宋初之名，時已易名昭化，屬利州路利州。

至鳳翔，晤張舜民。使人問訊董傳。

《永樂大典》卷三千四百一引張舜民《畫墁録(集)・祭子由門下文》：「我掾岐府，熙寧初年。公與伯氏，免喪山川。連鑣而東，道出岐山。盤留累日，賞畫聽泉。人望入館，雅如登仙。」《文集》卷五十《上韓魏公》：「今年正月，軾過岐下，而傳居喪二曲，使人問訊其家。」《總案》謂此乃并敍董傳事，「是年在長安度歲，其十二月過岐下」。是。

至長安。十二月二十九日，與范純仁(堯夫)、王頤(正甫)及弟轍會於毋清臣家，再跋《醉道士圖》。

跋見《文集》卷七十(二二二〇頁)。《宋史》卷三百一十四《范純仁傳》謂純仁嘗任陝西轉運副使，當在此時。《欒城集》卷三《京師送王頤殿丞》：「憶遊長安城，皆飲毋卿家。身雖座上賓，心是道路客。笑言安能久，車馬就奔迫。」毋卿謂清臣。

三十日，韓琦座上，觀王頤、石蒼舒(才翁)草書，記之。

記乃《文集》卷六十九《書王石草書》。《長編拾補》卷二：本年十一月，韓琦判永興軍兼陝府西路經略安撫使。蘇軾過此時，琦初至任。

蘇軾年譜卷八

熙寧二年（一〇六九）己酉　三十四歲

正月，董傳來晤長安。

《文集》卷五十《上韓魏公》云「傳徑至長安，見軾於傳舍，道其饑寒窮苦之狀」。

嘗過薛紹彭家，觀曹將軍《九馬圖》，作贊。

贊見《文集》卷二十一（六一〇頁），謂此圖乃杜甫所為作詩者。蘇軾過紹彭家具體時間已不可考，其過長安，此為最後一次，姑繫此。

紹彭，向子，有翰墨名。見《宋史》卷三百二十八《薛向傳》。紹彭字道祖，與米黻、劉涇友善，蔡肇所撰黻之神道碑，稱米等三人「風神蕭散，蓋一流人也」。見《揮麈録·後録》卷七。餘參元祐二年六月及建中靖國元年「薛紹彭與米黻書」條。

二月庚子（初三日），以王安石為參知政事。

據《宋史·神宗紀》。《神宗紀》謂本月甲子（二十七日）「陳升之、王安石創置三司條例，議行新法」。升之初名旭，避神宗嫌名，改升之。《宋史》卷三百十二有傳。

約於本月初，抵京師。兄弟皆居南園。

以下「二月中」條，謂「授官告院」，則其至約在二月初也。

兄弟皆居南園，見熙寧三年二月紀事。

二月中，以殿中丞、直史館授官告院，兼判尚書祠部。

《佚文彙編》卷四《與子明》第一簡：「軾二月中，授官告院，頗甚優閑，便於懶拙。」

《宋史》本傳：「熙寧二年，還朝。王安石執政，素惡其議論異己，以判官告院。」

《施譜》：「春，至京師，除判官告院，兼判尚書祠部。」《紀年録》：「還朝，差判官誥院，兼尚書祠部。」

《王譜》謂「還朝監官告院」，而謂「兼判尚書祠部」爲熙寧四年事。

三月癸未（十六日），弟轍爲制置三司條例司檢詳文字；轍先嘗上書言事，神宗召對而有是命。

據《長編拾補》卷四。《拾補》云：「轍奏疏曰：『臣所謂豐財者，非求財而益之也，去事之所以害財者而已矣。事之害財者三，一曰冗吏，二曰冗兵，三曰冗費。』疏入，上批付中書曰：『詳觀疏意，如轍潛心當今之務，頗得其要，鬱於下僚，無所申布，誠亦可惜。』召對而有是命。」轍奏全文見《欒城集》卷三十五。《蘇潁濱年表》謂本月丙子（初九日），神宗批付中書，即日召對延和殿。

二十七日，與堂兄不疑（子明）簡，敍及弟轍在制置司頗似重難。

簡乃《佚文彙編》卷四與不疑第一簡。簡云：「諸事措置，雖在王安石、陳升之二公，然檢詳官不可不協力講求也。」

本月，董傳卒，蘇軾與故舊出錢賻其家；上韓琦書，以傳之葬事相求。

書乃《文集》卷五十《上韓魏公》。書云將斂衆人之賻予陳繹，使繹予其家，以繹將往涇州，過岐下也。繹字和叔，《蘇魏公文集》卷六十有墓銘，謂：神宗嗣位，遷尚書祠部員外郎，出知涇州。時琦當仍判永興軍，見熙寧元年十二月紀事。

送任伋（師中）通判黄州兼寄其兄孜。

詩見《詩集》卷六（二三三頁），云「别來十年」，蓋謂嘉祐四年别於眉州，及今適為十年。《欒城集》卷三送伋詩，云「一别都門今五年」，是轍别伋於京師，時在治平元年。

秀州僧本瑩（慧空）來訪，題其静照堂。

詩見《詩集》卷六（二三四頁）。《欒城集》卷三《秀州僧本瑩净照堂》云「有僧訪我攜詩卷，自説初成净照堂」。《王臨川集》卷十四有《静照堂》詩。

寄題石蒼舒醉墨堂。

詩乃《詩集》卷六《石蒼舒醉墨堂》，《欒城集》卷三有同題詩。《彭城集》卷七有《和蘇子瞻韻為石蒼舒題》。

王頤來京師，旋赴建州錢監，有詩送行。

詩見《詩集》卷六（二三七頁），中云「大梁相逢又東去」。《欒城集》卷三《京師送王頤殿丞》中云：「君來曾未幾，已復向南國。扁舟出淮汴，唯見江海碧。」

四月，詔議更學校貢舉之法，令兩制、兩省、待制以上、御史臺、三司、三館臣僚各限一月内具議狀聞奏。

據《宋會要輯稿》第一百零八册《選舉》三之四一至四二。《玉海》卷一百一十六記此，謂四月戊午詔群臣評議貢舉法，别為新規。《文獻通考》卷三十一記此，謂「熙寧二年，議更貢舉法，罷詩賦、明經諸科，以經義論策試進士」。

五月，上《議學校貢舉狀》，論貢舉法不當輕改。

狀見《文集》卷二十五，謂「今之學校特可因循舊制，使先王之舊物不廢於吾世，足矣」，「貢舉之法，行之百年，治亂盛衰，初不由此」，區區之法何預。《文集》謂狀熙寧四年正月上，《墓誌銘》、《王譜》謂熙寧四年上。

《長編拾補》卷四、《宋史全文續資治通鑑》、《宋名臣奏議》卷七十九、《玉海》卷一百六十六均謂狀上於本年五月；《文獻通考》卷三十一、《歷代名臣奏議》卷一百六十六謂狀上於本年，未云月份。今從前四者。

《長編拾補》熙寧二年五月「群臣準詔議學校貢舉……蘇軾云云」條下編者按：《墓誌銘》謂《貢舉議》乃熙寧四年上，「『四』字疑當作『是』字，是年承上『時熙寧二年也』句為文」，編者謂蘇軾免父喪至四年正月，「幾及二載，不應一無奏劄，可疑一」；謝景温劾奏誣告及詔體量供析，「《長編》所載日月可考，似《貢舉議》及《諫買浙燈疏》、《上神宗書》不應在有旨體量供析後，可疑二」；本年九月，神宗言軾有文學，為人平静，三年八月，神宗語司馬光，蘇軾非佳士，若在四年，何以得《貢舉議》而喜（按：見以下「議上神宗即日召見」條)，可疑三；集中《再上神宗書》有云自去歲以來，立條例司，遣青苗，斂助役錢，行均輸法云云，皆二年事，此書上於三年，故云去歲，若依《年譜》(按：即《王譜》，下同)，則去歲二字殊未合，可疑四；司馬光《傳家集·議貢舉狀》注云，熙寧二年五月上，蘇軾不應遲至四年正月，可疑五。「四年」作「是年」，與諸書所載皆脗合，「集中於《議貢舉狀》以下諸奏，均不作四年，恐係淺人又據《年譜》臆改之，不得其月，乃以臆斷為正月也」。

議上，神宗即日召見。神宗欲以蘇軾修中書條例，王安石以為不宜輕用。

《墓誌銘》：「公議上。上悟曰：『吾固疑此，得蘇軾議，意釋然矣。』即日召見，問：『何以助朕？』公辭避久之，乃曰：『臣竊意陛下求治太急，聽言太廣，進人太鋭，願陛下安靜以待物之來，然後應之。』上竦然聽受，曰：『卿三言，朕當詳思之。』」

《文集》卷二十五《諫買浙燈狀》：「臣嚮蒙召對便殿，親奉德音，以為凡在館閣，皆當為朕深思治亂，指陳得失，無有所隱者。自是以來，臣每見同列，未嘗不為道陛下此語。」《上神宗皇帝書》敍及召對，云：「(上)謂臣曰：『方今政令得失安在，雖朕過失，指陳可也。』臣即對曰：『陛下生知之性，天縱文武，不患不明，不患不勤，不患不斷，但患求治太速，進人太鋭，聽言太廣。』又俾具述所以然之狀。陛下頷之曰：『卿所獻三言，朕當熟思之。』」卷二十九《乞郡劄子》：「昔先帝召臣上殿，訪問古今，勅臣今後遇事即言。」卷三十二《杭州召還乞郡狀》：「服闋入覲，便蒙神宗皇帝召對，面賜奬激，許臣職外言事。」皆寫此時事。《宋史》本傳所敍皆出《墓誌銘》及《文集》，不錄。

《長編拾補》卷四本年五月紀事：「是月，羣臣準詔議學校貢舉，多欲變改舊法，獨殿中丞、直史館、判官告院蘇軾云云。 上得軾議，喜曰：『吾固疑此，得軾議釋然矣。』即日召見。……他日，上問王安石以『軾為人何如』，安石知軾素與己異，疑上亟用之也，因問上曰：『陛下何以召見軾？』上曰：『見軾議學校貢舉異於諸人，故召見之。』且道軾對語曰：『陛下何以召見臣旨（按：原文如此）？』朕為言見卿議事有所喻，故召問卿。 對曰：『陛下如此錯矣。 人臣以得召見為榮，今陛下實未知臣何如，但以臣言即召見，恐人争為利以進。』又謂朕與人官太速，後或無狀不能始終，此說何如？安石曰：『陛下與人官患不考實，雖與何害？』上曰：『軾又言兵，先動者為客，後動者為主，主常勝客，客常不勝。治天下亦然。 人主不欲先動，當以静應之於後，乃勝天下之事，此說何如？』安石曰：『軾言亦是。 然此道之經也，非所謂道之變，聖人之於天下，感而後應，則軾之言有合於此理。然事變無常，固有舉事不知出此而聖人為之倡發者。 譬之用兵，豈盡須後動然後能勝敵，顧其時與勢之所宜而已。』上曰：『卿言如此，極精。』又言：『軾宜以小事試之，何如？』安石曰：『臣已屢奏，試人當以事。』『此言誠是也。』安石因極稱惠卿。 其後上復謂曾公亮曰：『蘇軾奏對明敏，可試也。』公亮曰：『京師無可試者。』王安石曰：『軾亦非久，當作府推。』上曰：『欲用軾修中書條例。』安石曰：『軾與臣所學及議論皆異，别試其事可也。』又曰：『陛下欲修中書條例，大臣所不欲，小臣又不欲。 今軾非肯違衆以濟此事者也，恐欲故為異論，沮壞此事。 兼陛下用人，須是再三考察，實可用乃用之，今陛下但見軾之言，其言又未見可用，恐不宜輕用。』」

《施譜》：「五月，以論貢舉法不當輕改，召對，又為安石所不樂。未幾，上欲用先生修中書條例，安石沮之。」

六月二十七日，朝廷命舉諫官。張方平舉李大臨與蘇軾，未行。

《樂全集》卷三十《舉李大臨、蘇軾充諫官》：「臣某准熙寧三年六月二十七日中書劄子，奉聖旨，諫院闕官，令於朝官内舉二人聞奏者。右某伏見尚書刑部郎中李大臨，識藴純深，風局冲遠，殿中丞直史館蘇軾，文學通博，議論精正。……此二員並堪充諫官。不如所舉，臣甘同坐。」文中「三年」為「二年」之誤，見熙寧三年正月戊午紀事。

同上書附録王鞏《張方平行狀》：「特旨舉堪諫官二員，公以李大臨、蘇軾應詔。或止公，公曰：『吾知舉堪諫官者，不知其他也。』」

李大臨，字才元，成都華陽人。《宋史》卷三百三十一有傳，謂卒年七十七。《長編》卷三百六十六謂大臨元祐元年卒。知長蘇軾二十七歲。

七月丙戌（二十二日），李育（仲蒙）卒。其後應其子籲之請，作哀詞。

哀詞見《文集》卷六十三（一九六三頁），謂今年十月丙寅，育葬於緱氏柏岯山西。是哀詞作於此以後。

《總案》謂作於八月，失之。

籲，見元豐六年「李籲令黄陂」條紀事。

己丑（二十五日），曾公亮（宣靖）上《英宗實録》。書出於王安石之手，蘇軾嘗贊之。

己丑云云，據《宋史·神宗紀》。

《揮麈録·第三録》卷一：「《英宗實録》：熙寧元年曾宣靖提舉。王荆公時已入翰林，請自為之，兼實録修撰，不置官屬，成書三十卷，出於一手。東坡先生嘗語劉壯輿羲仲云：『此書詞簡而事備，文古而意明，為國朝諸史之冠。』」

八月十四日，為國子監舉人考試官。發策為王安石所怒。

八月十四日云云，據《宋會要輯稿》第一百十五册《選舉》一九之一四至一五；同考試者尚有集賢校理王汾、胡宗愈、王益柔，秘閣校理錢藻，館閣校勘顧臨，監察御史裏行張戩、比部郎中張吉等。戩字天祺，郿縣人，載季弟。關中學者稱其兄弟為二張。熙寧九年卒，年四十七。《宋史》卷四百二十七有傳。《施譜》：熙寧三年二月，戩以臺諫論青苗不便被黜。吉，待考。

《長編拾補》卷七熙寧三年三月壬子紀事：「初，軾為國子監考試官，時二年八月也。安石既得政，每贊上以獨斷，上專信任之。軾發策云：『晉武平吴以獨斷而克，苻堅伐晉以獨斷而亡。齊桓專任管仲而霸，燕噲專任子之而滅。事同功異，何也？』安石見之，不悦。上數欲用軾，安石必沮毁之。」此本司馬光《日録》，參《經進東坡文集事略》卷二十二《勤而或治或亂》注文。《施譜》謂「發策為安石所怒」。

「晉武」云云，見《文集》卷七《國學秋試策問》其一。

庚戌（十六日），弟轍乞除一合入差遣；除河南府留守推官。

據《蘇穎濱年表》，謂「每於本司商量公事，動皆不合」。轍未赴新任，參下年正月九日紀事。

始識孫立節（介夫）。立節不肯繼弟轍為條例司屬官。

《文集》卷十《剛説》敍之，立節拂王安石之意，不肯為條例司屬官。立節，虔州人，見《斜川集》卷五《孫志康墓誌銘》。志康名勰，立節子。

十月七日，司馬光舉蘇軾等為諫官。未行。

十月云云，據《司馬光奏議》卷二十六《再舉諫官劄子》，云：「臣昨日面奉聖旨，令臣採訪可任諫官者，密具姓名聞奏。」以下舉陳薦、蘇軾、王元規、趙彦若等四人。謂「直史館蘇軾，制策入優等，文學富贍，曉達時務，勁直敢言」。末謂：「此四人者，臣所素知。」

《三朝名臣言行録》卷七《丞相温國司馬文正公》引《日録》：「上曰：『諫官難得，卿更為擇其人。』光退而舉陳薦、蘇軾、王元規、趙彦若。」神宗因詢及「近相陳升之外議云何」而及此。升之入相，為本月三日事，見《宋史・宰輔表》。

十一月己巳（初六日），蔡延慶、孫覺並同修起居注；神宗初欲用蘇軾，王安石沮之。

據《長編拾補》卷六。《長編拾補》云：「司封員外郎、直史館蔡延慶，右正言、直集賢院孫覺並同修起居注。上初欲用蘇軾及孫覺，王安石曰：『軾豈是可獎之人。』上曰：『軾有文學，朕見似為人平静，司馬光、韓維、王存俱稱之。』安石曰：『邪險之人，臣非苟言之，皆有事狀。作《賈誼論》，言優游浸漬，深交絳灌，以取天下之權。欲附麗歐陽修，修作《正統論》，章望之非之，乃作論罷章望之，其論都無理。非但如此，遭父喪，韓琦等送金帛不受，却販數船蘇木入川。此事人所共知。司馬光言吕惠卿受錢，反言蘇軾平静，斯為厚誣。陛下欲變風俗，息邪説，驟用此人，則士何由知陛下好惡所在。此人非無才智，以人望，人誠不可廢。若省府推判官有闕，亦宜用。但方是通判資序，豈可便令修注！』上乃罷軾不用。」《施譜》亦略及此事。按：販蘇木云云，乃不實之詞，參熙寧三年八月癸亥紀事。維字持國，存字正仲，覺字莘老，《宋史》卷三百十五、三百四十一、三百四十四分別有傳。延慶，《宋史》卷二百八十六有傳；元祐五年卒，年六十二。

以殿中丞、直史館判官告院權開封府推官。

《墓誌銘》敍神宗召見後，云：「介甫之黨皆不悦，命攝開封推官，意以多事困之。公决斷精敏，聲聞益遠。」以下敍諫買浙燈事。《議學校貢舉狀》尚無「權開封府推官」銜，而《諫買浙燈狀》已有此銜。聯繫上引《長編拾補》十一月己巳紀事，則權開封府推官乃己巳後不久事。

《邵氏聞見録》卷十二：「王介甫與蘇子瞻初無隙，吕惠卿忌子瞻才高，輒間之。神宗欲以子瞻為同修起居注，介甫難之。又意子瞻文士，不曉吏事，故用為開封府推官以困之。」

十二月，上《諫買浙燈狀》。神宗納其言，罷之。

《長編拾補》卷六本年十二月紀事：「是月，有中旨下開封府，減價買浙燈四千餘枝。權開封府推官、殿中丞、直史館蘇軾言：『陛下游心經術，動法堯舜，窮天下之嗜慾，不足以易其樂，盡天下之玩好，不足以解其憂，而豈以燈為悦者哉！此不過以二宫之歡而極天下之養耳。且賣燈皆細民，安可賤售其值！故臣願急罷之。』上納其言。」「陛下」云云，乃狀中語。狀見《文集》卷二十五，首稱「四年二月」

上。今從《長編拾補》、《宋史全文續資治通鑑》、畢沅《續資治通鑑》。參本年五月紀事。

《文集》卷三十二《杭州召還乞郡狀》：「因上元有旨買燈四千椀，有司無狀，虧減市價，臣即上書論奏，先帝大喜，即時施行。」《墓誌銘》：「會上元有旨市浙燈，公密疏，舊例無有，不宜以玩好示人，即有旨罷。」

上神宗皇帝書，論新法不便。

書見《文集》卷二十五（七二九頁）。書云「臣近者不度愚賤，輒上封章言買燈事」，「逾旬」後，「買燈之事，尋已停罷」。是此書作於《諫買浙燈狀》後旬餘。書首稱「四年二月」上，今從《長編拾補》。參本年五月紀事。《長編拾補》次此書於本月《諫買浙燈狀》之後。

書謂：「臣之所欲言者，三言而已。願陛下結人心，厚風俗，存紀綱。」又言：「國家之所以存亡者，在道德之淺深，不在乎强與弱；曆數之所以長短者，在風俗之厚薄，不在乎富與貧。」反對「言利」，不滿旨在「生天下之財」（王安石《上仁宗言事書》，見《王臨川集》卷三十九）之新法如青苗、方田均税、均輸法等。又言：「臣非敢歷詆新政，苟為異論，如近日裁減皇族恩例、刊定任子條式、修完器械、閲習鼓旗，皆陛下神算之至明，乾剛之必斷，物議既允，臣安敢有詞。」並未全部否定新法。參熙寧八年四月十二日紀事。

《文集》卷二十七《辯試館職策問劄子》第二首：「事神宗。蒙召對訪問，退而上書數萬言，大抵皆勸神宗忠恕仁厚，含垢納汙，屈己以裕人也。」

《文集》卷三十二《杭州召還乞郡狀》敍上買浙燈狀得施行後，云：「臣以此卜知先帝聖明，能受盡言，上疏六千餘言，極論新法不便。」

《齊東野語》卷八《宗子請給》：「王介甫為相，裁減宗室恩數。……詔裁宗室授官法及恩例，東坡亦以為然，曰：『此實陛下至明至斷，所以深計遠慮，割愛為民。』其後無戚疏少長，皆仰食縣官。西南兩宗無賴者，至縱其婢使與閭巷通，生子則認為己子，而利其請給，此自古所無之弊例也。」蘇軾之語，不見上神宗書。茲附録於此。

與王克臣（子難）同廳。

《詩集》卷三十一《王鄭州挽詞》自注：「予為開封府幕，與子難同廳。」克臣，詳元祐四年正月癸巳紀事。

從趙抃（高齋先生、清獻公）游，為本年至明年四月以前事。

《文集》卷七十一《書士琴·贈吴主簿》謂昔從趙抃游。作於元豐六年。卷十七抃神道碑謂神宗即位，召知諫院，熙寧三年四月知杭州。

王鞏來從學，為鞏跋所收僧藏真書，應鞏請作《鄧公硯銘》。

《文集》卷二十九《辨舉王鞏劄子》：「鞏與臣世舊，幼小相知，從臣為學。」《詩集》卷二十七《次韻和王鞏》：「王郎年少日，文如瓶水翻。」

《文集》卷六十九《跋王鞏所收藏真書》首敍鞏為開封人，嘗侍父素於知秦州任所，乃初見時作。銘見

《文集》卷十九，亦首敍其家世；鄧公，張士遜，鞏外祖父，《宋史》卷三百十一有傳。

《宋史》卷三百二十《王素傳》謂熙寧初以學士知太原府，「入知通進銀臺司，轉工部尚書，仍故職致仕」。《北宋經撫年表》卷三熙寧二年知太原列王素、馮京二人。是素還朝為本年事，故繫「王鞏來從學」於此。

與王詵往還密切。為詵寫《蓮花經》。

《詩案·與王詵往來詩賦》：「熙寧二年，軾在京受差遣，王詵作駙馬。後軾去王詵宅，與王詵寫作詩賦，并《蓮花經》等，本人累經送酒食茶果等與軾。當年內，王詵又送弓一張、箭十隻、包指十箇與軾。」《文集》卷六十九《跋王晉卿所藏蓮華經》，當作於本年。《王譜》本年著録為詵寫詩賦及《蓮華經》事。《清河書畫舫》、《式古堂書畫彙考·書》卷十並著録《東坡書蓮華經》，謂此即蘇軾為詵所寫者。

詵字晉卿，祖籍太原。開封人。宋開國功臣全斌之後。喜書畫，收藏甚富。其妻乃英宗第二女魏國大長公主。本年七月，嫁詵。見《宋會要輯稿》第四册《帝系》八之二七至二八、《宋史》卷二百四十八《魏國大長公主傳》。《宣和畫譜》卷十二、《畫繼》卷二、《圖繪寶鑑》卷三均有《王詵傳》。

送呂希道（景純）知解州。

《詩集》卷六《送呂希道知和州》：「去年送君守解梁。」詩作於熙寧三年。《范太史集》卷四十二希道墓銘謂知解州有善政，解人為立生祠。

以俚語戲逢迎時宰之士子。傳嘗作假山詩刺王安石。

《雞肋編》卷下：「熙寧初，有士子上書迎合時宰，遂得堂除，蘇長公以俚語戲之，曰：『有甚意頭求富貴，没些巴鼻便姦邪。』」《後山詩話》「有士子上書」作「自常調上書」，「得堂除」作「丞御史」，並謂「有甚意頭」、「没些巴鼻」皆俗語。以言「初」，故繫之於此。謂「士子上書」，較近理。

《能改齋漫録》卷十一《詠假山詩刺荆公》：「陳無已詩話云：『某公用事，排斥端士，矯飾偽行。范蜀公詠僧房假山曰：倏忽平為險，分明假奪真。蓋刺公也。』某公，荆公也。予又嘗記一假山詩云：『安石作假山，其中多詭怪。雖然知是假，争奈主人愛。』云云。世以為東坡所作，不知是否。」師道（無已）語見《後山詩話》。

陳師錫為歐陽修《新五代史》作序，蘇軾有微詞。先是曾鞏、蘇軾就作序事相推未决，於是師錫為之。蘇軾嘗與修論《新五代史》。

《步里客談》卷下：「陳師錫伯修作《五代史序》，文詞平平。初，蘇子瞻以讓曾子固，曰：『歐陽門生中，子固先進也。』子固答曰：『子瞻不作，吾何人哉！』二公相推未决，陳奮筆為之。」此所敍，乃熙寧間與曾鞏同朝時事。姑次此。

《北窗炙輠録》卷上：「陳伯修作《五代史序》，東坡曰：如錦宫人裹孝幞頭，嗟乎，伯修不思也。昔左太冲《三都賦》就，人未之重也。乃往見玄宴，玄宴為作序，增價百倍。古之人所以為人序者，本以其人輕，而我之道已信於天下，故假吾筆墨為之增重耳。今歐公在天下，如太山北斗，伯修自揣何如，反更作其序，何不識輕重也。沈元用，人或以前輩詩文字求其題跋者，元用未嘗敢下筆，此最識體。（原

注：元用名晦）」晦，《宋史》卷三百七十八有傳。
師錫，建陽人。《宋史》卷三百四十六有傳。
《野老紀聞》：「子瞻問歐陽公曰：『《五代史》可傳後也乎？』公曰：『修於此，竊有善善惡惡之志。』蘇公曰：『韓通無傳，惡得為善善惡惡？』公默然。通，周臣也。陳橋兵變，歸戴永昌，通擐甲誓師，出抗而死。」茲附於此。

與姜潛交游。

《孔氏談苑》卷二《蘇子瞻與姜潛同坐舉令》：「蘇子瞻與姜潛同坐。潛字至之，先舉令云：『坐中各要一物是藥名。』乃指子瞻曰：『君藥名也。』問其故。答云：『子蘇。』子瞻應聲曰：『君亦藥名也。君若非半夏，便是厚朴。』問其故。曰：『君若非半夏、厚朴，何故謂之姜至之？』」按：「子蘇」謂「紫蘇」，「姜至之」謂「薑制之」。
《宋史》卷四百五十八《姜潛傳》謂潛為兖州奉符人，熙寧初，召對延和殿，「知陳留縣，至數月，青苗令下」。王安石行青苗法，為本年九月，見《宋史·神宗紀》。蘇軾與潛交游，約為本年事。

蘇軾年譜卷九

熙寧三年(一〇七〇)庚戌　三十五歲

正月九日,弟轍差充省試點檢試卷官。

據《蘇潁濱年表》。

二十二日,跋《内教博士水墨天龍八部圖卷》,謂畫狗馬難於畫鬼神非至論。

跋見《佚文彙編》卷六(二五七二頁)。畫乃吴道玄作。跋謂「鬼神非人所見,然其步趨動作,要以人理考之」,不可欺。

戊午(二十六日),張方平知陳州。方平辟弟轍為陳州教授。

戊午云云,據《長編拾補》卷七,云:「戊午,知河南府、觀文殿學士、户部尚書張方平判尚書省兼提舉集禧觀。先是方平被詔舉堪任諫官者二員,即以李大臨、蘇軾應詔。方平既入見,上欲除宣徽使留京師。王安石曰:『此大除拜,四方觀望,不可無議,不知陛下以此旌其功善為但憫其資歷?』上曰:『但憫其資歷。』安石曰:『憫其資歷,是何義理。方平已致人言,若如此,必更致人言。』又曰:『方平姦邪,人孰不知,恐如此除拜,無補聖政。』云云。方平亦堅乞南京留臺,遂命知陳州。」辟弟轍云云,見

《蘇潁濱年表》。

訪楊褒，作《次韻楊褒早春》。

詩見《詩集》卷六，云「窮巷淒涼苦未和，君家庭院得春多」。《欒城集》卷三《和楊褒直講攬鏡》有「池開楊柳鬭腰肢」句，亦作於春。《彭城集》卷十七《和楊褒早春》云「亦知白髮非春事」，亦及春。褒字之美，嘉祐末為國子監直講，見題下「施註」。《公是集》卷二十《和楊褒雨中見寄》有「憐君獨高卧，疊疊向群生」句。《歐陽文忠公集·居士集》卷七《於劉功曹家見楊直講褒女奴彈琵琶戲作呈聖俞》云「楊君好雅心不俗，太學官卑飯脱粟」。《南陽集》卷五有《又和楊之美家琵琶奴》。知褒所交皆勝流。

柳瑾（子玉）來，旋別去。瑾有詩來，次其韻。

次韻詩見《詩集》卷六（二四〇頁），中有「遥知寒食催歸騎」之句，約作於寒食前。《欒城集》卷三《次韻柳子玉郎中見寄》首云「新年始是識君初」，是其來在本年年初。同卷尚有《送柳子玉》詩，有「京師逢柳侯」之句；又云：「一麾寄河壖，垂老幸有土。」是瑾為官於河之壖也。瑾，丹徒人。其子子文，為伯父涣之壻，見《欒城集》卷二十五《伯父墓表》。瑾與王安石同年。李壁注《王荆文公詩》卷三十三有《次韻酬子玉同年》，並引瑾「男兒本有四方志，只在蓬瀛恐不知」之句，知瑾頗有志當世。《梅堯臣集編年校注》卷二十九《送柳秘丞大名知録》、《還柳瑾秘丞詩編》，次嘉祐四年。後者有「吾友蘇子美，聞昔許君詩」之句。

二月壬申(十一日),以司馬光為樞密副使,九辭,罷。其罷與光交游蘇軾兄弟等有涉。

二月壬申云云,據《宋史·神宗紀》。《長編拾補》卷七本月庚寅紀事:「詔收還司馬光樞密副使告敕,仍舊職。先是上欲光置兩府,王安石曰:『光雖好為異論,然其才豈能害政。但如光者,異論之人倚以為重,今擢在高位,則是為異論之人立赤幟也。光朝夕所與切磋琢磨者,乃劉攽、劉恕、蘇軾、蘇轍之徒而已。觀近臣以其所主,所主者如此,其人可知也。』安石在告,上乃用光,及安石復視事,因固辭,遂罷之。」按:光舊為翰林學士兼侍講學士、右諫議大夫、史館修撰。《長編拾補》「庚寅」原作「庚申」,今校改。

與楊氏簡,報弟轍改差陳州教授。

《鶴山先生大全文集》卷六十《跋蘇氏帖》:「蘇氏翰墨,其散落人間者,何可勝計。而楊氏與三先生為比鄰,所畜尤夥,且可信不誣。今觀少公帖,所謂與家兄同住京,則熙寧二年所遣也。時長公判官告院,少公為條例司檢詳。帖又謂少公已改差陳州教授,則三年所遣也。其字體與中年以後極不相類,乃知前輩於小學猶進進不已,况其大者乎。(下略)」三先生謂蘇洵父子,少公謂轍。

再上神宗皇帝書,論新法不可行。

書見《文集》卷二十五(七四八頁),云:「陛下自去歲以來,所行新政,皆不與治同道。立條例司,遣青苗使,斂助役錢,行均輸法,四海騷動,行路怨咨。」「去歲」乃熙寧二年;本書篇首稱「熙寧四年二月」上,誤。《長編拾補》卷七本年三月壬子已摘引此書,此書約上於二月間。參熙寧二年五月紀事。

差充殿試編排官。撰《擬殿試策問》。

《施譜》：「春，差充殿試編排官，時御試始用策。上議差先生為考官，（王）安石言先生所學乖異，不可考策，乃以為編排官。」《文集》卷九《擬進士對御試策》首云「右臣准宣命差赴集英殿編排舉人試卷」。擬策問見《文集》卷七，有「朕即位改元於今三年」語。

答劉涇（巨濟）書，論近世進人之弊。

書見《文集》卷四十九（一四三三頁）。書云：「舍弟差入貢院，更月餘方出。」正月九日，弟轍差充省試點檢試卷官。差入貢院，即指此事。書約作於二月間。書又云涇其時為少年。《宋史》卷四百四十三《劉涇傳》謂涇為簡州安陽人，約卒於元符末，年五十八，亦合。

書云：「天下近世進人以名，平居雖孔孟無異，一經試用，鮮不為笑。」或指王安石。

《昭德先生郡齋讀書志》卷三上《劉巨濟注老子二卷》條下謂涇「篤志於學，文詞奇偉，早登蘇子瞻之門」。

與楊濟甫簡，敍南園環境與生活。

《文集》卷五十九與濟甫第四簡：「舍弟差入貢院，更半月可出。都下春色已盛。但塊然獨處，無與為樂。所居廳前有小花圃，課童種菜，亦有少佳趣。傍宜秋門，皆高槐古柳，一似山居，頗便野性也。」以弟轍入貢院而「塊然獨處」，則兄弟二人皆居於南園。所云「更半月可出」，知此簡約作於二月末。

上《擬進士對御試策》。朝廷不用。

文見《文集》卷九。

《文集》卷三十二《杭州召還乞郡狀》：「後復因考試進士，擬對御試策進上，並言安石不知人，不可大用。先帝雖未聽從，然亦嘉臣愚直，初不譴問。」

《墓誌銘》：「殿前初策進士，舉子希合，爭言祖宗法制非是。公為考官，退擬答以進，深中其病。」

《施譜》：「時御試始用策。……先生擬對以奏。」

《長編拾補》卷七本年三月壬子紀事：「（蘇）軾又嘗上疏曰：『陛下自去歲以來，所行新政，皆不與治世同道。』又作《擬進士對御試策》，上以軾所對策示王安石。安石曰：『軾才亦高，但所學不正，今又以不得逞之故，其言遂跌蕩至此，請黜之。』曾公亮曰：『軾但異論耳，無可罪者。』他日，安石又白上曰：『陛下何以不黜軾，豈為其才可惜乎！譬如調惡馬，須減芻秣，加箠扑，使其貼服乃可用。如軾者，不困之使自悔而絀其不逞之心，安肯為陛下用！且如軾輩者，其才為世用甚少，為世患甚大，陛下不可不察也。』」

《宋名臣奏議》卷一百三有蘇軾《上神宗繳進擬御試策》，即《擬進士對御試策》。篇末編者註：「熙寧三年三月上。」

《擬進士對御試策》，《經進東坡文集事略》收入卷二十一，郎曄註云：「司馬温公《日記》大略云：熙寧三年春榜，韓秉國、吕惠卿初考策，阿時者多在高等，訐直者多在下陳，宋次道、劉貢父覆考及吴沖卿、陳述古詳定，多從初考。其間有言祖宗多因循苟簡之政，陛下即位革而新之，初考第三等，上覆考為第五等中，冲卿等奏之從初考，李才元、蘇子瞻編排為第三，上令陳襄面讀，以為第一，故子瞻退擬進士對策而獻之。」參以下「上奏」條。《蘇東坡軼事彙編》疑「秉國」為「持國」之誤。

上奏，論葉祖洽試策有議論乖繆處，乞行黜落。不從。

《文集》卷二十八《參定葉祖洽試策狀》其二：「祖洽及第時，臣係編排官。據初考官呂惠卿等，定祖洽為第三等中，合在甲科，覆考官宋敏求等，定祖洽為第五等中，合是黜落。臣曾具事由聞奏，乞行黜落。」此奏已佚。祖洽見本年以下三月壬子紀事。此參定狀上於元祐二年十月二十二日。同上其一謂祖洽試策中云「祖宗以來至於今，紀綱法度，苟簡因循而不舉者，誠不為少」，又有欲「與忠智豪傑之臣合謀而鼎新之」之語。蘇軾與蘇轍、劉攽於元祐二年十月二十一日上此參定狀，所引葉祖洽試策乃此時事。參元祐二年十月二十一日紀事。

按：祖洽試策，即以所引者而論，亦卓有見地。

三月壬子（二十一日），賜葉祖洽進士及第第一。蘇軾嘗奏欲別定等第，不許。

《宋史全文續資治通鑑》卷十一本日紀事：「御集英殿，賜進士明經諸科葉祖洽以下及第出身同出身總八月二十九人。祖洽策言祖宗多因循苟簡之政，陛下即位革而新之。李大臨、蘇軾編排上官均第一，祖洽第二，陸佃第五。上令宰相陳升之面讀均等策，以祖洽為第一。」《宋史・神宗紀》：三月壬子，賜禮部奏名進士、明經及第八百二十九人。

《長編拾補》卷七本日紀事謂蘇軾嘗「奏欲別定等第，上不許」。

《苕溪漁隱叢話》後集卷三十引《司馬文正公日録》，謂神宗擢葉祖洽第一後，蘇軾言：「祖洽詆祖宗以媚時君而魁多士，何以正風化。」此當為蘇軾奏文中語，奏文全文不見。

祖洽，邵武人。字敦禮。《宋史》卷三百五十四有傳。

胡璞為是科進士。蘇軾嘗贊其詩。

嘉慶《南平縣志》卷十三：「胡璞，字器之。熙寧三年進士。博學工詩。嘗經采石渡，題詩弔李白云：抗議金鑾反見仇，一杯蟬退此江頭。當時醉弄波間月，今作寒江萬里流。蘇軾見之，疑唐人所作，歎賞不置。」「金鑾」似有誤。

頓起為是科進士。

《詩集》卷十七《次韻答頓起》其一自註：「頓君及第時，余為殿試編排官，見其答策語頗直。」參熙寧八年「頓起來詩」條。

陳敏（伯修）為是科進士，敏嘗從蘇軾游，甚厚。

元佚名《無錫縣志》卷三上《陳敏傳》：「無錫人。……長從安定先生胡瑗學，與同郡袁默、凌浩，姑蘇孫載皆為英特，目為安定四俊友。熙寧三年舉進士。王荆公嘉其才，薦敏堪大用。除太學正。從蘇軾游，甚厚。」以下言敏嘗守台州，朝廷令郡國立元祐黨籍碑，敏拒之，其倅立之，敏碎其石，挂冠而去，自號濯纓居士。年八十一終。

送錢藻（純老）出守婺州，作詩。

詩見《詩集》卷六（二四〇頁）。《詩案・送錢藻知婺州》：「熙寧三年三月，作詩送錢藻知婺州。」以下言詩有譏諷新法之意，並敘本月與藻交往。《欒城集》卷三亦有送詩。《元豐類稿》卷十三《館閣送錢純老知婺州詩序》謂本月：「尚書司封員外郎、秘閣校理錢君純老出為婺州。三館秘閣同舍之士，相與飲餞於城東佛舍之觀音院，會者凡二十人。純老亦重僚友之好而欲慰處者之思也，乃為詩二十言以示坐者。於是在席者各取一言為韻，賦詩以送之。」藻，《宋史》卷三百十七有傳。據《元豐類稿》卷四十二藻墓銘，藻長蘇軾十五歲。

弟轍赴陳州教授任。

《欒城集》卷三《送頓起及第還蔡州》云「我去淮陽今不久」，其去陳（淮陽），約在暮春。同卷《柳湖感物》云「開花三月亂飛雪」，約作於到陳之初。

四月七日，與堂兄不疑（子明）簡，敘未能求出。

簡乃《佚文彙編》卷四與不疑第二簡，謂「若出外，必不能降意委曲隨世，其為齏粉必矣」。

己卯（十九日），趙抃罷參知政事，知杭州。蘇軾嘗與弟轍論抃於王安石初進用時所行事。嘗應抃之請，為其鄉人梁處士之居綠筠亭賦詩。

己卯云云，據《長編》卷二百一十。《長編》云：「王安石更張政事，抃屢言其不便，及安石家居求去，上諭執政罷青苗法，抃獨欲俟安石參假，由是新法不罷。抃大悔。」以下敘抃上疏論新法，乞罷。抃以治平四年九月參知政事，至是罷。

《曲洧舊聞》卷八：「熙寧初，議新法，中外惶駭。韓魏公有文字到朝廷，裕陵之意稍疑，介甫怒，在告不出。曾魯公以魏公文字問執政諸公曰：『此事如何？』清獻趙公曰：『莫須待介甫參告否？』魯公默然，是夜遣其子孝寬報介甫，且速出參政，若不出，則事未可知。是參政雖在朝，終做一事不得也。介甫明日入對，辯論不已，魏公之奏不行。其後魯公致政，孝寬遂驟用。前輩知熙、豐本末者，嘗為予言，當此時人心倚魏公為重，而介甫亦以此去就，微魯公之助，則必去無疑。既久，則羽翼已成，裕陵雖亦悔，而新法終不能改，以用新法進而為之遊説者衆也。東坡曾與子由論清獻，子由曰：『清獻異同之迹，必不肯與介甫為地，孝寬之進，他人之子弟不與，可以明其不助。』東坡曰：『當時阿誰教汝鬼擘口。』子由無語。」

蘇軾之意，蓋以趙抃為非。

應抃請云云，據《文集》卷六十八《書緑筠亭詩》。詩見《詩集》卷六（二四六頁），參題下「查註」、「誥案」。

安惇失解西歸，有送行詩。

詩見《詩集》卷六（二四七頁）。

惇字處厚，廣安軍人。《宋史》卷四百七十一入《奸臣傳》，題下「查註」已節引。《名賢氏族言行類稿》卷十六亦有惇傳。

送呂希道知和州，有詩。

詩見《詩集》卷六(二二四八頁)。《范太史集》卷四十二《左中散大夫守少府監吕公墓誌銘》詳敍希道知和政績,朝廷優賞其功,并謂希道終少府監。

嘗夜直秘閣,有詩呈王仲修(敏甫)。

詩見《詩集》卷五,題作《夜直秘閣呈王敏甫》,原次治平二年,失之。

敏甫名仲修,見《畫史》。仲修乃珪子,熙寧八年十月丁巳,仲修以著作佐郎為崇文院校理知禮院,見《長編》卷二百六十九。《陶山集》卷一有《門下王相公南郊謝雪,子敏甫學士、監禮楊傑有詩,次其韻》。

王相公乃珪。《無為集》卷十一有《回賀王敏甫學士館職啟》。《畫史》稱仲修「收李重光四時紙上横卷花一軸」,知其喜收藏。熙寧三年進士,見《攻媿集》卷七十五《跋王岐公端午帖子》。仲修入館,當為登進士第以後事,今據此入繫。宋刻《四家宫詞》卷三有仲修所作宫詞一百首。

《斜川集》卷三《大人生日》其六:「疇昔東華典秘藏。」以蘇軾直史館也。

嘗與王益柔(勝之)共直館中。

《詩集》卷二十四《至真州再和二首》其一:「論詩曾伴直。」為熙寧在朝直史館時事,今因王仲修事類繫此。《長編》卷二百十一熙寧三年五月乙未紀事:「集賢校理王益柔直舍人院,王安石謂益柔舊人。」查《長編》卷一百五十三慶曆四年十一月甲子紀事:劉巽、蘇舜欽除名勒停時,益柔已為太常丞、集賢校理,以謗訕周、孔坐之,韓琦目為少年狂語。集賢校理即館職。《宋會要輯稿》第六十三册

《職官》六之五一謂益柔治平四年七月十九日以尚書兵部郎中、知制誥兼直學士院。益柔仕歷已久。

次韻王誨夜坐。

詩見《詩集》卷六（二五一頁）。

《宋會要輯稿》第七十三册《職官》二三之九：熙寧二年五月，羣牧判官王誨上《馬政條貫》，行之。《長編》卷二百十一熙寧三年五月庚戌紀事：「羣牧判官王誨上《羣牧司編敕》十二卷，行之。誨，舉正子也。」舉正，《宋史》卷二百六十六有傳。熙寧四年八月癸酉，誨以度支判官司勳郎中為遼國正旦使。見《長編》卷二百二十六。《沈氏三先生文集·西溪集》卷五有《駕部員外郎王誨可虞部郎中制》，稱誨「學行純固」，「有聞於時」。

文同（與可）來官京師。

《文集》卷六十三《黄州再祭文與可文》敍於岐相識之後，云：「一别五年，君譽日聞。」又云：「再見京師，默無所云。杳兮清深，落其華芬。」

《丹淵集》卷首《文同墓誌銘》：「熙寧三年，知太常禮院兼編修大宗正司條貫。」卷二十六《送朱郎中詩序》：「熙寧三年庚戌，三月癸丑，同自蜀還臺，宿臨潼華清道館。」則同抵京師，約為四五月間事。

五月，中子迨（仲豫、叔寄）生。

《佚文彙編》卷四《與子明》第三簡：「昨五月生者嬰兒名叔寄，甚長進。」即迨。據此，邁之後尚有一子，故迨以叔稱；此一子，不知何時夭折。過出生後，重定行次，迨字仲豫，過為叔黨，理或如是。

范鎮舉蘇軾為諫官。

《王譜》本年紀事：「是年，范景仁嘗舉先生充諫官。」《文集》卷十四《范景仁墓誌銘》：「會有詔舉諫官，公以軾應詔。」鎮時年六十三。鎮卒於元祐三年，年八十一，逆推為今年事。據以下八月五日紀事，鎮薦軾當為六月間事。《總案》列此事於下年，謂《王譜》誤，非是。時鎮為翰林學士兼侍讀、禮部侍郎，據鎮之墓銘。《長編》卷二百十六本年十月己卯紀事謂鎮官户部侍郎。

《太平治迹統類》卷十三：「會詔兩制舉諫官，衆俱以為當今宜為薦官者，無若蘇軾。于是范鎮以軾應詔。」

朱壽昌棄官尋母，得之同州，六月癸亥（初四日），詔壽昌赴京師。其秋，壽昌母子至。壽昌以韻語改寫梁武帝所作懺，蘇軾為作偈。

「朱壽昌棄官」云云，見《長編》卷二百十二。「其秋」云云，見《丹淵集》卷二十六《送朱郎中詩序》。朝廷應壽昌之請，除通判河中府，以近母前也。

《文集》卷二十二《朱壽昌梁武懺贊偈》敍壽昌得見其母後，云：「念報佛恩，欲度衆苦。觀諸教門，切近周至，莫如梁武，所說懺悔。……乃以韻語，諧諸音律。使一切人，歌詠贊歎。……時有居士，蜀人蘇軾。見聞隨喜，而說偈曰。」

壽昌字康叔，揚州天長人。《宋史》卷四百五十六有傳。尋母原委，詳傳。

七月二十一日，作《跋文與可墨竹》，應李元直（通叔）請也。

跋見《文集》卷七十，墨竹乃己所藏。同上卷尚有《書通叔篆》，謂元直長安人，善篆，作時不詳。《金石萃編》卷一百三十七《京兆府□□□善感禪院新井記》、《有宋永興軍香城善感禪院廣慈大師海公壽塔記》皆元直篆。

八月五日，侍御史知雜事謝景温誣奏蘇軾向丁父憂歸蜀，往還多乘舟，載物貨，賣私鹽等事。蓋緣范鎮諫蘇軾而發。

《長編》卷二百十三本年七月丁酉紀事註文引林希《野史》：「王安石恨怒蘇軾，欲害之，未有以發，會詔近侍舉諫官，謝景温建言，凡被舉官移臺考劾，所舉非其人，即坐舉者，人固疑其意有所在也。范鎮薦軾，景温即劾軾向丁父憂歸蜀，往還多乘舟，載物貨，賣私鹽等事。安石大喜。以三年八月五日奏上。」據同上書卷二百十四八月壬申紀事，神宗謂王安石「謝景温全是卿羽翼」，可見。丁父憂載物貨等事，熙寧二年十一月己巳已及，此乃覆言之。景温字師直，富陽人。《宋史》卷二百九十五有傳。

癸亥（初六日），詔江淮發遣湖北運司體量蘇軾居喪服除往復賈販及天章閣待制李師中供析照驗見軾妄冒差借兵夫事實。無所得。

癸亥云云，據《長編》卷二百十四，以謝景温彈奏也。《長編》謂：「景温與王安石聯姻，安石實使之窮治，卒無所得。」《文集》卷三十二《杭州召還乞郡狀》敍擬對御試策進上，言王安石不可大用後，云：「安石大怒，其黨無不切齒，争欲傾臣。御史知雜謝景温，首出死力，彈奏臣丁憂歸鄉日，舟中曾販私鹽。遂下諸路體量追捕當時梢工篙手等，考掠取證，但以實無其事，故鍛煉不成而止。」《長編》卷二百十三本年七月丁酉引林希《野史》：「(八月)六日，事下八路，案問水行及陸行所歷州縣令具所差借兵夫及柁工詢問，卒無其(事)。實眉守兵夫乃迎候新守。」卷四百二十一元祐四年正月癸未引右正言劉安世言：「(謝)景温天資姦佞，素多朋附。熙寧中，王安石用事之日，擢為知雜御史。是時，蘇軾方忤安石，景温迎合其意，輒具彈奏，謂軾丁憂歸蜀，乘舟商販，及朝廷下逐路監司體量，事皆無實。」《太平治迹統類》卷十三《神宗任用安石》謂范鎮舉蘇軾為諫官，御史知雜事謝景温以謗語力排之，事不實，士論薄之。卷二十五《蘇軾立朝大槩》：「軾有外弟，與之不叶，安石召之，問軾過失。其人言：向丁憂，販私鹽蘇木等事。安石大喜，未有以發也。會舉諫官，范鎮以軾應詔，謝景温恐軾為諫官攻介甫之短，故力排之。公未嘗一言自辯，乞外任避之。」外弟，程家也。《宋史·謝景温傳》謂景温劾蘇軾「丁憂歸蜀，乘舟商販，朝廷下六路逮捕篙工、水師窮其事，訖無一實」。又謂景温妹嫁安石弟安禮。《長編》卷二百十四本月乙丑紀事：司馬光奏對垂拱殿，上謂：「『蘇軾非佳士，卿誤知之。鮮于侁在遠，軾以奏稿傳之。韓琦贈銀三百兩而不受，乃販鹽及蘇木瓷器。』光曰：『凡責人當察其情，軾販鬻之利，豈能及所贈之銀乎！安石素惡軾，陛下豈不知以姻家謝景温為鷹犬使攻之！臣豈能自保不可不去也。且軾雖不佳，豈不賢於李定之不服母喪禽獸之不如。安石喜之，乃欲用為臺官。』鮮于侁者，閬中人，嘗為蔡河撥發。熙寧初，應詔言十六事，皆人君謹始者。上愛其文，出示御史中丞滕甫曰：『此文不減王陶。』」

大理少卿蔡冠卿知饒州，有詩送行。

詩見《詩集》卷六（二五二頁），有譏諷意，見《詩案·送蔡冠卿知饒州》。《長編拾補》卷五熙寧二年八月乙未朔敍及冠卿争議刑名；其時為大理寺官，或即為大理少卿也。《濟南金石志》卷四《金石四·長清石·宋熙寧三年朝賢贈行詩刻》有蔡冠卿《詩送靈巖道光大師》詩，作於本年八月十六日，署「尚書祠部郎中新知饒州蔡冠卿」。《詩案》謂送冠卿為熙寧五年二月事。「五年」為「三年」之誤，「二月」亦誤。送冠卿詩約作於秋。冠卿字元輔，已見「查註」。《江西詩徵》卷七謂冠卿去饒州任後，「饒人思之，畫其像於范文正祠，配祀」，并録冠卿詩一首。

劉攽通判泰州，有送行詩。

據《詩案·與劉攽通判唱和》。泰州治海陵縣。

《長編》卷二百一十謂本年四月乙酉詔館閣校勘劉攽與外任，則通判泰州乃此後不久事。詩乃《詩集》卷六《送劉攽倅海陵》，中云：「秋風昨夜入庭樹，蓴絲未老君先去。」計離京時，已入秋矣。《紀年録》次送劉詩於本年三月，失之。本詩有譏諷新法意，見《詩案》，軾詩「師民瞻註」已引。《詩集》卷六《廣陵會三同舍各以其字為韻仍邀同賦》：「去年送劉郎，醉語已驚衆。」乃寫此時事。

曾鞏（子固）通判越州，有送行詩。

詩見《詩集》卷六（二四四頁）。詩有「翁今自憔悴」句。翁乃指歐陽修。「合註」謂「是時歐公當知蔡州」。「誥案」謂作詩時乃修初到蔡州之時。查《歐陽文忠公集》卷首《年譜》本年紀事：「七月辛卯，改知蔡州。九月甲寅，至蔡。」則此詩當作於秋間。

九月七日，歐陽修作《六一居士傳》。蘇軾嘗書其後。

傳見《歐陽文忠公集·居士集》卷四十四。六一居士，修自號。

軾書後見《文集》卷六十六（二〇四八頁），末云「居士殆將隱矣」，知作於熙寧四年六月甲子修致仕之前。今次此。

庚子（十三日），左僕射兼門下侍郎平章事曾公亮罷。蘇軾嘗責公亮不能救正朝廷。

據《長編》卷二百十五。《長編》謂：「公亮初薦王安石可大用，及同執政，知上方向安石，陰助之而外若不與同者。……蘇軾嘗從容責公亮不能救正朝廷，公亮曰：『上與安石如一人，此乃天也。』然安石猶以公亮不盡同己，數加毀訾。」以下敍公亮屢乞致仕，神宗輒留之，適上殿足跌，仆於地上，乃告病乞致仕，乃聽其罷相。按：治平四年九月，公亮為相。

乙巳（十八日），錢勰（穆父）試賢良對策。勰歸，蘇軾置酒勞之，舉令為文。

《能改齋漫録》卷十四《傀儡起於王家》：「錢穆父試賢良對策日，東坡曉往迓其歸，置酒相勞，各舉令為文。穆父得傀儡除鎮南軍節度使制，首句云：『具官勤勞王家，出入幕府。』東坡見此兩句，大加歎賞，蓋世以傀儡起於王家也。」

《宋史·神宗紀》本年九月乙巳：「親策賢良方正及武舉。」《長編》卷二百一十五本年九月乙巳、壬子詳記策賢良事。《宋史》卷三百一十七《錢勰傳》：「熙寧三年試應，即中秘閣選，廷對入等矣，會王安石惡孔文仲策，遷怒罷其科，遂不得第。以蔭知尉氏縣。」

與滕元發（達道）相晤，旋别。

《文集》卷五十一與元發第四十五簡：「一别四年，流離契闊，不謂復得見公。」作於元豐七年。詳考蘇軾與元發之交往，密州時未見，黄州時亦未見。此「四年」之「四」，當據《永樂大典》、《七集・續集》卷四、《歐蘇書簡》作「十四年」。據此，蘇、滕晤别，為本年事。

《長編》卷二百一十五本年九月甲辰紀事：元發自鄆州改知定州。蘇軾與元發相晤，當為元發罷鄆州回朝廷述職時。今據此繫入。

元發，東陽人。《文集》卷十五有墓誌銘，《宋史》卷三百三十二有傳。

秋間，姪林（十六郎）卒於京師。弟轍有祭文。

《佚文彙編》卷四《與子明》第四簡作於本年十一月二十二日，簡中有「掩壙諸事已了」之語。《佚文彙編》卷四《與堂兄》（起句為「又三弟不及上狀」）簡，云及十六郎「已葬訖」；作於上簡稍後，然仍在本年内，以簡中有「來年夏服專奉留」之語，其時當在十二月。後者云及「十六姪不幸，忽然數月」，又云「不久即是百日」，是其卒約在九月間。

據上述《與堂兄》簡，林在京師薄有房産，並有些小房錢、利錢收入；乃以此為生活之源而長期住京師。《佚文彙編》熙寧二年三月《與子明》第一簡云及「十六郎舉業頗長，有望」，似擬於熙寧二年應解試。

《欒城集》卷二十六《祭姪林文》：「年月日，從叔某以肴酒之奠，祭於亡姪十六郎之靈。嗚呼，小宗之傳，五世於是。甚謹而信，孔孝而悌。既冠而孤，方壯而死。何辜於天，至此極也。昔我來東，恃爾於斯。憂樂相知，有無相資。千里故鄉，相視忘歸。奈何忽焉，去而莫追。王城西原，土厚而温。上爾先君，下爾弟昆。一畝之丘，三人終焉。弱子僅存，始行而言。自今以往，見此而已。予撫予育，曰此汝後。庶幾鬼神，憐汝無罪。畀之壽考，以繼家事。嗚呼哀哉，尚饗！」據「小宗」云云，林屬長房，乃澹之後。《嘉祐集》卷十四《祭姪位文》有「殯汝於京城之西郊」之語，與《祭姪林文》「王城西原」、「上爾先君」之語合，是林為位之子。位卒於嘉祐五年，祭文云「既冠而孤」，是位卒時，林二十歲。自嘉祐五年至此又歷十年，是林卒時為三十歲。

《欒城集》卷二有《用林姪韻賦雪》二十韻，知林能詩。轍此詩作於嘉祐末。

十月一日，跋文同（與可）草書，記與劉攽（貢父）、同論李常（公擇）草書。

跋乃《文集》卷六十九《跋文與可草書》，謂攽謂常草書為鸜哥嬌。同卷《題李十八净因雜書》亦如是云。蓋謂常草書唯少數字得草書之體。李十八亦謂常。常，南康建昌人，《宋史》卷三百四十四有傳。

己卯（二十二日），范鎮依前户部侍郎致仕。先是鎮以薦舉蘇軾、孔文仲皆不得用，而蘇軾反以此遭致劾奏，遂屢章乞致仕，並為軾辯誣，至是得請。軾謁鎮，賀其致仕。

據《長編》卷二百一十六。該書引范鎮之奏：「軾治平中，父死京師，先帝賜之絹百匹，銀百兩，辭不受而請贈父官。先帝嘉其意，贈其父光禄寺丞，又敕諸路應副人船。是時韓琦亦與之銀三百兩，歐陽修與二百兩，皆辭不受，軾之風節，亦可概見矣。今言者以為多差人船販私鹽，是厚誣也。軾有古今之學，文章高於時，又敢言朝廷得失，臣所以舉充諫官。今反為軾之累。……乞明辯軾之無過。」又引奏：「今有人言獻忠與獻佞孰是，必曰獻忠是；納諫與拒諫孰是，必曰納諫是。蘇軾、孔文仲可謂獻忠矣，陛下拒而不納，是必有獻佞以誤陛下者，不可不察也。」《宋名臣奏議》卷七十四有范鎮奏全文。文仲字經父，臨江新喻人。《宋史》卷三百四十四有傳。

《文集》卷十四《范景仁墓誌銘》謂奏凡五上，乃「落翰林學士，以本官致仕」。《欒城集》卷二十六祭鎮文：「軾方在朝，公舉諫官。卒以獲罪，而無一言。」

《施譜》：「十月，翰林學士范鎮奏乞致仕，以贖先生誣罔之罪。不報，又奏辯先生之無過，并攻安石，遂落職致仕。」

《范景仁墓誌銘》敍鎮致仕，軾往賀，以鎮退而名益重，鎮不樂，以未能使神宗「計聽言從，消患於未萌，使天下陰受其賜」而感歎。

二十八日，與堂兄不疑（子明）簡，謂遭致彈劾事，尋下諸路體量皆虛。

簡乃《佚文彙編》卷四與不疑第三簡，云及其時處境「孤危」。至此，由范鎮薦舉所引起之風波，宣告平息。簡謂此次遭致彈劾，乃以「虛名而受實禍」，忠義古今所難，「終不以此屈」。

十一月丁未（二十日），與士大夫餞送章衡（子平）牧鄭州。

《文集》卷十《送章子平詩敍》謂是日士大夫「會於觀音之佛舍，相與賦詩以餞之」。軾詩已佚。《王譜》、《紀年録》亦敍此事。

二十二日，與堂兄不疑（子明）簡，報姪林（十六郎）葬事已了，為言近遷居宜秋門外。

簡乃《佚文彙編》卷四與不疑第四簡。簡中所云彭、壽，乃十六郎之子。同上《與堂兄一首》（起句「又三弟不及上狀」）亦及葬事。

蘇軾原住宜秋門内南園，已見前。《宋史》卷八十五謂東京「西二門，南曰宜秋」。

十二月丁卯（十一日），韓絳為丞相。有賀啟。

十二月云云，據《宋史·宰輔表》，絳自參知政事加同平章事、昭文館大學士。啟乃《文集》卷四十七《賀韓丞相啟》，中云「恭以昭文相公」。

是月，罷權開封府推官，依舊官告院；與堂兄不疑（子明）簡，為言不欺（子正）授蓬州宜隴令，迎十六郎之妻及其子彭、壽居於一處。嘗奏彭蔭補。權開封府推官期間，與李公寅之父有交往。

簡乃《佚文彙編》卷四與不疑第五簡，首云「忽又歲盡」，作於歲末。簡云：「罷府幕依舊官告院。」簡又云：「十六郎房下，權已迎歸在此。彭、壽頗健。」《佚文彙編》卷四《與堂兄》（首句「又三弟不及上狀」）（二五二三頁）詳敍十六郎之妻堅求歸蘇軾左右，是軾從其請也。《與子明》第四簡有十六郎「媳婦、彭、壽且安」、《與堂兄》（首句「十二姨」）（二五二六頁）有「十六媳婦、彭、壽並安」之語。《墓誌銘》：「伯父太白早亡，子孫未立。……先君没，有遺言。……當可蔭補，復以奏伯父之曾孫彭。」

奏文已不見，其奏，當為自此以後若干年事，姑繫於此。

《詩集》卷四十四《次韻韶倅李通直》其一：「曾陪令尹蒼髯古。」通直乃公寅，令尹謂其父。其二自注：「僕昔為開封幕，先公為赤令，暇日相與論内外丹，且出其丹示僕。」開封、祥符乃開封府赤縣。詩，元符三年作，參該年紀事。

是歲，吕希彦（行甫）通判河陽，送詩。

詩見《詩集》卷二十八（一四九九頁）。《丹淵集》卷十八《送吕希彦司門通判河陽》首云「行父須生公相家，修潔不類在紈綺」，軾詩有「子生公相家」句。可證二人詩作於同時。唯今年同在朝，詩作於今年。《詩集》次此詩於元祐二年，誤。

希彦愛墨，《文集》卷七十《書吕行甫墨顛》、《書茶墨相反》、《佚文彙編》卷六《又書茶與墨》均及之。前者謂希彦「不幸短命死矣」，知《詩集》此詩前之《走筆謝吕行甫惠子魚》，亦非作於元祐二年，《詩集》亦誤次。《走筆》云「好事東平貴公子，貴人不與與蘇君」。稱貴公子，其時年歲當不大，或無官職。貴人當指得王安石信任之人，有諷刺、不滿意。作於送通判河陽詩前。

胡允文（執中）掾計省，暫聚。

《文集》卷六十三《祭胡執中郎中文》：「其後七年，君掾計省。雖獲一笑，歡不逾頃。」自嘉祐末别鳳翔，至今為七年；自治平二年初别華州，亦已六年。今繫此。

多簡與楊濟甫。

《文集》卷五十九與濟甫第四、五、六各簡皆作於今年。第六簡云「日望一差遣出去」。第四簡作於歲初，第六簡作於冬。

始識穆珣（東美）。

《詩集》卷二十六《送穆越州》：「江海相忘十五年。」珣元豐八年知越，詩作於其時。據是知始識為今年。珣，參元豐八年「送穆珣知越州」條紀事。

與蒲宗孟同朝。與李清臣（邦直）有交往。與宋敏求（次道）論杜詩。

《佚文彙編》卷四《與子明》第二簡：「蒲大已作檢正。」本年四月七日作。《宋史》卷三百二十八宗孟傳謂字傳正，閬州新井人；熙寧元年為著作郎；召試學士院，以為館閣校勘、檢正中書户房兼修條例。知蒲大乃宗孟。宗孟乃堂兄不欺妻之弟，見《净德集》卷二十七《蒲氏墓誌銘》。

《文集》卷六十六《記李邦直言周瑜》，謂清臣時年四十。考《雞肋集》卷六十二清臣行狀，清臣年四十，當熙寧四年。據行狀，韓絳宣撫陝西，辟清臣掌機密文字。《宋史·宰輔表》謂絳本年九月宣撫陝西。清臣本年年三十九，舉成數亦可云四十。清臣熙寧初為集賢校理、編修觀文殿御覽、同知禮院。二人交往，在熙寧二、三年間。今繫本年。《宋史》卷三百二十八有清臣傳。康熙《揚州府志》卷三十有清臣《送劉貢父倅海陵》詩，清臣今年在京師。

《文集》卷六十七《書諸集改字》敍與敏求論杜詩。敏求事迹詳《蘇魏公文集》卷十一神道碑、《琬琰集删存》卷二范鎮所撰墓銘：治平元年同修起居注，二年知制誥，同修撰《仁宗實録》。熙寧元年、二年為史館修撰。《仁宗實録》成，拜諫議大夫。三年十二月，為史館修撰。二人治平間或有交往，然不若熙寧長，今次此。

應文同(與可)請，作《墨君堂記》。

文見《文集》卷十一，謂「與可又能以墨象君之形容，作堂以居君，而屬余為文，以頌君德，則與可之於君信厚矣」。君，謂竹。味文意，同時在京師。記約為本年作。

畢仲游貽書戒言，為本歲前後事。

《容齋隨筆·四筆》卷一《畢仲游二書》首敍元祐初，仲游上書司馬光，以下云：「先是東坡公在館閣，頗因言語文章，規切時政，仲游憂其及禍，貽書戒之曰：『孟軻不得已而後辯，孔子欲無言，古人所以精謀極慮，固功業而養壽命者，未嘗不出乎此。君自立朝以來，禍福利害繫身者未嘗言，顧直惜其言爾。夫言語之累，不特出口者為言，其形於詩歌，贊於賦頌，托於碑銘，著於序記者，亦言也。今知畏於口而未畏於文，是其所是，則見是者喜，非其所非，則蒙非者怨。喜者未能濟君之謀，而怨者或已敗君之事矣。天下論君之文，如孫臏之用兵，扁鵲之醫疾，固所指名者矣。雖無是非之言，猶有是非之疑，又況其有耶。官非諫臣，職非御史，而非人所未非，是人所未是，危身觸諱以游其間，殆由抱石而救溺也。』」以下言軾「得書聳然，竟如其慮」。《宋史》卷二百八十一仲游傳亦敍此事，乃本《容齋隨筆》。畢書全文，乃《西臺集》卷八《上蘇子瞻學士書》。仲游字公叔，士安曾孫。生慶曆七年，已見慶曆八年「是歲李之儀生」條紀事。

蘇軾年譜卷十

熙寧四年(一〇七一)辛亥　三十六歲

歲初,上韓絳啟。

《文集》卷五十七《與韓昭文》即啟。稱絳為昭文,詳熙寧三年十二月十一日「韓絳為丞相有賀啟」條紀事。簡云「邊徼往還」與賀啟「即日邊徼苦寒」語合。《宋史·宰輔表》:熙寧三年九月乙未,絳自樞密副使除陝西路宣撫使。故此啟之首云「違遠旌棨,忽已數月」。簡云「改歲」、「餘寒」,知作於歲初。

遷太常博士。

據《紀年録》。《紀年録》本年首列此事。

《詩案·供狀》:「權開封府推官,磨勘遷太常博士。」

春初,文同(與可)自京師赴知陵州任。有詩送行。孫洙以玉堂大硯贈同,蘇軾為銘。與同偕別淨因院長老道臻。

《丹淵集》卷首《文同年譜》本年紀事:「是歲,先生歸鄉,赴陵州。」《年譜》引文同《陵州謝表》,謂於三月五日赴任訖,則同離京師,當在春初。《紀年録》、《總案》謂送同知陵州為熙寧三年事,不從。

詩見《詩集》卷六(二五〇頁)。

《文集》卷十九《玉堂硯銘》敍同將赴陵州,洙以硯贈,當為此時或略前事,今併繫於此。

同上卷十一《淨因院畫記》謂文同「昔歲嘗畫兩叢竹於淨因之方丈,其後出守陵陽而西也,余與之偕別長老臻師,又畫兩竹梢一枯木於其東齋」。陵陽乃陵州,臻師乃道臻,參本年五月八日紀事。《汴京遺迹志》卷十一:「淨因院,在金梁橋西,汴河之南。元末兵燬。」

贈朱壽昌詩,盛贊其孝行。

詩見《詩集》卷八,題為:「朱壽昌郎中,少不知母所在,刺血寫經,求之五十年,去歲得之蜀中,以詩賀之。」有「此事今無古或聞」之句。

《丹淵集》卷二十六《送朱郎中詩序》敍壽昌侍母於熙寧三年秋至京師,都人前後擁觀,閱月而後已,於是好事者爭賦詩以贈行。蘇軾之詩,當為贈行作。詩題云及「去歲」,知為今年作。詩中所云「長陵朅來見大姊」、「潁谷封人羞自薦」,皆為通判河中府之意。計壽昌赴河中府通判任,已及今年年初。文同之文,作於熙寧五年中元,時壽昌為駕部郎中,故以郎中稱之。蘇軾此詩詩題乃若干年後所加,其誤壽昌得母之地同州為蜀中,益可見。《詩集》次此詩於熙寧五年,誤。參熙寧三年「朱壽昌棄官尋母得之同州」條。《温國文正司馬公文集》卷十一有《贈河中通判朱郎中》詩。

二月一日,頒貢舉新制。

據《宋會要輯稿》第一百八册《選舉》三之四三至四四;即:「進士罷詩賦、貼經、墨義,令各占治《詩》、

《書》、《易》、《周禮》、《禮記》一經，兼《論語》、《孟子》之學，試以大義，殿試策一道。諸科稍令改應進士科業。」

《宋大事記講義》卷十六《更科舉法》（原註：新經學說）：「熙寧四年二月，議更科舉法，罷詩賦、明經諸科，經義論策試進士。韓維請議大義十道，以文解釋，不必全記注疏，此新經字說所以立也。蘇軾欲先士行而後文藝，去彌封謄錄之法。」以下，另行引《文集》卷二十五《議學校貢舉狀》「使君相有知人之明，朝廷有責實之政」，則胥史皂隸，未嘗無人，上以孝取人，則勇者割股，怯者廬墓，以為「蘇軾欲先士行而後文藝」，其旨在此。《議學校貢舉狀》又謂議者欲變貢舉之法，其一為「欲舉唐室故事，兼採譽望而罷封彌」，蘇軾以為此乃知其一，不知其二。似蘇軾不願罷彌封，與此處所云「去彌封謄錄之法」，有明顯牴牾，疑不能明。豈蘇軾意有未盡而另疏明之耶。

辛酉（初五日），司馬光知許州，光上章贊蘇軾敢言。

據《長編》卷二百二十：光乃自知永興軍知許。光之章曰：「臣之不才，最出羣臣之下，先見不如呂誨，公直不如范純仁、程顥，敢言不如蘇軾、孔文仲，勇決不如范鎮。」又曰：「軾與文仲皆疎遠小臣，乃敢不避陛下雷霆之威，安石虎狼之怒，上書對策指陳其失，隳官獲譴，無所顧慮，此臣不如軾與文仲遠矣。」

與堂兄簡，敍與司馬光之子康聯姻事。

《佚文彙編》卷四《與堂兄三首》之第一簡：「去歲，嘗領書教求訪佳壻。春牓下頗曾經營，皆無成效，故不敢奏報。近因司馬君實之子喪偶，試託范景仁與說，他亦未有可否之語。……君實之子名康，昨來明經及第，年二十一二，學術文詞行檢，少見其比。決可謂佳壻矣。……但恐其方貴，不肯下就寒族。」此簡言及范鎮已致仕，約作於今年年初。此堂兄或為不疑（子明）。同上第二簡亦略及聯姻事。簡有司馬光近「移許州，未定居，見乞西京留臺，未允」之語。《宋史》卷十五《神宗紀》二本年四月癸酉紀事：「司馬光權判西京留臺。」知此簡作於本年春間。又云聞光為「青苗使蘇涓所劾」。涓，《西溪集》卷六有《右贊善大夫蘇涓可殿中丞制》。同上第三簡：「君實親事，託景仁問之，未有報，恐是不肯。」簡有「上批……倅杭」之語，作於本年六七月間。以後未見有此事記載，聯姻當未成。

康字公休，《宋史》卷三百三十六有傳；康乃光親兄之子，光未有子，養以為嗣。元祐五年卒，年四十一。《邵氏聞見録》卷十八謂康之賢似司馬光。

第一簡言及文彥博、邵亢皆求康為壻。亢字興宗，丹陽人。神宗立，遷龍圖閣直學士，進樞密直學士、知開封府。《宋史》卷三百一十七有傳。史稱其不愧官守。熙寧七年卒，年六十一。《王華陽集》卷三十七有墓誌銘。《乾道四明志》有亢撰《衆樂亭記》。

四月辛巳（二十六日），韓縝（玉汝）罷秦州，以殘虐故。

據《長編》卷二百二十二。《文集》卷七十二《韓縝酷刑》敍其殘虐。縝，《宋史》卷三百十五有傳。卒於紹聖四年，年七十九。

《道山清話》記蘇軾嘗言韓縝對客稱仁宗時軼事一則。

五月八日，作《淨因院畫記》。嘗為淨因院僧道臻作真贊。

記見《文集》卷十一。記原謂「熙寧三年」作，「三」乃「四」之誤。記中云及文同「出守陵陽」。按：本年春初，文同已自京師赴陵陽，見本譜本年以上紀事。《文集》卷二十二《淨因淨照臻老真贊》當作於熙寧間在朝時。

馮京（當世）薦蘇軾掌外制，不行。

《施譜》本年六月紀事：「參知政事馮京薦先生直舍人院，上不答。」《宋史》卷三百十七《馮京傳》謂進參知政事，「薦劉攽、蘇軾掌外制」。不行。京，鄂州江夏人。

六月甲子（十一日），歐陽修以觀文殿學士、太子少師致仕。有賀啟。

六月甲子云云，見《歐陽文忠公集》卷首年譜。時修在蔡州。

賀啟見《文集》卷四十七（一三四五頁）。啟有「伏暑向闌」之語。

乞外補。六月，除杭倅。十七日，與堂兄不疑（子明）簡，報其事。

《佚文彙編》卷四《與子明》第六簡：「軾近乞外補，蒙恩除杭倅□闕。」《長編》卷二百一十四熙寧三年八月癸亥紀事原註：「（明年）軾有與其兄書云：『六月除杭州倅。』」兄乃不疑。

《佚文彙編》卷四《與堂兄》（起句「君實親事」）謂軾乞外補，「上批出，與知州差遣，中書不可；初除潁倅，擬入，上又批出，故改倅杭」。此處所述，《長編》亦引，但未言明出處。《施譜》亦略敘此事。

與堂兄簡又云：「杭倅亦知州資歷，但不欲弟作郡，恐不奉行新法耳。……餘杭風物之美冠天下，但倅勞冗耳。」

《四六話》卷下：「子瞻與吉甫（呂惠卿）同在館中，吉甫既為介甫腹心進用，而子瞻外補，遂成仇讎。」

《文集》卷三十二《杭州召還乞郡狀》敍遭謝景温誣奏後，云：「臣緣此懼禍乞出。」《墓誌銘》謂「公未嘗以一言自辯，乞外任避之」，乃通判杭州。《施譜》云窮治卒無所得，乃乞補外。

《揮麈録·前録》卷三：「國朝以來，仕於外，非兩制則雖帥守監司，止呼寄禄官，惟通判多從館中帶職出補，如蔡君謨湖州、歐陽文忠公滑州、王荆公舒州、東坡先生杭州，如此之類甚多。」

次韻弟轍《初到陳州》。

詩見《詩集》卷六（二五五頁）。詩其一云「那更治刑名」，知作於倅杭除命之後；其二首云「舊隱三年別」，指離蜀三年。弟轍原韻，見《欒城集》卷三，題下「查註」已引。

為趙屼題文同（與可）畫竹。

《文集》卷七十《題趙屼屏風與可竹》謂同「來京師不及歲，請郡還鄉，而詩與竹皆西矣」。文作於京師，在赴杭前。《總案》次此事於熙寧三年，誤。

蔡褒（子華）及史厚秀才來京師；得寶月大師惟簡簡，答之。

《文集》卷六十一《與寶月》第一簡言二人之來，並言將出京赴杭倅，「愈遠鄉里，曷勝依黯」。

蔡何時出京師，無記載。史厚，丹稜人，元豐二年進士。登第後一月，卒。妻，程之才之女。見民國

《丹稜縣志》卷二引《史大年墓銘》，參嘉慶《眉州屬志》卷十引《宋鴈塔題名碑》。

劉恕（道原）出監南康軍酒，有詩送行。

《詩集》卷六《送劉道原歸覲南康》：「交朋翩翩去略盡，惟吾與子猶彷徨。」作於今年離京師前。

《宋史》卷四百四十四《劉恕傳》謂恕筠州人，佐司馬光編次《資治通鑑》，「光出知永興軍，恕亦以親老，求監南康軍酒以就養，許即官修書」。親謂父渙（凝之），有名於時。渙卒於元豐三年。

《欒城集》卷十八有《劉凝之屯田哀辭》。《豫章黄先生文集》卷二十一有祭渙文，文盛贊渙之智謀、剛毅、獨清、自勝。

《步里客談》卷上：「劉道原恕嘗面折王介甫，故子瞻送之詩云：『孔融不肯讓曹操，汲黯本自輕張湯。』此語蓋詆介甫也。」此語即在送行詩中。

與沈括同在館閣任職，約為本年離京師前事。

《長編》卷三百一元豐二年十二月庚申紀事引《元祐補録》：「沈括素與蘇軾同在館閣。軾論事與時異，補外。」

《夢溪筆談》附《沈括事略》謂治平三年編校昭文館書籍，熙寧元年八月母卒，二年八月葬母於錢塘。

《長編》卷二百二十八熙寧四年十一月丙戌紀事：「大理寺丞、館閣校勘沈括檢正中書刑房公事。」計括服滿回京師館閣任職，約為本年初事。今據此入繫。

括字存中，《宋史》卷三百三十一有傳。

七月，將往杭州，辭王素（仲儀）。

《文集》卷二十一《王仲儀真贊》敍秋辭行，實為初秋，即七月。

辭李大臨（才元）。

《文集》卷五十九《答李秀才元》應從《七集・續集》卷五作《答李才元》。簡首云「熱甚」，為此時。簡云「安道、舍弟當具道盛意」。軾赴杭將取道陳州，與張方平（安道）、弟轍晤，知作簡前嘗與大臨晤，大臨欲軾向方平及弟轍致意，故以為言也。

辭曾公亮，公亮為言張方平事。

《文集》卷十四《張文定公墓誌銘》引公亮言：「吾受知張公，所以至此者，公恩也。」卷十《樂全先生文集敍》謂公亮嘗為軾言：「公在人主前論大事，他人終日反覆不能盡者，公必數言而決，粲然成文，皆可書而誦也。」公謂方平。或亦為此時事。

上謁辭，遇趙庾（成伯）。

據《文集》卷十一《密州通判廳題名記》。時庾通守臨淮，「相見於殿門外，握手相與語」。

本年在京師時，與王詵往還密切；赴杭，詵有餽贈。

據《詩案・與王詵往來詩賦》。《詩案》敍軾為惟簡求師號，詵允諾；詵送錢與秘丞柳詢；代相國寺僧思大師為該寺小師覓紫衣等。餽贈有茶、藥、紙、筆、墨、硯、鯊皮魚等十種，留下。

自還京師至出都前，詩作少。

《文集》卷五十五《與林子中》第四簡：「某在京師，已斷作詩。」謂「斷作」乃極言其少，《詩集》卷六所載此一時期所作，不過十九首。

在京師時，嘗晤惟湜於淨因。

《欒城集》卷十三《題都昌清隱禪院》末云：「誰道溪巖許深處，一番行草認元昆。」原注：「長老惟湜，曾識子瞻兄於淨因，有簡刻石。」都昌屬江南東路南康軍，今屬江西。惟湜時居清隱，人以清隱稱之。詩次元豐七年。軾簡佚。《文集》卷六十一《與清隱老師》第二簡：「淨因之會，茫然如隔生矣。名言絕境，寤寐不忘。」參建中靖國元年「乞數珠崇慶院贈長老惟湜」條。

在京師時，與薛向（師正）有交往。

《佚文彙編》卷四《與薛道祖》第二簡：「早歲荷先公深知，至熙寧中相見都下，得聞其約論，所以上補君相者非一，但人不知耳。不然者，某豈敢驟以一書深言哉！」其「書」乃元豐元年十二月十九日致向書，詳該年紀事。

向，《宋史》卷三百二十八有傳。傳謂神宗初為江淮荆浙發運使；環慶有疆事，召詣中書；熙寧四年，權三司使。交往具體時間不詳，姑次此。傳謂向卒年六十六，《長編》卷三百十一謂卒於元豐四年，知向長蘇軾二十歲。

在京師時，與孫永（曼叔）簡，論養生。

《文集》卷五十八《與孫運勾》：「聞曼叔比得腫疾，皆以利水藥去之。中年以後，一利一衰，豈可數乎？當及今無病時，力養胃氣。若土能制水，病何由生。」知此運勾乃孫永（曼叔）。此處所論，其要旨在强脾胃。

永，世為趙人，徙長社。《蘇魏公集》卷五十三《孫永墓銘》稱神宗即位後，永歷河北、陝西都轉運使，故以運勾稱之。《銘》又謂永卒於元祐元年，年六十八。與上引「中年以後」語合。簡云「近見江南老人」，知此簡作於在朝時。故繫之於此。又，永，《宋史》卷三百四十二有傳。

《欒城集》卷三有《北京送孫曼叔屯田權三司開拆司》詩，作於治平二年。

在京師時，嘗與銀臺舍人簡，勸其應對時，盡所欲言。

據《南軒先生文集》卷三十五《跋東坡帖》，謂帖「殆是行新法時」作，讀之「凜凜有生氣」。簡已收入《佚文彙編》卷四（二五〇三頁）。

在京師時，與王安國（平甫）有交往。蘇軾嘗與安國論詩，為安國之硯作銘。

《宋史》卷三百二十七《王安國傳》：「王安國，字平甫，安禮之弟也。」以下云：「熙寧初，韓絳薦其材行，召試，賜及第，除西京國子教授。官滿，至京師，上以安石故，賜對。」安國賜及第，為熙寧元年七月事，見《長編拾補》卷三上。官滿至京師，約為熙寧三年間事。軾與安國相識，當自此始。今以具體時間不易考，姑繫於此。

《詩話總龜》前集卷九引《王直方詩話》：「東坡云：『為我周旋寧作我』一句，只是難對。時王平甫在坐，應聲云：只消道『因郎憔悴却羞郎』。」《佚文彙編》卷五《書贈徐信》亦及與安國論詩事。《文集》卷十九有《王平甫硯銘》。按：《苕溪漁隱叢話》前集卷五十三引《王直方詩話》謂「應聲」者乃王直方。

在京師時，與宋道（叔達）游。

《詩集》卷六有《宋叔達家聽琵琶》。《范忠宣公文集》卷十二道墓銘謂道河南人，選弟，迪（復古）兄；英宗時官至屯田郎中；神宗即位，改都官郎中，同提舉三門白波輦運就差都大，管句廣濟河，句催輦運，改司封郎中，提點福建刑獄，歷知晉、邠，除都大提舉三門白波輦運，為開封府推官，知同州；晚居洛陽；元豐六年卒，年七十。《詩集》「查註」引墓銘有訛誤處，茲摘述如上。《温國文正司馬公文集》卷十四有《酬宋叔達卜居洛城見寄》詩，《式古堂書畫彙考·書》引宣和御府收藏，有道《松竹圖》，知道亦善畫。

在京師時，與駙馬都尉李瑋有交往。嘗在瑋家見晉人帖。

《文集》卷六十九《題晉人帖》：「余嘗於李都尉瑋處，見晉人數帖，皆有小印『涯』字，意其為王氏物也。有謝尚、謝鯤、王衍等帖，皆奇。」《辨法帖》：「於李瑋都尉家，見謝尚、王衍等數人書，超然絶俗，考其印記，王涯家本。」《書贈宗人鎔》：「昔年嘗見李駙馬瑋以五百千購王夷甫帖。」瑋字公炤，嘗「自言收李成八幅」，見《畫史》。蓋嗜法帖之收藏。妻乃仁宗長女兗國公主，《宋史》卷二百四十八有公主之傳；熙寧三年，公主卒，瑋貶陳州。遇赦還京師。瑋，《宋史》卷四百六十四有傳。蘇軾與李瑋交往，乃熙寧在朝時事。

在京師時，傳嘗謂王安石《字説》失之鑿。

涵芬樓《説郛》卷二十七《高齋漫録》：「東坡聞荆公《字説》新成，戲曰：『以竹鞭馬為篤，以竹鞭犬，有何可笑？』又曰：『鳩字從九從鳥，亦有證據。《詩》曰：鳲鳩在桑，其子七兮。和爺和娘，恰是九箇。』」

《桯史》卷二《犇麤字説》：「王荆公在熙寧中作《字説》，行之天下。東坡在館，一日因見而及之，曰：『丞相賾微窅窮，制作某不敢知，獨恐每每牽附，學者承風，有不勝其鑿者，姑以犇、麤二字言之，牛之體壯於鹿，鹿之行速於牛，今積三為字而其義皆反之，何也？』荆公無以答，迄不為變。黨伐之論，於是浸闓，黄岡之貶，蓋不特坐詩稿也。」

《王臨川集》卷八十四有《熙寧字説》，未署撰寫年月。《字説》一書早已失傳。以上二則紀事，蓋戲謔王安石，出傳聞。

《蓼花洲閑録》（宛委山堂本《説郛》卷四十一）：「東坡先生嘗遇客，行一令，以兩卦名證一故事。一人云：『孟嘗門下三千客，《大有》、《同人》。』一人云：『光武兵渡滹沱河，《未濟》、《既濟》。』一人云：『劉寬羹污朝衣，《家人》、《小過》。』先生云：『牛僧孺父子犯罪，先斬《大畜》，後斬《小畜》。』蓋為荆公發也。」涵芬樓鉛印本《説郛》卷十九引《唾玉集》亦載此事，文同，不録。此亦為戲謔之言，有傳聞因素，姑附次於此。

出都，赴陳州。姪林（十六郎）之妻及其子彭、壽隨行。

《佚文彙編》卷四《與子明》第六簡：「旦夕且般挈往宛丘，相聚四五十日，俟涼而行。」宛丘即陳州。

同上與堂兄(起句「君實親事」)簡:「十六媳婦、彭、壽並安,他欲相隨去杭州,故且帶去。」《詩集》卷六有《出都來陳所乘船上有題小詩和之》八首,其一云「蛙鳴青草泊,蟬噪垂楊浦」,其五云「舟人苦炎熱」,蓋為夏秋之交。

至陳州。與弟轍晤;次韻張方平讀杜詩。方平有送行詩,勸以離是非遠禍。

晤弟轍詳以下「留陳州」條。次韻方平詩,見《詩集》卷六(二六五頁)、《集註分類東坡詩》卷十七及《紀年録》謂作於本年五月。《詩案·送張方平》:「熙寧四年五月中,軾將赴杭州,張方平陳乞得南京留臺。」當為《集註分類東坡詩》所本。按:此處所云之「五月中」,有誤。《總案》繫此詩於七月,今從。

《欒城集》卷三有《和張安道讀杜詩》。

《樂全集》卷一《送蘇學士錢唐監郡》:「趣時貴近君獨遠,此情於世何所希。車馬塵中久已倦,湖山勝處即為歸。洞庭霜天柑橘熟,松江秋水鱸魚肥。地鄰滄海莫東望,且作阮公離是非。」《詩案·送張方平》:「軾將赴杭州。……張方平有詩一首送軾,軾只記得落句云:『最好乘湖遊禪扉。』其餘不記。」

詩不見《樂全集》。

八月十日,與崔度飲月下。

《文集》卷五十三《與歐陽仲純》第四簡:「崔度者,頃年在陳,與之甚熟,今作過海之行,妻子仍在陳學,幸略與垂顧。」簡作於元豐元年。

《詩集》卷八《八月十日夜看月有懷子由并崔度賢良》:「去年舉君苜蓿盤,夜傾閩酒赤如丹。」詩作於熙寧五年，時度為陳州教授，見詩題下「查註」。

趙抃《清獻集》卷三《送崔度推官任滿還長安》：「三歲西州此效官，幕中無事有賓歡。」則度嘗佐趙抃幕於成都。

十一日，與表兄石康伯（幼安）簡，言將離陳赴杭。

《佚文彙編》卷二《與石幼安》第一簡：「杭州接人猶未到，□到便行，不出此月末起發，十月上旬必到也。」以後略有改變，詳以下紀事。

戊寅（二十六日），張方平判南京御史臺。有送行詩。

戊寅云云，據《長編》卷二百二十六。詩見《詩集》卷六（二六九頁）。

《詩案·送張方平》敍此事，已見「查註」。《欒城集》卷三亦有送行詩。

傅堯俞（欽之）作濟源草堂，寄詩堯俞。

《詩集》卷六有《傅堯俞濟源草堂》詩。《欒城集》卷三、《蘇魏公文集》卷八、《淮海集》卷二均有寄堯俞詩。

《宋史》卷三百四十一《傅堯俞傳》：「熙寧三年，至京師。」蘇軾與堯俞交往當自是始。弟轍寄堯俞詩謂堯俞時在許州。《宋史》傅傳謂知江寧、許州、河陽、徐州。查《景定建康志》卷十三，傅知江寧為熙寧五年二月事，自江寧改河陽為六年二月事。堯俞知許在知江寧前，《宋史》誤。

作陸詵挽詞。

詩見《詩集》卷六(二七二頁)。 詵卒於熙寧三年八月丙戌,見《蘇潁濱年表》。挽詞贊詵「挺然直節庇峨岷,謀道從來不計身」。 弟轍挽詩在《欒城集》卷三。

文同寄詩,以「莫吟詩」為勸。

《石林詩話》卷中:「熙寧初,時論既不一,士大夫好惡紛然,(文)同在館閣,未嘗有所向背。時子瞻數上書論天下事,退而與賓客言,亦多以時事為譏誚,同極以為不然,每苦口力戒之,子瞻不能聽也。出為杭州通判,同送行詩有『北客若來休問事,西湖雖好莫吟詩』之句。 及黄州之謫,正坐杭州詩語,人以為知言。」

按: 蘇軾赴杭任時,文同已在知陵州任,「送行詩」當為「寄詩」之誤。

柳瑾(子玉)謫官壽春,舟過陳州,蘇軾兄弟與晤。

《欒城集》卷三《次韻柳子玉謫官壽春舟過宛丘見寄》:「忽聞客至驚還喜。」《詩集》卷六《次韻柳子玉過陳絶糧》:「圖書跌宕悲年老,燈火青熒語夜深。」敍相晤。

在陳,欲求見李宗易(簡夫),宗易方病,未得見。

《文集》卷六十八《書李簡夫詩集後》敍之。文中云熙寧三年始過陳,「三」為「四」之誤。《欒城集》卷四《李簡夫挽詞》:「歸隱淮陽市,遨遊十六年。」熙寧五年作。 宗易乃陳(淮陽)人,天禧三年進士。有聞慶曆間,官至太常少卿,嘉祐初退居於鄉。 見《欒城後集》卷二十一《李簡夫少卿詩集引》、《范文正公文集》卷十九舉宗易堪任清要狀。 餘見元祐六年十二月四日紀事。

留陳州七十餘日。與弟轍游柳湖，有詩。游鐵墓、厄臺寺，考其迹。

《詩集》卷六《次韻子由柳湖感物》：「子今憔悴衆所棄，驅馬獨出無往還。惟有柳湖萬株柳，清陰與子供朝昏。」

轍原唱在《欒城集》卷三，首云「柳湖萬柳作雲屯」。《欒城集》卷四《宛丘二詠·敍》：「宛丘城西柳湖，累歲無水，開元寺殿下山茶一株，枝葉甚茂，亦數年不開。頃嘗從子瞻遊此，每以二物為恨。」

《文集》卷六十六《記鐵墓厄臺》：「舊遊陳州，留七十餘日。」以下敍柳湖傍有丘，俗謂之鐵墓，云乃陳胡公墓；敍有厄臺寺，俗傳寺乃孔子厄於陳、蔡時所居，闢其謬，以東漢陳愍王寵教弩臺以控扼黄巾者之説為近理。《詩集》卷七《和子由柳湖久涸忽有水開元寺山茶舊無花今歲盛開》其一：「太昊祠東鐵墓西，一樽曾與子同攜。」敍此時事。

《詩集》卷六《潁州初别子由》：「始我來宛丘，牽衣舞兒童。便知有此恨，留我過秋風。」

九月，離陳州，弟轍送至潁州。

《詩集·與子由詩》：「軾赴杭州，時弟轍至潁州相别。」《施譜》：「九月離陳，子由送至潁。」

《詩集》卷六《潁州初别子由》敍至陳州後，弟轍「留我過秋風」，離潁，已過秋風。《欒城集》卷五《癸丑二月重到汝陰寄子瞻》其一：「憶赴錢唐九月秋，同來潁尾一扁舟。」

拜謁歐陽修；陪修宴西湖，有詩；修令賦所蓄石屏，賦之；修盛贊西湖僧惠勤之賢，以推獎賢士為樂，為言醫者以意用藥，為言道人徐問真事。

《文集》卷六十三《祭歐陽文忠公夫人文》：「契闊艱難，見公汝陰。多士方譁，而我獨南。」詩見《詩集》卷六（二七五、二七七頁）。《欒城集》卷三亦有詩。

贊惠勤之賢，見《文集》卷十九《六一泉銘・敍》，參本年十二月八日紀事。

《文集》卷十《錢塘勤上人詩集敍》謂歐陽修好士，為天下第一。「其退老於潁水之上，余往見之，則猶論士之賢者，唯恐其不聞於世也，至於負己者，則曰是罪在我，非其過」。勤上人，惠勤。

《文集》卷七十三《醫者以意用藥》作於元祐六年，有「二十年前」見修之語，知為今年事。卷七十二《徐問真從歐陽公游》乃記過潁時修之言。

《詩集》卷四十三《歐陽晦夫遺接䍦琴枕戲作此謝之》：「我懷汝陰六一老，眉宇秀發如春巒。羽衣鶴氅古仙伯，岌岌兩柱扶霜紈。」或寫此時之歐陽修。

與歐陽修論文同（與可）詩，或為此時事。

《續墨客揮犀》卷四《與可詩精絶》：「東坡嘗對歐陽公誦文與可詩曰：『美人却扇坐，羞落庭下花。』歐公笑曰：『與可無此句，此句與可拾得耳。』世徒知與可掃墨竹，不知其高才兼諸家之妙，詩尤精絶。」又見《冷齋夜話》卷一《東坡論文與可詩》。

潁州别弟轍，有詩。

《詩集》卷六《潁州初别子由》：「秋風亦已過，别恨終無窮。」轍次韻在《欒城集》卷三，中云：「念兄適吴越，霜降水初冷。」聯繫以下「十月二日」紀事，軾離潁當在九月末。轍又云：「平明知當發，中夜抱虛警。」敍別時情景。

十月二日，將抵渦口，遇風。出潁口，至壽州，李定出餞。過濠州，遊塗山、彭祖廟、逍遥臺、觀魚臺、虞姬墓、四望亭、浮山洞。

《詩集》卷六有詩，共十首。此李定與字資深者非一人。《欒城集》卷三皆有次韻。

過臨淮，趙庾（成伯）餞别。作《泗州僧伽塔》、《龜山》詩。

過臨淮云云，據《文集》卷十一《密州通判廳題名記》。詩見《詩集》卷六。《欒城集》卷三有《和子瞻泗州僧伽塔》。

發洪澤湖，遇大風。

《詩集》卷六有《發洪澤中途遇大風復還》。《欒城集》卷三有次韻。淮陰有洪澤鎮。

十六日，夜發淮陰。抵山陽。

《詩集》卷六《十月十六日記所見》云「淮陰夜發朝山陽」。淮陰在楚州西四十里，山陽乃楚州治。「淮陰」下句：「山陽曉霧如細雨，炯炯初日寒無光。」至山陽，當已及十七日。《欒城集》卷三有次韻。

《詩集》卷十八《過淮三首……》云「好在長淮水，十年三往來」，自本年出朝起，此乃第一次。

抵揚州，與劉攽（貢父）、孫洙（巨源）、劉摯（莘老）會於州守錢公輔（君倚）座上。作《三同舍》詩。首過平山堂下。

詩見《詩集》卷六，《欒城集》卷四有次韻。《彭城集》卷四《與孫巨源、蘇子瞻、劉莘老廣陵相遇，蘇請賦詩為別，各用其字為韻，每篇十韻》其一乃自敍。其三敍蘇軾：「因言浙江潮，憶上吳山尖。八月天地空，千里澄圓蟾。海水為群飛，迅雷發幽潛。壯士懷揣栗，怯夫竊窺瞻。春風潮水平，青玉開鏡奩。輕舟載花女，翠髮腰纖纖。勝事冠東南，君行獨能兼。吾以狂自名，將老無所嫌。會當從君遊，不計歲月淹。鱠魚必令鮮，釀酒勿使甜。」其二、四分敍孫、劉。

《東坡樂府》卷上《西江月》首云「三過平山堂下」，此為首次。詞作於元豐七年。《輿地紀勝》卷三十七《揚州》：「平山堂：在州城西北五里大明寺側。慶曆八年二月，歐公來牧是邦，為堂於大明寺庭之坤隅，江南諸山，拱列簷下，若可攀取，因目之曰平山堂。」歐公，歐陽修。

攽時倅泰州，見熙寧三年「劉攽通判泰州」條。洙，揚州人。《宋史》卷三百二十一有傳。傳謂洙同知諫院，王安石主新法，「鬱鬱不能有所言，但力求補外，得知海州」。蘇軾過揚時，洙將赴海州。《長編》卷二百二十五本年七月丁酉紀事：劉摯落館閣校勘、監察御史裏行，監衡州鹽倉。時摯正經揚赴衡。公輔知揚，見《長編》卷二百二十三本年五月戊戌紀事。《詩案·與劉攽通判唱和》敍到揚，「有劉攽并館職孫洙、劉摯，皆在本州，偶然相聚數日，別後軾寄詩三首」。即《三同舍》。

十一月三日，遊金山，夜宿金山寺。自金山放船至焦山。登北固山，遊甘露寺。

《詩集》卷七《遊金山寺》云「是時江月初生魄，二更月落天深黑」，「誥案」舉此為十一月初三日遊金山之證。《自金山放船至焦山》敍見鄉僧焦山長老，云「自言久客忘鄉井，只有彌勒為同龕」。卷四十三《追和戊寅歲上元》「一龕京口嗟春夢」乃憶此時事。甘露寺在北固山，卷七《甘露寺》敍觀諸葛亮狠石、蕭衍鐵鑊、李德裕手植古梅。《欒城集》卷四有和遊金山、焦山、甘露寺韻。

至蘇州，游虎丘，觀王禹偁（元之）畫像。蘇州報恩寺重造古塔，捨以銅龜子，或為此時事。

《文集》卷二十一《王元之畫像贊》敍觀禹偁畫像。《王禹偁事迹著作編年》謂禹偁雍熙元年秋至四年秋冬間知蘇州長洲縣。

《文集》卷六十四有《捨銅龜子文》；捨之蓋以藏舍利。《吴郡志》卷三十一：「報恩寺，在長洲縣西北，即吴先主母吴夫人捨宅所建，通寺基也。支硎山亦有報恩寺，或云錢氏建，移額於此寺。有小院五，曰文殊、曰法華、曰泗洲、曰水陸、曰普賢，有塔十一級。」

傳經臨平，見道潛詩，甚稱賞。

《冷齋夜話》卷六《東坡稱道潛之詩》：「東吴僧道潛，有標致，嘗自姑蘇歸湖上，經臨平，作詩云：『風蒲獵獵弄輕柔，欲立蜻蜓不自由。五月臨平山下路，藕花無數滿汀洲。』東坡赴官錢塘，過而見之，大稱賞。已而相尋於西湖，一見如舊。」涵芬樓《説郛》卷三十八朱弁《續骩骳説》謂蘇軾一見道潛此詩而刻諸石，宗婦曹夫人善丹青，作《臨平藕花圖》，人争影寫。按：軾始見道潛，乃元豐元年事，見該年「秋末道潛來訪」條。味《冷齋夜話》所敍，似蘇軾倅杭時已與道潛交往，有傳聞因素。姑次此。

二十八日，到杭州通判任。

《詩案·與王詵往來詩賦》、《詩案·與子由詩》謂十一月到任。《王譜》、《紀年録》、《施譜》亦謂十一月到任。《總案》謂到任為十一月二十八日，參十二月初一日紀事。

杭州轄縣：錢塘、仁和、餘杭、臨安、富陽、於潛、新城、鹽官、昌化。治錢塘、仁和。

時沈立為杭州守。

《咸淳臨安志》卷四十六：熙寧三年十二月庚申，沈立自越州移杭州。立字立之，歷陽人。《宋史》卷三百三十三有傳。《硯北雜志》卷上謂立有《名山都水記》三百卷，可補史傳。已佚。

張靚、俞希旦為監司。

《詩案·與王詵往來詩賦》引《戲子由》「道逢陽虎呼與言，心知其非口諾唯」句，以下云：「是時張靚、俞希旦作監司，意不喜其人，然不敢與争議，故毀詆之為陽虎也。」《戲子由》在《詩集》卷七。

《長編》卷二百二十二本年四月壬午紀事謂靚時官兩浙路提舉常平。靚字子明，見《兩浙金石志》卷六《宋王廷老等石屋洞題名》。

希旦，《京口耆舊傳》卷二有傳，父獻卿，家徽州黟縣，至希旦乃徙丹徒。希旦以朝議大夫、知澶州卒於官，歸葬丹徒。希旦於康直為從叔。康直見熙寧六年「回至餘杭至洞霄宮」條紀事。《新安志》卷六、《至順鎮江志》卷十八均有希旦傳，後者附其父獻卿傳。

王廷老（伯敭）為兩浙路提點刑獄。

據《長編》卷二百二十本年四月壬午紀事。

《欒城集》卷二十六《祭王虢州伯敭文》：「軾官吴中，昔始識君。愚不自量，欲裕斯人。衆目睢盱，更笑迭瞋。君在其間，乃獨不然。危弦更張，時一弛寬。我賴以全，民亦稍安。」以兄弟二人名義。廷老旋為兩浙路轉運副使、轉運使，熙寧八年十月癸丑罷。見《長編》卷二百六十九。蘇軾倅杭期間，廷老皆在杭。廷老，睢陽人，《兩浙金石志》卷六有熙寧四年、六年、八年廷老與友人題名六則。

呂仲甫（穆仲）為教官。旋為察推。

《雞肋集》卷五十二有《上杭州教官呂穆仲書》，作於本年。

《詩集》卷七有《自徑山回得呂察推詩用其韻招之宿湖上》，作於熙寧五年。「施註」謂察推乃仲甫。察推，觀察推官也。

《天台續集·別編》卷一有仲甫《送羅正之年兄出使兩浙》詩。正之名適，詳元祐四年七月紀事；適為治平二年進士。仲甫事迹，餘詳《自徑山回得呂察推詩用其韻招之宿湖上》「合註」。

晁端友（君成）為新城令。

《文集》卷十《晁君成詩集引》：「乃者官於杭，杭之新城令晁君君成諱端友者，君子人也。吾與之游三年。」

《詩集》卷三十五《次韻晁無咎學士相迎》「少年」二句敍傾仰端友。

周邠知錢塘。

《詩集》卷十四《次韻周邠寄雁蕩山圖二首》其二：「西湖三載與君同。」宋人「王堯卿註」謂邠知錢塘。參熙寧五年「周邠之母卒」條紀事。

李杞以大理寺丞為發運司勾當公事。

據《詩案・同李杞因獵出遊孤山作詩四首》。杞字堅甫，見《丹淵集》卷十四詩題；該集卷十一有《送堅甫同年》詩，知杞為皇祐元年進士。《關中金石記》卷五有《李杞謁祠記》，祠乃華嶽廟，記刻於皇祐辛卯；時杞以華州渭南縣主簿權華陰縣事。熙寧六年十月，在三司勾當公事任上，賜緋章服。七年正月，相度成都府市易務利害，四月罷，十月，提舉成都府利州路買茶。八年十二月，以太子中舍、提舉成都等路茶場兼熙河路市易同提舉買馬管勾鳳翔府太平宮。見《長編》卷二百四十七、二百四十九、二百五十二、二百五十八、二百七十一。《丹淵集》卷十四有二詩及杞，稱以中舍，當作於熙寧八年。《長編》卷三百三元豐三年四月，録故提舉茶場李杞子試將作監主簿，知杞卒於熙寧末、元豐初。

李佖為節推。

見熙寧六年正月二十七日紀事。

十二月一日，遊孤山，訪惠勤、惠思二僧，有詩；惠勤盛贊歐陽修。

《文集》卷十九《六一泉銘・敍》：「予昔通守錢塘，見（歐陽）公於汝陰而南。公曰：『西湖僧惠勤甚文，而長於詩，吾昔為《山中樂》三章以贈之。子間於民事，求人於湖山間而不可得，則盍往從勤乎？』予到官三日，訪勤於孤山之下，抵掌而論人物。」以下謂勤盛贊歐陽修為天人。

《詩集》卷七有《臘日游孤山訪惠勤惠思二僧》，《欒城集》卷四次韻。《荆楚歲時記》謂臘日乃十二月八日。卷八《贈孫莘老七絶》其七有「去年臘日訪孤山，曾借僧窗半日閑」之句。臘日即「到官三日」。據此，知蘇軾到杭州通判任實為十二月五日。然與《詩案》、《王譜》、《紀年録》、《施譜》不合。《總案》以臘日為十二月一日，與《詩案》等書合，今姑從。

《歐陽文忠公集·居士集》卷十五有《山中之樂》，其敘曰：「佛者慧勤，餘杭人也。少去父母，長無妻子，以衣食於佛之徒，往來京師二十年。其人聰明材智，亦嘗學問於賢士大夫。」惠思能詩，《詩集》卷八有《哭歐陽公孤山僧惠思示小詩次韻》。《欒城集》卷十四詩題：「張惕山人，即昔所謂惠思師也。余舊識之於京師，忽來相訪。（下略）」詩作於元豐八年，時過杭州。

初到任，寄弟轍二絶，敍新法事煩，才力不勝。

詩見《詩集》卷七（三一四頁），首云「眼看時事力難任」。《詩案·與子由詩》謂十二月内初任杭州作寄弟轍此詩。《欒城集》卷四次韻。

柳瑾（子玉）來詩，次韻。

詩見《詩集》卷七（三一五頁），一為《地爐》，一為《紙帳》。

《欒城集》卷四《和柳子玉地爐》中云：「擁衾熟睡朝衙後，抱膝微吟暮雪中。」《和柳子玉紙帳》首云「夫子清貧不耐冬」。瑾當仍官壽春。轍和詩作於本年冬，柳詩作於此略前。

與李杞遊孤山、靈隱寺，與杞有和酬。

《詩集》卷七有《李杞寺丞見和前篇復用元韻答之》，前篇乃《臘日遊孤山》。又有《再和》、《遊靈隱寺得來詩復用前韻》。

《詩集》「查註」已引《詩案》謂與杞出獵遊孤山。《再和》亦為杞而作。《詩集》「誥案」謂《再和》乃答蘇頌者;按,頌時未至杭,「誥案」誤。

作《戲子由》。

詩見《詩集》卷七。《詩案·與王詵往來詩賦》謂此詩有譏諷新法意。《欒城集》次韻為卷四《次韻子瞻見寄》。《丹淵集》拾遺上有和韻。

惠洪(覺範)是歲生。

《石門文字禪》卷二十四《寂音自序》謂宣和五年年五十三。據推。

與張先(子野)遊。

《文集》卷六十三祭先文:「我官於杭,始獲擁篲。」先,湖州烏程人。天聖八年進士。時年八十二歲,居杭。見《唐宋詞人年譜·張子野年譜》。《詩集》卷十三《和張子野見寄三絕句》有《竹閣見憶》敍嘗與先游杭之竹閣。并次此。

寄早歲所得某道人方與林希(子中),應其請也。約為本年至杭後事。

《文集》卷五十五與希第四簡敍其方,「初傳者若非絕世隱淪之人為之,恐有災患,不敢不納去,又不敢不奉聞」。此方,當即燒金方之類,參治平元年「在鳳翔開元寺僧嘗授以燒金方書」條。簡末云「某在京師,已斷作詩,近日又却時復為之,蓋無以遺懷耳」,約作於至杭後。

蘇軾年譜卷十一

熙寧五年（一〇七二）壬子　三十七歲

城外探春，賦《浪淘沙》（「昨日出東城」）。

詞見《全宋詞》第三二七頁。《東坡先生全集》調下原注：「城外探春。」《總案》謂「倅杭作而年無所考，今首載於此」，今從。

於官居建鳳味堂、濺玉齋、方庵、月巖齋，簡文同求詩，同賦詩。同累和遊孤山詩。

簡見《佚文彙編》卷二（二四四一頁）。詩乃《丹淵集》卷十《寄題杭州通判胡學士官居詩四首》；原編者謂稱蘇軾為胡學士，蓋以黨禍未解因而「竄易」之。蘇軾簡文，乃文同詩序所引。文同詩其一首云「胡侯外補來錢塘，所居之山名鳳凰」，知建鳳味堂等約為初到杭時事。《輿地紀勝》卷二《臨安府》謂鳳凰山在城中；并引郭璞《地記》：「天目山前兩乳長，龍飛鳳舞到錢塘。」《丹淵集》拾遺上有《依韻和子瞻遊孤山》、《再和》。

二月，以檢正中書吏房公事殿中丞盧秉為兩浙提刑，專提舉鹽事。

據《施譜》；秉嚴密鹽法，凡煮鹽地皆什伍其民，使相幾察，嚴捕盜販及私置煮器者。秉字仲甫，《宋史》卷三百三十一有傳。王廷老當仍為兩浙提刑。《墓誌銘》：「是時，四方行青苗、免役、市易，浙西兼行水利、鹽法。」

題張次山壽樂堂詩。并應次山請，作《墨寶堂記》。

詩見《詩集》卷七（三二六頁），云「春濃」，作於春季。《詩案·為張次山作寶墨堂記》敍作記，並云有譏諷；時次山為太子中舍越州簽判。記見《文集》卷十一；「寶墨」作「墨寶」，今從。

次山，《墨寶堂記》謂為毗陵人，《詩集》「施註」謂為建康人。嘉靖《惟揚志》、道光《泰州志》謂為通州人。次山字希元，《惟揚志》卷七謂登慶曆壬午進士第。熙寧二年九月九日，以太子中舍提舉江南西路常平廣惠倉兼管勾農田水利差役事。見《宋會要輯稿》第八十四册《職官》四三之二。以不滿新法，辭；陳升之薦為都大催遣廣濟河輦運，命既下而罷。見《長編》卷二百十熙寧三年四月辛巳紀事。元豐五年二月丙子，於澶州都水監丞任上追一官勒停。見《長編》卷三百二十三。元祐初知泰州，後為西京轉運判官，見道光《泰州志》卷二十。《鄖溪集》卷二十七有詩及之，詩題云「兼惠佳篇」，知次山能詩。《鴻慶居士集》卷七《張希元承事挽詞》云「楚人尚記庚寅日，晉客渾疑甲子年」，知享高壽。餘見注文。

姚鬭卒，作挽詞。

《詩集》卷七有《姚屯田挽詞》。鬭官屯田員外郎，《京口耆舊傳》卷六有傳，録此詩。

岑象求(巖起)提舉梓州路常平,迂道過杭,有送行詩。
詩乃《詩集》卷七《送岑著作》。象求,梓州人,見「施註」。
雨中遊明慶寺賞牡丹。寺有蘇軾書《觀音經碑》。
《詩集》卷七有《雨中明慶賞牡丹》。書碑見《西湖遊覽志》卷二十《北山分脈城内勝迹》。
清明,吉祥寺牡丹盛開,與衆觀賞。
《詩集》卷十三《惜花》:「吉祥寺中錦千堆,前年賞花真盛哉。」熙寧八年作。自注謂吉祥寺乃「錢塘花最盛處」。
三月二十三日,與沈立觀牡丹吉祥寺。二十四日,立出所集《牡丹記》求作序,為作之。
據《文集》卷十《牡丹記敍》。《詩集》卷七有《吉祥寺賞牡丹》、《吉祥寺僧求閣名》。
劉恕(道原)寄詩來,有和。恕嘗致簡,答簡不滿王安石新學。
《詩集》卷七《和劉道原見寄》中云「廬山自古不到處」,時恕侍親居廬山。同卷尚有《和劉道原詠史》、《和劉道原寄張師民》,《東坡集》、《施譜》次本年。《詩案·和劉恕三首》謂熙寧六年作,「六」誤刊;詩有譏諷意。
答簡見《佚文彙編》卷二(二四四〇頁)。《邵氏聞見後録》卷二十謂倅杭作,并謂「熙寧初王氏之學務為穿穴至此」。今附此。《總案》謂簡作於「頒刻王安石經義列學宫」後。據《宋史·神宗紀》,頒經義乃熙寧八年四月己酉,時蘇軾在密州。疑《總案》誤。

張吉甫赴閩漕，有送行詩。

詩見《詩集》卷七(三三四頁)。雍正《福建通志》卷二十一謂吉甫熙寧間為福建轉運司轉運副使。《長編》卷二百四十五熙寧六年六月丁丑紀事敍吉甫以三班借職為上界勾當公事，辭；王安石贊其「極有幹才」。《安陽集》卷八、卷九有詩及吉甫。

弟轍寄《宛丘二詠》，因和之。

轍詩見《欒城集》卷四，軾和詩為《詩集》卷七《和子由柳湖久涸忽有水開元寺山茶舊無花今歲盛開二首》。

四月四日，三子過生。

《佚文彙編》卷四與堂兄(起句「十二姨尊候必康健」)簡：「軾房下四月四日添一男，頗易養，名似叔。」今年作。《嵩山文集》卷二十《蘇叔黨墓誌銘》謂過宣和五年卒，年五十二。與簡合。似叔乃過小名。

雨中遊天竺靈感觀音院，有詩。

詩見《詩集》卷七(三三七頁)，首云「蠶欲老，麥半黃」，約為四月事。

趙槩自睢陽訪歐陽修於潁，時吕公著守潁，修榜相會之地為會老堂。蘇軾有詩及之。

《詩集》卷八有《和歐陽少師會老堂次韻》、《和歐陽少師寄趙少師次韻》。歐陽少師乃修，趙少師乃槩。《文集》卷十八槩神道碑敍訪修事。槩，宋人，《宋史》卷三百十八有傳。《吕氏雜記》敍公著守潁時趙槩訪修事。《欒城集》卷四有《趙少師自南都訪歐陽少師於潁州留西湖久之》詩，有「遨遊西湖中，仲夏草木榮」之句，槩來乃四月事。

應蔡準邀游西湖，有詩。準子京為錢塘尉，有交往。

《詩集》卷七《和蔡準郎中見邀游西湖》其一首云「夏潦漲湖深更幽」，點明季節。準見注文（三三七頁）。《宋史》卷四百七十二《蔡京傳》謂京「登熙寧三年進士第，調錢塘尉」。《鐵圍山叢談》卷六謂京尉錢塘，「時東坡公適倅錢塘，因相與學徐季海」。季海名浩，《舊唐書》卷一百三十七、《新唐書》卷一百六十有傳。

《韻語陽秋》卷五引蘇過跋軾書謂父軾書乃「以其至大至剛之氣，發於胸中而應之以手，故不見有刻畫嫵媚之態，而端乎章甫，若有不可犯之色」；謂少學二王，晚乃學顏，時有二家風氣，「俗手不知，妄謂學徐浩，陋矣」。

六月二十七日，登望湖樓醉書五絶。

詩見《詩集》卷七（三三九頁）。《欒城集》卷四次韻。

七月一日，出城，舟中苦熱，有詩。蓋循行屬縣。

詩見《詩集》卷七（三四二頁）。《施譜》：「七月，循行屬縣。」

七日，寓餘杭法喜寺，作詩懷吴興太守孫覺（莘老）。

詩見《詩集》卷七（三四二頁）。《欒城集》卷四次韻。《詩集》卷九《元日次韻張先子野見和七夕寄莘老之作》乃次此詩韻，知此詩作於七月七日。覺於熙寧四年十一月到吴興任，見《嘉泰吴興志》卷十四。

宿臨安淨土寺，至功臣寺，遊徑山。嘗與澄慧大師遊。自徑山回，得吕仲甫詩，次其韻招遊湖上，宿望湖樓，夜泛西湖。皆有詩。

詩見《詩集》卷七（三四四至三五二頁）。為七月事。《欒城集》卷四《次韻子瞻遊徑山》敍軾至杭後，扁舟屢出，「今秋復入徑山寺」。軾詩，轍皆次韻。《詩集》卷十九《送淵師歸徑山》：「我昔嘗為徑山客，至今詩筆餘山色。師住此山三十年，妙語應須得山骨。」淵師乃澄慧大師，見注文。軾從淵師遊，當自是始。《雞肋集》卷二十《汴堤暮雪懷徑山澄慧道人》：「朔風吹雪亂露襟，走馬投村日向沉。遥想道人敲石火，冷杉寒竹五峯深。」可參。

詩求焦千之惠山泉。時千之知無錫縣。

詩見《詩集》卷八（三六一頁）。千之字伯强，丹徒人，《京口耆舊傳》卷一有傳；軾求泉時，「正其作縣時」。《文集》卷三十二附録單鍔《吴中水利書》謂千之熙寧八年尚在縣令任。知軾求泉時，乃千之初到任時。《公是集》卷三十五、《彭城集》卷三十四有《送焦千之序》，可補傳之所不及。

任伋（師中）來詩，次韻答之。

次韻見《詩集》卷八（三六二頁），時伋倅黄州。伋詩佚。

沈立邀游湖，不赴，明日得雙蓮持獻，并作詩。時朝廷已命陳襄知杭州。

詩見《詩集》卷八（三六三頁），云「湖上棠陰手自栽，問公更得幾回來」。《咸淳臨安志》卷四十六謂五月乙未朝廷已命陳襄知杭。立此時乃留任待襄來。「棠陰」美立之政，《咸淳臨安志》謂「立勤於職事」，蓋紀其實。襄字述古，《宋史》卷三百二十一有傳。有《古靈集》傳世，附有葉祖洽所作行狀。

閏七月庚午（二十三日），歐陽修卒。聞訃後哭於惠勤之室，為文祭之。

閏七月云云，見《歐陽文忠公集》卷首《年譜》。年六十六。八月丁亥贈太子少師。熙寧七年八月，謚文忠。

《文集》卷十《錢塘勤上人詩集敍》謂修卒於汝陰，「余哭之於其室」。祭文見《文集》卷六十三（一九三七頁）。

《詩集》卷八《哭歐陽公孤山僧惠思示小詩次韻》有「衰鬢亦驚秋」之句，文與詩皆作於秋。

與范百嘉（子豐）簡，敍及鹽法為累，并問及范百揆（子中）、范百歲（子老）近況。

《文集》卷五十與百嘉第五簡首云南方夏熱，入秋稍涼，嗣云「鹽法更變，課入不登，雖閑局，不免以此為累」，知作於倅杭時。又詢及：「子中、子老頃在左右，今已赴官未？」今繫入本年。

百揆，鎮長子，官至朝散郎。見《欒城後集》卷二十祭百揆文，并參《文集》卷十四《范景仁墓誌銘》。祭文作於建中靖國元年。百揆乃百嘉之兄。

百歲，鎮第四子。熙寧中，鎮請老，以明堂恩得試秘書省正字。元豐中卒，年二十九。事迹詳《范太史集》卷三十九《開封府太康縣主簿范君墓誌銘》。

百嘉詳元豐元年「乞四明不得」條紀事。

八月，與劉撝等監試中和堂。賦詩呈諸試官，登望海樓賦五絶。

《施譜》：「八月，監試進士。」入試院為八月初。

《詩集》卷十八《送劉寺丞赴餘姚》首云：「中和堂後石楠樹，與君對牀聽夜雨。玉笙哀怨不逢人，但見香煙横碧縷。謳吟思歸出無計，坐想蟋蟀空房語。」敍此時事。題下「施註」：撝字行甫，長興人，「熙寧壬子歲，行甫為杭州進士考官，東坡□□，自是兄弟皆從公遊。中和堂蓋校士所也」。弟謂誼，詳以後紀事。

《詩集》卷八《監試呈諸試官》敍歐陽修嘉祐二年知貢舉改變文體後，云：「爾來又一變，此學初誰諗。權衡破舊法，芻豢笑凡飪。高言追衛樂，篆刻鄙曹沈。」謂其時尚虚無、鄙詩賦。同卷尚有《試院監茶》、《望海樓晚景五絶》，皆試院作。《欒城集》卷四有和。

十日夜，看月懷弟轍并崔度，賦詩。

詩見《詩集》卷八(三七五頁)。《欒城集》卷四次韻。度時仍為陳州教授，見注文。

十五日夜，催試官考較，作詩。

詩見《詩集》卷八(三七六頁)。宋制，放榜在中秋日，時猶未放榜，故催之也。參吴自牧《夢粱録》。

十七日，榜出，與劉撝等復留。

《詩集》卷八詩題：「八月十七日，復登望海樓，自和前篇，是日榜出，余與試官兩人復留。」卷十八《送劉寺丞赴餘杭》云「明朝開鎖放觀潮，豪氣正與潮争怒，銀山動地君不看，獨看清香生雲霧」。寫此時事，寺丞乃撝。

試院中，應孫覺（莘老）之請，作墨妙亭詩，應李常（公擇）請，作黄鶴樓詩。

詩見《詩集》卷八（三七一、三七三頁）。《欒城集》卷四皆次韻，謂常時知鄂州。《文集》卷十一《墨妙亭記》謂今年二月，覺作墨妙亭。《曾鞏集》卷七有《寄孫莘老湖州墨妙亭》。

試院與范祖禹（夢得、純父）簡，敍近況，時祖禹佐司馬光編修《資治通鑑》。

簡乃《文集》卷五十六與祖禹第一簡，敍監試得閑，「日在中和堂、望海樓閑坐，漸覺快適」。佐司馬光見《宋史》卷三百三十七祖禹傳。傳謂在洛十五年，不事進取，「富弼致仕居洛，素嚴毅，杜門罕與人接，待祖禹獨厚」。與祖禹第二簡：「富公必時見之，聞其似四十許人，信否？君實固甚清。」謂富弼、司馬光。祖禹乃鎮從姪，百禄從弟。

出試院後，下痢。

《文集》卷五十一《與郭功父》第一簡：「某出院本欲往見，以下痢乏力未果，想未訝也。」出院謂出試院。第二簡言及「下痢雖止」。功父，祥正字，時祥正權邵州防禦判官，見《長編》卷二百四十四熙寧六年四月壬辰紀事；并參拙撰《郭祥正略考》，載《文學遺産增刊》第十八輯。此二簡非與郭祥正者。

本月，沈立（立之）罷杭守，去杭。

《詩集》卷八《和沈立之留别二首》其二自注：「去時，予在試院。」立去為八月。

據《咸淳臨安志》卷四十六：立去杭後知審官西院。

權領州守事，判官妓從良。

《澠水燕談録》卷十：「(蘇)子瞻通判錢塘，嘗權領州事；新太守將至，營妓陳狀詞，以年乞出籍從良。公即判曰：『五日京兆，判狀不難；九尾野狐，從良任便。』有周生者，色藝為一州之最，聞之亦陳狀乞嫁。惜其去，判云：『慕周南之化，此意雖可嘉；空冀北之羣，所請宜不允。』」

《侯鯖録》卷八：「錢塘一官妓，性善媚惑，人號曰九尾野狐。東坡先生適是邦，闕守，權攝。九尾野狐者，一日下狀解籍，遂判云：『五日京兆，判斷自由(下略)。』復有一名娼，亦援此例，遂判云(略)」云「略」者，與《澠水燕談録》略同也。

陳襄繼沈立為杭守，於熙寧七年八月十三日離杭，繼襄之任者楊繪於是年八月十七日前已至杭。蘇軾權杭守，當為沈立去杭後事。

陳襄到任。中和堂木芙蓉盛開，襄作詩，有和。襄辟孫奕為簽判。

《古靈集》卷二十五《中和堂木芙蓉盛開戲呈子瞻》：「千林寒葉正疎黄，占得珍叢第一芳。容易便開三百朵，此心應不畏秋霜。」約作於九月。襄到任為前此不久事。和詩乃《詩集》卷八《和陳述古拒霜花》。拒霜即芙蓉。

《淳熙三山志》卷二十六《孫奕傳》謂奕字景山，閩縣人。皇祐元年進士。歷知南陵、海陵、吴縣。吕誨知開封，薦知封丘縣。誨拜御史中丞，薦為臺推，遷監察御史。論新法，為鄧綰劾奏，出監陳州酒。以下云：「陳襄知杭州，辟為簽判。移監泗州轉般倉。元祐初，除本路轉運使，卒。」光緒《福州府志》卷四十九奕傳并謂：「襄在經筵復言奕行事著於鄉閭，節義信於朋友，歷官所至，以善政聞，宜使當一路以厚俗安民。」

周邠（開祖）之母卒，作挽詞。

《詩集》卷四十八《次韻答開祖》云「淚滴秋風」，知其母卒於秋；《周夫人挽詞》云「教子通經古所賢，安貧守道節尤堅」，贊其母。卷九《會客有美堂》詩題謂邠「有服」，作於下年五月。邠為錢塘人，嘉祐八年進士。見影印《浙江通志》卷一百二十三。妻陳氏，舜俞之女，見《都官集》蔣之奇序。

梵天寺見僧守詮詩清婉可愛，次韻。

詩見《詩集》卷八（三八〇頁）。

《冷齋夜話》卷六《東坡和僧惠詮詩》：「東吳僧惠詮，佯狂垢汙，而詩句絕清婉，嘗書湖上一山寺壁曰（略）；東坡一見，為和於後曰（略）。詮竟以詩知名。」惠詮即守詮。《竹坡詩話》亦載守詮詩。守詮詩，注文已引。

聽僧惟賢琴，以歐陽修論琴詩之旨，作詩。

詩見《詩集》卷八（三八一頁）。《文集》卷七十一《雜書琴事十首·歐陽公論琴詩》敍其事；文云「詩成欲寄公而公薨」，知詩成時尚未聞修之訃。

孔文仲過杭，有倡酬。

《詩集》卷八《次韻孔文仲推官見贈》云及秋草，乃秋季事。文仲時罷台州推官，見注文，贈詩佚。

奉轉運司檄，督開湯村、鹽官運鹽河，哀役民之苦。經水陸寺，游鹽官南寺千佛閣、北寺悟空禪師塔，觀塔前古檜及僧爽白雞。

《詩集》卷八《湯村開運鹽河雨中督役》：「鹽事星火急，誰能卹農耕。薨薨曉鼓動，萬指羅溝坑。天雨助官政，泫然淋衣纓。人如鴨與猪，投泥相濺驚。」《施譜》以轉運司檄監視開運鹽河乃用盧秉之説，繫十二月。《總案》謂《詩集》卷八《是日宿水陸寺寄北山清順僧》云「農事未休侵小雪」，謂為十月事，今從。二詩，《欒城集》卷四次韻。清順詳熙寧六年「僧清順新作垂雲亭」條。

《詩集》卷八《鹽官絶句四首》分題即為「南寺千佛閣」等。北寺乃安國寺，中有大悲閣，見熙寧十年「應僧居則之請作《鹽官大悲閣記》」條。

十月乙酉（初十日），陳襄燕錢塘貢士於中和堂，賦詩勉之，蘇軾作序。

序乃《文集》卷十《送杭州進士詩敘》。襄詩見《古靈集》卷二十二，《古靈集》附録《年譜》謂作於本年十月。

十一月初十日（冬至），獨遊吉祥寺。後十餘日復至。

有詩，見《詩集》卷八（三九四、三九五頁）。《西湖游覽志》卷二十《北山分脈城内勝迹》謂吉祥寺乃乾德二年睦州刺史薛温捨宅為之，治平二年改廣福，「今廢」。

十五日，與堂兄不疑（子明）夫婦簡，時將赴湖州。

簡乃《佚文彙編》卷四與不疑第七簡，有「自顧方拙」之歎。簡云「有少公事，一到湖州」。

二十三日，答曾鞏書言新法不便。

詳《詩案·送曾鞏得燕字》，答書有「賦役牛毛，鹽事峻急，民不聊生」語。此節文未收《佚文彙編》。

本月，孔延之（長源）罷越州。延之過杭赴京師，飲有美堂。

本月云云，據《嘉泰會稽志》卷二。《長編》卷二百四十本月丁巳紀事謂延之乃以沮壞鹽法虧歲額而衝替。《詩集》卷十三《孔長源挽詞》敍過杭事。延之乃文仲之父，長蘇軾二十二歲。《元豐類稿》卷四十二有墓銘。

將奉轉運司檄檄湖州，相度捍堤利害，寄詩孫覺（莘老），詩首次提及黄庭堅；作詩暫别公輔、張次山（希元）、彦遠、醇之、吕仲甫（穆仲）。醇之嘗勸蘇軾戒言語。

《詩集》卷八有《將之湖州戲贈莘老》、《再用前韻寄莘老》。後者云：「江夏無雙應未去，恨無文字相娱嬉。」自注：「黄庭堅，莘老壻，能文。」庭堅本年除北京國子監教授，見《山谷全書》卷首《年譜》。《欒城集》卷四次韻。

「相度捍堤」據《施譜》，用盧秉説。《宋史》卷三百四十四《孫覺傳》謂知湖州，修松江隄，高丈餘，長百里。

《詩集》卷四十八《欲往湖州見孫莘老别公輔希元彦遠醇之穆仲》之公輔、彦遠、醇之三人，考證於下。

蘇軾同時代人字公輔者有方仲謀，淳安人，嘉祐二年進士。見影印本《浙江通志》卷一百二十三。《宋詩紀事》卷二十一有詩。

軾同時代人有關景暉，字彥遠。景暉，越州人，嘉祐八年進士。為鄆州平陰縣主簿，官河北路、揚州，為縉雲令。《雞肋集》卷十六《送會稽關彥遠罷官河北》首云「君年長我二十五」。補之生於皇祐五年，見本譜該年紀事。據此逆推，知景暉生於天聖七年。《雞肋集》卷七有《和關承議彥遠水樂》，卷八有《次韻彥遠相州道中二首》，卷九有《和關彥遠秋風吹我衣》、《和縉雲守關彥遠浮山作》，卷十五有《和關彥遠雪》、《病起答關景暉》，卷十六有《送會稽關彥遠罷官河北》、《別關景暉二首》、《陪關彥遠曾彥和集龍興寺詠隋時雙鴨脚次彥遠韻》等。妻曾氏，鞏之妹，卒於嘉祐二年，年三十二。事迹詳《曾鞏集》卷四十六《鄆州平陰縣主簿關君妻曾氏墓表》。兄景仁，詳本譜元豐二年「過松江」條。

軾同時代人有梁師孟，字醇之，菑川人。嘉祐二年進士。熙寧二年，為秘書省著作佐郎。元豐中通判隰州。事迹詳《忠肅集》卷十三《朝奉大夫致仕梁公墓誌銘》。

據此，公輔、彥遠、醇之或分別為方仲謀、關景暉、梁師孟。

《後村先生大全文集》卷一百四《題跋·墨林方氏帖·蘇文忠公·坡隸四帖》：「醇之與二蘇交情如此，惜不得其姓名，方勸坡戒言語時，詩禍未有萌也。自密守徐，自徐守湖，自湖乃逮赴御史獄，坡聰明了不自知，子由亦未之知，而醇之獨先知之，可謂見遠察微之士矣。墨帖所藏坡帖，皆晚年時字，此帖在烏臺詩案以前，尤清媚可愛。」蘇軾與醇之帖早佚。醇之勸蘇軾戒言語，據此題跋，為軾倅杭時事。

送張軒民赴省試，有詩。

詩見《詩集》卷八（三九七頁），云「與子相逢亦弟兄」。自注：「伯父與太平州張侍讀同年，此其子。」《宋史》卷三百三十《張瓌傳》謂瓌字唐公，英宗時為翰林侍讀學士，後「請為太平州」。《長編》卷二百四十二熙寧六年正月乙丑紀事：「翰林侍讀學士、左諫議大夫、知太平州張瓌為給事中，致仕。瓌未受命而卒。」知軒民乃瓌子，軾作此詩時，瓌猶在世。《宋史》謂瓌年七十。軾與軒民為世交。瓌，洎孫。洎，滁州全椒人，《宋史》卷二百六十七有傳。《王荆文公詩》卷二有《送張贊善君西歸》（題下注：名軒民）詩，作於金陵，首云：「柴荆雀有羅，公子數經過。邂逅相逢晚，從容所得多。」

赴湖途中，作《畫魚歌》。

詩見《詩集》卷八。《欒城集》卷四有和。

十二月，至湖州，為孫覺作《墨妙亭記》。贈覺以羊欣帖摹本。

記見《文集》卷十一，謂覺「網羅遺逸，得前人賦詠數百篇，以為《吴興新集》，其刻畫尚存而僵仆斷缺於荒陂野草之間者」，皆集於墨妙亭。亭中所刻，詳《詩集》卷八《孫莘老求墨妙亭詩》注文，其中有蘇軾所贈羊欣帖。《文集》卷六十九《題羊欣帖》敍贈帖事；文謂「此帖在王文惠公家」，得其摹本於其子鍇。文惠名隨，《宋史》卷三百十一有傳。

和張先《春晝》。

《詩集》卷八《和致仕張郎中春晝》云「東風屈指無多日」。先仕至都官郎中，時居湖。

始見黄庭堅(魯直)詩文於孫覺座上。常為庭堅稱揚。

《文集》卷五十二答庭堅第一簡敍見庭堅詩文,贊為精金美玉。《柯山集》卷四十六《與魯直書》謂「禮部蘇公在錢唐,始稱魯直文章,士之慕蘇公者,皆喜道足下」。書作於元豐末。禮部,蘇軾。

晤邵迎、賈收。嘗評有美堂詩,以收為冠。嘗賦《雙荷葉》、《荷花媚》贈收妾雙荷葉。

《文集》卷十《邵茂誠詩集敍》敍晤迎於孫覺座上。《詩集》卷八有《和邵同年戲贈賈收秀才》,迎登嘉祐二年進士第;有和收《吴中田婦歎》,收乃烏程人,見前者注文。《欒城集》卷五有《次韻子瞻吴中田婦歎》。

《庚溪詩話》卷下:「錢唐吴山有美堂,乃仁宗朝梅摯公儀出守杭,上賜之詩,有曰『地有吴山美,東南第一州』。梅以上詩語名堂,士大夫留題甚衆。東坡倅杭,因令筆吏盡録之,而未著其姓名,默定詩之高下,遂以賈收耘老詩為冠。其詩曰:『自刊宸畫入雲端,神物應須護翠巒。吴越不藏千里色,斗牛常占一天寒。四簷望盡回頭懶,萬象搜求下筆難。誰信静中疎拙意,略無踪跡到波瀾。』坡因此與耘老游從。」《淳祐臨安志》卷五:「有美堂。錢氏初建江湖亭於此,當在吴山最高處,左江右湖,故為登覽之勝。」

詞皆見《東坡樂府》卷下。《觀林詩話》:「東坡名賈耘老之妾為雙荷葉,初不曉所謂。他日,傳趙德麟家所收泉南老人《雜記》,記此事云:『兩髻並前如雙荷葉,故以名之。』如荷葉髻,見温飛卿詞『裙拖安石榴,髻囃偏荷葉』。」泉南老人乃蘇軾。

遊道場山、何山，有詩。

詩見《詩集》卷八（四〇五頁）。《欒城集》卷五次韻。《輿地紀勝》卷四《安吉州》：「何山：在烏程縣南。《括地志》云：「亦曰金蓋山。《寰宇記》云：晉何楷居此修業，後為吴興太守，改金蓋山為何山。顔真卿《石柱記》云：金蓋山有何氏讀書堂，即充之父楷教子之所。」又：「道場山：湖州大刹也。東坡詩有『道場山頂何山麓』之句。内翰汪藻云：遊道場者，如入王侯之家，過何山，如造高人隱士之廬。今為護聖萬壽院。」「道場山」一句，乃軾詩首句。

題孫覺歸雁亭。覺為會，贈詩。

《詩集》卷八有《莘老葺天慶觀小園有亭北向道士山宗説乞名與詩》、《贈孫莘老七絶》。前者首云「春風欲動北風微，歸雁亭邊送雁歸」。後者云「若對青山談世事，當須舉白便浮君」，相約不言時事，見《詩案·與湖州知州孫覺詩》。

復自湖至秀，晤錢顗（安道），贈詩并寄其弟惠山老。嘗為顗甥李巨山之女題領巾詩。

詩見《詩集》卷八（四一〇頁）、卷四十八（二六三四頁）。顗，常州無錫人，《宋史》卷三百二十一有傳。《長編》卷二百五十八：熙寧七年十二月甲戌，顗以金部員外郎、監秀州税為屯田員外郎。軾至秀時，顗已監秀州税。惠山老乃錢道人，後屢見。

至報本禪院，晤鄉僧文及，題詩。

《詩集》卷八《秀州報本禪院鄉僧文長老方丈》：「每逢蜀叟談終日，便覺峨眉翠掃空。」

《周益國文忠公集・南歸録》乾道壬辰二月辛酉紀事言蘇軾往復經本覺寺事，參熙寧七年「過吴江」條。

影印《浙江通志》卷二百二十八《寺觀三・嘉興府・秀水縣・本覺禪寺》：「宏治《嘉興府志》：在縣西二十七里，即春秋時檇李之地，舊名報本禪院。萬曆《秀水縣志》：宋熙寧間，東坡與文長老善，嘗三過此，輒賦詩。宣和間，改為神霄玉清萬壽宮，建炎初復舊額，嘉定間，僧元澄作三過堂，樹石勒蘇詩。」

在秀州，題景德寺李甲（景元）畫竹。甲有和。自秀州回杭。

題詩見《詩集》卷四十八，題作《題李景元畫》。《畫繼》卷三《李甲傳》引此詩，謂蘇軾乃題甲之喜鵲圖。《外集》録此詩，題作《召李甲畫喜鵲》。今不取以上諸説，而從《松風餘韻》卷二所引《檇李詩繫》所云此詩乃題秀州景德寺李甲畫竹者。甲，華亭人，自號華亭逸人。作逸筆翎毛，有畫外趣。見《畫史》。

《松風餘韻》李甲《題竹和東坡韻》：「翠葉彤竿已占先，湘雲千疊勢争翻。野夫不識天人畫，知是虞皇第幾元。」

《碧雞漫志》卷二謂李景元作詞有佳句，源出柳永。此景元當為甲。《全宋詞》有甲詞九首。

《紹熙雲間志》卷下謂甲本儒家子，落魄詩酒間，往來松江上，不知其所終。

蘇軾回抵杭州，為本月。

出候潮門訪王復，名復之亭曰種德。

《詩集》卷八有《王復秀才所居雙檜二首》。《欒城集》卷十四《贈王復處士》："猶有東坡舊詩卷，忻然對客展龍蛇。"當指題雙檜詩。

《詩集》卷十六《種德亭・敍》："處士王復，家於錢塘。"以下敍復精於醫，期於活人，築室候潮門外，以其種者乃德，故以種德名其亭。《咸淳臨安志》卷六十六《王復傳》即本蘇軾詩。

《西湖游覽志》卷十三《南山分脈城内勝迹》："候潮門，在城東而近南，宋時有便門、保安門，今廢。"

除夕，直都廳，題壁感歎囚繫皆滿。

《詩集》卷三十二詩題"熙寧中"云云，敍題壁事，並録題壁詩，因和之；和詩作於元祐五年，距題壁"二十年"。此二十年，乃舉成數。蓋"囚繫皆滿"，當爲盧秉提舉鹽事以後事。《文集》卷四十八《上文侍中論榷鹽書》謂"兩浙之民以犯鹽得罪者，一歲至萬七千人而莫能止"。同上《上韓丞相論災傷手實書》謂"每執筆斷犯鹽者，未嘗不流涕"，則所繫者大半皆鹽犯。

是歲，晁補之嘗上書，求謁見以受教益。

書乃《雞肋集》卷五十一《上蘇公書》。書有"生二十年"之語。同上卷五十二《及第謝蘇公書》謂"始拜門下年甫冠"。《咸淳臨安志》卷五十一《秩官・縣令・新城縣・晁端友》謂補之侍父於官所，東坡行縣，以文來謁，遂知之。

晁補之再上書求見。

書乃《雞肋集》卷五十一《再上蘇公書》。書謂"昔者嘗有言於左右而未獲奉教"，蓋謂上《上蘇公書》後未得覆簡。

晁補之見蘇軾。補之作《七述》，述蘇軾之意。補之自見蘇軾，乃知學之所趨。蘇軾為補之優游講析，不記寢食。

《柯山集拾遺》卷十二《晁無咎墓誌銘》：「公從皇考於杭之新城。公覽觀錢塘人物之盛麗，山川之秀異，為之作文以志之，名曰七述。今端明蘇公軾通判杭州。蘇公蜀人，悦杭之美而思有賦焉。公謁見蘇公，出《七述》，公讀之，歎曰：『吾可以閣筆矣。』蘇公以文章名一時，士争歸之，得一言足以自重，而延譽公如不及，自屈輩行與公交。由此，公名籍甚於士大夫間。」《宋史》卷四百四十四《晁補之傳》並謂蘇軾「稱其文博辯雋偉，絶人遠甚，必顯於世，由是知名」。

《雞肋集》卷二十八《七述》首云：「予嘗獲侍於蘇公，蘇公為予道杭之山川人物，雄秀奇麗，夸靡饒阜，名不能殫者。且稱枚乘、曹植《七發》、《七啟》之文，以謂引物連類，能究情狀，退而深思，倣其事為《七述》，意者述公之言而非作也。」補之作《七述》，乃由於蘇軾之啟迪。《詩集》卷十二《新城陳氏園次晁補之韻》題下「查註」謂蘇軾熙寧七年行縣，補之「以文來謁，遂知之」，誤。《七述》當作於本年或稍後在杭時，今因初見蘇軾事并繫於此。

《七述》題下原註謂「年十七歲」作，誤。據《晁無咎墓誌銘》，補之十七歲，為熙寧二年，時軾官京師。《雞肋集》卷一《求志賦》稱蘇軾為哲人。同卷《釋求志》：「東安，杭州新城也。予始見眉山蘇公於杭，故云『未余從於東安兮，依哲人而聞誼』。」

李昭玘《樂靜集》卷十《上眉陽先生》引補之語：「辱在先生門下，雖疾風苦雨，晨起夜半，有所請質，必待見先生而後去，先生亦與之優游講析，不記寢食，必意盡而後止。晁君氣豪博，辨博俊敏，下筆輒數千言，紆餘卓犖，馳肆擎斂，各盡其妙。嘗曰：此文，蘇公謂某如此作；此文，某所作，蘇公以為然者也。」昭玘字成季，《宋史》卷三百四十七有傳。

是歲，次子迨剃落，元淨（辯才）為祝之，因名竺僧；贈元淨詩。嘗為李生請出家，元淨不許。

《詩集》卷九《贈上天竺辯才師》：「我有長頭兒，角頰峙犀玉。四歲不知行，抱負煩背腹。師來為摩頂，起走趁奔鹿。」迨生熙寧三年，今年三歲。按：實為三歲事。《文集》卷六十一《與辯才》第一簡、《欒城後集》卷二十四《龍井辯才法師塔碑》亦敘及。後者并敘李生事，當為倅杭時事，并次此。

是歲，始識法芝（曇秀）。

《文集》卷十九《夢齋銘·敘》謂相識二十四年，敘作於紹聖四年。法芝，吳僧，姓錢，見《慶湖遺老詩集》卷七《寄別僧芝》之序。

是歲，嘗過南屏，作《南屏激水偈》，示用文闍黎。

據《佚文彙編》卷五《自跋南屏激水偈》。偈見《文集》卷二十二。

是歲，嘗與東陽令王槩（公操）簡，敘嚮往東陽山水之意。

簡乃《文集》卷五十六《與康公操都管》第一簡。《詩集》卷十有《東陽水樂亭》，題下自注：「為東陽令王都官槩作。」都官乃官署名，元豐前，縣設判都官事一員，見《宋史·職官志》。「都管」乃「都官」之誤。道光《東陽縣志》卷五：王槩字公操，熙寧三年到縣令任。是康公操乃王槩，「康」誤。簡謂鄉人至二浙者絕少，知槩為蜀人。簡謂「東陽自昔勝處，見劉夢得有『三伏生秋』之句」。劉詩見《劉禹錫集》卷二十五《答東陽于令涵碧圖詩》。據簡，槩有約游東陽之意，軾亦甚嚮往。

是歲，王詵有餽贈。

據《詩案・與王詵往來詩賦》，計贈官酒十瓶，果子兩篰。

是歲，嘗為王頤作《鳳咮硯銘》。

銘見《文集》卷十九。《文集》卷七十《書鳳咮硯》敍本年作銘事。《金石萃編》卷一百三十七有王頤《有宋永興軍香城善感禪院廣慈大師海公壽塔記》，作於元豐元年九月，時為耀州守。

陳睦是歲代王廷老為兩浙提刑，廷老為兩浙轉運副使。

《詩案・送杜子方陳珪戚秉道》謂杜子方承勘夏沈香冤獄，陳睦以本路提刑舉駁為本年事。見熙寧六年「杭州録事杜子方」條。廷老為兩浙轉運副使，見《詩案・寄周邠諸詩》。

是歲，從舅父程濬之回鄉，簡候十二姨及堂兄，與堂兄懇切商討十六郎之妻再嫁事。

簡乃《佚文彙編》卷四《與堂兄一首》「十二姨尊候」云云。簡敍過之出生，知作於今年。軾舅父濬，字治之，見皇祐四年紀事。濬之當為治之從兄弟。簡云十六郎之妻再嫁「不宜更綴」。同上卷《與堂兄一首》首云「十二姨仍安健否」，欲得其寫真，「以其酷似先妣」。此十二姨或為母程氏之胞妹。

撰《辨法帖》論辨書之難，為是歲事。

文見《文集》卷六十九。元王惲《秋澗先生大全文集》卷九十四《玉堂嘉話》卷二引本文「書如聽響切脈知其美惡」云云，末云「熙寧五年子瞻書」。

是歲，招維琳住徑山。

據《徑山志》卷一：維琳，武康人，俗姓沈，約之後，好學能詩。《嘉泰吴興志》卷十三《祠廟·武康縣·隆教院》注謂維琳「號無畏大士，受知蘇公軾」。《文集》卷七十二《維琳》敍及以琳嗣山門事。參建中靖國元年「旋微有生意」條。

是歲，寶相法師梵臻居南屏興教寺。蘇軾重其人。

據《釋氏稽古略》卷四本年紀事。

梵臻，待考。興教寺見熙寧七年「在杭嘗游六和寺」條。

是歲，王安國奉詔定蜀民所獻書，得花蕊夫人詩，傳之。蘇軾嘗重刻花蕊夫人詩於石。

《輿地紀勝》卷一百七十四《涪州·碑記》：「熙寧五年，臣安國奉詔定蜀民所獻書可入三館者，得花蕊夫人詩。」以下云其辭與王建《宫詞》無異，以遺棄為惜，乃繕寫入三館，為言於王安石與中書，於是王珪、馮京願傳其本，遂盛行於時。末云「安國題」。此安國為王安國，《湘山野録·續録》詳敍之。時安國為崇文院校書，見《長編》卷二百二十七熙寧四年十月壬申紀事。蘇軾選刻花蕊詩，見《佚文彙編》卷五《花蕊夫人宫詞跋》。

晁補之是歲作《烏戒》贈水丘安期。蘇軾嘗有序贈水丘仙夫。疑安期、仙夫為一人。

《雞肋集》卷二十七《烏戒》序：「余初偕鄉書時，有水丘安期者，以講《論語》居鄉校中。安期少行四方，道關中，所見如此。余以其說作《烏戒》，時年二十矣。」補之今年二十歲。

序見《文集》卷十（三二七頁）。序稱仙夫「有古丈夫風，其出詞吐氣，亦往往驚世俗」，將歷瑯琊，之會稽，浮沅湘，遡瞿塘，「過予而語行」。又云「仙夫治六經百家說為歌詩」。與《雞肋集》所敍有相似者。

《漢武内傳》中云及安期生，乃古之仙人；仙夫亦仙人之意。疑水丘安期、水丘仙夫為一人。

《寶晉英光集》卷四《送水丘先生入都》云「五侯倒屣重前席，三歲專經却下帷」，「雅謔高談傾國士，英風俠氣赫吴兒」，五侯當為安期。《輿地紀勝》卷三十九《楚州・仙釋・水丘秀才》：「本州人，自郡庠歸，遇一異人，忽有所悟。」以下敍其異事。此人或即安期。蓋傳之久，人遂神化之。

郡守陳襄請宗本（本長老、圓照禪師）住淨慈寺，蘇軾為作疏，為是歲事。

《文集》卷六十二《杭州請圓照禪師疏》末云：「淨慈古刹，錢氏福田。代不乏傳，人所信向。閔矜善俗，久蘄真馭以來臨；惻隱慈心，願順羣誠之再請。」作於本年。

《詩集》卷十《病中獨遊淨慈，謁本長老……》，作於熙寧六年。

《咸淳臨安志》卷七十《人物・宗本》：「淨慈圓照禪師，字無詰，本姓管。熙寧初，丞相鄭國富公得法於師之門人修顒，推尊師承，由是聞譽日廣。郡守陳襄請住淨慈山。越數年，神宗皇帝命住相國寺慧林院。」《吴郡志》卷四十二引林希《逸史》載元豐六年宗本住慧林院事。宗本乃青原下十一世，天衣懷禪師法嗣。《五燈會元》卷十六有傳。

逐數講僧，別請長老。約為本年事。與林希（子中）簡及此。

《文集》卷五十五與希第五簡：「近日逐出數講僧，別請長老，此亦小事，繫何休戚。而文移問難如織。今差人請瑞光本師，見說，已有人向道此僧不赴，是何閑事，但欲沮此公耳。請子中緩頰，力為致之，有一別紙，或可示本也。」茲以請宗本住淨慈寺事，類附於此。

孫立節（介夫）使其子勰（志康）來贄所業，蘇軾使與邁同遊。

據《斜川集》卷五勰墓銘，原謂倅杭時事，今繫入本年。《文集》卷十《剛説》謂立節時為鎮江軍掌書記。

與海月（惠辯）游。

《文集》卷二十二《海月辯公真贊》敍其事，原謂倅杭時事，今繫入本年。

高麗使者凌蔑州郡，為警押伴者，使之小戢，並命使者禀正朔，使者從之。

《墓誌銘》：「高麗入貢使者，凌蔑州郡。押伴使臣皆本路筦庫，乘勢驕横，至與鈐轄亢禮。公使人謂之曰：『遠夷慕化而來，理必恭順，今乃爾暴恣，非汝導之，不至是也，不悛當奏之。』押伴者懼，為之小戢。使者發幣於官吏，書稱甲子。公却之曰：『高麗於本朝稱臣，而不禀正朔，吾安敢受！』使者亟易書稱熙寧，然後受之。時以為得體。」此事具體歲月不詳，今姑繫本年。

《文集》卷三十五《論高麗買書利害劄子》第一首：「熙寧中通判杭州日，因其餽送書中不禀朝廷正朔，却退其物。待其改書稱用年號，然後受之，却仍催促進發，不令住滯。」

蘇軾年譜卷十二

熙寧六年(一〇七三)癸丑　三十八歲

元日,次韻張先見和上年七夕寄孫覺詩。

詩見《詩集》卷九(四二二頁)。先詩佚。

十日,做《古意》答鮮于侁(子駿)。

《詩集》卷九詩題謂正月九日醉歸徑睡,「五鼓方醒」,乃作詩。知作於十日。時侁在利州。

章傳(傳道)贈詩,答詩謂不悦俗。

《詩集》卷九《次韻答章傳道見贈》末云:「願言歌《緇衣》,子粲還予授。」謂不悦俗。

《蘇舜欽集》卷四《答章傳》首敍居滄浪亭,以下云:「南閩章其氏,傳名字傳道。清晨闖予門,疎爽見姿表。大篇隨自出,爛熳風力老。安敢當所褒,讀之欲驚倒。開軒延與語,指亦有深到。半生蹋京塵,識子恨不早。扶疎珊瑚枝,本不自雕巧。當珍玉府中,何故委衰草。秋風還故鄉,無或歎枯槁。貴富烏足論,令名當自保。」可參。查同上書附録沈文焯所撰《蘇舜欽年譜》,知舜欽居滄浪亭為慶曆五年(一〇四五)至七年間事。

强至《祠部集》卷二《送章傳道東歸三十八韻》歷敘傳之困頓經歷，首云：「一日或數篇，數日哦一軸。夫子之於詩，夜補晝不足。長吟天地間，萬象困題目。天徒飽其才，而特餒其腹。聲名三十載，半百事場屋。今年試春官，淡榜輒不録。東風吹殘花，客淚迸京轂。」於是至長安。强至作此詩時，為永興軍路安撫使主管機宜文字，時在治平四年至熙寧五年之間。見清强汝詢《求益齋文集》卷八《祠部公家傳》。其時傳已五十歲。則傳長於軾十餘歲。傳至長安後，與强至相得甚歡，然「戎帥不敢延，進退勢俱觸，六月汗霑衣，幾作窮途哭」，於是輕裝東歸，「行當買淮田，晚歲謀退築」。卷七有《答章傳道二首》，其二首云「夫子詞源湧大江」，盛贊傳之才。

蘇軾答詩有云：「仄聞長者言，婞直非養壽。唾面慎勿拭，出胯當俯就。」長者謂章傳。「詰案」據此謂乃傳勸軾「稍卑以適時宜」。然軾詩以下云：「宏才乏近用，巧舞困短袖。」明謂傳不適時宜。則「仄聞」云云，不過傳憤激之言。「願言」二句乃表明與傳為同道。

十五日，祥符寺九曲觀燈，過僧可久。

《詩集》卷九有《祥符寺九曲觀燈》、《上元過祥符僧可久房蕭然無燈火》。《文集》卷七十二《可久清順》謂可久乃監郡日詩友。可久字逸老，見《避暑録話》卷下。

二十一日，病後，陳襄（述古）邀往城外尋春，有詩。

《詩集》卷九有《正月二十一日病後述古邀往城外尋春》。襄詩乃《古靈集》卷二十五《和蘇子瞻通判在告中聞余出郊以詩見寄》，末云：「寄語文園何所苦，且來相伴一行春。」軾詩乃為答襄而作。軾當另有「在告中聞余出郊以詩見寄」詩，已佚。

二十七日，循行富陽、新城途中，與李佖遊風水洞，有詩題壁。又作《風水洞聞二禽》。

《王譜》謂正月遊風水洞，有詩題壁。然謂此為熙寧七年事，不從。

《紀年録》：「二十七日游風水洞，作詩，又作李佖留待及和等詩。」《王譜》「佖」作「泌」。《詩集》卷九《往富陽新城李節推先行三日留風水洞見待》、《風水洞二首和李節推》，乃《紀年録》所云留待、和詩。

二十七日游風水洞詩已佚，《欒城集》卷五《和子瞻題風水洞》或步二十七日詩之韻。聞二禽見《詩集》卷四十八，詩末及春山、春禽，當作於此時。

《施譜》謂循行為二月事，據以上所述，蓋正月末已行。富陽在杭州西南七十三里，新城在杭州西南一百三十里。

《詩集》卷四十七《遊靈隱寺戲贈開軒李居士》，《外集》謂居士乃佖；卷四十八《富陽道中》，《外集》謂倅杭時作：玆附此。

至富陽，遊普照寺、延壽院前東西二庵、妙庭觀，有詩。嘗遊富陽國清院，辨所題李白詩。

詩皆見《詩集》卷九（四三三至四三五頁），凡四詩。《欒城集》卷九有《次韻子瞻遊富陽普照寺》、《次韻子瞻自普照入山獨遊二庵》。《文集》卷六十七《書李白集》敍游國清院，見所題李白詩，以為僞作。此文作時不詳，附此。

新城道中，作詩美晁端友之政。經山村，賦五絶，有譏諷意。旋回杭。

《詩集》卷九《新城道中》其二云「亂山深處長官清」。《山村五絶》有譏諷新法意，見《詩案》，注文已引。《欒城集》卷五皆有次韻。

二月十日，春分後雪，作詩。

詩乃《詩集》卷九《癸丑春分後雪》。《欒城集》卷五次韻為《次韻子瞻二月十日雪》。

二十一日，與陳襄、蘇頌、孫奕、黄灝、曾孝章等遊石屋洞，題名。時頌知婺州，自婺來，頌子嘉亦來。

題名見《佚文彙編》卷六（二五八〇頁）。黄灝，待考。孝章字元恕，參以下「月晦日」條。《祠部集》卷七有《送曾元恕太祝赴漢陽監征》詩，卷二亦有詩及之。

《丞相魏公譚訓》卷十：「祖父知婺州，大人侍。過杭，東坡為倅。」祖父謂蘇頌，大人乃嘉。嘉字景謨，《京口耆舊傳》卷四及光緒重修《丹陽縣志》有傳。

與蘇頌遊西湖，頌和蘇軾《臘日遊孤山》詩，軾以近詩呈頌。軾嘗訪頌於婺州，論作賦之方，途中過七里瀨，賦《行香子》（「一葉舟輕」）。

上則所引《丞相魏公譚訓》卷十「東坡為倅」之後云：「自明允講宗盟之好，東坡稱祖父為宗叔。府會外，自請遊西湖終日，將起，曰：『明日欲復邀宗弟。』先是東坡録近詩一卷呈祖父，祖父和之。大人亦繼作，大相稱賞。祖父謝其敦篤，明日遂遍遊湖山，頗有詩什及大人。」和詩乃和《臘日遊孤山》，《詩集》注文已引。宗弟謂嘉。

《蘇魏公文集》卷十四《歐陽文忠公挽辭》序：「到東陽累月。……得穎上故人書，録公《會老堂唱和》

詩詞為示，遠方見之，不勝企聳，輒遍和以寄獻。未幾，聞公訃音，且思昨寓書時，乃公夢謝之月。」修卒於熙寧五年。東陽指婺州。頌到婺州任，約在熙寧五年夏。

《蘇魏公文集》卷十《己未九月，予赴鞫御史，聞子瞻先已被繫，予晝居三院東閣，而子瞻在知雜南廡，才隔一垣，不得通音息，因作詩四篇，以為異日相遇一噱之資耳》其一首四句：「早年相值浙江邊，多見新詩到處傳。樓上金蛇驚妙句，卷中腰鼓伏長篇。」自注：「子瞻觀雨望湖樓，壁有『電光時掣紫金蛇』之句，又示予近詩一軸，首篇答鮮于郎中云：『有如琵琶弦，常遭腰鼓鬧。』前人未有此意。」寫此時事。「電光」云云，見《詩集》卷八《望海樓晚景五絶》；「有如」云云，見《詩集》卷九《正月九日有美堂飲醉歸徑睡五鼓方醒不能復眠起閱文書得鮮于子駿所寄雜興作古意一首答之》。

《丞相魏公譚訓》卷四：「祖父與東坡同在金華，因論作賦之方。坡云：『某昔與鄉友課賦，日編二十事，所謂日計之不足，歲計之有餘也。』祖父曰：『此乃賢良課程爾。』」金華，婺州治。

《行香子》調下注：「過七里瀨。」見《東坡樂府》卷下，有「霜溪冷」句，為十月景象。不詳其年，故繫此。七里瀨屬嚴州建德，過此即婺州。

月晦日，寒食前一日，與曾孝章（元恕）遊龍山，有詩。

《詩集》卷九《同曾元恕游龍山呂穆仲不至》云「共知寒食明朝過，且赴僧窗半日閑」。是歲清明為三月初二日。《文集》卷七十一《書游靈化洞》記嘗與孝章游靈化洞。

本月，弟轍重到汝陰，寄詩。

《欒城集》卷五有《癸丑二月重到汝陰寄子瞻二首》。

三月初一日，寒食日，未明至湖上，陳襄未來，周邠、徐疇先在，有詩。

詩見《詩集》卷九(四四二頁)。中云：「鼓吹未容迎五馬，水雲先已颺雙鳧。」疇時為仁和令，見詩注。《詩集》卷四十四《徐元用使君與其子端常邀僕與小兒過同游東山浮金堂戲作此詩》首云：「昔與徐使君，共賞錢塘春。」乃敍此時事。元用，疇字。參元符三年「藤守徐疇」條。

本月，孫覺移知廬州。覺贈詩，次韻寄別。

覺移廬，據《嘉泰吳興志》卷十四。次韻見《詩集》卷九(四四二頁)。覺詩佚。

陳襄飲蘇頌，營籍周韶求落籍，得從。韶之同輩胡楚、龍靚有詩。蘇軾記其事。頌旋回婺州。

《佚文彙編》卷五《書周韶》記其事，韶有「開籠若放雪衣女，長念觀音般若經」之句。《後山詩話》：「杭妓胡楚、龍靚，皆有詩名。」以下引胡、龍詩。張先有《雨中花令》贈胡、《望江南》贈龍，分别見《全宋詞》第八三、七九頁。

《詩集》卷十一《常潤道中有懷錢塘寄述古五首》其二：「去年柳絮飛時節，記得金籠放雪衣。」熙寧七年作，敍此時事。「柳絮」當春時。

據本年以下「蘇嘉自婺州還」條，知蘇頌旋回婺。

知州陳襄選差僧人子珪等修浚西湖六井及沈公井，蘇軾同擘畫，春，訖工。蘇軾嘗有意修浚運河，治運，亦治西湖也。作《錢塘六井記》。

《文集》卷三十一《乞子珪師號狀》：「熙寧中，六井與沈公井，例皆廢壞。知州陳襄選差僧仲文、子珪、如正、思坦四人，董治其事。修完既畢，歲適大旱，民足於水，為利甚博。臣為通判，親見其事。」同上卷三十《申三省起請開湖六條狀》自註：「杭州城中多鹵地，無甘井。唐刺史李泌始作六井，皆引湖水注其中，歲久不治。熙寧中，知州陳襄與軾同擘畫修完，而功不堅緻，今復廢壞。」同上：「軾於熙寧中通判杭州，訪問民間疾苦。」以下敍父老皆云「惟苦運河淤塞」，并與父老講求浚治之道。

記見《文集》卷十一。記謂井修成於今年春。

《古靈集》卷二十五附録葉祖洽所撰《行狀》：「移知杭州。……杭雖號水鄉，而其地斥鹵，可食之水常不繼。唐相國李長源舊為六井，引西湖以食民。井既久廢不修，水遂不應民用。公命工討其源流，渫而甃之，井遂可食，雖遇旱歲，民用沛然，皆誦佛以祝。命通判蘇軾為之記。」同上卷附録《年譜》謂熙寧五年修井，六年春訖工。

春，嫁甥女，借王詵錢二百貫。甥女之壻為單錫（君賜、君貺）。

春云云，據《詩案・與王詵往來詩賦》；本年秋，亦借詵錢一百貫；本年寄《遊孤山詩》等多詩與詵。《咸淳毗陵志》卷十七有錫傳，謂與蘇軾為同年進士，明陰陽圖緯星曆，讀書無不該貫，軾「愛其賢，以女兄之子妻之」。《文集》卷六十三祭錫文云「念我孤甥，生逢百艱，既嬪於君，謂永百年」。錫乃軾姪壻。此女兄乃伯父澹或渙所生之女。

王淮奇(慶源)應禮部試赴京師,簡約淮奇來杭。

簡乃《文集》卷五十九與淮奇第三簡。淮奇未登第,亦未來杭。與淮奇第一簡首云「陵州遞中辱書及詩」,簡乃爲答淮奇簡而作;簡云「江山風物之美」,爲杭州景象,作於此前。

吉祥寺牡丹花將落,與陳襄共賞。

《詩集》卷九有《吉祥寺花將落而述古不至》、《述古聞之明日即至坐上復用前韻同賦》。卷十一《常潤道中有懷錢塘寄述古》其四:「國艷夭嬈酒半酣,去年同賞寄僧簷。」寫此時事。

爲東陽令王槩題所作水樂亭。

詩見《詩集》卷十(四八六頁)。《欒城集》卷五有《和子瞻東陽水樂亭歌》。

道光《東陽縣志》卷五《政治志》一《官師志·縣令·宋》:「王槩:(熙寧)三年任。」以下爲楊翶,缺到任年份,再下爲侯臨,元豐元年任。蘇軾倅杭時,槩在其任。

同上《政治志》二《名宦·宋》引《隆慶志》:「王槩,字公操,左蜀人。熙寧初以都官員外郎出知東陽。性寧静。爲政崇文尚禮,民知向學。嘗於兩崑對峙飛瀑之下,建水樂亭。眉山二蘇寄題詩以誌勝。」

二蘇詩即以上所云之詩。

同上卷二十三《廣聞志》一《勝迹》:「水樂亭,在縣西南八里崑山,二峯對峙。西崑飛瀑數丈,下注於潤,淙淙如漱玉。」以下敍槩作亭潤上。並引清河張畀《水樂亭記》,作於熙寧五年七月一日。同卷有槩《九日登崑山詩》。《咸淳臨安志》卷二十九《水樂洞》條,謂蘇軾水樂亭詩,乃爲杭州南山烟霞嶺下水樂洞作，以施元之、施宿父子以此詩屬之王槩為非是，今不從其說。

《文集》卷五十六《與康公操》第二簡：「所索詩，非敢以淺陋為辭，但希世絕境，衆賢所共詠歎，不敢草草為寄也。」所指絕境即屬東陽。第三簡：「向承寄示圖記及詩，實深慰仰，此真得賢者之樂，雖鄙拙，亦欲勉作歌詩，庶幾附託高人絕境，以傳永久。適會紛紛未暇，更旬日當寄上也。」欲作之詩，即水樂亭詩。簡有「履茲春和」之語，詩或作於春間，今據此繫入。《詩集》次於本年秋，不從。康公操即王槩，已見熙寧五年「與東陽令王槩簡」條。

循行於潛，晤縣令同年刁璹，題其野翁亭；題僧孜（惠覺）綠筠軒。

詩見《詩集》卷九（四四七、四四八頁）。於潛在杭州西二百三里。《至順鎮江志》卷十九：璹，湛孫，嘉祐二年登進士第丙科。字景汜，《萬姓統譜》卷三十有傳。《北窗炙輠錄》卷上：「惠覺最為東坡、米元章所禮。」又：「惠覺詩，渾然天成，無一毫斧鑿痕。」

至昌化。自雙溪館下步尋溪源至治平寺，有詩。傳嘗築亭鑿池於該邑。

詩見《詩集》卷九（四四九頁）。昌化在杭州西二百四十八里。民國《昌化縣志》卷十五：「東坡亭：縣西治平寺後山，即武隆山支岡。……東坡通判杭州，行屬邑至昌化，曾自雙溪館下，步尋溪源，因遊寺至此，愛其幽邃，遂構亭憩焉。」又：「東坡池：縣西城隍廟西北，東坡以倅車至邑，特愛其風景，築亭鑿池，種千葉紅蓮。」謂治平寺在縣西一里。

遊徐氏花園——藏春塢，留題。或為此時事。

《詩集》卷四十七有《留題徐氏花園二首》。此詩之題，乃依據《外集》，而《七集・續集》題作《藏春塢》。是徐氏花園即藏春塢。《咸淳臨安志》卷八十六謂昌化有藏春塢，並於「藏春塢」條下，引宋人《徐氏藏春塢》詩，益信徐氏花園即藏春塢。

自昌化回至臨安，晤縣令同年蘇舜舉（世美）。

《詩集》卷九有《與臨安令宗人同年劇飲》。舜舉以大理寺丞知臨安，見《詩案・寄周邠諸詩》。《欒城集》卷五有《次韻子瞻與蘇世美同年夜飲》。臨安在杭州西一百二十里。

回杭州。寶山晝睡，題詩。

詩見《詩集》卷九（四五一頁），《文集》卷六十八《記寶山題詩》敍其事。

僧清順（頤然）新作垂雲亭，題詩。嘗過清順藏春塢，為賦《減字木蘭花》。

詩見《詩集》卷九（四五一頁）。《詩人玉屑》卷二十《清順》謂清順「清苦多佳句」，以下引：「久從林下遊，頗識林下趣。縱然綠陰繁，不礙清風度。閑於石上眠，落葉不知數。一鳥忽飛來，啼破幽絶處。」《宋詩紀事》卷九十一引《詩人玉屑》有此詩，題作《北山垂雲庵》。《竹坡詩話》：「東坡游西湖僧舍，壁間見小詩云：『竹暗不通日，泉聲落如雨。春風自有期，桃李亂深塢。』問誰所作，或告以錢唐僧清順者，即日求得之，一見甚喜。而順之名出矣。」

《注坡詞》引楊繪（元素）《本事集》：「錢唐西湖，有詩僧清順居其上，自名藏春塢。門前有二古松，各有凌霄花絡其上，順常晝卧其下。子瞻為郡，一日屏騎從過之，松風騷然，順指落花覓句，子瞻為賦此。」「郡」為「倅」之誤，軾為杭時，繪已卒。詞云「湖風清軟」、「翠颭紅傾」，約作於夏初。附次此。

五月十日，與吕仲甫、周邠、僧惠勤、惠思、清順、可久、惟肅、義詮同泛湖游北山，有詩。

據《詩集》卷九詩題（四五三頁）。惟肅，待考。《詩集》卷十《孤山二詠·引》謂僧志詮作柏堂，不知是否即義詮？

會客有美堂，周邠（開祖）有服不至，寄詩來，因和。

和詩見《詩集》卷九（四五三頁）及卷四十八《會飲有美堂答周開祖湖上見寄》，共三首。

追和弟轍去歲試舉人洛下所寄九首。

轍作在《欒城集》卷四。《蘇潁濱年表》：熙寧五年八月，同頓起等於洛陽妙覺寺考試舉人。軾詩見《詩集》卷九（四五六頁）。

六月六日，為蒲宗孟（傳正）所藏燕公山水作跋。

跋見《文集》卷七十（二二一二頁）。此前，燕文貴、燕肅皆善山水，未知燕公為誰。

柳瑾（子玉）來。

《文集》卷六十三祭瑾文敍瑾來「相從半歲」。瑾去以冬，知其來在夏。瑾來自潤州。《詩集》卷十一有《和柳子玉喜雪次韻仍呈述古》、《觀子玉郎中草聖》。《伐檀集》卷上《和柳子玉官舍十首》其十自注：「君善草書。」

與明州育王寺懷璉（大覺）簡，欲捨父洵所愛《禪月羅漢》畫於寺。

據《文集》卷六十一與懷璉第一簡，父洵與之厚善。簡云弟轍在陳州，今年將得替。弟轍得替為齊州掌書記，至齊州。

《蘇潁濱年表》敍四月樞密使文彦博罷，判河陽，辟轍為學官，已而改齊州掌書記。《欒城集》卷五《和孔教授武仲濟南四詠·環波亭》有「清境不知三伏熱」句，知至齊州為夏季事。

蘇嘉自婺赴亳掾，過杭。蘇軾致書亳守楊繪（元素）薦之。

《丞相魏公譚訓》卷十：「祖父知婺州，大人侍，過杭。東坡為倅。……大人還，赴亳掾。子瞻謂曰：『鄉人楊元素守亳，煩附一書。』并致子由一信及常茶一瓶。蓋東坡欲致委曲，薦大人於元素，而不欲言，故託以附子由信。後見書，果言宗掾子督學有文，而沉静若愚，剛毅不可犯。及見元素，稍異待。……『督學』字，不知別有據否？」大人謂嘉。嘉既赴亳，須當罷婺。繪，綿竹人。《宋史》卷三百二十二有傳。傳謂繪以侍讀學士知亳。繪不久自鄆來杭，見本年以下「楊繪自知鄆州來杭」條。嘉赴亳掾，約為夏秋間事。

七月，立秋日（初三日），與周邠、徐疇禱雨天竺，宿靈隱寺，有詩。

《文集》卷六十二《禱雨天竺觀音文》：「具官某，上承府檄，傍採民言。」乃奉知府之命，知為倅杭時作。詩見《詩集》卷十，題作《立秋日禱雨宿靈隱寺同周徐二令》末云：「惟有憫農心尚在，起占雲漢更茫然。」《欒城集》卷五次韻。

病中獨遊淨慈寺，訪宗本，周邠寄詩邀遊靈隱寺，次韻答之。遂遊祖塔院，觀虎跑泉。有詩。

詩見《詩集》卷十(四七四至四七六頁)。邠詩見題下「王堯卿註」。《欒城集》卷五有《次韻子瞻病中遊虎跑泉僧舍二首》。遊祖塔院詩,《晚香堂蘇帖》題作《遊虎跑泉》。

遊佛日山淨慧寺,憩榮長老方丈,作五絶。

詩見《詩集》卷十(四七六頁),其四有云:「食罷茶甌未要深,清風一榻抵千金。」《總案》謂此為七月五日事,不知何據。

沈括察訪兩浙,與論舊。括還朝,奏蘇軾近作詩皆訕懟。

《長編》卷三百一元豐二年十二月庚申引《元祐補録》:「(沈)括察訪兩浙,陛辭,神宗語括曰:『蘇軾通判杭州,卿其善遇之。』括至杭,與軾論舊,求手録近詩一通。歸則籤帖以進,云詞皆訕懟。軾聞之,復寄詩劉恕,戲曰:『不憂進了也。』其後李定、舒亶論軾詩置獄,實本於括云。」《施譜》引此,謂出王銍《元祐補録·沈括傳》。《詩集》卷七和劉恕詩,為熙寧五年作。《長編》亦謂此則紀事「恐年月先後差池」,當考。然王銍距蘇軾年代近,以博洽稱,其所敍自有據。《夢溪筆談》附《沈括事略》:本年六月戊子,沈括相度兩浙路農田、水利、差役等事,兼察訪;熙寧七年三月壬戌,括同修起居注。

劉攽寄詩來。攽嘗來杭。

詩乃《彭城集》卷十六《寄杭州通判蘇子瞻海州使君孫巨源(原注:時罷泰州通判)》。攽罷泰州通判至遲為今年秋。熙寧三年秋,攽離京師赴泰州通判任,見該年「劉攽通判泰州」條。攽詩作於今年。以通判一任為三年。攽來見下條。

湖上，與張先同賦《江城子》。

詞見《東坡樂府》卷下，云「一朵芙蕖，開過尚盈盈」。先詞不見。時先自湖州回杭州。《墨莊漫録》卷一：「東坡在杭州，一日游西湖，坐孤山竹閣，前臨湖亭上，時二客皆有服，預焉。久之，湖心有一綵舟漸近亭前，靚粧數人，中有一人尤麗，方鼓箏，年且三十餘，風韻閑雅，綽有態度，二客競目送之。曲未終，翩然而逝。公戲作長短句云。」以下引此詞全文，中有「何處飛來雙白鷺，如有意，慕娉婷」句。《甕牖閑評》卷五：「東坡倅錢塘日，忽劉貢父相訪，因拉與同游西湖。時二劉方在服制中。至湖心，有小舟翩然至前。一婦人甚佳，見東坡，自敘少年景慕高名，以在室無由得見，今已嫁為民妻，聞公遊湖，不避罪而來，善彈箏，願獻一曲，輒求一小詞以為終身之榮，可乎？東坡不能却，援筆而成，與之。」其詞即《江城子》。二書皆有傳聞因素。後者所云「二劉」，似指劉敞（原父）、劉攽（貢父）。時敞已去世數年。且在服制中亦未便遠行。此處疑有文字訛誤。兹并録於此，供參考。然攽來訪則可信。

遊孤山，登柏山、竹閣。與陳襄自有美堂夜歸。有美堂暴雨，豪飲。並有詩。

詩見《詩集》卷十（四八〇至四八二頁）。其《與述古有美堂乘月夜歸》云「萬人争看火城還」，記其盛。《詩集》卷四十三《追和戊寅歲上元》有「萬炬錢塘憶夜歸」之句，乃寫此時事。《欒城集》卷五有《次韻子瞻有美堂夜歸》。

八月十五日，觀潮，題詩安濟亭上；作《瑞鷓鴣》。

詩見《詩集》卷十(四八四頁),并參「施註」引《詩案》。詞見《東坡樂府》卷上,末云:「儂欲送潮歌底曲,樽前還唱使君詩。」《總案》:「是日似與陳襄同游,故落句及之耳。」

同日,陳舜俞獨遊垂虹亭賞月,有詩懷蘇軾。

《都官集》卷十三有《中秋佳月,獨遊垂虹亭,有懷胡完夫、蘇子瞻、錢安道》詩,其懷蘇云:「月光清極向中秋,千古松陵此夜遊。寥泬更無雲礙眼,滄浪合是我維舟。浮生未有明年約,淺酌聊資到曉留。辜負金波三萬頃,詩豪草聖在杭州。」懷胡詩有「借問姑蘇胡別駕」之句,時胡為蘇州通判。舜俞,湖州烏程人。《宋史》卷三百三十一有傳,謂熙寧間青苗法行,舜俞不奉令,責監南康軍鹽酒稅。據詩,是不赴也,或赴後不久即歸也。垂虹亭見熙寧七年「與楊繪陳舜俞置酒垂虹亭上」條。舜俞詩作於本年或上年,今繫於本年。

本月,再游風水洞,賦《臨江仙》。

據《紀年録》。 詞見《東坡樂府》卷上(「四大從來都遍滿」)。

往諸縣提點,赴臨安,知縣蘇舜舉接至縣界外,為言數日前入州被訓狐押出事,譏轉運副使王廷老等不知是非。

據《詩案·寄周邠諸詩》,舜舉謂己吏事妥帖,而王廷老及本州諸官不以為然。《詩集》卷十《徑山道中次韻答周長官兼贈蘇寺丞》:「吾宗古遺直,窮達付前定。餔糟醉方熟,灑面呼不醒。奈何效燕蝠,屢欲争晨暝。」亦譏廷老等不知是非。長官謂邠，寺丞謂舜舉，舜舉以大理寺丞知臨安。至臨安，與周邠、李行中游徑山；弔吴越王遺迹，作《將軍樹》、《錦溪》、《石鏡》詩；登玲瓏山，宿九仙山，聞里中兒歌《陌上桑》，易其詞；遊東安巖，弔謝安遺迹，洗浴；徑山道中答周邠兼贈蘇舜舉；次韻答汪覃，再游徑山。

蘇軾此行，記以詩，凡十五首，皆見《詩集》卷十。《欒城集》卷五有《次韻子瞻再游徑山》。《四朝聞見録》甲集《光堯幸徑山》言徑山事云：「東坡宿齋扉，夜有叩門者，云放天燈人歸。」以下言天燈之説疑僧人附會。兹附此。

康熙《徽州府志》卷十五《隱逸傳》：「汪覃，字天才，績溪西園人。應舉八行科。蘇軾見而異之。後隱不仕，號水月居士。軾贈以詩云(略)。」李行中，詳熙寧七年「題李行中醉眠亭」條。

回至餘杭，至洞霄宫，與監宫蔡準、吴天常、欒富國，聞人安道、俞康直、張日華為林泉之遊，有詩。

《文集》卷六十六《書郭文語》：「予嘗監錢塘郡，游餘杭九鎖山，訪大滌洞天，即郭先生之舊隱也。」文，晉人。

《洞霄詩集》卷二引王思明《題蔡準詩後》：「東坡詩稱『作者七人相對閑』，蓋同游者都官郎中蔡準、管句少卿吴天常、大監欒富國、管句郎中聞人安道、管句郎中俞康直、管句張日華暨坡，凡七人也。坡既首唱，餘亦和之。兵火之後，獨蔡詩得附坡不泯。」《咸淳臨安志》卷二十四《餘杭縣・大滌洞天・來賢巖》亦載蔡詩。軾詩乃《詩集》卷十《洞霄宫》，「作者」云云乃詩中句。

吴天常，字希全，河南府洛陽人。治平二年知南劍州。紹聖四年卒，年六十一。《張右史文集》有天常墓銘。光緒《盱眙縣志稿》卷七上、《宋會要輯稿》第九十八册《職官》六五之二五有知南劍州吴天常記載。《趙清獻公集》卷二、卷三有詩及天常。

聞人安道，字彝庚，嘉興人。光緒《嘉興府志》卷五十安道傳謂為寶元元年進士，歷監睦州酒税、通判歙州，為職方郎中，知南康軍；與司馬光、趙抃善；博覽羣書。又謂與蘇軾詩筒往來。然現存軾詩無及安道者，知已佚。《檇李詩繫》有安道題招提院静照堂詩。

俞康直，字之彦，丹徒人。《京口耆舊傳》卷二有傳。參熙寧七年「訪監洞霄宫俞康直題其所居」條。

樂富國、張日華，待考。

自臨安、餘杭歸，陳襄招飲介亭，作詩。

詩見《詩集》卷十（五〇四頁），云：「西風初作十分凉，喜見新橙透甲香。」乃九月初。

九月八日，以病不赴陳襄重九之會，作詩。

詩見《詩集》卷十（五〇五頁）。

九日，詩戲魯有開（元翰），遊惠勤院。時有開新來倅杭。

是日，作詩五首，見《詩集》卷十（五〇六至五〇八頁）。《欒城後集》卷一有開挽詞云有開與兄軾「錢塘結弟昆」，自注「子瞻兄始與元翰皆倅杭州」。有開，《宋史》卷四百二十六有傳。《詩集》卷十五《送魯元翰少卿知衛州》敍在杭與有開甚相得。杭有通判二員。

十日，答周邠、李行中詩。

詩見《詩集》卷十（五〇九頁）。

杭州録事杜子方、司户陳珪、司理戚秉道無辜罷官還鄉，送行詩明其無罪。

詩見《詩集》卷十（五一〇頁）。

《詩案·送杜子方陳珪戚秉道》：熙寧五年，承勘本州裴姓人家女使夏沈香浣衣井旁裴家小女孩落井身死不明事，決沈香臀杖二十板，放。後來本路提刑陳睦舉駁，差秀州倅張若濟重勘，決殺沈香，杜等衝替。詩云「殺人無驗中不快」，言陳、張舉駁不當；又云「君今憔悴歸無食」，明其無辜失官。蘇軾下御史獄，杜等牽聯，見元豐二年十二月二十六日紀事。《王譜》、《紀年録》繫送行詩於熙寧五年。《詩集》「查註」謂罷官在五年冬，而其行在本年秋。今依《詩集》編次。

魯有開（元翰）惠谷簾水、龍團並詩，答簡並詩為謝。

簡並詩見《文集》卷五十七（一七〇七頁），詩又見《詩集》卷十（五一一頁）。簡云：「通前共三篇矣。」另二篇乃指《詩集》卷十《九日舟中望見有美堂上魯少卿飲以詩戲之二首》。知簡並詩作於九日之後。

賀陳章生子，有詩；章，襄弟。

詩見《詩集》卷十一（五二一頁）。《詩集》注文舉蘇軾在黄《答濠州陳章》，謂餘無考。按：嘉慶《邛州志》卷三十三謂章紹聖中以左朝議大夫知臨邛，「茂著廉明，士民畏服」。

張先（子野）年八十五買妾，贈詩嘲之。先和。

贈詩見《詩集》卷十一（五二三頁）。《石林詩話》卷下：「張先……居錢塘，蘇子瞻作倅時，先年已八十餘，視聽尚精强，家猶畜聲妓，子瞻嘗贈以詩云：『詩人老去鶯鶯在，公子歸來燕燕忙。』蓋全用張氏故事戲之。先和云：『愁似鰥魚知夜永，懶同蝴蝶為春忙。』極為子瞻所賞。」「詩人」二句即在贈詩中。據《文集》卷七十一《書遊垂虹亭》，先今年八十四。蓋詩人作詩，喜舉「五」、「十」成數，故有不同。先全詩不傳。

遊寶山廣嚴寺，書雙竹湛師房，作《寶山新開徑》，見雲闍黎。

詩見《詩集》卷十一（五二四、五二五頁）。《清獻集》卷二《題杭州雙竹寺》：「粉籜雙雙脱，修篁兩兩高。同心齊管鮑，並節漢蕭曹。寒歲霜威禦，炎天暑氣逃。此君真可異，吟繞不知勞。」《詩集》卷四十八有《題雙竹堂壁》、《會雙竹席上奉答開祖長官》，《外集》卷四編倅杭卷。

《詩集》卷十二詩題：「去年秋，偶游寶山上方，入一小院，闃然無人。有一僧，隱几低頭讀書，與之語，漠然不甚對。問其鄰之僧，曰：『此雲闍黎也，不出十五年矣。』」詩作於熙寧七年。

《西湖遊覽志》卷十二《南山城内勝迹》有七寶山，舊有寶嚴院，錢氏建；有雲闍黎，閉户十五年，日理《觀音經》。

十月，一僧寺開牡丹數朵，陳襄作詩，蘇軾有和。

十月據《詩案·和陳述古十月開牡丹四絶》。《詩集》卷十一《和述古冬日牡丹四首》，有譏諷意，襄原唱不見。《古靈集》卷二十五附録《年譜》熙寧六年有「有和子瞻《吉祥冬日牡丹詩三首》」之語，襄詩亦不見。

至新城，晤晁補之，賦詩，補之有和。

《雞肋集》卷八《次韻蘇公和南新道中詩二首》其一首云：「山園芙蓉開，寂寞歲云晚。公來無與同，念我百里遠。」是蘇軾至新城為十月間事。若在明年，此時已赴知密州任。軾原詩已佚。補之其二首云「讀公棲鴉詩」所云之「棲鴉」，當為軾詩中語。

海月（惠辯）卒。至天竺弔之，作挽詩。

《文集》卷二十二《海月辯公真贊》：「一日，師卧疾，使人請余入山。適有所未暇，旬餘乃往，則師之化四日矣。遺言須余至乃闔棺，趺坐如生，頂尚温也。」

《欒城後集》卷二十四《天竺海月法師塔碑》謂卒於十月，今從。《詩集》「查註」引《天竺事迹》謂卒於七月十七日，恐有誤。

《挽詞》見《詩集》卷十（四七九頁）。其一有「今夜生公講堂月，滿庭依舊冷如霜」之句。云「冷」、「霜」，顯為十月事。《總案》次挽詞於七月間，不當。施本及宋十行本《東坡集》皆編挽詞於今年冬。

《欒城先生遺言》：「《天竺海月塔碑》，以坡與之游，故銘云：『我不識師面，知其心中事。』儒者談佛，為坡公所取。其（按：此下疑脱一字）火失其書翰。」

李頎（粹老）以所畫山兩軸見寄，有詩，為次韻。

次韻見《詩集》卷十一（五二七頁）。頎詩佚。

《春渚紀聞》卷五《李朱畫得坡仙賞識》：「李頎字粹老，不知何許人。少舉進士，當得官，棄去。烏巾布裘為道人。遍歷湖湘間。晚樂吴中山水之勝，遂隱於臨安大滌洞天，往來苕溪之上，遇名人勝士，必與周旋。素善丹青，而間作小詩。東坡倅錢唐日，粹老以幅絹作《春山》横軸，且書一詩其後，不通姓名，付樵者，令俟坡之出投之。坡展視詩畫，蓋已奇之矣。及問樵者：『誰遣汝也？』曰：『我負薪出市，始經公門，有一道人，與我百錢，令我呈此，實不知何人也。』坡益驚異之，即散問西湖名僧輩，云是粹老。久之，偶會於湖山僧居，相得甚喜。坡因和其詩云『詩句對君難出手，雲泉勸我早抽身』是也。」「詩句」二句即在次韻中。以下謂頎畫山，筆力工妙，盡物之變而秀潤簡遠，不能為人特作，傳者少。

以轉運司檄，往常、潤、蘇、秀賑濟飢民。周邠、柳瑾（子玉）附行。雪後至臨平，與瑾同訪陳烈，至秀水報本禪院，視鄉僧文及疾：有詩。

「以轉運司」云云，據《施譜》。《施譜》謂為冬季事，《總案》謂為十一月。

詩見《詩集》卷十一（五二八、五二九頁）。

烈，《宋史》卷四百五十八有傳。《宋會要輯稿》第一百二十册《選舉》三四之三八嘉祐三年正月九日紀事：以福州進士陳烈為安州司户參軍，原註謂烈一字辛甫，學行淳古，頗通禮書，近臣論薦，故有是命，召為國子監説書，辭疾不至。《長編》卷一百八十七謂薦者乃歐陽修。《欒城集》卷三十八有《陳烈落致仕福州教授》制。

往常、潤等地前，《詩集》有《和柳子玉喜雪次韻仍呈述古》、《觀子玉郎中草聖》詩。《詩集》卷四十八《又答氈帳》，《外集》題作《答子玉氈帳》，次《觀子玉郎中草聖》後，有「莫嫌雪裏閑氈帳」句，及雪，當亦作於往常、潤等地前。

至秀州。錢顗（安道）送茶，有詩謝之。顗燕蘇軾，令歌者道服，軾作詩。

詩見《詩集》卷十一（五二九、五三一頁）。前者有譏諷意，「查註」已引《詩案》。後者首云「烏府先生鐵作肝」，《宋史》卷三百二十一《錢顗傳》謂「世因目為『鐵肝御史』」。《咸淳毗陵志》卷二十三引後詩，並引周邠和詩（邠詩，「查註」已引）。

《丹陽集》卷十《跋錢仲仲東坡詩卷》：「東坡賦詩時，三十九歲矣。其末云『安道令賦』，有旨哉！」所云詩卷，即此時所賦之詩。仲仲名涒，緦之孫。事親孝。《萬姓統譜》卷二十七有傳。

至蘇州。請成都通長老出主蘇州報恩寺，作疏。

疏見《文集》卷六十二，題作《蘇州請通長老疏》。疏末云：「報恩寺水陸禪院，四衆之淵藪，三吴之會通。願振法音，以助道化。所為者大，無事於謙。」謂通「族本縉紳，實西州之望，業通詩禮，為上國之光」。蘇軾熙寧四年過蘇時，報恩寺重造古塔，見該年紀事。至是，古塔當已重造成。《文集》卷六十一《與通長老》第一簡：「近過蘇臺，不得一見而別，深為耿耿。」作於熙寧七年末。是通長老不久即來蘇州。

在蘇州，蘇守王誨（規父）出示仁宗賜其父舉正所作飛白，應其請作記。

《文集》卷十一《仁宗皇帝御飛白記》敘之。記云及仁宗卒「十有二年」，知作於今年。誨為蘇守，見《吳郡志》。《詩集》卷三十一《次韻王忠玉游虎丘絶句》：「當年大白此相浮，老守娛賓得二丘。」自注：「郡人有閭丘公，太守王規父嘗云：不謁虎丘，即謁閭丘。」乃此時事。閭丘，乃孝終（孝忠、公顯），詳熙寧七年「至蘇州」條。

過蘇時，或晤方惟深。惟深不喜蘇軾詩文。

《野老紀聞》：「方惟深子通，隱於吳，吳人宗之，以詩行，其詩格高下似晚唐諸人。絶不喜蘇子瞻詩文，至云『淫言褻語，使驢兒馬子決驟』。胡文仲連因語及蘇詩云：『清寒入山骨，草木盡堅瘦。』子通曰：『做多，自然有一句半句道得著也。』余問何至，曰：『子通及識蘇公，蘇公之譏評詩文，殆無逃者。子通必嘗見薄於蘇，故終身銜之。』」《中吳紀聞》卷三《方子通》謂惟深本莆田人，家長洲。惟深有集，《宋史·藝文志》有著録，不傳。宣和四年卒，年八十三。事迹詳《北山小集》卷三十三墓銘。軾與惟深交往，無具體記載，今因其家長洲，附其事於此。

至惠山，訪錢道人，登絶頂望太湖，作詩。戲答錢道人偈。除夜，野宿常州城外，作詩。

詩見《詩集》卷十一（五三一、五三三頁），偈見卷四十七（二五二五頁）。

楊繪（元素）自知鄆州來杭，旋別去，賦《定風波》送行。張先次韻贈繪及蘇軾。

詞見《東坡樂府》卷上，調下原注：「送元素。」（《東坡先生全集》作「送楊元素」）詞云：「今古風流阮步兵，平生遊宦愛東平。千里遠來還不住，歸去，空留風韻照人清。」東平乃鄆州應天府。《咸淳臨安志》卷四十六謂熙寧七年六月己巳繪自應天府知杭。繪此來非爲知杭，故「不住」而歸。《定風波》又云：「記取明年花絮亂，看泛，西湖總是斷腸聲。」以明年將滿替離杭也。據此，繪來乃本年之事。《宋史》卷三百二十二《楊繪傳》謂：「知亳州，歷應天府、杭州。」繪來杭當爲得新命、卸亳任後。《全宋詞》第一册第七四頁張先《定風波令》（調下原注：「次子瞻韻送元素内翰。」）：「浴殿詞臣亦議兵，禁中頗、牧党羌平。詔卷促歸難自緩，溪館，綵花千數酒泉清。　春草未青秋葉暮，□去，一家行色萬家情。可恨黄鶯相識晚，望斷，湖邊亭上不聞聲。」同上頁同調調下原注：「再次韻送子瞻。」詞云：「談辨纔疏堂上兵，畫船齊岸暗潮平。萬乘靴袍曾好問，須信，文章傳口齒牙清。　三百寺應遊未遍，□算，湖山風物豈無情。不獨渠丘歌叔度，行路，吴謡終日有餘聲。」三百寺謂杭州。

是歲，作《思聰名説》。

文見《文集》卷十。思聰生於嘉祐八年，見元祐六年「錢塘僧思聰歸孤山」條紀事。文謂思聰時年十一。《竹坡詩話》謂思聰錢唐人，以詩見稱於蘇軾。並云：「東坡倅錢唐時，聰方爲行童試經。坡謂坐客言，此子雖少，善作詩，近參寥子作昏字韻詩，可令和之。聰和篇立成，云：『千點亂山横紫翠，一鉤新月掛黄昏。』坡大稱賞，言不減唐人，因笑曰：『不須念經也做得一個和尚。』是年，聰始爲僧。」《文集》卷六十一《與參寥子》第四簡首云「聰師相别五六年」。此簡作於元豐三年。

是歲，嘗遊杭之萬松嶺惠明院。

據《文集》卷七十一《題萬松嶺惠明院壁》。參元祐五年「與張天驥、陳輔同游萬松嶺惠明院」條紀事。

是歲，題僧法言所居室曰雪齋。

《淮海集》卷三十八《雪齋記》：「雪齋者，杭州法會院言師所居室之東軒也。始言師開此軒，汲水以為池，累石以為小山，又灑粉於峯巒草木之上，以象飛雪之集。州倅太史蘇公過而愛之，以為事雖類兒嬉，而意趣甚妙，有可以發人佳興者，為名曰雪齋而去。」又云：「言師名法言，字無擇，泊然蕭灑人也。」又云題室名「後四年，公為彭城」，則題室名乃今年。

法會院即法惠寺。詳《詩集》卷九《法惠寺横翠閣》註文。

《詩集》卷十八《雪齋》題下「誥案」謂「法言後住揚州石塔寺」。按：法言卒於元豐五年，見《佚文彙編》卷六《題王羲之敬和帖二首》其二。住石塔寺之無擇名戒公，乃另一人。「誥案」誤。

文同作詩謝蘇軾所寄陳希夷唐福山藥方。

同詩乃《丹淵集》卷十二《子平寄惠希夷陳先生服唐福山藥方因戲作雜言謝之》。詩言蜀中唐福山所產山芋，以下云：「往年子瞻為余説，言君所部之内此物尤奇絶。後復寄書勸我當餌之，滿紙親題華嶽先生訣。余因購之不惜錢，依方服餌將二年。其功神聖久乃覺，筋牢體溢支節堅。」「所部」乃言陵州，「為余説」當為熙寧四年春文同離京師赴知陵州時事，「後復寄書」當為倅杭時事，「將二年」，當為熙寧六、七年事，今姑繫入本年。詩題「子平」即「子瞻」，見《丹淵集》卷十《寄題杭州通判》編者語。

松滋王令回，託附簡蜀中友人。

簡乃《佚文彙編》卷四《與友人》(二五〇八頁)。簡首云「寄示墨竹、草聖」,末又云「墨竹與石近又變格」,疑此友人乃文同。今因「文同作詩」條,附繫於此。

舒焕(堯文)來簡,以歐陽修比之。覆簡辭不敢當。

覆簡乃《文集》卷五十六答焕第一簡,云「歐陽公,天人也,恐未易過,非獨不肖所不敢當也」。軾簡云「賈君」,乃收。軾晤收為熙寧五年末奉檄湖州時事,軾簡約作於今年。軾簡云收出焕所作送收詩,其語及軾,醉中和答,醒後已忘。焕簡中及此,「乃知有『公沙』之語」。焕原作及軾和作皆佚。軾簡云焕「守官不甚相遠」,未知何官,時未謀面。

焕乃熙寧六年進士。見《嚴州圖經》卷一。

與淮東提刑晁端彦(美叔)簡,以力行寬大之政為望。

簡乃《文集》卷五十五與端彦第二簡,首云「向承出按淮甸」。《寓簡》卷四引此簡,謂蘇軾有「委曲救時弊、卹斯民之心」。與端彦第一簡有「若得放歸過淮必遂候見」語,亦作於此時。

《長編》卷二百三十二:熙寧五年四月甲戌,端彦在開封府推官任言事;卷二百五十三:七年五月丙辰,以淮東提刑徙兩浙路。簡或作於本年。

蘇軾年譜卷十三

熙寧七年(一〇七四)甲寅　三十九歲

正月初一日,過丹陽。二日,立春,寄詩魯有開(元翰)。賦《行香子》寄陳襄(述古)。

《詩集》卷十一有《元日過丹陽明日立春寄魯元翰》。詞見《東坡樂府》卷下,首云「攜手江村,梅雪飄裙」,敍去歲離杭沿牒始發時情景;又云「向望湖樓、孤山寺、湧金門」,時襄在杭。

抵潤州。訪刁璹草堂,作詩。刁約(景純)賦詩賞瑞香花,憶先朝侍宴,次韻。祝約壽。

詩見《詩集》卷十一(五三六、五三七頁)。《總案》謂前者乃「寄刁璹草堂詩」。約,《京口耆舊傳》卷一有傳,傳謂璹乃約之姪,亦家京口。蘇軾抵潤時,璹已罷於潛縣令回歸也。蘇軾題璹草堂詩,首云「不用長竿矯繡衣」,乃用《晉書》阮籍及其姪咸之典,是璹與約相居密邇。以下云「南園北第兩參差」,即具體云璹與約一居南、一居北也。《總案》謂「寄」,誤。末云「主人不用怱怱去,正是紅梅著子時」,似璹另有新命。《詩集》卷十二《梅聖俞詩集中有毛長官者今於潛令國華也聖俞沒十五年而君猶為令捕蝗至其邑作詩戲之》題下「誥案」據「主人」二句謂璹罷任在今年二月間,誤。其時璹早已至潤州矣。其罷於潛令任約在上年冬。

《詩集》卷十五《哭刁景純》：「前年旅吴越，把酒慶壽考。扣門無晨夜，百過迹未掃。但知從德公，未省厭丘嫂。别時公八十，後會知難保。」乃敍此時事。

同柳瑾（子玉）游鶴林、招隱，見瑾孫閎（展如）、闢（介夫）。與柳瑾、刁約（景純）倡酬。

《詩集》卷十一自《同柳子玉遊鶴林招隱醉歸呈景純》至《柳氏二外甥求筆迹》，凡八首。閎、闢，子文子，見注文。《文集》卷六十三祭瑾文：「頎然二孫，則謂我舅。」

二月，遇蜀僧法通，贈詩并作跋。

詩乃《詩集》卷十一《成都進士杜暹伯升出家名法通往來吴中》，跋乃《文集》卷六十八《書贈法通師詩》。時柳瑾亦在。

與柳瑾、刁約遊金山。瑾赴舒州靈仙觀，有送行詩、詞。

《詩集》卷十一《子玉以詩見邀同刁丈遊金山》「奮衣矍鑠走山中」，知刁約同遊。以下有《金山寺與柳子玉飲》。

送詩見《詩集》卷十一（五四五頁）。送詞乃《東坡樂府》卷上《昭君怨》，調下注：金山送柳子玉。《文集》卷六十三祭瑾文：「灊山之麓，往事神后。」舒州靈仙觀：唐置司命真君之廟，宋賜觀額。

訪監洞霄宫俞康直，題其所居。

詩見《詩集》卷十一（五四六頁）。

《京口耆舊傳》卷二《俞康直傳》：「祠禄再滿，遂請休致，即所居東西為退圃、逸堂、遯軒、遠樓，終日嘯傲其間。」康直為京口人，所居即在京口，《總案》謂為寄題，蓋誤以退圃等住所在杭州也。《京口耆舊傳》並謂康直居閑幾三十年，卒年八十三。

劉恕（道原）來訪。

據《詩集》卷十一詩題（五五〇頁）。據《宋史·劉恕傳》，恕時監南康軍酒，即官佐司馬光修《資治通鑑》。

遊焦山，晤綸長老，題壁。嘗為綸長老作木石並跋。

詩見《詩集》卷十一（五五二頁）。《蘆川歸來集》卷十《東坡為焦山綸長老作木石，却書招隱一段因緣在紙尾，圜庵寶之，欲贈好事大檀越，作歸止計，為題數語》：「招隱公案，焦山戲墨。雖然信手拈來，自是胸襟流出。價值百千兩金，成就圜庵三窟。咄！」畫與跋不見，作時不詳，茲附此。

再游金山，詩別寶覺、圓通二長老。

詩見《詩集》卷十一（五五二頁），《淮海集》卷八有次韻。《詩集》「查註」引《金山志》謂寶覺乃育王璉禪師法嗣，南嶽下十二世，傳雲門宗。按：璉禪師屬青原下十世，其法嗣無寶覺，見《五燈會元》卷十五、十六。「查註」恐誤。參元豐七年「晤寶覺」條。此圓通，非住東京法雲寺之圓通。

懷錢塘，寄詩陳襄（述古），襄有和。賦《卜算子》（「蜀客到江南」）寄襄。

《詩集》卷十一《常潤道中有懷錢塘寄述古五首》（五五三頁）其一、其二，襄有和作，題為《和子瞻沿牒京口憶西湖寒食出游見寄》，見《淳祐臨安志》卷十；《古靈集》卷二十五《和子瞻沿牒京口憶吉祥牡丹見寄》乃和其四。據此，知軾詩原分數題，然後總題如上。襄和詩已見注文。其三云「三月鶯花付與公」，其四云「穀雨共驚無幾日」，皆作於三月。其五為常州作，詳下。

詞見《東坡樂府》卷上。《注坡詞》調下注：「自京口還錢塘，道中寄述古太守。」

得鄉書，賦《蝶戀花》。賦《畫堂春》寄弟轍。

皆見《東坡樂府》卷下。前者題下注「京口得鄉書」，首云「雨後春容」，軾春時在潤惟本年。後者首云「柳花飛處麥搖波」，乃春景，又云「濟南何在暮雲多」，轍時在濟南。

四月丙戌（十九日），韓絳再入相。有賀啟。

四月云云，據《宋史·宰輔表》。啟見《文集》四十七（一三四四頁）。

同日，呂惠卿自翰林學士參知政事。

據《宋史·宰輔表》。《步里客談》卷上：「呂惠卿附王安石甚固，司馬公言：『利合必離。』後果發介甫手簡，云『無使上知』。蘇子瞻改鑄顏淵之語，曰：『吾聞覿君子者問彫人，不問彫木。』曰：『人可彫歟！』曰：『呂惠卿彫王安石。』」

賦《少年游》感行役。

詞見《東坡樂府》卷上，調下云：「潤州作，代人寄遠。」《全宋詞》無「代人寄遠」四字。上闋云：「去年相送，餘杭門外，飛雪似楊花。今年春盡，楊花似雪，猶不見還家。」既云「春盡」，知作於四月，時尚在潤州。

晤孫立節(介夫)。

《文集》卷十《剛説》:「孫君……為鎮江軍書記,吾時通守錢塘,往來常、潤間,見君京口。」以下敘立節抗王安石不肯為條例司事。

離潤州,至丹陽,與周邠(開祖)別,送詩。

《都官集》卷十三《和開祖丹陽別子瞻後寄》:「仙舟繫柳野橋東,會合情多勞謫翁。相對一尊浮蟻酒,輕寒二月小桃風。羇懷散誕謳歌裏,世事縱橫醉笑中。莫恨明朝又離索,人生何處不怱怱。」疑「二月」二字有誤。

《詩集》卷十一《杭州牡丹開時僕猶在常潤周令作詩見寄次其韻復次一首送赴闕》其一云「遺春」,作於春去夏來時,即四月。周令乃邠,赴闕乃任滿赴調。據《都官集》,送邠詩當作於丹陽。丹陽在潤州東南六十四里。

《詩案·寄周邠諸詩》謂自熙寧五年六月起,逐旋寄所作《山村》、《留題徑山》、《和述古舍人冬日牡丹絶句》與周邠。其《留題徑山》當即《遊徑山》。二人過從甚密。《詩集》卷十九《次韻周開祖長官見寄》:「憶昔湖山共尋勝,相逢杯酒兩忘憂。醉看梅雪清香過,夜棹風船駭汗流。百首共成山上集,三人同作月中遊。」元豐二年作,敘倅杭與邠遊事。

五月一日,李師中乞召司馬光、蘇軾兄弟等置左右。責師中散官安置。

《施譜》:「五月,天章閣待制李師中言:乞召方正有道之士如司馬光、蘇軾、轍輩復置左右,以輔聖德。以大言求用,責散官安置。」《長編》卷二百五十三謂為五月一日事。

《忠穆集》卷八《燕魏雜記》敍此事,謂師中言:「願詔司馬光、軾、轍赴闕條問急政,神考批出云:『李師中朋邪罔上,愚弄朕躬,摭其姦誣,所宜不赦。』遂落職竄逐。後歲餘,神考感悟,乃令分司南京、鄆州居住。」《宋史》卷三百三十二《李師中傳》亦敍此事,並謂師中「自稱薦」,呂惠卿勦其語,以為罔上,遂貶和州團練副使安置。

丙辰(十九日),晁端彥(美叔)為兩浙提點刑獄。端彥舉蘇軾外擢任使。始見端彥子説之。

丙辰云云,據《長編》卷二百五十三。端彥自淮東提刑移,與盧秉兩易。

《詩集》卷十三《懷西湖寄晁美叔同年》:「君持使者節,風采爍雲烟。」乃寫端彥到任時事。

舉外擢任使,見《詩案·供狀》。

《嵩山文集》卷十八《東坡先生畫像》:「幼而見公浙江兮,知其議論不容於國中也。」據《嵩山文集》附録《晁氏世譜節録》,知説之乃端彥子,時十六歲。

至常州。二十九日,跋李後主煜書。

《紀年録》:「五月二十九日,過毗陵,跋李後主書。」

《文集》卷六十九《跋蔡君謨書》嘗評及李後主之書,然作於元豐八年七月,不知是否另有一文跋之。

《總案》以《文集》卷六十八《書李主詞》一文當之,或是。

懷錢塘,復寄詩陳襄。詩有卜居宜興意,章惇作詩及之並寄。

《詩集》卷十一《常潤道中有懷錢塘寄述古五首》其五乃常州作。

《詩集》卷十三《和章七出守湖州》題下「施註」引章惇寄詩：「君方陽羡卜新居，我亦吴門葺舊廬。身外浮雲輕土苴，眼前陳迹付籧篨。澗聲山色蒼雲上，花影溪光罨畫餘。他日扁舟約來往，共將詩酒狎樵漁。」

《都官集》卷十三《和章子厚聞子瞻買田陽羡却寄》：「罨畫春流藻荇長，吴門菰米鱖鱸鄉。謀田問舍拙者事，尋壑買山君底忙。出處兩忘同旅寓，濁清一種付滄浪。故人詩酒如驅使（原註：白公詩云：詩酒尚堪驅使在），别有甘泉緑野堂。」然此時並未買田。白公乃白居易。

《省齋文稿》卷十九《書東坡宜興事》：「公熙寧中倅杭，沿檄常、潤間，賦詩云：『惠泉山下土如濡，陽羡溪頭米勝珠。』又有『買牛欲老』、『地偏』、『俗儉』之語，卜居蓋權輿於此。」實為欲卜居。此所引詩，皆見寄陳襄詩其五。

遊太平寺，觀牡丹，作詩。

詩見《詩集》卷十一（五五六頁）；太平寺在常州。

見錢公輔之子世雄（濟明、冰華先生），應請為公輔作哀詞。

據《詩案·為錢公輔作哀詞》；謂為五月經常州事；言哀詞有譏諷之意。錢公輔卒於熙寧五年十一月庚申，見《長編》卷二百四十。哀詞見《文集》卷六十三（一九六四頁）。《宋史》公輔本傳謂卒年五十二。知公輔長蘇軾十五歲。

《參寥子詩集》卷五《寄濟明》：「錢郎年少稟清裔，黃姿綽欲揮等倫。忠言讜論躡根本，行義修篤無緇磷。」《雞肋集》卷七《次韻錢濟明贈感慈長老》稱世雄有濟世之才。《楊龜山先生集》卷二十五《冰華先生文集序》：「年十六七時，其詩已為名流所稱。比壯，遊東坡蘇公之門，與之方軌並馳者，皆一時豪英，而東坡獨稱其『探道著書，雲升川增』，其推與之意至矣。……公以是取重於世。」《道鄉集》卷二十五《祥光記》贊世雄為「天資純孝人」。

游宜興，至單錫家，得伯父渙謝蔣堂（希魯）啟真迹。

《文集》卷六十六《題伯父謝啟後》敍天聖中伯父渙始舉進士於眉，通判蔣堂見渙所賦，歎其精妙絶倫，「此則其親書啟事謝希魯者也。公歿後十三年，得之宜興人單君錫家，蓋希魯宜興人也」。渙卒於嘉祐六年，至今十三年。堂，《宋史》卷二百九十八有傳。

無錫道中，賦水車。

詩見《詩集》卷十一（五五八頁），云「洞庭五月欲飛沙」，作於五月。

至蘇州，遊虎丘寺；與劉述（孝叔）會虎丘，州守王誨以祈雨不至；飲閭丘孝終家：有詩。

詩見《詩集》卷十一（五五八、五六〇、五六一頁）。前二者乃和述作，見《詩集》卷十三《寄劉孝叔》「施註」。《宋史》卷三百二十一《劉述傳》謂述上疏論王安石，責江州，踰歲提舉崇禧觀。與蘇軾倡酬，乃其奉祠時。述，湖州人。後者云「五紀歸來鬢未霜，十眉環列坐生光」。《中吳紀聞》卷四《徐朝議》謂孝終以朝議大夫歸老，卷五《閭丘大夫》謂孝終「後房有懿卿者，頗具才色」。孝終字公顯，《吳郡志》卷二十六有傳，注文已引。

過吳江，題范蠡、張翰、陸龜蒙畫像。 過秀州，夜至本覺寺，文及長老已卒，為詩悼之。

詩見《詩集》卷十一（五六四、五六六頁）。

周必大《南歸録》乾道壬辰二月辛酉紀事：「早行至本覺寺，登岸觀覽，即古檇李也，舊號小長蘆，今遺基可想。」以下引有蘇軾悼文及長老詩：「三過門間老病死，一彈指頃去來今。」

道光《嘉興府志》卷四謂秀水縣有三過堂。又有煮茶亭，一在縣西景德寺之東禪堂，蘇軾三過嘉禾汲水煮茶處；一在本覺寺，為蘇軾與文長老茶話處；一在鴛湖湖心，軾每於鴛湖汲水煮茶。 又謂真如寺有蘇軾煮雪亭，本覺寺尚有東坡館。 大抵出傳聞。

《北礀集》卷二《三過堂記》謂慶元初，蜀僧本覺刻蘇軾過此三詩於石。悼文長老詩題，石刻作：「夜至本覺，文長老已化。」

六月己巳（初三日），陳襄除知應天府，楊繪（元素）代。

據《咸淳臨安志》卷四十六；繪自應天府徙知。

本月，自潤、常還，訪寶山上方雲闍黎，已死葬，題詩其壁。

詩見《詩集》卷十二（五七五頁），云「薪盡火不留」，悼之也。

與湖州守李常（公擇）簡，報將往湖州。

簡乃《文集》卷五十一與常第一簡，稱常為雪上主人。雪在湖州。常本年三月到知湖州任，見《嘉泰吳興志》卷十四。簡云「某雖未得即替，然更得於西湖過一秋，亦自是好事」，作於六月回杭之後，時未聞移密之命。

七月七日，賦《鵲橋仙》贈陳舜俞（令舉）。時舜俞專程來杭相別。

《文集》卷五十六《與周開祖》第一簡敍舜俞來。詞見《東坡樂府》卷下。

陳襄將罷任，宴僚佐有美堂，應襄命賦《虞美人》（「湖山信是東南美」）。

《注坡詞·虞美人》小序：「為杭守陳述古作。」注引《本事集》：「陳述古守杭，已及瓜代，未交前數日，宴僚佐於有美堂。侵夜，月色如練，前望浙江，後顧西湖，沙河塘正出其下。陳公慨然請貳車蘇子瞻賦之，即席而就。」

本月，遊靈隱高峯塔，有詩。

據《施譜》。詩在《詩集》卷十二（五七七頁）。

杭妓往蘇，迓新守楊繪（元素），賦《菩薩蠻》（「玉童西迓浮丘伯」）寄蘇守王誨（規甫）。賦《訴衷情》（「錢塘風景古今奇」）送陳襄，迎楊繪。

詞皆見《東坡樂府》卷下。

八月十三日，陳襄（述古）赴南都，與孫奕（景山）等別襄於佛日净慧寺，題名。

題名見《佚文彙編》卷六（二五八〇頁）。

《省齋文稿》卷十七《跋淨慧寺東坡題名》：「佛日淨慧禪寺，在桐扣黃鶴峯下，寺中有池，池有渥注泉，東坡先生嘗賦五絶句，所謂『細泉咽咽走金沙』者。堂上留題，今既百年，而詩僧慧舉乃謀入石，可謂好事矣。桐扣以張華得名，俗云『同口』，非也。淳熙五年正月九日。」《南歸録》乾道壬辰二月戊午紀事亦敍及此題名。《范成大佚著輯存·題佛日淨慧寺東坡題名》謂軾題名題於「佛日山寺壁間」。淳熙五年三月十日，知仁和縣韓元象刻軾題名於石，見《咸淳臨安志》卷八十。

陳襄（述古）赴南都，作《江城子》、《菩薩蠻》二首、《清平樂》送行。

前三首俱見《東坡樂府》卷下。《江城子》調下原注：孤山竹閣送述古。《菩薩蠻》其一注：西湖送述古。其二注：靈壁寄彭門故人。傅幹《注坡詞》謂「述古席上」，今從。此詞首句「娟娟缺月西南落」，軾自謂。杭於襄所去之南都為西南，言「缺」謂襄之去。末句「應思陳孟公」，明點襄。《清平樂》見《東坡樂府》卷上，《注坡詞》調下注：「送述古赴南都。」起句為「清淮濁汴」。

追送陳襄至臨平，賦《南鄉子》。

詞見《東坡樂府》卷上，中云「誰似臨平山上塔，亭亭，迎客西來送客行」。

楊繪（元素）到知杭州任。十七日，天竺山送桂花，分贈繪，作詩。作《醉落魄》贈繪。

詩見《詩集》卷十二（五七八頁）。繪到任，約在襄離杭時。詞見《東坡樂府》卷下，首句為「分攜如昨」。《詩集》卷三十一《次韻答元素》「施註」亦謂此詞為贈繪作。

再題風水洞。

據《施譜》。《紀年録》謂為熙寧六年八月事，不從。詩佚。

捕蝗至臨安，重過海會寺，作清心堂詩；觀蔡襄（君謨）所書《海會寺記》，並跋。

詩見《詩集》卷十二（五七八頁），末云「慚愧高人閉户吟」，謂僧明師。跋乃《文集》卷六十九《跋蔡君謨書海會寺記》，敍本年來借觀，謂明師年七十四，耳益聰，目益明，寺益完壯。軾此次循行，乃為捕蝗，緊次此詩，乃《捕蝗至浮雲嶺山行疲苶有懷子由弟二首》，可知。

至於潛浮雲嶺，懷弟轍，作詩以蝗災為憂。

詩見《詩集》卷十二（五七九頁），其一首云「西來烟障塞空虚，灑徧秋田雨不如」，言蝗勢凶猛。以下云「新法清平那有此」，寓蝗乃新法招來，有諷意。

《文集》卷四十八《上韓丞相論災傷手實書》：「軾近在錢塘，見飛蝗自西北來，聲亂浙江之濤，上翳日月，下掩草木，遇其所落，彌望蕭然。」

《詩集》卷十三《次韻章傳道喜雨》：「前時渡江入吴越，布陣横空如項羽。農夫拱手但垂泣，人力區區固難禦。」言蝗災。

浮雲嶺在於潛縣南二十五里，見《咸淳臨安志》卷二十八。

二十五日，登新城縣西青牛嶺多福寺，題詩。

詩題為《青牛嶺高絶處有小寺人迹罕到》，在《詩集》卷十二。

蘇軾題詩寺壁，并志歲月，註引《咸淳臨安志》已録。《輿地紀勝》卷二《臨安府·景物下》：「多福寺在新城縣西七十里，有東坡題詩，墨迹尚存。」當即此詩。

二十六日，至新城。

《詩集》卷十二《新城陳氏園次晁補之韻》首云「荒涼廢圃秋」，點季節。末云「不見苦吟人，清樽為誰滿」，補之已隨其父去新城矣。

《總案》：《青牛嶺高絶處有小寺人迹罕到》有「明朝且復城中去」之句，知以二十六日到新城也。

二十七日，還至於潛，晤縣令毛國華，與國華及縣尉方武遊西菩山明智院，訪元淨（辯才），遂宿西菩山。

《詩集》卷十二詩題：「梅聖俞詩集中有毛長官者，今於潛令國華也。聖俞没十五年而君猶為令，捕蝗至其邑，作詩戲之。」

國華字君寶，見題下「查註」。皇祐元年進士，見《太平治迹統類》卷二十八。衢州江山人，見光緒重刊康熙《衢州府志》卷十八。《梅堯臣集編年校注》卷二十四《送毛秘校罷宣城主簿被薦入補令》、《讀毛秘校新詩》，作於至和元年。卷二十五《真上人因送毛令傷足復傷冷》，作於至和二年。卷三十《毛君寶秘校將出京示予詩因以答之》，作於嘉祐五年。《雞肋集》卷十《苕霅行和於潛令毛國華》：「苕溪清霅溪緑溪水灣，環繞天目山間古邑三百家。日出隔溪聞打衙，長官長髯帽烏紗。不曾執板謁大尹，醉卧紫蘭花影斜。」乃國華此時寫照，可與軾詩互參。永樂《樂清縣志》卷五有國華《壽昌寺》七律一首。

《詩集》卷十二《與毛令方尉遊西菩寺二首》其一：「推擠不去已三年。」謂倅杭三年。題下「王註」謂二十七日遊此，有石刻。知至於潛當日即至西菩寺。

《咸淳臨安志》卷八十四《寺院·於潛縣·明智寺（注：西菩山）》謂寺在縣西十八里，唐天祐間建，名西菩寺。以下云：「治平二年改今額。熙寧七年八月蘇文忠公同毛君寶、方君武訪參寥、辯才，遂遊西菩山，留題。」

參寥名道潛。此次訪而未晤。蘇軾始晤道潛，為元豐元年，見該年「秋末道潛來訪」條。

回杭州。

回杭為八月底或九月初事。

九月，移知密州。吏民惜其去。

據《紀年録》、《施譜》。蘇軾得知密州告，為月初。《欒城集》卷十七《超然臺賦・敍》謂兄軾「以轍之在濟南也，求為東州守，得請高密」。《墓誌銘》：「吏民畏愛，及罷去，猶謂之學士而不言姓。」

將赴密，應惠勤請為其詩作敍。自方外借燕文貴《山水卷》逾年，將赴密，題其後歸之。

敍見《文集》卷十（三二一頁）。

題後乃《佚文彙編》卷六《題燕文貴山水卷》。文貴，吴興人。隸軍中。《聖朝名畫評》卷一《人物門・能品》謂太宗時經待詔高益推薦，《圖畫見聞志》卷四《紀藝下》則謂真宗大中祥符初預修玉清昭應宮，經劉都知推薦。以上二書及《畫繼》卷六、《圖繪寶鑑》卷三均有燕文貴傳，均言善畫山水。

與楊濟甫簡，敍已得密州。

簡乃《文集》卷五十九與濟甫第七簡，云密州「風土事體皆佳，又得與齊州相近」，可與弟轍沿牒相見。

九月八日，席上別楊繪（元素），賦《浣溪沙》。時繪亦召還翰苑。

詞見《東坡樂府》卷下。下闋云：「璧月瓊枝空夜夜，菊花人貌自年年，不知來歲與誰看。」繪召還，據《施譜》。《咸淳臨安志》卷四十六謂繪入為翰林學士，九月，知潭州沈起知杭。

九日，復賦《浣溪沙》一首別楊繪。

此首乃步「璧月」一首之韻。《外集》調下原注：「重九，前韻。」下闋云：「可恨相逢能幾日，不知重會是何年，茱萸子細更重看。」蘇軾、楊繪此次相逢，為時固甚短也。

十七日，與楊繪等來遊法惠寺，至法言舍同觀王羲之《敬和帖》，有題。

文見《佚文彙編》卷六(二五六九頁)。同遊者尚有寶臣，寶臣失姓氏。《西湖遊覽志》卷六《南山勝迹》謂自清波門折而南，有方家峪，峪畔有西林法惠院。以下謂院乃「宋乾德三年建，慶曆間，禪師法言作西軒」。法言宅或即西軒。

二十日，與楊繪、魯有開、陳舜俞遊靈鷲，題名。

題名見《佚文彙編》卷六(二五八〇頁)。《總案》本年有「與楊繪、魯有開、陳舜俞游靈隱寺題名」一條，註引《錢塘縣志・靈鷲寺題名》，即此文，然未著月日。

是日，別南北山道友元淨(辯才)等。

《王譜》：「按，先生辛未《別天竺觀音詩序》云：『余昔通守錢塘，移莅膠西，以九月二十日，來別南北山道友。』」

《文集》卷十二《秦太虛題名記》：「始余與辯才別五年，乃自徐州遷於湖。」遷湖為元豐二年，上溯五年即今年。

王朝雲來歸。

據《文集》卷十五《朝雲墓誌銘》，時年十二歲，杭人。《燕石齋補》謂朝雲乃名妓，蘇軾愛幸之，納為常侍。乃好事者附會。

僧居則建大悲閣，蘇軾題梁。

《咸淳臨安志》卷八十五《鹽官縣·安國禪寺》：「在縣西北二百五十步。……熙寧七年，僧居則建大悲閣，蘇文忠公題梁，明年為之記。」

約於本歲離杭前，書仁宗《濟衆方》，榜示通會。

《文集》卷六十六《書濟衆方後》謂仁宗嘗詔太醫集名方曰《簡要濟衆》，鏤板模印，以賜郡縣，俾人得傳録，用廣拯療，至今「殆逾一紀」。《七集·續集》卷九文末有「嘉祐七年正月日」字，當為始頒歲月。今年距嘉祐七年為一紀，據此繫入。

明州育王寺懷璉（大覺）禪師約於本歲以羅漢木贈蘇軾，軾復以贈慈化大師植之。

據《參寥子詩集》卷七《都僧正慈化大師挽詞》其一自注，謂師「植凡二十年」。此詩次元祐六、七年間所作《梅花送汝陰蘇太守》後，元祐七、八年所作《送子中待制》前，約作於元祐七年，上溯二十年為今年。

在杭，嘗與明雅照師游。

《欒城集》卷十三《偶游大愚見餘杭明雅照師舊識子瞻能言西湖舊游將行賦詩送之》：「西軒吴越僧，弛擔未多時。言住西湖中，巖谷涵清漪。却背閭井喧，曲盡水石奇。昔年蘇夫子，杖屨無不之。三百六十寺，處處題清詩。麋鹿盡相識，况乃比丘師。辯、淨二老人，精明吐琉璃。笑言每忘去，蒲褐相依隨。門人几杖立，往往聞談詞。風雲一解散，變化何不為。辯入三昧火，卯塔長松欹。淨老不復出，麈尾清風施。蘇公得罪去，布衣拂霜髭。空存壁間字，鬱屈蟠蛟螭。」

《沈氏三先生文集·雲巢編》卷四《奉送明雅師》（原注：善鼓琴者）首云：「天竺山前十畝園，老夫久種彼土緣。草堂和尚指初禪，辯、淨二士立我前。光明琉璃真金仙，修持内外常湛然。」末云：「公卿貴人喜相延，三尺枯木揮朱弦。人間佛意如何彈，此曲寂寥少人傳。」

在杭，嘗捨亡母程氏簪珥於淨慈寺，作《阿彌陀佛頌》：嘗游淨慈寺，得服生薑法。

頌見《文集》卷二十，命工畫阿彌陀佛像也。《文集》卷七十三《服生薑法》敍得生薑法。

在杭，嘗夢神宗召入禁中，作《靴銘》并賦裙帶。

《文集》卷六十六《書夢中靴銘》敍之。《詩集》卷四十八有《夢中賦裙帶》詩。

在杭，屢得范鎮、文彦博簡。

《文集》卷五十六《與范夢得》第二簡云「屢得蜀公書」、「頻得潞公手筆」；簡並及富弼、司馬光，祝范、文、富、司馬「無恙」。參熙寧五年八月紀事。

在杭，嘗以不舉駁王文敏盗官錢罰銅。

《詩案·供狀》：「(軾)任杭州通判日，不舉駁王文敏盜官錢，官員公按罰銅八斤。」並云係「公罰」。

在杭任，薛昂嘗來見。昂推尊王安石新學，蘇軾不然其説。

《東塘集》卷十九《跋默堂先生帖》：「東坡先生道由廣德，薛昂以郡文學見。昂自以年少氣鋭，與坡論議滋久，遂及新學，推尊其説，屢數千言不停口。坡縱其喋喋，無語及之。昂語竟，坡徐曰：『教授後生，然成敗政不在今日也。』」廣德在今安徽南部，離浙江湖州不遠。不知蘇軾何時至其地，抑或有文字訛誤。但可肯定為在杭時事。元豐二年赴知湖州任，王安石已不在丞相任；元祐知杭，安石已卒。

蘇軾倅杭時，安石正在任。

昂字肇明，杭州人。元豐八年進士第。徽宗時附蔡京，為門下侍郎。靖康初，責徽州居住。《宋史》卷三百五十二有傳。《咸淳臨安志》卷六十五有傳，甚略。

在杭，嘗謁陳襄，賞蔡襄詩真迹；嘗為慈雅跋襄帖。

《佚文彙編》卷五《跋蔡君謨天際烏雲詩卷》：「僕在錢唐，一日，謁陳述古，邀余飲堂前小閣中。壁上小詩一絶，君謨真迹也。」跋帖乃《文集》卷六十九《題蔡君謨帖》。

在杭，高麗使餽土物，謝之。

《梁溪漫志》卷四《東坡用事對偶精切》：「通守餘杭日，《答高麗使私覿狀》云：『歸時事於宰旅，方勞遠勤；發私幣於公卿，亦蒙見及。』『發幣』一事，非外夷使者致饋之故實乎？」

按：此狀見《文集》卷四十六，題作《謝高麗大使土物啟》。

在杭，嘗於通判廳題「隱秀齋」三字。

《咸淳臨安志》卷五十三《臨安府·通判北廳》：「隱秀齋，東坡書。紹興四年始刻石，趙令時書其下。」以下引令時書，有「比於臨安通守舊治今為行在御藥院者柱間，得東坡先生為治中時所題『隱秀齋』三字」語。《武林舊事》卷五《西湖三堤路·資國院》謂舊名報國，有蘇軾「隱秀齋」及趙令時跋。

在杭，有《和吴少卿絶句》。

詩見《詩集》卷四十八。《咸淳臨安志》卷六十六《吴天秩傳》謂少卿乃天秩兄，杭人。天秩元豐三年卒，年六十二，見《錢塘韋先生文集》卷十六墓銘。

在杭，嘗與吕仲甫（穆仲）游靈化洞。

據《文集》卷七十一《書游靈化洞》。《咸淳臨安志》卷二十九謂洞「在郊臺天真院山頂，深百餘步，直下闊十餘丈，有和靖、東坡題名刻於石」。《西湖遊覽志》卷六略同。《詩集》卷十三《寄吕穆仲寺丞》云「孤山寺下水侵門，每到先看醉墨痕」，敍同游。

在杭，嘗遊西湖壽星寺。

《春渚紀聞》卷六《寺認法屬黑子如星》：「錢塘西湖壽星寺老僧則廉言，先生作郡倅日，始與參寥子同登方丈，即顧謂參寥曰：『某生平未嘗至此，而眼界所視，皆若素所經歷者。自此上至懺堂，當有九十二級。』遣人數之，果如其言。即謂參寥子曰：『某前身山中僧也。今日寺僧皆吾法屬耳。』後每至寺，即解衣盤礴，久而始去。則廉時為僧雛侍仄，每暑月袒露竹陰間，細視公背，有黑子若星斗狀，世人不得見也，即北山君謂顔魯公曰『誌金骨，記名仙籍』是也。」此段紀事，涉及神怪，然遊此當可信。又：蘇軾倅杭時，未與道潛晤，參本年八月二十七日紀事。

遊壽星寺事，並參《詩集》卷三十一《去杭州十五年復游西湖用歐陽察判韻》「似省前生覓手書」句及句下「王堯卿註」。

《詩集》卷十三《和張子野見寄三絶句·過舊遊》：「前生我已到杭州，到處長如到舊遊。」前生之説，當由此起。

在杭，嘗游六和寺，書蘇舜欽（子美）金魚詩；觀寺後金魚池之金鯽魚。

《文集》卷六十八有《書蘇子美金魚詩》，敍其事。

《詩集》卷三十一《去杭州十五年復游西湖用歐陽察判韻》：「我識南屏金鯽魚。」

《續墨客揮犀》卷四《詩記一時事實》：「東坡錢塘詩曰：我愛南屏金鯽魚。（略）西湖南屏山興教寺池，有鯽魚十餘尾，皆金色，道人齋餘，爭倚檻投餅餌為戲。東坡習西湖久，故寫于詩詞。」

《輿地紀勝》卷二《兩浙西路·臨安府·景物·南屏山》：「在興教寺後，怪石聳秀，亭榭參差，中穿一洞，巖石若屏。坡詩（略）。」《六和塔》：「開元中建，在龍山月輪峯之開化寺。初，九級，五十餘丈。後廢，紹興間再造，七層而止。」《金魚池》：「在六和塔寺後，山澗水，底清，有金銀魚。」是六和寺即開化寺、興教寺。

在杭，嘗遊定山慈嚴院，題名。

《兩浙金石志》卷六《宋蘇軾定山慈嚴院題名》：「『蘇軾子瞻。』右在定山慈嚴院。磨崖，無年月。正書一行，字徑二寸。」蘇軾黄州以後題名，多自稱東坡，此云「蘇軾子瞻」，約為倅杭時事。

《浙江通志》卷九《山川一・錢唐縣・城外山川》：「定山：萬曆《杭州府志》：『一名獅子山，在縣治東南四十里。』」以下敍定山西臨浙江，江水迅急。

倅杭近三年，人為編、刻蘇軾所作，曰《錢塘集》。入元豐後，有所增益。傳世甚衆。

詳元豐二年七月二十八日紀事。《文集》卷四十九《答陳師仲主簿書》，作於元祐時，謂個人所作「從來不曾編次」。知《錢塘集》乃他人所編刻。《外集》卷首列蘇軾詩文集名，有《錢塘集》。

權兩浙提刑潘良器嘗舉蘇軾，乞召還為侍從。約為倅杭時事。

權兩浙云云，據《詩案・供狀》。《曾鞏集》卷二十有《潘良器兵部員外郎制》。《長編》卷二百八十熙寧十年正月戊寅，有職方員外郎潘良器追兩官紀載。《東軒筆録》卷十一：「熙寧新法行，督責監司尤切，兩浙路張靚、王庭老、潘良器等因閲兵赴妓樂筵席侵夜，皆黜責。」皆良器行實之可考者。

弟轍以所撰《孟德傳》見寄，為書其後。約為倅杭時事。

書後見《文集》卷六十六（二〇四五頁），首云「子由書孟德事見寄」。《欒城集》卷二十五《孟德傳》敍德不畏虎，嘉祐中戍秦州，張方平知秦州，德除兵籍為民。知德事得之方平，傳約作於官陳州教授時。

倅杭，或與釋顯忠（祖印）有交往。

《文集》卷六十一《與祖印禪師》：「某啟。昨夜清風明月，過蒙法施，今又惠及幽泉，珍感！珍感！木湯法豉，恐濁却妙供，謹以回納，不一一。」《晚香堂蘇帖》有此簡，無「某啟」二字；「幽」作「清」，當是；「珍感珍感」作「珍感不已」；「木」似「朮」；「不一一」作「不宣」，此下尚有「祖印長老軾白十七日」九字。

《寶慶會稽續志》卷四《山・新昌・南明山》引顯忠《石狻猊》詩，謂為仁宗嘉祐中人。會稽北宋時為越州，越、杭密邇，故繫其事於此。

《五燈會元》卷十二有《石佛顯忠禪師》事迹。顯忠為南嶽下十一世，金山穎禪師法嗣，全稱越州石佛寺顯忠祖印禪師。石佛寺全名石佛妙相寺，在會稽縣東五里。見《嘉泰會稽志》卷七。

《會稽掇英總集》卷九收顯忠詩十六首。《苕溪漁隱叢話》前集卷五十七、《詩人玉屑》卷二十均引《洪駒父詩話》轉引顯忠詩。

得楚邛仲嬭南和鐘，或為倅杭時事。《金星洞銘》或作於倅杭時。

《考古圖》卷七《楚邛仲嬭南和鐘》(題下原注：眉山蘇氏)。以下繪鐘形，次録鐘上文字：「惟正月初吉丁亥，楚王賸邛仲嬭南龢鐘，其眉壽無疆，子子孫孫永保用之。」次云：「右得於錢塘，量度聲未考，銘二十有九字。」次云：「按《類編》云：賸，送也。嬭，姊也。蓋楚之送女之器，謂之南和。鐘者，樂縣在南也。《儀禮・大射禮》云：阼階東，笙、磬西南，其南笙、磬，西階之西，頌磬東西，其南鐘。」卷首謂「眉山蘇氏」乃蘇軾。

銘見《文集》卷十九。《咸淳臨安志》卷二十九《金星洞》：「在鳳凰山介亭下。洞中生金星草，因此得名。」以下引銘文。

在杭，傳戲呼杭倅為「酒食地獄」。

《萍州可談》卷三：「杭州繁華，部使者多在州置司，各有公帑。州倅二員，都廳公事分委諸曹，倅號無事，日陪使府外臺宴飲。東坡倅杭，不勝杯酌，諸公欽其才望，朝夕聚首，疲於應接，乃號杭倅為『酒食地獄』。」

將行，與楊繪、張先飲流杯堂。繪自撰腔《泛金船》，蘇軾有和。先亦作《勸金船》，並作《更漏子》。

《東坡樂府》卷上《泛金船》（「無情流水多情客」）調下原註：「流杯亭和楊元素。」《注坡詞》調下原註：「和元素自撰腔，命名亦作泛金船。」「泛」一作「勸」。

《全宋詞》第八二頁張先《勸金船》（調下原注：「流杯堂唱和，翰林主人元素自撰腔。」）：「流泉宛轉雙開竇。帶染輕紗皺。何人暗得金船酒。擁羅綺前後。綠定見花影，並照與、艷妝爭秀。行盡曲名，休更再歌楊柳。　光生飛動搖瓊甃。隔障笙簫奏。須知短景歡無足，又還過清晝。翰閣遲歸來，傳騎恨、留住難久。異日鳳凰池上，為誰思舊。」

同上第八一頁《更漏子》：「杜陵春，秦樹晚。傷別更堪臨遠。南去信，欲憑誰。歸鴻多北歸。　小桃枝，紅蓓發。今夜昔時風月。休苦意，說相思，多情人不知。」

《唐宋詞人年譜·張子野年譜》謂《更漏子》乃「流杯堂席上作」。

將行，與楊繪飲於湖上，和繪《南鄉子》。

詞見《東坡樂府》卷上，調下原注：「和楊元素，時移守密州。」首云「東武望餘杭」。

離杭，裴維甫送行。

《王譜》謂離杭在秋末。《詩集》卷二十四《次韻杭人裴維甫》：「餘杭門外葉飛秋，尚記居人挽去舟。」維甫，餘杭人，嘉祐四年進士。見影印本《浙江通志》卷一百二十三。

與楊繪同舟，陳舜俞（令舉）、張先從，赴湖州。

據《文集》卷七十一《書遊垂虹亭》及《施譜》。

至湖州，賦《減字木蘭花》（「維熊佳夢」）賀李常（公擇）生子。常席上賦《南鄉子》。

前者見《東坡樂府》卷下，後者見卷上，有云：「舊日髯孫何處去？重來，短李風流更上才。」髯孫，孫覺，短李，李常。見《詩集》卷十六《次韻秦觀秀才見贈秦與孫莘老李公擇甚熟將入京應舉》「短李」句下宋「趙次公註」。

與楊繪、陳舜俞、張先、李常、劉述至松江，夜置酒垂虹亭上，先賦《定風波令》（六客詞），沈强輔作胡琴，蘇軾賦《南鄉子》，先賦《木蘭花》贈周、邵二妓，軾和舜俞詞。又嘗會碧瀾堂。

與楊繪云云，據《文集》卷七十一《書遊垂虹亭》。《全宋詞》第七四頁先《定風波令·序》：「霅溪席上，同會者六人，楊元素侍讀、劉孝叔吏部、蘇子瞻李公擇二學士、陳令舉賢良。」詞云：「西閣名臣奉詔行，南牀吏部錦衣榮。中有瀛仙賓與主，相遇，平津選首更神清。　溪上玉樓同宴喜，歡醉，對堤杯葉惜秋英。　盡道賢人聚吴分，試問，也應旁有老人星。」此即六客詞，見《全宋詞》第二八九頁蘇軾《定風波》自序。垂虹亭在吴縣利往橋，屬平江，乃三吴絶景，見《輿地紀勝》卷五。霅溪、松江相通。

《全宋詞》第二九一頁蘇軾《南鄉子》：「公舊序云：沈强輔雯上出文犀麗玉作胡琴，送元素還朝，同子野各賦一首。」「雯」當為「霅」之誤，先詞佚。詞云「裙帶石榴紅」、「願作龍香雙鳳撥，輕攏」，紀席間之況。《觀林詩話》：「東坡在湖州，甲寅年，與楊元素、張子野、陳令舉由苕霅泛舟至吴興。東坡家尚出琵琶，并沈沖宅犀玉共三面胡琴。又州妓一姓周，一姓邵，呼為二南，子野賦《六客辭》。」沖疑為强輔之名。據此，除六客外，與此會者尚有沈强輔、周妓、邵妓。《全宋詞》第七五頁先《木蘭花》（調下注：「席上贈周邵二生。」）：「輕牙低掌隨聲聽，合調破空雲自凝。姝娘翠黛有人描。瓊女分鬟待誰併。弄妝俱學閑心性，固向鸞臺同照影。雙頭蓮子一時花，天碧秋池水如鏡。」「周」原作「同」，據《唐宋詞人年譜》改。

《輿地紀勝》卷四《安吉州》：「六客堂：在郡圃中。熙寧中知州事李常，作六客詞。元祐中知州事張詢復立六客之集，作《六客詩序》曰：昔李公擇為此郡，張子野、劉孝叔在焉，而楊元素、蘇子瞻、陳令舉過之，會於碧瀾堂。子野作六客詩，傳於四方。」又：「碧瀾堂：在子城東南，臨溪，唐刺史杜牧建。」此所敍，與《全宋詞》及蘇軾著作有出入處，當以前者為準。

《文集》卷五十六《與周開祖》第一簡：「自杭至吴興見公擇，而元素、子野、孝叔、令舉皆在湖，燕集甚盛。」寫此時事。《詩集》卷十五《至濟南李公擇以詩相迎次其韻》：「夜擁笙歌霅水濱。」憶此時事。

《觀林詩話》引楊繪寄蘇軾詩：「仙舟游漾霅溪風，三奏琵琶一艦紅。」憶此時事。

《東坡樂府》卷下《菩薩蠻》調下原注：「席上和陳令舉。」有「故教月向松江滿」之句；又云「從君都占秋」，時猶在秋末。

題李行中（無悔）醉眠亭。

詩見《詩集》卷十二（五八五頁）。

《紹熙雲間志》卷下行中《醉眠亭》：「簷低檻曲莫嫌隘，地僻草深宜晝眠。代枕莫憑溪上石，當簾時借屋頭烟。倦遊拂壁畫山徑，貪醉解衣還酒錢。一水近通西浦路，客來猶可棹漁船。」雲間乃華亭，見《輿地紀勝》卷三《兩浙西路·嘉興府》。

同上謂題詩醉眠亭者尚有蘇轍、李常、陳舜俞、張先、王觀、秦觀、張景修、韓宗文、蘇棁、晁端佑、晁端彥、晁端稟、關景山、楊蟠、僧道潛等。李常、張先詩已見《詩集》「查註」。轍詩見《欒城集》卷六。同上又謂「醉眠」之名乃蘇軾所命。

《文集》卷五十九《與李無悔》：「久留浙中，過辱存顧，最為親厚。既去，又承追餞最遠。」

《中吴紀聞》卷四《李無悔》：「本雪川人，徙居淞江，高尚不仕，獨以詩酒自娛。晚治園亭，號醉眠。……其詩意尚深遠。」《至元嘉禾志》謂行中築亭青龍江上。《輿地紀勝》卷三謂青龍鎮去華亭縣五十里，居松江之陰。

至蘇州。州守王誨（規甫）席上，為歌者賦《阮郎歸》。何充為寫真，贈充詩。姚淳來訪。

詞見《東坡樂府》卷下，云「一年三度過蘇臺」，《總案》謂自去年冬至此時為一年三度。詩見《詩集》卷十二（五八七頁），中云「問君何苦寫我真」，知充乃求為蘇軾畫。《文集》卷五十二《與王定國》第三十三簡贊鞏（定國）之書「詞韻甚美，正似蘇州何充畫真」。《詩集》注文謂充字浩然，是。《文集》卷五十九《與何浩然》贊充「寫真奇妙，見者皆言十分形神，甚奪真也」，可證。《圖畫見聞志》卷三：「何充，姑蘇人。工傳寫，擅藝東南，無出其右者。」

《文集》卷五十七《與姚君》第一簡云「過蘇有辱垂訪」。姚名淳，見《文集》卷六十一《與通長老》第二簡校記。《中吴紀聞》卷二《姚氏三瑞堂》：「閶門之西，有姚氏園亭，頗足雅致。姚名淳，家世業儒，東坡先生往來必憩焉。」《紫桃軒雜綴》卷四亦記此事，有軾「留矚竟日」之語。

過晉陵，見沈東老之子偕，偕為道回先生（吕洞賓）事。為和回先生詩。蘇軾嘗書「東老庵」、「回仙橋」。

據《文集》卷六十八《書所和回先生詩》。和詩見《詩集》卷十二（五八八頁）。晉陵乃常州治。偕，歸安人，元豐二年進士。見影印《浙江通志》卷一百二十四。東老名思，隱湖州東林，見注文。《輿地紀勝》卷四《安吉州》：「東林山，在歸安縣西南五十四里，上有祇園寺，頂有浮圖。」以下謂此為仙人回先生題壁處，即沈氏故居。蘇軾嘗書據《吴興備志》卷二十五引劉一止《回仙橋祠堂碑記》。按：一止《苕溪集》今本無此文。

應單錫請，題德興俞氏聚遠樓。

詩乃《詩集》卷十二《單同年求德興俞氏聚遠樓詩》。同治《德興縣志》卷八：「余仕隆，字宗道。性豪邁。常登寶賢坊之山，顧而樂之，創樓其下。後以樓址專一邑之勝，輸其地以建學宮。熙寧二年，復構樓於後山之巔，邑令單錫顏曰聚遠，因以為號，自賦有詩。與眉山蘇氏父子……劉侍郎定諸公相友善，題詠甚多。」錫家毗陵，軾詩作於此時。郭祥正《青山集》有《寄德興余氏聚遠亭》詩，知俞一作余。道光《德興縣志》卷十二有錫《聚遠樓》詩。

十月，至潤州。與胡宗愈（完夫）、孫洙（巨源）、王存（正仲）會多景樓，賦《采桑子》，作《彈箏》詩。

詞見《東坡樂府》卷上，自序謂「甲寅仲冬」相會。按：「仲」乃「孟」之誤。軾十一月十五日已至海州，不應仲冬尚在此。自序謂相會者有洙、存，據《文集》卷五十一《與李公擇》第四簡，知相會者尚有宗愈。《嘉定鎮江志》卷十二《丹徒縣・多景樓》謂此會蘇軾「賦江天斜照，傳於樂府」；「江天斜照」出《采桑子》末句。詩見《詩集》卷十二（五九一頁）。

據《宋史》卷三百一十八《胡宗愈傳》，時宗愈通判真州。洙，八月十五日離知海州任，見《東坡樂府》卷上《永遇樂》自序。

過甘露寺，使工摹陸探微畫師子板。

宋刊十行本《東坡集》卷二十《師子屏風贊》引敍其事。此贊乃《文集》卷二十一《膠西蓋公堂照壁畫贊》，引之文字與十行本不同。《建康集》卷三《書陸探微師子畫贊後》：「陸生板畫，天下惟此本。初留建康境中，唐太和間，李文饒鎮浙西，徙置鎮江甘露寺，余猶及見焉。元符中，甘露火，板亦隨燼，常恨絶迹，世不復見。忽有得東坡所摹以獻。會府治草堂成，因傳寫為照壁屏之陰。」

潤州，與楊繪（元素）別，和繪《菩薩蠻》。過金山，未停，寶覺輕舟追餞。

詞見《東坡樂府》卷下，調下原注：「潤州和元素。」云「離聲凄咽胸填滿」。繪此去京師赴翰林學士任，所作詞不傳。

《文集》卷六十一《與寶覺禪老》第一簡云：「去歲赴官，迫於程限，不能艤舟。一别中流，縱望雲山，杳然有不可及之歎。既渡江，遂蒙輕舟見餞，復得笑語一餉之樂。」作於熙寧八年，敍此時事。

與孫洙同至揚州，州守王居卿燕於平山堂，賦詩論詩。與李常（公擇）簡，以得李之儀為樂。

《詩集》卷十二《平山堂次王居卿祠部韻》：「高會日陪山簡醉，狂言屢發次公醒。」《詩話總龜》前集卷九引《王直方詩話》：「田承君云：王君卿在揚州，同孫巨源、蘇子瞻適相會。君卿置酒，曰：『疎影横斜水清淺，暗香浮動月黄昏。』此林和靖《梅花》詩。然而為咏杏與桃李，皆可。東坡曰：可則可，但恐杏、李花不敢承當。一座大笑。」《侯鯖録》卷八亦有此記載。《東坡樂府》卷上《西江月》首云「三過平山堂下」，此為第二次。

居卿，字壽朋，登州蓬萊人。《宋史》卷三百三十一有傳，謂卒年六十二；《長編》卷三百四十四謂元豐七年卒，知長蘇軾十三歲。時居卿以鹽鐵判官知揚州，見嘉慶《揚州府志》卷五十六。《趙清獻公文集》卷四有次韻居卿詩。

《文集》卷五十一與李常第四簡：「某已到揚州。」以下云以得之儀（端叔）為「此行天幸」。此行者，謂自杭至揚途中。《詩集》卷二十六《次韻答李端叔》：「識君小異千人裏，慰我長思十載間。」元豐八年作，敍此時事。

至高郵，弔邵迎（茂誠）之喪，為其詩集作敍。

《文集》卷十《邵茂誠詩集敍》敍迎卒於熙寧六年，「明年，余過高郵，則其喪在焉」。《雪樓集》卷二十五有《跋東坡邵茂誠詩集引真迹》。迎集不傳，《蟹略》卷三有迎殘句。

在高郵，晤孫覺（莘老），讀秦觀（少游）詩詞，盛贊之。覺出杜叔元（君懿）所蓄許敬宗硯。

《冷齋夜話》卷一《秦少游作坡筆語題壁》：「東坡初未識秦少游，少游知其將復過維揚，作坡筆語，題壁於一山中寺，東坡果不能辨，大驚。及見孫莘老，出少游詩詞數百篇讀之，乃歎曰：『向書壁者，豈此郎耶？』」《詩集》卷十六《次韻秦觀秀才見贈秦與孫莘老李公擇甚熟將入京應舉》：「故人坐上見君文，謂是古人吁莫測。」故人乃孫覺。

《文集》卷七十《書許敬宗硯二首》敍叔元藏敬宗硯，欲死後蘇軾為銘墓，而以硯歸之；叔元死，子沂歸硯請銘，辭，乃求覺而得誌文，遂以硯歸覺，「余過高郵，莘老出硯示余」。同上《書杜君懿藏諸葛筆》：「余來黄州，君懿死久矣。」知晤覺於高郵，為此時事。考《宋史·孫覺傳》，覺時居祖母喪在家。

至楚州，與孫洙別，贈《更漏子》（「水涵空」）。

《東坡樂府》卷上《永遇樂》自序謂「至楚州乃別」。《更漏子》亦見《東坡樂府》卷上。

過淮。

《詩集》卷十八《過淮三首贈景山兼寄子由》首云「好在長淮水，十年三往來」，此為第二次。

十一月十五日，至海州。與陳海州會於景疏樓，賦《永遇樂》寄孫洙（巨源）。作《二疏圖贊》。次韻陳書懷、乘槎亭，次韻洙寄贈漣水李著作、縣令鄭僑并以見寄。賦《浣溪沙》（「長記鳴琴子賤堂」）贈陳。攜家遊朐山臨海石室。

《東坡樂府》卷上《永遇樂》題下原注：「孫巨源以八月十五日離海州。……余以十一月十五日至海州，與太守會於景疏樓上，作此詞以寄巨源。」詞云「別來三度，孤光又滿」，洙別海州已三月。贊見《文集》卷二十一。二疏謂疏廣、疏受，海州人，《漢書》卷七十一有傳。樓蓋為景仰二疏作。贊云「殺蓋、韓、楊，蓋三良臣」，謂蓋寬饒、韓延壽、楊惲。《蘇文繫年考略》謂有隱刺新法排斥元老重臣之意，作於此時。《東坡樂府》注蓋據《注坡詞》。

次韻見《詩集》卷十二（五九四、五九六頁）。前者自注云「陳曾令鄉邑」。嘉慶《海州直隸州志》卷二十八引元祐四年三月四日《王華曜題名》，云「觀東海於龍興山之乘槎亭」，卷十一謂「孔望山，州東五里有龍洞，唐、宋時為龍興山」。《詩案・後杞菊賦并引》有「漣水縣著作佐郎鄭僑」之語。僑字晦之，見《清江三孔集・宗伯集》卷十二《信安公園題名記》。《浣溪沙》見《東坡樂府》卷下。

《文集》卷五十五《與蔡景繁》第九簡敍攜家游朐山臨海石室。《詩集》卷二十二《和蔡景繁海州石室》「一聲冰鐵散巖谷，海為瀾翻松為舞」，卷四十一《和陶雜詩》其十一「我昔登朐山，出日觀滄凉，欲濟東海縣，恨無石橋梁」，憶此時事。海州治朐山縣，縣有朐山。

赴密途中，與周邠（開祖）簡。賀其得知樂清。屢與單錫（君貺）簡。瀕海行，賦《沁園春》寄弟轍。

《文集》卷五十六與邠第三簡，云「一路候問來耗」，云知密「甚便其私」，謂弟轍在齊州，密離齊近。卷六十一《與通長老》第二簡云「路中屢有書」與錫。樂清屬温州。

詞見《東坡樂府》卷上，調下原注：「赴密州，早行，馬上寄子由。」《遺山先生文集》卷三十六《東坡樂府集選引》：「絳人孫安常注坡詞，……有可論者。……就中『野店雞號』一篇，極害義理，不知誰所作，世人誤為東坡。而小説家又以神宗之言實之，云：『神宗聞此詞，不能平，乃貶坡黄州，且言教蘇某閑處袖手看朕與王安石治天下。』安常不能辨，復收之集中。」按：此詞為蘇軾代表作之一。元好問斥為「害義理」，未可謂知軾。然自好問之言觀之，此詞影響頗大。「野店雞號」乃《沁園春》句。

《文集》卷五十一《與李公擇》第二簡謂原擬經清河至濟南赴密，以清河冬深即當凍合，故急去。然軾未取道濟南，當以清河凍合之故。

十二月三日，到密州任，上謝表。又有謝執政啟。

《文集》卷二十三《密州謝上表》謂於「今月三日到任」，未言月份。按：蘇軾既於十一月十五日到海州，則到密實在十二月。《總案》、《施譜》、《紀年録》謂為十一月到任，《王譜》謂為明年正月到任，均誤。參本年以下「上奏狀論河北京東盗賊」，「除夕」等條紀事。參本月十二日紀事。

《謝執政啟》見《文集》卷四十六（一三二七頁）。密州屬京東東路，乃高密郡，安化軍節度，治諸城縣。縣四：諸城、安丘、莒、高密。

蘇軾職銜全稱見本譜熙寧九年四月癸卯紀事。

時滕元發（達道）知青州。

《文集》卷五十一與元發第四簡：「某孤拙無狀，得在麾下，蓋天幸也。」

《長編》卷二百五十二熙寧七年四月甲申有知青州滕甫(元發)紀事。《北宋經撫年表》：知青州由京東東路安撫使兼。京東東路領青、密、齊、沂、登、萊、濰、淄八州，軍一：淮陽。

李察(公恕)為京東轉運判官。

《詩集》卷十六《送李公恕赴闕》，作於元豐元年，「施註」謂公恕時為轉運判官。《欒城集》卷七《送轉運判官李公恕還朝》，亦作於元豐元年，有「幸公四年持使節，按行千里長相見」之句。是蘇軾本年末至密州時，公恕已在轉運判官任。《詩案·供狀》謂在密時，轉運判官李察舉不次清要任使，是公恕名察。察乃熙寧新進之士，嘗以大理寺丞為河北提舉常平，見《高齋漫録》。

段繹(繹之)為京東路提刑。

《詩集》卷十二有《除夜病中贈段屯田》，《欒城集》卷五有《次韻子瞻病中贈提刑段繹》，知段屯田名繹。《長編》卷二百二十熙寧四年二月丁丑紀事：「詔權發遣夔州路提點刑獄、屯田員外郎段繹徙京西路。」不知繹何時由京西路移京東路。繹當為縫(約之)兄弟輩，參元豐七年「答段縫見贈」條。

劉庭式(得之)為通判。

《文集》卷六十六《書劉庭式事》：「予昔為密州，殿中丞劉庭式為通判。庭式，齊人也。」庭式，《宋史》卷四百五十九有傳。

趙杲卿（明叔）、章傳（傳道）、陳開為州學教授。

《詩集》卷十三《送段屯田分得于字》稱州學教授非俗儒。趙、章見熙寧八年「章傳遊盧山」條紀事。《仙溪志》卷四：「陳開，字發明，以太學生登熙寧六年進士第。調密州教授。時太守蘇文忠公深器重之。諸生力留，更七年而後代。密州儒風之盛自公始。後入為太學博士。召對，進兩劄：其一排新法，其一去小人進君子，言議激切。時小人當國，出為雄州通判。尋除宗正寺丞，官至朝奉大夫，累贈金紫光禄大夫。」《莆陽比事》卷五《永嘉理學高密儒風》引《陳開行狀》謂字明發，文較簡略。

趙昶為諸城令。

見熙寧八年「趙昶罷諸城令」條。

《詩集》卷十三《送段屯田分得于字》稱昶為天馬駒。

應蘇州姚淳之請，題其三瑞堂。十二日，與通長老簡。

詩見《詩集》卷十三（六一一六頁）。「十二日」云云，據日本小川環樹等《蘇詩佚注》引「施註」。《詩集》「誥案」所引《與姚君書》，乃與蘇州通長老者，詳《文集》卷六十一《與通長老》第二簡校記。《與通長老》第一簡云及「某到此旬日」，知實作於熙寧七年到任後九日。《與通長老》第二簡首云「《三瑞堂詩》已作了，納去」，中云「單君貺必常相見，路中屢有書去」。細考之，二簡作於同時。所云「路中」乃指自杭至密途中。第二簡無問候例語，當為第一簡之附言。《詩集》次題三瑞堂詩於熙寧八年之初。據以上所引二簡，以繫於熙寧七年末為是。簡並云「郡僻事少，足養衰拙」。

時方行手實法。司農寺下諸路，不時施行者以違制論；蘇軾謂司農寺擅造律。

據《墓誌銘》：謂司農寺使民自疏財産以定户等，又使人得告其不實。蘇軾于是謂提舉常平官曰：「違制之坐，若自朝廷，誰敢不從，今出於司農，是擅造律也，若何？」使者驚曰：「公姑徐之。」

《宋史紀事本末》卷三十七《王安石變法》謂熙寧七年：「秋七月，立手實法。時免役出錢或未均，吕惠卿用其弟曲陽縣尉和卿計，創手實法。其法，官為定立物價，使民各以田畝、屋宅、資貨、畜産隨價自占。凡居錢五，當蕃息之錢一。非用器、食粟而輒隱落者許告，獲實，以三分之一充賞。預具式示民，令依式為狀，縣受而籍之，以其價列定高下，分為五等。既該見一縣之民物産錢數，乃參會通縣役錢本額，而定所當輸錢。詔從其言。」

上狀陳蝗災。

《文集》卷四十八《上韓丞相論災傷手實書》：「軾到郡二十餘日矣。……自入境，見民以蒿蔓裹蝗蟲而瘞之道左，纍纍相望者，二百餘里，捕殺之數，聞於官者幾三萬斛。……而京東獨言蝗不為災，將以誰欺乎？郡已上章詳論之矣。」

《總案》：「此書作於到郡二十餘日之後，所上章，本集不載。書有量蠲秋税、倚閣青苗之囑。或恐以重復檢按行下，為本路所沮，故急為此書，是上章與書皆同日發出。」

上丞相韓絳書。首陳蝗災宜量捐秋税或與倚閣青苗錢；論方田均税之患；論手實法害民；論免役法應用五等古法；請京東、河北免榷鹽。

上韓書陳蝗災一節，已見以上「上陳蝗災狀」條。

書論方田均税，謂：「税之不均也久矣，然而民安其舊，無所歸怨。今乃用一切之法，成於期月之間，奪甲與乙，其不均又甚於昔者，而民之怨始有所歸矣。」《宋史紀事本末》卷三十七《王安石變法》熙寧五年八月甲辰紀事：「頒方田均税法。帝患田賦不均，詔司農重定方田及均税法，頒之天下。」其要為：以縱横各一千步為一方，按田地肥瘠分五等定税，有方帳、莊帳、甲帳、户帖為存案與憑證，其分烟析産，典賣割移，官給契，縣置簿，以所方之田為正。即蘇軾所謂一切之法。

書謂手實法「大抵恃告訐耳」。又謂：「夫告訐之人，未有非凶姦無良者。異時州縣所共疾惡，多方去之，然後良民乃得而安。今乃以厚賞招而用之，豈吾君敦化、相公行道之本意歟！」

書謂免役之法，立意在均出役錢。並謂：「軾以為定簿便當，即用五等古法，惟第四等、五等分上、中、下。」以下謂：「當先定役錢所須幾何，預為至少之數，以賦其下五等（原註：下五等，謂第四等上、中、下，第五等上、中也。此五等舊役，至輕，須令出錢至少乃可，第五等下，更不當出分文）。其餘委自令佐，度三等以上民力之所任者而分與之。」

書謂兩浙官榷鹽，民以鹽得罪者，歲萬七千人，終不能禁。京東之民，悍於兩浙遠甚，恐非獨萬七千人而已。

上奏狀，論河北、京東盜賊。

狀見《文集》卷二十六（七五三頁），謂十一月上。按：「十一」乃「十二」之誤。狀論欲免盜賊，「當常使其民安逸富强」。乞體量放税，其四等以下，且行倚閣；乞應販鹽小客，截自三百斤以下，并與權免收税；乞信賞必罰，以威克恩。

致滕元發（達道）簡，述蝗災及新法中之兵政。嘗申安撫司，論新法將官管兵事宜。

《文集》卷五十一與元發第二、三簡敍蝗災、兵政。後者云：「新法，將官所管兵，更不差出，而本州武衛差在巡檢者千餘人，若抽還，則威勇、忠果之類，必填不足。已申安撫司去訖，為論列也。」申文佚。前者并云「咫尺無緣一見」，思念元發。

弟轍第三子虎兒生，作《虎兒》。

詩見《詩集》卷十二，《欒城集》卷五有和。虎兒名遠，後改遜，見《蘇潁濱年表》。

作《鐵溝行》贈喬敍。

詩見《詩集》卷十二（六〇一頁）。首云：「城東坡隴何所似？風吹海濤低復起。城中病守何所為，走馬來尋鐵溝水。」

題稱敍太博，乃太常博士。《文集》卷六十二《密州請皐長老疏》首云「安化軍據霍郎中、陳郎中、褚郎中、宋駕部、傅虞部、喬太傅」等狀，乞請沂州皐長老住持本縣石城院。本縣乃指諸城。知喬等為諸城人。「太傅」疑為「太博」之誤。《詩集》卷十三《喬太博見和復次韻答之》云「胡為守故丘」，亦可證敍為諸城人。

敍字禹功，見《詩集》卷十四《送喬施州》題下「王堯卿註」。

雪後書北臺壁。

詩見《詩集》卷十二(六〇二頁)。王安石、蘇轍次韻詩,題下「查註」已録。安石詩見《王臨川集》卷十八,轍詩見《欒城集》卷五,參熙寧十年「《眉山集》問世」條紀事。

除夕,病中賦詩贈段繹(釋之)。

《詩集》卷十二《除夜病中贈段屯田》首云:「龍鍾三十九,勞生已强半。歲暮日斜時,還為昔人歎。」《欒城集》卷五《次韻子瞻病中贈提刑段繹》:「京東分東西,中劃齊魯半。兄來本相從,路絶人長歎。前朝使者還,手把新詩玩。」

是歲,始患痔疾。

《文集》卷五十四《與程正輔》第五十三簡:「軾舊苦痔疾,蓋二十一年矣。」作於紹聖三年,據推。

蘇軾年譜卷十四

熙寧八年(一〇七五)乙卯　四十歲

正月，與喬敍、段繹唱和《除夕》韻。

《詩集》卷十三《喬太博見和復次韻答之》：「愧煩賢使者，弭節整紛亂。」謂繹。「喬侯胡璉質，清廟嘗薦盥。」喬嘗官太常。以下有《二公再和亦再答之》。

十五日，賦《蝶戀花》，憶杭州上元之盛。

詞見《東坡樂府》卷下，蓋初到任作。

二十日，賦《江城子》，懷亡妻王弗。

詞見《東坡樂府》卷下；《外集》謂作於本月十二日。

段繹罷提刑任，有送行詩。

《詩集》卷十三《送段屯田分得于字》：「勸農使者古大夫，不惜春衫踐泥塗。」

章傳(傳道)游盧山，賦詩。次傳韻，簡傳，并請諸士言(公弼)、喬敍(禹功)、趙杲卿(明叔)同賦。賦《盧山五詠》。

詩皆見《詩集》卷十三(六一九頁)。傳詩不傳,士言、敘、杲卿詩不見。

《式古堂書畫彙考・書》卷十《蘇雪堂次傳道遊盧山詩帖》:「軾謹次傳道先生遊盧山高韻(詩略)。閲訖,幸即付去人送公弼郎中、禹功太博、明叔教授,各乞一首。軾上。」《佚文彙編》未收。

山東五蓮縣九仙山大石棚(按: 原屬諸城)題名:「褚士言公弼、□中立子達,壬寅四月同遊。」壬寅當仁宗嘉祐七年(一〇六二)。

《文集》卷六十二《密州請皐長老疏》首云「安化軍據霍郎中、陳郎中、褚郎中、宋駕部、傅虞部、喬太傅(按: 應作『博』)及莒縣百姓侯方等狀」。密州乃安化軍節度,已見熙寧七年十二月三日紀事。知蘇軾與章傳簡中所云之「公弼郎中」即褚士言。士言為密人,或雖非密人而實居於密。

禹功乃喬敘,前已及。明叔名杲卿,見《文集》卷六十六《書劉庭式事》,時為州學教授。

《詩集》卷十三《次韻章傳道喜雨》末云:「試向諸生選何武。」知傳亦為州學教授。同上卷《和頓教授見寄用除夜韻》:「慚愧章先生,十日坐空館。」亦可證。

滕元發欲辟弟轍入幕,有簡謝。事未成。

《文集》卷五十一與元發第五簡:「舍弟仰玷辟書,荷恩至深。」以兄弟久别又得少相近也。簡又云:「未知可決得否?」考蘇轍一生事迹,未嘗入青州幕,是未得也。

二月丁丑(十五日),向經知青州。經在任中,舉蘇軾,請召還為侍從。

二月丁丑云云,據《長編》卷二百六十。

《詩案·供狀》：京東安撫使向京舉召還侍從。向經乃向京。經乃代元發者。元發於本月辛未（初九日）知齊州，旋改鄧州。見《長編》。旋丁憂。參本年閏四月二十一日紀事。經乃敏中之孫，開封人。《宋史》卷二百八十二《向敏中傳》及之。《長興集》卷二十八有《向經墓誌銘》。

三月，與表兄石康伯（幼安）簡，以流殍盜賊為憂。

《佚文彙編》卷二與康伯第二簡：「凶歲之餘，流殍盜賊無虛日，凡百勞心。」三月作。

頓起來詩，用贈段繹除夜韻答之。

詩見《詩集》卷十三（六二六頁）。

起字敦詩，汝南人。見光緒《盱眙縣志稿》題名。熙寧三年進士及第時，《欒城集》卷三送起還蔡州詩，云「自誇對策語深淳」；卷四有《和頓主簿起見贈二首》；卷五《少林寺贈頓起》，作於洛中，《蘇潁濱年表》熙寧五年八月紀事云「同頓起於洛陽妙覺寺考試舉人」，可證。

起寄蘇軾詩時為青州教授，故軾以教授稱之。《欒城集》卷五有《和青州教授頓起九日見寄》詩，作於熙寧七年。

弟轍寄次韻韓宗弼送游太山等四詩來，次韻；欲借《法界觀》讀之。

轍詩見《欒城集》卷五。

軾次韻見《詩集》卷十三（六二七頁）；其《送春》云：「憑君借取《法界觀》，一洗人間萬事非。」時弟轍正讀此書，而蘇軾未嘗見。《法界觀》蓋為佛教華嚴宗代表作，重要佛典。《詩集》卷十八《送劉寺丞赴餘姚》贊其「手香新寫《法界觀》」。寺丞名撝，已見熙寧五年八月紀事。詩作於湖州。

四月初，禱雨常山，作祝文。時遭凶旱。得雨，次韻章傳（傳道）志喜。

文見《文集》卷六十二（一九一七頁），為五首之第一首。文云：「哀我邦人，遭此凶旱。流殍之餘，其命如髮。」乃以「四月初吉」祭之。

《詩集》卷十三《次韻章傳道喜雨》：「山中歸時風色變，中路已覺商羊舞。夜窗騷騷鬧松竹，朝畦泫泫流膏乳。」

十一日，寄詩劉述，詩有譏諷新法之意。

據《詩案·送劉述吏部》。詩見《詩集》卷十三（六三一頁）。

癸酉（十二日），詔罷給田募人充役。蘇軾至密州後，施行其法，民甚便之。

《長編》卷二百六十二本日紀事：「詔罷給田募人充役。已就募人聽如舊，其走、死、停、替者勿補。」

《文集》卷二十六《論給田募役狀》：「臣伏見熙寧中嘗行給田募役法，其法亦係官田（注略），及用寬剩錢買民田，以募役人，大略如邊郡弓箭手。臣知密州，親行其法，先募弓手，民甚便之。」作於元豐八年十二月。《文集》卷二十七《辯試館職策問劄子》其二復言之，奏於元祐二年正月十七日。前者并謂行給田募役法，「本出先帝聖意，而左右大臣意在速成，且利寬剩錢以為它用，故更相駁難，遂不果行」，謂其法有五利二弊，設法以防弊，給田募役法決不可廢。

按，王安石推行新政，以免役法代差役法，免役法為新法之重要組成部份，而給田募役法實為免役法之發展。就新法整體言，蘇軾持異議，然如新法中之具體措施如「裁減皇族恩例、刊定任子條式、修完器械、閲習旗鼓」，則持肯定態度（《文集》卷二十五《上神宗皇帝書》）。蘇軾鼓吹給田免役法，實有肯定免役法之意，其思想認識，較新政初期，已有所發展。

何謂差役？《宋史》卷一百七十七《食貨志》云：「役出於民，州縣皆有常數。宋因前代之制，以衙前主官物，以里正、户長、鄉書手課督賦税，以耆長、弓手、壯丁逐捕盗賊，以承符、人力、手力、散從官給使令；縣曹司至押、録，州曹司至孔目官，下至雜職、虞候、揀、掐等人，各以鄉户等第定差。」是之謂差役。差役既行，衙前為重。民間規避重役，土地不敢多耕而避户等，骨肉不敢義聚而憚人丁，上户寖少，中下户寖多，役使頻仍，生資不給，識者憂焉，於是而免役之法興。

何謂免役？據《宋史·食貨志》，乃使民出錢雇役。革舊弊；凡有産業物力而舊無役者，出錢以助役；村鄉朴惷不能自達之窮甿寬優之；仕宧兼并能致人言之豪右裁取之。凡當役人户，以等第出錢，名免役錢。其坊郭等第户及未成丁、單丁、女户、寺觀、品官之家，舊無色役而出錢者，名助役錢。雇直用足，又率其數增取二分，以備水旱欠閣，謂之免役寬剩錢。

差役、免役之争，事關蘇軾政治生活，故略銓差役免役之義於此。

二十二日，作《文與可字説》寄文同。

文見《文集》卷十。

杭州余簿來，得靈隱雲知和尚等道俗手書近百餘通。答雲知簡，敍念杭之意。簡見《文集》卷六十一（一八九一頁）。簡云得道俗簡，「皆云杭民亦未見忘」，會當求湖、明一郡，留連數月，以盡平生之懷。簡云：「某到此粗遣，已百餘日。」答簡約為四月間事。雲知，《五燈會元》卷十五有傳。雲知屬青原下十世，泐潭澄禪師法嗣。全稱臨安府靈隱雲知慈覺禪師。

閏四月二十一日，滕元發（甫、達道）落職，以妻黨李逢與趙世居等結謀不軌牽聯。時元發丁憂，蘇軾有簡及之。

《宋會要輯稿》第九十八册《職官》六五之三九，謂本日「丁憂人前翰林侍讀學士、禮部侍郎滕甫落職，候服闋差知州」。

《長編》卷二百六十三本日敍事：右羽林軍大將軍、秀州團練使趙世居謀逆，賜死；世居與李逢等結謀。《文集》卷十五《滕元發墓誌銘》：「公之妻黨有犯法至大不道者，小人因是出力擠公，必欲殺之。帝知其無罪，落職。」

《文集》卷五十一與元發第五十三簡，乃為慰滕丁憂而作，中云：「今茲退歸，有識所共歎，而孤拙無狀，尤為失巨庇也。」或就落職而發。

五月，復旱，再禱於常山，作祝文。雨降。

《文集》卷六十二《祭常山神祝文》：「乃者有謁乎神，即退之三日，時雨周洽。……然而一雨之後，彌月不繼。」卷十一《雩泉記》謂再禱常山神，其應如響，乃新其廟。

作孔延之（長源）挽詞。

挽詞見《詩集》卷十三（六三七頁）。延之卒於熙寧七年二月，年六十一，見《曾鞏集》卷四十二墓銘。

寄吕仲甫（穆仲），答陳襄，題張方平樂全堂，懷晁端彦（美叔），有詩。

詩見《詩集》卷十三（六三九、六四一、六四四頁）。

姚淳專使來簡，答之。

答簡乃《文集》卷五十七與淳第一簡。簡云及「溽暑」，知作於夏。

六月甲寅（二十四日），韓琦卒。作祭文。

《文集》卷六十三《祭魏國韓令公文》：「六月甲寅，人之無禄，喪我宗臣。」

余主簿母卒，作挽詞。

此余主簿，或即本年「杭州余簿來」條之余簿。

挽詞見《詩集》卷十三（六四〇頁）。挽詞有「閨庭蘭玉照鄉閭」之句，則余主簿乃蜀人。

作張掞（文裕）挽詞。

挽詞見《詩集》卷十二（六四三頁）。中云：「每見便聞曹植句。」是蘇軾與掞嘗有直接交往。掞，卒於熙寧七年，年八十，《宋史》卷三百三十三有傳。《長編》卷二百十四熙寧三年八月庚午紀事：龍圖閣直學士工部郎中張掞為户部侍郎致仕。其交往當在熙寧初。《欒城集》卷五亦有挽詞。

劉攽自曹州寄詩來。攽及李常(公擇)復寄詩來,次韻敍及收養棄兒。

《彭城集》卷九《重寄蘇子瞻》:「空胸迷舊學,華髮悵頽齡。江海容孤翼,雲霄寄客星。未堪循吏傳,默守《太玄經》。正恐聲聞酒,令人醉不醒。」據「循吏」云云,此詩乃作於曹州。《宋史·劉攽傳》謂攽在曹有政聲。《詩集》卷二十八《再和》:「當年曹守我膠西。」

《詩集》卷十三《次韻劉貢父李公擇見寄》:「灑涕循城拾棄孩。」劉、李原唱已失。次劉、李韻合於一題,乃以三人情誼甚深。參熙寧九年「劉攽屢寄詩」條。

《文集》卷四十九《與朱鄂州書》:「軾向在密州,遇饑年,民多棄子,因盤量勸誘米,得出剩數百石别儲之,專以收養棄兒,月給六斗。比期年,養者與兒,皆有父母之愛,遂不失所。所活亦數千人。」

此詩其一譏諷新法事多,其二譏諷朝廷削减公使錢太甚,及造酒不得過百石。「查註」已引《詩案》敍及。

《詩案》謂此詩其一作於熙寧六年九月,其二作於熙寧八年六月。「六年」當為「八年」之誤刊。今依《詩集》編次,繫於此。

《嘉泰吳興志》卷十四謂熙寧九年三月李常知齊州,是常作詩時,仍在湖州。《詩集》題下「合註」引《長編》謂常知齊州為今年五月,誤。《長編》無此記載。

常山廟新修成,作祝文。

文見《文集》卷六十二,為《祭常山祝文》之第二首。文云:「自我再禱,應不旋轂。迨茲有秋,歲得中熟。……陶匠并作，新其楹桷。豈以為報，民苟不作。」參本年「五月復旱」條。

祭常山回小獵，會獵鐵溝，賦詩。并賦《江城子》，自謂雖無柳永風味，然自是一家，并令壯士歌之。

小獵詩見《詩集》卷十三（六四七頁），會獵詩見同上卷（六四八頁）。前者云：「聖明若用西涼簿，白羽猶能效一揮。」詞見《東坡樂府》卷下，末云：「持節雲中、何日遣馮唐？會挽彫弓如滿月，西北望，射天狼。」天狼當指遼，有立功沙場之意。

《文集》卷五十三《與鮮于子駿》第二首：「近却頗作小詞，雖無柳七郎風味，亦自是一家。呵呵。數日前，獵於郊外，所獲頗多。作得一闋，令東州壯士抵掌頓足而歌之，吹笛擊鼓以為節，頗壯觀也。」所敍乃此時事。

九月，密州牡丹忽開一朵，賦《雨中花慢》（「今歲花時深院」）。

詞見《東坡樂府》卷上。

秋，作《後杞菊賦》，感歎齋厨索然；以示漣水令盛僑，僑以示張耒，耒作《菊賦》贊蘇軾。

賦見《文集》卷一；其敍謂食杞菊，賦云四時皆可食，然以意度之，當以「秋食花實」為主。作於秋。《詩案・後杞菊賦并引》謂本年秋以賦示僑。《詩案・與王詵往來詩賦》：「《杞菊賦》一首并引，不合云及『移守膠西，意其一飽，而始至之日，齋館索然，不堪其憂』，以非諷朝廷新法減削公使錢太甚，齋醞厨薄，事皆索然無備也。」《詩集》卷三十四《到潁未幾公帑已竭齋厨索然戲作》：「我昔在東武，吏方謹新書。齋空不知春，客至先愁予。采杞聊自誑，食菊不敢餘。」亦敍此。

耒字文潛，楚州淮陰人。《宋史》卷四百四十四有傳。據《張耒集》附録年譜：熙寧六年，耒登第；七年授臨淮主簿；本年以事之東海，道漣水，盛僑以《後杞菊賦》見示。《菊賦》在《柯山集》卷一，中云：「膠西先生，為世達者。文章行義，遍滿天下。出守膠西，曾是不飽。先生不愠，賦以自笑。」稱軾為哲人。

金山寶覺禪師專人致簡，答之，并寄《後杞菊賦》。

據《文集》卷六十一《與寶覺》第一簡；第二簡云及東州僧，亦作於密。

趙庾（成伯）來為通判。

《文集》卷十一《密州通判廳題名記》敍移守膠西，未一年而庾來為倅。庾來約為冬初，代劉庭式。參熙寧九年四月癸卯紀事。

《太倉稊米集》卷五十二《富川同寮記》：「某聞前輩士大夫，敦尚同寮之好，往往至於通家。一聯官事，契愛終身，他日兩家子弟邂逅相見，有如弟兄。蘇太史守膠西，趙明叔為別乘。趙有母夫人，公拜於堂上。至，則必出兒女羅立傍侍。指某子曰：『是可幹君蠱。』指某子曰：『是必貴。』已而又指某子曰：『他日必有文。』後有與余相遇於宛溪之上，名某，字戒叔，中年未有官，能為小詩，頗喜作公書，大字尤復逼真，蓋公前所謂他日必有文者也。趙君嘗以是告余，因以知昔人之風流雅尚如此。」按：明叔名杲卿，為教授，密人，作者誤記。此別乘乃趙庾（成伯）。宛溪屬宣城。《太倉稊米集》作者周紫芝乃宣城人。

同上書卷六十《從所好堂記》：「東坡守膠西，維揚趙公實佐府事，二公相得甚歡。蘇公來必登堂，見其母夫人。已而呼其諸孫，羅而視之。今其孫戒叔，時方年十二三許。東坡於諸兒中，獨撫其背曰：『他兒當作碧鸛鵲，此郎當有文。』戒叔之先大父因教之甚力。今戒叔談笑磊落，頗自標置，又長詩詞，且善作坡書，雜之其書中，未必能辨。」蘇軾嘗往趙庾家，為其母夫人作生日致語，見熙寧九年九月九日紀事，與此則及上則所云「見其母夫人」云云合。

劉攽（貢父）見新作歌詞，以詩見戲，次其韻。

次韻見《詩集》卷十三（六四九頁），攽詩注文已引。《詩案·與劉攽通判唱和》謂熙寧六年十一月內，「劉攽聞人唱軾新作詩一首，相戲寄軾」。「六」乃「八」之誤。《詩案》謂此詩譏諷時人不能容狂直之言。

章惇知湖州，和其詩以送。

詩見《詩集》卷十三（六四九頁）。《長編》卷二百六十九謂惇本年十月除知湖州，到任為熙寧九年三月，見《嘉泰吳興志》卷十四。詩其一末四句重在敍舊；其二「兩卮春酒真堪羨」，祝福其雙親俱在，情意真摯。其一「方丈仙人出淼茫」，人以為譏惇，其實不然。「方丈仙人」乃言惇好爐火，「出淼茫」不過極言其不凡。

十月壬寅（十三日）罷手實法。

據《宋史·神宗紀》。《墓誌銘》謂以此「密人私以為幸」。

丁巳（二十八日），蘇頌（子容）為秘書監。有簡與頌。

丁巳云云，見《長編》卷二百六十九。《長編》云頌與李大臨同責，「大臨既復職，而頌獨還官，蓋用事者抑之」；大臨復天章閣待制。《佚文彙編》卷三與頌第一簡及此。簡云「漸冷」，點明季候，與《長編》合。頌與大臨同責，乃為封還李定詞頭事，參本譜元祐元年二月辛巳紀事。

上文彥博書，再論京東河北榷鹽之害。

書見《文集》卷四十八（一四〇〇頁），云「手實卒罷」，作於十月以後。今次此。

十一月庚申（二日），韓琦葬安陽豐安村。應琦子忠彥請，作《醉白堂記》。

琦葬，據嘉慶《安陽縣志》附《安陽縣金石録》卷六宋神宗所撰《兩朝顧命定策元勳之碑》。記見《文集》卷十一。記首謂醉白堂乃韓琦所作，末云：「昔公嘗告其子忠彥，將求文於軾以為記而未果。公薨既葬，忠彥以告，軾以為義不得辭也，乃泣而書之。」

張先（子野）寄詩，和答。

詩見《詩集》卷十三（六五二頁），時先在湖州。見《唐宋詞人年譜·張子野年譜》。

趙昶（晦之）罷諸城令，回海州，作詩與詞送之。

《詩集》卷十三《送趙寺丞寄陳海州》：「景疏樓上喚蛾眉，君到應先誦此詩。」景疏樓在海州，誦詩當指《詩集》卷十二贈陳海州詩。送詩末云：「莫忘衝雪送君時。」知送為冬季事。《東坡樂府》卷下《減字木蘭花》（題下原注：送東武令趙昶失官歸海州）：「不如歸去，二頃良田無覓處。」又同上調（「春光亭下」）《注坡詞》亦謂為送昶作。

《樂全集》卷三十《舉知諸城趙昶寺丞》：「伏見大理寺丞、知密州諸城縣趙昶，謹厚有常，勤敏任事，朝廷方採擢人才，收其力用，有如昶者，但地卑孤遠，故無聞於時，謹以名聞，以備選擇。」昶以失官歸，知舉不行。

昶父棠，蜀人，後官南海，遂為南海人。見《文集》卷十二《趙先生舍利記》。

和友人《光禄庵二絶》。

詩見《詩集》卷十三（六五五頁）。《詩集》「查註」引《文集》卷五十三《答陳履常》：「輒和《光禄庵二絶》。」乃以原唱屬之陳師道（履常）。師道有兄師仲，《欒城集》卷二十二《答徐州陳師仲書》：「去年轍從家兄遊徐州，君兄弟始以客來見。」作於元豐元年。知師仲兄弟與蘇軾兄弟交往始於熙寧十年，時師道未仕。《答陳履常》云「吴中屢得瞻見」、「知風政之多暇而高躅之難繼」，與師道經歷不合。《光禄庵二絶》原唱非師道作，軾簡乃與另一人，其人似長於軾。

上文彦博書，敍購賞治「盗」有成效，乞勿減賞錢。

《文集》卷四十八《上文侍中論强盗賞錢書》：「軾備員偏州，民事甚簡。但風俗武悍，特好强劫，加以比歲荐饑，椎剽之姦殆無虚日。自軾至此，明立購賞，隨獲隨給，人用競勸，盗亦斂迹。」時有旨，災傷之歲，賞錢降一等。書謂「災傷之歲，尤宜急於盗賊」，乞勿減。書又云：「今歲之民，上户皆缺食，冬春之交，恐必有流亡之憂。」知本書作於冬春之交前。稱彦博為侍中，據《長編》卷二百五十二熙寧七年四月丙戌紀事，《長編》是日載：「河東節度使守司徒兼侍中判河陽文彦博判大名府。」軾上書時，彦博在大名。

《詩集》卷十九《次韻周開祖長官見寄》云「盜入蒙山不易搜」，敍密州事。

飲趙庾(成伯)家，賦詩。

《詩集》卷四十七《趙成伯家有麗人僕忝鄉人不肯開樽徒吟春雪美句次韻一笑》、《成伯家宴造坐無由……》、《成伯席上……》三詩。第一詩言及梅花，自注及雪；詩題言春雪，而本年十二月立春：要之為歲暮事。三詩緊次。以下緊次詩為《奉和成伯大雨中會客解嘲》，亦為密州時作。

稍葺所居園北舊臺而新之，弟轍名之曰超然，作賦。自作記。

記見《文集》卷十一(三五一頁)，云移守膠西「處之期年」。《丹淵集》卷二《超然臺賦》首云「方仲春之盎盎兮」，作於熙寧九年二月。文同時官洋州，由密至洋，非月餘不能辦。是超然臺之成與作記，為本年年末事。《詩案·與王詵往來詩賦》敍及《超然臺記》有譏諷新法意。

乾隆《諸城縣志》卷十四《超然臺三大字石刻》：「軾手書，久亡。」

《超然臺賦》見《欒城集》卷十七。《文集》卷六十六《書子由超然臺賦》贊轍文精確、高妙。

文勛至，為論古本《陽關》。

《文集》卷六十七《記陽關第四聲》敍其事；勛乃以事至密。其至，約為冬季事，參以下「十二月立春」條。

勛字安國，見《山谷詩集注》卷十八《文安國挽詩》任注。廬江人，見本譜熙寧九年正月七日紀事。善篆，《姑溪居士文集》卷四十一《跋文安國篆》贊其篆筆方嚴勁正，未嘗妄立一筆。《王荆文公集》卷十八《題舒州山谷寺石牛洞泉穴》自注敍皇祐三年九月與道人文銳弟勛「擁火游石牛洞」，知勛長於軾。

十二月立春，病中邀文勛、喬敍、趙庾為會，有詩。

詩見《詩集》卷十四（六六三頁）。《宋史・神宗紀》謂本年閏月。閏月一年兩立春，《詩集》次此詩於熙寧九年，誤。

本歲，晁端友（君成）卒。其後，應端友之子補之請，作《晁君成詩集引》，補之有謝書。

端友卒見《豫章黄先生文集》卷二十三墓銘，年四十七。引在《文集》卷十。書乃《雞肋集》卷五十二《謝蘇公先生示先君集引書》。

本歲，王詵送來官酒、果子、藥等物。

據《詩案・與王詵往來詩賦》。《詩案》并云「嘗有書簡往復」，今未見。

本歲，與鮮于侁（子駿）簡，敍為政。

《文集》卷五十三與侁第一簡：「某到郡正一年。」謂密州。以下云：「諸况粗遣，歲凶民貧，力所無如之何者多矣。然在己者未嘗敢行所愧也，如此而已。」時侁為利州路轉運副使兼提舉常平，見《宋史》侁本傳。

與侁第二簡亦作於本年，見本年「祭常山回小獵」條紀事。

本歲，與王淮奇（慶源）、李行中（無悔）簡。

《文集》卷五十九與淮奇第二簡敍密州近況，并云：「西南引領，即悵然終日。」頗思鄉。

同上與行中簡：「今歲科舉，聞且就鄉里。承示喻，進取之意甚倦，盛時美才，何遽如此，且勉之，決取為望。」「科舉」云者，蓋謂解試也。明年乃禮部試。

本歲，應僧居則之請，作《鹽官大悲閣記》。

記見《文集》卷十二。

《詩案·與僧居則作大悲閣記》：「熙寧八年，軾知徐（按：應作「密」）州日，有杭州鹽官縣安國寺相識僧居則，請軾作《大悲閣記》，意謂舊日科場，以賦取人，賦題所出，多關涉天文、地理、禮樂、律曆，故學者不敢不留意於此等事。今來科場，以大意取人，故學者只務空言高論而無實學。以譏諷朝廷改更科場法度不便也。」

《紀年録》謂本年作《大悲閣記》，即指《鹽官大悲閣記》。參熙寧七年「僧居則建大悲閣，蘇軾題梁」條紀事。

李察（公恕）本歲或行部至密，與遊甚樂。

《詩集》卷十六《送李公恕赴闕》有云：「我頃分符在東武，脱略萬事惟嬉遨。盡壞屏障通内外，仍呼騎曹為馬曹。君為使者見不問，反更對飲持雙螯。酒酣箕坐語驚衆，雜以嘲諷窮詩騷。」行部具體時間不詳，今姑繫入本年。

應顔復之請，為其父太初𪇗繹先生詩文集作序，或為本年事。復以李憲臣藏墨見贈。

序見《文集》卷十，題作《鳧繹先生詩集敘》。

《詩案・與鳧繹先生作文集序》：「熙寧七年，軾知密州日，顏復寄書與軾云：『為先父諱太初自號鳧繹先生求作文集引序。』軾遂譏諷朝廷更改法度，使學者皆空言不便也。」此處所云「七年」，乃到密州任之年。其撰成此文，當為任中事，今繫入本年。《文集》卷七十《書李憲臣藏墨》敘作集引，復以此贈墨事。《墨史》亦記贈墨事。

《宋史・藝文志》著録《顏太初集》十卷。復，《宋史》卷四百四十二附父傳。嘉祐六年五月，賜進士出身。見《宋會要輯稿》第一百二十册《選舉》三四之四七至四八。《宋史》復傳謂卒年五十七，《長編》卷四百三十四注文謂元祐五年卒，知長蘇軾二歲。

試墨帖或作於本年。姪大通嘗以此帖寄黄庭堅。

《山谷老人刀筆》卷十六《答蘇大通》第三簡：「惠示東坡試墨帖，雖二十五年前書，如鸞鳳之雛，一日墮地，便非孔翠可擬，況山雞輩也。」作於戎州，時約在元符元年至三年間。今姑繫於此。帖已佚。庫本《山谷集》别集卷十五《答蘇大通》云及「公家二父，學術跨天下，公當得之」，知大通乃蘇軾之姪。

捕盜悍卒擾民，欲為亂，從容平息之。

《墓誌銘》：「郡嘗有盜竊發而未獲，安撫、轉運司憂之。遣一三班使臣領悍卒數千人，入境捕之。卒凶暴恣行，以禁物誣民，入其家爭鬭，至殺人，畏罪驚散，欲為亂。民訴之，公投其書，不視，曰：『必不至此。』潰卒聞之少安。徐使人招出，戮之。」《宋史》本傳略同。原未載具體時間，今姑繫入本年。

嘗與喬敍（禹功）、章傳（傳道）、趙杲卿（明叔）遊，并題名。

乾隆《諸城縣志》卷十四《金石考》上《喬禹功等題名石刻》：「石高尺八寸，圍二尺八寸，質甚璞，中藏巖壑，皆曰太湖石，然不類。石背鐫三行，九字，字徑寸，八分書。左讀之，曰『禹功、傳道、明叔、子瞻遊』。王士正云：……坡書遍天下，而八分僅見此石。」題名具體時間不詳，今姑繫入本年。《潛研堂金石文跋尾續》卷四《蘇子瞻題名》謂此題名在諸城縣學，「刻在甲寅以後、丙辰以前無疑」。又謂「此刻不言何人所書，而予決其為坡書者」。以下言喬、章、趙「以班資言之，皆宜在郡守之下，惟出於公自書，故可謙退居後，它人則嫌於僭矣。東坡分隸，世所罕見，此九字，可謂文豹之一斑也」。《文物》一九七九年六月徐自强、吴夢麟撰《蘇東坡超然臺題名小記》謂此題名置超然臺，翁方綱有拓本，石已失。可參。

蘇軾年譜卷十五

熙寧九年（一〇七六）丙辰　四十一歲

遷祠部員外郎。

據《紀年録》。《紀年録》本年首列此事。全稱尚書祠部員外郎，見本年四月癸卯紀事。《詩案·供狀》叙此事，未云年份。《施譜》謂本年磨勘轉祠部員外郎。

文勛摹秦篆，刻《秦琅邪臺刻石》，置之超然臺上。正月七日，作《刻秦篆記》。

記見《文集》卷十二。《金石録》卷十三《秦琅邪臺刻石》云及文勛摹刻，時已移琅邪臺。明都穆《金薤琳琅》已云「文勛摹刻既亡」（乾隆《諸城縣志》引）。刻石全文，見《史記》卷六《秦始皇本紀》。

提舉李孝孫嘗乞召還蘇軾爲侍從。

據《詩案·供狀》。《韓南陽集》卷十七有《屯田郎中判吏部南曹李孝孫可都官郎中制》、《文恭集》卷十四有《李孝孫可大理寺丞制》。本年正月庚午，孝孫以環慶路都監兼第四將充安南行營副將，十年九月乙卯，孝孫以供備庫副使録子孫外，各更與一人三班借職，以赴安南行營病死也。見《長編》卷二百七十二、二百八十四。孝孫爲提舉乃本年正月庚午（十三日）前事。姑繫此。

十三日，雪中送文勛（安國）還朝，賦《滿江紅》。嘗於勛席上賦《蝶戀花》。

《滿江紅》見《東坡樂府》卷上；卷下《江城子》（調下原注：東武雪中送客），或亦為勛作。《東坡先生全集》卷七十五《蝶戀花》調下原注：密州冬夜文安國席上。詞云「深惜今年正月暖」，知「冬夜」為「春夜」之誤。此詞見《東坡樂府》卷下。

十五日，跋赤溪山主頌。

文見《文集》卷六十六（二〇五九頁）。赤溪山主乃趙棠，見《文集》卷十二《趙先生舍利記》。《紀年録》謂頌作於正月五日。

十六日，知青州向經召還。經旋卒。繼任者陳薦（彦升）任中舉蘇軾侍從。薦不久回鄉，軾有賀啟。

向經召還，據《長編》卷二百六十熙寧八年二月丁丑紀事注文。《長興集》卷二十八經墓銘謂經卒於今年二月九日，年五十四。

《長編》卷二百九十九元豐二年七月己卯紀事謂熙寧六年至元豐二年七月己卯前，薦嘗知青州。《文集》卷四十六《徐州謝鄰郡陳彦升啟》：「受代膠西，甫違仁庇。」薦知青州時，軾正知密州。

薦，邢州沙河人。《宋史》卷三百二十二有傳，謂薦卒年六十九。薦卒於元豐七年九月，見《長編》卷三百四十八，長蘇軾二十歲。《文集》卷三十八有《陳薦贈光禄大夫制》。

《詩案·供狀》謂「安撫使陳薦」「舉外陟侍從」。此安撫使謂京東東路安撫使，京東東路安撫使例兼知青州。

《文集》卷四十七有《賀青州陳龍圖啟》。

據上引《長編》卷二百九十九，薦乃以龍圖閣直學士知。賀啟云及「疏傅之歸」，「無由追餞，徒切瞻依」，知薦罷任回鄉時，軾猶在任。薦知青之日不長。

二月二十一日，書《雪後書北臺壁》。

據《八瓊室金石補正》卷一百四。詩見《詩集》卷十二。

寒食後，登超然臺，賦《望江南》。

詞見《東坡樂府》卷上，云「且將新火試新茶」，作於寒食後一二日。是歲清明為二月二十九日。

三月三日，自書《超然臺記》。

山東諸城市博物館所藏《超然臺石刻》第一册有《超然臺記》石刻拓本，末云「熙寧九年三月三日東武西齋書」，另行書「蘇軾」，空一字，書「眉陽□□」。此乃清康熙五十八年重刻本。乾隆《諸城縣志》亦載。

同日，會流杯亭，賦《滿江紅》。

詞見《東坡樂府》卷上，首云「東武南城，新堤就」，飲宴於此，兼有巡視之意。

四日，和文同（與可）洋州園池三十首。

詩見《詩集》卷十四（六六七頁）。《金石續編》卷十六著録，題作《寄題與可學士洋州園池三十首》，下署「從表弟蘇軾上」，此前云「熙寧九年三月四日東武西齋」。《詩集》卷十三有《西齋》。西齋，軾在密居所。《欒城集》卷六亦有和文同洋州三十詠。

按：詳考史實，蘇、文實非中表。「從表弟」云云不過極言其親近，非同一般。《佚文彙編》卷二《與張安道》第一簡末云「從表姪蘇軾頓首」。蘇軾與張方平（安道）亦無親戚關係，稱「從表姪」，亦極言其親近。附此。

甲戌（十九日），賜進士、諸科及第出身。

據《宋史·神宗紀》，凡五百九十六人。

王顗登進士第。顗與蘇軾友善。

王顗本年登進士第，見道光《滎縣志》卷二十九。

道光《滎縣志》卷三十《王顗傳》：「以才行名，官翰林學士。與蘇軾友善。承詔上時事，忤權貴，入黨籍。紹興六年推其直，特贈太中大夫。子廷堅，官至右朝奉大夫，通判岷州，河東制置司機宜。」

程建用（彝仲）登進士第。蘇軾嘗有簡預祝其成功。

《文集》卷五十八《與程彝仲》第一、二簡作於熙寧八年。前者云「承以科詔入都」，後者云「東武任滿，當在來歲冬杪」。時建用在汴都，擬應明年省試、御試。第三簡云建用省試得中，預祝其御試在高等。第四簡云「榜中鄉人，所識惟吾兄一人」。此二簡亦作於密。

嘉慶《眉州屬志》卷十引宋鴈塔題名碑，列建用之名於熙寧，為倒數第二人。是建用於熙寧九年登第之證。《净德集》卷三十一《送程彝仲赴東川教授》云「君之一第得稍晚」，誌其實。《詩集》卷二十七

《送程建用》「誥案」謂「彝仲早登第」，誤。

《文集》與建用第三、四簡，《七集・續集》題作《與程得聖秘校二首》，是建用一字得聖，登第後即除秘閣校理。第二簡首云「得聖此行」亦指建用，是建用一字得聖之又一證。

寄題刁約（景純）藏春塢。

詩見《詩集》卷十四（六七九頁）。

《京口耆舊傳》卷一《刁約傳》：「約家世簪纓，故所居頗有園池之勝。至約，更葺園曰藏春塢，塢西臨流為屋，曰逸老堂，又西有山阜，植松其上，曰萬松岡。凡當世名能文者，皆有詩，故藏春塢之名聞天下。」

《溫國文正司馬公文集》卷十二有《寄題刁景純藏春塢》。

四月一日，與趙庾（成伯）等賞藏春館殘花，賦《臨江仙》。

《東坡樂府》卷上所收此詞，乃惠州所改者。原詞見《注坡詞》，調下原注云：「熙寧九年四月一日，同成伯、公謹輩賞藏春館殘花，密州邵家園也。」詞云：「九十日春都過了，貪忙何處追遊？三分春色一分愁。雨翻榆莢陣，風轉柳花毬。閬苑先生須自責，蟠桃動是千秋。不知人世苦厭求。東皇不拘束，肯為使君留！」《外集》所收此詞同。

《詩集》卷二十六有《小飲公瑾舟中》詩，作於元豐八年赴登途中。自注謂公瑾姓鄧，滁人。不知是否即此公謹？

文同寄《超然臺賦》來；六日，蘇軾書其後。鮮于侁、張耒亦作《超然臺賦》。

書後見《文集》卷六十六（二〇五九頁）。

《丹淵集》卷一《超然臺賦》首云「方仲春之盎盎兮」，作於春。侁賦見《國朝二百家名賢文粹》卷一七九。

《柯山集》卷二《超然臺賦》序：「蘇子瞻守密，作臺於囿，命以超然，命諸公賦之。余在東海，子瞻令劉貢父來命。」輾轉相求需時日，耒賦約作於今年。今因文同作賦事，類次於此。

李清臣（邦直）亦作《超然臺賦》，蘇軾刻之石并跋。清臣嘗自徐行部至密。

跋見《文集》卷六十六（二〇五九頁）。《詩集》卷十四《答李邦直》云「子從徐方來」，「春物已含姿」，清臣之來，或為此前不久事。據《雞肋集》卷六十三《李清臣行狀》，清臣時提點京東西路刑獄。密州屬京東東路，知清臣所任者為京東路提刑，轄京東東西路。《詩案・與李清臣寫〈超然臺記〉并詩》謂本年「軾寫《超然臺記》與李清臣」。清臣賦作時不詳，茲因文同賦類次此。清臣賦已佚。

司馬光嘗寄題超然臺詩。

《司馬文正公傳家集》卷五《超然臺寄子瞻學士》：「使君仁智心，濟以忠義膽。嬰兒手自撫，猛虎鬚可攬。出牧為龔黃，廷議乃陵黯。萬鍾何所加，甔石何所減。用此始優游，當官免阿諂。歸時守高密，民安吏手斂。乘閒為小臺，節物得周覽。容膝常有餘，縱目皆不掩。山川遠布張，花卉近綴點。筵賓殽核旅，燕居兵衛儼。比之在陋巷，為樂亦何歉。可笑夸者愚，中天猶慘慘。」參熙寧十年「春末」條。

癸卯（十八日），作《雩泉記》。

記見《文集》卷十一。《詩案·祭常山作放鷹一首》：「熙寧八年五月，軾知密州内，於本州常山泉水處祈雨有應，軾遂立名為雩泉。九年四月癸卯，立石常山之上。」以下引記中語「堂堂在位，有號不聞」，譏諷官吏不聞百姓所訴連年蝗旱災情。乾隆《諸城縣志》卷十四《金石考》上録蘇軾《密州常山雩泉記》，末云「熙寧九年四月癸卯朝奉郎、尚書祠部員外郎、直史館、知密州軍州事、騎都尉蘇軾記」。以下云：「碑久亡。元至元十九年，山東東路經略使司奏差前密州軍資庫監支納劉澄重建，石匠盧伯川摹刻。……碑在常山祠前，東向，高六尺四寸，寬三尺四寸七分，正書。字徑寸四分。碑陰正書銜、名字，徑二寸許。第一行將仕郎、守諸城縣尉李師彦，第二行將仕郎、守諸城縣主簿陳當，第三行儒林郎、守諸城縣丞初公佐，第四行將仕郎、守太常寺、奉禮郎知諸城縣事李謂，第五行承奉郎、試大理評事、充密州觀察推官周世長，第六行安化軍節度推官承奉郎、試大理評事張朝宗，第七行、第八行朝奉郎、守尚書屯田郎中、通判密州軍州事、上騎都尉、賜緋魚袋趙庾，第九行、第十行朝奉郎、尚書祠部員外郎、直史館、知密州軍州事、騎都尉、借紫蘇軾。」

戊申（二十三日），馮京（當世）知成都。京在任中，妥善解決民族糾紛，蘇軾賦《河滿子》（「見説岷峨悽愴」）為賀。

戊申云云，據《長編》卷二百七十四。本年十月丙午，京除知樞密院事，見《宋史·宰輔表》。《宋史》卷三百十七《馮京傳》：「以資政殿學士知渭州。茂州夷叛，徙知成都府。蕃部何丹方寇雞宗關，聞京兵至，請降。議者遂欲蕩其巢窟，京請於朝，為禁侵掠，給稼器，餉糧食，使之歸。夷人喜，爭出犬豕割血受盟，願世為漢藩。」

詞見《東坡樂府》卷下，調下原注：「湖州寄南守馮當世。」《全宋詞》在第三〇七頁，調下原注：「湖州作。」《注坡詞》「南」作「益」，是。據以上敍述，「湖州」乃「密州」之誤。詞云「西南自有長城」，盛贊京之功績。

與文同簡，深以安南代北騷然為憂；申前請，乞同撰《超然臺》詩，并乞《快哉亭》詩：時乞齊州，不行。

簡乃《佚文彙編》卷二與同第二簡，云「今年冬官滿」，又云及密州事，本年作。

《宋史·神宗紀》：本年正月戊辰，交阯陷邕州，知州蘇緘死之；庚辰，遣使祭南嶽、南海，告以南伐；二月戊子，詔占城、占臘，合擊交阯；三月丁丑，宗哥首領鬼章寇五牟谷，韓存寶敗之：其「憂」在此。

劉攽屢寄詩蘇軾、李常（公擇）。攽并稱蘇李。

《彭城集》卷十五《重次新字韻寄子瞻公擇》：「古來蘇李有三人，今復齊名事亦新。秀出文華喧右蜀，指揮能政接東秦。定交笑我將迎拙，垂老於君意氣親。似向荊山逢玨玉，如從渥水就騂驎。」常知齊，軾知密，地相接，故云「接東秦」。攽此詩乃重次韻，原韻已失。

同上卷十七《寄齊州李學士并呈蘇密州》：「濟水由來徹海清，兩州偕得水南名。遺人猶記睢陽曲（原註：濟陰本分梁國），説士猶談歷下兵。碧落羽翰俱失路，白頭章綬偶專城。東秦表海知君重，左輔陪京莫我輕。賓客此邦多長者（原注：漢語云梁多長者），詩書前古聚諸生。不知高密何如彼，試仗西風問子卿。」「左輔陪京」云云，據《宋史》卷三百一十九《劉攽傳》，攽時仍知曹州。《欒城集》卷六《次韻李公擇寄子瞻》：「青蒲一下復東來，擁扇西風滿面埃。擊柝自營何擇地，餔糟同醉未須回。孤高振鷺瞻初下，淡泊嬰兒及未孩。我亦漂流家萬里，年來羞上望鄉臺。」常原韻約作於此時，惜早佚。今姑録轍詩於此，以見交往之迹。

快哉亭成，文同及弟轍賦詩。

同詩乃《丹淵集》卷十五《寄題密州蘇學士快哉亭》，太史云此城之西北送客處也》。「此城」云云，當為蘇軾致同簡中語，其簡已佚。同詩乃應軾請而作。轍詩為《欒城集》卷六《寄題密州新作快哉亭》，有「登臨約我共追陪」句。

芍藥今年特盛，循舊俗，大會南禪、資福二寺供佛，取其姿格絶異曰玉盤盂，作詩。

《玉盤盂》詩見《詩集》卷十四。《欒城集》卷六有次韻；題下註云：「東武蘇莒公家園中千葉白芍藥，子瞻新為此名。」

文彦博寄題超然臺，次韻答之。

詩見《詩集》卷十四（六八一頁）。彦博寄詩乃《文潞公文集》卷三《寄題密州超然臺》，中云「民被袴襦惠，境絶枹鼓音」，奬之也。

喬叙將知欽州，有詩招飲并送其行。

《詩集》卷十四有《聞喬太博換左藏知欽州以詩招飲》、《喬將行烹鵝鹿出刀劍以飲客以詩戲之》、《奉和成伯兼戲禹功》。

旱，詔令有司禱羣望；乃禱於常山，作祭文。

《文集》卷六十一《祭常山祝文》其四：「天子有命，閔兹旱暵。俾我守臣，并走羣望。」是京東、河北大旱也。《文集》卷十九《山堂銘・叙》謂今年夏六月大雨，是致禱約在五月也。

寄知眉州黎錞（希聲）詩。

詩見《詩集》卷十四（六八四頁）。《欒城集》卷七、《凈德集》卷三十六亦有寄。《凈德集》卷二十二錞墓銘謂「守雅、蜀、眉、簡四郡，皆先德後刑，務存治體」。

六月，作山堂，為銘。

《文集》卷十九《山堂銘・叙》叙作山堂。卷五十六《與周開祖》第二簡云及「今日大雪，與客飲於玉山堂」，或是其地。

作《薄薄酒》二章，贈趙杲卿（明叔）。

《詩集》卷十四《薄薄酒・引》謂杲卿「家貧好飲，不擇酒而醉，常云『薄薄酒，勝茶湯；醜醜婦，勝空房』」，贊其言雖俚而近乎達。

《山谷外集詩註》卷五《薄薄酒・引》贊軾作「憤世疾邪，其言甚高」。元豐元年作。《姑溪居士後集》卷四有作，詩題云杜純（孝錫）、晁端仁（堯民）亦有作。純、堯民詩不傳。純詳元祐七年「兵部侍郎杜純」條，端仁詳元豐二年「晁端仁其時嘗問蘇軾詩」條。

聞王介（中甫）卒，有挽詞。

《挽詞》見《詩集》卷十四。《嘉泰吴興志》卷十四謂介熙寧六年四月到知湖州任，十二月赴闕。其卒約在熙寧七、八年間。介僑寓丹徒，見《至順鎮江志》卷十一。墓在蒜山東，見《嘉定鎮江志》卷十一。挽詞有「他時京口尋遺迹」之句。

七月五日，登超然臺，賦詩。趙庾有和，戲答。

《詩集》卷十四《七月五日》叙登臺。《趙郎中見和戲復答之》云「一揮三百六十字」，謂和詩。趙郎中乃庾，見《七月五日》「施註」。

詔封常山神為潤民侯。

《文集》卷六十二《祭常山祝文》其五謂為七月某日事。當以上請之故。上請文不見。

八月十五日，飲超然臺，和孔宗翰（周翰）題詩，時宗翰乞密；賦《水調歌頭》，兼懷弟轍。

和詩乃《詩集》卷十四《和魯人孔周翰題詩》。宗翰詳元豐元年「孔宗翰……知陝州」條。

《王譜》、《紀年録》：「中秋燕飲達旦，作《水調歌頭》。」詞見《東坡樂府》卷上，首句為「明月幾時有」。

權京東路轉運副使王居卿、轉運判官李察并舉蘇軾不次清要任使。

據《詩案·供狀》。《長編》卷二百七十七本年八月丙午：京東東路轉運判官李察徙京東西路。察等舉蘇軾，或在此以前，姑繫此。

九月九日，趙庾（成伯）母生日，作致語口號。

口號見《詩集》卷四十六（二五〇八頁）。

晁端彥（美叔）九日見寄，有和。

和詩見《詩集》卷十四（六九六頁），云「遣子窮愁天有意，吴中山水要清詩」。據《長編》卷二百七十五本年五月癸酉紀事，端彥時待鞫潤州，故以解之。

本月，詔移知河中府。

據《施譜》。河中府屬陝西路之永興軍路。

旱，禱雨常山，作祝文。

文乃《文集》卷六十二《祭常山祝文》其三，云「自秋不雨，霜露殺菽」，作於晚秋；又云「猗嗟我侯」，作於七月封常山神為侯之後。

喬敘改施州，有詩送行。

詩見《詩集》卷十四（六九七頁）。《彭城集》卷十四《送喬左藏自太常博士除知施州》有「蠻溪未足紆長策，會使天驕祭北門」句。

作蓋公堂，為記。蓋公密人，有德於齊。

記見《文集》卷十一（三四六頁）。記謂「有病寒而欬者」，始飲以蠱藥，次授以寒藥，再飲以鍾乳、烏喙之類而疾愈甚，於是謝醫却藥而病良已。由是以言蓋公言治道貴清净而民自定，曹參師之齊大治。《容齋隨筆・五筆》卷四《東坡文章不可學》謂蘇軾「為此説者，以諷王安石新法也」。

《西臺集》卷十八《蓋公堂歌》中云：「耽耽新堂作者誰？密州太守文章伯。太守高吟醉太白，年谷常豐無盗賊。三牛倒曳九仙木，大斤截落琅琊石。脩梁巨柱屹如湧，磊落嵬峨稱公德。太守思公公不見，闢户張筵望南北。詩成鬼神相對泣，文就龍蛇驚辟易。」知蓋公堂頗具規模。蘇軾在「年谷常豐」之際作蓋公堂，乃今年事。

十月，昭告常山神封爵，祭常山，作祝文。

《文集》卷六十二《祭常山祝文》其五即此文。

弟轍罷齊州掌書記，歸京師。

《蘇潁濱年表》：「十月，宰相王安石罷。轍歸京師。」

十一月一日，為李常作《李氏山房藏書記》。

據《紀年録》。文見《文集》卷十一。

十五日，命工摹潤州甘露寺陸探微所畫師子置蓋公堂中，作贊。

贊見《文集》卷二十一（六〇九頁）。

知河中府告下。周邠（開祖）寄《雁蕩山圖》并詩，次韻答之。與邠簡，報十二月上旬離密。

次韻見《詩集》卷十四（六九八頁）。自注「將赴河中」。雁蕩在樂清。《文集》卷五十六與邠第二簡云「已被旨移河中府」，報行期。并云：「寄示山圖，欲尋善本而不可得者，新詩清絶，輒和二首取笑。」簡約作於十一月。

蘇澥為京東東路安撫使、知青州。澥舉蘇軾外陟侍從。

《詩案·供狀》敘京東東路安撫使、知青州首陳薦次澥，知澥接薦任。澥薦軾，見《供狀》。澥字浩然，見《畫史》。澥喜墨，《文集》卷七十《書王君佐所蓄墨》、《佚文彙編》卷六《又書茶與墨》皆及之。澥嘗為兩浙監司，見《長編》卷二百七十七本年九月紀事。

登超然臺望月，賦《江城子》。

詞見《全宋詞》第三二〇頁。云「去翩翩，點輕烟」，蓋將去矣。

本年，題鮮于侁（子駿）《八詠》後，贊其政。

文見《文集》卷六十八（二一一二七頁），云：「始予過益昌，子駿始漕利路。其後八年，予守膠西，而子駿始移漕京東。」後八年乃為今年。文贊侁漕利路時「上不害法，下不傷民，中不廢親」。《温國文正司馬公文集》卷五《和利州鮮于轉運公八詠》為桐軒、竹軒、柏軒、巽堂、山齋、閑燕亭、會景亭、寶峰亭。

本年，朝廷應汀州守許當之請，賜已故高僧定光號定應，為作贊。

贊見《佚文彙編》卷一（二四二三頁）。《永樂大典》卷七千八百九十五引《臨汀志》：「定光，泉州人，姓鄭名自嚴。乾德二年駐錫武平南安巖，淳化二年別立草庵居之，景德初遷南康郡盤古山，祥符四年汀守趙遂良即州宅創後庵延師，至八年，終於舊巖。」又云：「熙寧八年，郡守許公嘗表禱雨感應，詔賜號定應。」卷七千八百九十三引《臨汀志·郡守題名》：「許當，熙寧九年以朝奉郎太常少卿知。」以下為方嶠，元豐元年知。以上所云「熙寧八年」為「熙寧九年」之誤。當字當時，泉州晉江人。見乾隆《晉江縣志》卷十二。《蘇魏公文集》卷三《送許當世職方通判泉州》首云仕宦故鄉，則當實字當世。

本年，製硯洗，為九仙山之白鶴樓題字。

道光《諸城縣續志》卷五：「硯洗：丁氏園，有石盎，圍三尺，高尺餘，橫刻『硯洗』二字，左刻『熙寧九年子瞻製』。」又：「九仙山石刻：有石上鋭豐下。」并謂：「『白鶴樓』三大字，右行有宋『熙寧九年蘇軾書』。於石東樓北數十步，有石刻『留月』二字，亦類蘇書。」

《諸城市志》第二十編《文化・石刻・銘記・子瞻硯洗》：「淡紅色沙岩，狀如搗米之石臼，高五十釐米，寬八十釐米，口徑五九至八〇釐米，洗壁厚十至十二釐米，池深三十釐米。硯洗壁外側橫刻『硯洗』二字，隸書，高七至八釐米，寬十四至十五釐米，左端竪刻行書『熙寧九年子瞻製』。一九六二年收集到縣博物館保存。」縣謂諸城縣，今為諸城市。

一九九四年十月十一日，余與中國人民大學教授朱靖華、諸城市博物館前館長任日新、諸城市史志辦主任鄒金祥等親至九仙山考察。其地原屬諸城，今屬五蓮。蘇軾所書「白鶴樓」三大字，清晰可見，「宋熙寧九年蘇軾書」八字，已不易辨認。巨石之頂部，以步量之，長約十三米，寬約七米。有方形石孔，蓋為立柱用者。知蘇軾至此時，石上固有樓，故石以樓名。石之一側，有明萬曆四年（一五七六）丁耀都所模蘇軾所書「白鶴樓」字及軾題名字，有萬曆壬子（四年）王化貞詩。丁、王皆諸城人，字亦不易辨認。

諸城市博物館藏有硯洗一，石質堅硬，出諸城姚家村，俗稱姚玉。一側書「半潭秋月」四字，署「眉山蘇軾」。一側為「東坡又題」，云：「熙寧七年，余來守密，見此石於蓋公堂故址西偏，埋没塵埃中，已作敝蹝棄矣，余喜其質温潤，稍為琢磨，改作硯洗，亦可為不次之擢。東坡又題。」以下尚有「邑人劉庭式隸并鐫」八字。據跋中所云「東坡」，知此跋作於元豐或元豐以後。然據《文集》卷六十六《書劉庭式事》，知庭式乃齊人，元豐六年軾為文時，庭式在廬山。跋文是否為蘇軾作，尚不能明，今姑附於此以待考。其「半潭秋月」字，亦不能定為蘇軾書。

本年，與王詵有交往。

《詩案·與王詵往來詩賦》謂上年及本年「節次抄寫」《薄薄酒》、《水調歌頭》、《杞菊賦》、《超然臺記》等與詵。又云：「熙寧九年，軾寫書與王詵，為一婢秋蟾，欲削髮出家作尼，并有相識僧行，杭州人，各求祠部一道，當説與王詵，自後未取。」書已佚。

本年，陳舜俞（令舉）卒。

《文集》卷六十三《祭陳令舉文》：「予與令舉别二年而令舉歿。」别於熙寧七年。卷五十六《與周開祖》第二簡：「令舉逝去，令人不復有意於兹世。細思此公所以不壽者而不可得，不免為之出涕。」

俞汝尚（退翁）約卒於本年。

《詩集》卷十九《送俞節推》：「吴興有君子，淡如朱絲琴。一唱三太息，至今有遺音。嗟余與夫子，相避如辰參。（下略）」自註：「退翁官於蜀，余在京師，余歸而退翁去。及余官於吴興，則退翁亡矣。」節推，汝尚子。

《嘉泰吳興志》卷十七《賢貴事實下・歸安縣》云：「俞汝尚，字退翁，以字行。登慶曆二年第。嘗為益州新繁令，御史員缺，驛召至都下，以疾力辭。後為青州簽判，致仕還鄉。滕甫有送行詩云：『清明沖節是身謀，御史郎官不肯留。回首軒裳雙脱屣，放懷天地一輕漚。卞雲茗月柴門静，菱雨蘋風野艇秋。仰羡冥鴻空自愧，區區圖報未知休。』」約作於熙寧八年，時元發知青州。以下謂汝尚逾年卧病，自為文志墓，卒，孫覺撰墓表，秦觀書。

汝尚自青州簽判還鄉，《欒城集》卷五有送行詩，亦約作於熙寧八年。其卒約在本年。同上卷附有汝尚詩。

《嘉泰吳興志》卷九《郵驛・安吉縣》：「蒙泉在西山，其上有亭，水味甘冷。俞退翁有『井貴德不改，蒙以養為功』之句。」《吳興備志》卷二十二著録汝尚《谿堂集》四卷，不傳。

汝尚，《宋史》卷四百五十八有傳。傳謂汝尚還鄉，「優游數年」而卒，有誤。

十二月，孔宗翰來代。　罷密州，作詩留別。

《文集》卷五十六《與周開祖》第二簡：「候替人，十二月上旬中行。」宗翰之來，已及十二月。

《詩集》卷十四有《別東武流杯》、《留別雩泉》、《留別釋迦院牡丹呈趙倅》。

在密州，嘗上疏，為密人王述請蔭子。　神宗官述之子璋。

疏見《佚文彙編》卷一（二四二四頁），殘。述，仲寶孫，咸子。咸為人所殺，述復父仇而後成服。官都巡檢，以踰濫體量致仕，不得蔭子。見《文集》卷五十一《與滕達道》第六簡。故為請之。

仲寶字器之，密州高密人，屢建戰功。《宋史》卷三百二十五有傳。《元憲集》卷四有《太常博士通判滑州王述可屯田員外郎制》。

在密州，嘗用土米作酒。

《文集》卷七十三《黍麥説》：「吾昔在高密，用土米作酒，皆無味。」

去密州。密人為像於城西彭氏之圃，歲時拜謁。

《永樂大典》卷一萬八千二百二十三引《翟忠惠先生集》：「東武俗號朴野，不事藻飾，為肖東坡蘇公像於城西彭氏之圃，郡人歲時相率拜謁。至先生則往往繪像於家，以神明事之。國朝以來，持節剖符，典領是邦者，不知幾何人，舉皆無聞。獨先生與東坡去後，遺愛在人者深。雖東武拙於藻飾之俗，亦不忘景慕賢德，貽厥不朽。由是觀之，桐鄉之祠朱大農，潮陽之廟韓文公，决非偶然者。」「先生」不知指何人。翟忠惠，名汝文，《宋史》有傳，徽宗時嘗知密。

過常山，山中兒童詢歸期。

《詩集》卷二十六《再過超然臺贈太守霍翔》敍及之。

過安丘，訪董儲故居，見其子希甫，留詩。

詩見《詩集》卷十四（七〇四頁）。安丘在密州州治西北一百二十里，蘇軾由密至濟南道途所經。《文集》卷六十九《跋董儲書》謂儲乃安丘人，能詩。今不見。跋贊儲工書，「近歲未見其比」。儲，真宗時登進士第。仁宗天聖初為滑州觀察判官。景祐初以屯田員外郎知宿州，旋通判吉州。見

《長編》卷一百三、一百一十六。《金石萃編》卷一百二十一有儲《藍田縣重修玄聖文宣王廟記》，作於大中祥符四年。

蘇軾年譜卷十六

熙寧十年（一〇七七）丁巳　四十二歲

正月初一日，發濰州。

《詩集》卷十五首為《除夜大雪留濰州元日早晴遂行中途雪復作》。

青州道上大雪，懷密州園亭，寄詩孔宗翰（周翰）。至青州，與頓起題名古寺。

詩見《詩集》卷十五（七一四頁）。《詩集》卷十七《次韻答頓起》其二：「去年古寺共題名。」自注：「去歲見之於青州。」作於元豐元年。

青州治益都縣，自界首至濰州六十二里。

至濟南，李常（公擇）以詩來迎，答詩。侄遲、适、遠出迎。與常游，常出愬黄庭堅詩文以觀。

答詩見《詩集》卷十五（七一五頁）。常時知齊州，齊州為濟南郡。《詩集》卷十九《次韻李公擇梅花》：「更憶檻泉亭，插花雲髻重。」卷四十六《寒食宴提刑致語口號》末云：「還把去年留客意，折花臨水更徘徊。」作於元豐元年。《文集》卷五十七《與幾宣義》敍李常去舒，以下云：「每思檻泉之游，宛在目前。」卷五十二《答黄魯直》第一簡：「其後過李公擇於濟南，則見足下之詩文愈多，而得其為人益詳。」時庭堅仍在北京國子監教授。皆敍此時事。《詩集》卷二十三《將至筠先寄遲适遠三猶子》：「憶過濟南春未動，三子出迎殘雪裏。我時移守古河東，酒肉淋漓渾舍喜。」作於元豐七年。

寫枯木一枝於檻泉亭之壁。

《濟南金石志》卷四《金石四·禹城·宋蘇東坡枯木石刻》：「明邑人于棨記云：熙寧十年，東坡先生過濟南，寫枯木一枝於檻泉亭之壁，自書年月，筆法遒勁，枝幹虬結，如龍翔鳳翥，蓋一時精思神會，渾然天成，非世間畫工好手所能到。元祐間，亭主劉招模石，未幾復流浪於別館。禹城王國寶見之，徙置於遠塵庵，蓋大定二十九年也。常山李彥文記之。後又移於儒學大成殿之左壁。永樂東狩，先生濟南筆迹，漂蕩無存，獨禹城僅存此石，往來求之者衆，縣中小吏投其石於井，碎為數段。歲餘，學官發取碎石，仍置原處，吴大尹於原記之末，附跋以紀其事。正德辛巳，羅山張大尹命工翻諸木板，有老教讀者中添二枝，以補其缺，視石刻較全，而精神衰颯，不及原筆遠矣。嘉靖甲午，閩人教諭王某，貪昧無知，遂將先生原筆併朱文公字刻及名筆數種，移出大門之外，時值修造，碎為柱礎，識者追救，已無及矣。」

同上書卷二《金石二·歷城》引《歷城志》：「考《趙清獻公集》，有《寄題劉詔寺丞檻泉亭》詩，『招』蓋『詔』之誤耳。」大定二十九年，當孝宗淳熙十六年（一一八九）。檻泉亭在濟南，《欒城集》卷五有《和孔教授武仲濟南四詠·檻泉亭》詩。按：《寄題》詩在《趙清獻公集》卷四。

柳瑾（子玉）卒，弟轍作挽詞。蘇軾作祭文。

《欒城集》卷六《柳子玉郎中挽詞二首》，次《次韻景仁正月十二日訪吴縝寺丞二絶》後，作於歲初。祭文見《文集》卷六十三(一九三八頁)。瑾之卒約為上年末事。

始晤吴復古(子野)，復古為論出世間法。因作《問養生》。

《文集》卷五十七答復古第一簡：「濟南境上為别，便至今矣。」簡作於元豐四年。二人嘗晤於濟南。同上《與吴秀才》第二簡：「與子野先生遊，幾二十年矣。……子野一見僕，便論出世間法，以長生不死為餘事，而以練氣服藥為土苴也。僕雖未能行，然喜誦其言，嘗作《論養生》一篇，為子野出也。」簡有「深念五十九年之非」語，作於紹聖元年。自此逆數至熙寧十年，為十七年，故有「幾二十年」之語，知濟南之晤為始晤。

《問養生》見《文集》卷六十四，首云：「余問養生於吴子，得二言焉，曰和，曰安。」此文當作於此後不久。

復古，揭陽人。再舉不第，築庵居潮陽直浦都麻田山中。見嘉靖《廣東通志》卷五十六、嘉靖《惠州府志》卷十五。熙寧二年，復古從登守李天章遊，見《文集》卷十二《北海十二石記》。李師中旋守登，復守齊，見《宋史》卷三百三十二《李師中傳》。復古復從師中遊，見《文集》卷五十七《與吴秀才》第三簡。《欒城集》卷七有《贈吴子野道人》詩，有「東州相逢真邂逅，南國思歸又驚矯」句。東州乃指齊州。相見不久，復古歸粤，故以為贈也。

陳襄經筵薦蘇軾，未用。

《古靈集》卷一《熙寧經筵論薦司馬光等三十三人章稿·尚書祠部員外郎直史館權知河中府蘇軾》：「豪俊端方，所學雖不長於經術，然子史百氏之書，無所不覽。文詞美麗，擅於一時。居官敏恕，尤通政事。」陳襄薦「館職有文學可為詞臣者」，首蘇軾，次曾鞏，再次孫洙。襄薦「京朝官選人有學行才器可進擢臺閣者」，有弟轍。時襄以樞密直學士知通進銀臺司兼侍讀，見《宋史·陳襄傳》。《古靈集》附録年譜，謂薦稿作於熙寧十年。《宋史》襄本傳謂「在經筵時，神宗顧之甚厚，嘗訪人才之可用者，襄以司馬光、韓維、吕公著、蘇頌、范純仁、蘇軾至於鄭俠三十三人對」，然「帝不能盡用」。襄之奏章稱軾「權知河中府」，知作於年初。

二月初一日，題張掞讀書堂。

《山左金石志》卷十六《蘇子瞻書讀書堂石刻》：「熙寧十年二月刻，正書。碑高四尺，廣一尺七寸，在歷城縣學橋門外。」又云：「右刻『讀書堂』三字，徑一尺，款題『熙寧十年二月朔，子瞻書』。徑七分。縣志云：『張掞讀書堂碑，明萬曆初掘地得之，乃宋龍圖張掞舊隱處也。』案：《宋史》列傳，掞卒於熙寧七年。距東坡書碑時，已三年矣。東坡以熙寧九年十二月離密州，此或是道經龍圖故里，感舊而書，未可知也。」

齊州治歷城。掞字文裕，歷城人。知益都縣，知萊州掖縣，皆有德於民。卒時年八十。忠篤誠慤，行為鄉黨矜式。參熙寧八年「作張掞挽詞」條。

或晤李秉彝（德叟）。

秉彝乃李常兄布之子，布早卒，常撫之如己出。見《淮海集》常行狀。《山谷外集詩注》卷三有《次韻寄李六弟濟南郡城橋亭之詩》(題下注：德叟)、《用明發不寐有懷二人為韻寄李秉彝德叟》，元豐元年作，知秉彝隨常至濟南。《佚文彙編》卷二與秉彝子彭(商老)簡云「德叟有子不亡」，秉彝乃軾老友。軾在濟南，或與秉彝晤。《豫章黄先生文集》卷二十《評李德叟詩》謂「昔嘗見其汲汲浚源，今又見其金玉井幹」，知秉彝有詩名。

留齊州月餘，與李常劇飲為别。

《詩集》卷十六《次韻舒教授寄李公擇》：「去年逾月方出晝，為君劇飲幾濡首。」自注「留齊月餘」。元豐元年作，敍此時事。

吴復古歸粤，别於濟南境上。

歸粤見以下「與李師中晁補之會於汶上」條，與復古别，以上「始晤吴復古」條已敍。

至鄆州，鮮于侁(子駿)留飲新堂，以吴道玄畫佛為贈。

《詩集》卷十六《和鮮于子駿鄆州新堂月夜》其一：「去歲遊新堂，春風雪消後。池中半篙水，池上千尺柳。佳人如桃李，蝴蝶入衫袖。」作於元豐元年。卷十六尚有《僕曩於長安陳漢卿家，見吴道子畫佛，碎爛可惜。其後十餘年，復見之於鮮于子駿家，則已裝背完好，子駿以見遺，作詩以謝之》。鄆州治須城縣，距東京五百二十里。侁時為京東路轉運使，見《宋史》卷三百四十四《鮮于侁傳》。

與李師中(誠之)、晁補之會於汶上，與補之言及吴復古(子野)，復誦黄庭堅詩。

《雞肋集》卷十三《贈麻田山人吴子野》題下原注：「余見待制李公誠之於汶上，蘇密州在焉，始聞子野名。」詩首云：「汶陽我昔見蘇、李，人言吴子歸未幾。長嘯春風大澤西，却望麻田山萬里。」知復古歸粤。卷十四《用寄成季韻呈魯直》：「湖州太守諸儒長，可獨進賢無上賞。曾語黄公四坐驚，競吟佳句汶陽城（原注：丁巳年，余謁蘇湖州於汶上，座中為余誦魯直詩）。」作於元豐二年，故稱軾蘇湖州。考《讀史方輿紀要》等書，汶陽，縣名，劉宋時屬兖州魯郡，北魏因之，齊周時廢；汶上，金縣名，唐、五代、宋皆曰中都，北宋時屬鄆州，在州東南六十里，境内有汶水。《雞肋集》卷一《釋求志》謂父卒後，居濟州東郭其所田處凡二年。補之鉅野人，鉅野乃濟州之治。補之見蘇軾，在居喪時。鉅野離中都不遠。

癸巳（十二日），改知徐州。

《山谷外集詩注》卷三《次韻子瞻春菜》題下注引《實録》：「熙寧十年二月癸巳，尚書祠部員外郎、直史館、權知河中府蘇軾知徐州。」蘇軾時在來汴京道中。

同日，張方平為南京留守。方平辟弟轍簽書應天府判官。

據《蘇潁濱年表》。南京乃應天府。

弟轍自京師來迎，會於澶、濮間。賦《滿江紅》。與弟轍同赴京師。

《欒城集》卷七《逍遥堂會宿·敍》云：「子瞻通守餘杭，復移守膠西」，「不見者七年，熙寧十年二月，始復會於澶、濮之間」。卷八《寄范丈景仁》：「我兄東來自東武，走馬出見黄河濱。」澶州，距東京二百五十里。濮州，距東京三百五十里。

《東坡樂府》卷上《滿江紅》下闋：「一樽酒，黄河側。無限事，從頭説。相看怳如昨，許多年月。衣上舊痕餘苦淚，眉間喜氣占黄色。便與君，池上覓殘春，花如雪。」乃寫此時事，詞亦為此時作。詞上闋「清潁東流」云云，乃敍熙寧四年别轍時事。《注坡詞》此詞題作《寄子由》；《東坡先生全集》題作《懷子由作》，《全宋詞》第二八一頁同。據下闋，題當作《會子由》。

至陳橋驛，知徐州告下。時不得入國門，乃寓居城外范鎮之東園。王詵餽酒食。

《佚文彙編》卷二《與文與可》第三簡：「軾自密移河中，至京城外，改差徐州，復挈而東。仕宦本不擇地，然彭城於私計比河中為便安耳。」

《文集》卷五十三《與黎希聲》第三簡：「向自密將赴河中，至陳橋，受命改差徐州。」東京開封府祥符縣有陳橋鎮。《汴京遺迹志》卷九謂在城東北四十五里。

《詩集》卷十五《送魯元翰少卿知衛州》題下「施註」：「時有旨不許入國門，寓城外范蜀公園。」

《欒城集》卷八《寄范丈景仁》敍迎見兄軾於黄河濱，以下云：「及門却遣不得入，回顧欲去行無人。東園桃李正欲發，開門借與停車輪。青天露坐列觴豆，落花飛絮飄衣巾。」

《詩案·與王詵往來詩賦》：「約熙寧十年二月到京，王詵送到茶果酒食等。」

孔舜亮（君亮）贈詩，和答。

詩見《詩集》卷十五（七一六頁）。《欒城集》卷七《孔君亮郎中新葺闕里西園棄官而歸》首云「宦情牢落苦思歸」，知舜亮久官京師，軾與舜亮乃晤於京師。轍詩作於本年冬。《孔氏祖庭廣記》卷六《世系別録》：「舜亮字君亮。四十六代。登第，中散大夫贈特進。」《族孫》：「道輔：……二子，長舜亮，……次宗翰。」《詩集》自注謂舜亮為孔子「四十八代」孫，與此不同。《詩案》承受無譏諷文字者有舜亮。《闕里志》卷十一有舜亮詩。

三月二日，應王詵約，飲於四照亭，賦《洞仙歌》、《喜長春》。

《詩案·與王詵往來詩賦》：「熙寧十年，……三月初一日，王詵送到簡帖，來日約出城外四照亭中相見。次日，軾與王詵相見，令姨嫿六七人出斟酒下食，數内有倩奴，問軾求曲子，軾遂作《洞仙歌》一首、《喜長春》一首與之。」《紀年録》謂會四照亭為初一日事。

蘇軾所作《洞仙歌》，當即《東坡樂府》卷上之「江南臘盡」一首。此詞，《注坡詞》、《外集》題均作「詠柳」。詞中有「細腰肢，自有入格風流」，蓋詠柳亦以詠人也。

《東坡樂府》卷下《殢人嬌》「滿院桃花」一首，《外集》題作「王都尉席上贈侍人」，或即軾所云之《喜長春》。此詞，《東坡問答録》謂為徐都尉作，參熙寧六年「游徐氏花園」條紀事。

《詩集》卷十八《作書寄王晉卿忽憶前年寒食北城之遊走筆為此詩》：「北城寒食烟火微，落花蝴蝶作團飛。王孫出遊樂忘歸，門前驄馬紫金鞿。吹笙帳底烟霏霏，行人舉頭誰敢睎。扣門狂客君不麾，更遺傾城出翠帷。書生老眼省見稀，畫圖但覺周昉肥。（下略）」所寫為此時事。

《詩案·與王詵往來詩賦》又云本月蘇軾「薦會傳神僧為王詵寫真，乞得紫衣一道」。

三日，范鎮（景仁）往西京，作詩送之。鎮作留别詩，次韻答之。

詩見《詩集》卷十五（七一七、七二〇頁）。《詩案·送范鎮往西京》謂二月三日鎮往西京。《總案》謂「二月」為「三月」之誤。詩有譏諷意。鎮時退居，見《文集》卷十四《范景仁墓誌銘》。《欒城集》卷七有《次韻子瞻送范景仁游嵩洛》。

同日，王詵（晉卿）送韓幹畫馬，求跋，為題詩。

詩見《詩集》卷十五（七二一頁）。《詩案·與王詵往來詩賦》敘之，詩有譏諷意。《紀年録》謂送韓畫為本月二日事。

二十三日，與錢藻（純老）、王汾（彦祖）、孫洙（巨源）、陳侗（成伯）、陳睦（子雍）、胡宗愈（完夫）、王存（正仲）、林希（子中）、王仲修（敏甫）、弟轍同觀唐摹《蘭亭》禊帖真迹。

據《大觀録》卷一《唐摹蘭亭禊帖真迹》；人皆書字，軾、轍列於最後，末謂「熙寧十年三月廿三日書」，其書者當為蘇軾；真迹文字，乃王羲之《蘭亭序》全文。侗，其先興化軍莆田縣人，從母居蘇州。事迹見《永樂大典》卷三千一百四十五劉攽所撰《故朝奉大夫權知陝州軍州事陳君墓誌銘》。

春末，范鎮（景仁）自洛還，得司馬光（温公）寄題超然臺詩。

《文集》卷五十與光第一簡敘之。光自熙寧四年四月判西京留司御史臺，皆居洛。見《文集》卷十六《司馬温公行狀》。

晁補之至京師，來謁。

《樂静集》卷十《上眉陽先生》：「先生罷東武，還朝，晁君見先生於京師。既歸，昏夜叩門，開軒置燭，出先生新文十餘篇，促席吟誦。」知補之別軾於汶上後，不久即至京師。

與孫洙（巨源）會於王詵（晉卿）園中。蘇軾嘗賦《滿庭芳》。

《苕溪漁隱叢話》前集卷四十一引《王直方詩話》：「東坡與孫巨源同會於王晉卿花園中。晉卿言都教餵飼了官員輩馬着。巨源云：『「都尉指揮都餵馬」，好一對。』適長公主送茶來，東坡即云：『大家齊喫大家茶。』蓋長公主呼大家也。（下略）」長公主乃詵之妻。

據《宋史》卷三百二十一《孫洙傳》，洙時知制誥。

《後村先生大全文集》卷一百四《西園雅集圖跋》：「本朝戚畹惟李端愿、王晉卿二駙馬好文喜士。……此圖布置園林水石人物姬女，小者僅如針芥，然比之龍眠墨本，居然有富貴態度，畫固不可以設色哉。二駙馬既賢，而坐客皆天下士。世傳孫巨源『三通鼓』、眉山公『金釵墜』之詞，想見一時風流藴藉，為世道太平極盛之候。未幾而烏臺鞫詩案矣，賓主俱謫。」敍此時事。眉山公為蘇軾。端愿，《宋史》卷四百六十四有傳，元祐六年卒。龍眠謂李公麟，公麟亦有《西園雅集圖》，詳元祐三年紀事。明董思白謂劉克莊所跋之《西園雅集圖》，亦公麟作，乃作於詵園中。見《式古堂書畫彙考》卷三十一。

《東坡樂府》卷上《滿庭芳》：「香靉雕盤，寒生冰筯，畫堂别是風光。主人情重，開宴出紅妝。膩玉圓搓素頸，藕絲嫩、新織仙裳。歌聲罷，虚檐轉月，餘韻尚悠揚。人間何處有？司空見慣，應謂尋常。

坐中有狂客，惱亂愁腸。報道金釵墜也，十指露、春筍纖長。親曾見，全勝宋玉，想像賦《高唐》。」《夷堅志·甲志》卷四《孫巨源官職》言洙為翰苑，一日鎖院，宣召者得於李端愿家，時端愿新納妾奏琵琶，飲正酣。入院，草制罷，賦詞寄恨意，蓋洙實不願去也。其詞首云：「樓頭尚有三通鼓，何須抵死催人去。」《苕溪漁隱叢話》前集卷五十九引其事與詞。詞調《菩薩蠻》。附此。

聞任孜（遵聖）訃，哭以詩。

詩乃《詩集》卷十五《京師哭任遵聖》。《丹淵集》卷四《謝任遵聖光禄惠詩》云「六十尚為縣」，知孜年過六十。《淨德集》卷二十七孜妻呂氏墓銘謂孜卒二十年，當紹聖元年，呂氏卒。知孜熙寧七年卒。墓銘稱孜志趣高尚，「篤學力文，得聖賢指歸，處己從政，耻枉道，不與流俗合，仕宦多齟齬，飄寓四方，幾至憔悴」。《淨德集》卷三十五有送孜官富順二首，《丹淵集》卷一有哭孜詩，《欒城集》卷三有《次韻任遵聖見寄》，有「故國老成誰復先，壯心空寄話當年」句，作於熙寧三年。

晤歐陽奕（仲純）。

《文集》卷五十三與奕第一簡云「去歲城東，屢獲陪從」，第三簡云「去春寄舍國門，屢辱臨顧，喜慰無量」，作於元豐元年。卷六十三祭奕文云去歲相見「攜被夜語，達旦不窮」。奕乃修次子，慶曆五年生。見《歐陽文忠公集》卷首年譜。

晤魯有開（元翰）；有開知衛州，蘇軾有詩送行。

詩見《詩集》卷十五，題作《送魯元翰少卿知衛州》。詩首云住范鎮東園，嗣云：「誰人肯攜酒，共醉榆柳村。髯卿獨何者，一月三到門。我不往拜之，髯來意彌敦。」交往甚密。髯卿，指有開。

《長編》卷二百八十四熙寧十年八月辛卯有知衛州、司農少卿魯有開言事記載。

《欒城後集》卷一《魯元翰中大挽詞二首》其二詩末自註云「子瞻兄始與元翰皆倅杭州」。及自密州還止都門，「寓居范景仁東園，元翰時來相過，予始識之」。

蔣夔赴代州學官，次韻弟轍送行。

據《詩集》卷十五詩題（七二六頁）；《欒城集》原韻，詩之「查注」已引。

《欒城集》卷六有《次韻蔣夔寒夜見過》：「叩門剥啄驚客至，吹火倉卒憐君寒。」又云：「識君太學嗟歲久，至今客舍猶泥蟠。」作於本年初，是夔由京外任也。

《長編》卷二百九十六元豐二年正月甲午有京兆府學教授蔣夔言祭禮事記載。是夔在代時間不長。

蘇嘉以簡問勞，答之。

《丞相魏公譚訓》卷四：「東坡自徐易湖守，過闕，不得見。大人監封丘門，以簡問勞，且以坐局不獲見為言。坡答簡云：『便道之官，恨不得見詩人耳。』唱酬詩什簡尺頗多，皆為人取去。」按：蘇軾自徐易湖，未過闕；軾一生以州易州赴闕者，惟自密易徐。今據此繫入。軾簡，《佚文彙編》未收，唱酬詩什亦不見。

為子邁娶婦石氏。

《文集》卷五十三《與黎希聲》第三簡：「改差彭城，便欲赴任，以兒子娶婦，暫留城東景仁園中。」卷四十七《與邁求婚啟》：「賢小娘子姆訓夙成，遠有萬石之家風。」萬石乃石奮，西漢初人。《史記》卷一百三有傳，以孝謹稱。

《中華文史論叢》一九八六年第二期曾棗莊《三蘇姻親考》引《蘇符行狀》：「父諱邁，母石氏，故中書舍人昌言之孫。」昌言亦眉人，蓋世姻。

道士李若之為迨布氣。

《文集》卷七十三《李若之布氣》：「學道養氣者，至足之餘，能以氣與人。都下道士李若之能之，謂之布氣。吾中子迨，少羸，多疾。若之相對坐為布氣，迨聞腹中如初日所照，温温也。」迨生於京師，後至杭、至密，布氣當為此時事。

首次晤張大亨（嘉父）。別後，致簡大亨，以志於存養為望。

《詩集》卷三十五《送張嘉父長官》：「都城昔傾蓋，駿馬初服輈。」乃寫首晤。《文集》卷五十三與大亨第二簡首云「今日與嘉父道別」。以下云：「公少年高才，不患不達，但志於存養，孟子所謂『心勿忘勿助長』者，此當銘之坐右。」以為張璪（琥）所作之《稼説》為贈。第四簡云：「君年少氣盛，但願積學，不憂無人知。」當作於第二簡後不久。其愛之亦至矣。

據《詩集》，蘇軾與大亨首晤於京師。熙寧二年至四年，大亨尚幼，不繫；姑繫於本年。參元豐八年「泗上喜見張大亨」條紀事。

與眉守黎錞（希聲）簡，報將赴徐。

簡乃《文集》卷五十三與錞第三簡；并謝錞照管墳墓。

四月，乘舟沿汴赴任，弟轍同行。時轍與文同議姻，與同簡，以為美事。其行，王詵有餽。

《欒城集》卷八《寄范丈景仁》：「留連四月聽鵾鳩，扁舟一去浮奔渾。」乃舟行。《佚文彙編》卷二與同第三、四簡敍轍同行及兩家議姻。據《蘇潁濱年表》，轍以長女婿同之子務光。《欒城集》卷七《逍遥堂會宿・敍》敍與兄軾「相從來徐」。

《詩案・與王詵往來詩賦》：「四月赴任徐州，王詵曾送到羊羔兒酒四瓶，乳糖獅子四枚，龍腦面花象板裙帶繫頭子錦段之類與軾。」

過南都，見張方平。代方平撰諫用兵書，諫勿用兵西夏。

《文集》卷六十三《祭張文定公》第三文云：「十五年間，六過南都，而五見公。」此第一次。

《詩集》卷十八《罷徐州往南京馬上走筆寄子由》五首其四：「前年過南京，麥老櫻桃熟。」寫此時事。

書見《文集》卷三十七（一〇四八頁）。題下原注：「熙寧十年。」文謂「好兵者必亡」，諫勿用兵西夏。

《省齋文稿》卷十八《跋東坡代張文定公上書》謂蘇軾其後為方平作墓銘，「明載老臣死見先帝有以藉口之語」，意旨必出方平，「不然何其危言至是」。

《經進東坡文集事略》卷四十收此書，末註云：「此疏既奏，上為之動，及永樂之敗，頗思其言。」《長編》卷二百八十六附此書於本年之末。

過宿州，教授劉涇有詩，次韻答之。

《詩集》卷十五有《宿州次韻劉涇》。《欒城集》卷七有《次韻宿州教授見贈》。涇於熙寧七年五月甲辰，以新成都府户曹參軍為提舉修撰經義所檢討，見《長編》卷二百五十三。

過符離，晤曹九章（演父），議及九章子與弟轍女聯姻事。

《欒城集》卷二十六祭九章文：「伯氏之南，見公符離。傾蓋相歡，執手無疑。公顧我笑，我猶未知。」九章，彭城人。見同上卷十二《東軒長老二絶·敍》。

二十一日，到徐州任。田叔通、寇昌朝（元弼）、石夷庚（坦夫）相迎。上《謝上表》、《謝兩府啟》，答謝鄰郡陳薦（彦升）啟。

二十一日云云，據《詩案·供狀》。謝上表見《文集》卷二十三，謝兩府啟見卷四十六。《詩集》卷十八《留别叔通元弼坦夫》：「迎我淮水北。」叔通元豐元年倅徐，詳該年紀事，昌朝詳本年「寇昌朝從游」條，夷庚詳元豐三年十二月三十日紀事。

《文集》卷四十六《徐州謝鄰郡陳彦升啟》：「受代膠西，甫違仁庇；分符泗上，復託恩私。」薦所知州不詳。

職銜全稱：朝奉郎、尚書祠部員外郎、直史館、權知徐州軍州事、騎都尉。見元豐元年八月甲寅紀事。

徐州屬京東東路，為彭城郡，武寧軍節度。治彭城縣；縣五：彭城、沛、蕭、滕、豐；監一：利國。

時蘇澥或仍為京東東路安撫使、知青州，李清臣為京東路提刑，鮮于侁為京東路轉運使，蔡朦為京東東路轉運判官。

澥見熙寧九年「蘇澥為京東東路安撫使」條，清臣見熙寧九年「李清臣亦作《超然臺賦》」條，侁見本年以上「至鄆州」條。朦見《長編》卷二百七十七熙寧九年八月丙午紀事。朦乃挺之子。挺，《宋史》卷三百二十八有傳。《宋會要輯稿》第一百二十四冊《食貨》七之三一、一百五十二冊《食貨》六一之三一：詔前永興軍路提舉常平蔡朦展磨勘三年。《文集》卷三十八有《新淮南轉運判官蔡朦可兩浙運判》制，謂朦以「名臣之子，進以儒術，歷佐漕府，治辦有成」。

梁交為將官。

《詩集》卷十五有《王鞏屢約重九見訪既而不至以詩送將官梁交且見寄次韻答之交頗文雅不類武人家有侍者甚惠麗》。《欒城集》卷八有《送梁交之徐州》，軾次韻乃《詩集》卷十六《和子由送將官梁左藏仲通》，知交字仲通。《職官分紀》卷三十五：國朝自南北通和，特分將領置官於河北、京東等處，以統領所部兵，謂之將官。

傅裼為通判。

據《文集》卷十九《徐州蓮華漏銘》，裼為燕肅外曾孫，以國子博士為徐倅。字子美，見《詩集》卷十六詩題（八一三頁）。并參卷十七《次韻顔長道送傅倅》題下「誥案」。

舒煥（堯文）為教授。

據《詩案·徐州觀百步溪詩》。《詩集》卷十七《次韻舒堯文祈雪霧猪泉》自注謂煥為傅堯俞之客。熙寧七年十一月，堯俞罷知徐州，見《長編》卷二百五十八。煥留徐。

《樂静集》卷十《上眉陽先生》叙焕辱軾深知，「把酒揮墨，登臨嘯歌，無日不相尋」。

任某為鈐轄。

《文集》卷六十三有《祭任鈐轄文》，鈐轄善治兵。參本年「任鈐轄卒」條。

畢仲荀（詢）為推官。

《淮海集》卷三十八《雪齋記》謂蘇軾守徐時，「命郡從事畢君景儒篆其（按：指雪齋）名」。《詩集》卷十六《夜飲次韻畢推官》自註有「畢善篆」之語，知此推官乃景儒，屬從事。《後山詩註》卷十一《黄樓》自註謂《黄樓賦》乃畢仲詢篆。《渭南文集》卷二十九《跋楊處士村居感興》首云「右畢仲荀景儒所記楊處士詩也」，知景儒名仲荀。《詩集》上引詩「查註」謂景儒名仲孫，非。仲荀，《昭德先生郡齋讀書志》卷三下亦作仲詢，撰有《幕府燕閑録》十卷，元豐初為嵐州推官。《幕府燕閑録》今傳，已殘。

吴琯監徐州酒税。

見本年「與吴琯舒焕鄭僅分韻賦快哉此風」條。

胡公達為徐州獄掾。

見本年「晤胡允文」條及元豐元年「胡允文卒」條紀事。公達，老友允文之子。

范純粹為滕縣令。

見本年以下「晤滕縣令范純粹」條紀事。

顏復為彭城令。

《欒城集》卷七有《雨中陪子瞻同顏復長官送梁燾學士舟行歸汶上》詩，《詩集》卷十五《送顏復兼寄王鞏》首云「彭城官居冷如水，誰從我游顏氏子」，既云長官，而又常從遊，則是官彭城令也。

宴送交代江仲達。

《詩集》卷十五《徐州送交代仲達少卿》云「清樽猶許再三開」。《欒城集》卷七《徐州送江少卿》中云：「公來初無事，豐歲多牟麥。鈴閣度清風，芳樽對佳客。」

和密州孔宗翰、趙庾詩，叙密州時事。宗翰求書與詩，答以詩；為宗翰作《顏樂亭詩》。

詩見《詩集》卷十五（七二九、七三一、七五三、七七五、七七六頁）。

和庾其二首云「我擊藤牀君唱歌，明年六十奈君何」。自注：「趙每醉歌畢，輒曰明年六十矣。」此所叙者，為熙寧九年事，時軾年四十一，庾年五十九。

《顏樂亭詩·敍》謂亭乃「膠西太守孔君宗翰」建，知宗翰作於知密時。《温國文正司馬公文集》卷六十八《顏樂亭頌》謂李清臣（邦直）作銘，銘不見。言及蘇軾之詩，知作於其後。

高麗使者過杭州，求市蘇軾之集以歸。

《蘇魏公文集》卷十《己未九月》其二：「文章傳過帶方舟。」自注：「前年高麗使者過餘杭，求市子瞻集以歸。」詩作於元豐二年，所敍為本年事。

《咸淳臨安志》卷四十六：熙寧九年正月丙寅，蘇頌知杭州，本年五月癸亥，趙抃代頌。知高麗使者買軾集為本年五月以前事。今繫此。

五月六日，寄題司馬光獨樂園。作簡與光。

據《詩案·寄題司馬君實獨樂園》，時光在西洛葺園，名獨樂。詩乃《詩集》卷十五《司馬君實獨樂園》。《文集》卷五十與光第二簡：「久不見公新文，忽領《獨樂園記》，誦味不已。」以下敍作詩。

六月己丑（十一日），弟轍保母楊金蟬卒。為作墓銘。

墓銘在《文集》卷十五（四七三頁）。

癸巳（十五日），祭漢高帝廟，弟轍代作祈晴文。嘗與弟轍入廟觀試劍石。

《欒城集》卷二十六有《徐州漢高帝廟祈晴文》（原注：代子瞻）。卷十八《彭城漢祖廟試劍石銘》敍云：「廟有石，高三尺六寸，中裂如破竹，不盡者寸。父老曰：『此帝之試劍石也。』熙寧十年，蜀人蘇軾為彭城守，弟轍實從入廟，觀石而為之銘。」同治《徐州府志》卷十四、卷十八上謂高祖廟在城南五里；有石高三尺餘，中裂如破竹不盡者寸，相傳謂高帝試劍石。

與弟轍、顏復（長道）同游百步洪，弟轍有詩，次韻。舒煥亦次韻。

次韻見《詩集》卷十五，題作《次韻子由與顏長道同游百步洪相地築亭種柳》。轍詩，「查註」已引録。《詩案·徐州觀百步溪詩》：「熙寧十年，知徐州日，觀百步溪，作詩一篇，即無譏諷，有本州教授舒煥字堯文和詩云：『先生何人堪並席，李郭相逢上舟日。殘霞明滅日脚沉，水面沉雲天一色。磷磷石英鐵林兵，翻激奔衝精甲日。岸頭旗幟簇五馬，一櫓飛艎信未下。入夜寒生波浪間，汗衣如逐秋風乾。

相忘河魚互出没，得性沙鳥鳴間關。委蛇二龍乃神物，遊樂諸溪誠為難。築亭種柳恐不暇，天下龍雨須公還。』」

《欒城集》卷九《和子瞻自徐移湖過宋都途中見寄五首》其一云及同遊情景，有「輕帆過百步，船底驚雷翻，肩輿上南麓，眼界涵川原」之句。

李清臣構亭徐城之東南隅，蘇軾名曰快哉亭。

賀鑄《慶湖遺老詩集》卷二《快哉亭·序》：「彭城郡城之東南隅，提點刑獄官廢廨也。熙寧末，魏郡李公持節來此，構亭城隅之上。郡太守眉山蘇公，命名曰快哉亭。下有爽塏，數十步即唐人薛能陽春亭故址也。癸亥六月，始登此亭，因賦是詩。」癸亥乃元豐六年，鑄知徐。據「提點刑獄」、「持節」云云，知京東路提點刑獄置司徐州。《後山集》卷四有《登快哉亭》詩。

李清臣沂山祈雨有應，作詩，蘇軾和之。

清臣詩見《詩案·與李清臣寫超然臺記并詩》，作於六月。和見《詩集》卷十五（七三四頁），末云：「半年不雨坐龍慵，共怨天公不怨龍。今朝一雨聊自贖，龍神社鬼各言功。無功日盜太倉穀，嗟我與龍同此責。勸農使者不汝容，因君作詩先自劾。」《詩案》謂此乃諷大臣不任職，不能燮理陰陽，却使人怨天子，自言無功竊禄，與龍無異。詩中所云「勸農使者」謂清臣。清臣詩，《欒城集》卷七有和。

梁先來學，勉以篤實發憤。

《詩集》卷十五《與梁先舒焕泛舟得臨釀字二首》其一：「故人輕千里，繭足來相尋。」同上《代書答梁先》云先以駁石盆甌為贈，於是軾勉云：「學如富賈在博收，仰取俯拾無遺籌。道大如天不可求，修其可見致其幽。願子篤實慎勿浮，發憤忘食樂忘憂。」詩謂先通經學，小楷精絕。先字吉老，見《詩集》卷二十五《李憲仲哀詞》之序。蘇軾稱先為故人，知二人關係在師友之間。

李清臣與弟轍倡酬。次韻答清臣、弟轍。

《詩集》卷十五《次韻答邦直子由五首》「施註」謂通為八首，佚其三。京東路提刑司設徐州，本年「李清臣構亭」條已及。卷十四《答李邦直》云「子從徐方來」，時軾在密；此次韻其二「醉呼」句下自注「邦直家中舞者甚多」，益可證。《總案》謂清臣按部來徐，失之。《欒城集》卷七有《李邦直見邀終日對卧南城亭上》、《次韻邦直見答》、《再次前韻》。

七月十七日，黄河決於澶州曹村埽。

據《文集》卷十一《奬諭勑記》。

二十日，題索靖帖。

文乃《文集》卷六十九《題七月二十日帖》。靖字幼安，晉初人，《晉書》卷六十有傳。

二十二日，應王詵請，為作《寶繪堂記》。

記見《文集》卷十一。《紀年録》謂作於十月二十一日。《詩案·與王詵作寶繪堂記》敍作記事。《欒城集》卷七有《王詵都尉寶繪堂詞》。

簡劉奉世（仲馮），以進貳西府為賀。

簡乃《文集》卷五十與奉世第一簡。進貳西府乃檢正中書户房公事，詳元豐元年正月紀事。奉世乃敞子。簡首云「早秋」，知作於七月。

梁燾經徐回汶上，與弟轍、顔復送之。

《欒城集》卷七《雨中陪子瞻同顔復長官送梁燾學士舟行歸汶上》敍其事，首云「客從南方來，信宿北方去」，又云「秋風日已至」，約作於秋初。

《宋史》卷三百四十二《梁燾傳》：字况之，鄆州須城人，「舉進士中第，編校秘閣書籍，遷集賢校理，通判明州」。據「客從」二句，燾當自明州經徐回鄉。燾元祐七年，累官至尚書左丞。紹聖四年貶雷州别駕，化州安置；十一月卒，年六十四。參《長編》卷四百九十三、《東都事略》卷九十本傳。

與弟轍泛汴泗。

《欒城集》卷七《同子瞻泛汴泗得漁酒二詠》、《明日復賦》敍其事，次《雨中陪子瞻同顔復長官送梁燾學士舟行歸汶上》後。

與吴琯（彦律）、舒焕（堯文）、鄭僅（彦能）分韻賦快哉此風。

據《文集》卷一《快哉此風賦》。《樂静集》卷二十九《吴彦律墓誌銘》：「嘗有郡太守，喜文士，登樓燕集，曰『快哉此風』，屬公聯賦。辭氣警拔，一坐盡傾。」郡太守乃蘇軾，作者寫此文時，黨禍猖獗，諱言之也。琯既冠，調徐州酒税。軾知徐，琯在此職。官至承議郎，通判永寧軍。政和四年卒，年六十一。

琯少有大志，剛梗喜有為，欲卓卓自見於世。僅，徐州彭城人。《宋史》卷三百五十三有傳。《雞肋集》卷二十九《冠氏縣新修學記》謂僅「嘗從彭門守眉山蘇公游，蘇公稱其良士，始知名」。《山谷詩集注》卷三、《雞肋集》卷十二有詩及僅。《快哉此風賦》作於本年六七月間。《詩集》卷十六《送鄭户曹》乃為送僅作，作於明年春。

顔復赴闕，送詩，兼寄王鞏。待鞏重九來。嘗應復之請，書景祐諸公送其父太初詩後。

詩乃《詩集》卷十五《送顔復兼寄王鞏》。《欒城集》卷七《送顔復赴闕》末云「秋風未免憶鱸魚」，赴闕時已入秋。《次韻王鞏見贈》：「彭城久相遲，官舍虚東屋。重陽試新釀，謂子當不速。」寫此時事。《文集》卷六十八《書諸公送曼繹先生詩後》首云「曼繹先生既殁三十餘年，軾始從其子復游」，又云「自景祐至今，凡四十餘年」，約作於今年。

與弟轍會宿逍遥堂，和轍詩。八月四日，與轍遊石經院，留題。與轍過雲龍山，訪張天驥，有詩。嘗題天驥所居。

和詩見《詩集》卷十五（七四五頁），其一首云「别期漸近不堪聞」，時弟轍將赴南都。轍詩見《欒城集》卷七。

留題乃《詩集》卷十五《留題石經院》。《文集》卷六十八《記子由詩》敍之。

《詩集》卷十五有《過雲龍山人張天驥》，《欒城集》卷七有《過張天驥山人郊居》。《文集》卷六十六《跋張希甫墓誌後》云「余為徐州，始識張希甫父子」。希甫，天驥父。《文集》卷六十《徐州與人》，《外集》

題作《書張天驥所居》，當作於初至天驥所居時。天驥，字聖途，見《文集》卷七十一《題萬松嶺惠明院壁》。《彭城集》卷十二、《元豐類稿》卷八、《慶湖遺老詩集》卷八、《淮海集》卷十、《樂靜集》卷一有詩及之。

灊山王景純（仲素）遊徐，其回，贈以詩。景純傳養煉氣之術。

《詩集》卷十五《贈王仲素寺丞》：「促膝問道要，遂蒙分刀圭。」蓋謂養煉也。景純隱居灊山，來徐時年七十四，住三日。見《欒城集》卷七《贈致仕王景純寺丞》。《西溪集》卷四有《太常寺太祝王景純可大理評事》制。《文集》卷五十《與劉貢父》第三簡：「王寺丞信有所得，亦頗傳下至術。」第四簡：「近辱教，并和王仲素詩，讀之欣然有得也。」《彭城集》卷四有次軾贈景純韻。

十五日，中秋，弟轍賦《水調歌頭》，和之。與轍觀月作詩，以陽關歌之。

《東坡樂府》卷上《水調歌頭》（調下注：子由徐州中秋作）：「明夜孤帆水驛。」謂明日離徐。又云：「素娥無賴西去，曾不為人留。」感歎清景不再，隱寓早退之戒。軾和詞有序，謂弟轍：「相從彭門百餘日，過中秋而去，作此曲以別，余以其語過悲，乃為和之。」以退而相從之樂為慰。詞有「我醉歌時君和，醉倒須君扶我，惟酒可忘憂」之語。

《文集》卷六十八《書彭城觀月詩》敍觀月，詩題即《中秋月》，在《詩集》卷十五，為《陽關詞三首》之第三首。

《欒城集》卷十《次子瞻夜字韻作中秋對月二篇一以贈王郎二以寄子瞻》其二：「十年秋月照相思，相從只有彭門夜。露侵笳鼓思城闕，寒迫魚龍舞潭下。厭厭夜飲歡自足，落落襟懷向人瀉。」為此時情景。

任伋（師中）、家勤國（漢公）寄詩來，答詩。

《詩集》卷十五《答任師中家漢公》：「念子瘴江邊，懷抱向誰攄。賴我同年友，相歡出同輿。……醉中忽思我，清詩綴瓊琚。」時伋知瀘州，勤國在伋處。詩又云：「我今四十二，衰髮不滿梳。彭城古名郡，乏人偶見除。頭顱已可知，幾何不樵漁。會當相從去，芒鞋老菑畬。」有歸蜀意。

勤國乃定國、安國之從弟，見慶曆八年紀事。「誥案」謂勤國乃定國之兄，誤。勤國，熙寧二年得解，見《文集》卷四十九《答劉巨濟書》。未登進士第。《宋史》卷三百九十《家愿傳》：「父勤國。……王安石久廢《春秋》學，勤國憤之，著《春秋新義》。」勤國著此書，或為熙寧間事，書已佚。

十六日，弟轍赴南京留守簽判任，離徐。送之出東門，登城上。

十六日離徐，見《文集》卷五十《與劉貢父》第三簡。送出東門，見《詩集》卷十九《次韻和劉貢父登黄樓見寄并寄子由》其二自注。《潁濱遺老傳》：「改著作佐郎，簽書南京判官。」參本年二月癸巳紀事。

十七日，作《初別子由》詩。

《詩集》卷十五《初別子由》：「昨日忽出門，孤舟轉西城。歸來北堂上，古屋空峥嶸。」昨日云云，謂弟轍離徐。《欒城集》卷七《次韻子瞻見寄》，即次《初別子由》韻；同卷另有《初發彭城有感寄子瞻》。弟轍九月至南京，見《蘇潁濱年表》。

二十一日，黃河水及徐州城下。

據《文集》卷十一《奬諭勅記》。

次韻呂梁仲伯達屯田，約重九賦詩。

《詩集》卷十五《次韻呂梁仲屯田》末云：「待君筆力追靈運，莫負南臺九日期。」同卷有《九日邀仲屯田為大水所隔以詩見寄次其韻》，是重九未能會也。

《詩案》承受無譏諷文字者第十二人為仲伯達，乃仲屯田。《詩集》卷十七有《答仲屯田次韻》、卷二十五有《和仲伯達》。惜仲詩不傳。

王鞏屢約重九來訪，不至，作詩。

據《詩集》卷十五詩題（七五九頁）。

《欒城集》卷七《次韻王鞏見贈》：「南都逢故人，共此一樽渌。初來柳吹絮，再見風脱木。……彭城久相遲，官舍虛東屋。重陽試新釀，謂子當不速。胡為聽婦言，婉孌自相逐。」鞏時在南都。「彭城」四句乃言蘇軾期鞏之至。同卷《次韻王鞏欲往徐州見子瞻以事不成行》：「為婦遲留應未怪，還家倉卒定何嘗。」不成行以家事之故。鞏婦乃張方平之女，見《文集》卷十四《張文定公墓誌銘》。

李清臣（邦直）赴史館，作詩相送，兼寄孫洙（巨源）。清臣嘗舉蘇軾不次外擢任使。孔宗翰為京東路提刑，宗翰嘗奏乞召還蘇軾，處以禁近。

李清臣云云，據《詩集》卷十五詩題。

《長編》卷二百八十四：本年八月壬午（初五日），提點京東路刑獄李清臣為國史院編修官。此乃除命日期。其行乃在九月，詩其一「紅葉黄花秋正亂」可證。詩其一「憑君説向髯將軍」乃指洙。詩其二有「付君此事全書漢，載我當時舊《過秦》」句，意謂：「仁廟朝，曾進論二十五首，皆論往古得失。賈誼，漢文帝時人，追論秦之得失，作《過秦論》，《史記》載之，軾妄以賈誼自比，意欲李清臣於國史中，載軾所進論。」（《詩案·與李清臣寫超然臺記并詩》）。

清臣嘗舉云云，據《詩案·供狀》。《詩案》稱清臣為提舉。

《東家雜記》卷上：熙寧十年，孔宗翰以尚書都官郎中提點京東路刑獄。「奏乞召還」云云，見《詩案·供狀》。宗翰蓋自知密州除。

劉攽（貢父）將離曹州任，有戀戀之意，致簡慰之。

《文集》卷五十與攽第一簡：「示論，三宿戀戀，人情之常，誰能免者。然吏民之去公尤難耳。」第二簡：「向聞貢父離曹州，遞中附問，必已轉達。」當指第一簡。

《宋史》卷三百一十九《劉攽傳》：「知曹州。曹為盜區，重法不能止。攽曰：『民不畏死，奈何以死懼之。』至，則治尚寬平，盜亦衰息。」以下敍為開封府判官。

《長編》卷二百八十四本年八月壬午（初五日）紀事：司封員外郎、集賢校理、權知曹州劉攽為國史院編修官。註文謂八月二十五日換開封判官。

大水中，詩送楊奉禮。

《詩集》卷十五有《送楊奉禮》。《詩案》承受無譏諷文字者有楊介，不知是否即奉禮？

九月九日，水穿城下。

《詩集》卷十七《九日黄樓作》：「去年重陽不可説，南城夜半千漚發。水穿城下作雷鳴，泥滿城頭飛雨滑。黄花白酒無人問，日暮歸來洗靴韈。」作於元豐元年。

二十一日，徐州城下水深凡二丈八尺九寸。

據《文集》卷十一《奬諭勑記》。《勑記》并云：「東西北觸山而止，皆清水，無復濁流。水高於城中平地有至一丈九寸者，而外小城東南隅不沉者三版。」

十月二日，京東路安撫使等奏蘇軾防洪功。

詳本月五日紀事。

五日，黄河水漸退。初，水之臨城下也，蘇軾禁富民出城，勸禁卒盡力，築長堤九百八十四丈，發公廪，濟困窮，廬於城上，至是城全民安。通判傅裼、鈐轄任某亦盡力。

《文集》卷十一《奬諭勑記》敍水臨城下，詢父老意見，以下云：「起急夫五千人，與武衛奉化牢城之士，晝夜雜作。……自城中附城為長堤，壯其址，長九百八十四丈，高一丈，闊倍之。公私船數百，以風浪不敢行，分纜城下，以殺河之怒。至十月五日，水漸退，城遂以全。」

《墓誌銘》：「是歲，河決曹村，泛於梁山泊，溢於南清河。城南兩山環繞，吕梁、百步扼之，匯於城下。漲不時洩，城將敗，富民争出避水。公曰：『富民若出，民心動揺，吾誰與守？吾在是，水決不能敗城。」驅使復入。公履屨杖策，親入武衛營，呼其卒長，謂之曰：「河將害城，事急矣，雖禁軍，宜為我盡力。」卒長呼曰：「太守猶不避塗潦，吾儕小人效命之秋也。」執挺入火伍中，率其徒短衣徒跣，持畚鍤以出，築東南長堤，首起戲馬臺，尾屬於城。堤成，水至堤下，害不及城，民心乃安。然雨日夜不止，河勢益暴，城不沉者三板。公廬於城上，過家不入，使官吏分堵而守，卒完城以聞。」

《後山集》卷十七《黄樓銘・序》：「熙寧十年，京東路安撫使臣某、轉運使臣某、判官臣某稽首言。河決澶州，南傾淮泗，彭城當其衝，夾以連山，扼以吕梁，流泄不時，盈溢千里，平地水深丈餘，下顧城中，井出脈發，東薄兩隅，西入通洫，南壞水垣，土惡不支，百有餘日而後已。守臣蘇某，深惟流亡為天子憂，夙夜不怠，以勞其人，興發戍兵，固弊應卒，外發長楗，乘高如虹，以殺其怒。內為大堤，附城如環，以持其潰。築二防於南門之外，以適南山，以安危疑。發倉庾，明勸禁，以惠困窮，以督盗賊。宣布恩澤，巡行內外，吏民嚮化，興於事功，法施四邑，誠格百神，可謂有功矣，宜有褒嘉，以勸郡縣。十月二日甲子，奏京師。」按：十月二日乃己卯，此云甲子，有誤。京東路包括京東東路、京東西路，此奏當為東路、西路合奏。時王克臣為西路安撫使，見元豐元年「自本年起」條。

賀鑄《慶湖遺老詩集》卷一《黄樓歌・序》敍本年：「河決白馬，東注齊、宋之野。彭城南控吕梁，水匯城下，深二丈七尺。太守眉山蘇公軾先詔調禁旅，發公廩，完城堞，具舟楫，拯溺療饑，民不告病。」作於元豐七年仲冬，時守徐。鑄，衛州人，居越，《宋史》卷四百四十三有傳。

《參寥子詩集》卷十一《東坡先生挽詞》其八：「大河當日決澶淵，横被東徐正渺漫。城上結廬親指顧，敢將忠義折狂瀾。」

《詩集》卷十七《次韻顔長道送傅倅》：「去歲雲濤浮汴泗，與君泥土滿衣纓。」元豐元年作。

任鈐轄盡力見本年「任鈐轄卒」條。

十三日，黄河一枝復故道，喜作詩。

詩乃《詩集》卷十五《河復》。

戊子（二十六日），朝廷應知杭州趙抃之請，作表忠觀，表彰故吴越國王錢氏。蘇軾作《表忠觀碑》，王安石贊其文。

碑見《文集》卷十七，使錢氏之孫為道士曰自然者居觀。《詩集》卷二十八《送錢承制赴廣西路分都監》：「當年我作《表忠碑》，坐覺江山氣未衰。」

自然號通教大師，《詩集》卷十九有《送表忠觀錢道士歸杭》。《趙清獻公集》卷五《送杭州道士錢自然》有「真孫宜作地行仙」之句。

《苕溪漁隱叢話》前集卷三十八引《潘子真詩話》：「東坡作《表忠觀碑》，荆公置坐隅，葉致遠、楊德逢二人在坐。有客問曰：「相公亦喜斯人之作也？」公曰：「斯作絶似西漢。」坐客歎譽不已。公笑曰：「西漢誰人可擬？」德逢對曰：「王褒。」蓋易之也。公曰：「不可草草。」德逢復曰：「司馬相如、揚雄之流乎？」公曰：「相如《賦子虚》、《大人》及《喻蜀文》、《封禪書》耳，雄所著《太玄》、《法言》以准《易》、《論語》，未見其敍事典贍若此也。直須與子長馳騁上下。」坐客又從而贊之。公曰：「畢竟似子長何語？』坐客悚然。公徐曰：『《楚漢以來諸侯王年表》也。』」《却掃編》卷下、宛委山堂本《説郛》卷三十七《閑燕常談》亦敍此事，謂王安石以為《表忠觀碑》似《史記·三王世家》。後者并謂：王安石在蔣山，讀此文數過，問座客：「古有此體否？」葉濤（致遠）曰：「古無之，要是奇作。」蔡卞（元度）曰：「直是録奏狀耳，何名奇作！」安石笑而不以為然。按：卞，京之弟。

《攻媿集》卷七十八《跋張謙中篆金剛經》：「坡公有與趙清獻公帖云：『《表忠觀碑》額，可用張子野之孫有書之。』」有字謙中。此殘簡，已輯入《佚文彙編》卷二。

有有《復古編》。《北山小集》卷十五《復古編序》：「弱冠以小篆名，自古文奇字與夫許氏之書，了然如燭照而數計也。」《夷堅志·甲志》卷六《張謙中篆》謂有「以篆名天下」，宣和末，年已七十餘，為道士。《直齋書録解題》卷三著録《復古編》二卷。據《唐宋詞人年譜·張子野年譜》，有今年二十四歲。

本月，申詔使，為防黄河水侵徐城，求作石岸。不從。

據《文集》卷五十《與劉貢父》第四簡。簡云：「擘畫作石岸，用錢二萬九千五百餘貫，夫一萬五百餘人，糧七千八百餘碩。……雖費用稍廣，然可保萬全，百年之利也。」參元豐元年「正月為防黄河水侵徐城」條紀事。

劉攽（貢父）至開封府判官新任，有簡與之。

《文集》卷五十與攽第二簡：「聞罷史局，佐天府，衆人為公不平。」以下有勸慰之語。末云「乍寒」，約作於十月。

與吴琯(彦律)、王户曹相視郡東北荆山,還,游聖女山石室,有詩。

《詩集》卷十五有《有言郡東北荆山下(下略)》。據詩題,相視荆山,乃以人言可以溝畎積水,蓋為防黄,以其地多亂石,不果。同治《徐州府志》卷十一謂「荆山西臨驛路」,在城東三十里。詩注文謂在懷遠,誤。

妙善為寫真,贈詩。

詩乃《詩集》卷十五《贈寫御容妙善師》。妙善善寫真,嘗為仁宗寫之。

《清波别志》卷上引友葛慶長言:「東坡嘗贈傳真妙善大師詩,先言『平生慣寫龍鳳質』,次有『邇來傳寫亦到我』之句,林子中見之,謂失臣體。或曰:使李定、舒亶輩知之,得毋又生一重公案!而子中草責坡詞,詆之不遺餘力,顧獨略此,何耶?」早於此,《能改齋漫録》卷十《林子中論坡詩失為臣體》已及此事,謂妙善字惟真,并謂「論詩豈當爾耶」,以林希(子中)為非。

刁約卒,有詩哭之。

詩乃《詩集》卷十五《哭刁景純》。「施註」謂刁年八十四,《文集》卷六十三祭景純墓文謂景純長四十二歲,知卒於今年。《京口耆舊傳》卷一刁傳謂卒於元豐五六年間,誤。

巡視吕梁懸水村。答仲伯達詩,以築城固堤重任相委。

詩乃《詩集》卷十五《答吕梁仲屯田》,敍及巡視。

十二月壬午(初六日),詔改明年為元豐。有賀表。

十二月云云，據《宋史·神宗紀》。賀表見《文集》卷二十四(七二〇頁)。

十六日，與文同(與可)簡，以踐清近為祝。

《佚文彙編》卷二與同第五簡：「兄淹外既久，雖與時闊疎，而公議卓然，當遂踐清近也。」同時罷洋州，在汴京，簡中「承非久到闕，即日想已入覲」之語可證。簡贊同道德文章日進，追配作者。簡有「秋來水災」之語，知作於今年。

答范景山簡。

簡見《文集》卷五十九，簡敍黄河水至彭城下，「近日雖已減耗，而來歲之患，方未可知」，知作於本年冬。簡首云「自離東武，不復拜書」，知相交已有時日。

始見陳師仲、師道兄弟。

《文集》卷四十九《答陳師仲主簿書》：「曩在徐州，得一再見。」

《欒城集》卷二十二《答徐州陳師仲》第一書：「去年轍從家兄遊徐州，君兄弟始以客來見，一揖而退，漠然不知君之胸中也。」《後山集》卷十一《秦少游字序》：「熙寧、元豐之間，眉蘇公之守徐，余以民事太守，間見如客。」

晤胡允文(執中)

《文集》卷六十三祭胡文：「又復七年，我守北徐，君從其子，徐獄是書。」子乃公達。參元豐元年「胡允文卒」條。

晤滕縣令范純粹（德孺），純粹以其父仲淹文集之序相屬。

《文集》卷十《范文正公文集敍》敍其事。卷十一《滕縣公堂記》敍純粹為滕令。純粹與仲淹《宋史》卷三百一十四同傳。

為陳師道言關朗（子明）《易傳》等乃阮逸偽撰，或為此時事。

《後山集》卷十九《談叢》：「世傳王氏《元經》、薛氏《傳》、關子明《易傳》、《李衛公對問》，皆阮逸所著。逸以草示蘇明允，而子瞻言之。」

《春渚紀聞》卷五《古書託名》：「先君……為徐州教授，與陳無已為交代。陳云：嘗見東坡先生言，世傳王氏《元經》、薛氏《傳》、關子明《易傳》、《李衛公對問》，皆阮逸著撰；逸嘗以草示奉常公也。」

《墨莊漫録》卷八：「何薳子楚作《春渚紀聞》云：關子明《易傳》、《李衛公對問》，皆阮逸著撰。予考之《唐・藝文志》及本朝《崇文總目》皆無之，子楚之言或然也。」

《直齋書録解題》卷一：「關子明《易傳》一卷。後魏河東關朗子明撰，唐趙蕤注，隋唐《志》皆不録，或云阮逸偽作也。」

同上卷十二：「《李衛公問對》三卷。唐李靖對太宗，亦假託也。文辭淺鄙尤甚。」云「亦」、云「尤」，就黄石公《三略》、黄石公《素書》而言，以二者皆依託也。《解題》以下引《春渚紀聞》之語，謂王氏乃王通，奉常公乃蘇洵。

阮逸字天隱，建陽人。天聖五年進士。景祐初知杭州。鄭向上所撰《樂論》十二篇，與胡瑗俱被召，同校鐘管十三律，分造鐘磬各一簴。康定初，上鐘律制議并圖三卷，皇祐中更鑄太常鐘磬，詔逸與近臣太常議秘閣，遂典樂事，遷屯田員外郎。有《易筌》、《王制井田圖》等書。《嘉定鎮江志》卷十六、《宋史翼》卷二十二有傳。

王適（子立）、王遹（子敏）來學。

《欒城後集》卷二十祭遹文：「昔我在宋，吾兄在徐。君家伯仲，來學詩書。」卷二十一《王子立秀才文集引》謂適兄弟客徐，始識兄軾，軾「皆賢之」。又謂適大父罷，慶曆中樞密使，父正路，尚書比部郎中。《文集》卷七十二《曹瑋知人料事》敍罷事，蓋得之於適。《文集》卷十五《王子立墓誌銘》謂適兄弟為臨城人，「始予為徐州，子立為州學生，知其賢而能文」。臨城屬趙州。

寇昌朝從游。昌朝為言徐倅李陶子作詩事，記之。

《文集》卷六十八《記謝中舍詩》敍其事。文引昌朝言「去歲徐州倅李陶，有子年十七八，素不甚作詩」云云。《詩集》卷三十二《送李陶通直赴清溪》末云「錢塘初識小麒麟」，知昌朝所云「去歲」，乃蘇軾到徐守任之去歲。軾知徐時，陶已去任。陶乃大臨子，見元祐五年「李陶赴清溪令任」條。昌朝字元弼，見《慶湖遺老詩集》卷一《彭城三詠・序》。《詩集》卷十八《留別叔通元弼坦夫》：「寇三我部民，孝弟化鄰保。有如袁伯業，苦學到衰老。」寇三即昌朝，徐人。

宋寺丞來簡，答之。

《文集》卷六十《答宋寺丞》首云守徐欲通問，而為宋寺丞「所先」，遂答之。知寺丞與軾乃舊交。答簡云及「横流之災，扎瘥之餘，百役毛起」，知作於水退後；又云「適會夫役起」，則為築城固堤。答簡約作於十一二月間。

任鈐轄卒，有祭文。

《文集》卷六十三《祭任鈐轄文》：「佐我治軍，既嚴且平。吏士肅然，時靡有爭。汴泗横流，郛堞圮傾。風埃霧露，奔走經營。輿疾而歸，猶莫敢寧。奄忽不救，聞者歎驚。」當卒於本年。

與蘇頌簡，贊其救荒德政。

《文集》卷五十八《與杭守》：「近有自浙中來者，頗能道杭人之話。數年饑饉，若非公，盡為魚鱉螻蟻矣。比公之去，涕慕殆不可勝。公何施而及此。欽仰！欽仰！」

《咸淳臨安志》卷四十六：沈起於熙寧七年九月丙申知杭，九年正月罷；蘇頌以九年正月丙寅知杭，召修仁宗史；趙抃以十年五月辛亥知杭，元豐二年致仕。《文集》卷三十一《奏浙西災傷第一狀》謂熙寧八年浙西災傷甚重，沈起等救荒乏術。《文集》卷十七《趙抃神道碑》謂熙寧八、九、十數年間吴越大饑。抃罷杭州任後即致仕居鄉，未赴京師。赴京師者為蘇頌，此杭守即為蘇頌。《與杭守》云：「聞俞主簿者，附少信物，乞盡底送與范子禮正字。」知蘇頌回京師修史時，杭人附有贈蘇軾之物，故以此為求。簡作於本年。范鎮有子百嘉字子豐，百歲字子老，子禮或為鎮之子姪輩。

是歲，何蘧生。

《東牟集》卷十四《隱士何君墓誌》：蘧字子楚，號富春樵隱。紹興十五年卒，年六十九。據是推。蘧撰《春渚紀聞》，記載蘇軾事頗多。

將官賈祐嘗為論辨真玉之法。

據《文集》卷七十一《書賈祐論真玉》，祐乃步軍指揮使逵之子。逵，《宋史》卷三百四十九有傳，卒於元豐元年。故繫此事於本年。以逵卒，祐必奔喪也。

王緘回蜀，賦《臨江仙》送之。

《陵陽先生集》卷十七《跋東坡帖》：「東坡翁賦此詞，送其鄉人，復自書而遺之。蓋自治平丙午去蜀至熙寧乙卯為十年，此當是自密移徐時，年恰四十，然字畫比前遒勁，『故山應好在，孤客自悲涼』之語，誦之凄然，使人益重故鄉之思也。」「故山」二句，即在《臨江仙》中。蘇軾去蜀，乃熙寧元年戊申，《陵陽先生集》偶誤。

《文集》卷五十三《與眉守黎希聲》第二簡：「去歲王秀才西歸，奉狀必達。……承朝廷俯徇民欲，有旨借留。」此簡作於元豐元年，時黎錞（希聲）以善政再留，參該年七月十五日紀事。簡中所云「借留」，即指其再任事。據此，王秀才西歸乃本年事，此王秀才當即王緘。

《臨江仙》見《東坡樂府》卷上，首云「忘却成都來十載」，「十載」蓋舉成數。詞又云「憑將清淚灑江陽」，敍離蜀時事。

王安國（平甫）卒。安國與蘇軾交往頗深。

《長編》卷二百七十七熙寧九年七月己卯紀事：「復放歸田里人王安國為大理寺丞、江寧府監當；命下而安國病死矣。」未言病死具體歲月。《文集》卷七十二《王平甫夢靈芝宮》謂「王平甫熙寧癸丑歲，直宿崇文館」，後四年，病卒。是卒於今年。《元豐類稿》卷三十八《祭王平甫文》作於本年十月二十一日。《宋史》卷三百二十七《王安國傳》謂卒年四十七。《王臨川集》卷九十一《王平甫墓誌》謂卒於熙寧七年八月十七日，疑「七年」為「十年」之誤。

《詩集》卷二十四《和王斿二首》其一首云：「異時長怪謫仙人，舌有風雷筆有神。聞道騎鯨游汗漫，憶嘗捫蝨話悲辛。」謂安國也。《王平甫夢靈芝宮》乃應安國家人之請而作。

《東軒筆録》卷六亦記王安國事，與《王平甫夢靈芝宮》略同。

《眉山集》問世，約在熙寧末。

《王臨川集》卷十八有《讀眉山集次韻雪詩五首》、《讀眉山集愛其雪詩能用韻復次韻一首》。詩中云及「擁篲尚憐南北巷，持杯能喜兩三家」、「長此賞懷甘獨卧」，乃退居情景，約作於熙寧九年十月第二次罷相之後。

蘇軾原韻乃《詩集》卷十二《雪後書北臺壁二首》，作於熙寧七年末到密州之初。知《眉山集》問世為此以後事。《詩集》同上卷尚有《謝人見和前篇二首》，題下「誥案」謂「明係答安石者」。其二末四句「得酒强歡愁底事，閉門高卧定誰家，臺前日暖君須愛，冰下寒魚漸可叉」，乃就退居立意。安石次韻及軾謝詩皆無烏臺詩案痕迹，可定為元豐二年七月詩案興起前作。即《眉山集》問世時間早於此時。今酌其中，繫熙寧末。參《中華文史論叢》一九八四年第四期曾棗莊《蘇軾著述生前編刻情況考略》。

《淮海集》卷三十《答傅彬老簡》有「蒙録示寄蘇登州書并《眉山集》後」之語，敍元豐八年事。

《濟南先生師友談記》：「章元弼頃娶中表陳氏，甚端麗。元弼貌寢陋，嗜學。初，《眉山集》有雕本，元弼得之也，觀忘寐。陳氏有言，遂求去，元弼出之。元弼每以此説為朋友言之，且曰：『緣吾讀《眉山集》而致也。』」知《眉山集》行世後，為人所深愛。

《范太史集》卷五十五《手記》：「章元弼：蒙之子。公肅紀常極稱其有文，元祐五年薦學官，七年再薦。」《張耒集》卷四十八有《秘丞章蒙明發集序》，稱「遇友人會稽章邦老於宛丘」，出其先人秘丞君詩文求序。邦老或為元弼之字。

論慎伯筠書，約為熙寧間事。

《老學庵筆記》卷四：「慎東美，字伯筠。秋夜待潮於錢唐江，沙上露坐，設大酒樽及一杯，對月獨飲，意象傲逸，吟嘯自若。顧子敦適遇之，亦懷一杯，就其樽對酌。伯筠不問，子敦亦不與之語，酒盡，各散去。伯筠工書，王逢原贈之詩，極稱其筆法，有曰『鐵索急纏蛟龍僵』，蓋言其老勁也。東坡見其題壁，亦曰：『此有何好，但似篾束枯骨耳。』伯筠聞之，笑曰：『此意逢原已道了。』今惟丹陽有《戴叔倫碑》，是其遺迹。」

逢原，王令，其《廣陵先生文集》卷二《贈慎東美伯筠》首云「世網掛士如蛛絲，大不及取小綴之，宜乎倜儻不恒斂，醉脚倒蹋青雲歸」，又云「少年倚氣狂不羈，虎脅插翼赤日飛，欲將獨立跨萬世，笑誚李白為癡兒」，可見其為人。陸游所引詩句，即在此詩中。《姑溪居士文集》卷四十一《跋慎伯筠書》敍治平中，元積中守山陽，伯筠往訪，甚重之；又謂「予為兒童時亦往見之」。《節孝集》卷八有《贈慎伯筠》。據以上敍述，伯筠常來往於今浙江、江蘇之間，蘇軾見其題壁，當為熙寧間在杭或道經江淮間事。茲次此。

郭用孚熙寧間為德清簿。用孚嘗遊蘇軾之門。

《宋元學案補遺》卷九十九《蘇氏蜀學略補遺·東坡師承·通判郭先生用孚》引《姓譜》：「郭用孚，字仲先，建安人。事母至孝。熙寧間調德清簿，遷閩縣令。嘗遊東坡之門。居母喪，廬墓三年，郡守欲以八行薦，力辭。服闋，以朝散郎通判興國軍。」民國《閩侯縣志》卷五十六「用孚」作「孚先」。《輿地紀勝》卷一百二十八引有孚先詩。參拙輯撰之《宋詩紀事續補》卷五。

蘇軾年譜卷十七

元豐元年（一〇七八）戊午　四十三歲

自本年起，以徐州屬京東西路。時王克臣為京東西路安撫使、知鄆州，鮮于侁為京東路轉運使，李察為京東西路轉運判官，孫頎為京東西路提刑。

《宋史》卷八十五《地理志·京東路》：「元豐元年，割西路齊州屬東路，割東路徐州屬西路。」王克臣云云見《長編》卷二百八十熙寧十年二月己酉紀事，鮮于侁云云見《宋史》卷三百四十四傳，李察云云見《長編》卷二百七十七熙寧九年八月丙午紀事。孫頎據《欒城集》卷八《送提刑孫頎》詩，並參本年以下「孔宗翰罷京東路提刑後知陝州」、「京東西路提刑孫頎移湖北轉運」條。

正月甲子（十八日），神宗詔獎諭蘇軾防洪功。

《後山集》卷十七《黄樓銘·序》謂熙寧十年十月二日京東路安撫使奏蘇軾防洪功後，「明年元豐正月甲子，制誥諭意」。

二十四日，為章楶（質夫）作《思堂記》。

記見《文集》卷十一。《紹熙雲間志》卷上：「思堂，在丞廳，本舊鹽監。章楶質夫為鹽監官，作思堂於公宇，東坡及質夫族人望之為記，今廢。」楶嘗寄《崔徽真》，軾題詩，見《詩集》卷十六（七九八頁）。楶，建州浦城人，《宋史》卷三百二十八有傳。

二十八日，與文同（與可）簡，慰其健康。時弟轍女許嫁同子務光。得蒲宗孟簡。

《佚文彙編》卷二與同第六簡敍同身體不適，軾頗為注念；簡云「得蒲大書云『尊貌頗清削』」，蒲大乃宗孟。上年十二月簡稱「與可學士老兄閣下」，此簡稱「與可學士親家翁閣下」，文、蘇兩家定親，當為上年末、今年初。《欒城集》卷二十六祭同文：「君牧吴興，我官南京。從君季子，長女實行。君次於陳，往見姑嫜。使者未反，而君淪亡。」據《蘇潁濱年表》，同季子名務光。同本年十月十七日除知吴興，見本年「文同領吴興」條，兩家嫁娶，當為本年末事。

本月，為防黄河水侵徐城，上請築木岸狀；求劉攽（貢父）、攽姪奉世（仲馮）力言於朝。朝廷從之。

《文集》卷五十與攽第四簡敍其事。簡云去年十月申奏請修石岸不遂，乃改請修木岸。簡云修木岸，工費減一半，「用夫六千七百餘人，糧四千三百餘碩，錢一萬四千餘貫，雖非經久必安之策，然亦足以支持歲月，待河流之復道」。簡云今已涉春，「惟便得指揮，閏月初便可下手」。本年閏正月，簡作於正月。奏狀已佚。查《宋史》卷三百十九《劉攽、劉奉世傳》，攽時為開封府判官；簡云「此事必在户房」，知奉世仍以集賢校理檢正中書户房公事。《墓誌銘》謂朝廷從之。

李察（公恕）召赴闕，賦詩、詞送行。

《詩集》卷十六《送李公恕赴闕》，作於歲初。《東坡樂府》卷上《臨江仙》調下原注：送李公恕。中云

「天垂雲重作春陰」，與詩同時作。《欒城集》卷七有送察詩。

題張恕益齋。

《詩集》卷十六有《張寺丞益齋》，《欒城集》卷七有《張恕寺丞益齋》詩，知寺丞乃恕。恕乃方平子。

作《祭老泉焚黄文》。以父洵累贈都官員外郎。

文見《文集》卷六十三，謂作於本年。《總案》繫之正月，今姑從。

閏正月壬辰（十七日），孫固同知樞密院事。有賀啟。

閏正月云云，見《宋史·宰輔表》。賀啟乃《文集》卷四十七《賀孫樞密啟》，云「擁節常山」、「剸繁京兆」。《宋史》卷三百四十一《孫固傳》謂固嘗知真定、開封，合。

己亥（二十四日），曾公亮卒。

據《長編》卷二百八十七。

南都人陳懷立嘗為傳神。

《文集》卷七十《書陳懷立傳神》敍其事，文中敍及曾公亮事，茲附次此。文贊懷立傳神得其全，謂其「舉止如諸生，蕭然有意於筆墨之外者」。《文集》卷五十六《與程懷立》第一簡：「蒙借示子明傳神，筆勢精妙，彷彿莫辨，恐更有別本，願得一軸，使觀者動心駭目也。」疑陳懷立、程懷立為一人。《畫繼》卷六《程懷立傳》本《書陳懷立傳神》一文。《圖繪寶鑑》卷三有程懷立。子明不詳何人。

二月十日，有帖，敍水去之後，役民增築徐城，以備以後水患。

《攻媿集》卷七十八《跋東坡備水帖》：「蘇少公序《黄樓賦》，謂長公之備水有三焉：水至而民不恐，水大至而民不潰，水既去而民益親。此帖言『得旨，見役七千餘人』，蓋水去之後，請增築徐城，以木堤捍水衝之時。熙寧十年七月，河決澶淵，九月，水至城下。帖稱『二月十日』，則其明年元豐元年戊午也。坡時年四十三。筆雖未老，而精彩照人，可寶也。」此乃與某友人之簡。《欒城集》卷八《中秋見月寄子瞻》：「明年築城城似山，伐木為堤堤更堅。」寫此時事。《墓誌銘》謂「徐人至今思焉」。

十九日，寒食日，李常（公擇）赴淮南西路提刑新任，過徐來訪。

《宋史》卷三百四十四《李常傳》謂知齊州後，徙淮南西路提點刑獄。《詩集》卷十六有《寒食日答李公擇三絶次韻》，自注謂常「來詩謂僕布衫督役」，蓋常至時，蘇軾適督役於外，常詩促其還。《詩集》卷四十六《寒食宴提刑致語口號》為常作。

鄭僅（彦能）赴大名府户曹，有送行詩。

詩乃《詩集》卷十六《送鄭户曹》。詩云「春風」，作於春。《侯鯖録》卷一：「東坡在徐州，送鄭彦能還都下，問其所游，因作詞云：『十五年前我是風流帥，花枝缺處留名字。』記坐中人語，嘗題於壁。後秦少游薄游京師，見此詞，遂和之。其中有『我曾從事風流府』。公聞而笑之。」參元豐四年「潘大臨赴省試」條。僅還都下，當為經由赴任。《詩集》卷十六另有《送鄭户曹》，云「樓成君已去」，樓乃黄樓；此後又有《送鄭户曹賦席上果得榧字》，僅春日或未行。

訪張天驥新居，有詩。

詩乃《詩集》卷十六《訪張山人得山中字》，云及「新堂」。《文集》卷十一《放鶴亭記》敍今春遷故居東，即新居也。

本月，黄庭堅寄書并古詩二首。

本月云云，據《詩案·和黄庭堅古韻》，時庭堅為北京國子監教授。書乃《豫章黄先生文集》卷十九《上蘇子瞻書》第一書，末云「春候」，點明季節。

本月，朝廷賜錢發粟，因改築徐州外小城，創木岸四。

據《文集》卷十一《獎諭勑記》。《墓誌銘》亦云「為木岸，以虞水之再至」。

賦《春菜》，黄庭堅次韻。庭堅次韻蘇軾詩，此為始。

《春菜》在《詩集》卷十六，次韻在《山谷外集詩注》卷三。《山谷全書》卷首引《詞林佳話》：「山谷次韻東坡《春菜》詩，有『公如端為苦笋歸，明日青衫誠可脱』之句。東坡得詩大笑，謂所親曰：『吾固不願做官，為魯直以苦笋硬差致仕。』」宛委山堂《説郛》卷三十一《有宋佳話》、《調謔編·致仕》亦記此事。

孔宗翰罷京東路提刑後知陝州，有詩送行。為宗翰賦《虔州八境圖八首》。

詩乃《詩集》卷十六《送孔郎中赴陝郊》，有「二川秀色明花柳」，乃春季。據《東都事略》宗翰傳，此後尚知揚、洪州。元祐元年閏二月知兖，二年六月以鴻臚卿為刑部侍郎，見《長編》卷三百六十八、四百二。不久卒，《清江三孔集·宗伯集》卷八有挽詞。八境圖詩，蓋前年離密時宗翰求之，今為作。亦見《詩集》同上卷。參紹聖元年八月十九日紀事。

與文同簡，為同未得大用而慨歎。

簡乃《文集》卷五十一與同第一簡，云「未知今夏得免水患否」，知作於今春。據《丹淵集・年譜》，其時同或判登聞鼓院。與同第二簡云及贈藥玉船與同，亦作於今年，約在第一簡稍後。

勅追賜乾明寺真寂大師為靈慧大師，塔曰靈慧之塔，作告賜文。

文見《文集》卷六十二（一九三四頁）；同卷尚有《禱靈慧塔文》、《告謝靈慧塔文》。《樂靜集》卷七《勅賜靈慧大師傳》敍大師事迹，謂熙寧十年，河水「環浸城腹」，太守蘇軾齋祝真寂大師，「期以旬日之間，水退城完，奏乞謚號，漲怒果息，而淫雨連霪，再罄誠謁，廓爾澄霽，踰月，表上其事」，於是賜謚號、塔名。自上表至勅下至告賜，當已及今春，故繫於此。奏請謚號表文，已佚。

與梁交會飲傅裼家。裼改作其外曾祖燕肅所作蓮華漏，嘗應其請作銘，交旋去應天府。

《詩集》卷十六《與梁左藏會飲傅國博家》云「啼鳥落花春寂寂」，屬春季。銘見《文集》卷十九（五六二頁）；燕「以創物之智聞於天下」，裼得其法為詳。附次此。

《欒城集》卷八《次韻子瞻贈梁交左藏》乃次上詩之韻。詩首云「彭城欲往臺無檄，初喜東西合為一」，蓋謂其時徐州已由京東東路割屬京東西路。以下云「將軍走馬隨春風，精鋭千人森尺籍」，言交領兵至應天府。

孫頎（子思）巡部來徐。

《文集》卷五十六有《與孫子思》七簡，《蘇文繫年考略》謂子思乃頎。其第二簡云「同憲車議少事」，頎來乃巡部。又云「本欲躬詣，為公擇見訪，不果」，知李常（公擇）早於頎來徐。京東西路提點刑獄駐應天府，頎自應天府來。

三月二十六日，與文同（與可）簡，憂黄河決口未塞。

簡乃《佚文彙編》卷二與同第八簡。簡云「寄示和潞老詩甚精奇，稍間當亦繼作六言詩」。潞老，文彦博。所云詩，《詩集》及《丹淵集》未見。

本月，為王迥（子高）賦《芙蓉城》詩。

《王譜》、《紀年録》謂本月始識迥，作《芙蓉城》詩。詩見《詩集》卷十六，乃賦迥「與仙人周瑶英遊芙蓉城」事。《清江三孔集·朝散集》卷五《呈王子高殿丞》絶句一首亦以此事為題材。迥以軾詩有「蘧蘧形開如醉醒」句，乃改名蘧，字子開。見「施註」。迥乃適兄，見《文集》卷十五適墓銘。《避暑録話》卷上謂「世傳王迥芙蓉城鬼仙事，或云無有，蓋託為之者」，軾作詩，人遂以為信。又云王安石有和軾詩，首云「神仙出没藏杳冥，帝遣萬鬼驅六丁」。餘不傳。秦觀嘗簡軾，云「素紙一幅，敢冀醉後揮掃近文並《芙蓉城》詩」（《淮海集》卷三十《與蘇公先生簡》第二簡，本年作）。《式古堂書畫彙考·書》卷十《東坡芙蓉城詩并序》附陳文東跋，引觀語，以下云：「恨不見其真迹，今觀此卷，非醉時筆，亦不知為太虚書者否耶！」

春旱，禱雨城東石潭，作青詞，復作《起伏龍行》。既應，復赴石潭謝雨，作《浣溪沙》。

青詞乃《文集》卷六十二《徐州祈雨青詞》。詩見《詩集》卷十六，云「東方久旱千里赤」。詞見《東坡樂府》卷下，道中作，凡五首。云「旋抹紅粧看使君」，瞻蘇軾風采。

至蕭縣朱陳村、杏花村勸農，或為此時事。

《詩集》卷二十《陳季常所蓄朱陳村嫁娶圖》：「我是朱陳舊使君，勸農曾入杏花村。」自注：「朱陳村在徐州蕭縣。」《大清一統志》卷一百二謂在豐縣東南。

次韻孫覺（莘老）詩，時覺知蘇州。

詩乃《詩集》卷十六《和孫莘老次韻》，云「去國光陰春雪消」，作於春。時覺免祖母喪知蘇，見《宋史》覺傳。詩所云「江南」謂蘇州。

李常（公擇）離徐，賦《蝶戀花》及詩送行。常在徐，游宴甚樂。嘗約常飲，坐上賦戴花詩；嘗從過雲龍張山人。

詞見《東坡樂府》卷下。《外集》此詞調下原注：「別李公擇。」詞云「寂寞園林，柳老櫻桃過」，常二月來，去或及四月。《詩集》卷十六有《送李公擇》、《送筍芍藥與公擇》。同上卷尚有《約公擇飲是日大風》、《坐上賦戴花得天字》詩，後者有「清明初過酒闌珊」之句。同卷尚有《聞李公擇飲傅國博家大醉二首》、《傅子美召公擇飲偶以病不及往公擇有詩次韻》、《聞公擇過雲龍張山人輒往從之公擇有詩戲用其韻》。卷十九詩題：「李公擇過高郵，見施大夫與孫莘老賞花詩，憶與僕去歲會於彭門折花饋筍故事。（下略）」詩首云：「汝陽真天人，絹帽著紅槿。纏頭三百萬，不買一微哂。共誇青山峯，曲盡花不隕。當時謫仙人，逸韻謝封畛。詩成天一笑，萬象解寒窘。驚開小桃杏，不待雷發軫。」寫唐李璡

（汝陽王），實乃寫李常。

題杜介（幾先）熙熙堂詩。

詩乃《詩集》卷十六《杜介熙熙堂》，首云「崎嶇世路最先回」，時介已歸老。《欒城集》卷九《題杜介供奉熙熙堂》云「遮眼圖書聊度日，放情絲竹最關身」、「卜築城中移榜就，休心便作廣陵人」，元豐三年作。《彭城集》卷十一亦有題。《文集》卷五十八《與杜幾先》云及元豐二年就逮過揚州平山堂，「隔牆見君家紙窗竹屋依然」。介居揚州。

劉涇來詩，答詩裁抑涇之豪氣。

答詩見《詩集》卷十六（八二〇頁）。詩云：「萬卷堆胸兀相撑，以病為樂子未驚。」「趙次公註」：「此篇皆所以裁抑劉涇之豪氣也，劉涇好為險怪之文。」《宋史》卷四百四十三《劉涇傳》：「涇為文務奇怪語。」《蜀中廣記》卷四十二《劉涇傳》亦言及此。答詩末云：「安得一舟如葉輕，卧聞郵籤報水程。」時涇當仍為宿州教授，蘇軾盼其來徐州一行。《欒城集》卷八有《次韻劉涇見寄》。

夏初，梁交（仲通）自應天府回。攜孫頎（子思）致簡。

《欒城集》卷八《送梁交之徐州》：「湖水清且深，新荷半猶卷。」屬初夏。《詩集》卷十六《和子由送將官梁左藏仲通》：「城西忽報故人來，急掃風軒炊飯麥。」屬初夏。次轍韻。《文集》卷五十六與頎第六簡：「既別，思仰無窮。」又云：「仲通來，知在府中，與子由輩游從甚樂。」交攜頎簡來。

四月九日，書鮮于侁（子駿）《九誦》後。此略後，和侁鄆州作《新堂夜坐》。

文見《文集》卷六十六（二〇五七頁），譽為雅音。侁《九誦》見《皇朝文鑑》卷三十，《新堂夜坐》見卷十八。和詩見《詩集》卷十六（八四四頁），《欒城集》卷八亦有和。

十六日，跋楊文公（億）書後。

文見《文集》卷六十九（二一八四頁）。

戊辰（二十五日），塞曹村決口，名其埽曰靈平。有《徐州賀河平表》。

戊辰云云，據《宋史·神宗紀》。表見《文集》卷二十三。

本月，李師中（誠之）卒。有挽詞。

據《長編》卷二百五十三熙寧七年五月戊戌注文。《詩集》卷二十九《故李誠之待制六丈挽詞》，元祐二年作；師中落天章閣待制，此時得復，故如是云。師中嘗薦蘇軾兄弟，前已及。《文集》卷五十七《答吳子野》第四簡云每念師中卒，「使人不復有處世意」，覽其詩為涕下。《欒城集》卷十四有挽師中詩。

賦《浣溪沙》慶二麥豐收。

詞在《東坡樂府》卷下，云：「慚愧今年二麥豐。」《紀年録》謂作於今年。

文同（與可）以書與詩來，答詩并簡，簡索同偃竹。同以篔簹谷偃竹為贈。嘗為同撰《字説》。

《文集》卷十一《文與可畫篔簹谷偃竹記》敍同來書與詩。答詩乃《詩集》卷十六《文與可有詩見寄云待將一段鵝溪絹掃取寒梢萬尺長次韻答之》，簡乃《文集》卷五十一與同第三簡。同贈偃竹，見以上所云之記。《畫史》、《畫繼》卷五《文氏傳》云同「作一幅横絹丈餘着色偃竹」贈蘇軾，當即篔簹谷偃竹。第三簡戲言《字説》潤筆。《文集》卷十有《文與可字説》，當作於此略前。

五月四日，朝廷降詔奬諭蘇軾去歲修徐城捍水功。刻詔於石，為勅記。有謝表。執政亦有奬諭，有謝啟。

《長編》卷二百八十九五月甲戌朔紀事：「濮、齊、鄆、徐四州守臣以立隄救水，城得不没，皆降詔奬諭。」原注：「四州奬諭，據《靈津廟碑》，必自有月日，但《實録》不書，今附此。」《文集》卷二十三《徐州謝奬諭表》首云「伏奉今月四日勅，以臣去歲修城捍水，粗免疎虞，特賜奬諭者」，不詳降詔之月。今姑依《長編》繫此。《靈津廟碑》，據《長編》本月己卯原注，即《靈平廟碑》，孫洙撰，已早佚。奬諭原文，見《文集》卷十一《奬諭勅記》篇首。《勅記》云及「澶州靈平埽成」，作於五月或略後。表即以上所云之《徐州謝奬諭表》，啟乃卷四十六《徐州謝執政奬諭啟》。時吴充、王珪為相，元絳為參知政事。

辛巳（初八日），王克臣改知瀛州。有賀啟。賈昌衡代克臣為京東西路安撫使、兵馬巡檢、知鄆州。昌衡嘗奏請朝廷，乞召蘇軾為近侍。

辛巳云云，據《長編》卷二百八十九。《文集》卷四十七《賀高陽王待制啟》：「有恩有威，方結東人之愛；允文允武，更紓北顧之憂。」克臣由京東西安撫使改任瀛州，故有「東人」、「北顧」之語。《北宋經撫年表》卷二：「高陽關路安撫使、馬步軍都總管、兼知瀛州河間府。」知此賀啟為克臣作。據《長編》，克臣以天章閣待制知瀛。

《長編》卷三百三元豐三年四月丁巳謂知鄆州賈昌衡、李肅之相繼於鄆築堤捍水患。《北宋制撫年表》以昌衡替克臣，是。《詩案·供狀》：「安撫使賈昌衡，奏乞召還近侍。」昌衡字子平，真定獲鹿人，昌朝弟，《宋史》卷二百八十五有傳。

京東西路提刑孫頎移湖北轉運，弟轍有送詩。

詩乃《欒城集》卷八《送提刑孫頎少卿移湖北轉運》，作於夏秋間。

頎一字景修，長沙人，少孤而教於母，嘗官太常少卿。有《古今家戒》，《欒城集》卷三十五有序。頎父成象，天聖元年生，年三十三，《忠肅集》卷十四有墓銘。元豐四年九月四日，頎以湖北轉運副使知荆南，七年六月辛未知廣州。見《長編》卷三百十二元豐四年九月甲子注文、卷三百四十六。《青山集》卷九有詩及之。

《文集》卷七十二《金剛經報》首云「蔣仲父聞之於孫景修」云云。

按：李清臣、孔宗翰為京東路提刑，轄京東東路、京東西路。頎任京東西路提刑，知自元豐元年起，京東路提刑，復為二員(另有京東東路提刑一員)。在宋代，此種分合，經常有之。

秦觀入京應舉，過徐，首次見蘇軾，呈詩，軾次韻。觀旋經南都，見弟轍，赴京師。

《淮海集》卷四《別子瞻》：「人生異趣各有求，繫風捕影只懷憂。我獨不願萬户侯，惟願一識蘇徐州。徐州英偉非人力，世有高名擅區域。珠樹三株詎可攀，玉海千尋真莫測。一昨秋風動遠情，便憶鱸魚訪洞庭。芝蘭不獨庭中秀，松柏仍當雪後青。故人持節過鄉縣，教以東來償所願。天上麒麟昔漫聞，河東鸑鷟今纔見。不將俗物擬天真，北斗已南能幾人。八塼學士風標遠，五馬使君恩意新。黃塵冥冥日月換，中有盈虛亦何算。據龜食蛤暫相從，請結後期遊汗漫。」《詩集》卷十六《次韻秦觀秀才見贈秦與孫莘老李公擇甚熟將入京應舉》即次《別子瞻》韻。

《欒城集》卷八《次韻秦觀秀才攜李公擇書相訪》，亦次《別子瞻》韻，中云：「史君南歸無限情，鴻飛攜書墮我庭。」史君謂李常（公擇）。據詩，知常離徐州後，南歸淮上，觀與之相見，因攜常書來。知觀來徐州，為夏季事。轍次韻詩末自注：「秦君與家兄子瞻約，秋後再遊彭城。」觀留徐之日甚短。考《詩集》、《淮海集》、《欒城集》，觀秋後未來徐州。

《後山集》卷十一《秦少游字序》首云熙寧、元豐之間，蘇軾守徐，以下云：「揚秦子過焉，豐醴備樂，如師弟子。其時余病卧里中，聞其行道雍容，逆者旋目，論說偉辯，坐者屬耳，世以此奇之，而亦以此疑之，惟公以為傑士。」公謂蘇軾。《施譜》謂觀至是始見蘇軾。

撰王禹偁（元之）畫像贊，題於其碑陰，六月五日，寄禹偁曾孫汾。

贊見《文集》卷二十一（六〇三頁）。《詩案·與王汾作碑文》敍其事。《紀年録》：六月，題王禹偁碑陰。碑文有譏諷意。

與文同（與可）簡，詢同是否得浙郡。

《佚文彙編》卷二與同第九簡即此簡，作於夏秋間。

《丹淵集》卷首同墓銘：洋州代還，判登聞鼓院，數月，乞郡東南，除知湖州。卷首《年譜》繫以上所述於本年。

七月十五日，應鄉人之請，作《眉州遠景樓記》，贊眉守黎錞（希聲）善政。

文見《文集》卷十一，云錞「簡而文，剛而仁，明而不苛，衆以為易事」，民留之，既留三年，民益信。卷五十三與錞第二簡及留任事。

郭印《雲溪集》卷六《眉州太守劉公，忽於池中獲東坡所作遠景樓碑，鄉人費洪雅有詩美之，因率同賦，次其韻》中云：「幾年困厄在污池，照夜寒光空水底。有如鐘磬傳不朽，壁間字字搖科斗。雷霆破蟄里耳驚，龍蜿蟠泥神物守。」又云「遺編禁錮學無師」。印乃北宋、南宋之交人，此所寫乃北宋末事。

二十二日，為滕令范純粹作《滕縣公堂記》。純粹替去，交代新任王安上立石。

記見《文集》卷十一。《容齋隨筆・四筆》卷十二《當官營繕》引記謂純粹謫滕，新公堂吏舍一百十六間，而寢室未治。以下云：「是時新法正行，御士大夫如束濕，雖任二千石之重，而一錢粒粟，不敢輒用，否則必著册書。東坡公歎其廉，適為徐守，故為作記。」立石云云，見《詩案・為王安上作公堂記》。安上字純甫，見《畫繼》卷五。熙寧十年十月戊子，詔江東提刑治所自饒州移江寧；時安上為江東提刑，以兄安石居閑江寧之故。見《長編》卷二百八十五。

復黃庭堅書，盛贊其詩，並寄次韻庭堅《古風》二首。

書見《文集》卷五十二（一五三一頁），云「秋暑」，當作於七月。書謂庭堅《古風》「託物引類，真得古詩人之風」。軾詩見《詩集》卷十六（八三四頁）。《詩案・和黃庭堅古韻》言詩有譏諷意。《宋史・黃庭堅傳》引蘇軾書中「超軼絶塵獨立萬物之表」語，贊庭堅詩文。

范祖禹（淳甫）來詩，答之。

《答范淳甫》在《詩集》卷十六，祖禹時在洛佐司馬光修《資治通鑑》。

梁交知莫州，賦詩、詞（《浣溪沙》）送行。其繼任者或為歐育。

詞見《東坡樂府》卷下，《注坡詞》調下原注：「彭門送梁左藏。」贊交「論兵齒頰帶冰霜」。詩見《詩集》卷十六（八四六頁）。《欒城集》卷八亦有送詩。

《欒城集》卷九《送將官歐育之徐州》首云「輕衫駿馬走春風」，為春季事。或為接梁交之任者。《宋會要輯稿》第九十册《職官》四九之四熙寧三年九月有鄜延路走馬承受公事歐育言事記載。《長編》卷三百四十五元豐七年五月甲辰紀事：京東路第二將歐育昨防拓修永樂城，移疾於米脂寨，可罷將官。

胡允文（執中）卒，為文祭之。允文之子公達奉喪歸，有詩送公達。

祭文見《文集》卷六十三（一九三九頁）。祭文稱允文為郎中。《豫章黄先生文集》卷三十跋蘇軾此文，稱允文為屯田。知允文官至屯田郎中。《詩集》卷十六有《送胡掾》，據祭文及黄集跋文，知為公達，時為徐州獄掾。黄集跋文謂公達嘗為峽州守，有聲，「治郡政雖嚴而不苛，事雖整而常暇」。

趙屼過南都，歸覲錢塘，赴永嘉，弟轍有送行詩，蘇軾次韻。

《欒城集》卷八有《送趙屼秘書還錢塘》詩，《詩集》卷十七有《次韻子由送趙屼歸覲錢塘遂赴永嘉》詩。

《文集》卷十七《趙清獻公神道碑》：「屼通判温州，從公游天台、鴈蕩，吴越間榮之。」屼，清獻公抃仲子。温州為永嘉郡。屼赴永嘉，乃就通判任。

八月九日，寫次韻黄庭堅《古風》詩寄王鞏。

據《詩案・與王鞏作三槐堂記并真贊》。《詩案》原謂「元豐二年」，「二」乃「元」之誤，以二年此時正追赴詔獄也。

癸丑（十二日），黄樓成。同日，長孫楚老生；楚老名簞。

樓成，據《文集》卷六十六《書子由黄樓賦後》。《詩集》卷十六《答范淳甫》敍及建黄樓。楚老生，據《文集》卷五十一《與李公擇》第五簡，《詩集》卷十七《中秋見月和子由》亦及之。名簞據《墓誌銘》。《欒城後集》卷二十一《六孫名字説》：「昔予兄子瞻命其諸孫，皆以竹名。」

甲寅（十三日），書《表忠觀碑》。

據《金石萃編》卷一百三十七《表忠觀碑》。

十五日，詠中秋月寄弟轍。和弟轍中秋見月。

《詩集》卷十七《中秋月寄子由三首》其二：「六年逢此月，五年照離別。」今年中秋作。《欒城集》卷八《中秋見月寄子瞻》，和作乃《詩集》同上卷《中秋見月和子由》。

《後村先生大全文集》卷一百十《題跋・二蘇公中秋月詩》：「二蘇公彭城中秋月倡和，七言可拍謫仙之肩。坡五言清麗者似鮑庾，閑雜者似韋柳。前人中秋之作多矣，至此一洗萬古而空之，詩既高妙，行書又妙絶一世。諸家所收坡帖，皆在下風。」

十八日，與堂兄不疑（子明）簡，並寄中秋三詩，致想念之意。

簡乃《佚文彙編》卷四與不疑第八簡，云「闊别十年」。熙寧元年離蜀，至是為十年。《中秋》三詩，當指《中秋月寄子由三首》。

同日，祭張方平之妻馬氏，弟轍作祭文。

祭文乃《欒城集》卷二十六《祭永嘉郡夫人馬氏文》，乃以兄弟二人名義作。馬氏乃絳女，見《文集》卷十四《張文定公墓誌銘》。絳，《樂全集》卷四十有墓銘。

三郡之士皆舉於徐。孫勉、頓起為考官。

三郡云云，據《文集》卷十《徐州鹿鳴燕賦詩敍》。《欒城集》卷八有《次韻頓起考試徐沂舉人見寄》。三郡除徐、沂，其他一郡不詳。孫勉乃覺弟，據《詩集》卷十七《送孫勉》自注，《陶山集》卷一、卷二有詩及之。《詩集》卷十七《中秋月寄子由》自注及頓起。蘇軾此後與起無文字交往記載。《山谷老人刀筆》卷七有與起簡三首，作於元祐六年至八年丁憂時。《永樂大典》卷七千二百三十八有起《元符二年二月七日按部過邛州》詩。

王鞏來，示張方平近作《樂全堂雜詠》，題詩。鞏過南都，弟轍有送行詩。

題詩乃《詩集》卷十七《張安道見示近詩》，《欒城集》卷八有次韻。《詩案·送張方平》謂詩有譏諷意。《詩案》云：「軾封題云：『上還宣徽太尉丈丈，表姪蜀人蘇軾謹封。』令王鞏將與張方平收却。」鞏之來，約為九月初事。轍送鞏詩乃《欒城集》卷八《送王鞏之徐州》，有「黄樓適已就，白酒行亦熟，登高暢遠情，戲馬有前躅」，鞏將與黃樓落成盛會。

九月庚辰（初九日），大合樂慶黃樓落成。　王鞏與會。　刻弟轍《黃樓賦》，嘗以絹自寫轍之賦。　自後嘗與賓客宴集黃樓。

九月云云，據《文集》卷六十六《書子由黃樓賦後》。　轍賦見《欒城集》卷十七；《江蘇金石志》卷九所收《黃樓賦》，據舊拓剪裱本，文字間有不同。

《詩集》卷四十六《黃樓致語口號》云及「恭惟知府學士民人所恃，憂樂以時」，乃頌蘇軾之德政，似他人為慶黃樓落成而作，誤入蘇集。

《詩集》卷十九《次韻和劉貢父登黃樓見寄並寄子由》自注以絹寫弟轍《黃樓賦》，為六幅圖。轍賦刻石乃畢仲詢篆，軾自書，見《后山詩注》卷十一《黃樓》任淵注；卷十一《黃樓絕句》任淵復注：「樓有東坡所書子由《黃樓賦》。」轍賦「山川開合」四字，乃徐州營妓馬盼所書；盼學軾書，得其彷彿，因傚書，軾見大笑，略為潤色，不復易之。　見《墨莊漫録》卷三。《慶湖遺老詩集》卷二《燕子樓》及盼。　黨禍起，守徐者投轍賦石刻於城濠，易黃樓名為觀風。　宣和末，禁稍弛，守苗仲先出其石，摹得數千本，碎其石，任滿攜墨本至京師，所獲不貲。　見《却掃編》卷下。《步里客談》卷下謂「東坡辨《黃樓賦》非代於子由，此所謂欲蓋而彰之也」，意謂賦乃軾自作。

《慶湖遺老詩集》卷一《黃樓歌・序》：　黃樓成，「因合醼以落，坐客三十人，皆文武知名士」。作於元豐七年。《詩集》卷三十五詩題：「在彭城日，與定國為九日黃樓之會。（下略）」定國，鞏字。　軾為鞏賦

《千秋歲》，見《東坡樂府》卷上；詞有「明年人縱健，此會應難復」句，調下原注「重陽徐州作」，知作於今年。《文集》卷五十二與鞏第十二簡，作於黄州，敍及重九登黄州棲霞樓，「望君凄然，歌《千秋歲》，滿座識與不識，皆懷君」，憶此時事。蘇轍未與其會，見《欒城集》卷九《和子瞻自徐移湖將過宋都途中見寄》其三。

《樂静集》卷十《上眉陽先生》敍代舒焕（堯文）為徐州教授，一日，與焕登黄樓，焕曰：「此蘇公燕集之地也。酒後喜為文章，盡篋中無留紙，如方盤大斛，瀉出珠貝，照爛磊落，鑠手奪目，衆人排捽，争先取之，惟恐其攫之不多也。是時，晚風落日，遠山逶迤，川流無波，白鳥上下。竊思昔年席上之樂，徘徊俯仰，欲去不能。蓋中心眷焉者，不獨在夫山水一時之覽也。」又引焕言：「先生與人交，略去圭角，洞見肺腑，恐其不親己，人亦自忘其鄙吝，而不知所以化。」先生謂軾。

同日，張恕寄詩。

《詩集》卷十七有《次韻張十七九日贈子由》，《欒城集》卷八有《次韻張恕九日寄子瞻》。

秦觀寄來《黄樓賦》并簡，蘇軾盛贊其賦。陳師道作《黄樓銘》。

《淮海集》卷三十《與蘇公先生簡》第二簡敍作《黄樓賦》并呈上。

《黄樓賦》見《淮海集》卷一；賦之引秦觀自稱軾客。《宋史》卷四百四十四《秦觀傳》謂觀「賦黄樓，軾以為有屈、宋才」。《黄樓銘》在《後山集》卷一。

十七日，與張天驥、顏復、王鞏登雲龍山，題名；有詩。

題名見《佚文彙編》卷六(二二五八一頁)。《詩集》卷十七《登雲龍山》作於此時，見注文。同卷尚有《雲龍山觀燒得雲字》云「偶從二三子，來訪張隱君」。隱君謂天驥，為此略後事。

十八日，簡劉摯。

《詩案・揚州贈劉摯孫洙》：「元豐元年九月十八日，寫書寄劉摯，云『定國見臨數日，有詩可取』。王鞏字定國。」《佚文彙編》無此簡。

《宋史》卷三百四十《劉摯傳》謂元豐初為集賢校理、知大宗正寺丞，為開封府推官。

王鞏離徐州，回南都，作詩留別。次其韻並作詩致弟轍。鞏留徐期間，與游甚樂。

《文集》卷十《王定國詩集敍》：「念昔日定國過余於彭城，留十日，往返作詩幾百餘篇。」鞏詩不傳。又云：「一日，定國與顏復長道游泗水，登桓山，吹笛飲酒，乘月而歸，余亦置酒黃樓上以待之，曰：『李太白死，世無此樂三百年矣。』」《次韻王鞏留別》見《詩集》卷十七。

《文集》卷六十八《書出局詩》敍此時作詩託鞏致弟轍，鞏「還南都，時子由為宋幕」，亦在南都。謂鞏留徐「十餘日」，與《王定國詩集敍》所云「十日」，略不同。鞏之去，在本月下旬。致弟轍詩見《詩集》卷四十八(二二六三二頁)。

三十日，三郡之士會於黃樓，作《鹿鳴燕詩敍》。

敍見《文集》卷十，《詩集》卷十七有《鹿鳴燕》。

本月，劉恕卒。恕弟格(道純)來，與鮮于侁(子駿)簡，求為格謀一差遣。

恕卒見《范太史集》卷三十八墓碣。《文集》卷五十三與佺第三簡稱格「讀書强記辨博，文詞粲然可觀，而立節强鯁，吏事亦健」；云格「旦夕歸南康軍待闕」，知來徐；稱恕「故友」，知格來在恕卒後。

《山谷外集詩註》卷十六《送劉道純》，元祐二年作，註文謂時格當主銅陵簿。詩盛贊格「胸中峥嶸書萬卷」，惜其才不獲大用。

道潛來訪，呈詩，是為始見。蘇軾次韻。

呈詩乃《參寥子詩集》卷三《訪彭門太守蘇子瞻學士》，有「彭門千里不憚遠，秋風匹馬吾能征」句，來訪乃秋季事。《施譜》謂為始見。次韻乃《詩集》卷十七《次韻僧潛見贈》。《墨莊漫録》卷一：「參寥本名曇潛，因子瞻改曰道潛。」

閭丘孝忠過徐，蘇軾贈《浣溪沙》。

《東坡樂府》卷下《浣溪沙》（調下注：「贈閭丘朝議時過徐州。」）：「一别姑蘇已四年，秋風南浦送歸船，畫簾重見水中仙。」「過」原作「還」，今從《外集》。蘇軾熙寧七年過蘇，飲孝忠家，至是為四年。「秋風」點明季候。

《中吴紀聞》卷四《徐朝議》謂孝忠以朝議大夫歸老。卷五《閭丘大夫》謂孝忠「後房有懿卿者，頗具才色」，蘇詞及之。則「水中仙」云者，乃懿卿也。

滕縣時同年建西園，為題詩。嘗為時同年畫竹。

題詩見《詩集》卷十七（八八三頁），次《次韻僧潛見贈》二詩後，今從其編次。

《六硯齋二筆》卷三：「沛縣儒學大門，嵌壁有東坡竹二枝。跋云：『先生與叔祖山陽掾，暨先大夫同榜雅契。熙寧中，守彭門，叔祖通直赴約射堂，晏談旬餘。一日，戲寫邛竹二枝，且曰：「觀此如何？」叔祖曰：「此如學士立身許國，勁挺不移；又其疏枝結葉，則如學士馭事愛民，間密以濟。」先生笑曰：「公精鑒也。」卷而贈之。於今四十餘年矣。乃刻石以傳久云。宣和丁丑冬至日，朝奉郎、通判澤州時敦題。梁溪漫叟時道安立石。』」跋中「先大夫同榜」云云，乃時同年，名、字均不詳。《寶蓋齋金石文跋尾·蘇文忠畫竹石刻》亦有此記載，「澤州」作「許州」，「道安」作「豐口」。

《慶湖遺老詩集》卷五《游滕縣時氏園池》：「珍重西園主，開門待子猷。城隅樹交蔭，樓下水通流。鴝鵒鳴深竹，蜻蜓駐小舟。可能忘夢想，塵土滿徐州。」作於元豐八年。

與王廷老（伯敭）倡酬。

《詩集》卷十七有《次韻王廷老和張十七九日見寄二首》、《次韻王廷老退居見寄》。前者云及「霜葉」，為秋季事。《長編》卷二百八十：熙寧十年正月丙子，廷老追兩官勒停。《欒城集》卷二十六祭廷老文：「君以罪廢，還家宋都。」倡酬時，廷老居南都。

《欒城集》卷八有《次韻王廷老寄子瞻》，蘇軾無次韻。

傅裼罷通判，有送行詩。田叔通代裼。

《詩集》卷十七《次韻顏長道送傅倅》首云「兩見黄花掃落英」，其去在九月或九月略後。今次此。蘇軾與裼交往記載止此。同上有《和田國博喜雪》，國博即叔通；《詩集》卷十八《再次韻答田國博》稱為「風流別乘」。

十月五日，跋秦觀《湯泉賦》。

《文集》卷六十七有《書游湯泉詩後》。此湯泉詩，即《湯泉賦》。秦賦見《淮海集》卷一，賦後附蘇軾跋文。《淮海先生年譜》謂賦作於熙寧九年。

秦賦有「大江之濆，東城之野」句，《歷陽典録》卷六謂泉在江浦西四十里，舊屬和州；全名惠濟湯泉。《輿地紀勝》卷四十八《淮南西路·和州·景物上·湯泉》：「在烏江縣東北五十七里。韓熙載為之記。元豐初，秦觀與孫覺、僧道潛來遊，皆有詩。觀又為賦，并蘇軾跋。後，孫覺結庵其上，榜曰寄老，劉攽有記。」攽記不見今本《彭城集》。

十二日，贈吴琯（彦律）《日喻》。琯得解，求舉於禮部。

文見《文集》卷六十四。《詩案·知徐州作日喻》謂作於本月十三日，謂此文乃「譏諷近日科場之士，但務求進，不務積學，故皆空言而無所得，以譏諷朝廷更改科場新法不便」。

十五日，與客觀月黄樓，有詩。

詩見《詩集》卷十七（八八九頁）。

十六日，與文同（與可）簡，贊道潛之詩及其為人，催作《黄樓賦》。

簡乃《佚文彙編》卷二與同第十簡，云道潛「詩句清絶，可與林逋相上下，而通了道義，見之令人蕭然，有一詩與之」。其所與之詩，當為《次韻僧潛見贈》。

本月，上皇帝書。論徐州為京東諸郡安危所寄，兵單俗悍，乞建立利國監冶户武裝，乞移南京新招騎射兩指揮於徐；並乞兼領沂州兵甲巡檢公事，以此自效；陳治盗之法；並請特為京東、京西、河北、河東、陜西五路之士，别開仕進之門，以取人材。徐州任中，其主張部分得以施行。

書見《文集》卷二十六（七五八頁）。

書論利國監為徐州安危所繫。書云：「州之東北七十餘里，即利國監，自古為鐵官，商賈所聚，其民富樂，凡三十六冶，冶户皆大家，藏鏹巨萬，常為盗賊所窺，而兵衛寡弱，有同兒戲。」書論欲使利國監不可窺，一在訓練冶户，一在請朝廷增强實力，即移南京新招兩騎射於徐。

書論沂州山谷重阻，為逋逃淵藪，盗賊每入徐州界中。求兼領沂州兵甲巡檢公事，蓋為治盗便利。書論去盗之法，一在修軍政，一在稍重郡守之權，責以大綱，略其小過，聽法外處置强盗。

書論依據京東等五路特點，選拔人材乃大事，而去盗不過區區小者。書謂京東等五路乃「自古豪傑之場，其人沈鷙勇悍，可任以事，然欲使治聲律，讀經義，以與吴、楚、閩、蜀之士争得失於毫釐之間，則彼有不仕而已，故其得人常少」。書又云：「唐自中葉以後，方鎮皆選列校以掌牙兵，是時四方豪傑，不能以科舉自達者，皆争為之，往往積功以取旄鉞。」又云：「故臣願陛下採唐之舊，使五路監司郡守，共選士人以補牙職，皆取人材。心力有足過人而不能從事於科舉者，禄之以今之庸錢，而課之鎮税場務督捕盗賊之類，自公罪杖以下聽贖。依將校法，使長吏得薦其才者，第其功閥，書其歲月，使得出仕比任子，而不以流外限其所至。朝廷察其尤異者，擢用其數人，則豪傑英偉之士漸出於此途，而姦猾之黨，可得而籠取也。」書末引述歷史，論州郡須加強武備，以防事故發生。

《文集》卷四十九《與章子厚參政》第二書言及建立利國監冶户武裝，云：「軾在郡時，常令三十六冶，每户點集冶夫數十人，持却刃槍，每月兩衙於知監之庭，以示有備而已。」

《文集》卷四十八《黄州上文潞公書》：「軾在徐州時，見諸郡盜賊為患，而察其人多凶俠不逐，因之以饑饉，恐其憂不止於竊攘剽殺也。輒草具其事上之。」

本月，王鞏自京師寄書來。

《詩案·與王詵往來詩賦》：「九月間，軾託王鞏到京見王詵時，覓祠部一兩道與相知僧。十月内，王鞏書來，云王詵已許諾。未取。」

王定民詩來，答之。

《答王定民》見《詩集》卷十七，有「請君章草賦黄樓」之句，知定民亦善書。《欒城集》卷十四《次韻王定民宣德》首云：「彭城寺壁看詩來，顏氏瓢樽偶共開。」敍熙寧十年在彭城事；顏氏乃謂顏復，知其時與定民嘗從蘇軾兄弟游。

定民字佐才，亳人。見題下「王註」。孫紹遠《聲畫集》卷三、卷五有定民（佐才）詩多首。餘參元豐七年「在黄王定民嘗專人至」條。

十一月初八日，為張天驥作《放鶴亭記》。

記見《文集》卷十一。

《慶湖遺老詩集》卷二《遊雲龍張氏山居・序》：「雲龍山距彭城郭南三里，郡人張天驥聖途築亭於西麓。元豐初，郡守眉山蘇公屢登，燕於此亭下。畜二鶴，因以放鶴名亭，復為之記。亭下有小屋，曰蘇齋，壁間榜眉山所留二詩及畫大枯株，亦公醉筆也。亭上一逕至山腹，有石如甕治者，公復題三十許字，記戊午仲冬雪後與二三子攜惠山泉烹鳳團此巖下，張即鑱之。」作於元豐五年八月。戊午即今年，記不見。

《邵氏聞見後録》卷十五：「或問東坡：雲龍山人張天驥者，一無知村夫耳，公為作《放鶴亭記》，以比古隱者，又遺以詩，有『脱身聲利中，道德自濯澡』，過矣。東坡笑曰：『裝鋪席耳。』東坡之門，稍上者不敢言，如琴聰、蜜殊之流，皆鋪席中物也。」「脱身」云云，乃《詩集》卷十五《過雲龍山人張天驥》語。

十九日，應蒙令王兢請，作《莊子祠堂記》。

記見《文集》卷十一；莊子蒙人，王兢始作祠堂。

兢字彦履，鄧人。嘉祐進士。元豐五年七月，知宿州。元祐初，提點湖南刑獄。四年七月，以權京西提刑改秦鳳路提刑。未至，入為祠部郎中。五年六月，遷司農少卿。六年閏八月，遷將作監。八年三月，為京東西路轉運使。官至左朝請大夫。紹聖二年卒，年六十四。事迹見《西臺集》卷十三墓銘，並參《長編》卷三百二十八、四百六十五、四百八十二。

十二月十二日，致簡秦觀（太虚），託道潛（參寥）轉致。道潛歸，有送行詩。道潛留徐州日，蘇軾嘗與道潛等遊戲馬臺；與道潛放舟百步洪之下；蘇軾嘗於席上命妓求道潛詩，道潛有作；道潛嘗陪蘇軾登黄樓；蘇軾嘗與道潛、張天驥月夜遊百步洪東崖，題名：游倡甚樂。

十二月十二日云云，見以下「秦觀致簡」條紀事。

送行詩見《詩集》卷十七，題即作《送參寥師》。

《詩集》卷十七有《次韻潛師放魚》，道潛原韻見《參寥子詩集》卷三，題下「查註」已引。蘇軾與舒焕、張天驥、道潛同遊戲馬臺，見《詩集》卷十七詩題，蘇軾與道潛放舟百步洪之下，見《百步洪二首·序》。

《參寥子詩集》卷三《子瞻席上令歌舞者求詩，戲以此贈》：「底事東山窈窕娘，不將幽夢囑襄王。禪心已作沾泥絮，肯逐東風上下狂。」

同上《陪子瞻登徐州黃樓》：「黃花離披秋日短，使君無事邀僧飯。飯餘軟語爇香幽，共坐圓庵不知晚。燭籠持火報黃昏，使君愛客還留連。前登修徑步超逸，後却從御來聯翩。城頭陰陰未上月，城下激激鳴潺湲。漁燈照紅沙岸近，賈客夜唱聲清圓。徘徊始轉黃樓側，銀箭銅壺知幾刻。欄杆倚遍惜分攜，泣泣芙蓉珠露滴。」同卷尚有《逍遥堂書事呈子瞻》。

上引道潛詩「底事東山」云云，《侯鯖録》卷三謂為口占，詞句略有不同，謂：「坡云：沾泥絮吾得之，被老衲又占了。」《冷齋夜話》卷六《東坡稱道潛之詩》：「坡移守東徐，潛往訪之，館於逍遥堂。士大夫争欲識面，東坡饌客罷，俱來，而紅粧擁隨之。東坡遣一妓前乞詩，潛援筆而成曰（略）。一坐大驚，自是名聞海內。」《風月堂詩話》卷上較詳，云：「參寥自餘杭謁坡於彭城，一日，燕郡寮，謂客曰：『參寥不與此集，然不可不惱也。』遣官妓馬盼盼持紙筆就求詩焉。參寥詩立成，有『禪心已似沾泥絮，不逐春風上下狂』之句。坡大喜曰：『吾嘗見柳絮落泥中，私謂可以入詩，偶未曾收拾，遂為此人所先，可惜也。』」

同治《徐州府志》卷二十《宋蘇軾題百步洪東崖石刻》：「右百步洪石刻。舊志云：明成化中，主事尹珍於洪東崖石間，得石刻一，上書『郡守蘇軾、山人張天驥、詩僧道潛月中遊』十六字，蓋軾守徐時筆也，因建蘇墨亭。今没於河。」此題名《佚文彙編》未收。

祈雪霧猪泉、靈慧塔。

《文集》卷六十二有《祈雪霧猪泉祝文》、《詩集》卷十七有祈雪霧猪泉詩二首（八九七頁）。《文集》卷六十二《禱靈慧塔文》亦為祈雨作；同卷有徐州作《謝雪祝文》。

十九日，上樞密薛向書，陳國計。

《平園續稿》卷八《題東坡上薛向樞密書》：「薛恭敏公元豐元年九月，自樞密直學士、工部侍郎、知定州召入西府。蘇文忠公昔嘗與之論天下事，今復貽書，深切著明，如此責善為有加矣。薛本以理財論兵進。及在政路首尾三年，同列質以西北事，則養威持重，未嘗啟其端，最後詔民蓄馬，既奉行，復欲反汗，為舒亶論罷。聞義能徙，不善能改，未必不因蘇公之書，比夫患失遂非者有間矣。元祐間，特被褒表，豈無所自耶？公作此時，年四十三，是日其生朝也。身為二千石，士民當盈庭為壽，否則與家人飲食燕樂，乃齋心呵凍，極陳國計，其賢於人遠矣。官本不載此書於集，惟麻沙本及别集有之。故人劉錢壽使君之子宗奭兄弟，家藏真迹。慶元戊午七月旦，以示前進士周某，敬題其後。」《宋史·宰輔表》本年九月乙酉紀事：薛向自樞密直學士、工部侍郎除同知樞密院事。軾上薛向書已佚。

《攻媿集》卷七十《跋東坡上樞密論開邊書》：「裕陵鋭意攘夷，晚乃信用兵不是好事，樞臣得公書，惜乎不早以聞，徒流傳至今也。」即周必大所云之書。

《昌谷集》卷十七《跋劉倅所藏東坡論兵書後》：「太祖欲親征河東，范魯公力疾建言：『願陛下以生靈為念，所貴資洪福，益聖壽。』神宗欲用兵西北，蘇文忠貽書執政：『使吾君子孫蕃多，長有天下，人臣歸美報上，極安静和平之福，至於壽考萬年，子孫千億。』非與國共休戚，念不到此也。然魯公時居上相，朝夕納誨，乃其職業。文忠立朝，未大用，以誣奏請外補，稍遷而守徐，得政平訟理，即不廢事，職可以不諫，又委曲為人言之，忠肝義膽，不置國事於度外可見矣。按薛向首横山之議，實在治平。異時熙寧諸公堡撫寧城妻降裕羅格勒，破蒙羅覺，掩河湟而有之，皆在其後。當入對受密賜，文、韓、司馬諸公相先後，薄其為人，至或以憸巧目之。其復用，未秉政，守正諸君子固已深疑之矣。文忠代張文定草疏，已斥其事。今自定州賜對，復以論兵入樞筦，本末備見，宜文忠所深憂也。文忠之言既有以感動其善心，卒之秉政三年間，諱言西北兵事，謂之聞義能徙，容有此理，於時言官劾奏，所謂『反覆無大臣體』，當不止蓄馬一事。然已誤國家，困生靈矣。士大夫以迎合見用，既富且貴，乃欲收拾士譽，不復認前説自己出，終不可掩，故因考本末而有感焉。嘉定己巳下元日東匯澤曹某敬書。」此論兵書，即與薛向書；「使吾君」云云乃書中文字；其全文已佚。《平園續稿》跋與此跋為研究此書之重要資料，故詳録之。

《平園續稿》跋作於慶元戊午(一一九八),此跋作於嘉定己巳(一二〇九),時間甚近。此跋所云劉倅當即《平園續稿》所云劉宗奭兄弟中之一人。

《文集》卷四十八《上韓樞密書》云及「在錢塘時」,蒙以書見及,「自爾不復通問者,七年於兹」。此「在錢塘」,乃熙寧為倅時。據此,此書當作於元豐一、二年間。查《宋史·宰輔表》,元豐一至五年,無韓姓任樞密者。此書大旨,在勸此樞密諫阻神宗用兵西北,與《上薛向書》合。疑此文亦為與薛向者,「韓」乃「薛」之誤。今附此。

《輿地紀勝》卷八十三《隨州·碑記》:「東坡墨迹:崇寧改元刻石,今在倅廳。」薛向以元豐四年三月甲寅,卒於知隨州任。見《長編》卷三百十一。此墨迹或即軾上向書。向,《宋史》卷三百二十八有傳,卒年六十六。據此,向長蘇軾二十一歲。

本月,訪獲石炭於州之西南白土鎮之北,乃作《石炭》詩,稱之為遺寶。

詩見《詩集》卷十七,有「豈料山中有遺寶,磊落如礐萬車炭」之句。石炭乃煤。

道潛(參寥)過淮上,專人寄詩並簡來。和詩並答簡。

《文集》卷六十一與道潛第一簡:「別來思企不可言,每至逍遥堂,未嘗不悵然。」以下云:「三詩皆清妙,讀之不釋手,且和一篇為答。所要真贊,尚未作,來人又不敢久留,甚愧!甚愧!」又云:「某開春乞江浙一郡,候見去處,當以書奉約也。」「開春」云云,知本簡作於本年之末。

道潛原韻,題作《自彭城回止淮上因寄子瞻》。蘇軾和詩,見《詩集》卷十八,題作《和參寥見寄》;簡中

「和一篇為答」，當即此詩。詩末云：「待我西湖借君去，一杯湯餅潑油葱。」即簡中「某開春乞江浙一郡」云云之意。據此，知此詩乃作於本年之末，《詩集》次此詩於元豐二年之初，誤。

與樞密侍郎簡，求江浙一郡。

《文集》卷六十《與樞密侍郎》首云「違去門下已八年」，自熙寧四年離京師，至是已七年餘，舉成數，自可言八年。簡云「去替止數月」，「履茲寒凝」，作於本年冬。

此樞密侍郎不知為誰。查《宋史·宰輔表》，時吴充為樞密使，王韶為樞密副使，馮京知樞密院事，孫固、吕公著、薛向同知樞密院事，曾孝寬簽書樞密院事。公著原為户部侍郎，向原為工部侍郎。

乞四明，不得。與范百嘉（子豐）簡，以政事簡易為樂。時百嘉之女已許字過。

「乞四明」云云，見《佚文彙編》卷三與百嘉第一簡。簡云：「四明既不得，欲且徐乞淮浙一郡。」《文集》卷五十與百嘉第二簡：「小事拜聞，欲乞東南一郡，聞四明明年四月成資，尚未除人，託為問看。」第四簡亦言乞四明，並云「八月九月間，秋水既過，彭城城下徹備」，知為冬季事。《佚文彙編》卷二《與文與可》第九簡亦云及乞四明。

《佚文彙編》與百嘉第一簡又云：「外郡雖麤俗，然每日惟早衙一時辰許紛紛，餘蕭然皆我有也。」簡末稱「子豐正字親家翁足下」。據《文集》卷二十一《藥師琉璃光佛贊》，過之妻為范氏，是百嘉乃過之岳父。時過才七歲，故為許字。《佚文彙編》與百嘉第二簡簡末稱「子豐承事親家翁執事」。子豐名百嘉，見《范太史集》卷三十九百嘉墓銘。《文集》卷四十七有《與過求婚啟》。《東坡樂府》卷上《南鄉子》：「凉簟碧紗厨，一枕清風晝睡餘。睡聽晚衙無箇事，徐徐，讀盡牀頭幾卷書。」「睡聽」云云，與范百嘉簡中「外郡」云云，為同一景象。此《南鄉子》當作於徐州。

文同領吴興，有書來。蘇軾與簡為賀，並建議同赴任時過徐。

《佚文彙編》卷二與同第十一簡敘之。《丹淵集》卷首《年譜》引《實録》：本年十月十七日，文同除知湖州。軾簡云「筆凍」，當作於本年近年底時。

秦觀（太虚）秋試失利，簡慰，并作詩鳴不平。

簡乃《文集》卷五十二答觀第一簡，謂「此不足為太虚損益，但弔有司之不幸爾」。《詩集》卷十七《次韻參寥師寄秦太虚三絶句時秦君舉進士不得》其一：「底事秋來不得解，定中試與問諸天。」作於道潛歸後。

題宋迪（復古）《瀟湘晚景圖》。

《詩集》卷十七有《宋復古畫瀟湘晚景圖三首》。《文集》卷七十《跋范漢傑畫》敘作詩事，不詳具體時間，今參《詩集》編次，次此。

《圖畫見聞志》卷三：「宋道字公達，洛陽人。宋迪字復古。二難皆以進士擢第，今並處名曹，悉善畫山水寒林，情致嫻雅，體像雍容，今時以為秘重矣。」《式古堂書畫彙考·畫》卷二引宋宣和御府收藏，有迪所作《晴巒漁樂圖》等凡二十三種、三十一幅。

《東軒筆録》卷五：熙寧七年，元絳為三司使，迪為判官，以失火，迪奪官勒停，絳罷使。《温國文正司馬公文集》卷十三有《和邠守宋度支迪來卜居與南園為鄰》詩。

《文集》卷五十《上韓魏公》，熙寧二年作，云「宋迪度支在岐下」，其時已有交往。

石康伯（幼安）往京師，攜簡過文同（與可），請同作《黄樓賦》；又附絹四幅，請同作竹木、怪石少許，置黄樓上為屏風，以為徐州奇觀。

據《佚文彙編》卷二與同第七簡。此簡作於本年之末。簡末所云「正月中遣人至淮上咨請」，蓋謂同赴吴興任途經淮上也。

《畫繼》卷五《文氏傳》：「文氏湖州第三女，張昌嗣之母也。居郫。湖州始作黄樓鄣，欲寄東坡，未行，而湖州謝世，遂為文氏奩具。文氏死，復歸湖州孫。」湖州謂文同。

秦觀致簡，抒秋試不利心情。

《淮海集》卷三十《與蘇公先生簡》第一簡首云「比參寥至，奉十二月十二日所賜教」。中云：「比迫於衣食，彊勉萬一之遇，而寸長尺短，各有所施，鑿圓枘方，卒以不合，親戚游舊，無不憫其愚而笑之。」謂秋試失利也。以此為「命」。末云「窮冬未由侍坐」，知簡作於歲末。

張方平（安道）應弟轍之請，重訂父洵《文安先生墓表》，謝方平書。

《文集》卷四十九《謝張太保撰先人墓碣書》：「伏蒙再示先人《墓表》，特載《辨姦》一篇，恭覽涕泗，不知所云。」既云「再」，是重訂。既云「特載」，是方平原撰之墓表中未載《辨姦論》。《避暑録話》卷上謂「元豐間，子由從安道辟南京，請為明允墓表」，特全載《辨姦論》，「蘇氏亦不入石，比年少傳於世」。今繫軾謝書於本年。方平之文，見《樂全集》卷三十九。

本年，與歐陽奕（仲純）簡多起；奕尋卒，有祭文。

《文集》卷五十三與奕簡五首，皆作於徐。其一云「今方稍安，而夏秋之患未可量」、其二云「奏乞錢與夫為夏秋之備」，皆作於春間。

祭文見《文集》卷六十三（一九四〇頁），云「去歲君來見我於國門之東」，知作於今年。蘇軾與奕簡其三、其四、其五，皆云奕已至陳，是奕或卒於陳也。《欒城集》卷十六有挽詞，作於今年。

《平園續稿》卷七《跋歐陽文忠公誨學帖》謂此帖乃修作，以勵奕之學者；云奕乃胡宿之壻，性倜儻，文章豪放，尤長於詩，多至三百篇；云熙寧末鄭俠得罪，凡通問者皆獲譴，奕獨傾貲與之；云奕年僅三十四。奕詩不傳。

《誠齋集》卷四詩題：「胡英彥得歐陽公二帖，蓋訓其子仲純、叔弼之語，其一公自書之，其一東坡書之。」

《類說》引《王直方詩話》：「歐陽仲純夢道士持告身云：上帝命汝為長白山主。既沒，東坡哭之云：死為長白主，名字書絳闕。全詩已佚。」按：「死為」二句在《詩集》卷三十四《送歐陽推官赴華州監酒》中。未佚。

本年，與章惇（子厚）簡，論時事。

《止齋先生文集》卷四十二《跋東坡與章子厚書》：「予來湘中，見故家遺帖為多，而有二異：此書與趙潭州所藏黄門論章子厚罷樞密疏也。諫疏在省中，不知何年流落人間，固可異；此書傷觸大臣，宜不為藏，而亦存於今，則尤異耳。書作於元豐元年，於是西方用兵。後四十七年，王、蔡為燕山之役，京師遂及於禍。『不仁而可與言，則何亡國敗家之有。』信哉！信哉！又後六十七年，永嘉陳傅良書。」《宋史·宰輔表》：熙寧九年十月丙午，吴充、王珪為相。本年在位。陳傅良所云「傷觸大臣」，當指吴、王。《嘉泰吴興志》卷十四謂熙寧十年四月，章惇再知湖州，五月丁母憂。軾與惇簡時，惇正居憂。

題湖州沈沔天隱樓詩。

詩乃《詩集》卷四十八《題沈氏天隱樓》，有「散盡黄金猶好客」句。《詩集》卷十二詩題云及湖州東林沈東老書壁有「黄金散盡」云云，則此沈氏乃東林沈氏。《沈氏三先生文集·西溪文集》卷一有《五言沈沔天隱樓》，《丹淵集》卷十八有《寄題湖州沈秀才天隱樓》，作於本年。沔或為東老另一子。軾詩當亦為寄題，或與同詩同時作。

何恭(欽聖)以長詩呈蘇軾，欲軾推尊王安石，軾心不然。

《六硯齋筆記》卷二引周密《浩然齋視聽抄》：「王金陵學術頗僻，三經義大不滿人心，而庸流樸學得藉以竊糈媒進，亦有翕然頌之者。其魁傑如三衢何恭欽聖，至作長篇獻東坡，欲其推尊王氏，語甚瑰偉，東坡心不然而貌禮之。其詞曰：『昔日歐陽心獨苦，搜羅天下文章虎。未逢賈、馬嗟誰與，崑體文章正旁午。一得眉山老翁語，始協平生好奇古。鶱騰鸞鶩螭虬俗，錦繡胃腸終日吐。眉山跨馬挾雙龍，迤邐欹斜劍閣東。一息萬語光羣雄，是日魯酒歸淳醲。仁廟當朝起數公，四時閶闔來清風。眉山秉筆摩蒼穹，稽首獻議何雍容。是時慶曆主嘉祐，東省西垣半耆舊。一代偉人争入彀，天開黄閣咸虚受。公時脱穎眉山後，韶、向、機、雲同一奏。建安數子空嗚咽，集賢學士皆籠袖。玉人發馬下天階，華蓋星邊捧詔來。天子延英不浪開，為公此日深徘徊。金吾侍側天顔低，上列四輔前三台。相與疇咨將相材，飄然八駿先龍媒。西京應制十八九，賈、董褎然為舉首。此輩昂藏希世有，劉蕡又作蛟龍吼。觀公舉勸斯人手，玉壺破碎珠囊剖。許國誠心仍貫斗，識者談之不容口。天公一見列詩曹，指點姮娥供兔毫。公歌數曲風刁刁，若耶溪上皆停橈。郢客擲筆不敢操，楚人往往收《離騷》。李杜藩牆不甚勞，太白脱却宫錦袍。東風顛入五湖裏，萬籟聲聲哭龍耳。河伯江妃愁欲死，只恐將來撈見底。南登灞岸將何以，直節壯懷聊自倚。養得身長數千里，天地一夜風雷起。官家内相能幾人，幾人到此陪經綸。天語叮嚀下降頻，金蓮燭畔窺龍鱗。日曝花磚暖繡裀，鐶金珮玉何申申。姮娥唤作真麒麟，焉知韓、李非前身。龍樓漏箭銅壺挹，隱約六街騶唱入。傳宣使者翩翻集，月題控馬天門立。錦箋瓊瑄尚書給，九韶忽然如俯掖。宸恩四海周流及，武帝王封乃平揖。我宋修文偃武初，詞林翰苑新扶疎。寶儀、陶穀端何如，峩冠曳履承明廬。草昧功名尚武夫，討論潤色姑徐徐。剪夷五代尊圖書，墨客稍稍躋天衢。中間作者相踵武，請試從頭為君數。真宗皇帝覩神寓，楊億風流玉堂處。傾金注瓦横罇俎，大笑哄堂任豪舉。逡巡百尺江南楮，密掃煤烟驟如雨。六一超然又不同，陳言萬紙一洗空。晉宋齊梁不待攻，兩漢直抵元和中。龍驤鳳舉扶桑東，五采射日吞長虹。滿堂玉磬諧金鐘，紛然和者如笙鏞。木鐸可憐聲獨悄，一振鏗然須大老。伊説數公無處討，蕭、曹、丙、魏規模小。馬遷、班固工品藻，出處行藏何太少。升沉將相侯王了，經天緯地憑誰好。信知風采古為多，堯舜文章煥若何。東作西成南已訛，真人更集滿鑾坡。夷夔禮樂俄森羅，黼黻郊廟金盤陀。羽毛率舞呈天和，高陽才子前賡歌。君哉頓起一俞爾，執簡抽毫無及矣。周公整頓乾坤已，開闢明堂復如此。從頭製作軒轅始，海獸山禽咸獻美。衮冕分明圭玉侈，六代光華謁天子。日月星辰續九天，蟲魚草木繪山川。羣聖文章想亦然，百家妙理何周旋。離離黍稷春風前，東周一去追無緣。帝德王功只僅傳，廟堂急管催繁絃。巍哉孔子尊如帝，矯之孟軻天莫制。斯文未喪今何在，鄒魯邈然安可再。揚雄力寡知無奈，天祿校書真未計。江海悠悠百川逝，回首相望幾千載。熙寧天子憫斯文，轉展搜揚到海垠。丞相王公舉趾尊，委蛇二老西來賓。咀嚼六經如八珍，補葺東魯鋤西秦。天子資之又日新，八風自轉成天鈞。頃從孟子驅楊墨，他日淫詞又榛棘。豐鎬荒涼天空碧，庸孟書中幾充塞。金陵為此深求直，二十年來人稍識。求之左右逢星極，內聖外王真準的。古人效學豈文辭，堂陛之間意已移。彝何虎蜼尊何犧，云何簠簋如靈龜。不然制作知無時，反魯詩書一貫之。明明古訓識者誰，百家效語如嬰兒。蝌蚪六書藏屋壁，豈比鍾王論筆迹。會通意象如作《易》，不假語言含妙德。尚從對偶音聲覓，洙泗文章少平仄。解到雕蟲童子識，斯人稍得揚雄力。熙寧論撰亦何慚，況把先儒衆說參。舉世傳經作指南，辟雍泮水堆牙籤。或者囂然痛欲殲，安得諸儒口遂鉗。聖主賢臣實用僉，公嘗一語令師嚴。翻思偃蹇熙寧末，苦信古書由世拙。金陵户外履成列，禰衡一刺終漫滅。彷彿五經無二說，堂堂萬里星中月。欲論西漢誰優劣，忽然吟蟬風脰咽。邊韶性懶讀書頑，病甚相如下筆慳。敢望言如霧豹斑，擔簦負笈徒間關。沂水春來初解顏，浴沂童子彌春灣。先哲如龍尚可扳，鼓瑟從之豈浪間。可憐道德共耕獵，何苦侯門俟彈鋏。不挾而來聊自愜，栩然夢爾飛蝴蝶。飲中數子劉伶俠，江外主人張翰攝。短舲下水輕仍捷，落帆解舵吴山脇。』此詩鋪舒曲折，可謂費詞，然大意不過謂歐、蘇輩止作得詞章一路，若孔孟著述，周公禮樂，必歸金陵。自此種議論流行，後來紹述小人，極其緣飾，直令荆舒配食孔廟，真足發千古一笑耳。然從此遂開僞學一途，動以聖賢自主，興言立詞，籠駕天下，而清明宇宙，竟作魑魅場矣。不可謂非欽聖輩邪流附和之遺毒也。」恭詩一見涵芬樓《説郛》卷二十宋吴萃（字商卿，國子博士）《視聽抄・何欽聖詩》，文字略同，謂乃蘇軾倅杭時獻軾，又謂：「東坡得詩意不樂，然亦厚遇之，既乃謂人曰：『某詩亦佳，但觀其終篇，氣力盡於此矣。恐必不久。』已而果然。」

恭，衢州西安人。熙寧六年進士。見光緒重刊康熙《衢州府志》卷十八。恭詩云及「熙寧末」，知作於元豐時。而蘇軾元豐二年入詔獄，則恭詩約作於本年。涵芬樓《説郛》謂恭詩作於熙寧間倅杭時，誤。

蘇軾年譜卷十八

元豐二年（一〇七九）己未　四十四歲

正月七日，獵城南，會者有雷勝等十人，以「身輕一鳥過，槍急萬人呼」為韻作詩，並作《獵會詩序》敍其事。

蘇軾除自作外，并代雷勝作，詩皆見《詩集》卷十八（九一七、九一九頁）。自作，《欒城集》卷九有次韻。序見《文集》卷十。《長編》卷三百四十五元豐七年四月壬午紀事：詔陝西路句當使臣雷勝等七人減磨勘年有差，以按閱集教官奏論也。乃勝事迹之可考者。

十五日，作《王仲儀真贊》，遺其子鞏。應鞏之請也。鞏尚求作《三槐堂銘》，亦作。文分别見《文集》卷二十一、卷十九。十五日云云，據《紀年録》。

《詩案·與王鞏作三槐堂記并真贊》謂元豐二年「十月中王鞏書來」，求蘇軾作《三槐堂記》、《真贊》，其時軾在詔獄，「二年」乃「元年」之誤。《文集》無《三槐堂記》，有《三槐堂銘》，《銘》之長敍敍三槐堂事，即記。銘末著寫作歲月，細考之，約為守徐時作。《詩案》謂記、銘有譏諷。

《汴京遺迹志》卷八：三槐堂，在仁和門外，宋兵部侍郎王祐手植三槐於庭。祐，鞏曾祖。

己丑（十九日），趙抃加太子少保致仕。上賀啟。

己丑云云，見《長編》卷二百九十六。《文集》卷十七《趙清獻公神道碑》謂抃時年七十二，「退居於衢，有溪石松竹之勝」。啟見《文集》卷四十七（一三四六頁）。

二十日，文同卒於陳州。

據《文集》卷十一《文與可畫篔簹谷偃竹記》。年六十二，據《丹淵集》卷首墓銘。

晦日，與畢仲孫、舒焕及其子彦舉、寇昌朝、王適、王遹、道士戴日祥、子邁等游泗之上，登桓山，入石室，賦詩，作《游桓山記》，刻石。

詩見《詩集》卷十八（九二二、九二三頁），一自作，一代戴作。記見《文集》卷十一；刻石，見《後山集》卷六《桓山》自注。《詩集》卷十七《夜過舒堯文戲作》云「郎君欲出先自贊」，此郎君乃彦舉。

本月，上狀乞醫療病囚。

文見《文集》卷二十六（七六三頁）。旨在專醫專掌醫療病囚，不得更充他役；落實醫療費用，獎勵有成績之醫療人員。

秦觀致簡。

簡乃《淮海集》卷三十《與蘇公先生簡》第三簡，云「春初」作，為正月事。簡云得「所賜詩書，稱借過當，副之藥物」，敍感激之情。簡敍專意讀書，時作文字，有所發明。簡云《懋誠集引》已刻石寄上。懋誠乃蘇軾同年友邵迎，其引見《文集》卷十。

二月五日，為文祭文同。

文見《文集》卷六十三（一九四一頁）。文云「歲次己未□□□□朔，五日甲辰」，考《長編》及《朔閏表》乃二月。《詩集》卷十九《林子中以詩寄文與可及余，與可既殁，追和其韻》、《文集》卷五十一《與李公擇》第十五簡均敍及聞文同亡時哀悼之情。《詩案·和黄庭堅古韻》敍及祭文同之文有「譏諷當今進用之人，與軾故舊者，皆以進退得喪易其心，不存故舊之義」。

二十九日，題文彦博詩。

文見《文集》卷六十八（二一二九頁），贊彦博富於學問，其幼時詩已精審研密，積之也久。

三十日，寄《祭文與可文》與黄庭堅。庭堅嘗致書，又有和粲字韻三首來，次韻。

三十日云云，據《詩案·和黄庭堅古韻》。書乃《山谷全書·别集》卷十二《與蘇子瞻書》，云願為軾賦黄樓。知軾嘗約庭堅賦黄樓，約簡不見。書云「春寒」，約作於本月。《山谷外集詩註》卷五有《見子瞻粲字韻詩和答三人四返不困而愈崛奇輒次韻寄彭門三首》，《詩集》卷十八有《往在東武與人往反作粲字韻四首今黄魯直亦次韻見寄復和答之》。

同日，寒食，作詩憶前年此日與王詵（晉卿）北城之游。

詩見《詩集》卷十八（九三〇頁），題下「誥案」謂詩為寒食日作。詩題所云與詵書，已佚。

本月，盗賊謀劫利國監，使沂民程棐往捕之。

據《文集》卷四十九《與章子厚參政》第二書。書云：「沂州承縣界有賊何九郎者，謀欲劫利國監。又有闕温、秦平者，皆猾賊，往來沂、兖間。欲使人緝捕，無可使者。」乃使程棐前往。以下云：「棐願盡力，因出帖付與。不逾月，軾移湖州。」

月夜，與王適(子立)、王遹(子敏)、張師厚飲杏花下，賦詩。師厚赴殿試，送詩。

詩皆見《詩集》卷十八(九二六頁)。《文集》卷六十八《記黄州對月詩》敍月夜事；作於元祐四年，時師厚已久亡，師厚乃蜀人。《詩集》卷二十《次韻前篇》：「去年花落在徐州，對月酣歌美清夜。」敍月夜事。約為二月。

題雪齋詩寄杭僧法言。

詩乃《詩集》卷十八《雪齋》。《淮海集》卷三十八《雪齋記》敍蘇軾倅杭時，名僧法言之東齋為雪齋，以下云：「後四年，公為彭城，復命郡從事畢君景儒篆其名，并自作詩以寄之，於是雪齋之名浸有聞於時。」自熙寧七年離杭至今年為四年。觀文作於元豐三年四月。

以雙刀贈弟轍，轍有詩，次其韻。

次韻乃《詩集》卷十八《以雙刀遺子由，子由有詩，次其韻》。《欒城集》卷八原韻《子瞻惠雙刀》。贈轍詩與以上題雪齋詩約為二月作。

三月三日，題王羲之書。

《文集》卷六十九《題逸少書》其三作於本日。

次田叔通韻多首。至叔通家，賦《南鄉子》贈其舞鬟。

《詩集》卷十八《次韻田國博部夫南京見寄》云「柳絮榆錢不當春」，《再次韻答田國博部夫還》云「從教積雨洗殘春」，作於三月；此外尚有《田國博見示石炭詩有鑄劍斬佞臣之句次韻答之》。《全宋詞》第三二一頁《南鄉子》原注：「用前韻贈田叔通家舞鬟。」有「春入腰肢金縷細」之句，乃春季事。《總案》繫此詞於元豐八年四月，或誤以田叔通、田待問為一人，失之。《全宋詞》載詞之前韻，云「不是使君能矯世」，軾自謂；又云「唱遍山東一百州」，古嘗以山東稱徐州。此詞作於徐。

本月，罷徐州，以祠部員外郎、直史館知湖州軍州事。有《謝交代趙祠部啟》。

《王譜》：「三月，自徐州移知湖州。」繫銜見本年七月二十八日紀事。

《山谷外集詩註》卷五有《再和寄子瞻聞得湖州》：「春波下數州，快若七札貫。」再和者乃和粲字韻。啟見《文集》卷四十六，首云「近審新命，屈領此邦」，乃接替蘇軾知徐。中云：「眷此東原，幾為大澤。尚呻吟之未復，豈罷陋之所堪。」謂熙寧十年徐州大水。趙祠部不詳名、字。

晁端仁（堯民）其時嘗問蘇軾詩於黄庭堅，庭堅有答。

《山谷外集詩註》卷五《次韻答堯民》：「君問蘇公詩，疾讀思過半。譬如聞韶耳，三月忘味歎。我詩豈其朋，組麗等俳玩。」又云：「門静鳥雀嬉，花深蜂蝶亂。」當作於春末。端仁，鉅野人。事迹詳《雞肋集》卷六十七《朝請大夫致仕晁公墓誌銘》；謂庭堅厚端仁，有「四海一堯民」之句。參元祐七年「與晁端仁有交往」條。

在徐，嘗修石橋，以開元寺僧法明董其事。

《文集》卷六十一《答開元明座主》第四簡：「石橋之壞，每為悵然。吾師經營，非不堅盡，當由窮塞之人所向無成，累此橋耶？知尚未有涯，但勿廢此志，歲豐人紓，會當成耳。」作於元豐八年正月十九日，參該年紀事。此略前，《答開元明座主》第一簡已有「石橋用工，初不滅裂，云何一水，便爾敗壞」之語，作於黃州。詳元豐六年「徐州開元寺僧法明來簡答之」條。

民國《銅山縣志》卷十九謂開元寺在徐州城南里許，詳元豐八年六月十五日紀事。

在徐，嘗誚陶潛無弦不如無琴之説，以為陶非達者；嘗為舒焕（堯文）論作字之法；嘗賞白鶴泉；嘗考戲馬臺；嘗取寇鈞國先世所藏李廷珪等十三家墨書杜詩，并品其次第；與劉昱（晦叔）有交往。

《文集》卷六十五《淵明非達》謂潛作《無弦琴》云「但得琴中趣，何勞弦上聲」，以潛非達者。以「五音六律，不害為達，苟為不然，無琴可也，何獨弦乎」。《丹陽集》卷八《書淵明集後》：「子瞻為徐州，誚淵明無弦不如無琴，後悔其言之失。」《文集》卷六十五《淵明無弦琴》以徐州時之説為妄。

《樂静集》卷九《跋東坡真迹》：「昔東坡守彭門，嘗語舒堯文曰：『作字之法，識淺、見狹、學不足三者，終不能盡妙；我則心、目、手，俱得之矣。』觀其用筆凌厲，馳逐出入二王之畛域，而不見其轍迹。晚年獨與顔魯公周旋並驅而步不許退也。長箋大幅，風吹雨灑，如掃敗壁，十目注視，排肩争取，神氣不動，兀如無人。譬諸解衣磅礴，未嘗見舟而操之，莫知為我，莫知為人，非神定氣閒，孰能為之？必曰三折為波，隱鋒為點，正如團土作人，刻木似鵠，復何神明之有。」

《樂静集》卷五《記白鶴泉》：「臨角門外折行而西二十步，有石井曰白鶴泉，野老云：昔有兩白鶴翔喉而下，因以名焉。」又云：「眉陽蘇公來守此邦，治公之餘，抉奇摘古，以寓吟嘯，初得泉焉，味甘色白，於茶尤宜，以謂雖不及惠山而不失為第三水，人始稱之。世傳陸羽、張又新《水記》次第二十種，多出東南，北州之水，棄而不載。一旦蘇公獨為詮賞，而北人不甚喜茶，雖知之，弗貴也。」

同上《辨戲馬臺》：「城南有山，建佛刹其上，徐人謂之戲馬臺者也。宋高祖九日登此臺，賦詩燕集，故事風流，至今存焉。眉陽蘇公嘗考之曰：『山石犖确，不可以戲馬，其南有亞父塚，疑即故臺也。』」以下謂范增（亞父）墓在濡須，「知塚即臺」。《文集》卷五十五《與楊元素》第十二簡謂徐「城南有亞父塚，然非也，塚在居巢」。

《春渚紀聞》卷八《十三家墨》：「余為兒時，於彭門寇鈞國家見其先世所藏李廷珪下至潘谷十三家墨。斷珪殘璧，粲然滿目。其廷珪小挺，歲久不見膠彩，而書於紙間視之，其黑皆非餘墨所及。東坡先生臨郡日，取試之，為書杜詩十三篇，各於篇下書墨工姓名，因第其品次云。」

《斜川集》卷三《劉晦叔挽詞》：「泗濱初獲拜荆州。」昱見元祐六年「時京西路轉運副使為劉昱」條。

傳守徐時，李定之子某嘗過，戲之；傳嘗經蕭縣，畫枯木於泉山。

《誠齋詩話》：「東坡知徐州，李定之子某過焉。坡以過客故事宴之，其人大喜，以為坡敬愛之也。因起而請求薦墨。坡佯應曰：『諾。』久之閑談，坡忽問李：『相法謂面上人中長一寸者壽百年，有是說否？』李曰：『未聞也。』坡曰：『果若人言，彭祖好一個獃長漢。』李大慚而退，見王僑卿說。」

《后山詩注》卷十一《拱翠堂》題下自注：「蕭邑富人竇敦禮，即泉山作此堂，規制宏麗，無咎作記。」詩云：「至人但有經行處，寶蓋仍存朽老枝。」任注：「似是東坡經途，曾畫枯木於此。」無咎，晁補之。

留別田叔通、寇昌朝（元弼）、石夷庚（坦夫）。作《江城子》、《減字木蘭花》別徐州。

詩見《詩集》卷十八（九三四頁），詩云田等三人「送我睢陽道」。

詞皆見《東坡樂府》卷下。《江城子》下闋有云：「隋堤三月水溶溶。背歸鴻，去吴中。回首彭城，清泗與淮通。」去徐為三月事。《減字木蘭花》題下原註：「彭門留別。」有「佳人千點淚」之語。

昌朝與蘇軾文字記載止於此，兹略考其以後仕歷。《慶湖遺老詩集》卷三有《送寇元弼王文舉》詩，詩序稱「寇之官符離之荊山戍」。賀鑄自註此詩：「丁丑八月彭城賦。」考鑄生平，此丁丑乃乙丑（一〇八五）之誤。《後山集》卷十一《寇參軍詩序》，乃為昌朝作。序謂昌朝仕為許州司理參軍；並云昌朝「一無所好，顧嗜酒與詩，方其展紙濡筆，立下疾行，倏忽數十百韻，衣冠在旁，合手起色，駭嘆不暇，然成輒棄去」。序作於元符二年八月，時昌朝已歿。

往南都，走筆寄弟轍。

詩見《詩集》卷十八（九三五頁），云及途中「櫻麥半黃緑」。《欒城集》卷九有和。

抵南都。見張方平，晤弟轍。晤僧應言，言有功東平。晤呂熙道（希道、景純）。留半月。

《文集》卷六十三祭方平第三文：「十五年間，六過南都而五見公。」此為第二次。弟轍簽書應天府判官。

《文集》卷十二《薦誠禪院五百羅漢記》敍熙寧十年，河決澶淵，東平危急，應言建策疏水，東平以安，衆為請賞，不受。以下言應言自鄆（東平）來，「見余於宋」。

《文集》卷五十九答熙道第一簡云「至治下」，有病。第二簡云：「南都住半月。」又云：「舍弟樸訥寡徒，非長者輕勢重道，誰肯相厚者。」知與弟轍情誼甚深。據《范太史集》卷四十二希道墓銘，時監南京糧料院。《總案》謂希道時守南都，誤。

與文務光簡，慰其父同之喪。

《文集》卷五十一《與文郎》乃慰簡。簡云同卒已「兩易晦朔」，知作於三月。此文郎乃務光。

癸巳（二十四日），賜時彥以下及第。及第者有晁補之。補之致蘇軾書，謝軾之教育。

癸巳云云，據《長編》卷二百九十七。《山谷外集詩註》卷六《次韻晁補之廖正一贈答詩》註文引《登科記》：「己未元豐二年，晁補之、廖正一同榜。」書乃《雞肋集》卷五十二《及第謝蘇公書》。

别弟轍。二十七日，至靈壁鎮，應張碩之請，作《靈壁張氏園亭記》（即《張氏蘭皋園記》）。

記見《文集》卷十一，云「自彭城移守吴興，由宋登舟」，「三宿而至靈壁張氏之園」。其離南都，當在三月二十四日。《詩案·張氏蘭皋園記》亦敍及。《慶湖遺老詩集》卷三《游靈壁蘭皋園》之序謂：「集賢張校理治此以奉親，因名蘭皋。」知碩官集賢校理。

過宿州，贈官妓小蘇聯語。過泗州，題孫奕（景山）西軒；倉中訪劉季孫（景文），戲贈一絶。嘗欲買田泗上，不遂。過龜山。過淮，復贈奕兼寄弟轍詩。

贈聯「舞腰窈窕，影摇千尺龍蛇動；歌喉宛轉，聲散半天風雨寒」，見《詩話總龜》前集卷三十七引《泗上録》。「影摇」、「聲散」句出石延年《古松》。《續墨客揮犀》卷六《出侍姬十數人》條亦引此聯，謂為贈豪士之侍姬媚兒者，不從。

題奕詩見《詩集》卷十八（九三九頁）、贈季孫詩見卷四十七（二五二九頁），計時當已入四月。《詩集》卷二十四《龜山辯才師》：「千里孤帆又獨來，五年一夢誰相對。」作於元豐七年，寫此時事。過淮贈奕詩（九四〇頁）云「好在長淮水，十年三往來」，此乃第三次過淮。《欒城集》卷九有《次韻子瞻過淮見寄兼簡孫奕職方三首》。

季孫世家開封。《名賢氏族言行類稿》卷三十有傳。季孫，軾摯友。

《詩集》卷十九《次韻和劉貢父登黃樓見寄並寄子由》其一自注「本欲買田於泗上，近已不遂矣」。

四月十二日，跋歐陽修家書。

跋見《文集》卷六十九（二一八五頁）。修云「凡人勉强於外，何所不至，惟考之其私，乃見真僞」。修教育晚輩嚴，與其立朝大節相一致。

《演繁露續集》卷四《劉禹錫蘇子瞻用孔子履事》：「東坡跋歐公家書曰：『仲尼之存，人削其迹，夢奠之後，履藏千載。』劉禹錫《佛衣銘》曰：『尼父之生，土無一里。夢奠之後，履存千祀。』東坡語意或因劉耶？然其作問處，不如東坡脈貫也。」附此。「仲尼」云云，《佚文彙編》未收。

至高郵，見道潛、秦觀，遂載與俱。

據《文集》卷十二《秦太虛題名記》。

至金山，次舊詩韻贈寶覺；大風，留二日，有詩。

詩見《詩集》卷十八(九四二、九四三頁)。

至京口,弔萬松岡刁約墓,為文祭之。

文見《文集》卷六十三(一九四三頁),云「顧瞻萬松,蔚乎蒼芉」。《詩集》卷十五《哭刁景純》云「忍見萬松岡,荒池没秋草」。約葬萬松岡。文云「俛仰空山,草木再春」,約卒熙寧十年,今為二歲。

與道潛、秦觀遊惠山,覽唐處士王武陵、竇羣、朱宿所賦詩,皆次韻。贈惠山僧惠表及錢道人詩。

遊惠山、贈惠表等詩見《詩集》卷十八(九四四、九四六頁)。道潛詩乃《參寥子詩集》卷四《子瞻赴守湖州三首》,觀詩乃《淮海集》卷四《同子瞻賦游惠山三首》。

過松江,與關景仁(彦長)、徐安中會於垂虹。道潛、秦觀亦會,分韻賦詩。

蘇軾詩見《詩集》卷十八(九四七頁),其一起云「吴越溪山興未窮,又扶衰病過垂虹」。得風字。

景仁字彦長,《咸淳臨安志》卷六十六附父魯傳。魯登大中祥符五年進士第,嘗知杭州仁和縣事,見《家世舊聞》卷上。景仁乃嘉祐四年進士,見《寶慶會稽續志》卷六。弟景暉,嘉祐八年進士。字彦遠。見《雞肋集》卷十六《别關景暉二首》。景暉長晁補之二十五歲,見《雞肋集》卷十六《送會稽關彦遠罷官河北》,知景仁長於蘇軾。《後山集》卷二有《贈關彦長》詩,《鐔津集》卷十一有《與關彦長秘書書》。《宋詩紀事》有景仁詩。《詩集》卷十八有《次韻關令送魚》。此關令,即景仁,時為令松江。景仁能鐘律曆數草隸,尤長於詩。

《淮海集》卷六有《與子瞻會松江得浪字》,《參寥子詩集》卷四有《吴江垂虹亭同賦得岸字》。

將至湖州，上監司狀。

《文集》卷四十七有《湖州上監司先狀》。

二十日，到湖州任，上謝表。

表見《文集》卷二十三（六五三頁）。《詩案·湖州謝上表》引表文，謂館職多年，未蒙不次進用，故言「荷先帝之誤恩，擢置三館；蒙陛下之過聽，付以兩州」；又云見朝廷進用之人，多是少年，與己議論不合，故言「愚不適時，難以追陪新進」，以譏諷朝廷進用之人，多是循時迎合；又云「察其老不生事，或能牧養小民」，以譏諷朝廷，多是生事搔擾，以奪農時。

《何譜》謂到任為本月二十一日，《詩案》、《王譜》謂二十九日。《嘉泰吳興志》卷十四同《文集》，今從；軾上任為王安禮。

湖州為吳興郡，昭慶軍節度，屬兩浙路。縣六：烏程、歸安、長興、安吉、德清、武康，治烏程、歸安。

時陳師錫為掌書記。

《長編》卷二百七十四熙寧九年四月癸巳云以及第進士「陳師錫為昭慶軍節度掌書記」。《宋史》卷三百四十六師錫傳謂「調昭慶軍掌書記，郡守蘇軾器之，倚以為政」。

錢世雄（濟明）為吳興尉。

《參寥子詩集》卷四《同吳興尉錢濟明南溪泛舟》，約作於本年。《淮海集》卷三十《與蘇黄州簡》謂蘇軾被逮後，觀即至吳興，見「陳書記、錢主簿」，是此主簿即世雄。

《文集》卷六十九《跋錢君倚書遺教經》云「軾在杭州，與其子世雄為僚，因得觀其所書佛《遺教經》刻石」。按：蘇軾倅杭時，世雄未嘗為官於杭，此「杭」乃「湖」之誤。

祖無頗（夷甫）或為通判。

蘇軾就逮時，在告，無頗權州事。無頗或為通判，見本年以下「就逮」條。

王適（子立）、王遹（子敏）來從。蘇軾與王氏兄弟賦詩游賞。

《文集》卷十五《王子立墓誌銘》謂適、遹「皆從余於吴興，學道日進，東南之士稱之」。

《詩集》卷十九有《與王郎夜飲井水》、《與王郎昆仲及兒子邁繞城觀荷花登峴山亭晚入飛英寺分韻得月明星稀四字》。

《輿地紀勝》卷四《安吉州・景物上》：「峴山：在州南五里，本名顯山，唐以廟諱改名。天寶中，太守韋景先起五花亭於山下。有唐相李適之石酒樽在焉。」引以上所云《與王郎昆仲》詩其三。安吉州乃湖州。

二十二日，謁文宣王廟及諸廟，作祝文。

祝文見《文集》卷六十二（一九二〇頁），均有「視事之三日」之語。文宣王乃孔子。

五月五日端午，徧游飛英諸寺，作詩。秦觀同游。

詩見《詩集》卷十八（九五一頁）。又見《文集》卷六十八《自記吴興詩》：「僕為吴興，有《游飛英寺》詩云：『微雨止還作，小窗幽更妍。盆山不見日，草木自蒼然。』非至吴越，不見此景也。」

影印本《浙江通志》卷二百二十九《寺觀·湖州府·飛英教寺》：「嘉靖《浙江通志》：在府治東北二里。萬曆《湖州府志》：唐咸通五年忠顗禪師建，刺史高湜表為資聖寺。中和五年改為上乘寺。宋景德二年改今額。初，咸通中僧雲皎自長安來，得舍利，建飛英石塔寺，以此名。」《淮海集》卷三《同子瞻端午日游諸寺賦得深字》首云：「太史抱孤韻，暢懷在登臨。別乘載鄒枚，佳辰事幽尋。」太史謂蘇軾，別乘謂州倅。知此日之游，祖無頗亦與。

劉撝（行甫）自長興道湖州赴餘姚，有詩送行；十三日，餞撝於錢氏園，贈《南歌子》。

據《詩集》卷十八《送劉寺丞赴餘姚》「施註」。詞見《東坡樂府》卷下，注「湖州作」，首句為「山雨蕭蕭過」；此前有《南歌子》三首，其二注「送行甫赴餘姚」，其一、其三與其二同韻，皆有送行意，疑為同時送撝之作。

二十二日，與久上人簡，謝其注念。

簡乃《佚文彙編》卷四《與久上人》，云「北游五年」，自熙寧七年至是為五年。據簡，久上人或為杭僧。

李行中（無悔）來訪，與周邠（開祖）簡及之；邠專使惠海味。

簡乃《文集》卷五十六與邠第四簡，云及行中「許秋凉再過」，知作於到湖州後不久。簡又云和邠詩一首，今不見。邠知樂清，臨海。

與歐陽棐（叔弼）簡。

《後村題跋》卷二《跋東坡與歐陽棐帖》：「此帖當在未下臺獄時。述古，陳公密學；純老、巨源，錢、孫兩内相也。叔弼此時豈預知李定輩將鞫詩案乎？昔虞卿解相印，與魏齊俱亡；魏其寧失侯，不使灌夫獨死：坡公之貶，嘗與唱和之人，不過贖銅，而人情觀望，至不敢往還如此。世變日下，而世故亦可畏矣。覽之太息。」此簡今不見。

簡中所云述古乃陳襄。所云純（醇）老乃錢藻，巨源乃孫洙。襄時為樞密直學士兼侍讀，即密學；藻時為翰林侍讀學士、知審官東院；洙元豐初兼直學士院，旋擢翰林學士。分別見《宋史》襄、藻、洙傳，並參《宋會要輯稿》第五十一册《儀制》一一之八。據跋文，蘇軾之簡當及以上三人。

棐，修第三子，生慶曆七年，見《歐陽文忠公集》卷首《年譜》。

孫洙（巨源）卒。

《琬琰集删存》卷二李清臣撰《孫學士洙墓誌銘》謂洙卒於本年五月，年四十九。

《詩集》卷三十《興龍節侍宴前一日微雪與子由同訪王定國小飲清虚堂定國出數詩皆佳而五言尤奇子由又言昔與孫巨源同過定國感念存没悲歎久之夜歸稍醒各賦一篇明日朝中以示定國也》：「十年聚散空咨嗟。」元祐三年作。《欒城集》卷十六《雪中訪王定國感舊》，即感孫洙。

哭陳舜俞（令舉）之殯，為文祭之。

文見《文集》卷六十三（一九四四頁），敍與舜俞别二年而舜俞殁，「殁三年而予乃始一哭其殯而弔其子」。軾與舜俞熙寧七年别。

《宋史》卷三百三十一舜俞傳：「舜俞始嘗棄官歸，居秀之白牛村，自號白牛居士。已而復出，遂貶死。

蘇軾為文哭之，稱其『學術才能兼百人之器，慨然將以身任天下之事，而人之所以周旋委曲、輔成其天者不至。一斥不復，士大夫識與不識，皆深悲之』云。」軾或至白牛村。「學術」云云見祭文。《渭南文集》卷二十八《跋東坡祭陳令舉文》謂蘇軾祭文中此文「辭指最哀」。

弔張先（子野）之宅，作祭文。

文乃《文集》卷六十三《祭張子野文》，云「我來故國，實五周歲」，蘇軾熙寧七年過此。又云「堂有遺像」，是親臨其宅。先卒於元豐元年，年八十九，見《唐宋詞人年譜》。

李常（公擇）寄詩來，依韻答之。

答韻見《詩集》卷十九（九六二頁）。時常為淮南西路提點刑獄。據蘇軾詩題，知常詩乃敍赴淮西提刑任中，途經高郵，見施大夫與孫覺（莘老）賞花詩，因憶去年與蘇軾徐州之會。道光《高郵州志》卷八疑此施大夫乃施廣譽，時知高郵縣。

寄題王鞏清虛堂。

詩見《詩集》卷十九（九六四頁）。《汴京遺迹志》卷八：「清虛堂，在汴城內之東隅。」《欒城集》卷二十四有記。

下山黃龍洞禱晴，和孫同年詩。

詩見《詩集》卷十九（九六五頁）。《輿地紀勝》卷四《安吉州・景物下》：「黃龍洞，在烏程卞山，石壁峭立，巖竇陰沉，莫窮其底。蘇軾有刻。」「刻」下疑脱一「石」字。《詩集》「查註」引《吳興備志》謂蘇軾手書此詩，當時刻石，置黄龍洞。《詩集》此詩以下尚有《次韻孫秘丞見贈》、《送孫著作赴考城兼寄錢醇老李邦直二君於孫處有書見及》。孫同年、秘丞、著作當為一人，以嘗官秘書丞、著作郎等館職，故以稱之，惜不詳其名字。

過賈收（耘老）水閣，與客遊道場山、何山，歸憩收溪亭，畫風竹，並有詩。

詩見《詩集》卷十九（九六六、九六八頁）。後者「施註」引蘇軾自題畫竹云：「子瞻歸自道場、何山，因憩耘老溪亭，命官奴秉燭捧硯，寫風竹一枝。」

《苕溪漁隱叢話》前集卷五十九：「苕溪漁隱曰：賈耘老舊有水閣，在苕溪之上，景物清曠。東坡作守時，屢過之，題詩畫竹於壁間。沈會宗又為賦小詞云：『景物因人成勝槩。滿目更無塵可礙。等閒簾幕小欄干，衣未解。心先快。明月清風如有待。　誰信門前車馬隘。別是人間閒世界。坐中無物不清涼，山一帶。水一派。流水白雲長自在。』其後水閣屢易主人，已摧毁久矣，遺址正與余水閣相近，同在一岸，景物悉如會宗之詞。故余嘗有鄙句云：『三間小閣賈耘老，一首佳詞沈會宗。無限當時好風月，如今總屬績溪翁。』蓋謂此也。」會宗名蔚，湖州人。詞調為《天仙子》，見《全宋詞》第二册第七〇五、七〇六頁。

《嘉泰吴興志》卷十七《賢貴事實下・烏程縣》云賈收：「其居有水閣，曰浮暉。李公擇、蘇子瞻為州與之遊，唱酬極多。子瞻常遊何山、道場山，回值風雨，艤舟於浮暉，命官奴秉燭掃風雨竹於壁間，或刻之石，今在墨妙亭。」又云：「蘇去，公作亭以懷蘇名之，有詩一編，號《懷蘇集》。」集早佚。

《吴興備志》卷二十五：「子瞻出城，見坡竹秀擢可愛，回訪耘老，乘輿寫真（原注：見《晚香堂蘇帖》，前有『眉陽蘇軾』印，後有『猶賢乎己』印）。」

《軒渠録》：「東坡知湖州，嘗與客遊道場山，屏退從者而入。有僧憑門閫熟睡，東坡戲云『髡閫上困』，有客即答曰，何不對『釘頂上釘』！」兹附此。《軒渠録》在涵芬樓鉛印本《説郛》卷七。

作詩寄杭州净慈寺宗本長老。表忠觀錢自然道士自杭來見，其歸，送以詩。

詩皆見《詩集》卷十九（九七〇頁）。前者云「何時策杖相隨去」，神馳林泉。後者謂自然為言觀尚未成。

丁騭（公默）送蝤蛑，蘇軾有詩。

詩見《詩集》卷十九（九七三頁）。騭，毗陵人，嘉祐二年進士。嘗為祁門令。元祐初，從臣蘇轍（《咸淳毗陵志》卷十七《丁騭傳》謂為蘇軾）、劉攽、張問、曾肇、孔文仲、胡宗愈薦之。司馬光嘗曰：「士大夫無不登光門者，而騭不來，真自重之士。」除太常博士。元祐二年六月為右正言，《彭城集》卷二十二有制文。三年二月為左正言，十月知處州。七年七月，以左朝請郎為司封員外郎。八年五月知宿州。紹聖元年卒。在朝敢言事，《宋名臣奏議》卷十二、六十九有文。見《咸淳毗陵志》卷十一、《温國文正司馬公文集》卷六十《答楚州糧料胡寺丞宗愈》、《范太史集》卷五十五《手記》及《長編》卷四百二、四百四至九、四百十一、四百十五、四百七十五、四百八十四等。

與秦觀（太虚）等城南泛舟，賦詩。觀旋適越，道潛（參寥）適杭，道中分別寄詩來。

《詩集》卷十九有《泛舟城南會者五人分韻賦詩得人皆苦炎字四首》。《文集》卷五十二與觀第三簡云

「分韻詩語益妙，得之殊喜，拙詩令兒子録呈」。拙詩即指泛舟詩，觀分韻詩，《淮海集》未見。《文集》卷十二《秦太虚題名記》：「太虚、參寥又相與適越，云秋盡當還。」具體言之，道潛適越之杭州，秦觀適越之越州。與觀簡云「暑濕，惟萬萬慎護，早還為佳」，作於觀離湖州前，時當為六月。《參寥子詩集》卷四有《吴興道中寄子瞻（原注：與少游同賦）》、《淮海集》卷七有《德清道中還寄子瞻》。

道潛自杭州寄詩。

《參寥子詩集》卷四《夏日龍井書事（原注：呈辯才法師兼寄吴興蘇太守并秦少游，少游時在越）》其三：「自憐多病畏炎曦，長夏投踪此最宜。」敍在杭生活。

寄詩徑山澄慧大師淵。

詩見《詩集》卷十九（九八〇頁），題作《送淵師歸徑山》。《咸淳臨安志》卷二十五引此詩，題作《寄澄慧大師淵》，今從，參《詩集》卷十九校記第五十二條。詩云：「溪城六月水雲蒸。」作於六月。

六月十三日，次韻周邠（開祖）見寄。

詩見《詩集》卷十九（九八一頁），時周宰樂清，有譏諷意，見《詩案·寄周邠諸詩》。

與胡祠部游法華山，有詩。次前韻贈賈收（耘老）。

詩見《詩集》卷十九（九八八、九八九頁）。後者亦寫游法華山。注文謂法華山又名石斗山，有法華寺。《輿地紀勝》卷四《安吉州》謂石斗山在烏程縣，王羲之嘗游處；又謂唐大光和尚神異碑、道蹟碑，均在法華寺。胡祠部，待考。

寄題趙抃(閱道)高齋。

詩見《詩集》卷十九(九九一頁),首云「見公奔走謂公勞,聞公引退云公高」。引退見本年正月己丑紀事。

《避暑録話》卷上謂抃自杭告老歸:「治第衢州,臨大溪,其旁不遠數步,亦有山麓屹然而起,即作別館其上,亦名高齋。」以下敍抃高齋起居;敍抃與佛慧師法泉交往,法泉時居餘慶功德院,謂「泉聰明高勝,禪林言泉萬卷者」。所謂「亦名高齋」,乃以錢塘州治有高齋。法泉,參本譜紹聖元年六月七日紀事。

晤俞汝尚之子温父,賦詩贈之。

《詩集》卷十九《送俞節推》:「猶喜見諸郎,窈然清且深。」節推,温父也。諸郎,汝尚諸子也。見題下「施註」。《吴興掌故集》謂俞節推名有任。

寄詩孫侔(少述)。

詩乃《詩集》卷十九《次韻答孫侔》、《重寄》。前者云「卜築江淮計已成」,侔客居江淮,二人乃「千里論交」。嘉祐四年七月二十三日,孫侔以揚州處士試秘書省校書郎充州學教授,以知揚州劉敞、右正言吴及薦,見《宋會要輯稿》第一百二十册《選舉》三四之三八。《公是集》卷二十五、《彭城集》卷三卷四、《元豐類稿》卷八有詩及侔,侔詩不傳。侔卒於元豐三年,年六十六,見《次韻答孫侔》「施注」。餘詳《宋史》卷四百五十八《孫侔傳》。《吴興備志》卷三十二謂「侔」應作「俟」,「史以俟為侔,誤」。

劉攽（貢父）為京東轉運使，行部至徐，登黄樓賦詩見寄，次韻答之，並寄弟轍。

次韻見《詩集》卷十九（九九五頁），叙攽至徐登黄樓。《欒城集》卷九有次韻。攽原韻已佚。《宋史》卷三百十九《劉攽傳》：「為開封府判官，復出為京東轉運使。」

七月七日，作《文與可畫筼簹谷偃竹記》。

記見《文集》卷十一。

題《璇璣圖》三首，十二日書。

《回文類聚》卷一《璇璣圖考異》謂《璇璣圖》近見一本，乃治平中太常少卿沈立將漕河朔，於東都陳安期家所得：「其後有東坡及孔毅甫、秦太虚跋語。坡則三詩，元豐二年七月十二日書。孔則五詩，四年九月十七日題。秦則一詩，元祐戊辰正月十四日。汝南蠹魚閣所記，皆今所刊者。但五詩以補子瞻之遺，平時多見《淮海集》中，初不以為出於毅甫也。」此三詩，即《詩集》卷四十七《次韻回文三首》。毅甫，平仲字。太虚，觀字。

二十七日，程棐使人至，告已捕獲「妖賊」郭先生等。

據《文集》卷四十九《與章子厚參政》第二書。書謂方欲具始末奏陳，會逮赴詔獄，未果。《宋會要輯稿》第九十一册《職官》五二之一一本年六月十一日紀事：詔遣大理少卿蹇周輔往徐州鞫妖人郭進獄。知郭先生乃郭進。

在湖州，與僧仲淵交往；題顔真卿《放生池碑》；築蘇灣之堤；為僧書岑碩詩。姚淳嘗惠問，有簡與之。

《宋詩紀事補遺》卷九十六：「仲淵，字潛老，德清人。為蘇公稱許。後祝髮某林，蘇公為親書度牒，叢林榮之。」録《上蘇子瞻》：「文章落落昌黎老，風物蕭蕭李謫仙。二子本來為獨擅，使君才力已雙全。」

按：此詩一見清陸心源《吴興詩存》二集卷二十四。「某林」作「梅林」。「蘇公」謂「軾」。

《文集》卷六十九有《題魯公放生池碑》。《輿地紀勝》卷四《安吉州》謂《勅天下放生池碑》，舊在文宣王廟，今在魯公祠，顔真卿撰并書。

《吴興備志》卷十五：「蘇灣在峴山寺前。其隄，蘇子瞻為守時所築。因名其灣曰蘇公灣，隄曰蘇隄。」又：「學士山：在蘇灣，面對峴山，右挹碧湖，子瞻常游，故名，或曰即方屏山。」卷二十四謂蘇軾為三德院僧手書唐岑碩詩，僧無知者。簡乃《文集》卷五十七《與姚君》第三簡，云及「咫尺」。

楊繪（元素）作詩憶六客會寄蘇軾，約為軾守湖時事。

《觀林詩話》敍熙寧七年六客會後，張先、陳舜俞、劉述相繼化去，唯蘇軾、楊繪、李常在，繪因作詩寄軾：「仙舟游漾霅溪風，三奏琵琶一艦紅。門望喜傳新政異，夢魂猶憶舊歡同。二南籍裏知誰在，六客堂中已半空。細問人間為宰相，爭如願住水晶宫。」以下云：「天池問盧杞，願住水晶宫，願為人間宰相？杞對曰：『願為人間宰相。』遂不得仙。今吴興有水晶宫之號，故云。」時軾知吴興，繪詩當作於此時。《密齋筆記》卷二亦記繪寄詩事，文略同，不録。

傳守湖時多游於湖州城外。

宛委山堂本《説郛》卷六十八引周密《吴興園林記・章參政嘉林園》云「外祖文莊公居城南，後有地數十頃」，「有嘉林堂、懷蘇書院。相傳坡翁作守，多游於此城之外」。《癸辛雜識》前集亦有此記載，惟「頃」作「畝」，文莊公乃章良能。

晁端彦(美叔)以忍事箴之，不聽。約為熙寧入朝至入獄以前事。

《曲洧舊聞》卷五：「東坡性不忍事，嘗云如食中有蠅，吐之乃已。晁美叔每見，以此為言。坡云：『某被昭陵擢在賢科，一時魁舊往往為知己，上賜對便殿，有所開陳，悉蒙嘉納。已而章疏屢上，雖甚剴切，亦終不怒。使某不言，誰當言者。子之所慮，不過恐朝廷殺我耳。』美叔默然。坡浩歎久之，曰：『朝廷若果見殺我，微命亦何足惜，只是有一事，殺了我後好了你。』遂相與大笑而起。」

二十八日，中使皇甫遵到湖州勾攝蘇軾前來御史臺。罷湖州。先是御史中丞李定、御史舒亶、何正臣等言蘇軾謗訕朝政，御史臺檢會送到《錢唐集》，乃詔知諫院張璪及李定推治以聞。

二十八日云云，據《詩案·中使皇甫遵到湖州勾至御史臺》、《詩讞》。

《長編》卷二百九十九元豐二年七月己巳紀事：詔張璪、李定推治蘇軾。「時定乞選官參治及罷軾湖州，差職員追攝。既而上批令御史臺選牒朝臣一員乘驛追攝，又責不管別致疎虞狀，其罷湖州朝旨，令差去官齎往。」

《詩案·御史中丞李定劄子》：「右諫議大夫權御史中丞李定劄子。臣切見知湖州蘇軾，初無學術，濫得時名。偶中異科，遂叨儒館。及上聖興作，新進仕者，非蘇之所合，軾自度終不為朝廷獎用，銜怨懷怒，恣行醜詆，見於文字，衆所共知。或有燕幅之譏，或有竇粱之比。其言雖屬所憾，其意不無所寓，訕上罵下，法所不宥。臣切謂軾有可廢之罪四，臣請陳之。昔者堯不誅四凶，而至舜則流放竄殛之，蓋其惡始見於天下。軾先騰沮毁之論，陛下稍置之不問，容其改過，軾怙終不悔，其惡已著，此一可廢也。古人教而不從，然後誅之，蓋吾之所以俟之者盡，然後戮辱隨焉。陛下所以俟軾者可謂盡，而傲悖之語，日聞中外，此二可廢也。軾所為文辭，雖不中理，亦足以鼓動流俗，所謂言偽而辨。當官侮慢，不循陛下之法，操心頑愎，不服陛下之化，所謂行偽而堅。言偽而辨，行偽而堅，先王之法當誅，此三可廢也。《書》：『刑故無小。』知而為與夫不知而為者異也。軾讀史傳，豈不知事君有禮，訕上者誅，肆其憤心，公為詆訾，而又應制舉對策，即已有厭獎更法之意。陛下修明政事，怨不用己，遂一切毁之，以為非是，此四可廢也。而尚容於職位，傷教亂俗，莫甚於此。臣伏惟陛下，動静語默，惟道之從，興除制作，肇新百度，謂宜可以於變天下，而至今未至純著，殆以軾輩虛名浮論，足以惑動衆人故也。臣叨預執法，職在糾姦，罪有不容，其敢苟止！伏望陛下斷自天衷，特行典憲，非特沮乖慝之氣，抑亦奮忠良之心，好惡既明，風俗自革，有補於世，豈細也哉！取進止。元豐二年七月二日崇政殿進呈。

聖旨後批：四狀（按：指此狀及以下舒、何、李三狀）并册子，七月三日進呈。奉聖旨送御史臺根勘聞奏。」

同上《監察御史裏行舒亶劄子》：「太子中允集賢校理權監察御史裏行舒亶劄子。臣伏見知湖州蘇軾近《謝上表》，有譏切時事之言，流俗翕然，争相傳誦。忠義之士，無不憤惋。且陛下自新美法度以來，異論之人，固不為少，然其大，不過文亂事實，造作譏説，以為摇動沮壞之計。其次，又不過腹非背毁，行察坐伺，以幸天下之無成功而已。至於包藏禍心，怨望其上，訕讟慢駡，而無復人臣之節者，未有如軾也。蓋陛下發錢以本業貧民，則曰『贏得兒童語音好，一年强半在城中』；陛下明法以課試郡吏，則曰『讀書萬卷不讀律，致君堯舜知無術』；陛下興水利，則曰『東海若知明主意，應教斥鹵變桑田』；陛下謹鹽禁，則曰『豈是聞韶解忘味，邇來三月食無鹽』。其他觸物即事，應口所言，無一不以譏謗為主。小則鏤板，大則刻石，傳播中外，自以為能。其尤甚者，至遠引襄漢梁、竇專朝之士，雜取小說燕蝠爭晨昏之語，旁屬大臣，而緣以指斥乘輿，蓋可謂大不恭矣。然臣切考歷古以來，書傳所載，其間擾攘之世，上之人雖有失德之行，違道之政，而逆節不軌之臣，苟能正其短以動搖人心，亦必回容顧避，自託於忠順之名而後敢出此。恭惟陛下躬履道德，立政造士，以幸天下後世，可謂堯舜之用心矣。軾在此時，以苟得之虛名，無用之曲學，官為省郎，職在文館，典領寄任，又皆古所謂二千石，臣獨不知陛下何負於天下與軾輩，而軾敢為悖慢，無所畏忌，以至如是。且人道之所自立者以有義，而無逃於天地之間者，義莫如君臣。軾之所為，忍出於此，其能知有君臣之義乎！夫為人臣者，苟能充無義之心，往以為利，則其惡無所不至矣。然則陛下其能保軾之不為此乎！昔者治古之隆，責私議之殊說，命之曰不收之民，狃於姦宄，敗常亂俗，雖細不宥。按軾懷怨天之心，造訕上之語，情理深害，事至暴白，雖萬死不足以謝聖時，豈特在不收不宥而已。伏望陛下體先王之義，用治世之重典，付軾有司，論如大不恭，以戒天下之為人臣子者。不勝忠憤懇切之至。印行四册，謹具進呈。取進止。元豐二年七月二日，崇政殿進呈。奉聖旨，送中書。」

同上《監察御史裏行何正臣劄子》：「御史臺根勘所，元豐二年七月四日，准中書批送下太子中允權監察御史裏行何正臣劄子。臣伏見祠部員外郎、直史館、知湖州蘇軾《謝上表》，其中有言：『愚不識時，難以追陪新進；老不生事，或能牧養小民。』愚弄朝廷，妄自尊大，宣傳中外，孰不歎驚。夫小人為邪，治世所不能免，大明旁燭，則其類自消，固未有如軾為惡不悛，怙終自若，謗訕譏罵，無所不為，道路之人，則又以為一有水旱之災，盜賊之變，軾必倡言歸咎新法，喜動顏色，惟恐不甚。今更明上章疏，肆為詆誚，無所忌憚矣。夫出而事主，所懷如此，世之大惡，何以復加。昔成王戒康叔，以助王宅天命，作新民，人有小罪非眚，乃惟終不可不殺，蓋習俱污陋，難以丕變，不如是，不足以作民而新之，況今法度未完，風俗未一，正宜大明誅賞，以示天下。如軾之惡，可以止而勿治乎？軾所為譏諷文字，傳於人者甚衆，今猶取鏤板而鬻於市者進呈。伏望陛下特賜留神。取進止。元豐二年三月二十七日，垂拱殿進呈。奉聖旨，送中書。」「正臣」原作「大正」，今從《宋史·何正臣傳》。

同上《國子博士李宜之狀》：「國子博士李宜之狀。昨任提舉淮東常平，過宿州靈壁鎮，有本鎮居止張碩秀才，稱蘇軾與本家撰《靈壁張氏園亭記》。內有一節，稱：『古之君子，不必仕，不必不仕。必仕則忘其身，必不仕則忘其君。譬之飲食，適於饑飽而已。然士罕能蹈其義，赴其節。處者安於故而難出，出者狃於利而忘返。于是有違親絕俗之譏，懷祿苟安之弊。』宜之看詳上件文字，義理不順，言『不必仕』，是教天下之人必無進之心，以亂取士之法。又軾言『必不仕則忘其君』，是教天下之人無尊君之義，虧大忠之節。又軾稱『譬之飲食適於饑飽而已，然士罕能蹈其義，赴其節』，宜之詳此，即知天下之人仕與不仕不敢忘其君，而獨軾有『不必仕則忘其君』之意，是廢為臣之道。又軾稱『處者安於故而難出，出者狃於利而忘返』，於是有違親絶俗之譏，懷禄苟安之弊，頗涉譏諷，乞賜根勘。」

同上《御史臺檢會送到册子》：「檢會送到册子，題名是《元豐續添蘇子瞻學士錢塘集》全册，内除目録更不抄寫外，其三卷並録付。　中書門下奏，據審刑院尚書刑部狀，御史臺根勘到祠部員外郎、直史館蘇軾，為作詩賦并諸般文字，謗訕朝政及中外臣僚，絳州團練副使、駙馬都尉王詵，為留蘇軾譏諷文字及上書奏事不實按并劄子二道者。」既云「元豐續添」，乃入元豐後有所增益而再版。

《文集》卷二十九《乞郡劄子》：「昔先帝召臣上殿，訪問古今，敕臣今後遇事即言。　其後臣屢論事，未蒙施行，乃復作為詩文，寓物託諷，庶幾流傳上達，感悟聖意，而李定、舒亶、何正臣三人，因此言臣誹謗，臣遂得罪。」

同上卷三十二《杭州召還乞郡狀》敍三任外補後，云：「先帝眷臣不衰，時因賀謝表章，即對左右稱道。　黨人疑臣復用，而李定、何正臣、舒亶三人，構造飛語，醞釀百端，必欲致臣於死。先帝初亦不聽，而此三人執奏不已，故臣得罪下獄。　定等選差悍吏皇遵，將帶吏卒，就湖州追攝，如捕寇賊。」皇遵當即皇甫遵。

《墓誌銘》：「徙知湖州，以表謝上。　言事者擿其語以為謗，遣官逮赴御史獄。　初，公既補外，見事有不便於民者，不敢言，亦不敢默視也，緣詩人之義，託事以諷，庶幾有補於國。　言者從而媒孽之，上初薄其過，而浸潤不止，至是不得已從其請。」

《東軒筆録》卷十敍蘇軾嘗為士大夫贊美朱壽昌尋母得母之詩作序，「譏激世人之不養母者，李定見其序，大惋恨，會定為中丞，劾軾嘗作詩謗訕朝廷，事下御史府鞫劾」。序不見。

李定字資深，揚州人；舒亶字信道，明州慈溪人；何正臣字君表，臨江新淦人：《宋史》卷三百二十九有傳。

《揮麈録·後録》卷六云「汪輔之，宣州人」，以下言：「熙寧中為職方郎中、廣南轉運使，蔡持正為御史知雜，摭其謝上表，有『清時有味，白首無能』，以謂言涉譏訕，坐降知虔州以卒。有文集三十卷行於世。後數年，興東坡之獄，蓋始於此。」

就逮。與妻子訣别，留書與弟轍，處置後事。郡人送者雨泣。陳師錫出餞，王適、王遹兄弟送出郊，倉卒别法言。邁隨行。就逮時，在告，祖無頗權州事。

《文集》卷六十八《題楊朴妻詩》、《佚文彙編》卷五《題魏處士詩》敍及與妻子訣别。《文集》卷四十八《黄州上文潞公書》：「軾始就逮赴獄，有一子稍長，徒步相隨。其餘守舍，皆婦女幼稚。」卷三十二《杭州召還乞郡狀》敍就逮，「臣即與妻子訣别，留書與弟轍，處置後事，自期必死」。書不見。

《孔氏談苑》卷一《蘇軾以吟詩下吏》：「蘇軾以吟詩有譏訕言事官章疏狎上，朝廷下御史臺差官追取。是時，李定為中書丞，對人太息，以為人才難得，求一可使逮軾者，少有如意。於是太常博士皇甫僎被遣以往。僎攜一子二臺卒倍道疾馳。駙馬都尉王詵與子瞻游厚，密遣人報蘇轍，轍時為南京幕官，乃亟走价往湖州報軾，而僎行如飛，不可及。至潤州，適以子病求醫，留半日，故所遣人得先之。僎至之日，軾在告，祖無頗權州事。僎徑入州廨，具鞾袍，秉笏立庭下，二臺卒夾侍，白衣青巾，顧盼獰惡，人心洶洶不可測。軾恐，不敢出，乃謀之無頗。無頗云：『事至於此，無可奈何，須出見之。』軾議所以服，自以為得罪，不可以朝服。無頗云：『未知罪名，當以朝服見也。』軾亦具鞾袍，秉笏立庭下，無頗與職官皆小幘列軾後。二卒懷臺牒，拄其衣，若匕首然。僎又久之不語。人心益疑懼。軾曰：『軾自來殛惱朝廷多，今日必是賜死，死固不辭，乞歸與家人訣別。』僎始肯言，曰：『不至如此。』無頗乃前曰：『太博必有被受文字。』僎問：『誰何？』無頗曰：『無頗是權州。』僎乃以臺牒授之。及開視之，只是尋常追攝行遣耳。僎促軾行，二獄卒就直之。即時出城登舟，郡人送者雨泣。頃刻之間，拉一太守如驅犬鷄。此事無頗目擊也。」據此，遵一名僎。

《萍洲可談》卷二：「東坡元豐間知湖州，言者以其誹謗時政，必致死地，御史臺遣就任攝之，吏部差朝士皇甫朝光管押。東坡方視事，數吏直入上廳事，捽其袂曰：『御史中丞召。』東坡錯愕而起，即步出郡署門，家人號泣出隨之。」朝光，皇祐元年進士，見《嚴州圖經》卷一。不知朝光是否即遵？

《文集》卷十五《王子立墓誌銘》：「余得罪於吳興，親戚故人皆驚散，獨兩王子不去，送余出郊，曰：『死生禍福，天也，公其如天何！』返取余家，致之南都。」

《宋史》卷三百四十六《陳師錫傳》：「軾得罪，捕詣臺獄，親朋多畏避不相見，師錫獨出餞之，又安輯其家。」

《文集》卷六十一《與言上人》：「去歲吳興倉卒為別，至今耿耿。」言上人乃杭法惠寺僧法言。此處言及「倉卒」，當是軾就逮時法言適在吳興。

無頗，字夷甫，上蔡人，無擇從弟。以蔭補官。《龍學文集》卷十六《提刑始末》謂無頗「攝治吳興郡」，仕至提點利州、福建二路刑獄。元祐八年卒，年六十五。事迹除參《提刑始末》外，尚可參《龍學文集》卷十六附録《歷官勑書十三道》及《淮海集》卷三十八《祖氏先塋芝草記》。無擇，《宋史》卷三百三十一有傳。龍學，即謂無擇。

過江。

《文集》卷三十二《杭州召還乞郡狀》：「過揚子江，便欲自投江中，而吏卒監守不果。」

至揚州，知揚州鮮于侁往見，未能通。

《宋史》卷三百四十四《鮮于侁傳》：「元豐二年召對，命知揚州。」以下言：「蘇軾自湖州赴獄，親朋皆絶交。道揚，侁往見，臺吏不許通。或曰：『公與軾相知久，其所往來書文，宜焚之勿留，不然，且獲罪。』侁曰：『欺君負友，吾不忍為，以忠義分譴，則所願也。』」

過平山堂下，見杜介（幾先）家紙窗竹屋，慨然羡慕。

《文集》卷五十八《與杜幾先》：「去歲八月初，就逮過揚，路由天長，過平山堂下，隔牆見君家紙窗竹屋依然，想見君黄冠草屨，在藥墟棋局間，而鄙夫方在縲紲，未知死生，慨然羡慕，何止霄漢。」簡作於元豐三年。

至宿州，御史符下，圍船搜取文書。

《文集》卷四十八《黃州上文潞公書》：「至宿州，御史符下，就家取文書。州郡望風，遣吏發卒，圍船搜取，老幼幾怖死。既去，婦女恚罵曰：『是好著書，書成何所得，而怖我如此。』悉取燒之。」

經汴堤。

《詩集》卷十九《御史臺榆槐竹柏·榆》首云：「我行汴堤上，厭見榆陰緑。千株不盈畝，斬伐同一束。」

八月十八日，赴臺獄。

據《詩讞》。《詩案·中使皇甫遵到湖州勾至御史臺》：「今年七月二十八日，中使皇甫遵到湖州勾攝軾前來。至八月十八日，赴御史臺出頭。當日准問目，方知奉聖旨根勘。」

《孔氏談苑》卷一《皇甫僎深刻》：「蘇子瞻隨皇甫僎追攝至太湖蘆香亭下，以柁損修完。是夕，風濤傾洞，月色如晝。子瞻自惟倉卒被拉去，事不可測，必是下吏，所連逮者多，如閉目窣身入水，頃刻間耳。既為此計，又復思曰：『不欲辜負老弟。』弟謂子由也。言己有不幸，則子由必不獨生也。由是至京師，下御史獄。」又云：「皇甫僎之追取蘇軾也，乞逐夜所至，送所司寄禁。上不許，以為只是根究吟詩事，不消如此。其始彈劾之峻，追取之暴，人皆為軾憂之。至是乃知軾必不死也。」此乃綜述途中情況，故次於此。

《詩集》卷十九《御史臺榆槐竹柏·槐》首云：「憶我初來時，草木向衰歇。高槐雖驚秋，晚蟬猶抱葉。」

入獄，作二詩授獄卒梁成，以遺弟轍。

詩見《詩集》卷十九（九九八頁），題云：「予以事繫御史臺獄，獄吏稍見侵，自度不能堪，死獄中，不得一別子由。」故作此詩。

獄中賦榆、槐、竹、柏詩，見《詩集》卷十九（一〇〇二頁），本年「八月十八日」條已引，《欒城集》卷九次韻。《詩集》卷二十《曉至巴河口迎子由》：「去年御史府，舉動觸四壁。幽幽百尺井，仰天無一席。隔牆聞歌呼，自恨計之失。留詩不忍寫，苦淚漬紙筆。」《文集》卷三十二《杭州召還乞郡狀》：「到獄，即欲不食求死。而先帝遣使就獄，有所約敕，故獄吏不敢別加非横。臣亦覺知先帝無意殺臣，故復留殘喘，得至今日。」

《孔氏談苑》卷一《皇甫僎深刻》謂蘇軾入獄，以下云：「李定、舒亶、何正臣雜治之，侵之甚急，欲加以指斥之罪。子瞻憂在必死，掌服青金丹，即收其餘，窨之土中，以備一旦當死，則併服以自殺。有一獄卒，仁而有禮，事子瞻甚謹，每夕必然湯為子瞻濯足。子瞻以誠謁之，曰：『軾必死，有老弟在外，他日託以二詩為訣。』獄卒曰：『學士必不至如此。』子瞻曰：『使軾萬一獲免，則無所恨；如其不免，而此詩不達，則目不瞑矣。』獄卒受其詩，藏之枕中。」又云弟轍後得詩，「以面伏案，不忍讀也」。

《萍州可談》卷二：蘇軾「下獄，即問五代有無誓書鐵券，蓋死囚則如此，他罪止問三代」。

《避暑録話》卷下：「蘇子瞻元豐間赴詔獄，與其長子邁俱行。與之期，送食惟菜與肉，有不測，則徹二物而送以魚，使伺外間以為候。邁謹守踰月，忽糧盡出謀於陳留，委其一親戚代送，而忘語其約。親戚偶得魚鮓送之，不兼他物。子瞻大駭，知不免，將以祈哀於上而無以自達，乃作二詩寄子由，囑獄吏致之。蓋意獄吏不敢隱，則必以聞，已而果然。神宗初固無殺意，見詩益動心，自是遂益欲從寬釋，凡為深文者皆拒之。」

《貴耳集》卷上謂二詩奏，「神考、慈聖亦閔之」。慈聖乃太皇太后曹氏。

《蘇魏公文集》卷十《己未九月，予赴鞫御史，聞子瞻先已被繫，予晝居三院東閣，而子瞻在知雜南廡，才隔一垣，不得通音息，因作詩四篇，以為異日相遇一噱之資耳》其四中云：「杭、婺鄰封遷謫後，湖、濠繼踵縶維中。詩人嗫嗫常多難，儒者悽悽久諱窮。」蘇頌在知濠州任被逮，旋得白。見《曲阜集》卷四《贈司空蘇公墓誌銘》。

《二老堂詩話·記東坡烏臺詩案》謂蘇頌在獄中有詩云：「遥憐北户吴興守，詬辱通宵不忍聞。」自注云：「所劾歌詩有非所宜言，頗聞鐫詰之語。」按：吴興守謂蘇軾；「鐫」疑為「鎸」之誤，「鐫詰」當有深文致之之意。今本頌集不見「遥憐」全詩。

十月十五日，聞太皇太后曹氏不豫，有赦，作詩。

《宋史·神宗紀》本年十月紀事：「己酉，太皇太后疾，上不視事。庚戌，罷朝謁景靈宫，命輔臣禱於天地、宗廟、社稷。减天下囚死罪一等，流以下釋之。」庚戌，十五日。

詩見《詩集》卷十九（一〇〇〇頁）。

《宋史》卷二百四十二有《慈聖光獻曹皇后傳》，即此太皇太后。

二十日，太皇太后曹氏卒。有挽詞。曹氏於蘇軾有國士之知。

挽詞見《詩集》卷十九（一〇〇〇頁）。詩其二云：「未報山陵國士知。」又云：「一聲慟哭猶無所，萬死酬恩更有時。」

《宋史·神宗紀》本年十月紀事：「乙卯，太皇太后崩。」乙卯，二十日也。

曹氏病中嘗言於神宗，應放蘇軾，詳十二月二十六日紀事。

自八月二十日至十一月二十日供狀，供出作《山村》等文字（其中有帶譏諷者）寄與張方平等原由。

據《詩案》，蘇軾在上述時間内，供出與王詵往來詩賦、與王詵作《寶繪堂記》、與李清臣寫《超然臺記》并詩、次韻章傳、送劉述吏部詩、寄周邠諸詩、與子由詩、杭州觀潮五首、和黄庭堅古韻、與王汾作碑文、與劉邠通判唱和、與湖州知州孫覺詩、送張方平詩、送錢藻知婺州、和李常來字韻、為王安上作公堂記、揚州贈劉摯孫洙、次韻潛師放魚詩、知徐州作《日喻》一篇、為錢公輔作哀辭、與僧居則作《大悲閣記》、與鼂繹先生作文集序、和陳述古十月開牡丹四絶、寄題司馬君實獨樂園、送曾鞏得燕字詩、湖州謝上表、遊杭州風水洞留題、和劉恕三首、送蔡冠卿知饒州、為張次山作《寶墨堂記》、送杜子方陳珪戚秉道、與王鞏作《三槐堂記》并《真贊》、謝錢顗送茶一首、送范鎮往西京、祭常山作放鷹一首、《後杞菊賦》并引、同李杞因獵出遊孤山作詩四首、徐州觀百步洪詩、張氏《蘭皋園記》因依。

《詩案·供狀》敍仕歷、舉主之後，云：「登科後來入館，多年未甚進擢，兼朝廷用人多是少年，所見與軾不同，以此撰作詩賦文字譏諷，意圖衆人傳看，以軾所言為當。軾與張方平、王詵、李清臣、黄庭堅、司馬光、范鎮、孫覺、李常、曾鞏、周邠、蘇轍、王鞏、劉摯、陳襄、錢藻、顔復、盛僑、王汾、錢世雄、吴琯、王安上、杜子方、戚秉道、陳珪相識，其人等與軾意相同，即是與朝廷新法時事不合及多是朝廷不甚進用之人，軾所以將譏諷文字寄與。」

《詩案·中使皇甫遵到湖州勾至御史臺》云八月二十日：「軾供狀時，除《山村》詩外，其餘文字，並無干涉時事。二十二日，又虛稱更無往復詩等文字。二十四日，又虛稱別無譏諷嘲詠詩賦等應係干涉文字。二十七日，又虛稱即別不曾與文字往還。三十日，却供通自來與人有詩賦往還人數姓名，又不說曾有黄庭堅譏諷文字等因依，再勘方招外，其餘前後供析語言因依等不同去處，委是忘記，誤有供通，即非諱避，軾有此罪愆，甘伏朝典。」

《孫公談圃》卷上：「子瞻得罪時，有朝士賣一詩策，内有使墨君事者，遂下獄。李定、何正臣劾其事，以指斥論。謂蘇曰：『學士素有名節，何不與他招了？』蘇曰：『軾為人臣，不敢萌此心，却未知何人造此意。』一日，禁中遣馮宗道按獄，止貶黄州團練副使。」《文集》卷四十一有《沿路賜奉安神宗御容押班馮宗道並内臣等銀合茶藥敕書》，卷三十九有《馮宗道右騏驥使制》。

宛委山堂本《説郛》卷二十葉夢得《玉澗雜書》：「陶隱居掛朝服神虎門事，於當時本無意，直是棄官欲去爾。蘇子瞻倅錢塘時，作詩常用此事。後坐詔獄，吏舉詩問所出，子瞻倉卒誤記。本傳云：『陶見齊祚將衰，故去。』不敢以實對，即謬言：予往官鳳翔，見壁間王嗣宗詩云：『欲掛衣冠神虎門，先尋水竹渭南村。却將舊斬樓蘭劍，旋博黄牛教子孫。』云詩事本此，實自作也。舒信道諸人得知，果大笑，以謂未嘗讀陶傳，因釋不問，故至今傳此為嗣宗詩。後嘗再用云：『歸來趁別陶弘景，看掛衣冠神虎門。』」涵芬樓《説郛》卷八亦收。

《甲申雜記》：「天下之公論，雖仇怨不能奪也。李承之奉世知南京，嘗謂余曰：『昨在侍從班時，李定資深鞫蘇子瞻獄，雖同列，不敢輒啟問。一日，資深於崇政殿門忽謂諸人曰：蘇軾誠奇才也。衆莫敢對。已而曰：雖二三十年所作文字詩句，引證經傳，隨問即答，無一差舛，誠天下之奇才也。歎息不已。』」《邵氏聞見後録》卷二十一亦記此事，文略同。

十一月二十八日，李定奏乞在臺收禁蘇軾，聽候斷遣。神宗從其請。

《詩案·中使皇甫遵到湖州勾至御史臺》：「中書省劄子：權御史中丞李定等，准元豐二年十一月二十八日劄子，蘇軾公事，見結案次，其蘇軾欲乞在臺收禁，聽候勑命斷遣。奉聖旨依奏。」此前及收坐事，云：「十月十五日，奉御寶批見勘治蘇軾公事，應内外文武官，曾與蘇軾交往，以文字譏諷政事，該取會驗問看若干人聞奏。至十一月二十一日，准中書批送下本所，伏乞勘會蘇軾舉主。奉聖旨，李清臣按後聲說，張方平等並收坐。奉聖旨，王鞏説執政商量等言，特與免根治外，其餘依次結案聞奏。」

《詩案》上則之後列收坐人姓名：「王鞏、王詵、蘇轍、李清臣、高立、僧居則、僧道潛、張方平、田濟、黄庭堅、范鎮、司馬光、孫覺、李常、曾鞏、周邠、劉摯、吴琯、劉攽、陳襄、顔復、錢藻、盛僑、王汾、戚秉道、錢世雄、王安上、杜子方、陳珪。」《詩案》謂「已上係收蘇軾有譏諷文字，不申繳入司」。以下列「承受無譏諷文字」姓名：「章傳、蘇舜舉、錢顗、蔡冠卿、吕仲甫、劉述、劉恕、李杞、李有開、趙昶、李孝孫、仲伯達、晁端彦、沈立、文同、梁交、關景仁、張次山、徐汝奭、吴天常、劉瑾、李佖、晁端成、邵迎、陳章、楊介、刁約、姜承顏、張援、李定、毛國華、劉勛、沈迥、許醇、黃顏、單錫、孔舜亮、歐陽修、焦千之、孫洙、岑象求、張先、陳烈、張吉甫、張景之、李庠、孫弁。」

劉瑾，字元忠，吉州人。《宋史》卷三百三十三有傳。傳稱「瑾素有操尚，所涖以能稱」。《蘇魏公文集》卷三十四有《虞部員外郎姜正顏可比部員外郎制》，此姜正顏當即姜承顏。沈迥，遘之弟，遼之兄，括之姪，見《夢溪筆談》卷末《沈括事略》。高立、田濟、徐汝奭、張援、劉勛、許醇、黃顏、張景之，待考。

十二月庚申（二十六日），責授蘇軾水部員外郎、黃州團練副使、本州安置，不得簽書公事，王詵、蘇轍、王鞏三人謫降，自張方平以下二十二人罰銅。初，軾下獄，張方平、范鎮、蘇轍等皆上書救之，不報。仁宗之后慈聖光獻曹氏及王安禮、吳充嘗言於神宗，宜釋蘇軾。章惇亦救之。至是得釋。

《長編》卷三百一元豐二年十二月庚申紀事：「祠部員外郎、直史館蘇軾責授檢校水部員外郎、黃州團練副使、本州安置，不得簽書公事，令御史臺差人轉押前去。絳州團練使、駙馬都尉王詵追兩官勒停，著作佐郎、簽書應天府判官蘇轍監筠州鹽酒税務，正字王鞏監賓州鹽酒務，令開封府差人押出門趣赴任。太子少師致仕張方平、知制誥李清臣罰銅三十斤。端明殿學士司馬光、户部侍郎致仕范鎮、知開封府錢藻、知審官東院陳襄、京東轉運使劉攽、淮南西路提點刑獄李常、知福州孫覺、知亳州曾鞏、知河中府王汾、知宗正丞劉摯、著作佐郎黃庭堅、衛尉寺丞戚秉道、正字吳琯、知考城縣盛僑、知滕縣王安上、樂清縣令周邠、監仁和縣鹽税杜子方、監澶州酒税顏復、選人陳珪、錢世雄各罰銅二十斤。初，御史臺既以軾具獄上法寺，當徒二年。會赦當原。於是中丞李定言軾起於草野垢賤之餘，朝廷待以郎官館職，不為不厚，所宜忠信正直思所以報上之施，而乃怨未顯用，肆意縱言，譏諷時政，自熙寧以來，陛下所造法度，悉以為非。古之議令者，猶有死而無赦，况軾所著文字，訕上惑衆，豈徒議令之比。軾之姦慝，今已具服，不屏之遠方則亂俗，再使之從政則壞法。伏乞特行廢絶，以釋天下之惑。御史舒亶又言：駙馬都尉王詵收受軾譏諷朝政文字及遺軾錢物，并與王鞏往還，漏洩禁中語。竊以軾之怨望詆訕君父，蓋雖行路猶所諱聞，而詵恬（按：原文如此）有軾言，不以上報，既乃陰通貨賂，密與燕游，至若鞏者嚮連逆黨，已坐廢停，詵於此時同罣論議而不自省懼，尚相關通。案詵受國厚恩，列在近戚，而朋比匪人，志趣如此，原情議罪，實不容誅，乞不以赦論。又言：收受軾譏諷朝政文字人，除王詵、王鞏、李清臣外，張方平而下凡二十二人。如盛僑、周邠輩，固無足論，乃若方平與司馬光、范鎮、錢藻、陳襄、曾鞏、孫覺、李常、劉攽、劉摯等，蓋皆略能誦說先王之言，辱在公卿士大夫之列，而陛下所嘗以君臣之義望之者，所懷如此，顧可置而不誅乎？疏奏，軾等皆特責。獄事起，詵嘗屬轍密報軾，而轍不以告官，亦降黜焉。（下略）（原註：朱本改墨本云：軾坐久不得進怨望，凡上所施為，皆作詩詆訕，無所不至。及受僧屬以畫為求紫衣度牒於王詵，詵坐受軾謗訕文書及借軾錢攜婢妾出城與宴飲，事發，更遣人抵鞏、轍，諭使毀匿所謗訕文書，轍坐受詵指諭，鞏坐與詵、軾交通，而方平等亦並與軾往還，受其謗訕歌詩。按朱本所改舒亶章云『陰通貨賂，密與游宴』，可具見矣；『坐久不得進，怨望詆訕』，則史崇飾之辭也。今但依墨本及新本。）」《宋會要輯稿》第九十八册《職官》六六之一四本日紀事同此，略簡。王詵貶武當，見《文集》卷六十八《題王晉卿詩後》。《詩集》卷四十八《題王維畫》，為誅作，中有「謫官南出止均、潁，此心通達無不之」之句。武當乃均州。

《長編》卷三百三元豐三年三月庚寅紀事：「御史滿中行言：近論奏乞追寢翰林學士李清臣新命，未蒙施行。按，清臣前任京東提點刑獄，蘇軾在部中，親見軾輩悖慢怨謗，附下訕上而不能刺舉，則清臣失職之罪，已在可誅，矧復與之更唱迭和，相為朋比，而怨懟譏謗之辭，又特過之，固治世之刑所不宜赦也。伏望明著清臣罪狀，追寢誤恩。」末云「不聽」。附此。

《宋大詔令集》卷二百五《尚書吏部員外郎直史館蘇軾責授黃州團練副使本州安置制》（原註：元豐二年十二月）：「勅。具官某。稍以時名，獲躋顯仕。列職儒館，歷典名城。報禮未聞，陰懷觖望。訕毀國政，出於誣欺。致言職之交攻，屬憲司而辯治。詖辭險説，情實俱孚。雖肆宥示恩，朕欲從貸；而姦言亂衆，義所不容。黜置方州，以勵風俗。往服輕典，毋忘自新。可。」《浄德集》卷三十《答任師中》自注引此制末四句。

《墓誌銘》：「既付獄吏，必欲置之死，鍛鍊久之，不決，上終憐之，促具獄，以黃州團練副使安置。」《長編》卷三百七十元祐元年閏二月引呂陶語，謂張璪「嘗以蘇軾事欲置於死地」。《宋史》卷三百二十八《張璪傳》：「蘇軾下臺獄，璪與李定雜治，謀傅致軾於死，不克。」

《何譜》、《王譜》及《蘇潁濱年表》謂責授為本月二十九日事。《紀年録》謂得旨責檢校尚書水部員外郎、黃州團練副使、本州安置，二十九日受勅。《施譜》同《長編》。

《詩案·御史臺根勘結按狀》：「御史臺根勘所，今根勘蘇軾、王詵情罪，於十一月三十日，結按具狀中奏，差權發運三司度支副使陳睦録問，别無翻異。續據御史臺根勘所狀稱，蘇軾説與王詵道，你將取佛入涅槃及桃花、雀、竹等，我待要朱繇、武宗元畫鬼神，王詵允肯言得。一。熙寧三年已後至元豐三（按：應作「二」）年十一月十五日德音。前令王詵送錢與柳秘丞，後留僧思大師畫數軸，并就王詵借錢一百貫，并為婢出家及相識僧，與王詵處將祠部來取，并曾將畫與王詵裝褙，并送李清臣詩欲於國史中載所論，并《湖州謝上表》譏用人生事擾民。准勑，臣僚不得因上表稱謝，妄有詆毁，仰御史臺彈奏。又，條海行條貫，不指定刑名，從不應為輕重，准律，不應為事理，重者杖八十斷，合杖八十，私罪。又，到臺累次虚妄不實供通，准律，别制下問按推，報上不以實，徒一年，未奏減一等，合杖一百，私罪。一。作詩賦等文字譏諷朝政闕失等事，到臺被問，便具因依招通。准律，作匿名文字，謗訕朝政及中外臣僚，徒二年。准勑，罪人因疑被執，贓狀未明，因官監問自首，依按問，欲舉自首。又准刑統，犯罪按問欲舉而自首，減二等，合比附，徒一年，私罪，係輕，更不取旨。一。作詩賦及諸般文字寄送王詵等，致有鏤板印行，各係譏諷朝廷及謗訕中外臣僚。准勑，作匿名文字，嘲訕朝政及中外臣僚，徒二年，情重者奏裁。准律，犯私罪，以官當徒者，九品以上，一官當徒一年。准勑，館閣貼職，許為一官，或以官，或以職，臨時取旨。據按蘇軾見任祠部員外郎、直史館，并歷太常博士。其蘇軾合追兩官，勒停放。准勑，比附定刑，慮恐不中者奏裁。其蘇軾係情重及比附，并或以官，或以職。奏聖旨，蘇軾可責授檢校水部員外郎、充黄州團練副使、本州安置、不得簽書公事。」

《樂全集》卷二十六《論蘇内翰》：「臣讀《春秋傳》，晉叔向被囚時，祁奚老矣，聞之，乘驛而見執政韓起，為言叔向謀而寡過，惠訓不倦，宜蒙寬宥之意。起與之同乘以言諸公而免之。祁奚不見叔向而歸。蓋祁奚之言為國，非私叔向也。今日傳聞有使者追蘇軾過南京，當屬吏。臣不詳知軾之所坐，而早嘗識其為人，起遠方孤生，遭遇盛明之世，然其文學實天下之奇才，向舉制策高等，而猶碌碌，無以異於流輩，陛下振拔，特加眷獎，由是材譽益著。軾自謂見知明主，亦慨然有報上之志。但其性資疎率，闕於慎重，出位多言，以速尤悔。頃年以來，聞軾屢有封章，特為陛下優容，四方聞之，莫不感歎聖明寬大之德，而尤軾僭易輕發之性，今其得罪，必緣故態。但陛下於四海生靈，譬如天之無不覆冒，如地之無不持載，如四時之無不化育，於一蘇軾豈所好惡。伏惟英聖之主，方立非常之功，固在廣收材能，使之以器，若不棄瑕含垢，則人才有可惜者。昔季布親窘高祖，夏侯勝誹謗世宗，鮑永不從光武，陳琳毁詆魏武，魏徵謀危太宗，此五臣者，罪至大而不可赦者也。遭遇明主，皆為曲法而全之，卒為忠臣，有補於世。自夫子删《詩》，取諸諷刺，以為言之者無罪，聞之者足以戒。故詩人之作，其甚者以至指斥當世之事，語涉謗黷不恭，亦未聞見收而下獄也。唐韓愈上疏憲宗，以為人主事佛則壽促。此言至不順，憲宗初大怒，欲誅而恕之。其後思之，曰：愈亦是愛我。今軾但以文辭為罪，非大過惡，臣恐付之狴牢，罪有不測。惟陛下聖度，免其禁繫，以全始終之賜。雖重加譴謫，敢不甘心。臣自念朽質，上荷異恩，今伏在田廬，無復涓埃之補，竊慕祁奚雖老猶不忘公室而申請叔向之義，僭越上言，自干鼎鉞，不任惶懼待罪之至。」

《元城語録》卷下：「元豐二年秋冬之交，東坡下御史獄，天下之士為之環視而不敢救。時張安道致仕在南京，乃憤然上書救之。欲附南京遞，府官不敢受，乃令其子恕持至登聞鼓院投進。恕素愚懦，徘徊不敢投。久之，東坡出獄，其後，東坡見其副本，因吐舌色動久之。人問其故，東坡不答。其後子由亦見之，云：『宜吾兄之吐舌也。此時正得張恕力。』或問其故，子由曰：『獨不見鄭昌之救蓋寬饒乎？』其疏有云『上無許史之屬，下無金張之托』，此語正是激宣帝之怒爾。且寬饒正以犯許史輩有此禍，今乃再訐之，是益其怒也。且東坡何罪，獨以名太高與朝廷爭勝耳。今安道之疏乃云『其實天下之奇材也』，獨不激人主之怒乎！但一時急欲救之，故為此言矣。僕曰：『然則是時救東坡者，宜為何說？』先生曰：『但言本朝未嘗殺士大夫，今乃開端，則是殺士大夫自陛下始，而後世子孫因而殺賢士大夫必援陛下以為例。神宗好名而畏議，疑可以此止之。』」

范鎮上書，《長編》本月庚申紀事及之，書不見。

《欒城集》卷三十五《為兄軾下獄上書》中云：「臣竊思念軾居家在官，無大過惡，惟是賦性愚直，好談古今得失，前後上章論事，其言不一。陛下聖德廣大，不加譴責，軾狂狷寡慮，竊恃天地包含之恩，不自抑畏，頃通判杭州及知密州日，每遇物託興，作為歌詩，語或輕發。」又云：「軾之將就逮也，使謂臣曰：軾早衰多病，必死於牢獄。死固分也，然所恨者，少抱有為之志，而遇不出世之主，雖齟齬於當年，終欲效尺寸於晚節，今遇此禍，雖欲改過自新，洗心以事明主，其道無由。況立朝最孤，左右親近必無為言者，惟兄弟之親，試求哀於陛下而已。」末云：「欲乞納在身官，以贖兄軾，……但得免下獄死為幸。」

《泊宅編》三卷本卷上：「東坡既就逮下御史府，一日，慈聖曹太后語上曰：『官家何事數日不懌？』對曰：『更張數事未就緒，有蘇軾者輒加謗訕，至形於文字。』太皇曰：『得非軾、轍乎？』上驚曰：『娘娘何以聞之？』曰：『吾嘗記仁宗皇帝策試制舉人罷，歸，喜而言曰：「朕今日得二文士。」謂軾、轍也。「然吾老矣，慮不能用，將以遺後人，不亦可乎！」』因泣問二人安在，上對以軾方繫獄，則又泣下，上亦感動，始有貸軾意。」

《西塘集耆舊續聞》卷二：「慈聖光獻大漸，上純孝，欲肆赦。后曰：『不須赦天下凶惡，但放了蘇軾足矣。』時子瞻對吏也。后又言：『昔仁宗策賢良歸，喜甚，曰：吾今日又為子孫得太平宰相兩人，蓋軾、轍也，而殺之，可乎？』上悟，即有黄州之貶。」《貴耳集》卷上、《吹劍録》亦敍此事，略同。

《宋史》卷二百四十二《慈聖光獻曹皇后傳》：「蘇軾以詩得罪，下御史獄，人以為必死。后違豫中聞之，謂帝曰：『嘗憶仁宗以制科得軾兄弟，喜曰：「吾為子孫得兩宰相。」今聞軾以作詩繫獄，得非仇人中傷之乎？捃至於詩，其過微矣。吾疾勢已篤，不可以冤濫致傷中和，宜熟察之。』帝涕泣。軾由此得免。」

《長編》卷三百一本年十二月庚申引田晝《王安禮行狀》：「軾既下獄，衆危之，莫敢正言者。直舍人院王安禮乘間進曰：『自古大度之君，不以語言謫人。按軾文士，本以才自奮，謂爵位可立取，顧碌碌如此，其中不能無觖望。今一旦致於法，恐後世謂不能容才，願陛下無庸竟其獄。』上曰：『朕固不深譴，特欲申言者路耳，行為卿貰之。』既而戒安禮曰：『第去，勿漏言。軾前賈怨於衆，恐言者緣軾以害卿也。』始，安禮在殿廬，見御史中丞李定，問軾安否狀。定曰：『軾與金陵丞相論事不合，公幸毋營解，人將以為黨。』至是歸舍人院，遇諫官張璪，忿然作色曰：『公果救蘇軾耶，何為詔趣其獄？』安禮不答。其後獄果緩，卒薄其罪。」《宋史》卷三百二十七《王安禮傳》略同。《行狀》全文已佚。《太平治迹統類》卷二十五《蘇軾立朝大概》略載此事。《宋史》安禮傳謂卒年六十二，《宋會要輯稿》第二十三册《禮》四一之四四謂紹聖三年卒，長蘇軾一歲。

同上注引呂本中《雜説》：「吴充方為相，一日，問上：『魏武帝何如人？』上曰：『何足道。』充曰：『陛下動以堯舜為法，薄魏武固宜，然魏武猜忌如此，猶能容禰衡，陛下以堯舜為法，而不能容一蘇軾，何也？』上驚，曰：『朕無他意，止欲召他對獄考核是非爾，行將放出也。』」《太平治迹統類》卷二十五《蘇軾立朝大概》亦載此事。未言所出。

《獨醒雜志》卷四：「東坡坐詔獄，御史上其寄黄門之詩，神宗見之，即薄其罪，謫居黄州。」以下謂「神宗愛惜人才不忍終棄如此」。

《韻語陽秋》卷五：「余觀東坡自獄中出《與章子厚書》云：『某所以得罪，其過惡未易一二數，平時惟子厚與子由極口見戒，反復甚苦，某强很自不以為然。』又云：『異時相識，但過相稱譽，以成吾過，一旦有患難，無復相哀者。惟子厚平居遺我以藥石，及困急又有以救卹之，真與世俗異矣。』則知坡繫獄時，子厚救解之力為多。」與惇書在《文集》卷四十九。《太倉稊米集》卷四十九《讀詩讞》謂「余頃年嘗見章丞相論事表云」：「仁宗皇帝得軾，以為一代之寶，今反置在囹圄，臣恐後世以謂陛下聽諛言而惡訐直也。」

《春渚紀聞》卷六《裕陵睠賢士》敍蘇軾守杭時，謂劉季孫云：「某初逮繫御史獄，獄具，奏上。是夕昏，鼓既畢，某方就寢，忽見一人排闥而入，投篋於地，即枕卧之，至四鼓，某睡中覺有撼體而連語云，學士賀喜者。某徐轉仄問之，即曰：『安心熟寢。』乃挈篋而出。蓋初奏上，舒亶之徒力詆上前，必欲置之死地。而裕陵初無深罪之意，密遣小黄門至獄中視某起居狀，適某晝寢鼻息如雷，即馳以聞。裕陵顧謂左右曰：『朕知蘇軾胸中無事者。』於是即有黄州之命。」

《邵氏聞見後録》卷十五謂陳希亮（公弼）知鳳翔府得罪抑鬱抵於死，子慥（季常）居黄州岐亭，蘇軾謫黄，乃「執政疑公弼廢死自東坡，委於季常甘心焉，然東坡、季常相得歡甚，故東坡特為公弼作傳，至比之汲黯」。則執政之猜，乃屬意度。同上卷二十謂軾與慥有世讎，亦云及此事。

出獄，次獄中寄弟轍韻，賦詩二首。

詩見《詩集》卷十九（一〇〇五頁）。

《孔氏談苑》卷一《皇甫僎深刻》敍獄中作詩，託獄卒交弟轍，以下云：「其後子瞻謫黄州，獄卒曰：『還學士此詩。』」又云：「既出，又戲自和云：『却對酒杯渾似夢，試拈詩筆已如神。』子瞻以詩被劾，既作此詩，私自駡曰：『猶不改也。』」

《省齋文稿》卷十九《跋劉提刑家六帖・劉忠肅公辨誣本末》：「劉子駒手書《辨謗始末》，當與蘇氏《烏臺詩案》並行於世，足亦知權臣誣陷之慘而聖朝昭雪之公也。紹熙癸丑臘日，周某書。」此忠肅乃摯。惜其書不傳，兹附於此。

秦觀至越，客程師孟。觀在越嘗作《滿庭芳》（「山抹微雲」），蘇軾既賞之又微病之。

《苕溪漁隱叢話・後集》卷三十三引《藝苑雌黄》：「程公闢守會稽，少游客焉，館之蓬萊閣。一日，席上有所悦，自爾眷眷，不能忘情，因賦長短句，所謂『多少蓬萊舊事，空回首，煙靄紛紛』也。其詞極為東坡所稱道，取其首句，呼之為『山抹微雲』君。」詞見《淮海居士長短句》卷上，謂為本年歲暮作。程公闢名師孟，熙寧十年十月至元豐二年十二月守會稽，見《嘉泰會稽志》卷二。

《避暑録話》卷下：秦觀《滿庭芳》首言「山抹微雲，天粘衰草」，為當時所傳；然蘇軾猶以氣格為病，故常戲云「山抹微雲秦學士，露花倒影柳屯田」。「露花倒影」，柳永《破陣子》語。

蘇軾年譜卷十九

元豐三年(一〇八〇)庚申　四十五歲

正月初一日,離京師赴黄州。

據《文集》卷十二《子姑神記》。

過陳州,見文同(與可)飛白,作贊。

《文集》卷二十一《文與可飛白贊》:「既没一年,而復見其飛白。」同元豐二年正月卒陳州,見該年紀事。贊首尾均云「嗚呼哀哉」,蓋深悼之。贊作於陳州,參本月十一日、十四日紀事。

十一日,弟轍自南都來陳相别。

《詩集》卷二十有《子由自南都來陳三日相别》詩。參十四日紀事。

《文集》卷五十二《與王定國》第三簡:「子由昨來陳相别。」

十四日,與弟轍别。

據《詩集》卷二十詩題《今年正月十四日與子由别於陳州五月子由復至齊安以詩迎之》。

同日,與文務光(逸民)攜手河堤飲别,並贈以詩。

據《詩集》卷二十(一〇一七頁)。務光,同第四子。已見熙寧十年四月紀事。

十八日,蔡州道上遇雪。過新息任伋(師中)之居,留詩。過淮,至加禄鎮南二十五里大許店,書戒和尚(清戒、寶摩)詩後,游光山淨居寺。

皆有詩,見《詩集》卷二十(一〇一九至一〇二四頁)。

二十日,過麻城春風嶺,作《梅花二首》。

詩見《詩集》卷二十(一〇二六頁)。《總案》引《詩集》卷二十一元豐四年作《正月二十日往岐亭郡人潘古郭三人送余於女王城東禪莊院》「去年今日關山路」句,定此二詩為此時作。《詩集》卷三十八《十一月二十六日松風亭下梅花盛開》首云「春風嶺上淮南村,昔日梅花曾斷魂」,敘此時事。

過麻城萬松亭,見熙寧間縣令張毅所植松之存者不及十之三四,賦詩抒慨。

詩乃《詩集》卷二十《萬松亭》、《戲作種松》。《輿地紀勝》卷四十九《黄州》:「萬松嶺,在麻城縣西一百里。縣令張毅夾道植松萬株,立亭其中,號萬松亭。」

民國《麻城縣續志》卷十四:「龜山石刻:在龜峰山石壁上。『縣令張毅因祈雨遊山,適江西進士吳與弼在此。住山僧圓喜熙寧三年七月立。』」又:「合掌石蔣著題名:在龜峰山。『熙寧五年春三月,邑大夫張仁甫嘗約遊龜峰,不果。冬十月,圓喜師長老靈迹話别於合掌石。前江西進士蔣著題。』」據此,則毅字仁甫。《萬松亭・敘》謂毅「去未十年」,與此合。

至故縣,見道者張先生(憨子)。

《詩集》卷二十有《張先生》，《欒城集》卷九有次韻。《文集》卷七十二有《張憨子》一文，《嬾真子》卷一亦敍此事，謂張為隱者。

故縣乃麻城六鎮之一。民國《麻城縣志續編》卷十四：「九螺山石刻：張憨自號九螺山逸人，因題詩鐫石壁上。」《輿地紀勝》卷四十九《淮南西路·黄州·景物下》：「九螺山，在麻城縣故縣鎮，有張憨子，為九螺山逸人。」

至岐亭，見故人陳慥（季常），為慥所藏《朱陳村嫁娶圖》題詩。嘗贈慥《臨江仙》。

《詩集》卷二十三《岐亭五首·敍》謂慥迎至岐亭北二十五里山上，留五日。至慥家，為正月下旬。《文集》卷十三《方山子傳》亦敍見慥於岐亭。詞見《東坡樂府》卷上，敍謂慥築室黄岡之北，號曰静菴居士；敍中所云龍丘子乃慥。詞約作於到黄之初。《輿地紀勝》卷四十九《黄州》：「風月堂：在麻城縣柳氏家，陳慥季常妻家也。東坡名之曰風月堂。」《施譜》：「初，先生在鳳翔，與陳公弼不協，先生貶黄州，公弼之子慥季常居岐亭，人謂慥必修怨，乃與先生歡然相得。」岐亭屬麻城。

二月一日，到黄州，上謝表。

《文集》卷十二《子姑神記》云二月朔至郡。表見《文集》卷二十三（六五四頁）。黄州乃齊安郡，屬淮南西路，治黄岡。縣三：黄岡、黄陂、麻城。《清容居士集》卷四十六《跋東坡黄州謝表》：「昌黎公《潮州謝表》，識者謂不免有哀矜悔艾之意。坡翁《黄州謝表》，悔而不屈，哀而不怨，過於昌黎遠矣。（下略）。」

時州守為陳軾(君式)。蘇軾與陳軾時有過從,頗相得。《文集》卷六十七《書蘇李詩後》謂始識,「傾蓋如故」。卷五十六《與陳大夫》第一簡:「借示丞相手簡,又承彌勒偈,筆勢峻秀,實為奇觀。」丞相乃王安石,陳大夫乃陳軾。第二簡敍陳軾約遊,未能往。第八簡敍借示繡佛。

《王臨川集》卷二十《陳君式大夫恭軒》:「恭軒靜對北堂深,新斸檀欒一畝陰。膝下往來前日事,眼中封植去年心。每懷罇斝沾餘瀝,獨喜弦歌有嗣音。肯構會須門閥大,世資何用滿籯金。」《元豐類稿》卷八《陳君式恭軒》:「不要牆頭俗眼看,故開蒼蘚種檀欒。虛心得處從天性,勁節知來在歲寒。葉養風烟誇酒美,枝留冰雪送歌殘。名郎感慕同桑梓,手植依然一畝寬。」

《輿地紀勝》卷四十九《黃州·官吏》:「陳軾:元豐中陳軾知黃州。時蘇公軾謫黃州,人皆畏避,懼其累己,公獨願交,期與同憂患。事見《臨川志》。」

《王荊文公詩》卷三十二李壁箋注上所引《陳君式大夫恭軒》:「大夫名軾,字君式,居於撫州黃土橋。」以下謂「東坡命其園曰中隱,堂曰老圃」。《輿地紀勝》卷二十九《撫州·景物上》之《恭軒》條,亦引此事。並謂:「陳手植緑竹一叢於所居側,四時葱倩,後,其子開一軒對之,命曰『恭』。舒王、曾公兄弟來歸里閈,必游息賞玩而去。」舒王乃王安石。

《永樂大典》卷三千一百四十五引《臨川志·陳軾傳》謂陳軾:「臨川人,奏補入官,不謟隨,仕輒齟齬。事親孝,躬耕以養。親没,為貧復出仕。元豐中知黃州,馭吏急而治民寬,郡境稱治。」以下敍與蘇軾交，已見《輿地紀勝》所引，並謂「以朝奉大夫致仕」。

李琮為淮南路轉運副使，李常為淮南西路提點刑獄。

《長編》卷三百二本年正月丙戌：琮以都官員外郎權發遣淮南路轉運副使。琮字獻甫，江寧人。《宋史》卷三百三十三有傳。李常云云，見本譜元豐二年十二月庚申紀事。

欒京監黃州酒稅。

京，荆南人。《宋史》卷三百三十一有傳。京嘗為著作佐郎，熙寧四年十二月壬申罷。見《長編》卷二百二十八。傳謂「復官監黃州酒税」。《詩集》卷二十有次京韻三首。

杜傳（孟堅）為黃州法曹。

郭祥正《青山集》卷八《向舜畢秘校席上贈黃州法曹杜孟堅即君懿職方之孫也》中云：「黃州之客最少年，醉來口角傾詞源。驚龍掣電繞滄海，沙場陣馬成功旋。殿賜新袍織春草，水溢雙瞳犀插腦。壯圖佇結明主知，帶束黃金應未老。」盛贊傳才華、抱負，似傳新得科第。末云：「邂逅桐鄉逢故人，槐槽瀉釀追陽春。形容若畫凌烟閣，第一江南尋隱淪。」桐鄉乃今安徽桐城，考祥正生平事迹，熙寧八年至十年為桐鄉令，旋致仕歸隱姑孰。祥正與傳遇，乃熙寧末事。餘參本年四月十三日紀事。

寓定惠院。

《詩集》卷二十有《定惠院寓居月夜偶出》、《次韻前篇》、《安國寺浴》、《安國寺尋春》、《寓居定惠院之東雜花滿山有海棠一株土人不知貴也》。定惠院在黃岡縣東南，見注文。

《文集》卷十二《黄州安國寺記》敍至黄「得城南精舍曰安國寺，有茂林修竹，陂池亭榭，間一二日輒往，焚香默坐，深自省察」。卷五十二《與王定國》第一簡云「寓一僧舍，隨僧蔬食」。《詩集》卷二十《五禽言・敍》敍「寓居定惠院，繞舍皆茂林修竹，荒池蒲葦」。

《風月堂詩話》卷下：「晁察院季一名貫之，清修善吐論。客言：東坡嘗自詠《海棠》詩，至『雨中有淚亦悽愴，月下無人更清淑』之句，謂人曰：『此兩句，乃吾向造化窟中奪將來也。』客曰：『坡此語蓋戲客耳，世豈有奪造化之句。』季一曰：『韓退之云「妙語斡元造」，如老杜「落絮游魚白日靜，鳴鳩語燕青春深」，雖當隆冬冱寒時誦之，便覺融怡之氣，生於衣裾，而韶光美景，宛然在目，動盪人思，豈不是「斡元造」而「奪造化」乎！』」「雨中」二句，見《寓居定惠院之東（下略）》。《海棠譜》引《古今詩話》謂蘇軾平生喜為人寫《寓居定惠院之東（下略）》，「人間刻石者，自有五六本，云吾平生最得意詩也」。《晚香堂蘇帖》：「先生食飽無一事，散步逍遥自捫腹。不問人家與僧舍，拄杖敲門看修竹。子瞻。」此四句即在《寓居定惠院之東（下略）》中。可為蘇軾自我欣賞此詩之證。

弟轍自南都赴筠，別張方平，方平有詩贈其行，并及蘇軾。春雨中，轍過高郵。

《欒城三集》卷一《追和張公安道贈別絶句一首・引》敍之，并録方平詩：「可憐萍梗飄浮客，自歎匏瓜老病身。從此空齋掛塵榻，不知重掃待何人。」并云蘇軾嘗書方平此詩。《欒城集》卷九《高郵別秦觀》首云「濛濛細雨濕邗溝」。

王齊愈（文甫）、齊萬（子辯）居武昌，往還甚密。

《文集》卷七十一《贈別王文甫》敍到黄十餘日，齊萬來訪。《詩集》卷二十《王齊萬秀才寓居武昌縣劉郎洑正與伍洲相對伍子胥奔吴所從渡江也》：「明朝寒食當過君。」《文集》卷五十二《與秦太虚》第四簡：「所居對岸武昌，山水絶佳。有蜀人王生在邑中，往往為風濤所隔，不能即歸，則王生能為殺雞炊黍，至數日不厭。」《輿地紀勝》卷八十一《壽昌軍》：「車湖：在武昌東三十里。蘇軾在黄州，王文甫居湖上，往來殆百數。車武子故居及墓在其上。」齊愈兄弟乃戍居，見嘉祐四年「過犍為」條。

二十六日，雨。雨晴後，遊四望亭等地，有詩。

詩見《詩集》卷二十（一〇四〇頁）。《輿地紀勝》謂亭「在雪堂南高阜之上，唐太和中刺史劉嗣之所立，李紳作記」。

三月十一日，陳襄（述古）卒。

據《古靈集》卷二十五附録葉祖洽所撰襄行狀、《長編》卷三百三本日（甲戌）紀事。時襄在汴京，年六十四。蘇軾元豐六年與襄弟章簡唁其喪，詳該年「復與陳章簡」條。

初到黄，與司馬光、王鞏（定國）簡。

《文集》卷五十與光第三簡：「某以愚昧獲罪，咎自己招，無足言者。」卷五十二與鞏第一簡云「寓一僧舍，隨僧蔬食，甚自幸」，第二簡云「罪大責輕，得此甚幸，未嘗戚戚」。

李常（公擇）來詩相慰，元淨（辯才）、道潛（參寥）、法言來簡相慰，俱答簡。

《文集》卷五十一與常第十一簡云「示及新詩，皆有遠別惘然之意」，以下言吾儕「道理貫心肝，忠義填骨髓，直須談笑於死生之際」，不必見「困窮便相於邑」。

《文集》卷六十一與道潛第五簡云「予謫居黄州，辯才、參寥遣人致問」；第二簡首云「去歲倉卒離湖」，中云「遠承差人致問，殷勤累幅」；第三、四簡亦作於今年。

《文集》卷六十一《與言上人》云及「雪齋清境」，知言上人乃法言。簡又云去歲吴興倉卒爲别，「遠辱不遺，尺書見及，感怍殊深」。

章惇書來，勸以追悔往咎，答書頗有激憤之意。

《文集》卷四十九《與章子厚參政》其一乃答書；據《與章子厚參政》其二，章書來乃「春初」。《宋史·宰輔表》：元豐三年二月丙午，惇自翰林學士、右正言、知審官東院除右諫議大夫、參知政事，故蘇軾以參政諫議相稱。答書云：「追思所犯，真無義理，與病狂之人蹈河入海者無異。方其病作，不自覺知，亦窮命所迫，似有物使，及至狂定之日，但有慚耳。」書中云及妻兒在弟轍處，「未知何日至此」，作於初到黄。

陳慥（季常）來書，請居武昌，簡辭。

《文集》卷五十三與慥第八簡：「示諭武昌一策，不勞營爲，坐減半費，此真上策也。然某所慮，又恐好事君子，便加粉飾，云擅去安置所而居於别路，傳聞京師，非細事也。」陳簡當作於到黄之初寓定惠院時。黄州屬淮南西路，武昌屬荆湖北路壽昌軍，故云别路也。

鄂守朱壽昌（康叔）惠簡，并致酒、果。答壽昌二簡致謝意，并云及菱翠、朝雲。

《文集》卷五十九與壽昌第一簡：「武昌傳到手教，繼辱專使墜簡，感服併深。」以下云：「雙壺珍貺，一洗旅愁，甚幸！甚幸！」又云：「子由尚未到真。」計時當為三、四月。第十五簡：「子由到此，須留他住五七日。」知作於第一簡略後。簡云：「所問蔆翠，至今虛位，雲乃權發遣耳，何足掛齒牙。」蔆翠當為蘇軾另一妾之名。

《宋史》卷四百五十六《朱壽昌傳》謂壽昌嘗知鄂州。

秦觀致簡相慰。

《淮海集》卷三十《與蘇黄州簡》：「自聞被旨入都，遠近驚傳，莫知所謂，遂扁舟渡江。比至吴興，見陳書記、錢主簿，具知本末之詳。以先生之道，仰不愧天，俯不怍人，内不愧心，某雖至愚，亦知無足憂者。但慮道途頓撼，起居飲食之失常，是以西鄉憪憪，有兒女子之懷，殆不能自克也。比聞行李已達齊安，燕居僧坊，水飲蔬食，有以自適，然後私所念慮一切俱亡，且知平日有望於先生者為不謬矣。彼區區所謂外物者，又何足為左右道哉！本欲便至齊安，屬久離侍下，未可遠適，問道或在秋杪矣。惟親近藥餌方書，以節宣和氣。臨紙於悒，不盡所懷。」陳書記乃師錫，錢主簿乃世雄，元豐二年四月已及。

至黄後，與潘鯁（昌言）、潘丙（彦明）、潘原（昌宗）兄弟游，鯁子大臨（邠老）、大觀（仲達）從游，古耕道、郭遘（興宗）、何頡（斯舉）亦從游。

《施譜》謂黄人從游者有大臨、大觀、頡輩，「後皆有詩云」。《輿地紀勝》卷四十九《黄州》謂鯁、大臨、大觀皆有詩名，「與蘇軾、黃庭堅、張耒游」。

鯁與蘇軾同生丙子，元豐二年進士。事迹見《柯山集》卷五十墓銘。《詩集》卷二十八《潘推官母李氏挽詞》：「南浦淒涼老逐臣，東坡還往盡幽人。杯盤慣作陶家客，弦誦嘗叨孟母鄰。」推官乃鯁，鯁嘗為和州防禦推官、吉州軍事推官。蘇軾在黃，嘗往潘家。挽詞元祐二年作。

丙經營酒店於樊口，《文集》卷五十二《與秦太虛》第四簡、卷五十三與丙第六簡，《詩集》卷三十一《東坡八首》其七及之。《文集》卷五十九《與朱康叔》第十四簡贊丙「最有文行」，時已為解元，稱原為佳士，有舉業。餘見《詩集》卷二十一《正月二十日往岐亭郡人潘古郭送余於女王城東禪院》注文，耕道、邁同上。

《名賢氏族言行類稿》卷二十一引曾慥《百家詩選》：「何頡之，字斯舉，黃岡人。自號樗叟。篤學善屬文。東坡先生謫居齊安，斯舉少年，因侍教誨。」又云「連蹇場屋，晚得一官。韓子蒼守是邦，獨與唱和」，「歲在戊申（按：一一二八），予將漕湖陰，斯舉出坡、谷諸公簡牘數巨軸，其子琥至今藏之，琥亦好學有文」。《道山清話》謂頡之初名頏，黃庭堅極推重之。《柯山集》卷五十《李參軍墓誌銘》、《容齋隨筆·四筆》卷五《黃庭換鵝》稱何頡，無「之」字。《柯山集拾遺》卷二、《筠溪集》卷十一有詩及之。頡之嘗和呂本中詩，見《紫微詩話》。《輿地紀勝》卷四十九舉紹興十一年重建雪堂時頡之所作警句。《夷堅志·丁志》卷十八《東坡雪堂》及何琥修雪堂事。

四月十三日，與江綖、杜沂（道源）及沂子傳（孟堅）、俣遊武昌西山，並題名。沂此略前嘗游武昌，以酴醿花、菩薩泉見餉。爲沂書其父叔元（君懿）諸葛筆。蘇軾與沂爲世交，書簡往還頗多。

題名見《佚文彙編》卷六（二五八一頁）。《大觀録》卷五《與杜道源五首》建炎己酉閏月庚辰魏郡吴幵跋云沂「有子孟堅踐世科」，沂「時過子舍。孟堅官於黄，子瞻適謫居，道源與之游，相好也」。《文集》卷五十八與沂第一簡：「謫寄窮陋，首見故人，釋然無復有流落之歎。」《詩集》卷二十有《杜沂游武昌以酴醾花菩薩泉見餉》。第一簡贊江令健決，第二簡二處及江令，卷五十九《與朱康叔》第十八簡亦及江令。江令當爲綎，爲武昌令。卷七十《書杜君懿藏諸葛筆》謂嘉祐元年應舉時，叔元以二筆爲贈，「其後二十五年，余來黄州，君懿死久矣，而見其子沂，猶蓄其父」之筆，於是爲跋。《佚文彙編》卷二與沂第四簡邀沂啜茶。皆爲此時事。以上所引第一簡又云「知到官，又復對换，想高懷處之，無適而不可」，簡作於明年四月，參元豐四年四月紀事。沂在黄時間不長。

宏治《太平府志》卷十九：「杜俣，字碩甫，成都人。崇、觀間侍父兄宦金陵，遂寓蕪湖。祖叔元仕仁宗朝，爲職方郎，即蘇軾《志林》謂『杜君懿學李建中字得筆法者也』。父沂，與軾游最厚，軾有《菩薩泉》詩，爲所賦也。俣幼嘗從軾游，與陳瓘、汪藻爲外兄弟，凛有典刑。家藏法書名畫甚富。有田數百畝，伏臘外不求贏。環所居植竹萬箇，賦詩自娱。不妄與人交。動止可規，鄉黨尊禮之。間游里中，童稚亦知敬愛。自號野翁，年七十餘卒。有詩集藏於家，清高蕭散，蓋如其人。」「杜君懿」云云見《書杜君懿藏諸葛筆》。

《文集》卷五十三《與陳季常》第七簡：「數日前，率然與道源過江，游寒溪西山，奇勝殆過於所聞。」

《詩集》卷二十《遊武昌寒溪西山寺》：「西上九曲亭，衆山皆培塿。却看江北路，雲水渺何有。離離見吴宫，莽莽真楚藪。」以下云「相將踏勝絶」。「相將」者，蓋謂與杜沂等同游。

《輿地紀勝》卷八十一《壽昌軍・古迹》：「避暑宫，在武昌寒溪上。世傳西山寺，即故基。《土俗編》云：至今無暑氣。有吴王讀書堂，在寒溪山間。」

本月，毛漸為晏知止所刻曾鞏所編《太白集》作序。蘇軾嘗謂其中有僞作。

毛序見《李太白全集》卷三十《附録》。

《文集》卷六十七《書諸集僞謬》：「近見曾子固編《太白集》，自謂頗獲遺亡，而有《贈懷素草書歌》及《笑矣乎》數首，皆貫休以下詞格。」

晏知止，參元祐七年「除命下知揚州」條紀事；毛漸，參元祐元年「知高郵軍毛漸軍衙廳成」條紀事。

文務光（逸民）扶父同喪過黄州歸成都，再為文祭之。

再祭文見《文集》卷六十三（一九四二頁）。《文集》卷五十九《與朱康叔》第十五簡云「與可船旦夕到此」，又云「子由到此，須留他住五七日」，作於四五月間。《欒城後集》卷二十祭務光民文未云在黄相晤，知轍到黄前務光已西去。

遷居臨皋亭，有詩、文。

詩見《詩集》卷二十（一〇五三頁），云「全家占江驛」。文乃《文集》卷七十一《書臨皋亭》。《輿地紀勝》卷四十九《黄州》謂臨皋館在朝宗門外，有臨皋亭，又謂「東坡故居即今之臨皋亭及臨皋館」。《蘇軾黄州活動年表》謂臨皋亭在黄州城南門外江邊，定惠院右側，水驛。

《文集》卷五十九《與朱康叔》第五簡云「已遷居江上臨皋亭」，謝其「恩庇」。知遷居，壽昌（康叔）與有力。末云酷暑，遷居在此略前。

《王譜》：「按近日黄州《東坡圖》云：先生寓居定惠不久，以是春遷臨皋亭，乃舊日之回車院也。」考其實，遷居時已入夏。

五月十二日，作《石芝》詩。

詩見《詩集》卷二十（一〇四七頁），末云「神仙一合五百年，風吹石髓堅如鐵」，有嘲服食求仙之意。

本月末，弟轍來，妻王閏之等家小同來。弟轍過池州，晤州守滕元發（甫、達道）；至巴河口，往迎。

月末來，據《文集》卷五十二《與秦太虚》第四簡。卷五十五《與章子厚》第二簡云家小來。《佚文彙編》卷五《題子由蕭丞相樓贈王文玉》敍轍過池。《欒城集》卷十《池州蕭丞相樓二首》敍之。元發知池，參熙寧八年閏四月二十一日紀事。《詩集》卷二十有《今年正月十四日與子由別於陳州五月子由復至齊安以詩迎之》、《曉至巴河口迎子由》詩。《欒城集》卷十《舟次磁湖以風浪留二日不得進子瞻以詩見寄作二篇答之前篇自賦後篇次韻》之「次韻」乃次迎轍詩韻。《輿地紀勝》卷四十九《黄州》謂巴河在黄岡縣東四十三里。

六月，與弟轍同游寒溪西山，有詩。

詩見《詩集》卷二十（一〇五四頁）。《欒城集》卷十《黄州陪子瞻游武昌西山》敍其事。卷十五《次韻子瞻與鄧聖求承旨同直翰苑懷武昌西山舊遊》亦及此時事。

弟轍赴筠州鹽酒務，賦詩送行，並渡劉郎洑，飲别於王齊愈家。詩乃《詩集》卷二十《次韻答子由》。《欒城集》卷十《將還江州子瞻相送至劉郎洑王生家飲别》：「相從恨不多，送我三十里。車湖風雨交，松竹相披靡。繫舟栝木根，會面兩王子。」兩王子乃齊愈、齊萬兄弟，居車湖。《輿地紀勝》卷八十一《壽昌軍》謂劉郎洑在武昌東江上。

胡掾自武昌至，朱壽昌（康叔）託致羊麪酒果。胡掾或為胡定之。

《文集》卷五十九與壽昌第四簡敍其事。時弟轍已離黄數日，壽昌所致諸物，蓋與軾兄弟二人者。與壽昌第七簡謂胡掾為佳士，「渠方寄家齊安，時得與之相見」。卷五十二《與秦太虛》第四簡云「岐亭監酒胡定之，載書萬卷隨行，喜借人看」。

了元（佛印）屢來書，求記雲居。答簡請少寬假。

《文集》卷六十一與了元第一簡敍之。簡云「今僕蒙犯塵垢」，約作於到黄之初；云「大熱」，作於六月間。今繫於本年。記不見，未知作與否。

了元，《五燈會元》卷十六有傳。了元屬雲門宗，乃青原下十世，開先暹禪師法嗣，全稱南康軍雲居山了元佛印禪師。饒州浮梁林氏子，有盛名。神宗嘗賜高麗磨衲金鉢以旌之。

《輿地紀勝》卷二十五《南康軍》：「雲居山：在建昌。乃歐岌得道之處。或以山嘗出雲，故曰雲居山。俗謂天上雲居，地下歸宗。」

七夕，賦《菩薩蠻》二首。

《注坡詞》調下注：「七夕，黃州朝天門上二首。」《東坡樂府》卷下，一注「七夕朝天門上作」，一注「七夕」，緊次。參元豐四年「章楶賦《水龍吟》」條。

陳慥（季常）來訪，郡中争邀致之，戲作陳孟公詩。先是簡望慥來，至是來。

詩見《詩集》卷二十（一〇五七頁），以西漢陳遵（孟公）况慥。《文集》卷五十三與慥第五、六簡皆企望其來。蘇軾在黄期間，慥第一次來。

張師正（不疑）贈辰砂，有詩。

詩見《詩集》卷二十（一〇六一頁）。《文集》卷五十二《與王定國》第八簡云「近有人惠丹砂少許」，此人當即師正。《玉壺清話》卷五：「文瑩丙午歲訪辰帥張不疑師正，時不疑年五十。」以下云：「熙寧丁巳，不疑帥鼎，復見招為武陵之游。」軾作詩時，師正或猶在鼎。辰州、鼎州俱在荆湖北路。

與王鞏（定國）簡，戒以愛身嗇氣。

簡乃《文集》卷五十二與鞏第六簡。此簡及三、四、五各簡，皆作於鞏赴賓途中。

八月上旬，跋秦觀（太虛）元豐二年八月十六日所作游杭《題名記》；此《題名記》由元淨（辯才）、道潛（參寥）送示。跋叙夜與邁小舟至赤壁事。

《文集》卷十二《秦太虛題名記》即跋，跋附秦觀《題名記》。跋云：「予謫居黄州，辯才、參寥遣人致問，且以《題名》相示。」於是叙至赤壁事「以寄參寥，使以示辯才；有便至高郵，亦可録以寄太虛」。《文集》卷六十一《與參寥子》第五簡亦為此跋文。跋謂至赤壁時，去中秋不十日。

《文集》卷七十一《記赤壁》：「黄州守居之數百步為赤壁。」《經進東坡文集事略》卷一《後赤壁賦》郎曄注引《江下辨疑》謂赤壁凡三，一在齊安郡之步下，即今黄州。

壬寅（十二日），乳母任氏卒。

據《文集》卷十五《乳母任氏墓誌銘》，年七十二，本年十月壬午，葬於黄岡縣北。卷五十九《與王慶源》第五簡言任氏卒，「悼念久之」。光緒《黄州府志》卷三十八謂任氏墓誌碑「見存府署」。

弟轍中秋對月，賦詩寄贈。

賦詩乃次《詩集》卷二十《定惠院寓居月夜偶出》韻，見《欒城集》卷十。

弟轍病酒肺疾發，作詩。次韻告以修養之道。

《詩集》卷二十《次韻子由病酒肺疾發》，原韻在《欒城集》卷十。

《韻語陽秋》卷十二：「蘇子由病酒，肺疾發，東坡告之以修養之道，有曰：『寸田可治生，誰勸耕黄糯。探懷得真藥，不待君臣佐。初如雪花積，漸作櫻珠大。隔牆聞三嘯，隱隱如轉磨。』此鍊氣法也。後至海上，有道人傳以神守氣之訣云：『但向起時作，還從作處收。』故《天慶觀乳泉賦》及《養生論》、《龍虎鉛汞論》皆析理入微，則知東坡之於養生之道深矣。」「寸田」云云，在次韻中。

柳真齡以鐵拄杖相贈，有詩。

詩見《詩集》卷二十（一〇六三頁）。《欒城集》卷十一有和；卷十二《以蜜酒送柳真公》，約作於元豐五年；《次韻柳見答》、《次韻柳真公閑居春日》約作於元豐六年。

陳軾（君式）罷，書李陵贈蘇武詩送別。

據《文集》卷六十七《書蘇李詩後》。文謂書此乃以「道離別」之懷。

徐大受（君猷）知黄州，孟震為倅。

《東坡樂府》卷上《醉蓬萊》小序：「余謫居黄州，三見重九，每歲與太守徐君猷會於棲霞樓。」詞作於元豐五年。知大受到任為今年重九以前事。

《文集》卷五十七與《徐得之》第一簡：「始謫黄州，舉目無親，君猷一見，相待如骨肉。」蓋到黄州不久，陳軾即罷去，故云「始謫」。

《文集》卷十二《遺愛亭記》：「東海徐公君猷，以朝散郎為黄州。」參元豐六年三月十六日紀事，大受為甌寧（今屬福建）人，故言東海。

孟震為倅，見本年十月九日紀事。震或與大受同時到任。震，鄆人，為承議郎。見《文集》卷六十六《書子由君子銘泉後》。震登皇祐元年進士第，見《新編分門古今類事》卷六《孟震附尾》條引《幕府燕閑録》。

成都勝相院僧惟簡使其孫悟清來，求撰《經藏記》。九月十二日，為作之。悟清嘗與王齊愈（文甫）遊；悟清贈墨，蘇軾為跋。

《文集》卷六十一與惟簡第三簡：「屢要《經藏碑》，本以近日斷作文字，不欲作，既來書丁寧，悟清日夜監督，遂與作得寄去。」文乃《文集》卷十二《勝相院經藏記》。《佚文彙編》卷三《與滕達道》第二簡：《經藏碑》變格作迦語，貴無可箋註。《文集》卷五十一《與滕達道》第十五簡：「《經藏記》皆迦語，想醞釀無由，故敢出之。」十二日云云，見《佚文彙編》卷五《自跋勝相院經藏記》。

《文集》卷六十九《書贈王文甫》，書齊愈典買古書畫事，末云：「川僧清悟在旁知狀。」卷七十《書清悟墨》敍清悟贈墨，「予與王文甫各得十丸」。

《經進東坡文集事略》卷五十四《勝相院經藏記》郎曄注引《冷齋夜話》：「舒王在鍾山，有客自黄州來。王曰：『東坡近日有何妙語？』客曰：『東坡宿於臨皋亭，醉夢而起，作《成都勝相三經記》千餘言，點定纔一兩字。有墨本適留船中。』王遣健步取而至。時月出東南，林影在地，王展讀於風簷，喜見眉間。曰：『子瞻人中龍也，有一字未穩。』客曰：『願聞之。』王曰：『日勝日負，不若曰如人善博，日勝日貧耳。』東坡聞之，拊掌大笑，亦以王為知言。」注并引蘇符跋：「此先祖文成日所書。『如人善博，日勝日貧。』『貧』初不作『負』字，可見世所傳荆公事為妄也。符拜手書。」附此。

十五日，讀《戰國策》，論商鞅功罪。

文見《文集》卷六十五(二〇〇四頁)，云：「商君之法，使民務本力農，勇於公戰，怯於私鬬，食足兵强，以成帝業，然其民見刑而不見德，知利而不知義，卒以此亡。」

二十五日，書《國史補》杜羔尋親事，寄朱壽昌(康叔)。

據《文集》卷五十九與壽昌第十八簡，以羔事與壽昌尋親事相似。

丙戌（二十七日）文彦博為太尉。有賀啟。

丙戌云云，見《宋史·神宗紀》。啟見《文集》卷四十七（一三四七頁）。

丁亥（二十八日），吕公著除樞密副使。有賀啟。

丁亥云云，據《宋史·宰輔表》。《文集》卷四十七有《賀吕副樞啟》。《經進東坡文集事略》卷二十七收此文，謂為賀吕公弼者。按：賀啟云「荷三朝兩世之恩」。公弼除樞密副使，為英宗治平二年七月辛巳，纔二朝，不合。《蘇文繫年考略》謂此啟作於元豐元年九月，為賀吕公著者；然其時公著所除者乃同知樞密院事，亦不合。賀啟云：「軾登門最舊，稱慶無緣。」以時遭貶謫也，合。

晤章楶（質夫）於武昌傳舍。與龐安時（安常）簡。

《佚文彙編》卷二與安時簡敍「為章憲在武昌見候」，必當趨赴，云「晚當拜見」安時。晤傳舍見本年「章楶惠書為别」條。

《文集》卷五十九《與朱康叔》第十八簡云「章憲今日恐到此」；該簡附記杜羔事，作於本年九月二十五日，簡為同時作。《長編》卷三百十二元豐四年四月甲子紀事，謂湖北提點刑獄章楶言事。《宋史》卷三百二十八《章楶傳》謂楶哲宗前為湖北提點刑獄。知楶此時提點湖北刑獄。

閏九月十九日，答畢仲舉簡，論學佛老。

簡見《文集》卷五十六（一六七一頁），云「學佛老者，本期於静而達，静似懶，達似放，學者或未至其所期，而先得其所似，不為無害」。簡首云「奉别忽十餘年」，為故人。

章楶（質夫）惠書為別，答簡。

《晚香堂蘇帖》：「軾再啟。武昌不獲再會，至今耿耿。承惠書為別，感服不可言。來歲出按江夏，必行屬縣，當復過江求見也。過桃源，想復一訪遺蹤，鼎、澧間故多嘉處耶！《新唐書》言，劉夢得《竹枝詞》，至今武陵俚人歌之，亦復泛否。夢得言竹枝聲含思宛轉，有淇、濮之艷，若果爾，獨不可令蘇、秀二君傳其聲耶！呵！呵！傳舍之會，恍如夢中事矣。軾再拜。」《佚文彙編》未收。據「來歲」，知作於今年，約在冬初。

深秋，賦《卜算子》。

詞見《東坡樂府》卷上，調下原註：「黄州定惠院寓居作。」詞上闋云：「缺月掛疏桐，漏斷人初静。誰見幽人獨往來？縹緲孤鴻影。」「幽人」作者自謂。《詩集》卷二十《定惠院寓居月夜偶出》首云「幽人無事不出門」，可證。據「孤鴻」，知作於深秋。時雖遷居臨臯亭，然亦時至定惠院。下闋云「揀盡寒枝不肯棲」則以孤鴻自擬抒個人抱負。參吴世昌先生《有關蘇詞的若干問題》，載《文學遺産》一九八三年第二期。

《豫章黄先生文集》卷二十六《跋東坡樂府》評此詞：「東坡道人在黄州時作，語意高妙，似非喫烟火食人語，非胸中有萬卷書，筆下無一點塵俗氣，孰能至此。」

《能改齋漫録》卷十六《東坡卜算子詞》：「東坡先生謫居黄州，作《卜算子》云：（略）其屬意蓋為王氏女子也，讀者不能解。張右史文潛繼貶黄州，訪潘邠老，嘗得其詳，題詩以誌之：『空江月明魚龍眠，月中孤鴻影翩翩。有人清吟立江邊，葛巾藜杖眼窺天。夜冷月墮幽蟲泣，鴻影翹沙衣露濕。仙人採詩作步虛，玉皇飲之碧琳腴。』」張詩「有人」即「幽人」。張詩與蘇詞意合。「王氏」云云，蓋屬附會。

陳璞道士經黃州往筠州訪弟轍。

《文集》卷五十二《與王定國》第八簡：「陳璞一月前，直往筠州看子由，亦粗傳要妙，云非久當來此。此人不惟有道術，其與人有情義，久要不忘如此，亦自可重。」與王簡作於冬至稍前，則璞來約為秋末冬初事。

《欒城集》卷十《次韻毛君山房即事十首・再和十首》第五首：「養生尤復要功圓，溜滴南溪石自穿。近見牢山陳道士，微言約我更三年（原註：牢山陳道士璞近過此，叩之，竟無所云，約三年當再見）。」

《嘉定赤城志》卷十一有陳璞，元豐元年為台州天台令。當為另一人。

與章惇（子厚）書，乞放免程棐之弟岳。

書見《文集》卷四十九（一四一二頁），為與惇第二書。

程棐緝賊有功，已見元豐元年三月紀事。書謂棐之弟岳豪健絶人，棐所以盡力，乃為其弟，以此乞放免其弟。放免之後，或與一名目牙校、鎮將之類，付京東監司驅使緝捕，其才用當復過於棐。末謂徐州乃南北襟要，自昔用武之地；其意蓋為任用棐、岳等，有利於防止猾賊。簡末云「秋冷」，點明季節。此書之前不久，蘇軾有簡與惇，見《文集》卷五十五（一六四〇頁）。云及弟轍至筠，江淮歲豐，約作於秋中。

十月九日，孟震（亨之）置酒秋風亭，有雙拒霜獨向州守徐大受（君猷）而開，作《定風波》詞，又作《守倅不飲》詩。

據《紀年録》。詞見《東坡樂府》卷上，「秋風」作「秋香」。詩見《詩集》卷二十一，題爲：「太守徐君猷、通守孟亨之，皆不飲酒，以詩戲之。」

秋、冬間，蘇軾有移滁州之傳聞。

《淮海集》卷三十《與參寥大師簡》：「昨聞蘇就移滁州，然未知實耗，果然，甚易謀見也。蓋此去滁纔三程，公便可輟四明之游，來此偕往，瑯琊山水，亦不減雪竇、天童之勝。子由春間過此，相從兩日，僕送至南埭而還，後亦未嘗得書。渠在揚州淹留甚久，時僕值寒食上冢，故不得往從之耳。（下略）」據「子由春間」云云，本簡作於本年，時蘇轍過高郵經黄州赴筠也。簡所云「題名」及「蘇公跋尾」，詳本年「八月上旬」條紀事。此簡作於冬間。

與王鞏（定國）長簡，謂杜甫不忘君，欲與鞏共勉；又謂鞏當陰求奇士。時鞏已至賓州貶所。

《文集》卷五十二與鞏第八簡：「杜子美在困窮之中，一飲一食，未嘗忘君，詩人以來，一人而已。今見定國，每有書皆有感恩念咎之語，甚得詩人之本意。僕雖不肖，亦嘗庶幾彷彿於此也。」又云：「窮荒之中，恐亦有一二奇士，當以冷眼陰求之。」簡云「非久冬至」，又云「霜月」，點明季候。

李常（公擇）按部來。與常游寒溪西山，應常請，作《菩薩泉銘》。常嘗爲言天柱寺分桃事。

《文集》卷五十二《與秦太虚》第四簡：「公擇近過此，相聚數日，説太虚不離口。」作於歲晚。常來，約為十一月。銘在卷十九。卷七十一《記公擇天柱分桃》敍分桃事，原未云歲月，姑次此。《輿地紀勝》卷四十六《安慶府》謂天柱寺在皖山，皖山一名灊山、天柱山。以下云：「唐天寶中，玄宗夢九天司命真君現於天柱山，置祠宇。皇朝就修真君祠，太平興國九年，改為靈仙觀。」此乃為李常為淮南西路提點刑獄時事。安慶府時為舒州，李常行部至黄。

借得天慶觀道堂三間，自冬至日起，齋居四十九日。

據《文集》卷五十二《與王定國》第八簡、《與秦太虚》第四簡、《與滕達道》第二十五簡。其旨在養生。參元豐四年「冬初秦觀致簡」條。

蘇軾養生，重在静。《與王定國》此簡云：「道術多方，難得其要，然以某觀之，惟能静心閉目，以漸習之，但閉得百十息，為益甚大。」是年冬至為十一月初九日。

十一月十五日，作《趙先生舍利記》。蓋以得之趙先生之舍利授悟清，使持歸勝相院。

記見《文集》卷十二。趙先生，昶父棠。

趙昶（晦之）知藤州。簡昶憂南方兵事。昶在藤餽丹砂，報以蘄笛，賦《水龍吟》贈昶侍兒。

《文集》卷五十七與昶第一簡云「剖符南徼」。據《趙先生舍利記》，知昶時知藤州。簡云南徼「兵興多事」。第二簡言「南事方殷」，知作於第一簡後不久。《宋史·神宗紀》：元豐二年五月丙子，順州蠻叛，峒兵討平之；乙酉，詔安南軍死事孤寡廪給之；六月甲辰，廣西捕賊儂智春，執其妻子以獻。知兵興已有時日。第二簡云：「聞廟略必欲郡縣荒服，就使必克，正是添一熙河屯守，餽餉中原，無復寧歲，況其不然，憂患未易言也。」以用兵為非。

《孔氏談苑》卷二《趙昶婢善吹》：「朝士趙昶有兩婢，善吹笛。知藤州日，以丹砂遺子瞻，子瞻以蘄笛報之，并有一曲，其詞甚美，云：『木落淮南，雨晴雲夢，日斜風裊。』又云：『自桓伊不見，中郎去後，孤負秋多少。』斷章云：『為使君洗盡蠻風瘴雨，作清霜曉。』昶曰：『子瞻駡我矣。』昶，南雄州人，意謂子瞻以蠻風譏之。」所引詞即見《水龍吟》，在《東坡樂府》卷上。

十二月十五日，淮南轉運司取勘前知徐州時不覺察百姓李鐸、郭進等謀反事。蘇軾尋奏程棐等緝捕、告獲因依，乞勘會施行。

據《文集》卷二十三《謝徐州失覺察妖賊放罪表》。奏文已佚。

十八日，書蒲永昇畫後（即《畫水記》）寄惟簡，惟簡刻之石。

文見《文集》卷十二，末云：「元豐三年十二月十八日夜，黄州臨皋亭西齋戲書。」《紀年録》：十二月十八日，書蒲永昇畫後。文盛贊孫知微畫，然《邵氏聞見後録》卷二七云軾謂知微畫為工匠手，附此。

《圖畫見聞志》卷四：「蒲永昇，成都人。性嗜酒放浪。善畫水，人或以勢力使之，則嘻笑捨去，遇其欲畫，不擇貴賤。蘇子瞻内翰嘗得永昇畫二十四幅，每觀之，則陰風襲人，毛髮為立。子瞻在黄州臨皋亭，乘興書數百言，寄成都僧惟簡，具述其妙，謂董、戚之流為死水耳（原註：惟簡住大慈寺勝相院，其書刻石在焉）。」董乃羽，蘇軾文已及；戚乃文秀。據《圖畫見聞志》，二人俱工畫水。

二十日，作《石氏畫苑記》。畫苑，石康伯（幼安）、夷庚（坦夫）父子所編。

記見《文集》卷十一。《紀年録》謂記作於十二月二日，略不同。

《寶晉英光集》卷六《李邕帖贊·序》云「坦夫，幼安長子，書畫號翰林苑，蘇子瞻為之序」。又云坦夫，昌言孫，名夷庚。《詩集》卷十八《留別叔通元弼坦夫》云「石生吾邑子，勁立風中草，宦游甑生塵，菽水媚翁媪」，贊夷庚。

滕元發（甫、達道）過黄州境赴安陸新任，簡元發以未能晤面為帳。

簡乃《佚文彙編》卷三與元發第一簡，敍元發移守安陸，日問音耗，「不知軒旆過黄陂，既是州界一走，見亦不難，此事甚可惋歎」。末云「苦寒」。《總案》謂元豐四年正月「滕元發自池州徙安州來訪」，誤。

蘇軾在黄，未與元發晤。

《長編》卷三百五元豐三年六月癸卯紀事：「御史何正臣言：禮部侍郎滕甫，近自知池州移知蔡州。甫頃嘗阿縱大逆之人，法不容誅，朝廷寬容，尚竊顯位，於甫之分，僥倖已多，豈可更移大藩！乞別移遠小一州。詔改知安州。」元發至是赴任。安州治安陸。

歲晚，答秦觀（太虚）長簡，贊其詩文，勸其多著可用之書；簡並敍個人節儉生活。

《文集》卷五十二與觀第四簡詳敍到黄後諸况外，並云：「寄示詩文，皆超然勝絶。」又云「竊為君謀，宜多著書，如所示論兵及盗賊等數篇，但似此得數十首，皆卓然有可用之實者，不須及時事也」。簡末有「歲晚苦寒」之語。

簡又云：「初到黄，廪入既絶，人口不少，私甚憂之。但痛自節儉，日用不得過百五十，每月朔便取四千五百錢，斷為三十塊，掛屋梁上，平旦用畫叉挑取一塊，即藏去叉，仍以大竹筒別貯用不盡者，以待賓客，此賈耘老法也。度囊中尚可支一歲有餘，至時，別作經畫，水到渠成，不須預慮。以此，胸中都無一事。」

李琮（獻父）行部至黄，與晤。代琮作《上神宗論京東盜賊狀》。琮嘗贈天台玉版紙。

《文集》卷四十九答琮書：「奉別忽然半年。」書中有「自夏至後，杜門不出，惡熱不可過」語，作於元豐四年夏，知琮來黄乃本年歲末事。

《宋名臣奏議》卷一百四十四有李琮《上神宗論京東盜賊》，篇末編者注：「元豐三年上，時為淮南轉運副使，時蘇軾責黄州，為琮代作。」《文集》卷三十七《代李琮論京東盜賊狀》，即此文；題下原注：「元豐□年。」今從《宋名臣奏議》。奏文之末云「臣雖非職事」，以京東屬京東路。

《文集》卷七十《書天台玉版紙》：「李獻父遺余天台玉版紙，殆過澄心堂，頃所未見。」贈紙與作文，均不知為何時事，姑附於此。

歲末，答李之儀（端叔）書，論制科人習氣。

書見《文集》卷四十九（一四三二頁），云「舍弟子由至，先蒙惠書」，知此書乃答書。弟轍本年五月末至黄，已見本譜。書末云「歲行盡」，此書乃歲末作。《紀年録》亦繫此書於今年。書中敍少年讀書作文，專為應舉；後又舉制策，「其科號為直言極諫，故每紛然誦説古今，考論是非，以應其名」，譊譊至今，坐此得罪幾死，而「此正制科人習氣」。蓋慨乎言之。

遣人至青神，致王箴（元直）簡，問訊友舊；悼楊從（存道）之逝。簡王淮奇（慶源），敍初到黄放浪山水間。《文集》卷五十三與箴第一簡云及「人還，詳示數字」，知蘇軾自黄州遣人至蜀。又云「黄州真在井底，杳不聞鄉國消息」，到黄初作。明年姪安節自蜀至，鄉國信息通矣。又云「存道奄忽，使我至今酸辛」。《文集》卷五十九與淮奇第五簡云乳母任氏卒，今年作。簡云放浪山水間，生平未嘗有此適。宛委山堂《説郛》卷七十四《卧游録》言蘇軾初謫黄「布衣芒屩，出入阡陌，多挾彈擊江水，與客為娱樂。每數日，必一泛舟江上，聽其所往，乘興或入旁郡界，經宿不返」。可互參。

李常（公擇）餽甘。

《詩集》卷二十一《東坡八首》其六：「我有同舍郎，官居在灊岳。遺我三寸甘，照座光卓犖。」同舍郎謂李常。常官淮南西路提刑，治所在舒州，舒、黄相接。《南史·彭城王義慶傳》云冬月啖甘。常之餽當為本年冬季事。

與杜介（幾先）簡。

簡見《文集》卷五十八（一七五九頁），云及去歲就逮，知作於今年。又云「託子駿求便達此書」，知鮮于侁（子駿）其時尚在揚州任。

代鮮于侁撰《醮上帝青詞》。

青詞見《文集》卷六十二。青詞云：「竊禄江淮之上，幾及二年。」又云「及兹歲暮」。作於今年。據《宋史》卷三百四十四《鮮于侁傳》，侁其時尚在知揚州任。

焦千之（伯强）卒。

《文集》卷六十九《跋焦千之帖後》：「伯强之没，蓋十年矣，覽之悵然。」跋作於元祐五年，上溯十年為今年。

聞張希甫卒，跋其墓銘。

跋文見《文集》卷六十六（二〇六三頁）。文謂元豐元年在徐州，希甫年七十，辟穀道引，蘇軾勸其無自苦，後二年謫黄州，聞其卒。

黄人作師中庵，以待任伋來訪蘇軾。

《欒城集》卷二十四《黄州師中庵記》敍任伋（師中）倅黄，「常游於定惠院」。「院」下疑脱去「作亭」二字。以下云：「既去，郡人名其亭曰任公。其後余兄子瞻以譴遷齊安，人知其與師中善也，復於任公亭之西為師中庵。曰：『師中必來訪子，將館於是。』」伋有德於黄。伋卒於明年三月，見《淮海集》卷三十三《任公墓表》。築庵為本年事。

録《南史·盧度傳》不殺生事，敍不殺生之願。

《文集》卷六十六《書南史盧度傳》敍之，謂自去年得罪下獄得脱後，「自此不復殺一物」。今年作。《善誘文·子瞻以己諭雞》：「赦罪放免還家，每見庖厨有活物，即令人放之。嘗有言曰：『吾得罪處囹圄，何異雞鴨之在庖厨，我豈復忍殺彼之生命耶！』」附此。

光州道人朱元經或卒於本歲，有文記其事。

《文集》卷七十三《朱元經爐藥》、《異人有無》記元經事。前者云元經百許歲，欲訪之未果，「到黄不久，遂聞其死」。《欒城後集》卷五《抱一頌》亦記元經事。

孔凡禮　撰

蘇軾年譜

中册

中華書局

蘇軾年譜卷二十

元豐四年(一〇八一)辛酉　四十六歲

正月初,與潘丙觀子(紫)姑神於郭遘家,記之。嘗賦《少年遊》,戲記子姑神事。

文乃《文集》卷十二《子姑神記》;卷七十二《仙姑問答》亦記此事。

《文集》卷十二《天篆記》:「江淮間俗尚鬼。歲正月,必衣服箕箒為子姑神,或能數數畫字。惟黄州郭氏神最異。」《孔氏談苑》卷二《厠神》云:「紫姑者,厠神也。」又云:「近黄州郭殿直家有此神,頗黠捷,每歲率以正月一日來,二月二日去。蘇軾與之甚狎。嘗問軾乞詩。軾曰『軾不善作詩』。姑畫灰云『猶裹猶裹』。軾云:『軾非不善,但不欲作爾。』姑云:『但不要及他新法,便得也。』」郭殿直乃郭遘。

詞見《全宋詞》第三二四頁,或為本年事。

十日,往岐亭,潘丙、古耕道、郭遘送至女王城東禪莊院,有詩。

詩見《詩集》卷二十一(一〇七七頁)。《文集》卷六十六《書所獲鏡銘》言本年正月「自齊安往岐亭」。

《輿地紀勝》卷四十九《黄州》引《齊安志》謂女王城乃昔之楚王城之訛。《文集》卷六十六《記黄州故吴國》亦辨之。

二十一日，宿團封。

據《文集》卷十二《應夢羅漢記》。黄岡縣有團風鎮。「風」當即「封」。

二十二日，岐亭道上見梅花，作詩贈陳慥；至岐亭。在岐亭，作詩戒慥止殺，得應夢羅漢。

詩見《詩集》卷二十一（一〇七八頁）。至岐亭，見《文集》卷十二《應夢羅漢記》。戒慥止殺詩乃《詩集》卷二十三《岐亭》其二。《應夢羅漢記》敍與慥入山中，得應夢羅漢。《文集》卷七十二《應夢羅漢》亦記其事，文略異。

自岐亭泛舟還，過古黄州，獲白陽鏡。

《文集》卷六十六《書所獲鏡銘》敍得鏡。卷五十三《答李方叔》第二簡亦敍此事。此鏡，陸惟忠亦蓄，詳《文集》卷七十《書陸道士鏡硯》。趙令時亦收有，見《侯鯖録》卷一。

賦《南鄉子》，寫臨皋亭晚景。

詞見《東坡樂府》卷上。《注坡詞》調下注：「黄州臨皋亭作。」首云「晚景」，又云「認得岷峨春雪浪，初來，萬頃蒲萄漲渌醅」。去年此時，尚不居臨皋亭，知為今年春初作。

悟清歸，簡惟簡（寶月）；并簡滕元發（達道），求為書《經藏碑》碑額大字，令悟清歸途中持往。嘗欲以吴道玄所畫釋迦佛送惟簡所在中和院供養。

《文集》卷六十一與惟簡第三簡首云「新歲」，以下敍《經藏碑》已作得，「碑額見令悟清持書往安州，干滕元發大字」。《佚文彙編》卷三與元發第二簡，即求元發書大字之書。元發應請書大字，見《文集》卷五十一與元發第十五簡。

《文集》卷六十一與惟簡第四簡首云「此間諸事，請問清師即詳也」，為第三簡附簡。第五簡云欲送吴道玄畫供養，或亦為此時作。此畫「頗損爛」，為鮮于侁所贈者，見《詩集》卷十六詩題（八二九頁）。

二月二十七日，為模上人書佛經。

嘉慶《寧國府志》卷二十《蘇東坡觀自在菩薩如意陀羅尼石刻》（原注：在郡北門外十里廣教寺塔顛，塔經火熸，石亦腐不可搨，僅向收藏家借得一閱，今録書刻月日，摹勒姓名於右）：「元豐四年二月二十七日，責授黄州團練副使眉□蘇軾書，以贈宣城廣教模上人。紹聖四年五月朔，宛陵郡人汪遵昱施財，上石乾明寺，楞嚴講院行者徐義謹勸摹刊。」又見《安徽通志考·金石古物考》卷十五。模上人，待考。

嘉慶《寧國府志》卷十二《坡仙石碣》引乾隆《府志》謂碣在宣城「城北廣教寺雙塔中，蘇軾書」。未詳其内容。

三月十一日，會王齊愈（文甫）家，評荼蘼花、桃花、海棠花、罌粟花。

據《文集》卷七十三《四花相似説》。不詳何年，姑次此。

十四日，與張商英（天覺）簡，敍在黄州之會。時商英責監江陵赤岸鹽税，經黄赴貶所。

《佚文彙編》卷二與商英第一、第四兩簡為殘篇，乃據北京市文物商店所藏西樓帖。西南師範大學徐永年同志《成都西樓蘇帖初箋》謂文明書局珂羅版印《宋拓西樓蘇帖》第二冊此二簡乃一簡，第一簡在前，是。第一簡首云：「羈旅寂寞久矣，見公得一散懷抱，為樂難名。」

《宋史》卷三百一十三《文彦博傳》敍慶州兵亂，樞密使文彦博奏神宗謂乃更張之過，王安石排之，御史張商英摭樞密使他事以摇彦博，坐不實貶。《宋史·神宗紀》謂慶州兵亂乃熙寧三年八月事。《宋史》卷三百五十一《張商英傳》：「張商英，字天覺，蜀州新津人。」《傳》敍商英所貶者為監荆南税，以下云：「更十年，乃得館閣校勘、檢正刑房。商英嘗薦舒亶可用，至是，亶知諫院，商英以壻王溈之所業示之，亶繳奏，以為事涉干請，責監赤岸鹽税。」《長編》卷三百八繫商英再責於元豐三年九月丁卯，所責為監江陵府江陵縣税。赤岸，鎮名，屬江陵。《長編》、《宋史》合。簡作於今年，時商英經黄赴貶所，簡云「侵夜解去」，可證。若在明年此時，蘇軾則在赴蘄水途中，或在蘄水。

題贈徐大受（君猷）侍人閻姬。嘗賦《西江月》、《減字木蘭花》贈大受寵姬勝之；又有詞贈他姬。

《詩集》卷四十八詩題謂張商英過黄，「徐君猷為守，有四侍人，姓為孫、姜、閻、齊，適張夫人攜其一往壻家，既暮復還，乃閻姬也，最為徐所寵，因書絶句云」。《西江月》見《東坡樂府》卷上，云「人間誰敢更争妍」，贊勝之之麗。《揮麈録·後録》卷七：「君猷後房甚盛，東坡『常聞堂上絲竹』詞中謂『表德元來字勝之』者，所最寵也。」「表德」句見《東坡樂府》卷下《減字木蘭花》。「常聞」詞未見。《東坡樂府》卷下有《菩薩蠻·贈徐君猷笙妓》，《全宋詞》第三二二頁有《減字木蘭花·贈君猷家姬》，第三二三頁有同上調「贈徐君猷三侍人」。自《西江月》以下各詞，不詳具體撰寫時間，今因題閻姬詩事，綜述於此。

《佚文彙編》卷五《戲題》乃為大受寵姬作，附次此。

章楶（質夫）賦《水龍吟》，次韻并寄七夕詞與楶。

楶詞見《唐宋諸賢絶妙詞選》卷五，調下原注：柳花。收入《全宋詞》第二一三頁。首云「燕忙鶯懶花殘」，作於春末。次韻見《東坡樂府》卷上，調下原注：「次韻章質夫楊花詞。」《文集》卷五十五與楶第一簡贊楶詞妙絶，「次韻一首寄去」，「七夕詞亦録呈」。次韻云「拋家傍路」，時雪堂尚未營，為今年作。參《文學評論叢刊》第十八輯劉崇德《蘇軾楊花詞繫年考辨》。《注坡詞》有《菩薩蠻》二首，第一首調下注：「七夕，黄州朝天門上二首。」《東坡樂府》在卷下，第一首調下注：「七夕，朝天門上作。」第二首注「七夕」。

賦《水調歌頭》寄章楶（質夫）。又嘗作枯木拳石叢篠寄楶。又嘗有簡與楶，贊縣令徐軥。

詞見《東坡樂府》卷上，序云：「建安章質夫家善琵琶者乞為歌詞，余久不作，特取退之詞，稍加隱括，使就聲律，以遺之云。」退之詞，謂《聽穎師琴》詩。《文集》卷五十九《與朱康叔》第二十簡云楶「求琵琶歌詞，不敢不寄呈」。簡約作於本年，以去年楶來，明年壽昌（康叔）離任也。《山谷老人刀筆》卷十三《與郭英發》第一簡：「東坡公聽琵琶一曲，奇甚。試用澄心堂紙寫去。因詩句豪壯，頗增筆勢，或有佳石，試刻之置齋中，亦一奇事也。」作於戎州。此琵琶曲，或即《水調歌頭》。韓愈詩，見《全唐詩》卷三百四十。

《後村先生大全文集》卷一百二《聽蛙方氏帖·東坡穎師聽琴水調及山谷帖》：「隱括他人之作，當如漢王晨入信、耳軍，奪其旗鼓，蓋其作略氣魄，固已陵暴之矣。坡公此詞是已。他人勉强為之，氣盡力竭，在此則指麾呼喚不來，在彼則頡頏偃蹇不受令，勿作可矣。但韓詩云『濕衣淚滂滂』，坡詞前云『彈指淚縱横』，後云『無淚與君傾』，或以為複，余曰：前句雍門之哭也，後句昭文之不鼓也，結也，非複也。（下略）」

《春渚紀聞》卷六《墨木竹石》：「（東坡）先生戲筆所作枯株竹石，雖出一時取適，而絶去古今畫格，自我作古。薳家所藏枯木并拳石叢篠二紙，連手帖一幅，乃是在黄州與章質夫莊敏公者。」作時不詳，附此。

同治《玉山縣志》卷十：「東坡在黄，嘗簡質夫提刑，稱述徐公名軻云：『徐令往還齊安，屢接其笑語，殊佳士。得在治所，甚幸！甚幸！許為致峽州怪石，雖非急務，然亦為幽居之尤物也。石出歸、峽間新灘之下，扇子峽之上，嵌空翠潤，有圭璋之質，未為世人所知。公始遣僕使此石見重於世，未必不由吾二人也。』朱待制跋之曰：『東坡先生謫齊安時，身且不容於世，而推賢揚善，如恐不及，推其類，至於一石之微，亦必欲其見重於時，而不以為己私玩，此其視世之横以自營者，其心量之廣狹為何如也。』徐君之孫，得此帖於玉山汪氏。」此簡《佚文彙編》未收。朱待制，或為翌，《灊山集》作者。

四月八日，母程氏忌日，飯僧於安國寺，作《應夢羅漢記》。

記見《文集》卷十二。記謂以在岐亭所得之應夢羅漢，「完新而龕之，設於安國寺」。

述父洵遺志，成《易傳》，又作《論語説》。四月，上文彥博書，以《論語説》呈之，并敍元豐二年得罪事。

《文集》卷四十八《黄州上文潞公書》云「到黄州，無所用心」，「遂因先子之學，作《易傳》九卷。又自以意作《論語説》五卷」。

《墓誌銘》：「先君晚歲讀《易》，玩其爻象，得其剛柔遠近喜怒逆順之情，以觀其詞，皆迎刃而解，作《易傳》未完，疾革，命公述其志。公泣受命，卒以成書，然後千載之微言，焕然可知也。復作《論語説》，時發孔氏之秘。」

《昭德先生郡齋讀書志》卷一上：「《毗陵易傳》十一卷。右皇朝蘇軾子瞻撰。自言其學出於父洵，且謂卦不可爻，别而觀之，其論卦必先求其所齊之端，則六爻之義未有不貫者，未嘗鑿而通也。」《直齋書録解題》卷一著録《東坡易傳》十一卷。

《昭德先生郡齋讀書志》卷一下：「《東坡論語解》十卷，右皇朝蘇軾子瞻撰。子瞻没後，義有未安者，其弟子由嘗辨正之，凡二十有七章。」《直齋書録解題》卷三著録《東坡論語傳》十卷、《潁濱論語拾遺》一卷，《欒城三集》卷七《論語拾遺》之引敍及拾遺事。

按：《易傳》當即《東坡易傳》，《論語説》當即《東坡論語解》。蘇軾在儋州，對以上二書進行訂補，形成定稿，故卷數記載不同。參元符三年「在儋州訂補《易傳》、《論語傳》」條。

《欒城集》卷十八《鳳咮石硯銘·敍》謂蘇軾在黄撰《易傳》時，鳳咮石硯「日效於前，與有功焉」。《文集》卷十九《鳳咮硯銘》有序敍其事。

《欒城先生遺言》云父洵作《易傳》未完，疾革，命蘇軾兄弟述其志。以下云：「東坡受命，卒以成書。

初，二公少年皆讀《易》，為之解説，各仕它邦。既而東坡獨得文王、伏羲超然之旨，公乃送所解予坡。今《蒙卦》猶是公解。」

上文書首云「孟夏」，四月作。又云「承以元功，正位兵府」，《宋史·神宗紀》元豐三年九月丙戌，文彦博拜太尉。又云「金縢之書，因事自顯」，《宋史·文彦博傳》謂元豐三年，彦博入朝，神宗贊彦博擁戴英宗之功，以丙吉、霍光相比，「金縢」云云，謂此。書稱彦博「留守太尉執事」。《文彦博傳》謂彦博判大名府，即北京留守。《邵氏聞見録》卷三有「元豐四年召北京留守文潞公」云云，軾作書時，彦博仍為北京留守。書云「有自京師來轉示所賜書教一通」，軾上此書，乃答其厚意。而此前軾嘗「强顔忍耻，飾鄙陋之詞，道疇昔之眷」，與彦博有簡，已佚。軾以《論語説》呈彦博，蓋以彦博為一代偉人，託以傳世也。

本月，答杜沂（道源）簡。

答簡乃《文集》卷五十八與沂第一簡，云「兩辱手書，懶不即答」，乃作此簡。簡云「别來又復初夏」，知作時。蓋去年四月相晤於黄，旋别。簡云「知到官，又復對换」，不詳沂何官。

與陳軾簡。

簡乃《文集》卷五十六《與陳大夫》第七簡，首云「蒙惠竹簟、剪刀等」，謝其厚饋；云及「去歲冬至齋居四十九日」，知作於今年；又云「旦夕復夏至」，約作於四五月間。

五月初五端午，賦《少年遊》贈徐大受（君猷）。

詞見《東坡樂府》卷上，調下原注：「端午贈黄守徐君猷。」詞云：「獄草烟深，訟庭人悄。」頌其政績。

《紀年録》繫本年。

初九日，弟轍作廬山《棲賢寺新修僧堂記》。跋贊其文。

轍文見《欒城集》卷二十三。

跋文見《文集》卷六十六（二〇六四頁），謂讀其文，「如在堂中，見水石陰森，草木膠葛」。

十一日，略評唐坰（林夫）家所藏永禪師、歐陽率更、褚河南、張長史、顔魯公、柳少師六人書而書其後。

文見《文集》卷六十九（二二〇六頁）。坰，錢塘人。父詢字彦猷，俱以書法名。坰事迹見《詩集》卷三十三《遊寶雲寺（下略）》「施註」。《清江三孔集·朝散集》有《唐林夫惠書，字法精絶，以詩謝之》等詩多首。

望後，書《阿房宫賦》。

《壯陶閣書畫録》卷四《宋蘇東坡書營籍周韶落籍詩軸》附清人題跋：「余在嶺南，購得宋人畫阿房宫圖，後附東坡書《阿房宫賦》，紙本，蓑衣裱，字大七分餘，磁礴蕭散，與此軸同。款：元豐四年五月望後，眉山蘇軾書。」

王適（子立）自筠赴徐秋舉，過黄，與適游武昌西山酌菩薩泉以送，作詩。

詩見《詩集》卷二十一（一〇八四頁）。《欒城集》卷十一《送王適徐州赴舉》，本年作，云「送别江南春雨淫」。《文集》卷五十三《答李方叔》第三簡云「姪壻王適子立，近過此，往彭城取解」。其過黄約在五月間。適為轍第二壻，見《蘇潁濱年表》。《欒城集》卷十《次韻王適食茅栗》首云「相從萬里試南餐」，作於元豐三年，知適隨轍往筠，其完婚約在元豐二、三年間。

營東坡，馬正卿為經紀之，作《東坡八首》。自是始號東坡居士，蓋慕白居易而然。

《詩集》卷二十一《東坡八首》序敍其事。《王譜》：「以《東坡圖》考之，辛酉方營東坡。」即本年。今依《詩集》編次次此。

《墓誌銘》：「公幅巾芒屩，與田父野老相從溪谷之間，築室於東坡，自號東坡居士。」《紀年録》、《施譜》繫自號東坡居士事於本年，《王譜》則謂自號東坡居士為明年事，今從前二者。

《容齋隨筆・三筆》卷五《東坡慕樂天》：「蘇公責居黃州，始自稱東坡居士，詳考其意，蓋專慕白樂天而然。白公有《東坡種花》二詩云：『持錢買花樹，城東坡上栽。』又云：『東坡春向暮，樹木今何如。』又有《步東坡》詩云：『朝上東坡步，夕上東坡步，東坡何所愛，愛此新成樹。』又有《別東坡花樹》詩云：『何處殷勤重回首，東坡桃李種新成。』皆為忠州刺史時所作也。蘇公在黃，正與白公忠州相似。」

《二老堂詩話・東坡立名》條亦引白居易《東坡種花》、《步東坡》詩，并云：「本朝蘇文忠公不輕許可，獨敬愛樂天，屢形詩篇。蓋其文章皆主辭達，而忠厚好施，剛直盡言，與人有情，於物無著，大略相似。謫居黃州，始號東坡，其原必起於樂天忠州之作也。」

《輿地紀勝》卷四十九《黃州・景物上》謂東坡在州治之東百餘步。

與王鞏（定國）簡，欲自號鏖糟陂裏陶靖節；簡及王詵（晉卿）。

《文集》卷五十二與鞏第十三簡敍近於側左得荒地數十畝，買牛一具，躬耕其中，却亦有味，鄰曲相逢欣欣，故欲以鏖糟陂裏陶靖節自號。

簡謂：「如聞晉卿已召還都。」《長編》卷三百三元豐三年四月丁亥，已有「前絳州團練使、駙馬都尉王詵復慶州刺史，聽朝參」之記載。

彦正判官贈古琴，作偈附簡呈之。時海印禪師紀公（紀老）自三衢至。

簡見《文集》卷五十七（一七二九頁），首致謝意。中云：「適紀老枉道見過，令其侍者快作數曲。」以下呈偈：「若言琴上有琴聲，放在匣中何不鳴？若言聲在指頭上，何不於君指上聽？」彦正判官，待考。紀老之來，在六月二十三日陳慥來前，參該日紀事。今次此。

《文集》卷二十二《送海印禪師偈》：「海印禪師紀公，將赴峨眉，往別太子少保趙公於三衢。」以下云「復枉道過軾於齊安」。參本年九月十五日紀事。趙公乃抃，抃《清獻集》卷五有《送海印長老赴峨眉都僧二首》。

六月十日，致郭至孝慰簡，時至孝遭親喪。

《晚香堂蘇帖》：「軾啟。前日疊辱手諭，感慨彌日。又數承令子見訪，不得即時裁謝，悚息之至。多事，熱甚。孝履何如，計哀苦，不易！不易！示喻哀挽，固當作，但新以言語得罪，且更少徐云耳。必亮此意。無緣詣別，千萬節哀强食。流汗，不謹。軾再拜至孝奉議閣下。六月十日。」《佚文彙編》未收。簡云「熱甚」，以下「夏答李琮書」條可參，故繫於本年。

《佚文彙編》卷三《與郭廷評二首》其一末云「軾再拜至孝廷評郭君」。上簡云奉議謂奉議郎，乃官，此所云廷評乃職。此二簡俱云「孝履支持」，知作於上簡略後。此二簡分別云「三日」、「十二日」，當屬本年七月。第二簡云「船已令到淮揚」，又云及汶上，知至孝乘舟載親櫬沿江下然後沿運河北上，至孝或為京東人。

二十三日，陳慥（季常）自岐亭來。作《雜書琴事十首》贈之。

文見《文集》卷七十一，謂「客有善琴者，求予所蓄寶琴彈之，故所書皆琴事」。善琴者乃言紀公之侍者。慥乃第二次來訪。同上卷此下尚有《雜書琴曲十二首》贈慥，或亦此時作。

與陳慥、王齊愈、齊萬、潘丙、古耕道等會於師中菴，為文祭任伋（師中）。又有挽詩。

伋卒於本年三月二十四日，見《淮海集》卷三十三《任公墓表》；卒於遂州任，遂州屬梓州路，治小溪。祭文見《文集》卷六十三（一九四四頁），挽詩見《詩集》卷二十一（一〇八五頁）。《佚文彙編》卷四《與友人》敍黃人聞伋卒，「相率作齋，然皆以軾為主，亦一段佳事」；又云「令子今年何處取解」，作於本年八月取解前。其祭伋當為夏季事。《欒城集》卷二十四《黃州師中菴記》敍黃人聞伋卒，「相與哭於定惠者凡百餘人」，飯僧於任公亭而祭於師中庵。伋嘗倅黃而有德於民。參元豐三年「黃人作師中庵」條。轍文作於本年十二月；所云「定惠」乃「定惠院」。

夏，答李琮書，以王天常論西南邊事之語詳告之。

書見《文集》卷四十九（一四三四頁）。首云「奉別忽然半年」，作於今年。書云「惡熱不可過」。琮來書詢及王天常所言西南邊事，故答之。書云：「如聞公以職事當須一赴闕，不知果然否？」《宋史》卷三百三十三《李琮傳》謂琮徙梓州路轉運副使。則琮詢邊事，亦以職事所須。《祠部集》卷五有《送王天常太祝詩》。

與李廌（方叔）多簡。及秋試事，并為廌紹介王適兄弟。

《文集》卷五十三答廌第一簡云「今歲暑毒十倍常年」，與上條所云答李琮書作於同年；首云「久不奉書問為愧」，知此前廌已與蘇軾有交往。答廌第二簡言秋試，祝鼎甲之捷，作於「暑中」。第三簡亦及秋試，并云姪壻王適「往彭城取解，或場屋相見」，知廌秋試亦在彭城；簡云適詞學德性皆過人，「其弟名遹字子敏，亦不甚相遠」，作於第二簡前。

《嬾真子》卷二：「李方叔，初名豸，從東坡遊。東坡曰：『五經中無公名，獨《左氏》曰『庶有豸乎』，乃音直氏切，故後人以為蟲豸之豸。又《周禮》供具：絼，亦音治，乃牛鼻繩也。獨《玉篇》有此豸字。非五經不可用，今宜易名曰廌。』方叔遂用之。秦少游見而嘲之曰：『昔為有脚之豸乎？今為無頭之廌乎？』豸以況狐，廌以況箭，方叔倉卒無以答之，終身以為恨。」

《石林詩話》卷中：「李廌，陽翟人。少以文字見蘇子瞻，子瞻喜之。」

七月二日，徐州失覺察李鐸等謀反事放罪，上謝表。

表見《文集》卷二十三（六五五頁）。參元豐三年十二月十五日紀事。《施譜》：「七月，有旨徐州失覺察妖賊事，免取勘。」

《却掃編》卷下云神宗讀蘇軾謝表讀至「無官可削，撫己知危」，笑曰：「畏吃棒耶！」神宗有意以蘇軾成國史，為執政所沮。《聞見近録》：「蘇子瞻既貶黄州，神宗每憐之。一日，語執政曰：『國史大事，朕意欲俾蘇軾成之。』執政有難色。上曰：『非軾則用曾鞏。』其後鞏亦不副上意。」《邵氏聞見後録》卷二十一亦有此記載，「每憐之」作「殊念之」，「語執政」作「語宰相王珪、蔡確」，謂「珪有難色」。餘略同。《曾鞏集》附録林希撰鞏之墓誌銘：元豐四年，神宗手詔中書門下曰：「曾鞏史學見稱士類，宜典五朝史事。」遂以鞏修國史。據《長編》卷三百十四，神宗手詔乃本月己酉（二十四日）事。今據此繫入。

王彭（大年）卒。彭子讜（正夫）專人報其父之喪，簡慰之。讜有文名。慰簡乃《文集》卷五十九與讜第一簡，云「無由助執紼」，知作於黄。彭少時從父討夏，有邊功，已見嘉祐六年「王彭為監軍」條。《文集》卷六十二《王大年哀詞》謂彭以後為將，日有聞，乞自試於邊，「先帝方欲盡其才，而君以病卒」。則彭之卒，在本年用兵西夏前。今姑繫此。

與讜第二簡敍作哀詞事，云「曹子方因會，致區區」，第三簡亦云「子方見過」。子方名輔，參元祐二年「送曹輔赴閩漕」條。哀詞約作於元祐在朝時，乃應讜請。哀詞云「讜以文學議論有聞於世」。讜有《唐語林》，今以多種版本傳。《四庫全書總目提要》卷一百四十一謂讜失考。按：可考。《雞肋集》卷十七有《次韻邠倅王正夫》詩。《清江三孔集·宗伯集》卷八有送讜赴官八桂詩。曹輔嘗為廣西提刑，讜官八桂，當與輔有關。

吴復古（子野）專人來書，答之。

《文集》卷五十七答復古第一簡：「專人來，忽得手書，且喜居鄉安穩。」知復古時在潮陽。又云「到黄已一年半」，知簡作於本年七月間。答復古第二簡有「三年廬墓」之語，知復古時居鄉服喪。第三簡謝復古專人惠建茗、沙魚、赤鯉，並云：「近有李明者，畫山水，新有名，頗用墨不俗，輒求得一横卷，甚長，可用大牀上繞屏，附來人納上。」《畫繼》卷六《李明傳》叙此事。第四簡約復古北行時來黄一遊。皆在黄時事，兹并叙於此。

毒熱解，書陶潛《酬劉柴桑》詩後。

文見《文集》卷六十七（二一一五頁）。文謂「自夏歷秋，毒熱七八十日不解」。《文集》卷四十九《答李琮書》云及今年「惡熱不可過」，故繫此事於今年。

八月十五日，與客飲江亭，書鄭元輿（君乘）絹紙贈孟陽，為跋。

跋見《文集》卷七十（二二三〇頁）。元輿官黄，未詳何官。

同日，李嬰賦《滿江紅》以呈，約為本年事。

《苕溪漁隱叢話》前集卷五十九：「元豐間，都人李嬰調蘄水縣令，作《滿江紅》一曲，往黄州，上東坡，東坡甚喜之。其詞曰：『荆楚風烟，寂寞近、中秋時候。露下冷，蘭英將謝，葦花初秀。歸燕殷勤辭巷陌，鳴蛩凄楚來窗牖。又誰念，江邊有神仙，飄零久。　横琴膝，攜笻手。曠望眼，閑吟口。任紛紛萬事，到頭何有。君不見凌烟冠劍客，何人氣貌長依舊。歸去來，一曲為君吟，為君壽。』」元豐五年二月二十二日，蘇軾曾與李嬰等游武昌西山，見該年紀事。

十六日，書陶潛詩二首，為跋。

《晚香堂蘇帖》：「『種豆南山下，草盛豆苗稀。侵晨理荒穢，帶月荷鋤歸。道狹草木長，夕露沾我衣。衣沾不足惜，但使願無違。』『人生歸有道，衣食固其端。孰是都不營，而以自求安。開春理常業，歲功聊可觀。晨出肆微勤，日入負米還。山中饒霜露，風氣亦先寒。田家豈不苦，弗獲詞此難。四體誠乃瘦，交無異患干。盥息茅檐下，牛酒散襟顔。遥遥沮溺心，千載乃相關。但願長如此，躬耕非所歎。』陶彭澤晚節躬耕，每以詩自解，意其中未能平也。流寓黄州二年，適值艱歲，往往乏食，無田可耕，蓋欲為彭澤而不可得者。此二篇最善，偶親録之。元豐四年八月十六日，軾。』」《佚文彙編》未收。「種豆南山下」一首，紹聖元年正月十六日又書，并跋，見該年紀事。

下旬，賦《水龍吟》抒懷。

詞見《全宋詞》第一册第三三〇頁。

詞首云「小溝東接長江，柳堤葦岸連雲際」。

《文集》卷七十一《記游定惠院》云及「龕緣小溝」。此詞乃作於黄州。詞云「又經歲」，是作於到黄州一年餘之後。詞又云：「露寒風細。抱素琴，獨向銀蟾影裏，此懷難寄。」乃寫八月下旬景象。詞云「因念浮丘舊侶」，蓋懷念釋道諸友。

九月九日，與太守徐大受（君猷）會於棲霞樓，賦《南鄉子》，并懷王鞏（定國）。

《文集》卷五十二與鞏第十二簡：「重九登棲霞樓，望君凄然，歌《千秋歲》，滿座識與不識，皆懷君。」以下録《南鄉子》。《詩集》卷二十一《次韻和王鞏》其三：「賓州在何處，為子上棲霞。」《南鄉子》見《東坡樂府》卷上，序謂「重九涵輝樓呈徐君猷」，知棲霞樓即涵輝樓。《輿地紀勝》卷四十九《黄州》：「棲霞樓。在儀門之外西南，軒豁爽塏，坐揖江山之勝，為一郡奇絶，東坡所為賦《鼓笛慢》者也。」參元豐五年正月十七日紀事。《後山集》卷二十四有《南鄉子二首》，注云「九日用東坡韻」。

十五日，海印禪師紀公將赴峨眉，作偈送行。

偈見《文集》卷二十二（六四五頁）。《外集》謂此偈作於元豐元年，有刊刻訛誤。偈有「道到東坡」語，知為經營東坡以後事。參以本年六月二十三日紀事，知為本年事。

二十二日，書《集歸去來辭》六首。

據《金石萃編》卷一百二十八。此六首，乃《詩集》卷四十三《歸去來集字十首》前六首。

二十三日，張方平生日。以鐵拄杖為壽，作詩。

詩見《詩集》卷二十一（一〇八六頁），有「入懷冰雪生秋思」之句。

《宋朝事實類苑》卷四十九《年命同》第五則謂方平生於真宗景德四年丁未九月二十三日酉時。

《樂全集》卷二《蘇子瞻寄鐵藤杖》：「隨書初見一枝藤，入手方知鍛鍊精。遠寄只緣憐我老，間攜常似共君行。静軒獨倚身同瘦，小圃頻遊脚為輕。何日歸舟上新洛，拄來河岸笑相迎。」時方平已致仕，見

《長編》卷二百九十九元豐二年七月甲戌紀事。

本月，堂兄不欺（子正）卒。

《佚文彙編》卷四《與子明》第九簡：「大哥奄逝，忽已一年。」作於元豐五年九月一日。

潘原（昌宗）失解，作詩慰之。

詩乃《詩集》卷二十一《與潘三失解後飲酒》。失解乃秋季事。

米黻（元章）來訪。蘇軾作畫贈黻。

《文集》卷五十八與黻第一簡：「復思東坡相從之適，何可復得。」

《獨醒雜志》卷五敍黻言：「元豐中，至金陵識王介甫，過黃州識蘇子瞻，皆不執弟子禮，特敬前輩而已。」《米海岳年譜》元豐七年紀事：「按溫革叔皮跋米帖云：米元章元豐中謁東坡於黃岡，承其餘論，始專學晉人，其書大進。」同上書謂元豐二年、三年黻官湖南長沙，本年有題廬山東林碑，云「十月十六日，楚國米黻」。知黻離長沙為本年，其過黃為秋季。《總案》謂黻來黃為元豐五年，失之。《畫史》：「蘇軾子瞻作墨竹，從地一直起到頂。余問：『何不逐節分？』曰：『竹生時，何嘗逐節生！』運思清拔，出於文同與可。自謂與文拈一瓣香，以墨深為面，淡為背，自與可始也。作成林竹甚精。子瞻作枯木，枝幹虬屈無端，石皴硬，亦怪怪奇奇無端，如其胸中盤鬱也。吾自湖南從事過黃州，初見公，酒酣，曰：『君貼此紙壁上。』觀音紙也。即起作兩枝竹，一枯木，一怪石，見與。後晉卿借去不還。」晉卿，王詵字。

《文物》一九六五年第八期夏玉琛《記蘇軾枯木竹石文同墨竹合卷》謂上海博物館藏有蘇軾《枯木竹石圖》、文同《墨竹圖》真迹，並謂軾「並非只是不求形似」。茲附此。《畫史》：「蘇軾子瞻，家收吴道子畫佛及侍者誌公十餘人，破碎甚，而當面一手，精彩動人，點不加墨，口淺深暈成，故最如活。」此畫得於鮮于侁，見熙寧十年「至鄆州」條紀事。米黻見此畫，或在黄州相見時。

秋，馬默（處厚）過黄赴廣南西路轉運使任，作簡與賓州王鞏（定國），請默順道致之。

《文集》卷五十二與鞏第十簡：「馬朝請過此，議論脱然，必知所以待定國者。」第十一簡：「馬公過此嘉便，無好物寄去，收拾得茶少許，謾充信而已。」第十二簡：「馬處厚行，曾奉書，必便達。」《總案》謂以上三簡作於元豐三年，誤。第十二簡明言鞏「久居蠻夷中，不鬱鬱足矣」，可證。《文集》此卷與鞏簡自第一至十八皆編年，其第八簡已及元豐三年九月堂兄不欺之逝。

處厚乃默之字。默，《宋史》卷三百四十四有傳。默，單州武成人。考默之傳，默過黄乃為赴廣南西路轉運使任。賓州屬廣南西路，在默之治下。蘇軾故以「必知所以待定國者」為言。第十簡云及「入秋以來，翛然清遠」，是默之過黄為秋季八九月間事。

《總案》謂默乃往知賓州者，誤。蓋由未細考《宋史》。

過陳慥（季常）寓齋，書營籍周韶落籍詩答村姬。慥旋返。

《壯陶閣書畫録》敍周韶落籍事後，尚有蘇軾自跋，跋云：「元豐四年秋日，過季常寓齋，留飲。座中紅裙，蓋村姬也，向余問錢塘事，書此答之。軾。」此跋，《佚文彙編》失收。慥旋返見十月二十二日紀事。

冬初，秦觀赴京師途中致簡，報得解。

簡乃《淮海集》卷三十《與蘇公先生簡》第四簡。云「初寒」，知作於冬初。云「辱誨諭，且令勉强科舉」，蓋謂《文集》卷五十二《答秦太虚》第四簡所云「不可廢應舉」，觀從軾言，得解。云「莘老」，乃孫覺，時知徐州，簡即作於徐州。云「西行」，乃赴京師，應元豐五年禮部試。

十月二十日，書遊垂虹亭。

文見《文集》卷七十一（二二五四頁），感歎張先、劉述、陳舜俞「皆為異物」。

二十一日，撰《飲酒説》。

文見《文集》卷七十三。

二十二日，訪王齊愈於江南車湖，得陳慥書報，种諤勝夏，作詩祝捷。

詩乃《詩集》卷二十一《聞捷》，詩序敍訪齊愈。詩云：「聞説官軍取乞誾，將軍旂鼓捷如神。」緊次此詩，為《聞洮西捷報》，云：「放臣不見天顔喜，但驚草木回春容。」

十一月丁酉（十五日），神宗對輔臣於天章閣，議行官制除目。神宗欲除蘇軾為著作郎。既而中輟。

《長編》卷三百十九元豐四年十一月丁酉紀事：「對輔臣於天章閣，議行官制，既而中輟。」

《聞見近録》：「六侄震嘗謂余曰：神宗一日召執政詣天章閣，而吴雍與震預召，時為中書檢正官也。及對，乃議官制除目。……至禮部郎中，則曰：『此南宫舍人，非他曹可比，可除劉摯。』至著作郎，則曰：『此非蘇軾不可。』少選，上默然久之，曰：『得之矣，太常少卿可除范純仁。』既畢，即曰：『朕與高遵裕期，某日當下靈武，候其告捷，當大慶賚，至是官制可行，除目可下。』仍戒曰：『外人有知者，不過卿等數人泄耳。』又命執政戒雍、震。其後靈武失律，官制隔歲乃下，比之初議，十改五六矣。」《長編》卷三百二十五元豐五年四月壬子朔有户部檢正官吴雍、王震言事記載，同月甲戌，有「朝奉郎、檢正中書户部公事吴雍，守左司郎中、通直郎、館閣校勘、檢正中書禮房公事王震試右司員外郎」之記載。參元祐元年三月十七日紀事。

二十二日，題陳吏部詩後，應陳師仲請也。師仲為蘇軾編述《超然》、《黄樓》二集，軾報書為謝，論編詩應以時間為先後。

題陳吏部詩後，見《文集》卷六十八（二一三三頁）；吏部名亞，師仲之祖父。亞一名洎，見《雞肋集》卷三十三《書陳洎事後》，嘗平冤獄。

《文集》卷四十九《答陳師仲主簿書》云：「先吏部詩，幸得一觀，輒題數字，繼諸公之末。」時師仲為錢唐主簿。又云：「見為編述《超然》、《黄樓》二集，為賜尤重。」又云：「足下所至，詩但不擇古律，以日月次之，異日觀之，便是行記。」

《超然集》當為蘇軾密州詩文結集，《黄樓集》當為徐州詩文結集。《外集》卷首列有此二集。

姪安節自蜀來。旋去，賦詩送之。

《文集》卷六十九《跋所書摩利支經後》謂今年十二月至黄。卷七十一《記與安節飲》敍及冬至日與安節飲，則安節至黄當為十一月事。安節留黄日，嘗與之夜坐賦詩；將去，賦詩十四首送之，并應安節請，書《摩利支經》使持歸蜀。詩見《詩集》卷二十一（一〇九四、一〇九八頁）。《欒城集》卷十一有《次韻子瞻與安節夜坐三首》。

《文集》卷六十八《題子明詩後》敍安節自蜀來，并敍不疑（子明）舊事，安節當為不疑之子；謂舊與不疑同游者，有「眉之蟇頤山觀侯老道士」。該文末附黄庭堅跋，謂道士乃軾之從叔慎言。慎言見《嘉祐集》卷十三《蘇氏族譜》。軾高祖祐六子，六為德，德有子子勳，子勳有子慎言。

十二月二日，雨後微雪，徐大受攜酒見過，座上賦《浣溪沙》三首。

此三首為「覆塊青青麥未蘇」、「醉夢昏昏曉未蘇」、「雪裏餐氈例姓蘇」，見《東坡樂府》卷下。第一首有「臨皋烟景世間無」之句，是會於臨皋亭。

三日，酒醒，雪大作，又次原韻，賦《浣溪沙》二首。

此二首為「半夜銀山上積蘇」、「萬頃波濤不記蘇」，見《東坡樂府》卷下。

《紀年録》繫本月二日及本日事於本年，傅幹《注坡詞》則謂為元豐五年事。今考《詩集》卷二十一有《次韻陳四雪中賞梅》、《記夢回文二首》之敍有「十二月二十五日大雪始晴」之語。皆為本年。今從《紀年録》。庫本《清江三孔集》卷二十有孔平仲《元豐四年十二月大雪》、《十二月二十五日大雪》詩。

李常（公擇）按部。應常之約，赴岐亭陳慥家相會。次韻前所作《岐亭》詩并和陳慥《雪中賞梅》韻。旋回。

《文集》卷五十三與慥第一簡云「今日見馬鋪報，公擇二十一日入光州界，計今已在光。輒於太守處借人持書約會於岐亭，某決用初一日早離州，初二日晚必造門」。此「二十一日」，謂十一月，「初一」、「初二」則謂本月（十二月）。

光州屬淮南西路。卷五十七《與幾宣義》云「向者公擇在舒，時蒙相過」。所云「時」，包括上年相會。據此，是相晤也。

《詩集》卷二十三《岐亭五首》其三云「三年三過君」，蓋指元豐三年正月、本年正月及此次。卷二十一《次韻陳四雪中賞梅》：「臘酒詩催熟，寒梅雪鬬新。」晤常在十二月。慥行四，故以陳四相稱。

大雪中，贈徐大受牛尾貍，有詩，懷朱壽昌，寄《江城子》，以窮苦無告者為憂。

詩見《詩集》卷二十一（一〇九一頁）。《欒城集》卷十《筠州二詠》，一為牛尾貍。此牛尾貍當即弟轍所贈而轉贈大受者。詞見《東坡樂府》卷下，首句乃「黃昏猶是纖纖雨」。

《文集》卷七十一《書雪》念及「舍外無薪米者，亦為之耿耿不寐」。

二十五日，大雪始晴。作夢回文詩。

詩見《詩集》卷二十一（一一〇二）頁。

與李常（公擇）簡送行。

《文集》卷五十一與常第十四簡云「雪屢作，足慰勸耕之懷」，指常行部。又云「新歲不及奉觴，唯祝晚途遇合」，為送行也。

歲末，李昭玘致書，欲從游於門下。時昭玘為徐州教授，代舒煥（堯文）。

《樂靜集》卷十《上眉陽先生》歷敘自少以來欽慕之情，以「不得一拜道德之貌」為不足。書敘及王適

（子中）以書見，為言「蘇公在齊安，掩關著書，俯仰一世，淡然自足，如巖居隱士之行，與世相遺，少無謫官意」，知作於本年適來徐之後。書云「窮冬苦寒」，已及歲末。

房州通判許安世書言本州異人三朵花事，作詩。

詩見《詩集》卷二十一（一一〇三頁），次歲末。《輿地紀勝》卷八十六《房州》：「三花仙：元豐間來自京師，嘗簪三花遊於市廛，頗能詩，有仙意。通守許安世以其詩話告於東坡，坡有詩序。郡守李侯在京師，與之相善，間扣以前事，則云至房中説之。及侯守房，三花曰：『記房中之言否？』既見李侯，七日而尸解。」以下録三花詩一首，中有「歸來且看一宿覺，未暇遠尋三朵花」之句。《輿地紀勝》又言房州福溪巖寺有三花仙祠。

潘大臨（邠老）赴省試。傳賦《蝶戀花》送之。

《能改齋漫録》卷十六《東坡送潘邠老赴省詞》：「右《蝶戀花》詞，東坡在黄時，送潘邠老赴省試作也。今集不載。」按：曾慥本《東坡詞拾遺》載之，今見《全宋詞》第一册第三二一頁，題下原註：「送潘大臨。」

此詞云：「三十年前，我是風流帥。為向青樓尋舊事，花枝缺處餘名字。」《侯鯖録》卷一謂蘇軾在徐州，送鄭僅還都下，作詞有「十五年前，我是風流帥，花枝缺處留名字」之句，極相類。疑二者皆有傳聞因素，姑志於此。

李廌（方叔）來，賛其才，勉以節。廌旋别去謀葬親，蘇軾作詩以勸風義者。

《宋史》卷四百四十四《李廌傳》：「謁蘇軾於黄州，贄文求知。軾謂其筆墨瀾翻，有飛沙走石之勢，拊其背曰：『子之才，萬人敵也，抗之以高節，莫之能禦矣。』廌再拜受教。而家素貧，三世未葬，一夕，撫枕流涕曰：『吾忠孝焉是學，而親未葬，何以學為！』旦而别軾，將客游四方，以葳其事。軾解衣為助，又作詩以勸風義者。」軾詩已佚。

《文集》卷四十九答廌書，約作於元豐五年冬，有「别後」之語（參該年「冬寒答李廌書」條）。卷五十三答廌第一至第三簡，末云「别後」，本年秋試前作，見本年「與李廌多簡」條。廌來黄為本年冬或明年冬前事，今繫於本年。

了元（佛印）來簡，答之。

《文集》卷六十一與了元第四簡：「辱書累幅，勞問備至，感怍不已。臘雪應時，山中苦寒，法體清康。」

今年臘雪多。以下敍馳仰之意。

滕元發（達道）嘗求作《蕭相樓記》，回簡答他日作，并期仲殊來。

《文集》卷五十一與元發第十五簡：「蕭相樓詩固見之，子由又説樓之雄傑，稱公之風烈。記文固願掛名，豈復以鄙拙為解。但得罪以來，未嘗敢作文字。」以下云「當更俟年載間為之」。蕭相樓在池州，參元豐三年「弟轍過池州」條紀事。簡首云「蜀僧遂獲大字以歸」，參本年以上「悟清歸」條，為本年事。簡又云：「仲殊氣訣，必得其詳。許傳授，莫大之賜也。此道人久欲游廬山，不知有行期未？若蒙他一見過，又望外之喜也。」《輿地紀勝》卷七十七《荆湖北路・德安府・仙釋神異》：仲殊，安州人，與東坡爲莫逆交，有文曰《寶月集》。仲殊名揮，張姓，善詞。《全宋詞》、《全宋詞補輯》均收有仲殊詞。餘參元祐六年三月十九日紀事。

爲陳慥作《方山子傳》。慥父《陳希亮傳》，當作於是歲前後。

二傳俱見《文集》卷十三。前者云「前十有九年余在岐下」。蘇軾與慥相識，始於嘉祐八年，今十九年。後者云「公没十有四年」而作。按：希亮卒於治平二年，越十四年爲元豐二年。傳當作於黄，或爲應慥請而作，傳中「十有四年」之「四」疑有誤。後者又云官鳳翔時，屢與希亮争議，「至形於顔色，已而悔之」。《畫墁集》卷六《房州修城碑陰記》謂蘇軾作希亮傳，乃「補過之言」。

陸惟忠道士來，爲言陳太初得道事。

《文集》卷十五《陸道士墓誌銘》云惟忠始見於黄，「其後十五年，復來見余惠州」。惟忠至惠，爲紹聖三年。卷七十二《陳太初尸解》敍太初得道事。

中子迨（仲豫）常隨侍往來樊口。

《斜川集》卷五《送仲豫兄赴官武昌敍》云迨十二歲時，「侍先君杖履，往來於樊口甚數」。

代滕元發作論西夏書，論用兵西夏，法當緩之。

書見《文集》卷三十七（一〇五二頁）。《經進東坡文集事略》卷四十收此文，題下注云：「元豐四年，西夏有變，朝廷亟欲進兵，故公代甫上此狀。」

甫，元發原名。

戲作《寒熱偈》。其偈為江夏李樂道持去。

偈見《文集》卷二十二。偈云：「今歲大熱八十餘日。」參本年「毒熱解」條。樂道善篆字。《文集》卷五十七《與徐得之》第六簡及之，嘗請樂道為徐大受墓誌銘書篆。

記樊山。

文見《文集》卷七十一（二二五四頁）。文考樊山命名由來及山中古迹。文有「十五年前過之」之語，謂治平三年扶父柩過此。至今年為十五年。

與馬正卿（夢得）飲東禪，書孟東野「我亦不笑原憲貧」句以贈。

據《文集》卷六十七《書孟東野詩》，今年作。正卿乃貧士，蓋以慰之。卷七十二有《馬夢得窮》。

畫竹。今存。

《壯陶閣書畫録》卷四《宋文與可蘇東坡墨竹合卷》：「蘇竹，絹本，高八寸五分，寬七寸五分，首題『元豐四年紀興，蘇軾』，下押子瞻氏，朱文方印，楷書，大六七分，凝重老蒼，力透紙背。作病竹二節，高四寸許，左出一枝，僅十餘葉，而風饕雪虐之狀可掬，亦黃州作。寥寥短幅，氣象萬千，真足頑廉立懦。」《文物》一九六五年第八期夏玉琛《記蘇軾枯木竹石文同墨竹合卷》謂此合卷今藏上海博物館。據夏文，知此合卷即《壯陶閣書畫録》所云之合卷。

弟轍代作答周郎中啟。

《欒城集》卷五十《代子瞻答周郎中啟》云「近歲以來，遭罹患難」、「近日深自斂退，未嘗有所為文」。周郎中，不詳。

任伯雨（德翁）子姪來，致簡伯雨。

《文集》卷五十七與伯雨第一簡：「子姪來，領手教。」簡中云及「昆仲首捷」，當指本年秋試，作於今年。簡云「自蒲老行後」，此蒲老或為宗孟。

伯雨，孜（遵聖）子。《宋史》卷三百四十五有傳。《詩集》卷十五《京師哭任遵聖》：「平生惟一子，抱負珠在掌。見之齠齔中，已有食牛量。」謂伯雨也。知相識已久。

與知藤州趙昶（晦之）簡，敍在黃安土忘懷之意。

《文集》卷五十七與昶第三簡：「某謫居既久，安土忘懷，一如本是黃州人，元不出仕而已。」又云：「藤既美風土，又少訴訟，優游卒歲，又復何求。」既羡之，又勉之。簡約作於今年。

楊繪（元素）編《本事曲子》。與繪簡，力贊之。繪時在荆南。

《文集》卷五十五與繪第七簡：「所編《本事曲子》，足廣奇聞，以為閑居之鼓吹也。然切謂宜更廣之，但囑知識間各記所聞，即所載日益廣矣。輒獻三事，更乞揀擇，傳到百四十許曲，不知傳得足否？」簡云「筆涑」，或作於本年，以今年雪大天寒也。第八簡云陳慥之兄忱（伯誠）「其人甚奇偉，得其一詞以助《本事》」，又云「近於城中葺一荒園」，知作於元豐五年。按：《本事曲子》全名《時賢本事曲子集》，乃最早詞話。原本早佚。梁啟超有輯本，僅數則。

繪於熙寧十年五月甲子，以提舉在京諸司庫務、翰林學士、禮部郎中責授荆南節度副使、不簽書公事，見《長編》卷二百八十二。時尚在荆南。荆南治長沙。

李常（公擇）為光州守曹九章（演父）子焕求婚於弟轍之女，為作簡商之弟轍，轍應之。嘗作回文《菩薩蠻》四首寄常。

《文集》卷五十一與常第十三簡敍求婚事。

《欒城集》卷二十六祭九章文：「逮伯遷黄，公在浮光。山聯川通，可跂而望。有饋豚羔，報之醪漿。始於朋友，求我婚姻。數歲之間，相與抱孫。」九章，已見熙寧十年「過符離」條。焕字子文，後為轍第三女之壻。見《蘇潁濱年表》。完婚參元豐五年「曹焕自光州赴筠州」條。

《欒城集》卷二十三有元豐六年五月所作《光州開元寺重修大殿記》，時九章為光守。宋制，州守任二年。知九章知光，其上限為本年。故繫求婚事於此。《范忠宣公集》卷四《寄和浮光曹九章大夫》贊九章為政，卷四有和九章詩。

與常第十三簡敍寄詞，云效「劉十五體」。劉十五乃攽（貢父）。詞見《東坡樂府》卷下。《文集》卷五十與攽第三簡贊攽所作「回文小闋，律度精緻，不失雍容」，攽回文詞不傳。

《景蘇園帖》：「軾啟。衮衮職事，日不暇給，竟不獲欵奉，愧負不可言。特辱訪別，惋悵不已。信宿起居佳勝。明日成行否？不克詣違，千萬保重！保重！新酒兩壺，輒拜上，不罪浼瀆。不一！不一！軾再拜主簿曹君親家閣下。八月廿九日。」此簡，《佚文彙編》失收。此主簿曹君，為九章兄弟輩。茲附次於此。

與杜傳（孟堅）簡。

《文集》卷五十八與傳第二簡：「今歲親知相過，人事紛紛，殊不如去年塊處閑寂也。」「親」云者，當指姪安節自蜀來。今繫此簡於本年。與傳第一、三兩簡亦作於黄。

蘇軾年譜卷二十一

元豐五年（一〇八二）壬戌　四十七歲

正月初二日，宜都令朱嗣先來，語及歐陽修為夷陵令時事，為書之，並書修所作《黃牛廟》詩。

據《文集》卷六十八《書歐陽公黃牛廟詩後》；黃牛廟詩，修作於為令時。

同日，與陳慥（季常）簡，約慥月末入城。

《佚文彙編》卷二與慥第二簡：「何日果可入城？昨日得公擇書，過上元乃行，計月末間到此。公亦於此時來，如何？如何？竊計上元起造尚未畢工，軾亦自不出，無緣奉陪夜遊也。」《文集》卷五十三與慥第三簡：「近得公擇書云，四月中乃到此。」是李常（公擇）正月末未來也。「上元起造」當指作雪堂。

初三日，作文祭堂兄不欺（子正）。

祭文見《文集》卷六十三（一九五九頁）。

十七日，夢前黃守閭丘孝終（公顯），覺而作《水龍吟》（「小舟橫截春江」）。

詞見《東坡樂府》卷上，蓋有懷孝終。《輿地紀勝》卷四十九謂孝終守黃「作棲霞樓，為郡之勝絕」。守黃時間不詳。

二十日，與潘丙、郭遘出郭尋春，作詩。同日，觀子姑神於黄人汪若谷家，作《天篆記》，復作詩。

詩俱見《詩集》卷二十一（一一〇五頁），前者乃和去年是日所作同至女王城詩。記見《文集》卷十二，謂「余去歲作何氏録以記之」，謂《子姑神記》也。參元豐四年「正月初」條。以此知《天篆記》作於本年。汪若谷，不詳。

二月二十二日，與李嬰、吴亮、趙安節、王齊愈、潘丙等游武昌西山，題名。載酒尋鄧潤甫（温伯、聖求）西山題詩，或為此時事。

題名見《佚文彙編》卷六（二五八一頁）。吴亮，見元豐六年「武昌主簿吴亮」條。趙安節，待考。《詩集》卷二十七《武昌西山》敍云：「嘉祐中，翰林學士承旨鄧公聖求，為武昌令。常游寒溪西山，山中人至今能言之。軾謫居黄岡，與武昌相望，亦常往來溪山間。」詩敍尋潤甫題詩。潤甫，建昌人，《宋史》卷三百四十三有傳。

孔平仲（毅甫、毅父）監江州錢監，作草庵，次弟轍韻寄題平仲。平仲嘗來黄相晤。

詩見《詩集》卷二十一（一一〇八頁），次本年春。本卷尚有《次韻孔毅父久旱已而甚雨》。《欒城集》卷十一有《孔平仲著作江州官舍小庵》，作於元豐四年。

同上尚有《次韻孔平仲著作見寄四首》，作於本年。其一云：「昔在京城南，成均對茅屋。」「歸來九江上，家有十畝竹。」轍兄弟與平仲交往已久。《山谷外集詩註》卷十有《次韻和答孔毅甫》、《再用舊韻寄孔毅甫》。前者有「湓浦鑪邊督數錢」之句，註文謂平仲時監江州錢監。庭堅時知太和縣，見《山谷全書》卷首《年譜》。詩次元豐四年。

《清江三孔集·朝散集》卷四《子瞻子由各有寄題小庵詩却用元韻寄呈》：「二公俊軌皆千里，兩首新詩寄一庵。大隱市朝希柱史，好奇兄弟有岑參。雪天凍坐癡於雀，雨夕春眠困若蠶。不是本來忘世味，便投閑寂亦難甘。」

《山谷外集詩註》卷十《次韻和答孔毅甫》註引蘇軾簡：「數日前，孔毅甫見過，此人錢監得替，欲入京注擬，中路思家而還。」《佚文彙編》未收。註又云平仲「元祐入館時監江州錢監」，則簡所云「思家而還」乃指返錢監任。平仲任江州錢監時間頗長。餘參本年九月八日、元豐六年三月二十五日紀事。

作雪堂。李元直（通叔）篆寄「雪堂」字。攜酒勞四鄰。

《東坡樂府》卷下《江城子》引：「元豐壬戌之春，余躬耕於東坡，築雪堂居之。」堂凡五間，《佚文彙編》卷二《與陳季常》第二簡云：「竊計上元起造。」知雪堂之興工為正月中旬事。

《文集》卷十二《雪堂記》：「蘇子得廢圃於東坡之脅，築而垣之，作堂焉，號其正曰雪堂。堂以大雪中為之，因繪雪於四壁之間，無容隙也。起居偃仰，環顧睥睨，無非雪者，蘇子居之，真得其所居者也。」

同上卷五十三《與陳季常》第四簡：「柴炭已領，感怍！感怍！東坡昨日立木，殊耽耽也。」敍築雪堂也。

《王譜》引《雪堂記》「蘇子」至「無容隙」云云，謂雪堂之名「蓋起於此」。并謂：「先生自書『東坡雪堂』四字以榜之。試以《東坡圖》考雪堂之景，堂之前則有細柳，前有浚井，西有微泉，堂之下，則有大冶長老桃花茶、巢元脩菜、何氏叢橘，種秔稌，蒔棗栗，有松期為可斲，種麥以為奇事，作陂塘，植黄桑，皆足以供先生之歲用，而為雪堂之勝景云耳。」又謂：「以《東坡圖》考之，自黄州門南至雪堂，四百三十步。」

《太倉稊米集》卷三十三《送孫求仁官黄岡》中云：「東坡營雪堂，始種坡前柳。至今有遺迹，過者為回首。」

《清江三孔集》（庫本）卷八孔武仲《蘇子瞻雪堂》：「古縣東邊仄徑開，先生曾此劚蒿萊。鸞凰一去應不返，花柳當年皆自栽。畫壁蒼茫留水墨，朱欄剥落長莓苔。鄰翁笑我來何暮，檢點風烟興盡回。」此詩約作於紹聖間，參《宋史》卷三百四十四《孔武仲傳》。

《文集》卷五十一《與李公擇》第九簡：「某見在東坡，作陂種稻，勞苦之中，亦自有樂事。有屋五間，果菜十數畦，桑百餘本，身耕妻蠶，聊以卒歲也。」卷五十五《與楊元素》第八簡：「近於城中葺一荒園，手種菜果以自娱。」卷六十《與子安》第一簡：「近於城中得荒地十數畝，躬耕其中，作草屋數間，謂之東坡雪堂。種蔬接果，聊以忘老。」

《詩集》卷二十一《次韻孔毅父久旱已而甚雨》其二：「去年東坡拾瓦礫，自種黄桑三百尺。今年刈草蓋雪堂，日炙風吹面如墨。」又：「四鄰相率助舉杵，人人知我囊無錢。」雪堂之成，得力於四鄰。卷二十二《上巳日與二三子攜酒出游隨所見輒作數句明日集之為詩故辭無倫次》：「東坡作塘今幾尺，攜酒一勞工農苦。」塘在雪堂下，見「王註」。

《文集》卷五十七與李元直第四簡贊所寄篆字，「筆勢茂美，足為郊藪之光」。

《東坡赤壁・藝文志》卷五引明郭鳳儀文，謂蘇軾於雪堂側，「手植梅一株，大紅千葉，一花三實，迄今嘉靖戊申，枯本猶存」。《東坡赤壁》同。

陳慥（季常）來，旋去。有詩。

《詩集》卷二十一《陳季常見過》其一：「君來輒館我，未覺雞黍窄。」其二：「送君四十里，只使一帆風。江邊千樹柳，落我酒杯中。」慥第三次來。

沈遼自湘徙池途中來訪，小駐即去。

《雲巢編》卷四《贈别子瞻》：「平生稚游眉陽客，五年不見鬢已白。借田東坡在江北，芟夷蓬蒿自種麥。相逢不盡一樽酒，故態那復論歡戚。手抱阿武勸餘瀝，維摩老夫失定力。老夫寂寂出三湘，更欲卜居池水陽。薄田止須數十畝，田上更樹麻與桑。（下略）」《題子瞻雪堂即次前韻》：「眉陽先生齊安客，雪中作堂愛雪白。堂下佳蔬已數畦，堂東更種連坡麥。不能下帷學董相，何暇悲歌如甯戚。布裘藜杖自來往，山禽幽弄均春力。案上詩書羅縑緗，爐中燒藥笑王陽。晨炊且糴北倉粟，冬服已指山前桑。南岡差高多種橘，迤北漸下宜栽秧。北鄰亦有放達士，道路壺榼常相望。」《初泊磁湖》（原注：時子瞻在齊安）：「小駐武昌江北岸，春風今夜泊江南。」

沈遼，《宋史》卷三百三十一有傳。徙池，詳傳。過黃為本年春。至池後，卜居齊山，詳本年以下「與沈遼簡」條。

毛滂自筠州來謁。

《詩集》卷三十一《次韻毛滂法曹感雨》：「我頃在東坡，秋菊為夕餐。永愧坡間人，布褐為我完。雪堂初覆瓦，上簟無下莞。時時亦設客，每醉筒輒殫。一笑便傾倒，五年得輕安。公子豈我徒，衣鉢傳一簟。」敍此時事。滂來蓋雪堂初成時。滂乃維瞻子。《欒城集》卷十一有《送毛滂齋郎》詩。維瞻時為筠州守，與蘇轍倡酬甚密。《施譜》：滂「舊以詩文受知」蘇軾。

董鉞歸鄱陽途中來訪，蘇軾次鉞所作《滿江紅》韻。

《注坡詞·滿江紅》引楊繪《本事曲集》敍鉞自梓漕得罪歸鄱陽，過蘇軾於黄，以下云蘇軾「怪其豐暇自得。曰：『吾再娶柳氏，三日而去官，吾固不戚戚，而憂柳氏不能忘懷於進退也。已而欣然，同憂患如處富貴，吾是以益安焉。』乃令家童歌其所作《滿江紅》，東坡嗟嘆之不足，乃次其韻。」次韻首云「憂喜相尋，風雨過，一江春緑」，鉞之來，乃春時事。《長編》卷三百十四元豐四年七月甲辰紀事：梓州路轉運副使董鉞除名，以瀘州失利之故。知過黄州為本年事。

同治《饒州府志》卷二十：董鉞，字毅夫，德興人，治平二年進士；遇事剛果，耿介不羣；自奉清約，家無儋石之儲，所積惟圖書滿篋而已。鉞之仕歷，《長編》有記載：熙寧九年七月戊寅，以夔州路轉運副使、太常丞特遷一官，以募人佃牧地之勞；八月辛卯，奏事。元豐元年正月甲子，詔成資日升一任，留再任。三年六月壬辰，詔往渝州應副瀘州事。七月戊辰，以屯田員外郎徙梓州路轉運副使。分別見卷二百七十七、二百八十七、三百五、三百六。

王天麟殿直自武昌來，言岳鄂間田野小人多舉之子輒殺之。與朱壽昌書，建議明立賞罰以變此風，并倡議捐助其貧甚不能舉子者。

書乃《文集》卷四十九《與朱鄂州書》，云「例只養二男一女，過此輒殺之，尤諱養女」。書云「春寒」，點明季候。卷七十二《黃鄂之風》敍及捐資救助事，「吾雖貧，亦當出十千」。

唐垧（林夫）贈丹石硯，銘之。

銘見《文集》卷十九（五五一頁），作於春。

作《雪堂記》，答潘大臨（邠老）之問。大臨嘗從蘇軾學詩。

記見《文集》卷十二（四一〇頁），有「雪堂之前後兮春草齊」句，作於春。趙刻《志林》卷四題作《雪堂問潘邠老》。按：記中之客，實以大臨為原型。「問潘邠老」乃潘邠老問。《豫章黃先生文集》卷二十《書倦殼軒詩後》云「潘邠老早得詩律於東坡，蓋天下奇才也」。《詩話總龜》前集卷三十七引《王直方詩話》轉引大臨答張耒《齊安行》，有「我曾侍立蘇公旁」句。《冷齋夜話》卷四《滿城風雨近重陽》謂大臨「工詩，多佳句，東坡、山谷尤喜之」，而「滿城」則為傳誦名句。大臨入江西詩派，劉克莊《江西詩派小序》則謂「其詩自云師老杜，然有空意無實力」。

復李昭玘書，以先得黃庭堅、晁補之、秦觀、張耒為樂，亦以昭玘欲從游為樂，勉昭玘有所至。

書見《文集》卷四十九（一四三九頁）。云「春和」，點明季節；首次並提黃、晁、秦、張四人。《樂静集》卷十《上蘇黃門》云得蘇轍《筠州東軒記》，又得《棲賢法堂記》，又未幾得蘇軾此書。《筠州東軒記》即《東軒記》，元豐三年十二月作，見《欒城集》卷二十四；《棲賢法堂記》即《欒城集》卷二十三《廬山棲賢堂新修僧堂記》，元豐四年五月作。軾書當作於本年春。

《蘇門六君子文粹》卷首《六君子雜說》引雲龕李氏序略轉引蘇軾此書謂：「書歷道黃、張、晁、秦諸公，且曰：『此數子者，挾其有餘之姿，而騖無涯之知，必極其有所如往而後已，則此安所歸宿哉！惟明者念有以反之。』其意蓋以彼為不然而勉其有所至也。」

三月三日，與客飲酒，書陶潛《飲酒》詩後。

文見《文集》卷六十七(二〇九一頁)。

寒食，雨，作詩。

詩見《詩集》卷二十一(一一一二頁)，云「自我來黃州，已過三寒食」。

清明，徐大受(君猷)分新火，有詩。

詩見《詩集》卷二十一(一一一三頁)。是歲清明為三月初五日。

七日，往沙湖相田，道中遇雨，作《定風波》，至沙湖，在黃氏家，得澤州呂道人沉泥硯。

《文集》卷六十八《書清泉寺詞》：「黃州東南三十里，為沙湖，亦曰螺師店。余將買田其間，因往相田。」黃岡縣有沙湖鎮。詞見《東坡樂府》卷上，云「料峭春風吹酒醒」。得硯據《文集》卷七十《書呂道人硯》。

得臂疾，往麻橋龐安時(安常)家治療，留數日，愈。安時嘗求書字，書之，安時贈李廷珪墨。

《文集》卷五十三《與陳季常》第三簡敍往安時家治臂疾。卷七十三《單龐二醫》：「元豐五年三月，予偶患左手腫，安常一鍼而愈。」卷七十《書龐安時見遺廷珪墨》敍書字、贈墨事。安時為蘄水人，麻橋當屬蘄水。

赴蘄水。山行夜飲，中夜起行，醉卧小橋畔，題《西江月》於橋柱上。

《東坡樂府》卷上《西江月》自序：「頃在黄州，春夜行蘄水中，過酒家，飲酒醉，乘月至一溪橋上，解鞍，曲肱醉卧少休。及覺已曉，亂山攢擁，流水鏗然，疑非塵世也，書此語橋柱上。」《外集》本此詞序云：「山行夜飲野人家，中夜起行，醉卧小橋畔，覺衆山橫擁，流水鏗然，疑非塵世，遂題一闋於柱上，名《西江月》。」前者為追憶，後者為當時所書。詞有「解鞍攲枕緑楊橋」之句，《東坡赤壁》云緑楊橋在今浠水縣城東。

至蘄水。徐禧（德占）來訪。與龐安時遊清泉寺，賦《浣溪沙》。欲訪吴瑛（德仁），未果。回黄州。

《詩集》卷二十一《弔徐德占》序：「余初不識德占，但聞其初為吕惠卿所薦，以處士用。元豐五年三月，偶以事至蘄水。德占聞余在傳舍，惠然見訪，與之語，有過人者。」禧詳本年十月紀事。

《文集》卷六十八《書清泉寺詞》謂「寺在蘄水郭門外二里許，有王逸少洗筆泉，水極甘，下臨蘭溪，溪水西流」，乃賦詞；並謂「是日極飲而歸」。蘄水屬蘄州，有蘭溪水。詞見《東坡樂府》卷下，云「誰道人生無再少，門前流水尚能西，休將白髮唱黄雞」，自積極一面看待人生，欲與安時共勉共勵。

《詩集》卷二十五《寄吴德仁兼簡陳季常》中云：「我遊蘭溪訪清泉，已辦布襪青行纏。稽山不是無賀老，我自興盡回酒船。」寫此時事，二人原不相識。瑛，蘄春人。《宋史》卷四百二十六有傳，《柯山集》卷四十九有墓銘。時致仕家居，人愛其樂易而敬其高。

光緒《蘄水縣志》卷二《古迹》：「城南有石麓，横抵河流，上有『激湍』二字，舊志云：東坡所鐫。」又：蘭溪南岸有龍潭，潭側石壁立，鼓之聲輒應，名打鼓石，「相傳東坡泛月於此，鐫『擊空明』三字於石」。又：有疊翠亭，蘇軾所名，今廢，舊志謂溪南文昌閣，乃亭舊址。

與林敏功（子仁）、林敏修（子敬）有交往。

《聲畫集》卷六林敏功《子瞻畫扇》：「夫子江湖客，毫端託渺茫。攢峰埋暮雨，古樹困天霜。偪側餘僧舍，溟濛失雁行。死生隨化盡，此意獨難忘。」

《全宋詞》第一册第二八八頁有蘇軾《鷓鴣天》，調下原註：「東坡謫黄州時作此詞，真本藏林子敬家。」此詞，或為蘇軾贈敏修者。

敏功，蘄春人，嘗以《春秋》預鄉薦，不第。元符末詔徵不赴，賜號高隱處士。有詩文百二十卷，兵火後不存。《直齋書録解題》著録敏功《高隱集》七卷，《宋史·藝文志》著録《林敏功集》十卷。弟敏修有《無思集》四卷，《輿地紀勝》卷四十七有傳。《集註分類東坡詩》姓氏中有敏功兄弟及林子來。《直齋書録解題》謂敏修字子來，與《集註分類東坡詩》不同，今從後者。蘇軾與敏功兄弟交往時間不詳，今因至蘄水，附其事於此。

秦觀落第。

據《淮海先生年譜》。《年譜》并云：「如黄州，候蘇公於館舍。」按：觀來黄，他處未見。

友人吴與為進士。

《後村先生大全文集》卷一百四《墨林方氏帖·蘇文忠公與可權長官時澤推官帖》：「可權失其姓，時澤雖著姓氏而失其名，當考。」可權乃與字，漳浦人。本年進士。歷餘干令，以奉議大夫通判潮州。家富藏書，鄭樵稱之。《宋史翼》卷十九有傳。

黄裳（冕仲）為進士及第第一人。蘇軾嘗戲謂其《謝及第啟》為酸文。

裳及第見《長編》卷三百二十四本年三月乙巳紀事。《能改齋漫録》卷十四《恩袍色動仙籍香浮》：「仁宗賜進士及第詩云：『恩袍草色動，仙籍桂香浮。』黄冕仲《謝及第啟》全用以為一聯，云：『恩袍色動，迷芳草之依依；仙籍香浮，惹春風之拂拂。』東坡戲之，曰：『好作聞喜燕酸文。』」裳，南劍州人，有《演山集》六十卷傳世，無一語及蘇軾。裳，《宋史翼》卷二十六有傳。

楊繪（元素）詩來，答之。

答詩見《詩集》卷二十一（一一一四頁），云「不愁春盡絮隨風」，作於春末。

王適（子立）徐州解試不利，回經黄州。

《詩集》卷四十八《歸來引送王子立歸筠州》敍適出徐州，過淮至黄與晤，嘗於雪堂清夜賞月。詩有「久抱一而不試」之語。

適回黄具體時間，最早在春末。二月二十二日，蘇軾與李嬰等游武昌西山，無適。三月初至沙湖，亦無適。

東坡收大麥二十餘石，乃舂為飯；或雜以小豆，妻王氏謂之「新樣二紅飯」。

據《文集》卷七十三《二紅飯》。文謂麥飯「嚼之嘖嘖有聲，小兒女相調，云是嚼虱子。日中饑，用漿水淘食之，自然甘酸浮滑，有西北村落氣味」。又謂二紅飯「尤有味」。此為本年或下年事，今繫入本年。

官制將行，神宗有意用蘇軾為中書舍人、翰林學士，為王珪等所沮。

《曲洧舊聞》卷二：「元豐初，官制將行，裕陵以圖子示宰執，於御史中丞執政位牌上，貼司馬温公姓名。又於中書舍人、翰林學士位牌上，貼東坡姓名。其餘與新政不合者，亦各有攸處。仍宣諭曰：『此諸人雖前此立朝，議論不同，然各行其所學，皆是忠於朝廷也，安可盡廢！』王禹玉曰：『須德音。』蔡持正既下殿，謂同列曰：『此事烏可，須作死馬醫始得。』其後上每問及，但云臣等方商量進擬。未幾宫車晏駕，而裕陵之美意卒不能行。」時王珪為左相，蔡確（持正）為右相。確，泉州晉江人，《宋史》卷四百七十一有傳。

《宋史·神宗紀》元豐五年五月辛巳朔：行官制。《長編》卷三百十九元豐四年十一月丁酉，有「對輔臣於天章閣議行官制既而中輟」之記載。則《曲洧舊聞》所云乃本年官制行前不久事。

《墓誌銘》謂本年「上有意復用，而言者沮之」。

四月二十八日，書《眉山遠景樓記》。

《壯陶閣書畫録》卷三《宋蘇東坡大楷眉山遠景樓記卷》末云：「元豐五年四月廿八日。東坡居士蘇軾撰，并書於僑居之雪寮。」雪寮，當即雪堂。《眉山遠景樓記》見《文集》卷十一，實作於元豐元年七月十五日，此乃重書。

五月，以怪石供了元（佛印），作《怪石供》。時了元居廬山歸宗。了元旋主潤州金山。

文見《文集》卷六十四，云石出江上，得古銅盆一枚以盛石，「廬山歸宗佛印禪師適有使至，遂以為供」。

《輿地紀勝》卷四十九《黄州・景物下》：「聚寶山：在州治之後，赤壁之上。山多小石，紅黄粲然，東坡所作《怪石供》，即此石也。」則山上亦有此石。

《文集》卷六十一與了元第二簡：「收得美石數百枚，戲作《怪石供》一篇，以發一笑。」

《輿地紀勝》卷二十五《南康軍・風俗形勝》謂「歸宗據雲水之都要」，有「天上雲居、地下歸宗」之語。同上《仙釋》謂了元嘗結菴於卧龍祠口；《景物下》謂歸宗寺在城西二十五里，卧龍菴（按：當即卧龍祠）在城西北二十里，蒼崖四壁，怒瀑中瀉，大壑淵深，凛然可畏。

了元主金山，見張舜民《畫墁集》卷七《郴行録》元豐六年七月丙寅紀事。舜民稱之為金山主僧，與之相晤；并云了元「頗嫻外學，文實燦然，圖畫尺牘好玩之物，莫不畢具，又畜孔雀能言之鳥數種」。了元能詩，《冷齋夜話》有了元答可遵詩。《文集》與了元第十一簡首云徂暑，以下云「承有金山之召」，促其治裝，簡或作於本年。

董鉞（義夫、毅夫）去，贈《哨遍》，并書，抒思歸之意。并寄朱壽昌（康叔）。

《東坡樂府》卷上《哨遍》序敍取陶潛《歸去來詞》「稍加檃括，使就聲律」，為《哨遍》以贈鉞。《鶴山先生大全文集》卷六十三《跋番陽董氏所藏東坡墨迹》：「蘇文忠雅嗜陶公文，其有感於《歸去來詞》，蓋元豐五年之夏，蔡、章被遇而吕正獻不合之時也。長公在黄，少公在筠，此何時也，而猶可以仕乎！（下略）」據此，蘇軾作《哨遍》并書贈董鉞，乃夏季事。

《文集》卷五十九與壽昌第十三簡，亦敍作《哨遍》，并小楷書贈壽昌。鉞之去，在壽昌罷鄂守前。《詩集》卷二十一《次韻黄魯直寄題郭明父府推潁州西齋》其二：「雪堂亦有思歸曲。」宋人「王堯卿注」謂為《哨遍》。

重建武昌西山九曲亭，弟轍作記。　嘗戲題西山九曲亭贈王居士。

記乃《欒城集》卷二十四《武昌九曲亭記》，云蘇軾「居齊安三年不知其久」，亭成於「大風雷雨」拔木之後，為夏季事。《詩集》卷二十一有《西山戲題武昌王居士》。此王居士，當為王齊愈（文甫）。

王適（子立）回筠州，作《歸來引》送之。

《欒城集》卷十二《迎寄王適》，本年作，云「扁舟夏涉氣如蒸」。　適離黄為夏季事。《歸來引》見《詩集》卷四十八。《佚文彙編》卷二《與朱康叔》第一簡：「適會姪壻後日行，來日已約數客酌餞。」姪壻乃適。

李常（公擇）離舒州任赴京師，與常簡論儉素乃長策。

《文集》卷五十一與常第十簡首云「治行窘用不易」，謂離舒也。謂節儉「是惜福延壽之道」，住京師「尤宜用此策」。　簡約作於夏間，參本年以下「與齊州幾宣義簡」條。

曹煥自光州赴筠州，道過黃岡。蘇軾有《漁家傲》贈其父光州守曹九章。

《欒城集》卷十二《東軒長老二絕・敘》：「始余於官舍營東軒，彭城曹君煥子文自浮光訪余於高安，道過黃岡。」煥赴筠，當為完婚。

《全宋詞》第三二〇頁收蘇軾《漁家傲》詞，中有「也應勝我三年貶」之句，知作於今年。又有「些小白鬚何用染」，或為煥述其父近況而發。

煥之來不知具體時間，姑參本年以下「曹煥離黃去筠州」條紀事，繫之於夏間。

楊世昌道士自廬山來，得其蜜酒方，作《蜜酒歌》贈之。

《文集》卷五十一《與滕達道》第五十八簡：「楊道人名世昌，緜竹人，多藝。」並云「留幾一年」。簡約作於元豐六年四月。《佚文彙編》卷六《帖贈楊世昌》其一云世昌字子京，乃綿竹武都山道士，「自廬山來過余，□□（按：約為『近一』二字）年乃去」，「明日當舍余去」。作於元豐六年五月八日。世昌之來，約為四五月間事。

詩見《詩集》卷二十一（一一一五頁）；同卷《次韻孔毅父久旱已而甚雨》其三云世昌之來「萬里隨身惟兩膝」。《欒城集》卷十二有《和子瞻蜜酒歌》。

陳慥（季常）來，贈揞巾，有詩。贈黃山人詩。問大冶長老乞桃花茶栽東坡，有詩。

詩皆見《詩集》卷二十一（一一一七至一一一九頁）。次《蜜酒歌》後。

慥乃第四次來訪。《墨莊漫録》卷二引蘇軾《贈黃照道人》首二句，即贈黃山人首二句，知山人名照。

《太倉稊米集》卷三十五詩題：「蘇内相在黄岡，嘗從桃花寺僧覓茶栽，移種雪堂下。」知大冶長老乃桃花寺僧。

《輿地紀勝》卷三十三《江南西路・興國軍・景物下》：「桃花寺：在永興縣南五十里桃花尖山之下。寺中有甘泉，里人用以造茶，味勝他處，今茶號曰桃花絶品。」

《式古堂書畫彙考・書》卷十《東坡病眼帖》引高殿跋云「蘇長公居黄州」，「在城南築一白雪堂，四百三十步前，有桃李林泉，後有菓菜堂。大冶長老」。「老」後當有脱文，似有蘇軾與大冶長老往還之意。

朱壽昌罷鄂守，陳瀚繼任。

《文集》卷六十七《題温庭筠湖陰曲後》謂本年：「蕪湖東承天院僧藴湘，因通直郎劉君誼，以書請於軾，願書此詞而刻諸石，以為湖陰故事。而鄂州太守陳君瀚為致其書，且助之請。」王適赴筠時，壽昌猶在鄂，則瀚繼任當為入秋後事。寫温庭筠詞，見元豐七年六月二十三日紀事。

此後軾與壽昌無交往。《宋史》卷四百五十六壽昌傳謂卒年七十，約為此後不久事。

作《魚蠻子》，刺賦税之重。

詩見《詩集》卷二十一（一一二四頁），云「人間行路難，踏地出賦租」。次夏、秋間。

《老學庵筆記》卷一引張舜民《漁父》詩，謂《魚蠻子》乃取《漁父》之意作，而舜民作於謫官湖湘時。「詣案」謂舜民時在黄。按：舜民經黄赴郴，乃元豐六年秋事，詳該年紀事。舜民至郴，已及冬初，其《漁父》撰成並傳至黄，蘇軾或已離黄。陸游之説偶誤。細考之，乃舜民取蘇軾之意而出之以直言。舜民

《漁父》如「保甲原無籍，青苗不著錢」，蓋為蘇軾斯時欲言而不敢言者。

七月十三日，題伯父渙舉進士謝啟後，以遺堂兄不疑（子明）。

文見《文集》卷六十六（二〇六四頁）。《文集》卷六十《與子安兄》第一簡：「近購獲先伯父親寫《謝蔣希魯及第啟》一通，躬親褾背題跋，寄與念二，令寄還二哥。」念二乃千乘。千乘時約居京師，參元豐六年「長子邁去京師」條紀事。

十六日，與客泛舟赤壁，作《赤壁賦》。

《賦》見《文集》卷一。《詩集》卷二十一《次韻孔毅父久旱已而甚雨三首》其三有「楊生自言識音律，洞簫入手清且哀」之句。楊生乃楊世昌道士。《賦》所云「客有吹洞簫者」，其客，或即世昌也。《文集》卷七十一《記赤壁》，作於此略前，可參。

赤壁懷古，賦《念奴嬌》（「大江東去」）。

《紀年録》謂為七月作，次《赤壁賦》之後。詞見《東坡樂府》卷上。

《東坡赤壁》謂坡仙亭石刻有此詞，草書；書後有款識：「久不作草書，適乘醉走筆，覺酒氣拂拂，似指端出也。東坡醉筆。」此文見《佚文彙編》卷六，文字間不同。草書詞及跋，當作於此時或略後。

初秋夜坐，與子邁聯句。

詩見《詩集》卷二十一（一一二五頁），中有「露葉耿高梧，風螢落空廡，微凉感團扇，古意歌白紵」之句，為七、八月之間景象。

次韻和王鞏賓州所寄六首。嘗跋所和詩。

詩見《詩集》卷二十一(一一二六頁),其一有「況子三年囚」之句。《文集》卷六十八有《題和王鞏六詩後》。

八月四日,為方竹逸畫竹石,并跋。時竹逸之友金鏡來黃州。

《六硯齋三筆》卷一:「蘇文忠《竹石》一卷,有題跋,絕俗神品也,録之:『昔歲,余嘗偕方竹逸尋淨觀長老,至其東齋小閣中,壁有與可所畫竹石,其根莖脈縷,牙角節葉,無不臻理,非世之工人所能者。與可論畫竹木,於形既不可失,而理更當知,生死、新老、煙雲、風雨,必曲盡真態,合於天造,厭於人意,而形理兩全,然後可言曉畫,故非達才明理,不能辨論也。今竹逸求余畫竹,因妄襲與可法則為之,并書舊事以贈。元豐五年八月四日,眉山蘇軾。』」「淨」後當脱一「因」字。淨因在汴京,見《文集》卷十一《淨因院畫記》。

同上:「子瞻先生於元豐己未,自徐州移任吳興,日訪諸公高隱談詩較墨。興至,輒點染竹石、詞翰,隨贈所喜。若匪人,雖乞弗與也。越三載壬戌,先生責黃州,僕亦有事於黃。竹逸先生寄此卷素,以乞先生竹石。至則先生往蘄水,候旬餘始還,得拜覿於臨臯亭中,握手問故。飲半劇,述前望游赤壁之勝,起而撫松長嘯,朗誦《赤壁賦》一過。僕知先生興酣矣,遂出卷頂懇,蒙慨然揮灑,復書『春夜行蘄水,過酒家飲酒,乘月至溪橋上,解鞍少休』《西江月》詞一闋賜。僕捧硯,視竹若紫鳳回風,石如白雲出岫,書則豪放軼宕,如快馬斫陣而步伍自存。僕愧不知書,不敢管窺臆贊,然如釋迦牟尼現丈六金身，雖至愚至幼，靡不合掌稱佛者也。因識始末，并録先生詞以歸竹逸云（詞略）。武林金鏡敬題。」

《西江月》起句為「照野瀰瀰淺浪」，見《東坡樂府》卷上。

本月，賀鑄（方回）作詩懷蘇軾。

《慶湖遺老詩集》卷二《登黄樓有懷蘇眉山》序云：「時公謫居黄岡，壬戌八月彭城賦。」詩云：「登黄樓，望黄州。黄州望不見，樓下水東流。水流何可留，浮雲更悠悠。傷心澤畔客，憔悴楚蘭秋。」時鑄知徐州。

九月一日，與堂兄不疑（子明）夫婦簡致候，并寄堂兄不欺（子正）奠文，時不欺已大葬。

《佚文彙編》卷四與不疑第九簡敍之，時不欺之卒已一年。簡稱不疑為通直而不稱具體官稱，時不疑鄉居，通直乃通直郎。

曹焕離黄去筠州，作詩送之。焕過廬山，以詩示圓通知慎禪師，知慎和之。焕離廬山，知慎送出門，入室而卒。弟轍賦詩。

《詩集》卷二十三詩題：「子由在筠作《東軒記》，或戲之為東軒長老。其壻曹焕往筠，余作一絶句送曹以戲子由。曹過廬山，以示圓通慎長老。慎欣然亦作一絶，送客出門，歸入室，趺坐化去。子由聞之，乃作二絶，一以答余，一以答慎。（下略）」

《欒城集》卷十二《東軒長老二絶·敍》首云焕過黄州，以下云：「家兄子瞻以詩送之曰：『君到高安幾日回？一時抖擻舊塵埃。贈君一籠牢收取，盛取東軒長老來。』君過廬山見圓通知慎禪師，出詩示之。師嘗與余通書，見之欣然。明日謂君：『昨見黄州詩，通夕不寐，以一偈繼之，曰：「東軒長老未相逢，却見黄州一信通。何用揚眉資目擊，須知千里事同風。」吾野人不能數為書，君為我誦之而已。』君既至，未暇及此。客有自廬山至者，曰：『慎師送客出門，還入丈室，燕坐而寂。』君乃具道其事，余感之，作二絶，其一以答子瞻，其二以答慎也。」其一：「東軒正似虚空樣，何處人家籠解盛？縱使盛來無處著，雪堂自有老師兄（原註：子瞻新築東坡雪堂）。」其二略。詩次元豐五年。

《詩集》「一以答慎」之後，云：「明年余過圓通，始得其詳，乃追次慎韻。」「明年」云者，乃元豐七年，是以曹焕之去為元豐六年事。今從《欒城集》。

焕離黄時間，約在九月初，見以下九月八日紀事。

《青山集》卷二有《圓通行簡慎禪師》詩，卷二十有《合肥逢清漣上人》，原注謂清漣乃慎禪師弟子。可參。

八日，與孔平仲（毅父）簡。

《文集》卷五十七《與毅父宣德》第一簡：「明日便重九。」又云「近姪壻曹君行」，曹君乃焕，簡本年作。時平仲在江州，由黄至筠，道途所經。第二簡云「子由信籠敢煩求便附與」，作於此後不久。

重九，與太守徐大受會於棲霞樓，作《醉蓬萊》。

詞見《東坡樂府》卷上；小序云：「今年公將去，乞郡湖南，念此惘然，故作是詞。」詞下片末云：「來歲今朝，為我西顧，酹羽觴江口。會與州人，飲公遺愛，一江醇酎。」謂明年此時，大受已離黄矣。

巢谷（元修）自蜀來，蘇軾使追、過從學。

《文集》卷六十《與子安兄》第一簡：「巢三見在東坡安下，依舊似虎，風節愈堅。師授某兩小兒極嚴。」是簡云及近作東坡雪堂、近題伯父渙《謝蔣希魯及第啟》，又云「此書到日，相次，歲豬鳴矣」，當作於本年冬初。《總案》謂谷來為元豐六年事，誤。

谷來自蜀中，見《詩集》卷二十二《元修菜·敍》。

《宋史》卷四百五十九《巢谷傳》謂嘗為幕經制瀘夷韓存寶幕下。元豐四年七月甲辰，韓存寶得罪伏誅（見《宋史·神宗紀》）。谷變姓名至江、淮間。則谷來黃，乃其避禍時。

與齊州幾宣義簡。

簡見《文集》卷五十七，云：「向者以公擇在舒，時蒙相過，既去，索然無復往還，每思檻泉之遊，宛在目前。聞河決陽武，歷下得無有曩日之患乎。」知致簡時，李常（公擇）離舒已有日，幾宣義其人，與蘇軾、李常皆舊友，常知齊時已官於齊。

《宋史·神宗紀》本年八月戊寅紀事：「河決原武。」十二月辛酉紀事：「塞原武決河。」《蘇文繫年考略》謂簡中「陽武」為「原武」之誤，是。簡末云「乍冷」，約作於秋末。

《七集·續集》卷五收此簡，「幾」後有「道」字。蘇軾友人有黄好謙（幾道），與簡所云經歷不合。

十月七日，記夢中所賦詩。

《東坡志林》卷一《記夢賦詩》：「軾初自蜀應舉京師，道過華清宮，夢明皇令賦太真妃裙帶詞，覺而記之，今書贈柯山潘大臨邠老，云：『百疊漪漪水皺，六銖縱縱雲輕。植立含風廣殿，微聞環佩搖聲。』元豐五年十月七日。」《佚文彙編》失收。

十五日夜，復游赤壁之下，作《後赤壁賦》。從游者有道士楊世昌（子京）。

賦見《文集》卷一。《佚文彙編》卷六《帖贈楊世昌》敍從游。

李臺卿卒，作詩弔之。

詩見《詩集》卷二十一（一一三一頁），次《弔徐德占》前。詩敍盛贊臺卿博學。

本月，作詩弔徐禧（德占）。禧死於邊事，詩傷其為明所誤。復為壙銘。

詩見《詩集》卷二十一（一一三四頁）。詩以松柏喻禧，有云：「哀哉歲寒姿，骯髒誰與論。竟為明所誤，不免刀斧痕。」詩之引謂作於本月（十月）。

同治《義寧州志》卷三十鮮于侁《徐忠愍墓誌銘》謂禧：「分寧吴仙里人也。讀書務得大體，尚志節，深明古今治要，喜談兵事，有磊落英多之概。」又謂：「壬戌，奉命城永樂，夏人來争，竟以身報國。特贈金紫光禄大夫、吏部尚書，謚忠愍。」又謂：「公生於大中祥符六年癸丑上元日，卒於元豐五年壬戌季秋月。」

同上書同上卷有蘇軾《徐忠愍壙銘》，《佚文彙編》失收，兹録此：「翳贛江之南下兮，於豫章而寢鴻。偉西山之卓異兮，列聖靈之仙蹤。世一亂而一治兮，隱則仙而出則賢。憶公之肖（編撰者按：疑應作「育」）靈於山川兮，奚其質之全也。方少壯之嗜學兮，嘗博覽而周游也。歷中途之頓悟兮，乃獨潛神而内修攝也。餌以顛危垂陷之地兮，所以粹公之節義也。火欲焰而先烟兮，物固有否而後泰也。夫何不幸而從干戈之死也。嗚呼哀哉！人壽百歲兮，其久須臾。惟公忠心所激兮，萬古不渝。西山秀兮水清，魴鱖肥兮香芬。靈仙所都兮，可與飛羿。魂乎來歸兮，結草為期。澗水不息兮，視我銘詩。」《宋史》卷三百三十四《徐禧傳》紀禧身率士卒拒戰，而又責其「狂謀輕敵」。禧在當時，毀譽不一。《豫章黄先生文集》卷二十一祭禧文謂禧「文足以弼亮天功，武足以折衝樽俎，識足以超萬人之毀譽，量足以任百世之榮名」。《石門文字禪》卷二十七《跋山谷所遺靈源書》云熙豐之間，天下出二偉人，「徐德占一旦興草萊與人主論天下事，若素宦於朝，黄魯直氣摩雲霄，與蘇東坡並馳而争先，二公皆名震天下，聖世第一等人也」。《邵氏聞見録》卷十謂或云禧降蕃。《東軒筆録》卷十四、《揮麈録·前録》卷三及《後録》卷二、卷八載禧事迹。《清江三孔集·朝散集》卷一有《送徐德占》詩，《名賢氏族言行類稿》有傳。《指月録》卷二十四亦及之。

《山谷詩集注》卷十六《題徐氏書院》任注謂徐禧娶庭堅從妹。

本月，蔡承禧（景繁）以淮南西路轉運副使按部至黄，與晤。

本年正月丙午，蔡承禧為淮南西路轉運副使，見《長編》卷三百二十二。事迹詳《蘇魏公文集》卷五十六墓銘。《文集》卷五十五與承禧第一簡云「自聞車馬出使，私幸得託迹部中」，作於本年熕暑。第三簡云「謫居幽陋，每辱存問，漂落之餘，恃以少安，今者又遂一見，慰幸多矣」。《總案》據此謂承禧為蘇軾營屋。簡云「衝涉薄寒」，相見為初冬。第十簡云「正如公傳舍見飲時狀」，知見於傳舍。《文集》卷六十三祭承禧文：「我遷於黃，衆所遠擯。惟子之故，不我籍轔。」

本月以後，自臨皋亭遷雪堂。

《王譜》：「以《東坡圖》考之，《後赤壁賦》云『十月既望，蘇子步自雪堂，將歸於臨皋』，則壬戌之冬未遷，而先生以甲子六（按：當作四）月過汝，則居雪堂止年餘。由是推之，先生自臨皋遷雪堂，必在壬戌十月之後明矣。」《文集》卷七十《跋吴道子地獄變相》末云「元豐六年七月十日齊安臨皋亭借觀」。知遷居雪堂後，仍來往臨皋亭。

冬寒，答李廌（方叔）書，評廌詩文，微箴之。廌持喪，遣邁慰之。

《文集》卷四十九答廌書敍別後得二書，未答，專人又辱長箋。此書乃答廌長箋者。書云「比日孝慰無恙，感慰深矣」，廌正持喪。書贊廌作「詞氣卓越，意趣不凡」，「但微傷冗，後當稍收斂之」。末云「冬寒」而不云「窮冬」、「隆冬」，約為十月事。

《文集》卷五十三與廌第四簡云「承持制甚苦，哀慕良深」，欲走詣，以謫居不便，「謹遣小兒問左右，當以亮察」。小兒乃邁，此乃廌自黃返回後事。廌返後復遭喪，亦為本年事。

十二月十三日，跋李康年篆《心經》後。

跋見《文集》卷六十九（二一九〇頁）。《文集》卷五十七《與李通叔》第二簡謂跋乃應康年之請作。跋謂康年江夏人。按：康年嘗攝尉武昌，有《自江夏登舟一夕而至》殘句，見《輿地紀勝》卷八十一《壽昌軍》。《豫章黄先生文集》卷二十九《跋李康年篆》贊康年善篆。元祐中，康年嘗應江夏太守王得臣之命，敍舒元輿之事而摹刻於石，見《慶湖遺老詩集》卷八《江夏八詠・舒元輿榜》。

十九日，生日，置酒赤壁磯下，進士李委作新曲《鶴南飛》以獻。與其會者有郭遘、古耕道。賦詩。

詩乃《詩集》卷二十一《李委吹笛》。委字公達，見《文集》卷五十《與范子豐》第七簡。

蹇序辰（授之）提舉江西常平，簡來，有答。序辰過黄，蘇軾以兒婦突病，未能相晤。

序辰，成都雙流人，父周輔。《宋史》卷三百二十九父子同傳。傳謂序辰嘗提舉江西常平。

《文集》卷五十五與序辰第三簡：「子由在部下，甚幸，但去替不遠耳。」弟轍所官筠州鹽酒務，正江西常平所屬。《總案》入序辰提舉江西常平於元豐三年，與「去替」之語不合。序辰提舉江西常平約為今年或明年事，今繫入本年。第六簡云「衝涉薄寒」，為冬季事。第四簡敍「欲上馬赴約」相晤，以兒婦眩倒，不省人事，以致失言。第五簡惜「不得一見而別」。

崔閑來黄。閑善琴，與游甚密。為閑作《醉翁操》。

《文集》卷五十七《與陳朝請》第二簡云「適寒苦嗽」，聯繫卷六十《與巢元修》，知作於下年春。簡云學琴，云有廬山崔閑者極能琴，「遠來見客，且留之，時令作一弄」。閑之來，約為本年冬。

《永樂大典》卷二千七百四十一引《南康志》：「崔閑，字誠老，星子人。自少讀書，不務進取，襟懷清曠，平日以琴自娱。始遊京師，士大夫見其風表，莫不倒屣。後倦游復歸，乃結廬於玉澗兩山之間，號睡足菴，自謂玉澗道人。」同上引《九江府志》謂蘇軾號曰玉澗山人，閑「耕蒔以給，自號無着道人」。道潛稱曰玉荆山人。《參寥子詩集》卷一《玉荆山人崔君草堂》云「玉荆澗落碧漪漣」，知玉荆即玉澗。

《詩集》卷四十八《送酒與崔誠老》云「雪堂居士醉方熟，玉澗山人冷不眠」。《佚文彙編》卷六《書雲成老》敍閑「來雪堂，日日晝寢」。上引《九江府志》引閑詩：「每與本坡心印傳，雪堂終日悟『琅然』。七絃高掛渾無用，明月當天一點圓。」閑居雪堂。《文集》卷六十七《題孟郊詩》敍夜聞閑彈《曉角》，始覺孟郊《聞角》之妙。

《總案》卷三十五引石刻蘇軾《醉翁操》真迹：「慶曆中，歐陽公謫守滁州。琅琊幽谷，山川奇麗，鳴泉飛瀑，聲若環佩。公臨聽忘歸，僧智仙作亭其上，公刻石為記，以遺州人。既去十年，太常博士沈遵聞而往游，以琴寫其聲，為《醉翁吟》，蓋宫聲三疊。後會公河朔，遵援琴作之，公歌以遺遵，并為《醉翁引》以敍其事，然調不注聲，為知琴者所惜。後三十餘年，公薨，遵亦没。有廬山道人崔閑，遵客也，妙於琴理，常恨此曲無詞，乃譜其聲，請於東坡居士，以補其缺。然後聲、詞皆備，遂為琴中絶妙，好事者争傳。」與《文集》卷四十八《醉翁操》之引有不同處，與《澠水燕談録》卷七所敍文字略同。《澠水燕談録》並云：「方其補詞，閑為弦其聲，居士倚為詞，頃刻而就，無所點竄。」

《總案》同上卷引曾鞏跋：「余與子瞻皆歐陽公門下士也。公作《醉翁引》，既獲見之矣。公没後，子瞻復按譜成《醉翁操》，不徒調與琴協，即公之流風餘韻，亦於此可想焉。後人展此，庶尚見公與子瞻之相契者深也。南豐曾鞏記。」《曾鞏集》無此文。

據鞏文，知《醉翁操》作於元豐六年四月鞏卒前。《永樂大典》卷二千七百四十一引《九江府志》崔閑詩，有「雪堂終日悟琅然」句；又引蘇軾此後寄閑詩「道合何妨過虎溪，高山流水是相知，與君一别無多日，夢到琅然夜榻時」。「琅然」乃《醉翁操》首句，知此詞作於雪堂，為閑居雪堂時事。此詩，《詩集》未收。《永樂大典》同上卷引《南康志》謂《醉翁操》「石刻今在郡齋」。

與皮仙翁往來，或為此前後事。

《永樂大典》卷二千七百四十一引《九江府志》：「皮仙翁，……不知何名，亦與蘇、黃往來。庭堅嘗為賦《清江引》曰：『先生抱琴坐客牀，坐中冷洌凝清霜。琴心靜與人意會，一瀉萬里之長江。七絃雖在十指空，江水東流波不動。仙翁默坐我忘機，似成白晝羲黃夢。』其風概可知。」原附《崔閑傳》，附次。

與沈遼（睿達）書。遼築室池州齊山之上，名曰雲巢。

《文集》卷五十八與遼第一簡，元豐六年夏作，云：「去歲不記日月，遞中奉書。」書佚。據《雲巢編》卷七《三遊山記》，時遼卜築齊山；《宋史》卷三百三十一《沈遼傳》謂名所築曰雲巢。作書時或已及冬。第一簡云「退居安隱」，知雲巢已築成。

歲末，作《黃泥坂詞》。

詞見《文集》卷四十八。末云「歲既宴兮草木腓」，知作於歲末。首云：「出臨皋而東騖兮，并叢祠而北轉。走雪堂之陂陀兮，歷黃泥之長坂。」知遷居雪堂後，仍往來於臨皋、雪堂之間。

《欒城集》卷十二《同王適曹焕游清居院步還所居》作於元豐六年春。末云：「笑問黃泥行，此味還同否？」自注：「子瞻謫居齊安，自臨皋亭游東坡，路過黃泥坂，作《黃泥坂詞》。二君皆新自齊安來，故云。」知《黃泥坂詞》作於今年。

《文集》卷六十八《書黄泥坂詞後》：「余在黄州，大醉中作此詞。」

巴陵令上官彝寄詩文並多簡來，答簡贊其詩文，有向往洞庭君山之意。

《文集》卷五十七與彝第一簡：「專人至，辱書及詩文二册。」以下云：「觀書辭，博雅純健，有味其言；次觀古律詩，用意深妙，有意於古作者；卒讀《莊子論》，筆勢浩然，所寄深矣，非淺學所能到。」第二簡云及「謫居幸獲相近」。第三簡：「詩篇多寫洞庭君山景物，讀之超然神往於彼矣。」以下言不作詩已三年，此三年當自初至黄州始，簡作於本年末。今據此繫與彝三簡於此。

彝，福建路邵武軍邵武縣人。熙寧九年進士。見同治《福建通志》卷一百四十七。為巴陵令，見光緒《巴陵縣志》卷四十八。紹聖中官建昌軍教授，《輿地紀勝》卷三十五《江南西路・建昌軍・景物下》有彝《虎頭山》詩。《宋史・藝文志》總集類著録彝《麻姑山集》三卷，已早佚。

《沈氏三先生文集・雲巢編》卷三《次韻奉贈巴陵上官令》云及「蒙恩許北下，始接諸公武」，又云「巴陵遇言游，高文璨瑶圃。泠泠挹清風，使人懷玉斧」。同上《奉贈上官令》首云：「洞庭春水静，楚山氣雄勁。欲言世上清，不敵巴陵令。」卷四有《奉謝上官令詩卷》詩，卷五《奉酬巴陵令》云及「忽枉故人問，乃是巴陵君，君治最瀟灑，洞庭天下聞，高材有餘暇，壯觀誰能群」。此上官乃彝。

王子中自徐州來，得李昭玘所寄題雪堂詩，與昭玘簡，贊之。簡并贊李廌詩，首次及廖正一（明略）。嘗應昭玘之請，為作竹石。

《樂静集》卷一《雪堂詩寄子瞻》首云：「愁雲蔽日昏風發，鵝毛大片舞空闊。陰崖冰壓木枝折，一鳥不飛人足絶。」簡見《文集》卷五十五，云讀雪堂詩及其他詩文，令人「耳目眩駭，不能窺其淺深」；贊廌作「雖狂氣未除而筆勢瀾翻，已有漂砂走石之勢」。正一見元祐二年十月丙午紀事。

《文集》卷十一《遊桓山記》記從游者有王適（子立）、王遹（子敏）、王肄。《樂静集》卷一有《送王子中南歸筠州》詩。肄或為子中之名，為適、遹兄弟輩。《柯山集拾遺》卷三有《聞蘇先生除校書郎喜而為詩并招王子中》。此蘇先生乃轍。詩有「王郎蕭蕭好文章」之句。

《樂静集》卷六《真樂堂記》：「李子以書乞墨竹於眉陽先生，先生不妄許可，得李子之言，喜而不拒，作大小竹石二番以貺焉。」以下敍得畫後「神動」、「心化」、「不知形骸之所忘」。又云：「先生謂李子曰：『君豈復事此兒女子喜好者也。』」昭玘以為兒女之好易足，易足者為真樂，故名其堂為真樂。「君豈復事」云云，當為答昭玘書中之語，其全文已佚。昭玘乞墨竹書已佚。

續蜀後主孟昶所作《洞仙歌令》首二句為《洞仙歌》。

《東坡樂府》卷上《洞仙歌・敍》敍七歲時眉州朱尼為誦昶此詞，今四十年，「但記其首二句」，乃為足之。知作於今年。

《墨莊漫録》卷九：「東坡作長短句《洞仙歌》，所謂『冰肌玉骨自清凉無汗』者。」以下云：「近見李公彦季成詩話，乃云楊元素作《本事》記《洞仙歌》『冰肌玉骨自清凉無汗』：錢唐有老尼能誦後主詩章兩句，後人為足其意以填此詞，其説不同。予友陳興祖德昭云：頃見一詩話，亦題云李季成作，乃全載孟蜀主一詩：『冰肌玉骨清無汗，水殿風來暗香滿。簾間明月獨窺人，攲枕釵横雲鬢亂。三更庭院悄無聲，時見疎星渡河漢。屈指西風幾時來，只恐流年暗中換。』云：東坡少年遇美人，喜《洞仙歌》，又解后處景色暗相似，故櫽括稍協律以贈之也。」以下云軾敍云是《洞仙歌令》，乃以「此敍自晦」。《苕溪漁隱叢話》前集卷六十引《漫叟詩話》載楊繪《本事曲》所敍，謂當以蘇軾之《洞仙歌令・敍》為正。

按：昶詩疑乃宋人好事者據軾《洞仙歌令》為之。

毛維瞻（國鎮）致仕。應請書陶潛《歸去來》以贈，并跋。嘗簡維瞻。

《欒城集》卷十一《送毛君致仕還鄉》，本年作；謂維瞻。跋見《文集》卷六十九（二一九八頁），云及「林下展玩」。簡見《文集》卷五十七（一七九八頁）。劉攽（貢父）謂此簡「前數句是夜行迷路，誤入田螺精家中來」，見《道山清話》。簡前數句為：「歲行盡矣，風雨凄然。紙窗竹屋，燈火青熒。」攽語蓋戲之。

趙昶（晦之）再任藤州，簡賀。

據《文集》卷五十七與昶第四簡。昶以元豐三年任，再任為本年。

多簡與陳軾。

《文集》卷五十六《與陳大夫》第三簡云奉違「兩改歲」，今年作。第六簡云九郎「今歲科詔，當就何處下文字」，就今年禮部試而言。第四簡云「九郎淹滯」，知禮部試未售。《王臨川集》卷二十《陳君式大夫恭軒》云「獨喜弦歌有嗣音」，贊九郎。九郎，陳軾之子。

周紫芝生。

《太倉稊米集》卷三《壬午秋日》注：「時年二十一。」據推。該書卷七《夜讀艾子書其尾》肯定《艾子》為蘇軾所作，有重要價值。

與堂兄不疑（子明）簡，勸以時自娛。

《文集》卷六十與不疑：「世事萬端，皆不足介意。所謂自娛者，亦非世俗之樂，但胸中廓然無一物，即天壤之内，山川草木蟲魚之類，皆是供吾家樂事也。」時不疑滯留蜀中。并寄近作《歸去來引》與不疑，知此簡約作於今年。

滕元發（達道）專人借示李成《十幅圖》。

《文集》卷五十一與元發第四十九簡云：「承專人借示李成《十幅圖》，遂得縱觀，幸甚！幸甚！」又云：「此本真奇絶，須當愛護也。月十日後，當於徐守處，借人賫納。」徐守謂大受（君猷），此簡約作於本年。

成字咸熙，系出唐宗室，營丘人。生後梁末帝貞明五年，卒於宋太祖乾德五年。《聖朝名畫評》卷二《李成傳》稱成所「畫山水林木，當時稱為第一」。《圖畫見聞志》卷三、《宣和畫譜》卷十一、《圖繪寶鑑》卷三均有《李成傳》。

王禹錫入太學，有贈。

《文集》卷六十九《書贈王十六二首》其一：「王十六秀才禹錫，好蓄余書，相從三年，得兩牛腰。既入太學，重不可致，乃留文甫許分遺。」文甫，齊愈字。自元豐三年至此首尾為三年。其二亦作於此時。今次此。

《文集》卷七十《書張遇潘谷墨》敍贈禹錫墨事。此或為元祐中事，今附於此。

《苕溪漁隱叢話》前集卷五十五引《王直方詩話》：「王禹錫行第十六，與東坡有姻連，嘗作《賀知縣喜雨》詩云：『打葉雨拳隨手重，吹凉風口逐人來。』自以為得意。東坡見之，曰：『十六郎作詩，怎得如此不入規矩。』禹錫云：『蓋是醉中所作。』異日，又持一大軸呈坡，坡讀之，曰：『爾復醉耶！』」與蘇軾有姻連之王十六，名箴，妻王閏之之弟，與禹錫非一人。《王直方詩話》偶失。

是歲前後，劉攽（貢父）貶衡州，過黄州晤蘇軾，并賦詩。

《後山集》卷二十一《談叢》：「蘇長公以詩得罪，劉攽貢父以繼和罰金，既而坐事貶官湖外，過黄而見蘇。寒温外，問：『有新諱否？』貢父曰：『有二屠父，至（編撰者按：疑應作「質」）其子，而易業為儒賈。二父每相見，必以為患。甲曰：「賢郎何為？」曰：「檢典與解爾。」乙復問，曰：「與舉子唱和詩爾。」他日，乙曰：「兒子竟不免解，著賊贓，縣已逮捕矣。」甲曰：「兒子其何免耶？」乙曰：「賢郎何虞？」曰：「若和著賊詩，亦不穩便。」』」公應之，曰：『賢尊得以憂裏。』」

《宋史》卷三百十九《劉攽傳》謂元豐中「黜監衡州鹽倉」。張舜民《畫墁集》卷三有《同劉貢甫學士登石鼓合江亭》一首。舜民於元豐六年冬抵官郴州，知攽黜衡州為本歲前後事。石鼓合江亭在衡州，見《輿地紀勝》卷五十五。《清波雜志》卷四謂舜民晤攽於衡州。《學易集》有《送劉貢父貶衡州》詩。

《彭城集》卷十《黄州臨臯亭》：「遠國江千里，荒城水一涯。居人愁避虎，過客競乘槎。秋雨吹天暮，寒濤浸日車。從來遷謫地，卑濕是長沙。」過黄乃秋季事。

與章惇（子厚）簡，敘東坡耕居生活，為本年或下年事。

簡乃《文集》卷五十五與惇第一簡，謂老妻能治牛疾，有「老妻猶解接牡丹」之語。涵芬樓鉛印本《說郛》卷十八有宋葉寘《坦齋筆衡》，其中《東坡牛醫》一則，即據簡敘東坡耕居生活，謂俗呼牛為黑牡丹，「黑牡丹」句後，尚有「『子厚，我更欲留君與語，恐人又謂從牛醫兒來，姑且去』，遂大笑而別」一段文字。

陳忱（伯誠）或卒於本年，有簡慰其弟慥（季常）。

簡乃《佚文彙編》卷二與慥第三簡。《文集》卷十三《陳公弼傳》謂慥兄弟四人，忱居長，知忱乃伯誠之名。《陳公弼傳》約作於元豐四年，其時忱為度支郎中。忱約卒於本年或下年，今繫入本年。

杜沂（道源）約卒於本年，與沂子傳（孟堅）簡，哀慰之。

《晚香堂蘇帖》：「軾啟。昨日令子見訪，始知道源傾逝，懷想疇昔，潸焉出涕，奈何！奈何！想孝愛之深，何以堪處。軾自獲譴以來，所至未嘗出謁，雖地主亦不往謝，今來無緣往弔，慚負深矣。憂恚所纏，恐畏萬端，非有簡於左右也。千萬亮察。令弟各安否，且祝節哀強食，毋重堂上之憂。不次。軾頓首。」《佚文彙編》未收。此簡作於黃州。簡中所云令弟乃杜俣。元豐四年，蘇軾與傳簡，傳家尚無事，參該年「與杜傳簡」條。沂約卒於本年。

《晚香堂蘇帖》上簡之後尚有一簡，乃《佚文彙編》卷二《與杜道源五首》之第五簡。簡云「輒送十緡省為一奠之用」，當為奠沂之喪。首云「令子所示」，據上簡，此子乃傳之子。此乃與傳簡，題應作《與杜孟堅》。

沂父叔元，叔元有曾孫曰唐弼，見《大觀録》卷五《諸帖一册》吴幵跋。不知唐弼是否為沂之孫。

蘇軾年譜卷二十二

元豐六年（一〇八三）癸亥　四十八歲

正月三日，點燈會客，作詩。

詩見《詩集》卷二十二（一一五三頁），末云：「冷烟濕雪梅花在，留得新春作上元。」

十五日，作《唐畫羅漢贊》。時悟清復來黄。

贊見《文集》卷二十二。《寶真齋法書贊》卷十二《蘇文忠羅漢偈帖》，即此文，末云「元祐八年正月望日雪堂書」。文云「東坡居士」，為元豐四年初悟清離去後事。悟清去時，蘇軾猶未自號東坡居士。文又云「今此羅漢在黄梅山常歡喜所」，黄梅山在黄梅縣，離黄不遠，所敍為黄事。《法書贊》「元祐」當為「元豐」之誤，「八」疑為「六」之訛。今繫此文於本年。知悟清復來黄，歸時不詳。

二十日，循前年、去年例，復出東門尋春，有詩。

詩見《詩集》卷二十二（一一五四頁）。

病眼，苦壅嗽。感時氣。

病眼詳本年三月十六日紀事。據《避暑録話》卷上，乃病赤眼。《文集》卷七十三《口目相語》首云「子瞻患赤目」，或為此時事。苦壅嗽，見本年以下「巢谷遊武昌車湖」條。

《文集》卷五十一《與滕達道》第五十八簡：「某感時疾，臥疾逾月，今已全安。」簡約作於本年四月。

《詩集》卷二十二《和秦太虛梅花》：「去年花開我已病。」作於元豐七年春梅花「竹外一枝斜更好」之時。

毛滂（澤民）寄來《擬秋興賦》并簡，答簡贊滂之作。

《文集》卷五十三答滂第七簡：「《秋興》之作，追配騷人矣。」贊其有「奇思」。簡末云：「數日適苦壅嗽，殆不可堪。」知作於此時。

《東堂集》卷一《擬秋興賦》序謂潘岳（安仁）作《秋興賦》時，年三十二，始見二毛，今少岳八歲，頭獨早白。知滂作《擬秋興賦》時為二十四歲。

大寒步至東坡，贈詩巢谷。蓋嘲蒲宗孟（傳正）。

詩見《詩集》卷二十二（一一五九頁）。

《山谷全書·別集》卷七《跋東坡嘲巢三》：「東坡此詩，蓋嘲蒲傳正。傳正請於先帝，欲寄金賙之。先帝笑曰：『鄉黨親舊，同朝僚友，以有餘助不足，縣官當怒之耶！』」蘇贈巢詩中有「故人千鍾祿，馭吏醉吐茵，那知我與子，欲將寒蟹呻」之句，蓋謂此也。時宗孟以翰林學士加中大夫守尚書右丞，見《宋史·宰輔表》。

巢谷（元修）遊武昌車湖，簡促其歸。

《文集》卷六十與谷簡：「日日望歸，今日得文甫書，乃云昨日始與君瑞成行。東坡荒廢，春笋漸老，餅餤已入末限，聞此，當俟駕耶！」又云：「某五七日來，苦壅嗽殊甚，飲食語言殆廢，矧有樂事！」文甫乃王齊愈，居車湖。君瑞當為王天麟，見元豐五年「王天麟殿直來」條。

陳章來簡，答之。

答簡乃《文集》卷五十七《與陳朝請》第二簡。時章知濠州，見第一簡校記。簡云：「某自竄逐以來，不復作詩與文字。」簡有「適寒苦嗽」之語，知作於春間。

三月十六日，簡徐大正（得之）。時大正已來黄。

《佚文彙編》卷二與大正第一簡：「軾春時病眼。」去年此時不在黄，明年此時將離黄，知作於今年。簡約大正等移坐雪堂前作詩。

弘治《八閩通志》卷六十三《徐大正傳》：「字得之，甌寧人。嘗赴省試，過釣臺，題詩曰：『光武初從血戰回，故人長短論詩材。中宵若起唐虞興，未必先生戀釣臺。』蘇軾見之，遂與定交。」其定交約為蘇軾倅杭時事。大正乃大受弟，見本年「徐大受卒於道」條。

十九日，與郭澄江簡。

簡見《佚文彙編》卷三（二四九五頁）。云「杜門自放，養成頑懶」，知作於黄；云「杜兄」乃杜傳；云「重病」，為今年。

《吴越所見書畫録》卷一《宋蘇文忠樂地帖卷》，即與澄江簡。據明臨川王英跋，蘇軾與澄江「往來書翰甚多，元季悉燬於兵」；盧陵余學夔跋謂澄江乃盧陵人，以承直郎謫西安，與蘇軾「相與友善，雖同遷謫中，然相勉隨寓而樂，所謂無人而不自得者」。西安，乃衢州之治。

二十五日，書弟轍答孔平仲二偈後寄弟轍。

文為《文集》卷六十與轍第三簡，《外集》題作《書子由答孔平仲二偈後》，見該簡校記。《欒城集》卷十二有《答孔平仲二偈》。本年，蘇軾次韻平仲詩多首，皆在《詩集》卷二十三，平仲原唱已佚。

道潛（參寥）來，館於東坡，嘗與同游武昌西山。喜道潛詩，嘗誦之。

《文集》卷十九《參寥泉銘·敍》敍道潛來，謂「留期年」。卷六十八《書參寥詩》謂道潛自吳中來。《記參寥詩》記夢中所記道潛詩有「寒食清明都過了」句，其來在清明後。

《詩話總龜》前集卷十四引《王直方詩話》：「東坡云：參寥善絕句，有云『隔林彷彿聞機杼，知有人家在翠微』，每為人誦。後來黃州，相聚半年，京師故人以書相遺曰：知有僧在彼，非『隔林彷彿聞機杼』和尚耶！僕謂參寥曰：此吾師七字師號也。」《冷齋夜話》卷四《道潛作詩追法淵明乃十四字師號》亦敍此事。所云十四字，乃謂「隔林」全聯。「隔林」見《參寥子詩集》卷八《東山》。

四月六日，黃庭堅作書與蘇軾；并寄《食筍》，軾次韻。

書見《山谷老人刀筆》卷二。《豫章黃先生文集》卷十九《上蘇子瞻》第二書即此書，然無作書月日。書云「比以職事在山中食筍，得小詩，輒上寄」。時庭堅在太和。《食筍》見《山谷外集詩注》卷十二，次韻乃《詩集》卷二十二《和黃魯直食筍次韻》。書云：「聞燕坐東坡，心醉六經，滋味糟粕而見存乎其人者，頗立訓傳以俟後世，子雲安得一見之。」訓傳當為《易》傳等。子雲或庭堅自况。
丙辰（十一日），曾鞏卒。紛傳是日前後蘇軾卒。神宗以詢蒲傳正。范鎮遣人問訊。
丙辰云云，據《曾鞏集》附録行狀及墓銘。
《文集》卷五十答鎮第二簡云「春夏間，多患瘡及赤目，杜門謝客，而傳者遂云物故」。卷七十一《書謗》謂鞏卒，「人有妄傳吾與子固同日化去，如李賀長吉死時事，以上帝召也，時先帝亦聞其語，以問蜀人蒲宗孟，且有歎息語」。
《春渚紀聞》卷六《裕陵惜人才》：「公在黄州，都下忽盛傳公病殁。裕陵以問蒲宗孟，宗孟奏曰：『日來外間似有此語，然亦未知的實。』裕陵將進食，因歎息再三，曰『才難』。遂輟飯而起，意甚不懌。後公於哲廟朝表薦先子博士《備論》云：『先皇帝道配周孔，言成典謨，蓋嘗當食不御，有才難之歎。』其説蓋出於此。」薦文在《文集》卷三十一。
《避暑録話》卷上：「子瞻在黄州病赤眼，踰月不出，或疑有他疾，過客遂傳以為死矣。有語范景仁於許昌者，景仁絶不置疑，即舉袂大慟，召子弟具金帛，遣人賙其家。子弟徐言此傳聞未審，當先書以問其安否，得實，弔恤之未晚。乃走僕以往。子瞻發書大笑。故後《量移汝州謝表》有云：『疾病連年，人皆相傳為已死。』」
《邵氏聞見後録》卷十六、《長編》卷三百四十二元豐七年正月己未紀事引李丙《丁未録》皆敍蘇軾死去傳聞，神宗對蒲宗孟嗟惜事。

夜歸臨皋，賦《臨江仙》。

詞見《東坡樂府》卷上，《注坡詞》調下有「夜歸臨皋」四字。

《避暑録話》卷上敍傳蘇軾卒范鎮遺僕致書，軾發書大笑。以下云：「未幾，復與數客飲江上，夜歸，江面際天，風露浩然，有當其意，乃作歌辭，所謂『夜闌風静縠紋平，小舟從此逝，江海寄餘生』者，與客大歌數過而散。翌日，喧傳子瞻夜作此辭，挂冠服江邊，拏舟長嘯去矣。郡守徐君猷聞之，驚且懼，以為州失罪人，急命駕往謁，則子瞻鼻鼾如雷，猶未興也。然此語卒傳至京師，雖裕陵亦聞而疑之。」「夜闌」云云，乃詞中句。

五月一日，張公裕（益孺）卒。蘇軾嘗跋其《清淨經》。

公裕卒據《范忠宣公文集》卷十四《承議郎充秘閣校理張君墓誌銘》。公裕，蜀之江原人，為嘉州守，卒於嘉州官舍。人稱之為有道君子。嘗註《詩》、《易》、《春秋》、《老子陰符》共三十三卷。為文典贍，有家集，已佚。跋見《文集》卷六十六（二〇六五頁）。

八日，帖贈綿州武都山道士楊世昌（子京）回蜀。

帖見《佚文彙編》卷六（二五八七頁）。

楊世昌離黄。託世昌致簡滕元發（達道）。

贈世昌帖中有「明日當舍余去」之語。明日，五月九日也。

《文集》卷五十一與元發第十簡：「因楊道士行，奉啟上問。」據此，世昌乃取道安州。

本月，畫扇寄贈蔡承禧（景繁）。《南堂五首》寄承禧，南堂之成，得承禧之力。

《文集》卷五十五與承禧第十簡敍及「中夏」，知作於本月。簡敍贈畫扇。

同上與承禧第九簡：「臨皐南畔，竟添却屋三間，極虛敞便夏，蒙賜不淺。」第十一簡：「近葺小堂，强名南堂，暑月少舒，蒙德殊厚。小詩五絶，乞不示人。」據「暑月」，其成在春夏之交。《總案》據簡謂南堂乃承禧使有司增葺。

詩見《詩集》卷二十二。《欒城集》卷十二《次韻子瞻臨皐新葺南堂五絶》其二有「旅食三年已是家」之句。

蹇序辰（授之）悼亡，作慰疏。時陳慥（季常）亦悼亡。

慰疏為《文集》卷五十五與序辰第一簡。第二簡亦有慰意，作於第一簡略前，云「季常悲恨甚矣，亦常以書痛解之」，又云「適苦目疾」，約作於五六月間。與慥慰簡佚。

復與陳章簡，慰其兄襄（述古）之逝。

簡乃《文集》卷五十七《與陳朝請》第一簡，云「春夏以來，卧病幾百日，今尚苦目疾」，約作於今夏五六月間。

六月三日，與楊繪（元素）簡。

簡乃《文集》卷五十五與繪第二簡，敍病後狀況。

五日，與張商英（天覺、無盡居士）簡，言杜門默坐所得。

簡乃《佚文彙編》卷二與商英第二簡，云「一向多病」，「久望公還」，知作於今年。簡云杜門默坐，「向之浮念雜好盡脱落」。第三簡云及「令小兒往荆渚求少田」，亦作於今年。

《閑閑老人滏水文集》卷二十《書東坡寄無盡公書後》謂商英「佛學信有得」，「又自以為三教大師」。蘇軾與商英書當及此。軾書不見。兹附此，以著其交往之迹。

二十日，戲代筠州黄檗惟勝禪師答弟轍之頌。

《文集》卷二十有《代黄檗答子由頌》，謂作於六月二十日。今考弟轍之頌，入詩，次於本年春後，題作《問黄檗長老疾》，在《欒城集》卷十二。

《欒城集》卷十一《雪中洞山黄檗二禪師相訪》作於元豐四年。洞山乃寶峯克文禪師，參元豐七年「將至筠州」條。

《五燈會元》卷十七有惟勝傳，全稱「瑞州黄檗惟勝真覺禪師」，乃潼川羅氏子，與洞山同為南嶽下十二世，乃石霜圓禪師法嗣。

作《元修菜》贈巢谷（元修）。

詩見《詩集》卷二十二，敍謂菜原名巢，蘇軾以谷之故，易名元修，欲谷以後回蜀，「致其子而種之東坡之下」。詩末云：「長使齊安民，指此説兩翁。」兩翁謂谷及軾。

日日出東門，賦詩。

《詩集》卷二十二《日日出東門》：「日日出東門，步尋東城游。」

章惇、道潛嘗論此詩，《文集》卷六十八《記所作詩》敍其事。

《寄周安孺茶》或作於本年夏。

詩見《詩集》卷二十二(一一六二頁)，云：「自爾入江湖，尋僧訪幽獨。」作於黃。又云：「昨日散幽步，偶上天峯麓。山圃正春風，蒙茸萬旂簇。呼兒為招客，採製聊亦復。地僻誰我從，包藏置廚簏。何嘗較優劣，但喜破睡速。況此夏日長，人間正炎毒。」敍賞茶、采茶、收茶、品茶。作於夏。《總案》次今年，今姑從。

《輿地紀勝》卷四十七《蘄州》：「天柱峯，在黃梅縣北四十里。」或即天峯。《蘇軾黃州活動年表》謂天峯在蘄州。

僧應純將之廬山，作偈送之。時與蘇壽明、巢穀、應純會。應純并求煮東坡羹之法，應之并作頌。

偈見《文集》卷二十二(六四一頁)，頌見卷二十(五九五頁)。四人皆眉人。穀(谷)今春遊武昌車湖，秋又將去，故次其事於此。

《萍洲可談》卷二謂蘇軾在黃，手作菜羹，號東坡羹，自敍其制度，好事者珍奇之。

與沈遼(睿達)簡。遼嘗求為其詩作序，又求為所居雲巢作記，均辭之。

《文集》卷五十八與遼第一簡云「今年一春卧病，近又得時疾，逾月方安」。

《雲巢編》卷八附黄庭堅《雲巢詩序》謂沈遼嘗從蘇軾為其詩作序，軾曰「虎豹來田，吾以是累，吾方刮除毛皮，獨以形立，子當愛我，不當要我作文」，又欲乞曾鞏，會鞏卒，乃求庭堅。《文集》與遼第二簡云

「所須拙文記雲巢,向書中具道矣,恐不達,故再云云」,辭不作。簡作於元豐七年,乃敘本年此時事。簡所云「書」,已佚。

武昌主簿吴亮(君采)攜其友人沈君十二琴之説與高齋先生趙抃之文來見。閏六月,題沈君琴。嘗與郭生遊寒溪,亮為置酒,乃改白居易《寒食》詩作挽歌。又嘗有簡與亮。

《題沈君琴》見《詩集》卷四十七,挽歌見卷四十八(二六一八頁)。簡見《文集》卷五十八(一七四九頁)。沈君疑為濟,參元祐七年四月二十四日紀事。

亮乃常山人,元豐二年進士。見光緒重刊康熙《衢州府志》卷十八。《宋會要輯稿》第九十九册《職官》六八之二〇大觀四年五月一日有「司農卿吴亮送吏部」記載。郭生當為遘,作挽歌,與亮簡時間不詳,附此。

《文集》卷七十一《書士琴·贈吴主簿》,作於閏六月二十四日,與《題沈君琴·敍》略同。

七月六日,飲王齊愈家,醉後畫墨竹,賦《定風波》。

詞見《東坡樂府》卷上,謂元豐五年作,今從《全宋詞》(二八九頁)。

十日,臨臯亭借觀吴道玄《地獄變相》,為跋。

跋見《文集》卷七十(二二一三頁)。

十五日,跋父洵與孫礬(叔静)帖;礬自京師赴偃師枉道來訪,出洵手迹,跋而歸之;其行,託寄二簟與張方平(安道)。

跋見《文集》卷六十九（二一九二頁）。《佚文彙編》卷二與方平第一簡敍託寄二簟事。《宋史》卷三百四十七《孫鼛傳》謂嘗知偃師縣，則過黄乃為赴任。

同日，書劉庭式事，贊庭式不負約娶盲女，盲女死而不復娶。

文見《文集》卷六十六（二〇五一頁）。其不負約事，亦見《宋史·劉庭式傳》及《夢溪筆談》卷九。

本月，周邦彦（美成、清真先生）進《汴都賦》。邦彦詩，有蘇軾影響。

本月云云，見王國維《清真先生遺事》附年表；時邦彦二十八歲。《能改齋漫録》卷八《春在先生杖屨中》：「《西清詩話》記周邦彦《祝壽》詩：『化行禹貢山川外，人在周公禮樂中。』余以為此乃模寫東坡《刁景純藏春塢》詩『年抛造物甄陶外，春在先生杖屨中』是也。」邦彦，錢唐人。《宋史》卷四百四十四有傳。邠之姪，見《咸淳臨安志》卷六十六。《清真先生遺事》：「先生於熙寧、元祐兩黨均無依附，其於東坡為故人子弟。哲宗初，東坡起謫籍，掌兩制，先生尚留京師，不聞有往復之迹。其賦汴都也，頗頌新法，然紹聖之中，不因是以求進。」蘇軾、邦彦無往復之迹，或與政治見解不同有關，然邦彦之詩，則有蘇軾影響，故繫其事於此。

陳軾（君式）卒，有祭文。先是陳軾致政，有簡及之。

文見《文集》卷六十三（一九四六頁），首稱「故致政大夫君式之靈」。《文集》卷五十六《與陳大夫》第五簡，作於今年「隆暑」時，云：「公微疢，聞已除，且當指射湖外一郡，胡為遂入宮觀也？」與「致政」合。知陳軾卒在簡後不久，或為七月。今次此。

《欒城集》卷十二《臨川陳憲大夫挽詞二首》，為挽陳軾作，作於本年。詩中註文提及陳軾家有竹軒，同上書卷十有《寄題陳憲郎中竹軒》，作於元豐三四年間。稱憲，知陳軾嘗官提刑。「竹軒」當即恭軒，見元豐三年「時州守為陳軾」條紀事。

《道園學古録》卷四十《跋蘇文忠公諸帖》云臨川陳氏舊多藏書，更代之後，散佚罕存者，「此卷坡書及石湖書皆真無疑」。此陳氏，當為陳軾之後。石湖乃范成大。

初秋，寄詩懷弟轍。此前後嘗賦《臨江仙》，亦懷弟轍。弟轍為郡僚所捃，恐當去官，作詩。

《詩集》卷二十二《初秋寄子由》：「雪堂風雨夜，已作對牀聲。」《欒城集》卷十二次韻。為郡僚所捃詩次《初秋寄子由》後；《文集》卷五十一《與李公擇》第六簡敍之。

詞見《東坡樂府》卷上，云：「歡顏為我解冰霜，酒闌清夢覺，春草滿池塘。」出《南史·謝惠連傳》。惠連族兄靈運，夢見惠連，得「池塘生春草」句。此乃以惠連比弟轍。詞有「應念雪堂坡下老」之句，時雪堂已建成。其情調與《初秋寄子由》有相類處，今次此。參張志烈《蘇詞三首繫年辨》。

王鞏南遷初歸，賦詩，次其韻。

次韻見《詩集》卷二十二（一一七二頁）。《總案》繫此詩於初秋。鞏原作佚。《詩集》同上卷尚有《喜王定國北歸第五橋》。《佚文彙編》卷二《與張安道》第一簡敍鞏北歸，參本年以下「王鞏到江西」條。

疾愈，聞李常（公擇）、孫覺（莘老）進用，與常簡。

《文集》卷五十一與常第八簡敍之。簡云及富弼之卒，查《文集》卷十八《富鄭公神道碑》，弼卒於本年閏六月二十一日。簡約作於秋初。《宋史》卷三百四十四《李常傳》云召還後爲太常少卿，遷禮部侍郎。《長編》卷三百三十七本年七月丙辰紀事：李常以禮部侍郎爲南郊禮儀使。常、覺《宋史》同傳。覺傳謂「入爲太常少卿」，與常同僚。

八月五日，與李委飲赤壁下；敍游飲之樂贈范百嘉（子豐）兄弟；并書《後赤壁賦》贈百嘉。

據《文集》卷五十與百嘉第七簡。李委之來，蓋告別蘇軾，共飲赤壁，餞之也。《經進東坡文集事略》卷一《後赤壁賦》郎曄注：「元豐六年嘗自書此賦。」以下引此簡文之前、中部分。

二十二日，與張方平（安道）簡，求金丹。

簡乃《佚文彙編》卷二與方平第一簡，敍及今年春夏間患疾事，以下求金丹。《文集》卷七十三有《養生訣》上方平，云「今此閑放」，作於黃。附此。

二十五日，江西提舉鑄錢朝請大夫錢昌武致仕。

據《宋會要輯稿》第一百五册《職官》七七之五一，時年七十二。《長編》卷三百四十八入元豐七年八月壬辰。《文集》卷五十二《與李端叔》第八簡云於昌武處得治臂痛不能舉之方，不詳年月，姑以其致仕事附此。《南陽集》卷十五有《通判錢昌武代歸以詩見別次韻爲答》等及昌武詩多首。

二十七日，作《節飲食説》。

文見《文集》卷七十三。《避暑録話》卷上謂司馬光在洛下爲真率會，果實食品不得過五，蘇軾在黃絶俸，與往還鄰里亦多貧，復殺而爲三，「自言有三養，曰安分以養福、寬胃以養氣、省費以養財」。「安分」云云，乃《節飲食説》中語。

錢世雄（濟明）專人致簡，答簡。

《晚香堂蘇帖》：「軾啟。專人來，領手教，眷待益厚，感怍不可言。且審侍奉外起居佳勝為慰。汪君過此，幸一見之，誠佳士，如所喻也。恨其在疚，不得久接，去此久矣，想即日已到。軾凡百如昨，子由亦安，兒子覓差遣未還。昨日本路漕到，今日新守到，旦夕舊守發去，閑廢之人，亦隨例忙迫，不致久留來人，非遠，別奉狀也。乍寒，萬萬自重，不宣。軾再拜濟明仁弟閣下。」《佚文彙編》未收。

楊寀（君素）到知黄州任。徐大受（君猷）罷黄守，離任，嘗賦《好事近》相贈。

以上「錢世雄專人致簡」條引蘇軾與世雄簡：「今日新守到，旦夕舊守發去。」《文集》卷五十五《與楊元素》第四簡有「新、舊守到、發冗甚」之語。楊寀，見本年九月二十日紀事。《文集》卷七十三《記張公規論去欲》云「太守楊君素」，知寀字君素。

《文集》卷五十九《答君瑞殿直》：「君猷知四月末乃行，猶可一見否？」據「旦夕舊守發去」之語，知大受四月末並未行。詞見《東坡樂府》卷下，調下注：「黄州送君猷。」

邁往荆南買田。先是楊繪（元素）之弟來，議買田；陳慥來，報荆南莊田；與樂京議及荆南田。乃遣邁往。邁旋去京師謀差遣。

八月二十二日紀事引蘇軾與張方平簡：「已令兒子往荆南買一莊子。」

《文集》卷五十五與繪第四簡云「令弟見訪」，據第一簡，繪弟或為慶基。據第四簡，議買之田凡二處，一在軍屯之東，一在官務相近之莊；據第九簡，尚有定襄胡家莊、荆南頭湖莊子。第四簡云「某都不知彼中事，但公意所可，無不可者」，第九簡云「小子坐享成熟」，乃與繪合買。第九簡所云荆南頭湖莊子，乃據陳慥之報，時慥亦至黄。此乃慥第五次來黄。第九簡又云「又見欒宣德，言此田甚好，但税稍重」，此田即荆南頭湖莊子。此欒宣德即京，京乃荆南人。

以上「錢世雄專人致簡」條引蘇軾與世雄簡：「兒子覓差遣未還。」覓差遣乃謂赴京師候選。知邁去荆南後，稍事停留，即往京師。

蘇軾此後未提及荆南有田，田當未買成。《文集》卷七十一《書田》謂「所至訪問田，終不可得」，或作於本年此略後。

答蘇鈞（子平）簡，寄所撰鈞父（舜舉）世美哀詞。

《文集》卷五十七答鈞第二簡敍之。簡有「兒子令往荆南幹少事」語，故次此。

《文集》卷六十三《蘇世美哀詞》敍舜舉卒後八年夢見之，故作哀詞。答鈞簡謂哀詞作於去年。知舜舉熙寧七年卒。

范鎮（蜀公）來簡約卜居許下，答簡欲賣京師房産以為卜居資。鎮嘗求撰其父之墓碑，辭之。鎮嘗來書以酒有毒、佛作祟為言，欲救其弊，覆簡。

《文集》卷五十答鎮第三簡云鎮「欲為卜鄰，此平生之至願」。以下云「囊中止有數百千，已令兒子持往荆渚買一小莊子」，知簡作於八月間，以下云欲賣京師房業。卷七十一《書蜀公約鄰》敍鎮約卜鄰許下，不欲居。

與鎮第五簡敍不撰墓碑，以「有先戒」。

鎮嘗來書云云，據與鎮第四簡。《避暑録話》卷下：「范蜀公素不飲酒，又詆佛教，在許下，與韓持國兄弟往還，而諸韓皆崇此二事，每燕集，蜀公未嘗不與。極飲盡歡，少間，則必以談禪相勉。蜀公頗病之，蘇子瞻時在黄州，乃以書問救之當以何術，曰：『麴蘗有毒，平地生出醉鄉；土偶作祟，眼前妄見佛國。』子瞻報之曰：『請公試觀能惑之性，何自而生，欲救之心，作何形相。此猶不立，彼復何依。正恐黄面瞿曇，亦須斂衽，况學之者耶！』意亦將有以曉公，而公終不領，亦可見其篤信自守不肯奪於外物也。」「麴蘗」、「子瞻報之」云云，乃簡中語。《續明道雜志》：「范蜀公不信佛説，大蘇公嘗與公論佛法其所以不信之説。范公云：『鎮平生事，非目所見者，未嘗信。』蘇公曰：『公亦安能然哉？設公有疾，令醫切脈，醫曰寒，則服熱藥，曰熱，則餌寒藥。公何嘗見脈而信之如此，何獨至於佛而必待見耶！』」

樂京以承議郎致仕。屢來訪，卧疾未能晤，以簡致歉。

京致仕據《宋史》卷三百三十一《樂京傳》。

《文集》卷六十《與樂推官》敍來訪事。此推官即京。此簡重出，本卷《與人三首》第三首即此簡。參《蘇文繫年考略》。

京元祐元年五月落致仕，見《長編》卷三百二十八熙寧四年十二月壬申注文；然未赴朝廷，見傳。《范太史集》卷五十五《手記》有京，云「已卒」，知卒於元祐間。

九月二十日，張舜民來訪。

《畫墁集》卷八《郴行録》：「壬戌，早，次黄州。見知州大夫楊宲、通判承議孟震、團練副使蘇軾，會於子瞻所居。晚食於子瞻東坡雪堂，子瞻坐詩獄謫此已數年。黄之士人出錢於州之城東隅地築礎，乃周瑜敗曹操之所。州在大江之湄，北附黄崗，地形高下，公府居民極於蕭條，知州廳事敝陋，大不勝處，國初王禹偁嘗謫此。」

《畫墁集》卷七、卷八為《郴行録》。《郴行録》開端已佚，用干支記日，不記月。據卷七己丑紀事，知所紀者為元豐六年事。《畫墁集》卷四詩題有「元豐癸亥秋季赴官郴嶺」之語，亦可證。再考《郴行録》卷七戊子紀事，知己丑為八月十五日，時在池州。《畫墁集》作者張舜民乃泝江西上。考《詩集》卷二十九《次韻張舜民自御史出倅虢留别》注文，舜民原為環慶帥屬，以元豐五年與夏戰，兵敗，謫監郴州酒税，此其赴任也。《總案》不詳考《郴行録》及《畫墁集》，而遽以「趙次公注」為據，定舜民赴郴為元豐五年事，誤。

又按：詳考《郴行録》，此壬戌乃九月二十日。

二十四日，應張舜民之招，與舜民游武昌西山。

《畫墁集》卷八《郴行録》：「丙寅，招蘇子瞻遊武昌樊山。山之巔有郊天臺，即孫權即位郊天之處。食罷，移舟離黄州泊對岸樊溪口。蘇子瞻以舟涉江，同詣武昌縣。縣在樊溪之東，隔樊山五里許，即吴之西都，有吴王城。同縣令李觀，佐吴亮、嚴屹及子瞻諸人，遊武昌樊山。步出西門，涉寒溪，迤邐步上。凡兩寺，在山中，景致幽邃，下寺有觀音泉，澄澈可愛。」

按：詳考《郴行録》，此丙寅乃九月二十四日。

《能改齋漫録》卷十一《文章伯矍鑠翁》有李觀字夢符，袁州人，登第。皇祐間以著作佐郎知清江。不知是否為此李觀？

二十五日，與張舜民會食李觀宅。

《畫墁集》卷八《郴行録》：「丁卯，會食李令宅。射於懸圃。蘇子瞻言：『近獲一魚，似鮎，而四足能履地而行。不敢殺，復縱之江中。』或曰：『此鯢魚也。』」參周必大《遊山録》卷二。

張舜民嘗自述從征靈武時所作詩，蘇軾為記之。或為此時事。

據《文集》卷六十八《書張芸叟詩》。

《文集》卷七十二《永洛事》記舜民所言元豐五年永洛之役事，或作於此時。

二十七日，子遯生。作詩。

二十七日云云，據《詩集》卷二十三詩題（一二三九頁）。詩題謂遯小名幹兒，頎然穎異。遯乃第四子。

《詩集》卷四十八《洗兒戲作》為遯作。《文集》卷五十五《與蔡景繁》第六簡：「雲藍小袖者，近輒生一子，想聞之，一拊掌也。」「雲藍小袖」謂朝雲。

《十拍子》賦於去年或今年暮秋。

詞見《全宋詞》第一册第二九五頁，調下注：「暮秋。」中云「東坡日月長」，今繫此。

王鞏(定國)到江西，喜致簡。旋為鞏詩集作敍。

《文集》卷五十二與鞏第十五簡：「承已到江西，尊體佳健。忠信之心，天日所照，既遂生還，晚途際遇，未可量也。」

敍見《文集》卷十(三一八頁)，云：「定國歸至江西，以其嶺外所作詩數百首寄余。」

《豫章黄先生文集》卷十六有《王定國詩集序》，本年八月壬辰作。《欒城集》卷十二有《喜王鞏承事北歸》、《和王鞏見寄》、《復次韻》等詩，皆作於今年。《復次韻》詩末自註：「近遣僕至鍾陵，還，言定國與黄君魯直會於舟中，燈火終夜而去。」可考證鞏在江西踪迹。江西離黄不遠，軾敍當作於秋、冬間。鍾陵乃南昌。

《詩集》卷三十一《書王定國所藏王晉卿畫著色山》云「君歸嶺北初逢雪」。鞏抵京師，已及歲末。

作二頌，頌筠州石臺山問長老戒行。

頌見《詩集》卷二十二(一一七五頁)。據《詩集》編次，次此。

《欒城集》卷十二《贈石臺問長老二絶・敍》：「石臺長老問公，本成都吴氏子，棄俗出家，手書《法華經》，字細如黑蟻，前後若一，將誦之萬遍，雖老而精進不倦，脅不至席者二十有三年。余來高安，以鄉人相好。」卷十三有《謝洞山石臺遠來訪别》詩。

《輿地紀勝》卷二十七《瑞州・景物下》謂石臺山在新昌縣，中有清凉禪院，蘇軾兄弟「有詩贈長老問公」。《仙釋》：「問長老：新昌報恩院。治平中改曰清涼禪院。」筠州，理宗時改瑞州。

鄧忠臣（慎思）扶母周氏柩過黄，作挽詞挽其母。

挽詞見《詩集》卷二十二（一一七六頁）。註文謂忠臣以本年六月丁家艱去國。過黄爲秋冬間。《文集》卷六十六《跋鄧慎思石刻》敍忠臣扶喪過黄時事。忠臣詳元祐元年十二月紀事。

十月十二日夜，至承天寺，與張懷民遊；同夜，視故人風疾，慨歎酒色害人。

據《文集》卷七十一《記承天夜遊》、卷七十三《記故人病》。懷民詳十二月八日紀事。

十五日，醉中書行草數紙，贈唐坰（林夫）。

據《文集》卷七十《書唐林夫惠諸葛筆》，贊其筆。

本月，誤傳被召，賀鑄有詩。

《慶湖遺老詩集》卷六《題彭城南臺寺蘇眉山詩刻後·序》：「癸亥十月，徐之走卒還自京師，誤傳蘇黄州被召。南臺寺公舊題數詩，先摹刻諸石，因賦此書其左。」詩有云：「下走誤傳宣室詔，上前誰進子虛辭。」

本月，許安世卒，賻其喪。簡蔡承禧（景繁），敍其家貧，求爲言於朝廷。

許顗《彦周詩話》云先伯父安世「元豐七年，自都官員外郎奔祖父喪，卒於黄州，東坡解衣賻之」。《陶山集》卷十四《許侯墓誌銘》謂侯名拯，乃安世父，卒於元豐六年八月甲子，卒後四十九日而安世卒。按：元豐六年八月無甲子，卒日文字有誤；安世之卒，仍可定爲九、十月間事，今繫入本月。

《文集》卷五十五與承禧第七簡：「前日親見許少張暴卒。」以下云：「少張徒步奔喪，死之日，囊橐罄然，殆無以斂。其弟麻城令尤貧，云無寸壠可歸，想公聞之悽惻也。料朝廷亦憐之。如公言重，可為一言否？」官麻城令者名安石，見《陶山集》卷十四《許侯墓誌銘》。

董鉞（毅夫、義夫）卒。

《文集》卷五十五與承禧第七簡敍許安世卒後，云：「數日間，又聞董義夫化去。」頗傷感。

本月，趙吉攜弟轍書自筠州來。

《欒城集》卷二十五《丐者趙生傳》謂生名吉，代州人，知道，有異術，居筠，人謂之狂人。謂求書赴黃見兄軾，喜軾之樂易，「留半歲不去，及子瞻北歸，從之」。軾明年四月去，其來在本月。

《丐者趙生傳》謂元豐三年歲暮，吉來見，謂蘇轍曰：「吾知君好道而不得要，陽不降，陰不升，故肉多而浮，面赤而瘡，吾將教君挽水以溉百骸，經旬諸疾可去，經歲不怠，雖度世可也。」轍「用其說，信然，惟怠不能久，故不能究其妙」。《文集》卷七十三《記趙貧子語》：「趙貧子謂人曰：『子神不全。』其人不服，曰：『吾僚友萬乘，螻蟻三軍，粃糠富貴，而晝夜死生，何謂神不全乎？』貧子笑曰：『是血氣所扶，名義所激，非神之功也。』」二者皆道者言。《總案》謂貧子即吉。《丐者趙生傳》謂吉生五代後周，乃出傳聞。

《總案》以為《記趙貧子語》一文中「其人」即轍，非是。軾文中明謂「予嘗預聞其說」，軾在黃，轍在筠，吉謂轍之語，何由聞之。其二，軾文中「僚友萬乘，螻蟻三軍」云云，與轍斯時處境亦不合。

《道山清話》記趙吉事二則，稱之為趙先生。

神宗有旨起蘇軾知江州，為王珪（禹玉）所沮。

王鞏《聞見近録》：「（上）有旨起蘇軾以本官知江州，中書蔡持正、張粹明受命，震當詞頭。明日，改承議郎、江州太平觀。又明日，命格不下。曰：『皆王禹玉力也。』」持正，確字；粹明，璪字。震乃鞏之姪，故略去其姓。王震以本年十月丁丑試中書舍人，見《長編》卷三百四十。起知當為本年冬事。

《聞見近録》又云：「王和甫嘗言蘇子瞻在黄州，上數欲用之。王禹玉輒曰：『軾嘗有「此心惟有蟄龍知」之句，陛下龍飛在天而不敬，乃反欲求蟄龍乎！』章子厚曰：『龍者，非獨人君，人臣皆可以言龍也。』上曰：『自古稱龍者多矣，如荀氏八龍、孔明卧龍，豈人君也！』及退，子厚詰之曰：『相公乃欲覆人之家族耶！』禹玉曰：『舒亶言爾。』子厚曰：『亶之唾亦可食乎？』」王珪沮蘇軾，於此可見。

《石林詩話》卷上：「元豐間，蘇子瞻繫大理獄。神宗本無意深罪子瞻。時相進呈，忽言蘇軾於陛下有不臣意。神宗改容曰：『軾固有罪，然於朕不應至是，卿何以知之？』時相因舉軾《檜》詩『根到九泉無曲處，世間惟有蟄龍知』之句，對曰：『陛下飛龍在天，軾以為不知己，而求之地下之蟄龍，非不臣而何？』神宗曰：『詩人之詞，安可如此論，彼自詠檜，何預朕事！』時相語塞。章子厚亦從旁解之，遂薄其罪。子厚嘗以語余，且以醜言詆時相，曰：『人之害物，無所忌憚，有如是也！』（原注：時相，王珪也。）」《庚溪詩話》卷上亦謂此為坐獄時事。《長編》卷三百四十二元豐七年正月己未注文引朱勝非《秀水閑居録》亦載此事；《長編》同日所引丁丙《丁未録》謂為元豐二年下獄時事，然《長編》謂「不知丙傳之何書」，又云王鞏《聞見近録》「載王珪舉蟄龍詩，則以為已在黄州，初非下獄時也，當并考，朱勝非所録，蓋全用鞏舊書」。今從鞏説，次此事於此。

《文集》卷三十二《杭州召還乞郡狀》：「及竄責黄州，每有表疏，先帝復對左右稱道，哀憐獎激，意欲復用，而左右固爭，以為不可，臣雖在遠，亦具聞之。」

《庚溪詩話》卷上：「上一日與近臣論人材，因曰：『軾方古人孰比？』近臣曰：『唐李白文才頗同。』上曰：『不然，白有軾之才，無軾之學。』上累有意復用，而言者力沮之。」《行營雜録》亦録此事，文略同。

十一月一日，弟轍作《黄州快哉亭記》，亭乃張夢得作，蘇軾命名。軾賦《水調歌頭》。

記見《欒城集》卷二十四，云：「清河張君夢得謫居齊安，即其廬之西南為亭，以覽觀江流之勝，而余兄子瞻名之曰快哉。」清和屬河北東路恩州。《黄豫章先生文集》卷二十九《跋偽作東坡書簡》云及「安陸張夢得」，不知與清河張夢得有無干涉。

《文集》卷五十一《與滕達道》第二十九簡，元豐五六年間作，末云「張夢得嘗見之，佳士佳士」，計夢得來黄，為元豐五六年事。詞見《東坡樂府》卷上，《紀年録》謂作於本年，詞序云「黄州快哉亭贈張偓佺」，云「知君為我新作」，《外集》此詞序云「黄州快哉亭張君夢得謫居時作」。知夢得即偓佺，不知孰為名、字？《總案》謂夢得字懷民，無據。

七日，記黄州通判孟震（仰之）事，贊震為君子。

記見《佚文彙編》卷六（二五八六頁）。軾書此，當為贈別震。震乃鄆人，其別黄當以致仕歸，參元祐元年「與滕元發簡乞照管孟震」條。

楊耆自蜀來訪。九日，書贈舊所作詩。耆貧甚，作《釀錢帖》，欲率友人釀錢以贈。

詩乃《詩集》卷二十二《贈楊耆》。《晚香堂蘇帖》有此詩，末云「十一月九日」，以下有「趙郡蘇氏」印章；詩引與「查註」所引石刻文字同，首云「余三十年前，雨過扶風」。按：此「三十年」當屬蘇軾一時偶然誤記，當依《集註分類東坡詩》、《外集》此詩之引作「二十年」。詩之引所敍述者乃黄州事。若至明年此時，軾已離黄矣。故次於本年。

帖見《文集》卷五十七（一七三二頁），云「欲率昌宗、興宗、公頤及何、韓二君，各贈五百」。昌宗乃潘原字，興宗乃郭遘字。公頤，《文集》卷五十二《與潘彦明》第二簡及之，不詳其姓。何君或為聖可，韓不詳。

九日，書弟轍所撰《君子泉銘》贈孟震，并跋。

跋見《文集》卷六十六（二〇五八頁）。書此當亦為贈行。銘未見。《輿地紀勝》卷四十九《黄州》：「君子泉：『雲夢澤南君子泉，水無名字托人賢。兩蘇翰墨人為重，未刻他山世已傳。』言黄倅孟震公宇中有此泉，東坡名，子由記。」記當即銘。

十一日，冬至日，書名僧令休硯贈黄岡主簿段璵。此前，蔡承禧（景繁）寄《海州石室》詩來，和答。此前後，為孔平仲（毅甫）龍尾硯作銘。

《文集》卷七十《書名僧令休硯》敍璵以令休硯相贈，乃作此以報。同卷有《書硯》贈璵，約作於此前後；文引《文集》卷十九《孔毅甫龍尾硯銘》語。

詩見《詩集》卷二十二（一一七八頁）。《文集》卷五十五與承禧第八簡敍其事。簡作於冬至前。

十二日，為張夢得書《昆陽城賦》。嘗觀夢得所藏郭忠恕畫山水木屋卷，作《郭忠恕畫贊》。

十二日云云，據《紀年録》。當日當有跋文，已佚。畫贊見《文集》卷二十一，當為此前後作，或應夢得之請作。

李廌《德隅堂畫品》品評諸畫中，有郭忠恕《樓居仙圖》，即張夢得所藏忠恕畫山水木屋卷。廌品云：「郭忠恕恕先所作。中書令趙韓王普「思默堂印」，相國王冀公欽若「太原欽若圖書」。作石似李思訓，作樹似王摩詰，至於屋木樓閣，恕先自為一家，最為獨妙。棟樑楹桷，望之中虛，若可躡足，闌楯牖户，則若可以捫歷而開闔之也。以毫計寸，以分計尺，以尺計丈，增而倍之，以作大宇，皆中規度無小差，非至詳至悉委曲於法度之内者不能也。然恕先仕於朝，跅弛不羈，放浪玩世，卒以傲恣流竄海島，中道仆地，蜕形仙去。其圖寫樓居，乃如此精密。非徒精密也，蕭散簡遠，無塵埃氣。」以下謂蘇軾有贊并引贊。據《直齋書録解題》卷十四《德隅堂畫品》條，廌此書撰於元符元年，乃就趙令時行橐中諸畫為之，時令時官襄陽。知《樓居仙圖》此時已入藏趙令時，張夢得或已於此前謝世。令時，詳元祐六年紀事。

十九日，書四箴。

據《紀年録》。此書四箴，即《文集》卷六十六《書四戒》。

同日，跋懷素書。

《晚香堂蘇帖》：「『人人送酒不曾沽，終日松間挂一壺。學聖不成狂便發，真堪畫作醉僧圖。』此懷素書也。深好論之，人間當有數百本也。元豐六年十一月十九日。」《佚文彙編》未收。懷素為草書。

《後村先生大全文集》卷一百四《題跋・墨林方氏帖・蘇文忠公・書懷素自作五言帖》：「蘇子美《贈秘演》詩云：『賣藥得錢只沽酒，一飲數斗猶惺惺。』演塗去之。子美大怒。演云公詩傳萬口，吾持戒不謹，已為浮屠罪人，公又從而暴之乎！懷素工草書，同時如顏尚書、張處士餉酒與魚，如坡公手録其醉筆，人固不可以無藝也。此二髡，一畏人知其飲酒，一自狀其醉絶，甚可笑。」附此。

徐大受（君猷）卒於道，喪過黄州，為文祭之，并有挽詞。與大受之弟大正（得之）簡，商議處置其後事。

《詩集》卷二十二《徐君猷挽詞》：「一舸南游遂不歸。」指赴湖南。祭文見《文集》卷六十三（一九四六頁）。《挽詞》有「雪後獨來栽柳處」之句，其喪過黄州，當在十一月、十二月間也。

《文集》卷五十七與大正第一簡：「諸令姪皆少年，未甚更事。得之既手足之愛，事事處置令合宜。」又云：「十三、十四皆可，俊性，不宜令失學。」又云：「若候葬畢，迎君猷閤中，與其三子置之左右，而教以學，則君猷為不死矣。」第二簡：「邑君與十三、十四等，可暫歸張家，為長策，幸更與詳議。」十三、十四，大受子。十四名叔廣，見《春渚紀聞》卷六《賦詩聯詠四姬》條。邑君，大受妻張氏。

《揮麈録・後録》卷七謂大受有子字輔之，名端益，娶燕王元儼孫女，粗有文采。

太守楊寀（君素）、通判張公規邀遊安國寺，記公規論去欲。

文見《文集》卷七十三（二三七五頁）。據此，公規當爲繼孟震（亨之）之任者。

李籲令黄陂，晤於黄州，賛其有格韻。簡薦籲於蔡承禧（景繁）。

《文集》卷五十五與承禧第十一簡：「黄陂新令李籲到未幾，其聲藹然，與之語，格韻殊高。比來所見，縱小有才，多俗吏。儔輩如此人殆難得。公好人物，故輒不自外耳。」以下敘南堂建成事，知作於本年。

籲字端伯，育之子。育，已見熙寧二年七月丙戌紀事。籲與父嘗從邵雍遊。見《邵氏聞見録》卷十八。爲程顥、程頤弟子。《河南程氏遺書》卷一《端伯傳師説》即記籲所得二程語録。程頤並謂「語録，只有李籲得其意」。《文集》卷三十九有《李籲宣德郎制》文。餘見元祐元年十二月六日紀事。

滕元發（甫、達道）罷安州，入朝，蘇軾欲於岐亭相見，至黄陂，則元發已道出信陽，遂相失，會雨雪間作，遂暫寓僧舍。歸黄。

《文集》卷十五《故龍圖閣學士滕公墓誌銘》：「敕使謝諲市物於安，因緣爲姦，民被其毒，公密疏姦狀，上爲罷黜諲。」《長編》卷三百四十二元豐七年正月乙巳注文引以上數語，然後云罷安州入朝。據此，元發入朝，似以有功之故。

《文集》卷五十一與元發第三十一簡：「公解印入覲，當過岐亭故縣，預以書見約，輕騎走見，極不難，愼勿枉道見過。」簡有「乍冷」之語，當爲十月間事。此略前有「久不朝覲，緣此得望見清光，想足慰公至意」之語，見與元發第六十簡。

同上第二十六簡：「某到黄陂，聞公初五日便發，由信陽路赴闕，然數日如有所失也。」此初五日，當屬十一月。簡以下敍住僧舍事。

同上第十八簡：「專人復來，承已過信陽，跋涉風雨，從者勞矣。」又云：「某比謂公有境上之約，必由黄陂遂徑來此，拙於籌畫，遂失一見，愧恨可知。」此簡作於歸至黄時。

自聞滕元發解印入朝至自黄州到黄陂然後歸黄州期間，嘗簡元發，戒勿舊事重提而議論新法。

《文集》卷五十一與元發第八簡：「某欲面見一言者，蓋謂吾儕新法之初，輒守偏見，至有異同之論。雖此心耿耿，歸於憂國，而所言差謬，少有中理者。今聖德日新，衆化大成，回視向之所執，益覺疎矣。若變志易守以求進取，固所不敢，若嘵嘵不已，則憂患愈深。」

此段話之主旨，在戒元發謹言，「吾儕新法之初輒守偏見」云云，意在極力誘導、啟發元發謹言。元發以直言敢諫聞於世，《文集》卷十五《故龍圖閣學士滕公墓誌銘》謂元發「言無文飾」，嘗「力言新法之害」，故以是為戒也。其主旨不在聲明對於新法態度之改變。

《文集》編者謂此簡作於徐州，《總案》遂繫入元豐二年正月，無「面見」入朝文字依據。《王荆公年譜考略》卷二十四元祐元年紀事録此簡全文，其意在因王安石之卒表明蘇軾對於安石態度之改變，未提及任何證據證明此簡為是年作。皆不可信。元發入朝見元豐七年正月乙巳紀事。

代巢谷（元修）作《遺愛亭記》，頌州守徐大受遺愛。谷旋回蜀。嘗自谷處求得治傷寒《聖散子方》，以授龐安時（安常），為敍。

記見《文集》卷十二，時大受已「去郡」，亭名乃蘇軾所命。《輿地紀勝》卷四十九《黄州》謂大受有善政。《欒城後集》卷二十四《巢谷傳》謂谷「會赦乃出」。《宋史・神宗紀》本年十一月丙午：「祀昊天上帝於圜丘，赦天下。」谷回蜀為本年十一、十二月間事。《文集》卷五十八《與程彝仲》第六簡云：「元修去已久矣，今必還家。」其還家約在明年春。

敍見《文集》卷十（三三一頁），云其方活人不可勝數，未云離黄，知作於黄。《避暑録話》卷上：「子瞻在黄州，蘄州醫龐安常亦善醫傷寒，得仲景意，蜀人巢谷出《聖散子方》，初不見於前世醫書，自言得之於異人，凡傷寒不問證候如何，一以是治之，無不愈。子瞻奇之，為作序，比之孫思邈《三建散》，雖安常不敢非也。乃附其所著《傷寒論》中，天下信以為然。」以下言「宣和後，此藥盛行於京師，太學諸生信之尤篤，殺人無數，今醫者悟，始廢不用」，與蘇軾所言不同。《避暑録話》卷上另一則云「俗方施之貧下人多驗，富貴人多不驗」。巢谷之方，或得之民間，故施之太學諸生而多不驗。

十二月八日，飲張懷民小閣，賦《南柯子》。

詞見《東坡樂府》卷下，末句「故人憔悴」，蓋謂懷民謫居。《文集》卷七十《書懷民所遺墨》敍懷民贈墨二枚。《佚文彙編》卷五《賭書字》敍懷民與張昌言圍棋，賭蘇軾書字事。并繫此。蘇軾交游有張問字昌言，《宋史》卷三百三十一有傳，不知是否為此昌言？

十五日，與楊繪（元素）簡。時繪將知興國州。

簡乃《文集》卷五十五與繪第六簡，云「公决起典郡，無疑也」。《范太史集》卷三十九繪墓銘云「謫居七年，起知興國軍」。繪以熙寧十年謫降，至是首尾為七年。

十九日，生日，王適以詩來慶，次其韻。

次韻詩見《詩集》卷二十二（一一八三頁）。時適在筠，見《欒城集》卷十二、十三。適詩佚。

二十七日，夢中作祭春牛文。

文見《佚文彙編》卷五（二五四七頁）。

滕元發（達道）入朝，未對。與滕簡慰之。

未對見《文集》卷十五元發墓銘。簡乃《文集》卷五十一與元發第二十五簡，云「不宜以小事紛然自辨」，時元發將上書自明。簡約作於歲末。

歲末，與錢世雄（濟明）簡，報長子邁將赴德興。時邁自京師還。

《文集》卷六十《黄州與人》第二簡：「兒子自京師歸。」同上《與千乘姪》：「邁自北還。」「北」謂京師。卷五十三與世雄第三簡：「曾託施宣德附書及《遺教經》跋尾，必達也。」中云：「旅寓，不覺歲復盡。」末云：「兒子明年二月赴德興。」邁赴德興，為就德興尉。《遺教經》跋尾乃《文集》卷六十九《跋錢君倚書遺教經》。君倚名公輔，世雄父。公輔嘗書《遺教經》，軾為跋之。

徐州開元寺僧法明來簡，答之。

《文集》卷六十一《答開元明座主》一、二簡敍之。《晚香堂蘇帖》有此二簡，文字略有異，茲全録於此：「(按：校之《文集》，以上缺三十一字)消息，不知今安在也。石橋用工，初不滅裂，云何一水，便爾敗壞，無乃亦是不肖窮蹇之所累耶！何時復相會，千萬保愛之，軾再拜。」以下另行低數字，又云：「開元大殿非吾師學行，人神響應，安能便成。可喜！可喜！此書附聖塗書中，更不封，勿怪！勿怪！」「消息」云云，乃《文集》第一簡，「開元」云云，乃第二簡。據《晚香堂蘇帖》，此二簡實為一簡，後者乃前者之附言；後者所云「此書」，即指前者。明座主乃法明，見元豐八年六月十五日紀事。簡中所云聖塗，乃彭城人張天驥。《文集》卷十二《放鶴亭記》，即為天驥作。簡既由天驥致，知法明座主時在彭城。簡中云及「窮蹇」，知作於黃州。《文集》第一簡云及「賢上人前年來此」，知此簡約作於元豐五、六年間。今繫本年。

蔣之奇(穎叔)升任江、淮、荆、浙發運使，有書來。賀以啟。

《宋史》卷三百四十三《蔣之奇傳》：「擢江、淮、荆、浙發運副使。元豐六年，漕粟至京，比常歲益六百二十萬石，錫服三品。請鑿龜山左肘至洪澤為新河，以避淮險，自是無覆溺之患。詔增二秩，加直龍圖閣，升發運使。」《長編》卷三百三十六本年閏六月乙未，有「賜江淮等路發運副使蔣之奇紫章服」記載。《詩集》卷二十七《和蔣發運》「施註」謂之奇為江淮發運，「十月已至京師奏計」。《文集》卷四十七《賀蔣發運啟》：「伏審上計入覲，拜恩言還。擁節東南，上寄一方之休戚。」入覲為今年。又：「某竄流已久，衰病相仍。方稱慶之未皇，忽移書之見及。」之奇先有書與軾。

與張近(幾仲)簡。

《平園續稿》卷八《跋東坡與張近帖》:「右坡公與張幾仲帖,蓋元豐間謫黄時也。所謂授德興尉者,長子邁也。」知簡約作於歲末或下年年初,今繫此。餘見元豐七年「以銅劍易張近龍尾子石硯」條紀事。蘇軾此簡已早佚。

近,開封人。《宋史》卷三百五十三有傳。《竹隱畸士集》有詩及之。

與沈遼簡,再辭不作《雲巢記》。

簡乃《文集》卷五十八與遼第二簡,以「開口得罪,不如且已」也。簡有「小兒亦授德興尉」之語,與與張近簡,約作於同時。

本歲,友人欽之嘗有使至,求近文,遂書《赤壁賦》寄之,囑其深藏不出,蓋以多難畏事也。此欽之或為傅堯俞。

據《佚文彙編》卷二《與欽之一首》,并參該文校注第一條。

堯俞,已見熙寧四年「傅堯俞作濟源草堂」條。《宋史》卷三百四十一《傅堯俞傳》謂其時「不為時所容」,其為人「厚重寡言,遇人不設城府」,彼此相投,或以是故。

本歲,嘗題堂兄不疑(子明)詩後。

題後見《文集》卷六十八(二一三二頁),有「不見十五年」之語。熙寧元年蘇軾與不疑別於蜀中,至是十五年。

李格非（文叔）約於今年來訪，有簡與之。

《文集》卷五十七《與文叔先輩》第一簡：「疊辱顧訪，皆未及款語。」贊格非之「新詩絶佳」。簡又云：「十五日當與得之同往也。」得之，徐大正字。知此簡作於黄州，約為本年事。格非，熙寧九年進士。見《太平治迹統類》卷二十八。餘詳紹聖二年「李格非嘗來簡」條。

九江胡洞微（明之）道士與游，約於今年作文贈之。

文乃《文集》卷六十《與胡道師》第一簡，《外集》此文題即作《書贈胡道士》。《文集》卷二十一《石菖蒲贊·敍》云「九江道士胡洞微」，即此胡道師。《山谷先生年譜》卷十三崇寧元年引黄庭堅跋自書蘇軾《乳泉賦》，謂洞微字明之，「又好東坡」。簡云洞微頗得龐安時之術，「與宗用藥」，知交往已久。簡又云「參寥子病，求醫於胡」，知簡約作於今年。

蘇軾年譜卷二十三

元豐七年（一〇八四）甲子　四十九歲

正月乙巳（初六日），滕元發（甫、達道）知筠州。元發上書，其書，蘇軾代撰。

正月乙巳云云，據《長編》卷三百四十二。《長編》云：「正議大夫滕甫知筠州。甫罷安州，入朝。手詔謀逆人李逢乃甫之妻族，近親不宜令處京師，可與東南一小郡，故也，甫上書自辨，尋改知湖州。」《文集》卷十五《滕元發墓誌銘》：「入朝，未對，而左右不悦者，又中以飛語，復貶筠州。士大夫為公危慄，或以為且有後命。公談笑自若，曰：『天知吾直，上知吾忠，吾何憂哉！』乃上書自明。」代元發所撰《辯謗乞郡狀》，見《文集》卷三十七。此狀，即《長編》所云之書。《文集》卷五十一與元發第二十四簡：「所示文字，輒以意裁減其冗，别録一本，因公之成，又稍加節略爾。不知如何？漕司根鞫捃摭微瑣，於公尤為便也。緣此聖主皎然，知公無過矣。非特不足邺，乃可喜也。但静以待命，如乞養疾之類，亦恐不宜。」據此，蘇軾代撰之文，乃就元發底稿而删略之耳。此簡云及為璋師作《羅漢堂記》事，《佚文彙編》卷三與元發第二簡亦及之。

二十五日，神宗手札移蘇軾汝州團練副使、本州安置。

據《墓誌銘》、《紀年録》、《施譜》及《長編》卷三百四十二元豐七年正月辛酉紀事。《施譜》御札「蘇軾黜居思咎，閲歲滋深，人材實難，不忍終棄」云云，《長編》同。《長編》卷三百五十六元豐八年五月戊戌紀事註文謂為二十一日事。

《西塘集耆舊續聞》卷五謂「蘇軾黜居」云云，乃制詞中語，首二句作「蘇某謫居之久，念咎已深」。《耆舊續聞》謂乃王震（子發）詞，軾甚歎服。又云：「元祐初，坡入掖垣，尚與子發同僚，和子發詩云『清篇帶月來霜夜，妙語先春發病顔』，蓋為此也。」軾詩見《詩集》卷二十六《次韻王震》。

和秦觀、道潛（參寥）梅花詩。

和詩見《詩集》卷二十二（一一八四、一一八五頁）。和秦云「不知風雨捲春歸，收拾餘香還畀昊」，作於初春。《欒城集》卷十三有和韻。

二月一日，與道潛、徐大正（得之）步自雪堂並柯池入乾明寺觀竹林，謁乳母任氏墳，鋤治茶圃，遂造趙氏園，探梅堂，至尚氏第，憩定惠僧舍，飲茶任公亭、師中菴，乃歸。有題名。

題名見《佚文彙編》卷六（二五八一頁）。

二十八日，徐大正（得之）致書蘇軾，報其兄大受之柩滯留不行。

《文集》卷五十七與大正第六簡：「得二月二十八日所惠書，知仙舟靠閣滯留，不易！不易！即日想已離岸。」

以銅劍易張近（幾仲）龍尾子石硯，賦詩。

《平園續稿》卷八《跋東坡與張近帖》：「（坡公）將自黃移汝，嘗賦長篇，以銅劍易幾仲龍尾子石硯，幾仲作詩，送硯返劍，公又屬和，卒以劍歸之。」詩見《詩集》卷二十三（一二三七頁），中有「我得君硯亦安用，雪堂窗下《爾雅》箋蟲鰕」之句，此雪堂乃實指，詩作於黃州未發之前。

《硯箋》卷二引蘇軾《劍易張近龍尾子石硯詩跋》：「僕少時好書畫筆硯之類，如好聲色，壯大漸知，自笑至老無復此病。昨日見張君卵石硯，輒復萌此意，卒以劍易之。既得之，亦復何益，乃知習氣難除盡也。」此跋，《佚文彙編》失收。

同上復引蘇軾《卵硯銘》：「東坡硯，龍尾石。開鵲卵，見蒼璧。與居士，同出入。更險夷，無燥濕。」此銘見《文集》卷十九，其後尚有「今何者，獨先逸。從參寥，老空寂」十二字。此卵硯，或即近所贈也。

中江令程建用（彝仲）書來，求亭記，覆簡辭。

建用書見《蜀中名勝記》卷三十《中江縣》。書歷敍中江一邑勝概，凡一千餘言。書謂邑有觀風臺，云：「臺之南有一亭，亭壁塑亂山，榜曰栩栩巖，取夢蝶之義。」以下云：「建用欲易栩栩之名，而記其所以塑壁之意，恨才力之不逮。」末云：「願明公命一名，撰一記，使不才之人得以附諸末，幸也。」中江屬成都府路之梓州路。

《文集》卷五十八與建用第六簡：「所要亭記，豈敢於吾兄有所惜，但多難畏人，不復作文字，惟時作僧佛語耳。」又云：「所示自是一篇高文。」第五簡：「讀別紙所記園亭山水之勝，廢卷閉目，如到其間。」第六簡云巢谷「去已久矣，今必還家」，約作於本年春二三月間。

《馮安岳集》卷六《答中江程建用知縣》云「故人寄我江前吟，幽蘭調高無報音」，知建用善詩。民國《眉山縣志》卷十謂建用「元豐間知中江縣，政尚清簡，案無留牘」。

與姪千乘簡，以振起家門勉之。

《文集》卷六十與千乘簡：「邁自北還，得手書。」「北」指京師，已見元豐六年「歲末與錢世雄簡」條。知千乘居京師。簡又云「日月不居，奄已除服」。千乘乃不欺（子正）之子，見《净德集》卷二十七《静安縣君蒲氏墓誌銘》。不欺卒於元豐四年九月間，千乘既除服，知簡作於本年。簡又云「别來又復春深」，點明作簡季候，知千乘嘗來黄。簡云及二兄不疑（子明），時不疑健在。簡稱千乘為念二秀才，可見《文集》卷六十《與子安兄》所云之念二即千乘。

曹九章（演父）贈詩，次其韻以同社結鄰為約。

次韻見《詩集》卷二十二（一一八七頁），作於離黄前。元豐六年十一月七日所作《孟仰之》，尚云「光州太守曹九章以書遺予」，九章此時或仍在光州任。九章以後不久即卒。《欒城集》卷二十六祭九章文敍聯姻後云：「數歲之間，相與抱孫。我雖未際，而日以親。」以下言九章卒。據「未際」，知九章之卒或在元豐八年八月轍除校書郎前。

三月三日，與道潛、徐大正（得之）、崔閑（成老）等訪定惠東海棠，憩尚氏第，聞閑彈琴，晚入何氏、韓氏竹園，歸過何氏小圃，記之，明日並作詩。後數日，作詩求劉唐年家煎餅。

記乃《文集》卷七十一《記游定惠院》，應大正請作，大正將赴閩中。《詩集》卷二十二有《上巳日與二三子攜酒出游隨所見輒作數句明日集之為詩故辭無倫次》詩。時未得移汝州告。

《參寥子詩集》卷六《廬山道中懷子瞻》：「去年今日東坡路，拄杖相將探海棠。」寫此時事。《輿地紀勝》卷四十九《黃州》：「寒碧堂：在何氏所居。州東門之外，何氏兄弟作寒碧堂以待東坡之至，東坡為畫竹石及賦詩。」

《記游定惠院》謂「有劉唐年主簿者，饋油煎餅，其名為甚酥，味極美」。乃作《劉監倉家煎米粉作餅子余云為甚酥》求之。參注文。《詩集》卷四十八《書裙帶絶句》乃為唐年之女作。《焦山志》卷七《劉龜年題名》：「劉唐年君佐、弟延年子永、龜年仁父、彭年元老，因訪右軍碑，躋攀至此。熙寧元年季春二十日，龜年謹題，釋景宗同遊。」備參。

移汝州告下，有謝表。

《文集》卷七十一《贈別王文甫》有「近忽量移臨汝」之語。文作於三月九日，告下當在三月四日至八日之間。《謝表》見《文集》卷二十三。

《春渚紀聞》卷六《裕陵睠賢士》：「公自黃移汝州，謝表既上，裕陵覽之，顧謂侍臣曰：『蘇軾真奇才。』時有憾公者，復前奏曰：『觀軾表中，猶有怨望之語。』裕陵愕然曰：『何謂也？』對曰：『其言「兄弟並列於賢科」，與「驚魂未定，夢遊縲絏之中」之語。蓋言軾、轍皆前應直言極諫之詔，今乃以詩詞被譴，誠非其罪也。』裕陵徐謂之曰：『朕已灼知蘇軾衷心，實無他腸也。』於是語塞云。」

九日，贈別王齊愈（文甫）。

見上條「移汝州告下」紀事。《文集》卷五十三與齊愈第一簡言「不出此月下旬起發」。

與王淮奇（慶源）簡，言將舟行赴汝。時淮奇已退居。

《文集》卷五十九與淮奇第四簡言赴汝事。又言：「退居以來，尊體勝常，黑頭謝事，古今所共賢。」《詩集》卷三十詩題敍淮奇為洪雅主簿，雅州户掾，遇吏民如家人，「既謝事，居眉之青神瑞草橋，放懷自得」，蓋謂此也。

蘇頌（子容）有疾，簡來。覆簡紹介龐安時為之治療。

據《佚文彙編》卷三與頌第三簡。與頌第二簡云及頌墜馬有少損，或即頌得疾之因。

遊大別寺，作《大別方丈銘》。與大別才老有交往。

銘見《文集》卷十九，云：「我觀大別，三門之外，大江方東。東西萬里，千溪百谷，為江所同。」知嘗遊於此。《元和郡縣志》卷二十八：魯山一名大別，在漢陽縣東北一百步。其山前枕蜀江，北帶漢水，上有吴將魯肅神祠。《輿地紀勝》卷七十九《漢陽軍》：「大別寺：東坡有《大別方丈銘》。」乾隆《漢陽縣志》卷三十《方外・寺觀附》：「太平興國寺，在縣北大別山下，唐建。宋太平興國中奉敕重建，因名。元豐時，蘇軾自黄州詔還，遊此，作方丈銘，寺僧刻於石，今毁。」以下引蘇軾銘文。此所云「詔還」，當為量移汝州。《蘇文繫年考略》謂銘文之作，當在三月間，今從。

《文集》卷六十一《與大別才老》第一簡敍才老專人來黄致候，第二簡敍才老來訪，第三簡亦敍才老來訪。蘇軾遊大別寺，或應才老之請。

以雪堂付潘大臨、大觀居住。並託潘丙（彦明）照管。

以雪堂云云，見《輿地紀勝》卷四十九《黄州·景物上·東坡》。

《慶湖遺老詩集》卷一《題黄岡東坡潘氏亦顔齋》，作於元符元年六月，其敍有云：「潘豳老昆仲躬耕於東坡，葺亦顔齋以偃息。」詩首云：「東坡有田誰料理，黧面蒼毛潘氏子。結茅題榜亦顔齋，農隙把書聊自喜。」同上拾遺《登黄鶴樓懷古兼寄潘豳老昆仲》，作於元符元年五月，亦可參。

《文集》卷五十三與丙第六簡：「東坡甚煩葺治，乳媪墳亦蒙留意，感戴不可言。」

在黄，嘗考《雞鳴歌》、《陽關》之第四聲。

《文集》卷六十七《書雞鳴歌》、《記陽關第四聲》敍其事。前者疑黄人之山歌為《雞鳴歌》之遺聲。

在黄，江州守李某嘗送《陶淵明詩集》一部，為書其後。

文乃《文集》卷六十七《書淵明羲農去我久詩後》。《蘇東坡軼事彙編》引《圓通紀勝集》：「可僊禪師行録云：師諱真覺，字可僊，嶺南人。游歷諸門，偶届江州，郡守李某請住圓通。東坡先生訪之。」此李某當即送陶集之李某。

《邵氏聞見後録》卷十八：「予昔與蘇仲虎會清溪真覺僧房，客有出東坡書淵明此詩者，仲虎曰：『大父平生愛寫此詩，於士友間數見之。』」仲虎名符。「此詩」即「羲農去我久」詩。附此。

在黄，嘗稱賞教授朱載上之詩。

《西塘集耆舊續聞》卷一：「朱司農載上嘗分教黄岡。時東坡謫居黄，未識司農公，客有誦公之詩云：

「官閑無一事，蝴蝶飛上階。」東坡愕然，曰：「何人所作？」客以公對。東坡稱賞再三，以為深得幽雅之趣。異日，公往見，遂為知己。自此時獲登門。偶一日謁至，典謁已通名，而東坡移時不出，欲留，則伺候頗倦，欲去，則業已達姓名，如是者久之。東坡始出，愧謝久候之意，且云：「適了些日課，失於探知。」坐定，他語畢，公請曰：「適來先生所謂日課者何？」對云：「鈔《漢書》。」公曰：「以先生天才，開卷一覽，可終身不忘，何用手鈔耶？」東坡曰：「不然，某讀《漢書》，至此凡三經手鈔矣。初則一段事，鈔三字為題，次則兩字，今則一字。」公離席復請曰：「不知先生所鈔之書，肯幸教否？」東坡乃命老兵就書几上取一册至，公視之，皆不解其義。東坡云：「足下試舉題一字。」公如其言。東坡應聲，輒誦數百言，無一字差缺。凡數挑皆然。公降歎良久，曰：「先生真謫仙才也。」他日，以語其子新仲曰：「東坡尚如此，中人之性，豈可不勤讀書耶！」新仲嘗以是誨其子輅（原注：叔暘云）。」（以下另一則謂載上與釋惠洪、朱敦儒有交往）本則自開始至「遂為知己」云云，亦見《容齋隨筆・四筆》卷十三《二朱詩詞》，並謂載上乃舒州桐城人，次子翌字新仲，官中書舍人，有家學。翌有《灊山集》，今傳。

《文集》卷七十一《書贈何聖可》有「寄語黄岡何聖可」之語。卷五十九有與聖可簡，云及「朱先生所著書詩」，朱先生或為載上。

在黄，與何聖可游。何次仲（迂叟）及識之。

《能改齋漫録》卷六《赤壁棲鶻》引次仲詩，首云「兒時宗伯寄吾州」，謂蘇軾也。《墨莊漫録》卷九謂此詩為何頡作。

楊節之嘗道黄,以詩賦求正,爲文美之。楊君某嘗過黄,出歐陽修、蔡襄書,爲評之。

楊節之云云,據《雞肋集》卷六十八《右通直郎楊君墓誌銘》。節之嘗監鄂州都作院,道黄或爲此時事。《文集》卷六十八《題鳳山詩後》:「楊君詩,殊有可觀之言。」或爲節之。庫本《清江三孔集》卷二十一孔平仲有《夢錫楊節之孫昌齡見過小飲》詩。

楊君云云,據《文集》卷六十九《評楊氏所藏歐蔡書》。

在黄,道士李斯立常從游。

據《輿地紀勝》卷四十六《安慶府》:斯立居東山靈隱觀。觀在今潛山縣境,見康熙《潛山縣志》卷二十三。《輿地紀勝》卷四十九《黄州》謂崇寧壬午,東坡雪堂毁,紹興初斯立重建。

在黄,嘗以卧帳贈李樵(巖老、儼老),作頌。

頌見《文集》卷二十(五九三頁)。《欒城後集》卷五《代李樵卧帳頌》,乃代樵答兄軾作。《文集》卷五十八《與巖老》有「某在東坡」語,作於黄。卷七十一有《書李嵓老棋》一文。

在黄,王定民(佐才)嘗專人送文並書至,應其請作《維摩贊》。

據《文集》卷五十七與定民第一、二簡;贊乃《文集》卷二十《石恪畫維摩贊》。《詩集》卷十七《答王定民》題下「施註」謂定民嘗爲通城令。通城屬鄂州,其令通城,當爲此時事。

定民於元祐三年以左奉議郎知衡陽兼權教授,見《永樂大典》卷八千六百四十七引《衡州府圖經》。

在黄,嘗從張從惠遊,獻壽詩於從惠。嘗與趙仲修簡。

詩乃《詩集・增補・獻壽戲作》。

《文集》卷五十九與仲修第一簡首云「瘡病」。卷五十七《與王佐才》第一簡亦云瘡病，作於黃。與仲修此簡當作於同時。卷五十八《與歐陽晦夫》第一簡，《七集・續集》謂「一云與趙仲修」，簡敍約遊庚公南樓，蘇軾願往。按：庚公南樓，在武昌，庚公乃亮。見《輿地紀勝》卷八十一《壽昌軍》。簡作於黃。

明抄本《詩淵》第二册有仲修《冬至祀先有感》。

在黃，偶書論富貴、名節，跋自作詩文，書《年酒帖》。

《晚香堂蘇帖》：「台榭如富貴，時至則有；草木如名節，久而後成。東坡書於雪堂。」《佚文彙編》未收。

同上：「軾老矣，年來薄有詩文幾卷，收納嚳中，幸不散逸，此外百無一營。入山採藥，追隨異人，以希扶老之助，風雨閉門，怡然清卧而已。寓居黃州書。」《佚文彙編》未收。《巴慰祖摹古帖》有此文，「薄有詩文幾卷」作「舊有詩文數十卷」，「幸不散逸」作「幸未散失」，「希」作「筇」，無「寓居黃州書」五字，而作：「雪霽清境，發於夢想。此間但有荒山大江，修竹古木。偶飲村酒，醉後曳杖放脚，不知近遠，亦曠然天真，與武林舊游等也。」《卧游録》有此段文字，「等也」作「未見議優劣也」。

帖見《佚文彙編》卷五，敍以病足之耕牛為禽，三鼓踰城醉歸事。

在黃，長蘆法秀（圓通）禪師嘗有簡來。有答。筠州聖壽院僧有聰嘗來訪，作偈送之。

《文集》卷六十一《與圓通》四簡敍往還之迹。法秀全稱東京法雲寺法秀圓通禪師，《五燈會元》卷十六有傳，為長蘆鼻祖。《侯鯖録》卷四謂法秀「立身峻潔如鐵壁」。

偈見《文集》卷十二(六四二頁)。《欒城集》卷十二有《余居高安三年,每晨出暮入,輒過聖壽訪聰長老謁方子明浴頭笑語移刻而歸歲月既久作一詩記之》詩,卷十三有《回寄聖壽聰老》詩。

在黄,嘗簡法芝(芝上人)敍夢彌勒殿事。作《五祖山長老真贊》。

《文集》卷七十二《夢彌勒殿》敍簡法芝言夢事,簡已佚。贊見《文集》卷二十二,《輿地紀勝》卷四十七《蘄州》言五祖山在黄梅縣東北二十五里。

在黄,嘗屬黄州教授代作賀啟。

《鶴山先生大全文集》卷六十三有《跋蘇文忠屬黄州教授作賀鄧樞密啟》。查《宋史·宰輔表》,蘇軾在黄時,樞密使、樞密副使、知樞密院事、同知樞密院事無姓鄧者。待考。

在黄,金華盧某嘗從游。盱眙杜輿(子師)嘗來游,輿嘗從學,為命名與字。

《黄氏日鈔》卷九十一《題盧計議先世東坡竹》:「金華盧君曾大父從蘇文忠公於黄州,得其親題畫竹,忠簡宗公又為親題其後。」作於咸淳辛未。宗文不見。

《文集》卷五十六與輿第一簡云「從者已多日離親側,唯以早還為宜」,又云「使多言者得造風波」,知輿與從者至黄,逗留有時。《雞肋集》卷三十五《杜輿子師名字序》敍輿從蘇軾學,「先生名之曰輿,字之曰子師」。《文集》卷六十六有《書晁無咎所作杜輿子師字説後》。《姑溪居士文集》卷三十八《跋東坡與杜子師書》謂輿乃臨淮名士,「雅善東坡老人」。

在黄,江端禮(惇禮、子和、季恭)以《非〈非國語〉》求教。蘇軾是其論,以柳宗元《非國語》為非。

《文集》卷五十六與端禮第一、二簡敍其事。第二簡云「柳子之論，大率以禮樂為虛器，以天人為不相知」，「素不然之」，又云「前書論之稍詳」，前書已佚。《嵩山文集》卷十九端禮墓銘，敍端禮特傾慕蘇軾，以下云：「嘗病柳子厚作《非國語》，乃作《非〈非國語〉》。東坡見之，曰：『久有意為此書，不謂君先之也。』」

在黄，客嘗題涵暉閣，為易一字。嘗據所見圖叢竹木石。

《輿地紀勝》卷四十七《蘄州・詩》敍客題涵暉閣，有「霽容天在水，春色柳藏橋」之句，蘇軾以「態」易「色」，自是閣名益著。《古今畫鑑》謂在黄「於路途民家雞栖豕牢間，有叢竹木石，因圖其形，作木葉，紋縷亦細」。又謂在秘監，見蘇軾所畫《拳石老檜》、《巨壑海松》二幅，「奇怪之甚，墨花凡見十四卷，大抵寓意，不求形似，僕曾收《怪木竹石圖》，上有元章一詩」，今為道士黄可玉所有。

在黄，嘗作雪堂義樽，置鄰近郡所送之酒。嘗作雪堂硯，後以贈侄适。嘗至州西北百餘里歐陽院見古編鐘，記之。

作義樽見《文集》卷七十《書雪堂義墨》。作硯，見轍孫籀《雙溪集》卷一《雪堂硯賦》，有「窮於黄岡，斲石為硯」語，賦之引云後贈其父适。見古編鐘見《文集》卷七十一《書黄州古編鐘》。

在黄，聞耒陽縣令焚木偶，贊令為明眼人。

《蒙齋筆談》敍縣有木居士，自韓愈時至元豐初，尸祝不輟。以下云：「一日，邑中旱，久不雨，縣令力禱不應，怒，伐而焚之。一邑争救不聽。蘇子瞻在黄州，聞而喜曰：『木居士之誅，固已晚矣，乃聞有此明眼人乎！過丹霞遠矣。』」以下敍邑人後復刻之，歲仍以祀。《詩集》卷二十八《送錢承制赴廣西路分都監》盛贊承制碎佛，可參。

在黄放肆，程頤斥之。蘇、程結怨始此。

《朱子語類》卷一百三十言及程頤《遺書·賢良》一段，以下云：「繼之以得志、不得志之説，却恐是説他。坡公在黄州，猖狂放恣，不得志之説，恐指此而言。道夫問：『坡公苦與伊洛相排，不知何故？』曰：『他好放肆，端人正士以禮自持，却恐他來檢點，故恁詆訾。』」道夫，朱熹弟子。《賢良》見《二程集·河南程氏粹言》卷二《聖賢篇》。文引程頤語，漢賢良舉而後至，今則求舉而自進，以科目為進取之資，「得則肆，失則沮，肆則悦，沮則怨，不賢不良，孰加於此」。

在黄，嘗與石康伯（幼安）《簡》，論及養生。

《簡》見《文集》卷五十七（一七一〇頁），云：「某近緣多病，遂獲警戒持養之方，今極精健。而剛强無病者，或有不測之患。乃知羸疾未必非長生之本也，惟在多方調遣。」

在黄，嘗與黄仲閔遊。

《詩集》卷四十八有《奉酬仲閔食新麪湯餅仍聞羅麥甚盛因以戲之》、《讀仲閔詩卷因成長句》。此二詩，《外集》謂為黄州作。

《柯山集》卷二十一《謝仲閔惠友于泉》（原注：泉上多紫竹）：「地吉泉甘慶所鍾，直疑遥與惠山通。曲肱煩暑都消盡，如卧蕭蕭紫竹風。」仲閔姓黄，同上書卷十四有《從黄仲閔求友于泉》詩。

在黄，嘗與陳處士游。

《澠水燕談録》卷四《才識》：「謫居黄州，有陳處士者，攜紙筆求書於子瞻。會客方鼓琴，遂書曰：『或對一貴人彈琴者，天陰聲不發。貴人怪之，曰：豈弦慢耶？對曰：弦也不慢。』子瞻之清談善謔，皆此類也。」

在黄，嘗與黄岡縣令周孝孫交往。

《文集》卷七十二《徐問真從歐陽公游》敍自歐陽修處得問真治足疾之訣，以下云：「予貶黄州，而黄岡縣令周孝孫累得重腿病，某以問真口訣授之，七日而愈。」《元憲集》卷二十五有《殿中丞周孝孫加上騎都尉制》。

在黄，嘗戲用佛經語，為陳慥（季常）作《魚枕冠頌》。

頌見《文集》卷二十。

《嵩山文集》卷十八《題東坡魚枕冠頌》：「東坡先生為兵部尚書時，為説之言：黄州時，陳慥相戲曰：『公只不能作佛經。』曰：『何以知我不能？』曰：『佛經是三昧流出，公未免思慮出耳。』曰：『君不知予不出思慮者，胡不以一物試之？』陳不肯，曰：『公何物不曾作題目，今何可相煩者。』復强之。乃指其首魚枕冠曰：『頌之。』曰：『假君之手，為予書焉可也。』陳於是筆不及並墨。（東坡）茶且笑曰：『便作佛經語耶！』」

在黄，嘗書《離騷》、《九歌》卷贈某友人。

據《式古堂書畫彙考·書》卷十《坡翁書離騷九歌卷》劉沔跋。末云：「松年自早歲尊慕先生，家藏先生之文甚富，近年購先生之書尤多，獨此乃先生舊所書耳，信可寶也。」跋作於宣和四年二月初八日。

在黃，與陳圓（德方）弟子游。

《永樂大典》卷三千一百四十二引《南康志》謂圓星子人，「嘗應制舉，當時賢良之名甚著，後隱於城南後山，士子從之游，鄉里名輩多出其門，蘇黃諸公皆器重之」。

在黃，術士嘗餽燒煉藥。

《孫公談圃》卷中：「子瞻在黃州，術士多從之游。有僧相見，數日不交一言。將去，懷中取藥兩貼，如蓮藥而黑色，曰：『此燒煉藥也，有緩急服之。』子瞻在京師，為公言，至今收之。後謫海島無恙，疑得此藥之力。」公，孫升。字君孚，高郵人。《宋史》卷三百四十七有傳。

為法照禪師鳳棲院題疏，或為在黃時事。

《輿地紀勝》卷七十九《漢陽軍·仙釋》謂院乃法照禪師創，其題疏皆韓琦、趙抃、蘇軾親筆。《景物下》謂漢陽軍治在鳳棲山之陽，亦有鳳棲閣。按：蘇軾題疏已早佚。

潘興嗣贊蘇軾書神似顏真卿，或為在黃時事。

興嗣贊見《文集》卷六十九《記潘延之評予書》；興嗣與弟轍語及此。《輿地紀勝》卷二十六《隆興府》謂興嗣字延之，自號清逸居士，居豫章城南，與王安石、曾鞏友善；六十餘年，手不釋書，徜徉山水間，熙寧間以瑞州推官起，不赴，士大夫高其風。《曾鞏集》卷三十三《奏乞與潘興嗣子推恩狀》，熙寧九年作，時興嗣五十六歲。興嗣長蘇軾十五歲。

十八日，書《水調歌頭》。

《平園續稿》卷十《跋汪逵所藏東坡字》：「《水調歌頭》，題元豐七年三月十八日黄州。已刻石於公法帖第一卷。」此法帖當即西樓帖。汪逵乃西樓帖刻者汪應辰之子。

蘇軾在黄時，賦《水調歌頭》二首，一為賦快哉亭贈張夢得，本譜元豐六年十一月紀事已及。一為贈章楶家歌者，本譜元豐四年紀事已及。蘇軾將離黄時，與章楶無交往。蘇軾此時所書之《水調歌頭》，當為賦快哉亭者，書之以贈夢得也。

四月一日，將自黄移汝，賦《滿庭芳》（「歸去來兮，吾歸何處」）留别雪堂鄰里。興國軍守楊繪（元素）令李翔（仲覽）來黄，要蘇軾道興國，遂書此詞以贈。

《東坡樂府》卷上《滿庭芳·序》：「元豐七年四月一日，余將去黄移汝，留别雪堂鄰里二三君子。會李仲覽自江南（按：「南」原作「東」，今從《雪山集》卷七《東坡先生祠堂記》引文）來别，遂書以遺之。」

《東坡先生祠堂記》：「楊元素起為富川，聞先生自黄移汝，欲順大江逆西江，適筠見子由，令富川弟子員李翔要先生道富川。」

富川即永興，見《輿地紀勝》卷三十三《興國軍·軍沿革》。永興乃興國軍之治。

楊繪知興國，見元豐六年十二月十五日紀事。李翔見此以下「至興國軍」條紀事。

應潘大臨（邠老）、大觀兄弟之請，書《赤壁》二賦、《歸去來辭》。

《八瓊室金石補正》卷一百八録蘇軾跋：「元豐甲子，余居黄五稔矣，蓋將終老焉。近有移汝之命，作詩留别雪堂鄰里二三君子。獨潘邠老與弟大觀，復求書《赤壁》二賦。余欲為書《歸去來辭》，大觀礱石欲并得焉。余性不奈小楷，强應其意。然遲余行數日矣。蘇軾。」《佚文彙編》失收。跋中所云詩，當為四月一日紀事所引《滿庭芳》詞。

六日，應安國寺繼連之請，作《黄州安國寺記》。嘗題繼連壁。

記見《文集》卷十二。《文集》卷七十一《題連公壁》，作時不詳，附此。連公乃繼連。

七日，記張君宜醫，贊其專以救人為事。

文見《文集》卷七十三(二三七七頁)。

將離黄，友人祖行席上贈營妓李琪詩。

《春渚紀聞》卷六《營妓比海棠絶句》：「先生在黄日，每有燕集，醉墨淋漓，不惜與人。至於營妓供侍，扇書帶畫，亦時有之。有李琪者，小慧而頗知書札，坡亦每顧之喜，終未嘗獲公之賜。至公移汝郡，將祖行，酒酣奉觴再拜，取領巾乞書。公顧視久之，令琪磨硯，墨濃，取筆大書云：『東坡五歲黄州住，何事無言及李琪。』即擲筆袖手與客笑談。坐客相謂：『語似凡易，又不終篇，何也？』至將徹具，琪復拜請。坡大笑曰：『幾忘出場。』繼書云：『恰似西川杜工部，海棠雖好不留詩。』一座擊節，盡醉而散。」詩見《詩集》卷四十八(二六三三頁)，録自《庚溪詩話》。《清波雜志》卷五載此，「李琪」作「李琦」，謂軾在黄「每用官奴侑觴，群姬持紙乞歌詞，不違其意而予之，有李琦者獨未蒙賜，一日有請，坡乘醉書」

云云，「奬飾乃出諸人右，其人自此聲價增重，殆類子美詩中黃四娘」。

別黃州，和道潛（參寥）留別雪堂詩。陳慥等送行，道潛、趙吉（貧子）從行。友人厚餉贈行，不受。與司馬光（温公）《啟》。

《詩集》卷二十三有《別黃州》、《和參寥》。道潛《留別雪堂呈子瞻》，在《參寥子詩集》卷五。陳慥等送行，見《詩集》卷二十三《岐亭五首・敍》。慥第六次來黃。道潛從行見本年「道潛話別九江」條。《龍川略志》卷二《趙生挾術而又知道》謂軾別黃，吉從之。

《佚文彙編》卷二《與某宣德書》敍宣德厚贈事，云「當時鄰於寒殍」。

《文集》卷五十與光第五簡云「去歲臨去黃州，嘗奉短啟」。《啟》已佚。

過江夜行武昌山上，聞黃州鼓角，賦詩眷戀。至車湖，略留王齊愈（文甫）家。

詩見《詩集》卷二十三（一二〇二頁）。《梁溪漫志》卷四《東坡緣在東南》：「（東坡）去黃，夜行武昌山上，回望東坡，聞黃州鼓角，凄然泣下。」

《文集》卷七十一《再書贈王文甫》：「昨日大風，欲去而不可。今日無風可去，而我意欲留。」留齊愈家至少為二日。

至興國軍，晤知軍楊繪（元素），繪留趙吉。與陳慥、道潛過李翔（仲覽）家。賦詩、詞。

《龍川略志》卷二《趙生挾術而又知道》敍繪留吉，吉後為駿騾所傷死。

《輿地紀勝》卷三十三《興國軍》：「李翔字仲覽，永興處士李太古之孫也。蘇東坡移汝州日，同陳慥季常、參寥過其家，留題於壁。其家有懷坡閣。」謂閣乃翔登第後瞰湖而築。《東坡先生祠堂記》：「前三十年一嫗尚及見(先生)，修軀黧面，衣短綠衫，纔及膝，曳杖謁士民家無擇。每微醉，輒浪適歡相迎曰：『蘇學士來。』來則呼紙作字，無多飲，少已，傾斜高歌，不甚着調，薄睡即醒。書一士人家壁云：『惟陳季常不肯去，要至廬山而返，若為山神留住，必怒我。』」此士人或即李翔。《相山集》卷二十七《跋李仲覽所藏東坡滿庭芳法帖》：「(東坡)謫黃岡。方是時，親戚故舊平日至厚善者，往往畏咎絕不通問，況有能不遠數百里，冒犯風濤之險，朝夕謦欬於其側以相顧恤者耶！吾觀李公仲覽之從先生游，初非有求，徒以慕先生之高風，乃至於此，想其心亦固，斷之天地，質之鬼神，正復以此獲罪，上下無所憾恨者，是豈小丈夫之所為哉！先生喜公詩，至謂氣節剛邁，讀之使人肅然自失。」知翔與軾早有交往。同治《興國州志》卷二十謂翔為元豐八年進士，善詩，卷三十五有翔詩。蘇軾「氣節剛邁」云云，未見全文。

《東坡先生祠堂記》：「先生至富川，見詩『吾曹總為長江老』者是，今傳富川。見詞『綠槐高柳咽新蟬』者是，今載《集》。且藏下雉李氏。」「吾曹」全詩已佚。「綠槐」乃《東坡樂府》卷下《柳郎歸》首句。

《輿地紀勝》卷三十三有白雉山，在大冶縣；下雉或在其地。

離興國軍。與楊繪(元素)皆濃醉。繪送至石田驛。

《東坡先生祠堂記》：「先生自富川趣高安，與元素濃醉解別，不及石田，已暮，見詩『惟見孤螢自開闔』者是，今載《集》，見詞『過湖攜手屢沾襟』者是，今傳富川。」「惟見」句在《詩集》卷二十三《自興國往筠宿石田驛南二十五里野人家》。「過湖」全詞已佚。《輿地紀勝》卷三十三謂興國軍圃有小西湖，或即「過湖」中所云之湖。

《雪山集》卷十五《送徐聖可十首》其二：「元素當年會子瞻，山三百疊故依然。風流文采徐、楊並，所欠賓朋似往年。」詩末原注：「蘇子瞻過楊元素，時元素守此邦，送至石田。子瞻有詩，略云：『溪上青山三百疊，快馬輕衫來一抹。』」此為《自興國往筠宿石田驛南二十五里野人家》首二句。

同治《興國州志》卷二《山川》：「百疊山：（州治）東南四十里，在古石田驛。東坡有『溪上青山三百疊』之句，謝公寓郡，因以為號。」謝公乃枋得，有《疊山集》，宋末以忠義稱。

同上書同卷謂州治東南七十里有坡山，原名碧雲山，云軾經此登山。卷三謂州治西北十五里有銀山，山之右峽口，原有軾所書「鐵壁」二字鐫懸崖間。或有傳聞因素，茲附此。

十四日，至慈湖。訪吳子上兄弟，獲觀父洵送其父中復罷犍為令赴闕引，作跋。

跋乃《文集》卷六十九《跋先君書送吳職方引》。蘇洵《送吳職方赴闕引》，見庫本《嘉祐集》卷十五。參嘉祐元年「父洵上書歐陽修」條紀事。興國軍大冶縣有磁湖鎮，境內有磁湖。

《輿地紀勝》卷三十三《江南西路・興國軍・景物上・磁湖》：「東坡謂其湖邊之石，皆類磁石，（湖）面多產菖蒲，故後人名曰磁湖。《輿地廣記》之說亦同。」即慈湖。《詩集》卷三十七有《慈湖夾阻風五首》，非此慈湖。《讀史方輿紀要》卷七十六謂磁湖在大冶縣東四十里。

吳子上，蘇軾同年，嘉祐二年三月已及。子上為字，其名不詳。查同治《興國州志》，中復之子尚有立禮，治平二年進士。張舜民《畫墁集》卷七《郴行録》元豐六年夏有「次泗州，同年吴立禮承議相候」之記載。《愧郯録》卷三《南北郊》謂元祐七年郊祀議中吴立禮與蘇軾同主合祭天地，時同朝。

在慈湖，過程氏草堂，與道潛（參寥）、陳慥（龍丘）觀瀑布水。晤友人程師德。送行者除慥外，皆止慈湖。

在慈湖云云，見《文集》卷七十二《記參寥龍丘答問》。

《輿地紀勝》卷三十三《景物下》：「全真亭：在磁湖西溪上，天聖中程叔良作。」又：「清風閣：在磁湖，大江之旁，治平中程大年作。」此亭、閣，或即《文集》所云之程氏草堂。

同上書同卷《人物》：「程師德：大冶人。大年六子。有才學善行，不求仕進。東坡先生嘗與之遊。家多蘇仙墨迹。」程師德或為程氏草堂之主人。

《東坡先生祠堂記》謂蘇軾自臨皋渡武昌後至興國途中，有詞「高安更過幾重山」云云，「今藏磁湖陳氏」。「陳」當為「程」之誤刊。王質為興國人，親見其詞，此詞全詞不傳，當作於程氏草堂，或為程師德而作。送行者云云，據《詩集》卷二十三《岐亭五首·敍》。

二十三日，至瑞昌縣。

《永樂大典》卷六千六百九十七引《江州志·碑碣·瑞昌縣·坡公亭》：「《東坡（按：原作『城』，誤）紀行》：蘇軾甲子四月二十三日過。《譙令憲跋》。《坡公館記》：嘉定三年洪偲記。」跋今不見。

《吴禮部詩話》：「東坡自黄移汝，別子由於高安，過瑞昌亭子山，題字崖石，點墨竹葉上，至今環山之竹，葉葉有黑點。景定中，王景琰主瑞昌簿，移植廳事，扁其堂曰景蘇，蓋簿廳東坡夜宿處也。」《永樂大典》卷三千四百二引《二蘇江州寓公傳》謂蘇軾「自興國道瑞昌之亭子山，有軾題名」。按：謂「葉葉有黑點」，乃屬傳聞，然題名亭子山，乃屬事實。此題名，或即《永樂大典》卷六千六百九十七所云之《東坡紀行》。

瑞昌屬江州，在州西一百二十里。見《輿地紀勝》卷三十《江南西路·江州·縣沿革》。

陳慥（季常）歸，有詩贈之。

《詩集》卷二十三《岐亭五首·敍》謂慥送至九江，其五乃別時贈詩，中云：「我行及初夏，煮酒映疏冪。」慥或未至廬山，瑞昌已屬江州，故次其事於此。

二十四日，至廬山北麓，宿圓通禪院。

詳二十五日紀事。

二十五日，父洵忌日，手寫寶積獻蓋頌佛一偈，贈圓通禪院長老可僊（僊公），作詩。

詩見《詩集》卷二十三（一二一一頁）。詩題云四月二十四日至廬山，宿圓通禪院。

可僊全稱廬山圓通可僊法鏡禪師，嚴州陳氏子。屬南嶽下十三世，東林總禪師法嗣。《五燈會元》卷十七有傳。參本年以上「在黃江州守李某」條。

《輿地紀勝》卷三十《江州·景物下》：「圓通寺，在德化縣南五十里，山北之大刹也。」德化乃江州之治。

按：廬山分屬江南東路江州及南康軍（江州，南宋時屬江南西路）。大抵山之南麓屬南康軍，山之北麓屬江州。參《輿地紀勝》卷三十《江州·風俗形勝》引《尋真觀記》，見本年以下「往來廬山南北勝迹」條。

《平園續稿》卷四十《廬山圓通寺佛殿記》云：「江州廬山之陽，石耳峯之下，當國朝乾德、開寶間，江南李後主及昭惠周后，創觀音圓通道場，以奉瑞像，命道濟禪師緣德主之。今號崇勝禪寺。東坡蘇公嘗留詩額。」所留詩額，或為贈可僊之詩。文稱「江州廬山之陽」。蓋廬山之江州部份，又有陰面、陽面，廬山固甚廣也。

在廬山，了元（佛印）來《簡》約同遊，答簡約自筠州還日同遊。時了元自潤州金山來。

《文集》卷六十一與了元第三簡：「見約遊山，固所願也。方迫往筠州，未即走見，還日如約。」知作於廬山。蘇軾在山北，了元原所住之歸宗在山南，其來廬山，當仍住歸宗，故以簡代語。《七集·續集》此簡題作《與金山佛印禪師》，以其時了元為金山住持，非歸宗住持，其來廬山，乃以他事。了元住金山，參元豐五年五月紀事。

在廬山，與開元觀道人遊，約筠州還日再同遊。

《文集》卷六十一《答開元明座主》之第一、二、三、四各簡之開元明座主乃徐州開元寺僧法明，已見元豐二年「在徐嘗修石橋以開元寺僧法明董其事」條、元豐六年「徐州開元寺僧法明來簡答之」條，並參元豐八年「正月十九日答徐州開元寺僧法明簡」、「六月十五日徐州開元寺僧法明以蘇軾手簡刻石」條。蘇軾自離徐州後至元豐八年正月十九日前未與法明晤，正月十九日簡中「奉別累年」語可證。

《答開元明座主》第五簡：「中前經過，幸聞清論，深欲還日再上謁，以數相知約在棲賢，且自德安徑赴之，遂成食言。」以下有「法體如何」之語。此簡受簡者非徐州開元寺僧法明，而居於廬山。廬山無開元寺，有開元觀，《輿地紀勝》卷三十《江州・景物下》謂觀「在子城東二里，本晉招隱觀」。此人當居開元觀，觀以道人稱，故以開元觀道人當之。《文集》編者以開元寺僧法明與此人為一人，致有此誤。

蘇軾此簡作於自筠州還廬山後，參本年以下「還廬山作詩其還乃自德安徑赴棲賢」條。

由廬山往筠州，至建昌，遇王適。

《詩集》卷二十三《將至筠，先寄遲适遠三猶子》敍將至筠，未見遲兄弟而「先逢玉雪王郎子」。句下自註：「時道逢王郎於建昌，方北行也。」王郎乃適。《欒城集》卷十三《次韻子瞻特來高安相別》前為《次韻王適留別》詩可證。建昌屬南康軍，在軍西南一百二十里。

《欒城集》卷十三《次韻子瞻特來高安相別先寄遲适遠却寄邁迨過遯》首云「老兄騎騾日百里」。《詩集》卷二十三《端午游真如遲适遠從子由在酒局》云「今年匹馬來」。其往筠以騎。

過李莘、李常兄弟建昌故居，有詩。

詩見《詩集》卷二十三（一二二〇頁）。詩云：「我來仲夏初，解籜呈新綠。」此處所云「仲夏」，詳考蘇軾前後行迹，與「五月」之意不同。「仲夏」不過言夏之中。詩又云：「何人修水上，種此一雙玉。」謂莘、常兄弟也。見《挈齋集》卷十四《秘閣修撰黃公行狀》。「修水」見下條。

或謂經修水深山小溪，無其事。

《鶴林玉露》乙編卷四《來蘇渡》：「修水深山間有小溪，其渡曰來蘇。蓋子由貶高安監酒時，東坡來訪之，經過此渡。鄉人以為榮，故名以來蘇。」《輿地紀勝》卷二十六《隆興府・景物上》：「修水，在分寧縣西六十里，東南流經縣。」分寧在洪州（隆興）西六百里。自廬山至筠，由分寧迂迴過大，無暇至彼。

至奉新，與弟轍簡，言旦夕相見。

簡見《佚文彙編》卷四（二五一四頁）。奉新在洪州西一百五十里，屬洪州。

將至筠州，弟轍與洞山克文禪師、聖壽聰禪師來迎於建山寺。

《冷齋夜話》卷七《夢迎五祖戒禪師》：「蘇子由初謫高安時，雲庵居洞山，時時相遇。有聰禪師者，蜀人，居聖壽寺。一夕，雲庵夢同子由、聰出城迎五祖戒禪師。既覺，私怪之，以語子由。語未卒，聰至，子由迎呼曰：『方與洞山老師説夢，子來，亦欲同説夢乎？』聰曰：『夜來輒夢見吾三人者，同迎五祖戒和尚。』子由拊手大笑曰：『世間果有同夢者，異哉！』良久，東坡書至，曰：『已次奉新，旦夕可相見。』三人大喜，追筭輿而出城，至二十里建山寺，而東坡至。坐定，無可言，則各追繹向所夢以語坡，坡曰：『軾年八九歲時，嘗夢其身是僧，往來陝右。又先妣方孕時，夢一僧來託宿，記其頎然而眇一目，暮年棄五祖來游高安，終於大愚。』逆數蓋五十年，而東坡時年四十九歲矣。」《輿地紀勝》卷二十七所引《冷齋夜話》尚有「子由攜兩衲候於城南建山寺」之語。文字與今傳本略不同。五祖戒禪師，《五燈會元》卷十二有傳。

雲庵全稱隆興府寶峯克文雲庵真淨禪師，乃南嶽下十二世，黃龍南禪師法嗣，《五燈會元》卷十七有傳。《欒城集》卷十二有《次韻洞山克文長老》詩，克文原詩不見。克文詩，《宋詩紀事》輯有。《文集》卷七十《書雲庵所藏硯》敍觀克文所藏硯，並贊之，當為在筠時事。茲附志於此。

聖壽聰長老事迹，見《欒城後集》卷二十四《逍遥聰禪師塔碑》：聰卒於紹聖三年九月，年五十五。《蘇潁濱年表》謂卒於紹聖二年。疑誤。

至筠，寓於東軒。

《欒城集》卷二十四有《東軒記》，謂軒在聽事堂之東，種杉二本，竹百箇，以為宴休之所。筠州屬江南西路，治高安縣。理宗時改瑞州，見《輿地紀勝》卷二十七《江南西路·瑞州·沿革》。同上書同上卷《景物上》：「東軒：《新志》云：在貢院。元豐中，欒城居之，有種蘭詩曰：『蘭生幽谷無人識，客種東軒為我香。』東坡自黃移汝，取道訪欒城，留東軒十日，有詩。」此處所云詩，當指《將至筠先寄遲适遠三猶子》「我為乃翁留十日」之句。至筠，約為四月底。

康熙《高安縣志》卷六蘇軾小傳謂軾以省弟至高安，「寓居廣福寺，因額其堂曰『同夢』」。不知廣福寺與東軒有無干涉，蘇軾或至其地。

五月，端午，遊大愚山真如寺，姪遲、适、遠從，謁大愚禪師，有詩。有墨刻。題待月軒。

詩見《詩集》卷二十三（一二二四頁），《欒城集》卷十三次韻。遲字伯充，适字仲南，遠字叔寬，見《蘇潁濱年表》。《輿地紀勝》卷二十七《瑞州·景物下》謂大愚山在州東行春門外；《官吏》謂軾「行真如，謁照公長老，留詩十韻」，即端午詩；《仙釋》謂「大愚禪師，高安人，少遊方，得法於廬山歸宗禪師，還庵於大愚灘頭，因號」，知大愚禪師即照公；《碑記》有蘇軾書大愚山詩，謂「在本山」，則端午詩有石刻。《永樂大典》卷九百七引呂祖儉《大愚叟集·書東坡訪子由倡酬詩（下略）》謂軾訪轍「兄弟叔姪唱和之詩，具皆可考」，以下云「周覽二蘇墨刻」。慶元三年作。《廣輿記》卷十三：「待月軒，大愚山上，蘇軾題。」

訪蔡曾、劉平伯，嘗為平伯寫墨竹；訪盛度之樓。

乾隆《新昌縣志》卷十五《蔡曾傳》：「字子飛。淹貫經史，性剛毅。為太學生，丞相劉沆館為子弟師，一日語曾曰：『今年郊祀恩例，欲以浼子。』曾不答。明日，束裝歸，葺南園，植花木，構庭榭，號東郭居士，內姪黃山谷為之記。蘇子瞻過筠，嘗造焉。」沆為相乃至和元年至嘉祐元年間事，見《宋史·宰輔表》。《豫章黃先生文集》卷十七《東郭居士南園記》稱曾嘗學四方，所與游居半世公卿而不偶，於是退伏田里，「與野老並鋤，灌園乘屋，不以有涯之生，而逐無涯之欲」。

康熙《高安縣志》卷八：「劉平伯，漢建成侯之裔。高蹈好文，名士推之，二蘇兄弟每過訪焉，並有賡韻。子瞻寫墨竹以贈，今猶藏於家。」卷六謂軾與邑人劉平伯相友善，「至今有畫竹留其家」。

《文集》卷五十一《與滕達道》第三十八簡：「近過文肅公樓，徘徊懷想風度，不能去。」同治《瑞州府志》卷七，盛度，天聖元年知。度謚文肅，《宋史》卷二百九十二有傳。

往龍泉，訪縣令黃大臨，宿資福寺，有詩。

詩見《詩集·增補》(二七八八頁),并參校註第十七條。大臨字元明,庭堅兄,見《山谷全書》卷首年譜。龍泉屬江南西路吉州,在吉州西南二百一十里,距筠不遠。

嘗游新昌石臺山,訪問長老,并書贈問長老詩。

《輿地紀勝》卷二十七《瑞州·景物下·石臺山》謂蘇軾兄弟嘗游此山,山在新昌南三十里。同上《碑記》謂蘇軾書石臺山詩,在本山。此詩,當即元豐六年所作贈問長老詩(《詩集》卷二十二,一一七五頁)。是當日或以後不久此詩有刻石也。參元豐六年「作二頌」條紀事。同上《縣沿革》謂新昌在州西一百二十里。

在筠,或晤方子明。

《文集》卷十九《真相院釋迦舍利塔銘》之敍敍及弟轍謫筠,白衣方子明以所得洞庭之南阿育王塔所藏釋迦如來舍利與轍事。以下敍過筠見舍利。子明居筠。《欒城集》卷十二有《題方子明道人東窗》,卷十三有《贈方子明道人》詩。軾或晤之。《佚文彙編》卷四《與友人》及子明。

別弟轍,有詩。臨行,轍以慎於口舌相戒。

詩見《詩集》卷二十三(一二二五頁)。《欒城集》卷十三《次韻子瞻端午日與遲适遠三子出遊》:「平生手足親,但作十日語。朝游隔提攜,夜卧困烝煮。未歌棠棣詩,已治芻靈祖。」《次韻子瞻留别》:「公來十日坐東軒,手自披雲出朝日。」《次韻子瞻行至奉新見寄》:「十日留公談,欲作白蓮會(原注:筠州無可語者,往還惟一二僧耳)。瓠瓜一遭繫,賣酒長不在。夜歸步江滑,明月照清瀨。心開忽自得,語異竟非背。」敍相會。

涵芬樓《説郛》卷十二賈似道《悦生隨鈔》引《漫浪野録》：「蘇子瞻汎愛天下士，無賢不肖，歡如也。嘗自言：上可以陪玉皇大帝，下可以陪悲田院乞兒。子由晦默少許可，嘗戒子瞻擇交。子瞻曰：『吾眼前見天下無一箇不好人，此乃一病。』子由監筠州酒税，子瞻嘗就見之，子由戒以口舌之禍。及餞之郊外，不交一談，唯指口以示之。」宛委山堂本《説郛》卷四十一《蓼花洲閑録》略同。

九日，過新吴，與縣令李志中同謁劉真君祠。寄弟轍詩。

九日云云，據《文集》卷六十六《書李志中文後》。《詩集》卷二十三有《初别子由至奉新作》，《欒城集》卷十三次韻。《輿地紀勝》卷二十六《隆興府》謂奉新原名新吴。又謂：「劉真君：徐騎省鉉作《昭德觀碑》云：考方志，觀乃西晉邑人劉真君之故居也。真君名道成，仕至刺史，辭禄還家，勤行不息，以永嘉二年舉族上升。」謂碑在昭德觀，今「尚存」。

十日，與李志中同游寶雲寺此君亭。

據《書李志中文後》。《輿地紀勝》卷二十六：「《寶雲寺碑》，在奉新縣東百五十步，有鐵鑄菩薩五十二軀。唐保大六年，秘書郎陳用寬為之記。今碑具在。」

筠州還，過白塔鋪歇馬。

《詩集》卷二十三有《白塔鋪歇馬》。外集詩題「白」上有「筠州還」三字，是。注文謂白塔乃歸宗寺尊者耶舍葬地鐵塔寺。《欒城集》卷十《遊廬山山陽七詠·歸宗寺》前四句：「來聽歸宗早晚鐘，疲勞懶上紫霄峯。墨池漫疊溪中石，白塔微分嶺上松。」按：《全宋詩》卷八百六已作《筠州還白塔鋪歇馬》。

還廬山，作詩。其還，乃自德安徑赴棲賢。

《詩集》卷二十三《初入廬山》其一：「要識廬山面，他年是故人。」自注：「山南山面也。」軾自筠回，入廬山南麓，故云「山南」。歸宗、棲賢、開先在山南，山南屬南康軍。四月經山北圓通時，以「方迫往筠州」，未得仔細領略廬山，故云「初入」。《初入廬山》三首，非作於一時。「其還」云云，見《文集》卷六十一《答開元明座主》第五簡。

十三日，過温泉（湯泉），和可遵詩。

《文集》卷六十八《書遵師詩》録可遵詩，敍和詩事。和詩見《詩集》卷二十二（一二一四頁）。《冷齋夜話》卷六《僧可遵好題詩》：「福州僧可遵好作詩，暴所長以蓋人，叢林貌禮之而心不然。嘗題詩湯泉壁間，東坡游廬山，偶見為和之。」以下云遵自是愈自矜式。《老學庵筆記》卷四及可遵事，詩注已引。

《輿地紀勝》卷三十《江州》引白居易《題廬山山下湯泉》詩，湯泉在山北麓。

按：《詩集》卷二十三盡編廬山詩於至筠州前，誤。和可遵詩作於自筠還廬山，即為明證。自還廬山至離江州，時間約近一月，遂得以遍游山南北。廬山詩大部分作於自筠還廬山後。查慎行、馮應榴、王文誥皆失之。宋刊《東坡集》盡編廬山詩於筠州後，亦失之。參《文學遺産》一九八九年第六期拙撰《關於蘇軾生平的若干資料》。

十九日，與葛格（道純）同游廬山簡寂觀，格誦己所作請書之石。

據《文集》卷六十八《書葛道純詩後》，當應其請。《范太史集》卷二《送道純歸南康》中云：「少年負志氣，海運期鵬鶡。晚登桂堂籍，燕石笑璠璵。飄飖考城吏，放浪彭澤園。回首出都邑，仙禽謝籠樊。」知葛為令南康。《輿地紀勝》卷二十五《南康軍》：觀在城西二十三里，宋大明六年陸修靜置，乃其修養之地。

同日，於慧日院雨中，跋秦觀、元淨（辯才）廬山題名，以贈道潛。

文見《文集》卷七十一（二二六一頁）。

《輿地紀勝》卷二十五《南康軍・仙居洞》：去白鹿洞五里，有慧日院。

二十三日，與道潛登慧日寺樓觀，題名鐘上。同日，滕元發除知湖州。

《題名》見《佚文彙編》卷六。《日涉園集》卷二《宿慧日寺》引《題名》。慧日寺即慧日院。元發知湖，據《長編》卷三百四十五。《文集》卷十五元發墓誌敍神宗覽所上《辯謗乞郡狀》「釋然，即以為湖州」。

獨遊白鶴觀，約為此時事。

《詩集》卷四十二《觀棋》敍遊白鶴觀事。詩云「長松蔭庭，風日清美」。若在紹聖元年，未必有如是閑情，且季節亦不合。故繫之本年。《文集》卷六十七《書司空圖詩》亦敍游白鶴觀事。《輿地紀勝・南康軍・白鶴觀》：「在城西北二十里。」

《晚香堂蘇帖》：「眉山蘇軾來游廬山，休樂天醉石之上，清泉潺潺，出林壑中，俯仰久之，行歌而去。」

以下有「趙郡蘇氏」印章。此乃游廬山偶書，約為此時事。附此。此文，《佚文彙編》未收。

往來廬山南北勝概：作《開先漱玉亭》、《棲賢三峽橋》詩，為東林常總（廣惠）長老《題西林壁》。允為常總撰東林寺碑。

詩皆見《詩集》卷二十三。

《輿地紀勝》卷三十《江南西路・江州・風俗形勝》引《尋真觀記》：「廬山山水甲天下。山之南則簡寂、棲賢、開先、歸宗，山之北則太平、圓通、東西二林。」

同上卷二十五《江南東路・南康軍・景物下》：「開先寺，在城西十五里，李中主所作也。」以下云：「寺後有瀑布泉，李白詩云『飛流直下三千丈』，謂此也。」

同上：「棲賢院：在廬山。蘇子由有記云：狂峯怪石，翔舞於簷上。舊置院於尋真，李渤徙置是山。南唐保大中制書，猶有存者。」轍記乃《欒城集》卷二十三《廬山棲賢寺新修僧堂記》，以下「三峽橋」所引轍記亦為此記。

同上：「三峽橋：在廬山之歸宗寺，最為廬山之雄觀。蘇子由記曰：水行石間，聲如雷霆，如千乘車，行者震悼，不能自持，雖三峽之險，不過也。楊億記云：『瀉瀑練於千仞，狀雲屏之九疊。』」同上又謂歸宗寺在城西二十五里。

同上卷三十《江州・景物下》：「東林寺：晉武帝太和十年建，唐號太平興龍寺，最為廬山之古刹。」

同上：「西林寺：晉太和三年建。水石之美，亦東林之亞。」晉武帝無「太和」，「和」應作「康」。

總長老全稱江州東林興龍寺常總照覺禪師，延平尤溪施氏子。屬南嶽下十一世，黄龍南禪師法嗣。熙寧三年住泐潭，元豐間賜號廣惠禪師。《演山集》卷三十四有《照覺禪師行狀》，《五燈會元》卷十七有傳。《文集》卷二十二《東林第一代廣惠禪師真贊》稱常總爲「僧中之龍」。

《五燈會元》卷十七謂蘇軾爲總長老法嗣，並云軾「宿東林，與照覺論無情話，有省，黎明獻偈曰：（略）」，即《詩集》中之贈總長老詩（卷二十三，一二一八頁）。

《文集》卷六十一《與東林廣惠禪師》第一簡：「東林寺碑，既獲給緣三寶，業障消除，可得託名大士，皆所深願。」「既獲」，是允之也。

與了元（佛印）遊廬山，識其徒自順，並爲題品。

《文集》卷六十一《與了元第七簡》：「復欲如去年相對溪上，聞八萬四千偈，豈可得哉！」元豐八年作。

《輿地紀勝》卷二十五《江南東路・南康軍・仙釋》：「順菩提：《洋州志》云：僧自順，興道縣人。南遊，師佛印禪師了元，住南康之雲居，順爲侍者。一日，元與東坡遊某寺，讀某碑，順在旁。及歸，東坡問左右：『能記憶所讀碑否？』餘侍者相顧錯愕，順讀誦得十之七。東坡大奇之。因問：『何名？』曰：『自順。』東坡曰：『逆則煩惱，順則菩提。』自一經題品，叢林盛稱爲順菩提。」

與道潛（參寥）登朱砂峯，題字。

《參寥子詩集》卷六《和子由彭蠡湖遇風雪》：「（上略）却返朱砂峯，招提更岑寂。中藏李氏書，盛事誇絶特。東坡老居士，邇亦有題墨。一覽慰君心，都忘遠行役。」此詩作於元豐八年，所寫爲本年事。

《輿地紀勝》卷二十五《南康軍》謂朱砂峯在城北三十五里。

與開元觀道人簡，以不能踐約與晤為歉。

《文集》卷六十一《答開元明座主》第一簡敍之，參本年此前「在廬山與開元觀道人遊」條。

至李常（公擇）白石山房，作詩，又嘗畫枯木於此。

詩見《詩集》卷二十三（一二一四頁）。《輿地紀勝》卷二十五《南康軍·古迹》謂李氏山房在楞伽院，李常「少時兄弟讀書於五老峯下白石庵之僧舍」。兄弟謂常與其兄莘。《景物下》謂「楞伽院在城北二十五里，有李尚書藏書閣，閣上有蘇東坡《枯木》」。《人物》謂常「兄弟讀書於五老峯下之白雲庵」，知白石庵即白雲庵。《景物下》謂白雲庵在去城四十里之白雲洞下。《文集》卷十一有《李氏山房藏書記》，參熙寧九年十二月初一日紀事。

登無相寺，題字。

《日涉園集》卷七《登無相絶頂舊有東坡題字今不復見》：「深雲蒙無相，斜日照崔嵬。慘澹天梯往，蒼茫地勢開。巾裾拂河漢，談話雜風雷。惆悵銀鉤處，歸來首重回。」卷九《清曉登無相浮屠上有東坡書》：「窈窈龍蛇穴窟寬，淮山楚水繞闌干。儋州宰木應摇落，八法猶參星斗寒。」既云登絶頂，則是中年精力尚旺時所為，若紹聖元年、建中靖國元年，已力不從心矣。今次此。《文集》卷二十二有《無相庵偈》。

嘉靖《九江府志》卷十四《外志·寺·德安縣》：「無相寺：在縣治南。唐大中四年僧普照開創。今廢，惟塔存焉。」

應同年程筠（德林）請，題其先墳。

詩見《詩集》卷二十三（一二二九頁）。《青山集》卷二十亦有題其先墳詩。筠，浮梁人。乾隆《浮梁縣志》卷八筠傳敍登第除江都令。嘉祐五年，王安石上萬言書論國政，筠不謂然。以事忤上官，貶如皋尉。閲五年，復起為令。以下云：「歷熙寧、元豐，時久苦新法，筠條其不便，移書諫臣蹇昌言，轉達進奏院上之。……神宗見疏改容。其同年友蘇軾聞之，曰：『疏遠不忘納忠，君子人也。』調知陳留。」同上書卷十一有筠《上神宗皇帝論新法疏》一文。餘見元祐七年「程筠赴真州」條。

飲陶驥（子駿）佚老堂，有詩。驥住江州城南。

詩見《詩集》卷二十三（一二三〇頁）。

《參寥子詩集》卷一《陶宣德佚老堂》云「湓浦城南舊隱淪」。驥以宣德郎致仕，見《詩集》注文。稱宣德，以此。《輿地紀勝》卷三十《江州》謂湓浦乃江州。《永樂大典》卷七千二百三十八：「佚老堂：《江州志》：德化縣陶宣德宅，有佚老堂，在尉廨側。」并引沈括題佚老堂詩。《清江三孔集·宗伯集》卷五《陶子駿佚老堂》：「不逐漁商不問農，悠然今作坐禪翁。地臨白傅荒臺畔，人在華胥樂國中。一榻遠分廬阜月，兩軒平挹廣寒風。杖藜亦欲頻還往，肯使清閑併屬公。」卷三亦有詩。《畫墁集》卷二、《青山集》亦有題詩。

至江州紫極宮，道士胡洞微以李白《潯陽紫極宮感秋》相示，蓋其師卓玘所刻。蘇軾和白韻。

和詩見《詩集》卷二十三（一二三二頁）。《輿地紀勝》卷三十《江州》謂宮在州（按：以下脱去一字）二里。《山谷詩集注》卷十七有《次蘇子瞻和李太白潯陽紫極宮感秋詩韻追懷太白子瞻》，作於崇寧元年。詩末任注引庭堅此詩跋。軾詩之敍云及玉芝，跋謂玉芝為藥，服之「令人體臞而神王」。跋謂洞微「好文多藝，能治賓客具，至者忘歸，此東坡先生所以每至而留連者」。蘇、黄之詩，刻於江州德化天慶觀之瓊芝軒，綜見《輿地紀勝・江州・景物下・瓊芝軒》及《永樂大典》卷六千六百九十七引《江州志・碑碣・德化・天慶觀》。卓玘乃泉州晉江人，卒於元豐元年五月，年七十五，事迹詳《清江三孔集・宗伯集》卷十七墓銘。

嘗賦《陶潛絶識詩》，有碑碣。

《永樂大典》卷六千六百九十七引《江州志・碑碣・德化・東坡賦陶潛絶識詩》：「黄庭堅跋。」詩不見，不詳為何時作，附次此。

以慈湖山中所得石菖蒲數本遺胡洞微，使善視之，作《石菖蒲贊》。

贊見《文集》卷二十一。蘇軾紹聖元年過江州赴惠州，未嘗至慈湖山中。

道潛（參寥）話別九江，作詩。次韻約道潛至汝州。

《參寥子詩集》卷五《九江與東坡居士話別》：「雪水黄樓赤壁間，勝遊長得共躋攀。屠龍冉冉空三載，窺豹悠悠愧一斑。投錫雲林聊避暑，絶江舟楫自東還。求田問舍知何處，杖屨它時訪小山。」卷六《廬山道中懷子瞻》作於明年，知道潛留廬山。次韻見《詩集》卷二十三（一二三三頁）。

六月九日，子邁赴饒之德興尉，送之至湖口，遊石鐘山，作記。以硯贐邁，為銘以勉。

《文集》卷十一有《石鐘山記》，卷十九有《邁硯銘》。湖口屬江州，在州東北六十里。《輿地紀勝》謂石鐘山屬湖口。

十一日，舟中題《文選》。

文見《文集》卷六十七（二〇九二頁）。

胡洞微道師專使致簡，答之。復與洞微簡，報離江州，遇逆風；録二詩寄洞微，囑善護玉芝。

《文集》卷六十與胡道師第三簡敍道師專使，答以「明日解舟」。第二簡云「昨日起離，中途逆風吹往北岸，幾葬魚腹」；簡云「二詩」，除《詩集》卷二十三《和李太白》外，餘一首不知。《和李太白》云洞微種玉芝七八年，故囑善護之，「無為有力者所取」。

過彭澤唐興院，見所題李白詩，以為偽作。

《文集》卷六十七《書李白集》敍之。彭澤屬江州，在州東二百一十里。

將至池州，池守王琦（文玉）來簡。

《佚文彙編》卷三與琦第一簡云「榜下一別，遂至今矣」，知琦與蘇軾為同年。以下云「辱書感歎」。文玉名琦，見《寶真齋法書贊》卷十二。池州在江州東。

至池州。從州守王琦（文玉）登蕭丞相樓，録弟轍所作蕭丞相樓詩贈琦，並跋。在池州，瘡癤大作。離池州，琦以人力相助。

跋見《佚文彙編》卷五（二五五二頁）。

轍詩見《寶真齋法書贊》卷十二，題書：「滕元發令賦蕭丞相樓二首，眉陽蘇轍。」二詩收入《欒城集》卷十二。元發知池州，見元豐三年紀事。

《輿地紀勝》卷二十二《江南東路・池州・景物下》：「蕭相樓：在州治之北。唐大曆中蕭復建，後杜牧重建。」

《佚文彙編》卷三與琦第二簡：「瘡癤大作，殆難久坐。」第三簡：「瘡腫大作，坐臥楚痛。」第四簡言至金陵，瘡毒仍不解。第六簡云及「去歲人還」，作於明年元豐八年，知蘇軾離池州時，琦助以人力。

二十三日，舟過蕪湖，書溫庭筠《湖陰曲》贈承天院僧蘊湘，并跋。太平州知州畢仲達有啟來，回啟。

跋見《文集》卷六十七（二〇九五頁）。

《文集》卷四十七《黄州還回太守畢仲遠啟》：「五年嚴譴，已甘魚鳥之鄉；一舸生還，復與縉紳之末。」又云：「方兹入境之初，遽已誨音之辱。」又云：「路轉湖陰，益聽風謡之美。」湖陰乃蕪湖，屬太平州。知畢為太平州太守。

康熙《太平府志》卷十四謂元豐末州守有畢仲達，以朝奉郎知。知《文集》「仲遠」乃「仲達」之誤。《景定建康志》卷二十七：治平二年四月，畢仲達到知溧水縣任，其繼任者於熙寧二年四月到任。《永樂大典》卷八千六百四十七引《衡州府圖經・太守題名》：「畢仲達，虞部員外郎，熙寧十年十二月到，元豐三年七月滿。」

太平州屬江南東路，治當塗。蕪湖在州西南六十五里，繁昌在州西南一百六十五里。仲達啟作於蘇軾入境之初，答啟作於到達蕪湖以後。仲達啟已佚。

當塗舟中，以父洵所贈天石硯付迨、過。

據《文集》卷十九《天石硯銘》跋語。跋謂七月至當塗，蓋屬以後追記，偶誤。

至當塗，過姑孰堂下，讀《姑孰十詠》，疑非李白作。過郭祥正家，醉畫竹石壁上，祥正作詩謝，遺二古銅劍；題祥正畫贊，與祥正辨《姑孰十詠》真僞。

《文集》卷六十七《書李白十詠》謂其語淺陋。《新定九域志》卷六謂太平州有「《姑孰十詠》刻石」。《輿地紀勝》卷十八《太平州》謂姑孰堂在州之清和門外，下臨姑溪；又謂姑孰城今當塗縣治。《姑孰十詠》見中華局書排印本《李太白全集》卷二十三（一九七七年版）。

過郭，據《詩集》卷二十三詩題（一二三四頁）。郭詩佚。《輿地紀勝》卷十八《人物·郭祥正》：「有醉吟庵，東坡過而題詩，畫竹石於壁。」《文集》卷二十一有《醉吟先生畫贊》。《青山集》卷四《浪士歌·序》：「郭子棄官合肥，歸隱姑孰，一吟一酌，婆娑溪上，自號曰醉吟先生。」

祥正棄官合肥，為熙寧末事。熙寧六年，祥正嘗從章惇辟，入梅山谿洞中。《文集》卷七十二《谿洞蠻神事李師中》一文乃記祥正此時所言。師中嘗為提刑，權桂府。參《文學遺産增刊》第十八輯拙撰《郭祥正略考》。祥正元豐四年復起為汀州通判，不久攝漳州。《長編》卷三百四十四本年三月壬子紀事：

「前汀州通判、奉議郎郭祥正勒停。」蘇軾過當塗時，祥正正家居。《文集》卷七十《書呂行甫墨蹟》敍呂希彥（行甫）短命死去，以下云：「功甫亦與之善，出其所遺墨，作此數字。」乃此時事。《景蘇園帖》有「蘇軾謹奉別功甫奉議」字一行，亦作於此時。

《渭南文集》卷四十四《入蜀記》乾道六年七月十五日紀事：「李太白集有《姑孰十詠》。予族伯父彥遠嘗言東坡自黃州還，過當塗，讀之，撫手大笑曰：『贋物敗矣，豈有李白作此語者！』郭功父爭以為不然。東坡又笑曰：『但恐是太白後身所作耳。』功父甚慍。蓋功父少時，詩句俊逸，前輩或許之，以為太白後身，功父亦遂以自負，故東坡因是戲之。或曰：《十詠》及《歸來乎》、《笑矣乎》、《僧伽歌》、《懷素草書歌》，太白舊集本無之，宋次道再編時，貪多務得之過也。」次道名敏求。

作《龍尾硯歌》贈方彥德，求其龍尾硯。

詩見《詩集》卷二十三（一二三五頁）。《青山集》卷八《送方奉議倅保德（原注：彥德）》稱為「天台詞人」，知彥德為台州人。卷十一有《謝方彥德奉議惠羅文硯》詩。蘇軾過郭祥正家時，彥德當官於當塗。

月底，抵金陵，艤舟賞心、白鷺二亭之下。

據《佚文彙編》卷六《白鷺亭題柱》。文云「艤舟亭下半月」，而文作於七月十四日，知抵金陵為六月底。《輿地紀勝》卷十七《建康府》謂白鷺亭在府城上，與賞心亭相接，下瞰白鷺洲，賞心亭下臨秦淮。

作《張庖民挽詞》。

詩見《詩集》卷二十四（一二五三頁），有「秦淮舊宅荒」句，知庖民嘗住金陵。《山谷全書・外集》卷二十三有哀詞，序云庖民字翔父，作詩清壯，約卒於元豐四年冬或五年春。庖民乃瓌子，治平二年間為鄜城縣主簿。見《宋會要輯稿》第九十八册《職官》六五之二四。瓌，《宋史》卷三百三十有傳。庖民有兄（或弟）軒民，見熙寧五年「送張軒民赴省試」條。

答段縫（約之）見贈。

詩見《詩集》卷二十四（一二五五頁）。

《長編》卷三百九十五謂縫熙寧間知興國軍，元豐元年二月知泰州。餘見「施註」。約居金陵，與王安石過從甚密，《王荆文公集》卷一、卷二十六有詩及之。縫，《宋史翼》卷十九有傳。《文集》卷五十七與縫簡敍及金陵相晤。

與裴維甫相遇秦淮，有詩。

詩見《詩集》卷二十四（一二五六頁）。裴已見熙寧七年「離杭州」條。

晤寶覺，次韻答寶覺詩。

答詩見《詩集》卷二十四（一二五八頁）。《王臨川集》卷二十八《與寶覺宿龍華院》其三云「與公京口水雲間」，又云「何時照我宿金山」，知此寶覺即《詩集》卷十一《留別金山寶覺》之寶覺。安石詩作於金陵，知寶覺常來往於金陵、京口之間。《詩集》題下「查註」謂寶覺乃金陵定林寺僧，似另為一人，誤。《文集》卷二十二有《金山長老寶覺師真贊》，附志此。

與王益柔（勝之）遊蔣山，有詩。王安石有和。益柔移南都，送之賞心亭，賦《漁家傲》贈之，並題於白鷺亭之柱。

蘇軾詩見《詩集》卷二十四(一二五八頁)。李壁注《王荆文公詩》卷二十五《和子瞻同王勝之游蔣山》引王安石自序:「子瞻同王勝之游蔣山,有詩,余愛其『峰多巧障日,江遠欲浮天』之句,因次其韻。」安石次韻詩,「施註」已引。《苕溪漁隱叢話》前集卷三十五引《西清詩話》,謂安石讀至「峯多」二句,「乃撫几曰:老夫平生作詩,無此二句」。

《景定建康志》卷十三謂益柔以本年六月自建康移知南都。此乃除命之日,其離任則在此略後。

《侯鯖録》卷八:「東坡自黄移汝,過金陵,見舒王。適陳和叔作守,多同飲會。一日,遊蔣山。和叔被召,將行,舒王顧江山,曰:『子瞻可作歌。』坡醉中書云:(略)和叔到任數日而去。舒王笑曰:『白鷺者,得無意乎?』」此處云陳睦(和叔)為建康守,屬偶誤。當以《詩集》及《景定建康志》為據。舒王乃王安石,歌即《漁家傲》。『白鷺』云云,見以下所引《景定建康志》。

《漁家傲》見《東坡樂府》卷上,起句「千古龍蟠並虎踞」。其序云:「金陵賞心亭送王勝之龍圖,王守金陵,視事一日,移南都。」

《景定建康志》卷二十二謂白鷺亭「接賞心亭之西,下瞰白鷺洲」,引「千古龍蟠」一詞題柱,並引王安石詩:「柱上題名客姓蘇,江山清絶冠吴都。六花飛舞憑欄處,一本天生卧雪圖。」謂賞心亭「在下水門之城上,下臨秦淮,盡觀覽之勝。丁晉公謂建」。

七月十四日,復於白鷺亭題柱,盛贊金陵江山之美。

題柱見《佚文彙編》卷六(二五七八頁)。《平園續稿》卷十八《賞心樓記》:「二水中分白鷺洲,李翰林金陵詩也。今白鷺、賞心二亭,連延城上。元豐中,蘇翰林賦長短句送王勝之,仍題柱云:『江山之勝,傾想平生。』名遂傳於天下。」

《輿地紀勝》卷十七《建康府》謂白鷺亭「柱間,有東坡留題,其略言『江山之勝,傾想平生』」。《景定建康志》卷二十二亦謂白鷺亭「柱間,有東坡留題」。

十六日,書弟轍過金陵所題天慶觀詩於壁。

據《文集》卷六十八《書子由金陵天慶觀詩》:元豐三年四月,弟轍過金陵。

《景定建康志》卷四十五謂天慶觀在府治西北,原為觀臺。云:「陳軒《金陵集》載富臨、狄咸、郭祥正同游紫極宮竹軒,觀王相國舊題蘇子瞻書子由詩,祥正和之,有『老鶴唳風』之句,寫之壁間。未竟,有白鶴數十翔舞北極壇上,徘徊而去。」

二十八日,遯殤於金陵,哭以詩。葉濤(致遠)和詩相慰,復次韻。弟轍有慰詩。

詩見《詩集》卷二十三(一二三九、一二四〇頁);卷二十四復有《次韻葉致遠見贈》、《次韻致遠》。轍詩見《欒城集》卷十三。《文集》卷六十九《跋葉致遠所藏永禪師千文》,或亦作於此時。《宋史》卷三百五十五有《葉濤傳》。嘗官中書舍人,《龍雲先生文集》卷十五有《上葉舍人致遠書》。《宋文鑑》有濤詩。《說郛》本《潘子真詩話》謂濤「詩極不工而喜賦詠」。

在金陵,時晤王安石。蘇軾欲安石言天下弊事於朝廷以救治之。安石勸軾重修《三國志》。軾為安石言精、神、動、静之理，安石稱歎。安石論《雪後書北臺壁》「凍合」一聯用典，軾贊安石博學。安石為軾傳神宗偏頭痛醫方。二人共論揚雄。論文賦詩，彼此傾慕，相約卜鄰。

《文集》卷五十一《與滕達道》第三十八簡：「某到此，時見荆公，甚喜，時誦詩説佛也。」

《輿地紀勝》卷十七《建康府・景物上・蔣山》引《皇朝類苑》：「元豐中，王荆公在金陵，東坡自黄北遷，日與公游，盡論古昔文字，閑則倶味禪悦。公嘆息謂人曰：『不知更幾百年，方有如此人物。』」

《邵氏聞見録》卷十二：「（子瞻）移汝州，過金陵，見介甫甚歡。子瞻曰：『某欲有言於公。』介甫色動，意子瞻辨前日事也。子瞻曰：『某所言者，天下事也。』介甫色定，曰：『姑言之。』子瞻曰：『大兵大獄，漢、唐滅亡之兆。祖宗以仁厚治天下，正欲革此。今西方用兵，連年不解，東南數起大獄，公獨無一言以救之乎？』介甫舉手兩指示子瞻曰：『二事皆惠卿啟之，某在外安敢言！』子瞻曰：『固也，然在朝則言，在外則不言，事君之常禮耳。上所以待公者非常禮，公所以事上者豈可以常禮乎！』介甫厲聲曰：『某須説。』又曰：『出在安石口，入在子瞻耳。』蓋介甫嘗為惠卿發其『無使上知』私書，尚畏惠卿，恐子瞻泄其言也。介甫又語子瞻曰：『人須是行一不義，殺一不辜，得天下弗為，乃可。』子瞻戲曰：『今之君子爭減半年磨勘，雖殺人亦為之。』介甫笑而不言。」《宋史》本傳亦載此，較略，當本《邵氏聞見録》。

《後山集》卷二十一《談叢》：「蘇公自黄移汝，過金陵，見王荆公。公曰：『好箇翰林學士。』□□□某久以此奉此（按：原文如此）。公曰：『撫州出杖鼓鞚，淮南豪子以厚價購之，而撫人有之，保之已數世矣，不遠千里登門求售。豪子擊之，曰無聲，遂不售。撫人恨怒，至河上投之水中，吞吐有聲，熟視而歎曰：你早作聲，我不至此。』」蓋隱涵舊事也。

《默記》卷中：「東坡自海外歸，至南康軍語劉羲仲壯輿曰：『軾元豐中過金陵，見介甫論《三國志》，曰：「裴松之之該洽，實出陳壽上，不能別成書而但注《三國志》，此所以□陳壽下也。蓋好事多在注中。安石舊有意重修，今老矣，非子瞻，他人下手不得矣。」軾對以軾於討論非所工。』」

《邵氏聞見後録》卷二十一：「(東坡)見王荆公於鍾山，留連燕語，荆公曰：『子瞻當重作《三國書》。』東坡辭曰：『某老矣，願舉劉道原自代』云。」道原名恕，卒於元豐元年，《後録》誤。《曲洧舊聞》卷五謂劉恕(道原)嘗有重修《三國志》之意，未果。《後録》之誤當由於此。恕子羲仲，亦長史學，蘇軾願舉自代者，當為羲仲。參建中靖國元年「過劉羲仲是是堂」條紀事。

《却掃編》卷中敍蘇軾答劉羲仲語：「往歲，歐陽公著此書(按：指《五代史》)初成，王荆公謂余曰：『歐陽公修《五代史》，而不修《三國志》，非也，子盍為之乎？』余固辭不敢當。夫為史者，網羅數十百年之事以成一書，其間豈能無小得失耶？余所以不敢當荆公之託者，正畏如公之徒掇拾其後耳。」時羲仲以所作《五代史糾繆》相示。按：考《歐陽文忠公集》與尹洙、梅堯臣等簡，歐陽修景祐三年已着手撰寫《五代史》，皇祐五年大體完成。此處所云「初成」，有誤。

《北窗炙輠録》卷上：「荆公論揚子雲投閣事，此史臣之妄耳，豈有揚子雲而投閣者；又《劇秦美新》，亦後人誣子雲耳。子雲豈肯作此文！他日，見東坡，遂論及此。東坡云：某亦疑一事。荆公曰：疑何事？東坡曰：西漢果有揚子雲否？聞者皆大笑。」

《五總志》：「王介甫一夕以『動』、『靜』二字問諸門生，諸生作答皆數百言，公不然之。時東坡維舟秦淮，公曰：『俟蘇軾明日來問之。』既至，果詰前語。東坡應聲曰：『精出於動，神守為靜。動、靜，即精神也。』公擊節稱嘆。」

《侯鯖録》卷一：「東坡在黄州日，作雪詩云：『凍合玉樓寒起粟，光摇銀海眩生花。』人不知其使事也。後移汝海，過金陵，見王荆公論詩及此，云：『道家以兩肩為玉樓，以目為銀海，是使此否？』坡笑之，退謂葉致遠曰：『學荆公者豈有此博學哉！』」「凍合」云云，乃《詩集》卷十三《雪後書北臺壁》中句。

《苕溪漁隱叢話》前集卷三十五引《西清詩話》：「在蔣山時，（荆公）以近製示東坡。東坡云：若『積李兮縞夜，崇桃兮炫晝』，自屈、宋没世，曠千餘年，無復《離騷》句法，乃今見之。荆公曰：非子瞻見諛，自負亦如此，然未嘗為俗子道也。」

安石言神宗所傳偏頭痛方，已愈數人。乃據《文集》卷七十三《裕陵偏頭痛方》。《墨莊漫録》卷五：「王文公安石為相日，奏事殿中，忽覺偏頭痛不可忍，遽奏上請歸治疾，裕陵令且在中書偃卧。已而小黄門持一小金杯，藥少許，賜之，云：『左痛即灌右鼻，右即反之。左右俱痛，並灌之。』即時痛愈。明日，人謝，上曰：『禁中自太祖時，有此數十方，不傳人間，此其一也。』因并賜此方。蘇軾自黄州歸，過金陵，安石傳其方，用之如神。但目赤少時，頭痛即愈。法用新蘿蔔取自然汁，入生龍腦少許調勻，昂頭使人滴入鼻竅。」蘇軾所寫較略，與此為一事。

《曲洧舊聞》卷五：「東坡自黄徙汝，過金陵，荆公野服乘驢，謁於舟次。東坡不冠而迎揖曰：『軾今日敢以野服見大丞相。』荆公笑曰：『禮為我輩設哉！』東坡曰：『軾亦自知相公門下用軾不著。』荆公無語，乃相招游蔣山，在方丈飲茶次，公指案上大硯曰：『可集古人詩聯句賦此硯。』東坡應聲曰：『軾請先道一句。』因大唱曰：『巧匠斲山骨。』荆公沉思良久，無以續之，乃起曰：『且趁此好天色，窮覽蔣山之勝，此非所急也。』田晝承君是日與一二客從後觀之。承君曰：『荆公尋常好以此困人，而門下士往往多辭以不能，不料東坡不可以此懾伏也。』」《詩話總龜》前集卷二十引《王直方詩話》：「荆公過東坡，見案上有石硯，甚愛賞，因曰：『當集句賦之。』唱曰：『巧匠斲山骨。』沉吟久之，不能成，因命駕去。」《吕氏童蒙訓》則云「東坡令荆公集句」，餘略同。《硯箋》卷一《東坡硯》條與《王直方詩話》略同。

《詩集》卷二十四《次荆公韻四絶》其三：「勸我試求三畝宅，從公已覺十年遲。」安石原韻，注引。《吕氏雜記》卷下謂蘇軾「路由金陵，荆公見之大喜，與之出遊，因贈之詩，坡依韻和云」。《文集》卷五十《與王荆公》第二簡云「欲買田金陵，庶幾得陪杖屨，老於鍾山之下」，以下敍不遂所願。《苕溪漁隱叢話・前集》卷三十五引《潘子真詩話》：「（東坡）見荆公，時公病方愈，令坡誦近作，因為手寫一通以為贈。復自誦詩俾坡書以贈己，仍約坡卜居秦淮。」《渭南文集》卷二十九《跋東坡諫疏草》謂蘇軾見王安石於半山，「劇談累日不厭，至約卜鄰以老」。

《文集》卷七十三《止水活魚説》謂嘗見王安石喜放生。為此時事。

晤雲師無著。

《詩集》卷二十五《雲師無著自金陵來》云：「去年相見古長干。」元豐八年作。《北湖集》卷一有《無著以東坡西湖觀月聽琴示余因次韻》。參元祐六年九月十五日紀事。

約於八月十四日離金陵，王益柔（勝之）同行。過長蘆，赴真州。

《文集》卷五十一《與滕達道》第三十五簡：「（八月）十四日決當離此。」「此」謂金陵，「決當」猶是打算。故云「約」。卷五十七《與袁真州》第四簡：「勝之少駐，恨不飛馳，然須風熟乃取行爾。」言待益柔啟行。第三簡敍達長蘆。《詩集》卷二十四《至真州再和》：「東行且趁船。」言與益柔同行。

至真州，州守袁陟（世弼）以學舍為蘇軾居。先是軾在金陵，陟多簡勞問，至是始見。

《詩集》卷二十四《贈袁陟》：「官湖為我池，學舍為我居。」《文集》卷五十七《與袁真州》第一簡云「屈賜書問」，第二簡云「勞問加等」，第三簡云「疊辱手教」。

陟，洪州人，慶曆六年進士。見庫本《江西通志》卷四十九。年十七作詩，為時所稱。見《苕溪漁隱叢話》前集卷三十七引《潘子真詩話》。同上引《王直方詩話》謂陟詩慕韋應物，而遒麗奇壯過之。《公是集》卷十九《寄袁陟》云「郢中輕白雪，逸響待君傳」，時陟自蜀江下南郡；卷二十六《次袁陟十四韻》云「羈旅嗟無友，佯狂漢水陰，相逢幸傾蓋，送別悵分襟，之子雖吏隱，高名何陸沉」，知陟嘗官於南郡。《青山集》卷十二、十六、三十均有詩及之。《潘子真詩話》謂卒年三十四。《臨漢隱居詩話》謂陟壽不滿四十。《輿地紀勝》卷二十六《隆興府》謂陟「宰當塗，薦郭祥正於梅堯臣」。查《梅堯臣集編年校注》，知祥正見堯臣為至和元年事。如陟慶曆六年為十八歲，則至今年，已為五十七歲。《潘子真詩話》、《臨漢隱居詩話》皆誤。《青山集》卷三十挽袁詩有「文章驚早悟，壽夭理難齊」句，知陟此後不久即卒。

晤蔣之奇（穎叔），之奇有詩，次韻答之。

次韻見《詩集》卷二十四（一二六五頁），之奇詩已佚。之奇時為江淮荆浙發運使，見元豐六年「蔣之奇升任」條。發運司在真州，見《輿地紀勝》卷三十八。《詩集》卷二十七《和蔣發運》：「船穩江吹坐，樓空月入樽。」敘此時與之奇相會。

來往京口。與滕元發（達道）會金山，許遵（仲塗）、秦觀亦至，有唱和。

《文集》卷五十七《答賈耘老》第三簡敘及金山會元發。《詩集》卷三十二《滕達道挽詞》：「浮玉偶同遊。」浮玉，金山。敘此時事。《文集》卷五十一與元發第四十五簡：「一別十四年，流離契闊，不謂復得見公。執手恍然，不覺涕下。」乃敘相會情景。「十四年」原作「四年」，今從《永樂大典》引文、《七集·續集》卷四、《歐蘇書簡》。

《詩集》卷二十四有《次韻滕元發、許仲塗、秦少游》詩。時遵以朝議大夫知潤州，見《嘉定鎮江志》卷二十一。遵，《宋史》卷三百三十一有傳。觀當來自高郵。

《文集》卷五十一與元發第三十七簡：「度非十九日不可離真。早發暮可見。」計此次首至金山，約在八月十九日也。據《嘉泰吳興志》卷十四，達道於本年八月到知湖州任。則與軾會晤，乃元發赴湖州任途中事。自此以後至赴常州，常來往江南北。參「在真州與王安石簡」條。

與滕元發定議乞常州居住事。為元發草湖州謝表。元發赴湖州任，與簡敍欲於宜興買田。

《文集》卷五十一與元發第四十四簡：「近在揚州，入一文字，乞常州住，如向所面議。若未有報，至南都當再一入也。」「面議」乃此時事。謝表見《文集》卷二十四（七一一頁）。

與元發別。《文集》卷五十一與元發第四十五、四十六簡敍買田，後者敍欲買董田。

在金山，以玉帶施了元（佛印），了元報以衲裙。為作詩。時了元自廬山回金山。

詩見《詩集》卷二十四（一二六七頁）。宋注「師曰」敍其事。查《集注分類東坡詩》卷四，此注，其末尚有一段文字：「余嘗觀（按：當作謁）廣漢天寧泰長老，話其事，泰云：『是時在金山挂搭，目擊公與元老問答如此。』余故敍於題下，使後人知其本末云。」詩題所云衲裙，《五燈會元》卷十六《了元傳》稱雲山衲衣。《後山詩注》卷三《次韻蘇公西湖觀月聽琴》任淵注：「東坡嘗被衲衣，蓋金山了元師所贈也。」《彥周詩話》謂軾以玉帶贈寶覺，寶覺贈以磨衲；以上所云軾詩乃贈寶覺者。

金山僧圓寶歸蜀，有送行詩。

詩乃《詩集》卷二十四《送金山鄉僧歸蜀開堂》。《頤堂先生糖霜譜·第二》謂鄉僧乃圓寶，遂寧人。

送沈逵赴廣南。

詩見《詩集》卷二十四（一二六九頁），云「我方北渡」，當作於京口。

逵於熙寧六年十二月，以新知永嘉縣相度成都府置市易務利害。九年十一月，以大理寺丞改一官，與堂除，論前任信州推官興置銀坑之勞。見《長編》卷二百四十八、二百七十九。

逵乃錢唐人。父振字發之，官至司農少卿，熙寧六年卒，年七十三。事迹見《沈氏三先生文集》卷六十一《雲巢編》卷十墓銘。

逵乃括姪，見《夢溪筆談》附録年表。

《湖北金石詩·元豐三年十月沈逵正書題名》（原注：在武昌縣）。《寰宇訪碑録》卷七《西山沈逵題名》（原注：正書）：「元豐三年。」逵題名時，蘇軾已在黄，二人其時當有交往。

秦觀、劉涇詩賀劉發首薦，次涇韻。觀旋回高郵。

次涇韻見《詩集》卷二十四（一二七二頁）。觀詩不見《淮海集》。時觀、涇皆從遊。《文集》卷六十一《與佛印》第六簡云觀「已去」，回高郵。發乃王令門人，嘗撰《廣陵先生傳》，見《廣陵先生文集》卷首。

與客飲金山，作詩。

《碧溪詩話》卷六：「『東來賈客木棉裘，飲散金山月滿樓。夜半潮來風又熟，卧吹簫管到揚州。』集中題云《夢中作》。蓋坡嘗衣此，坐客誤云：『木綿襖俗。』飲散，乃出此詩，且云：『雖欲俗，不可得也。』坐客大慚。賈客事，乃《南史》：孔覬二弟頗營産業，請假東歸，覬出渚迎之，輜重十餘船，皆棉絹紙席之屬。覬僞喜，因命置岸側。既而正色謂曰：『汝輩忝預士流，何至還東作賈客耶！』命燒盡乃去。」詩見《詩集》卷二十四。

次韻周穜（仁熟）惠石銚。贈賣墨者潘谷詩。

詩見《詩集》卷二十四（一二七五、一二七六頁）。

穜，泰州人。嘉靖《惟揚志》卷十九謂為熙寧庚戌進士，道光《泰州志》云熙寧癸丑進士。《彭城集》卷十五《周穜兄弟得解寄王教授察推》云「年少周郎智有餘」。劉攽於熙寧四年倅泰，知《泰州志》得其實。兄秩，題下「施註」已及。《畫史》謂穜藏《大悲》真迹。

《文集》卷七十《書潘谷墨》敍谷事。《詩集》卷二十五《孫莘老寄墨》其一自注：「潘谷作墨，雜用高麗煤。」谷與蘇軾以後有交往。

蘇頌（子容）母陳氏卒。蘇軾作挽詞，弔其喪。

詩見《詩集》卷二十四（一二七八頁）。時頌居喪潤州，參《長編》卷三百八十三元祐元年七月戊寅紀事。《文集》卷五十與頌第一簡云「違去左右已逾周歲」，元豐八年作，知軾見頌於潤。

與王介（中甫）之子沇之（彥魯）相遇於京口，再作哀辭悼介。嘗與劉涇（巨濟）簡，請涇覆核哀辭中用典。

哀辭見《詩集》卷二十四（一二八〇頁）。《欒城集》卷十四亦有悼介詩，作於元豐八年過京口時。

《佚文彙編》卷四《與門人》云及檢哀辭第三句「束稿端能廢謝鯤」之謝鯤事是否誤用。《文定集》卷十一《跋蘇東坡與巨濟帖》亦及此事，有「此帖問『束稿』而云致意彥魯」之語，知《與門人》乃與劉涇（巨濟）者。

介四子，沇之居長，次漢之字彥舟，渙之字彥昭，為之字彥楚。《明道雜誌》稱兄弟「皆近世名卿，今家居京口」。漢之、渙之，《宋史》卷三百四十七有傳。

《嘉定鎮江志》卷十一：王介墓在蒜山東。蘇軾或弔其墓也。

《陵陽先生集》卷十七《跋東坡帖》：「坡翁雄文博雅，高絶一世，人皆謂其下筆時，信意用事，不暇思惟，不無誤西巴之漢（按：此處文字疑有誤）。今觀此帖，乃從人借《史》、《漢》，檢尋一二事，其審量如此，此其所以為東坡也。前言殆淺乎其知翁者。」此簡不知與何人。兹因請劉涇覆核用典事，附次於此。

八月癸巳（二十六日），趙抃卒。蘇軾嘗為抃之像作贊。

八月云云，據《文集》卷十七《趙清獻公神道碑》。光緒重刊康熙《衢州府志》卷六引蘇軾贊：「志在伯夷，其清維聖。頑懦聞風，百世增敬。若清獻公，實嗣其正。處乎鄉閭，力學篤行。立乎朝端，面折廷諍。玉擬其潔，冰似其瑩。飫乎聖經，本乎天性。自初登第，迄於還政。毅然一節，始終惟令。我辱公愛，日相親近。世有公像，如月在水。表而出之，後學仰止。」此文，《佚文彙編》未收。

晤許遵（仲塗），賦《減字木蘭花》求為鄭容、高瑩分别脱籍、從良。賦《南歌子》别遵。

《苕溪漁隱叢話》後集卷四十：「《東皋雜録》云：東坡自錢塘被召，過京口，林子中作守，郡有會。坐中營妓出牒，鄭容求落籍，高瑩求從良。子中命呈東坡，坡索筆為《減字木蘭花》書牒後云：（略）。暗用此八字於句端也。苕溪漁隱曰：《聚蘭集》載此詞，乃東坡贈潤守許仲塗，且以『鄭容落籍，高瑩從良』為句首，非林子中也。」今從《叢話》。詞見《東坡樂府》卷下。《捫蝨新話》下集卷九亦載此事：「或云坡昔過京口，官妓鄭容、高瑩二人嘗侍宴，坡喜之。二妓間請於坡，欲為脱籍，坡許之而終不為言。及臨別，二妓復之船所懇之，坡曰：爾當持我之詞以往，太守一見，便知其意。蓋是『鄭容落籍，高瑩從良』也。」

《南歌子》見《東坡樂府》卷下，云「北客明朝歸去雁南翔」，以將北去臨汝。

在真州，與王安石（荆公）簡，薦秦觀。安石回簡。

簡乃《文集》卷五十與安石第二簡，云住真「又已二十日」，約作於九月五日。時軾往來真州、京口之間而住於真州。回簡見《王臨川集》卷七十三，謂得軾簡「知尚盤桓江北，俯仰踰月，豈勝感悵，得秦君詩，手不能捨」，贊觀詩清新嫵麗。

長蘆法秀禪師赴召主京師法雲寺。與了元（佛印）簡，期其來長蘆。

《續燈録》：「元豐七年，越國大長公主與駙馬都尉張敦禮，建法雲禪刹於京城之南，既成，詔法秀開山。」簡乃《文集》卷六十一與了元第一簡。

九月十日，自書《御書頌》。

《石渠寶笈》卷二十九《宋蘇軾自書御書頌一卷》：「素箋本，楷書，款識云：元豐七年九月十日，汝州團練副使本州安置不得簽書公事騎都尉臣蘇軾謹書。」後有「趙郡蘇氏」印。按：《文集》卷二十有《仁宗皇帝御書頌》，為翰林學士時作，有《英宗皇帝御書頌》，乃建中靖國作。此《御書頌》已佚。

本月，弟轍除績溪令。

至常州。復自常至宜興。與單秀才步田至黃土村，為欣濟橋題字。晤慕容輝，名輝軒曰雙楠。

據《蘇潁濱年表》。

《省齋文稿》卷十九《書東坡宜興事》謂蘇軾：「度九月間抵宜興，凼通真觀側郭知訓提舉宅即公所館，不知凡留幾日也。今觀《楚頌帖》及公曾孫季真所藏淵明『丈夫志四海』詩，皆題十月二日，又云宜興舟中寫，計留宜興不過旬餘，復回郡城。」據「復回」，知軾乃自常州至宜興。宜興屬常州，在州西南一百二十里。至宜興約為九月下旬初。季真名嶠，見《南澗甲乙稿》卷二十一《蘇峴墓誌銘》。

《書東坡宜興事》引宜興主簿朱冠卿續編《宜興縣圖經》所載蘇軾事。其一：「黃土去縣五十五里，東坡與單秀才步田至焉。地主以酒見餉，謂坡曰此紅友也，坡言此人知有紅友而不知有黃封，真快活人也。邑人舊傳此帖，今亡。」其二：「長橋，元豐元年火焚，四年，邑宰褚理復立，榜曰欣濟。未幾，東坡過邑，為書曰『晉周孝侯斬蛟之橋』，刻石道旁。崇寧禁錮，沉石水中。」其四：「邑人慕容輝，嗜酒好吟，不務進取，家於城南，所居有雙楠並植如蓋，東坡訪之，目為雙楠居士。王平甫亦寄以詩。」「輝」一作「暉」。又謂蘇軾元豐八年五月雖「再到常州，尋赴登州守，未必再至」宜興。今槩三事於此。

《江蘇金石志》卷十六《宋・周孝侯斬蛟橋題字（原注：在宜興）》：「拓本高二尺八寸，廣二尺。正書大字四行，行三字。字逕四寸半。」正文：「晉征西將軍周孝公斬蛟之橋。」以下有紹定庚寅謝采伯跋。《咸淳毗陵志》卷二十七《古迹》：「雙楠軒，在縣城南，慕容暉所居，狀如偃蓋，東坡為命名。」《參寥子詩集》卷八有《慕容居士雙楠軒》詩。

《咸淳毗陵志》卷十五《山水・山・宜興》：「蜀山，在縣東南三十八里。一峯屹立，水環其麓，亦名獨山。《頤山録》云：頤山東連洞靈諸峯，屬於蜀山，蘇文忠因其名而登覽焉。」

買莊田於宜興，賦《菩薩蠻》（「買田陽羨吾將老」）。田近張善卷西洞天。以蔣公裕經紀之。先是蘇軾欲買田建康，了元（佛印）欲為蘇軾買田京口，均未成。或謂買田為熙寧七年事，無據。

《文集》卷五十二《與王定國》第十六簡：「近在常州宜興，買得一小莊子，歲可得百餘碩，似可足食。」卷五十三《與潘彥明》第一簡亦云。詞見《東坡樂府》卷下。

《佚文彙編》卷二《與蔣公裕》云「田事想煩經畫」，末稱「公裕蔣君良親足下」。卷四《與友人》云託人「買少漆器，仍於公裕處支錢」，此公裕即蔣公裕，其職責之一，當為管理賬目。簡作於元祐三年。《文集》卷五十二《與王定國》第三十四簡云：「田在深山中，去市七十里，但便於親情蔣君勾當爾。」蔣君即公裕。

《文集》卷五十一《與滕達道》第三十五簡：「老境所迫，歸計茫然，故所至求田問舍，然卒無成。」金陵作。卷五十《與王荆公》第二簡亦及此。《詩集》卷二十四詩題：「蒜山松林中可卜居，余欲僦其地，地屬金山，故作此詩與金山元長老。」《文集》卷七十一《書浮玉買田》：「浮玉老師元公，欲為吾買田京口，要與浮玉之田相近者，此意殆不可忘。」《欒城集》卷十四《和子瞻次孫覺諫議韻題邵伯閘上斗野亭見寄》自注謂蘇軾「將卜居丹陽蒜山下」。

《文集》卷五十二《與秦太虛》第五簡：「某宜興已得少田，至揚附遞乞居常，仍遣一姪孫子賫錢往宜興納官（原注：蓋官田也），須其還，乃行。」作於冬至前，時在揚州竹西。不知「宜興納官」是否為另買官田之義？附此。

《東坡先生和陶淵明詩》卷三附蘇轍《和子瞻和陶雜詩十一首》其十：「誓將老陽羨，洞天隱蒼崖。」自註：「兄已買田陽羨，近張公善卷西洞天。」《輿地紀勝》卷六《兩浙西路・常州・景物下》：「善拳洞：在宜興。《舊經》云：周幽王二十四年，忽洞自開，寬廣可坐千人，有石柱。張祜題詩云：『金函崇寶藏，玉柱閉靈根。』」同上《古迹》：「張公山：《寰宇記》引郭璞注云：陽羨張公山洞中，南北二堂。古老相傳云，張道陵居此山求仙，因名之。」又：「張公洞，在宜興縣南三十五里。自山巔空徹，有水散流。其門三面皆飛崖峭壁，非足力所能到，惟北户可入。嵌空邃深，石乳融結。石上有唐人留題，墨迹如新。」據此，張公乃道陵，善卷即善拳，西洞天當即善拳洞、張公洞。

《輿地紀勝》卷六《常州・古迹》尚云：「東坡別業，在宜興縣滆湖，去縣四十里，詩所謂『買田陽羨吾將老』，即此地也。」同上《景物上》：「滆湖，《通典》云：在宜興。《皇朝郡縣志》云：在武進縣西南三十里，西通蕪湖港，南通義興（按：即宜興）縣，北通白鵝溪，湖内多白魚。」并誌於此。

《中華文史論叢》一九七九年第一期宗典《蘇軾卜居宜興考》謂「蘇軾初買宜興田應在熙寧七年」。宗文引宋周必大謂「東坡責黄州日」買田宜興，并敘原曹姓田主昏賴等語，遂謂「曹姓地主無理爭訟是在責黄期間，則曹姓田成交，應在責黄之前」。宗文以下引元豐八年所作見於《詩集》卷二十五《歸宜興留題竹西寺》「十年歸夢寄西風，此去真為田舍翁」云云，遂謂「黄土村的田已置了十年」。按：宗文所述周必大之語，即出《省齋文稿》卷十九《書東坡宜興事》，其原文云：「元祐八年五月十九日，任禮部尚書，辨御史黄慶基論買田事云：謫黄州日，買得宜興姓曹人一契田段，因其争訟無理，轉運司已差官斷遣，不欲與小人争利，許其將原價收贖。」周氏此處係轉述見於《文集》卷三十六《辨黄慶基彈劾劄子》之語，蘇軾原文云：「此事（按：指宜興買田）元係臣任團練副使日罪廢之中，托親識投狀依條買得姓曹人一契田地。後來姓曹人却來臣處昏賴争奪。臣即時牒本路轉運司，令依公盡理根勘。仍便具狀申尚書省。後來轉運司差官勘得姓曹人招服非理昏賴，依法決訖，其田依舊合是臣為主，牒臣照會。臣愍見小民無知，意在得財。臣既備位侍從，不欲與之計較曲直，故於招服斷遣之後，却許姓曹人將元價收贖，仍亦申尚書省及牒本路施行。」蘇軾買田之時，乃自黄州赴汝州團練副使途中，未至汝州，故可云「謫黄州日」。自黄州團練副使遷至汝州團練副使，不得謂之起復，仍為「罪廢」。語意甚明，不容有他種解釋。曹姓地主非理昏賴，乃在蘇軾元祐間「備位侍從」時，非為「責黄」時。宗文未詳考蘇軾及周必大原文，其論不能成立。至於《詩集》卷二十五《歸宜興》詩所云「十年歸夢寄西風」，乃云欲歸西川原籍，「趙次公註」已為之闡明，不能為置田黄土村之據。

本年以上「至常州」條所引《書東坡宜興事》轉引《宜興經圖經》其第三事：「東坡初買田黄土村，田主有曹姓者已鬻而造訟。有司已察而斥之，東坡移牒，以田歸之。」又《書東坡宜興事》云：「今公之曾孫猶食此田，豈曹氏理屈不復贖耶？抑當時所置，不止此也？」《遊山録》卷二乾道丁亥（一一六七）七月辛丑紀事謂見蘇軾曾孫峴於宜興，並謂：「昔東坡買田陽羡，凡九百斛，三子之裔共享之，故峴居此。」峴事迹見《南澗甲乙稿》卷二十一墓銘。

發宜興，艤舟迎恩亭，有題。

文見《佚文彙編》卷六（二五七九頁）。

十月二日，宜興舟中書陶潛「丈夫志四海」詩，為跋。同日，撰《楚頌帖》。

跋見《佚文彙編》卷五（二五六四頁）。帖見《佚文彙編》卷六，楚頌乃謂屈原《橘頌》，蓋欲於宜興買一小園，種柑橘三百本，作一亭，以「楚頌」名之。

六日，宜興舟中自書《寄題與可學士洋州園池三十首》。並跋。

《晚香堂蘇帖》自書之後，云：「久不作小楷，今日忽書此一紙。元豐七年十月六日，宜興舟中。」此跋《佚文彙編》未收。詩在《詩集》卷十四（六六七頁）。與可，文同字。

答賈收（耘老）簡，以買田宜興並擬定居宜興相告。

《文集》卷五十七答收第二簡敍其事。

回常州。至揚州。晤揚州守呂公著，題公著家歌者團扇。

《省齋文稿》卷十九《書東坡宜興事》謂蘇軾由宜興復回常州郡城。

《邵氏聞見後録》卷十九：「呂申公帥維揚。東坡自黃岡移汝海，經從見之，申公置酒，終日不交一語。東坡昏睡，歌者唱『夜來陡覺羅衣薄』，子瞻驚覺，小語云『夜來走却維醫博也』，歌者皆匿笑。酒罷行後圃中，至更坐，東坡即几案間筆墨，書歌者團扇，云：（略）申公見之，亦無語。」申公乃公著。嘉靖

《惟揚志》謂公著於元豐六年十月乙未知揚州，時正在任。題團扇詩見《詩集》卷二十四（一二八二頁）。

十九日，揚州上表，乞常州居住。未能投進。

表見《佚文彙編》卷一（二四二三頁）。表後，南宋謝采伯有跋：「《文集》中亦有此一奏稿，其辭加詳。意者以此狀為簡略，不足以動君父之聽，故改用加詳者，不然，即先上此奏，未能從欲，而再用《文集》所載者，俱未可知也。」采伯有《密齋筆記》傳世。參本年以下「答王鞏十月二十三日所惠書」條。

《文集》卷五十二《與王定國》第十六簡云「某在揚州，入一文字乞常州住，得耗，奏邸拘微文，不肯投進」。其「不肯投進」之文字，即此表。

《墓誌銘》敍未至汝州，「上書自言有飢寒之憂，有田在常，願得居之」。

第三次過平山堂，賦《西江月》（「三過平山堂下」），懷歐陽修。

詞見《東坡樂府》卷上。《東坡先生全集》此詞調下原註：「元豐七年過揚州。」

《石門文字禪》卷二十七《跋東坡平山堂詞》：「東坡登平山堂，懷醉翁，作此詞。張嘉甫謂予曰：『時紅粧成輪，名士堵立，看其落筆置墨，目送萬里，殆欲仙去爾。』余衰退，得觀此於祐上座處，便覺烟雨孤鴻在目中矣。」

二十六日，書韓琦黄州詩後；在黄時，嘗與孫賁（公素）刻琦詩於石。

書後乃《文集》卷六十八《書韓魏公黄州詩後》；琦稱賁為教授書記。琦詩乃《安陽集》卷三《孫賁書記以齊安舊文為示感而成詠》，有「嘗為《春亭記》，烏敢示不朽」之句，琦詩題中所云舊文，當指《春亭記》。《輿地紀勝》卷四十九《黄州・碑記》有《春亭記》，謂：賁以琦詩刻石，軾為之記。案：軾別無記，所云記，乃《書韓魏公黄州詩後》。

題徐大正(得之)閑軒詩。大正舟從數百里，别於淮水之濱。

詩見《詩集》卷二十四(一二八三頁)。同上卷二十六《次韻送徐大正》：「去歲渡江萍似斗。」敘同行事。《文集》卷五十七與大正第九、十、十一各簡敘別時事。第十簡云：「來日離此，水甚慳澀，不知趁得十五日上否？」所敘當為十一月間事。《淮海集》卷六、《後山集》卷六、《參寥子詩集》卷五有題閑軒詩，《淮海集》卷三十八有《閑軒記》。

檥舟竹西。十一月十三日，與杜介(幾先)訪慶老，不見，晤時君卿、蟾知客，作詩。作《秦少游真贊》。

詩見《詩集》卷二十四(一二八五頁)。贊見《文集》卷二十一，清道光十七年刊《淮海集》附贊，末云：「元豐甲子之秋，東坡居士撰於竹西舟次。」「秋」乃「冬」之誤刊。《文集》卷五十二《與秦太虛》第五簡云「檥舟竹西」。竹西，屬揚州，見《輿地紀勝》卷三十七《揚州・景物下・竹西路》。《總案》謂慶老住竹西寺。

《揮麈録・後録》卷六：「治平中有時君卿者，鄭州人，與王才叔廣淵為中表，遊學郡庠，坐法被笞。以善筆札，去為潁邸書史。裕陵以其有士風，每與之言。時王荆公賢譽翕然，君卿數稱道於上前，宸心由是注意。踐祚之後，驟加信任。」又云：「君卿後至正任團練使，卒於元祐間，《哲宗實録》有傳存焉。」餘參嘉祐七年「秋楊克從墓碑成」條紀事。

將發竹西，別無擇（擇公），有詩。

詩見《詩集》卷二十四（一二八五頁），末云「竹西歌吹是揚州」。《輿地紀勝・竹西路》引杜牧《題禪智寺詩》「誰知竹西路，歌吹是揚州」，蓋蘇軾所本。同上又謂：「竹西亭，在北門外五里，今廢。」無擇詳元豐八年八月二十七、二十八日紀事。

與杜介（幾先）過邵伯埭，至高郵，與秦觀（太虛）會。題陳直躬所畫雁。介還。

《詩集》卷二十四有《邵伯梵行寺山茶》、《高郵陳直躬處士畫雁》。

《欒城集》卷十四《高郵贈別杜介供奉》自注：「幾先去年送家兄子瞻至高郵。」《文集》卷五十二與觀第五簡敍「檥舟竹西」後，云「必能於冬至前及見公」。與觀會，參以下「淮上賦《虞美人》」條。觀，高郵人。

《雞肋集》卷八《和蘇翰林題李甲畫雁》，韻同《高郵陳直躬處士畫雁》。《聲畫集》卷八引補之詩，同《雞肋集》。《畫繼》卷四亦謂直躬高郵人。李甲乃雲間人，見熙寧五年「在秀州題景德寺李甲畫竹」條。補之詩云「尚想高郵間，湖寒沙璀璀」，知畫者以高郵為背景，按常情而論，詩仍應屬直躬。

二十二日，冬至，過楚州。登蔡承禧（景繁）西閣，與王斿（元龍）晤，有詩。和楚州守田待問（仲宣）贈詩，賦《浣溪沙》贈其小鬟。

冬至云云，據《文集》卷七十一《名西閣》。楚州治山陽，時承禧為淮南轉運副使，轉運司設楚州。《詩集》卷二十四《蔡景繁官舍小閣》為題西閣作。《文集》卷五十五與承禧第十四簡：「《西閣》詩不敢不作。」蘇軾過楚州時，承禧出巡未歸。

《和王斿》云「遲留歲暮江淮上」，據《詩集》編次，相晤即在楚州。又云「且看松雪媚南山」，約游泗州南山。斿，安國子。《文集》卷七十三《錢子飛施藥》乃記斿言，附此。

《和田仲宣見贈》緊次《和王斿》。詞見《東坡樂府》卷下，贈於席上；此下同調同韻詞「一夢江湖費五年」，亦作於此時。《詩集》卷四十八《戲贈田辨之琴姬》，「合注」謂此姬當即小鬟，則辨之當為待問另一字。《文集》卷三十八有《知楚州田待問可淮南轉運判官制》，制贊待問「端浄敏恪，悃愊無華，試於劇郡，吏民宜之」。《欒城集》卷二十七有《田待問淮南運判可淮南提刑制》。

淮上，賦《虞美人》別秦觀。觀有詩贈別蘇軾。

詞見《東坡樂府》卷上。《苕溪漁隱叢話》前集卷五十引《冷齋夜話》：「（東坡）與少游維揚飲別，作《虞美人》曰：（略）。世傳此詞是賀方回所作，雖山谷亦云。大觀中於金陵見其親筆，醉墨超放，氣壓王子敬，蓋東坡詞也。」《總案》謂「此詞作於淮上」，是。首句「波聲拍枕長淮曉」，即可證。

《淮海後集》卷三《贈蘇子瞻》敍及「明主無終棄，西州稍内遷」，末以「君臣悦相遇，願上《角招篇》」為祝，作於別時。

十二月一日，抵泗州，謁普照王塔，捨山木一峰供養，作《木峰偈》。時淮水淺凍，暫留泗。

偈見《文集》卷二十二，其序謂「過臨淮」，泗為臨淮郡，治盱眙。卷二十一《僧伽贊》即《普照王贊》，或作於此時。淮水淺凍，據《東坡樂府》卷上《滿庭芳》序。

答王鞏（定國）十月二十三日《書》，并和鞏詩一首。再撰《乞常州居住表》，遣人於鼓院投之。

《文集》卷五十二與鞏第十六《簡》云「今日景繁到泗州」，知《簡》作於泗州。時鞏在南都。《簡》云「黄師是遣人往南都，故急作此書，仍和得一詩為謝」。和詩乃《詩集》卷二十四《次韻王定國南遷回見寄》。師是名寔，見本年以下「在泗州晤黄寔」條。

與鞏《簡》敍十月十九日《乞常州居住表》未能投進之後，云：「已别作一狀，遣人入京投下。」此别作之狀，乃《文集》卷二十三《乞常州居住表》。約上於本月上旬，《施譜》謂於鼓院投之。《容齋隨筆·五筆》卷九《韓公潮州表》謂軾此表「略無一佞詞，真為可服」。

賦詩贈梁冲道人。

詩見《詩集》卷二十四題作《贈梁道人》。

《濟南先生師友談記》敍嘉祐二年應進士舉時論卷《刑賞忠厚之至論》「為道人梁冲所得」，「冲以吐納醫藥為術，東坡貶時識之，今在京師」。蘇軾贈詩首云「采藥壺公處處過，笑看金狄手摩挲」，知此道人乃冲，在黄州時已識其人，今遇之於途中。

過龜山，贈辯才師。

《詩集》卷二十四《龜山辯才師》：「千里孤帆又獨來，五年一夢誰相對。」以元豐二年由徐州赴湖州嘗經此也。盱眙有龜山。此辯才，非元凈（辯才），乃另一人。

見蔡承禧，得唐坰(林夫)書信及所贈端硯、張遇墨。

《文集》卷七十《書唐林夫惠硯》敍其事。《詩集》卷二十五《孫莘老寄墨》：「近者唐夫子，遠致烏玉玦。」自注：「唐林夫寄張遇墨半丸。」亦敍之。坰父詢喜硯，《文集》卷七十《書雲庵所藏硯》及之。《硯北雜志》卷上謂詢好蓄硯，有《硯録》三卷行世。

《石門文字禪》卷二十《歙硯銘》序：「東坡得唐林夫歙硯，絶妙，然其心甚隆。坡惜之，以問林夫曰：『琢硯者欲磨平其隆，百年之後用之，方為妙耳。』」與《書唐林夫惠硯》意有同處，乃敍此時事。

十八日，浴泗州雍熙塔下，賦《如夢令》二首。

詞見《東坡樂府》卷下。

二十日，自泗守劉士彥席上回，作《十二時中偈》。在泗，嘗與士彥過南山晚歸，賦《行香子》。

偈見《文集》卷二十二。《全宋詞》第三二六頁有此詞，小序：「與泗守過南山晚歸作。」《紀年録》：「十二月，同泗州太守遊南山，過十里灘，作《行香子》。」

《苕溪漁隱叢話》後集卷三十五：「苕溪漁隱曰：淮北之地平夷，自京師至汴口並無山，惟隔淮方有南山，米元章名其山為第一山。」又云南山之側，「有東坡《行香子》詞，後題云『與泗守游南山作』，字畫是東坡。所書小字，但無姓名。崇、觀間，禁元祐文字，遂鐫去之。余頃居泗上，皆打得此二碑，至今尚存。」光緒《盱眙縣志稿》卷二：「第一山，又曰南山，今為盱眙縣治。」又謂自第一山以東至治東北五里斗山，宋以前皆目為南山，以在淮水南之故。

《揮麈録・後録》卷七引張唐佐云謂蘇軾自黄州移汝州：「舟次泗上，偶作詞，云：『何人無事，燕坐空山。望長橋，燈火鬧，使君還。』太守劉士彦本出法家，山東木强人也，聞之，亟謁東坡云：『知有新詞，學士名滿天下，京師便傳，在法，泗州夜過長橋者，徒二年，况知州耶！切告收起，勿以示人。』東坡笑曰：『我一生罪過，開口常是不在徒二年以下。』」

《攻媿集》卷七十三《跋東坡行香子詞》：「吾鄉豐吏部叔賈誼倅盱眙，游南山寺，有老僧云：『寺舊有苦條木一段，上有東坡親書《行香子》詞，後沉於深水中。』亟募人取得之，遺墨如新，就刻其上。尋為一平官買去，析為檜幹矣。此詞惟曾實文端伯所編本有之，亦云『與泗守游南山作』，則《揮麈》所載殆未盡，豈與之同游後乃閲其詞耶！偶從豐氏得墨本，既登之石，又以寄施使君武子請刻之，以為都梁一段嘉話。」據此，此詞另有一木刻。武子乃《施譜》撰者宿之字，端伯名慥。

《畫墁集》卷七《郴行録》元豐六年夏，有次泗州見知府朝奉郎劉士彦之語，並云士彦「先自睦州通判替還京」。《山谷詩集注》卷二有《送劉士彦赴福建轉運判官》詩；目録引《實録》：元祐元年六月，朝請郎劉士彦為福建路轉運判官。《文集》卷二十九有《劉士彦可福建轉運判官》制文。《山谷别集詩注》卷上有《寄劉泗州》，作於本年，時庭堅赴監德州德平鎮任。泗州即士彦。

次韻張琬。

詩見《詩集》卷二十四（一二九六頁）。

是時有張琬字公玉，熙寧四年十月知登封縣，見《潛研堂金石文跋尾續》卷四《張琬題名》。同上引《韶州碧落洞題名》：權發遣轉運副使番易張琬德甫游；後題崇寧三年二月。非一人。軾詩有「臨淮自古多名士」之句。《淮海集》卷三附有張琬和孫覺（莘老）題召伯斗野亭詩；臨淮、召伯相距不遠，當即軾次韻之張琬。張舜民《畫墁集》卷七《郴行録》敘元豐六年秋赴官郴州途經金陵時，與張琬相晤，稱琬為同年，知琬為治平二年進士。《次韻張琬》「施註」謂此登治平二年進士者乃番易人，則此張琬即字德甫之張琬。稱以「臨淮名士」，乃寓居耳。

過南山監倉，題蕭淵（潛夫）東軒二首。

詩見《詩集》卷二十四（一二九七頁）。《欒城集》卷十四亦有詩。《省齋文稿》卷十九《跋東坡詩帖》：「瀏陽丞新喻蕭君一致五世從祖潛夫，元豐七年監盱眙倉，坡公歲除前過其東軒，留題二詩，蓋量移汝州時也。按：盱眙隸泗州，州在淮北，其縣治即淮陰，故都梁號淮南第一山，景物清曠。公既樂之，而潛夫諱淵蓋慕陶靖節者，其人亦可知矣，此公所為賦詩也。」光緒《盱眙縣志稿》卷十三有元祐二年七月上旬淵與頓起等題名。

雍秀才畫草蟲八物，為題詩。

詩見《詩集》卷二十四（一二九九頁）。《詩話總龜》前集卷九引《王直方詩話》：「東坡作《蝸牛》詩云：『中弱不勝觸，外堅聊自郛。升高不知疲，竟作黏壁枯。』後改云：（略）余亦以為改者勝。」《蝸牛》乃八物之一；《詩集》此詩即所改之詩。

《青山集》卷十一《泗水雍秀才畫草蟲》：「蜻蜓點水蝶撲花，螳螂捕蟬蜂趁衙。營營青蠅争腐糝，趯趯阜螽沿草芽。徐生骨朽不復得，雍子筆老誰能加。卷開却掩恐飛去，綈襲愛護行隨車。況君才力日清敏，胡不放手為龍蛇。龍蛇逼真看騰躍，出入天地藏烟霞。」可參。《圖繪寶鑑》卷上謂雍秀才善畫草蟲。

二十四日，與劉倩叔遊南山，賦《浣溪沙》(「斜風細雨作小寒」)。

詞見《東坡樂府》卷下。倩叔，泗州人。見《詩集》卷二十四《書劉君射堂》「誥案」。

三十日，與舊友劉仲達游南山，賦《滿庭芳》。

詞見《東坡樂府》卷上。詞序謂十七歲時，始與仲達往來於眉山。

在泗州，晤泗倅陳敦、淮東提舉黃寔，見三佛齊使者過，為文記之；為崇福院書殿榜。

文乃《文集》卷七十二《黃寔言高麗通北虜》。書殿榜見《輿地紀勝》卷四十四《盱眙軍·景物下》。寔，《宋史》卷三百五十四有傳，傳引林希語，謂寔二女皆嫁蘇軾子。案：「軾」為「轍」之誤。《欒城後集》卷二十祭黃文謂有「昏姻之好」。同卷有兩祭新婦黃氏文，此黃氏乃遠之妻，寔之女。寔另一女適遠兄适(仲南)，見一九七二年河南郟縣三蘇墳出土之蘇适墓銘。元吳師道《禮部集》卷十六《東坡二帖》謂寔二女皆適轍子。《長編》卷三百六十元豐八年十月己卯，有「權提舉淮南東路常平黃寔提點開封府界諸縣鎮公事」記載。

在泗州，嘗題詩清淮樓，又賦《如夢令》，題淮山樓。

詩見《詩集》卷四十八(二六五四頁)。詞見《全宋詞》第三二二頁，題下注：「題淮山樓。」《輿地紀勝》

卷四十四《盱眙軍》謂清淮樓在市街之東，淮山樓在郡治都梁臺。《錦繡萬花谷》謂此詩為濠州作，誤。《輿地紀勝》同上卷南山有玻璃泉，泉上有起秀亭。《方輿勝覽》卷四十七謂起秀亭後石壁峭列，有蘇軾詩詞刻其上。具體詩詞不詳。光緒《盱眙縣志稿》卷十一引《明一統志》謂泉有石若龍虎，「口中噴水，注石池中」。

姪千之秋試不利，簡慰之。時姪必强在泗州。

簡乃《文集》卷六十與千之第一簡，作於泗州。簡云「𡿨姪欲暫還鄉」，是千之在京師應試。時將往南都，約千之來南都一見。簡首云必强，《跨鼇集》卷五、八、十有詩及之。千之，乃不欺次子，見《淨德集》卷二十七《静安縣君蒲氏墓誌銘》。

本月，蔡承禧（景繁）卒。有祭文，贊承禧有賢子。

承禧卒見《蘇魏公文集》卷五十六墓銘；二子，居厚、居易。祭文見《文集》卷六十三。祭文贊承禧工詩文，謂其子居厚為「汗血之駿」。居厚有《詩史》，收於《宋詩話輯佚》。

在泗州度歲。除夜，黄寔（師是）送酥酒，有詩，

詩見《詩集》卷二十四（一三〇二頁）；此下有《章錢二君有和復次韻答之二首》，章、錢或為寔幕客。涵芬樓本《説郛》卷四十九引《南遊記舊》引黄寔語：「元豐甲子，為淮東提舉常平，除夜泊汴口，見蘇子瞻植杖立對岸，若有所俟。歸舟中，以揚州厨釀二尊、雍酥一奩遺之。」寔以此「頗自慰」。宛委山堂本《説郛》卷五十《南游記舊》亦引。

是歲，嘗與陳亢（退叔）簡。

簡見《佚文彙編》卷三。簡謂亢今年四十五，《京口耆舊傳》卷六《陳亢傳》謂卒於大觀元年，年六十八。知簡為今年作。

蘇軾年譜卷二十四

元豐八年(一〇八五)乙丑　五十歲

正月一日,雪中過淮謁客。

《詩集》卷二十五有詩(一三一七頁)。

賦劉倩叔射堂,贈之。孫覺(莘老)寄墨,賦詩。

詩見《詩集》卷二十五(一三一八、一三一九頁)。覺時為秘書少監,見注文。詩皆次《留題蘭皋亭》前,作於泗州。計留泗州月餘。

四日,離泗州北行。聞岸上騾馱鐸聲,有題。

文乃《文集》卷七十一《泗岸喜題》。

至靈壁,題詩蘭皐亭,並題名。

詩見《詩集》卷二十五(一三二三頁)。

《墨莊漫録》卷一:「宿州靈壁縣張氏蘭皐園,一石甚奇,所謂小蓬萊也。蘇子瞻愛之,題其上云:『東坡居士醉中觀此,灑然而醒。』子瞻之意,蓋取李德裕平原莊有醒醉石,(醉)則踞之,乃醒也。蔣穎叔過見之，復題云：『荆溪居士暑中觀此，爽然而凉。』吴右司師禮安中為宿守，題其後云：「紫溪翁大暑醉中讀二題，一笑而去。』張氏皆刻之石，後歸禁中。」軾題名，《佚文彙編》未收。師禮，《宋史》卷三百四十七有傳。

十日，書《泗州除夜》等七詩，贈妻王閏之。

《詩集》卷二十四《泗州除夜雪中黄師是送酥酒二首》題下「施註」：「自此詩以至《書劉君射堂》凡七詩，墨蹟刻於成都府治續帖中。其後跋云：『過泗州，作此數詩，偶此佳紙精墨，寫之。以遺旌德君。元豐八年正月十日，東坡居士書。』旌德，蓋王夫人也。」此跋文，《佚文彙編》失收。「施註」所云七詩，除《泗州除夜》及《書劉君射堂》外，為《章錢二君見和復次韻答之二首》、《正月一日雪中過淮謁客回二首》。此時，蘇軾或已至宿。

十五日，在宿州，賦《南鄉子》。在宿，晤石康伯（幼安）於病中。

詞見《東坡樂府》卷上，調下注：「宿州上元。」晤康伯，見《文集》卷六十三祭康伯文。

十九日，答徐州開元寺僧法明簡，報得請居常，時已至南都。賦《滿庭芳》。王鞏、黄庭堅作詩慶得請。

《晚香堂蘇帖》：「軾啟。奉别累年，舟過境上，懷想不忘。遠蒙遣人致書，且知法體安隱，感慰兼至。咫尺無由往見，惟萬萬自愛，慰此馳繫。人還，不宣。軾頓首明公大師足下。正月十九日。」《文集》卷六十一《答開元明座主九首》之第三首即此簡，然脱去「慰此」以下二十二字，故録其全文於此。《晚香堂蘇帖》緊次上簡，有「石橋已壞」云云一簡，乃《文集》卷六十一《答開元明座主九首》之第四首；簡末，《文集》脱「知之軾又白」五字。據《晚香堂蘇帖》，知「石橋已壞」云云，乃上簡之附簡，作於同時。附簡云「僕得請居常州，暫至南京，即還南」。知得請為十九日以前事。

《墓誌銘》謂請居常之書「朝入，夕報可，士大夫知上之卒喜公也，會晏駕，不果復用」。詞見《東坡樂府》卷上，序謂「既至南都，蒙恩放還陽羨」。至是為：檢校尚書水部員外郎、汝州團練副使、不得簽書公事、常州居住。

《詩集》卷二十七《和王晉卿》：「上書得自便，歸老湖山曲。躬耕二畝田，自種十年木。」寫此時事。

《山谷別集詩註》卷上《次韻清虛喜子瞻得常州》：「喜得侵淫動搢紳，俞音下報謫仙人。驚回汝水間關夢，乞與江天自在春。罨畫初游冰欲泮，浣花何處月還新。涼州不是人間曲，佇見君王按玉宸。」清虛，王鞏，鞏原韻已佚。

二十日，跋錢易詩後。

跋見《文集》卷六十八（二一三四頁）。

二月九日，沈遼（睿達）卒於池州，蘇軾甚哀之。

據《沈氏三先生文集·雲巢編》附墓銘，年五十四。哀語見《佚文彙編》卷三《與王文玉》第七簡。

十二日，題唐陸柬之所摹《蘭亭五言》帖。

跋見《佚文彙編》卷六（二五六九頁）。柬之，虞世南甥，舊、新《唐書》有傳。

壬午（十八日），葬弟轍保母楊氏於南都東南三里廣壽院之西。

據《文集》卷十五《保母楊氏墓誌銘》。

是月，弟轍至績溪，就績溪令。

據《蘇潁濱年表》，正月十四日，轍在南康。其後遊廬山，經池、宣，至績已及二月。

在南都，張方平以整理文集事相委，方平授《楞伽經》使印施江淮間，授所藏禪月羅漢十六軸使施之；方平談及内庭文字，晤方平子恕，或賦《西江月》。

《樂全集》卷三十四《謝蘇子瞻寄樂全集序》：「前年，子瞻覯止見索，鄙拙欣然呈納，因而面告為删除其繁冗，芟夷其蕪穢，十存三四，聊以付子孫而已。」「前年」指今年。

《文集》卷六十六《書楞伽經後》敍方平授《楞伽經》，卷六十一《答開元明座主》第七簡敍授禪月羅漢。

《西塘集耆舊續聞》卷三敍見方平，因談及内庭文字，以下云：「張云：『二宋某文某文甚佳，忘其篇目，惟記一首，是《張貴妃制》。』坡至都下，就宋氏借本看，宋氏諸子不肯出，謂東坡滑稽，萬一摘數語作諢話，天下傳為口實矣。《張貴妃制》今見本集。」按：宋祁《景文集》卷二有《除婉容張氏封貴妃制》。

《揮麈録·後録》卷七敍徐大受寵姬勝之已歸張恕，恕開燕，蘇軾復見勝之（軾在黄時嘗見之，故云復見），「不覺掩面號慟，妾乃顧其徒而大笑」，於是「每以語人，為蓄婢之戒」。《東坡樂府》卷上《西江月》小序：「姑熟再見勝之，次前韻。」前韻作於黄州。時大受尚在。此詞首云「别夢已隨流水」，又云「蛾眉新作十分妍」，為大受已卒之後之會晤。「姑熟」二字有誤。詞或作於南都。

在南都，與友人簡；簡及王淮奇。

簡乃《佚文彙編》卷四《與友人一首》，首云「軾再啟久留叨恩」，乃與某友人簡附簡。簡所云「宣猷」乃王淮奇（慶源），時已謝事，參《詩集》卷三十《慶源宣義王丈》。云「久留叨恩」、「至常」，知作於本年，時在南都。

李公麟（伯時）作《孝經圖》。蘇軾後有跋。

《雲烟過眼録》卷上：王子慶所藏。「李伯時《孝經圖》并書，自題云：鳳閣舍人楊公雅言《孝經》乃六藝根本，百行世訓所重，謂龍眠山人李公麟曰：能圖其事以示人，為有補。元豐八年二月，因摭其一二隨筆之。」《文集》卷七十有《跋李伯時孝經圖》。

《孝經圖》流傳較廣，汪應辰《文定集》卷十二有《跋李伯時孝經圖》、元胡祗遹《紫山大全集》卷十四、明宋濂《宋文憲公文集》亦有跋。

和王益柔（勝之）詩，並為其所作妙峰亭題榜。

《詩集》卷二十五有《和王勝之三首》；《南都妙峰亭》亦為益柔作。時益柔守南都。《淮海集》卷五《南京妙峰亭》（原注：王勝之所作，蘇子瞻題榜）首云「王公厭承明，出守南宮鑰」；中云「新榜揭中楹，千載見遠託」。

三月戊戌（初五日），神宗卒，皇太子煦即位，是為哲宗。六日，聞神宗遺詔，舉哀掛服。

三月云云，據《宋史·神宗紀》。六日云云，據《文集》卷三十三《辨題詩劄子》。

代張方平（安道）進神宗功德疏文。

文見《文集》卷四十四（一二七九頁）。

晤陳師道，與師道商論作帖與江淮發運路昌衡，以慰神宗之喪，中輟。

《後山集》卷二十《談叢》謂讀《魏氏雜編》，見真宗時公卿大夫慰國哀登極往還書，「往在南都，奉神宗諱，見蘇尚書作《路發運帖》，莫知當慰與否也，相與商論，竟復中輟，乃知前輩禮法猶在，而近世士大夫之寡陋」。昌衡字持正，《宋史》卷三百五十四有傳。

張方平坐上贈眼醫王彥若詩。

詩見《詩集》卷二十五（一三三一頁），贊彥若「運針如運斤，去翳如拆屋」。《欒城先生遺言》贊此詩引喻證據博辯，詳切高深，贊蘇軾敏於著述。

李廌（方叔）自陽翟來見，以故人梁先所餽絹十四、絲百兩轉贈之，作其父李惇哀詞。寫《眉子石硯歌》贈廌。盛贊廌之文。

來見據《施譜》。哀詞見《詩集》卷二十五（一三三三頁）。《濟南集》卷三《以古畫觀音易眉子石硯歌》云「溪藤寫贈《眉石篇》」注：「先生頃於南京，嘗寫此篇贈廌。」《眉子石硯歌》在《詩集》卷二十四。《宋史·李廌傳》敍廌見蘇軾於黃州後，再見軾，「軾閱其所著，歎曰『張耒、秦觀之流也』」。

過王廷老（伯敭）家，觀所藏趙昌畫，有詩。

詩見《詩集》卷二十五（一三三四頁）。《欒城集》卷二十六祭廷老文敍南遷六年歸來與廷老相晤，「遂以息女，許君長子」。據《蘇潁濱年表》，廷老長子名浚明，適浚明者乃轍第四女。

秦觀、范百嘉（子豐）登進士第。

觀據《淮海先生年譜》，百嘉據嘉慶《華陽縣志》卷二十七。《文集》卷五十與百嘉第一簡有慶賀之語。

與潘丙（彥明）簡，以省試為念。

簡乃《文集》卷五十三與丙第一簡，云「不見黃榜，未敢馳賀，想必高捷」。據與丙以後各簡，丙似未捷。

作《神宗皇帝挽詞》。與王鞏（定國）、楊景略（康功）簡，悼神宗之逝。

挽詞見《詩集》卷二十五。云「餘生卧江海」，蓋謂自便居住常州，無心宦途，云「歸夢泣嵩邙」，蓋謂歸常後去原廟愈遠，作於南都。《文集》卷五十二與鞏第十七簡，云：「無狀坐廢，衆欲置之死，而先帝獨哀之，而今而後，誰復出我於溝瀆者。已矣，歸耕沒齒而已。」亦挽詞「病馬空嘶櫪，枯葵已泫霜」及上引二句之意。《文集》卷五十五與景略第二簡抒悼意。時景略試中書舍人，見《蘇魏公文集》卷五十六墓銘。

作《薦誠禪院五百羅漢記》。

文見《文集》卷十二，乃應該禪院僧應言之請。

離南都，赴常州。四月六日，過靈壁劉氏，為畫醜石風竹，主人以靈壁石相贈，為跋。

跋乃《文集》卷七十《書畫壁易石》。《文集》卷十一《靈壁張氏園亭記》云「由宋登舟，三宿而至」張氏園。知蘇軾離南都，約在四月三日。

到泗州，定本月十六、七日到揚州。與杜輿（子師）簡及此。

簡乃《文集》卷五十六與輿第二簡，欲與輿晤。

十二日，自書《次韻前篇》詩。

據《翰香館法書》卷六，其詩在《詩集》卷二十。

途中與歐育、仲伯達晤，寄吴瑛（德仁）兼簡陳慥（季常）於蘄、黄間。

《詩集》卷二十五《與歐育等六人飲酒》、《和仲伯達》敍及相晤。時育赴杭州鈐轄任，伯達將「傍海看初日」，宋趙次公注謂「近海有浴日亭，見日出」，《詩集》卷三十八有《浴日亭》，亭在廣州，知伯達將赴廣州。寄吴詩見《詩集》卷二十五（一三四〇頁）。

至揚州。過壽寧寺，見文覺顯公，晤雲師無著。有詩。無著自金陵來。

詩見《詩集》卷二十五（一三四五頁）。《輿地紀勝》卷三十七《揚州》謂壽寧寺乃李昪舊宅。

在揚州晤州守吕公著。代作論治道二首，與蘇頌（子容）簡。

代作乃《文集》卷四《上初即位論治道二首》，原注謂「代吕申公」，申公，公著也。簡乃《文集》卷五十與頌第二簡，首云「廣陵令姪出所賜教」，以下云欲「留家儀真」，輕舟往常州。

是月，詔開封府界京東路户馬指揮并罷，京東西保馬寬年限，提舉官赴京議改廢。

據《施譜》。《文集》卷五十一《與滕達道》第四十簡及此，云：「所喜保馬户導洛堆垛皆罷，茶、鹽之類，亦有的耗矣。」

五月一日，留題揚州竹西寺，抒父老頌美哲宗之情。

詩見《詩集》卷二十五（一三四六頁）。《文集》卷三十三《辨題詩劄子》、《奏題詩狀》謂詩蓋為哲宗初即位，聞父老頌美之言而作，作於五月一日，前者並云「書之當塗僧舍壁上」。《墓誌銘》則謂神宗卒，至揚州，「常人為公買田，書至，公喜作詩，有『聞好語』之句」。《避暑録話》卷上謂詩「蓋為哲宗初即位聞父老頌美之言而云」。又云「余嘗至其寺，親見當時詩刻，後書作詩日月，今猶有其本」。又云《墓誌》與辨題詩之文字異，「且聞買田而喜可矣，野花啼鳥何與而亦欣然，尤與本意不類，豈為誌時未嘗深考而誤耶」。詩有「野花啼鳥亦欣然」之句。

徐州開元寺僧法明來相別，以張方平所授禪月羅漢十六軸贈之。

《文集》卷六十一《答開元明座主》第七簡敍之。簡云「近過南都，見致政太保張公」。《文集》卷十四《張文定公墓誌銘》謂哲宗即位，方平「以太子太保致仕」。簡作於本年。簡云「遠來相別」，其「相別」之地或在揚州、常州間。

戊戌（六日），詔責授汝州團練副使、本州安置蘇軾復朝奉郎、知登州。

據《長編》卷三百五十六。

至真州。與宜興令李去盈簡，敍虎頭骨致雨之法。留家真州。

《文集》卷五十八《與李知縣》：「某家在儀真，輕騎到此數日，却還般挈，須水通乃能至邑中拜見。」邑乃指宜興。卷五十一《與滕達道》第四十一簡：「某留家儀真。」儀真即真州，見《輿地紀勝》卷三十八。

《咸淳毗陵志》卷十：元豐六年九月，李去盈以宣德郎知宜興，替者元祐元年九月知。

過瓜洲，了元（佛印）來迎，以偈為獻。

《苕溪漁隱叢話·前集》卷五十七《了元》引《僧寶傳》：「東坡元豐末年，得請歸耕陽羨，舟次瓜步，以書抵金山了元禪師曰：『不必出山，當學趙州上等接人。』元得書徑來。東坡迎笑問之，元以偈為獻曰：『趙州當日少謙光，不出三門見趙王。爭似金山無量相，大千都是一禪牀。』東坡拊掌稱善。」《輿地紀勝》卷七《鎮江府》亦節引，「元」作「源」。

二十二日，至常州貶所，上謝表。

謝表見《文集》卷二十三（六五八頁）。

《省齋文稿》卷十九《書東坡宜興事》謂蘇軾元豐八年「回次維揚，有《歸宜興留題竹西三絕》，蓋五月一日也。《同孟震遊常州僧舍詩》云：『湛湛清池五月寒。』而《謝表》謂今月二十二日到常州訖，其為五月無疑」。

戊午（二十六日），蔡確為左僕射，韓縝為右僕射。有賀啟。

戊午云云，據《宋史·宰輔表》。

啟見《文集》卷四十七（一三四四頁）。啟云：「蓋神考貽謀，已完具而可按；故成王纘要，宜纖悉以勿加。」知作於神宗初卒、哲宗初即位。啟又云「傾歲周旋」、「末塗流落」、「限以在外」，乃敘元豐七年離黃後僕僕道塗間事。啟又云「民社非輕，猶承宣而惴惴」，時知登之告雖未到，然已聞之矣。

同日，司馬光（温公）自資政殿學士、通議大夫、知陳州加守門下侍郎。簡賀。

同日云云，據《宋史·宰輔表》。《詩集》卷二十六《小飲公瑾舟中》「坐觀邸報談迂叟」句自注：「是日坐中觀邸報云迂叟已押入門下省。」迂叟，司馬光。《文集》卷五十與光第五簡云「聞公登庸，特與小民同增鼓舞而已」。簡又云「不敢上問」，時尚未得知登州告。《詩集》「查註」謂詩作於赴登途中，誤。詩明言「走訪船窗柳影中」，非途中景象，約作於六月間。

邂逅孟震。二十七日，與震同游常州感慈報恩僧舍，有詩。贈報恩長老詩。

《周益國文忠公集·遊山録》卷一乾道丁亥五月甲辰紀事：「訪胡武平功德院，乃武平創造，治平元年七月請額，曰感慈報恩。」又云堂有二板壁，對壁：「又刻元豐八年五月二十七日東平孟震遊寺留題。復刻頌云：『碧玉盌盛紅瑪腦（原注：今印本作「瑪瑙」），井花水養石菖蒲。批風抹月晨齋罷，試問禪師得飽無？』其上别刻二頌，一與上同，而後改一聯云：『也知法供無窮盡，只問禪師得飽無（原注：今印本又改「只問」作「試問」）。』一同集本，只改『請師』為『憑師』。觀前輩於小詩猶潤色不一，愈改愈勝，故私記於此。長老名無礙，而集中不書。」前輩謂蘇軾。

《詩集》卷二十五《贈常州報恩長老二首》即《遊山録》所云之頌；所云「一與上同」乃贈長老詩其一，「一同集本」乃其二。本卷此詩前，有《與孟震同遊常州僧舍三首》，即孟震留題之時所撰。詩云「忽見東平孟君子，夢中相對説黄州」。震，黄州故人。《咸淳毗陵志》卷二十九《碑碣》云：「東坡題感慈寺詩，元豐八年刻（原注：在感慈寺）。」即《贈常州報恩長老二首》。又云郡治東廡有「東坡草書與陳述古夜飲詩」，附次此。

王鞏(定國)來簡，報將起用。

《文集》卷五十一《與滕達道》第四十簡敍之，然疑「所報未必是實」。

六月十五日，徐州開元寺僧法明以蘇軾手簡刻石。

民國《銅山縣志》卷十九《古迹考》：「開元寺：《道光舊志》：有二。一在城南里許，唐開元二十八年建，明洪武三十年重建，中有鐵佛像，故又名鐵佛寺(原注：案，姜州《志》載正統八年《重建開元寺碑》文，云：釋氏相傳唐玄宗命勝光法師講内典於延慶殿，賜以開元額，寺蓋是時所建，元末燬於兵，惟鐵佛像及數石幢得不壞。洪武間，僧勝吉建一殿以覆其像。宣德五年，僧廣善重建，於舊僧房入地數尺，得石刻蘇軾與法明師手帖一首，有云『開元大殿，非吾師學行，神人響應，安能成』，末誌『元豐八年六月望，住持徐州開元寺東院傳教賜紫沙門法明題』。今不可考)。一在一鄉境，金大定二十七年建。」「開元大殿」云云，為《文集》卷六十一《答開元明座主》第二簡中語。參元豐六年「徐州開元寺僧法明來簡答之」條。

戊子(二十六日)，司馬光薦蘇軾、蘇轍兄弟等。是月，范純仁等亦薦蘇軾兄弟等。

本月云云，據《長編》卷三百五十七。《長編》引光言，謂蘇氏兄弟等「或以行義，或以文學，皆為衆所推伏」，望朝廷各隨器能，臨時任使。

《太平治迹統類》卷十八《宣仁垂簾聽政》本月紀事：呂公著等所薦之人中有蘇轍，范純仁、呂大防、王巖叟、王存、孫覺等所薦之人中有蘇軾、蘇轍。

本月，告下，復朝奉郎，起知登州軍州事。

《文集》卷七十一《書遺蔡允元》：「六月被命。」指得旨之時。

賈收（耘老）來常。得起用報，收等賀。與王琦（文玉）、王鞏（定國）簡。

《文集》卷五十一《與滕達道》第四十一簡首云「耘老至」，以下言定居常州事，是時起用仍屬傳聞。《總案》謂收來常為祝賀起用，失之。元豐七年，軾有簡薦收於滕元發（達道），見與元發第三十八簡。

《詩集》卷二十五《次韻答賈耘老》云「東來六月井無水」，知收來為六月。來常後，得起用報，乃有「故人改觀爭來賀」句。

《佚文彙編》卷三與琦第六簡敍知登新命為「忝命過優」，簡末云「酷暑」。卷二與鞏第一簡：「謫居六年，無一日不樂，今復促令作郡，坐生百憂。正如農夫小人，日耕百畝，負擔百斤，初無難色，一日坐之堂上，與相賓饗，便是一厄。」蓋寫實。

賦《墨花》，贊汴人尹白墨花。

詩見《詩集》卷二十五（一三五三頁），云「獨有狂居士，求為黑牡丹」，知晤白。《圖繪寶鑑》卷三《尹白傳》謂白「專工墨花，習花光梅，扶疏縹緲」。

時來往真州、潤州之間。許遵罷潤州，赴金陵，次遵韻送之。游真州溪陰堂，有詩。

詩見《詩集》卷二十六（一三六五、一三六六頁）。《嘉定鎮江志》卷十五謂遵元豐五年任，至是任滿。

《輿地紀勝》卷三十八《真州・景物下》：「溪陰亭，在縣東范氏園，東坡嘗游，有詩。」縣乃儀真，真州治。《詩集》「詰案」謂時家累寄真州，往搬挈。

在真州，與王琦（文玉）簡。晤張升卿（公詡、公翊），升卿出《清溪圖》。嘗題詞《清溪圖》。

簡乃《佚文彙編》卷三與琦第七簡，云熱甚揮汗。乃盛夏。簡首云「寓白沙」。《輿地紀勝》卷三十八《真州・古迹》：「白沙鎮：《儀真志》云：真州，舊白沙鎮也。」簡云在真晤升卿，曾與升卿作《清溪詞》，「文多未暇録去，後信寄去也」。題詞見《詩集》卷四十八（二六四四頁），作於此時。《總案》謂作於元豐七年，蓋由未見此簡。據簡，升卿字公翊。

升卿一字公詡，見《金石續編》卷十五元祐二年三月十六日與李之紀等題名。時為廣南東路轉運判官，見《長編》卷四百元祐二年五月乙卯紀事。《青山集》卷十九有《竹子灘逢廣漕張公詡》詩。升卿元祐六年為符離守，見《佚文彙編》卷二《與錢穆父》第十三簡。

清溪在池州。見《輿地紀勝》卷二十二《池州・景物上》。沈遼《雲巢編》卷五《與公詡游西禪新閣》首云「清溪水浮青油幕，漾漾輕舟上西郭」。以下為《次韻奉酬公詡短句》。元豐五年夏至八年遼客池，升卿或官於池。《輿地紀勝》同上卷謂《清溪詞》謂蘇轍作，誤。

《清波別志》卷上引本年八月十一日李常觀張升卿《清溪圖》跋文，有與韓忠彥、黄履、陸佃等「於禮部同觀」之語，知升卿與蘇軾真州別後即往京師。《清波別志》又謂升卿所圖者乃池陽清溪秋景，并謂蘇軾又囑秦觀書八月十一日同觀者職位姓名并詞於圖後，一時名士皆有跋語。《東塘集》卷十九《跋清溪帖》則謂蘇軾嘗囑秦觀書杜牧《弄水亭》詩於圖後，於是一時名公篇什序跋殆八十餘人；謂《清溪圖》乃升卿命良筆圖之。《吴禮部詩話》謂郭祥正有題《清溪圖》五絶句，有「唯欠子瞻詩」之語，升卿遂求蘇軾賦《清溪詞》；又謂自元豐末諸賢題詠甚多，真迹在金華智者寺草堂，「蓋宋季王佖元敬使君得之，易世後，其家以售於寺」。《清江三孔集》卷七有孔武仲《王文玉出清溪圖以示座客》詩。

晤了元（佛印），述受張方平所託印施《楞伽經》事，了元以為書刻為善，乃於真州及金山書之。《文集》卷六十六《書楞伽經後》敍受張方平印施《楞伽經》於江淮間之命，以下引了元語：「印施有盡，若書而刻之則無盡。」乃為書之。時了元住金山。

《輿地紀勝》卷三十八《淮南東路·真州·古迹》：「東坡寫經之所，在報恩寺。」同上《景物下》：「報恩寺，在城南，東坡嘗於此寫經。」其所寫之經，當即《文集》所云之《楞伽經》。真州、潤州一江之隔，往來便利。

《冷齋夜話》卷七《張文定公前生為僧》：「張文定公方平為滁州日，游瑯邪，周行廊廡，神觀清淨，至藏院，俯仰久之，忽呼左右梯其梁間，得經一函，開視之，則《楞伽經》四卷餘，其半未寫。公因點筆續之，筆跡不異。味經首四句云：『世間離生滅，猶如虚空花。智不得有無，而興大悲心。』遂大悟流涕見前世事。蓋公生前嘗主藏於此，病革，自以寫經未終，願再來成之故也。公立朝正色，自慶曆以來，名臣為人主所敬者莫如公。暮年出此經示東坡居士，居士為重寫，題公之事於其後，刻於浮玉山龍游寺。」

涵芬樓《說郛》卷九十七《金山志》敍蘇軾過南都，張方平以《楞伽經》授軾，以下云：「且以錢三十萬，使鏤板印施於江淮間。軾曰：『此經在他人猶為希世之瑞，况於公乎，請家藏為子孫無窮之福。』金山龍游寺主僧了元謂軾曰：『印施有盡，書而刻之則無盡矣。』軾乃留金山，元請代書之，使侍者曉機走錢塘求善士鏤板流傳四方。乾道丙子，主僧寶印即軾寫經處，扁曰楞伽室。」

《竹坡老人詩話》卷二：「東坡喜食燒猪。佛印住金山時，每燒猪以待其來。一日，為人竊食，東坡戲作小詩云：（略）」詩見《詩集》卷四十八（二一六五四頁），或為此時事。

《江南通志》卷四十六：「天寧萬壽寺：在儀徵縣東南澄江橋西，唐景龍三年建。宋蘇子瞻嘗於此寫經。紹興中更今名。」其原名不詳。

晤仇博約為此時事。

光緒《儀徵縣志》卷三十九《人物志·隱逸·僑寓》：「仇著，字仲約，其先薊人。」以下云：「著由慶曆進士歷官朝散大夫，知梓州，退居儀徵私第，建至樂堂。子博，字彦文，年十三作《至樂堂記》，蘇軾奇之，拊其背曰：『後生可畏。』博數舉不利，慨然泛舟泝采石，以酒饌謁太白祠，與之對飲，誄之以文，終篇有曰『不知我者謂我狂且逸，知我者謂我與君同輩不同時』。」有《雪中失白馬》詩傳世。

崔子方與遊，或為此時事。

《永樂大典》卷二千七百四十一引《儀真志》：「崔子方，字彦直，涪陵人也。徙家居於縣南遠城之西，通《春秋》學，與東坡、山谷諸名士交游。」嘗知滁。《直齋書録解題》卷二著録子方《春秋經解》十六卷、

《本例例要》一卷。《宋文鑑》卷二十三有子方詩。

七月四日，作蔡襄（君謨）書跋。

跋見《文集》卷六十九（二一九二頁）。

將赴登，賦《蝶戀花》述懷。

詞見《全宋詞》第三〇一頁。「雲水縈回溪上路」寫荆溪。「苦要為官去」，將赴登。

下旬，自常赴登。

《文集》卷五十一《與滕達道》第五十簡云「計不過七月中下旬行」。《施譜》謂七月赴登。

二十五日，與杜介相遇於金山，有詩贈之。

詩見《詩集》卷二十六（一三六九頁）。

送穆珣（東美）知越州，有詩。

詩見《詩集》卷二十六（一三六七頁）。《嘉泰會稽志》卷二謂本年八月到越州任，詩約作於七月。珣，元豐初，提點梓州路刑獄，見《長編》卷二百九十元豐元年七月甲戌紀事。移京西漕，《馮安岳集》卷四有《送梓憲穆珣東美度支移京西漕》詩，云：「穆公淮海英，厚重如魯儒。疾惡鶻逐雀，養民烏哺鶵。」知珣為淮海人，有善政。元豐五年為司勳郎中，見《文昌雜録》。元祐元年三月自越州移壽州，見《嘉泰會稽志》。《馮安岳集》卷十二《壽春穆東美有節亭》云「淮上仙翁倚歲寒」，知壽時，年事已不小，當長於蘇軾。旋知廬州，《文集》卷三十九有《穆珣知廬州制》，作於元祐元年。

八月丁卯(初六日),弟轍除秘書省校書郎。

據《蘇潁濱年表》。

中秋夜,與客登金山妙高臺,命袁綯歌《水調歌頭》。

《鐵圍山叢談》卷三:「歌者袁綯,乃天寶之李龜年也。宣和間供奉九重,嘗為吾言:東坡公昔與客游金山,適中秋夕,天宇四垂,一碧無際,加江流澒湧,俄月色如晝。遂共登金山山頂之妙高臺,命綯歌其《水調歌頭》曰:『明月幾時有,把酒問青天。』歌罷,坡為起舞而顧問曰:『此便是神仙矣。』」蘇軾元豐七年中秋在真州,見《文集》卷五十一《與滕達道》第三十七簡,故繫於今年。綯宣和間為教坊大使,《浩然齋雅談》載其應制詩。

中秋前後,亦嘗登妙高臺,應了元(佛印)之請,作詩。醉後游招隱寺,記焦山長老答問。

詩見《詩集》卷二十六(一三六八頁),文見《文集》卷七十二(二三〇四頁)。文謂「醉後單衫」,季節合。《佚文彙編》卷四與了元第三簡謂「《妙高》詩聊應命耳」,作於本年八月二十九日。參該日紀事。《輿地紀勝》卷七《鎮江府》謂招隱山在丹徒縣西南七里,「招隱寺,宋戴顒居此,後以為寺」。

楊繪(元素)專人致長箋為賀,瓜洲道中答簡。

答簡乃《文集》卷五十五與繪第十簡,時繪仍在知興國軍任。

曾布(子宣)來簡,答之。

答簡乃《文集》卷五十與布第一簡,云「初涼」,點明季候。云「尚煩滯翰之寄」,據《宋史》卷四百七十一布傳，布時知慶州。云「流落江湖，晚獲叨遇」，作於得知登州告後。云「二聖思治，求人如不及，公豈久外」，慰布。布旋為户部尚書。《長編》卷三百六十九閏二月庚戌，布以户部尚書知太原。

過泰州，晤徐守信（神翁、三翁）。

《龍川略志》卷十《徐三翁善言人災福》：「泰州天慶觀布衣徐三翁，不知所從來，日掃觀中地，非衆道士殘食不食，時言人災福，必應。予兄子瞻自黄州起知登州，見而問之，曰：『君無作官即善。』子瞻信之而不能用，其後果有嶺南、海南之行。」

《輿地紀勝》卷四十《淮南東路·泰州·仙釋》：「徐神翁，名守信，如皋人。遇至人授以神仙抱一之道，語人禍福，無一不驗。」宋苗希頤《徐神公語録》謂為海陵人，年十九入天慶觀，蔣之奇以神翁呼之。《宋史·藝文志》著録朱宋卿《徐神翁語録》一卷，不知與苗書是否為一書。

過揚州，晤州守楊景略（康功）。

本年五月己亥，詔揚州守吕公著乘傳赴闕，見《長編》卷三百五十六。《蘇魏公文集》卷五十六楊景略墓銘：試中書舍人，知揚州。《北宋制撫年表》卷四謂景略繼公著之任，是。《詩集》卷二十六《楊康功有石狀如醉道士為賦此詩》，乃應景略之請而作。參以下「大風淮口舟中」條。

二十七日，别揚州石塔寺擇老（擇公、無擇、戒公）。

據《文集》卷七十二《記石塔長老答問》。題中所云石塔長老乃擇老。文中所云石塔，乃石塔長老略稱。參《墨莊漫録》卷四。

二十八日，贈擇老詩。蘇軾嘗應請為書字。

二十八日云云，據《墨莊漫録》卷四。詩乃《詩集》卷二十六《余將赴文登過廣陵而擇老移住石塔相送竹西亭下留詩為别》。

《欒城集》卷十四詩題：「子瞻與長老擇師相遇於竹西、石塔之間，屢以絶句贈之，又留《書》邀轍同作，遂以一絶繼之。」《書》佚。「屢以」者，蓋指蘇軾此詩與卷二十四《别擇公》。轍詩有「虎溪廬阜久逢迎」句，似擇老嘗為僧廬山。《文集》卷六十一《與無擇老師》敍應請為擇老書額事。

二十九日，過邵伯埭，與了元（佛印）簡。

《佚文彙編》卷四與了元第三簡云「離揚州日忙迫」，又云「今日過邵伯埭」，「回望山水間，麈塵妙談，豈可復得」，致思念之意。邵伯埭在揚州廣陵縣北。

《邵伯埭鐘銘》或作於此時。

銘見《文集》卷十九，其叙云：「邵伯埭之東，寺僧子康募千人為千斤銅鐘，蜀人蘇軾為之銘。」

《江南通志》卷四十六：「法華寺：在府東北邵伯鎮，一名來鶴寺，隋大業三年建。周世宗征淮南，駐蹕於此，置法華禪院。宋開寶中賜額為寺。寺有銅鐘，重千餘斤，僧子惠募金所鑄，蘇軾有《鐘銘》。」《輿地紀勝》卷三十七《揚州·景物下》：「法華院：周世宗親征淮南，駐蹕於此，後置院。」嘉慶《揚州府志》卷六十四《金石》首録此銘，謂在邵伯。

過斗野亭，晤僧榮。次孫覺（莘老）留題詩韻，弟轍有和。

次韻詩乃《詩集》卷二十六《次韻孫莘老斗野亭寄子由在邵伯堰》，云「老僧如夙昔，一笑意已傾」，謂榮也。轍和見《欒城集》卷十四，自注謂榮乃斗野主人。

楊傑奉詔與高麗僧統（義天）遊錢塘，與晤於途中，作詩送之。

詩見《詩集》卷二十六（一三七四頁），末云：「過江風急浪如山，寄語舟人好看客。」知晤傑於傑過大江之前。《教苑遺事》謂統本年冬至明州，上表乞游中國，詔以楊傑館伴。《欒城集》卷十四有《次韻子瞻送楊傑主客奉詔同高麗僧遊錢塘》，作於本年九、十月間，轍時赴京師，過錢塘，晤傑。《永樂大典》卷二萬二千五百三十七《無為集》條下引王之道《別集序》：「故侍講楊公諱傑，字次公，無為人。少以文學致身蘭省，而尤深於釋迦、老聃之教。元豐中，嘗詔對便殿，問以佛法，繼被旨修道門科儀。平生所著二家詩文最多，得大辯才，通達無礙。當時好談性理之學，如臨川王介甫、眉山蘇子瞻，猶或避路放一頭地，而況餘人乎？今《無為集》外有別集若干卷，載二家之詩文云。」《無為集》，傑撰，今傳本乃《永樂大典》輯本。《大典》所云《別集》，乃《無為別集》。

大風淮口舟中，作楊景略（康功）醉道士石詩，和迨詩。故人蔡允元來，書以贈之。

詩見《詩集》卷二十六（一三七五、一三七六頁）。《文集》卷五十五與景略第三簡敍作二詩并奉呈景略事。簡云「子由過彼，可出示之」，時已得弟轍除校書郎報，約作於九月。卷七十一《書遺蔡允元》敍蔡之來，時大風三日不能渡。

至楚州。次韻贈別徐大正（得之），次韻徐積（仲車），與積簡。

詩皆見《詩集》卷二十六(一三七七頁)。前者,《施譜》題作《楚州次韻徐大正》。
《文集》卷五十七與大正第九簡云「昨日已別,情悰惘然」。
《詩集》卷三十五《次韻徐仲車》自注:「予赴登州,見仲車。」
積,楚州山陽人。《宋史》卷四百五十九有傳,時家居不仕。

與弟轍簡,勸取道歙溪、錢塘回朝。

《欒城集》卷十四《寄龍井辯才法師三絶·敘》:「轍自績溪蒙恩召還,將自宣城沿大江以歸,家兄子瞻以書告曰:『不如道歙溪,過錢塘,一觀老兄遺迹。』轍用其言。」詩其一首云:「我兄教我過東吴,遺墨山間無處無。」

九月己酉(十八日),蘇軾以朝奉郎除禮部郎中。

據《長編》卷三百五十九。《皇朝文鑑》卷三十九王震撰《朝奉郎蘇軾可守禮部郎中》:「爾議論文章,卓然名世。而失職浸久,所學未伸。今兹命爾為郎,以待不次之選。孔子曰:如或知爾,則何以哉!維爾之才,不患無位。」

《楞伽經》刻成,本月,書其後。

文見《文集》卷六十六(二〇八五頁),謂《楞伽經》書完後,了元「使其侍者曉機走錢塘求善工刻之板,遂以為金山常住」。參本年「晤了元」條紀事。
《姑溪居士文集》卷三十八《跋東坡書多心經》謂蘇軾所書《楞伽經》,「已鏤板矣,今在金山」。並謂其字「近似郭功甫家張長史帖」。

泗上喜見張大亨(嘉父),有詩。嘗與大亨論詩。

詩見《詩集》卷十八(九三九頁)。詩有云:「明窗一榻共秋閑。」明言秋季。《詩集》卷三十五《送張嘉父長官》:「再見江湖間,秋鷹已離韝。」謂此次相晤也。查慎行編泗上見大亨詩於本年赴文登時,良是;《詩集》編者王文誥編於卷十八《書泗州孫景山西軒》後,誤。大亨本年登乙科,見《春渚紀聞》卷一《丑年世科第》。《山陽藝文志》目録謂大亨一名大寧,楚州山陽人。論詩見《冷齋夜話》卷一《盧橘》條。

過漣水軍,賦《蝶戀花》贈趙昶(晦之)。過海州,見高麗亭館壯麗,諷以詩。過懷仁,題縣令陳德任占山亭。過密州,次韻贈趙杲卿、喬敍;過常山,父老相迎;過超然臺,贈密守霍翔。

詞見《東坡樂府》卷下。《總案》次過漣水於過海州之後,誤。按:漣水在海州南。詞云「自古漣漪佳絶地,遶郭荷花,欲把吴興比」,蓋言漣水「佳絶」,非詠荷花。蘇軾本年自南都回常州,未經漣水,而其地乃赴登所必經,故繫此。《韻語陽秋》卷十三:「漣水軍有真君泉,在軍治園中。東坡嘗題字於石欄,又作長短句,所謂『倦客塵埃何處洗,真君堂下寒泉水』是也。」「倦客」二句,即在此詞上闋之末。《詩集》卷二十六《再過常山和昔年留別詩》云「傴僂山前叟,迎我如迎新」。他詩俱見同上卷(一三七九至一三八一頁)。

陳德任待考。《長編》卷三百五十六元豐八年五月庚子紀事：「朝奉大夫、提舉京東路保馬兼保甲霍翔知密州。」蘇軾過密時，翔正在任。

自密州赴登州，並海行數日。

據《文集》卷六十七《書柳子厚詩》。

將至登州，父老迎於路，以為政愛民如馬默者為望。

《名賢氏族言行類稿》卷三十九、《宋史》卷三百四十四《馬默傳》敍其事。後者云：「知登州。沙門島囚衆，官給糧者纔三百人，每溢數，則投諸海。」以下云：「默為奏請，更定《配島法》凡二十條，溢數而年深無過者移登州，自是多全活者。其後蘇軾知登州，父老迎於路曰：『公為政愛民，得如馬使君乎？』」

十月十五日，抵登州任，進謝上表，上謝兩府啟。其上任乃趙偁。

《平園續稿》卷十《跋趙弁雪圖》：「祖吏部諱偁，東郡人，元豐末知登州。」得蘇軾為代。《文集》卷三十八《趙偁可淮南轉運副使制》云「汝昔為文登守，而海隅之民，至今稱之」。卷三十五《乞罷宿州修城狀》亦及之。《節孝集》卷八有《送趙漕偁》詩。參元祐八年「前任為趙偁」條。

登州屬京東東路，轄蓬萊、黃、牟平、文登四縣，治蓬萊。表、啟見《文集》六五九、一三二九頁。

丁丑（十六日），弟轍除右司諫。

據《蘇潁濱年表》。

十七日，與樞密啟。與司馬光啟。

《與樞密》見《佚文彙編》卷四，云「即日蒙恩，罪戾之餘，寵命逾分」，謂知登。《宋史·宰輔表》云韓縝、章惇時知樞密院事，安燾同知樞密院事，縝加兼中書侍郎、右僕射。

與光啟乃《文集》卷五十《與司馬温公》第四簡，文字與前者略同，稱光為門下侍郎。

二十日，以禮部郎中召還。進謝上表，作謝杜宿州啟。

《詩集》卷二十六《登州海市·敍》云「予到官五日而去」。表見《文集》卷二十四（七二〇頁），啟見卷四十六（一三三〇頁）。杜宿州，不詳。

《山谷詩集注》卷二《次韻子由績溪病起被召寄王定國》：「維此禮部公，寒泉甃舊井。謫去久羸瓶，召還汲脩綆。太任決齋宫，陛下天統慶。日月進亨衢，經緯寒耿耿。西走已和戎，南遷無哀郢。誰言兩逐臣，朝轡天街並。」謂蘇軾兄弟並召還也。時黄庭堅已至京師。參元祐元年「始與黄庭堅相見」條紀事。

應李常子大方之請，賦其閭遺直坊，坊蓋熙寧中李師中所榜也。賦《登州海市》。

詩皆見《詩集》卷二十六（一三八三、一三八七頁）。此李常，非字公擇者，乃另一人。

楊景略（康功）元豐七年使高麗還，奏乞立海神廟於登州板橋。移書使遷之文登。楊不從。

據《詩集》卷三十六《頃年楊康功使高麗還》詩及注文。軾書已佚。移書當為知登時事。

潘鯁（昌言）、潘丙（彦明）兄弟來簡。答丙簡。

《文集》卷五十三與丙第二簡：「至登州，領所惠書。」以下云：「到郡席不暖，復蒙詔追。」知作於十一月間。簡又云鯁「亦蒙惠書」，並請丙申意舊交孔平仲（毅甫）、郭遘（興宗）等。

傳嘗詢「白鳥」之意於主簿某，某為言之，因而厚待之。

《山谷外集詩註》卷七《衛南》史容註：「嘗聞東坡知登州，有一主簿白事不已，公頗倦，謾云：『晚可見過。』主簿不測其意，至晚獨入，公强出見之，因閲杜詩，問云：『江湖多白鳥，天地足青蠅。白鳥，鷗鷺之屬耶？』主簿曰：『白鳥乃蚊蚋，以況贓吏，江湖之間，距朝廷遠，多贓吏耳。天地之間，君子少而小人多。』公即改觀厚待之。」

晦日，登蓬萊閣，記所見。

文見《文集》卷七十一（二二六二頁）。

《齊乘》卷五：「蓬萊閣，登州北三里海濱，田横寨相對，本海神廟基。宋治平中，郡守朱處約以其地太高峻，移廟西置，平地於此建閣，實為山海登臨勝概。閣下有獅子洞，洞前有泠然泉，古稱浪井，潮生浪起則没，水退則甘冽如故。舊有甘泉亭。閣下碎石為海浪淘激，歲久圓滑，土人謂之彈子渦，黑白者可以弈。」

同日，書《登州海市》詩贈史全叔。

據《詩集》卷二十六《登州海市》題下「查註」，註文原謂「書呈全叔承議」，未云姓氏。《文集》卷七十《書吴道子畫後》有史全叔，乃是其人。

十一月二日，游登州延洪禪院，捨子過所蓄烏銅鑑為佛心鑑，作偈。

偈見《文集》卷二十二（六四八頁）。

論吴道玄（道子）畫贈史全叔。七日，復為全叔所藏道玄畫書後，盛贊道玄畫畢天下之能事。

《晚香堂蘇帖》：「道子，畫聖也。出新意於法度之中，寄妙理於豪放之外，所謂游刃餘地，運斤成風者耶！東坡居士告史全叔。」《佚文彙編》未收。

書後見《文集》卷七十（二二一〇頁）。《晚香堂蘇帖》有此文，緊次上文之後，皆大字。此文乃本上文之意而加以發展。

《佚文彙編》卷六《書自作木石》敍與同僚飲酒登州日賓樓上，自作木石一紙贈史全叔。文叔蓋為書畫收藏鑒賞者。此文或作於別登時。

赴京師，答友人簡。

《晚香堂蘇貼》：「軾啟。適辱奇篇，伏讀驚歎，愧何以當之。太守會上，不即裁謝，繼枉手教，益深感作。昨晚來，起居佳勝。公窮約至老，居甚卑而節獨高。軾忝冒過分，實内自愧，相見不免踧踖，來示何謙損之過也。迫行不再詣，惟厚自愛。入夜，草草，不宣。」《佚文彙編》未收。簡云「忝冒過分」，當指禮部郎中之除；「迫行」乃謂赴京師，就新除。

別登州，至萊州。過宗室洋川公家，為洋川公畫册書籤，並跋；為洋川公題王靄所畫《如來出山相》。

別登、至萊詩，見《詩集》卷二十六（一三九〇、一三九一頁）。《詩集》卷二十八《再和二首》：「憶觀滄海過東萊，日照三山迤邐開。」敍此時事。

跋文見《佚文彙編》卷六（二五七二頁）。 題王畫見《文集》卷二十二（六二三三頁）。

《夷堅志・甲志》卷二《齊宣哥救母》：「燕邸萊州洋川公家，裝褫古今畫為十冊，東坡過之，因為書籤，仍題其後云：（略）又題王靄畫《如來出山相》云：（略）」以下云：「家君在北方，宗室子伯璘言如此。」

《山谷別集詩注》卷下《題燕邸洋川公養浩堂畫》其一：「蕭寺吟雙竹，秋醪薦一螯。破塵歸騎速，横日鴈行高。」其二：「擁膝度殘臘，攀條驚早春。陳郎浮竹葉，着我北歸人。」

燕邸乃指宋太祖次子燕王德昭房。查《宋史》卷二百十七、二百二十《宗室世系》表，有贈洋川郡公令白、令扁、令洼，未知蘇軾為之題册者為誰。

出青州。 知州李定（資深）來迎，甚歡。米黻（元章）來簡，答之。

《文集》卷五十一《與滕達道》第五十二簡：「青州資深，相見極歡，今日赴其盛會也。」簡始云「入春來」，「春」乃「冬」之誤。《長編》卷三百五十八：本年七月丙辰，户部侍郎李定知青州。

《文集》卷五十八與黻第一簡云「人至辱書累幅」，又云「赴都已達青社」。青社，青州。

過濟南，長清真相院方建塔，許以弟轍所得釋迦舍利葬之。

據《文集》卷十九《真相院釋迦舍利塔銘》。

過濟南之龍山鎮，監税宋寳（保）國出所集王安石《華嚴經解》，為跋。

跋見《文集》卷六十六(二〇六〇頁)。《王臨川集》卷七十八《答宋保國書》云及《經解》,或為《華嚴經解》,云「副之佳句」,知寶國能文,云「冀異時肯顧我,可以究懷」,知頗為安石所器重。寶國,祁子。入黨籍。《元祐黨人傳》有傳。

至鄆州,與范純粹論給田募役事。

《文集》卷二十七《繳進給田募役議劄子》:「臣前年過鄆州,本與京東轉運使范純粹同建此議,純粹令臣發之,己當繼之。」以下敍召還後聞執政議不合,故不復言。此劄子上於元祐二年二月。《范忠宣公集》補編《范純粹傳》:為京東轉運使,「時蘇軾自登州召還,公與軾同建募役之議,軾謂公講此事尤為精粹」。

過南都,見張方平(文定)。

《文集》卷六十三祭方平第三文(一九五三頁):「十五年間,六過南都,而五見公。」此其第四次。

回京師途中,傳遇元豐二年繫獄時獄官。

《西畬瑣録》敍元豐二年繫獄,復敍知登州,未幾被召,以下云:「道中遇當時獄官,甚有愧色。東坡戲之曰:『有蛇螫殺人,為冥官所追,議法當死。蛇前訴曰:誠有罪,然亦有功,可以自贖。冥官曰:何功也?蛇曰:某有黄,可治病,所活已數人矣。吏收驗,固不誣,遂免。良久,牽一牛至,獄吏曰:此牛觸殺人,亦當死。牛曰:我亦有黄,可以治病,亦活數人矣。良久,亦得免。久之,獄吏引一人至,曰:此人生常殺人,幸免死,今當還命。其人倉皇,妄言亦有黄。冥官大怒,詰之,曰:蛇黄、牛黄皆入藥，天下所共知，汝為人，何黄之有？左右交訊，其人窘甚，曰：某别無黄，但有些慚惶。』」

十二月初，上狀議登州水軍，乞罷登、萊榷鹽。

狀乃《文集》卷二十六《登州召還議水軍狀》、《乞罷登萊榷鹽狀》，皆署「前知登州軍州事」，作於赴京師途中。前者謂「登州地近北虜，號為極邊」，須加强防務，乞今後登州、平海四指揮兵士不得差往别州屯駐。後者謂榷鹽民深受其害。

上旬末，抵京師，就禮部郎中任。秦觀有賀啟。

《文集》卷二十七《繳進給田募役議劄子》：「臣前年十二月自登州召還。」賀啟見《淮海集》卷二十八。

上旬末云云，參本月十八日紀事。

時司馬光、章惇不合，勸惇尊重光。章惇嘗為言神宗晚年患文章不足用，欲復辭賦取士之法。

《宋史》本傳：「召為禮部郎中。軾舊善司馬光、章惇。時光為門下侍郎，惇知樞密院，二人不相合，惇每以謔侮困光，光苦之。軾謂惇曰：『司馬君實時望甚重，昔許靖以虚名無實，見鄙於蜀先主，法正曰：「靖之浮譽，播流四海，若不加禮，必以賤賢為累。」先主納之，乃以靖為司徒。許靖且不可慢，况君實乎？』惇以為然，光賴以少安。」《墓誌銘》「不相合」作「冰炭不相入」，「光苦之」後，尚有「求助於公」一句。《宋史》語較平直。

《文集》卷四十九《答張文潛縣丞書》：「近見章子厚言，先帝晚年甚患文字之陋，欲稍變取士法，特未暇耳。」作於元祐元年。《邵氏聞見後録》卷二十四引晁説之靖康元年入西掖初見欽宗之言，謂元豐末，神宗厭薄代言之臣，「謂一時文章不足用，思復辭賦，章惇猶能為蘇軾道上德音也」。《曲洧舊聞》卷二引蘇軾與朱服（行中）語：「余見章子厚，言裕陵元豐末，欲復以詩賦取士，及後作相，為蔡卞所持，卒不能明裕陵之志，可恨也。」

草《論給田募役狀》。與司馬光論役法，以為免役法可去其弊而不變其法，並論給田募役法便民。光不以為然。

狀見《文集》卷二十六，作於十二月，署禮部郎中，作於京師。

《文集》卷二十七《辯試館職策問劄子》其二敍自登召還，見司馬光，論當今要務，言役法未可輕議。蘇軾謂：「差役、免役，各有利害。免役之害，掊斂民財，十室九空，錢聚於上，而下有錢荒之患；差役之害，民常在官，不得專力於農，而貪吏猾胥，得緣為姦。此二害輕重，蓋略相等，今以彼易此，民未必樂。」蓋光欲行差役而廢免役。

以下論免役之利在於：「民户率出錢，專力於農，雖有貪吏猾胥，無所施其虐。坊場河渡，官自出賣，而以其錢雇募衙前，民不知有倉庫綱運破家之禍。」其弊在：「多取寬剩役錢，以供他用實封；爭買坊場河渡，以長不實之價。」並論去二弊之法。

以下謂「熙寧中常行給田募役法，其法以係官田及以寬剩役錢買民田以募役人，大略如邊郡弓箭手」。謂在密州推行其法，先募弓手，民甚便之，惜推行未幾而罷。

《宋史》本傳：「祖宗時，差役行久生弊，編户充役者不習其役，又虐使之，多致破產，狹鄉民至有終歲不得息者。王安石相神宗，改為免役，使戶差高下出錢雇役，行法者過取，以為民病。」以下謂司馬光「知免役之害，不知其利，欲復差役」。蘇軾既知其弊，又知其利。軾論之主旨在於：行免役，有利於發展農業生產。

戊寅（十八日），除起居舍人。面辭於蔡確（持正），不許。

戊寅云云，據《長編》卷三百六十三。時錢勰（穆父）為中書舍人，制乃勰所草，見《詩集》卷二十六《次韻錢穆父》自注。《文集》卷六十《與子安兄》第二簡云「某到不旬日，又有起居舍人之命」，知抵京師約為本月上旬之末。

《墓誌銘》：「除起居舍人。公起於憂患，不欲驟履要地，力辭之。見宰相蔡持正自言，持正曰：『公徊翔久矣，朝中無出公右者。』公固辭。持正曰：『今日誰當在公前者？』公曰：『昔林希同在館中，年且長。』持正曰：『希固當先公耶？』卒不許。然希亦由此繼補記注。」《文集》卷二十三有《辭免起居舍人狀》二首。

次韻趙令鑠（伯堅）致齋、惠酒詩。令鑠復惠詩以就起居舍人相勉。二人又有清池倡酬。

次韻見《詩集》卷二十六（一三九二、一三九五頁）。致齋詩已佚，惠酒、勉軾詩，見次韻惠酒題下「查註」，後者有「公真濟時具」之句。下引《趙氏鐵網珊瑚》卷五謂蘇軾後者詩題為：《伯堅惠玉膏兩壺且枉佳篇次韻戲答》。《吳興備志》卷二十五謂蘇軾孫籀、曾孫嶠嘗跋軾、令鑠唱和真迹。

《濡水集》卷十《和蘇內翰趙伯堅大卿清池詩》：「清池有華光，深夜暗不發。繁星雖燦燦，含光待明月。熒熒孤螢飛，來助明月輝。明月出東屋，螢向故林歸。」蘇軾原韻佚。

《趙氏鐵網珊瑚》卷五《鮮于伯機遺墨》引宋王明清跋蘇軾和趙令鑠詩真迹云令鑠與神宗同年月日時生，即生於慶曆八年。《宋史》令鑠傳謂軾嘗至其家，贊其子子澮為千里駒。

《却掃編》卷中謂令鑠紹聖間為太僕卿，勤吏事，檢核出納，未嘗少怠，居數年，積錢倍常時，哲宗詢其數，不以實對，懼啟其侈心。《宋會要輯稿》第五十一册《儀制》一一之一二：左中散大夫致仕趙令鑠，崇寧元年八月，贈寶文閣待制。卒當亦在此時。

下旬之中、末，就起居舍人任。有謝啟。

《文集》卷二十三《辭免中書舍人狀》：「到省半月，而擢為右史。」省，省郎，謂禮部郎中。右史即起居舍人。蘇軾於本月上旬之末至京師為禮部郎中，知就起居舍人任，為下旬中、末事。啟乃《文集》卷四十六《除起居舍人謝啟》。

范純粹（德孺）守慶州。有送行詩。

詩見《詩集》卷二十六（一三九六頁）。純粹除知慶州，乃本年十一月癸巳事，見《長編》卷三百六十一。蘇軾至京師，純粹亦為赴新任自鄆州還京師。《詩集》卷四十七《送范德孺》云「遥想慶州千嶂裏」，亦為送純粹守慶作；詩首云「漸覺東風料峭寒」，作於下年初，今附此。

與王鞏（定國）、王震叔姪賡酬。

《詩集》卷二十六有《次韻王定國得潁倅》，鞏實未至潁；有《次韻王震》，末云「竹林高會許時攀」，以與其叔姪游為樂，有《次韻王定國謝韓子華過飲》。時震自中書舍人為給事中，見《長編》卷三百六十二本月甲戌紀事。

周邠（開祖）贈詩，次韻答之。

詩見《詩集》卷二十六（一四〇二頁）。邠，元豐四年為溧水令，見《景定建康志》卷二十七。時知管城縣，見《長編》卷三百六十一本年十一月壬寅紀事。管城為鄭州之治，距京師一百四十里。二人當晤於京師。邠詩佚。

此後二人無交往記載，茲略敍邠以後事迹：元祐間通判壽春，《欒城集》卷二十九有制文。元祐末知泰州，紹聖元年受代還朝，二年六月出守鄱陽，《慶湖遺老詩集》卷一及《拾遺》有詩及之。《參寥子詩集》卷七有《次韻周開祖大夫泛湖見訪》，約作於紹聖間。知吉州，元符二年七月癸丑罷，見《長編》卷五百十三，並參《道鄉集·補遺·論看詳訴理輕重》。《雞肋集》卷七、《東皐集》卷一、《北湖集》卷三有詩及之。《雞肋集》卷十九有《書周開祖子抱一發願文後》。

與王淮奇（慶源）簡。與了元（佛印）、雲菴克文禪師簡。

《文集》卷五十九與淮奇第七簡敍見海市，并呈所作《海市》詩。簡云：「史三儒長老近蒙惠書，冗中未及答，因見，乞道區區。」

《文集》卷六十一與了元第七簡：「行役二年，水陸萬里，近方弛擔。」第八簡：「久不至京，只衰疾倦於游從。」二簡作於歲暮。

與克文簡見《佚文彙編》卷四，乃《與佛印禪師》第二簡。佛印居雲居，克文居雲庵，以此致誤。此簡引自《冷齋夜話》，《冷齋夜話》簡後有蘇軾「自是常衣衲衣」之語。簡有「强顔復出」之語，約作於本年起用後或元祐元年初，今姑繫入本年。

克文卒於崇寧元年，見《五燈會元》卷十二傳。

與李之儀（端叔）為鄰，有倡酬。蘇軾嘗以之儀詩呈玉堂前輩。

《詩集》卷二十六《次韻答李端叔》：「西省鄰居時邂逅。」之儀時在館中。

《竹坡老人詩話》卷一引之儀跋黄庭堅詩：「元豐八年九月，魯直入館。是月，裕陵發引，前一日，百官集朝堂，與余適相值。」是之儀官京師之證。

《後村先生大全文集》卷九十九《題跋·東坡墨迹》：「王右丞擕孟浩然入禁中，蘇公亦以李端叔呈玉堂前輩，欲成就士子聲名類如此。然孟先竟以『不才明主棄』之句忤明皇意，放還山，端叔雖仕至尚書郎，晚節落泊甚矣，詩雖工，如命何。」蘇軾此延譽之儀文字，早佚。

石康伯（幼安）卒，有祭文。

祭文見《文集》卷六十三（一九四八頁），首云「嗟我去蜀，十有八年」。蘇軾以熙寧元年去蜀，至今首尾十八年。

堂兄不疑（子明）卒。不疑嘗與陳師道有交往。

《文集》卷五十五《與楊元素》第十四簡：「適得鄉信，堂兄承議名不疑喪亡。」簡有「忝命過分，皆出素獎」之語，作於回京師後，為今年末或明年初事。不疑之卒，則可定於本年。

《後山集》卷五《同蘇不疑避暑法□寺》：「酷暑不可處，相將尋晝涼。清談蔭廣厦，甘寢就方牀。蓮剥明珠滑，瓜浮紺玉香。因知北窗卧，自信出羲皇。」不知作於何時，姑次此。

元豐間，玉泉承皓禪師首衆於襄陽谷隱。蘇軾嘗參謁承皓禪師。

玉泉承皓禪師，全稱荆門軍玉泉承皓禪師。乃青原下十世，北塔廣禪師法嗣。《五燈會元》卷十五有傳，傳謂禪師姓王，眉州丹稜人。傳謂：元豐間，首衆於襄陽谷隱：「張無盡奉使京西南路，就謁之。」無盡，乃張商英（天覺）。谷隱，乃山名，在襄陽縣東南十三里。見《輿地紀勝》卷八十二《京西南路·襄陽府·景物下》。傳又謂承皓卒時年八十一。

《宋稗類鈔》卷七：「坡參玉泉皓禪師，師問：『尊官高姓？』坡曰：『姓秤，秤天下長老輕重。』師喝曰：『且道這一喝，重多少？』坡無對。於是尊禮之。」出《五燈會元》卷十七（一一四六頁）。

元豐間，德州士人嘗攜畫贊示蘇軾，軾為題其後。

《佚文彙編》卷六《題畫贊》敍其事，并參該文校註第一條。

蘇軾年譜卷二十五

宋哲宗元祐元年(一〇八六)丙寅　五十一歲

以七品服入侍延和,即改賜銀緋。

《墓誌銘》繫歲首,以下云「二月遷中書舍人」。《何譜》、《王譜》繫本年,未著月份。《紀年録》繫元豐八年十二月。

次韻錢勰(穆父)、胡宗愈(完夫)。

《詩集》卷二十六次韻勰、宗愈四首(一四〇四至一四〇六頁),皆為起居舍人時作。《施譜》繫本年,今從。

始與黄庭堅相見。

《山谷全書·別集》卷六《題東坡像》云「元祐之初,吾見東坡於銀臺之東」。

《山谷先生年譜》謂元豐八年四月丁丑,以秘書省校書郎召黄庭堅來京師;《竹坡老人詩話》引李之儀跋語,庭堅以九月入館。蘇、黄始見,當為元豐八年之末。然上年末與今年初時間連續,文人回憶文字,往往不甚分明。《文集》卷六十三《祭歐陽文忠公夫人文》云「元祐之初,起自南遷」,實則元豐八年已起。庭堅之文與此相類。今仍據其文，繫於此。

《山谷詩集注》卷三有《有惠江南帳中香者戲答六言二首》，《詩集》卷二十八有次韻，題作《和黃魯直燒香二首》；黄詩，《詩集》題下「查註」已引。《詩集》卷二十八有《再和二首》，次黃韻，次《和黄魯直燒香二首》之後，小引云「來詩言飲酒、畫竹石、草書」；查《山谷詩集注》，未有以上内容之詩篇，已佚。

《山谷詩集注・有惠江南帳中香者》之後，有《子瞻繼和復答二首》、《有聞帳中香以為熒蝎者戲用前韻二首》。《山谷詩集注》元祐元年目録：「右六詩答東坡。篇中有『喜公新赴朝參』之句。」又云：「東坡自登州至京師，為禮部郎中，而『迎燕』、『潤花』皆春時事。」《子瞻繼和復答二首》有「喜公新赴朝參」、「迎燕温風旎旎，潤花小雨斑斑」之句。《詩集》次次黃韻四詩於元祐二年，誤。

《山谷詩集注》卷二《以小團龍及半挺贈無咎并詩用前韻為戲》，次元豐八年。詩「曲几團蒲聽煮湯，煎成車聲繞羊腸」注引《王立之詩話》：「東坡見山谷此句云：黃九恁地怎得不窮。故晁無咎復和云：車聲出鼎繞九盤，如此佳句誰能識。」晁詩見《雞肋集》卷十二。蘇軾論庭堅句當為至京師後事，兹附於此。

與滿中行（思復）倡酬。

《詩集》卷二十六有《次韻答滿思復》。中行於蘇軾除起居舍人之日除起居郎，見《長編》卷三百六十三。「施註」謂中行東陽人。《長編》卷三百元豐二年九月癸酉以國子監直講著作佐郎滿中行為館閣校勘，紀事謂為金鄉人。《澠水燕談録》卷六云卒於元祐五年春蒲守任中。《宋詩紀事補遺》卷二十三有詩。餘見註文。

弟轍回京師。與弟轍賦詩送戴蒙歸蜀。轍呈詩抒懷。

《式古堂書畫彙考·書》卷九《陳亞之詩帖》有轍跋，作於本年正月七日，時在還京師途中，次於酇陽，酇陽屬亳州酇縣，其回至京師，約為正月中、下旬事。

《詩集》卷二十六有《送戴蒙赴成都玉局觀將老焉》，《欒城集》卷十四有《送戴朝議歸蜀中》。《詩集》「王堯卿註」謂蒙本名莊，後改名蒙，吴興人，慶曆六年進士。《式古堂書畫彙考·書》卷九范仲淹《道服贊帖》有熙寧壬子十一月甲子「吴興戴蒙正仲題」跋，知蒙字正仲。《金石苑》謂蒙號無知子，杜陵人，元豐元年以尚書都官郎中知綿州，有詩。

《欒城集》卷十四有《後省初成直宿呈子瞻二首》，次《送戴朝議歸蜀中》後。

北使來，問蘇軾兄弟。

《詩集》卷三十一《次韻子由使契丹至涿州見寄》自注與轍入京時，「北使已問所在」。

與鄉人簡，敍鄉情。

《文集》卷六十《與鄉人》云去鄉十八年，敍「乍入朝市」，弟轍為諫官，知為初到京師作。

與周尹（正孺）游。

《文集》卷六十七《書諸公送周梓州詩後》：「予自元祐之初，備位從官，日與正孺游。」蘇軾上年末回京師時，尹為主客郎中。見《長編》卷三百五十九元豐八年八月乙酉紀事。自是至元祐三年尹赴梓州前，二人皆在京師。尹，成都新繁人，神宗時為侍御史。見《詩集》卷二十八《和周正孺墜馬傷手》注文。

答李之儀（端叔）《簡》，致近評吴道玄（道子）畫文字。

《文集》卷五十二答之儀第一《簡》：「有近評吴畫百十字，輒封呈。」考《文集》卷七十，此「近評」文字，當指《書吴道子畫後》。此文作於元豐八年十一月七日，則此《簡》約作於本年年初。

王鞏（定國）席上，賦《定風波》（「常羡人間琢玉郎」）贈其侍兒寓娘。

詞見《東坡樂府》卷上，《外集》調下原注：「元祐元年王定國席上，贈侍兒寓娘。」詞約作於自登至京師之初，今繫此。

《苕溪漁隱叢話》後集卷四十引《東皐雜録》：「王定國嶺外歸，出歌者勸東坡酒，坡作《定風波》，序云：『王定國歌兒曰柔奴，姓宇文氏，眉目娟麗，善應對，家世在京師。定國南遷歸，余問柔，廣南風土應是不好，柔對曰：此心安處，便是吾鄉。因為綴此詞云。』」《緑窗新話》引《古今詞話》亦敍此事，意略同，不録。

常總（廣惠）來簡催作《東林寺碑》，答簡請少寬限。

《文集》卷六十一與常總第一簡云「別後又無頃刻閑，不敢草草下筆」，約作於至京師之初。《文集》卷二十二《東林第一代廣惠禪師真贊》，或即《東林寺碑》。此真贊，或作於元祐赴杭前在朝時。今繫此。

王覿（明叟）賦喜雪詩，次其韻頌寬獄市。

次韻見《詩集》卷二十七（一四二四頁）。云「我方執筆侍」，時為起居舍人。又云：「聖人與天通，有詔寬獄市。」《宋史・哲宗紀》正月丙午（十七日），録在京囚，減死罪以下一等，杖罪者釋之。

覲，如皋人。《宋史》卷三百四十四有傳。《長編》卷三百六十三元豐八年十二月戊寅紀事：奉議郎太常丞王覲為右正言。

與楊繪（元素）簡。

《文集》卷五十五與繪第十三簡首云「奉别忽將二載」，自元豐七年四月别繪於興國，至是近二載。簡歎繪「獨在江湖」。

二月一日，陳師道撰《淮海居士字序》，謂秦觀易字少游，蘇軾以為可。

據《淮海居士長短句》附録引宋乾道高郵軍學本《淮海文集》；其文乃《後山集》卷十一《秦少游字序》。

文謂「元豐之末，余客東都，秦子從東來」，知觀、師道其時俱在京師。文引觀之語，謂少時强志盛氣，好大見奇，於是字以太虚以導志；「今吾年至而慮易，不待蹈險而悔及之，願還四方之事，歸老邑里，如馬少游，於是字以少游，以識吾過，常試以語公，又以為可」。公，蘇軾。

同日，奏請行給田募役法。

據《宋會要輯稿》第一百五十七册《食貨》六五之二七至二九。奏文乃《文集》卷二十六《論給田募役狀》。

六日，復差役法。

據《文集》卷二十七《辯試館職策問劄子》其二。《施譜》：「二月，詔天下免役錢一切并罷。」《東都事略》：二月乙丑：罷雇役。雇役即免役，乙丑即本日。

八日，在起居院讀《漢書·儒林傳》，感申公，作詩。

詩見《詩集》卷二十七（一四二六頁）。

己巳（初十日），范鎮拜端明殿學士，致仕。有賀啟，復有簡。

己巳云云，據《長編》卷三百六十五。啟見《文集》卷四十七（一三四九頁）；簡乃卷五十《答范蜀公》第八簡，敍歸政得請，抒慶慰之情。

甲戌（十五日），韓維侍讀，諫哲宗以仁術及百姓。記其事。

據《長編》卷三百六十六；是日，哲宗臨邇英閣，維讀《三朝寶訓》，至真宗好生惡殺之事，因諫之。軾文乃《文集》卷七《書韓維讀三朝寶訓》。《長編》文字，略同《文集》。

辛巳（二十二日），李大臨卒。同日，程之邵罷提舉梓州路常平。之邵入京師，知祥符縣。

辛巳據《長編》卷三百六十六。《詩集》卷三十一《送李陶通直赴清溪》自注盛贊熙寧中大臨與宋敏求、蘇頌封還李定詞頭，「天下謂之三舍人」。《宋史》卷三百三十一大臨傳亦及此事，當緣蘇軾之言。之邵罷據《宋會要輯稿》第九十八册《職官》六六之三二。《宋史》卷三百五十三之邵傳謂罷後知祥符。

陳睦赴知潭州任，有送行詩。

《詩集》卷二十七有《送陳睦知潭州》，《欒城集》卷十四次韻。《長編》卷三百六十一元豐八年十一月丙午：陳睦為直龍圖閣知潭州。至是始行。

錢勰（穆父）借蘇軾《送陳睦知潭州》韻見贈，以元韻答之，二十三日，醉書。

答詩乃《詩集》卷二十七《用前韻答西掖諸公見和》，並據該卷第二十二條校記。《石渠寶笈》卷十三《宋蘇軾自書詩帖一卷》即此詩，卷末有元祐二年十二月晦舒城李棨跋。棨事詳《平園續稿》卷九《題鞠城銘》。

二十八日，置詳定役法所。同日，送《論給田募役狀》於役法所。

二十八日云云，見《宋會要輯稿》第一百二十八册《食貨》一三之六。《長編》卷三百七十四本年四月癸巳：詔送蘇軾《論給田募役狀》於役法所；原注「據《上官均家傳》」。注又云：「按軾元祐二年二月一日繳進此議，云：元豐八年十二月草此，元未果上。然王巖叟駁軾議，則云復行差役方數日，軾有此議。按復行差役，乃元年二月六日。若軾元不上此議，巖叟何從而駁之。蓋軾八年十二月草此議，未即上。至元年二月六日後，固已出之，其送役法所，當是二月二十八日。」參本年四月六日紀事。

陳慥（季常）專使致簡，答之，望慥來京師。時僦居蒲池寺。

答簡乃《文集》卷五十三與慥第十五簡。簡謂數日新事，有蹇授之廬簽。《宋會要輯稿》第九十八册《職官》六六之三二，蹇二月二十二日簽判廬州。簡作於二月下旬。簡云：「僦居在蒲池寺。」黄庭堅時居酺池寺，《山谷詩集注》卷五、卷九、卷十皆有詩及之；其卷十《次韻答曹子方雜言》任淵注：「《寰宇記》曰：酺池在開封府浚儀縣西北古大梁城内，梁孝王作。」酺池寺疑即蒲池寺。

吕陶（元鈞）擢殿中侍御史。答陶簡以為此事少慰人望。

《宋史》卷三百四十六《吕陶傳》：「元祐初，擢殿中侍御史，首獻邪正之辨。」陶以蔡確、韓縝、張璪、章惇、安燾、李清臣為小人，數人相繼罷。《文集》卷五十九答陶第二簡云「進職」，謂此事。

閏二月二日，左僕射蔡確罷知陳州。同日，司馬光為左僕射。

據《宋會要輯稿》第一百六册《職官》七八之二五；以「時司馬光、吕公著、蘇軾、蘇轍、吕大防、劉摯、王巖叟相繼進用，確遂連表乞解機務，故有是命」。同日云云，據《宋史·哲宗紀》；光並兼門下侍郎。

庚寅（二日），侍御史劉摯奏改科復詩賦，詔集議聞奏。作《復改科賦》。

《長編》卷三百六十八本年閏二月庚寅紀事引侍御史劉摯言：「乞試法復詩賦，與經義兼用之。進士第一場試經義，第二場試詩賦，第三場試論，第四場試策。經義以觀其學，詩賦以觀其文，論以觀其識，策以觀其才。」以下云：「如賜開允，即乞今年降詔，並自元祐五年秋試為始。詔禮部與兩省學士、待制、御史臺、國子司業集議聞奏。所有將來科場，且依舊法施行。」卷三百七十一三月壬戌（五日）司馬光就此上奏，首言「伏覩朝廷改科場制度」。然遲至元祐八年三月庚子始復，見《宋史·哲宗紀》。賦見《文集》卷一，首云「新天子兮，繼體承乾，老相國兮，更張孰先」，作於此時。老相國謂司馬光。

六日，書弟轍夢中詩，贈姪遲。

《文集》卷六十八《書子由夢中詩》敍之；轍夢贈李士寧詩，云「歸去蓬萊」。知士寧已卒。

八日，題弟轍《日本扇》後。

據《紀年録》，文佚。《欒城集》卷十三有《楊主簿日本扇》。

鄭俠上啟，乞歸。

啟乃《西塘先生文集》卷八《謝蘇子瞻端明啟》。啟云「漂流靡屆，忽踰星紀之周」。《欒城集》卷三十七《乞牽復英州別駕鄭俠狀》謂俠「流放以來，逮今十年」。狀上於元祐元年閏二月十八日，啟上於此略後，今次此。啟敍神宗時得罪，敍哲宗即位，明公鉅儒，相次萃聚，「愚憒之人，被茲薦舉」，或就蘇轍之奏狀言。然「不幸奸孽暗藏，良遇中變，風波横起，紛擾更深，至於乃今，不異前日」。是以望蘇軾「以平日所欲言而不得言者，傾竭於冕旒之前，以平日所欲行而不得行者，抖擻於鈞軸之上」，使得「乞丐東歸，守先人之屋廬」。啟稱蘇軾為端明，蓋晚年定稿時所易。此在宋時，不乏其例。

己酉（二十一日），高麗國祐世僧統求法沙門義天已下十人朝見。僧統至京師，釋氏史籍謂蘇軾館伴。

己酉云云，據《長編》卷三百六十九。

《長編》同上卷本月庚戌（二十二日）紀事：「高麗國僧統進奉皇帝興龍節祝聖壽佛像并金器等，詔學士院降詔奬諭，朝辭日，賜衣著一千匹，銀器一千兩。」

《佛祖統紀》卷四十六：「元祐元年，高麗王子祐世僧統義天來朝，勅禮部蘇軾館伴。有司共張甚設，義天四上表乞傳華嚴教，乃勅主客楊傑送至錢唐，受法於慧因淨源法師。」

《釋氏稽古略》卷四元豐八年紀事引《圓照禪師本傳》：「義天朝京師，禮部郎中蘇軾接伴，謁拜慧林圓照禪師宗本，有司館遇甚厚。」

《宋史》卷四百八十七《高麗傳》敍高麗國王運於元豐八年，「遣其弟僧統來朝，求問佛法并獻經像」。

僧統義天之來，道明州，朝廷命主客楊傑館伴，與義天遊錢唐。元豐八年秋，蘇軾晤傑於赴錢唐途中，賦詩送其行，詳該年「楊傑奉詔」條紀事。元豐八年末，蘇軾為禮部郎中，旋改起居舍人。據《教苑遺事》，義天游錢唐後，尚至潤州拜了元（佛印），尚至淮南、京東諸路，訃至京師，已及本年之初，而蘇軾已為起居舍人矣。《佛祖統紀》及《釋氏稽古略》所載疑有誤處。又，蘇軾詩、文中，亦從未及館伴義天事。

三月一日，書《佛心鑑偈》以立石。

文見《文集》卷二十二（六四八頁）。

辛未（十四日），免試為中書舍人；仍賜金紫。辭，不允。上謝表。

辛未云云，據《長編》卷三百七十一。

《長編》卷三百七十二本月乙亥（十八日）紀事：御史中丞劉摯、殿中侍御史呂陶對，因論及帥臣。太皇太后宣諭曰：「近除胡宗愈、蘇軾如何？」摯等對：「甚合公議。」又曰：「盡是此中自除。兼蘇軾天下知其有文，多年淹滯。」《施譜》略同。

《文集》卷二十三有《辭免中書舍人狀》、《謝中書舍人表二首》。《鶴山先生大全文集》卷六十《跋東坡辭免中書舍人稿真迹》中云：「歸美於神考，其詞氣和平而不懟也，其識慮深長而有託也。」

《却掃編》卷中：「舊制，凡掌外制，必試而後命，非有盛名如楊文公、歐陽文忠、蘇端明，未嘗輒免，故世尤以不試為重。」

張耒上賀詩。

詩乃《柯山集》卷七《寄子瞻舍人二首》。

與蘇頌簡，借金帶。贈王嵎古槐簡。

《竹溪鬳齋十一稿續集》卷十三《跋東坡與蘇丞相頌五帖》：「前一帖借金帶，乃初除從橐時。」從橐謂中書舍人。簡佚。

《西塘集耆舊續聞》卷二：「王嵎升之，少從東坡學，甚俊敏。東坡既除西掖，乃以古槐簡贈嵎曰：『此笏，曾奉制策入三等，曾召對議事不合而逐，曾對御史詔獄，曾不試除三字，毋輕呈笏。』」嵎，鄆州鉅野人。政和二年卒，年四十一。《學易集》卷八有《王升之誄》。

十六日，題筠州所作别弟轍詩後贈名醫康師孟。嘗以藥方求教於師孟。

十六日云云，見《文集》卷六十八《題别子由詩後》。詩乃《詩集》卷二十三《别子由三首兼别遲》；師孟，東平人，見題下「施註」。《文集》卷七十三《四神丹説》敍求教事。

同日，繳進吴荀廣東運判詞頭狀。

狀見《文集》卷二十七（七七三頁）。《長編》卷三百八十七本年九月辛未（十六日）繫此事，注云：「吴荀除廣東運判，《實録》在九月（十）六日。據蘇軾奏議，乃稱三月十六日，必奏議誤以九月十六日為三月十六日也。今依《實録》，附九月十六日。」按：狀不誤。狀謂吴荀舉主首為吕惠卿，其時惠卿猶在位。惠卿於本年六月辛亥被貶，見本譜紀事。若蘇軾此狀作於九月十六日，惠卿被貶已數月，如何能為舉主？《長編》蓋未詳考。然《實録》並不誤。荀字翼道。光緒《廣州府志》卷十有元祐二年三月十六日吴荀等九曜石題名，郭祥正《青山集》卷五有《九曜石奉呈同游蔣帥穎叔吴漕翼道》詩，作於元祐二年初，時經廣州。據此，知《實録》所云除，乃繳進後再除。

甲戌（十七日），赴實録院御筵。

《澗泉日記》卷上：「林文節公記：丙寅三月甲戌，經筵諸公退，乃赴實録院御筵，會者二十八人。以丞相未出，都知留後張茂則押宴，大資政韓維，尚書王存、韓忠彦，承旨鄧温伯，侍郎李常、趙彦若、陸佃、崔台符、楊汲，龍圖曾布，舍人錢勰、范百禄、胡宗愈，給事傅堯俞，待制蔡京、蔡卞、吴雍，左右司林希、曾肇，著作范祖禹，左右史滿中行、蘇軾，司諫王巖叟、蘇轍，正言朱光庭、王覿，中丞劉摯。惟孫永不至。」時蘇軾新除中書舍人，故猶以右史稱之也。文節，希謚。見《宋史·林希傳》。

己卯（二十二日），繳進沈起敘朝散郎監嶽廟詞頭狀。詔罷之。

據《長編》卷三百七十三。《長編》原注：「《實録》：八月二十四日己酉，詔前降敘用指揮沈起，更不施行，以中書舍人論其不當敘用也。」繳進狀見《文集》卷二十七（七七四頁）。

次韻和王鞏。黄庭堅、晁補之亦次韻。

《次韻和王鞏》見《詩集》卷二十七。庭堅詩乃《山谷詩集注》卷三《次韻子瞻贈王定國》，注謂作於春晚。今據此繫入。補之詩乃《次韻王宗正定國與蘇翰林先生黄校書魯直唱和》。補之時為太學正，參本年十二月初七日紀事。

表弟程之元（德孺）知楚州，有送行詩。

詩見《詩集》卷二十七（一四三二頁），云「我正含毫紫微閣」，時為中書舍人。《欒城集》卷十四《送表弟程之元知楚州》云「淮南旱已久，疲民食田蔬，詔發上供米，仍疏古邗渠」，約作於春末夏初。之元於元豐二年五月己酉，以權夔州路轉運判官知嘉州，見《長編》卷二百九十八。

王廷老（伯敭）自南都過京師赴虢守任，有詩送行。

詩見《詩集》卷二十七（一四三五頁）。《欒城集》卷十四送詩次挽司馬光詩之後，今仍從《詩集》編次。卷二十六祭廷老文：「西虢之行，過我都城。」

游道者院，作詩。

詩見《詩集》卷二十七（一四三七頁），云「清風亂荷葉，細雨出魚兒」，乃春末夏初景象。《欒城集》卷十四、《雞肋集》卷十五有次韻。道者院即普安禪院，見注文，並參元祐八年「餞送范子奇歸」條紀事。《苕溪漁隱叢話·後集》卷三十三引《東皐雜録》：「予昔為太學生，暇日遊西池，過道者院，池上壁間，見東坡題詩（略），後有諸公和。」知此詩有石刻。

姪千之西歸，次弟轍韻送行。

次韻見《詩集》卷二十七（一四三八頁）。轍詩見《欒城集》卷十四，首云「京洛東遊歲月深」，知千之居京洛久，又云「相逢初喜解微吟」，知作於到京師後不久。今次此。千之乃不欺次子，見《淨德集》卷二十七《静安縣君蒲氏墓誌銘》。

四月辛卯（初四日），鮮于侁自京東轉運使被召為太常少卿。司馬光謂侁為德星。

《長編》卷三百七十四本日紀事：「朝議大夫鮮于侁為太常少卿。」

《宋史》卷三百四十四《鮮于侁傳》：「哲宗立，念東國困於役，吴居厚掊斂虐害，竄之，復以侁使京東。司馬光言於朝曰：『以侁之賢，不宜使居外，顧齊、魯之區，凋敝已甚，須侁往救之，安得如侁百輩，布列天下乎？』士民聞其重臨，如見慈父母。召為太常少卿。」

《詩集》卷三十四《二鮮于君以詩文見寄作詩為謝》：「我懷元祐初，圭璋滿清班。維時南隆老，奉使獨未還。迂叟向我言，青齊歲方艱。斯人乃德星，遣出虛、危間。（自注：司馬温公謂軾曰：『子駿，福星也。京東人困甚，且令彼往。』）」南隆老謂侁，迂叟乃司馬光。以下歎召用之晚。

六日，王安石卒，作《王安石贈太傅制》。同日，蘇軾兼詳定役法。

安石卒據《宋史》，制收《文集》卷三八，軾兼據《宋會要輯稿》第一百五十七册《食貨》六五之四七。

同日，王巖叟論給田募役十弊。蘇軾之議尋格。

據《宋會要輯稿》第一百五十七册《食貨》六五之四七至五〇。巖叟之言曰：「無知之民，苟於得地，初或應募佃地，三五歲間，或以罪停，或以疾廢，或老且死，其家無強丁以代役，則當奪其田而別募，此乃是中路而陷其一家於溝壑，此一弊也。富民召客為佃户，每歲未收穫間，借貸賙給，無所不至，一失撫存，明年必去而之他。今一兩頃之空地，佃户挺身應募，室廬之備，耕稼之資，芻糧之費，百無一有，於何仰給，誰其主當，此二弊也。近郭之田，人情所惜，非甚不得已不易也。今郡縣官吏，迫於行法，或倍益官錢，曲爲誘勸，或公恃事勢，直肆抑令，愚民之情，一生於貪利，一出於畏威，不復遠思，寧肯割賣，及官錢入門，隨手耗散，遂使兄弟啟交争之患，父子有相怨之家，舊章既隳，美俗亦壞，此三弊也。良農治田不盡地力，故所獲有常，所利無盡。今應募之人，知官田終非己業，耕耘種植，定不致功，務劫地力以苟所收，所收浸薄，其去益輕。此法果行，數年之後，不獨變民田爲官田，將見壞好土爲瘠土，此四弊也。前日以錢雇役，患在市井之小人，今日以田募役，又止得鄉村之浮浪，均之不可爲郡縣，此五弊也。弓箭手雖充應募，實不離家，有事則暫時應用，無事則終歲在田，雖或輪次上番，自亦不妨農事，非如其餘色役長在公門，猶聞未足者難招，已招者時去引之爲比，不切事情，此六弊也。第三等以上人户，皆能自足，必不肯佃官田願充永役。今既立法，須第二等以上人户許充弓手，第三等以上許充散從官以上色役，乃是以給田募役之名，行揭簿定差之實，既云百姓樂於應募，何故第四等以下即須要第一等第三等户委保，一有逃亡，便勒保人承佃充役，乃是知其不可，曲爲之防，既不能措下户於安業，又不能躋上户於樂生，此七弊也。民間典賣莊土，多是出於婚姻喪葬之急，往往哀求錢主，探先借錢，後方印契，略遭梗礙，猶必陳辭，今賣之入官，官司艱阻，事節必多，設法雖嚴，終難杜絶，或已申官欲賣，令佐未暇親行相驗，或已定價買到，未有投名人情願承佃，未敢支錢折留多日者。百姓欲罷則不能，欲訴則無路，此八弊也。應募之人，若盡納貧民，則水旱凶飢，何以禁其流徙，若皆收上户，則支移折變，却當併在何人，此九弊也。朝廷患不理去官赦降原減之法爲太重，方詔有司更定，而又立此條。蓋議者自度其難，而專欲以力制事，以法驅人，若緣久遠召募不行，官吏並科違制，又不以赦降去官原減，則凡歷三路郡縣之吏無全人矣。此十弊也。」《宋會要輯稿》又謂上官均亦陳五不可之説。王、上官之文，亦見《長編》卷三百九十七元祐二年三月辛巳紀事。今從《宋會要輯稿》。《長編》尚有王覿、孫升等之議。

王巖叟，字彦霖，大名清平人。《宋史》卷三百四十二有傳。時官左司諫。

甲午（七日），馬默為司農少卿，范子淵知兗州。行默制。繳進子淵詞頭，乞行責詞，依。子淵尋知峽州，行制。

甲午云云，據《長編》卷三百七十四。默制見《文集》卷三十八（一〇六五頁）。繳進狀見《文集》卷二十七（七七三頁），謂二月八日作，誤；校記第一條謂《七集・奏議集》「八日」作「二十八日」，亦誤；《總案》謂三月八日作，亦誤。上引《長編》註文：「三月二十八日乙酉，《實録》已書馬默司農少卿、范子淵知兗州，四月七日又書，不知何故？蘇軾集亦云二十八日，今依《實録》，止於四月七日見此。」今從《長編》。《文集》卷三十八有《司農少卿范子淵可知兗州》制，乃責詞；同卷有《范子淵知峽州制》。

乙巳（十八日），宣德郎知安化軍諸城縣事劉錫永之父元年一百四歲，特與承奉郎致仕。撰制詞。

乙巳云云，據《長編》卷三百七十五。制詞見《文集》卷三十八（一〇七三頁）。

二十六日，繳進陳繹知建昌軍詞頭狀，詔罷之。

據《長編》卷三百七十六。狀見《文集》卷二十七（七七五頁）。

本月，跋歐陽修寄王素(仲儀)詩後，時與素子鞏等同游寶梵；京師法雲寺鐘成，作銘。

跋見《文集》卷六十八(二一三五頁)。歐詩乃《歐陽文忠公集·居士外集》卷七《寄答王仲儀太尉》，熙寧三年作。銘見《文集》卷十九(五六一頁)。

王震知蔡州，魯有開(元翰)知洛州，有詩送行。

詩見《詩集》卷二十七(一四四三、一四四四頁)。送震詩前有《次韻和王鞏》、《用王鞏韻贈其姪震》，三詩同韻，然作時不同。《欒城集》卷十四有送震、有開詩。

次韻朱光庭初夏。奉勑祭西太一，和韓川韻。

詩見《詩集》卷二十七(一四四五、一四四七頁)。次光庭韻後有《次韻朱光庭喜雨》，《欒城集》卷十四次韻。光庭已見嘉祐二年，為蘇軾同年。時為左正言，據《長編》卷三百六十元豐八年十月丁丑紀事。《柯山集》卷二十有《和子瞻西太一宮祠》。川字元伯，陝人。《宋史》卷三百四十七有傳。川時為監察御史，見《長編》卷三百七十三本年三月己卯紀事。

張耒至京師，為太學録。耒嘗有書與蘇軾，蘇答書以振當時趨於衰陋之文字相勉。

《山谷詩集注》卷三《次韻答張文潛惠寄》題下注：「文潛有《初到都下供職寄黄九》詩，即此韻。」詩云：「學省得佳士。」《宋史》卷四百四十四《張耒傳》謂為太學録。詩又云「忽復燕哺兒」，蓋夏初作。《文集》卷四十九《答張文潛縣丞書》：「文字之衰，未有如今日者也。其源實出於王氏。王氏之文，未必不善也，而患在於好使人同己。自孔子不能使人同，顏淵之仁，子路之勇，不能以相移。而王氏欲以其學同天下！」又云：「使後生猶得見古人之大全者，正賴黃魯直、秦少游、晁無咎、陳履常與君等數人耳。」以此勉之。稱縣丞，為此略前事。查《宋史》卷四百四十四《張耒傳》，耒為咸平縣丞。耒原書不見。

與知鄆州滕元發（達道）簡，乞照管孟震，並因親情王承議赴鄆之便，薦董遷、董復溱。

《文集》卷五十一與元發第十三簡乞照管孟震，時震致仕在鄆，震乃鄆人，見元豐三年「徐大受知黃州」條。元發本年閏二月壬辰知鄆、元祐二年十一月壬子知瀛州，見《長編》卷三百六十八、四百七。此簡或作於元發到鄆之初。與元發第六十八簡，敘薦二董。簡云：「近因親情王承議行，託附書信，必達。」《欒城後集》卷二十祭王遹文稱遹為知縣奉議。知遹出仕，此承議或為遹。遹兄適為轍女之壻，故以親情稱之。簡云「衰病短才，任用過量」，為本歲事。茲以乞照管孟震事，并次此。

五月壬戌（初六日），李琮知吉州。蘇軾草制。

五月云云，據《長編》卷三百七十七。制詞見《文集》卷三十八（一○八○頁）。

揚王子孝騫等二人、荆王子孝治等七人並遠州團練使，蘇軾草制。

制詞見《文集》卷三十八（一○八○頁）。

《邵氏聞見録》卷三：「神宗友愛，二弟不聽出於外，至元祐初，宣仁太后始命築宅於天波門外，既就館，哲宗奉宣仁后臨幸。有旨：二王諸子各進官一等。舍人蘇軾行制辭曰：（略）次日，丞相呂大防、范純仁二夫人入見，宣仁后曰：『昨同皇帝幸二王府，二王侍立，尚食甚恭。皇帝待之亦盡禮。吾老矣，深以此為喜。』又曰：『仁宗事燕王，盡子姪之禮。王頗自重，但以行第呼仁宗，雖禁中服用，王輒取之，仁宗不敢吝。吾二兒豈敢如此！』嗚呼，后之言，其旨深矣！」草制具體時日不詳。《文集》次此制於《李琮知吉州》後，姑次此。

揚王名顥，荆王名頵，見《宋史》卷二百四十六。《宋史》亦載軾制文。

甲戌（十八日），繳進張誠一依舊客省使、提舉江州太平觀發赴本任詞頭狀、繳進李定落龍圖閣直學士、守本官分司南京許於揚州居住詞頭狀。二人皆責。

甲戌云云，據《長編》卷三百七十八；以二人不孝。誠一之責見本年六月十二日紀事。六月二十六日，定責授朝請大夫少府少監分司南京、滁州居住，見《長編》同上卷及卷三百八十一。狀見《文集》卷二十七（七七六、七七七頁）。

《長編》卷三百八十一本年六月乙卯紀事引左司諫王巖叟奏：「陛下得誠一不孝之狀甚明，將深誅而顯黜之，以警厲四方，而（張）璪陰諷中書舍人蘇軾，使於告詞掩蓋誠一不孝之迹，賴軾執義不從，遂使陛下典刑明白。」卷三百八十五本年八月己亥紀事：「是日，王巖叟、朱光庭入對。」以下云：「上曰：『如教蘇軾改張誠一告詞事，誠一不孝，怎掩得，亦莫是衆家意？』巖叟曰：『不然，只是此人黨惡，諷諭中書舍人，令不顯不孝事耳，賴蘇軾不從，故得告命明白。不然，為姦人曖昧，以失陛下懲惡本意，陛下以此觀其心於正道如何。』上曰：『會得。』」

二十五日，奏乞罷詳定役法。劉摯奏乞依舊。

《宋會要輯稿》第一百五十七册《食貨》六五之五一：「二十五日，中書舍人蘇軾言：『近奏爲論招差衙前利害，所見偏執，乞罷詳定役法，尋奉聖旨，依所乞。今來給事中胡宗愈却封還上件聖旨。臣議即不同，决難隨衆簽書，乞依前降指揮。』」

奏文見《文集》卷二十七（七七八頁）。本月此日以前，《文集》另有《申省乞罷詳定役法狀》，作於本月空日。

《忠肅集》卷五有《乞令蘇軾依舊詳定役法奏》，謂「議有異同，正宜反覆曲折，相足相備，以趨至當」。時摯爲御史中丞。

二十六日，詔蘇軾依舊詳定役法。

據《長編》卷三百七十八本年五月辛巳紀事引《御集》。

六月三日，弟轍奏《乞兄子邁罷德興尉狀》。邁罷。

狀見《欒城集》卷三十九；云：知饒州吕温卿乃惠卿親弟，金部員外郎和卿親兄，「竊慮温卿挾恨，別有捃拾，勘會邁今任將及兩考，欲乞朝廷體察，特許令候兩考滿日放罷，赴吏部別受差遣」。「邁罷」參本年「長子邁尉酸棗」條。同治《德興縣志》卷八《蘇邁傳》謂有政績，後人立「景蘇堂」仰之。

戊戌（十二日），衛尉少卿陳侗知陝州，行制。弟轍有送行詩，次韻。

戊戌云云，見《長編》卷三百七十九。蘇軾制詞，見《文集》卷三十八（一〇九三頁）。弟轍詩見《欒城集》卷十五，蘇軾次韻見《詩集》卷二十七（一四五〇頁）。

侗官至朝奉大夫。元祐三年四月卒，年六十五。見《永樂大典》卷三千一百四十五引劉攽《彭城集》侗墓銘。

十二日，張誠一責左武衛將軍、分司南京。蘇軾撰責詞。

十二日云云，見《長編》卷三百七十八五月甲戌註文。參本年五月甲戌紀事。

責詞見《文集》卷三十八（一〇九三頁），責其不孝。

十三日，上《論椿管坊場役錢劄子》，朝廷從之。

劄子見《文集》卷二十七。《文集》謂「六月空日」，今從《宋會要輯稿》第一百五十七册《食貨》六五之五二。《輯稿》乃節文，末云「從之」。《長編》卷三百七十九同。

十四日，上《論諸處色役輕重不同劄子》，朝廷從之。

劄子見《文集》卷二十七。《文集》謂「六月空日」，今從《宋會要輯稿》第一百五十七册《食貨》六五之五二。《輯稿》乃節文，末云「從之」。《長編》卷三百七十九同。

甲辰（十六日），孫覺等與蘇軾上奏疏，不報。

據《長編》卷三百八十。《長編》云：「給事中孫覺、胡宗愈，中書舍人蘇軾、范百禄奏疏，留中不報。」未言具體內容。《宋史》卷三百四十四《孫覺傳》未言此事。

戊申（二十日），同孫永、李常等二十七人，上《議富弼配享狀》，議以富弼配享神宗，詔從之。

狀見《文集》卷二十七。除孫永、李常外，其他二十五人為：韓忠彦、王存、鄧温伯、劉摯、陸佃、傅堯俞、趙瞻、趙彦若、崔台符、王克臣、謝景温、胡宗愈、孫覺、范百禄、鮮于侁、梁燾、顧臨、何洵直、孔文仲、范祖禹、辛公祐、吕希純、周秩、顔復、江公著。

《長編》卷三百八十本月戊申紀事：「吏部尚書孫永等議，按《商書》：『兹予大享於先王，爾祖其從與享之。』《周官》：『凡有功者，名書於王之太常，祭於大烝，司勳詔之。』國朝祖宗以來，皆以名臣侑食清廟，歷選勳德，實難其人。恭惟神宗皇帝以上聖之資，恢累聖之業，尊禮故老，共圖大治。輔相之臣，有若司徒贈太尉謚文忠富弼，秉心直亮，操術閎遠，歷事三世，計安宗社，熙寧初訪落，眷遇特隆，匪躬正色，進退以道，愛君之志，雖没不忘。以配享神宗皇帝廟庭，實為宜稱。』詔從之。初議，或欲以王安石，或欲以吴充。太常少卿鮮于侁曰：『勳德第一，惟富弼耳。本朝舊制雖用二人，宜如唐朝止用郭子儀故事，只以弼一人配享。』議遂定。」《議富弼配享狀》但言「六月　日」，今從《長編》。孫永等議一段文字，見《狀》。

兹將此二十七人中首次出現者略敘於後。

趙瞻，《宋史》卷三百四十一有傳。

趙彦若，青州臨淄人。附見《宋史》卷二百九十四父師民傳。

崔台符，見元祐二年二月八日紀事。

何洵直，《曾鞏集》卷二十有《何洵直文及甫太常博士制》，《欒城集》卷二十九有何洵直司勳郎制。《宋史·藝文志》三著録洵直與蔡確合撰之《禮文》三十卷。

辛公祐，待考。

周秩，字重實，泰州人。熙寧九年進士。紹聖元年為監察御史，累官京西轉運使，官終龍圖閣直學士。見《宋元學案》卷九十六、《宋元學案補遺》卷九十八。《詩集》卷二十四《次韻周穜惠石銚》題下「施註」已及周秩；穜，秩弟。

江公著，見元祐六年正月初七日紀事。

辛亥（二十三日），吕惠卿責授建寧軍節度副使本州安置不得簽書公事。責詞，蘇軾撰。

辛亥云云，見《長編》卷三百八十。《長編》注云：惠卿之責乃從左司諫王巖叟、右司諫蘇轍、左正言朱掞、右正言王覿請；又：二十二日，蘇軾行告，二十三日進呈。責詞見《文集》卷三十九（一一〇〇頁）。

《東軒筆録》卷十四詳敍惠卿被貶事，並全録轍疏、軾責詞。

《四六話》卷下敍惠卿為王安石腹心，蘇軾外補，遂結仇。本年，轍論惠卿罪，比之吕布。軾作責詞，號為元兇。以下敍惠卿至貶所，云：「謝表末曰：『龍鱗鳳翼，固絶望於攀援；蟲臂鼠肝，一冥心於造化。』以子瞻兄弟與我所争者，蟲臂鼠肝而已。子瞻見此表於邸報，笑曰：『福建子難容，終會作文字。』」惠卿字吉甫，泉州晉江人，《宋史》卷四百七十一有傳。

《曲洧舊聞》卷七：「吕惠卿之謫也，詞頭始下，劉貢父當草制，東坡呼曰：『貢父平生作劊子，今日纔斬人也。』貢父急引疾而出。東坡一揮而就，不日傳都下，紙為之貴。」《宋史·吕惠卿傳》亦言軾責詞備載惠卿之罪，「天下傳誦稱快」。

《揮麈録・後録》卷二：「元豐末，吕吉父以前兩地守延安，過闕，乞與樞密院同奏事，上親批云：『弼臣議政，自請造前。輕躁矯誣，深駭朕聽。免朝辭，疾速之任。』已而落職知單州。其後吉父貶建州安置，東坡先生行制辭云：『輕躁矯誣，德音猶在。』謂此也。」

《步里客談》卷上：「元祐中，東坡行吕吉甫責詞，敘神考初用而中棄之，曰：『先皇帝求賢如不及，從善若轉圜。始以帝堯之聰，姑試伯鯀；終焉孔子之聖，不信宰予。』又曰：『喜則摩足以相歡，怒則反目以相視。』既而語人曰：『三十年作劊子，今日方剮得一箇有肉漢。』」

二十五日，與鄧潤甫、胡宗愈、孫覺、范百禄薦朱長文差充蘇州州學教授。朝廷從請。長文嘗以所作《東都賦》求蘇軾跋。

《薦朱長文劄子》見《文集》卷二十七。長文字伯原，蘇州吴人。築室樂圃坊，人稱樂圃先生。事迹見《宋史》卷四百四十四本傳及所撰《樂圃餘稿》附張景修《樂圃先生墓誌銘》。墓銘稱鄧潤甫等薦於朝，「先生不得已起典鄉校」，稱少作《東都賦》，自視不減班、張、太冲，蘇頌盛贊之。《佚文彙編》卷三與長文第一簡盛贊《東都賦》，云「示喻欲令作跋尾，適苦冗迫，少暇當作致之」，今未見。《宋史・朱長文傳》謂長文「不肯試吏」，不事干謁。其求跋，當為薦舉後數年事，今附次此。范百禄，見元祐二年二月「嘗會飲范百禄宅」條。

甲寅（二十六日），楊伋知黄州，崔台符知相州，王孝先知濮州，行敕。

甲寅云云，見《長編》卷三百八十一。敕詞見《文集》卷三十九（一一〇三頁）。

湖守呂希道(景純)來簡。希道在湖刻蘇軾所作詩、畫、字,簡謝。

《文集》卷五十七《答刁景純二首》,《七集·續集》「答」下有「湖守」二字。《嘉泰吳興志》湖守無姓刁者,有呂希道,元豐八年十二月初二日到任,元祐二年八月二十八日罷。希道亦字景純,見熙寧二年「送呂希道知解州」條。知「刁」為「呂」之誤刊。答希道第一簡云「夏暄」,作於夏。第二簡:「舊詩過煩鐫刻,及墨竹橋字,併蒙寄惠,感愧兼集。」

與某禪師簡,議續於陽羨買田事。

簡見《佚文彙編》卷四(二五三二頁)。簡中所云得之,或為徐大正;所言景純,或為呂希道。玆附次此。

王琦(文玉)簡來,有答。

答簡乃《佚文彙編》卷三與琦第八簡,云「違去忽兩歲」,知作於今年;又云「尚滯江湖」,琦或猶在池州任或其他外任;又云「酷暑方熾」,點明季候。

楊繪(元素)知徐州,有賀緘與簡與繪。繪到任後,復簡繪以修成劉向祠堂為望。

《文集》卷三十八《楊繪知揚州》制,次《王安石贈太傅》制後,約作於六七月間。卷五十五與繪第十六簡:「向馳賀緘,及因李教授行附問,各已達否?」李教授疑為翔,翔見元豐七年「至興國軍」條。又建議繪不若借此行遂遊廬阜。《咸淳臨安志》卷四十六謂繪於元祐二年十一月庚申自徐移杭。此賀緘乃賀繪知徐。自興國州赴徐,可沿大江下廬阜。賀緘佚。簡云微涼,約作於七八月間。《文集》卷五十五與繪第十二簡謂城北有劉向(子政)墓,昔欲為起一祠堂,以水大未果,望繪成之。

七月丁巳（初二日，），再乞罷詳定役法。朝廷從。嘗見司馬光，再陳差役弊，光不悅。乞補外，不許。

七月云云，據《長編》卷三百八十二。《長編》謂蘇軾乞罷詳定役法，未施行。乃狀申中書省，以下云：「從之。軾意以為免役法弊當改，但不當於雇役實費之外，多取民錢，若量出為入，無多取民錢，則亦足以利民。」以下删取《墓誌銘》，注文謂所言「恐有私意，難盡信」。

《墓誌銘》：「君實為人，忠信有餘而才智不足，知免役之害而不知其利，欲一切以差役代之。方差官置局，公亦與其選，獨以實告，而君實始不悦矣。嘗見之政事堂，條陳不可。君實忿然。公曰：『昔韓魏公刺陝西義勇，公為諫官，争之甚力，魏公不樂，公亦不顧，軾昔聞公道其詳，豈今日作相，不許軾盡言耶！』君實笑而止。」《長編》「有私意」云云，當以此處有司馬光「才智不足」之語，然光執掌全局之才不足，亦是事實。《龍川别志》卷下詳敍此事，云：「君實作相，議改役法，事多不便，予兄子瞻與其事，持論甚勁，君實不能堪。」以下引軾言「君實雖止，實不喜也」。

《長編》所云乞罷詳定役法，在《文集》卷二十七《再乞罷詳定役法狀》中，本月二日上。所云申中書省狀，乃上文之後《申省乞不定奪役法議狀》，本月作，未署日期。考後者，蘇軾之請，雖於本月二日得從，然以給事中孫覺繳詞，未能施行。其施行在本月二日後若干日。

《文集》卷三十二《杭州召還乞郡狀》：「始論衙前差雇利害，與孫永、傅堯俞、韓維争議，因亦與司馬光異論。光初不以此怒臣，而臺諫諸人，逆探光意，遂與臣為仇。」

《孫公談圃》卷上：「温公大更法令，欽之、子瞻密言，宜慮後患。温公起立，拱手厲聲曰：『天若祚宋，必無此事。』二人語塞而去。」欽之，傅堯俞。

涵芬樓本《説郛》卷二十七《高齋漫録》：「東坡與温公論事。公之論與坡偶不合。坡曰：『相公此論，故為鱉廝踢。』温公不解其義，曰：『鱉安能廝踢？』坡曰：『是之謂鱉廝踢。』」

《鐵圍山叢談》卷三：「東坡公元祐時既登禁林，以高才狎侮諸公卿，率有標目殆遍也，獨於司馬温公不敢有所重輕。一日，相與共論免役差役利害，偶不合同。及歸舍，方卸巾弛帶，乃連呼曰：『司馬牛！司馬牛！』」

《邵氏聞見録》卷十一：「役法新舊差募二議俱有弊。吳蜀之民以雇役為便，秦晉之民以差役為便，荆公與司馬温公皆早貴，少歷州縣，不能周知四方風俗，故荆公主雇役，温公主差役，雖舊典亦有弊。蘇内翰、范忠宣，温公門下士，復以差役為未便，章子厚，荆公門下士，復以雇役為未便。内翰、忠宣、子厚雖賢否不同，皆聰明曉吏治，兼知南北風俗，其所論甚公，各不私於所主。」

上引《墓誌銘》「君實笑而止」後云：「公知言不用，乞補外，不許。君實始怒，有逐公意矣，會其病卒乃已。」乞補外奏疏，已佚。

曾布（子宣）請撰《塔記》，辭之。

《文集》卷五十與布第二、七簡敍其事。前者云「數日來方免得詳定役法」，作於此時。第八簡亦及《塔記》事，然不能定為今年作。

壬戌（初七日），趙卨轉朝議大夫。行敕。

壬戌云云，據《長編》卷三百八十二。敕見《文集》卷三十九（一一〇四頁）。

二十三日，與胡宗愈、孫覺、范百祿等上狀乞留劉攽，不從。時除攽知蔡州。

狀見《文集》卷二十七（七八二頁），謂「如攽成材，反在外服」，有志之士為朝廷惜。乞賜攽數月之告以養病。不許，參「劉攽自蔡州專使送簡來」條紀事。攽除蔡，見《長編》卷三百八十本年六月甲辰紀事。

癸未（二十九日），繳進楚建中户部侍郎詞頭狀，詔建中除命勿行。

癸未云云，據《長編》卷三百八十三。狀見《文集》卷二十七（七八二頁）。

姪壻文務光（逸民）卒。簡慰文氏親家母，并擬遣長子邁回鄉一視。

《欒城後集》卷二十一《王子立秀才文集引》云務光喪其親，「終喪五年而終」。務光之父同卒於元豐二年二月。終喪以後之五年為今年。

《欒城後集》卷二十《祭亡壻文逸民文》：「我遷南方，君旅成都。相望天涯，逾歲一書。我還京師，幸將見君。一病不復，發書酸辛。」務光卒於轍回京師後不久。

《佚文彙編》卷四《與親家母》：「舍弟婦自聞逸民之喪，憂惱殊甚，恐久成疾。」以下有「遣兒子邁歸鄉」之語，務光卒在邁尉酸棗前。邁未行。

長子邁尉酸棗。孔武仲（常父）有詩送邁。

《文集》卷六十八《書邁詩》謂邁「嘗作酸棗尉」。元祐四年有「長子邁酸棗尉滿替」條。宋制，州倅及縣令以下官，一任三年，如蘇軾倅杭凡三年。邁尉酸棗乃本年。

《清江三孔集·宗伯集》卷三《送蘇邁尉酸棗》：「酷暑日逾退，涼風生早秋。翩翩蘇公子，一官不遠遊。仕養兩得意，人生復何求。駿馬如飛星，錦帶垂吴鈎。到邑嚣訟少，官閑吏兵休。還當有佳吟，吟到黄河頭。」邁赴任為秋季事。酸棗屬東京開封府，在京西北九十里。

《宗伯集》卷十三《丙寅赴闕詩稿序》：「丙寅春，余自湘潭令為秘書省正字。」以下云「自三月至於八月」，乃抵京師東水門外。「八月」當為「六月」之誤。武仲，文仲弟，平仲兄，《宋史》卷三百四十四有傳。

與王詵（晉卿）相見，詵作詩，和之。與某知縣簡，以兒子得託庇為幸。知縣亦詵之友。

《詩集》卷二十七《和王晉卿》引謂與詵「不相聞者七年」，乃相見殿門外。《文集》卷六十與知縣第九簡云「晉卿相見殿門外」。知簡與詩約作於同時。簡云「兒子遂獲託庇知幸」，時邁尉酸棗，此知縣當是酸棗令。第八簡云「小兒蒙不鄙外」，亦為此時事。《詩集》次《和王晉卿》於本年正月，今改次。

代吕大防撰《乞録用吕誨子孫劄子》。朝廷從其請。

劄子見《文集》卷三十七。誨字獻可，熙寧四年卒，年五十八。事迹見《温國文正司馬公文集》卷七十七墓銘。朝廷録其長子由庚為太常寺太祝，見劄子附注。《文集》卷三十九《吕由庚太常寺太祝》制，次《杜訢衛尉少卿》制前。大防字微仲，《宋史》卷三百四十有傳，時為尚書右丞。

杜訢為衛尉少卿。訢嘗以大圓硯相贈。

杜訢云云制，見《文集》卷三十九（一一一〇頁）。《雲林石譜》卷下《鞏石》：「鞏州舊名通遠軍，西門寨石，産深土中，一種色緑，一種緑而有紋，目為水波，斵為硯，頗温潤發墨，宜筆。其穴歲久頽塞，無復可採。先子頃有大圓硯贈東坡，公目之為天波。」

《雲林石譜》三卷，宋杜綰撰，卷首有紹興癸亥闕里孔傳之序，謂綰乃杜衍之孫，抑堂先生之裔。《歐陽文忠公集》卷三十一衍墓銘謂四子：訦、訢、訥、詒；嘉祐二年衍卒前惟訢在，知抑堂先生乃訢。皇祐二年十一月一日，訢以將作監丞賜同進士出身，見《宋會要輯稿》第一百十一册《選舉》九之一一。嘗官屯田員外郎、職方員外郎，《王臨川集》卷五十、《蘇魏公文集》分別有制。《蘇舜欽集》卷十五有訢妻張氏墓誌銘。《長編》卷四百六十五元祐六年閏八月己巳，有「左朝議大夫、光禄卿杜訢為直秘閣、提舉鴻慶宮」之記載。

八月三日，三省同上司馬光《約束州縣抑配青苗錢白劄子》。蘇軾不肯簽，臺諫屢章乞盡罷。

劄子見《司馬光奏議》卷三十九，謂神宗初散青苗錢，本為利民，其後名為情願，其實抑配，其弊甚多。劄子謂青苗錢「只為人户欲借請者及時得用」，「不得抑配，一遵先朝本意」，告示州縣，「須候人户自執狀結保，赴縣乞請常平錢穀之時，方得勘會，依條支給」。蘇軾云云，見劄子下注文。參本月六日紀事。

四日，乞不給散青苗錢斛，盡罷青苗錢。

奏文見《文集》卷二十七（七八三頁）。

辛卯（初六日），罷青苗錢。

據《長編》卷三百八十四，從司馬光請。《長編》云：「初，同知樞密院范純仁以國用不足，建議復散青苗錢。」以下云：「蓋純仁議時，司馬光方以疾在告，不與也。已而臺諫共言其非，皆不報。光尋具劄子，乞約束州縣抑配者。蘇軾又繳奏，乞盡罷之。光始大悟，遂力疾入對於簾外，爭曰：『不知是何奸邪勸陛下復行此事。』純仁失色却立，不敢言。青苗錢遂罷，不復散。」軾奏即《乞不給散青苗錢斛狀》，見本月四日紀事。

光奏乃《司馬光奏議》卷三十九《乞罷散青苗白劄子》，注謂罷青苗錢為本月四日事。

九日，上疏論高强户所應色役，應視其家業錢數，相應展所應役期限。

疏見《佚文彙編》卷一（二四二五頁）。

己亥（十四日），以蘇軾為皇帝賀遼國生辰使，辭。

據《長編》卷三百八十五。《長編》謂以高士敦為蘇軾之副，原注「蘇辭行」。《詩集》卷三十一《次韻子由使契丹至涿州見寄》自注：「余昔年辭免使北。」《文集》卷五十二《與王定國》第三十七簡：「使事始欲辭免，又苦無説，然衰病極畏此。」敍使遼事。《施譜》言「辭不行」。

《淮海集》卷八《客有傳朝議欲以子瞻使高麗大臣有惜其去者白罷之作詩以紀其事》：「學士風流異域傳，幾航雲海使南天。不因名動五千里，豈見文高二百年。貢外别題求妙札，錦中翻様織新篇。淹留却恨鴛行舊，不得飛觴駐蹕前。」附孫覺詩：「文章異域有知音，鴨緑差池一醉吟。潁士聲名動倭國，樂天辭筆過鷄林。節髦零落氈吞雪，辯舌縱横印佩金。奉使風流家世事，幾隨浪拍海東岑。」

林旦（次中）為皇帝賀遼國生辰使，代蘇軾。軾與旦簡及此事。

《文集》卷五十五《與林子中》第三簡：「忽見報，當使高麗。」以下云「此本劣弟差遣，遂為老兄所挽」。《淮海集》卷九有《林次中奉使契丹》詩。據此，此簡乃與旦者，《文集》偶誤。旦，希（子中）之弟，見嘉祐二年「同年以後有交往者」條紀事，并參元祐三年「林旦得李公麟……二圖」條紀事。

二十二日，與王鞏、弟轍同觀黄庭堅詩。

據《文集》卷六十八《書黄魯直詩後》其一。文謂庭堅詩語妙。本年五月十四日，鞏除宗正寺丞，見《長編》卷三百九十三十一月末注，時在任。

劉攽（貢父）自蔡州專使送簡來，答之。

《文集》卷五十與攽第五簡首云「久闊暫聚，復此違異」。《宋史》卷三百一十九攽傳云「哲宗初，起知襄州，入為秘書少監，以疾求去，加直龍圖閣、知蔡州」，謂此。簡云「問來使，云尊貌比初下車時皙且澤」，下車即指知蔡。今次此。

張商英（天覺、無盡）致簡，求薦作言官，未薦。

《長編》卷四百三元祐二年七月甲寅注：「張商英在元祐初為開封府推官，欲作言官，簡蘇内翰子瞻云：老僧欲住烏寺呵佛罵祖，一巡如何。」以下云：「偶館職孫樸過子瞻，竊得其簡，示吕申公之子希純，希純白申公，申公不悦，出商英為河東提刑。」蘇軾未薦。申公乃公著。《宋史》卷三百五十一商英傳謂哲宗初，移書蘇軾求薦入臺，有「老僧欲住烏寺呵佛罵祖」之語。

《曲洧舊聞》卷八：「元祐間，東坡在禁林，無盡以書自言曰：『覺老近來見解，與往時不同。若得一把茅蓋頭，必能為公呵佛罵祖。』蓋欲坡薦為臺諫也。温公頗有意用之，嘗以問坡。坡云：『犢子雖俊可喜，終敗人事，不如求負重有力而馴良服轅者，使安行於八達之衢，為不誤人也。』温公遂止。」今次此於司馬光卒前。

《後村先生大全文集》卷一百四《題跋·張無盡》敍張商英為佛學所誤，以下云：「觀『老僧欲往烏寺呵佛罵祖』之簡，蓋以謀國比之説禪，故曰佛學誤之也。若坡公其時果着力，吕申公果用之往烏寺，不知又打罵何人，必是回戈攻半山老子及其門下士矣。禪家所謂『呵佛罵祖』者，猶扶公子之背以出公子也。無盡呵罵吕申公者，豈亦扶之然後出之耶！」

九月初一日，司馬光卒。

此據《文集》卷十六《司馬温公行狀》。

朝廷命程頤主司馬光喪事，頤泥行古禮，蘇軾每戲之，結怨。與頤之弟子朱光庭（公掞）亦結怨。

《二程集·河南程氏外書》卷十一：「温公薨，朝廷命伊川先生主其喪事。是日也，祀明堂禮成，而二蘇往哭温公，道遇朱公掞，問之。公掞曰：『往哭温公，而程先生以為慶弔不同日。』二蘇悵然而反，曰：『鏖糟陂裏叔孫通也。』（原注：言其山野）自是時時謔伊川。他日國忌，禱於相國寺，伊川令供素饌。子瞻詰之曰：『正叔不好佛，胡為食素？』正叔曰：『禮，居喪不飲酒食肉。忌日，喪之餘也。』子瞻令具肉食，曰：『為劉氏者左袒。』於是范淳夫輩食素，秦、黄輩食肉。吕申公為相，凡事有疑，必質於伊川。進退人才，二蘇疑伊川有力，故極口詆之云。」

同上：「伊川主温公喪事，子瞻周視無闕禮，乃曰：『正叔喪禮何其熟也？』又曰：『軾聞居喪未葬讀喪禮，太中康寧，何為讀喪禮乎？』伊川不答。鄒至完聞之，曰：『伊川之母先亡，獨不可以治喪禮乎？』」至完，浩字，晉陵人。《宋史》卷三百四十五有傳，有《道鄉文集》傳世。

《二程集》附録《伊川先生年譜》引侍御史吕陶言：「明堂降赦，臣僚稱賀訖，而兩省官欲往奠司馬光。是時，程頤言曰：『子於是日哭則不歌，豈可賀赦才了，却往弔喪？』坐客有難之曰：『子於是日哭則不歌，即不言歌則不哭。今已賀赦了，却往弔喪，於禮無害。』蘇軾遂以鄙語戲程頤，衆皆大笑。結怨之端，蓋自此始。」

同上引鮮于綽《傳信録》：「舊例，行香齋筵，兩制以上及臺諫官並設蔬饌，然以粗糲，遂輪為食會，皆用肉食矣。元祐初，崇政殿説書程正叔以食肉為非是，議為素食，衆多不從。一日，門人范醇夫當排食，遂具蔬饌。内翰蘇子瞻因以鄙語戲正叔。正叔門人朱公掞輩銜之，遂立敵矣。是後蔬饌亦不行。」醇夫、純夫乃祖禹。

《孫公談圃》卷上、《邵氏聞見後録》亦敍頤主喪事，與以上所引略同，不録。

《寓簡》卷十：「司馬温公薨，時程頤以臆説斂如封角狀，東坡嫉其怪妄，因怒詆曰：此豈信物一角，附上閻羅大王者耶！人以東坡為戲，不知《妖亂志》所載吴堯卿事，已有此語，東坡以比程之陋耳。坡每不假借程氏，誠不堪其迂僻也。」《貴耳集》卷上：「司馬公薨，東坡欲主喪，遂為伊川所先。東坡不滿意伊川以古禮斂，用錦囊囊其尸。東坡見而指之曰：欠一件物事，當寫作信物一角，送上閻羅大王。東坡由是與伊川失歡。」

《朱子語類》卷一百三十：「東坡與伊川是爭個甚麽。只看這處曲直，自顯然可見，何用別商量。只看東坡所説云：幾時得與他打破這『敬』字。看這説話，只要奮手捋臂，放意肆志，無所不為便是。只看這處是非曲直，自易見論來。若説爭，只爭個是與非。若是，雖斬首穴胸，亦有所不顧，若不是，雖日食萬錢，日遷九官，亦只是不是。」打破「敬」字云云，出《二程集·河南程氏外書》卷十一：「朱公掞為御史，端笏正立，嚴毅不可犯，班列肅然。蘇子瞻語人曰：何時打破這敬字？」

《鼠璞》卷下《程蘇爭致齋》引：「《東坡年譜》載，程蘇當致齋，厨禀造食葷素，蘇令辦葷，程令辦素。蘇謂致齋在心，豈拘葷素。為劉者左袒，時館中附蘇者令辦葷，附程者令辦素。予謂不然，齋之禁葷，見於法令，乃禁五辛，慮耗散人之氣，間其精誠，與禁飲酒聽樂嗜慾悲哀一同，欲其致一之妙，通於神明耳。二公未免以葷為魚肉，徒有是非之辨。《莊子》載顔回不飲酒，不茹葷，謂祭祀之齋是也。」此《東坡年譜》，不知撰者。

追封司馬光温國公，作制詞。

制詞見《文集》卷三十九（一一三〇頁）。《高齋漫録》：「東坡作温公制詞云：『執德不回，常用社稷為悦；以死勤事，坐致股肱或虧。』或問坡曰：『温公豈曹操之徒耶！』坡愕然，問其所以，答曰：『社稷豈所可悦者！』坡笑改曰：『用安社稷為悦。』」

衆僚祭司馬光，作祭文。

《文集》卷六十三《祭司馬君實文》：「矧我衆僚，左右疇咨。」代衆僚作。文首稱「左僕射贈太師温公之靈」，知作於追封温國公之後。

《欒城集》卷二十六有《代三省祭司馬丞相文》，《豫章黄先生文集》卷二十一有《代尚書侍郎祭司馬温公文》。

辛酉（初六日），大享明堂，以神宗配，赦天下。撰《明堂赦文》。子迨以明堂恩授承務郎。

辛酉云云，據《宋史·哲宗紀》。文見《文集》卷四十。《總案》謂此文乃「北扉麻制，非西掖告詞」，以為其時蘇軾已為翰林學士。《文集》卷六十一《與辯才》第二簡敘迨授承務郎。

八日，題王詵（晉卿）詩後。

文見《文集》卷六十八（二一三七頁），贊詵經憂患，詩詞益工。

嘗過黄庭堅，用錢勰贈庭堅猩猩毛筆書寫，庭堅有詩。庭堅嘗贈洮河石硯，作銘。

《山谷詩集注》卷三《戲詠猩猩毛筆》注引庭堅跋：「錢穆父奉使高麗，得猩猩毛筆，甚珍之，惠予，要作詩。蘇子瞻愛其柔健可人意，每過予書案，下筆不能休。此時，二公俱直紫微閣，故予作二詩，前篇奉穆父，後篇奉子瞻。」詩約作於今年秋。《欒城集》卷十四有次韻。錢、蘇此時俱為中書舍人，《詩集》卷三十六《次韻蔣穎叔錢穆父從賀景靈宮》其二首云「與君並直記初元」即敘此事。

《文集》卷十九《魯直所惠洮河石硯銘》敘本年贈硯事。

秦觀答傅彬老簡，與彬老論蘇軾兄弟。

《淮海集》卷三十《答傅彬老簡》首云彬老「録示寄蘇登州書并題《眉山集》後」，以下云：「閣下謂蜀之錦綺妙絶天下，蘇氏蜀人，其於組麗也，獨得之如天，故其文章如錦綺焉，其説信美矣，然非所以稱蘇氏也。蘇氏之道，最深於性命自得之際，其次則器足以任重，識足以致遠，至於議論文章，乃其與世周旋，至粗者也。閣下論蘇氏而其説止於文章，意欲尊蘇氏，適卑之耳。閣下又謂三蘇之中，所願學者，登州為最優，於此尤非也。老蘇先生，僕不及識其人，今中書、補闕二公，則僕嘗身事之矣。中書之道，如日月星辰，經緯天地，有生之類，皆知仰其高明。補闕則不然，其道如元氣行於混淪之中，萬物由之而不知也。故中書嘗自謂吾不及子由，僕竊以為知言。閣下試贏數日之糧，謁二公於京師，不然，取其所著之書熟讀而精思之，以想見其人，然後知吾言之不謬也。」簡稱蘇軾為中書，蓋作於本年，今繫此。彬老不詳其名，事迹不詳，為蘇軾之友。觀時為蔡州教授，見《淮海居士長短句》附年表。

舉周穜。穜差充鄆州州學教授。

《文集》卷二十九《論周穜擅議配享自劾劄子》：「臣先任中書舍人日，勅舉學官，曾舉江寧府右司理參軍周穜，蒙朝廷差充鄆州州學教授。」舉狀佚。穜，已見元豐七年「次韻周穜惠石銚」條。

丁卯（十二日），以試中書舍人為翰林學士、知制誥。

據《長編》卷三百八十七、《山谷詩集注》目録引《實録》、《宋史·哲宗紀》。

兩進辭免狀，不允。有謝表。

狀、表見《文集》卷二十三（六六四至六六八頁）。

《月河所聞集》：「『傷弓之鳥，固已驚飛；漏網之魚，難於再餌。』蘇子瞻辭内翰表也。太后宣諭曰：『但勤職事，不要高飛。』」「傷弓」云云，辭内翰表未見。

林希（子中）有賀啟。蘇軾有《除翰林學士謝啟》。李廌作《金鑾賦》以賀，復上賀詩。

《四六話》卷上：「蘇子瞻作翰林，林子中方以言者去國在外，以啟賀曰：『父子以文章名世，蓋淵、雲、司馬之才；兄弟以方正決科，邁晁、董、公孫之學。』」《清波雜志》卷六亦記此事。謝啟見《文集》卷四十六，蓋為答友人者。

《金鑾賦》見《濟南集》卷五，詩乃卷四《上翰林眉山先生蘇公》。《文集》卷五十三與廌第十一簡：「前日所貺高文，極為奇麗。但過相粉飾，深非所望，殆是益其病爾。」疑指《金鑾賦》。

晁補之嘗上《白紵辭》，張重嘗上詩。

辭乃《雞肋集》卷三《白紵辭上蘇翰林二首》。《直齋書録解題》卷二十：「《海門集》八卷，渤海張重撰。有《上蘇子瞻内翰》詩，又有《與張伯玉遊鑑湖晚歸》詩。伯玉知越州，當嘉祐末，而東坡為翰苑在元祐間，重皆與同時，特未詳其人。」重集久佚。

薦黃庭堅自代。

《王譜》：「除内翰，又有舉魯直自代狀。」《文集》卷二十四有《舉黃庭堅自代狀》。《宋史》卷四百四十四《黃庭堅傳》敘此事。

與了元（佛印）簡，報翰林學士新除。

《文集》卷六十一與了元第十一簡敍其事。

癸未（二十八日），監察御史孫升奏論任用蘇軾當以王安石為戒，不可加進。

據《長編》卷三百八十八。《長編》謂孫升言：「蘇軾文章學問，中外所服，然德業器識有所不足，此所以不能自重，坐譏訕得罪於先朝也。今起自謫籍，曾未逾年，為翰林學士。討論古今，潤色帝業，可謂極其任矣，不可以加矣。若或輔佐經綸，則願陛下以王安石為戒。」《施譜》謂孫升論蘇軾「比之王安石」。《孫公談圃》卷上：「子瞻以温公論薦，簾眷甚厚，議者且為執政矣。公力言：『蘇軾為翰林學士，其任已極，不可以加。如用文章為執政，則國朝趙普、王旦、韓琦未嘗以文稱。』又言：『王安石在翰苑為稱職，及居相位，天下多事，以安石止可以為翰林，則軾不過如此而已，若欲以軾為輔佐，願以安石為戒。』」

本月，薦王鞏充節操方正可備獻納科。

據《太平治迹統類》卷十八。本年七月辛酉，設十科取士法，節操方正可備獻納乃十科之一。見《長編》卷三百八十二。《文集》卷二十九有《辨舉王鞏劄子》。薦鞏文，佚。

本月，奏論每事降詔約束狀。

狀見《文集》卷二十七（七八六頁），謂「若每行事立法之外，必以王言隨而丁寧之，則是朝廷自輕其法」。蓋以十科之舉，朝廷既已立法，自可不降詔。《長編》卷三百八十八本月末引軾文，注謂「十科訖不降詔，必是從軾所請也，又不知諫官誰欲降詔，當考」。

以賢良方正薦秦觀。

《宋史》卷四百四十四《秦觀傳》：「元祐初，（蘇）軾以賢良方正薦於朝。」今次此。《文集》卷二十九《乞郡劄子》於舉「十科人王鞏」後，云舉「制科人秦觀」。鮮于侁亦薦觀，見元祐二年五月二十日紀事。侁與軾或同薦。

《蘇門六君子文粹》卷首《淮海集雜記》：「玉山汪氏曰：居仁呂公云：秦少游應制科，問東坡文字樞紐。坡云：『但如公上呂申公書足矣。』故少游五十篇只用一格，前輩如黄魯直、陳無已皆極口稱道之，後來讀書初不知其為奇也。呂文所取者，蓋以文章之工，固不待言，而尤可為後人模楷者，蓋篇篇皆有首尾，無一字亂説，如人相見接引應對茶湯之類，自有次序，不可或先或後也。」

《朱子語類》卷一百三十：「東坡薦秦少游，後為人所論。他書不載，只《丁未録》上有。嘗謂東坡見識如此，若作相，也弄得成蔡京了。李方叔如許，東坡也薦他。」

《宋會要輯稿》第九十九册《職官》六七之八紹聖元年閏四月十八日紀事引監察御史劉拯奏：「（秦）觀浮薄，影附於（蘇）軾，故《進策》謂秦二世不變始皇之法而至於亡，漢昭帝變孝武之法而存，軾遂考為第一。」觀之語在《淮海集》卷十二《進策·國論》。按：拯語有誤。蘇軾乃薦秦觀應制科，並非考秦觀。蘇軾本年十一月二十九日於學士院策館職；十二月七日，擢畢仲游第一。見各該日紀事。拯蓋混應制科、策館職為一談。且制科但分三等、四等，見本譜嘉祐六年「蘇軾入三等」條，不云第一、第二。益見拯語之妄。秦觀應制科試詳情，尚待考證。

邀黄庭堅（魯直）等至太乙宫，見王安石舊題六言，次韻。

《竹莊詩話》卷九引《詩事》：「蘇子瞻作翰林日，因休沐，邀門下士西至太乙宫，見王荆公舊題六言云：（略）。子瞻諷詠再三，謂魯直曰：『座間惟魯直筆力可及此爾。』對曰：『庭堅極力為之，或可追及，但無荆公之自在耳。』」軾次韻見《詩集》卷二十七（一四四九頁）；安石詩，注文引。庭堅次韻詩，見《山谷詩集注》卷三。

十月，上劄子，乞加張方平恩禮。

文見《文集》卷二十七（七八六頁），在論冗官劄子前。時方平以太子太保致仕。

十月二十日，詔范鎮落致仕赴闕。鎮不赴。旋起鎮兼侍讀，亦不赴。

詔文見《文集》卷四十（一一四四頁）。《文集》卷十四鎮墓銘謂起鎮兼侍讀提舉中太一宫，鎮辭，「天下甚高之」。卷五十與鎮（蜀公）第六、七簡及此事，云「堅卧莫致，有識悵惘」，「士大夫甚高此舉」。

丁未（二十三日），上論冗官劄子。未施行。

丁未云云，據《長編》卷三百九十。軾建議「年及二十五以上，方得出官」。《長編》注：「是時九品以上注籍左選者數千員。法，年二十，即任於州縣為吏，謂之入仕。」軾以為官冗由於此。又建議進士累舉，「若無所能，得虚名一官，免為白丁，亦無所恨」，蓋謂予彼等以特奏名。《長編》注引歐陽棐言：「左選之冗，士人之病耳，朝廷憫而議之，欲利之耳。今加五年使守選，是反害之也。所謂特奏名者非他，儒人之老於場屋無成者也。憫其無成而老，故與微官，使之霑禄而後歸，今亟與之而不使仕，所謂官者，乃虚名耳，豈為恩哉，是終窮也。」注於是曰「議者之言遂格」。劄子見《文集》卷二十七（七八七頁）。《文集》卷二十九《轉對條上三事狀》謂此劄子「後來不蒙降出施行」。

同日，臨文同戲墨《篔簹圖》，並試李庭珪墨，題詩及跋。

詩乃《詩集》卷四十八《臨文與可畫竹》，跋見《佚文彙編》卷六（二五七三頁）。

賈訥倅眉，程建用（彝仲）教授東川，作送行詩。

詩見《詩集》卷二十七（一四五二、一四五三頁）。前者云「父老得書知我在」，託訥便致書鄉老；又云「蒼髯白甲待歸來」，蓋謂父洵葬地老翁泉，訥許為一往；詩自注贊眉守李琪為賢守。《欒城集》卷十四有送訥詩。

後者云：「今年聞起廢，《魯史》復光景。公子亦改官，三就繁馬頸。」《欒城集》卷十五送建用詩云：「月俸雖不多，足備甘與輕。今年復考課，得秩真代耕。」《詩集》注文謂「改官」、「得秩」乃指建用知中江縣，誤。按：建用知中江，乃元豐事，見元豐七年「中江令程建用書來」條。蓋建用中江任滿後，復來京師。呂陶《淨德集》卷三十一有《送程彝仲赴東川教授》詩，知建用所改者乃東川教授，與軾詩「魯史」、轍詩「代耕」合。陶詩有云：「君之一第得稍晚，更向小官勤檢柙。鄉閭執友在詞禁，奉詔親題薦賢札。美材猶未立朝廷，歸馭依然走川峽。」可參。

李曼（修孺）知果州，有詩留別，次韻以贈。

詩見《詩集》卷二十七（一四五六頁）。《欒城集》卷十五有《次韻李曼朝散得郡西歸留別二首》。《文集》卷三十九有《李曼知果州制》作於本年，時間相合，知曼所知者為果州。曼，遂寧人，一謂射洪人，嘉祐間進士。治平中為洪雅令。熙寧六年知瀘州。元豐四年知遂州。元祐六年，為人薦充獻納科。仕至利州路提點刑獄。范祖禹贊曼有吏才。曼詩傳於今者，有載於《山西通志》之《題廣勝寺》一首；文傳於今者，有同治《嘉定府志》卷四十三《移建孔子廟碑》一篇。《馮安岳集》卷十一及曼詩多首，其《寄賀李修孺移利憲》稱其「一生孤直」。《净德集》卷三十六有《送修孺歸通泉用陳圖南韻》有「高懷無累能知止」之句。參《范太史集》卷五十五《手記》、《長編》卷三百一十三、雍正《四川通志》卷九。《宋詩紀事補遺》卷十六謂曼皇祐間知果州，誤。《詩集》注文不詳李曼其人，故綜述於上。

十一月初七日，冬至，皇弟普寧郡王似上賀冬表。表乃蘇軾代撰。

《文集》卷二十四《代普寧王賀冬表四首》為皇帝、太皇太后、皇太后、皇太妃。《宋史·哲宗紀》元豐八年三月己丑紀事：封弟和國公似為普寧郡王。

十九日，黃庭堅、張耒、晁補之來，獲《黃泥坂詞》手稿；二十一日，書贈王詵。

據《文集》卷六十八《書黃泥坂詞後》；稿乃庭堅等三人搜索篋笥得之。

戊寅（二十四日），曾肇與弟轍為中書舍人。肇以啟來，答之。

戊寅云云，據《長編》卷三百九十二。答啟乃《文集》卷四十七《答曾舍人啟》。肇，鞏弟。《宋史》卷三百十九有傳。

二十九日，學士院策館職。命題問仁宗、神宗之治。

二十九日云云，據《詩集》卷二十七《武昌西山》敘。題見《文集》卷七（二一〇頁）。

本月，上《辨舉王鞏劄子》。

據《長編》卷三百九十二。《長編》注謂蘇軾奏議繫元祐三年十一月十五日為誤，乃考《政目》及曾肇制集並斟酌軾奏語，附軾之奏於十一月末。軾劄子見《文集》卷二十九，蓋因「臺諫官言鞏姦邪及離間宗室因諂事臣以獲薦舉」而發，有「司馬光死未數月」之語；時鞏為西京通判。

與鄧潤甫（温伯、聖求）宿玉堂，話黄州舊事，賦《武昌西山》以贈。和者甚多。

與潤甫云云，見《詩集》卷二十七《武昌西山》敘。敘云：嘉祐中，潤甫令武昌，常游西山；嘗作《元次山窪尊銘》刻之巖石，因為此詩，請潤甫同賦。《詩集》同卷尚有《西山詩和者三十餘人再用前韻為謝》。《欒城集》卷十五、《雞肋集》卷十二、《山谷詩集注》卷五、《張耒集》卷十五有次韻。

十二月戊子（初四日），遼賀興龍節使耶律永昌、劉霄至。為館伴。使者誦軾父子三人之作。與遼使入朝，為言文彦博盛德。

十二月云云，據《長編》卷三百九十三。《長編》「霄」作「宥」，今從《文集》。《施譜》：「十二月，館伴遼國賀興龍節國信使，是月訖事。」誦軾父子之作，見《詩集》卷三十一《次韻子由使契丹至涿州見寄》自注；劉霄誦軾詩，見《文集》卷六十八《記虜使誦詩》。《文集》卷五十一《與滕達道》第六十四簡謂「館伴北使半月」。

《文集》卷十九《德威堂銘》敍與遼使入朝事。《春渚紀聞》卷六《馬蹶答問》敍遼使劉霄等入賀，蘇軾與狄詠館伴錫燕回，始行馬，而軾馬小蹶，「劉即前訊曰：『馬驚無苦否？』」軾應之曰：「銜勒在御，雖小失無傷也。」

傳嘗與遼使屬對，以氣奪使者。傳館伴時以詩難遼使。

《桯史》卷二《東坡屬對》：「承平時，國家與遼歡盟，文禁甚寬，輅客者往來，率以談謔詩文相娛樂。元祐間，東坡實膺是選。遼使素聞其名，思以奇困之。其國舊有一對，曰『三光日月星』，凡以數言者，必犯其上一字，於是徧國中無能屬者。首以請於坡，坡唯唯，謂其介曰：『我能而君不能，亦非所以全大國之體，「四詩風雅頌」，天生對也，盍先以此復之！』介如言，方共歎愕。坡徐曰：『某亦有一對，曰「四德元亨利」。』使睢盱，欲起辨，坡曰：『而謂我忘其一耶？謹閟而舌，兩朝兄弟邦，卿為外臣，此固仁祖之廟諱也。』使出不意，大駭服。既又有所談，輒為坡逆奪，使自愧弗及，迄白溝，往反齚舌，不敢復言他。」

《楊公筆録》：「世所謂獨脚令者，惟『三光日月星』，以拘於物數為最不易醻答者。元祐三年夏，余待試興國西經藏院，夜夢一客舉此為令，若欲相屈，余輒應聲答曰：『四詩風雅頌。』客遂慚服而去。」

《楊公筆録》自述經歷，或是。

《東坡問答録・東坡疊字詩》：「北虜使至，每以能詩自矜，朝廷議以東坡館伴之。北使者索賦詩，坡曰：『賦詩，易事，觀詩稍難耳。』因出《長亭》詩以示之。」詩云：「長亭短景無人畫，老大横拖瘦竹笻。回首斷雲斜日暮，曲江倒蘸側山峯。」《東坡問答録》「亭」字長寫，「景」字短寫，「畫」字寫成「書」（缺「土」，表示無人）。「老」字大寫，「拖」字横寫，「笻」字竹頭細寫。「首」字反寫，「雲」字上「雨」下「云」，略分開，「暮」字下「日」字斜寫。「江」字寫成「沍」，「蘸」字倒寫，「峯」字「山」旁側寫。此詩，《回文類聚》卷三收入，題作《晚眺》，謂為「神智體」（《詩集》未收）。據此，則實有其事。

同上則載蘇軾疊字詩，兹附於此。

力微醒時已暮

酒　　賞

飛如馬去歸花

讀為：「賞花歸去馬如飛，去馬如飛酒力微。酒力微醒時已暮，醒時已暮賞花歸。」

五日，與同館狄詠夜話其父狄青少時事，書之。

《文集》卷六十六《書狄武襄事》，敍其事。《詩集》卷二十七《狄詠石屏》及《文集》卷七十二《王伯庸知人》皆作於與狄詠同館北客時。《山谷全書・外集》卷八有《子瞻題狄引進石屏要同作》，即次《詩集》卷二十七《雪林硯屏率魯直同賦》韻，「查註」已引。黄庭堅此詩元祐二年秘書省作，見題注。詠字子雅，見注文。

應内侍劉有方之請，題《虢國夫人夜游圖》。

題詩見《詩集》卷二十七。《姑溪居士後集》卷三詩題：「內侍劉有方蓄名畫，乃《虢國夫人夜游圖》，最為絶筆。東坡館北客都亭驛，有方請跋其後。既作詩以相示，時欲和而偶未暇，今閲集得詩，遂次其韻，以申前志。」《欒城集》卷十五有《秦虢夫人走馬圖》二絶。

《長編》卷三百七十八本年五月甲申紀事：「皇城使、嘉州刺史、內侍押班劉有方為招宣使。」《文集》卷三十八有《劉有方可昭宣使依舊嘉州刺史內侍省內侍押班》制，卷三十九有《劉有方內侍省右班副都知》制。

庚寅（初七日），授畢仲游、趙挺之、孫樸、梅灝、張舜民、趙叡、李籲、盛次仲、張耒、晁補之、劉安世、李昭玘、陳察館職。

據《長編》卷三百九十三。《長編》云：「朝奉郎畢仲游、趙挺之並為集賢校理，承議郎行軍器監孫樸、承議郎行太學博士梅灝、奉議郎張舜民、奉議郎禮部編修貢籍趙叡並為秘閣校理，宣德郎詳定役法所管勾文字李籲、承議郎盛次仲並為校書郎，試太學録張耒、試太學正晁補之、河南府左軍巡判官禮部編修貢籍劉安世、和州防禦推官知常州晉陵縣丞李昭玘、宣德郎陳察並為正字。仍今後除校理以上職，並除告。仲游等十三人，並以學士院召試充選也。」《宋會要輯稿》第一百十九册《選舉》三一之三七至三八謂為十二月六日事。

《宋史》卷三百八十一《畢仲游傳》云召試學士院，「蘇軾異其文，擢為第一」。

趙挺之、孫樸等七人首見，兹略述其貫、歷於下。

趙挺之，字正夫，密州諸城人。《宋史》卷三百五十一有傳。子明誠，見《李清照集校注》。

孫樸，字元忠。見李元綱《厚德録》。乃固之子，見《長編》卷三百八十元祐元年六月壬寅紀事注文。熙寧間為陳州户曹。《欒城集》卷五有《次韻孫推官樸見寄》、《寄孫樸》。遊於張方平之門，見《曲洧舊聞》卷二。元祐間，范純仁拜相，判登聞鼓院。以秘書丞為工部員外郎，旋為司封員外郎。見《長編》卷四百十三元祐三年八月庚子、卷四百八十三元祐八年四月戊申、卷四百八十四元祐八年五月甲午紀事。樸與孔武仲、孔平仲、畢仲游交游，《宗伯集》卷七、《朝散集》卷八、《西臺集》卷十二有詩及之。

梅灝，詳元祐四年「梅灝來為杭州通判」條紀事。

趙叡，字彦思，滎陽人。熙寧六年進士。授秘閣校理，遷太常博士，知登、隨、商三州，召為郎，出提點京東刑獄，攝青州，年五十九奉祠就養，閑居二十五年。有《魚計亭賦》，引物連類，開闔古今，深得蘇軾兄弟筆勢。見《平園續稿》卷十《跋魚計亭賦》。

盛次仲，開封人。嘉祐進士。歷集賢、秘閣校理，遷太常少卿。《寶慶四明志》卷十六有傳。《冷齋夜話》卷十《詩當作不經人語》敍次仲在元祐中論詩事。

劉安世，字器之，魏人。《宋史》卷三百五十四有傳。以後屢及。

陳察，字晦叔，開封人，熙寧九年進士。歷官秘書省正字、校書郎，為集賢校理、秘閣校理。累官成都府路轉運使，為大理少卿。入黨籍。《元祐黨人傳》卷八有傳。《金石萃編》卷一百四十四《元祐黨籍碑姓名考》可參。

晁補之、畢仲游、李昭玘有謝授館職啟，蘇軾有答啟。

補之啟見《雞肋集》卷五十六，仲游啟見《西臺集》卷九，昭玘啟見《樂静集》卷二十。《文集》卷四十七《答館職啟》乃為答補之等而作。

戊戌（十四日），錢勰權知開封府。蘇軾嘗贊勰決獄，譬之為霹靂手。

戊戌云云，見《長編》卷三百九十三。

《明道雜志》：「錢穆父内相，本以文翰風流著稱而尹京，為近時第一。余嘗見其剖決甚閑暇，雜以談笑諢語，而胥吏每一顧問，皆股慄不能對。一日，因決一大滯獄，内外稱之。會朝處，蘇長公譽之曰：『此所謂霹靂手也。』錢曰：『安能霹靂手，僅免葫蘆蹄也。』『葫』音鶻。」

《可書》第一百七則：「錢勰尹開封，有治聲，一日，語東坡曰：『勰尹天府，可方古今人誰？』東坡云：『若京兆趙廣漢。』勰問如何似之？東坡笑曰：『但公不姓趙，却性茆耳。』勰為之絶倒。」附此。

庚子（十六日），劉攽為中書舍人。

據《長編》卷三百九十三。

十八日，奏辯試館職策問劄子。先是朱光庭言館職策題語涉譏諷，乃辯之。

劄子見《文集》卷二十七（七八八頁）。此《試館職策問》，乃《師仁祖之忠厚法神考之勵精》，見本年十一月二十九日紀事；該文首論周公治魯，太公治齊。以下云：「今朝廷欲師仁祖之忠厚，而患百官有司不舉其職，或至於媮。欲法神考之勵精，而恐監司守令不識其意，流入於刻。」以下復論漢文、宣治國。據此，劄子云：「臣之所謂『媮』與『刻』者，專指今之百官有司及監司守令不能奉行，恐致此病，於二帝何與焉。至於前論周公、太公，後論文帝、宣帝，皆是為文引證之常，亦無比擬二帝之意。」《長編》卷三百九十三本日紀事引朱光庭言，謂為人臣者惟當頌揚仁宗、神宗，不當更置之議論也。以下謂：「今來學士院考試不識大體，以仁祖難名之盛德，神考有為之善志，反以『媮』、『刻』為議論，獨稱漢文、宣帝之全美，以謂仁祖、神考不足以師法，不忠莫大焉。」乞「正考試官之罪」。以下《長編》謂「詔特放罪」。而朱光庭言罪不當放，攻軾愈峻，且稱軾嘗罵司馬光及程頤。軾聞乃上劄子自辯。按：放罪後復收還，參元祐二年正月十七日紀事。《太平治迹統類》卷十八亦略敍此事。

《墓誌銘》：「時臺諫官多君實之人，皆希合以求進，惡公以直形己，争求公瑕疵，既不可得，則因緣熙寧謗訕之說以病公，公自是不安於朝矣。」《施譜》謂先是蘇軾與程頤以戲笑相失，頤門人朱光庭怨之，學士院策館職，軾命題問仁宗、神考之治，「光庭遂密疏指摘，以為譏諷，中丞傅堯俞、侍御史王巖叟又從而和之，必欲論罪乃已」。

二十七日，與章惇（子厚）簡。時惇得宫祠。

簡乃《佚文彙編》卷三《與子厚》，云惇「歸安丘園」。《宋宰輔編年録校補》卷九：惇本年罷知樞密院事，知汝州；十一月，提舉杭州洞霄宫。

本月，跋鄧忠臣（慎思）石刻。

跋見《文集》卷六十六（二〇六八頁）。元豐六年，本譜有「鄧忠臣扶母周氏柩過黄」條。此跋作於忠臣服除後，時為秘書省正字，《欒城集》卷二十九有制。《范忠宣公集·補編》有忠臣傳，忠臣有《玉池集》，已佚；卒，《柯山集》卷十九有挽詞。

滕元發（達道）妻李氏卒，有慰簡。

《文集》卷五十一與元發第六十二、六十三、六十四各簡，皆慰簡。第六十四簡云「某以館伴北使半月」，知作於本月。元發妻姓李，見《文集》卷十五元發墓銘。

與王淮奇（慶源）簡，頗思鄉。

《文集》卷五十九與淮奇第十簡云「進職北扉」，「歲晚苦寒」，作於今年歲末。

作《司馬温公行狀》。堅辭司馬光子康（公休）之餽。

文見《文集》卷十六，謂「某從公遊二十年」。據本譜，從遊始治平三年，今二十年。《文集》卷五十《答范純夫》第二簡敍辭司馬康之餽；此餽即潤筆。

范鎮作《司馬光墓誌銘》，銘詞直斥王安石，蘇軾以為非《春秋》微婉之義，鎮遂令軾易詞，軾作詞并書。

《名臣碑傳琬琰之集·中集》卷十八附録范鎮初所作《司馬光墓誌銘》銘詞（又見《邵氏聞見後録》卷十五）：「天生斯民，乃作之君。君不獨治，爰畀之臣。有忠有邪，有正有傾。天意若曰，待時而生。皇皇我宋，神器之重。卜年萬億，海內一統。而熙寧初，姦小淫縱。以朋以比，以閉以壅。乃於黎民，誕為愚弄。人不聊生，天下詾詾。險陂憸猾，唱和雷同。謂天不足畏，謂衆不足從，謂祖宗不足法，而敢為誕慢不恭。赫赫神宗，洞察於中，乃竄乃斥，遠佞投凶。誅鋤蠹毒，方復任公。奄棄萬國，未克厥終。

二聖繼承，謀謨輔佐。乃曰斯時，非公不可。召公洛京，虛心至誠。公至京師，朝訪夕諮。公既在位，中外咸喜。信在言前，拭目以觀。日親萬機，勤勞百為。盡瘁憂國，夢寐以之。曾未期月，援溺振渴。事無巨細，悉究本末。利興害除，賞信罰必。曰賢不肖，若別白黑。耆哲俊乂，野迄無遺。元惡大憝，去之不疑。無有遠邇，風從響應。載考載稽，名實相稱。天胡不仁，喪吾良臣。天實不恕，喪吾良輔。嗚呼已乎，而不留乎？山嶽可拔也，公之意氣堅不可奪也；江漢可竭也，公之正論浚不可遏也。嗚呼公乎，時既得矣，道亦行矣，志亦伸矣，而壽止於斯，哀哉！哀哉！」《揮麈録·後録》卷六節引鎮銘詞：「在昔熙寧，陽九數終，謂天不足畏，謂民不足從，謂祖宗不足法，乃裒頑鞠凶。」與此略不同。

《名臣碑傳琬琰之集·司馬光墓誌銘》定本銘詞：「於穆安平，有魏忠臣。更六百年，有其元孫。元孫温公，前人是似。率其誠心，以佐天子。天子聖明，四世一心。有從有違，咸卒用公。公之顯庸，自我神考。命於西樞，曰予耆老。公言如經，其或不然。帝獨賢公，欲使並存。公退如避，歸居洛師。帝徐思之，既克知之。知而不以，以遺聖子。惟我聖子，協德神母。人事盡矣，天命順矣。如川之迴，如冰之開。或蹈其機，豈人也哉！公亦不知，曰是惟天。二聖臨我，如山如淵。公惟相之，亦何所為。惟天是因，惟民是師。事既粗定，公亦不留。龍衮蟬冠，歸於其丘。公之在朝，布衣脱粟。惟其為善，惟日不足。生既不有，死亦何失。四方頌之，豈為兹石。」

《邵氏聞見後録》卷十五：「司馬文正公薨，范蜀公取蘇翰林《行狀》作《誌》，繫之以銘，翰林當書石，以非《春秋》微婉之義，為公休諫議云：『軾不辭書，恐非三家之福。』就易名銘。」然軾終書之，見《文集》卷五十三《答李方叔》第八簡。公休，司馬光子康。

《朱子語類》卷一百三十：「范蜀公作温公墓誌，乃是全用東坡《行狀》，而後面所作銘，多記當時姦黨事，東坡令改之，蜀公因令東坡自作。因皆出蜀公名，其後却無事，若依范所作，恐不免被小人掘了。」

與李廌（方叔）簡，辭不為廌祖上作誌銘、阡表。嘗戒廌循分。

《文集》卷五十三與廌第八、九、十各簡皆敍作銘、表事。第八簡云：「某從來不獨不書不作銘誌，但緣子孫欲追述祖考而作者，皆未嘗措手也。」簡云近日為司馬光作行狀，書光墓誌，乃以報光嘗為母程氏作墓銘之故，不在此例。簡作於「雪寒」時。第十四簡云及館伴，為本月作。

《濟南先生師友談記》：「廌少時有好名急進之弊，獻書公車者三，多觸聞罷，然其志不已，復多游巨公之門。自丙寅年，東坡嘗誨之曰：『如子之才，自當不没，要當循分，不可躁求。王公之門，何必時曳裾也。』爾後常以為戒。」

與歐陽棐、辯兄弟遊，謁修之夫人薛氏。其家以歐陽修之神道碑相託。

《文集》卷六十三《祭歐陽文忠公夫人文》：「元祐之初，起自南遷。叔季在朝，如見公顔。入拜夫人，羅列諸孫。」託神道碑見《欒城後集》卷二十三《歐陽文忠公神道碑》，軾許之，然未撰，轍乃撰之。

邁、迨、過及弟轍三子遲、适、遜從王適（子立）遊。

據《文集》卷十五適墓銘：邁等學文有師法，人人自重，適實使然。

陳師道贈蘇軾兄弟詩。

詩乃《後山集》卷三《贈二蘇公》。中云：「千載之下有素王，平陳鄭毛視荒荒。後生不作諸老亡，文體變化未可量。萬口一律如吃羌，妖狐幻入大陸梁。」欲蘇軾兄弟「一洗十年新學腸」。素王，雙關，蓋謂安石。

《四庫提要辨證》卷二十二：《後山詩注》謂此詩任淵年譜以為本年作，并引任注：「新學，謂王介甫經學也。」以下，《辨證》云：「味其語意，確是元祐元年之作。蓋新學與新法不同。後山此詩，先言『文體變化』，『萬口一律』，乃詆其學，非詆其法也。新法雖不合人情，然後山方為處士，非所宜言，且自宣仁訓政以來，已次第更張之矣，無取乎草澤私議。惟新學之行，始於熙寧八年之頒《三經新義》，至是已十年有餘，朝廷猶用以取士，一時文體，務為剽竊穿鑿，後山之所甚惡也，故為二蘇言之。」

上呂公著書，論醉中不省記殺人，其情可憫，可以原貸。

《文集》卷五十《上呂相公》云及「近者西京奏秦課兒於大醉不省記中打殺南貴，就縛至醒，取衆證為定，作可憫奏，已得旨貸命，而門下別取旨斷死」，望公著追改。卷二十九《乞郡劄子》敍及司馬光卒後，「刑部侍郎范百禄與門下侍郎韓維爭議刑名，欲守祖宗故事，不敢以疑法殺人」，知上公著書中門下乃韓維。《宋史》卷三百三十七《范百禄傳》謂「元祐元年，為刑部侍郎，諸郡以故鬥殺情可矜者請讞」，百禄以為原情足憫者可貸，後從其請。上公著書約為本年事。

濟南長清真相院僧法泰來，請作釋迦舍利塔銘。蘇軾施金銀以助成舍利棺槨。並有簡與法泰。

《文集》卷十九《真相院釋迦舍利塔銘・敍》敍法泰今年來京師請作銘，乃「探篋中得金一兩、銀六兩，使歸求之衆人，以具棺槨」。作銘時間，參元祐二年八月二十五日紀事。

《濟南金石志》卷四《金石四・長清石・宋蘇東坡真相院施金帖刻》：「今正寄銀六兩，助成舍利槨也。卑意並是為先人先妣追薦。告煩大師惠錫於佛前燒香祝願，過悚，忽忽。特煩以生日惠貺經數香華為壽，感刻。人回，無以為意。青絲禪段一枚，鹿茶芽五斤，深送土微鮮，至愧！至愧！軾白。」據此簡「人回」云云，是法泰去後，又有人來。簡中之「大師」當為法泰。此簡，《佚文彙編》失收。此簡之後，有金大定十八年六月晦日劉資跋文，跋謂此簡罹兵火而亡其本，既定，復得之。跋文之後，有「大定十八年七月六日真相院住持僧道逸等立石，賈順模刊」文字一行。「模刊」者，刊此簡也。

賦《如夢令》二首寄黄守楊寀，懷黄州。

《注坡詞》調下注文云：「寄黄州楊史君二首，公時在翰苑。」「史」即「使」，謂寀也。詞有「居士，居士，莫忘小橋流水」之句。元豐六年，寀已到黄，是二詞作於今年也。若在明年，寀已去職矣。

鮮于侁欲作新堂，名曰卓絶，蘇軾為題其名。

《濟南集》卷一詩題：「故諫議大夫鮮于公欲作新堂以傳世譜，名曰卓絶（原注：唐人鮮于《世譜》有「卓絶」之語，故云）。內相先生題其名，曰蜀鮮于氏卓絶之堂。某以此八字為韻作八詩。」《郡齋讀書志》卷二下著録有《鮮于氏卓絶譜》一卷。《淮海集》卷三十六《鮮于子駿行狀》：「元祐元年，明堂禮畢，拜右諫議大夫。」

知高郵軍毛漸（正仲）軍衙廳成，代漸作《慶土道場疏》。

疏見《文集》卷六十二(一九〇五頁)。《宋史》卷三百四十八《毛漸傳》:「元祐初,知高郵軍。」道光《高郵州志》卷八:「元祐元年詔復軍額,漸以司農丞來知軍事。郡有斗門石𥖧及運鹽河,洩水涵管皆漸所置者。又經始衆樂園為遊宴之所,一時傳為韻事。」

蘇象先侍祖父頌居京師。

《丞相魏公譚訓》象先自序謂本年頌為天官尚書,侍頌側。該書記載蘇軾事頗多。

與李常、孫覺、范百禄、鮮于侁薦常安民(希古),擢安民大理鴻臚丞。

據《宋史》卷三百四十六安民傳,謂為元祐初事。《淮海集》卷三十六侁行狀:元祐二年五月,侁卒。《長編》卷三百九十六元祐二年三月丙寅,侁知陳。薦安民約為本年事。

薦陳師錫為清要侍從。又嘗舉師錫自代。

薦師錫狀,見《佚文彙編》卷一(二四二六頁),謂為元祐初事。同上卷有《舉陳師錫自代狀》,作於「入西掖薦自代」時,見《直齋書録解題》卷二十二陳師錫《閑樂奏議》條。

與錢勰(穆父)、黄庭堅(魯直)遊寶梵寺,論庭堅字。

《揮麈録·第三録》卷二引外祖曾紆《藏真草書千文略跋》:「崇寧初,在零陵,見黄九丈魯直云:元祐中,東坡先生、錢四丈飯京師寶梵僧舍,因作草書數紙,東坡賞之不已,穆父無一言,問其所以,但云恐公未見藏真真迹爾。庭堅心竊不平。紹聖中,貶黔中,始得藏真自敍於石揚休家,諦觀數日,恍然自得,落筆便覺超異,回視前日所作可笑,然後知穆父之言不誣也。」《獨醒雜志》卷二記此,謂為

「元祐初」事，今從。

秦觀賦《水龍吟》寄營妓婁婉（東玉），賦《南歌子》贈陶心兒，傳蘇軾嘗誚之。

《水龍吟》見《淮海居士長短句》卷上，《南歌子》見卷下，繫本年。

《苕溪漁隱叢話·前集》卷五十引《高齋詩話》：「少游在蔡州，與營妓婁婉字東玉者甚密，贈之詞云『小樓連苑橫空』，又云『玉佩丁東別後』者是也。又贈陶心兒詞云：『天外一鉤，橫月帶三星。』謂心字也。」《詞苑叢談》卷三此以下尚有「東坡誚其恐為他妓廝賴」一句。「小樓」、「玉佩」云云，在《水龍吟》中。

《歷代詞話》卷五引《高齋詞話》：「少游自會稽入都見東坡」，東坡「問別作何詞，少游舉『小樓連苑橫空，下窺繡轂雕鞍驟』，東坡曰：『十三個字，只說得一個人騎馬樓前過。』」此處所云「自會稽入都」，乃「自蔡州入都」之誤，時在元祐三年，見該年「秦觀來京師」條。《文學遺產》一九八三年第三期吴世昌《有關蘇詞的若干問題》謂此乃傳說，不足信。

蘇軾年譜卷二十六

元祐二年（一〇八七）丁卯　五十二歲

新正，與周尹（正孺）倡酬。潘鯁母卒，作挽詞。玉堂栽花，乞花栽，與王詵（晉卿）簡。

《詩集》卷二十八有《和周正孺墜馬傷手》等四詩。挽詞見《詩集》卷二十八（一四七四頁）。簡見《佚文彙編》卷二（二四五四頁）。

正月六日，與范百嘉（子豐）簡，言方求郡。

簡見《佚文彙編》卷三（二四九二頁），言「堅請以息煩言」。

人日（七日），贈李清臣（邦直）探梅詩，并書。

《晚香堂蘇帖》：「《贈李邦直探梅》：『尋花不惜命，愛雪常忍凍。三為郡太守，清似於陵仲。』元祐二年人日書。蘇軾。」三為郡太守，蓋以自況，謂知密、徐、湖也。《宋史》卷三百二十八《李清臣傳》謂清臣嘗知河陽、河南、永興、真定，乃本年四月戊申罷為資政殿學士以後事。「尋花」四句，見《詩集》卷十九《次韻李公擇梅花》，文字略不同。

八日，與王遵（子高）晚飲，作詩。

詩見《詩集》卷二十七（一四二一頁），《欒城集》卷十五次韻，次本年年初。「誥案」謂為元祐元年作，誤。參本月十二日紀事。

杜介來，送魚，旋歸揚州。

《詩集》卷二十八有詩（一四七六頁）。詩云新年，乃年初。《欒城集》卷十五次韻。

十二日，與李公麟為柳子文（仲遠）作《松石圖》。公麟復應子文之請，作《憩寂圖》，蘇軾題詩其後，並跋。

詩見《詩集》卷四十七（二五四一頁）。跋見《文集》卷六十八（二一三八頁）。

《欒城集》卷十五有《子瞻與李公麟宣德共畫翠石、古木、老僧，謂之憩寂圖，題其後》詩。據此，《憩寂圖》乃蘇、李二人共作，與蘇軾跋文謂為公麟一人作者不同。今從《欒城集》。軾詩乃次轍之韻。轍詩次《送陳侗同年知陝府》、《次韻李曼朝散得郡西歸留別二首》、《送程建用宣德西歸》、《次韻子瞻杜介供奉送魚》等詩後，作於本年。味蘇軾跋文，蘇轍亦與其會。如作於元祐元年，轍其時尚在赴京途中，參元祐元年「弟轍回至京師」條紀事。軾跋文謂為元祐元年事。按：「元年」當為「二年」之誤刊。

李公麟，字伯時。舒城人。《宣和畫譜》卷七、《畫繼》卷三、《圖繪寶鑑》卷三、《宋史》卷四百四十四有傳。《宋史》謂公麟為舒州人，誤。

十七日，復奏《辯試館職策問劄子》。自辯館職策問劄子奏上以後，朱光庭、傅堯俞、王巖叟屢章論蘇軾，蘇軾四劄請外，不允。至是乃復辯。為蘇軾辯者有呂陶。王覿之論較持平。

劄子見《文集》卷二十七。文謂：「四上章，四不允。」謂請外也。又謂：「撰上件《策問》，實以譏諷今之朝廷及宰相臺諫之流，欲陛下覽之，有以感動聖意，庶幾兼行二帝忠厚、勵精之政也。」請外之章已佚。

據《長編》卷三百九十三、三百九十四，元祐元年十二月壬寅（十八日），傅堯俞、王巖叟相繼上疏，論蘇軾不當置祖宗於議論之間，不報。今年正月辛酉（八日），堯俞、巖叟又各上疏論之。巖叟言，蘇軾策題不當，初令放罪，後復收還，典刑不明，損國大體，乞賜辯正。乙丑（十二日）批出，令朱、傅、王三人不須彈奏。丙寅（十三日），三人赴都堂。丁卯（十四日），三人又各上疏。王巖叟疏言：「臣愚聞有與軾為地曲為之辭以釋其說上欺天聽者，願陛下察其出於私意，不以為惑。」蓋指呂陶也。

《文集》卷五十五《與楊元素》第十七簡：「某近數章請郡，未允。數日來，杜門待命，期於必得耳。公必聞其略，蓋為臺諫所不容也。」

《歷代名臣奏議》卷二百四呂陶《辨朱光庭彈蘇軾策題事疏》：「臣竊聞蘇軾《試館職策題》，朱光庭彈奏以為譏議兩朝。奉聖旨，蘇軾放罪。軾遂乞補郡。蒙陛下降詔不允。光庭論列未已，臣既待罪言路，理當辯明，敢竭愚鄙，為陛下極陳之。夫臺諫之地，為天子耳目，要在維持綱紀，分別邪正，凡所彈擊，當徇至公，不可假借事權，以報私怨，萬一及此，是謂欺君。今蘇軾所撰策題，首言『齊、魯皆聖人之後，其政化之弊，至於衰亂』，其次乃曰『國家承平百年，六聖相授，為治不同，同歸於仁』，詳味此言，固無譏議兩朝之意。其次又曰『今朝廷欲師仁祖之忠厚，而患百官有司不舉其職，或至於媮；欲法神考之勵精，而恐監司守令不識其意，或流於刻』。則所謂『媮』與『刻』者，明言百官、有司、監司、守令不能上體朝廷本意，而或至『媮』與『刻』，非指言二聖之失於『媮』、『刻』也。其終又曰『昔漢文寬大長者，至於朝廷之間，耻言人過，而不聞有怠廢不舉之病，宣帝總核名實，至於文理之士咸精其能，而不聞有督察過甚之失』者，蓋言漢文、漢宣之時，其臣下能如此不怠廢、不過甚，今朝廷當以何術治之，使百官、有司、監司、守令不至於『媮』、『刻』乎！蓋作文者發此問端以觀其答，即非謂仁宗不如漢文、神考不如漢宣也。光庭指以為非，亦太甚矣。假使光庭直徇己見，不為愛憎而言，則雖不中理，義猶可恕；或為愛憎而發，則於朝廷事體所損不細。今士大夫皆曰程頤與朱光庭有親，而蘇軾嘗戲薄程頤，所以光庭為程頤報怨而屢攻蘇軾。審如所聞，則光庭固已失之，軾亦未為得也。且軾薦王鞏為不知人，戲程頤為不慎言，舉此二者而罪之則當也，若指其《策問》為譏議二聖而欲深中之，以報親友之私怨，誠亦過矣。臣又聞軾與鄧温伯同進策題三道，陛下點此一道而用，則陛下聖鑒，必謂切於時務，故遂用之，决知其不譏議兩朝也。又況御史上官均近嘗論奏為政之道，有寬猛兩端，大槩與蘇軾之策題同意，陛下謂其言可取，著為法令，頒於天下。夫上官均之奏、蘇軾之策題，二人之言皆是講明治道，一則頒以為法，一則指以為罪，何輕重取捨之異哉！此士大夫之意，不能無惑也。恭惟陛下聖慮高遠，從諫如流，然臣下之言，或至於激，則亦願加審察。昔富弼、韓琦，天下知其忠且賢。弼因除張茂實管軍，中丞韓絳乃言富弼欲謀不軌。韓琦不赴文德殿押班，中丞王陶乃言韓琦反狀已露。尚賴聖主深炤情偽，二人者始終安完。以富弼、韓琦之賢，而言者猶如此中傷之，則不迨於弼與琦者，又可知矣。今日光庭中傷蘇軾之心，頗類前事，欲使朝廷為之報怨，不可不察也。臣與蘇軾皆蜀人，而不避鄉曲之嫌，極論本末，既備位臺職，而輒糾諫官之失，當二罪，皆不勝誅。然諜諜不敢自默者，非特為一蘇軾，蓋為朝廷救朋黨之弊也。孤忠危迹，敢以死請。」

《長編》卷三百九十四正月壬戌（初九日）紀事引右正言王覿言。覿首論「初有放罪指揮」、「既而指揮不下」之不當；繼謂大臣之言有異有同，「若悉考異同之因，深究嫌疑之迹，則兩歧遂分，朋黨之論起矣，夫學士命辭，有罪無罪小事也，使士大夫有朋黨之名大患也」。又謂：「朱光庭之論策題，言者既以謂因蘇軾與光庭之師程頤有隙而發矣；呂陶之言朱光庭，論者又謂陶與蘇軾同是蜀人，而遂言光庭也。」意謂不宜深究嫌疑之迹，以防朋黨之起。十一日，王覿復言：「原軾之意，不過設疑以發問，按軾之言，乃失輕重之體也。」

《施譜》：「正月，有旨令執政召逐人面諭，堯俞等至都堂辯論紛然，執政不能屈，至争於簾前，久而不決，先生亦抗章自明。」

辛未（十八日），傅堯俞、王巖叟入對，續論蘇軾。

《太平治迹統類》卷二十三本月辛未紀事：「傅堯俞、王巖叟入對，論蘇軾策題不當。堯俞既讀劄子竟，太皇太后曰：『此小事，不消得如此。』王巖叟因於袖（中）取軾所撰策題，就簾前指陳。未終，簾中忽厲聲曰：『更不須看文字也。』傅堯俞曰：『愛而知其惡，憎而知其善，今待軾如此，軾驕，將何以使之？』曰：『便總由臺諫官。』巖叟曰：『若臺諫所言，陛下能盡聽納，自足以成陛下之美也，臺諫何與焉，堯俞與巖叟家居待罪，伏俟譴斥。』」丙子，孫升言因此「陛下疑以為黨附諫官」。

丙子（二十三日），令蘇軾、傅堯俞、王巖叟、朱光庭各疾速依舊供職。先是欲逐四人，執政以為不可。范純仁奏蘇軾無罪。

丙子云云，據《長編》卷三百九十四。《長編》云：「詔：蘇軾所撰策題，本無譏諷祖宗之意。又緣自來官司試人，亦無將祖宗治體評議者。蓋學士院失於檢會。」蓋從僕射呂公著之意也。據《長編》，同日，同知樞密院范純仁言「蘇軾止是臨文偶失周慮，本非有罪」。殿中侍御史孫升言「若謂軾有意於譏諷，則軾非喪心病狂，何至於此」。范純仁《范忠宣公文集》附録《國史本傳》謂「學士蘇軾草策題被詰，……純仁奏軾無罪」。《宋史》純仁傳謂軾以發策問為言者所攻，「奏軾無罪」。據《長編》卷三百九十四正月乙亥（二十二日）紀事，三省進呈傅堯俞、王巖叟論蘇軾劄子，執政有欲降旨明言軾非者，太皇太后不聽，因曰：「軾與堯俞、巖叟、光庭皆逐。」執政爭以為不可。《施譜》：太皇太后察蘇軾實無譏諷意，卒兩存之。

二十七日，蘇軾、朱光庭、傅堯俞、王巖叟供職；至此，館策問題方竟。而朋黨之禍則日興。

二十七日云云，據《長編》卷三百九十三元祐元年十二月壬寅注文。《文集》卷五十《與張太保安道》敍其事，作於本月二十六日。《長編》卷四百十一元祐三年五月甲戌紀事：右正言劉安世論胡宗愈勸止同列，不就蘇軾試館職策題上疏。則館策問題未過分擴大，宗愈實有力。《施譜》：「元祐諸賢迭相攻軋，使姦人得指為黨，迄於竄謫，靡有遺類，禍實始此。」《邵氏聞見録》卷十三言哲宗時，賢者不免以類相從，故當時有洛黨、川黨、朔黨之語。以下云：「洛黨者，以程正叔侍講為領袖，朱光庭、賈易等為羽翼；川黨者，以蘇子瞻為領袖，吕陶等為羽翼；朔黨者，以劉摯、梁燾、王巖叟、劉安世為領袖，羽翼尤衆。諸黨相攻擊不已。正叔多用古禮，子瞻謂其不近人情如王介甫，深疾之，或加抗侮。故朱光庭、賈易不平，皆以謗訕誣子瞻，執政兩平之。是時既退元豐大臣於散地，皆銜怨刺骨，陰伺間隙，而諸賢者不悟，自分黨相毁。至紹聖初，章惇為相，同以為元祐黨，盡竄嶺海之外，可哀也。」

《宋大事記講義》卷二十《哲宗皇帝·諸君子自分黨(原注：洛黨、蜀黨、朔黨)》：「詔蘇軾、傅堯俞等供職。初，軾與程頤同在經筵，軾喜諧謔而頤以禮法自守，軾每戲之。朱光庭、賈易積不能平，乃力攻軾所選策題譏仁宗，胡宗愈劾中丞堯俞。御史(王)巖叟右光庭，吕陶右軾，惟諫官王覿之論得其中。」

參本月十七日紀事。

朱光庭自此以後，與蘇軾無交往記載。據《范太史集》卷四十三朱光庭墓銘，光庭紹聖元年三月卒，年五十八。

二月一日，繳進給田募役議劄子。

劄子見《文集》卷二十七(一七九三頁)；前連《論給田募役狀》。

八日，崔台符(平叔)借觀君厚《畫苑》，為跋。

文見《文集》卷七十(二二一五頁)。台符，《宋史》卷三百五十五有傳。君厚，待考。

辛卯(八日)，朝廷命撰富弼神道碑。旋撰成。

辛卯云云，據《長編》卷三百九十五，謂「詔賜富弼神道碑，以顯忠尚德為額」，乃從弼子紹庭之請。文見《文集》卷十八（五二五頁）。《宋史・仁宗紀》：慶曆二年，富弼使遼。弼神道碑謂此後「北方無事，蓋又四十八年」。據是，碑文當成於元祐五年，然碑文敘事止於本年，「四十八年」之「八」有誤。《石林燕語》卷五敘嘉祐間富弼不欲用父洵，以下云：「元祐間，富紹庭欲從子瞻求為富公神道碑，久之不敢發。其後不得已而言，一請而諾，人亦以此多子瞻也。」《却埽篇》卷下：「東坡初欲為富韓公神道碑，久之未有意思。一日晝寢，夢偉丈夫，稱是寇萊公來訪，已共語久之。既寤，下筆首敘景德澶淵之功，以及慶曆議和，頃刻而就。以示張文潛。文潛曰：有一字未甚妥，請試言之。蓋碑之末，初曰公之勳在史官，德在生民，天子虛己聽公，西戎、北狄視公進退以為輕重，然一趙濟能摇之。竊謂『能』不若『敢』也。東坡大以為然，即更定焉。」今本作「敢」。《朱子語類》卷一百三十：「富公在朝不甚喜坡公，其子弟求此文，恐未必得，而坡公鋭然許之。自今觀之，蓋坡公欲得此為一題目，以發明己意耳。其首論富公使虜事，豈苟然哉。」弟子道夫以為蘇軾「欲救當時之弊」。《文集》卷五十三《答陳傳道》第三簡謂作碑「欲使虜知通好用兵利害之所在」。

十七日，見王伯虎，伯虎為言吕公弼招致高麗人事。

據《文集》卷七十二《吕公弼招致高麗人》，謂招致高麗人乃公弼任樞密使時事。《宋史・宰輔表》：治平四年九月辛丑，公弼除樞密使。《長編》卷四百七本年十一月壬子：「朝散郎、監都進奏院王伯虎為校書郎。」此時伯虎當在監都進奏院任。

據《長編》卷二百九十八、二百九十九、三百九、四百八、四百五十七，元豐二年五月，伯虎以太學博士館閣校勘罷檢詳樞密院吏房文字，六月落館閣校勘，三年閏九月放令侍養，元祐三年正月知饒州，六年四月為刑部員外郎。《步里客談》卷上謂伯虎自編修官得帖職，《雲巢編》卷一有贈伯虎詩。王楙《野客叢書》卷九《髯奴事》謂伯虎乃其曾大父，仕至户部郎，有《過庭集》三十卷行世，「舊有坡仙簡牘，王會之挾老秦取之去，今不知所在」。《過庭集》不見。

二十一日夜，與黄庭堅、孫安（壽朋）、蔡肇會李公麟（伯時）齋舍，書鬼仙詩並跋。

詩、跋見《文集》卷六十八（二一四〇頁）。《侯鯖録》卷二謂蘇軾嘗誦一詩「湘中老人讀黄老」云云即此處所云鬼仙詩之一。《侯鯖録》謂「此必太白、子建鬼」。

安，潁昌長社人，永弟。元祐七年卒，年三十七。《道鄉集》卷三十四有安墓銘。《范太史集》卷五十五《手記》有安。肇字天啟，潤州丹陽人。《宋史》卷四百四十四傳謂「從蘇軾遊」。《范太史集》卷五十五《手記》謂肇「元祐六年舉臺閣」。《京口耆舊傳》卷四傳謂宣和元年卒。

二十八日，應薛紹彭請，自書自作及弟轍所作《上清詞》將刻之石，並跋。

跋見《佚文彙編》卷五（二五五三頁）。紹彭時以承事郎句當上清太平宫兼兵馬監押，見《金石萃編》卷一百三十九《薛紹彭書樓觀詩》。

本月，嘗會飲范百禄（子功）宅，應岑象求請，為書《武昌西山》詩。

詩見《詩集》卷二十七。《式古堂書畫彙考・書》卷十《蘇子瞻書武昌西山贈鄧聖求詩迹》附象求跋：

「子瞻内翰昔竄謫黄岡，同游武昌西山，觀聖求所遺墨迹。時聖求已貴處北扉，而子瞻方誤時遠放，流落窮困，不二年，遂與聖求對掌誥命，並驅朝門，同優游笑語於清切之禁，在常人固足感歎，有文而富於情者，宜何如哉！此前詩之所以作也。元祐丁卯二月，因會飲子功侍郎宅，子瞻為予筆此，遂記而藏之。江陵岑象求巖起跋。」百禄，鎮兄鍇子，《宋史》卷三百三十七傳謂「元祐元年為刑部侍郎」，改吏部侍郎。

三月甲寅（初二日），撰太皇太后於崇政殿受册手詔。詔改易詔詞。

據《長編》卷三百九十六，詔文已自《長編》輯入《佚文彙編》卷一。《石林燕語》卷一：「明肅太后上徽號初，欲御天安殿，即今大慶殿也。王沂公争之，乃改御文德殿。元祐初，宣仁太后受册，有司援文德故事為請，宣仁不許，令學士院降詔。蘇子瞻當制。」《長編》本日紀事：「後三日，内批付三省：所進詔本，從『常慕』字下二十六字，旨意稍涉今是不免却有昔非之議，可敍述太皇太后顧德實不及章獻，不敢必依章獻御文德殿故事。宜令三省倣此意度進入。」

四日，書《般若波羅密多心經》。

《晚香堂蘇帖》有蘇軾書《佛説般若波羅密多心經》，自「觀自在菩薩行」至「呪曰」（録呪文），凡二遍。末云「元祐二年三月四日蘇軾」。

丁巳（初五日），所撰太皇太后受册手詔詔詞有所改易，援故事乞罷，不從。

據《長編》卷三百九十六，所載改易之詔詞，乃曾肇撰。《文集》卷二十七有《論改定受册手詔乞罷劄子》。

十日，與堂兄不危（子安）簡，致館伴北使時所得段子。

《佚文彙編》卷四《與子安》：「近兩捧來誨，伏承尊體佳勝，甚慰下情。」末云：「館伴北使，得蕃段子，分獻一匹。」

同日，次韻弟轍送家定國（退翁）知懷安軍，請致意師劉巨。十一日，簡定國，以細篁等贈行。

詩見《詩集》卷二十八（一四九六頁）。據西樓帖，此詩應次該卷《送顧子敦奉使河朔》前，見本年四月紀事。轍詩見《欒城集》卷十五，云「晚春首歸路」。懷安屬成都府路之梓州路。軾詩末云「永愧舊山叟，憑君寄丁寧」，「誥案」謂舊山叟乃劉巨。巨乃蘇軾兄弟、定國兄弟之師。簡乃《佚文彙編》卷二與定國第二簡。

癸酉（二十一日），奉安神宗神御於景靈宮宣光殿。作導引歌辭。

癸酉云云，據《宋史・哲宗紀》。導引歌辭見《文集》卷四十四（一二九八頁）。

楊孟容（禮先）知廣安軍，有詩送之。自謂其詩效黃魯直體，庭堅（魯直）賦詩解之。

軾詩見《詩集》卷二十八（一四七九頁）。題下趙次公註：「先生自謂效黃魯直體。」詩次本月二十九日所作詩前，今依其編次。《文集》卷五十九答孟容第二簡敍送別及作詩事，第三簡云及「寄示石刻，暴揚鄙拙，極為悚怍」，知此詩已刻於廣安。《欒城集》卷十五亦有送孟容詩。

《山谷詩集注》卷五詩題：「子瞻詩句妙一世，乃云效庭堅體，蓋退之戲效孟郊、樊宗師之比，以文滑稽耳，恐後生不解，故次韻道之。」首云：「我詩如曹鄶，淺陋不成邦。公如大國楚，吞五湖三江。」

弟轍與孔武仲（常父）唱和，次弟轍韻。題趙令宴藏崔白冬景圖。

詩見《詩集》卷二十八（一四八〇、一四八二頁），次本月二十九日所作詩前，今從。《清江三孔集·宗伯集》卷四《再用韻和子瞻》：「堂堂司寇公，族姓原自古。支流入漢唐，浩渺無尋處。子瞻得家法，自少不勤苦。戲劇入場屋，名聲振寰宇。凝思膚寸雲，落筆萬點雨。中間觸機穽，窘若帶箭虎。坎軻連交游，凍餓及稺乳。歸來直玉堂，得失亦相補。顧我縻一官，未即江海去。裳衣裹窮猿，縶以三尺組。知公心胸中，坦不置城府。漫刺猶可持，還當謁文舉。」《欒城集》卷十五有次韻。

《王魏公集》卷二有《皇姪皇城使令宴加食邑制》。《苕溪漁隱叢話》前集卷二十六引題詩謂蘇軾善造語，能形容。崔白，《永樂大典》卷二千七百四十一引《鳳陽府圖經志》有傳，餘參元祐三年七月一日紀事。

二十九日，次韻三舍人省上。三舍人乃曾肇、劉攽及弟轍。

次韻見《詩集》卷二十八（一四八五頁）；自注：「三月二十九日作，明日駕幸景靈宮。」詩云：「却見三賢起江右。」宋刊十行本《東坡集》及《景蘇園帖》此詩此句下自注：「曾子開、劉貢父、孔經父皆江西人。」此詩題下「誥案」謂三舍人乃曾、劉及孔武仲（常父），改自注「孔經父」為「孔常父」，誤。

按：題所云三舍人，即三中書舍人，乃曾肇（子開）、劉攽（貢父）及弟轍。題下注文所引孔武仲《三舍人題名於後省皆賦詩因寄呈劉貢父丈》有「三賢文章鳳池手」句。如武仲時為中書舍人，則此詩實為自我標榜，決無是理；如謂此句所云之三賢有其兄在內，亦無是理，以兄弟情親，亦不能安以賢尊之也。題下注文尚引有弟轍《次韻孔武仲三舍人省上》，首云：「君不見西都校書宗室叟，東魯高談鼓瑟手。偶然同我西掖垣，並立曉班分左右。」西都校書乃謂劉攽，攽嘗佐司馬光修《資治通鑑》於西都洛陽，見《宋史·劉攽傳》；東魯句乃指曾肇，曾氏以孔子弟子曾子（曾參）為祖上，故如是云。此處蘇轍明謂三舍人乃劉、曾與己。劉為中書舍人，見元祐元年十二月庚子紀事；弟轍及曾為中書舍人，見同上年十一月戊寅紀事。「誥案」未詳考。孔武仲時任職館中，見本年「孔武仲來訪旋馳去」條。武仲《清江三孔集·宗伯集》卷九《仙韶副使胥氏可充樂使管勾仙韶公事》制，作於元祐六年十二月。同上卷《上哲宗乞轉侍從官進對》題下原注：「元祐七年八月上，時為中書舍人。」蘇軾詩題所云三舍人，與武仲無涉。

《晚香堂蘇帖》有《次韻三舍人省上》，末句自注：「明日扈從景靈宮，故有此句。」詩末云：「元祐二年三月晦日。」是月晦日為二十九日。

錢承制赴廣西路分都監任，送行詩盛贊錢鎮邪。

詩見《詩集》卷二十八（一四八六頁），緊次本月二十九日所作詩後，今依。詩首云「當年我作表忠碑」，承制蓋為吳越王錢氏之裔。詩末曰：「知是丹霞燒佛手，先聲應已懾羣夷。」自註：「廣西僧寺，頃有佛動之異，錢君碎而投之江中。」惜不得其詳。

《欒城集》卷十五《送錢承制赴廣東都監》：「家聲遠繼河西守，遊宦多便嶺外官。南海無波閑鬬舸，北堂多暇得羞蘭。忽聞常棣歌離索，應寄寒梅報好安。它日扁舟定歸計，仍將犀玉付江湍。」

本月，作《諸宫觀等處祈雨青詞》。

文見《文集》卷六十二，題下原注：「元祐二年。」未著月份。查《宋史·哲宗紀》：本月辛卯詔，有「冬夏旱暵，海内被災者廣」之語；己亥，太皇太后以旱權罷受册禮。兹繫此文於本月。

本月，與孫覺、虞大寧等上疏，奏乞録用鄭俠、王斿。

奏疏見《文集》卷二十七（七九四頁）。文中云及「臣等」，未及姓氏；孫、虞二人乃據《景定建康志》卷四十八《鄭俠傳》補。朝廷以俠為泉州教授，見《宋史》卷三百二十一《鄭俠傳》；俠字介夫，福州福清人。《彭城集》卷十九有《承事郎王斿可太常寺太祝制》，知斿得用。《長編》卷四百九十九謂斿乃軾兄弟門下士，知咸平縣，有治狀，與曾布為親戚，吴居厚薦為榷貨務，元符元年六月十八日罷。九月，監江寧府糧料院，見《後山詩注》卷首年譜注文。

虞大寧，廣信人。熙寧間知鄞縣，興修水利，民甚利之。《寶慶四明志》卷十二有傳。

毛滂來京師，上書。

書見《東堂集》卷六，約上於春間，見本年「本（五）月答毛滂簡」條。滂來京師，當為候選，求蘇軾提攜，參本年此下「薦晁説之及毛滂」條。

四月一日、二日，曾肇（子開）從駕，有詩。蘇軾亦從駕，次肇韻。

《詩集》卷二十八有《次韻曾子開從駕二首》、《再和二首》。參本年三月二十九日紀事。

《庚溪詩話》卷下：「元祐間，東坡與曾子開肇同居兩省，扈從車駕，赴宣光殿。子開有詩，其略曰：『鼎湖弓劍仙游遠，渭水衣冠輦路新。』又云：『階除翠色迷宮草，殿閣清陰老禁槐。』詩語亦佳。」乃此處所云之從駕詩，餘詳《詩集》注文。

《佚文彙編》卷三與肇簡：「來日欲同穆父略到池上扈駕。」「穆父甚喜公來，可攜帽子涼傘行也。」或作於此時。

癸巳（十二日），給事中顧臨為天章閣待制、河北路轉運使，與鄧温伯、李常、王存、孫覺、胡宗愈等上乞留狀。不報。

據《長編》卷三百九十八；時温伯為翰林學士，常為户部尚書，存為兵部尚書，覺、宗愈為吏部侍郎。狀見《文集》卷二十七（七九六頁）。

乙巳（二十四日），陳師道為亳州司户參軍、充徐州州學教授，以蘇軾等之薦也。

據《長編》卷三百九十九。《長編》云：「軾等言師道苟非其人，義不往見。謂章惇也。惇前知樞密院，欲師道一來見己，則將特薦於朝，師道終不往云。」

薦狀見《文集》卷二十七（七九五頁）。奏於本月十九日。《文集》卷四十九《與李方叔書》亦及薦師道事。

送顧臨（子敦）赴河北，有詩，詩有戲語。

詩見《詩集》卷二十八（一四九四頁）。撰送詩者尚有弟轍，詩見《欒城集》卷十五。

《雞肋編》卷中：「顧臨子敦內翰，姿狀雄偉，少未顯時，人以『顧屠』嘲之。元祐中，自給事中為河北都運使，蘇子瞻送之詩云：（略）顧得之不樂。」蓋以詩中有「軀膽兩雄偉，便便十圍腹」之句。

《獨醒雜志》卷五謂蘇軾與敦嘗同舍，以下云：「子敦肥碩，當暑袒裼據案而寐，東坡書四大字於其側，曰『顧屠肉案』。」茲附此。

三十日，范祖禹等餞送顧臨，蘇軾辭不往，作詩以自解。

詩見《詩集》卷二十八（一四九七頁）。

《雞肋編》卷中：「（顧子敦）既行，羣公祖道郊外，子瞻辭疾不往，和前韻以送，因以自解焉。」《范太史集》卷二詩題：「四月三十日，慈孝寺山亭席上，次韻經父舍人送子敦都運待制赴河北。」經父乃孔文仲，太史乃范祖禹。《欒城集》卷十五亦有餞行詩。

餞行者尚有劉攽，攽之詩云：「蘇公相知心，乃在湯湯水。」似為蘇軾解釋。詩載《彭城集》卷五。《山谷詩集注》卷六有送顧臨詩，不知是否為餞行時作？

嘗令門人輩作《人不易物賦》。

《濟南先生師友談記》：「東坡先生近令門人輩作《人不易物賦》（原註：物為一人重輕也）。或戲作一聯曰：『伏其几而襲其裳，豈為孔子；學其書而戴其帽，未是蘇公（原註：士大夫近年傚東坡桶高簷短，名帽曰子瞻樣）。』廌因言之。公笑曰：近扈從燕醴泉觀，優人以相與自夸文章為戲者，一優（原註：丁仙現）曰：『吾之文章，汝輩不可及也。』衆優曰：『何也？』曰：『汝不見吾頭上子瞻乎？』上為解顔，顧公久之。」《苕溪漁隱叢話》前集卷四十引《王直方詩話》云元祐初「士大夫效東坡頂短簷高桶帽，謂之子瞻樣」。《王直方詩話》「襲其裳」作「升其堂」，「豈為」作「曾非」，「學其書」作「襲其書」。《詩集》卷四十一《次韻子由三首·椰子冠》：「更著短簷高屋帽，東坡何事不違時。」可參。

和張問（昌言）喜雨。

《詩集》卷二十八有《和張昌言喜雨》、《次韻張昌言喜雨》，韻不同，略有先後。此略前，尚有《次韻張昌言給事省宿》。《彭城集》卷十三、《范太史集》卷二、《欒城集》卷十五、《山谷詩集注》卷六有和問喜雨。《孫公談圃》卷下：「元祐初，吕申公欲以張問為給事中，張老甚，外議恟恟。公上言：朝廷欲用老成者，謂其有成人之德，豈特蒼頭白髮而已乎！」其詩和者多，當以其老成。問，《宋史》卷三百三十一有傳。卒於本年十月壬戌，見《長編》卷四百七。

五月十四日，自書《緑筠軒》一首。

《晚香堂蘇帖》自書「緑筠軒一首」，云「元祐二年五月十四日書」。按：詩在《詩集》卷六，題作《緑筠亭》。

二十日，鮮于侁（子駿）卒。李廌（方叔）撰侁行狀，蘇軾簡廌贊其文丰容雋壯。

二十日云云，據《淮海集》卷三十六《鮮于子駿行狀》。《文集》卷五十三與廌第五簡盛贊所作侁行狀，勉其「志業益充」。《長編》卷三百六十一元豐八年十一月丁酉注文亦謂侁行狀為廌作。行狀收入《淮海集》，乃代秦觀撰。行狀未言侁葬事，當作於本年。

二十五日，范百嘉（子豐）卒。簡慰其父鎮。

百嘉卒見《范太史集》卷三十九墓銘，時年三十九。慰鎮簡為《文集》卷五十答鎮（蜀公）第九、十、十一各簡。《欒城集》卷十六有挽百嘉詩。

龐安時（安常）遣人送《傷寒論》來。二十八日，答簡，盛贊安時之書，允為作序。

《文集》卷五十三答安時第一簡，載安時《傷寒總病論》卷首，謂「五月廿八日」書。該書無序，乃以蘇軾此簡代序。知軾未作序。《傷寒總病論》即《傷寒論》之全稱。簡云「方苦多事」，乃指館職策為人所論。第二簡云「當為作數百字，仍欲送杭州開板」，當為第一簡附簡，「數百字」當指序。

《豫章黃先生文集》卷十六《龐安常傷寒論後序》末云：「前序，海上道人諾為之，故虛右以待。」此海上道人即蘇軾。《直齋書録解題》卷十三《龐氏家藏秘寶方》謂安時所著書惟《傷寒論》傳於世。安時醫學著述，除《直齋書録解題》所云者外，尚有見於《宋史·藝文志》之《難經解義》、《難經解》各一卷。軾答安時第三簡，乃與安時論醫理，約作於元祐間。

本月，答毛滂（澤民）簡。滂復上書。

《文集》卷五十三答滂第一簡首云「酷暑」，滂書當上於春間。簡謂「文章如金玉，各有定價」，「品目高下，蓋付之衆口，决非一夫所能抑揚」，勉滂不斷努力。

復上之書，見《東堂集》卷六。書云「仲夏」，乃五月事。書稱軾内翰，未及侍讀，知作於本年兼侍讀前。

本月，劉攽（貢父）西省種竹，賦詩，蘇軾兄弟、鄧潤甫、曾肇（子開）、孔文仲兄弟賡和。

《彭城集》卷十五《西省種竹偶書呈同省諸公并寄鄧蘇二翰林》首云「五月十三竹迷日」，為本月事。軾詩見《詩集》卷二十八（一五〇〇頁）。《彭城集》同上卷尚有《種竹重寄子瞻》。《道園學古録》卷十一《題劉貢父蘇子瞻兄弟鄧潤甫曾子開孔文仲兄弟賡和竹詩墨迹》謂「七君子偶以唱和同在此卷」，元祐同朝諸賢歷官行事可考知者尚多。文仲、武仲、弟轍次韻詩，《詩集》注文已引。

孔武仲（常父）來訪，旋馳去，作詩。答之。

武仲詩乃《清江三孔集·宗伯集》卷三《謁蘇子瞻因寄》，首云「蓬山藏史策馬馳」。武仲時在史館，見《宋史》卷三百四十四。答詩見《詩集》卷二十八（一五〇一頁）。

與張耒（文潛）至王直方（立之）家，讀耒所作詩，深愛之。

《宋詩話輯佚》上册引《王直方詩話》：「文潛先與周翰、公擇輩來飲余家，作長句。後數十日，再同東坡來。讀其詩，歎息云：『此不是吃烟火食人道底言語。』蓋其間有『漱井消午醉，掃花坐晚涼』、『衆緑結夏帷，老紅駐春粧』之句也。山谷次韻云：『張侯筆端勢，三秀麗芝房。作詩盛推賞，月珠計斛量。掃花坐晚吹，妙語亦難忘。』」耒詩乃《張耒集》卷十一《文周翰邀至王才元園飲》。庭堅詩乃《山谷詩集注》卷六《次韻文潛同遊王舍人園》，次本年夏，注文謂舍人名棫，字才元。按：乃直方父。《雞肋集》卷七有《次韻張著作文潛飲王舍人才元家，時坐客李尚書公擇、光禄文少卿周翰、大理杜少卿君章、黄著作魯直》。

《郡齋讀書志》卷三下《歸叟詩話》：「六卷。右皇朝王直方立之撰。直方自號歸叟。元祐中，蘇子瞻及其門下士以盛名居北門東觀。直方世居浚儀，有別墅在城南，殊好事，以故諸公亟會其家，由是得聞緒言餘論，因輯成此書。」《歸叟詩話》當即《王直方詩話》。已佚。

直方生熙寧二年，卒大觀三年。事迹詳《嵩山文集》卷十九墓銘，墓銘稱直方「無他嗜好，惟晝夜讀書，手自傳録」。棫，《山谷詩集注》卷九、《邵氏聞見後録》卷二及之。《後山詩注》卷十二《酬王立之》注謂其家有蘇、黄元祐中所題字。

李公麟（伯時）藏韓幹所畫馬，弟轍題詩，次轍韻。

次韻見《詩集》卷二十八（一五〇二頁）。轍詩見《欒城集》卷十五。次轍韻者，尚有蘇頌、黄庭堅、劉攽、王欽臣。五人詩，見《詩集》注。此外，《柯山集》卷十二亦有次韻。

與弟轍經筵唱和。

轍詩見《欒城集》卷十五，次韻乃《詩集》卷二十八《軾以去歲春夏，侍立邇英，而秋冬之交，子由相繼入侍，次韻絶句四首，各述所懷》。《山谷詩集注》卷七、《雞肋集》卷二十、《張耒集》卷三十一有次韻。

宋構知彭州，有詩送行。

詩見《詩集》卷二十八（一五〇八頁）。《欒城集》卷十五亦有送詩。

構字承之，成都雙流人，號二江先生。有《二江先生文集》十六卷，《成都文類》卷二十三有馬涓所作序，稱構「天才絶人，結髮稱奇童，北遊場屋，則雋譽日出逼人」。元豐七年末，為夔州路轉運判官，赴闕，《馮安岳集》卷十一有送行詩。元祐六年為南省郎。卒，《眉山唐先生文集》卷二十九有祭文，稱構入握省闈，出持使斧，西極岷峨，東盡河湟。餘見題下注文，并參《長編》卷三百五十。構集早佚。

郭熙畫秋山平遠，題詩。嘗應黄庭堅之約，觀熙所畫山水。

詩見《詩集》卷二十八（一五〇九頁），言文彦博「為君紙尾作行草」，當是熙持彦博之跋求題。《欒城集》卷十五有《書郭熙横卷》詩。

《圖畫見聞志》卷四《郭熙傳》：「河陽温人，今為御書院藝學，工畫山水寒林，施為巧贍，位置淵深，雖復學慕營丘，亦能自放胸臆，巨障高壁，多多益壯，今之世為獨絶矣。」《宣和畫譜》卷十一、《圖繪寶鑑》卷三、《宋史翼》卷二十八有傳。

《山谷全書·別集》卷七《跋郭熙畫山水》：「郭熙元豐末，為顯聖寺悟道者，作十二幅大屏，高二丈餘，山重水複，不以雲物映帶，筆意不乏。余嘗招子瞻兄弟共觀之。子由歎息終日，以為郭熙因為蘇才翁家摹六幅李成《驟雨》，從此筆墨大進。觀此圖，乃是老年所作，可貴也。元符三年九月丁亥，觀於青神蘇漢侯所。」應招觀畫，當為此前後在朝時事。

六月，薛紹彭刻《上清詞》於上清太平宮。紹彭寄石刻，覆簡。

六月云云，見《金石萃編》卷一百三十九。簡見《佚文彙編》卷四（二五〇二頁），云「寄示石刻，仰佩至意」；又云「秋冷」，蓋道途往返，覆書已及秋。

寄王齊愈（文甫）《武昌西山》倡和詩。

《詩集》卷二十七《武昌西山・敍》敍作此詩，請鄧潤甫同賦，當以遺邑人，使刻之。邑人謂王齊愈。《文集》卷五十三與齊愈第二簡敍寄詩事。簡云「酷暑」，作於夏。

毛滂出都，寄詩與蘇軾兄弟。

詩乃《東堂集》卷二《出都寄二蘇》，序云「去年冬去田里而西，歷春度夏，出關已秋」。《文集》卷五十三答滂第一簡，云及「不久出都」，作於此略前。

書李世南所畫秋景，書鄢陵王主簿所畫折枝。

詩見《詩集》卷二十九（一五二四、一五二五頁）。世南，《畫繼》卷四有傳。《姑溪居士後集》卷十二有《故人李世南畫秋山林木平遠三首和韻》、《再和觀臺三首》。《長編》卷四百八元祐三年二月乙未：宣德郎李世南減磨勘一年，遷一官，以詳定《元祐敕令式》成書推恩之故。王主簿，《畫繼》卷四小傳謂「未審其名，長於花鳥」。

秋暑，與李廌（方叔）書，以積學不倦為勉。

書見《文集》卷四十九（一四二〇頁），云：「私意猶冀足下積學不倦，落其華而成其實。深願足下為禮義君子，不願足下豐於財而廉於德也。」書及本年四月薦陳師道事；又及本年五月鮮于侁卒，廌寄來侁行狀而不及元祐三年知貢舉事，知作於本年。

七月甲寅（初五日），張商英（天覺）為提點河東路刑獄。有送行詩。

七月甲寅云云，見《長編》卷四百三。送行詩見《詩集》卷二十九（一五三〇、一五三二頁）。《山谷詩集注》卷八、《范太史集》卷二有送行詩。

十五日，進《坤成節集英殿宴教坊詞致語口號》。

詞及致語口號，見《詩集》卷四十六。十六日為坤成節。十五日云云據自注。

辛未(二十二日)，韓維罷門下侍郎，知鄧州。維旋改汝州。有詩及維。嘗勸維遠聲色。

辛未云云，據《宋史·宰輔表》。知汝乃八月事，見《宋宰輔編年録校補》卷九。哲宗初，論衙前差雇，軾與維有争議。見《文集》卷三十二《杭州召還乞郡狀》。韓黨目軾與吕陶為川黨，見《文集》卷二十九《乞郡劄子》。然二人私交頗厚。《詩集》卷二十九有《次韻劉貢父和韓康公憶持國二首》、《上韓持國》。軾嘗代維作《劉夫人墓誌銘》，見《文集》卷十五。

《濟南先生師友談記》：「東坡公云：日者，王寔、王寧見訪。寔，韓持國少傅之壻也。因問持國安否。寔、寧皆曰：『自致政，尤好歡，嘗自謂人曰：吾已癃老，且將聲樂酒色以娱年，不爾無以度日。』東坡曰：『惟其殘年，正不當爾。君兄弟至親且舊，願為某傳一語於持國，可乎？』寔、寧曰：『諾。』坡曰：『頃有一老人，未嘗參禪而雅合禪理，死生之際，極為了然。一日，置酒大會親友，酒闌，語衆曰：「老人即今且去。」因攝衣正坐，將奄奄焉。諸子乃遑遽呼號曰：「大人今日乃與世訣乎？願留一言為教。」老人曰：「本欲無言，今為汝懇，只且第一五更起。」諸子未諭，曰：「何也？」老人曰：「惟五更可以勾當自家事，日出之後，欲勾當則不可矣。」諸子曰：「家中幸豐，何用早起，舉家諸事，皆是自家事也，豈有分别？」老人曰：「不然，所謂自家事者，是死時將得去者。吾平生治生，今日就化，可將何者去。」諸子頗悟。今持國果自以謂殘年，請二君言與持國，但言某請持國勾當自家事，與其勞心聲酒，不若為可以死時將去者計也。』」寔，見元祐八年「辟王寔為屬」條；寧，見建中靖國元年「王寧許於潁昌假大第居住」條。寔、寧，《范太史集》卷五十五《手記》有其名。維卒元符元年，年八十三，見《南陽集》附行狀。

《苕溪漁隱叢話》後集卷二十二引《東皋雜録》：「子華、玉汝相繼命相，未幾持國拜門下侍郎，甚有爰立之望，其家建堂榜曰三相。俄持國罷，遂請老，東坡聞之，曰：『既不成三相堂，可且名為二相公廟。』」附此。

二十六日，除兼侍讀，上辭免狀。未允。

表見《文集》卷二十三（六六八頁），謂二十六日除兼侍讀，未著月份。《總案》謂為七月，是。未允，見八月一日紀事。

丁丑（二十八日），范鎮再致仕。賀簡。

丁丑云云，據《長編》卷四百三。《文集》卷十四鎮墓銘敍之，簡乃卷五十答鎮第八簡。

贈道士李德柔詩。

詩見《詩集》卷二十九（一五三三頁）。《欒城集》卷十五有贈詩。德柔字勝之，《鐵圍山叢談》卷五略敍其事：「能詩善畫，酷肖於傳神寫照，出入公卿門。」以下云：「魯公亦喜得其戒徐王好色句，數為大筆書之。其後天子方嚮道家流事，尊禮方士，都邑宮觀，因寖增崇侈。於是人人争窮土木，飾臺榭，為游觀，露臺曲檻，華僭宮掖，入者迷人。獨德柔漠然，益示為樸魯。群黃冠多揶揄之，遂聞於上。上曰：『德柔貧耶？』命賚錢五百萬，俾新作其齋房。德柔不得已拜受，乃為一軒，而名之曰『鼠壤』。上笑，亦為之御書金字榜之。」以下言宣和甲辰後坐誚神霄事被逐。魯公，蔡京。

張舜民倅虢，作詩留別，次韻。

次韻見《詩集》卷二十九（一五三四頁）。

倅虢見《長編》卷四百二本年六月甲午紀事。參本年八月二日紀事。

八月一日，兼侍讀，上表。

表見《文集》卷二十三（六六九頁）。《墓誌銘》云元祐二年，復除侍讀。以下云：「每進讀至治亂興衰、邪正得失之際，未嘗不反覆開導，覬上有所覺悟。上雖恭默不言，聞公所論說，輒首肯，喜之。」《蘇東坡軼事彙編》引《朱子文集》：「文潞公嘗與呂、范諸公入侍經筵，聞先生講說，退，相與嘆曰：『真侍講也。』一時人士，歸其門者甚盛。而先生亦以天下自任，論議褒貶，無所顧避。由是同朝之士，有以文章名世者，疾之如仇，與其黨類，巧為謗詆。」先生謂程頤。此非公論。

辛巳（初二日），右司諫賈易知懷州，以語侵大臣文彥博等，涉蘇軾。

據《長編》卷四百四。《長編》謂：「自蘇軾以策題事為臺諫官所言，而言者多與程頤善，軾、頤既交惡，其黨迭相攻，易獨建言，請併逐二人。又言呂陶黨助軾兄弟，而文彥博實主之，語侵彥博及范純仁。太皇太后怒，欲峻責易。呂公著言：『易所言頗切直，惟詆大臣為太甚，第不可復處諫列耳。』太皇太后曰：『不責易，此亦難作，公等自與皇帝議之。』公著曰：『不先責臣易，責命亦不可行。』爭久之，乃止罷諫職。」易字明叔，無為人。《宋史》卷三百五十五有傳。

同日，程頤罷經筵，權同管勾西京國子監。先是諫議大夫孔文仲屢言頤，至是罷；或謂孔文仲之言用蘇軾意。

同日云云，據《宋史·哲宗紀》。

《二程集》附録《伊川先生年譜》本年紀事：諫議大夫孔文仲「奏先生汙下憸巧，素無鄉行，經筵陳説，僭横忘分，遍謁貴臣，歷造台諫，騰口間亂，以償恩讐，致市井目為五鬼之魁，請放還田里，以示典刑」。其詳見《二程集·河南程氏外書》卷十二引《傳聞雜記》。

《長編》卷四百九元祐三年三月戊辰紀事原注：「《孔文仲舊傳》新録辯誣，今附此。」以下引《舊傳》云：「其後宰相呂公著，謂（文仲）為蘇軾所誘脅，論事皆用軾意，則文仲之為人可知矣。」以下云：「臣等辯曰：『呂公著之言，恐未必有此。且文仲所論青苗、免役、保甲、保馬、茶鹽之法，當時廷臣論者非一，一時公議如出一口，豈皆為蘇軾所誘脅而盡用軾意乎？非呂公著之言明矣。以上二十九字（按：指「其後宰相」至「可知矣」二十九字），今删去。』」文仲卒於元祐三年三月二十一日，見該年紀事。《長編》注出自《哲宗實録》。據注，有舊、新《孔文仲傳》。查《宋史·徽宗紀》、《高宗紀》，徽宗時修《哲宗實録》，乃蔡京提舉；高宗時重修《哲宗實録》，乃趙鼎所上。「臣等」云云，乃高宗時重修《哲宗實録》史館臣自謂。

《吹劍録全編・吹劍録》：「伊川出於吕申公，公多質疑焉。」申公，公著。以下言蘇軾導諫議孔文仲奏程頤為吕門五鬼之魁，並云：「蘇子容語坡曰：『公不可如此。頌見過其門者，無不肅容。』會范太史亦為之辨。文仲始悟為人所紿，憤愧嘔血死。」范太史，祖禹。

《宋大事記講義》卷二十《哲宗皇帝・諸君子自分黨（原注：洛黨、蜀黨、朔黨）》：「（元祐）二年，解張順民等言職，以（文）彦博惡其有用兵之意也。梁燾、（王）巖叟、（傅）堯俞等累數争之，相繼罷。七月，韓維自門下侍郎出知鄧州，吕陶劾之，曾肇不草制，公著言維有人望。八月，賈易罷左司諫。易言吕陶黨軾兄弟，而文彦博主之。太皇怒。程頤罷為西京國子監，孔文仲言頤乃五鬼之魁故也。」《長編》卷三百九十九元祐二年四月甲辰紀事：「詔張舜民特罷監察御史，依前祕閣校理，權判登聞鼓院，仍令赴館供職。」以下敍舜民言夏人專横滋甚，宜即加兵問罪。據此，《宋大事記講義》「順民」乃「舜民」之誤。附此。

上章，乞補外，留中不出。

參本年九月十一日紀事。乞補外，乃緣程頤之罷而發。并參本年十月六日紀事。所上章，已佚。

四日，與弟轍祭黄好謙（幾道），作祭文。嘗贊美好謙父子思，讀其詩集，為之書後。

《晚香堂蘇帖》收有《祭黄幾道文》，首云：「維元祐二年，歲次丁卯，八月庚辰朔，越四日癸未，翰林學士、朝奉郎、知制誥蘇軾，朝奉郎、試中書舍人蘇轍，謹以清酌庶羞之奠，昭告於故穎州使君同年黄兄幾道之靈。（下略）」《文集》卷六十三《祭黄幾道文》無「維元祐」至「之奠」四十九字，「昭告於」云云十六字，作「幾道大夫年兄之靈」。據《文集》此文第二條校記，南宋樓鑰所見之墨迹，即《晚香堂蘇帖》所云之書迹。文中「我遷淮南」應據書帖作「軾遷於南」；南，黄州。

《欒城集》卷二十九有《黄好謙知潁州制》，次《范子奇河北都轉運使制》後，《李清臣資政殿學士知河陽制》前。《長編》卷三百九十八本年四月丙戌（六日）紀事：右司諫王覿論范子奇不當為河北都轉運使；癸巳（十三日），新河北路都轉運使為陝西路轉運使。《長編》卷三百九十九謂李清臣知河陽為四月戊申（二十七日）事。知好謙知潁州制撰於四月。《欒城集》卷十五有《黄幾道郎中同年挽詞》次《次韻張問給事喜雨》、《次韻劉貢父省中獨直》、《次韻劉貢父西掖種竹》後。參照《詩集》卷二十八有關次韻，轍挽詩約作於本年五六月間。挽詩其一有「不到汝陰遺恨遠，坐令湖水減清光」之句；湖為潁州西湖，知好謙未到潁州任即逝去。其二有「遥聞葬日車千兩，漬酒緜中寄一悲」之句，知撰挽詞時好謙已葬。則好謙之卒，當在蘇轍撰知潁州制後旬月間，其時約在本年五月。

好謙，熙寧三年六月丙寅，以著作佐郎登對。神宗謂王安石曰：「好謙守本分。」遂除編修中書條例。五年五月，以太常丞權監察御史裏行通判潁州。元豐三年九月在福建轉運判官任，展磨勘二年。六年九月，自司勳郎中除知揚州，未行，改蔡州。八年八月，以朝散郎為駕部郎中。又嘗為户部員外郎，《元豐類稿》卷二十一有制。又嘗官御史。除知潁州前，《欒城集》卷二十九尚有《知濮州制》，亦作於本年四月，知濮州之命未行。其卒，贈通議大夫。《柯山集》卷十九挽詞首云「風流正始久無聲，頗復因公到後生」，知好謙善詩。《清江三孔集·宗伯集》卷八挽詞贊好謙孝友。《山谷詩集注》卷十一亦有挽詞。子寔。以上敍述，並參《長編》卷二百十二、二百三十三、三百八、三百三十九、三百五十八及《攻媿集》卷一百三《承議郎黄君墓誌銘》。

《文集》卷六十七《書黄子思詩集後》謂子思「慶曆、皇祐間號能文者」。子思字孝先，自閩徙家宛丘，卒贈銀青大夫。見《攻媿集》卷一百三《奉議郎黄君墓誌銘》、卷七十三《跋黄氏所藏東坡山谷二張帖》。

軾文或應好謙及其子寔之請而作；作文時，好謙尚在。今因好謙卒事附於此。

辛丑（二十二日），為實録院修撰。

據《長編》卷四百四，同為實録院修撰者，尚有吏部尚書蘇頌、兵部侍郎趙彦若。

實録院修撰罷於何時，《長編》無記載。

二十五日，書《真相院釋迦舍利塔銘》。

銘見《文集》卷十九。

《山左金石志》卷十八《真相院舍利塔銘》：「宣和三年十月刻，正書。石高一尺七寸五分，廣一尺八寸，在長清縣真相寺。」塔銘題為《齊州長清縣真相院釋迦舍利塔銘》。繫銜為：「翰林學士、朝奉郎、知制誥、上騎都尉、武功縣開國男食邑三百户、賜紫金魚袋。」碑書於本日，立石者為住持真教大師文海。塔銘作於此略前。

《文物》一九八三年第六期韓明祥《蘇軾撰書齊州長清縣真相院釋迦舍利塔銘并引刻石》謂碑今存。

《長清縣志》（道光刊本）卷十《寺觀·真相寺》：「在縣治西，有磚塔八盤。」

二十七日，撰《賜太師文彦博辭免不拜恩命許批答二首》。

文見《文集》卷四十三。

《石林燕語》卷五：「元祐初，文潞公為太師，吕申公為左僕射，皆以高年特賜免拜。二公力辭。蘇子瞻為翰林學士，因論（略）。仍降允詔，當時以為得體。」所云論乃指見於《文集》卷三十七《乞允文彦博等辭免拜劄子》。潞公，彦博。申公，公著。

《文集》卷四十三有《賜宰相吕公著辭免不拜恩命允批答二首》，作於本年九月一日。

同日，奏《論擒獲鬼章稱賀太速劄子》。

文見《文集》卷二十八。文謂：「願朝廷鎮之以静，示之以不可測。」意為不宜過速稱賀。

《宋史·哲宗紀》本月丁未（二十八日）紀事：「岷州行營將种誼復洮州，執蕃酋鬼章青宜結。」此乃正式宣布，以示慶賀也。據此，蘇軾之奏，朝廷未從。

本月，與聖用弟簡。賀其姪小十得解。

《文集》卷六十《與聖用弟》第一簡云及「小十捷解」，知作於本月。簡又云「子由為朝陵去，未及奉書」，弟轍於本年九月祭告永裕陵，見《欒城集》卷十五《滎陽唐高祖太宗石刻像》自敍。小十乃十郎，聖用之姪，見第二簡。聖用之父為誰，待考。

揚州倅王鞏（定國）寄詩來，次韻以著書自勉。為鞏作真贊。

次韻見《詩集》卷二十九（一五三五頁）。原題《次韻王定國倅揚州》，當從宋刊十行本《東坡集》及施本作《次韻王定國揚州倅》。《長編》卷四百五十九元祐六年六月丙申注引劉摯奏：「鞏倅揚，及王安禮、謝景温二守。」安禮知揚為元祐元年十一月戊辰事，本年六月己酉遷。見《長編》卷三百九十一、四百二。知鞏倅揚為本年六月前。次韻云「又驚白酒催黃菊」，約作於八九月間，時鞏在揚已有數月。若作今題，則是鞏倅揚為此時事，不合。鞏原為西京通判，不知何時罷。次韻有「火急著書千古事」之句。《文集》卷五十二與鞏第三十三簡言及張方平文集之序尚未作，作於本年。簡云「真贊輒作得數句」，謂《文集》卷二十一《王定國真贊》。《文集》卷七十一《書王定國贈吳説帖》附鞏帖，謂以吳硯為真贊潤筆，吳硯乃吳汪少微硯；同卷《書汪少微硯》可參。為方平集作序，本年以下有專條。《詩集》卷二十九《昨見韓丞相言王定國今日玉堂獨坐有懷其人》作於此略後。

次韻米黻二王書跋尾二首。

此乃題，詩見《詩集》卷二十九。原韻注文已引。《詩話總龜》前集卷九引《王直方詩話》：「東坡跋米元章所收書（畫）云：『畫地為餅未必似，要令癡兒出饞水。』又云：『錦囊玉軸來無趾。』山谷和之云：『百家傳本略相似，如月行天見諸水。』又云：『拙者竊鉤輒斮趾。』皆謂元章患浄病及好奪取人書畫也（「書畫也」原作「話」，今從《宋詩話輯佚》）。」軾詩在次韻其二，庭堅詩，題下注文已引。

為文及甫（周翰）題《郭熙秋山平遠二首》。

詩見《詩集》卷二十九，《欒城集》卷十五次韻。《西臺集》卷二十《和子瞻題文周翰郭熙平遠圖二首》、《雞肋集》卷二十《題工部文侍郎周翰郭熙平遠二首》、《張耒集》卷二十九《題文周翰郭熙山水二首》，皆次蘇軾韻，軾詩蓋為文周翰作。

《宋史》卷三百十三《文彥博傳》稱彥博第六子及甫嘗權工部侍郎，知周翰乃及甫之字。四庫本《類説》引《王直方詩話》：「東坡見文周翰詩，云：『不易吟得到這箇田地，此詩可作兩用。』」及甫詩不傳。

歐陽辯監澶州酒，有送行詩。

詩見《詩集》卷二十九（一五四〇頁）。《欒城集》卷十五亦有送行詩。

九月五日，以鬼章被擒，奏告神宗陵，作祝文。

文見《文集》卷四十四（一二九一頁）。《鶴山先生大全文集》卷六十有《跋東坡獲鬼章告裕陵文真迹》。

八日，因擒鬼章論西羌、夏人事宜。

文見《文集》卷二十八（七九八頁）。《經進東坡文集事略》卷三十二有此文，注：「初，夏人之入寇也，行半道，聞鬼章被擒，遽還，謀掠鎮戎，無所得，數日，即遁去。公意其且必請和修貢，上疏請難之。」文先陳前後致寇之由，在於當事執政以省事為安；次論當今待敵之要，「若夏人款塞，當受其詞而却其使」，防其姦謀。

庚申（十一日），侍御史王覿論勿大用蘇軾。

據《長編》卷四百五。覿言：「蘇軾、程頤向緣小怨，浸結仇怨，於是頤、軾素相親善之人，亦為之更相詆訐以求勝，勢若決不兩立者。乃至臺諫官一年之内，章疏紛紜，多緣頤、軾之故也。前者頤敗而言者及軾，故軾乞補外，既降詔不允，尋復進職經筵，而又適當執政大臣有缺，士大夫豈得不憂，雖臣亦為朝廷憂也。軾自立朝以來，咎愆不少，臣不復言，但廟堂之上，若使量狹識暗喜怒任情如軾者預聞政事，則豈不為聖政之累耶！然軾之文采，後進少及，陛下若欲保全軾，則且勿大用之，庶幾使軾不遽及於大悔吝。」貼黃言：「軾乞補外，所上章留中不出，臣料之，彼雖以補外為請，其章中必有自安之謀以拒公議，果爾，則陛下益當深察其邪正真偽而審處之。」又貼黃言：「頤、軾自擢用以來，皆累有臺諫官論列，若使二人者言行全無玷缺，亦安得致人言如此之多也。近日既察頤而逐之，惟軾尚存，公議未允。臣今日所論，但欲且更無進用軾，徐察其為人。」

十五日，邇英講《論語》，終篇，賜執政講讀史官燕於東宮，又賜御書詩。翼日，進詩一篇及謝賜表。

詩見《詩集》卷二十九（一五四一頁），表見《文集》卷二十三（六七〇頁）。

《捫虱新話》卷二《山谷作詩》：「山谷嘗言：作詩正如作雜劇，初如布置，臨了須打諢，方是出場。予謂雜劇出場，誰不打諢，只難得切題可笑耳。山谷蓋是讀秦少章詩，恐其終篇無所歸，故有此語。然東坡嘗有對賜御書詩曰：『小臣願對紫微花，試草尺書招贊普。』秦少章一見，便曰：『如何便說到這裏。』蓋謂東坡不當合鬧，然亦是不會講雜劇也。」以下引蘇軾自注並節引詩句，謂「意自有在」。「小臣」二句，即所進詩中語。

《道山清話》：「蘇子瞻詩有『似聞指麾築上郡，已覺談笑無西戎』之句。嘗問子瞻，當是用少陵『談笑無西河』之語。子瞻笑曰：故是，但少陵亦自用左太冲『長嘯激清風，志若無東吳』也。」「似聞」二句，在所進詩中。「查註」引此事，謂出《續前定録》。按《續前定録》乃唐鍾輅撰，在《百川學海》中，「查註」偶失考。

《詩話總龜》前集卷九引《王直方詩話》：「秦少章云：世上事絶有理會不得者，余前日見孫莘老大笑東坡《謝御賜書詩》，云：『有甚道理，後面更直説至陝西奏捷。』」

丁卯（十八日），大宴集英殿。作教坊詞致語。

丁卯云云，見《長編》卷四百五。致語見《詩集》卷四十六（二四九六頁）。

十九日，作文祭親家翁王正路（宜甫）。

文見《文集》卷六十三（一九四九頁），云「昭告於故比部郎中贈光禄大夫王公宜甫親家翁之靈」。《欒城集》卷十五有挽詞。《文集》卷十五王適（子立）墓銘：「考諱正路，比部郎中，知濮州，贈光禄大夫。」適乃轍次女之壻。正路父礮，《宋史》卷二百九十一有傳，官至參知政事、知樞密院事，故祭文云「三公之子」。《文集》卷五十一《與滕達道》第七簡云「示諭宜甫夢遇於傳有無」，此宜甫當即正路。

二十七日，上《乞詔邊吏無進取及論鬼章事宜劄子》。朝廷部分從所請。

奏見《文集》卷二十八，請可詔邊臣與鬼章約，若能使其部族討阿里骨，可放其生還。《宋史·哲宗紀》十一月庚申：「獻鬼章於崇政殿，以罪當死，聽招其子及部屬歸以自贖。」部分從軾請。《宋史紀事本末》卷四十一謂遣鬼章居秦州聽令。

秋，邵伯温（子文）以經行薦。

據《邵氏聞見録》卷二十。伯温，洛陽人，雍子。《宋史》卷四百三十三有傳。嘉祐元年生，卒於紹興四年。《邵氏聞見録》記蘇軾事頗多。

奉命撰趙抃神道碑。

碑見《文集》卷十七（五一六頁），謂抃卒三年，其子屼請碑於朝，哲宗命蘇軾為文。抃卒於元豐七年八月，越三年而為今年秋。

十月三日，撰《西京會聖宮應天禪院奉安神宗皇帝御容前一日奏告永裕陵祝文》。

文見《文集》卷四十四。《宋史・哲宗紀》本月壬午（四日）紀事：「奉安神宗御容於會聖宮及應天院。」知祝文作於三日。

甲申（六日），奏請補外，不許。

據《長編》卷四百六。《長編》云：賈易既罷諫職，蘇軾兄弟皆乞補外。

《文集》卷二十八《乞罷學士除閑慢差遣劄子》：「臣近因宣召，面奉聖旨：『何故屢入文字乞郡？』臣具以疾病之狀對。又蒙宣諭：『豈以臺諫有言故耶？兄弟孤立，自來進用，皆是皇帝與太皇太后主張，不因他人。今來但安心，勿恤人言，不用更入文字求去。』」所敘為此時事。《彭城集》卷二十二《賜翰林學士蘇軾詔》云「奏乞外郡」不允。

七日，上劄子，乞約鬼章討阿里骨。

劄子見《文集》卷二十八（八〇三頁），蓋以阿里骨凶狡反覆也。《宋史・哲宗紀》：元祐三年正月壬申，阿里骨上表謝罪；四月丁酉、八月戊寅皆入貢。未用兵。

同日，奉旨撰《賜奉安神宗御容禮儀使呂大防銀合茶藥詔》。並撰導引歌辭。

賜詔見《文集》卷四十。《文集》卷四十四有《迎奉神宗御容赴西京會聖宮導引歌辭》。《揮麈録·餘話》卷一敍元祐二年暇日蘇軾會黄庭堅、張耒、晁補之等於私第，以下云：「忽有旨，令撰賜奉安神宗御容禮儀使呂大防口宣茶藥詔，東坡就牘書云：『於赫神考，如日在天。』顧群公曰：『能代一轉語否？』各辭之。坡隨筆後書云：『雖光明無所不臨，而躔次必有所舍。』群公大以聳服。導引歌吹辭，蓋亦是時作，真迹今藏明清處。」《誠齋詩話》亦有此記載，文字略不同。

二十一日，與蘇轍、劉攽等上《參定葉祖洽廷試策狀》。

狀見《文集》卷二十八，謂趙君錫言熙寧間葉祖洽廷試對策，有訕及宗廟之語。狀謂：看詳對策，「顯是祖洽學術淺暗，議論乖謬，若謂之譏訕宗廟，則亦不可」。《長編》卷四百六己亥（本日）紀事謂御史趙挺之、方蒙相繼言君錫所駁極為未允，祖洽亦上章自辯，詔翰林學士、中書舍人、諫議大夫同共參定，於是「軾等別具奏章，言祖洽希合時政，躐取科級，據其用心，不得為無罪，挺之、蒙等議遂寢」。軾等奏狀有「別狀奏聞去訖」語。「祖洽希合時政」云云，當出自別狀。別狀早佚。

二十二日，復奏《參定葉祖洽廷試策狀》。

奏見《文集》卷二十八，軾獨上。謂試策中議論乖繆語，當時曾聞奏；軾聞奏時為編排官（乃熙寧三年事）。

丙午(二十八日),李之純以寶文閣直學士知成都府。

據《長編》卷四百六。《文集》卷四十七《答李知府啟》首云「遠臨全蜀」,又稱「知府寶文」,蓋答之純者。之純字端伯,滄州無棣人。《宋史》卷三百四十四有傳。之儀從兄。《欒城集》卷三十有之純知成都制文。馮山《馮安岳集》卷二有《送李之純寶文二首》。

同日,廖正一除秘書省正字。先是上考試館職策,問兩漢所以亡者。試,得正一。至是除。正一來謝,為賦《行香子·茶詞》。

《長編》卷四百六本日紀事:「前華州司户參軍廖正一為正字。」策乃《文集》卷七《試館職策問》第二首《西漢之政治》。《文集》卷六十五《西漢風俗諂媚》:「吾嘗發策學士院,問兩漢所以亡者,難易相反,意在此也。而答者不能盡,吾亦嘗於上前論之。」蓋謂西漢亡在風俗諂媚。《欒城集》卷三十有《廖正一秘書省正字制》。

正一,元豐二年進士。見本譜該年三月癸巳紀事。《東都事略》卷一百十六有傳,謂字明略,安州人;謂蘇軾「得正一對策,奇之」。

《昭德先生郡齋讀書志》卷四下《廖明略竹林集三卷》謂廖正一除正字時:「黄、秦、晁、張皆子瞻門下士,號四學士,子瞻待之厚。每來,必命侍妾朝雲取密雲龍,家人以此知之。一日,子瞻又取密雲龍,家人謂是四學士,窺之,乃明略來謝也。」此處所述,本《古今詞話》,《歷代詞話》卷五《蘇軾有二韻事》條轉引。「知之」句後,《歷代詞話》有「廖明略晚登東坡之門,公大奇之」云云;「來謝也」後,有「坡為賦

《行香子》「一闋」語。詞見《東坡樂府》卷下。

十一月庚申（十二日），獻鬼章於崇政殿。有詩。

十一月云云，據《宋史・哲宗紀》。《詩集》卷四十七有《獲鬼章》二十韻。

甲戌（二十六日），弟轍除試户部侍郎。

據《蘇穎濱年表》。

本月，與程之邵（懿叔）簡。

《文集》卷五十七與之邵第三簡：「子由省中試人鎖宿，初一日方出，户部之命，必辭免也。」知作於十一月。時之邵當已自知祥符縣官比部，參元祐三年「程之邵知泗州」條紀事。

滕元發（達道）惠地黄煎，簡謝。

簡乃《文集》卷五十一與元發第六十七簡，云「子由除户侍」，知作於十一月。

與王澤州簡與詩，謝其寄長松。並請王澤州督張商英（天覺），為寄長松。

《文集》卷六十《與人三首》第二簡：「疊蒙惠長松以扶老病，感佩不可言。天覺臨别時，亦許寄來，因到彼，可為督之。」《詩集》卷二十九《謝王澤州寄長松兼簡張天覺》其一謝王，其二督張「速寄長松作解嘲」，與簡合，知此第二簡乃與王澤州者。

韓絳（子華、康公）賦詩憶其弟維（持國），劉攽和之，蘇軾兄弟次攽韻。

軾次韻見《詩集》卷二十九（一五四五頁），其一云「相君脱屣自參寥」，時絳已致仕，其二云「燎鬚誰識英公意」，時維請汝。轍詩見《欒城集》卷十五。《詩集》卷二十九尚有《上韓持國》、《次韻韓康公置酒見留》。攽詩在《彭城集》卷十三。

劉攽、劉奉世叔姪扈駕，攽賦詩，蘇軾兄弟次韻。

軾詩見《詩集》卷二十九（一五四九頁），轍詩見《欒城集》卷十五，攽原韻已佚。

曾布（子宣）寄長松等物，簡謝。嘗因張損致簡於布。

《文集》卷五十與布第三簡求長松；第六簡謝布寄惠長松等物，并云與肇（子開）「同省」，約作於本年。布知太原，見《長編》卷三百六十五元祐元年二月丁未、卷四百二十四元祐四年三月辛酉紀事。第四簡云張倅損，損當倅太原；云損父應之名谷，乃歐陽修之友。《歐陽文忠公集·居士集》卷四有二詩及谷。《長編》卷三百二十二元豐五年正月乙巳：「提舉河北東西路保甲司言：奉議郎、簽書恩州觀察判官公事張損措置編排保甲場地率先辦集。詔賜損緋章服，令本司責以盡心職事，任滿保明別與差使。」同上書《居士外集》卷六有《題張應之縣齋》詩，首云「小官歎簿領，夫子卧高齋，五斗未能去，一丘具所懷」，則谷仕不顯，亦貧困。詩作於明道元年。

十二月五日，進《元祐三年春帖子詞》。

據《三希堂石刻》。詞見《詩集》卷四十六。

八日，興龍節，集英殿宴。其《教坊詞致語口號》為蘇軾所進。

文見《詩集》卷四十六(二四九八頁)。

九日，書所進《元祐三年春帖子詞》示裴維甫。

據《三希堂石刻》。

二十一日，王詵(都尉)致墨十餘品，欲擣和為一品，以雪堂義墨名之，作跋。

文見《文集》卷七十(二二二五頁)。《詩集》卷二十九《次韻王都尉偶得耳疾》，《文集》卷七十《跋南唐挑耳圖》敍得耳疾，為此時事。

壬寅(二十四日)，監察御史楊康國論蘇軾試廖正一策題。

據《長編》卷四百七。《長編》引康國奏：「臣昨於朝堂見百官聚首共議學士院撰到召試廖正一館職策題，問王莽、曹操所以攘奪天下難易，莫不驚駭相視。」「問王莽」云云，即在《文集》卷七策題《西漢之政治》中，參十月二十八日紀事。

康國，魏人，登進士第。本年，以胡宗愈薦，除監察御史。終京東轉運副使。《宋史翼》卷六、《元祐黨人傳》卷三有傳。

乙巳(二十八日)，監察御史趙挺之論蘇軾試廖正一策題，并論薦黄庭堅自代事。

據《長編》卷四百七。《長編》引挺之奏：「蘇軾專務引納輕薄虛誕有如市井俳優之人以在門下，取其浮薄之甚者力加論薦。前日十科乃薦王鞏，其舉自代乃薦黄庭堅。二人輕薄無行，少有其比。王鞏雖已斥逐補外，庭堅罪惡尤大，尚列史局。按軾學術，本出《戰國策》蘇秦、張儀縱横揣摩之說。近日學士院策試廖正一館職，乃以王莽、袁紹、董卓、曹操篡漢之術為問。王莽於元后臨朝時，陰移漢祚；曹操欺孤寡，謀取天下；二袁、董卓，凶燄熱天。自生民以來，奸臣毒虐未有過於此數人者，忠臣烈士之所切齒而不忍言，學士大夫之所諱忌而未嘗道。今二聖在上，軾代王言，專引莽、卓、袁、曹之事及求所以篡國遲速之術，此何義也！公然欺罔二聖之聰明而無所畏憚，考其設心，罪不可赦。軾設心不忠不正，辜負聖恩，使軾得志，將無所不為矣。」

本月，喬仝來，旋去，作詩送之，並寄賀亢。

詩見《詩集》卷二十九（一五五一頁），敍云本月「仝來京師十許日」；並云「舊聞靖長官、賀水部，皆唐末五代人，得道不死」，真宗東封，亢謁於道左，其謁云「晉水部員外郎賀亢」；又云仝少得大風疾，幾死，亢使學道，遂壯盛。

《後山集》卷十七《賀水部傳》敍亢事較蘇軾所云詳，然大體相同。《詩話總龜》前集卷十九引《王直方詩話》謂賀天聖中為郎，「元祐初，其二弟踰、喬者來京師」，與軾所云不同。《避暑録話》卷上則云喬仝自言與晉賀水部遊，「仝時客京師，貧甚，子瞻探囊得二十縑，即以贈之，作五詩使仝寄賀，子由亦同作，仝去，訖不復見，或傳妄人也」。元于欽《齊乘》卷六謂賀為瑯琊人，乃仙人。轍詩見《欒城集》卷十五。

《朱子語類》卷一百三十：「東坡記賀水部事，或云無此事，蓋喬仝給東坡以求詩爾。」

家安國（復禮）來，旋為教授歸成都，有詩送行。

詩見《詩集》卷二十九（一五五四頁），首云「別君二十載」。自熙寧元年離蜀，首尾計適為二十載。《文集》卷五十九與安國簡敘送別，簡云「陰寒」，蓋屬冬季。

安國，元豐間為都官員外郎，見《石林燕語》卷一。元符元年為瀘南倅，見同治《嘉定府志》卷四十六引《愻園偶談》。餘見詩「趙次公注」。安國有《通義記》，《蜀中廣記》卷九十六著録。《成都文類》卷三十四有安國撰《范文正公祠堂記》。《欒城集》卷十五送行詩云「論兵頓似前賢語」，知安國喜論兵。《山谷詩集注》卷十三有戲贈。

是歲，次孫符（仲虎）生。

《蘇符行狀》謂符卒於紹興二十六年，年七十。符乃邁之子。

為張方平文集作敘，並寄方平，方平有書來。

《文集》卷十《樂全先生文集敘》云「公今年八十一」，知作於本年。敘以孔融、諸葛亮擬方平。《樂全集》卷三十四《謝蘇子瞻寄樂全集序》：「孔文舉、諸葛孔明，前世之高賢，今以老夫為之擬倫，賜也何敢望回！唯有一節，自束髮至終其身，不為世屈，此有似孔文舉；然若遇曹孟德，亦必不若文舉之憨，去而違之爾。所示序引，幸公深裁損之。」《文集》卷七十二《張安道比孔北海》引方平（安道）語：「孔明則吾豈敢，北海或似之，然不若融之憨也。」意略有不同。蘇軾以為孔融忠義氣節冠天下，「何名為憨」，不以方平之意為然。方平書中謂蘇軾稱「門生」，「尤是過言」，「必請削除，各正其分」。今敘無「門生」字；以意度之，「門生」字當在篇末署撰寫年月處，今敘不見此句，無由知其詳。

元耆寧（台壽）以館閣校勘換校書郎。嘗為耆寧姪紹京命字曰齊老。

《欒城集》卷二十九耆寧換校書郎制，作於今年。《清江三孔集·宗伯集》卷十五文題：「蘇子瞻為元紹京命字曰齊老，其叔父台壽屬余跋尾。」耆寧乃絳子。《王魏公集》卷八元絳墓銘謂耆寧「有至行，好學能文」。《東都事略》卷八十一有耆寧傳。

撰《李太師墓誌》。太師名士明，李清臣之祖父。

《墓誌》在《文集》卷十五，云：「李氏之先，世有德人。」「允文太師，發迹于經。」「始葬於魏，物不稱德。河流墓改，襚以冕服。公之令聞，追配太丘。子孫公卿，有進無羞。」文作於遷葬時。魏乃魏縣，漢置，故址在今河北省大名縣西南。

嘉靖《彰德府志》卷一《地理志》一《安陽》：「李太傅墓，在蔡村。名士明，元城人。元祐二年，河西徙，犯大名，孫清臣遷葬焉。」元城即今河北省大名縣。除「太師」稱「太傅」外，餘皆與《墓誌》合。

《雞肋集》卷六十二《資政殿大學士李公行狀》：公諱清臣，字邦直。贈太傅宗壽，曾祖也。贈太師曹國公士明，祖也。以下云：「世為魏人。至公始以河患，徙家洛師，而卜安陽吉。」以下敍清臣「葬於相州安陽縣蔡村之原」。據此，知《彰德府志》「太傅」實為「太師」之誤。

《墓誌》當為應清臣之請而作，《蘇文繫年考略》之説是。

是歲，與黃庭堅、張耒、晁補之倡酬頗多。庭堅撰《詠雪奉呈廣平公》，蘇軾贊之；庭堅餽雙井茶並賦詩，軾次韻，庭堅再和答；庭堅赤目，軾以詩為戲，庭堅答；省中烹茶，庭堅懷軾賦詩；庭堅題軾自書詩，贊為金聲玉振；軾嘗與庭堅至錢伯瞻家，錢出侍兒度曲，與庭堅同作《清人怨》；與庭堅和趙叔盎（伯充）詩。

《山谷先生年譜》卷八本年紀事：「《詠雪奉呈廣平公》：按吴曾《漫録》云：歐陽季默嘗問東坡，山谷詩何處是好，東坡不答，但劇口稱重黄詩。季默云：如『夜聽疎疎還密密，曉看整整復斜斜』，豈是佳耶！東坡云：政是佳處。廣平公即宋盈祖。」庭堅詩見《山谷詩集注》卷六。《漫録》乃《能改齋漫録》。《山谷别集詩注》卷上《和王明之雪》注文云：《詠雪奉呈廣平公》乃賦元祐丁卯春雪，時在館中；《和王明之雪》乃次前韻。

《山谷詩集注》卷六有《雙井茶送子瞻》，《詩集》卷二十八有《黄魯直以詩饋雙井茶次韻為謝》，《山谷詩集注》有《和答子瞻》。《詩集》卷二十七有《次韻黄魯直赤目》，乃次《雙井茶送子瞻》之韻，首四句云：「誦詩得非子夏學，紬史正作丘明書。天公戲人亦薄相，略遣幻翳生明珠。」《山谷詩集注》卷六有《子瞻以子夏丘明見戲聊復戲答》；卷首目録注云：元祐元年十月，庭堅遷實録院檢討官，今歲又為著作，故有「願載軒轅訖鼎湖」之句。鼎湖謂神宗之逝，願載云者，謂修神宗實録也。《詩集》次此詩於元祐元年冬，誤。《山谷詩集注》卷六尚有《省中烹茶懷子瞻用前韻》詩；卷首目録注謂此詩及以上所云及之庭堅三詩，均作於本年春。

《山谷先生年譜》卷九本年紀事：「《題子瞻書詩後》六言：先生有此詩真迹，題云：『題東坡先生自書詩卷尾。』」《山谷外集詩注》卷十六此詩入元祐三年，今從《年譜》，繫於此。詩云：「詩就金聲玉振，書成蠆尾銀鉤。已作青雲直上，何時散髮滄洲。」

《觀林詩話》：「錢伯瞻有侍兒，妙麗為一時衣冠家桃李之冠，故時人號花王，即東坡、涪翁賡和蓬字韻詩所謂『安得春筍手，為我剥蓮蓬』者也。名倩奴。坡與涪翁詩，皆曰《青人詠》云。」《山谷詩集注》卷十《清人怨效徐庾慢體三首》，編本年。其一云及「春筍手」、「剥蓮蓬」，今録全詩於下：「秋水無言度，荷花稱意紅。主人敬愛客，催喚出房籠。一斛明珠曲，何時落塞鴻。莫藏春筍手，且為剥蓮蓬。」其二：「翡翠釵梁碧，石榴裙褶紅。隙光斜斗帳，香字冷薰籠。聞道西飛燕，將隨北固鴻。鴛鴦會獨宿，風雨打船篷。」其三：「障羞羅袂薄，承汗領巾紅。曉風斜蕙髮，逸艷照窗籠。胡琴抱明月，寶瑟陣歸鴻。倚壁生蛛網，年光如轉蓬。」軾詩不見。《青人怨》當即《青人詠》。錢伯瞻，待考。

《詩集》卷二十九有《書晁補之所藏與可畫竹三首》、《戲用晁補之韻》、《和張耒高麗松扇》等詩。

《山谷詩集注》卷八《同子瞻韻和趙伯充團練》：「金玉堂中寂寞人，仙班時得共朝真。兩宮無事安磐石，萬國歸心有老臣。家釀可供開口笑，侍兒工作捧心顰。醉鄉乃是安身處，付與升平作幸民。」編本年。軾詩佚。《山谷全書·別集》卷十五與叔盎帖謂叔盎詩「頗有才思，有婆娑水邊林下之氣」，館中作。叔盎，宗室，《畫繼》卷二有傳。叔盎為右武衛大將軍、康州團練使。見《長編》卷三百八十元祐元年六月壬子紀事。

文彥博病，以唐憲宗薑茶湯傳而治愈之；執政作露籬禁同省往來，作文慨歎；與元净（辯才）簡，求為追剃度：皆本年事。

《文集》卷七十三《憲宗薑茶湯》、卷六十八《記樂天西掖通東省詩》、卷六十一與元净第二簡分別敘之。

嘗與李之儀論李廌文。

《永樂大典》卷二萬二千五百三十七引廌《濟南月巖集》轉引之儀《濟南月巖集序》：「吾宗方叔，初未相識，得其文於東坡老人之座。讀之如泛長江，遡秋月，直欲拏雲上漢，不知其千萬里之遠也。為之愕眙久之，而不能釋目。東坡笑相謂曰：『子何諦觀之不捨耶？斯文足以使人如是。謝安蹈海，至於風濤蕩潏而不知返，徐問舟人曰：「去將何之？」子豈涉是境界以追謝公乎？』又曰：『吾嘗評斯文如大川湍注，晝夜不息，不至於海不止。』余曰：『不腆所得亦幾然。』東坡曰：『聞之歐陽文忠公曰：文章如金玉，固有定價，不能異人之目也。』已而曰：『或者患其多，子頗覺乎？』余曰：『覺則殆矣，惟其不覺其殆，所以為斯文也。』（下略）」

《大觀録》卷五《蘇長公與李方叔詩卷》吴泳跋文：「昔李端（按：原作『方』，誤）叔見月巖之文於東坡坐上，諦觀不捨，公笑謂曰：『謝安蹈海，至風濤蕩覆而不知返，子豈涉是境界而欲追謝公也。』公於方叔，固雅所推重也。既典禮部，乃失之。（下略）」泳蓋讀李之儀《濟南月巖集序》。吴泳，南宋人，有《鶴林集》，《四庫全書》著録。據泳之文，知蘇軾與李之儀論李廌之文，乃廌落第前事。今繫於本年。

《竹坡老人詩話》卷二：「李端叔嘗為余言：東坡云，街談市語皆可入詩，但要人鎔化耳。」以下，以《詩集》卷二十二《劉監倉家煎米粉作餅子》詩為例，謂：「此詩雖一時戲言，觀此亦可以知其鎔化之功也。」類附此。

與劉安世(器之)有交往，安世嘗箴蘇軾之過。

《邵氏聞見後録》卷二十：「劉器之與東坡元祐初同朝，東坡勇於為義，或失之過，則器之必約以典故。東坡至發怒曰：『何處把上(原注：把，去聲。農人乘以事田之具)曳得一「劉正言」來，知得許多典故。』或以告器之，則曰：『子瞻固所畏也，若恃其才，欲變亂典常，則不可。』又朝中有語云：『閩蜀同風，腹中有虫。』以二字各從虫也。東坡在廣坐作色曰：『《書》稱「立賢無方」，何得乃爾！』器之曰：『某初不聞其語，然「立賢無方」，須是賢者乃可，若中人以下，多繫土地風俗，安得不為土習風移。』東坡默然。」安世蓋謂蘇軾有「浮華豪習」。

舉畢仲游自代，為本歲前後事。

舉狀見《佚文彙編》卷一(二四二七頁)。《永樂大典》卷二萬二百五引陳恬所撰仲游墓銘敍元祐元年學士院試擢仲游為第一之後，謂「由是天下想聞公之風采，蘇公則表公自代」，「主上由是知公」。《西臺集》卷十《上蘇内翰》第三簡：「向在京師，嘗蒙借重，舉以自代。」

《長編》卷三百九十九本年四月癸卯紀事：朝奉郎、集賢校理畢仲游權發遣河北路提點刑獄，尋留為開封府推官。卷四百八元祐三年正月庚申紀事：權發遣開封府推官畢仲游罰金。《西臺集》卷三十有《次韻蘇子瞻内翰入直鎖院賜宫燭法酒》，作於元祐三年十一月，時仍在京師。今繫自代事於本年。

《文集》卷七十三《荔枝似江瑶柱説》敍嘗言荔枝似江瑶柱，人不解，以下云：「昨日見畢仲游，僕問：

『杜甫似何人？』仲游云：『似司馬遷。』僕喜而不答，蓋與曩言會也。」蓋謂仲游深得其旨也。蘇軾與仲游論杜甫當亦為本歲前後事。

薦晁説之及毛滂充文章典麗可備著述科，約為今年事。

《永樂大典》卷二千四百一引晁説之《蘇叔黨墓誌銘》：説之辱在蘇軾「薦賢中」。

《嵩山文集》附録晁公祖《題嵩陽景迂生文集後》謂説之受知蘇軾，軾「又以文章典麗可備著述科薦」。景迂生，説之之號。

《昭德先生郡齋讀書志》卷四下著録説之《晁氏景迂集》十二卷，謂説之「未三十，蘇子瞻以著述薦之」。據《嵩山文集》卷末附録《晁氏世譜節録》，説之今年為二十九歲。今繫此事於本年。

《邵氏聞見後録》卷二十四：「晁説之以道，其姓名早列東坡先生薦賢中。」薦説之文已佚。

薦滂文見《佚文彙編》卷一（二四二五頁）。文之首繫銜：翰林學士、朝奉郎、知制誥兼侍讀。作於兼侍讀時。文謂滂時新授饒州司法參軍。新授當為候選所得。

王欽臣約於今年除太僕少卿，啟來，蘇軾有答。

答啟乃《文集》卷四十七《答王太僕啟》。《宋史》卷二百九十四《王欽臣傳》：「元祐初，為工部員外郎。奉使高麗，還，進太僕少卿。」以下言遷秘書少監，代錢勰領開封。按：《宋會要輯稿》第九十八册《職官》六六之三八：元祐三年九月七日，勰自開封改越州。知欽臣為太僕少卿，約為本年事。欽臣字仲至，應天宋城人，洙子。《泊宅編》三卷本卷上引答啟中「萬事不理」四句，謂為賀欽臣作。

與姪千之簡，以讀史書相勉。約為本年事。

《文集》卷六十《與千之》第二簡：「去歲作試官，問史傳中事，無一兩人詳者。可讀史書，為益不少也。」時千之在蜀中。《文集》卷七《試館職策問》三首其二《兩漢之政治》，涉及西漢史實。

孔武仲賦蘇軾所畫怪石、枯木，約作於本年。

《清江三孔集·宗伯集》卷一《東坡居士畫怪石賦》：「東坡居士壯長多難，而處乎江湖之濱，或夕休於巖，或朝餉於野，或釣於水之濱，或耕於山之下，頎然八尺，皆知其為異人。觀於萬物，無所不適，而尤得意於怪石之嶙峋。或凌烟而孤起，或絶渚而羅陳。端莊醜怪，不可以悉狀也。蒼蒼黮黮，碨碨磊磊，森森以鱗鱗，彼造物者何簡也，此賦形者何多也。蓋合之為一氣，散之為萬物，非尺度所裁量，斧鑿所增損。乃知夫黜聰明，捐智巧，則其動作，固將有凝於神也。乃濡秃毫，闡幽思，以心虛為無象，以感觸為大始。混沌黔婁，左右為之相；浮立洪崖，唯諾為之使。移瞬息於千年，託方寸於萬里。其醉墨淋漓，藏於人家、散於塔廟者，蓋有年矣。一日，至前騶，款荆關，解金龜，置紫綬，而蒼顔瘦骨，傑焉如長松之臨歲寒。舉酒而屢酾，仰屋而獨言，曰：『吾之胸中，若有嵬峩突兀，欲出而未肆，又若嵩高、太華，乍隱乍顯，在乎窗户之下，几案之前。』乘興命童奴，展紙萬幅，澆歙溪之石，磨喻麋之丸，睥睨八荒，運移雲烟，不知泰山之覆於左，麋鹿之興於前，亦不知我之在此而人之旁觀。一揮而皴蒼菌蠢之體具，再撫而幽深杳遠之意足，如在武昌之麓、二别之間。是時朔風號怒，寒氣充斥，日臨西雲，倒射東壁。居士既得其象，又感其聲，寫修纖與森蔚，横斜出乎峥嶸。悄乎如鳥雀之將下，泠然若幽泉之可聽。乃有霜顋鐵面，百歲之翁，瞪若有覩，卷之懷中。居士無吝色，無矜容，淡若亡也，豈以爲彼取之有限我應之不窮。嘗聞之曰：文者無形之畫，畫者有形之文。二者異迹而同趨，以其皆能傳生寫似，爲世之所貴珍。居士之文俊偉閎博，紆餘姣好矣，而又欲窮丹青之妙，憂以此娱情，歡以此寓笑，蓋將以賈誼、陸贄之辭，愷之、摩詰之筆兼之乎一身。故其動之爲風，散之爲雲，斂之爲秋，舒之爲春。是何其視聽食息與我略均，而多才與多藝如此，此余之所以心醉爲斯人也。」

同上《子瞻畫枯木》：「寒雲行空亂春華，西風凜凜空吹沙。夫子抱膝若喪魄，誰知巧思中萌芽。敗毫淡墨信揮染，蒼莽菌蠢移龍蛇。略增點綴已成就，正見枯木成槎枒。更無丹青相掩翳，惟有口鼻隨穿呀。往年江湖飽覘眺，或在山隈溪水涯。腹中空洞夜藏魅，巔頂突兀春無花。徑深最宜繫畫舸，日落時復停歸鴉。蘇公早與俗子偶，避世欲種東陵瓜。窺觀盡得物外趣，移向紙上無毫差。醉中遺落不秘惜，往往流落藏人家。趙昌丹青最匀膩，直與春色爭豪華。公今好尚何太辟，曾載木車出岷巴。得非欲與世爲戒，未許木葉盛枯槎。萬物流形若泫露，百歲俄驚眼如車。樹猶如此不長久，人世何者堪矜誇。悠悠坐見死生境，但隨天機無損加。却笑金城對官柳，泫然流涕空咨嗟。」

此一賦一詩，乃實際真實生活寫照，得之直接盤桓之中。二作云及「江湖」，爲元祐在朝時作。元祐元年武仲來京師，二作約作於相晤之初，今次本年。

與袁彦方簡，告以治足疾方。或爲本年事。嘗有詩題彦方來鶴亭。

簡見《文集》卷六十（一八五〇頁）。簡末云：「元素書已作。」楊繪（元素）卒於元祐三年六月，見《咸淳臨安志》。簡中云「累日欲上謁」，又云「稍暇詣見」，是作簡時或同居京師。今姑繫於此。

《楓窗小牘》卷上：「余汴城故居，近陳州門內，蔡河東畔。居後有圃，喬林深竹，映帶城隅，中有來鶴亭。王大父時，有野鶴來棲，遂馴狎不去。蘇子瞻有詩云：（略）每誦此詩，未嘗不淚滿青衫也。」詩見《詩集》卷四十八（二六五五頁）。王大父乃彥方。

本年，傳徐俯作《紅梅》詩。蘇軾稱賞。

《艇齋詩話》：「東湖年十三，有《紅梅》詩云：『紫府與丹來換骨，東風吹酒上凝脂。』東坡見之極稱賞，自此有詩名。」

東湖乃徐俯。俯字師川，《宋史》卷三百七十二有傳。洪州分寧人，黃庭堅之甥。詩入江西詩派。《全宋詞》第七四二頁徐俯小傳謂生於熙寧八年。

《中吳紀聞》卷五謂《紅梅》為方惟深（子通）作。《瀛奎律髓》卷二十《和周楚望紅梅用韻》即《紅梅》，繫之方惟深；詩下注評謂《艇齋詩話》妄，慶元中陳剛刊板方惟深詩，已收入此詩。

傳嘗與劉攽（貢父）、錢勰（穆父）食皛飯。

《曲洧舊聞》卷六：「東坡嘗與劉貢父言：『某與舍弟習制科時，日享三白，食之甚美，不復信世間有八珍也。』貢父問三白。答曰：『一撮鹽，一楪生蘿蔔，一盌飯，乃三白也。』貢父大笑，久之，以簡招坡過其家吃皛飯。坡不省憶嘗對貢父三白之説也。謂人云：『貢父讀書多，必有出處。』比至赴食，見案上所設惟鹽、蘿蔔、飯而已，乃始悟貢父以三白相戲笑，投匕筯，食之幾盡。將上馬，云：『明日可見過，當具毳飯奉待。」貢父雖恐其為戲，但不知毳飯所設何物，如期而往。談論過食時，貢父飢甚索食，坡云少待。如此者再三，坡答如初。貢父曰：『飢不可忍矣。』坡徐曰：『鹽也毛，蘿蔔也毛，飯也毛，非毳而何！』貢父捧腹曰：『固知君必報東門之役，然慮不及此也。』坡乃命進食，抵暮而去。世俗呼『無』為『模』，又語譌『模』為『毛』，常同音，故坡以此報之，宜乎貢父思慮不到也。」涵芬樓鉛印本《説郛》卷二十七引《高齋漫録》：「東坡嘗謂錢穆父曰：『尋常往來，止可稱家有無，草草相聚，不必過為供具。』穆父一日折簡召坡食皛飯，坡至，乃設飯一盂，蘿蔔一楪，白湯一盞而已。蓋以三白為皛也。後數日，坡復召穆父食毳飯，穆父意坡必有毛物相苦。比至日晏，並不設食。穆父餒甚，坡笑曰：『飯也毛，蘿蔔也毛，湯也毛（原注：毛音模，京師俗呼謀、無為模）。』穆父笑曰：『子瞻可謂善戲謔者也。』」庫本單行本《高齋漫録》有此則，文字略遜。

食皛飯、毳飯，約為元祐一、二年事。至明年，勰知越州。姑次此。

蘇軾年譜卷二十七

元祐三年（一〇八八）戊辰　五十三歲

正月辛酉（十三日），司馬光葬於夏縣，作安葬祭文。作光之神道碑，黄庭堅盛贊其文。

《文集》卷十七有《司馬温公神道碑》，卷四十四有安葬祭文。

《山谷老人刀筆》卷二《與潘邠老》第七簡：「公往所作道人詩長句一紙二篇者，持與子瞻，遂為子瞻所取，至今思之。因來，幸手録一本見惠。如此作在向來諸人亦難得也。子瞻所作《温公神道碑》，文極雄壯，後可付去。」又有「頃鎖試城南」之語。查《山谷外集詩注》，庭堅鎖試城南，乃元祐二年八月間事。碑文之作，約在元祐二年秋冬之間。《與潘邠老》第九簡：「《温公神道碑》，市中有板本，十千可置，適令買，尚未來。子瞻論作文法，須熟讀《檀弓》，大為妙論，請試詳讀之，始可，却示諭。」次此。

十六日，韓絳坐上，侍兒求書扇上，作詩。

詩見《詩集》卷三十（一五六五頁）。同上卷《韓康公挽詞》其三：「西第開東閤，初筵點後塵。笙歌邀白髮，燈火樂青春。」或為此時事。

《侯鯖録》卷四：「韓康公絳子華謝事後，自潁入京看上元。至十六日，私第會從官九人，皆門生故吏，盡一時名德，如傅欽之、胡完夫、錢穆父、東坡、劉貢父、顧子敦皆在坐。錢穆父知府至晚，子華不悅，坡云：『今日為本殿燒香。』人多留住。坐客大笑（原註：錢形肖九子母丈夫也）。方坐，出家妓十餘人。中燕後，子華新寵魯生，舞罷為游蜂所螫，子華意不甚懌，久之，呼出，持白圓扇從東坡乞詩。坡書云：『窗摇細浪魚吹日，舞罷花枝蜂繞衣。不覺南風吹酒醒，空教明月照人歸。』上句記姓，下句書蜂事。康公大喜。坡曰：『惟恐他姬厮賴，故云耳。』客皆大笑。」蘇軾所書之詩，即見於《詩集》之詩。

乙丑（十七日），朝廷命蘇軾權知貢舉，孫覺、孔文仲同知貢舉。陳軒（元輿）等五人參詳，單錫（君貺）等十五人點檢試卷。

乙丑云云，據《長編》卷四百八。《長編》云：「天下進士凡四千七百三十二人，並即太學試焉。」孫為吏部侍郎，孔為中書舍人。

《長編》本日原注：「三月戊申，奏名進士五百人，宗室二人。子瞻、莘老、經父知舉，熙叔、元輿、彥衡、魯直、子明參詳，君貺、希古、履中、器之、成季、明略、無咎、堯文、正臣、元忠、遐叔、子發、君成、天啟、志完點檢試卷。此黄庭堅為孫敏行行書石刻，今在敏行家。凡命官知貢舉，合書，舊録獨缺此。今依庭堅石刻修入。」又：《文集》卷六十八《書試院中詩》謂辟李公麟為考校官，《揮麈録·後録》卷七謂張耒為參詳官，石刻未及。

《山谷先生年譜》引黄庭堅《題太學試院》即上述石刻。「點檢試卷」之後，尚有「是日侍御史日晏不來，為子發書」十三字。《年譜》無「正臣」；「堯文」作「堯民」；「君成」作「君時」，待考。

按：莘老乃孫覺，經父乃孔文仲，本譜已及。元輿乃陳軒，《總案》謂為鄭君乘，誤。彥衡乃上官均，熙寧三年登進士第，該年三月壬子紀事已及；均，邵武人，《宋史》卷三百五十五有傳。魯直乃黃庭堅。子明乃梅灝，已見元祐元年十二月六日紀事，《總案》未考及。君貺乃單錫。希古乃常安民，已見元祐元年「與李常孫覺等連章薦常安民」條；履中乃宋匪躬：二人，《總案》均未考及。器之乃劉安世，已見元祐元年十二月六日紀事。成季乃李昭玘。明略乃廖正一。無咎乃晁補之。堯文乃舒煥（堯民乃晁端仁，見元豐二年「晁端仁其時嘗問蘇軾詩於黃庭堅」條）。正臣乃孫諤。元忠乃孫樸，已見元祐元年十二月六日紀事。遐叔乃宋景年，《總案》未考及。子發乃孫敏行。君成，待考。天啟乃蔡肇。志完乃鄒浩，元祐元年九月初一日已及。

以上各人，陳軒、宋匪躬、孫諤、宋景年、孫敏行，初次出現，略考於下：

陳軒，建州建陽人。《宋史》卷三百四十六有傳。《雞肋集》卷十二《復用前韻呈祠部陳元輿》：「五十天南把一麾。」考軒生平，乃謂知汀州。《永樂大典》卷七千九百八十三引《開慶臨汀志》謂元豐六年軒知汀。據是推，軒長蘇軾二歲。

宋匪躬，敏求子。元祐二年十二月庚子，為秘書省正字，以文彥博薦。七年正月庚午，為秘閣校理。八年十二月甲辰，秘書省置局，為檢討官。紹聖間卒，《清江三孔集·宗伯集》卷七有挽詞。《范太史集》卷五十五《手記》有匪躬。《淮海集》卷九、十有詩及之，并參《長編》卷四百七、四百六十九、《長編拾補》卷八。

紀事。

宋景年。見《范太史集》卷五十五《手記》。詳本年「是歲嘗與宋景年張耒同觀晁補之所藏畫野馬」條集》卷三十四有墓銘。

孫諤，邵武人。登進士第。官至權發遣江淮荆浙等路制置發運副使。大觀三年卒，年五十九。《龜山

孫敏行。眉州人。參元祐八年「辟孫敏行入幕」條紀事。嘉慶《眉州屬志》引《宋雁塔題名碑》，敏行為熙寧最後一人，蓋為熙寧九年進士。元豐四年間，為戎州録事參軍，與董鉞厚。見《長編》卷三百十四元豐四年七月壬寅紀事。《容齋隨筆》卷四《張浮休書》引張舜民答其論《資治通鑑》書。

單錫、李昭玘以後無直接交往文字記載，兹分述於下：

《擿文堂集》卷十五《單季隱墓誌銘》稱單錫「儒術吏方有過人者，乃卒於州縣」，未云卒於何時，知此後嘗仕州縣。季隱，錫弟鍔。《文集》卷六十三祭錫文：「念我孤甥，生逢百艱。既嬪於君，謂永百年。云何不弔，銜痛重泉。」錫享年不大。又云「何以慰君，千里一樽」，祭文作於朝中。《平園續稿》卷三十《李邴神道碑》謂昭玘仕至起居舍人。邴，昭玘姪，高宗初位政府。

《詩集》卷三十《和子由除夜元日省宿致齋》其三抒領貢舉心情。

丁卯（十九日），侍御史王覿奏，蘇軾不宜久在朝，宜與一郡。

據《長編》卷四百八。《太平治迹統類》卷二十三有覿奏節文：「蘇軾去冬學士院館職策題，自謂借漢以喻今也。其借漢而喻今者，乃是王莽、曹操等篡國之難易，搢紳見者莫不驚駭，習為輕薄，貪好利

權，不通先王性命道德之意，專務戰國縱横捭闔之術，非偶然過失也。若使久在朝廷，則必立異妄作，以為進取之資，巧謀害物，以快喜怒之意。朝廷或未欲深罪軾，即宜與一郡，稍為輕浮躁競之戒。」《文集》卷二十八《乞罷學士除閑慢差遣劄子》言未入試院，有人「先言任意取人」，可參。

二十一日，領貢舉事，入試院。

《文集》卷六十八《書試院中詩》謂領貢舉為二月二十一日。按：《文集》卷二十八本年二月所上《貢院劄子》已云「貢院今月三日」。「二月」乃「正月」之誤。《文集》卷七《省試策問三首》、《省試宗室策問》乃此次省試試題。

《豫章黄先生文集》卷二十九《題東坡字後》謂試禮部，蘇軾每來見過，「案上紙不擇精粗，書遍乃已」。《山谷老人刀筆》卷十五《答王觀復》第二簡謂禮部試，蘇軾「所極口稱許新進諸生，往往面從而背非。某告之曰：其他在間伎倆，諸君或勝東坡，至於評論文章，東坡鼻端一嗅，可定優劣。其後諸生亦多以為然」。《誠齋集》卷九十九《跋蘇黄滑稽録》：「此東坡、山谷禮闈中試筆滑稽也。蓋莊周、惠子不幸再相遭者。或問二先生語何經見，子曰：『坡、谷聞之憑虚公子，憑虚公子聞之亡是公，亡是公聞之非有先生。』」此録已早佚。

《朱子語類》卷一百三十：「草堂劉先生曾見元城云：『舊嘗與子瞻同在貢院，早起洗面了，繞諸房去，胡説亂説，被他撓得不成模樣，人皆不得看卷子。及夜乃歸，張燭一看數百副。』」

本月，奏《大雪乞省試展限兼乞御試不分初覆考劄子》。

文見《文集》卷二十八，乞更展限半月，不分初覆考，率衆考官為一處，共定其等第，不惟精詳寡失，御試放榜，亦可以速了。

二月己卯（初二日），監察御史趙挺之奏蘇軾主文禁引《三經新義》。

據《長編》卷四百八。《長編》引挺之之言：「貢舉用《三經新義》取人近二十年。今聞外議以為蘇軾主文，意在矯革，若見引用《新義》，決欲黜落。請禮部貢院將舉人引用《新經》與注疏文理，通行考校。詔送貢院照會。」原注謂「軾初無此意，挺之因浮議以獻言，用情誣實」，存之以見是非。《嬾真子》卷一：「元祐中，東坡知貢舉日，並行詩賦經義，《書》題中出『而難任人，蠻夷率服』，注云：任，佞也；難者，拒之使不得進也。難任人則忠信昭而四夷服。東坡習大科目，曾作《忠信昭而四夷服論》，而《新經》與注意同。當時舉子謂東坡故與金陵異説，以為難於任人則得賢者，故四夷服。及東坡見説，怒曰：『舉子至不識字，輒以難（原注：去聲）為難（原注：平聲）。』盡黜之。惟作難（原注：去聲）字者皆得。蓋東坡元不曾見《新經》，而舉子未嘗讀注故也。聞之於柴慎微。」據此，知挺之之論未為無因。「而難」云云，出《舜典》。

乙酉（初九日），奏《大雪論差役不便劄子》，詔監司戒厲以聞。

據《長編》卷四百八。奏見《文集》卷二十八。《太平治迹統類》卷二十一《熙寧元祐議役法變更》引奏文中「差役之法」至「近聞疏遠小臣張行者力言其弊，諫官韓川深詆之，至欲重加編竄」一段文字，以下云：「詔差役法内有未便事，令王巖叟、韓川與劉安世同看詳，具利害以聞。先，安世言，今差役深詔執政固守初議，毋徇浮言，妄有變易。」原注謂行乃述之從孫，章疏十上，言差役之弊。行為梓州路職官，見同卷紹聖間紀事。述，《宋史》卷三百三有傳。

上劄子，論試院中職事人員非理之事。

劄子見《文集》卷二十八（八〇八頁），二月上。其一，奏巡鋪鄭永崇舉覺不當，如試卷只有十九字偶同，別無違礙，即欲扶出等，乞差曉事使臣交替。其二，奏劾巡鋪内臣陳慥，於捉到懷挾舉人時，令兵士高聲唱叫，以立威勢，傷動士心。其三，奏「若將問字便作傳義，未為允當」，問字者不得扶出。旨在維護舉人考試權益。據此略後《省試放榜後劄子》，鄭、陳「尋蒙朝廷取問行遣訖」。《墓誌銘》：「權知禮部貢舉。會大雪苦寒，士坐庭中，噤不能言，公寬其禁約，使得盡其技。而巡鋪内臣伺其坐起，過為凌辱，公以其傷動士心，虧損國體，奏之。有旨送内侍省撻而逐之，士皆悦服。」「士坐庭中」云云，不見奏劄，當另有一劄子，已佚。

二十九日，奏論特奏名恩澤太濫。旨在嚴出官之制，革官冗之弊。

奏見《文集》卷二十八（八一〇頁），謂：「伏乞斷自聖意，明勅大臣，特奏名舉人，只依近日聖旨指揮，仍詔殿試考官精加考校，量取一二十人，委有學問，詞理優長者，即許出官，其餘皆補文學、長史之類，不理選限，免使積弊之極，增重不已。」積弊，蓋為官冗。以特奏名恩榜得官之人，貪冒不職，十人而九。

同上《御試劄子二首》其二謂近在貢院，「論特奏名人恩澤太濫，未蒙施行」。

為池州葉氏題贊《四皓圖》。

《平園續稿》卷六《題孫氏四皓圖》：謂嘉泰癸亥，池州故人子葉之真，寄《漢四皓像》，絹僅盈尺，「上有蘇文忠贊，元祐三年二月，楊次公書，東坡諸集皆無之」，題贊今不傳。

次韻答張商英（天覺）詩，督其寄長松。

詩見《詩集》卷三十（一五六六頁）。其二云：「馭風騎氣我何勞，且要長松作土毛。」參元祐二年「與王澤州簡與詩」條。時商英在河東提刑任，見「查註」引《清涼志》。

三月三日，為李樂道跋《寒熱偈》。時樂道來訪。

跋見《文集》卷二十二（六四七頁）。

六日，書試院中詩，敍考校既畢與黄庭堅、晁補之等唱酬事。

《文集》卷六十八《書試院中詩》敍其事。《山谷詩集注》卷九有《觀伯時畫馬》，《詩集》卷三十有《次韻黄魯直畫馬試院中作》，《雞肋集》卷十二有《次韻魯直試院贈奉議李伯時畫馬》；《詩集》卷四十八尚有《試院觀伯時畫馬絶句》。

甲寅（初七日），韓絳卒。有挽詞及祭文。

甲寅云云，據《長編》卷四百九。《宋會要輯稿》第一百十三册《禮》四一之五謂本月九日，哲宗親臨絳喪。《宋史·哲宗紀》謂卒於丙辰（初九日），今不從。《琬琰集删存》卷一李清臣所撰絳神道碑，謂絳享年七十七。《詩集》卷三十有《韓康公挽詞》，祭文見《文集》卷六十三（一九四五頁）。《欒城集》卷十五有挽詞。

省試放榜後奏劄子，論省試革興事宜。

文見《文集》卷二十八（八一一頁），謂三月上。一乞裁減巡鋪兵士重賞，二乞不分經取士，三乞不分差經義詩賦試官。《長編》卷四百十一五月甲戌紀事：「五月二十九日，奉聖旨，依，仍先次施行。」

十日，哲宗御集英殿，試禮部奏名進士。

據《宋史·哲宗紀》。

十四日，游金明池，宋肇（懋宗）有詩，次韻。

次韻乃《詩集》卷三十《和宋肇游西池次韻》，西池即金明池。《山谷詩集注》卷九有《次韻宋懋宗三月十四日到西池都人盛觀翰林公出遨》。

元祐二年，肇嘗贈蘇軾澄心堂紙，《詩集》卷二十九（一五三八頁）有詩。同年，《山谷詩集注》卷六有《次韻宋懋宗僦居甘泉坊雪後書懷》。肇乃祁孫。《錢唐韋先生文集》卷九有詩及肇。

二十日，與錢勰（穆父）復游金明池，答勰雪中見及詩。

答詩見《詩集》卷三十（一五七一頁）。《紀年録》謂為本月三十日事。

二十一日，孔文仲卒。撫柩贊其勁直。

《蘇魏公文集》卷五十九文仲墓銘謂本日卒，年五十一；並謂卒之日「士大夫識與不識，聞之皆失聲嗟悼，以為朝廷喪一直臣；而翰林蘇公子瞻往撫其柩曰：「世方嘉軟熟而惡峥嶸，相師成俗，求勁直如吾經父者，今無有也。』」

己巳（二十二日），賜李常寧等五百零八人及第、出身、同出身。

據《長編》卷四百九：及第二十四人，出身二百九十六人，同出身一百八十八人。《宋會要輯稿》、《宋史・哲宗紀》記載略有不同。

常寧字安邦，開封廩延人。本年六月卒，年五十二。見《淮海集》卷三十三墓銘。《長編》卷四百一十本年五月丙辰紀事：以常寧為宣義郎簽書鎮海軍節度判官廳公事。

此五百餘人，除李常寧外，受知蘇軾者有孫勰、章援、王覿、葛敏修、劉燾、鄭少微、周燾、龔夬、馬存；高述亦登是科。

《獨醒雜志》卷四謂蘇軾得孫勰文，「於黜籍中見而異之，擢置第五。榜帖既傳，誹議藉藉，以勰嘗遊公之門也。會廷試，勰復中第五，輿論始服文章之定價」。

《雲麓漫鈔》卷九謂章援（致平）文法王安石，既見蘇軾知舉，「為文皆法坡，遂為第一」。此第一乃省試。

《省齋文稿》卷二十《葛敏修聖功文集後序》謂外祖給事中王公，以古文論周秦強弱，蘇軾置前列；「政和中入掌書命。專用西漢文體」，「未幾，竟坐元祐學術斥去」。《周益國文忠公集》附録李壁撰行狀謂必大外祖名覿。覿字大粹，嘗守東平，見《鐵圍山叢談》卷三。

《檆溪居士集》卷十《跋葛聖功詩》：「聖功試南宮，論周秦強弱不變之弊，如太倉公言病，洞見根穴所起。東坡奇其文，置之高列。山谷曰：『此某為太和令時所與唱酬進士也。』因相慶得人。」《平園續稿》卷三十二《葛先生淶墓誌銘》：「叔祖尊岷先生敏修，擢元祐三年甲科。受知蘇文忠公黄太史先生。」以上所引《葛敏修聖功文集後序》謂蘇軾知舉敏修以奉議奏名第七。又謂：「崇寧元年九月乙未詔書，定元符末黨籍五百四十有一人，而公姓名在焉。由此罷確山宰，廢於家。越三年，六月丁巳，始出黨籍。」以下引其詩「從今益勉為忠義，一噎如何便廢餐」云云，不少折。

《揮麈録·後録》卷七：「元祐中，東坡知貢舉，以光武何如高帝為論題，張文潛作參詳官，以一卷子攜呈東坡，云：『此文甚佳。蓋以先生《醉白堂記》為法。』東坡一覽，喜曰：『誠哉是言。』置魁等。後拆封，乃劉燾無言也。」《嘉泰吴興志》卷十七《賢貴事實下·長興縣》謂燾乃誼次子，以下云：「東坡知元祐三年舉，讀其文，曰：『必巖谷間苦學者。』中第三人。廷對又中甲科。」

《蜀中廣記》卷四十二、九十八：鄭少微，字明舉，華陽人。少孤力學。蘇軾知貢舉，得少微。與古郫楊天惠、隆州李新號三隽。宣和間論時政，坐廢。貧無田宅，寓居成都金繩院十五年，不屈其志。學益古，文益工。後徙居臨邛，自號木雁居士，官至朝請郎。有《木雁居士集》、《唐史發揮》，不傳。

周燾，字次元，詳元祐四年「與劉季孫周燾有倡酬」條紀事。

《長編》卷四百一十本年五月丙辰紀事：以進士及第龔夬為承事郎簽書河陽節度判官廳公事。《宋史》卷三百四十六《龔夬傳》謂「進士第三」。參元祐六年「嘗薦龔夬」條。

同治《饒州府志》卷二十二《馬存傳》：「字子才，樂平人，遵從孫。元祐省試論以揚雄、劉向為題，存論曰：『方王莽以險怪愚弄天下，學士大夫高節尚潔者，非引去則繼以死，龔勝以清死，鮑宣以悍死，其憤甚矣。雄斯時方著《劇秦美新論》以發揚其盛，讀之令人氣拂膺不懌者累日。嗚呼，雄乎！寧死爾，其忍為此文哉！』典舉蘇軾奇之，置高等，京師競傳，因呼為拂膺公。公廷試策言：『臣之深思，常略於東南而獨在北方。』詳定官蘇轍（按：轍非詳定官）喜其遠慮，欲以冠多士，同列間之，抑居第四。授鎮南節度推官，再調越州觀察推官，天下方以兩制期之。紹聖三年，卒於官。存早游太學，研經以考道，觀史以究治亂之變，賦事摇毫，頃刻數千言。文學錚一時，文集二十卷行於世。」同上書卷二十六著録其《馬節推集》二十卷，當為其文集；不傳。《節孝集》卷四、卷五有詩及馬存。

述字季明，鎮江人。官臨海令。學蘇軾書及竹石，皆逼真。見《至順鎮江志》卷十八、《圖繪寶鑑·補遺》。《宋詩紀事補遺》卷二十九有述詩。《山谷外集詩注》卷十六有《戲贈高述六言》，作於本年。《豫章先生遺文》卷十一《跋東坡思舊賦》：「丹陽高述、齊安潘岐其人皆文藝，故其風聲氣格，見於筆墨間，造作語言，想象其人，時作東坡簡筆，或能亂真，遇至鑒則亦敗矣。」《豫章黄先生文集》卷二十九《跋偽作東坡書簡》：「此帖安陸張夢得簡，似是丹陽高述偽作。」又云：「高述、潘岐皆能贋作東坡書。」

《宋黄文節公全集·刀筆》卷八《答檀敦禮》第八簡：「東坡畫竹多成棘，是其所短，無一點俗氣，是其所長。此畫柔媚而俗惟枯木，是丹陽高述筆也。」

晁載之（伯宇）或於今年登進士第。黄庭堅嘗薦載之於蘇軾，軾答書謂載之涉奇似差早，欲庭堅以己意微箴之。載之自是大進。

《郡齋讀書志》卷四下謂載之：「鎖廳中進士第，黃魯直嘗薦之於蘇子瞻，云：『晁伯宇謹厚，守文元家法，從遊多長者。其文已能如此，年蓋未二十也。願子瞻一語教戒之。』……坎壈終身，卒。官封丘丞。」有《封丘集》二十卷，已佚。其登第或為今年。蘇軾答書乃《文集》卷五十二與庭堅第二簡。《曲洧舊聞》卷八謂黃庭堅以載之少作《閔吾廬賦》示蘇軾，曰：「此晁家十郎作，年未二十也。」以下引軾答簡，謂載之自是文章大進，贊軾語「委曲如此，可謂善成就人物者」。《風月堂詩話》亦紀此事。

洪炎應試，未中。

《山谷先生年譜》附炎撰《豫章黃先生退聽堂録序》謂本年及元祐六年兩試禮部，寓舅氏黃庭堅廨中，庭堅時「與翰林蘇公子瞻游，賦詩無或輟」。

李廌落第，蘇軾賦詩自責。軾謀與范祖禹同薦廌於朝，未果。

《宋史》卷四百四十四《李廌傳》：「鄉舉試禮部，軾典貢舉，遺之，賦詩以自責。吕大防歎曰：『有司試藝，乃失此奇才耶！』軾與范祖禹謀曰：『廌雖在山林，其文有錦衣玉食氣，棄奇寶於路隅，昔人所歎，我曹得無意哉！』將同薦諸朝，未幾，相繼去國，不果。」參元祐元年「以賢良方正薦秦觀」條引《朱子語類》。

詩見《詩集》卷三十（一五六八頁）。《山谷詩集注》卷九次韻，注云：「東坡知貢舉，得程文異之，謂必方叔，擢置第一，既開榜，非是。東坡悵然，作詩送方叔。」《石林詩話》卷中有此記載，謂蘇軾所得程文乃章援作。

《風月堂詩話》卷上：「東坡知貢舉，李豸方叔久為東坡所知，其年到省諸路舉子，人人欲識其面，考試官莫不欲得方叔也。坡亦自言有司以第一拔方叔耳。既拆號，十名前不見方叔，衆已失色，逮寫盡榜，無不駭歎。」

《老學庵筆記》卷十謂蘇軾得一卷子，大喜，手批數十字，且語黄庭堅曰：是必吾李廌也。拆號，則章持。以下云：「廌試罷，歸語人，曰：『蘇公知舉，吾之文，必不在三名後。』及被黜，廌有乳母年七十，大哭曰：『吾兒遇蘇内翰知舉，不及第，他日尚奚望！』遂閉門睡，至夕不出。發壁視之，自縊死矣。廌果終身不第以死，亦可哀也。」趙溍《養疴漫筆》有類似記載。《老學庵筆記》在前，或為所本。

《鶴林玉露·甲編》卷五《李方叔》：「元祐中，東坡知貢舉，李方叔就試。將鎖院，坡緘封一簡，令叔黨持與方叔，值方叔出，其僕受簡置几上。有頃，章子厚二子曰持、曰援者來，取簡竊觀，乃『揚雄優於劉向論』一篇，二章驚喜，攜之以去。方叔歸，求簡不得，知為二章所竊，悵惋不敢言。已而果出此題，二章皆模倣坡作，方叔幾於閣筆。及拆號，坡意魁必方叔也，乃章援。第十名文意與魁相似，乃章持。坡失色。二十名間，一卷頗奇，坡謂同列曰：『此必李方叔。』視之，乃葛敏修。時山谷亦預校文，曰：『可謂内翰得人，此乃僕宰太和時，一學子相從者也。』而方叔竟下第。坡出院，聞其故，大歎恨，作詩送其歸，所謂『平生漫説古戰場，過眼空迷日五色』者是也。其母歎曰：『蘇學士知貢舉，而汝不成名，復何望哉！』抑鬱而卒。」

《石林詩話》卷中謂廌落第後，「學亦不進，家貧，不甚自愛，嘗以書責子瞻不薦己，子瞻後稍薄之，竟不第而死」。此處所述，與諸家記載有不符處，疑傳聞有誤。仍附於此以備考。

本月，奏御試劄子，論御試革、興事宜。

文見《文集》卷二十八（八一三頁）。一奏乞御試放榜館職皆侍殿上，意謂復此「祖宗舊法」，乃彰王國多士之美。一奏放榜後貢舉合行事件。其一，乞立法：將來殿試，除放合格人外，其餘並皆黜落，或乞以分數立額取人，所貴上無姑息之政，下絶僥倖之心。其二，今後殿試唱名，除南省逐場第一人臨時取旨外，其餘更不升甲。其三，乞檢前所上《論特奏名奏》，降付有司，詳議裁減。其四，凡差試官，務在選擇能文之士，不分詩賦、經義。

本月，奏《乞罷學士除閑慢差遣劄子》。

文見《文集》卷二十八。文末謂閑慢差遣，乃秘書監、國子祭酒之類，或只經筵供職。旨在免衆人側目。

與李之純（端伯）簡，婉言勿擾民。

《文集》卷五十八與之純第一簡：「蜀中本易治，而或者擾之。」又云「切想下車以來，談笑無事，行春之樂，無由託後乘陪賓客之末」，知作於之純到知成都任後不久，其時約在本年春。

書艾宣畫，有詩。

詩見《詩集》卷三十（一五七四頁），據《詩集》編次。《文集》卷七十《跋艾宣畫》謂宣「既老，筆迹尤奇」，今尚在。約作於元祐在朝時。《圖畫見聞志》卷四、《宣和畫譜》卷十八、《圖繪寶鑑》卷三有《艾宣傳》。

四月戊寅(初二日),高士敦爲成都府利州路兵馬鈐轄。次翰林學士許將(冲元)韻送以詩。

四月云云,據《蘇潁濱年表》。次韻見《詩集》卷三十(一五八二頁)。《欒城集》卷十五、《山谷外集詩注》卷十六亦有送行詩。將,《宋史》卷三百四十三有傳。

《獨醒雜志》卷五謂軾嘗與將同舍,「一日,冲元自窗外往來,東坡問『何爲』?冲元曰『綏來』。東坡曰『可謂奉大福以來綏』」,蓋冲元登科時賦句也。冲元曰『敲門瓦礫,公尚記憶耶』」。附此。

辛巳(四日)鎖院,中使宣召入内,撰呂公著同平章軍國事及呂大防、范純仁左右僕射麻制。太皇太后高氏敍神宗之知遇,蘇軾感泣。撤御前金蓮燭送歸院。

據《長編》卷四百九。麻制見《文集》卷三十八(一〇九四至一〇九六頁)。《石林燕語》卷十:「呂丞相微仲,性沉厚剛果,遇事無所回屈,身幹長大而方,望之偉然。初相,蘇子瞻草麻云:『果藝而達,兼孔門三子之風;直大以方,得坤爻六二之動。』蓋以戲之。微仲終身以爲恨,言固不可不慎也。」《石林燕語考異》:「直方,大美之至矣,何必他疑而至終身爲恨乎!」《石林燕語辨》意略同。

《隨手雜録》:「子瞻爲學士。一日鎖院,召至内東門小殿。時子瞻半酣,命以新水漱口解酒。已而入對,授以除目:呂公著司空平章軍國事,呂大防、范純仁左右僕射。承旨畢,宣仁忽謂:『官家在此乎?』子瞻曰:『適已起居矣。』宣仁曰:『有一事要問内翰,前年任何官職?』子瞻曰:『汝州團練副使。』曰:『今爲何官?』子瞻曰:『備員翰林,充學士。』曰:『何以至此?』子瞻曰:『遭遇陛下。』曰:『不關老身事。』子瞻曰:『必是出自官家。』曰:『亦不關官家事。』子瞻曰:『豈大臣薦論耶?』

曰：『亦不關大臣事。』子瞻驚曰：『臣雖無狀，必不別有干請。』曰：『久待要學士知此是神宗皇帝之意。當其飲食而停筯看文字，則内人必曰：此蘇軾文字也。神宗每時而稱之曰奇才！奇才！但未及用學士而上仙耳。』子瞻哭失聲。宣仁與左右皆泣。已而賜坐喫茶，曰：『内翰！内翰！直須盡心事官家，以報先帝知遇。』子瞻拜而出，撤金蓮燭送歸院。子瞻親語余知此。」《長編》亦引此段文字。《宋史》本傳亦節引此事，然誤次元祐二年。《詩集》卷三十五《送陳伯修察院赴闕》：「文字乃見知。」乃敍此事。

《三朝名臣言行録》卷八《丞相申國吕正獻公》引《神道碑》：「宋興以來，大臣以三公平章軍國者四人，二人出公家。草制之夕，上御闈殿，見學士蘇軾曰：『吕僕射以疾求去，不欲煩以事，故以三公留之。』」

《愛日齋叢鈔》卷一謂賜御前金蓮炬送歸院，乃詞臣殊榮；謂始於唐宣宗時，受其寵者為令狐綯，至宋，治平末則有鄭獬，熙寧間則有王珪。

然麻制之詞則為臺諫所論。

《文集》卷二十九《乞郡劄子》：「今臣草麻詞，有云『民亦勞止』，而趙挺之以為誹謗先帝，則是以白為黑，以西為東。」「民亦勞止」在吕大防麻制中。

五日，題宋子房（漢傑）之畫。子房嘗贈李承宴墨，蘇軾有詩。

文見《文集》卷七十（二二一五頁）；此下尚有《跋漢傑畫山二首》，贊其畫真士人畫，非畫工之畫。蓋其叔迪(復古)善畫山水,子房受其熏陶也。詩見《詩集》卷三十(一五七九頁),作於題跋稍後。

約李廌(方叔)夜訪話別。

《文集》卷五十三答廌第十五簡:「來日行香罷,又須一弔康公,晚乃歸。方叔能枉訪夜話為別,甚幸。」康公乃絳,絳逝時,蘇軾適知貢舉,今往弔,乃出試院後,計當為四月事。廌落第出京師,故約其話別。廌或歸陽翟。

劉攽致齋中太一宫,寄詩來。

《彭城集》卷十六詩題:「致齋中太一宫,見屏風有唐賢和常舍人詩,因次韻寄子瞻内翰、子由侍郎、子開舍人、穆父待制,數公皆嘗祠太一也。」稱轍侍郎,知作於轍除户部侍郎之後。詩云「初夏」,作於四月。

五月一日,與弟轍同轉對,條上三事。並有詩。

文見《文集》卷二十九(八一九頁)。三事為:開兼聽廣覽之路,而避專斷壅塞之媒;愛惜名器,慎重刑罰;重申元祐元年十月年及二十五以上方得出官之議,以救官冗之弊。《詩集》卷三十有《次韻子由五月一日同轉對》。《蘇潁濱年表》:「五月丙午朔,文德殿轉對,有《論事狀》。有詩。」狀見《欒城集》卷四十一,詩見卷十五。

三日,聞蘇頌言張士遜中傷孔道輔事,記之。

《文集》卷七十二《張士遜中孔道輔》記其事。

進《端午帖子詞》。

詞見《詩集》卷四十六。

八日，作墨竹。

《石渠寶笈續編》第十七養心殿藏二：「蘇軾墨竹一軸。素箋本，縱三尺七寸，橫一尺三寸五分。水墨畫石，旁倒枝竹。款：『元祐三年五月八日，武昌朱君善招飲於雲麓寺，宿無塵閣中，作此。東坡居士。』」《佚文彙編》未收。

丁巳（十二日），歐陽棐（叔弼）以朝奉郎、考功員外郎為集賢校理、權判登聞鼓院。蘇軾嘗舉自代，不行。軾嘗以內表章屬棐代之。軾嘗與棐論詩。

丁巳云云，據《長編》卷四百十一。

《文集》卷二十九《乞郡劄子》云「臣所舉自代人黃庭堅、歐陽棐」等，臺諫皆誣以過惡。作於本年十月十七日。蘇軾舉棐自代，約為上劄子前不久事；不行。舉棐狀已佚。棐，修第三子，慶曆七年生。見《歐陽文忠公集》卷首年譜。

《西臺集》卷六《歐陽叔弼傳》謂叔弼以文學登第，能世其家。以下云：「文忠公之文，須人代者，多出叔弼甫之手。而東坡蘇子瞻在翰林，亦多以內表章屬叔弼甫代之，人莫能辨。嘗稱曰：文不可以不學古而後為也，要能以古人語而道己意，則可與言文矣。」

論詩見《文集》卷六十七《録陶淵明詩》。或為元祐在朝時事。

親家柳子良赴潞幕，簡曾布（子宣）求庇。

《長編》卷三百六十九：元祐元年閏二月庚戌，布知太原；卷四百二十四：元祐四年三月丁酉，布知成德軍。

《文集》卷五十與布第十二簡云「親家柳子良宣德赴潞幕」，潞為太原屬城；云「自公之西，有識日望詔還」，布去已久；云布所托撰《塔記》「秋凉下筆」，簡約作於夏。考以《長編》，簡作於本年。

《佚文彙編》卷二《與錢穆父》第二十簡：「親情柳子立秀才，寓居屬部，或去相見，略望與進，幸甚。」此簡作於元祐六年，時勰（穆父）知瀛州。柳子文（仲遠）紹聖二年為定州簽判，見該年紀事。疑子良、子立皆子文之兄弟輩，與曾簡中之「親家」疑即與錢簡中「親情」之意。太原、瀛州、定州皆在北方，約知子良等相互聯繫之迹，亦可為子良等乃兄弟輩之旁證。

託孫敏行（子發）寄贈王淮奇（慶源）紅鞓帶，並託寄楊宗文（君素）簡，作詩贊淮奇為官愛民。

《文集》卷五十九與淮奇第十三簡敍託寄事，卷五十六答宗文第二簡敍託簡事；簡云「奉別忽二十年」，乃今年。詩見《詩集》卷三十（一五八〇頁），云黃庭堅、秦觀有詩贈淮奇；分別見《山谷詩集注》卷九、《淮海集》卷五。《山谷全書·外集》卷二十二《題子瞻與王宣義書後》謂淮奇為洪雅主簿，洪雅人皆號稱王五三伯，其馭吏威愛如家人。

六月一日，與臣僚等上疏，乞今後差試官選擇有詞學人充。朝廷從之。

據《宋會要輯稿》第一百十五册《選舉》一九之一九。《輯稿》云：「蘇軾等言：將來科場既復詩賦，今來禮部新立條，將來經義一員，詩賦兩員者，各差一員。今欲乞後差試官，不拘曾應差經義舉者，專務選擇有詞學人充，更不指定員數。從之。」此奏，《佚文彙編》失收。

癸卯（二十八日），程之元移江南西路轉運判官。之元自知楚州移，有詩送之。

癸卯云云，據《蘇潁濱年表》。詩見《詩集》卷三十（一五八三頁）。《欒城集》卷十六有送行詩。軾此詩及《詩集》卷三十六《表弟程德孺生日》贊其治楚政績，《柯山集》卷四十三《送程德孺赴江西》亦贊之。《長編》卷四百一元祐二年五月己巳紀事：「詔令學士院降敕書獎諭知楚州程之元，以淮南賑濟所言之元究心存撫請褒擢故也。」又見《太平治迹統類》卷十八。

三伏，詔早出院，上謝表。

表見《文集》卷二十三（六七〇頁）。

七月一日，題崔白所作《布袋真儀》。熙寧間，白嘗以此相示。

題跋見《佚文彙編》卷六（二五七三頁）。《山左金石志》卷十七謂題跋石刻在濰縣石佛寺。乾隆《濰縣志》卷一《古迹》：「布袋和尚像，在石佛寺殿牆下。」以下引蘇軾題跋，並云軾「手書石刻至今猶存」。卷二《壇廟》謂石佛寺在縣治東南，宋咸平二年僧元德建。

白字子西，濠梁人。善畫花鳥、道釋人物、山林飛走之類，尤工於寫生。仁宗朝為圖畫院藝學。《圖繪寶鑑》卷三有傳。蘇軾題跋贊白「筆清而尤古，妙乃過吴」。吴乃元瑜，《圖繪寶鑑》亦有傳。

癸丑（初九日），遼使來賀坤成節，館伴於都亭驛。為內侍都知劉元方賦唐盧鴻《草堂圖》。

《長編》卷四百十二本月癸丑紀事：「遼主遣使長寧軍節度使蕭學恭，副使中大夫、守太常少卿、充乾文閣待制劉慶孫來賀坤成節。」

《文集》卷七十《跋盧鴻學士草堂圖》：「此唐盧丞相、段文昌本，今在內侍都知劉君元方家。元祐三年七月，予館伴北使於都亭驛，劉以示予，為賦此篇。」

蘇軾題詩已佚。《詩集》卷四十九《題盧鴻學士草堂圖》，乃蘇轍作。

丙辰（十二日），周尹（正孺）知梓州。有詩送之。

丙辰云云，據《長編》卷四百十二。

詩見《詩集》卷三十（一五八四頁）。《蘇魏公文集》卷十一、《范太史集》卷二、《清江三孔集・宗伯集》卷八、《欒城集》卷十六均有送行詩。《文集》卷六十七《書諸公送周梓州詩後》敍之。

尹在梓，有善政。元祐五年十月十六日加直秘閣。見《宋會要輯稿》第一百二十冊《選舉》二三之一八。

丙寅（二十二日），承議郎、祠部員外郎翟思為殿中侍御史，從蘇軾等所請也。

據《長編》卷四百十二；《長編》謂此乃「從翰林學士蘇軾、許將，給事中顧臨、趙君錫，中書舍人曾肇、劉攽、彭汝礪等所舉也」。舉文不見《文集》，《長編》亦未節録，不知為誰作。

思字子久，本開封人，熙寧三年進士。見《曲阿詩綜》卷六。元豐六年為監察御史，七年三月守殿中侍御史，至是為殿中侍御史，屢言事。卒於崇寧元年。子汝文，有《忠惠集》。參《長編》卷三百三十四、三百三十六至七、三百四十四、三百四十九至五十、四百十五及《忠惠集》附翟汝文埋銘。

八月五日，撰《樂苦説》，究樂、苦變化之理。

文見《文集》卷七十三。文謂：樂事可慕，苦事可畏，「及苦樂既至，以身履之，求畏、慕者初不可得」。

同日，與弟轍、孫敏行（子發）、秦觀遊相國寺，觀王詵墨竹，題名。時觀被召來京師，觀旋歸蔡州。嘗有詩贈相國寺僧湛菴主。

題名見《佚文彙編》卷六（二五八二頁），詩見《詩集》卷三十（一五八七頁）。

《癸辛雜識·別集》卷上《汴梁雜事》條羅志仁《再遊汴梁記》，謂此題名石刻在相國寺佛殿外。羅志仁，宋末元初人，同治《清江縣志》卷八有傳。

《淮海集》卷十一詩題：「元祐三年，余被召至京師，從翰林蘇先生過興國浴室院。（下略）」《淮海居士長短句》附《年表》本年紀事：「在京為忌者所中，復引疾歸蔡州。」

《艇齋詩話》：「東坡詩云『喝石巖前自過春』，又言『喝石巖前後欲冰』者，俱胝道人嘗咒冰，故有喝石巖。坡詩又云『精誠貫山山為裂』者，正謂此也。」《詩集》「後欲」作「夏飲」。

《晚香堂蘇帖》：「入夜，病目不成字，不罪！不罪！字已寫在少游處。文丈蒙傳誨，感！感！軾再拜。」《佚文彙編》未收。此乃與某友人簡。文丈當為彥博，時尚在位。簡中及秦觀，附次此。

十八日，與治平史院主、徐大師簡，致思念之意，並託其照管祖塋。

簡見《佚文彙編》卷四（二五二九頁）。郭印《雲溪集》卷五《治平院三蘇像》：「人言筦庫卑，我自得疎散。」「禪堂儼真容，光炯破真眼。」印為北宋末人，及南宋初，蜀人。據詩，似印為眉山筦庫官，此治平院似在眉山。此簡收入《故宮博物院藏歷代法書選集》，題作《宋蘇軾治平帖》，趙孟頫跋謂凡二帖，今僅存一帖，即此簡。

帖後有明文徵明跋，謂帖有「非久請郡」語，乃熙寧二年蘇軾三十四歲時作。按：文說非是。簡云「久別」，如依文說，則軾別史院主不過一年有餘，不合。蘇軾元祐在朝時，亦屢請郡，不獨熙寧在朝時為然。簡所云「求蜀中一郡」，更合元祐時實際。要之，此簡約作於元祐二年或三年，今姑次本年。

二十一日，奏魏王在殯乞罷秋宴劄子。詔罷秋宴。

文見《文集》卷二十九（八二二頁）。詔罷見《長編》卷四百十三本月乙未紀事。《經進東坡文集事略》卷三十六此劄子注文謂魏王名頵，皇叔。《宋史·哲宗紀》謂頵本年七月戊申卒。

二十九日，跋《石恪畫維摩頌》及《魚枕冠頌》。

跋見《佚文彙編》卷五（二五四七頁），頌見《文集》卷二十。《圖繪寶鑑》卷三《石恪傳》：「字子專，成都人。性滑稽，有口辨，工畫佛道人物。始師張南本。技進，益縱逸不守繩墨。多作戲筆，人物詭形殊狀，惟面部手足用畫法，衣紋皆粗筆成之。」南本，唐中和間人。《式古堂書畫彙考·畫》卷十一著録《石子專維摩圖》，收軾頌。《文集》卷二十一有《石恪三笑圖贊》。《三笑圖》乃戲筆，軾盛贊之。附此。

同日，書《九歌》。

《式古堂書畫彙考·書》卷十：「《書畫舫》云：檇李項氏，藏蘇長公行書，《九歌》一卷，止録《文選》中所載六章，蓋宋人無不精熟《文選》者，末題元祐三年八月廿九日録。軾筆意清峭，紙墨如新，希世之寶也。」按：在《清和書畫舫》卷八下。

九月初一日，跋父洵嘉祐元年送石揚休(昌言)北使引。

跋見《文集》卷六十六(二〇六八頁)。《紀年録》謂跋於元祐二年九月一日。

五日，邇英進讀《寶訓》，奏述災沴論賞罰及修河事劄子。直言時事，為當軸所恨。

文見《文集》卷二十九(八二五頁)，所進《寶訓》為太宗每見雨雪應時，輒喜不自勝。文論災沴頻見，在朝廷賞罰不明，舉措不當：前者如童政賊殺平民數千，止降一差遣；後者如强黄河水使之東流，所費不貲。《文集》卷三十二《杭州召還乞郡狀》：「經筵極論黄河不可回奪利害，且上疏争之，遂大失執政意。」《墓誌銘》：「嘗侍上讀《祖宗寶訓》，因及時事，公歷言今賞罰不明，善惡無所勸沮；又黄河勢方西流，而强之使東。」以是為當軸者所恨。《欒城集》卷四十二《論黄河必非東决劄子》謂「軾前在經筵，因論黄河等事，為衆人所疾，迹不自安，遂求引避」。

七日，錢勰除知越州。簡勰致欣羡之意，有意乞江湖一郡。

七日云云，據《宋會要輯稿》第九十八册《職官》六六之三八。

《佚文彙編》卷二與勰第三簡：「承已拜命，正得所欲，想愜雅懷。」又云：「似聞明主知照極深，其他想不復計較也。」據《輯稿》，勰自權知開封府知越州，乃「以奏獄空不實」，罰銅二十斤，展三年磨勘，簡或就此言。

同上第四簡：「會稽平日欲乞，豈易得哉。小生奉羡之意，殆不可言，然亦行當繼公也。」又云：「旦夕入文字乞郡，江湖之東，行亦得之。」第五簡：「某意在沿流揚、楚，不可得，潭、洪亦可樂也。」

己未（十六日），李常（公擇）為御史中丞。與黃庭堅簡，以此為喜。時卧病，張耒、晁補之來。

己未云云，據《長編》卷四百十四，自户部尚書除。

《文集》卷五十二與庭堅第三簡：「前日文潛、無咎見臨，卧病久之，聞欲牽公見過，所深願也。」「公擇舅作憲，甚可喜，因見，為道區區。」

十七日，書贈柳仲矩。

文見《文集》卷七十一（二二六三頁）。仲矩，或為子文（仲遠）之兄弟輩。

十八日，書論三國人物桓範、陳宫。

據《文集》卷六十五《桓範奔曹爽》。

同日，作《文驥字説》。

據《紀年録》。文見《文集》卷十。

驥乃務光之子，於弟轍為外孫。故文末蘇軾以「外伯翁」自稱。文後有跋，首云：「東坡居士言：驥孫才五歲，入吾家，見先府君畫像曰：我嘗見於大慈寺中和院。試呼出相之，骨法已奇，神氣沉穩。此兒一日千里，吾輩猶及見之。」末謂「元祐三年十月癸酉門下後省書」，不似弟轍口吻，不知為何人所作。

弟轍嘗教驥作詩，《欒城後集》卷四《外孫文驥》詩及之，末云：「文章猶細事，風節記高堅。」《欒城第三集》卷一、卷二、卷四多詩及之。驥又字德稱，見張元幹《蘆川歸來集》卷九《跋蘇黄門帖》，稱政和間與驥遇於澶淵。

錢勰（穆父）離京師赴知越州任，有送行詩並有贈勰物。

《佚文彙編》卷二與勰第七簡：「子由試院來日出，或能一見子容諸公，欲二十日出錢，公已出城，莫須少留否？」據《嘉泰會稽志》卷二，勰以十一月到官。則此簡所云之二十日，當屬九月。勰離京師為九月。子容，蘇頌字。據《蘇潁濱年表》，時弟轍考試制科舉人。

《詩集》卷三十有《送錢穆父出守越州絶句》，贈物見《佚文彙編》與勰第六簡。

《山谷全書·别集》卷六《題徐浩遺經》：「頃見蘇子瞻、錢穆父論書不取張友正、米芾，余殊不謂然。及見郭忠恕敍字源後，乃知當代二公極為别書者。」此乃元祐初至勰赴杭前事，兹附此。友正，字義祖，士遜幼子。神宗評其草書為本朝第一，附《宋史》卷三百十一士遜傳。

《朱子語類》卷一百四十：「子瞻單勾把筆，錢穆父見之，曰：『尚未能把筆耶？』」此乃戲言，以有關論書，附此。

程之邵（懿叔）知泗州，有詩送行。

詩見《詩集》卷三十（一五九一頁）。《欒城集》卷十六送行詩有「吾弟有俊才，見事心眼明，一年坐比部，萬口傳佳聲」之句。比部屬刑部，《宋史》卷三百五十三《程之邵傳》失載。之邵知泗，當自比部除。

送曹輔（子方）赴閩漕，有詩。輔初得詩名於蘇軾兄弟。

詩見《詩集》卷三十(一五九二頁);「施註」謂輔漕閩為本年九月事,《山谷詩集注》目録引《實録》同,輔自太僕丞除。

輔有時名,其赴閩,《彭城集》卷十四、《清江三孔集·宗伯集》卷八、《柯山集》卷十九、《雞肋集》卷十六、《山谷外集詩註》有送行詩。

輔號静常先生,登嘉祐八年進士乙科。見《祖龍學集》卷十一附《曹輔傳》。王庭珪《盧溪文集》卷十四《題曹子方詩集後》謂輔「初以詩得名於兩蘇公」。楊萬里《誠齋集》卷八十《盧溪先生文集序》謂庭珪少嘗見輔,「得詩法」。輔乃飽學之士,《吕氏雜記》卷上謂輔嘗言「《列子》,僞書也」。

蹇道士拱辰(翊之、葆光)將歸廬山,書《黄庭内景經》一卷以贈。二十二日,作跋。又有詩。其歸,又有詩送之。

跋見《佚文彙編》卷六(二五七一頁)。詩乃《詩集》卷三十《書黄庭内景經尾》。送詩見《詩集》卷三十(一五九七頁)。

《欒城集》卷十六有《次韻子瞻書黄庭内景經卷後贈蹇道士拱辰》、《送葆光蹇師遊廬山》。《山谷外集詩註》卷十七《次韻子瞻書黄庭經尾付蹇道士》,作於十月四日,見注文。

《慶湖遺老詩集》卷一《贈道士蹇拱辰》贊其「爽氣飄飄」,作於元祐五年十二月。《欒城後集》卷一有《蹇師嵩山圖》詩,謂紹聖元年春蹇欲游嵩山。

《文集》卷二十二有《葆光法師真贊》,作時待考,兹附此。

二十八日，書《大還丹訣》。

文見《文集》卷七十三（二三二八頁）。

李公麟（伯時）為蘇軾及自身畫像，復為弟轍及黃庭堅畫像，為跋。

跋見《佚文彙編》卷六（二五七五頁），云「李伯時畫予真，且自畫其像，故贊云『殿以二士』」。《詩集》卷三十《書黃庭内景經尾・敍》：「余既書《黃庭内景經》以贈葆光道師。而龍眠居士復為作經相其前，而畫余二人像其後。」有「殿以二士蒼鵠騫」之句，二士謂公麟與蘇軾。

跋續云「黃魯直與家弟子由皆署語其後，故伯時復寫二人」。庭堅署語乃以上《蹇道士拱辰將歸廬山》條下所提十月四日所作詩，轍署語乃《次韻子瞻書黃庭内景經卷後》。蘇軾之跋作於十月四日略後。

《豫章黃先生文集》卷二十九《跋東坡書帖後》：「廬州李伯時近作子瞻按藤杖，坐盤石，極似其醉時意態。此紙妙天下。」當為此前後事。

彭汝礪（器之）為中書舍人，有啟來，答啟為賀。

答啟見《文集》卷四十七（一三六二頁），云「進直掖垣」，乃中書舍人。

《宋史》卷三百四十六汝礪傳云「元祐二年，召為起居舍人」，踰年，遷中書舍人。《長編》卷四百十四本年九月辛亥有中書舍人彭汝礪等考試應賢良方正能直言極諫科舉人記載。

嘗往興國寺浴室院，見彭汝礪，共觀六祖畫像，應其請作贊。

據《文集》卷二十一《興國寺浴室院六祖畫贊》，距嘉祐元年舉進士時館此，為三十一年。文稱汝礪為中書舍人。汝礪卒於紹聖元年，年五十四。見《琬琰集删存》卷二曾肇撰墓銘。

十月十七日，堅乞一郡。先是乞郡，朝廷遣使存問，賜告養疾，不允，至是乃堅乞，亦不允。

劄子見《文集》卷二十九（八二七頁），首云：「臣近以左臂不仁，兩目昏暗，有失儀曠職之憂，堅乞一郡。伏蒙聖慈降詔不允，遣使存問，賜告養疾。」乃復乞。此前乞郡劄子，未見。亦不允見十一月七日紀事。

二十三日，書《出局》詩，為跋。

詩見《詩集》卷四十八，文見《文集》卷六十八（二一四二頁）。

林旦（次中）得李公麟（伯時）《歸去來》、《陽關》二圖，蘇軾題詩，並有簡與旦。

詩乃《詩集》卷三十《書林次中所得李伯時歸去來陽關二圖後》。《欒城集》卷十六亦有詩。《文集》卷五十五《與林子中》第二簡云「二圖奇妙絶世，戲作二絶句其後」，知此簡乃與旦者，非與希（子中）。旦，《宋史》卷三百四十三傳甚略，兹略補於下。治平元年為象山令，熙寧三年八月，以著作佐郎同管勾淮南常平事權監察御史裏行。九月判司農寺，崇政殿説書。四年正月，知黄縣。七年十一月授光禄寺丞。八年四月，勾當進奏院。元豐四年十二月，簽書淮東判官。元祐元年，為殿中侍御史，旋為淮南運副。四年七月，以右司郎中為祕書少監，十一月知明州。《乾道四明志》卷八有詩，《宋名臣奏議》卷二有文。《清江三孔集·宗伯集》卷二、卷五，《朝散集》卷六及《淮海集》卷九有詩及之。參《長編》卷二百十四至五、二百十九、二百五十八、二百六十二、三百二十一、四百三十、四百三十五及《文集》卷二十九淮南運副制文。

十一月一日，鎖院，賜宫燭法酒，有詩呈同院。

詩見《詩集》卷三十（一六〇〇頁）。《欒城集》卷十六、《蘇魏公文集》卷十一、《西臺集》卷二十、《范太史集》卷二有次韻。《范太史集》自注：「是日早，邇英講讀退，以風寒，賜執政、講筵官御酒。是夜，翰林又被燭酒之賜。」《詩集》卷三十有《范景仁和賜酒燭詩復次韻謝之》，鎮（景仁）詩佚。

七日，中使臨賜御膳問疾，有謝表。旋復起就職。

表乃《文集》卷二十四《謝御膳表》。卷二十九《論邊將隱匿敗亡憲司體量不實劄子》歷敍「兩遣使者存問慰安」，故復起就職。此前有《論周穜擅自配享自劾劄子》，其一作於本年十二月二十一日，復起爲此以前事。

周表臣（思道）知漢州，送行詩贊表臣及姪尹、張宗諤（永徽）、吴師孟（醇翁）、吕陶、宋大章（文輔）爲六君子。蓋表臣等乞罷官榷茶之法，許通商買賣，有益於蜀民也。

詩見《詩集》卷三十（一六〇一頁），題下「施註」詳敍其事。

表臣以進士登科，成都人，歷官於朝。熙寧末，以都官郎中知漢州。《丹淵集》卷十四有《周思道如詔亭》詩。蓋表臣教子以義方，其事入制詞，故作如詔亭以彰之。《成都文類》卷四十三《如詔亭記》，作於熙寧十年八月。此次知漢州乃再知。《范太史集》卷二有《送周思道再知漢州》，云「使君昔奏撫疲贏，曾奏囊封有直詞」，蓋指乞罷官榷茶。《欒城集》卷十五有送行詩。《淨德集》卷三十二、三十四多詩及之。

師孟，成都人。《成都文類》有和章楶（質夫）《成都運司園亭詩》。楶元豐間為成都路轉運使，見《宋史·章楶傳》。有《和王公覿賞海雲山茶合江梅花》詩，覿以紹聖元二年間知成都，參本譜紹聖二年「與成都寶月大師惟簡簡」條紀事。

宋大章，見《范太史集》卷五十五《手記》。張宗諤，字永徽，蜀人。見《文集》卷七十二《張永徽老健》。

千乘、千能二姪來，旋還鄉。有送行詩，黄庭堅盛贊之。

《詩集》卷三十《送千乘千能兩姪還鄉》：「西來四千里，敝袍不言寒。」「忽然舍我去，歲晚留餘酸。」其來當在秋末冬初。《豫章黄先生文集》卷二十六《跋子瞻送二姪歸眉詩》謂觀此詩可想見蘇軾「風骨巉巖而接人仁氣粹温」。《欒城集》卷十六有次韻。

應千乘請，賦《木山》詩，見《詩集》卷三十，《欒城集》卷十六亦有詩。《文集》卷六十《與蒲傳正》云「千乘姪屢言大舅全不作活計」，約為此時事。大舅，即宗孟（傳正）。

千能乃不欺第三子，千乘弟，見《淨德集》卷二十七《静安縣君蒲氏墓誌銘》。

李公麟（伯時）為趙屼（景仁）作《琴鶴圖》，為題詩。

詩見《詩集》卷三十（一六〇六頁）。《畫繼》卷三公麟傳著録此圖。本歲，題公麟畫詩，除已敘者外，尚有《和王晉卿題李伯時畫馬》、《戲書李伯時畫御馬好頭赤》，次此略前。

十二月五日，冬至前一日，黄庭堅為《跋净照禪師真贊》。蘇軾嘗為净照作偈。

庭堅跋見《山谷全書·别集》卷八，稱净照乃净因寺臻道人，性恬淡，少為作寺舍，僻在西南，人罕知之者，以下云：「予嘗作真贊云：猛虎無齒，卧龍不吟。風林莫過，六合雲陰。遠山作眉紅杏腮，嫁與春風不用媒。阿婆三五少年日，也解東塗西抹來。人以其近俳也，笑其俳不即其實。今既龍眠寫照，東坡作偈，此話乃大行。」偈已佚，龍眠乃李公麟。

六日，冬至，過曾肇（子開）賀節；時肇將往河北視河，為書數紙贈之。

《文集》卷七十二《書别子開》敍之。《長編》卷四百十七本年十一月戊辰（二十六日）載中書舍人曾肇言河事，求朝廷特賜前往「省察」。據蘇軾文，知朝廷從請。

同日，與子過論詩人寫物。

《文集》卷六十八《評詩人寫物》敍之。

和吴安持迎駕詩。

詩見《詩集》卷三十（一六一一頁）。安持，充子，安詩弟。《宋史》卷三百十二《吴充傳》謂「安持為都水使者，遷工部侍郎，終天章閣待制」。《汴京遺迹志》有安持《駕幸太學》詩。軾詩次七日所作詩前，姑次此。

七日，與弟轍同飲王鞏（定國）清虚堂，賦詩吟雪。

詩見《詩集》卷三十（一六一二頁）。《壯陶閣書畫録》卷四《宋蘇東坡興龍節前侍宴一日清虚堂吟雪詩卷》末云：「元祐三年十二月初沐日作，軾。」《欒城集》卷十六有《雪中訪王定國感舊》。時鞏已自揚倅代還，參《長編》卷四百五十九元祐六年六月丙申紀事。

《詩集》此詩前，有《次韻王定國會飲清虚堂》，云「卜築君方淮上郡」。「施註」謂鞏是時知宿州，宿隸淮東，然未到任。《彭城集》卷二十一有《承議郎王鞏可權知宿州制》。

八日興龍節，尚書省賜宴上，與蘇頌論李沆。同日，與王鞏論陳執中。節日致語口號乃蘇軾撰。

據《文集》卷七十二《真宗信李沆》。與頌論真宗所以信李沆，在沆以才識濟之以無心；與鞏論執中雖俗吏，以其舉人以才，亦有可賢處。致語口號見《詩集》卷四十六（二五〇〇頁）。

十五日，書王鞏（定國）所藏王詵（晉卿）所畫《烟江疊嶂圖》一首，詵有和。

詩見《詩集》卷三十（一六〇七頁）。《式古堂書畫彙考·畫》卷十二有此詩墨迹，末云：「元祐三年十二月十五日，子瞻書。」同卷收有王詵和詩，《詩集》題下「查註」已引。蘇軾詩作於此略前。本歲，及詵之詩，尚有《王晉卿所藏著色山二首》、《次韻王定國得晉卿酒相留夜飲》詩，均見《詩集》卷三十。

《詩集》卷四十八《題王維畫》，乃為詵作。中有「青山長江豈君事，一揮水墨光淋漓」，「合註」謂當指《煙江疊嶂圖》。《題王維畫》作於此時或略後，今附志於此。

同日，跋黄庭堅（魯直）浴室題名。時陳慥（季常）來，寓棋簟於浴室院，蘇軾與范百禄（子功）數來從，觀蜀僧令宗所畫達磨以來六祖師，庭堅為題名。

據《文集》卷七十一《書魯直浴室題名後》(并庭堅題名)。蘇軾文原謂「是月十五日戊子」,《總案》考證為十二月,今從。

蘇軾本歲此前,嘗為慥家藏柏石圖作詩,詩見《詩集》卷三十。

二十一日,講筵,上《論周穜擅議配享自劾劄子》。放罪。

劄子見《文集》卷二十九,凡二首。蓋緣周穜上疏言朝廷當以王安石配享神宗而發。《文集》卷三十二《杭州召還乞郡狀》謂穜建此議,必有陰主其事者,是以上書逆折其姦鋒,乞重賜行遣,以破小人之謀。因此,黨人尤加忿疾。

《文集》卷七十二《盛度責錢維演誥詞》:「元祐三年十二月二十一日,講筵,上未出,立延和殿廷中。時軾方論周穜擅議宗廟事。」

本月二十二日,穜以江寧府司理參軍、鄆州州學教授罷歸吏部,見《宋會要輯稿》第九十八册《職官》六六之三八。

蘇軾第二劄中謂「穜蟣蝨小臣,而敢為大姦,愚弄朝廷,若無人然」,以穜乃己所薦,不能不過甚其詞。然穜自是有識之士,其為官亦清廉。《輿地紀勝》卷八十九《廣南東路・廣州・官吏》:「周穜:徽宗朝知廣州,蕃帕以象犀、香珠呈樣,穜一無所受,終任不至舶務。及歸,部人賦詩送行,有『三年清似鏡』之句,見《泰州圖經》。」紹聖四年七月戊辰,穜以著作佐郎、國史院編修官充崇政殿説書。見《長編》卷四百八十九。

《北海集》卷三十四《鄭雍行狀》謂蘇軾特放罪；明年，雍上疏請更正穜罪，從之。

二十八日，哲宗御延和殿，奏范鎮所進新樂，時西夏方遣使款延州塞，進士作《延和殿奏新樂賦》、《款塞來享》詩。蘇軾亦作。先是鎮新樂成，有書來，答啟以賀。

二十八日云云，見《文集》卷六十六《跋進士題目後》。軾撰賦見《文集》卷一，詩見《詩集》卷三十。軾另有《范景仁和賜酒燭詩復次韻謝之》，自注：「時公方進新樂。」見同上卷。啟乃《文集》卷四十七《答范端明啟》。

夜直玉堂，讀李之儀（端叔）詩，作詩書其後。

詩見《詩集》卷三十（一六一六頁）。《文集》卷五十二答之儀第二簡敍其事。

閏十二月一日，范鎮致仕，賜詔獎諭。同日，鎮卒，有祭文。

詔見《文集》卷四十（一一七一頁）。鎮卒日見《文集》卷十四鎮墓銘，祭文見卷六十三（一九五〇頁）。《朝野類要》卷五：官員不禄，可先乞守本官致仕，續奏身故。

三日，邇英進讀《寶訓》，因太宗愛馬事以及愛民。

見《文集》卷二十九《論邊將隱匿敗亡憲司體量不實劄子》。

同日，宜興田客以築室發大塚。命掩之，作《祭古塚文》。

文見《文集》卷六十三。

四日，奏《論邊將隱匿敗亡憲司體量不實劄子》。

文見《文集》卷二十九。《墓誌銘》謂因進讀《寶訓》，因奏：「夏人寇鎮戎，殺掠幾萬人，帥臣掩蔽不以聞，朝廷亦不問，事每如此，恐寖成衰亂之漸。」乃此劄子中語。以下《墓誌銘》謂「當軸者恨之」。

《長編》卷四百十九本月丙午紀事：「御史中丞兼侍讀李常言：臣伏見今月二日，蘇軾講筵進讀問奏，昨鎮戎軍西人入寇，殺萬餘人，有司止奏二千。竊緣邊附奏報，苟容失實，則朝廷賞罰，何所據憑？賞罰苟差，何以懲勸功罪？軾既已面奏，臣職在伺察姦罔，仍復預聞，理當糾正。」望降指揮密切根究，以正典刑。

十四日，撰《太皇太后賜門下手詔》，減聖節大禮生辰親屬恩澤。

詔見《文集》卷四十。《晁氏客語》：「邵成章云：元祐中，太母下詔，東坡視草云：『苟有利於社稷，予何愛於髮膚。』純夫云：『此太母聖語也，子瞻直書之。』」成章，欽宗朝内侍，《宋史》卷四百六十九有傳。「苟有」二句，在詔詞中。

十九日，上薦何宗元《十議》狀。

狀見《文集》卷二十九（八三六頁）。狀謂《十議》文詞雅健，議論審當，乞朝廷隨才録用，非獨以廣育材之道，亦以慰答遠方多士求用之意。宗元，蜀人，時以朝奉郎、新差通判延州事。

《長編》卷四百二十二元祐四年二月癸卯：御史中丞李常等言，朝奉郎何宗元學問通洽，乞隨才録用。詔以宗元為國子監丞。

立春日（二十一日），賜幡勝，劉攽賦詩。與孔武仲、葉均（公秉）、王欽臣（仲至）反覆次韻。

蘇軾次韻詩，見《詩集》卷三十（一六一九至一六二二頁）。攽詩及武仲次韻，《詩集》注文引。均，長洲人。《宋史》卷二百九十五《葉清臣傳》附及。均，清臣子。均，元祐二年閏二月丙午，以朝請大夫、太常卿為直龍圖閣、知荆南，四年七月辛巳，以祕書少監奉祠。見《長編》卷三百六十九、四百三十。

三十日，書次自撰王鞏所藏王詵《烟江疊嶂圖》一首韻。詵再和。

次韻見《詩集》卷三十（一六〇九頁）。《式古堂書畫彙考·畫》卷十二有此詩墨迹，末云：「閏十二月晦日醉後寫此。」詵詩亦見《書畫彙考》，末云：「元祐己巳正月初吉，晉卿書。」詵詩，《詩集》題下「查註」已引。

家定國（退翁）及興國院浴室法用來簡，以正信和尚所作偈、頌及塔記求跋，跋之，簡法用。

跋見《文集》卷六十六（二〇八四頁）。跋謂正信和尚卒於熙寧六年，又十五年而為此跋，知作於今年。簡見《文集》卷六十一（一八九六頁），作於大雪後。簡云「寄示正信偈頌塔銘」，輒題數句塔銘後，知跋略作於簡前。正信已見熙寧元年。

冬，黄庭堅賦《戲答俞清老道人寒夜三首》，蘇軾屢哦以為妙。

庭堅詩見《山谷詩集注》卷十。其一：「索索葉自雨，月寒遥夜闌。馬嘶車鐸鳴，羣動不遑安。有人夢超俗，去髮脱儒冠。平明視清鏡，政爾良獨難。」其二：「聞道一稊米，出身縛簪纓。懷我伐木友，寒衾夢丁丁。富貴但如此，百年半曲肱。早晚相隨去，松根有伏苓。」其三：「牧羊金華山，早通玉帝籍。至今風低草，皭皭見白石。金華風烟下，亦有君履迹。何為紅塵裏，頷鬚欲雪白。」清老僧名紫琳，時住金華，見注文引《王立之詩話》。《侯鯖録》卷八謂清老字子忠，庭堅少時同學。《山谷詩集注》目録：「趙彥清家有山谷跋此詩，其末云：『東坡屢哦此詩，以為妙也。元祐四年，歸自門下省，書於醽池寺南退聽堂上。』此跋四年所書，而詩則三年冬所作。」跋文全文乃《豫章黄先生文集》卷二十五《書贈俞清老》。《侯鯖録》引此三首之第一首，謂「東坡常哦此詩以為戲」。

眉州通判賈訥往祭父洵之塋。歲末，有謝啟。

啟見《文集》卷四十六（一三四〇頁），云「攜孥去國，蓋二十年」，又云「宦游歲晚」，歲末作。

是歲，作詩付過，又有《論樂》等説。

據《王譜》。《文集》卷六十五《陳隋好樂》，或即《王譜》所云之《論樂》。詩佚。

是歲，嘗與宜興友人簡，囑託有關田租事宜。

簡見《佚文彙編》卷四（二五〇六頁），起句為「曹潛夫得三舟」。此簡着重二事，一為都下缺米，望發米來；一為「丁卯年租米數，且便一報」。知簡作於京師；亦作於本年，若在明年，則已知杭矣。簡云「單家兄弟」，當指單錫、單鍔，知簡所書為宜興事。簡云「兼託曹潛夫買少漆器，仍於公裕處支錢」。公裕姓蔣，元豐七年「至常州復自常州至宜興」條已及。《佚文彙編》卷二與公裕簡云「田事想煩經畫」、「買牛車」。蔣、曹實為田莊經紀人。《兩浙金石志》卷六有蘇頌等熙寧十年六月《靈隱題名》，中有曹潛夫，不知是否即此曹潛夫？

是歲，與李之純（端伯）簡，薦張君房。又嘗薦程遵誨。

薦君房乃《文集》卷五十八與之純第二簡。簡云「但恐政成，促召在旦暮爾」。蓋謂之純成都任期將滿。簡作於今年。簡謂君房蜀中陵井人。《文集》卷五十六有與張元明四簡，其第四簡問元明何時還蜀中，作於南遷後，疑元明即君房。

《文集》與之純第三簡薦遵誨，作於之純成都任中。《文集》卷五十二《與黃魯直》第五簡謂遵誨眉人，「亦奇士，文益老，王郎蓋師之」。王郎乃庠。簡作於紹聖二年。

楊久中扶父繪之喪過京師，以父所藏熙寧手詔相示，為作記。

《文集》卷十二《熙寧手詔記》敍熙寧元年神宗手詔賜楊繪，以下云其後二十年久中出手詔請記，乃記之。繪卒於本年六月丁丑，見《范太史集》卷三十九墓銘，久中乃繪長子，為太廟室長。

是歲，黃庭堅作《蘇李畫枯木道士賦》。嘗與庭堅論文。

《豫章黃先生文集》卷一《蘇李畫枯木道士賦》、《東坡居士墨戲賦》：「東坡先生佩玉而心若槁木，立朝而意在東山。其商略終古，蓋流俗不得而言。其於文事，補袞則華蟲黼黻，醫國則雷扁和秦，虎豹之有美，不彫而常自然。至於恢詭譎怪，滑稽於秋兔之穎，尤以酒而能神。故其觴次滴瀝，醉餘顰申。取諸造物之鑪錘，盡用文章之斧斤。寒烟淡墨，權奇輪囷。挾風霜而不栗，聽萬物之皆春。龍眠有隱君子見之，曰：商宇宙者，朝徹於一指。計褚中者，心醉於九九。言其不同識也。截鵬背而不蔕芥，烹鼠肝而復果然。言其不同量也。彼以睢睢盱盱，我以踽踽凉凉。則懼夫子之獨立而矢來吾鄉。乃作女蘿施於木末，婆娑成陰，與世宴息。於其槃根，作黃冠師，納息於踵，若新沐而晞。促阮咸以赴節，按萬籟之同歸。

昔阮仲容深識清濁，酒沈於陸，無一物可欲。右琴瑟而左琵琶，陶冶此族。不溷不濁，是謂竹林之曲。彼道人者養蒼竹之節，以玩四時；鳴槁梧之風，以召衆竅。其鼻間栩栩然，蓋必有不可傳之妙。若予也，寄櫟社以神其拙，顧白鷗之樂人深，一行作吏，此事便廢。懷稻粱以飴老，就簪紱而成禽。莊生曰：去國期年，見似之者而喜矣，况予塵土之渴心。」《山谷先生年譜》卷九元祐三年紀事：「《蘇李畫枯木道士賦》。先生有跋自書《枯木道士賦》後云：比來子由作《御風詞》，以王事過列子祠下作，猶未見本。問子瞻文作何體，子瞻云：『非詩非騷，直是屬韻莊周一篇耳。』晁無咎作《求志》一章，子瞻以為幽通，當北面也。此二文，他日當奉寄。閑居當熟讀《左傳》、《國語》、楚詞、莊周、韓非，欲下筆略體古人致意曲折處，久久乃能自鑄偉詞，雖屈、宋亦不能超此步驟也。」「此二文」以下，皆蘇軾語。庭堅此賦，實非詩非騷。《山谷全書·正集》卷十二收此賦，謂為今年秘書省作。「龍眠隱君子」謂李公麟（伯時）。

《豫章黄先生文集》卷一《東坡居士墨戲賦》：「東坡先生遊戲於管城子、楮先生之間，作枯槎壽木，叢篠斷山，筆力跌宕於風烟無人之境，蓋道人之所易，而畫工之所難。如印印泥，霜枝風葉，先成於胸次者歟？翬中奮迅，六反震動，草書三昧之苗裔者歟？金石之友，質已死而心在斲，泥郢人之鼻、運斤成風之手者歟？夫惟天才逸羣，心法無軌，筆與心機，釋冰為水，立之南榮，視其胸中無有畦畛，八窗玲瓏者也。吾聞斯人深入理窟，櫝研囊筆，枯禪縛律，恐此物輩不可復得。公其緹衣十襲，拂除蛛塵，明窗棐几，如見其人。」《山谷先生年譜》卷九謂此賦為本年作，次《蘇李畫枯木道士賦》後。

是歲，張耒嘗畫馬，蘇軾贊爲妙墨。

《山谷詩集注》卷七《次韻文潛休沐不出二首》其一末云：「牆東作瘦馬，萬里氣駸駸。」任淵注引庭堅自注：「文潛喜畫馬。」其二末云：「蘇公嘆妙墨，逼人太駸駸。」詩次本年。

是歲，李公麟（伯時）作《西園雅集圖》，繪蘇軾等有姓名者十七人雅集西園之狀，米黻爲之記。

《寶晉英光集》補遺《西園雅集圖記》：「李伯時效唐小李將軍，爲著色泉石雲物，草木花竹，皆絶妙動人，而人物秀發，各肖其形，自有林下風味，無一點塵埃氣，不爲凡筆也。其烏帽黄道服，捉筆而書者，爲東坡先生。仙桃巾紫裘而坐觀者，爲王晉卿。幅巾青衣，據方几而凝竚者，爲丹陽蔡天啟。捉椅而視者，爲李端叔。後有女奴，雲鬟翠飾，倚立自然，富貴風韻，乃晉卿之家姬也。孤松盤鬱，上有凌霄纏絡，紅緑相間，下有大石案，陳設古器、瑶琴，芭蕉圍繞，坐於石盤旁，道帽紫衣，右手倚石，左手執卷而觀書者，爲蘇子由。團巾繭衣，手秉蕉箑而熟視者，爲黄魯直。幅巾野褐，據横卷畫淵明《歸去來》者，爲李伯時。披巾青服，撫肩而立者，爲晁無咎。跪而捉石觀畫者，爲張文潛。道巾素衣，按膝而俯視者，爲鄭靖老。後有童子執靈壽杖而立，二人坐於盤根古檜下，幅巾青衣，袖手側聽者，爲秦少游。琴尾冠紫道服摘阮者，爲陳碧虚。唐巾深衣，昂首而題石者，爲米元章。幅巾袖手而仰觀者，爲王仲至。前有髯頭頑童，捧古硯而立，後有錦石橋竹逕繚繞於清溪深處，翠陰茂密中，有袈裟坐蒲團而説無生論者，爲圓通大師。旁有幅巾褐衣而諦聽者，爲劉巨濟。二人並坐於怪石之上。下有激湍潀流於大溪之中，水石潺湲，風竹相吞，爐烟方裊，草木自馨，人間清曠之樂，不過於此。嗟乎，洶湧於名利之域而不知退者，豈易得此耶！自東坡而下，凡十有六人，以文章議論，博學辨識，英辭妙墨，好古多聞，雄豪絶俗之資，高僧羽流之傑，卓然高致，名動四夷。後之攬者，不獨圖畫之可觀，亦足彷彿其人耳。」實為十七人。

按：有姓名者中有秦觀，觀自蔡州嘗於今年被召至京師，見本年八月五日紀事。此圖乃繪本年事。此十七人中之鄭靖老，名嘉會，參元符元年紀事；圓通乃法雲法秀禪師，見元豐七年紀事。《故宮周刊》第十三期元趙孟頫摹李公麟所繪《西園雅集圖》，有元虞集跋：「西園者，宋駙馬都尉王詵晉卿延東坡諸名士燕遊之所也。……即圖而觀，雲林泉石，翛然勝處也。」謂園莫究所在。《淮海居士長短句》卷上《望海潮》：「西園夜飲鳴笳，有華燈礙月，飛蓋妨花。」乃寫遊西園情景。李公麟之圖，當據實繪出。

是歲，嘗與宋景年（遐叔）、張耒同觀晁補之所藏畫野馬，有題。

文見《佚文彙編》卷六（二五七三頁）。

景年嘗官太學正，《雞肋集》卷十一有次韻詩，稱「結交齊東李文叔，自倚筆力窺班、揚」。文叔乃格非。

景年嘗官太學博士。《聖宋名賢五百家播芳大全文粹》卷八十蘇轍《與劉原之大夫》第二帖贊景年為「佳士，鋭意撰述」。元祐七年郊祀博議中，景年主分祭，見《愧郯録》卷三《南北郊》條，又見《長編》卷四百七十七元祐七年九月戊子紀事，時即為博士也。《山谷老人刀筆》卷七《與宇文少卿伯修》第二簡亦及景年，《天台續集》有景年《題萬年妙蓮閣》詩。

是歲，嘗為黃庭堅酺池寺書齋之旁畫小山枯木；嘗為畫叢竹怪石；嘗為書字；庭堅避暑李氏園，嘗欲邀蘇軾來；庭堅嘗欲求軾和其伯父祖善詩；庭堅嘗在秘書省題軾所畫竹石。

《山谷詩集注》卷九《題子瞻寺壁小山枯木》題下注文：「張方回家本云：題子瞻酺池寺予書齋旁畫木石壁兩首。」其一：「爛腸五斗對獄吏，白髮千丈濯滄浪。却來獻納雲臺表，小山桂枝不相忘。」其二：「海內文章非畫師，能回筆力作枯枝。豫章從小有梁棟，也似鄭公雙鬢絲。」此詩，與以下所引《題竹石牧牛》，《山谷詩集注》皆謂為今年作。

同上卷九《題竹石牧牛》，序云：「子瞻畫叢竹怪石，伯時增前坡牧兒騎牛，甚有意態，戲詠。」詩云：「野次小峥嶸，幽篁相倚緑。阿童三尺箠，御此老觳觫。石吾甚愛之，勿遣牛礪角。牛礪角尚可，牛鬬殘我竹。」

《山谷外集詩註》卷十六《避暑李氏園》，次今年。其詩其二云：「荷氣竹風宜永日，冰壺凉簟不能回。題詩未有驚人句，喚取謫仙蘇二來。」注引《王立之詩話》轉引以上詩後二句，以下云：「秦少游言於東坡曰：以先生為蘇二，大似相薄。少章為予言。」《詩林廣記》卷三引《王直方詩話》、《韻語陽秋》卷十八亦載，不録。

同上卷十七詩題：「伯父祖善，耆老好學，於所居紫陽溪後小馬鞍山為放隱齋，遠寄詩句，意欲庭堅和之，幸師友同賦，率爾上呈。」注：「時山谷所求朝士，和篇甚多。今張文潛集中有和篇。」又云：「今言『師友同賦』，當是求東坡。明年，東坡已在杭矣。」《詩集》無和詩，未知蘇軾作與否？

《山谷全書·别集》卷一《題東坡竹石》(原注:元祐三年,秘書省作):「怪石岑崟當路,幽篁深不見天。此路若逢醉客,應在萬仞峯前。」

欲見晏幾道(叔原),幾道辭之,或為本年事。

《研北雜志》卷上引邵澤民云:「元祐中,叔原以長短句行,蘇子瞻因魯直欲見之,則謝曰:『今日政事堂中半吾家舊客,亦未暇見也。』」澤民,伯温子溥字,博兄,《宋史翼》卷十有傳。

夏承燾《唐宋詞人年譜·二晏年譜》繫此事於本年,謂「蘇欲因黄見叔原,或在此時」。今姑從。

《豫章黄先生文集》卷十六《小山集序》云「仕宦之連蹇而不能一傍貴人之門」,幾道之不欲見,或以蘇軾為貴人。《碧雞漫志》卷二:「叔原年未至乞身,退居京城賜第,不踐諸貴之門。」時已退居。

欲請廣陵,或為今年事。

《文集》卷七十一《書請郡》敍之,云「暫與子由相别」。以下抒最終歸眉山之意。

本歲前後,舒煥(堯文)嘗以詩乞盟,蘇軾推黄庭堅為盟主。

《文集》卷五十六答煥第二簡敍之。《文集》編者謂簡作於黄,誤。煥本年禮部試,為點檢試卷,見正月乙丑紀事。故繫其事於此。此以後,煥與軾無文字交往紀載,兹略敍煥以後經歷:《長編》卷四百八十三元祐八年三月庚寅,云煥以左朝散郎校對秘書省黄本書,注謂「明年六月十三日出」。《老學庵筆記》卷九謂煥建炎中猶在,年九十。

元祐元年至三年間,晁補之代蘇軾為皇弟諸王作賀冬至表(箋)、賀元日表(箋)。

補之文見《雞肋集》卷五十四，計賀冬至表（箋）八首，受者為哲宗、太皇太后、皇太后、皇太妃。皇太妃稱箋。另為賀元日表（箋）四首，受者同上。題均稱「代蘇翰林」。

《宋史》卷四百四十四補之傳敍補之除秘書省正字，遷校書郎，通判揚州。其通判揚州，為元祐五年十二月，詳元祐七年「晁補之聞蘇軾知揚州」條。蘇軾守杭前補之皆在朝。

與元净（辯才）簡，求為父洵、母程氏造地藏菩薩一尊等，以供養京師寺中。或為今年事。

《文集》卷六十一《與辯才禪師》第三簡：「某與舍弟某捨絹一百疋，奉為先君霸州文安縣主簿累贈中大夫、先妣武昌郡太君程氏，造地藏菩薩一尊，并座及侍者二人。」末云：「乞為指揮選匠便造，造成示及，專求便船迎取，欲京師寺中供養也。」《與辯才》第二簡，作於元祐二年。此簡或作於今年。

王得君上書，謂蘇軾詔告誣詆朝廷，或為本年前後事。得君被斥。

《宋會要輯稿》第九十九册《職官》六七之八紹聖元年閏四月十八日紀事引監察御史劉拯奏云蘇軾「怨忿形於詔告，王得君憤其誣詆，上書言之，被斥以死」。《長編拾補》卷十有類似記載，參紹聖元年閏四月丙戌紀事。

王得君，大名成安人，賜進士出身，廣淵子。《宋史》卷三百二十九附父廣淵傳。

蘇軾年譜卷二十八

元祐四年（一〇八九）己巳　五十四歲

正月一日，紫宸殿慶正旦，進《教坊詞致語口號》。

文見《詩集》卷四十六。

十五日，侍宴端門，和王詵（晉卿）韻。

詩見《詩集》卷三十一（一六三六頁）。《長編》卷四百二十一：正月乙酉（十四日），御宣德門，召從臣觀燈。宣德門即端門，詩中「光動」二句寫觀燈。

新春，答程之邵（懿叔）簡；史彦明寄贈秋石，答簡憶龍鶴菜根。

《文集》卷五十七與之邵第四簡乃答簡，贊其為政。卷五十九答彦明第一簡云及之邵知泗州到郡，作於此時；《劍南詩稿》卷四《題龍鶴菜帖》乃題此簡，陸游注謂彦明乃蘇軾里人。

癸巳（二十二日），王克臣（子難）卒。有挽詞。

癸巳云云，據《長編》卷四百二十一。挽詞見《詩集》卷三十一（一六三七頁）。克臣，治平三年為屯田員外郎。其年五月，子孝莊尚德寧公主。熙寧四年六月，以同知提舉在京諸司庫務度支郎中兼同知審官告院。五年八月，為遼國正旦使，辭行。八年正月，以薦鄭俠追一官。九年四月，為遼國國母祭奠使。十年正月，知鄆州。元豐元年五月，知瀛州。知太原府，五年正月罷。五月，知單州。十月，試工部侍郎。六年四月間，權禮部侍郎。八年十二月，知陳州。元祐二年正月，奉祠。知鄭州，《彭城集》卷二十一有制詞。三年二月，特遷太中大夫。至是卒。參《長編》卷二百八、二百二十四、二百三十七、二百八十九、三百二十二、三百二十六、三百三十、三百三十四、三百六十二、三百九十四、四百九。《欒城集》卷十六亦有挽詞。《文集》卷三十八有《王克臣可工部侍郎依前龍圖閣直學士制》。

本月，舉何去非換文資狀。去非得授承事郎。

舉狀見《文集》卷二十九（八三六頁）。

《浦城遺書》卷首引《邑志・何博士傳》：「何去非，字正通。」以下云：「累舉進士不第。元豐五年，神宗臨軒策士，曾鞏奏得累舉之士一人，所論用兵之要，非通儒碩學不能及。上覽而異之，後數日，上御集英殿賜第，乃得去非名。引見殿陛，問曰：『昔嘗遊邊乎？』對曰：『臣生長閩粤，每憾未識邊防制度。』又問：『何以知兵？』對曰：『臣聞文武一道，古之儒者，未嘗不知兵。』上喜，顧大臣，優與之官。或奏宜授武職，使效所言。因擬右班殿直、武學教授。遷左侍禁、武學教諭，使校兵法七書。尋擢博士。元祐四年，蘇軾得其所為文，驚曰：『此班、馬也。』」乃力薦於朝，乞換文資，別加擢用。詔加承奉郎，博士如故。

同上書收去非所撰《何博士備論》。其卷首引蘇軾薦狀，末稱：「奉聖旨，特授承事郎，依舊武學博士。」

書王鞏（定國）所藏王詵（晉卿）畫著色山，作詩。

詩見《詩集》卷三十一（一六三八頁）。詩云：「我亦江南五見春。」

呂昌朝知嘉州，有送行詩。

詩見《詩集》卷三十一（一六四〇頁）。

昌朝，宋刊十行大字本《東坡集》作「昌明」。《輿地紀勝》卷一百八十六《利州路·隆慶府·詩》有昌明詩：「豈惟藏兩蜀，亦自限三巴。」《郡齋讀書志》卷二下亦作昌明，謂著《嘉州志》二卷。

同治《嘉定府志》卷三十二：「呂昌朝，字濬叔。元祐中守嘉州。蒞官清雅，有操行。」同上卷四十六引《憩園偶談》有昌朝題名，首稱「元祐己巳歲三月八日，郡將朝散大夫呂昌朝濬叔」，以下云與倅僚「同觀稼北郊，因遊白巖、洞溪二院，置酒而還」。此題名當作於到任之初。蘇軾送行詩約作於歲初，或為寄送。

《蜀中名勝記》卷十一謂昌朝以「宋復古所畫《八景圖》，懸於州治」，故蘇軾有「八詠繼東吴」之贈。參《詩集》宋人趙次公注。

山東省五蓮縣境内九仙山大石棚有「治平乙巳九月呂昌明濬叔」題名。

二月丙辰（十五日），監察御史王彭年論蘇軾講讀時所進漢、唐事迹，非道德仁厚之術，乞行誅竄。不報。

據《長編》卷四百二十二。《長編》云：「王彭年奏：臣伏覩皇帝陛下好學不倦，聖敬日躋，左右講讀，必擇天下端亮忠信之臣，務以道德輔成聖性，若使邪偽險薄之人妄進姦言，以惑天聽，臣恐為害不細。臣聞翰林學士兼侍讀蘇軾每當進讀，未嘗平易開釋，必因所讀文字，密藏意旨以進姦說。聞軾言者，無不震悚。所進漢、唐事迹，多以人君殺戮臣下及大臣不稟詔令欲以擅行誅斬小臣等事為獻。若此言者，殊非道德仁厚之術，豈可以上瀆聖聽。軾之性識險薄以至如是，軾之姦謀則有所在。竊恐欲漸進邪說，大則離間陛下骨肉，小則疑貳陛下君臣，姦人在朝，為國大患，不即遠逐，悔無及矣。原軾之心，自以素來詆謗先朝語言文字至多，今日乃欲謀為自完之謀，是以百端姦譎，欲惑天聽，若此人者，豈宜久在朝廷。伏願二聖深垂鑒照，特行誅竄以謝天下。」以下：「貼黃稱：軾為翰林學士，職在侍從，凡論政事，宜明上章疏，指陳是非，其在講讀，即非議論政事之所，今軾於體當上章疏而不上，於不當奏事之處而論奏，動違故常，必挾姦罔。伏願詳察，早賜罷斥，以杜微漸。先是軾於講筵進事迹云：『成帝時，張禹位特進，甚尊重。朱雲上書求見，欲斬佞臣一人以厲其餘。上問：「誰也？」對曰：「安昌侯張禹。」上大怒，曰：「小臣居下訕上，廷辱師傅，罪死不赦。」御史將雲下，雲攀折殿檻，呼曰：「臣得下從龍逢、比干游於地下足矣，未知聖朝何如耳。」』『文帝時，申屠嘉為丞相，鄧通方愛幸。嘉入朝而通居上旁，有怠慢之禮。嘉奏事畢，因言朝廷之禮不可以不肅。罷朝，坐府中，為檄詔通曰：「不來，且斬通。」』『唐太宗時，河內人李好德得心疾，妄為妖言，詔按其事。大理寺丞張蘊古奏好德被心疾，法不當坐。治書侍御史權萬紀劾奏蘊古本貫在相州，好德之兄厚德為其刺史，情在阿縱，案事不實。上怒，命斬之於市。』彭年累奏俱不報，崇寧末乃檢會施行。」王彭年事迹，雜見《長編》。《長編》卷三百十一元豐四年正月庚子，提及「岷州通判王彭年」。卷四百八元祐三年二月乙未，詔朝散郎王彭年，減磨勘一年，以詳定《元祐敕令式》成書推恩。卷四百十五元祐三年十月，王彭年以御史言事。卷四百二十三本年三月壬申朔，王彭年以監察御史言事。卷四百四十二元祐五年七月乙酉，通判廬州王彭年知滁州。

三月乙亥（初四日），劉攽（貢父）卒。元祐同朝期間，蘇軾與攽過從甚密，嘗互謔為樂。

三月云云，據《長編》卷四百二十三。時攽為中書舍人。《文集》卷六十八《書黄州詩記劉原父語》敍攽兄敞（原父）卒久，「尚有貢父在，每與語，强人意，今復死矣」，約作於此時。《彭城集》卷七《蘇子瞻家畫松圖歌》約作於元祐在朝時。

《後山先生集》卷二十一《談叢》：「世以癩疾鼻陷為死證。劉貢父晚有此疾，又嘗坐和蘇子瞻詩罰金。元祐中，同為從官。貢父曰：『前於曹州，有盜夜入人家室，室無物，但有書數卷爾。盜忌空還，取一卷而去，乃舉子所著五七言也。就庫家質之。主人喜事，好其詩不舍手。明日盜敗，吏取其書，主人賂吏而私録之，吏督之急，且問其故，曰：「吾愛其語，將和之也。」吏曰：「賊詩不中和也。」』子瞻亦曰：『少壯讀書，頗知故事。孔子嘗出，顔、仲二子行而過市，而卒遇其師。子路趫捷躍而升木，顔淵懦緩，顧無所之，就市中刑人所經幢避之所謂石幢子者。既去，市人以賢者所至，不可復以故名，遂共謂避孔塔。』坐者絶倒。」

《畫墁録》：「元豐中，詩獄興，凡館舍諸人與子瞻和詩罔不及。其後，劉貢父於僧寺閑話子瞻，乃造語：有一舉子與同里子弟相得甚歡，一日，同里不出，詢其家，云近出外縣。久之，復歸，詰其端，乃曰：某不幸典着賊贓，暫出回避。一日，舉子不出，同里者詢其家，乃曰：『昨日為府中追去，未幾復出。』詰其由，曰：『某不幸和着賊詩。』子瞻亦不能喜愠。」

《春渚紀聞》卷六《蘇劉互謔》：「劉貢父舍人，滑稽辨捷，為近世之冠。晚年雖得大風惡疾，而乘機決發，亦不能忍也。一日，與先生擁爐於慧林僧寮，謂坡曰：『吾之鄰人，有一子稍長，因使之代掌小解。不逾歲，偶誤質盜物，資本耗折殆盡，其子愧之，乃引罪而請其父曰：「某拙於運財，以敗成業，今請從師讀書，勉赴科舉，庶幾可成，以雪前耻也。」其父大喜，即擇日具酒肴以遣之。既別且囑之，曰：「吾老矣，所恃以為窮年之養者，子也。今子去我而遊學，倘或僥倖改門換户，吾之大幸也。然切有一事，不可不記，或有交友與汝唱和，須子細看，莫更和却賊詩，狼狽而歸也。」』蓋譏先生前逮詔獄，如王晉卿、周開祖之徒，皆以和詩為累也。貢父語始絶口，先生即謂之曰：『某聞昔夫子自衛反魯，會有召夫子食者，既出，而羣弟子相與語曰：「魯，吾父母之邦也。我曹久從夫子轍環四方，今幸俱還鄉里，能乘夫子之出，相從尋訪親舊，因之閲市否？」衆忻然許之，始過闤闠，未及縱觀，而稠人中望見夫子巍然而來，於是惶懼相告，由、夏之徒奔踔越逸，無一留者。獨顏子拘謹，不能遽為闊步，顧市中石塔似可隱蔽，即屏伏其旁，以俟夫子之過。已而羣弟子因目之為避夫子塔。』蓋譏貢父風疾之劇，以報之也。」

涵芬樓《説郛》卷二十九《朝野遺記·劉蘇善謔》：「劉貢父觴客，子瞻有事欲先起。劉調之曰：『幸早裏且從容。』子瞻曰：『奈這事須當歸。』各以三果一藥為對。」附此。

同日，戲撰《記奪魯直墨》。

文見《文集》卷七十。敍黄庭堅見過，戲奪其所藏李承宴墨。

十日，復書上年所作《王定國所藏烟江疊嶂圖》。

據《太玉烟堂帖》卷二十二。

同日，書《和王晉卿送梅花次韻》寄王齊愈（文甫）兄弟並李樂道，有跋。

跋見《佚文彙編》卷五（二五五二頁），致思念並擬乞郡之意。

太皇太后高氏齋日，作致語口號。

致語口號見《詩集》卷四十六（二五〇六頁），中云「甲子會逢三朔日」。高氏生於仁宗明道元年壬申，是年正月壬申朔；嘉祐三年，又逢壬申朔；至是元祐四年正月，三逢。

齋日，乃令在京及天下州軍在城僧尼道士女冠開建道場。參《長編》卷四百六十八十一月辛亥紀事。

齋日不詳為何日，姑繫於此。

丁亥（十六日），以龍圖閣學士除知杭州；上謝表並謝賜對衣金帶馬表；黄庭堅以為蘇軾知杭為得其所。

丁亥云云，據《長編》卷四百二十四。《長編》云：「從軾請也。」《長編》原注：「曾肇行軾杭州制云：『方冀納忠於朝夕，遽祈養疾於東南。章却復來，告滿輒賜。力固難强，義所重違。』」《文集》卷二十三

《謝除龍圖閣學士表二首》首云「特除臣龍圖閣學士知杭州者」。同上卷《謝賜對衣金帶馬表二首》：「方祈冗散之安，更忝便蕃之錫。」

《山谷老人刀筆》卷二《與王立之承奉直方》第二十四簡：「翰林出牧餘杭，湖山清絶處，蓋將解其天弢，於斯人為得其所。士大夫以為國家事體，不當聽其去。雖然，又有義命矣。承欲往見，當俟道達，即奉聞。」

《欒城集》卷四十七《辭翰林學士劄子》：「臣兄軾舊以文學見稱流輩，猶復畏避，不敢久居，得請江湖，如釋重負。」乃此時事。

同日，罷春宴。

據《宋史·哲宗紀》。《文集》卷四十六《集英殿春宴教坊詞致語口號》因是不用。

十八日，中大夫守尚書右丞胡宗愈罷資政殿學士除知陳州。與蘇軾有涉。

據《宋會要輯稿》第一百六册《職官》七八之二六。《輯稿》謂：「以言者論宗愈自為御史中丞，論事建言，多出私意，與蘇軾、孔文仲各以親書相為比周，力排不附己者，操心頗僻，豈可以為執政。宗愈亦力求罷免，故有是命。」

本月，作《端硯銘》。

銘見《文集》卷十九。《蘇文繫年考略》引湖北《書法報》一九八五年五月八日唐艷玉《商城發現一方蘇軾的端硯》：「河南省商城縣最近在文物普查中，發現鄢崗鄉周寨村農民周大宇家藏的一方端硯。」

以下謂：「長二十二釐米，寬十三釐米，厚四點七釐米。硯面上方刻一龍形圖案，圖案邊有一蛾眉形水凼，下方是凸形的研墨處。硯左側陰刻行書：『千夫挽綆，百夫運斤。篝火下垂，以致斯珍。元祐四年三月，眉山蘇軾。』左（疑為右之誤）側陰刻正書：『端溪之精，紫雲之英。紀年南宋，以錫陶泓。天圓地方，四遠不悖。心苗種之，嘉禾生瑞。道光八年，文物館主人楊星曜收藏并銘。背面是盛墨池，內陰刻『建炎元年』和『夏静甫珍』。」「千夫」云云乃銘前四句，《文集》「垂」作「縋」。

李公麟（伯時）作《龍眠山莊圖》，為題其後。弟轍賦詩。

題後乃《文集》卷七十《書李伯時山莊圖後》。轍詩乃《欒城集》卷十六《題李公麟山莊圖二十首》，其敍云「子瞻既為之記」，又屬轍賦詩，其記即題後。轍詩次本年，今據此繫入。《宋史》卷四百四十四公麟傳云「自作《山莊圖》，為世寶」。《宣和畫譜》卷七、《畫繼》卷三均著録《山莊圖》。

四月癸卯（初三日），給事中趙君錫上疏乞收還蘇軾知杭州新除。不報。

四月癸卯云云，據《長編》卷四百二十五。《長編》引君錫疏：「蘇軾乞外任，遂除杭州，雖聖恩優渥，待軾不替，而中外之望，缺然解體。何者？軾之文追攀六經，蹈藉班、馬，自成一家之言，國家以來，惟楊億、歐陽修及軾數人而已。中間因李定、舒亶輩挾私媢嫉，中傷以事，幾陷不測，賴先帝聖明，卒得保全，及二聖臨朝，首被拔用，軾亦感激非常之遇，知無不言，言之可行，所補非一，故壬人畏憚，為之消縮，公論倚重，隱如長城，誠國家雄俊之寶臣也。今軾飄然去國，則憸邪之黨，必謂朝廷稍厭直臣，姦臣且將乘隙侵尋復進，實繫消長之機。軾領遠藩，承流牧民，亦足發其所存，但設施有限，所利未廣，豈若使之在朝，用其善言，則天下蒙福，聽其讜論，則聖心開益，行其詔令，則四方風動，姦邪寢謀，善類益進。伏望收還軾所除新命，復留禁林，仍侍經幄，以成就太平之基。」《施譜》云「不報」。《太平治迹統類》卷十八亦節引趙君錫疏文。

君錫字無愧，《宋史》卷二百八十七有傳。

五日，李廌言范鎮卒前數日鬚眉黑事。

據《文集》卷七十二《蜀公不與物同盡》。趙刻《志林》謂「元符四年四月五日」書。「符」乃「祐」之誤，時距鎮卒不久。

十一日，奏論行遣蔡確劄子。不報。

劄子見《文集》卷二十九(八三七頁)。《長編》卷四百二十五繫此事於本月壬子(十三日)，云「不報」。《宋史》本傳：「知杭州。未行，諫官言：前相蔡確知安州，作詩借郝處俊事，以譏太皇太后。太后議遷之嶺南。軾密疏：朝廷若薄確之罪，則於皇帝孝治為不足；若深罪確，則於太皇太后仁政為小累。謂宜皇帝勑置獄逮治，太皇太后出手詔赦之，則於仁孝兩得矣。宣仁后心善軾言，而不能用。」《墓誌銘》「譏太皇太后」作「譏刺時事」；「太后」作「大臣」；「遷之」作「逐之」。

《蓼花洲閑録》(宛委山堂本《説郛》卷四十一)：「蔡確之子懋，宣和末為同知樞密院事，因奏事言及確南遷時事，云：『蘇軾有章救先臣確，臣家嘗傳録。』因袖出章進上。上皇云：『蘇軾無此章。軾在哲宗朝所上章，哲宗一一旋封册子，手自録次，今在宮中，並無此章。」懋悵然而退。」懋所言之章，或即此奏論行遣劄子。　懋同知樞密院，為宣和六年九月乙亥事。見《宋史・宰輔表》。

十三日，簡家定國（退翁），以得杭為喜。

《佚文彙編》卷二與定國第三簡：「軾連歲乞補外，請越得杭，恩出望外，不獨少便衰疾，亦遂安蠢拙矣。」簡末有關月份之字不清。簡云「乍熱」、「治行」，乃即將赴杭時，為四月。

十五日，書贈李廌（方叔）賜馬券。　蓋朝廷以守杭故，賜以玉鼻騂，又以此贈廌而出此券。

《金石萃編》卷一百三十九著録《贈李方叔賜馬券》，謂：「券存二紙，各高四尺七寸，廣二尺，作三截書，八行六行不等，行五字六字亦不等，行書。在嘉興縣學。」文見《佚文彙編》卷五（二五三九頁）。

《萃編》券文後，録蘇轍《方叔來別子瞻，館於東齋，將行，子瞻以賜馬贈之，方叔作詩，次韻奉和》，此詩見《欒城集》卷十六，題小異。復録黄庭堅題跋，首云「翰林蘇子瞻，所得天廄馬，其所從來甚寵，加以妙墨作券，此馬價應十倍」。作於本年十月甲寅，以贈廌。《姑溪居士後集》卷四有《賀李方叔得眉山玉堂賜馬公自書券云》詩。

《晚香堂蘇帖》有蘇軾《賜馬券》、轍詩及庭堅跋文。此後有文一篇，云：「丈夫功名在晚節者甚多，如國手棋，不須大段用意，終局便須勝也。東坡。」或為勉廌而作。茲次此。此文，《佚文彙編》未收。

十六日，跋邢居實（敦夫）《南征賦》。

文見《文集》卷六十六（二〇六九頁），喪其早逝。《詩話總龜》前集卷九引《王直方詩話》：「邢敦夫云：「掃地焚香閉閤眠，簟紋如水帳如烟。客來夢覺知何處，掛起西窗浪接天。」東坡詩。嘗題於余扇，山谷初讀以為是劉夢得所作也。」

《郡齋讀書志》卷四下著録邢居實《呻吟集》一卷，謂居實「年十四，賦《明妃引》，蘇子瞻見而稱之，由是知名」。集已佚。

《浮溪集》卷十七《呻吟集序》：「元祐初，異人輩出，蓋本朝文物全盛之時也。邢敦夫於是時以童子游諸公間，為蘇東坡之客，黄魯直、張文潛、秦少游、晁无咎之友，鮮于大受、陳無已、李文叔皆屈輩行與之交，雖不幸短年，而東坡以為足以藉手見古人，魯直以為足以不朽，无咎以為足以追逐古人，今《呻吟集》是也。」大受，綽字；綽乃侁之子。見《元祐黨人傳》卷四。

十七日，乞將臺諫官所論罪狀章疏，降付有司根治，上劄子。不報。

劄子見《文集》卷二十九（八三八頁）。謂差知杭州後，班列中「言近日臺官論奏臣罪狀甚多」，伏望降付有司，盡理根治，依法施行，所貴天下曉然，皆知有罪無罪。《長編》卷四百二十四本年三月丁亥云「從之」，《經進東坡文集事略》卷三十五有此文，註云「不報」。今從後者。

二十一日，應范仲淹子純仁請，作《范文正公文集叙》。

叙見《文集》卷十。「二十一」原作「十一」，今從宋刊十行本。

《續墨客揮犀》卷四《韓范二公客》：「范文正鎮鄱陽，有書生獻詩甚工，文正延禮之。書生自言平生未嘗飽，天下之寒餓，無出其右者。時盛習歐陽率更字《薦福寺碑》墨本，直錢千。文正為具紙、墨，打千本，使售於京師。紙、墨已具，一夕，雷擊碎其碑，故時人為之語曰：『有客打碑來薦福，無人騎鶴上揚州。』東坡作《窮措大》詩云：『一夕雷轟薦福碑。』（下略）」《冷齋夜話》卷二《雷轟薦福碑》條亦載此事。《窮措大》原詩已佚，不知作於何時，兹以為范仲淹集作序事，并敍於此。

按：《玉照新志》卷三謂「有客」一聯為蘇軾作，未必然。

寄題潁州郭明父西齋。

詩見《詩集》卷三十一（一六四一頁）。乃次黄庭堅《山谷外集詩註》卷二《郭明甫作西齋於潁尾請予賦詩》韻；庭堅詩原次熙寧四年，疑誤。以軾詩考之，當為本年作。據庭堅詩，明父乃潁人，年長於庭堅。强至《祠部集》卷四《寄題郭明府寺丞潁上西齋》：「退築謀何早，閑居興頗濃，渠流通潁派，窗列隔淮峰。玉麈談賓盛，牙籤載籍重。雨巾時墊角，一代慕林宗。」據清强汝詢《祠部公年譜》，至熙寧九年卒，此詩乃他人之作誤入。然有裨考證，故録之。

自與黄庭堅相晤至赴杭守前，二人過從甚密，共論文、詩、書法，共聯句、行酒令，共論放生。

《文集》卷六十九《跋黄魯直草書》、《跋魯直為王晉卿小書爾雅》，卷七十《書黄魯直惠郎奇筆》、《書黄魯直所藏徐偃筆》，所敍約為此一時期事。

《豫章黄先生文集》卷十九《與王觀復》第一書：「往年嘗請問東坡先生作文章之法。東坡云：但熟讀《禮記·檀弓》當得之。既而取《檀弓》二篇，讀數百過，然後知後世作文不及古人之病，如觀日月也。」參元祐三年正月辛酉紀事。卷二十六《跋子瞻木山詩》：「往嘗觀明允《木假山記》，以為文章氣旨似莊周、韓非，恨不得趨拜其履舄間，請問作文關紐。及元祐中，乃拜子瞻於都下，實聞所未聞也。」同上卷二十九《題東坡字後》：「性喜酒，然不能四五龠，已爛醉，不辭謝而就卧，鼻鼾如雷，少焉蘇醒，落筆如風雨，雖謔弄皆有義味，真神仙中人。」同上《跋東坡敍英皇事帖》：「往嘗於東坡，見手澤二囊中，有似柳公權、褚遂良者數紙，絶勝平時所作徐浩體字。又嘗為余臨一卷魯公帖，凡二十許紙，皆得六七，殆非學所能到。手澤袋蓋二十餘，皆平生作字語，意類小人不欲聞者，輒付諸郎入袋中，死而後可出示人者也。」同上《跋李康年篆》：「晚識子瞻，評子瞻行書當在顔、楊鴻鴈行，子瞻極辭謝，不敢。」《山谷詩集注》卷九《題子瞻枯木》：「折衝儒墨陣堂堂，書入顔楊鴻鴈行。胸中元自有丘壑，故作老木蟠風霜。」《山谷老人刀筆》卷二《與王立之承奉直方》第三簡云「《范蜀公墓銘》納上」。第六簡：「筆十五、墨一，皆自用佳物，以公留意翰墨，故以相奉。硯偶留局中不攜來，他日送上。來日恐子瞻來，可備少紙於清凉處，設几案陳之，如張武筆，其所好也。來日午後亦一到館下。某頓首上。」第十八簡：「今日以所示書送蘇翰林，即得報如此。今遣呈。銷梅二詩遺上，不知園中更當詠到何物也？」卷十三《答王周彦》第一首：「往在元祐初，與秦少游、張文潛論詩，二公初謂不然。久之，東坡先生以為一代之詩當推魯直，而二公遂捨其舊而圖新。」戎州作。

《詩話總龜》前集卷三十九引《王直方詩話》：「劉諷參軍宿山驛，月明，有女子數自屋後來，命酌庭中，歌曰：『明月清風，良宵會同。星河易翻，歡娱不終。緑樽翠杓，為君斟酌。今夕不飲，何時歡樂。』

此《廣記》所載詩也。山谷曰：『當是鬼中曹子建所作。』東坡亦以為然。又有一篇云：『玉户金缸，願侍君王。邯鄲宫中，金石絲簧。鄭女衛姬，左右成行。紈綺繽紛，翠眉紅粧。王歡轉眄，為王歌舞。願得君歡，長無災苦。』蘇公以為『邯鄲宫中，金石絲簧』此兩句不唯人少能作，而知之者亦極難得耳。皆醉中為余書。張文潛見坡、谷論説鬼詩，忽曰：『舊時鬼作人語，如今人作鬼語。』二公大笑。」

《雞肋編》卷下：「黄魯直在衆會作一酒令云：『虱去乁為虱，添八却是風，風煖鳥聲碎，日高花影重。』坐客莫能答。他日，人以告東坡，坡應聲曰：『江去水為工，添系即是紅，紅旗開向日，白馬驟迎風。』雖創意為妙，而敏捷過之。」

《獨醒雜志》卷二：「坡谷同遊鳳池寺。坡公舉對云：『張丞相之佳篇，昔曾三到。』山谷即答云：『柳屯田之妙句，那更重來。』時稱名對。張丞相詩云：『八十老翁無品秩，昔曾三到鳳池來。』坡公蓋取此也。」卷三：「東坡嘗與山谷論書。東坡曰：『魯直近字雖清勁，而筆勢有時太瘦，幾如樹梢挂蛇。』山谷曰：『公之字，固不敢輕議，然間覺褊淺，亦甚似石壓蝦蟆。』二公大笑，以為深中其病。」

宛委山堂本《説郛》卷七十三《善誘文·黄魯直謂子瞻語》：「黄魯直謂子瞻曰：『鳥之將死，其鳴也哀。某適到市橋，見生鵝繫足在地。鳴叫不已，得非哀祈於我耶？』子瞻曰：『某昨日買十鳩，中有四活，即放之，餘者幸作一杯羹。今日吾家常膳，買魚數斤，以水養之，活者放而救渠命，殪者烹而悦我口。雖腥羶之慾，未能盡斷，且一時從權耳。』魯直曰：『吾兄從權之説善哉！』魯直因作頌曰：『我肉衆生肉，名殊體不殊。元同一種性，只是别形軀。苦惱從他受，肥甘為我須。莫教閻老到，自揣看何如。』子瞻聞斯語，愀然歎曰：『我猶未免食肉，安知不逃閻老之責乎？』」

嘗與黄庭堅互論漁父詞。嘗書庭堅《西江月》詞。

《詩話總龜》前集卷九引《冷齋夜話》：「山谷謂余言：吾少年時作《漁父詞》曰：『新婦磯頭眉黛愁，小姑堤畔眼波秋，魚兒錯認月沉鉤。青箬笠前無限事，緑蓑衣底一時休，斜風細雨轉船頭。』以示坡。坡笑曰：『山谷境界乃於青箬笠前而已耶！』獨謝師直一讀，知吾用意，謂曰：此即能於水容山光，玉肌花貌無異。見是，真解脱遊戲耳。」

《能改齋漫録》卷十六《水光山色漁父家風》：「徐師川云：『張志和《漁父》詞云：「西塞山邊白鷺飛，桃花流水鱖魚肥。青箬笠，緑蓑衣，斜風細雨不須歸。」顧況《漁父》詞：「新婦磯邊月明，女兒浦口潮平，沙頭鷺宿魚驚。」東坡云：「玄真語極清麗，恨其曲度不傳。」加數語以《浣溪沙》歌之云：「西塞山邊白鷺飛，散花洲外片帆微，桃花流水鱖魚肥。自芘一身青箬笠，相隨到處緑蓑衣，斜風細雨不須歸。」山谷見之，擊節稱賞，且云：「惜乎散花與桃花字重疊，又漁舟少有使帆者。」乃取張、顧二詞合為《浣溪沙》云（《詩話總龜》「小姑堤畔」，此作「女兒浦口」，餘同，略）。東坡云：「魯直此詞，清新婉麗。問其最得意處，以水光山色替却玉肌花貌，真得漁父家風也。然才出新婦磯，便入女兒浦，此漁父無乃太瀾浪乎？」山谷晚年，亦悔前作之未工。因表弟李如篪言：「《漁父》詞，以《鷓鴣天》歌之，甚協律，恨語少聲多耳。」因以憲宗畫像求玄真子文章，及玄真之兄松齡勸歸之意，足前後數句云：「西塞山前白鷺飛，桃花流水鱖魚肥。朝廷尚覓玄真子，何處而今更有詩？青箬笠，緑簑衣，斜風細雨不須歸。人間欲避風波險，一日風波十二時。」東坡笑曰：「魯直乃欲平地起風波耶！」」《野客叢書》卷二十一《魯直漁父詞》節引此段文字，不録。蘇軾《浣溪沙》「西塞山邊」云云，見《東坡樂府》卷下；「魯直此詞」云云，見《文集》卷六十八《跋黔安居士漁父詞》，文字略有異。黄庭堅紹聖間遷黔，號黔安居士，據蘇軾跋文之題，軾跋當作於南遷後。疑此題為以後所加，其跋實作於元祐元年至四年同朝時，徵以《能改齋漫録》所言，益信。又：庭堅《鷓鴣天》，誤入《東坡樂府》卷上。

《滹南遺老集》卷三十九《詩話》中：「山谷詞云：新婦磯邊眉黛愁，女兒浦口眼波秋。自謂以山色水光替却玉肌花貌，真得漁父家風。東坡謂其『太瀾浪』，可謂善謔。蓋漁父身上自不宜及此事也。」同上：「山谷詞云：杯行到手莫留殘，不道月明人散。嘗疑『莫』字不安。昨見王德卿所收東坡書此詞墨迹，乃是『更』字也。」按：詞見《全宋詞》第四百頁，調《西江月》，有序云：「老夫既戒不飲，遇宴集，獨醒其旁。」當為元祐同朝時事。

嘗與王直方對句，嘗為直方書王安石詩。

《苕溪漁隱叢話》前集卷五十三引《王直方詩話》：「東坡云：『為我周旋寧作我』，真一好句，只是難對。時直方在坐，應聲曰：只消道『因郎憔悴却羞郎』。」《詩話總龜》前集卷九引《王直方詩話》「直方」作「王平甫」。《侯鯖録》卷一謂蘇軾謂「為我」、「因郎」為「的」對。《苕溪漁隱叢話》同上卷引同上書：「東坡有一諺云：富因校些子，貧為不争多。此極有理。」附此。

《詩話總龜》前集卷九引《王直方詩話》：「東坡嘗謂（按：當作為）余書荆公詩云：『徑暖草如積，山晴花更繁。縱横一川水，高下數家村。倦憩雞鳴午，荒尋犬吠昏。歸來向人説，恐是武陵源。』坡云：『武陵源不甚好。』又云：『也是此韻中別無韻也。』」《能改齋漫録》卷三《静憩雞鳴午》謂「余嘗見東坡手寫此詩」。安石詩乃《王臨川集》卷十四《即事》。

嘗與黄庭堅、張耒等會，飲龍團茶，作律賦。

《春渚紀聞》卷六《龍團稱屈賦》：「先生一日與魯直、文潛諸人會飯。既食骨䭔兒血羹，客有須薄茶者，因就取所碾龍團，遍啜坐人。或曰：『使龍茶能言，當須稱屈。』先生撫掌久之，曰：『是亦可為一題。』因援筆戲作律賦一首，以『俾薦血羹龍團稱屈』為韻。山谷擊節稱詠，不能已已。無藏本，聞關子開能誦，今亡矣，惜哉！」《欒城先生遺言》亦敍此事。子開，名景仁（與字彦長者非一人），錢唐人，弟兄三人皆能詩。見《春渚紀聞》卷七《關氏伯仲詩深妙》、《夷堅志・甲志》卷十二《汪彦章跋啟》、《詩集》卷五十（二七五八頁）。

元豐末至離京師赴杭前，與宗室令穰（大年）有交往。令穰嘗學蘇軾之畫。

《山谷別集詩注》卷下《題宗室大年畫》注引黄庭堅跋：「大年學東坡先生，作小山叢竹，殊有思致。但竹石皆覺筆意柔嫩，蓋年少喜奇故耳。」并引《年譜》，謂詩「元祐間館中作」。《六硯齋二筆》卷三：「趙大年與蘇、米狎交，東坡每見其畫，則以朝陵回嘲之。蓋宋宗法嚴，不令宗子出城故耳。」此《年譜》即《山谷先生年譜》。

令穰，《畫繼》卷二、《宣和畫譜》卷二十、《圖繪寶鑑》卷三均有傳。其傳世作品，有《湖莊清夏圖》、《秋塘圖》，存日本大和文華館，定為重要文化財。見《宋遼金畫家史料》。

在翰苑日，韓宗儒嘗日作數簡，求報書，戲不答。

《侯鯖録》卷一：「魯直戲東坡曰：昔王右軍字，為換鵝書，韓宗儒性饕餮，每得公一帖，於殿帥姚麟許換羊肉十數斤，可名二丈書為換羊書矣。坡大笑。一日，公在翰苑，以聖節製撰紛冗，宗儒日作數簡，以圖報書，使人立庭下，督索甚急，公笑謂曰：『傳語本官，今日斷屠。』」

《太平治迹統類》卷二十三元祐二年正月引吕陶有關朋黨疏文，中云：「韓縝誤神宗之政事，韓宗師忝秘閣之除命，韓宗儒穢惡之迹，郭茂恂贓貪之罪，臣累嘗彈劾，則(韓)維之恨臣亦深也。」宗儒乃韓維之黨。《長編》卷三百七十元祐元年閏二月紀事引吕陶疏，謂宗儒乃縝姪；時陶為殿中侍御史。《長編》卷三百七元豐三年八月丙申紀事謂刑部言：「大理寺丞鍾正甫、韓宗儒書增飾執政語，并報上，不以實。詔追一官勒停。」亦可參。

在翰苑作竹石，為全璧所得。

《山谷詩集注》卷十五《題子瞻畫竹石》任淵注：「趙子湜家本云：題全天粹東坡竹。」該書目録詩題下任注：「舊題云，題全天粹所收云云。璧字天粹，山谷在荆州時有與天粹帖。又有《字説》云：全璧，長林人。長林屬荆門軍。」按：《字説》在《豫章黄先生文集》卷二十。其詩云：「風枝雨葉瘠土竹，龍蹲虎踞蒼蘚石。東坡老人翰林公，醉時吐出胸中墨。」詩附建中靖國元年庭堅荆州詩中。據庭堅詩，蘇軾此竹石乃作於翰苑。

在翰苑時，嘗畫蟹。

《雞肋集》卷三十三《跋翰林東坡公畫》：「翰林東坡公畫蟹，蘭陵胡世將得於開封夏大韶，以示補之。補之曰：本朝初，以辭律謀議參取人。東坡公之始中禮部第一也，其啟事有『博觀策論』、『精取詩賦』之言，言有所縱者、有所拘也。其謝主司而譽其能如此，曰：『奇文高論，大或出於繩檢；比聲協句，小亦合於方圓。』蓋公平居胸中閎放，所謂吞若雲夢曾不芥蔕者。而此畫水蟲，瑣屑毛介，曲隈芒縷具備，殊不類其胸中，豈公之才固若是，大或出於繩檢，小亦合於方圓耶！抑孔子之教，人退者進之，兼人者退之，君之治氣養心，亦固若是耶！嘗試折衷於孟子之言，曰：觀水有術，必觀其瀾；日月有明，容光必照焉。歸墟盪沃，不見水端，此觀其大者也。牆隙散射，無非大明，此觀其小者也。而後可以言成全。或曰：夜光之劍，切玉如泥，以之挑菜，不如兩錢之錐。此不善用大者也。余於公知之。」

「博觀」二句、「奇文」二句，見《文集》卷四十六《謝王內翰啟》。

《石門文字禪》卷六《和景醇從周廷秀乞東坡草蟲》：「周髯迂闊亦自笑，安樂飢寒耐嘲誚。東坡墨戲偶得之，保藏更作千金調。自言吾富可埒國，癡病已深那可療。坡初畫此適然耳，髯以誇人無乃剿。

（下略）」今附此。

在翰苑時，嘗書陶潛詩。

《道山清話》：「蘇子瞻一日在學士院閑座，忽命左右取紙筆，寫『平疇交遠風，良苗亦懷新』兩句大書、小楷、行草書。凡寫七八紙，擲筆太息曰：好！好！散其紙於左右給事者。」《文集》卷六十七《題淵明詩》其一論陶潛「平疇」二句為妙句。

在翰苑中，嘗與人議己所作詞與柳永詞。

《吹劍録全編·吹劍續録》：「東坡在玉堂，有幕士善謳，因問：『我詞比柳詞何如？』對曰：『柳郎中詞，只好十七八女孩兒，執紅牙拍板，唱楊柳外曉風殘月；學士詞，須關西大漢，執鐵板，唱大江東去。』公為之絶倒。」

《佚文彙編》卷五《書柳耆卿八聲甘州》盛贊永「霜風凄緊，關河冷落，殘照當樓」句不減唐人高處。

朝廷賜薛向謚，致其子紹彭（道祖）簡；題李宗晟《水簾圖》；程因嘗欲以百詩為贄求教：約為元祐初至赴杭前事。

《宋史》卷三百二十八向傳云元祐中賜謚恭敏。《佚文彙編》卷四與紹彭簡敍及賜謚。

題詩見《詩集》卷四十八（二六二四頁）。《畫繼》卷六引此詩。《圖繪寶鑑》卷三有宗晟傳。

《濟南集》卷六《程因百詩序》引友人河内從事程因之言：吾將見子之先生翰林眉山公，「非慕其勢也，乃慕其德也，非欲求援也，將以求教也」。不知見與否。

簡何去非（正通）辭行。

簡乃《文集》卷五十三與去非第三簡；云「乍熱」，點明季候。

別文彦博（潞公），彦博戒少作詩。

《明道雜志》：「蘇惠州嘗以作詩下獄。自黃州再起，遂遍歷侍從，而作詩每為不知者咀味，以為有譏訕，而實不然也。出守錢唐，來别潞公。公曰：『願君至杭少作詩，恐為不相喜者誣謗。』再三言之。臨别上馬，笑曰：『若還興也，但有箋云。』時有吴處厚者，取蔡安州詩作注，蔡安州遂遇禍。故有『箋云』之戲。『興也』蓋取毛鄭詩分六義者。又云：『願君不忘鄙言。某言老悖，然所謂者希之歲，不忘也善之言。』」

别歐陽修夫人薛氏，薛氏以病未能見。

《文集》卷六十三《祭歐陽文忠公夫人文》云「出守東南，往違其顏，病不能見」。

出郊未發，朝廷遣内侍慰勞。

《墓誌銘》：「公出郊未發，遣内侍賜龍茶、銀合，用前執政恩例，所以慰勞甚厚。」

出京。同行者有子迨、過及夫人王氏，尚有秦覯（少章）。載麥百斛至錢塘作酒。

《施譜》謂出京為四月事。

《佚文彙編》卷二《與錢穆父》第九簡：「兩小兒迨、過在此。」作於到杭之初。

《濟南集》卷四《送蘇伯達之官西安》其四自注：「秦覯從先生行。」

《文集》卷七十三《黍麥説》：「吾嘗在京師，載麥百斛至錢塘以踏麴，是歲官酒比京醞。」蓋因「北方之稻不足於陰，南方之麥不足於陽」，「南方無嘉酒者，以麴麥雜陰氣也」。

王鞏（定國）來簡，答簡謂與胡宗愈（完夫）同行。

《文集》卷五十二《與鞏第三十九簡》：「辱教，承起居佳勝。昨夕黄昏徑睡，五更馬上賞嘉月爾。事已，一笑。出疆已有旨，完夫同行也。」宗愈知陳州，見本年三月十八日紀事。據「出疆」云云，知此簡作於離京師赴杭前夕。「同行」者，與宗愈同道赴陳州也。《長編》卷四百三十八謂元祐五年二月丁巳宗愈知成都府，時蘇軾在杭州。知同行為此時事。

與范祖禹（夢得、純夫）簡，辭其再送行。

《文集》卷五十六與祖禹第三簡：「郊外路遠，不當更煩臨屈。」知時已至郊外，與以上「出郊未發」條合。簡謝祖禹惠貺鳳團。簡末云熱甚，約已及五月。

至陳州，晤州守傅堯俞（欽之），言及趙令時。

《侯鯖録》卷四引蘇軾轉引軾妻王氏語：「子昨過陳，見傅欽之言簽判在陳賑濟有功。」《慶湖遺老詩集》卷六有《送趙令時之官陳州》詩，元祐元年十二月作。《宋史》卷三百四十一堯俞傳謂堯俞元祐初知陳州；《長編》卷四百二謂堯俞除命為元祐二年六月戊子。軾過陳時，堯俞猶在陳，胡宗愈乃代堯俞者；令時為簽判。

陳師仲（傳道）來簡相慰，答簡。

《文集》卷五十三答師仲第一簡謂師仲「來書乃有遇不遇之説，甚非所以安全不肖也，某凡百無取，入為侍從，出為方面，此而不遇，復以何者為遇乎」，慰師仲。簡云「舟中倦暑」，作於赴南都途中。

五月，至南都。謁張方平。陳師道自徐州告疾來南都相晤，作詩；留守李承之宴，師道與會。

《文集》卷六十三《祭張文定公文》第三首：「十五年間，六過南都，而五見公。」此乃第四次。

《元城先生盡言集》卷六《論陳師道不合擅去官守游宴事》：「臣聞蘇軾出守錢塘，經由南都，師道以誠告徐守孫覽，願往見軾，而覽不之許，乃託疾在告，私出州界，與軾游從凡累數日。」時師道為徐州教授。又云師道與蘇軾「同赴留守李承之宴會，不憚衆目」。承之字奉世，濮人。《宋史》卷三百十有傳。

《文集》卷五十三《答陳傳道》第二簡：「數日前，履常謁告，自徐來宋相别。」

《後山集》卷四《從蘇公登後樓》：「倏作三年别，才堪一解顔。樓孤帶清洛，林缺見巴山。五月池無水，千年鶴自還。白鷗没浩蕩，愛惜鬢毛斑。」任淵注師道詩及山谷詩註目録均謂師道見蘇軾乃五月事，所據乃此詩。

離南都，陳師道及王子安送之，至宿州而歸。

《元城先生盡言集》卷六《論陳師道不合擅去官守游宴事》謂蘇軾離南都南下，師道「送之經宿而後歸」。為劉安世論罷。《文集》卷五十三《答陳傳道》第二簡敍師道偕王八子安來，「方同舟東下，至宿而歸」。《後山集》卷五有《和王子安至日》、卷八有《寄都下故人示王子安》詩。

過宿州，晤晁説之（以道）。

《宋稗類鈔》卷四：「晁以道嘗為宿州教授，會公出守錢塘，夜過之。入其書室，見壁間多張古畫，愛其鍾隱《雪雁》，欲為題字。而挂適高，因重二卓以上，忽失脚墜地，大笑。」《宋稗類鈔》編纂者潘永因謂南唐李後主嘗自號鍾山隱士，所畫親筆題「鍾隱筆」，又謂「一云畫家實有鍾隱其人」。

至泗上，與滕元發（達道）簡。時元發知太原。

簡乃《文集》卷五十一與元發第一簡。《長編》卷四百二十四本年三月辛酉：滕元發知太原。簡云「方暑」，點明季節。

陳師仲（傳道）來簡，敍收録錢唐詩事，答簡編集去取應從嚴。

《文集》卷五十三答師仲第二簡謂錢唐詩「一一煩收録」，據此，師仲當有繼《超然》、《黄樓》二集之後，編《錢唐集》之意。又謂「錢唐詩皆率然信筆」，「當俟稍暇，盡取舊詩文，存其不甚惡者為一集」。此錢唐詩當指熙寧倅杭時所作。其時，《元豐續添蘇子瞻錢唐集》或已毁板，師仲欲重編《錢唐集》，參元豐二年七月二十八日紀事。

《文集》題下注「以下俱揚州」，誤。此簡作於赴杭途中，簡中「數日前履常謁告自徐來宋相别」可證。

六月初一日，弟轍為吏部侍郎。

據《蘇潁濱年表》。

過楚州，晤徐積（仲車），並晤楚州守。三日，與積簡告别。

《詩集》卷三十五《次韻徐仲車》自注元祐四年赴杭州，「見仲車」。

簡見《文集》卷五十七，為與積第三簡。《節孝集》附録《蘇東坡帖》有此簡，篇首多「軾啟」二字，篇末多「軾再拜仲車先生六月三日」十一字。

丁未（初八日），王鞏知密州。

據《長編》卷四百二十九。《佚文彙編》卷四《與友人》「東武小邦」云云，或為與鞏者。

過高郵，為趙袓（晦之）作《四達齋銘》。

銘見《文集》卷十九。道光《高郵州志》卷一謂「四達齋在州治後，宋郡守趙晦之建」；卷八謂元祐間知高郵者七人，袓次四，乃據宋志所載。

十一日，弟轍為翰林學士、知制誥。

據《蘇潁濱年表》。

過揚州。十二日，與章援（致平）同過米芾（元章），芾出二王、張長史、懷素等帖，為跋。芾以詩賀得杭。為芾撰《山硯銘》。其行，芾追餞舟中。

跋乃《佚文彙編》卷六《書米元章藏帖》；《王譜》本年有《書米元章》，當即此跋。《文集》卷五十八與芾第九簡敍芾賀詩，詩不見。《佚文彙編》卷二《與錢穆父》第十八簡云及「前日作《米元章山硯銘》」，又云「過揚且伸意元章，求此硯一觀也」。作於元祐六年正月間，時錢勰（穆父）將赴瀛州新任過揚，參該年「錢勰赴瀛州」紀事。《文集》與芾第十一簡敍追餞事；并云：「山硯奇甚，便當割新得之好為潤筆也。呵呵。」此乃戲語，而芾亦未予，然細味以上文字，《山硯銘》實作於此時，而芾其時在揚。《山硯銘》乃《文集》卷十九《米芾石鐘山硯銘》。《寶晉英光集》卷五有《元祐己巳歲維揚後齋為亳州使君蔣公仲永寫》詩，時芾在揚。

過潤州，沈括迎見。括嘗以鄜延所得石墨為贈。

《長編》卷三百一元豐二年十二月庚申引《元祐補録》：「元祐中，軾知杭州，括閑廢在潤，往來迎謁恭甚。」《文集》卷七十《書沈存中石墨》敍贈石墨事。

二十一日，與兩浙提刑楊傑（次公）簡，報旦夕將晤面。時已至常州（毗陵）。

《蕚輝堂法帖》第一册：「軾啟。京師附遞，急於通問，不暇作四六，亦忝雅□，不敢自外也。過蒙來示，感悚兼極。比來起居佳勝。軾已到毗陵，旦夕瞻□，實深欣慰。未間，更望順時自重，不宣。軾再拜次公提刑主客執事。六月廿一日。」此簡，《佚文彙編》失收。

過常州之洛社，見孫覿（仲益），命覿應對，覿應之，蘇軾盛贊之。

《韻語陽秋》卷三：「坡歸宜興，道由無錫洛社，嘗至孫仲益家。仲蓋年在齠齔，坡曰：『孺子習何藝？』孫曰：『學對屬。』坡曰：『試對看。』徐曰：『衡門稚子璠璵器。』孫應聲曰：『翰苑神仙錦繡腸。』坡撫其背曰：『真璠璵器也。異日不凡！』」《平園續稿》卷十三孫覿《鴻慶集序》謂為元豐七年自便過常州時事。《玉照新志》卷五謂得其事於覿之從子，謂「其家世居毗陵之洛社，蓋仲益之先人，教村童於市中，東坡元祐四年自禁林出牧杭州時也。案仲益以辛酉生，是年八歲矣。」今從其說。

過蘇州，或見仲殊題姑蘇臺詩。

《輿地紀勝》卷五《平江府·詩》引《鄖城志》：「僧仲殊初至吳，姑蘇臺柱倒書一絶云：『天長地久太悠悠，爾既無心我亦休。浪迹姑蘇人不管，春風吹笛酒家樓。』東坡見之，疑神仙所作。是後與坡為莫逆交。」

過秀州，晤州守章衡（子平）。

《文集》卷五十五與衡第二簡云：「久闊，幸經過一見。」第五簡薦本州柳豫「管秀學」，作於杭守任中。《宋史》卷三百四十七《章衡傳》謂元祐中嘗知秀，其知秀在此時。

途中，晤弓允（明夫）、錢勰（穆父）之子三郎，與范祖禹（純夫）簡，辭為范鎮撰神道碑。

《佚文彙編》卷三答允簡云「去歲途中暫聚遽別」，參元祐五年六月十六日紀事。晤三郎見《佚文彙編》卷二與勰第九簡。《文集》卷五十答祖禹第七簡：「《忠文公碑》，固所願託附，但平生本不為此，中間數公蓋不得已，不欲卒負初心。自出都後，更不作不寫，已辭數家矣。」忠文，鎮謚。出都謂赴杭。

七月三日，到杭州任。上謝表。有謝執政啟。

謝表見《文集》卷二十三（六七四頁），謝啟見卷四十六（一三三二頁）。任職全稱見元祐六年正月三日紀事。

前知州熊本（伯通）為交代，移守金陵。

據《咸淳臨安志》卷四十六。志謂元祐三年六月，熊本以龍圖閣待制知杭州；今年五月，移守金陵。其離任當在此時。本，番陽人。進士上第。《詩集》卷三十二《送程之邵簽判赴闕》稱之為賢守。《宋史》卷三百三十四有傳。

有《杭州到狀》。此狀或為與監司者。

狀見《文集》卷四十七，云：「得請支郡，備員屬城。幸茲衰病之餘，託在庇庥之末。即諧瞻奉，預切欣愉。」《文集》此文之前，有《湖州上監司先狀》。此狀，或為與監司者。

兩浙提刑楊傑（次公）有賀啟。

啟乃《無為集》卷十一《賀杭州蘇内翰》。

時莫君陳亦為兩浙提刑。莫有賀啟來，答之。

君陳任提刑，見《宋會要輯稿》第九十九册《職官》六七之四。《文集》卷四十七有《答莫提刑啟》，莫啟已佚。君陳字和中，吴興人。蘇軾同年。見《詩集》卷三十一《與莫同年雨中飲湖上》注文。據此，知兩浙路有提刑二員。

羅適（正之）為杭州通判，有賀啟來。

《攻媿集》卷七十七《跋袁光録轂與東坡同官事迹》謂羅適為杭之貳車，以下云：「與坡同時，有啟云：『談笑風雲，咳唾珠玉。弟兄射策，有機、雲慷慨之風；父子談經，無歆、向異同之論。是故名動四海，號稱三蘇。』亦為坡所深知。」又謂適與轂（公濟）「相先後」，為倅。適，寧海人，治平二年進士。為官勤於政事，興修水利。事迹詳《台州金石録》卷四舒亶所撰墓銘、影印《浙江通志》卷一百六十九循吏傳。卒於建中靖國元年，年七十三。《直齋書録解題》卷十七著録適所撰《赤城集》十卷，已佚；并謂適為吏健敏，為蘇軾、劉攽所知。杭有通判二員，見熙寧六年九月九日紀事，《詩集》卷三十二詩題云「呈公濟、子侔二通守」益可證。羅適外尚有一通判，不知。

周焘(次元)為兩浙轉運判官,劉季孫(景文)以左藏副使權兩浙西路兵馬都監,程遵彦(之邵)簽書杭州節度判官廳公事,毛滂(澤民)為法曹,蘇堅以臨濮縣主簿監杭州在城商税。焘據《詩集》卷三十一《故周茂叔先生濂溪》注文。季孫據《文集》卷三十一《乞擢用劉季孫狀》。遵彦據《詩集》卷三十二《送程之邵簽判赴闕》注文;《范太史集》卷五十五《手記》有遵彦,謂「杭簽,子瞻極稱其才,温公亦稱之而口未嘗言」。滂據《詩集》卷三十一詩題(一六五二頁)。堅據《詩集》卷三十二《次韻蘇伯固主簿重九》注文;堅字伯固,丹陽人。其先泉人,頌之族,有詩名。《京口耆舊傳》卷四附子庠傳。《吴興備志》卷二十八有傳,《范太史集·手記》有堅,云蘇軾「極稱其才」。

謁孔子廟及諸廟,有祝文。

祝文見《文集》卷六十二(一九二〇頁)。

庚寅(二十二日),葉温叟權兩浙路轉運副使。温叟有啟與蘇軾,軾答之。軾又有賀温叟啟。

庚寅云云,據《長編》卷四百三十;《長編》謂温叟以朝散大夫、度支郎中知。

《佚文彙編》卷一《回葉運使啟》:「不圖謙光,遽錫褒寵。」是温叟到任後先有啟與蘇軾。温叟啟不見。兩浙路轉運司通管浙西杭、蘇、湖、常、秀、睦、潤七州,浙東越、明、台、婺、温、衢、處七州。見《輿地紀勝》卷二。

温叟,參元祐五年二月十八日紀事。

《文集》卷四十七《賀新運使張大夫啟》,題下原校:一本作《賀葉運使》(一三五三頁)。今從後者。賀啟云：「伏承抗旌入境，揆日臨民。」又云：「自聞新命，實慰輿情。」與《長編》合。

二十五日，至法惠寺，有題。

文見《佚文彙編》卷六（二五六九頁）。

仲天貺、王箴自眉山來錢唐。

《詩集》卷三十二詩題謂二人自眉山來杭，「留半歲」。參下年正月紀事，其來以七月。《斜川集》卷五《王元直墓碑》敍生二十年不見外家，舅氏自蜀來杭「見吾先君子」。

次韻秦觀（少章）和錢蒙仲。二人皆從學。蒙仲乃勰子。

詩見《詩集》卷三十一（一六四三頁）。《詩集》卷三十二《次韻劉景文送錢蒙仲》「王堯卿註」引劉季孫（景文）詩謂觀出蘇軾門下；并謂勰守越，遣蒙仲從軾學。《施譜》謂觀及仲天貺「從先生學於杭」。蒙仲有兄倩仲，《佚文彙編》卷二與勰第四簡及之。《丹陽集》卷十有《跋錢仲仲東坡詩卷》，卷二十一詩題謂仲仲名仲，仲或為蒙仲兄弟輩。附此。

長子邁酸棗尉滿替，為西安縣丞，李廌有送行詩。

《佚文彙編》卷二《與錢穆父》第九簡：「邁此月當替，非久亦來此。」到杭初作。《濟南集》卷四《送蘇伯達之官西安》其一有「好去西安蘇縣丞」之句，知其官為縣丞；其四云「問訊東海秦釣客（原注：秦觀從先生行）」，知作於本年。先生，蘇軾。西安屬兩浙路衢州，為州治。

錢勰（穆父）來詩賀開府浙西，次其韻。本年此之後與勰書簡往還頗多，詩篇倡酬亦多，時以比元、白，并及緦弟龢。

《古今合璧事類備要》後集卷七十三引錢祈父《謝子瞻内翰浙西開府》：「雋庭鴛鴦集珍羣，病翮摧頹下九門。罪戾我慚非畫錦，回翔公亦暫朱幡。龔黄政化知應爾，夔契謀謨當自存。」又見《古今事文類聚外集》卷十。次韻詩乃《詩集》卷三十一《次韻錢越州》及《次韻錢越州見寄》，錢緦（穆父）以得罪於元祐三年九月初七日知越，見本譜該日紀事；詩所云「罪戾」，謂此。次韻詩乃七律八句，此詩佚去二句。據此，原題作者「祈父」乃穆父之誤；味此詩與次韻詩，「謝」實為「賀」之誤。

《文集》卷五十一與緦第二、六、八簡，《佚文彙編》卷二與緦第八至十一各簡皆屬本歲守杭後作。後者第十一簡云：「時登中和東廡望西興，屋瓦可數，相思何窮。」備見情誼。西興在越州，見《嘉泰會稽志》。《梁溪先生全集》卷一百六十七《錢緦墓誌銘》謂緦守越，軾守杭：「唱和往來無虛日，當時以比元、白。」

《詩集》卷三十一有《次韻錢越州》、《次韻錢越州見寄》、《和錢四寄其弟龢》。卷四十八亦有《和錢四寄其弟龢》。龢詳下年二月十五日紀事。緦有《會稽公集》百卷，已佚。

八月六日，自書《歸去來兮辭》，并跋。

跋見《佚文彙編》卷六（二五七一頁）。

十日，與弟轍祭范鎮。

據《欒城集》卷二十六祭鎮文，轍撰。

十四日，莫君陳罷兩浙提刑。繼任者為王瑜（忠玉）。
十四日云云，見《宋會要輯稿》第九十九册《職官》六七之四。《輯稿》謂君陳「與知州差遣」。瑜繼任參《詩集》卷三十一《次韻王忠玉遊虎丘絶句》；瑜乃誨姪，見詩自註。《淮海集》卷五、《道鄉集》卷七、《跨鼇集》卷四有詩及瑜。《輿地紀勝》卷四十八《和州·詩》有瑜詩。
辛丑（十六日），弟轍為賀遼國生辰國信使。有詩寄送之。
辛丑云云，據《蘇潁濱年表》；同行者尚有刑部侍郎趙君錫。
詩見《詩集》卷三十一（一六四七頁）。《欒城集》卷十六有《將使契丹九日對酒懷子瞻兄并示座中》詩、《次韻子瞻相送使胡》。
二十六日，與秦觀（少章）、仲天貺雨中遊寶山，賦詩。
詩見《詩集》卷三十一（一六四五頁），參題下「施註」。
本月，奏乞以市易務書板賜與州學。
奏見《文集》卷二十九（八三九頁）。所貴稍服士心，以全國體。
本月，奏乞法外刺配豪户顔益、顔章待罪狀。放罪，有謝表。
奏見《文集》卷二十九（八四〇頁）：謂顔氏兄弟倡衆脅制官吏，不納好絹，必欲今後常納惡絹；以其「蠹害之深，難從常法」，故刺配本州牢城；又以此乃法外行事，故待罪「乞重行朝典」。卷三十二《杭州召還乞郡狀》謂法外刺配二顔，「蓋攻積弊」。卷二十三有《杭州謝放罪表》二首。參元祐六年七月二十八日紀事。

《節孝集》卷三《贈子瞻》其二稱顏氏兄弟為二凶，贊蘇軾為民除害。參元祐七年「晤徐積」條。

《老學庵筆記》卷四：「東坡守杭，法外刺配顏巽父子，御史論為不法，累章不已。蘇公雖放罪，而顏巽者竟以朝旨放自便。自是豪猾益甚，以藥塗鹽鈔而用，既毀抹，賂主者浸洗之，藥盡而鈔不傷，雖老於事者不能辨。他不法尤衆。有司稍按治，輒劫持之曰：『某官乃元祐姦黨蘇某親舊，故觀望害我。』公形狀牒。時治黨籍方苛峻，雖監司郡守得其牒，輒畏縮解縱乃已。大觀中，胡奕修為提舉鹽事，會計已毀抹鹽鈔，得其姦，奏之。黥竄化州，籍没貲産，一方稱快。」此稱「顏巽父子」，與《文集》不同。

與莫君陳飲西湖跳珠軒，有詩。嘗與君陳論養生。

詩見《詩集》卷三十一（一六四七頁）。末云：「還來一醉西湖雨，不見跳珠十五年。」據《嘉泰吴興志》卷十七《賢貴事實》下《莫君陳傳》，此「跳珠」乃軒名。《西湖遊覽志》卷十一《北山勝迹》謂軒在下天竺寺客寮中，有泉出石罅，飛灑如珠。

君陳撰有《月河所聞集》，此書記蘇軾語：「無病服藥，病從藥生。」

九月九日，蘇堅賦《點絳脣》，蘇軾有和。

和詞（「我輩情鍾」）見《東坡樂府》卷下。

《外集》謂此詞為徐州重陽作，誤。《全宋詞》第三九六頁黄庭堅《點絳脣》調下自注：「用東坡餘杭九日《點絳脣》舊韻。」即此詞之韻。

同日，賦《浣溪沙》二首，錢勰（穆父）有和。

詞見《東坡樂府》卷下。詞云：「且餐山色飲湖光。」又云：「强揉青蘂作重陽。」《文集》卷五十一與勰第二簡云及勰和揉菊詞，當指《浣溪沙》。勰時有疾，簡中及之。參本年「錢勰來詩賀開府浙西」條。勰詞已佚。

辛巳（十四日），大饗明堂，赦天下。上賀表。

辛巳云云，據《宋史·哲宗紀》。《文集》卷二十三有《賀明堂赦書表》。

望日，再過南屏，復録十六年前所作《激水偈》，示雲玩上座。

據《佚文彙編》卷五《自跋南屏激水偈》。雲玩上座，待考。

十九日，跋劉季孫（景文）所藏歐陽修帖。

跋見《文集》卷六十九，題作《跋劉景文歐公帖》；所云之帖即《試筆》。《省齋文稿》卷十五《家塾所刻六一先生墨迹跋十首·試筆》：「世傳文忠公《試筆》，自説硯而下，凡數十紙，有元祐四年九月東坡蘇公跋，此最後數紙也。初藏劉氏，後歸王晉卿，今復還歐陽氏，餘不知何之矣。」

二十一日，與楊傑（次公）聽賢師琴，書歐陽修贈李師琴詩以贈。

據《文集》卷七十一《書文忠贈李師琴詩》。

己丑（二十二日），王鞏罷密州。有簡慰之。

己丑云云，據《長編》卷四百三十三。《文集》卷五十二與鞏第二十五簡：「公失郡去國，士友所歎。」

本月，乞賜度牒二百道修廨宇。不許。

奏文見《文集》卷二十九（八四二頁）。《文集》卷三十《乞降度牒召人入中斛斗出糶濟饑等狀》言「未蒙施行」。

十月七日，題損之故居。

文見《文集》卷七十一（二二六四頁）。蘇軾同時人，以損之為名或字者頗多。《歐陽文忠公集・居士外集》卷五有《題張損之學士蘭皐亭》詩；《關中金石記》卷六有熙寧四年六月《范育等題名》，育字損之；《楊公筆録》有楊損之，蜀人，博學善稱説；《青山集》卷十有《仲春櫻桃下同許損之小飲因以贈之》詩；《西臺集》卷十九有《留別損之大士》詩：未詳孰是，抑或另有其人？

十七日，與曹晦之、晁子莊、徐大正（得之）、王箴（元直）、秦覯（少章）出遊。

據《文集》卷七十一《杭州題名二首》。晦之、子莊不詳。

十八日，奏《乞詩賦經義各以分數取人將來只許詩賦兼經狀》。不從。

狀見《文集》卷二十九，謂本州進士言，時詩賦、經義各五分取人，比來專習經義者少，若平分解名，有虧詩賦進士。卷五十一《與錢穆父》第十二簡亦敍此事。《施譜》言朝廷「不行」。

十八日夜，與王箴（元直）飲，頗思蜀。

據《文集》卷七十一《書贈王元直》其一。

二十五日，王適（子立）卒。

據《文集》卷十五適墓銘，時年三十五。卷五十一《與錢穆父》第五簡敍適卒「為之數日悲慟」。《詩集》卷三十一有《哭王子立次兒子迨韻三首》。

同日，跋某帖。

《景蘇園帖》：「章子厚有唐人石刻本，與此無異，而字畫加豐腴，骨相稱，乃知石刻常患瘦耳。元祐四年十月二十五　，子瞻。」原無題，故稱「跋某帖」。《佚文彙編》失收。

本月，興工浚治運河。

據《文集》卷三十《申三省起請開湖六條狀》，以運河乾淺，出入艱苦，穀米薪芻緣此暴貴。

梅灝（子明）有詩謝遺其父文登石，次韻。時灝為杭州通判。

次韻見《詩集》卷三十一（一六五〇頁）。《彭城集》卷二十二有《承議郎充秘閣校理梅灝可通判杭州制》，知本年三月初四日劉攽卒前已有除命，時蘇軾知杭之告尚未下。《柯山集拾遺》卷一《送梅子明通判餘杭》云「借問太守誰？子雲蜀名儒」，知灝來杭在蘇軾得知杭除命之後，或略晚於軾。

灝登熙寧六年進士，見《吴郡志》卷二十八。為杭州州學教授，元豐二年十二月，為國子監直講，見《長編》卷三百一。紹聖間知太平州，見康熙《太平府志》卷十四。女適蔣彝，見《北山小集》卷三十彝墓銘。《輿地紀勝》卷五《平江府》有詩。父，不詳。

贈千頃廣化院僧了性海石，作詩。了性嘗作六觀堂，為作贊。

詩見《詩集》卷三十一(一六五一頁)。《文集》卷二十一《六觀堂贊》作於守杭時。了性又稱垂慈堂老人、六觀堂老人。參《詩集》卷三十四《六觀堂老人草書》。

響應山禱雨，毛滂賦詩，次韻。

滂詩乃《兩宋名賢小集》卷五十毛滂《東堂小集·響應山禱雨寄東坡》，四庫本《東堂集》未收。次韻見《詩集》卷三十一(一六五二頁)。

鄧宗古還鄉，有詩寄贈。

詩見《詩集》卷三十一(一六五五頁)，中云：「凜凜忠文公，搜士及樵漁。」忠文公乃范鎮，鎮或舉之也。

《輿地紀勝》卷一百四十五《成都府路·簡州·人物》：「鄧宗古：陽安人。父没，既葬，廬墓終制，有白兔珍禽甘露之祥，部使者上其事，賜號孝廉，遊京師，范蜀公、蘇文忠公各以詩贈行。」蜀公即鎮，鎮卒於上年之末。鎮有贈詩，是宗古來京師已有時日。軾詩次杭州，乃寄贈。

道潛初入智果院，蘇軾率賓客十六人相送，各賦詩一章，道潛亦賦。

軾詩見《詩集》卷三十一(一六五六頁)。

《參寥子詩集》卷六《余初入智果院蘇翰林率賓客相送者十六人各賦詩一章》：「泰山屹天下，四海同仰止。我公命世英，突兀等於是。胸中廓秋漢，皎絶微雲滓。當年事危言，軒冕如脱屣。正貴知我希，寧慚不吾以。風雲果再符，六翮排空起。一昨厭承明，抗章求迤邐。餘杭古雄藩，比屋富生齒。立談政即成，興不負山水。雍容敦末契，訪我頑且鄙。大旆輝松門，禽猿亦驚喜。森森門下士，左右粲珠履。使君道德姿，圭角非所恃。軟語如春風，薰然著桃李。今朝真勝事，千載足遺美，安得筆如椽，磨崖為公紀。」參元祐五年二月二十五日紀事。

上賀冬表。

《文集》卷二十四《杭州賀冬表》云：「臣祇膺詔命，恪守郡符。」初到任年作。

賦《異鵲》詩，贊柯述（仲常）為循吏。

詩見《詩集》卷三十一（一六五九頁）。述，同治《泉州府志》卷四十一有傳。謂述南安人，嘉祐四年進士。尉贛縣，知歸安、襄邑。神宗召對便殿，擢知懷州。元祐、元符中兩知福州。歷福建提刑、湖南轉運使。終朝議大夫、直龍圖閣。通貫百家經史，尤粹於《易》。

寄魯有開（元翰）東川清絲。

《詩集》卷三十一有詩（一六六一頁）。二人文字聯繫止此。《宋史》卷四百二十六《魯有開傳》謂此後有開「復守冀，官至中大夫，卒」。其卒，《欒城後集》卷一有挽詩；詩次挽滕元發詩後，挽張方平詩前。卒之歲，約為元祐六年。

張敦禮（君予、君俞）來簡，答之。

《文集》卷五十五《與張君子》「子」乃「予」之誤。第一簡云及「杭之煩劇」，知作於守杭時。簡首云「別後公私紛冗，有闕上問」，知此為到杭後與君予第一簡。簡云「寒凝」，知作於冬。

君予為駙馬都尉，見《文集》卷六十二《請淨慈法涌禪師入都疏》。與君予第五簡云及晉卿，晉卿乃王詵之字，詵亦為駙馬都尉，可為「君子」作「君予」之旁證。君予一作君俞。《淮海集》卷九《慶張君俞都尉留後得子》詩，有「兩家報喜車凌曉」之句。《宋史》卷二百四十八《公主》：「英宗四女。韓、魏國大長公主，帝第三女，下嫁張敦禮。」知君予乃敦禮之字。敦禮，《宋史》卷四百六十四有傳。熙寧元年尚主。敦禮乃浮梁人。畫人物，師六朝筆意，見《古今畫鑒》。

十一月三日，奏《論高麗進奉狀》，論裁損高麗貢使館待賜予之費；時高麗僧壽介等至，并論州郡以理却之之道；令僧思義館壽介等。

狀見《文集》卷三十。狀謂：「臣伏見熙寧以來，高麗人屢入朝貢，至元豐之末，十六七年間，館待賜予之費，不可勝數。兩浙、淮南、京東三路築城造船，建立亭館，調發農工，侵漁商賈，所在騷然，公私告病。朝廷無絲毫之益，而夷虜獲不訾之利。」參元祐五年十二月乙未紀事。

《墓誌銘》：「杭僧有淨源者，舊居海濱，與舶客交通牟利，舶至高麗，交譽之。元豐末，其王子義天來朝，因往拜焉。至是源死，其徒竊持其畫像附舶往告，義天亦使其徒附舶來祭。祭訖，乃言國母使以金塔二祝皇帝、太皇太后壽。公不納而奏之曰：『高麗久不入貢，失賜予厚利，意欲來朝，以未測朝廷所以待之薄厚，故因祭亡僧而行祝壽之禮，禮意尠薄，蓋可見矣。若受而不答，則遠夷或以怨怒，因而厚賜之，正墮其計。臣謂朝廷宜勿與知，而使州郡以理却之。然庸僧猾商，敢擅招誘外夷，邀求厚利，為國生事，其漸不可長，宜痛加懲創。』朝廷皆從之。」

《文集》卷七十二《思義》：「下天竺淨慧禪師思義，學行甚高，綜練世事。高麗非時遣僧來，予方請其事於朝，使義館之。義日與講佛法，詞辯鋒起，夷僧莫能測。又具得其情以告。蓋其才有過人者。」

初四日，奏乞賑濟浙西七州狀。

文見《文集》卷三十（八四九頁）。文謂：「勘會浙西七州軍，冬春積水，不種早稻，及五六月水退，方插晚秧，又遭乾旱，早晚俱損，高下並傷，民之艱食，無甚今歲。」「乞出自宸斷，來年本路上解錢斛，且起一半或三分之二，其餘候豐熟日，分作二年，隨年額上供錢物起發。」

《墓誌銘》：「歲適大旱，飢疫並作，公請於朝，免本路上供米三之一，故米不翔貴。」

王箴（元直）贈拍板，四日夜，記以贈之。

文見《文集》卷七十一，為《書贈王元直三首》之第二首。

十日，論役法差、雇利害起請畫一狀，自考問吏民得之也。不行。

狀見《文集》卷三十（八五二頁）。

狀論雇役之法害上户、下户，差役之法害中等户。狀謂：「臣愚以謂朝廷既取六色錢，許用雇役，以代中等人户，頗除一害，以全二利。此最良法，可久行者。」按：六色錢乃行免役法時，向當役户、坊郭户、官户、女户、單丁户與寺觀等六類户分別徵收之免役、助役錢，總稱六色錢。見《宋史·食貨志》。蓋如此，雇役之法貽害於上户、下户者，皆可避免，故謂之「全二利」也。

狀謂：「臣到杭州，點檢諸縣雇役，皆不應法。」故乞請：「今後六色錢，常椿留一年准備（原注：如元祐四年，只得用元祐二年錢，其二年錢椿，留准備用）。及約度諸般合用錢（原注：謂如官吏請雇人錢之類）外，其餘委自提刑、轉運與守令商議，將逐州逐縣人户貧富，色役多少，預行品配，以一路六色錢通融分給，令州縣盡用雇人，以本處色役輕重為先後，如此則事簡而易行，錢均而無弊，雇人稍廣，中外漸蘇，則差役良法，可以久行而不變矣。」按：此乃給田募役法之發展。《施譜》言「不行」。

十三日，奏《論高麗進奉第二狀》。

狀見《文集》卷三十。

二十六日，弟轍使契丹至涿州，賦詩以寄兄軾。軾有次韻。時《眉山集》已傳入契丹。

二十六日云云，據《欒城集》卷十六，詩題作《神水館寄子瞻兄四絶》，其三云：「誰將家集過幽都，逢見胡人問大蘇。莫把文章動蠻貊，恐妨談笑卧江湖。」

《詩集》卷三十一《次韻子由使契丹至涿州見寄》，其三云：「氈毳年來亦甚都，時時鴂舌問三蘇。那知老病渾無用，欲向君王乞鏡湖。」

《欒城集》卷四十二《北使還論北邊事劄子五道·一論北朝所見於朝廷不便事》：「臣等初至燕京，副留守邢希古相接送，令引接殿侍元辛傳語臣轍云：『令兄内翰（原注：謂臣兄軾）《眉山集》已到此多時，内翰何不印行文集，亦使流傳至此？』」

《欒城後集》卷十二《潁濱遺老傳上》：「奉使契丹。虜以其侍讀學士王師儒館伴。師儒稍讀書，能道先君及子瞻所為文，曰：『恨未見公全集。』然亦能誦《服伏苓賦》等，廣中類相愛敬者。」

二十八日，寒疾在告，與王箴（元直）夜飲，記以贈箴。

文見《文集》卷七十一（二二六五頁）。《山谷全書·别集》卷七《跋東坡與王元直夜坐帖》：「王元直游東坡雲霧中，風氣殊勝，由此觀之，豈可不擇交游親戚耶！」帖當指此文。

《詩集》卷四十八有《燈花一首贈王十六》，乃此前後作。

二十九日，與仲天貺、王箴（元直）、秦覯（少章）會食，親作煮魚羹，為記。

記見《佚文彙編》卷六，題作《書煮魚羹》。

十二月三日，奏《乞令高麗僧從泉州歸國狀》。

狀見《文集》卷三十。原准朝旨，高麗僧由明州歸國，以明州近日少有因便客商入高麗者，而泉州則多有。

四日，復題燕文貴山水卷。

文見《佚文彙編》卷六（二五七三頁）。

八日，興龍節，上賀表。

《文集》卷二十三《賀興龍節表》：「臣久塵法從，出領郡符。」

二十四日，題蘇鈞所遺歙硯。

見《佚文彙編》卷六（二五七六頁）。

同日，題自製墨。

《晚香堂蘇帖》：「此墨予所制，蓋用高麗煤、契丹膠也。元祐四年十二月廿四日，東坡居士書。」《佚文彙編》未收。

二十七日，上書執政，復乞度牒二百道賑濟。

書見《文集》卷四十八（一四〇六頁），意欲以此度牒於諸縣納米，然後減價出賣，以此錢修廨宇。

同日，遊落星，南屏謙師遠來設茶，作詩贈之。

詩見《詩集》卷三十一（一六六八頁）。謙師與沈遼善。《雲巢編》卷一《寄南屏師》云「相望五千里，江漢水涔涔」，又有《過揚子望金山懷南屏師》詩。

上賀正表。詔賜曆日詔書，上謝表。

賀表、謝表分別見《文集》卷二十四（七一二頁）、卷二十三（六七七頁）。前者云：「臣久塵從橐，出領藩符。」後者首云「特賜臣詔書并元祐五年曆日一卷者」。

新明州守王子淵有啟來，答之。

《文集》卷四十七《答王明州》首云「奉詔牧民，涓辰莅事」，知乃新任。又云「風聲所暨，鄰境為先」，杭、明為鄰。

《長編》卷四百三十五：本年十一月壬辰，知明州王汾為秘書少監，權京西轉運使王子淵知明州。子淵至明，當已及歲末。

子淵，濮陽人；父逵，事迹具《曾鞏集》卷四十二《刑部郎中致仕王公墓誌銘》；子淵歷官鄆州壽張主簿。《彭城集》卷十九有《太府少卿王子淵可權京西轉運使制》，《長編》卷四百七元祐二年十二月庚辰：太府少卿王子淵為京西轉運使。

長子邁至杭途中經江陰，晤知縣王迥（子高、蘧）。邁旋至杭州。

《文集》卷五十七與迥第一簡：「兒子自北還，辱手書，且審起居佳安，為慰。游刃一邑，風謠之美，即自聞上，翹佇殊擢，以塞衆望。」

迥嘗知江陰縣，見《長編》卷四百七十一元祐七年三月丁酉紀事。江陰屬常州，密邇宜興。簡中所言兒子，乃邁。邁酸棗尉滿替，至杭州，經江陰也。邁至杭，乃為赴西安縣丞任。查現存資料，無記載此事者，是或未就也。

與劉季孫（景文）、王瑜（忠玉）、詹適、周燾（次元）有唱酬。應燾請，題其父敦頤濂溪。

《詩集》卷三十一《次韻劉景文左藏》注文有季孫原唱。次韻瑜等詩，見同上卷，原唱已佚。

《豫章黃先生文集》卷二十六《書劉景文詩後》謂季孫乃盛度之壻，並謂：「余嘗評景文胸中有萬卷書，筆下無一點俗氣。往歲，東坡先生守餘杭，而景文以文思副使為東南第三將。東坡嘗云：『老來可與晤語者，凋落殆盡，唯景文可慰目前耳。』」《柯山集》、《雞肋集》、《山谷外集詩註》、《參寥子詩集》、《清江三孔集·宗伯集》皆有詩及季孫。《捫虱新話》卷四《東坡劉景文帖》：「東坡嘗與劉景文語：『一則仲父，二則仲父』，當以何對？景文答：俗諺『千不如人，萬不如人』。坡首肯之。」《游宦紀聞》卷九亦載此。

王瑜已見本年八月十四日紀事。

蘇軾自注謂適為御史臺主簿。《名賢氏族言行類稿》卷三十三：「唐有詹篆者，自福州移家建陽，乃適之祖。」《長編》卷四百六十七元祐六年十月癸酉引御史中丞鄭雍言：「（劉）摯善牢籠士人，不問善惡，雖贓汙久廢之人，亦以甘言誘致，如龔原、王沇之、詹適、孫諤，悉與除落罪名。」可參。

燾，敦頤次子，見《山谷外集詩註》卷九《奉送周元翁鎖吉州司法廳赴禮部試》注文；元翁乃兄壽。詩作於元豐四年。題濂溪詩，見《詩集》卷三十一（一六六六頁）。《永樂大典》卷六千六百九十七引《江州志·碑碣·德化縣·濂溪書院》：「東坡詩（原注：蘇軾賦呈次元仁弟）。」知此詩後刻石濂溪書院。《輿地紀勝》卷三十《江州》謂書院在州南五里。《宋會要輯稿》第九十九册《職官》六八之二一：政和元年十二月十五日，權發遣廬州周燾降一官。

是歲，嘗跋《閻右相洪崖仙圖卷》。

跋見《佚文彙編》卷六。右相乃立本。

《范景仁墓誌銘》撰成。

銘見《文集》卷十四，敍及本年八月葬事，撰成為此後不久。今次本年。撰此乃以鎮（景仁）係世契，不得辭。見《文集》卷五十三《答陳傳道》第三簡、卷五十五《與張君予》第三簡。

是歲，傳嘗為佛日净慧禪院庫堂上輪藏書「天宮寶藏」四字。

據周必大《南歸録》乾道壬辰二月戊午紀事，其書後刻石。

蘇軾年譜卷二十九

元祐五年（一〇九〇）庚午　五十五歲

與潘丙（彦明）簡。

簡乃《文集》卷五十三與丙第八簡，云「出守舊治」，知作於杭，云「新春」，點明季候。

正月初，李公麟（伯時）作洗玉池。其後為作銘。

《籀史》卷上《李伯時考古圖五卷》謂公麟：「晚作洗玉池，東坡銘之，又刻所得拱寶琥瑞等，自作鐘鼎篆窾於池，云：元祐惟五年庚午正月初吉，李伯時公麟父曰：『友善陳散侯，惠我泗濱樂石沼，敬懷義德不敢辭。乃用琱古寶十有六，玉環四周，受泉其中，命曰洗玉池。永嘉明德，恭祈壽康，子子孫孫無疆，惟休其寶，用之無已。』」銘見《文集》卷十九（五六四頁）。卷五十一與公麟簡敍寫此銘大、小二本，並云：「請用陳伯修之説，更刻於石柱上為佳。」伯修名師錫。元祐八年，師錫在京師，見該年「陳師錫餞送於惠濟」條，銘或作於是年。

《能改齋漫録》卷十四《東坡銘李伯時洗玉池》：「東坡有李伯時《洗玉池銘》。始予讀之，皆不得其説。其後得伯時石刻序跋，乃能明其意。蓋元祐八年，伯時仕京師，居虹橋，子弟得陳峽州馬臺石，愛而致之齋中。一日，東坡過而謂之曰：『斲石為沼，當以所藏玉時出而浴之，且刻其形於四旁，予為子銘其脣，而號曰洗玉池。』而所謂玉者凡一十六：雙琥璩、三鹿盧、帶鉤、珌琫、瑞璏、杠水、蒼佩、螳螂、鉤佩柄、珈瑱、珙璧、栮玤榼、璩瓔等是也。」以下敍公麟卒後，池遂湮晦。末云：「陳峽州即陳彥點，字子真，自號懶散云。」「元祐八年」云云，與《籀史》不同。今從前者，定公麟為洗玉池為本年事。彥點乃彥默之誤，彥默世家洛陽，事迹詳《永樂大典》卷三千一百四十七引《宋陳了齋集・陳子真墓誌銘》。

十九日，范祖禹上劄子，乞早召還蘇軾。

據《范太史集》卷十九《薦士劄子・三》。《劄子》云：「臣伏見知杭州蘇軾，文章為時所宗，名重海內，陛下所自拔擢，不待臣言而可知。臣竊觀軾忠義許國，遇事敢言，一心不回，無所顧望。然其立朝多得謗毀，蓋以剛正疾惡，力排奸邪，尤為王安石、呂惠卿之黨所憎，騰口於台諫之門，未必非此輩也。陛下舉直錯枉，別白邪正，以致今日之治，如軾者豈宜使之久去朝廷。況軾在經筵進讀，最為有補。臣愚伏望聖慈早賜召還，今尚書缺官，陛下如欲用軾，何所不可。朝廷選授常患乏才，每一官缺，久之不補。今有一蘇軾而不能用，不知更求何者為才也。臣竊為陛下惜之，取進止。」《長編》卷四百三十七本月乙酉亦載。

二十五日，秦覿（少章）歸省其親，作《太息》餞行，贊覿之兄觀及張耒之才識。

文見《文集》卷六十四，謂張、秦乃士之超逸絕塵者，謂「士如良金美玉，市有定價，豈可以愛憎口舌貴賤之」，出以至公，不必顧忌世俗「紛紛」之論，以此勉覿。據此，則所謂太息者，乃太息世俗於新進有才華之士之偏見也。蘇軾實以獎勵、鼓舞新進為己責，以歐陽修為法。

《平園續稿》卷十《跋秦少章雜文》引蘇軾此文覯「復從吾遊不及期年，而議論日新，若將施於用者」云云，謂今觀覯文，「豈溢美之言耶」。蓋軾之意乃出於獎掖。

仲天貺、王箴（元直）將歸蜀，與秦覯同行。有詩送行。

詩見《詩集》卷三十二（一六七八頁）。詩題謂留半歲。詩云「三人一日同行」，自注謂天貺、箴、覯；又云「白醪光泛新春」，知此詩作於正月，三人原定正月離杭。《山谷別集詩註》卷下《和東坡送仲天貺王元直六言韻》注文引劉季孫和詩，亦有「月底飛雲西去」句。

二月二日，李常（公擇）卒。三日，孫覺（莘老）卒。

據《老學庵筆記》卷四。常卒年六十四，孫六十三，分別見《蘇魏公文集》卷五十五常墓銘、《宋史》卷三百四十四覺傳。《詩集》卷三十二《次韻林子中王彥祖唱酬》首云「早知身寄一漚中，晚節尤驚落木風」，自注「近聞莘老、公擇皆逝，故有此句」。

七日，作詩懷鄉老蔡褒（子華）、楊君素、王淮奇等，並致簡淮奇，託王箴攜歸。王箴歸。

詩乃《詩集》卷三十一《寄蔡子華》，「七日」據「王堯卿注」；《詩集》次此詩於元祐四年冬，誤。《文集》卷五十九與淮奇第十三簡云「比日履茲春和」，即攜歸之簡。

十四日，奏乞降度牒召人入中斛斗出糶濟饑等狀。

狀見《文集》卷三十（八五九頁）。狀申前請，乞降度牒二百道。

十五日，為錢龢（昱仲）題焦千之帖後。嘗為錢龢題書室。

文見《文集》卷六十九（二一九七頁）。《咸淳臨安志》卷六十五：「錢龢，字昱甫（原注：一作昱仲），以孝義知名，居於錢塘門外九里松之間。嘗建傑閣，藏書甚富，蘇軾榜曰『錢氏書藏』。仕至直秘閣知荆南府。墳墓在靈隱、天竺兩山之間。」龢乃勰弟，勰次四，龢次七。見《詩集》卷三十一《和錢四寄其弟龢》注文。《道鄉集》卷六有詩及龢。

十八日，奏兩浙轉運使葉温叟分擘度牒不公。朝廷從請，杭得度牒由三十增至一百道。

奏見《文集》卷三十（八六〇頁）。謂正月二十六日降兩浙路度牒三百道，杭州得三十道，潤州人户纔及杭十之一二，却得一百道，乞杭得一百五十道。得百道見《文集》卷三十《杭州乞度牒開西湖狀》。《墓誌銘》云「復得賜度僧牒百易米以救飢者」當指此事。

《避暑録話》卷下：「叔祖度支諱温叟，與子瞻同年，議論每不相下。」以下云：「子瞻守杭州，公為轉運使。浙西適大水災傷，子瞻鋭於賑濟，而告之者，或施予不能無濫，且以杭人樂其政，陰欲厚之。公每持之不下，即親行部，一皆閲實，更為條畫上聞。朝廷主公議，會出度牒數百，付轉運司易米給民，杭州遂欲取其半。公曰：『使者與郡守職不同，公有志天下，何用私其州，而使吾不得行其職。』卒視他州災傷重輕分與之。子瞻怒甚，上章詆公甚力，廷議不以為直，乃召公還，為主客郎中。子瞻之志固美，雖傷於濫，不害為仁，而公之守不苟其官，亦人所難，可見前輩居官，無不欲自行其志也。」

二十五日，為孤山智果院題梁。道潛入居智果院。

《咸淳臨安志》卷七十九《上智果院》：「元祐五年，歲次庚午，二月辛卯朔，二十五日乙卯上梁。」蘇軾書。影印《浙江通志》卷二百二十六謂「智果寺在葛嶺上，石晉開運元年錢氏建」。《文集》卷六十八《書參寥詩》謂道潛「始卜居西湖智果院」，作於本月二十七日。卷十九《參寥泉銘》所云智果精舍即智果院。

二十六日，過金文寺，再觀李建中（西臺）詩，書其後。

據《紀年録》。《詩集》卷二十八有《金門寺中見李西臺與二錢（原注：惟演、易）唱和四絶句，戲用其韻跋之》詩，當即《紀年録》所云書後，知金門寺即金文寺。《晚香堂蘇帖》所收《答監司》簡云及金文寺，在杭州。

同日，寒食，與王瑜（忠玉）、劉季孫（景文）、周燾（次元）等訪清順（怡然）、道潛及陳師錫。

《詩集》卷三十二《次韻劉景文、周次元寒食同游西湖》云「共向北山尋二士」，謂清順、道潛。《參寥子詩集》卷六《寒食日，蘇翰林同王中玉提刑過訪，有詩示怡然並余，余次韻云》中云：「西湖破春冰，曉漲翻晴渌。相將二使軺，導從還屏逐。後先度巖壑，頡頏追鸞鵠。樂事殊未央，酒行宜局促。風流俄醉舞，坐客瞻頹玉。嵇、阮真達生，秦、唐謾歌鼓。斜陽絶湖去，兩槳凌波速。却尋元龍居，隱隱隔喬木。到門呼主人，展畫滿高屋。夕鼓來遠近，雨聲飄斷續。籃輿入城市，夾道鬧燈燭。盛事在餘杭，他年見圖録。」敍此日蘇軾暢游。元龍乃謂陳師錫。《詩集》緊次《次韻劉景文、周次元寒食同游西湖》為《連日與王忠玉、張全翁游西湖，訪北山清順、道潛二詩僧，登垂雲亭，飲參寥泉，最後過唐州陳使君夜飲，忠玉有詩，次韻答之》。此陳使君即師錫。張全翁名璹。本日為寒食，見《文集》卷六十八《書參寥詩》。季孫原韻見《咸淳臨安志》卷三十三，《詩集》注文已引。

二十七日，訪道潛，書道潛所作寒食清明詩。

《文集》卷六十八《書參寥詩》敍其事。《西湖夢尋》卷一《智果寺》：「東坡守杭，參寥卜居智果，有泉出石罅間。寒食之明日，東坡來訪參寥，汲泉煮茗，適符所夢。東坡四顧壇壝，謂參寥曰：『某生平未嘗至此，而眼界所視，皆若素所經歷者。自此上懺堂前，當有九十三級。』數之，果如其言。即謂參寥子曰：『某前身，寺中僧也，今日寺僧，皆吾法屬耳。吾死後，當舍身為寺中伽藍。』參寥遂塑東坡像，供之伽藍之列，留偈壁間，有：『金剛開口笑鐘樓，樓笑金剛雨打頭。直待有鄰通一綫，兩重公案一時修。』」參熙寧七年「在杭嘗遊西湖壽星寺」條。

三十日，與王瑜、張璹、周燾來龍井，餽元淨香茗，慶其八十，題名。時璹為兩浙轉運判官。

題名見《佚文彙編》卷六（二五八二頁）。璹字全翁，安陸人。見《詩集》卷三十二《連日與王忠玉張全翁游西湖》注文。璹代周燾任。《長編》卷三百八十二元祐元年七月戊辰：朝奉大夫張璹為京東路轉運判官。《塵史》卷上《利疚》、卷中《治家》均及璹，稱「朝議」，璹當官朝議大夫。

三月二日，與王瑜、楊傑、張璹游龍華寺，過麥嶺，至天竺；復同游韜光：各有題名。

題名俱見《佚文彙編》卷六（二五八三頁）。《咸淳臨安志》卷二十八：「大麥嶺：《祥符志》云：在錢塘舊治西南，到縣一十五里，今與步司右軍寨相連，路通放馬場。舊多種麥，因以名。嶺之顛有觀音閣。」

以下言「對山」有蘇軾等本日題名。《西湖游覽志》卷十《北山勝迹》敍北高峯山半，有韜光庵，謂庵乃蜀韜光禪師建，唐穆宗時，師出遊至靈隱山巢溝塢，遂卓錫；謂庵内有金蓮池、烹茗井，壁間有趙抃、蘇軾題名。

八日，與楊傑訪劉季孫（景文），季孫出所藏歐陽修帖，為跋。

跋見《文集》卷六十九（二一九七頁）。《柯山集》卷十三《送劉季孫赴浙東》有「文史隨船三萬軸」之句，知季孫富藏書。參元祐四年九月十九日紀事。

與程之邵（懿叔）簡，有欲乞宣城或宫觀之意。程之元來簡。

《文集》卷五十七與之邵第五簡敍此；簡云「子由使虜亦還」，知作於春間。簡又云：「廣東近亦得書，甚安。」謂程之元也。參本年此以下「程之元遣使來杭」條紀事。

張天驥（聖途）、陳輔（輔之）來，與二人遊萬松嶺惠明院，品新茶，題壁。

文見《文集》卷七十一（二二六五頁）。《輿地紀勝》卷二《臨安府》謂萬松嶺去錢塘十里，夾道栽松；慧明院舊在冲晦處士徐復故廬之側，高深幽僻；復有文武材，不仕，寓居萬松嶺。《侯鯖録》卷四敍蘇軾與張、陳游萬松嶺惠明院事，同《文集》，不録。

與章衡（子平）簡，薦陳輔（輔之）為學官；蘇軾嘗贊輔為人。又薦柳豫於衡。

薦輔，據《文集》卷五十五與衡第六簡。簡謂輔學行甚高，詩文皆過人，然孤介寡合。

《禮部集》卷十六《東坡二帖》：「右大蘇公手筆，前一帖為陳輔之之書也。……輔之，丹陽人，每歲上冢金陵，必至蔣山訪楊德逢所謂湖陰先生者，嘗不值，題詩於壁云：「北山松粉未飄花，白下風輕麥脚斜。身似舊年王、謝燕，一年一度到君家。」德逢稱於荆公，公有『尋常百姓』之戲，亦有詩贈輔云：『南郭先生比鷃鵪，年年過我未愆期。休論王、謝當時事，大抵烏衣似舊時。』正指此也。當公用事時，閉與不通，及退歸，復從之遊。因坡公稱此，益知其為人。」據「坡公稱此」云云，是蘇軾另有文，或即此處所云之「前一帖」，今其帖已佚。《文集》卷七十二有《陳輔之不娶》，敍輔事。

輔自號南郭子，《京口耆舊傳》卷三有傳，並參《五總志》。輔有《陳輔之詩話》，收入《宋詩話輯佚》。

餘詳建中靖國元年「陳輔來問疾」條。

《文集》卷五十五與衡第五簡謂豫「詞學甚富，而内行過人」，亦以學官薦。薦時不詳，今次輔後。

設安樂坊，命醫官為疫者治病，全活者甚衆。施聖散子方。

《墓誌銘》敍今年：「公又多作饘粥藥劑，遣吏挾醫，分坊治病，活者甚衆。公曰：『杭，水陸之會，因疫病死比他處常多。』乃裒羨緡得二千，復發私橐得黄金五十兩，以作病坊，稍畜錢糧以待之。至於今不廢。」《輿地紀勝》卷二《臨安府·官吏》引《蒼梧志》轉引《蘇氏家傳》，亦載此事。

《咸淳臨安志》卷四十謂杭州有管病坊。《墓誌銘》所云病坊當即管病坊。《咸淳臨安志》卷四十六謂本年飢疫，蘇軾「命醫官分治疾病」。管病坊當設於其時。

《宋會要輯稿》第一百六十册《食貨》六八之一三〇崇寧二年五月二十六日紀事：「兩浙轉運司言：蘇軾知杭州日，城中有病坊一所，名安樂，以僧主之。三年醫愈千人，與紫衣。乞自今管勾病坊僧三年滿所醫之數，賜紫衣及祠部牒各一道，從之。仍改為安濟坊。」《清波別志》卷上亦有此記載。《宋會要輯稿》有脱文、誤文，今據《清波別志》補正。

《文集》卷十《聖散子後序》：「去年春，杭之民病，得此藥全活者，不可勝數。所用皆中下品藥，畧計每千錢即得千服，所濟已及千人。」此文作於元祐六年。其方，參《文集》卷十《聖散子序》。施聖散子方與設安樂坊當為同時事。

晚春，賦《南歌子》。

《東坡先生全集》卷七十四有此詞，調下注：「晚春。」詞見《東坡樂府》卷下。

詞云「日薄花房綻」，又云「夜來微雨洗郊坰」，皆屬江南景象，知作於杭。詞云「使君」，知作於守杭時。詞云「正是一年春好近清明」，點明季候。詞為巡視杭郊所作，若在明年此時，已將離任矣。

林希（子中）寄與王汾（彦祖）倡酬來，次韻。

次韻見《詩集》卷三十二（一六八三頁）。詩云：「春盡西湖水映空。」乃三月間事。時希知潤州，見「施註」。

春末，戲送張天驥歸彭城。

《詩話總龜》前集卷三十六引《紀詩》：「徐州雲水山人張天驥，不遠千里，見朱定國於錢塘，愛其中風物，遂欲徙家居焉。春盡思歸，以詩戲之云：『羨公飄蕩一孤舟，來作錢塘十日游。水洗禪心都眼淨，山供詩筆總眉愁。雪中乘興真聊爾，春盡思歸都罷休。何事却尋朱處士，種魚萬尾橘千頭。』」此文，

《佚文彙編》失收。詩見《詩集》卷三十二，題作《次韻送張山人歸彭城》；「何事」句，《詩集》作「何日五湖尋范蠡」。

朱定國，字興仲，慶曆二年進士，廬江人。《無為集》卷十三有墓誌銘，謂卒於元祐四年，年七十九。疑「四年」有誤。《詩話總龜》卷首引用書目，有朱定國《續歸田録》，已早佚。

題劉季孫（景文）所藏王獻之（子敬）帖。

《詩集》卷三十二有《書劉景文左藏所藏王子敬帖》；《文集》卷六十七《書韋蘇州詩》亦為題帖作。

《寶晉英光集》卷八之中一則敍及劉季孫欲以己所藏《王子敬帖》易米黻《小研山》，未能易成。以下云：「季孫卒，其子以二十千賣，王防父知太原，得之。二三年間，以數種好玩於防處易，不成。季孫為兩浙路分司，章惇要，不與。蘇軾、秦觀等有詩題其後。今皆除了。潤州見時猶在。軾、觀、惇等共題。《書》曰：『惟辟玉食。』夫至玩、玉食，非人主，則人臣孰堪之。乃是神物護持，並合歸上聖。」此文所云蘇軾題詩，即《書劉景文左藏所藏王子敬帖》。章惇題跋，《詩集》「施註」已引。

《真迹日録》卷一《米元章尺牘跋》引王世貞《王弇州續稿》謂蘇軾所題者乃王羲之《思言》三帖，並引首二句「君家」云云。季孫此帖，後終歸米黻。

應陳直方之妾嵇氏之請，賦《江城子》。

詞見《東坡樂府》卷下，序云「錢塘人好唱《陌上花緩緩曲》，余嘗作數絶以紀其事」，知作於元祐間。詞云「陌上花開春盡也」，作於今年。明年此時，已離任。

《青泥蓮花記》卷七：「陳直方之妾，本錢塘妓人也，丐新詞於蘇子瞻。子瞻因直方新喪正室，而錢塘人好唱《陌上花緩緩曲》，乃引其事以戲之。」於是作此詞。《詞苑叢談》卷七同。

曹輔寄壑源試焙新芽，次韻謝之。

詩見《詩集》卷三十二（一六九六頁），云「清風吹破武林春」，在春季。輔時為福建運判。《詩集》次此詩於《真覺院四月十八日》等詩之後，不當。

四月十八日，晤富陽令馮君，得見元豐六年所贈段璵書。

據《文集》卷七十《書名僧令休硯》。《咸淳臨安志》令富陽無馮姓者，湮没已久。

同日，與劉季孫（景文）往龍山真覺院賞枇杷，有詩。

詩見《詩集》卷三十二（一六八七頁）。《參寥子詩集》卷六有《景文寵示四月十七日翰林公過龍山真覺院賞枇杷五言一章景文已和之復使余繼其後》詩。季孫詩，見《咸淳臨安志》卷七十七、《全宋詩》卷七百二十三（八三六八頁）。

二十一日，題張先（子野）詩集後。

文見《文集》卷六十八（二一四六頁）。先詩集已佚。

二十八日，興功開西湖。祭禱吴山水仙龍神。父老歡悦。賦《南歌子》抒懷。

《文集》卷三十《杭州乞度牒開西湖狀》敍已得度牒一百道，易錢米約共一萬餘貫石，以此募民，度可得十萬功，自本日興功，「農民父老，縱觀太息，以謂二聖既捐利與民，活此一方，而又以其餘棄，興久廢無窮之利，使數千人得食其力以度此凶歲，蓋有泣下者」。同上卷《奏户部拘收度牒狀》謂興功後「吏民踴躍從事，農工父老，無不歡悦」。

禱文見《文集》卷六十二（一九二二頁）。《輿地紀勝》卷二《臨安府》謂水仙王廟在錢唐門外。《南歌子》見《東坡樂府》卷下，首云「古岸開青葑，新渠走碧流」，又云「佳節連梅雨」，作於興功之始。

二十九日，奏乞度牒開西湖狀。

狀見《文集》卷三十（八六三頁），謂乞得度牒五十道，並乞「仍勑轉運、提刑司於前來所賜諸州度牒二百道内，契勘賑濟支用不盡者，更撥五十道價錢與臣」。

五月五日，端午日，遊人都上十三間樓，賦《南歌子》與民同樂。

詞見《東坡樂府》卷下，有「遊人都上十三樓」之句。

《乾道臨安志》卷二：「十三間樓：去錢唐門二里許。蘇公軾治杭日，多治事於此。」《西塘集耆舊續聞》謂十三間樓在錢唐西湖北山。

《武林梵志》卷五《北山分脈》：「相嚴院：晉天福二年錢氏建。有十三間樓，樓上貯三世佛一尊。蘇子瞻治郡時，常判事於此。」知十三樓即十三間樓。

同日，申三省起請開西湖六條狀。轉運司勾當公事陸傅於開西湖持異議。

狀見《文集》卷三十（八六六頁）。

此六條，皆有關西湖管理事宜，包括閘門之啟閉、運河之河岸修補、西湖之水面、湖上之種菱人户、湖上新舊菱蕩之課利及管理人員與其職責之規定。並云此六條刻石置杭州知州及錢塘縣尉廳上，常切點檢。

《咸淳臨安志》卷三十五《山川十四·河·城内》謂茅山河、鹽橋運河、市河、清湖河，乃城中四河。以下云：「茅山河中廢已久，而鹽橋河、市河日納潮水，泥沙渾濁，居民規占河道，委草壤其間，久之乃為平陸。官雖以時開浚，未幾填塞如故。元祐五年，守蘇公軾請於朝。」以下引蘇軾請開西湖六條狀全文。

《家世舊聞》卷上：「東坡先生守錢唐，六叔祖祠部公（原注：諱傅，字巖老）為轉運司屬官，頗不合。紹聖中，章子厚作相，力薦以為可任諫官御史。遂召對。哲廟語訖。公至殿上，立未定。上即疾言曰：『蘇軾！』公度章相必為上言錢唐不合事，乃對曰：『臣任浙西轉運司勾當公事日，軾知杭州，葺公廨及築堤西湖，工役甚大，臣謂其費財動衆以營不急，勸止。軾遂怒語郡官曰：比舉一二事，與諸監司議，皆以為然，而小勾輒呶呶不已。小勾蓋指臣也。然是時歲凶民飢，得食其力以免於死徙者頗衆，臣所争亦未得為盡是，上默然。章相聞之亦不悦。以故仕卒不進。」

傅乃陸游祖父佃之弟，《寶慶會稽續志》卷六謂傅登熙寧六年進士。《寶慶會稽續志》卷一謂以儒術與顧臨及兄佃並重。《家世舊聞》謂傅平生喜作詩，日課一首，至老不廢；其《聞亂》有「寧知小兒輩，竟壞好家居」之句，蓋憂時之士。有《祠部集》，已久佚。先後兩知明州，官至祠部郎。卒年九十，約當紹興中。參拙撰《陸游家世敍録》，載《文史》第三十一輯。

初七日，顔復（長道）卒。

據《長編》卷四百四十二本月庚午（初六日）紀事：「中書舍人顔復為天章閣待制、國子祭酒，翌日卒。」《文集》卷六十九《題顔長道書》敍思念之意。

壬申（初八日），晁端彦為江淮荆浙等路發運使。有賀啟。

五月云云，據《長編》卷四百四十二。啟見《文集》卷四十七，題原作《賀彭發運》，誤。啟稱受啟者為年兄；端彦與蘇軾同登嘉祐二年進士，合。啟稱受啟者為吏部，端彦嘗官吏部，《蘇魏公文集》卷五有《六月六日訪晁美叔吏部》詩，合。軾官杭州，為端彦屬下，故啟有「得與屬城之末」語。軾同時代有彭汝礪，未嘗為發運，亦不與軾同年。或謂此啟乃賀彭汝礪者，誤。

十二日，録《壽星院寒碧軒》詩贈通悟師。

詩見《詩集》卷三十二。《晚香堂蘇帖》：「僕在黄州，偶思壽星竹軒，作此詩。今録以遺通悟師。元祐五年五月十二日，東坡居士書。」以下有「醫俗」二字印章。此跋，《佚文彙編》未收。據跋，詩乃黄州作。然詩末「道人絶粒對寒碧，為問鶴骨何縁肥」二句，明明係就通悟師而言，詩有戲通悟意，跋故隱約其詞，詩實為此時作。蓋通悟即居寒碧軒。《咸淳臨安志》卷七十九引此文。

二十五日，重書所和回先生詩贈沈偕，並跋。時與偕相遇。

跋見《文集》卷六十八（二一四六頁），和詩見《詩集》卷十二（五八八頁）。

秦觀除太學博士。二十六日，罷新除。為校正秘書省書籍。時觀自蔡州奉召來京師。

罷新除據《宋會要輯稿》第九十九册《職官》六七之一五。校正云云據《宋史·秦觀傳》。

二十七日，奏户部拘收度牒狀。

狀見《文集》卷三十（八七三頁），乞勿拘收前所賜兩浙、淮南度牒六百道。

壬辰（二十八日），得開西湖度牒五十道。同日，弟轍為龍圖閣直學士、御史中丞。

壬辰云云，據《長編》卷四百四十二，從蘇軾請。《佚文彙編》卷二《與王定國》第五簡亦敘及。《墓誌銘》云「得百僧度牒以募役者」，除此處五十道，另為四月二十九日所云五十道。同日云云，據《蘇潁濱年表》。

賦《賀新郎》。

詞見《東坡樂府》卷上。《東坡先生全集》謂此詞乃賦夏景。

《艇齋詩話》：「東坡《賀新郎》，在杭州萬頃寺作。寺有榴花樹，故詞中云石榴。又是日有歌者晝寢，故詞中云：『漸困倚、孤眠清熟。』其真本云『乳燕棲華屋』，今本作『飛』字，非是。」

《西塘集耆舊續聞》卷二引陸淞（子逸）語，謂蘇軾有妾名榴花，朝雲死後，惟榴花獨存，《賀新郎》中「觀浮花浪蘂都盡，伴君幽獨」，可見其意。此乃傳聞，不足為據。

林希（子中）數自潤州寄詩來，次韻。

《詩集》卷三十二有《次韻林子中蒜山亭見寄》，時希知潤州。

《永樂大典》卷一萬四千三百八十三引《林文忠（按：應作「節」，見《宋史·林希傳》）詩·同賦》：「崔嵬直上大微通，一日登臨兩醉翁。雨過淮山橫嫩緑，日銜滄海露殘紅。人間酩酊南華夢，物外飄摇禦寇風。好與岷峨金馬客，摛辭同侍未央宫。」此詩前乃《和子中見寄》，即以上所云之《次韻林子中蒜山亭見寄》。則「崔嵬」云云，乃希原唱。軾詩末云「歸掃岷峨一畝宫」，有欲歸之意。

《詩集》同上卷略後，尚有《次韻林子中見寄》，希原唱亦見《大典》同上卷：「吴郡梁鴻作部民，丹陽今復得莊賓。文章父世無雙譽（原注：世號三蘇），侍從朝廷第一人。勝事由來占牛斗，雅懷何必掃峨岷。蒜山耆舊渠知否？此地他年即有莘。」「雅懷」句乃緣「歸掃」句而發。

錢蒙仲來杭欲赴舉，次劉季孫贈韻贈之。

次韻見《詩集》卷三十二（一六九二頁）。《文集》卷五十《與錢穆父》第十五簡云及聞蒙仲「試得甚佳，旦夕馳賀」。欲赴舉謂應今年秋試。

程之邵（懿叔）赴夔州轉運判官任。六月三日，書詩送之，有簡。

詩見《詩集》卷三十二（一六九八頁）。詩書於六月三日，見「施註」。

《文集》卷五十七與之邵第六簡云「移漕巴峽」，末有「知在江上，咫尺莫緣一見」，蓋之邵卸泗州任即取道大江以回蜀。先是之邵遣使奉簡來，乃答以此簡，詩及此簡，由來使攜回。

程之元（德孺）遣使來。時為廣南東路提刑。

《佚文彙編》卷五《跋送表弟程懿叔赴夔州運判詩後》，作於六月三日。跋云：「時德孺在嶺外，適有使至杭。」《長編》卷四百四十六本年八月乙未，有廣東提刑程之元言事記載。跋云「德孺書中自言學佛有所悟入」，送之邵漕夔詩有「仲氏新得道，一漚目塵寰」之句，合。

六月丁酉（初四日），黄履知蘇州。履來啟，回啟為賀。履到任，復來啟，有答。

《長編》卷四百四十三本年六月丁酉紀事：「知洪州天章閣待制黄履知蘇州。」

《文集》卷四十七《回蘇州黄龍圖啟》：「伏審政成京口，詔徙吴都。眷惟疆境之鄰，首被風聲之美。亟蒙音誨，良慰望思。」

《宋史》卷三百二十八《黄履傳》：履字安中，邵武人。哲宗即位，徙為翰林學士。以下云：「以龍圖閣直學士知越州，坐舉御史不當，降天章閣待制。歷舒、洪、蘇、鄂、青州，江寧、應天、潁昌府。」履知越州，為元祐元年四月，元祐二年四月，降授天章閣待制，移知舒州。見《嘉泰會稽志》卷二。《長編》卷四百一十元祐三年五月丁未紀事：朝請郎知舒州黄履知洪州。卷四百二十二元祐四年二月癸丑紀事：詔知洪州黄履知潤州；翼日，新除罷。與《宋史》一一吻合。據此，黄履未嘗到知潤州任。《文集》稱履為龍圖，乃沿舊稱；云「政成京口」，疑有誤。答啟乃《文集》卷四十七《答新蘇州黄龍圖啟》，首云「伏審光膺詔函，移牧吴會」。

初九日，應詔論四事。

應詔狀見《文集》卷三十一（八七五頁）。四事皆恤民急務。參本年九月二十七日紀事。

十六日，與弓允（明夫）簡。

簡見《佚文彙編》卷三（二四九三頁），云「適值艱難之歲，未敢別乞閑處」，知作於杭。

與王鞏(定國)簡,為開西湖事,求為言於劉摯(莘老)。

《佚文彙編》卷二與鞏第五簡云開西湖月餘,有必成之勢,簡約作於六月。簡云「一奏狀,一申三省,皆詳盡利害」,祈鞏見摯「痛致此意」。本年七月丁卯,給事中朱光庭論新除王鞏權判登聞鼓院不當,詔別與差遣;八月,與差太平觀。見《長編》卷四百四十五至六。鞏時在京師。

盛夏,劉季孫、錢蒙仲相陪中和堂賞月,季孫作詩。

《咸淳臨安志》卷五十二《中和堂》引季孫《陪東坡中和堂賞月》:「中和堂上月,盛夏似高秋。天瀉銀河水,人披紫綺裘。氣飄聞赤壁,語勝蹋黃樓。歸袂接夫子,適從何處游。」《詩集》卷三十七詩題言在杭蒸熱,獨中和堂東南頰「三伏常蕭然」。《輿地紀勝》卷二《杭州》謂季孫同蒙仲陪軾賞月,並節引季孫上所引詩。

與劉季孫(景文)、袁轂(公濟)唱和,時轂來為杭倅。嘗與轂祈雨山寺,作祝文,賦詩。

《詩集》卷三十二有《次韻劉景文登介亭》、《袁公濟和劉景文登介亭詩復次韻答之》。後者云及「六月溽」,唱和為六月事。《詩集》此前已有《次韻袁公濟謝芎椒》,轂到任約為春夏間事。

《攻媿集》卷七十七《跋袁光祿轂與東坡同官事迹》謂轂:「元祐五年倅杭州,東坡為郡守,相得歡甚。有迓新啟事、坡書《龍泉何氏留槎閣記》,介亭唱和詩,坡次韻二詩,一謝芎椒,一為除夜。如『別乘一來,風月平分破』之詞,最為膾炙,正為公而作。則其賓主之間,風流可想而知也。抑嘗聞:坡一日謂公曰:『素知博洽,試徵職事。』公一夕録數十百項,坡曰:『可謂博矣。』又從而增之。前輩之不倦於學如此。」轂乃《攻媿集》作者樓鑰高祖郁門人，在四明就學，其《與東坡公同官事迹》，乃轂五世孫樻所録。《直齋書録解題》卷十四「韻類題選」條下亦云蘇軾為袁轂作「風月平分」之詞。其詞，見《全宋詞》第三二四頁，調為「點絳脣」。

《甕牖閑評》卷五：「蘇東坡昔守臨安，余曾祖作倅。一日，同往一山寺祈雨，東坡云：『吾二人賦詩，以雨速來者為勝，不然，罰一飯會。』於是東坡云：『一爐香對紫宫起，萬點雨隨青蓋歸。』余曾祖則曰：『白日青天沛然下，皁蓋青旗猶未歸。』東坡視之云：『我不如爾速。』於是罰一飯會。」祝文見《文集》卷六十二（一九二二頁），首云「杭州之為郡」。

《挈齋集》卷十六《先兄行狀》、卷十七《先公墓表》謂其曾祖袁轂倅杭時，與蘇軾志同道合，相得歡甚，流風遺韻，被於後昆。

袁轂登進士第後，熙寧十年知句容，見《景定建康志》卷二十七。嘗知邵武軍，見《寶慶四明志》卷八《袁轂傳》。

七月七日，和蘇堅《鵲橋仙》。

詞見《東坡樂府》卷下，云「與君各賦一篇詩，留織女鴛鴦機上」。

壬申（初九日），太學博士孫諤等奏頒行《韻略條式》，從之。諤再詳定《禮部韻略》，蘇軾亦預其事。

壬申云云，據《長編》卷四百四十五。《長編》云：「太學博士孫諤等言：貢舉條制詩賦格式，有所未盡。如韻有一字一義而兩音者，若『廷』字、『防』字、『壽』字之類，不敢輒指一聲押用；字有合用而私相傳為當避者，如「分寸尺丈引」之「引」、「杼柚其空」之「杼」之類，又有韻合收而《禮部韻》或不收者，如「傳說」之「說」及「皡」、「横」字之類，并自合收用。從之。」

《附釋文互注禮部韻略》（即《禮部韻略》）附《韻略條式》：「元祐五年七月初十日酉時，准都省送下當月九日勅中書省尚書省送到禮部狀，准都省送下太學博士孫諤等狀，伏覩朝廷近頒貢舉法，經義之外，添詩賦一場。竊惟貢舉條制，詩賦格式，該載或有未盡者。（按：以下見《長編》所引，略）七月九日，三省同奉聖旨，依禮部所申，仍先次施行，奉勅如右，牒到奉行前批，七月十日巳時，付禮部施行。」

《郡齋讀書志》卷一下：「《禮部韻略》五卷，右皇朝丁度等撰，元祐中孫諤、蘇軾再加詳定。」

十五日，上《奏浙西災傷第一狀》。

狀見《文集》卷三十一，乞本路疾旱相度來年，准備常平斛斗出糶救饑，乞寬減轉運司上供米斛一半，乞候秋熟六月中為止，五穀不得收力勝錢。同上卷《申明户部符節略賑濟狀》謂八月四日依奏。按：力勝錢，乃商船税名。商船不論載貨與否，按所載重量收力勝錢，惟運糧船不收。神宗時，運糧船亦收，稱五穀力勝錢。

《泊宅編》卷十謂蘇軾尤急於荒政，守杭，「米斗八十，已預行措置」。

十六日，坤成節，上賀表。

坤成節乃太皇太后高氏生日，見《宋史·哲宗紀》。表見《文集》卷二十三（六七八頁），有「同守大器，於兹六年」語。

丁亥（二十四日），兩浙轉運判官張璹（全翁）罷。

據《長編》卷四百四十五。《文集》卷五十七《與程懿叔》第一簡謂「吏民甚惜其去」。

二十五日，上《奏浙西傷第二狀》。

狀見《文集》卷三十一。狀陳本月二十一日至二十三日，連晝夜大風雨，二十四日稍止，至夜復大雨。乞檢會本月十五日奏，速賜施行。

楊同年自秀州攜章衡（子平）簡至，答衡。

答簡乃《文集》卷五十五與衡第四簡，云「秋暑向衰」，作於秋初。楊同年，不詳。

作《安州老人食蜜歌》贈僧仲殊。

詩見《詩集》卷三十二。注謂仲殊為承天寺僧，居錢塘。知來往於蘇、杭間。

八月戊戌（初六日），馬瑊為兩浙提刑。代王瑜。有賀啟。

八月云云，據《山谷外集詩注》卷十七《寄忠玉提刑》注引《實録》。《長編》卷四百四十六本月丙申：兩浙提刑王瑜為刑部員外郎。瑊代瑜。《文集》卷四十七有《賀提刑馬宣德啟》。瑊字中（一作忠）玉，廬州合肥人。祖亮，謚忠肅，《宋史》卷二百九十八有傳。熙寧九年，瑊為永興、秦鳳等路提舉常平，旋為江南西路轉運判官，元豐元年移荆湖北路。元符間為湖北轉運副使，知陝州。見《長編》卷二百七十三、二百七十四、二百八十九、五百六。建中靖國元年知荆州，見《山谷詩集注》卷十五《次韻馬荆州》。

《山谷全書·别集》卷十六與珹第四書：「餘杭佳太守，想得極意湖山之間，時有佳句否？」乃敍此時事。卷八《跋馬中玉詩曲字》贊珹翰墨頗有勁氣。《淮海集》卷八、《宗伯集》卷七有次珹韻。

十五日，奏乞禁商旅過外國狀。

狀見《文集》卷二十一（八八八頁），乞嚴加約束，客旅不得往高麗、新羅。

十八日，觀潮，和蘇堅（伯固）《南歌子》二首。

據《注坡詞》。《東坡樂府》此二詞在卷下。

二十五日，奏《申明户部符節略賑濟狀》。

狀見《文集》卷三十一，謂七月十五日奏得施行，然有節略，乞逐節降指揮施行。

本月，法雲法秀禪師卒。呂大防（微仲）作碑文，欲蘇軾書之，軾以為當書。

本月云云，據《指月録》卷二十五。《邵氏聞見後録》卷十五：「呂微仲丞相作《法雲秀和尚碑》，丞相意欲得東坡書石，不敢自言，委甥王讜言之。東坡先索其稿諦觀之，則曰：『軾當書。』蓋微仲之文自佳也。」《游宦紀聞》卷二：「東坡謁呂微仲，值其晝寢，久之方出，見便坐有昌陽盆豢緑毛龜，坡指曰：『此易得耳。唐莊宗時有進六目龜者，敬新磨獻其口號云：不要鬧，不要鬧。聽取龜兒口號。六隻眼兒睡一覺，抵别人三覺。』世南嘗疑坡寓言以諷呂，未暇尋閲質究，偶因見《嶺海雜記》，有載六目龜出欽州，只兩眼，餘四目乃斑紋金黄花，圓長中黑，與真目排比，端正不偏，仔細辨認，方知為非真目也。」《貴耳集》卷上較簡略。附此。

本月，與曹輔（子方）、張大亨（嘉甫）等遊西湖南山昭慶寺，題名。嘗於此寫竹。

題名見《佚文彙編》卷六（二五八三頁）；同游者尚有弓允（明夫）、明弼、康道。《二老堂雜誌》卷四《小昭慶鐘》：「臨安西湖南山昭慶寺，有鐘在樓上，東坡寫竹尚可辨，竹下題云：（略）」竹或為此時寫。

答監司簡，陳述開浚西湖工程進展情況及有關事宜。

《晚香堂蘇帖》有殘簡，今以《答監司》為題，録下：「昨蒙示諭，令録事目，輒具其略。一、西湖雖已開十七八，然須常得千人，功役乃可趁秋末了當，當乞指麾勿令官員別作占破。一、西湖剩錢三千貫，已送錢塘縣，委俞承務置田，乞更催督林通直及俞承務，俞甚可委仗。一、開湖事，既有課利，今後可以漸次開撩取畫，恐有人請射未開葑地作田，不可許。一、元奏乞令錢塘尉管句開湖事，此未允當。當已託蘇主簿專論其詳，欲到京別入一文字，專令知縣管。是今未苦有人請射新開菱蕩，正為此也。乞指麾勿令尉句管，但專令知縣管，便有人請射。一、部役非馬供備不可，同僚疾怯者衆及馭下嚴，必有謗，想深加照察也。　昨來不依常制，奏得充□檢正，為開湖已有成效，並新路，非此人不成。　一、去年運司於諸州撥到及本州於諸邑剗到贓罰船舡葑，今開湖未了，諸州已來索，乞且占留，及新造百舟出債，亦請催打足數及常功修完，兼以備過年撩湖。　一、鈐轄衙前閘，乞指麾常依元奏啟□（按：疑為閉），兼閘止一亭子，不便，欲移而未果。　請同蘇主簿移之為佳。　一、新開湖水入運河溝道及修諸井，乞專委一官，常切提舉覺察賣水人毀壞井筒及金文寺後小閘，亦乞指麾照管啟閉，免暴雨或浸民家。一、湖水入運河處，經涉猫兒橋河口，可略開淘。一、病坊田，乞早與粉壁畫圖及入石，免歲久欺弊，及與挂意監督收租一年，今成倫理，蒙知照之深，必不罪。造次。軾拜白。」據「可趁秋末了當」云云，此簡約作於八月。簡云所云蘇主簿為蘇堅，所云俞承務、林通直、馬供備，不詳。此簡，《佚文彙編》未收。

陳師錫（伯修）來簡，言官吏阻節訴災事，答之。

《文集》卷五十三與師錫第二簡：「鹽官尉以阻節訴災，致邑民紛然喧訟，不得不問。然已州罰訖，奏知而已。」鹽官在杭州，在州東一百二十九里。

《文集》卷四十八《上呂僕射論浙西災傷書》：「八月之末，秀州數千人訴風災，吏以為法有訴水旱而無訴風災，拒閉不納。老幼相騰踐死者十一人，方按其事。」鹽官尉阻節訴災，當為同時事。

《詩集》卷三十二詩題：「連日與王忠玉、張全翁游西湖，最後過唐州陳使君夜飲。」題下「誥案」謂陳使君乃師錫，是。查《宋史》卷三百四十六及《永樂大典》卷三千一百四十五《陳師錫傳》，皆未載師錫知唐州事，亦不詳此時在杭為何官。

《輿地紀勝》卷二《兩浙西路·臨安府·官吏下·陳師錫》：「建陽人。以蘇軾薦，改官知臨安縣。」師錫此時或知臨安。

九月五日，題張俞（少愚）詩。

文見《文集》卷六十八（二一六六頁）。

七日，奏相度準備賑濟狀。

狀見《文集》卷三十一（八九二頁），乞「寬減轉運司今來上供額斛一半，仍依去年例，令折價錢，置場收買金銀紬絹上供」，並乞「特與截撥本路或發運司上供斛斗三十萬石，令本路減價出糶，或用補軍糧之缺」。

九日，與錢勰（穆父）簡，敍官居之樂。與袁轂（公濟）、蘇堅（伯固）唱酬。

簡乃《佚文彙編》卷二與勰第二十二簡。《詩集》卷三十二有《九日袁公濟有詩次其韻》、《次韻蘇伯固主簿重九》。《東坡樂府》卷下有《點絳脣》（「不用悲秋」）乃本年重九作，和去年蘇堅韻，當亦為堅而作。又有《點絳脣》和蘇堅韻送錢公永，當亦為此時作，云「秦山禹甸」，寫會稽事，云「風流公子」，公永或為勰子。

十七日，奏相度準備賑濟第二狀，乞於豐熟州軍糴米五十萬石。朝廷從之。

狀見《文集》卷三十一（八九四頁）。得請據《文集》卷三十二《再乞發運司應副浙西米狀》。

十八日，書朱象先畫後。

書後見《文集》卷七十（二二一一頁）。

《永樂大典》卷一萬三千四百五十引《詩海繪章》劉季孫《贈朱象先處士十韻》：「前身應畫師，摩詰初相許。咫尺論萬里，宰也少陵與。朱翁趣豈凡，山水忘羈旅。晴窗布風雲，夏木回炎暑。坐來摧虎頭，興盡禿鷄矩。况其塵外懷，出門皆勝侶。一畫不輕付，俗子吾避汝。能令希世迹，千載得處所。斯人定何如，篋有東坡語。畫以適其意，能文不求舉。」「東坡語」當指蘇軾書後。味詩，象先當來杭。象先，松陵人。《春渚紀聞》卷五《李朱畫得坡仙賞識》謂「其畫始規摹董北苑與然海而自出新意，筆力高簡潤澤而有生理，出許道寧、李遠輩之上」；又謂其畫經蘇軾品題後，不輕作，傳世不甚多；嘗寓嘉興，應郡守毛滂請，為郡城月波樓作大屏，「真近世絶筆」。《式古堂書畫彙考·畫》卷四十三引《繪事備考》，著録象先《茅亭賞雪圖》。

致友人簡。

《秋澗先生大全文集》卷七十三《題東坡災傷卷後》：「東坡先生論事，如陸宣公；剛直不容於朝，似顔太師。今觀此帖云：『覽其災傷，肺肝如焚。』公憂國恤民之心，為可見矣。然士無功名分者，雖毫髮細事，終不得一入手做，公之謂也。後又有云『有閩，不惜頻示』，及是，此老又待招人物議也。臨風展玩，重為慨嘆。」此簡原文已佚。細味此題卷，此簡或是論浙西災傷。姑次於此。

二十七日，乞檢會應詔所論四事行下狀。

狀見《文集》卷三十一（八九六頁）。其四事為：申明給還市易折納産業，除放積欠鹽錢，積欠酒錢只納官本，除放人户欠買退絹錢。參元祐六年正月九日紀事。

三十日，訪元淨（辯才）。

據《文集》卷六十九《跋舊與辯才書》。

上呂大防書，論浙西災傷。

《文集》卷四十八《上呂僕射論浙西災傷書》。時呂大防為左僕射。首云：「軾近上章，論浙西淫雨颶風之災。伏蒙聖旨，使與監司諸人議所以為來歲之備者。謹已條上二事。」作於《奏浙西災傷》二狀之後，旨在「乞寬減斛米，截賜上供」。所云「條上二事」不詳，此「近上章」全文已佚。書以世俗忌諱言災為憂，云：「八月之末，秀州數千人訴風災，吏以為法有訴水旱而無訴風災，拒閉不納，老幼相騰踐死者十一人，方按其事。由此言之，吏不喜言災者，蓋十人而九，不可不察也。」《容齋隨筆·五筆》卷七《風災霜旱》引上文謂：「蘇公及此，可謂仁人之言。豈非昔人立法之初，如所謂風災所謂旱霜之類，非如水旱之田可以稽考，懼貪民乘時，或成冒濫，故不輕啟其端。今日之計，固難添創條式，但凡有災傷，出於水旱之外者，專委良守令推而行之，則實惠及民，可以救其流亡之禍，仁政之上也。」書既云「八月之末」，又云「方按其事」，知作於九月。

本月，楊傑赴京師任禮部員外郎，有送行詩，傑次韻。

《長編》卷四百四十五：本年七月乙丑，提點兩浙路刑獄楊傑為禮部員外郎。送詩乃《詩集》卷三十二《介亭餞楊傑次公》，次韻乃《無為集》卷三《和酬子瞻內翰贈行長篇》。後者云及「桂槳」、「九月」，傑之行在九月。傑行前，《詩集》卷三十二多詩及之。

《范太史集》卷二十二《乞改正先聖冠服劄子》，作於元祐六年十月後，十一月三十日前；文中有「禮部員外郎楊傑上言」之語。《宋史》卷四百四十三《楊傑傳》謂元祐中卒，年七十，則其卒約在元祐七八年間。

開浚西湖功竣（包括疏浚茅山、鹽橋二河及修六井、作長堤）。有謝吳山水仙王廟祝文。

祝文見《文集》卷六十二（一九二三頁）。興功祝文云（一九二二頁）「百日奏功」。《答監司》簡云「功役乃可趁秋末了當」，計竣工為九月事。較原定百日略延長。

自興功至竣功，皆躬親之。得力於杭州父老及蘇堅、黃僎、劉季孫、許敦仁等人，亦得力於章衡（子平）之教、助，民獲其利。徐積盛贊蘇軾為民。後守林希（子中）名西湖隄為蘇公隄。

蘇軾熙寧間倅杭，訪問民間疾苦，已有修浚西湖之意。到杭守任後，即詢訪父老，講求修浚之策，聽取蘇堅建議，使知仁和縣事黃僎「相度可否，及率僚吏躬親驗視，一一皆如堅言」，然後興功。杭州父老農民百十五人詣蘇軾陳狀。軾接納父老建議，人力、財力得有所出。又聽取錢塘縣尉許敦仁建議，參考衆議，皆謂允當，然後訂出措施，申三省施行，以上敘述，皆見《文集》卷三十《申三省起請開湖六條狀》。

《文集》卷五十五與章衡第十簡：「公見勸開西湖，今已下手成倫理矣，想不惜見助。贓罰船子，告為盡數剗刷，多多益佳，約用四百隻也。仍告差人駕來，本州諸般全然缺兵也。」第八簡：「近以湖心疊出一路，長八百八十丈，闊五丈，頗消散此物（按：謂葑），相次開。路西葑田想有餘可為田者，當如教揭榜示之。」

《墓誌銘》：「杭本江海之地，水泉鹹苦，居民稀少。唐刺史李泌始引西湖水作六井，民足於水，故井邑日富。及白居易復浚西湖，放水入運河，自河入田，所溉至千頃。然湖水多葑，自唐及錢氏，歲輒開治，故湖水足用，近歲廢而不理，至是，湖中葑田積二十五萬餘丈，而水無幾矣。運河失湖水之利，則取給於江潮，潮渾濁多淤，河行闤闠中，三年一淘，為市井大患，而六井亦幾廢。公始至，浚茅山、鹽橋二河。以茅山一路專受江潮，以鹽橋一路專受湖水，復造堰閘，以為湖水宣洩之限，然後潮不入市，且以餘力復完六井，民稍獲其利矣。公間至湖上，周視良久，曰：今欲去葑田，葑田如雲，將安所置之？湖南北三十里，環湖往來，終日不達，若取葑田積之湖中，為長堤以通南北，則葑田去而行者便矣。吴人種菱，春輒芟除，不遺寸草，葑田若去，募人種菱，收其利以備修湖，則湖當不復堙塞。乃取救荒之餘，得錢、糧以貫、石數者萬。復請於朝，得百僧度牒以募役者。堤成，植芙蓉、楊柳其上，望之如圖畫，杭人名之蘇公堤。」

《春渚紀聞》卷七《劉景文夢代晉文公》：「元祐五年，坡守錢塘，景文為東南將領，佐公開治西湖，日由萬松嶺以至新堤。」

《北窗炙輠録》卷上：「築新堤時，坡日往視之。一日飢，令具食，食未至，遂於堤上取築堤人飯器，滿貯其陳倉米，一器盡之。大抵平生簡率類如此。」

《淳祐臨安志》卷十：「元祐五年，蘇公軾奏請開湖，仍令錢塘縣尉帶管勾開湖司公事。」此乃起請開湖狀六條之一。

徐積語，見《節孝集》卷三《贈子瞻》，參元祐七年「晤徐積」條。

《長編》卷四百九十七元符元年四月壬辰紀事引御史蔡蹈奏文謂「(林)希知杭州，承蘇軾之後」，題軾所築西湖隄曰蘇公堤，刊石於亭，揭于州人，無不知者。《輿地紀勝》卷二《臨安府》：「西湖，在州西，周回三十里。」以下云：「《皇朝郡縣志》云：『源出於武林泉。唐李泌引湖水入城中，為六井，以便民汲。」白居易《記》云：「遇歲旱，可溉田千頃。」元祐間，蘇軾重開，因築堤其上，自孤山抵北山，夾道植柳。林希榜曰「蘇公堤」。其後禁蘇氏學，士大夫多趁時好，郡守呂惠卿奏毀之。」《武林舊事》卷五《蘇公堤》：「元祐中，東坡守杭日所築，起南迄北，橫截湖面，夾道雜植花柳，中為六橋、九亭。坡詩云：「六橋橫截天漢上，北山始與南屏通。忽驚二十五萬丈，老葑席卷蒼烟空。」（按：見《詩集》卷三十四《在潁州》詩）後守林希榜之曰「蘇公堤」。章子厚詩云：「天面長虹一鑑痕，直通南北兩山春。」」同上卷謂六橋為映波、鎖瀾、望山、壓堤、東浦、跨虹。《萍洲可談》卷一謂「築大堤西湖上，呼為蘇公堤，屬吏刻石榜名」。據此，則蘇公堤乃軾自名。出傳聞，不足信。

《錢塘遺事》卷一：「東坡守杭日，築堤自大佛頭直至净慈寺前，非為遊觀計也。遏水之深者為湖，而沮洳之地，畝以萬計，皆可為田。」

與明州守王子淵簡。嘗致簡友人，借船開葑。王鯨投詩，贊開西湖。

《攻媿集》卷七十四《跋從子深所藏書畫・東坡》：「公以元祐五年在杭州，治西湖。《四明圖經》載太守七人，皆止書元祐年：韓宗道、李莘、李閱、王子淵、張脩、劉淑、呂温卿，不知所與何人？謂「視此民猶公民」，雖欲勿與，得乎？」「視此民猶公民」乃簡中語。此乃與王子淵簡，參元祐四年「新明州守」條，全簡已佚。

《秋澗先生大全文集》卷七十二《東坡開葑帖後語》：「此借舡一帖耳，令人讀之，聳然有趨事赴功之意，當時民説忘勞，概可知已，使公得坐廟堂，釐衆務，文致太平，為不難已。」簡佚。

《八閩通志》卷七十二有王鯨傳。鯨字彦龍，長溪人。熙、豐間兩請鄉舉。與尚書黄裳等為文字交。蘇軾開西湖，鯨投詩有曰「時闢西湖作勝遊，使君元是濟川舟」，軾大加稱賞。民國《霞浦縣志》卷三十一鯨傳謂遊鍾山，讀王安石碑，薄其為人。

方勺來杭應舉，得蘇軾薦送。

《泊宅編》卷一：「元祐中，東坡帥杭，予自江西來應舉。引試有日矣，忽同保進士訟予户貫不明，賴公照憐，得就送，因預薦送，遂獲游公門。」今年秋試。

《泊宅編》，方勺撰。勺字仁聲，金華人。寓湖州烏程泊宅村，號泊宅翁。徙西溪，名其居曰雲茅庵。《宋史翼》卷三十六有傳。《泊宅編》卷十謂元豐六年秋七月入學，年尚幼；卷九謂「紹興壬戌（一一四二）始游徑山」，年當已逾七十。勺尚撰有《青溪寇軌》，四庫全書著録。

顔幾以代人秋試得罪，蘇軾緩其獄。

《春渚紀聞》卷七《顔幾聖索酒友詩》：「錢唐顔幾字幾聖，俊偉不羈，性復嗜酒，無日不飲。東坡先生臨郡日，適當秋試，幾於場中潛代一豪子劉生者，遂魁送。舉子致訟，下幾吏，久不得飲，密以一詩付獄吏送外間酒友云：『龜不靈兮禍有胎，刀從林甫笑中來。憂惶囚繫二十日，辜負醺酣三百杯。病鶴雖甘低羽翼，罪龍尤欲望風雷。諸豪俱是知心友，誰遣尊罍向北開。』吏以呈坡，坡因緩其獄，至會赦得免。後數年，一日醉卧西湖寺中，起題壁間云：『白日尊中短，青山枕上高。』不數日而終。」今年秋試。

邁兄弟等在杭，嘗與道潛（參寥）游。

《參寥子詩集》卷八《重居夜坐懷蘇伯達昆仲》云及「霜月」，知作於秋。云「東鄰書生勤且勞，粲然文采真鳳毛」，贊邁兄弟。

十月四日，為錢世雄跋蔡襄《夢中》詩真迹。

跋見《佚文彙編》卷六（二五七一頁）。

己亥（初八日），錢勰（穆父）自越州知瀛州。

據《長編》卷四百四十九。《文集》卷五十一與勰第四簡敍此事。瀛治河間。

十四日，賦《問淵明》詩。

詩見《詩集》卷三十二。

十八日，奏進何去非《備論》狀，乞除館職。不報。時去非為徐州州學教授。嘗邀去非至杭。

狀見《文集》卷三十一（八九六頁）。《浦城遺書》卷首《何去非傳》：元祐四年，蘇軾力薦於朝，詔加承奉郎，博士如故。以下云：「歲餘，出為徐州教授，蘇軾又上去非所著《備論》，乞除館職，不報。」以下敍秩滿知富陽，旋倅滄州，有善政；除司農寺丞，補外，改倅廬州；卒年七十三；有文集二十卷，《備論》四卷，《司馬法講義》三卷，《三略講義》三卷。今存《備論》二十六篇，較軾所稱者佚二篇。《四庫全書總目提要》稱去非文「雄快踔厲，風發泉湧，去蘇氏父子為近」。

《春渚紀聞》卷六《裕陵睠賢士》：「先生臨錢塘郡日，先君以武學博士出為徐州學官，待次姑蘇。公遣舟邀取至郡，留款數日，約同劉景文泛舟西湖。酒酣，顧視湖山，意頗歡適，且語及先君，被遇裕陵之初，而嘆今日之除，似是左遷。久之，復謂景文曰：『如某今日餘生，亦皆裕陵之賜也。』」《文章快意》：「先生嘗謂劉景文與先子曰：『某平生無快意事，惟作文章，意之所到，則筆力曲折，無不盡意。』自謂世間樂事無踰此者。」

《東牟集》卷十四《隱士何君墓誌》謂去非「嘗代侯公説項羽設辭，雜眉山書中，蘇公見之弗拒也」。今其文乃《文集》卷六十四《代侯公説項羽辭》。此何君，乃去非子蘧，號富春樵隱，字子楚。《何君墓誌》云：「君少嗜學，盡得父書。又自以父子世名蘇氏，凡蘇公遺文刀筆題誌小辯雜説巧發弄語，無不收誦，縱横用之而不知。」謂紹興十五年卒，年六十九。

二十一日，奏相度準備賑濟第三狀。

狀見《文集》卷三十一（八九七頁），謂「多羅常平以備來年出糶平準市價」最切要。

二十四日，滕元發（達道）卒。有挽詞。

二十四日云云，據《文集》卷十五元發墓銘。挽詞見《詩集》卷三十二（一七一九頁）。

二十六日，與葉温叟（醇老）、張璹（全翁）、元之、侯臨（敦夫）同游南屏寺；僧謙出茗，白如玉雪，蔡瑫出墨，黑如漆，遂論茶墨。

據《文集》卷七十二《記温公論茶墨》。璹雖罷任，然未離杭。《總案》謂元之乃周燾，或是。臨，永嘉人，見《文集》卷六十九《題所書東海若後》。嘗知信州，見《文集》卷三十二《乞相度開石門河狀》。《范太史集》卷五十五《手記》有臨。

二十九日，憶密州作《過舊遊》答張先，有記。

記見《佚文彙編》卷五（二五六五頁）。

程遵彥（之邵）赴闕，有送詩。

詩見《詩集》卷三十二（一七一七頁）。末云「念君瑚璉質，當今臺閣宜」。

長子邁離杭，為雄州防禦推官。迨有詩寄之。

《墓誌銘》：「子三人，長曰邁，雄州防禦推官。」《參寥子詩集》卷六《次韻蘇仲豫承務寄伯達推官》云「昨朝西湖外，目極孤鴻送」，邁今年自杭赴任。其離杭，約及冬初，參本年以上「邁兄弟等在杭」條。迨詩佚。 雄州屬河北東路。

子迨、過解兩浙路，赴試春幃，道潛（參寥）有詩贈之。

《文集》卷五十一《與錢穆父》第十五簡：「兩小兒令閑看場屋，今日榜出皆捷。」《參寥子詩集》卷六《送仲豫叔黨二承務赴試春闈》：「炯炯雙黄鵠，雍容振羽儀。風高辭澤國，歲暮及天池。 文彩非凡近，周旋競陸離。 明年翔集處，九萬是君期。」「風高」云云，當為十月事。《嵩山文集》卷二十《宋故通直郎眉山蘇叔黨墓誌銘》： 元祐五年，過年十有九，以詩賦解兩浙路。《宋史・蘇過傳》同。《佚文彙編》卷四《與歐陽親家母》簡中，有「迨既忝薦赴省試」之語。

王巖叟（彥霖）知開封有善政，簡胡深父贊之。

《文集》卷五十七與深父第四簡贊巖叟政「光前絶後，君復為僚，可喜」。第五簡云王京兆，亦指巖叟。巖叟開封善政，詳《宋史》卷三百四十二傳。《宋史·宰輔表》謂元祐六年二月辛卯，巖叟自知開封除簽書樞密院事。與深父簡，當為本年深父知秀州前事。

章衡罷知秀州任，胡深父來知。與深父簡，論優價廣糴之利。答深父啟。

《文集》卷五十七與深父第二簡：「自浙西數郡，例被霪雨颶風之患，而秀之官吏，獨以為無災，以故紛紛至此。想公下車倍加撫綏，不惜優價廣糴，以為嗣歲之備。憲司移文，欲收糙米，此最良策。」以相度準備賑濟四狀考之，簡約作於本年十、十一月間。深父來秀約為十月事。《長編》卷四百四十八謂本年九月乙酉，章衡罷秀州，合。《文集》卷四十七《答秀州胡朝奉啟》云「伏審初見吏民，首行條教」，知作於深父到任初。蓋深父以朝奉郎知秀。

十一月二十一日，奏相度準備賑濟第四狀。

狀見《文集》卷三十一（八九九頁），謂蘇、湖、杭、秀等州米價日長，須更添錢招買；并乞減常平米價，所貴飢民得賤米吃用。《長編》卷四百五十一本月末注：「軾奏浙西災傷，前後凡七章。」「軾坐此為賈易等彈劾，賴范祖禹封駮乃已。事見六年七月二十八日、八月四日軾自辯劄子。」《墓誌銘》：「是秋復大雨，太湖泛濫害稼。公度來歲必飢，復請於朝，乞免上供米半，又多乞度牒以糴常平米，并義倉所有，皆以備來歲出糶，朝廷多從之。由是吴越之民復免流散。」

是月，奏乞擢用劉季孫狀。

狀見《文集》卷三十一（九〇〇頁），乞朝廷擢置之邊庭要害之地。

十二月一日，遊小靈隱，聽林道人論琴棋。

據《文集》卷七十一《書林道人論琴棋》，謂道人「極通玄理」。

乙未（初五日），高麗國遣使入貢。沿途擾費十去六七，朝廷從蘇軾、蘇轍之請也。蘇軾令杭屬諸郡量事裁損，民受其利。

乙未云云，據《長編》卷四百五十二。《長編》敍高麗貢使至時，云：「兩浙、淮南州郡為之騷然，每至州縣或鎮砦，皆豫差諸色行户，各以其物齎負，迎於界首，日隨之以待其所賣買，出境乃已。及鞍馬什物等，皆用鮮美者，被科之家，旋作繡畫，或求於四方，人多失業，至於逃遁，或有就死者。蓋朝旨嚴切，而引伴皆用中人，是以如此（按：此以上乃引劉摯《高麗國本末敍》）。自元豐八年使者回，到今復至，朝廷用知杭州蘇軾及御史中丞蘇轍之請，痛加裁省，及定其程限。自入界不兩月，到闕下，問引伴官向綷、趙希魯，言沿路擾費十去六七矣（原註：此據劉摯《日記》增入）。」蘇軾之請，見《文集》卷三十《論高麗進奉狀》，蘇轍之請，見《欒城集》卷四十六《乞裁損待高麗事件劄子》。

《墓誌銘》謂高麗貢使至：「公按舊例，使之所至吴越七州，費二萬四千餘緡，而民間之費不在，乃令諸郡量事裁損。比至，民獲交易之利，而無侵撓之害。」

《文集》卷四十六謝高麗大使、副使四啟，卷五十八《與引伴高麗練承議三首》，此時作。

答范祖禹(純夫)簡。時李陶(唐夫)為赴清溪令在杭。陶赴任,有詩送之。

《文集》卷五十答祖禹第四簡云「高麗復至,公私勞弊」,知作於此時。簡云「李唐夫一宅甚安」。陶乃大臨子,學於司馬光,賢而通經,見《全蜀藝文志》卷五十三《氏族譜》及《宋元學案》卷八。送陶詩,見《詩集》卷三十二(一七一三頁),末云「肯向西湖留數月」。清溪屬睦州。

八日,應孤山僧惠勤弟子之請,作《六一泉銘》。

銘見《文集》卷十九,寫作月日,據《紀年録》。《輿地紀勝》卷二《臨安府》:「六一井,在報恩院孤山之址,有泉汪然,甚白而甘,歐陽公嘗與僧惠勤遊此,東坡因以為泉。東坡為作銘。」

十三日,與劉季孫、義伯、張天驥、周燾、蘇堅、錢蒙仲遊七寶寺,題詩竹上。

詩見《詩集》卷三十二(一七二二頁)。張天驥復來,不知為何時事。《輿地紀勝》卷二《臨安府》謂七寶山在城中天慶觀後,有七寶院。又謂天慶觀在朝天門外,即唐之紫極宫。

丁未(十七日),弟轍為龍圖閣學士。

據《蘇潁濱年表》。

元净(辯才)作亭風篁嶺上,名曰過溪,有詩。十九日,次韻。錢勰、道潛亦次韻。

軾詩見《詩集》卷三十二(一七一四頁);元净、錢勰詩見注文,乃引自《咸淳臨安志》卷七十八。《參寥子詩集》卷六《龍井辯才老師新亭初成有詩呈府帥翰林公俾余繼和輒次元韻》中云:「翰林天下公,方外實輩流。旌旗虎溪路,竟日泉石游。」《咸淳臨安志》卷二十八《風篁嶺》:「在錢塘門外放馬場西,路通龍井。嶺最高峻，元豐中，僧辯才師淬治，脩篁怪石，風韻蕭爽，因名曰風篁。東坡嘗詣師，師送至嶺上。」《詩集》卷三十二尚有《偶於龍井辯才處得歙硯甚奇作小詩》，末云「時聽西風拉瑟聲」，約作於秋間。

除夕，獄空，賦詩。

《詩集》未載次元净韻撰作時間。「十九日」云云，見《故宮周刊》第四年雙十號《宋四家真迹》。

詩見《詩集》卷三十二（一七二二頁）。

本月，奏《乞子珪師號狀》。朝廷從請。

狀見《文集》卷三十一，謂子珪熙寧中修浚西湖六井及沈公井、今年復浚沈公井有功。《咸淳臨安志》卷三十三引狀，末云：「從之，邦人遂以師號為井名。」

本月，簡錢勰（穆父），詢歲前是否能會晤。

《佚文彙編》卷二與勰第十二簡敘其事，以勰將赴瀛州，必經杭。簡云「歲暮寒慄」。

吴味道赴京師省試，攜建陽小紗為川資，假蘇軾名銜以避税。軾為換真書。

《春渚紀聞》卷六《贋換真書》：「先生元祐間出帥錢塘，視事之初，都商税務押到匿税人南劍州鄉貢進士吴味道，以二巨捲作公名銜，封至京師蘇侍郎宅，顯見偽妄。公即呼味道前，訊問其捲中果何物也？味道恐蹙而前，曰：『味道今秋忝冒鄉薦，鄉人集錢為赴都之贐，以百千就置建陽小紗，得二百端。因計道路所經，場務盡行抽税，則至都下不存其半。心竊計之，當今負天下重名而愛獎士類，唯内翰與侍郎耳。縱有敗露，必能情貸。味道遂偽假先生台銜，緘封而來。不探知先生已臨鎮此邦，罪實難逃，幸先生恕之。』公熟視，笑呼掌箋奏書史，令去舊封，換題細銜，附至東京竹竿巷蘇侍郎宅。并手書子由書一紙，付示謂味道曰：『先輩這回將上天去也，無妨來年高選，當却惠顧也。』味道悚謝再三。次年果登高第，還，具箋啟謝殷勤，其語亦多警策，公甚喜，為延款數日而去。」

查各種刊本《福建通志》，元祐六年南劍登第無吴味道其人。本則紀事多處有誤，蘇軾以元祐四年知杭，而云秋試之年——元祐五年；蘇軾以明年三月離杭，而云「還具箋啟」。然《清波别志》卷上亦敍此事，較簡。足見當日實有其事，傳之既久，遂偶有訛。

郭祥正（功父）來晤。

《詩話總龜》前集卷四引《王直方詩話》：「秦少章嘗云：郭功父過杭州，出詩一軸示東坡，先自吟誦，聲振左右；既罷，謂坡曰：『祥正此詩幾分？』坡曰：『十分詩也。』祥正問之。坡曰：『七分來是讀，三分來是詩，豈不是十分也。』東坡又云：『郭祥正之徒但知有韻底是詩。』」「東坡又云」以下，《詩話總龜》無，據《類説》補。

按：祥正長於軾，得名較軾早，漠視利禄，豈能以詩求軾評題；二人篤於誼，軾豈能為輕薄文人以隨意譏笑友人。此則紀事有失實處。然祥正往杭晤軾則可信。參拙撰《郭祥正略考》，見《文學遺産增刊》第十八輯。

胡偉、胡伋、胡仲兄弟遊學杭州。蘇軾嘗晤胡仲。

康熙《徽州府志》卷十三《胡仲傳》：仲字彦時，婺源人。年十四，隨兄偉、伋遊學杭州，月試數居首。蘇軾召與語，大悦之。後入太學，與汪藻齊名。人語曰：「胡仲、汪藻，江南二寶。」登紹聖四年進士第。授潁川教授。崇寧初，召為太學正，數遷秘書丞、著作佐郎，與修《神宗日曆》及《禮書》。除右正言，遷辟雍司業。知無為軍，有德政。所著有《尚書注》。與諸從倡和，有《胡氏棣華集》。伋字彦思。與弟仲同年。伋、仲之父紹，登紹聖元年進士第。伋登第後為深州通判，官至金部郎中。見康熙《徽州府志》卷十四《胡伋傳》。

藻，《宋史》卷四百四十五有傳，有《浮溪集》傳世。

與友人簡，託致明州守簡，請加禮育王寺大覺禪師懷璉。

《文集》卷五十二《與趙德麟》第二簡敍此事，以懷璉「困於小人之言，幾不安其居」。時蘇軾「方與撰《宸奎閣記》，旦夕附去」。參以元祐六年正月初一日、初三日紀事，知為本年事。

蘇軾此時，尚未與趙令畤（德麟）交往（無文字依據）。《聖宋名賢五百家播芳大全文粹》卷七十五謂此簡乃與毛滂（澤民）者，或是，以滂其時官於杭也。又，參《文集》卷六十一《與寶覺禪老》第三簡校記第一條。

是歲，捨祖母史氏所繡繙於金山，為跋。

跋見《文集》卷六十一（一八九九頁），謂父洵逝後二十四年作，乃今年。

是歲，嘗祭伍子胥廟，作祝文。

《文集》卷六十二《祭英烈王祝文》云：「庚子之禱，海若伏降。完我岸閘，千夫奏功。」不詳庚子屬何月。文云「報楚為孝，徇吴為忠」，知英烈王乃伍子胥封號。

是歲，與張敦禮（君予）多簡。辭為敦禮祖塋作神道碑。

《文集》卷五十五與敦禮二、三、四、五各簡皆作於本年。第三簡辭撰神道碑。

王淮奇（慶源）卒。是歲，有疏慰其子。

《文集》卷五十九《與王慶源子》：「某自去歲聞宣義叔丈傾逝，尋遞中奉慰疏。」以下云及「行役不定」，知作於下年。慰疏已佚。

答陳師仲（傳道）簡，贊其日作一詩。

簡乃《文集》卷五十三答師仲第三簡。簡言及為范鎮作墓銘事，並云「聞都下已開板，想即見之」，作於今年。

舉祖印悟禪師為徑山第一代十方主持。

《徑山志》卷三：「祖印悟禪師，本州人，姓許氏。世宗儒業。師既冠，好與名流游，遂有厭塵意，於是出家。年二十二，師於湛，盡得道。及內翰蘇公軾知杭州，與師論及韓退之非佛，云：『退之於聖人之道，知好其名而未樂其實，至於理而不精，往往自叛其説。』師曰：『人有樂孟子之拒楊、墨而以斥佛、老為己功，莊子所謂夏蟲不可語冰，斯人之謂乎？』由是蘇公深契之，舉師為茲山第一代住持。」卷一謂舉祖印為十方住持，乃本年事。又謂祖印「三月十日示寂」，然不知何年。

攜妓訪大通禪師，賦《南歌子》戲之，約為本年事。

詞見《東坡樂府》卷下。

《苕溪漁隱叢話》前集卷五十七《戲詞》引《冷齋夜話》：「東坡鎮錢塘，無日不在西湖，嘗攜妓謁大通禪師。愠形於色，東坡作長短句令妓歌之曰（略）。時有僧仲殊，在蘇州聞而和之，曰：『解舞清平樂，如今説向誰。紅爐片雪上鉗鎚，打就金毛獅子、也堪疑。　木女明開眼，泥人暗皺眉。蟠桃已是着花遲，不向春風一笑、待何時。』」

《全宋詞》第一册第三九九頁黄庭堅《南柯子》調下原注：「東坡過楚州，見浄慈法師，作《南歌子》。」（其《南柯子》即步軾韻）與《冷齋夜話》所云略不同。《影宋本山谷琴趣外編》此詞調下原注：「次東坡攜妓見法通韻。」當從。　法通當即大通。

大通又稱善本，董姓，潁人。《五燈會元》卷十六有傳。　又稱法涌，住浄慈寺，見元祐六年「駙馬都尉張敦禮來聘」條紀事。

毛滂（澤民）約於是年罷法曹掾，賦《惜分飛》，蘇軾賞其詞。

《清波雜志》卷九：「『淚濕闌干花著露。　愁到眉峯碧聚（注略）。　此恨平分取。　更無言語空相覷。斷雨殘雲無意緒。　寂寞朝朝暮暮。　今夜山深處。　斷魂分付潮回去。』毛澤民元祐間罷杭州法曹，至富陽所作《贈別》也。因是受知東坡。」詞調《惜分飛》，《宋詞紀事》題為「題富陽僧舍，作別語贈妓瓊芳」。《唐宋諸賢絶妙詞選》卷六選滂此詞，調下注云滂秩滿辭去。　以下云：「是夕宴客，有妓歌此詞。　坡問：「誰所作？」妓以毛法曹對。坡語坐客曰：「郡寮有詞人不及知，某之罪也。」翌日，折簡追還，留連數月，澤民因此得名。」

按：毛滂受知蘇軾甚早。「折簡追還」云云疑失實。

孔凡禮 撰

蘇軾年譜

下册

中華書局

蘇軾年譜卷三十

元祐六年（一〇九一）辛未　五十六歲

正月一日，懷璉（大覺禪師）卒。有祭文。蘇軾嘗以張方平所贈之鼎甗轉贈懷璉，並為銘。

《文集》卷六十一《與通長老》第七簡：「大覺正月一日遷化，必已聞之，同增悵悼。」祭文見《文集》卷六十三（一九六〇頁）。文云：「於穆仁祖，威神在天。山陵之成，二十九年。當時遺老，存者幾人。」今年距仁宗之卒為二十九年。

銘見《文集》卷十九（五五八頁）。銘首云「欒全先生遺我鼎甗，我復以餉大覺老禪」。又有「欒全東坡予之以義」語。約為守杭時事。

初三日，書四明阿育王山廣利寺宸奎閣碑。

文見《文集》卷十七（五〇一頁）。

《文集》卷六十一《與大覺禪師》第三簡：「要作《宸奎閣碑》，謹已撰成。」同上《與通長老》第七簡：「大覺正月一日遷化。」以下云：「某却與作得《宸奎閣記》，此老亦及見之。」記文即碑文。碑文之撰成，在此之前不久。《金石續編》卷十六著録《阿育王寺宸奎閣碑》。題下註謂碑「高八尺，廣三尺五寸，十七行，行四十三字，正書，在浙江鄞縣」。碑末稱：「元祐六年正月癸亥，龍圖閣學士、左朝奉郎、知杭州軍州事兼管内勸農使、充兩浙西路兵馬鈐轄兼提舉本路兵馬巡檢公事、武功縣開國子、食邑六百户、輕車都尉、賜紫金魚袋臣蘇軾撰并書。」

《潛研堂金石文跋尾續》卷四：「右《宸奎閣記》，東坡知杭州日所書，其結銜云：（略）。宸奎為藏仁宗御書之所，此記雖非奉敕經進，而言必稱臣，昔賢之謹慎如此。鈐轄與巡檢皆掌兵之職，而各為一司。《宋史·職官志》云：臨安府，舊為杭州，領浙西兵馬鈐轄；不云兼本路兵馬巡檢，則失之大略矣。唐宋人結銜，勛官在封爵之上，此獨在爵邑之下，與它碑異。碑久失傳，明萬曆乙酉，温陵蔡學易知寧波府，訪范侍郎欽，得舊搨本雙鈎重刻，然范所藏，亦是元時翻本，予登天一閣，曾寓目焉。」

嘗書《八師經》。

《西溪叢語》卷下：「嘗觀《八師經》，佛時在舍衛國祇樹給孤獨園，時有梵志，名曰邪旬，來詣佛所，欲質所疑，曰：『吾聞佛道，厥義宏深。巍巍堂堂，猶星中月。神智妙達，衆聖中王。願開盲瞑，釋其愚癡，所事何師？』天尊曰：『吾前世師，其名難數。吾今自然，神耀得道，非有師也。』始悟東坡《宸奎閣碑》銘云『巍巍仁聖，體合自然，神耀得道，非有師傳』之意。所謂八師者：不殺，不盜，不淫，不惡，口不飲酒，老，病，死。王瑩夫云：『坡公手寫《八師經》，頃嘗見之。』」《八師經》不知書於何時，茲因《宸奎閣碑》，附於此。

初七日，與錢勰、江公著（晦叔）、柳雍同訪龍井元淨（辯才），題名。公著知吉州，有送行詩詞。勰赴瀛州，賦《臨江仙》送行。

題名見《佚文彙編》卷六(二五八四頁)。詩見《詩集》卷三十三(一七四三頁)。送江詞乃《東坡樂府》卷上《漁家傲》(「送客歸來燈火盡」)。公著,治平四年進士。見《嚴州圖經》卷一。元祐元年六月間官京師。《文集》卷二十七《議富弼配享狀》,列名者二十八人,公著居最後。通判陳州,《欒城集》卷二十九有制文。《清江三孔集·宗伯集》卷二及卷五、《道鄉集》卷十四、《演山先生文集》卷十四有詩及之。《詩集》卷四十五《次韻江晦叔兼呈器之》自注:「往在錢塘,嘗語晦叔,陸羽茶顛,君亦然。」知公著喜茶。《臨江仙》見《東坡樂府》卷上,首云「一別都門三改火」,緦自元祐三年十月離京師,至是首尾三載,末云「我亦是行人」,軾亦將離杭。同上有《西江月》,原注謂送緦,首云「莫嘆平齊落落」,《注坡詞》「齊」作「原」,是。瀛乃平原,詞亦為此時作。

九日,繳進上年六月初九日應詔所論四事狀。

狀見《文集》卷三十二(九〇三頁)。同上卷三十四元祐七年五月十六日所上《論積欠六事并乞檢會應詔所論四事一處行下狀》謂四事「經今五百餘日,依前未蒙施行」。

十五日,游伽藍院賦《浣溪沙》寄袁轂(公濟);次劉季孫(景文)韻;戲法穎沙彌。

詞見《東坡樂府》卷下,時轂已去通判任。《寶慶四明志》卷八《袁轂傳》謂轂倅杭後,移知處州,終朝奉大夫,贈光禄大夫,有文集七十卷。其集已佚。《直齋書録解題》卷十四著録轂所撰《韻類題選》一百卷,謂「以韻類事,纂集頗精」,已佚。

《詩集》卷三十三有《次韻劉景文路分上元》。《文集》卷七十二《法穎》敍戲法穎事，中云「予作樂於寺」，寺乃伽藍院。

戊寅（十八日），葉温叟（淳老）罷轉運副使。賦《浣溪沙》送之。繼任者乃王晢（微之）。

戊寅云云，據《長編》卷四百五十四，温叟爲主客郎中。詞見《東坡樂府》卷下，首云「陽羡、姑蘇已買田」，知温叟已買田姑蘇。王晢見本年「在京口與林希簡」條。

同日，王鞏以蘇轍等之薦，除知宿州。蘇軾與鞏簡，以人才稍出爲社稷之喜。宿州命旋罷。

同日云云，據《長編》卷四百五十四。簡見《佚文彙編》卷二，爲與鞏第七簡。

查《長編》卷四百三十三、四百四十五、四百四十六，鞏屢爲人所論。罷宿州命，見《詩集》卷三十四《韓退之孟郊墓銘云以昌其詩》題下「施註」、《長編》卷四百五十九本年六月丙申紀事。

二十一日，秦觀除秘書省正字。

據《長編》卷四百六十四本年八月癸巳注文。其後涉及蘇軾，參本年八月四日紀事。

二十三日，題李公麟（伯時）所畫《支遁養馬圖》。

據《紀年録》。蘇軾此文已佚。

《詩集》卷二十五詩題：「雲師無著自金陵來，見余廣陵，且遺余《支遁鷹馬圖》，將歸，以詩送之，且還其畫。」可參。《侯鯖録》卷六有仲殊題李公麟《支遁相馬圖》詩，《秋澗先生大全文集》卷二十五有《題李伯時畫支遁觀馬圖》。

丙戌（二十六日），熊本除知杭州，未行。同日，蘇軾除吏部尚書。

本除據《乾道臨安志》卷三。

軾除據《長編》卷四百五十四；《長編》云：「先是太皇太后兩諭執政，令除軾此官；時以軾弟轍初入臺，又杭方災傷，故徐徐至今。」《文集》卷五十《與范純夫》第六簡：「聞天官之除，老病有加，那復堪此，即當力辭，乞閑郡爾。」乃此時事。

次韻楊蟠（公濟）梅花。時蟠繼袁轂為杭州通判。

《詩集》卷三十三有《次韻楊公濟奉議梅花十首》、《再和楊公濟梅花十絕》。

《宋史》卷四百四十二《楊蟠傳》：「蘇軾知杭州，蟠通判州事，與軾倡酬居多。」袁轂去任，參本年正月十五日紀事。

蟠元祐中，嘗繼毛漸知高郵軍事，人稱文章太守。見道光《高郵州志》卷八。蟠早有詩名，《歐陽文忠公集・居士集》卷十四有《讀楊蟠章安集》詩。《清江三孔集》之《宗伯集》卷六有《次韻和楊公濟見贈三首》，有「新編自富詩千首」之句。《演山先生文集》卷三《覽和靖章安西湖之什》云「和靖苦而豪，章安平而麗」。蟠有《西湖百詠》，郭祥正《青山集》卷二十五、卷二十六有和韻。

謝關景仁送紅梅栽，賦詩。唐坰（林父）赴鄂州，送詩。

謝詩見《詩集》卷三十三（一七三九頁）。景仁，已見元豐二年「過松江」條。題下「查註」引《苕溪漁隱叢話》轉引《夷堅志》謂「關景仁子開錢唐人」。按：此景仁乃另一人，「查註」誤。送坰詩見《詩集》卷三十三（一七四一頁），乃和其父詢（彥猷）為杭州日送客絶句韻。

仲殊雪中遊西湖，賦詩，蘇軾次韻。仲殊旋往蘇州。

次韻詩見《詩集》卷三十三（一七五〇頁）。仲殊往蘇，參本年三月十九日紀事。

簡錢勰（穆父），屬其過揚州時伸意米黻，求山硯一觀。

《佚文彙編》卷二與勰第十八簡敍其事。勰至瀛途中當過揚。

二月癸巳（初四日），除翰林學士承旨。同日，弟轍以龍圖閣學士、御史中丞為中大夫，守尚書右丞；辭免，朝廷不聽。

據《長編》卷四百五十五。《長編》云：是日，翰林學士承旨鄧温伯為端明殿學士、禮部尚書。並云：「除蘇軾吏部尚書。太皇太后諭執政，令兼承旨。對以承旨今有人。問為誰，對以温伯，欲俟軾至，別降指揮。已而蘇轍除尚書右丞，故即命軾為承旨，而温伯有是命。轍言：『臣幼與兄軾同受業先君，臣薄祐早孤，凡臣之宦學，皆兄所成就。今臣蒙恩與聞國政，而兄適亦召還，本除吏部尚書，復以臣故，改翰林承旨。臣之私意尤不遑安。況兄軾文學、政事皆出臣上，臣不敢遠慕古人舉不避親，只乞寢臣新命，得與兄軾同備從官，竭力圖報，亦未必無補也。』不聽。」轍奏文見《欒城集》卷四十七，文字略有不同。

《施譜》：「二月，改翰林學士承旨。初命先生以吏部尚書兼承旨，以潁濱執政親嫌，故有是命。」

朝廷賜父洵墳側精舍為旌善廣福禪院。父洵贈司徒，母程氏追封蜀國太夫人。

《欒城第三集》卷十《墳院記》：「旌善廣福禪院者，先公文安府君贈司徒墳側精舍也。」以下云：母程氏追封蜀國太夫人。轍官至尚書右丞，與聞國政，以故事得於墳側建剎度僧，以薦先福。「墳之東南四里許，有故伽藍，陵阜相拱揖，松竹深茂，相傳唐中和中任氏兄弟所捨也。轍以請於朝，改賜今榜，時元祐六年也。」越十四年，「前執政以黜去者，皆奪墳上剎」，又二年復還。文作於政和二年。

九日，與曹輔、劉季孫、侯臨會凈住院。書柳宗元《東海若》，使僧刻之，為跋。見輔之子崇之（唐老）。與輔等真覺院賞瑞香花，有詩及詞。

跋見《文集》卷六十九（二一九八頁）。時輔自福建歸道錢塘，《詩集》卷三十三有《次韻曹子方運判雪中同游西湖》、《次韻曹子方龍山真覺院瑞香花》。子方，輔字。詞乃《東坡樂府》卷上《西江月》（首句「怪此花枝怨泣」）。

《盧溪文集》卷四十七《故校書郎曹公行狀》：君諱崇之，字唐老，考諱輔。「唐老在髫齔時，見其父以文章從東坡、山谷遊，名聲籍甚，亦感悟讀書。」崇之大觀三年進士，宣和七年卒，年四十四。

二十八日，乞椿管錢氏地利房錢修表忠觀及錢氏墳廟，上狀。

狀見《文集》卷三十二（九〇四頁）。

同日，以翰林學士承旨知制誥召還，上辭免狀乞郡。不許。林希為代，來啟，答之。

狀見《文集》卷二十三（六七九頁），謂弟轍已除尚書右丞，應迴避。卷三十二《杭州召還乞郡狀》以為弟兄之除，非大臣本意，黨人必大猜忌，故辭免乞郡。卷二十三《謝兼侍讀表》言「不許固辭」。

林希代，據《乾道臨安志》卷三。《文集》卷四十七《答杭州交代林待制啟》乃答希。

毛滂有賀除翰林學士承旨啟。

啟乃《東堂集》卷五《賀蘇内翰啟》，云「頃得州於第一」，謂知杭，知此啟乃賀蘇軾者。啟稱軾「内翰承旨」。

蘇州通長老來簡，答之。

答簡乃《文集》卷六十一與通第六簡，云及「召還禁林」。第八簡云「來浙中逾年」，作於第六簡前。

與錢勰（穆父）簡，以親情柳子立為託。

簡乃《佚文彙編》卷二與勰第二十簡，謂子立「寓居屬部，或去與見，略望與進」，時勰知瀛州。第十九簡云「迫行」，行將離杭。參元祐三年「親家柳子良赴潞幕」條。

駙馬都尉張敦禮（君予）來聘淨慈法涌大師主京師法雲寺，為作疏。法涌行，有詩送行。

疏乃《文集》卷六十二《請淨慈法涌禪師入都疏》。卷六十一《與淨慈明老》第四簡言法涌不欲往，敦禮請既堅，遂從。法涌原名善本，嗣圓照禪師宗本，韓絳奏號法涌大師。見《咸淳臨安志》卷七十《傳》。詩乃《詩集》卷三十三《送小本禪師赴法雲》。小本即法涌，大本乃宗本。法涌入法雲，乃嗣法秀。

請楚明（明老）繼法涌之後主持淨慈寺，楚明從之。

《文集》卷六十一《與淨慈明老》第一簡請楚明嗣法涌。第五簡云「某雖被旨去郡，猶能少留，及見陞堂聞第一義」。卷七十二《楚明》云以楚明嗣法涌，衆益千餘人。楚明原不欲主持淨慈，淨慈道者乃燃手為請，燃至手腕，楚明即命駕從之。見《春渚紀聞》卷四《古道者披胸燃臂》。

三月三日，與客快哉亭飲。四日，書石。五日，簡馬瑊（忠玉）。

《六硯齋三筆》卷二：「東坡書快哉亭石云：『昨日與數客飲，至醉，今日病酒書以醉（按：原文如此）。軾。時元祐六年三月四日也。』又一手帖云：『昨日快哉亭，與數客飲，至醉才歸，辱簡不逮即答，為愧。春至雪盡，計尊候起居佳勝。新詩甚清冽，病酒，不敢率意趁韻，幸少寬限否？因書見過，如何！如何！不一。軾再拜忠玉提刑執事。』」《名迹録》卷五收此簡，「冽」作「刻」。書石及手帖，《佚文彙編》未收。

奏《乞相度開石門河狀》。蓋據侯臨建議，自浙江上流石門，並山而東，開鑿運河以達江。大旨在避浮山之險。蘇軾先後嘗與葉溫叟（淳老）、張璹（全翁）、侯臨（敦夫）、張弼（秉道）實地考察。不報。

奏狀見《文集》卷三十二（九〇六頁），云「與前轉運使葉溫叟、轉運判官張璹躬往按視」；奏作於三月。《詩集》卷三十三有《與葉淳老、侯敦夫、張秉道同相視新河，秉道有詩，次韻二首》。《墓誌銘》：「浙江潮自海門東來，勢如雷霆，而浮山峙於江中，與漁浦諸山，犬牙相錯，洄伏激射，歲敗公私船不可勝計。公議自浙江上流地名石門，並山而東，鑿為運河，引浙江及溪谷諸水二十餘里，以達於江，又並山為岸，不能十里以達於龍山之大慈浦，自浦北折抵小嶺，鑿嶺六十五丈，以達於嶺東古河，浚古河數里，以達於龍山運河，以避浮山之險，人皆以為便。奏聞，有惡公成功者。會公罷歸，使代者盡力排之，功以不成。」

《春渚紀聞》卷六《回江之利》：「先生元祐四年，以内相出典餘杭。時水官侯臨亦繼出守上饒，過郡，以嘗渡江敗舟於浮山，遂陰畫回江之利以獻，從公相視其宜。一自富陽新橋港至小嶺，開鑿以通閑林港，或費用不給，則置山不鑿，而令往來之舟般運度嶺，由餘杭女兒橋港至郡北關江漲橋以通運河。一自龍山閘而出，循江道過六和寺，由南蕩朱橋港開石門平田，至廟山然後復出江道，二十里至富陽。而公詩有『坐陳三策本人謀，唯留一諾待我畫』謂此。又云『石門之役萬金耳，首鼠不為吾已隘』。又云『上饒使君更超逸，坐睨浮山如累塊』者。知所議出於侯也。時越尼身死，官籍其資，得錢二十萬緡。公乞於朝，又請度牒三百道佐用。得請，而公入為翰林承旨，除林希子中為代。有諛者言今鑿龍山姥嶺，正犯太守身，因寢其議，而遷用亡尼之資，遺患至今，往來者惜之。」此則紀事，《詩集》「查註」節引，茲全録。《詩集》「誥案」謂此則紀事有失實處。然按其實，尚可以備參考。如其中言及「請度牒三百道」、林希寢其議，他書所未載。此則紀事所引詩「坐陳」云云等，即在上所云《與葉淳老侯敦夫張秉道同相視新河》詩中。

《文集》卷六十八《題秧馬歌後》其一言及衢州進士梁琯回浙，使歸見弼，可備言秧馬製作及乘馭有關事宜。疑弼為浙人，或官於浙。文作於紹聖二年四月。弼善製墨，見《春渚紀聞》卷八《寄寂堂墨如犀璧》。

作《書渾令公燕魚朝恩圖》詩。《東坡集》收詩止此。《東坡集》蘇軾在世時已行世。

詩見《詩集》卷三十三，時行將離杭。《東坡集》收詩，上起《辛丑十一月十九日》，為《詩集》卷三之第一篇。

《苕溪漁隱叢話・後集》卷二十八：苕溪漁隱曰「世傳《前集》，乃東坡手自編者。隨其出處，古律詩相間，謬誤絶少」。此《前集》，即《東坡集》。

《墓誌銘》謂蘇軾「有《東坡集》四十卷」。《直齋書録解題》卷十七著録蘇軾之詩文集凡七種，首為《東坡集》四十卷，餘為《後集》、《内制集》、《外制集》、《奏議》、《和陶集》、《應詔集》。並云《東坡集》等六種有杭、蜀本。同卷「《東坡別集》」條下謂「杭本當坡公無恙時已行於世」。今考其實，《後集》收詩止於建中靖國元年，《和陶集》止於元符三年，此二種杭本行世時，蘇軾已卒。蘇軾在世時行世之杭本，肯定有《東坡集》。

守杭，薦歐陽經，舉陳覺民應制科，贊僧若愚詩，贊徐璹所對句。

同治《連州志》卷七《歐陽經傳》：「州城人。家世業儒，經尤穎異。熙寧中，登進士第，輒乞歸，建一草堂，日讀書其中。初為杭州幕官，以詩文見稱。蘇軾帥杭州，薦之曰：『材猷夙壯，忠孝兼全，學古入官，敏於從政。』官至朝散大夫知封州。」薦文，《佚文彙編》未收。

《名賢氏族言行類稿》卷十一：「陳覺民，字達野，仙遊柘山人。登進士第。元祐間，東坡知杭州，舉應制科。歷知建州、泉州，福建運判、提刑，改廣東提刑，知廣州。所至有風力。」《輿地紀勝》卷一百二十九《建寧府》亦載之。《八閩通志》謂登熙寧九年第。《寶晉英光集》補遺《和陳建州覺民》附覺民詩二首，米黻贊為絶唱。

《嘉泰吴興志》卷十八《事物雜志·德清縣》：「僧若愚，字谷老，姓馬。少於覺海寺出家。後從參寥、從龍井辯才傳教，俱有詩名。東坡見師詩，許之曰：『他日當能振辯才家風。』」以下云「有詩文一集，號《餘塵編》」。康熙《德清縣志》卷七《若愚傳》載其臨終偈：「本自無家可得歸，雲邊有路許誰知。櫓聲摇落溪山月，正是仙潭夢斷時。」

《春渚紀聞》卷七《徐氏父子俊偉》：「東坡帥杭日，與徐璹全父坐雙檜堂。公指二檜曰：二疏辭漢去。璹應聲云：大老入周來。公為擊節久之。」《泊宅編》十卷本卷一、三卷本卷上亦有此記載，謂璹少年登科疎縱不事事，嘗寓婺州清漣寺。《春渚紀聞》謂璹子端崇，字崇之，少時俊偉，落筆千字。

守杭，胡哲嘗從飲西湖上。

《丹陽集》卷十四《江陰胡君墓誌銘》：「字明叔，常州江陰人。少為諸生，力學問。嘗試於鄉。又嘗試於廣文館，不售，即謝去，隱居敔山之陽，泛觀典籍以求志。……常語人曰：『吾窮於世，老矣。然於古人，知慕醉吟先生；於今人，獲從東坡公樂飲於西湖之上，竊自幸也。』」卒宣和七年，年七十。

守杭，李廌嘗賦組詩懷之。

《濟南集》卷一有《送杭州使君蘇内相先生，某用先生舊詩「方丈仙人出渺茫，高情猶愛水雲鄉」為韻，作古詩十四首》，數稱蘇軾為至人。

守杭，李友諒從游。

《詩集》卷三十六《送襄陽從事李友諒歸錢塘》敍之。影印本《浙江通志》卷一百二十四：李友諒，元豐二年進士，富陽人，秘書丞。

守杭，朱照僧、鍾守素、思聰（聞復）從游，與遵老有交往。

《文集》卷七十二《朱照僧》、《鍾守素》敍二人從游。卷六十一《與聞復師》敍詩簡交往，云及「粗和得來詩」，和詩不見。同上《與遵老》第一、二簡，《七集・續集》謂為答靈鷲長老者。《西湖游覽志》卷十謂靈鷲寺在北山合澗橋邊。

守杭，作《二魚說》以自警。

文見《文集》卷六十四。文云「遊吳得二事於海濱之人」，自廣義言，杭亦屬吳。文乃寓言，包涵深刻閱歷，作於守杭時。

守杭，嘗為亡母程氏捨遺留簪珥，命工畫阿彌陀佛像，為作頌。應圓照（元照）律師之勸也。

頌見《文集》卷二十（五八五頁）。蓋以「錢唐圓照律師普勸道俗歸命西方世界極樂阿彌陀佛」也。

《咸淳臨安志》卷七十《人物》十一《方外・僧・元照》：「靈芝大智律師，字湛如，號安忍子，錢唐人，本姓唐。母竺氏，夢異僧託孕。幼居祥符寺東藏，窮清淨毗尼之學，參神悟大師處謙，傳天台教觀。謙拊其背曰：『毗尼之宗，幾顛覆矣。汝可以梁棟是道。』」卷七十九《寺觀五・靈芝崇福寺》：「在湧金門外，律師元照重修。以下録軾頌全文。《嘉定赤城志》卷三十五亦有《傳》，謂「深明教律，四方宗之，少游天台」，「與蔣之奇、楊傑諸人為方外交，劉燾作《行業記》」。《東堂集》卷十有《元照律師畫贊》。

《文集》卷七十二《圓照》稱圓照「志行苦卓，教法通洽，晝夜行道二十餘年」，作於紹聖二年。

守杭，嘗嘲貪而無恥之縣官；嘗寫畫白團扇為負綾絹錢者賞所逋；嘗脱巾褫衣憩僧房；嘗作墨竹贈官妓並令求詩道潛(參寥)；常春日約客游西湖，於西湖了官事。

《侯鯖録》卷七：「東坡守杭州，時有縣官，貪而無恥，欲黜之。俛張父政解其事。公厲聲曰：『古之學者為己，其斯人耶？』張問其故。『掌政名曰有司，掌教名曰儒臣，有司惟欲得之於己，儒官惟欲成就於人。』聞者笑倒。」

《春渚紀聞》卷六《寫畫白團扇》：「先生臨錢塘日，有陳訴負綾絹錢二萬不償者。公呼至，詢之。云：『某家以製扇為業，適父死，而又自今春已來，連雨天寒，所製不售，非故負之也。』公熟視久之，曰：『姑取汝所製扇來，吾當為汝發市也。』須臾扇至。公取白團夾絹二十扇，就判筆作行書草聖及枯木竹石，頃刻而盡，即以付之，曰：『出外速償所負也。』其人抱扇泣謝而出。始踰府門，而好事者争以千錢取一扇，所持立盡，後至而不得者，至懊恨不勝而去。遂盡償所逋，一郡稱嗟，至有泣下者。」涵芬樓本《説郛》卷二十九《桃源手聽・東坡書扇》亦敍此事，文甚簡略，不録。

《北窗炙輠録》卷上：「東坡性簡率，平生衣服飲食皆草草。至杭州時，常喜至祥符寺琴僧惟賢房間憩。至，則脱巾褫衣，露兩股榻上，令一虞候搔之，起視其岸巾，止用一麻繩約髮爾。」

《風月堂詩話》卷上：「坡在餘杭日，因會客，以彩牋作墨竹贈官妓，且令索詩於參寥，參寥援筆立就，其詩曰：『小鳳團牋已自奇，謫仙重掃歲寒枝。梢頭餘墨猶含潤，恰似梳風洗雨時。』」

《揮麈録・後録》卷六：「姚舜明庭輝知杭州，有老姥自言，故娼也，及事東坡先生，云：公春時，每遇休暇，必約客湖上，早食於山水佳處。飯畢，每客一舟，令隊長一人，各領數妓，任其所適，晡後鳴鑼以集之，復會望湖樓或竹閣之類，極歡而罷，至一二鼓，夜市猶未散，列燭以歸。城中士女雲集，夾道以觀千騎之還，實一時之勝事也。」

《梁溪漫志》卷四《東坡西湖了官事》：「東坡鎮餘杭，遇游西湖，多令旌旗導從出錢唐門。坡則自湧金門從一二老兵泛舟絶湖而來，飯于普安院，徜徉靈隱、天竺間，以吏牘自隨，至冷泉亭，則據案剖决，落筆如風雨，分争辨訟，談笑而辦。已，乃與僚吏劇飲，薄晚則乘馬以歸，夾道燈火，縱觀太守。有老僧，紹興末年九十餘，幼在院為蒼頭，能言之。當是時，此老之豪氣逸韻，可以想見也。」

《北窗瑣語》：「靈隱寺僧了然，戀妓李秀奴，往來日久，衣鉢蕩盡，秀奴絶之，僧迷戀不已。一夕，了然乘醉而往，秀奴弗納。了然怒擊之，隨手而斃。事至郡，時蘇子瞻治郡，送獄推勘，見僧膺上刺云：『但願生同極樂國，免教今世苦相思。』子瞻判詞云：『這個禿奴，修行忒煞，靈山頂上空持戒，一從迷戀玉樓人，鶉衣百結渾無奈。毒手傷人，花容粉碎，空空色色今何在？臂間刺道空相思，這回還了相思債。』判訖即斬之。」茲附於此。

守杭，作文援引，必檢視。

《吹劍録全编·三録》：「東坡守錢塘日，每作文有所援引，雖熳熟事，亦令檢視。」

《春渚紀聞》卷六《著述詳考故實》：「秦少章言：公嘗言觀書之樂，夜常以三鼓為率，雖大醉歸亦必披展至倦而寢。然自出詔獄之後，不復觀一字矣，某於錢塘從公學二年，未嘗見公特觀一書也。然每有賦詠及著撰所用故實，雖目前爛熟事，必令秦與叔黨諸人檢視而後出。」覯（少章）從蘇軾學，凡半年（見元祐五年紀事），此云二年，失實。

守杭，移林逋（和靖）神像配食水仙王。

《山谷詩集注》卷十五《劉邦直送早梅水仙花四首》其四自注：「錢塘有水仙王廟，林和靖祠堂近之。東坡先生以為和靖清節映世，遂移神像配食水仙王。」

守杭，嘗與琴操諧謔。

《能改齋漫録》卷十六《杭妓琴操》：「杭之西湖，有一倅閑唱少游《滿庭芳》，偶然誤舉一韻，云：『畫角聲斷斜陽。』妓琴操在側，曰：『畫角聲斷譙門，非斜陽也。』倅因戲之，曰：『爾可改韻否？』琴即改作陽字韻，云：『山抹微雲，天連衰草，畫角聲斷斜陽。暫停征轡，聊共飲離觴。多少蓬萊舊侶，頻回首、煙靄茫茫。孤村裏，寒鴉萬點，流水遶低牆。魂傷。當此際，輕分羅帶，暗解香囊。漫贏得，青樓薄倖名狂。此去何時見也，襟袖上、空有餘香。傷心處，長城望斷，燈火已昏黃。』東坡聞而稱賞之。後因東坡在西湖，戲琴曰：『我作長老，爾試來問。』琴云：『何謂湖中景？』東坡答云：『秋水共長天一色，落霞與孤鶩齊飛。』又云：『何謂景中人？』東坡云：『裙拖六幅瀟湘水，鬢𩯭巫山一段雲。』又云：『何謂人中意？』東坡云：『惜他楊學士，憋殺鮑參軍。』琴又云：『如此究竟如何？』東坡云：『門前冷落車馬稀，老大嫁作商人婦。』琴大悟，即削髮為尼。」疑有傳聞因素。

友人以金五兩、銀一百五十兩為贐，受而作友人之意捨之杭州病坊。

據《佚文彙編》卷二《與某宣德書》。書云以其金、銀施之病坊，「用助買田，以養天民之窮者」。又云：「此公家家法，故推而行之，以資公之福壽，某亦與榮焉。」《宋史》卷三百十四《范仲淹傳》云仲淹「置義莊里中，以贍族人」。《范文正公集》附録《建立義莊規矩》記其事，可參。此友人，或姓范，為仲淹之裔。

贈道潛（參寥）卵硯，並為銘。約為守杭時事。

《文集》卷十九《卵硯銘》有「與居士，同出入，更嶮夷，無燥濕」之語，是硯從蘇軾已久。又有「從參寥，老空寂」，是贈道潛也。參元豐七年「以銅劍易張近龍尾子石硯」條紀事。

前後在杭，嘗詠白雲峯所産白雲茶，嘗植海棠一株於壽聖寺，傳為招賢寺尉遲恭井、梅泉書扁，傳建水明樓於西湖，偕朝雲遊覽，傳養疾於虎跑泉，傳煮茶於下竺，傳題詩水月寺，傳建英游閣於錢唐縣尉司，傳留題烟霞洞，傳題字歲寒巖。

《淳祐臨安志》卷八《白雲峯》：「上天竺山後最高處，謂之白雲峰。於是寺僧建堂其下，謂之白雲堂，山中出茶，因謂之白雲茶。東坡居士有《和茶詩》云：白雲峰下兩槍新。謂此也。」詩全文不見。

《二老堂雜誌》卷五《記西湖登覽》：壬午三月己亥，上風篁嶺，酌龍井，入壽聖寺，寺有海棠一株，蓋蘇公手植。

《武林梵志》卷五《北山分脈》：「招賢寺，在葛嶺上。唐德宗時，郡人吴元卿為六宮内使，棄官學道結菴於此，後，吴越王改為寺，宋高宗葬欽宗神主於此。寺後，尉遲恭井、梅泉，東坡書扁。」《西湖游覽志》卷十《北山勝迹》亦及此，「梅泉」作「蒙泉」。

《西湖夢尋》卷三《西湖中路・秦樓》：「秦樓初名水明樓，東坡建。常攜朝雲至此游覽。壁上有三詩，為坡公手迹。」此三詩，乃《詩集》卷七《六月二十七日望湖樓醉書五絶》之其一、其二、其五，題作《水明樓》。

《西村十記・虎跑泉》謂蘇軾守杭時「曾此養疾，所賦詩石刻猶在」。

同上《天竺寺》謂下竺多古迹，東坡煮茶亭在，無恙。

《水月寺》見《詩集》卷四十八，引自《武林梵志》，見注文。

《西湖遊覽志》卷八《北山勝迹》：「錢唐縣尉司：相傳為王子高故居，宋隆（按：『隆』有誤）興間建。時宇内承平，茲邑特繁麗，仁宗常覽西湖圖，歎曰：『真仙尉也。』遂建真仙亭。蘇子瞻常率賓僚遊焉，建英遊閣。」

同上卷三《南山勝迹》：「煙霞洞，晉開運元年，有僧彌洪結庵洞口，遇神人指山後有勝迹，何不顯之？洪忽見洞内有羅漢六尊，顯像石壁，若鏤刻而成者，甚異之。未幾，洪卒。吳越王錢氏夢僧告曰：『吾有兄弟一十八人，今方有六，王可聚之。』夢覺，訪得烟霞洞有六羅漢，遂補刻一十二尊，以符所夢。洞後，宋有清修寺，今廢。惟象鼻石、佛手巖、石羅漢，東坡留題尚存。」此留題所作具體時間不詳，姑繫此。

嘉惠堂本《西湖遊覽志》卷一《孤山三堤勝迹》：「歲寒巖，在俞公祠後，石壁陡絶，蒼蘚剝蝕中，隱見篆書歲寒巖三大字。下疏：『郭令公歷中書二十四考，廣成子住空同萬八千年。』相傳為蘇長公題。其上平夷四曠，可眺視全湖，即林和靖四照閣故基也。」

別杭，杭人約蘇軾復來，甚德軾之政。

《文集》卷六十三《祭龍井辯才文》：「我去杭時，白叟黃童。要我復來，已許於中。」

《墓誌銘》：「公二十年間，再莅此州，有德於其人，家有畫像，飲食必祝，又作生祠以報。」

別杭，馬瑊（忠玉）、劉季孫（景文）等西湖餞行。瑊賦《木蘭花令》及詩贈行，季孫亦賦詩贈行，皆有和。

《玉照新志》卷一：「東坡被召赴闕，中玉席間作詞，云：『來時吴會猶殘暑。去日武林春已暮。欲知遺愛感人深，灑淚多於江上雨。　歡情未舉眉先聚。別酒多斟君莫訴。從今寧忍看西湖，擡眼盡成腸斷處。』」《東坡樂府》卷上有和。和詩見《詩集》卷三十三（一七六〇、一七六一頁）。瑊、季孫詩已佚。

六日，在巽亭，作《八聲甘州》（「有情風」）別道潛。同日，別南北山諸道人，有詩。

詞見《東坡樂府》卷上、《東坡先生全集》卷七十五、《全宋詞》第一册第二九七頁。調下皆注：「寄參寥作。」《苕溪漁隱叢話》後集卷三十九謂「別參寥」，今從。《叢話》謂此詞「石刻後，東坡自題云：『元祐六年三月六日。』」

《注坡詞》此詞調下注：「時在巽亭。」《輿地紀勝》卷二《臨安府·景物上》：「巽亭：在舊治南園。郡守蔣堂建，以對江山之勝。」

詩見《詩集》卷三十三（一七六一頁），詩題並云「下天竺惠淨師以醜石贈行」。

九日，辭天竺，作詩。

《紀年録》：「九日，罷杭守，辭天竺，作詩。」

《王譜》：「在杭州任被召。按：先生作《別天竺觀音三絶》序云：以三月九日，被旨赴闕。」

按：《紀年録》所云之詩，當即《別天竺觀音三絶》。此詩已佚。

書《圓澤傳》贈山中僧人，當亦為別時事。

傳見《文集》卷十三，自注云出袁郊《甘澤謡》，以其天竺故事，故删改書贈之。參《冷齋夜話》卷十。

簡別元淨（辯才）。

簡乃《文集》卷六十一與元淨第四簡，云「迫行」。

寒食日，罷杭守，過智果精舍，訪道潛（參寥）辭行，作《參寥泉銘》。道潛作詩。

銘見《文集》卷十九，詩乃《參寥子詩集》卷七《別蘇翰林》，云「行披禁殿風，玉堂清夜夢」，此時作。是歲清明為三月十四日。

自下塘起行。取道湖州至蘇州，以訪聞災情。

《東坡樂府》卷上《木蘭花令》云「明朝歸路下塘西」。《文集》卷三十二《再乞發運司應副浙西米狀》，敍以訪災「故自下塘路由湖入蘇」。

至德清，與曹輔、劉季孫、鮑朝懋、鄭嘉會、蘇堅游半月泉，題名。

題名見《詩集》卷四十八（二六五一頁）。原題本月十一日，文字有誤。朝懋時為德清令，見康熙《德清縣志》卷五。

十九日，舟泊吴江，僧仲殊來見。先是夢仲殊彈琴賦詩，至是相晤，為《書仲殊琴夢》以贈。

文見《文集》卷七十一，《詩集》卷三十三《破琴詩》小序亦及其事。

與曹輔（子方）、劉季孫（景文）、蘇堅（伯固）、張弼（秉道）過吴興，與州守張詢（仲謀）會。應詢之請，賦《定風波》（「月滿苕溪照夜堂」），即《後六客詞》。

《輿地紀勝》卷四《兩浙西路・安吉州・景物下・六客堂》云堂在郡圃中。元祐中，知州事張詢作《六客詩序》，以下引序：「僕守是邦，（蘇）子瞻與曹子方、劉景文、蘇伯固、張秉道來過，與僕為六。」以下云蘇軾「為後六客詩」。按：此處所云「詩」，乃「詞」之誤。蘇軾熙寧七年過吴興，與李常、張先、劉述、楊繪、陳舜俞為會，詢稱前六客。先作《定風波》，即六客詞。參熙寧七年紀事。

《定風波》見《東坡樂府》卷上，自敍云：「仲謀請作《後六客詞》云。」《嘉泰吴興志》卷十八謂蘇詞刻於墨妙亭。

《嘉泰吴興志》卷十四謂張詢以左朝請郎於元祐六年二月七日到知湖州任。「施註」、《總案》謂《後六客詞》作於元祐四年，誤。

《山谷全書・外集》卷二十三《書張仲謀詩集後》敍少同在葉縣，相樂如弟兄；晚守施州；其詩「用意刻苦，故語清壯，持身豈弟，故聲和平，語多而知不琱為工，事久而知世間無巧，以此自成一家」。

二十三日，再乞發運司應副浙西米狀；狀陳浙西數州目覩之災情，需即行賑濟。

狀見《文集》卷三十二(九〇九頁)。狀陳去年九月十七日奉准奏撥一百萬貫糴米,以便平糶代賑,而發運司格旨不行。狀謂:「如發運司去年元不收糴,無可兑撥,即乞一面截留上供米充滿五十萬石數目,却令發運司將封樁一百萬貫錢候今年秋熟日收糴填還。」

至蘇州,晤知州黄履,有詩。

詩見《詩集》卷三十三(一七六四頁)。

乙酉(二十六日),孫升權中書舍人。啟來,謝之。

乙酉據《長編》卷四百五十六。《文集》卷四十六《謝孫舍人啟》首云「拜命中宸,代言西掖」;末云「不遺衰朽,過辱緘封」。

二十八日,遊常州净土院,觀牡丹,賦詩,復題華藏院薝蔔;與張弼(秉道)同游。

周必大《遊山録》卷一乾道丁亥(一一六七)五月癸卯紀事:過太平寺之彌陀院,老僧守稠云:「東坡元祐六年三月二十八日,過寺賦詩。」其碑近為何提幹者取去。所賦詩,一為《净土寺牡丹》,乃《詩集》卷十一《遊太平寺净土院觀牡丹中有淡黄一朵特奇為作小詩》,次熙寧七年;一為《華藏院薝蔔》,乃《詩集》卷二十五《常州太平寺法華院薝蔔亭醉題》,次元豐八年。應以《遊山録》為據。《净土寺牡丹》,《外集》卷八題作《同狀元行老學士、秉道先輩遊太平寺淨土院,觀牡丹,中有淡黄一朵特奇絶,為作小詩》。

至潤州。晤交代林希(子中),賦《西江月》贈之;沈括迎見;别張弼(秉道),賦《臨江仙》。

《東坡先生全集》卷七十四《西江月》(調下原註：「蘇州交代林子中席上作。」)上闋：「昨夜扁舟京口，今朝馬首長安。舊官何物與新官，只有湖山公案。」註中「蘇」乃「杭」之誤。《嘉定鎮江志》卷二十一謂此詞乃蘇軾別錢勰(穆父)者，誤。《詩集》卷三十三有《和林子中待制》、《次韻答黃安中兼簡林子中》。

括迎見元祐四年「過潤沈括迎見」條。

《臨江仙》見《東坡樂府》卷下，弼送行止於潤。

張弼參紹聖二年四月二十二日紀事。

留別蹇道士拱辰詩，或作於潤。

詩見《詩集》卷三十三(一七六五頁)，次《次韻答黃安中兼簡林子中》後，作於蘇州以後。詩云：「咫尺不往見，煩子通姓名。願持空手去，獨控橫江鯨。」作於濱江州郡。《慶湖遺老詩集》卷一《贈道士蹇拱辰》，作於元祐五年十二月。據《唐宋詞人年譜·賀方回年譜》，時賀鑄在歷陽或由歷陽往金陵途中，或在金陵，大半在歷陽。歷陽、金陵離潤州甚近，蘇軾或與拱辰晤於潤州，詩或作於潤州。

訪了元(佛印)於金山，為畫壁。

《節孝集》卷四《代玉師謝蘇子瞻》：「海上仙翁歸，童子言有客。身披一鶴氅，足曳雙鳧舄。控却大鵬頭，踏著巨鼇脊。面帶玉山氣，手畫龍泥壁。諸仙争進硯，一笑已投筆。其夜刮兩眼，燒却犀一尺。」云「歸」，或就蘇軾已別若干時日而言，杭瀕海，故云「海上」。《文集》卷七十一《書浮玉買田》首云「浮玉老師元公」，謂了元。《詩集》卷十一《常潤道中有懷錢塘寄述古五首》自注謂浮玉即金山。《節孝集》所云玉師即了元。《節孝集》詩中「龍泥」當為「龍蛇」之誤。

是月，子迨、過應禮部試，落第。迨娶歐陽棐女。

迨、過未登第。遍考蘇軾兄弟著述及《斜川集》，皆無登第記載。

《佚文彙編》卷四《與歐陽親家母》敍完婚事。《寶真齋法書贊》卷十二簡後有趙令時跋：「叔弼丁太夫人憂，將自京師歸潁時帖也。至潁，仲豫方成親，余時入潁幕。後數月，先生來作守。已四十餘年，令人驚歎。」跋於紹興癸丑。據此，迨成親約為禮部試後事，今次此。

李新登進士第。劉涇嘗薦新於蘇軾。

《跨鼇集》卷二十八《弔安康郡君》序：「元祐己巳……明年春，解褐衣，通籍士部。」《郡齋讀書志》卷四下《李元應跨鼇集五十卷》：「右皇朝李新字元應，仙井人。早登進士第。劉涇嘗薦於蘇子瞻。命賦墨竹，口占一絕，立就。坐元符末上書，奪官，謫置遂州，流落終身。跨鼇，仙井山名也。」《跨鼇集》原本已佚，今傳本乃《永樂大典》輯本。

鮑慎由（欽止）登進士第。慎由嘗親炙蘇軾。

鮑慎由登第，見影印本《浙江通志》卷一百二十四。

《浮溪集》卷十七《鮑吏部集序》：「欽止少從王氏學，又嘗見眉山蘇公，故其文汪洋閎肆，粹然一本於經，而筆力豪放，自見於馳騁之間，深入墨客騷人之域，於二者可謂兼之。」

《宋史》卷四百四十三《鮑慎由傳》謂慎由為處州龍泉人,「親炙蘇軾」。傳入文苑。

《直齋書録解題》卷十七著録慎由《夷白堂小集》二十卷、《别集》三卷。《宋史》本傳謂有文集五十卷,《藝文志》著録《鮑慎由文集》五十卷。均佚。《北湖集》卷一、《竹隱畸士集》卷四有詩及慎由。

劉棠(君美)登進士第;蘇軾贊其省試文,呼之為劉窮。

《能改齋漫録》卷八《舜不窮其民論》:「元祐中,省試《舜不窮其民論》,劉棠召美首選。其警句云:『桀紂以淫虐窮,幽以貪殘窮,厲以監謗窮,戰國以侵伐窮,秦皇以督責窮,漢武以奢侈窮,晉以劉石窮,隋以巡幸窮,明皇以隱户剩田窮,德宗以間架税屋窮。』東坡見之,大加歎賞。以其不類時文,因以『劉窮』呼之。」《優古堂詩話》亦記此事。

康熙《漳州府志》卷二十一《劉棠傳》,謂字君美,今從;又謂棠龍巖人,元祐五年魁開封府,次年登進士;歷諸王宫教授、樞密院編修官,為利州路提舉學事,又為兩浙常平提舉,歷官至朝請郎。《永樂大典》卷三千二百六十二引《清漳集》有棠同太守遊東湖詩;太守,郭祥正也。祥正乃攝守,見《青山集》卷四《浪士歌》。

周行己登進士第。行己嘗以文伯稱蘇軾。

《浮沚集》卷八《寄魯直學士》:「當今文伯眉陽蘇,新詞的皪垂明珠。」又云:「野人鼓瑟不解竽,悠悠舉目誰與娱。幸有達者黄與蘇,誰復跼蹐如轅駒。」以蘇軾為士人知己。

《直齋書録解題》卷十七著録行己《浮沚先生集》十六卷、《後集》三卷,並云行己字恭叔,永嘉人,十七入太學，有盛名，師事程頤，元祐六年進士，為博士太學，以親老歸，教授其鄉，再入為館職，復出作縣，鄉人稱周博士。其集久佚，今傳本乃《永樂大典》輯本。

四月二日，自書《和柳子玉喜雪次韻仍呈述古》。

詩見《詩集》卷十一。

《壯陶閣書畫録》卷三《宋蘇東坡自書和吟雪七古卷》末云：「《和柳子玉喜雪次韻仍呈述古》之作，元祐六年四月二日書。東坡居士蘇軾。」不知蘇軾為何人書。

四日，與馬瑊（忠玉）簡，言來日渡江。

簡見《佚文彙編》卷三（二四八五頁）。

在京口，與林希（子中）簡，論災傷賑濟。

簡見《佚文彙編》卷三（二四八四頁），云「京口米百二十文」，又云「四月天氣」，知在京口作。簡云「今歲流殍疾病，必須措置」，願希早聞朝廷，厚設儲備。

簡云「欲到廣陵，更與正仲議之」。此正仲乃王存。《總案》謂正仲乃毛漸，誤。據《宋史》卷三百四十一《王存傳》，時存知揚州。簡所云微之乃晢，據《温國文正司馬公文集》卷九《齊山詩呈王學士》題下自注及李壁所注《王荆文公詩》卷十四《和甫如京微之置酒》題下註文。晢登熙寧三年進士第，見《陶山集》卷一《依韻和王微之學士》詩。《文集》卷三十八有《王晢可知衛州制》。元祐元年十一月，以中散大夫、集賢校理判登聞鼓院，仍赴館供職。見《長編》卷三百九十一。卒，《南陽集》卷十二有挽詞。

據簡「願老兄與微之、中玉商議」之語，則晢已於此時繼葉温叟之後而就任轉運使。中玉即忠玉，乃馬瑊。

朱熹贊此簡為「仁人之言」，於孝宗淳熙壬寅（一一八二）刻於浙東常平司。見《晦庵朱先生文集》卷八十二《跋東坡與林子中帖·再跋》。《攻媿集》卷七十一《東坡與林子中論賑濟帖》即此簡。文謂「荒政無第一手」，在於蓄積，以蘇軾之論為是。

傳過潤時嘗與諸妓為戲。

《誠齋詩話》：「東坡談笑善謔。過潤州，太守高會以饗之。飲散，諸妓歌魯直《茶》詞云：『惟有一杯春草，解留連佳客。』坡正色曰：『却留我喫草。』諸妓立東坡後，憑東坡胡牀者，大笑絶倒，胡牀遂折，東坡墮地。賓客一笑而散。見蜀人李珪說。」

此不知為何時事。蘇軾此後至潤，為建中靖國元年，時在病中，未必有謔興。姑繫其事於此。

夜到揚州，席上賦《臨江仙》。

詞見《東坡樂府》卷上，調下原註：「夜到揚州，席上作。」詞云「珠簾十里捲香風，花開花謝」，乃春夏季節。又云「輕舸渡江連夜到」、「語音猶自帶吴儂」，乃自江之南來。是作於本年。

揚人爭望風采。

《雞肋集》卷十三《東坡先生移守廣陵以詩往迎先生以淮南旱書中教虎頭祈雨法始走諸祠即得甘澤因為賀》：「去年使君道廣陵，吾州空市看雙旌。」詩作於元祐七年，時晁補之為揚州通判。見元祐七年「晁補之聞蘇軾知揚州以詩相迎」條紀事。軾晤補之。

在揚州，上《辭免翰林學士承旨第二狀》，不許；或與王存論災傷。

狀見《文集》卷二十三(六八〇頁)。

《佚文彙編》卷三《與林子中》：「今歲流殍疾病，必須措置，淮南蠶麥已無望，必拽動本路米價。欲到廣陵，更與正仲議之，更一削。」未知見與否。參以上「在京口與林希簡論災傷賑濟」條紀事。

至南都，謁張方平，方平囑代撰滕元發墓銘，諾。晤王鞏(定國)，敍守杭時哲宗特賜茶。

《文集》卷六十三《祭張文定公文》第三首：「十五年間，六過南都，而五見公。」此乃第五次。卷五十二與鞏第三十四簡：張公向令作《滕達道埋銘》，已諾之。元發卒於元祐五年十月。軾受方平託，為此時事。

《隨手雜録》：「子瞻自杭召歸，過宋，語余曰：在杭時，一日中使至，既行，送之望湖樓上，遲遲不去。時與監司同席，已而曰：『某未行，監司莫可先歸？』諸人既去，密語子瞻曰：『某出京師辭官家，官家曰：「辭了娘娘了來。」某辭太后殿，復到官家處，引某至一櫃子旁，出此一角，密語曰：「賜與蘇軾，不得令人知。」』遂出所賜，乃茶一斤，封題皆御筆。子瞻具劄子附進稱謝。至宋，語余曰：且教子由伏事娘娘，我小使頭出來自家門打一解。哲宗眷遇如此。復為大臣讒逐，至貶海島，命矣。」謝劄佚。

上《辭免翰林學士承旨第三狀》，乞揚、越、陳、蔡一郡。不許。

狀見《文集》卷二十三；不許，見同卷《乞候坤成節上壽訖復遂前請狀》。

五月十九日，在南都上《杭州召還乞郡狀》。不許。

狀見《文集》卷三十二，重申前屢次之請，乞早除一郡，或除一重難邊郡，「惟不願在禁近，使黨人猜疑，別加陰中」。《欒城後集》卷一《次韻子瞻感舊》：「為我忝丞轄，置身願并涼。」自注：「子瞻每欲為國守邊，顧不敢請耳。」可參。

不許，見《文集》卷二十三《乞候坤成節上壽訖復遂前請狀》。《文集》卷三十三《再乞郡劄子》所言「前在南京所奏乞留中一狀」，即本日所上狀。

李廌自杞放舟至南都相迎迓，未遇。

據《濟南集》卷二、卷三詩題；後者云「放舟適未覯君子」，未遇。

庚辰（二十二日），除兼侍讀。

據《長編》卷四百五十八。

范祖禹（夢得、純夫）來簡，答簡約造祖禹之門。

《文集》卷五十六與祖禹第八簡：「違遠二年，瞻仰為勞。辱書，承起居佳勝，慰喜可量。覯罷，當往造門，併道區區。」

甲申（二十六日），至自杭州，始入朝。

據《長編》卷四百五十八。

二十九日，赴閤門受翰林學士承旨告命。上《乞候坤成節上壽訖復遂前請狀》。

狀見《文集》卷二十三。二十九日云云，即見狀中。「遂前請」者，蓋乞揚、越、陳、蔡一郡也。

僧慧汶館蘇軾於興國浴室東堂，軾有詩。與錢勰（穆父）簡，報此時事。

詩見《詩集》卷三十三（一七六六頁）。詩題謂為六月事。是回京師即住此也。《佚文彙編》卷二與勰第十三簡：「某在杭，雖少勞而意思自得。此來極安逸，然多憂愧，想識此心也。只在興國浴室獨居，大暑中殊清也。」簡云及「邊上」，時勰在瀛州任。

與范純仁啟，純仁回啟。

回啟乃《西臺集》卷九《代范忠宣回蘇內翰啟》。軾原啟已佚。

六月一日，宣召再入學士院，賜對衣金帶馬，皆有謝表。同日，撰《祭劉氏文》。

謝表見《文集》卷二十三（六八一頁）。謝再入學士院表作「六月十一日」。《總案》謂「公以五月二十九日受告命，不應遲至十一日宣召入院，且初四日兼侍讀事，在宣召入院之後」。今改「十一日」為「一日」。

《紀年録》：「六月朔，祭劉氏文。」文不見。

四日，進謝兼侍讀表。上劄記。

文見《文集》卷二十三（六八四、六八三頁）。

十三日，讀《史記·淳于髡傳》，撰文。

文乃《文集》卷六十五《淳于髡一石亦醉》。

弟轍上劄子，乞避兄。朝旨不須迴避，再上劄。不許，上第三劄。

三劄見《欒城後集》卷十六。

移寓弟轍東府。

據《詩集》卷三十三《感舊詩》之敍，自是至赴潁，皆居此。

《總案》：「公初寓汶公東堂，意在求去，尚未定居也。及入院，子由方求去，必無請公遷居東府之理。蓋東府、西府八位，乃神宗創置以居執政者也。至是皆不能即去，公始與子由同居，乃六月望前後之事。」

李公麟（伯時、龍眠）效閩人之語，嘗戲之。

《桯史》卷二《賢己圖》：「元祐間，黄、秦諸君子在館，暇日觀畫，山谷出李龍眠所作《賢己圖》，博弈、摴蒱之儔咸列焉。博者六七人，方據一局投迸，盆中五皆玈，而一猶旋轉不已。一人俯盆疾呼，旁觀皆變色起立，纖濃態度，曲盡其妙，相與歎賞，以為卓絶。適東坡從外來，睨之，曰：『李龍眠天下士，顧多效閩人語耶？』衆咸怪，請其故。東坡曰：『四海語音，言六皆合口，惟閩音則張口，今盆中皆六，一猶未定，法當呼六，而疾呼者乃張口，何也？』龍眠聞之，亦笑而服。」

十五日，答馬瑊（忠玉）簡。

黄、秦同館，蘇在朝，惟有本年自杭州回至京師後一短暫時間。本年六月十八日，黄母卒，黄旋離京師奔喪。故繫其事於此。

《晚香堂蘇帖》：「軾啟。屢獲教字，眷與隆厚，感服不已。比日履茲伏暑，起居清勝。軾數日卧病，今日方稍痊。久稽來人，悚息！悚息！承旦夕東歸，愈遠，益深懷仰。尚冀珍嗇，即膺嚴召。乏力，不謹。軾再拜忠玉提刑奉議閣下。六月十五日。」見《佚文彙編》卷三，以文字略有脱誤，故全文録之。時瑊為兩浙提刑，見本年此前紀事。

同日，序歐陽修《居士集》。

序見《文集》卷十（三一五頁）。撰寫歲月據《居士集》，署「門人翰林學士承旨、左朝奉郎、知制誥兼侍讀蘇軾撰」。歐集篇末原注：「綿本作三年十二月。是時，（蘇軾）任翰林學士。」豈文成於三年十二月，此又復書耶！

十八日，朝廷命撰《上清儲祥宫碑》。

據《長編》卷四百六十本年六月丙午紀事引《御集》。

二十六日，上《撰上清儲祥宫碑奏請狀》。

文見《文集》卷三十二，奏請頒示有關上清宫之歷史資料，降下碑文體例。

二十七日，書柳宗元《瓶賦》後。

文見《佚文彙編》卷五（二五四三頁）。《紀年録》謂作於下年二月十七日，不從。

是月，見柳子文（仲遠），求得其所藏宋迪所臨唐畫邢和璞、房次律前生圖，題《破琴詩》。

詩見《詩集》卷三十三，詩敍本年三月十九日宿吴淞江夢僧仲殊挾破琴來過誦詩事。「詰案」以為蓋有難言事，欲後人發明之。

本月，上疏乞秘書省校書入伏功課減半。朝廷從其請。時兼提舉黄本。

《宋會要輯稿》第七十册《職官》一八之一二本年六月紀事：「提舉黄本蘇軾言：秘書省官每日校書背面二十一紙，準入内。黄門黄洙傳聖旨，秘書省入伏，午時住修文字，末伏依舊。欲乞於所校功課減半，候過末伏日依舊。從之。」此疏，《佚文彙編》失收。

錢唐僧思聰（聞復）歸孤山，送以序。蘇軾名思聰之集為《水鏡集》。

序見《文集》卷十（三二五頁），中有「秦少游取《楞嚴》文殊語，字之曰聞復」之語；思聰時年二十九。周必大《省齋文稿》卷十八《題蘇季真所藏東坡墨迹》：「元祐六年夏，坡公既作《聰聞復字序》。」是墨迹題作如此。

《紀年録》：「四月到闕，二日，作《送聰師歸孤山敍》。」文字有明顯訛脱，未敢妄加揣測。今依周必大之文繫於此。

《詩話總龜》前集卷三十七引《王直方詩話》：「東坡號思聰詩為《水鏡集》，又作序贈之，云：『聰能為水鏡以一含萬，則書與詩當益奇，吾將觀焉，以為聰得道深之候。』及聰來京師，種種不進，有人戲之云：『水鏡年來亦太昏。』」「聰能」云云，在送敍中。

吴郡陸廣秀才施《聖散子》方并藥於京師，作《聖散子後序》。

序見《文集》卷十（三三二頁），有「去年春杭之民病」語，知作於今年，或為夏季事。

王詵（晉卿）畫《邢和璞房次律悟前生圖》，蘇軾説偈，並題詩贈柳子文。

偈見《詩集》卷四十八（二六二五頁）。贈詩乃《詩集》卷三十三《書破琴詩後》。《嵩山文集》卷十八《題破琴詩後》：「予有王晉卿淡碧絹畫《房琯悟前生圖》，寫此詩於其後，甲午年遭火矣。靖康丁未正月十三日，晁説之題。」可參。

賀鑄以李清臣、范百禄及蘇軾薦，改西頭供奉，入文資，為承事郎。

《慶湖遺老詩集》附程俱撰鑄墓銘：「元祐七年，學士清臣、百禄、軾薦於朝，改承事郎。」《唐宋詞人年譜·賀方回年譜》本年紀事：「《詩集》（按：謂《慶湖遺老詩集》）五《易官後呈交舊》云：『當年筆漫投，説劍氣横秋。自負虎頭相，誰封龍頷侯。聊辭噲等伍，濫作詩家流。少待高常侍，功名晚歲收。』正謂易文階，而注云『辛未六月京師賦』，比墓誌早一年。」以下云「墓誌殆偶誤」。《慶湖遺老詩集》卷四：本年六月至七年九月居京師。卷三《和杜仲觀青字詩》注謂元祐元年四月京師賦，自是至二年仲冬之官歷陽（卷三《東畿舟居阻雪懷寄二三知舊》注），皆居京師。鑄與軾當有直接交往，惜不見文字。軾等薦文不見。

七月二日，撰《賜河東節度使太師開府儀同三司太原尹致仕文彦博温溪心馬詔》。

據《文集》卷四十。《文集》題下原注：「元祐四年七月二日下院。」《總案》：「元祐六年六七月所行内制，本集遂譌作四年六七月。是時公出知杭州，豈有内制！考《東都事略》：文彦博以五年二月致仕，則此詔作『四年』，明係『六年』之譌。」

按：《總案》是。《宋史·宰輔表》元祐五年紀事：「二月庚戌，文彦博自太師、平章軍國重事以守太師、儀同三司、河中興元尹、護國軍山南西道節度使致仕。」可證。查《文集》卷四十，内制制文原謂撰於元祐四年六七月之間者，除賜文彦博詔外，尚有《賜右正議大夫守尚書左僕射吕大防生日詔》等三詔，卷四十二有《撫問鄜延路臣寮口宣》等二十八詔，卷四十三有《皇帝達太皇太后回大遼皇帝賀坤成節書》二篇。此三十四文，皆作於本年六七月間，兹綜述於此，不一一分述。

同日，奏進單鍔《吴中水利書》狀。蓋以吴中多水患，狀自治本立言。不報。

狀見《文集》卷三十二（九一五頁），并録進單鍔《吴中水利書》，請行之。《墓誌銘》：「公復言：三吴之水，瀦為太湖，太湖之水，溢為松江以入海，海日兩潮，潮濁而江清，潮水嘗欲淤塞江路，而江水清駛，隨輒滌去，海口常通，則吴中少水患。昔蘇州以東，公私船皆以篙行，無陸挽者，自慶曆以來，松江大築挽路，建長橋以扼塞江路，故今三吴多水，欲鑿挽路為千橋以迅江勢。亦不果用，人皆恨之。」此處所引蘇軾語，皆見狀。

鍔字季隱，事迹詳《擒文堂集》卷十五墓銘。《吴郡志》卷十九謂蘇軾在翰苑奏其《吴中水利書》，「請行之，弗果」；除《吴中水利書》外，鍔尚有《荆溪集》、《陽羨風土記》，不傳。

辭免撰趙瞻神道碑。

文見《文集》卷三十三（九二九頁）。文謂七月上，未署日期，次《進單鍔吴中水利狀》後。

六日，再乞郡。

劄子見《文集》卷三十三（九三〇頁），爲迴避賈易；謂易乃程頤死黨，「專欲與頤報怨」。易時在言路。

十二日，乞將上供封樁斛斗應副浙西諸郡接續糶米。從之。

劄子見《文集》卷三十三（九三一頁）。本月二十八日所上《乞外補迴避賈易劄子》有在杭及替還并到闕所奏蒙「採納施行」之語，是從其請也。

封樁乃官庫之名，見《揮麈録·後録》卷一：神宗遵太祖遺意，聚積金帛成帑，後來所謂御前封樁庫者是也。

乞擢用程遵彥。

狀見《文集》卷三十三（九三三頁），謂七月上，次十二日所上劄子後。

二十二日，賜詔乞郡不允。先是四上章乞郡，至是不允詔下。

不允詔乃《范太史集》卷二十八《賜翰林學士承旨蘇軾乞郡不允詔》，云「近者四次上章，乞除一郡」。

本月六日所上乃其一，其他未見。

二十八日，乞外補迴避賈易，上劄子。

劄子見《文集》卷三十三（九三四頁）；一爲法外刺配顔章、顔益一事，易「欲收拾砌累，以成臣罪」；一爲易扇摇臺官安鼎、楊畏論累次奏論浙西水災事，爲「回邪之人，眩惑朝廷，乞加考驗，治其尤者」。

《文集》卷三十二《杭州召還乞郡狀》：「自出知杭州二年，粗免人言，中間法外刺配顔章、顔益二人，蓋攻積弊，事不獲已。陛下亦已赦臣，而言者不赦，論奏不已。其意豈為顏章等哉？以此知黨人之意，未嘗一日不在傾臣，洗垢求瑕，止得此事。」

《上清儲祥宮碑》撰成。

文見《文集》卷十七。文有「訖六年之秋」語，當成於秋初。《總案》繫此文於閏六月，誤，本年乃閏八月。

《邵氏聞見後録》卷五：「東坡《書上清宮碑》云：『道家者流，本於黄帝、老子。其道以清淨無為為宗，以虚明應物為用，以慈儉不争為行，合於《周易》何思何慮、《論語》仁者静壽之説，如是而已。』謝顯道親見程伊川誦此數語，以為古今論仁，最有妙理也。」

《容齋隨筆》卷十五《孔氏野史》謂世傳孔平仲（毅甫）《野史》一卷，中謂：「蘇子瞻被命作《儲祥宮記》，大貂陳衍幹當宮事，得旨置酒與蘇高會，蘇陰使人發，御史董敦逸即有章疏，遂墮計中。」云云。洪邁謂此書决非平仲作，「其謬妄不待攻」。衍，見紹聖元年六月十八日紀事。

《鐵圍山叢談》卷二：「上清儲祥宮者，乃太宗出藩邸時藝祖所錫予而建也。中遭焚燬，神廟時召方士募人將成之，未就。及宣仁高后垂簾，乃損其服御而考落焉，因詔東坡公為之記，而哲廟自為書其額。」黨禍起，碑毁，蔡京更其辭。

應周尹（正孺）之請，為元祐三年在朝諸人送其知梓州詩作跋。

跋見《文集》卷六十七（二一二三頁）；時亦有意乞梓州，以梓人留尹，乃止。

參元祐三年七月丙辰紀事。

蘇軾此後，與尹無文字交往記載。《范太史集》卷五十五《手記》有尹，謂已卒。其卒約在元祐末。

《文集》卷五十八《與孫正孺》第一簡：「為公作得送行詩跋尾。」是「孫」為「周」之誤。簡又云「履兹餘熱」，季候亦合。第二簡當作於此略後。

嘗薦龔夬，詔為著作郎。約為此時事。

光緒《邵武府志》卷十九夬傳謂夬登本年進士第，云：「考官翰林學士范祖禹奇之，嘗對蘇軾言：『夬文可以經世。』軾薦於上，詔為著作郎。參知政事韓忠彦力言夬忠直可補彈糾之職，召為殿中侍御史。即抗疏明元祐黨人之冤，上納之，為徙黨人於内地。又劾蔡卞、章惇貪緣為奸，在君側則蔽主德，在州郡則害蒼黎。蔡京銜之，謫監揚州酒税，後以其名入元祐黨籍。」

張大亨（嘉父）來訪於京師。嘗為大亨論《春秋》，大亨有論《春秋》專著。

《文集》卷五十三與大亨第一簡：「都下紛紛，不遂欵奉，别後思念深矣。」以下敍「汝陰僻陋」，為本年事。此乃第三次相晤。《欒城先生遺言》謂轍、軾治《春秋》，「元祐間，後進如張大亨嘉父亦攻此學，大亨以問坡，坡答書云（略）」。答書乃與大亨第七簡。

《直齋書録解題》卷三：「《春秋通訓》十六卷，《五禮例宗》十卷。直秘閣吴興張大亨嘉父撰。其自序言：少聞《春秋》於趙郡和仲先生。某初蓋嘗作《例宗》，論立例之大要矣。先生曰：『此書自有妙用，學者罕能領會，多求之繩約中。乃近法家者流，苛細繳繞，竟亦何用。惟丘明識其用，然不肯盡談，微見端兆，使學者自得之。」予從事斯語，十有餘年，始得其彷彿。《通訓》之作，所謂去例以求經，略微文而識大體者也。」以下謂「《例宗》考究未為詳洽」。「此書」云云，即見第七簡。簡勉大亨「著成一家之言」，並謂為學之道在「博觀而約取」。此簡作時待考，姑繫此。

大亨二書，《宋史·藝文志》著録。其書，或成於徽宗時。

八月二日，跋王鞏（定國）《挑耳圖》。

文見《文集》卷七十（二二一七頁）。

同日，侍御史賈易論蘇軾元豐八年五月一日揚州題詩意存不善，并論其他事，亦及弟轍。

據《長編》卷四百六十三。《長編》謂賈易言：「尚書右丞蘇轍，厚貌深情，險於山川，詖言殄行，甚於蛇豕。以下云：「其兄軾，昔既立異以背先帝，尚蒙恩宥，全其首領，聊從竄斥，以厭衆心。軾不自省循，益加放傲，暨先帝厭代，軾則作詩自慶曰：『山寺歸來聞好語，野花啼鳥亦欣然。此生已覺都無事，今歲仍逢大有年。』書於揚州上方僧寺，自後播於四方。軾内不自安，則又增以別詩二首，換詩板於彼，復倒其先後之句，題以元豐八年五月一日，從而語諸人曰：『我託人置田，書報已成，故作此詩。』且置田極小事，何至『野花啼鳥亦欣然』哉！又先帝山陵未畢，人臣泣血，號慕正劇，軾以買田而欣踴如此，其義安在？謂此生無事，以年逢大有，亦有何説乎！是可謂痛心疾首而莫之堪忍者也。後於策題，又形譏毀，言者固常論之，及作吕大防左僕射麻制，尤更悖慢，其辭曰『民亦勞止，庶臻康靖之期』，識者聞之，為之股慄。夫以熙寧、元豐之政，百官修職，庶事興起，其間不幸，興利之臣希冀功賞，不無掊刻，是乃治世之失，何至比於周厲王之時《民勞》、《板蕩》之詩刺其亂也。軾之為人，趨向狹促，以沮議為出衆，以自異為不羣，趨近利，昧遠圖，效小信，傷大道，其學本於戰國縱横之術，真傾危之士也。先朝行免役，則以差役為良法，及陛下復行差役法，軾則以免役為便民，至敢矯稱先帝之意，欲用免役羨錢盡買天下附郭良田以給役人，向使朝廷輕信而用之，則必召亂，賴言事者排其謬妄，聖明察見其傾邪，故斥其説而不用也。其在杭州，務以暴横立威，故決配税户顔章兄弟，皆無罪之人，今則漸蒙貸免矣。既而專為姑息，以邀小人之譽，兼設欺弊，以竊忠藎之名。如累年災傷，不過一二分，軾則張大其言，以甚於熙寧七八年之患，彼年饑饉疾疫，人之死亡者十有五六，豈有更甚於此者。又嘗建言以興修水利者，皆為虚妄無實，而自為奏請浚治西湖，乞賜度牒賣錢雇役，聞亦不免科借居民什器畚插之類，虐使捍江廂卒，築為長隄於湖中，以事遊觀，於公私并無利害。監司畏其强，無敢觸其鋒者，况敢檢按其不法耶！今既召還，則盛引貪利小人相與倡言，聖眷隆厚，必求外補，非首相不可留也。原軾、轍之心，必欲兄弟專國，盡納蜀人，分據要路，復聚羣小，俾害忠良，不亦懷險詖覆邦家之漸乎！臣自被命以來，數使人以甘言誘臣者，或云軾深嘆美，恨相知之晚，或云今之除授，轍有力焉，而臣之樸愚，不喜詭隨，不知為身謀，故漠然未嘗答也。」以下云：「伏望聖慈覽觀用人得失，所繫輕重，赫然發於睿斷，特行斥免，天下幸甚。」《長編》謂：「易以戊子朔奏疏，翌日，太皇太后封付吕大防、劉摯，且諭令未得遍示三省官。（原注：此據吕大防家所藏詔、札）」

《文集》卷三十二《杭州召還乞郡狀》：「臣又素疾程頤之姦，未嘗假以色詞，故頤之黨人，無不側目。

自朝廷廢黜大姦數人，而其餘黨猶在要近，陰為之地，特未敢發爾。」

四日，上《辨賈易彈奏待罪劄子》。先是賈易、趙君錫論秦觀，事涉蘇軾，乃辨之。觀旋罷正字。

劄子見《文集》卷三十三，言：「臣今月三日，見弟尚書右丞轍為臣言，御史中丞趙君錫言，秦觀來見君錫，稱被賈易言觀私事，及臣令親情王遹往見君錫，言臺諫等互論兩浙災傷，及賈易言秦觀事。乞賜推究。」又云：「臣既備位從官，弟轍以臣是親兄，又忝論思之地，不免時時語及國事。臣不合輒與人言，至煩彈奏，見已家居待罪，乞賜重行朝典。」

《長編》卷四百六十三有關紀事，可為了解此劄子之參考，兹節録於下。《長編》本月戊子朔引劉摯紀事云：「初，除觀為正字，用君錫之薦。既而賈易詆觀『不檢』之罪。同日，君錫亦有一章曰：臣前薦觀，以其有文學，今始知其薄於行，願寢前薦，罷觀新命，臣妄薦觀，罪不敢逃也。觀亦有狀辭免。今日君錫之疏曰：二十七日，觀來見臣，言賈御史之章云『邪人在位，引其黨類』，此意是傾中丞也；今賈之遺行如觀者甚多，中丞何不急作一章論賈，則事可解。觀之傾險如此，乞下觀吏究治之。緣臣與賈易二十六日彈觀才一夕，而觀盡得疏中意，此必有告之者。朝廷之上，不密如此！觀訪臣既去，是日晚，有王遹來，蘇軾之親也。自言：『軾遣見臣有二事。其一則言，觀者，公之所薦也，今反如此。其一則兩浙災傷如此，而賈易、楊畏乃言傳者過當，欲令朝廷考虛實，朝廷從其奏。於是，給事、兩諫官論駁，以謂當聽其賑恤，不可先以核實之旨恐之。夫台諫之言不同如此，中丞豈可不為一言？』臣以為觀與遹皆挾軾之威勢，逼臣言事，欲離間風憲，臣僚皆云奸惡，乞屬吏施行。夫君錫之薦觀也，非本知觀也，未拜中丞時，觀多與王鞏游飲，君錫在焉，緣此習熟。既為中丞，鞏迫令薦之。觀，軾之客也。故凡不喜軾者，皆咎君錫。及易至，亦以君錫薦觀為非。會觀有正字之除，易率先一章，君錫遂翻然首之，首觀可也，今日之章似乎太甚。君錫與軾極相友善，兼所傳言無他禱請，遽白之，朋友之道缺矣，不白之，於義未有害也。摯謂君錫深惜此舉，議者以君錫為易所凌劫，至於如此云。」本月壬辰紀事引賈易章所云王遹事云：「臣近因秦觀除正字，言其刻薄無行，不可污辱文館。翌日，中丞趙君錫與臣言。」以下引君錫言：昨晚，有主簿王遹來相看，乃出蘇軾柬帖別紙云：「專令親情王遹去相見，希亮察。」可為趙君錫章之補充。

《文集》卷六十一《與參寥子》第七簡：「少游近致一場鬧，皆羣小忌其超拔也。」

觀罷正字，依舊校對黄本書籍，乃本月六日事，見《長編》卷四百四十六。《長編》言：「以御史賈易言觀過失及觀自請也。」

同日，執政吕大防、劉摯等論奏延和殿前，擬蘇軾、賈易兩罷。

據《長編》卷四百六十三。《長編》云：「是日，執政奏事罷，蘇轍獨進曰：『昨見趙君錫章，言臣兄軾交通言語事。晚聞臣兄云：實有此，然非有所干求，已居家待罪。臣兄所以知朝廷文字，實緣臣退朝多與兄，因語次，遂及朝政。臣非久，亦當引咎請外。』已而大防、摯留，身稟昨封易疏。（太皇太后）宣諭曰：『（易）排擊人太深，須與責降。』大防對曰：『易誠過當，然若遽責降，則恐言事臣僚不見因依，定須論列。今若早欲定疊，不若并蘇軾兩罷為便。』可之。仍曰：『易勿太優。』摯因奏：『言事官須審聽人言語次第，易為人所使，今兩罷甚平，且可以息事。容進入文字。」

壬辰（初五日），蘇軾為龍圖閣學士、知潁州，賈易知廬州。先是軾欲應張方平之約請南都，以曾肇（子開）之故，不請。

壬辰云云，據《長編》卷四百六十三。《長編》云：「先是一日，內降批付三省，軾累乞外任，可依所奏；易言事失當，可與外任也。是日，輔臣聚都堂，蘇轍道其兄軾意於吕大防、劉摯，聞昨既有旨與外任，而諸公欲以南京處之，固幸甚，然王鞏在彼，恐兩有未安，與之友善，必於公家有難為，願得陳、潁之類，幸也。乃同入文字，以軾知潁州，易知廬州。」以下引蘇頌云：「承旨罷，當除端明殿學士。衆云今罷略有因依，不若平去省事也。乃復為龍圖閣學士，既而軾熟狀書可。」

《長編》卷四百六十四本月癸卯紀事：易改知宣州，以除郡太優。

《文集》卷五十二《與王定國》第二十五簡：「某已得潁州，極慰所欲，但不副張公之意。蓋旬日前得子開書，極來相禱，方安於彼，不欲移也。故不敢乞。」第二十六簡：「某甚欲得南都，而姪女子在子開家，亦有書來，云子開欲之，故不請。」第三十一簡：「某甚欲赴樂全之約，請南都，而子開有書切戒不可。又姪女亦有書云，舅姑方安於彼，不可奪也，故不欲請。」此姪女，乃弟轍第五女，適曾肇之子縱（元矩）。參《蘇潁濱年表》、《中華文史論叢》一九八六年第二輯曾棗莊《三蘇姻親考》第四節。

同日，趙君錫上章言賈易無罪，并續論蘇軾所題詩為無禮於神宗，乞以蔡確事為例論罪。

據《長編》卷四百六十三。《長編》云「君錫繼上兩章，言賈易何罪」，又言：「臣昨論於先帝上仙之初作詩喜幸，乞正典刑；及易劾軾之罪，不可使之外補，事體至大，并未蒙施行。臣伏以前日蔡確之事，坐不言與救解，自宰臣以下罷黜者凡八人，是朝廷深責臣子之背公死黨，使天下明知無禮於君者，不可不急擊而必去之也。今易憤軾之負恩懷逆，首行彈劾，而言纔出口，反蒙貶逐，豈非與前行事大相違戾乎！蓋蔡確無禮於太皇，與軾無禮於先帝，其罪一也。豈可確則流竄遐荒，軾則一切不問。」末云「伏望二聖質以近事，早賜睿斷，以解釋天下之非議」。

癸巳（初六日），輔臣奏事延和殿，弟轍代奏揚州題詩事；太皇太后高氏謂蘇軾揚州題詩與蔡確事全別；輔臣欲令蘇軾具題詩因依，太皇太后以為可。趙君錫罷御史中丞，復為吏部侍郎。

據《長編》卷四百六十三本月壬辰紀事。《長編》云：「翌日，輔臣奏事延和殿，次至臺諫交章。」以下謂轍進言：「『（臣兄）乙丑年三月六日，在南京，聞裕陵遺制，成服後，蒙恩許居常州。既南去至揚州，五月一日在竹西寺寺門外道旁，見十數父老説話，内一人合掌加額曰：聞道好箇少年官家。臣兄見有此言，中心實喜，又無可語者，遂作二韻詩記之於寺壁，如此而已。今君錫等加誣，以為大惡，兼日月相遠，其遺制豈是山寺歸來所聞之語。伏望聖慈體察。今日進呈君錫等文字，臣不敢與。』遂先下殿。既進稟，諭：『君錫莫須罷中丞？相公濾莫且要朝廷事寧貼？君錫少持守，兼所言軾事，怎生行得。此與蔡確事全別。兼確自以姦邪為惡，昨恐官家奈何此人不得，久遠為朝廷大患，故貶之，其作詩亦是小事。』劉摯曰：『君錫舊為吏部侍郎，欲令還舊官，君錫卻實是端人，但此事首尾思慮不至。』諭曰：『亦深知君錫好人，只被賈易所使，自家執守在甚處，還他舊官甚好。』呂大防曰：『軾詩亦須取軾一文狀。』諭曰：『莫不銷。』摯曰：『此事不可便已，朝廷須要作箇行遣，他日未免人指點，今可令軾分析因依。』可之。」又云：「退以君錫帶舊待制為吏部。」

八日，奏元豐八年五月一日題詩揚州僧寺因依。太皇太后高氏謂趙君錫、賈易所奏蘇軾題詩事為誣。題詩論争息。作《黠鼠賦》。

《文集》卷三十三《辨題詩劄子》、《奏題詩狀》，皆述留題因依。

《長編》卷四百六十四本月乙未（八日）紀事：「他日，樞密院奏事已，韓忠彦問：『趙君錫、賈易罷，不知因依，豈非言蘇軾否？』太皇太后曰：『是也。輒將題詩事誣軾，先帝三月上仙，軾五月題詩，猥云軾則有意，似此使人，何可當也。目前事不言，却尋許多時言，顯是收拾。初，賈易言相次趙君錫，被賈易使之，亦言。軾幸無事。乃似此生事。』忠彦曰：『君錫素無執持，臣從舊識之，大抵不能違人情耳。』」

《墓誌銘》：「六年，召入為翰林承旨，復侍邇英，當軸者不樂，風御史攻公。公之自汝移常也，受命於宋，會神考晏駕，哭於宋，而南至揚州。常人為公買田，書至，公喜作詩，有『聞好語』之句。言者妄謂公聞諱而喜，乞加深譴，然詩刻石有時日，朝廷知言者之妄，皆逐之。公懼，請外補，乃以龍圖閣學士守潁。」

賦見《文集》卷一，《避暑録話》卷下謂蘇軾緣揚州題詩之謗，「不能無芥蔕於心而發於言」，於是作此賦。

九日，劉摯乞保全愛養蘇軾、趙君錫、賈易、鄭雍等人。

據《長編》卷四百六十三本月壬辰紀事。《長編》謂壬辰之「後四日」，即本日，謂劉摯言「蘇軾、趙君錫、賈易、鄭雍輩皆是善人端士，忠於朝廷，陛下擢用至此，他日得力可用之人，今來却自相攻殘，徒快小人之意，臣深惜之，此數人，望太皇、官家保全愛養，以待異日任使」，「太皇聞『自相攻殘』之語，笑曰：『只是為他澁不肯省事。』」

十三日，論漱茶之益，作《漱茶説》。

文見《文集》卷七十三，詳述個人漱茶之法。

十五日，與甥柳閎（展如）飲酒，論李白、韓愈詩。

《文集》卷六十七《書韓李詩》敍之。

乙巳（十八日），詔杭州管病坊僧人每三年醫較千人以上，特賜紫衣及度牒一道，從蘇軾請。

據《長編》卷四百六十四。

知潁州告下，并賜對衣金帶馬，有謝表。

謝表分別見《文集》卷二十三、二十四（六八六、六八九頁）。

朝廷以撰《上清儲祥宫碑》賜銀一千兩，上劄子辭免，不允。

《范太史集》卷二十八《賜新授龍圖閣學士知潁州蘇軾辭免賜銀不允詔》首云「省所劄子，奏辭免撰及書《上清儲祥宫碑》賜銀一千兩不敢祗受事」。劄子已佚。

得潁，致簡王鞏(定國)，敍到潁欲作之事，感歎親友之間動成陷穽。

《文集》卷五十二與鞏第二十八簡敍到潁欲著書，少自表見於來世；迨、過有文章材性，欲督教之；從來頗識長年養生妙理，欲論述之。第二十九簡云「《硯銘》，到潁當寄上」，此簡當爲第二十八簡附簡。第二十六、二十七簡敍親友動成陷穽，後者并云「某所被謗，仁聖在上，不明而明，殊無分毫之損，但憐彼二子者，遂與舒亶、李定同傳爾」，謂賈易、趙君錫。

畢仲游來謁。

《西臺集》卷十《上蘇内翰》第一簡云本歲起於罪罰之餘，適值知府龍圖内翰「將赴汝陰，僅得再請候門下，而荷眷逾厚，知奬更深」。

秦觀作《南歌子》贈朝雲，亦賦《南歌子》(「雲鬢裁新緑」)答之。

《詩話總龜》後集卷三十五引《藝苑雌黄》：「朝雲者，東坡侍妾也。嘗令就秦少游乞詞。少游作《南歌子》贈之云：『靄靄迷春態，溶溶媚曉光。不應容易下巫陽。只恐翰林前世、是襄王。暫爲清歌駐，還因暮雨忙。瞥然歸去斷人腸。空使蘭臺公子、賦《高唐》。』」

《淮海居士長短句》「翰林」作「使君」，謂詞作於蘇軾出知潁州時。時觀官秘書省，故自稱蘭臺公子。軾詞見《全宋詞》第三二七頁，曾棗莊《蘇軾評傳》謂軾詞乃答觀詞，約作於同時。

晁端彦會賈易與蘇軾，賈、蘇相互嘲諷。

《過庭録》：「晁端彦美叔，一日會賈易及東坡。賈時臺諫，蓋嘗劾坡於朝。晁亦忘其事，遂同會。酒酣，坡言曰：『某昨日造朝，有一人乘酒卧東衢，略不相避，某頗怒之，因命左右曰：擒而綳之。酒者曰：爾又不是臺諫，只有胡綳亂綳。』賈應聲曰：『誰教汝辯！』坡公終席不樂。美叔終身自悔拙於會客。」

端彦時為江淮荆浙等路發運使，見元祐七年「江淮荆浙等路發運使晁端彦暨諸郡有賀啟」條，時當以事至京師。

在京師期間，題王詵（晉卿）畫詩九首。

《詩集》卷三十三有《次韻子由書王晉卿畫山水一首而晉卿和二首》，弟轍原韻見《欒城集》卷十六，題作《題王詵都尉設色山卷後》。詵詩已佚。

《詩集》卷三十三有《次韻子由書王晉卿畫山水二首》、《又書王晉卿畫四首》。《欒城後集》卷一《次韻題畫卷四首》，乃次後者之韻。

《詩集》卷三十三尚有《題王晉卿畫後》。

駙馬都尉張敦禮（君予）請法雲寺法涌禪師善本作水陸道場，為作《水陸法像贊》，或為此時事。

文見《文集》卷二十二。

嘗擬乞許。覬至許斬彭孫，以彭諂上欺下作惡也。

《文集》卷七十二《彭孫諂李憲》敍孫惡，末云：「予時將乞許，覬至郡考其實，斬訖乃奏。會除潁州而止。」時孫在許。孫字仲謀，連城人。《永樂大典》卷七千八百九十四引《臨汀志》有傳。傳云神宗末乞歸。據軾文，知哲宗時孫又出仕。

與張元明簡，請為詮秘大師視疾。或為此時事。

《文集》卷五十六與元明第一簡：「有一詮秘大師者，與之久故。患痢後，腸滑，甚困，欲煩一往視療之，可否？」簡言詮秘居興國寺戒壇院，或作於自杭召還館於興國寺東堂時。

與元明第二簡作於此後不久，簡所云「此人」，即詮秘。

元祐三年「與李之純簡薦引張君房」條，已言疑元明即君房，元明或新自蜀中來。

舉陳軒自代，或為此時事。

《范太史集》卷五十五《手記》：「陳軒元輿，坡舉自代。」舉狀佚。

將赴潁，致簡趙令時（德麟）。

《文集》卷五十二與令時第一簡首云「候吏來」，謂潁有專使至。以下云「特承書教」，知令時來簡。簡云「養痾便郡，得親宗彥，幸甚」。時令時為簽書潁州節度判官廳公事（見本年閏八月紀事），故如是云。

作《感舊詩》留別弟轍。弟轍上狀乞出，不許。乃續留為尚書右丞。

詩見《詩集》卷三十三，云「新秋入梧葉」。《欒城後集》卷一有次韻。

《欒城後集》卷十六《兄除翰林承旨乞外任》第四狀，作於兄軾除潁後。續為尚書右丞，見《蘇潁濱年表》、《宋史·宰輔表》。

出京師，赴潁州。在京師凡三月，弟轍有詩敍之。

出京師約爲八月底、閏八月初事。《詩集》卷三十七《東府雨中別子由》：「前年適汝陰，見汝鳴秋雨。」《欒城後集》卷一《次韻子瞻和淵明飲酒》其十五：「去年旅都城，三月不求宅。彼哉安知我，争掃習禮迹。三已竟無怨，心伏鷙鳥百。無私心如丹，經患髮先白。功名已不求，餘事復何惜。」

閏八月十三日，過陳，見張詠曾孫祖；應祖之請，題詠書後。

文見《文集》卷六十九（二一九九頁）。

詠，《宋史》卷二百九十三有傳。有《乖崖集》傳世。

十七日，舟行入潁州界。

據《文集》卷七十三《醫者以意用藥》；憶二十年前見歐陽修於潁事。

二十二日，到潁州任，進謝上表。上謝執政啟。

表見《文集》卷二十四（六九〇頁）。啟見卷四十六（一三三三頁）。《施譜》：「閏八月到任。」潁屬京西北路，縣四：汝陰、泰和、潁上、沈丘。

前任爲陸佃，有與佃簡。

《渭南文集》卷三十一《跋坡谷帖》：「先大父左轄，元祐中自小宗伯自請守潁，逾年移南陽。而蘇公自北扉得潁，與大父爲代。此當時往來書也。書三幅。前後二幅，藏叔父房。其一幅，則從伯父彦遠得之，亡兄次川又得於伯父，此是也。」簡佚。佃，《宋史》卷三百四十三有傳。元祐元年六月，蘇軾等議以富弼配享神宗，其中有佃。《文集》卷三十三《奏論八丈溝不可開狀》謂佃亦以為不可開。佃紹聖落職，軾念及之，見《文集》卷五十二《與張文潛》第二簡。

時京西路轉運副使為劉昱（晦叔），弓允（明父）權府提刑。

《長編》卷四百五十七本年四月乙未：「户部郎中劉昱為京西路轉運副使。」《文集》卷四十七《與潁州運使劉昱啟》，《七集·後集》「潁州」作「京西」。《西臺集》卷十三《吏部郎中劉公墓誌銘》謂昱為曹人，嘉祐中高第，官至吏部郎中。為官五十六年，有循吏風。卒於政和四年，年八十一。《斜川集》卷三《劉晦叔挽詞》：「潁水欣承杖履游。」

《文集》卷五十九《與明父權府提刑》：「到官半歲，依庇德宇。」作於元祐七年春。

朱勃為本路轉運判官，陳師道為潁州州學教授，趙令畤為簽書潁州公事，董華為僚屬。

勃任職見《文集》卷三十三《奏論八丈溝不可開狀》。字遜之，見《詩集》卷三十四《贈朱遜之》注文。《彭城集》卷二十二有《太僕寺丞朱勃可權遣虢州制》。《范太史集》卷五十五《手記》謂本年閏八月二十七日與朱光庭同舉御史。本年九月二十七日，范祖禹薦；七年十月，改河東運副；八年三月，為右正言；紹聖四年四月，以右司諫論事；閏四月，為河北運副。見《長編》卷四百八十二元祐八年三月癸卯紀事及注文。洛陽人，敦儒父，又字彥素，見《省齋文稿》卷十八《跋汪季路藏張文潛與彥素帖》。

師道任職見《詩集》卷三十四《復次韻謝趙景貺陳履常見和兼簡歐陽叔弼兄弟》「施註」。《宋史》卷四百四十四《陳師道傳》：「官潁時，蘇軾知州事，待之絕席，欲參諸門弟子間，而師道賦詩有『嚮來一瓣香，敬為曾南豐」之語，其自守如是。」詩見《後山集》卷一《觀兗文忠家六一堂圖書》。令時任職見《文集》卷三十四《薦宗室令畤狀》。《文集》卷十《趙德麟字説》謂守穎「始與越王之孫、華原公之子簽書令畤遊」。華原名世曼，見《經進東坡文集事略》卷二《秋陽賦》注文。《長編》卷四百八十四元祐八年五月壬辰引黄慶基奏謂軾知穎與令畤「往還甚密，每赴趙令畤筵會，則坐於堂上，入於卧内，惟兩分而已，其家婦女，列侍左右」。以下云士論極不滿。此乃攻軾之詞，有渲染，然可見親近。《文集》卷五十二與令畤第八簡：「遲暮相從，傾蓋如故。」卷六十《與人三首》其三：「出守幸獲相聚，每得見，翛然忘懷，為益多矣。」此「人」乃令畤，敍此時事。

《文集》卷五十一《與王定國》第二十一簡「本州職官董華，密人也，能道公政事，歎服不已。」作於穎。

謁孔子廟，作祝文。

《文集》卷六十二有穎州《謁文宣王廟祝文》；又有《謁諸廟祝文》。

九月一日，祭歐陽修夫人薛氏，有文。

文見《文集》卷六十三(一九五六頁)。

丁酉(十二日)，特賜司馬槱(才仲)同進士出身，王當(子思)堂除簿尉。二人以蘇軾薦，應賢良方正能直言極諫科，故有是賜、除。

丁酉云云，據《長編》卷四百六十六；槱以河中府司理參軍、當以眉州眉山縣布衣應試，二人初考皆第五等，詳定從之。《范太史集》卷五十五《手記》謂槱「元祐五年八月舉賢良」，至是特賜。

《春渚紀聞》卷七《司馬才仲遇蘇小》謂櫄乃蘇軾薦，「遂為錢唐幕官」，不踰年而卒於杭。《嬾真子》謂櫄與弟棫皆豪傑士，咸未四十而卒。《雲巢編》卷一，《參寥子詩集》卷七、八、九有詩及櫄。《郡齋讀書志》卷四下著録櫄《夏陽集》二卷，已佚，並謂櫄乃光姪孫。《宋詩紀事》卷三十三有櫄詩。

《直齋書録解題》卷三謂當乃蘇軾薦應制科。《文獻通考》卷一百八十三謂蘇轍薦，今從前者。前者著録當《春秋列國君臣傳》五十一卷，並謂當議論純正，文辭簡古。《蜀中廣記》卷四十六《人物記》有當傳，謂當幼好學，博覽古今，應試後調龍游縣尉，蔡京知成都，舉為學官，不就，蔡入相，不復仕，子偁，著《東都事略》。卷九十一著録當《春秋列國諸臣傳》六十三卷，與《直齋》不同，與當傳所言五十卷亦不同；並謂此書效《史記》所作，凡一百三十四人，十萬餘言。卷九十四著録當《兵書》十卷。皆佚。

西湖徙魚，蘇軾作放魚詩，陳師道次韻。軾復次韻。二詩見《詩集》卷三十四（一七八七、一七八八頁）。師道次韻乃《後山集》卷三《次韻蘇公西湖徙魚三首》。

十五日，觀月聽琴西湖，賦詩示坐客。陳師道有和，復次韻。

十五日云云，見《詩集》卷三十四（一七九〇頁）。次韻見同上卷同上頁。

《後山集》卷二《次韻蘇公西湖觀月聽琴》：「公詩端王道，亭亭如紫雲。落世不敢學，謂是詩中君。獨有黄太史，抱杓挹其尊。（下略）」

《北湖集》卷一《無著以東坡西湖觀月聽琴詩示余，因次韻》：「白月在湖底，脱冠睇微雲。從來雍門恨，世上惟有君。往時東坡老，為子持一樽。東坡只飯豆，未辨汁滓醲。獨愛三昧語，昵昵出斷紋。東坡拍手笑，俗耳曾不聞。延州亦窮相，坐睡徒昏昏。都梁固高徹，淮水元自渾。」

《北湖集》，吳則禮撰。則禮字子副，中復子。以父澤入仕。嘗以直秘閣知虢。晚居豫章，自號北湖居士。《直齋書録解題》卷十七著録《北湖集》十卷、《長短句》一卷。原本已佚，今傳者乃《永樂大典》輯本。

二十七日，答范祖禹（純夫）簡，以與其叔百禄同侍邇英為榮。

簡見《文集》卷五十，為答祖禹第五簡。簡有「比日履兹初冬」之語，今年閏八月，立冬在九月。簡稱祖禹為給事侍講。

同日，上清儲祥宮成，降德音。有賀表，並撰告諸廟祝文。

同日云云，見《宋史·哲宗紀》：「壬子，宮成，減天下囚罪一等，徒以下釋之。」壬子乃二十七日。

賀表見《文集》卷二十四（六九一頁），祝文見《佚文彙編》卷一（二四三五頁）。

《文集》卷五十二《與趙德麟》第五簡敘及詢問令時是否當作賀表，可參。

子邁赴河間令任，過京師，弟轍有送行詩。

《墓誌銘》：「邁，雄州防禦推官，知河間縣事。」

《欒城後集》卷一《送姪邁赴河間令》：「老去那堪用，恩深未敢歸。誰能告民病，一一指吾非。爾去河間治，無嫌野老譏。仍將尺書報，勿復問從違。」

《文集》卷六十一《與參寥子》第七簡：「邁已赴河間。」作於潁。邁赴任，在軾守潁時。《總案》謂邁令河間，唯見《欒城集》，偶疏；次於赴潁前，亦誤。

與錢勰（穆父）簡，以子邁為託。時勰知瀛州。

《文集》卷五十一與勰第十三簡：「邁拙而愿，既備門下人，又旦夕左右，想蒙提誨如子姪，不在區區干禱也。」瀛州治河間。

《長編》卷四百六十六：本年九月辛亥，勰為江淮荆浙等路發運使。簡云「乍到潁」，知為初到時作。

嘗書元淨（辯才）次韻道潛（參寥）詩，為跋。

跋見《文集》卷六十八（二一四四頁）。

《風月堂詩話》卷上：「辯才大師，梵學精深，戒行圓潔，為二浙歸重。當時無一語文章，一日，忽和參寥寄秦少游詩，其末云：『臺閣山林本無異，想應文墨未離禪。』東坡見之，題其後云（略）」引文有「今年八十一歲」之語，《文集》無「今年」二字。今據引文繫入。

三十日，致書元淨（辯才）。同日，元淨卒。有祭文，託道潛（參寥）祭之。與道潛簡。

《文集》卷六十九《跋舊與辯才書》謂元淨始以元祐五年九月三十日入山。「明年是日在潁州作書與之，有『少留山中勿便歸安養』之語，而師實以是日化去」。書見《文集》卷六十一（一八五八頁），祭文見卷六十三（一九六一頁）。

《文集》卷六十一與道潛第六簡：「辯才遂化去，雖來去本無，而情鍾我輩，不免悽愴也。今有奠文一首，并銀二兩，託為致茶果一奠之。」第七簡作於潁，以上「子邁赴河間令任」條已及，簡謝其餽新茗，並云：「紫衣脚色已付錢，今冬必得。已託王晉卿收附遞至智果也。」為道潛請紫衣師號而言。

本月，上《申省論八丈溝利害狀二首》。

狀見《文集》卷三十三。

《文集》卷三十三《奏論八丈溝不可開狀》：「臣先奉朝旨，令知陳州李承之、府界提刑羅適、都水監所差官及本路提刑、轉運司，至潁州與臣會議開八丈溝利害。臣以到任之初，未知利害之詳，難以會議，尋申尚書省乞指揮逐官未得前來，候到任見得的確利害，別具申省，方可指揮逐官前來會議。進呈，奉聖旨，依所乞。」此處所云「別具申省」之狀，即《申省論八丈溝利害狀》；其「申尚書省乞指揮逐官未得前來」狀，已佚。

《申省論八丈溝利害狀》論開八丈溝「決難施行」。

與朱勃（遜之）會議。論八丈溝是否可開事，並與勃論菊。有詩贈勃。

與朱勃云云，見《詩集》卷三十四《贈朱遜之》之引，乃九月事；引云及論菊。《總案》謂與勃會議乃論開八丈溝事，是。勃以為不可開，參「本（十）月奏論八丈溝不可開」條。

送歐陽憲赴官韋城。

《詩集》卷三十四有詩（一七九三頁）；卷四十七《美哉一首送韋城主簿歐陽君》，亦為贈憲作。憲乃修孫、發子，見題下「施註」。

劉季孫寄詩。次其韻。

《皇朝文鑑》卷二十五劉季孫《寄蘇内翰》：「倦壓鰲頭請左符，笑尋潁尾爲西湖。二三賢守去非遠，六一清風今不孤。四海共知霜鬢滿，重陽曾插菊花無？聚星堂上誰先到，欲傍金罇倒玉壺。」據「重陽」句，知作於重陽略後。次韻見《詩集》卷三十四（一七九六頁）。《石林詩話》卷中謂蘇軾得季孫詩大喜；並謂「在潁州和季孫詩，所謂『一篇向人寫肝肺，四海知吾霜鬢斑』，蓋記此也」。「一篇」二句，見《詩集》卷三十四《次前韻送劉景文》。

臂痛謁告作三絶句，陳師道次韻。

蘇軾詩見《詩集》卷三十四（一八〇〇頁）。《後山集》卷八次韻，其一：「静中有業官成集，醉裏無何老是鄉。文寶向來無一物，却須天女與拈香。」其二：「竭澤回波不作難，未應平地起風瀾。是身非有從何病，試下先生一著看。」其三：「紙帳薰爐作小春，貍奴白牯對忘言。更無人問維摩詰，始是東坡不二門。」云「小春」，約及十月。歐陽兄弟參本年以下「賦詩挑歐陽棐弼兄弟」條。

賦詩挑歐陽棐（叔弼）、辯（季默）兄弟。時棐、辯閑居於潁。

《詩集》卷三十四有《景貺履常屢有詩督叔弼季默倡和已許諾矣復以此句挑之》。

《詩話總龜》前集卷一引《王直方詩話》：「東坡云：在潁時，陳無已、趙德麟輩適亦守官於彼，而歐陽叔弼與季默亦又居閑，日相唱和，而二歐頗不作詩，東坡以句挑之云：（略）」

《詩集》卷三十四《復次韻謝趙景貺陳履常見和兼簡歐陽叔弼兄弟》題下「施註」：「東坡在潁半載，自

《放魚》以後，凡五六十詩，蓋陳、趙、兩歐陽相與周旋，而劉景文季孫自高郵來，履常之兄傳道又至，故賦詠獨多。」

贈月長老詩。

詩見《詩集》卷三十四（一八〇二頁），中云：「後夜當獨來，不須主與賓。」約其來。《文集》卷五十二《與趙德麟》第十三簡：「月老亦致意。熱甚，又多病，未暇作《法施堂銘》。」作於揚州。是蘇軾在潁日，月長老嘗求《法施堂銘》也。

與王鞏（定國）簡，敍編次張方平文集事。旋與鞏詩，勉以昌志。

簡乃《文集》卷五十二與鞏第二十四簡，敍方平嘗屬蘇軾編次其文集，以方平急要，取去。簡乞鞏言於方平，「檢閱既了，仍以相付」，以到潁有少暇也。詩見《詩集》卷三十四（一八〇四頁）。詩言昌身、昌詩不如昌氣，而昌氣又「不如昌其志」，以「志壹氣自隨」。以鞏時遭謗讒也。鞏時已罷宿州守。見本年正月十八日紀事。

歐陽恕赴華州監酒，有送行詩。

詩見《詩集》卷三十四（一八〇六頁），時恕為推官。詩云：「死為長白主，名字書絳闕。」自注謂為奕（仲純）事，則恕乃奕子。《欒城集》卷二十五《歐陽文忠公夫人薛氏墓誌銘》：孫男六人，恕，雄州防禦推官，監西京左藏庫。元祐四年作。

十月二日，書《滿庭芳》。

《石渠寶笈》卷七《宋蘇軾書滿庭芳一軸》：「素絹本。大楷書。款識云：調中呂《滿庭芳》，元祐六年十月二日，眉山蘇軾書。」

十四日，以病在告獨酌，招諸君子明日賞月，各賦詩。陳師道次韻。

詩見《詩集》卷三十四（一八〇七、一八〇八頁），諸君子蓋謂趙令畤、陳師道、歐陽兄弟。次韻乃《後山集》卷三《次韻蘇公獨酌》、《次韻蘇公獨酌試藥玉滑盞》。

庚午（十五日），哲宗至國子監。有賀表。

庚午云云，據《宋史·哲宗紀》。表見《文集》卷二十四（六九三頁），以初至也。

應葉康直之請，為作其先墳永慕亭詩。

詩見《詩集》卷三十四（一八一一頁）。康直時知亳州，見《長編》卷四百六十八本年五月甲戌紀事。本年十二月丙寅，康直卒，見《長編》卷四百六十八。康直，《宋史》卷四百十六有傳，入循吏；謂年六十四。

二十五日，作《祈雨迎張龍公祝文》。

文見《文集》卷六十二。《文集》卷六十八《書潁州禱雨詩》：「元祐六年十月，潁州久旱，聞潁上有張龍公神祠，極靈異，乃齋戒遣男迨與州學教授陳履常往禱之。迨亦頗信敬，沐浴齋居而往。」「敬」原作「道教」，今從蘇軾《禱雨帖》影印件。

二十六日，書遣迨與陳師道（履常）禱張龍公神祠事。

據《禱雨帖》。《書潁州禱雨詩》「沐浴齋居而往」後，云：「明日，當以龍骨至，天色少變。二十六日，會景貺、履常、二歐陽，作詩云：（略）」《禱雨帖》則為：「明日，當以龍骨至。天色少變，庶幾得雨雪乎。廿六日，軾書。廿八日，與景貺、履常同訪二歐陽，作詩云：（略）」今從《禱雨帖》。

二十七日，迎張龍公之骨於西湖之行祠。

《文集》卷十七《昭靈侯廟碑》謂龍公乃潁上人張路斯，昭靈侯乃龍公封號。又謂近歲得龍公之蛻骨，以本年秋旱甚，「乃迎致其骨於西湖之行祠與吏民禱焉」。此行祠乃張龍公之行祠，本祠在潁上。廟碑禱雨應後作。

「二十七日」，據「二十六日」所引《禱雨帖》。《禱雨帖》云「當以」，乃擬議。然據《昭靈侯廟碑》，知實按擬議施行。

二十八日，與趙令畤、陳師道同訪歐陽棐（叔弼）、辯（季默），作詩並論詩。

《禱雨帖》：「廿八日，與景貺、履常同訪二歐陽，作詩云：『後夜龍作雨，天明雪填渠。夢回聞剥啄，誰乎趙、陳、予？』景貺拊掌曰：『句法甚新，前人未有此法。』季默曰：『有之。長官請客吏請客，目曰「主簿、少府、我」。即此法也。』相與笑語。至三更歸時，星斗燦然，就枕未幾，雨已鳴簷矣。」

詩見《詩集》卷三十四（一八一二頁）。「後夜」云云即詩中語。

本月，袁百之（必强）卒。蘇軾嘗贊其文。

《學易集》卷七《陳郡袁府君墓誌銘》謂本年十月癸未百之卒；十月無癸未，有誤文。墓銘謂百之開封雍丘人，年四十四。又謂：「嘗讀董生《仕不遇賦》，歎曰：『命在天，不遇其何憂；道在我，奚往而不可樂。又方以天下爲憂，安知遇之非憂；方自樂其樂，安知不遇之非樂。』乃作《樂不遇賦》，其辭類騷。眉山蘇公見之，笑曰：『不見此作久矣。』」《輿地紀勝》卷八十一《壽昌軍》有百之次蘇軾韻殘句。

本月，上狀論八丈溝不可開。朝廷從之。

狀見《文集》卷三十三（九四〇頁）。

狀稱以爲可開者有胡宗愈、羅適、崔公度、李承之，以爲不可開者有曾肇、陸佃、朱勃。潁州北高南下，潁河行於南，八丈溝行於北，諸溝水遠者數百里，近者五七十里，皆自北瀉下，貫八丈溝而南，其間二水最大，一曰次河，一曰江陂。羅適之意爲：塞次河、江陂，勿令南流，開八丈溝，奪併二河而東。狀論不可開者三。一爲羅適等相度八丈溝時，只是經馬行過，所得之高下廣闊數字，往往爲「約」數，難爲憑信。而蘇軾乃差專人自蔡口至淮上，計會本州逐縣官吏，子細用水平打量，然後地面高下、溝身深淺，淮之漲水高低，溝之下口有無，可得而見，所得數字的實。二爲江陂、次河深闊高下丈尺，其勢必奪八丈溝水南入潁河，不令東流。蓋水之就下，兒童知之。羅適所云「萬折必東」，乃水有時而行於西南北，但卒歸於東耳，非謂不折而常東也。三爲羅適所計開八丈溝費用及使用人夫，不是實數，不足用。

《墓誌銘》：「先是開封諸縣多水患，吏不究本末，決其陂澤，注之惠民河，河不能勝，則陳亦多水，至是又將鑿鄧艾溝，與潁河並，且鑿黃堆，注之於淮，議者多欲從之。公適至，遣吏以水平準之，淮之漲水，高於新溝幾一丈，若鑿黄堆，淮水顧流浸州境，決不可為。朝廷從之。」鄧艾溝即八丈溝。「鑿黄堆」云云，蘇軾現存奏狀中未及，當另有一奏狀，已佚。

覆鄧潤甫（温伯、聖求）簡，致思念之意。

簡乃《佚文彙編》卷三與潤甫第一簡，云「薄冷」，約作於本月。云「咫尺」，穎距京師近。第二簡敍官穎之樂。

遊西湖，賦《木蘭花令》（「霜餘已失長淮闊」），次歐陽修韻懷修。陳師道亦賦。

蘇軾詞見《東坡樂府》卷上。據「霜餘」句，約作於初冬。

《後山集》卷二十四《木蘭花》（調下自注：同東坡用六一韻）首句：「湖平木落摇空闊。」

簡錢勰（穆父），以浙災嚴重，望多作擘畫，使糶場不絶。

簡乃《佚文彙編》卷二與勰第二十四簡。勰時為江淮荆浙等路發運使，見本年此前「與錢勰簡以子邁為託」條。

十一月一日，禱雨張龍公行祠，得小雪；與趙令畤、陳師道、歐陽棐、歐陽辯飲聚星堂，賦詩。

《詩集》卷三十四《聚星堂雪·引》敍其事，謂步歐陽修守穎時聚星堂韻，各賦一篇。《詩集》但云「與客會飲」，客姓名詳《禱雨帖》。《禱雨帖》敍十月二十八日與趙令畤、陳師道、二歐陽會而作詩論詩并云十一月一日「朔旦日雪作」，以下云：「五人者復會於郡齋。既歎仰龍公之威德，復嘉詩語之不謬。季默欲書之，以為異日一笑。是日，景貺出迨詩云：『吾儕歸卧髀肉裂，會有攜壺勞行役。』僕笑曰：『是兒也，好勇過我。」」郡齋即聚星堂。此處所引《禱雨帖》文字，亦見《文集》卷六十八《書潁州禱雨詩》，然略有異。參本年十月二十八日紀事。

二日，與歐陽棐（叔弼）、辯（季默）兄弟夜坐，話道人徐問真異事。

《文集》卷七十二《徐問真從歐陽公游》敍其事。

五日，次韻陳師道（履常）張公龍潭，并書。

詩見《詩集》卷三十四（一八二五頁）。五日書見「施註」，師道原作見「查註」。

十日，作《送張龍公祝文》。

文見《文集》卷六十二。送龍公乃送其蜕骨於潁上張龍公祠，即昭靈侯廟，見《文集》卷十七《昭靈侯廟碑》。

西湖戲作一絶，以得陳、趙、兩歐陽為樂，陳師道次韻。

詩見《詩集》卷三十四（一八一八頁）。次韻乃《後山集》卷八《次韻蘇公竹間亭絶句》。

劉季孫（景文）得薦知隰州，自杭經高郵赴任，迂道來訪，留十日，去。

《詩集》卷三十四《喜劉景文至》「新堤舊井各無恙」云云，知季孫自杭來。其來，約為十一月初事。同上《復次韻謝趙景貺陳履常見和兼簡歐陽叔弼兄弟》「施註」謂季孫經高郵來。同上《次前韻送劉景文》自注：「君一馬一僕，率然來訪。」并云「豈謂夫子駕復迂」，乃迂道。又云「清坐十日一事無」，留十日。參本月乙巳紀事。自季孫之來至去，共撰詩七首。隰州在河東路，治隰川縣。

歐陽棐(叔弼)、辯(季默)先後離潁，贈詩。

《詩集》卷三十四《送歐陽季默赴闕》云「汝南相從三晦朔」，計辯去為十一月事。同上尚有《以屏山贈歐陽叔弼》、《新渡寺席上次趙景貺陳履常韻送歐陽叔弼比來諸君唱和叔弼但袖手旁睨而已臨別忽出一篇頗有淵明風致坐皆驚歎》。

《長編》卷四百六十九元祐七年正月己酉：「右朝請郎歐陽棐為禮部員外郎。」棐去京師。

柳戒之來，旋去。

《詩集》卷三十四《次前韻送劉景文》「對影」句下自註：「郡中，日與歐陽叔弼、趙景貺、陳履常相從，而景文復至，不數日，柳戒之亦見過。賓客之盛，頃所未有。然不數日，叔弼、景文、戒之皆去矣。」詩中「爾來又見三黜柳」之句，亦謂戒之。

《雞肋集》卷二十有《同柳戒之夜過三學院》詩，云：「步月尋溪過佛齋，溪邊石蘚濕芒鞋。虛窗獨卧聽松竹，半夜一山風雨來。」可參。

庚子(十六日)，監察御史安鼎罷知絳州。先是鼎與趙君錫、賈易攻蘇軾，至是去。

據《蘇潁濱年表》。《年表》云：「先是鼎與趙君錫、賈易同造飛語，誣罔兄軾惡逆之罪。君錫、易既謫去，鼎猶在言路，復言王鞏事，攻轍甚急。宣仁察其誣，故斥黜之。」

《欒城後集》卷十六《舉王鞏乞外任劄子》第二首即奏安鼎誣兄軾事。

《范太史集》卷五十五《手記》有鼎之名。

辛丑(十七日),傅堯俞(欽之)卒。

據《長編》卷四百六十八。《宋史》卷三百四十一《傅堯俞傳》謂卒年六十八。《漢濱集》卷十五《跋傅欽之手帖并温公東坡往還簡》:「服膺傅獻簡公之高風,恨生之晚,不得與執鞭之役。一日,其孫守攜畫像手澤見過,并獲瞻公之儀以想其德,窺公之字畫以求其心。及觀温公、東坡之帖,又見公交遊之盛,所以切磨之益,則與升其堂、見其人、聞其論何異哉,兹非幸耶!」蘇軾與堯俞簡今不見。

十九日,記夢中論《左傳》。

文見《文集》卷六十六(二〇七六頁)。

乙巳(二十一日),應滁州守王詔之請,書歐陽修《醉翁亭記》。此請由劉季孫轉致。詔刻之石。詔有詩來,次韻。詔或為蘇軾刻像。

乙巳云云,見《佚文彙編》卷五《醉翁亭記書後跋》。《宋史》卷二百六十六《王詔傳》謂:崇寧中,由大理卿徙司農;御史論詔在滁日,請蘇軾書《醉翁亭碑》,罷主崇福宫。《清波雜志》卷五:崇寧四年,臣僚論詔知滁時,重刻軾所書《醉翁亭記》於石,「仍多取墨本為之贐遺,費用公使錢,詔坐罪」。光緒《滁州志》卷四謂詔於本年以右朝奉大夫知滁。《泊宅編》卷上謂蘇軾所大書《醉翁亭記》,改「泉冽而酒香」作「泉香而酒冽」,「水落而石出」作「水清而石出」。

次詔韻詩，見《詩集》卷三十四(一八三二頁)。「此請」云云，見題下「施註」，蓋季孫經高郵、滁而至潁。詩次《蠟梅一首》後，應提前至《小飲西湖》後。

《輿地紀勝》卷四十二《滁州·景物下》：「四賢堂：祠内翰王公、歐陽文忠公、張文定公、曾文昭公。盡畫於琅琊山寺中。後又刻東坡像，為五賢。郡守張商英詩云：『文昭、文定與文忠，内翰元之共四公。政事風流俱第一，典刑人物更誰同。能詩只有東坡老，到處唯尋六一翁。欲遺滁陽招作客，五星同聚此堂中。』」王乃禹偁，歐陽乃修，張乃方平，曾乃肇。商英知滁，《宋史》商英傳失載。或為繼詔之任者，為元祐末事。若在紹聖，商英當不為此詩。軾像或為詔刻。又，商英之詩後四句，乃為答軾次詔韻末四句：「我倦承明苦求出，到處遺踪尋六一。憑君試與問琅邪，許我來游莫難色。」疑軾次詔韻當日有刻石。

本月，胡戢卒。嘗為戢所作「琬琰堂」書名。

本月云云，據《雞肋集》卷六十六《蘇門居士胡君墓誌銘》。銘稱：戢字叔文，共城人，不仕。好古博雅，善詩文，藏萬卷書，集古今石刻又千卷，盡陳諸左右，而榜其堂曰「琬琰」，「翰林學士眉山蘇先生為書之，一時名士皆為賦詩」。有文集、著述多種，不傳。《雞肋集》卷二十有《和胡戢七首》，卷九有《胡戢秀才效歐陽公集古作琬琰堂》，中云「傾家自構琬琰堂，搜羅近出補厥亡」。

本月，奏請指揮淮南轉運、提刑司行下逐州縣不得違條禁止興販斛斗過淮。

《文集》卷三十三《奏淮南閉糴狀二首》即奏請此事。以今年災傷，光州固始縣朱皐鎮官吏違條禁止本州汝陰縣百姓收糴稻種，不令過淮；淮南官場糴米，違條立賞禁止米斛過淮。奏請意在使災傷農民，早行耕種。

小飲西湖，賦詩懷歐陽棐兄弟，贈趙令時、陳師道。復作蠟梅贈令時。師道皆次韻。

詩見《詩集》卷三十四(一八二七、一八二八頁)。次韻乃《後山集》卷二《次韻蘇公竹間亭小酌》、卷三《次韻蘇公蠟梅》。蠟梅詩末云「君行適吳我適越」，時將有會稽之請，而令時將適吳。然詳考有關資料，令時未成行。參元祐七年「聞趙令時將繼晁補之為揚倅」條。

次韻致政張朝奉仍招晚飲。

此乃詩題，詩見《詩集》卷三十四。《斜川集》卷一《送張倅彥政赴闕》敍在并州見彥政，云：「敢論通家舊，竊欲比文舉。」以下自注：「先君與叔父，嘗得交於公之王父，蓋有一日之雅。」張朝奉，或為彥政之王父。

賦唐《閻立本職貢圖》。嘗跋唐《廣濟大師行録碑》。

賦詩見《詩集》卷三十四。閻立本，唐代畫家，《舊唐書》卷七十七、《新唐書》卷一百有傳。《金石文考略》卷十四《蘇文忠廣濟大師行録小楷書》：「唐《廣濟大師行録碑》，王渢撰。渢與禪師同時，蘇文忠書并跋。其字圓勁不必言，妙在運筆自然，若不知作小楷者，故為小楷中所難也。」跋已早佚，不知作於何時，玆并繫於此。

渢字中德，歷東都留守，與修《文宗實録》。見《新唐書》卷五十八《藝文志》。

為趙令時改字德麟，作《趙德麟字説》。

文見《文集》卷十。令時原字景貺。

《文集》卷五十二與令時第七簡：「《字説》改多，寫了納去。」作於揚州。《字説》於揚州定稿。

《詩集》卷三十四及令時詩甚多，以德麟為字見於詩者，始《洞庭春色》。

安定郡王趙世準（君平）以黄柑釀酒，名之曰「洞庭春色」，其姪令時（德麟）得之以餉，為作《洞庭春色賦》與《洞庭春色》詩。

賦見《文集》卷一，詩見《詩集》卷三十四。《詩集》卷三十四另有詩，題為：「趙景貺以詩求東齋榜銘，昨日聞都下寄酒來，戲和其韻，求分一壺作潤筆也。」酒當即「洞庭春色」。

《文集》卷五十二與令時第十六簡：「甘釀佳貺，輒踐前言，作賦，可轉呈安定否？」簡作於「陰寒」時。

安定即謂世準。世準，詳《洞庭春色》題下「施註」。

都曹路紏歸老丹陽，作詩送之。陳師道有詩。子過此後亦有詩。

《送路都曹》見《詩集》卷三十四。

《後山集》卷二《送路紏歸老丹陽》：「身退不待年，意足不待餘。寧聞有餘論，但問我何如。才名四十年，盛氣蓋諸儒。獨無金水力，竟與黿鼉俱。晚為府中掾，直前不趦趄。曾何媿俯仰，頗亦困囁嚅。有粟尚可餬，有酒尚可娱。一章脱章綬，用意不躊躇。富貴亦何有，惜君寧挽裾。人生一世間，僅得還其軀。謝公江海人，此計竟亦疎。千金一大錢，兩子雙明珠。妙語發幽光，東坡為欷歔。不知兩疏去，能亦有此無。聊為三徑資，從子並門居。」
《永樂大典》卷八百九十六引蘇過詩（原題《張侃拙軒集》，誤）《先公守汝陰，嘗以詩送都曹路君挂冠東歸，載乖崖公留其録語，今傳播世間三十年矣。過寓居潁昌，一日，有都曹公之季子文老者，來自京師，出其家所藏二帖，紙墨如新，因道存没之舊，感慨於懷，乃追繼先公詩韻，以遺文老，時方就試春官待報也》：「誰聞毀蔑言，執手為改容。此道久寂寥，世態日方濃。昔翁守潁尾，軒裳心已慵。感懷督郵老，獨躡二疏蹤。脱屣太倉粟，歸謀田舍春。浮雲悟此理，何必禄萬鍾。已矣衡門下，哀哉馬鬣封。箕裘付諸子，介胄輕邊鋒。坐看一戰霸，此言天心從。翁詩墨猶新，我涕交頤胸。重尋筆硯銘，愧乏好語供。子非終窮者，時節會自逢。」

為趙令時作《秋陽賦》，諷其學問知世艱難。

賦見《文集》卷一。《經進東坡文集事略》卷二此賦下引晁補之云：「或曰『越王孫』者，蓋趙令時學於公，恭儉知寒士，有文義慷慨，而公猶曰『公子何自知秋陽』，此如呂后謂朱虚侯不知田耳。而公自謂少貧賤暴露，乃知秋陽以諷公子學問知世艱難之義也。」「宅於」二句注引王直方《詩文發源》：「『宅於不土之里，而詠無言之詩。』蓋為時字也。坡云：『只教人別處偷使不得。』」

十二月二日，張方平卒。與王鞏（定國）簡，致慟悼之意。

十二月云云，見《文集》卷十四方平墓銘。與鞏簡乃《佚文彙編》卷二與鞏第二簡。

得李宗易（簡夫）詩集於其孫公輔（德載），四日，書其後。

書後見《文集》卷六十八(二一四八頁)。《欒城後集》卷二十一有《李簡夫少卿詩集引》,作於本年。宗易詩二十卷,已佚。《宋文鑑》卷二十三有宗易詩。

《柯山集》卷十六《次韻李德載見寄》「已欣台省登群俊,猶數湖湘卧病翁」聯下自注:「二蘇公來書及之。」書已佚。公輔乃張耒表弟,原名成甫。見《柯山集》卷四十《李德載字序》。嘗官宣城,見《濟南集》卷三。

八日,興龍節,上賀表。

表見《文集》卷二十四(六九二頁),云「臣備員内閣,出守近畿」。

同日,祭張方平。

祭文見《文集》卷六十三(一九五二頁)。《墨莊漫録》卷五謂方平卒,蘇軾守潁,「於僧寺舉掛,參酌古今用唐人服座主緦麻三月,又别為文往祭其柩,蓋感其知遇也」。《清波雜志》卷五:「先人云:前輩聞知己訃音,必設位以哭。東坡詩:『白酒真到齊,紅裙已放鄭。』謂有香泉一壺,為樂全先生服,不作樂。」

十一日,舉哀薦福禪院,録張方平元豐三年贈弟轍詩於院中。

據《文集》卷六十八《題張安道詩後》。

十九日,生日,劉季孫(景文)寄古畫松鶴并詩為壽。次韻。

次韻見《詩集》卷三十四(一八三八頁)。季孫詩已佚。

二十三日，立春，祭土牛，作祝文。

文見《文集》卷六十三（一九二七頁）。

二十四日，張耒為著作郎。

據《長編》卷四百八十四元祐八年五月壬辰注，《長編》是日引黃慶基奏狀，謂耒除乃蘇軾「力為援引」，然其時軾在潁，慶基之言未必然。

二十五日，乞賜度牒糴斛斗準備賑濟淮浙流民。

狀謂：「欲乞特賜度牒一百道，委臣出賣，將錢兌買前件小麥、粟米、菉豆、豌豆四色，封樁斛斗，候有流民到州，逐旋支給賑濟。」狀見《文集》卷三十三（九四七頁）。

連日大雪。簡召趙令畤至，議賑濟。散賜柴米。陳師道有詩，蘇軾及令畤次韻。

《侯鯖録》卷四：「元祐六年，汝陰久雪。」一日，天未明，東坡簡召議事，曰：『某一夕不寐，念潁人之饑，欲出百餘千造餅救之。老妻謂某曰：「子昨過陳，見傅欽之言簽判在陳賑濟有功，何不問其賑濟之法？」某遂相召。』余笑謝曰：『已備之矣。今細民之困，不過食與火耳。義倉之積穀數千碩，可以支散，以救下民，作院有炭數萬稱，酒務有餘柴數十萬稱，依原價賣之，二事可濟下民。』坡曰：『吾事濟矣。』遂草放積欠賑濟奏，檄上臺寺。教授陳履常聞之，有詩：『掠地衝風敵萬人，蔽天密雪幾微塵。漫山塞壑疑無地，投隙穿帷巧致身。暎積讀書今已老，閉門高卧不緣貧。遙知更上湖邊寺，一笑潛回萬物春。』坡次韻曰：（略）予次韻曰：『坎壈中年坐廢人，老來貂鼎視埃塵。鐵霜帶面惟憂國，機穽當前不為身。發廩已康諸縣命，蠲逋一洗幾年貧。歸來又掃寬民奏，慚愧毫端爾許春。」」《王譜》節引此段文字；「東坡簡召」之「簡」原作「來」，今從《王譜》。此簡節文，《佚文彙編》未收。

師道詩見《後山集》卷七，題作：「連日大雪，以疾作不出，聞蘇公與德麟同登女郎臺。」末句原註：「是日賜柴米。」

蘇軾次韻乃《詩集》卷三十四《次韻陳履常雪中》。

道潛寄詩。

《參寥子詩集》卷七《梅花寄汝陰蘇太守》：「湖山搖落歲方悲，又見梅花破玉蕤。一樹輕明侵曉岸，數枝清瘦耿疎籬。良辰易失空回首，習氣難忘尚有詩。所向皆公題舊墨，肯辜魚鳥却來期。」

除夜，與孔平仲（毅甫）簡。

《文集》卷五十七與平仲第四簡首云「到此得所賜書」，指在潁，又云「前日得舍弟書報」，知蘇軾作簡時不在京師。又云及「在京數月」，當指由杭回至京師。此簡作於本年。

鮮于侁（子駿）之子二人以詩文見寄，作詩為謝。

詩見《詩集》卷三十四（一八四〇頁），作於歲末。

《淮海集》卷三十六《鮮于子駿行狀》謂侁五子：復，早卒；頡，偃師縣尉；羣，鳳州司法參軍；綽，承務郎；焯，未仕。並謂皆有學行，而頡尤自立，士大夫稱之。

綽字大受，官至太學博士，入黨籍，《元祐黨人傳》卷四有傳。撰有《傳信録》，已佚，《二程集》有徵引

（參本書元祐元年九月「朝廷命程頤主司馬光喪事」條紀事）。參元祐四年四月十六日紀事。

李廌欲居潁從游，止之。

《濟南集》卷六《汝陰唱和集後序》：「先生在汝陰，友人陳師道履常為郡吏。廌雖無位於朝廷，欲挈婦攜子，受廛為氓，往從之游。先生止之曰：『吾將上書乞梓州，欲過家上冢而去，潁雖樂土，非能久留。』廌遂不果行。」

丹陽來人謂章惇（子厚）學書，蘇軾以為一意摹臨，成就將不高。

《侯鯖録》卷八：「客有自丹陽來，過潁見東坡先生，説章子厚學書，日臨《蘭亭》一本。坡笑云：『從門入者非寶，章七終不高耳。』」《獨醒雜志》卷五「高耳」後尚云：「予嘗見子厚在三司北軒所寫《蘭亭》兩本，誠如坡公之言。」「從門入者非寶」，《獨醒雜志》作「工摹臨者非自得」，蘇軾强調獨創。

秦觀（少章）嘗呈詩。

《詩話總龜》前集卷二十七引《王直方詩話》：「杭州有西湖，而潁亦有西湖，皆為遊賞之勝，而東坡連守二州。其初得潁也，有潁人在坐，云：『内翰但只消遊湖中，便可以了郡事。』蓋言其訟簡也。秦觀少章因作一絶以獻云：『十里荷花菡萏初，我公所至有西湖。欲將公事湖中了，見説官閑事已無。』後，東坡到潁，有《謝執政啟》，亦云：「入參兩禁，每玷北扉之榮；出典二邦，輒為西湖之長。』」

《清波雜志》卷十一：「番江寓客趙叔簡編修，宣和故家。家藏東坡親書曆數紙。蓋坡為郡日，當直司日生公事，必著於曆，當晚勾消。唯其事無停滯，故居多暇日，可從詩酒之適。『欲將公事湖中了，見説官閑事亦無。」乃秦少章所投坡詩，蓋狀其實。」

以布幄為亭，名曰擇勝，作銘。弟轍亦有作。

銘見《文集》卷十九（五七七頁）。《欒城後集》卷五《潁州擇勝亭詩》敍云「以幄為亭，欲住即設，不常其處」；詩云「我兄和仲，塞剛立柔，視民如傷，有急斯周，視身如傳，苟完不求」。《永樂大典》卷一萬一千六百十九引《壽親養老新書》：「觀雪菴，菴長九尺，闊八尺，高六尺，以輕木為格，紙糊之，三面如枕，屏風上以一格覆之，面前施夾幔，中間可容小坐牀四具，不妨設火及飲具，隨處移行，背風展之。」謂較氈帳輕而門闊，不礙瞻眺，可作別用，即擇勝亭。

奏乞留黄河夫萬人修境内溝洫，詔許之。因並治西湖。

《詩集》卷三十五《再次韻德麟新開西湖》「欲將」句下「類注」自注：「去歲潁州災傷，予奏乞罷黄河夫萬人開本州溝，從之。以餘力作三閘，通焦陂水，浚西湖。」「施注」自注：「予以潁人苦饑，奏乞留黄河夫萬人，修境内溝洫，詔許之。因以餘力浚治此湖。」奏早佚。

題歐陽修送張著作詩後；讀修潁芳亭詩，並戲論之；記潁州治事堂前二柏與薦福二檜。

《文集》卷六十八有《題歐陽公送張著作詩後》，修集不見此詩。

《侯鯖録》卷一敍修閑居潁，一妓甚韻。後數年，修自揚移潁，其人不復見。視事之明日，飲同官西湖上，種黄楊樹子，有詩留潁芳亭云：「柳絮已將春去遠，海棠應恨我來遲。」後三十年，東坡作守，見詩笑曰：「杜牧之緑葉成陰之句耶！」修詩見《歐陽文忠公集》卷十一《初至潁州西湖（下略）》，皇祐元年作，距今四十二年，謂三十年，誤。

《文集》卷七十三有《記汝南檜柏》。

蒲廷淵赴河中，與簡，求致無核棗。

《文集》卷六十有《與蒲廷淵一首》。《秋澗先生大全文集》卷九十五《玉堂嘉話》卷三：「觀東坡與蒲資政傳正書并覓柿霜無核棗四帖，後有張行簡、董師中、元遺山跋語。」據此，廷淵當即宗孟（傳正）。《宋史》卷三百二十九宗孟傳謂嘗知鄆、虢、河中、永興、大名。考《長編》，宗孟元祐二年十一月至四年一月知鄆，七年九月自永興知大名。其知河中，約為本年事。

蘇軾年譜卷三十一

元祐七年(一〇九二)壬申　五十七歲

正月十五日,和陳師仲(傳道)雪中觀燈。時師仲來訪其弟師道於潁。

正月云云,據《紀年録》,然誤師仲為師道。詩見《詩集》卷三十四(一八四二頁)。

二十二日,題句信道集朝賢書夾頌《金剛經》。

文見《文集》卷六十九(二二九九頁)。《宋代蜀文輯存》卷六十二有句友于《句氏盤溪記》,卷首小傳謂友于字信卿,新繁人,數試不售,晚主閬中簿。或為信道兄弟輩。《晚香堂蘇帖》有此文,「二十二日」作「二十三日」,末有「眉陽蘇軾」四字。

丁未(二十四日),除知鄆州。與王鞏(定國)、汪道濟簡,欲力辭。

丁未云云,據《長編》卷四百六十九。《施譜》:「正月,移知鄆州。」《文集》卷五十二與鞏第二十三簡、卷五十九與道濟第二簡敍移鄆欲力辭。道濟,仕歷不詳。

二十八日,改除知揚州。

據《長編》卷四百六十九本月丁未紀事。

本月，乞將合轉一官與李直方酬獎，以直方捕宿賊尹遇有功。不報。

奏狀見《文集》卷三十三（九五〇頁）。《墓誌銘》：「郡有宿賊尹遇等數人，羣黨驚劫，殺變主及捕盜吏兵者非一，朝廷以名捕不獲，被殺者噤不敢言。公召汝陰尉李直方，謂之曰：『君能擒此，當力言於朝，乞行優賞；不獲，亦以不職奏免君矣。』直方退，緝知羣盜所在，分命弓手往捕其黨，而躬往捕遇。直方有母年九十，母子泣別而行。手戟刺而獲之，然小不應格，推賞不及。公為言於朝，請以年勞，改朝散郎階，為直方賞。朝廷不從。其後吏部以公當遷以符會考，公自謂已許直方，卒不報。」

畢仲游來簡。

《西臺集》卷十《上蘇内翰》第一簡敍去歲見蘇軾於京師，時軾將赴汝陰。簡云今年「待罪河東」。《西臺集》卷一有《河東提刑謝到任表》，《宋史》仲游本傳謂嘗官河東路提刑，知今年仲游在河東提刑任。簡云「知府龍圖」，未及揚州，約作於本年初。

二月初五日，薦趙令時入館閣。不從。與范祖禹簡，報此事，盛稱令時。

薦狀見《文集》卷三十四（九五六頁）。《文集》謂此狀五月作，誤刊，今從《總案》。

《范太史集》卷五十五《手記》有令時，云：「潁簽，子瞻字之曰德麟，作《字説》，并書來，盛稱之，云已薦館閣。」與祖禹簡已佚。《宋史》卷二百四十二《趙令時傳》：「蘇軾為守，愛其才，因薦於朝。宣仁太后曰：『宗室聰明者豈少哉，顧德行何如耳。』竟不許。」

十五日夜，與王夫人、趙令時（德麟）小酌聚星堂，賦《減字木蘭花》。

詞見《東坡樂府》卷下，調下原注：「二月十五夜，與趙德麟小酌聚星堂。」《注坡詞》有此詞，注云：「按趙德麟《侯鯖録》：元祐七年正月，東坡在汝陰，州堂前梅花大開，月色鮮霽。王夫人曰：『春月色勝如秋月色。秋月令人悽慘，春月令人和悦。何如召趙德麟輩來飲此花下？』先生大喜曰：『吾不知子亦能詩耶！此真詩家語耳。』遂召德麟飲。因作此詞。」此云「梅花大開」，詞云「半落梅花」。今從《東坡樂府》，定為十五日夜事。今本《侯鯖録》此條，在卷四。

本月，遣趙令畤（德麟）祭佛陀波利，作祝文，祈雨雪不作。雪霽，上乞光梵寺額狀。

祝文見《文集》卷六十二（一九三二頁），云「盡二月晦」，作於二月。《文集》卷五十二與令畤第六簡敍及令畤奉蘇軾命祭佛陀波利，簡云「以酒二壺迎勞，唯加鞭」，作於返回途中。奏文見《文集》卷三十四（九五五頁），作於二月，乞賜佛陀波利真身塔院一勅額，以光梵為額。《後山集》卷十五《潁州祭佛陀波利文》云及蘇軾「請以大士之所居為光梵寺」。

《雞肋編》卷上：「汝陰潁上縣與壽春、六安為鄰，夾淮為二鎮，號東西正陽。其西屬潁，鎮城之中有甎浮圖，下葬西域僧佛陀波利，其石刻載其與僧伽俱來，終於正陽。」

與王箴（元直）簡。

簡乃《文集》卷五十三與箴第二簡，云「為權倖所疾久矣，然捃摭無獲，徒勞掀攪」，知作於元祐六年賈易等屢論之後；云「旅宦」，知非在朝；云「春深」，點明季候，然未言及移揚，知約為二月作。

除命下，以龍圖閣學士、左朝奉郎、知揚州軍州事充淮南東路兵馬鈐轄。晏知止來代。

繫銜見《文集》卷六十二《祈雨僧伽塔祝文》。《宋史·地理志》：知揚州軍，並領淮南東路兵馬鈐轄。《后山詩注》目録引《實録》：二月辛酉，少府監晏知止除知潁州。知止乃殊子，《宋史》卷三百十一殊傳附及，官至朝請大夫。《后山詩注》卷四《離潁》：「叢竹防供爨，池魚已割鮮。」句下任淵注：「當是東坡去潁後，代者韓川，變其舊政，向也徙魚，今乃割鮮，行將及竹矣。后山所嘆，意蓋不止此也。東坡有請罷學士劄子曰：及蒙擢為學士，便為韓川等攻擊不已，以至羅織語言，謂之誹謗。」知晏知止未到任或雖到任而旋罷。

弟轍來簡，欲蘇軾到都下乞見，軾不可，擬自潁入淮至揚。

《文集》卷五十《答范純夫》第三簡敍之。簡云「春暖」，點明季節。

江淮荆浙等路發運使晁端彦暨諸郡有賀啟，答之。

《文集》卷四十七《答晁發運及諸郡啟》云自「僻壤」至「名邦」，揚乃名邦，潁較之揚，固僻壤。啟云「同榜」，端彦與軾為同年。《長編》卷四百四十二：元祐五年五月壬申，晁端彦為江淮荆浙等路發運使，代路昌衡。

查《長編》卷四百六十六元祐六年九月辛亥紀事：「直龍圖閣江淮荆浙等路發運使王覿為刑部侍郎，龍圖閣待制知瀛州錢勰為江淮荆浙等路發運使。」卷四百六十八同上年十一月壬寅紀事：龍圖閣待制江淮荆浙等路發運使錢勰為工部侍郎，朝散大夫集賢殿修撰知徐州楊汲為江淮荆浙等路發運使。似端彦早已離發運使任，題稱「發運」，不易解釋。今詳考《長編》卷四百四十四元祐五年六月辛酉紀事：「江淮等路發運使苗時中為陝西都轉運使。」距路昌衡之調任僅一月左右。由此可知江淮荆浙發運使凡二員。其二員之中，或一為正，一為副，特史未詳耳。

與林希（子中）簡。

《文集》卷五十五與希第一簡：「某被命維揚，差復相近，頗以為喜。」約朝廷有命召希過揚時，為作十日留。簡云及「乍暖」，點明季候。

潮州守王滌專使來求《韓文公廟碑》，答簡，時吴復古（子野）在潮。

簡乃《文集》卷五十九與滌第一簡，云「寄示士民所投牒及韓公廟圖」，求蘇軾撰廟碑，又云「公意既爾，衆復過聽」，蓋求撰廟碑，乃潮民之意。以下云「迫行冗甚，未暇成之，願稍寬假，遞中附往」。簡云復古「誠有過人，公能禮之，甚善」。

嘉靖《廣東通志》卷九：元祐五年，王滌知潮州。乾隆《潮州府志》卷三十二謂滌字長源，萊州人，養士愛民，一師韓愈，嘗新愈廟。

錢勰（穆父）亦以《韓文公廟碑》相請，答以到揚州當下筆。

據《佚文彙編》卷二與勰第二十八簡。簡云「示諭欲令紀述新廟記」。廟以新稱，當為舊廟重修；只稱新廟而不名，當為著名之廟。參《文集》卷五十九《與王滌》簡，知為韓文公廟，蓋勰受他人之托而求蘇軾也。與勰簡亦云「迫行冗甚」。

劉季孫（景文）自隰來書，答簡盛贊其文章。

簡見《佚文彙編》卷二(二四五五頁),謂其文如風檣陣馬,迅霆激發,中復紆餘緻膩。
任大防(仲微)來,題大防父伋閲世堂詩;大防行,送至新渡寺,贈詩。
詩見《詩集》卷三十四(一八四三及一八四四頁)。《欒城後集》卷一有《蔡州任氏閲世堂》詩,《柯山集》卷八有《任仲微閲世亭》詩。
朱京(世昌)使蜀,有送行詩。
詩見《詩集》卷三十四(一八四四頁),云「使者我友生,聽訟如家人」,知京官蜀中某路提刑。京,南豐人。《宋史》卷三百二十二有傳,歷官湖北、京西、江東轉運判官,故詩題以運判相稱。
趙令畤嘗以蘇軾在潁州與陳師道等人唱酬,編為《汝陰唱和集》。
《直齋書録解題》卷十五《汝陰唱和集》一卷:「元祐中,蘇軾子瞻守潁,與簽判趙令畤德麟、教授陳師道無已唱和,晁説之以道為之序,李廌方叔後序,二序皆為德麟作也。」集佚。
廌序參紹聖四年「是歲李廌為《汝陰唱和集》作後序」條。説之序佚。
嘗為趙令畤言鬼詩。嘗與令畤論詩、哦詩,論筆、茶、墨等。
《侯鯖録》卷二:「東坡嘗言鬼詩有佳者,誦一篇云:『流水涓涓芹吐芽,織烏西飛客還家。深村無人作寒食,殯宮空對棠梨花。』嘗不解『織烏』義,王性之少年博學,問之,乃云:織烏,日也,往來如梭之織。坡又舉云:『楊柳楊柳,嫋嫋隨風急。西樓美人春睡濃,繡簾斜卷千條入。』又誦一詩云:『湘中老人讀黄老(餘略)。』」「湘中」云云,《文集》卷六十八《書鬼仙詩》已録。

《侯鯖録》卷一：「東坡云：『世之對偶，如「紅生」、「白熟」，「手文」、「脚色」二對，無復加也。』又云：『與我周旋寧作我，為郎憔悴却羞郎。亦的矣。』予詩中有『青州從事』對『白水真人』，公極稱之，云：『二物皆不道破為妙。』」

同上：「余嘗和劉景文詩云：『我識之無常縮舌，君能競病且低顔。』東坡笑曰：『吾嘗贈雷勝將軍詩曰：「太守無何唯日飲，將軍競病自詩鳴。」見吾子此對，覺吾用無何二字體慢矣。』」

同上卷四：「東坡云：『諸葛氏筆，譬如内庫法酒、北苑茶，他處縱有嘉者，殆難得其彷彿。』余續之曰：『上閤衙香，儀鸞司椽燭，京師婦人梳妝與脚，天下所不及。』公大笑。」

同上：「東坡與司馬温公論茶、墨。温公曰：『茶與墨政相反，茶欲白，墨欲黑；茶欲重，墨欲輕；茶欲新，墨欲陳。』予曰：『二物之質誠然，然亦有同者。』公曰：『謂何？』予曰：『奇茶、妙墨皆香，是其德同也；皆堅，是其性同也。譬如賢士君子，妍醜黔晳之不同，其德操韞藏，實無以異。』公笑以為是。」

《高齋漫録》亦敍此事。

同上卷六：「余嘗為東坡先生言平生當官有三樂：凶歲檢災，每自請行放數得實，一樂也；聽訟為人得真情，二樂也；公家有粟可賑饑民，三樂也。居家亦有三樂：閨門上下和平，内外一情，一樂也；室有餘財，可濟貧乏，二樂也；客至即飲，略其豐儉，終日欣然，三樂也。東坡笑以為然。」

同上卷七：「東坡云：『白公晚年詩，極高妙。』余請其妙處，坡云『如「風生古木晴天雨，日照平沙夏夜霜」，此少時不到也。』」

同上：「晉人論三教異同曰『將無同』。曾問東坡，坡云：『古人以「將」為初，是初無同，豈復有異耶？』後復以此旨觀古人用『初』字，意皆通於此義。」以上所敍，大半可肯定為在潁時事，茲綜次於此。

嘗以所校閱之陶淵明集付趙令畤（德麟），或為此時事。

《石林詩話》卷上：「前輩詩材，亦或預為儲蓄，然非所當用，未嘗強出。余嘗從趙德麟假陶淵明集本，蓋子瞻所閱者，時有改定字，末手題兩聯云：『人言盧杞有奸邪，我覺魏公真嫵媚。』又：『槐花黄，舉子忙；促織鳴，懶婦驚。』不知偶書之耶，或將以為用也？然子瞻詩後不見此語，則固無意於必用矣。」《詩話總龜》卷九引《王直方詩話》：「韓存中云：東坡嘗云『人言盧杞是姦邪，我見魏公但嫵媚』，好作一對，請諸人將去作一篇詩。」《冷齋夜話》卷一《的對》條引蘇軾語，謂「我見」乃唐太宗語，「人言」乃唐德宗語，為的對。茲附此。存中名持正，見《曲洧舊聞》卷六。

與陳師道論畫論詞，或為在潁時事。

《後山集》卷十九《談叢》：「蜀人句龍爽作《名畫記》，以范瓊、趙承祐為福品，孫位為遞品，謂瓊與承祐類吴生而設色過之，位雖工不中繩墨。蘇長公謂彩色非吴生所為，二子規模吴生，故長於設色爾。孫位方不用矩，圓不用規，乃吴生之流也。余謂二子學吴生而能設色不得其本，故用意於末，其巧者乎！」

《艇齋詩話》：「東坡《大江東去》詞，其中云：『人道是三國周郎赤壁。』陳無已見之，言不必道三國，東坡改云『當日』，今印本兩出，不知東坡已改之矣。」

離潁，弓允（明父）送行；陳師道贈追詩；趙令畤（德麟）餞飲，賦詩話別。

《文集》卷五十九《與明父權府提刑》謝允送行。

《後山詩注》卷三《送蘇迨》：「胸中歷歷着千年，筆下源源赴百川。真字飄揚今有種，清談絶倒古無傳。出塵解悟多為路，隨世功名小着鞭。白首相逢恐無日，幾時書札到林泉。」《日涉園集》卷八有次韻。

話別詩乃《詩集》卷三十四《趙德麟餞飲湖上舟中對月》、《和趙德麟送陳傳道》。

《平園續稿》卷十一《東坡潁州詩》：「東坡以元祐六年秋到潁州，明年春，赴維揚，作此詩，題曰《西湖夜月泛舟》，今集序以《趙德麟餞飲湖上舟中對月》為題是也。按：公在潁僅半年，集中自《放魚長韻》而下，凡六十餘詩。歷考坡所至歲月，惟潁為少，而留詩反多，蓋陳傳道、履常，趙德麟，歐陽叔弼、季默適聚於潁，故臨別詩『五君從我遊，傾寫出怪珍』。又中間劉景文特來，送行詩云：『歐陽、趙、陳皆我友，豈謂夫子駕復迂。邇來又見三黜柳，共此煖熱餐氈蘇。』自注云：『郡中日與叔弼、景貺、履常相從，而景文復來，不數日，柳戒之亦見過。賓客之盛，頃所未有。』乃知攄發妙思，羅列於此，抑有由也。堂名聚星，古今相望，使有俗物敗人意，如坡所云，其能爾乎！」作於嘉泰癸亥。「五君」云云，在《和趙德麟送陳傳道》中。「歐陽」及自注云云，見《詩集》卷三十四《次前韻送劉景文》。

自潁起行，舟行經濠州。三月三日，與子迨、過游塗山、荆山，詩記所見。

經濠州，見以下「舟行至楚州」條。

詩見《詩集》卷三十五（一八六五頁）。塗山屬濠州鍾離。《詩集》卷四十八《壽陽岸下》，或為此時所作。

壽陽即壽州，由潁至濠，可經壽州。壽州界首至濠州一百八十里。

四日，程頤除直秘閣，判西京國子監。頤旋奉祠。

《二程集·伊川先生年譜》本年紀事引《王公繫年録》：「元祐七年三月四日，延和奏事，三省進呈，程頤服除，欲與館職判檢院。簾中以其不靖，令只與西監，遂除直秘閣，判西京國子監。初，頤在經筵，歸其門者甚盛；而蘇軾在翰林，亦多附之者，遂有洛黨、蜀黨之論。二黨道不同，互相非毁，頤竟為蜀黨所擠。今又適軾弟轍執政，纔進稟，便云：但恐不肯靖。簾中入其説，故頤不復得召。」頤本年五月，改授管勾崇福宫。

晁補之聞蘇軾知揚州，以詩相迎，軾有和。時補之為揚州通判。

《雞肋集》卷十三詩題：「東坡先生移守廣陵，以詩往迎，先生以淮南旱，書中教虎頭祈雨法，始走諸祠，即得甘澤，因為賀。」和詩見《詩集》卷三十五（一八六八頁）；補之詩，《詩集》題下「查註」已引。《柯山集拾遺》卷十二《晁無咎墓誌銘》謂遷校書郎後，「以親老求補外，除祕閣校理、通判揚州」。《長編》卷四百五十三元祐五年十二月戊申：「校書郎晁補之通判揚州。」《文集》卷五十二與趙令畤（德麟）第八簡：「得無咎相切磨之。」以為幸。

十二日，抵泗州，祈雨僧伽塔，作祝文。與弓允（明父）簡，遣送人還府，致謝意。

文見《文集》卷六十二(一九二六頁),簡見卷五十九(一八〇三頁)。

中澣,秦觀遊金明池,賦詩。蘇軾嘗箴之。

《宋六十名家詞·于湖詞·序》:「昔東坡見少游《上巳遊金明池》詩,有『簾幕千家錦繡垂』之句,曰:學士又入小石調矣。世人不察,便謂其詩似詞。不知坡之此言,蓋有深意。夫鏤玉雕瓊,裁花翦葉,唐末詞人非不美也,然粉澤之工,反累正氣。東坡慮其不幸而溺乎彼,故援而止之,惟恐不及。其後元祐諸公嬉弄樂府,寓以詩人句法,無一毫浮靡之氣,實自東坡發之也。」于湖,張孝祥。序乃孝宗乾道間湯衡撰。

《淮海集》卷九詩題:「西城宴集。元祐七年三月上巳,詔賜館閣官花酒,以中澣日游金明池瓊林苑,又會於國夫人園,會者二十有六人,二首。」其一次王敏中少監韻,云:「春溜泱泱初滿池,晨光欲轉萬年枝。樓臺四望烟雲合,簾幕千家錦繡垂。風過忽聞花外笑,日長時奏水中嬉。太平誰謂全無象,寓在羣仙把酒時。」其二次王欽臣(仲至)韻:「宜秋門外喜參尋,豪竹哀絲發妙音。金爵日邊棲壯麗,彩虹天際卧清深。已煩逸少書陳迹,更屬相如賦上林。猶恨真人足官府,不如魚鳥自飛沉。」《淮海居士長短句·補遺》有《金明池》詞,賦東京金明池。

舟行至楚州。自潁州行至此,沿途常屏去兵卒,訪問民間疾苦。晤楚守周豫,豫出舞鬟,賦《南歌子》二首贈之。作《淮陰侯廟碑》。嘗題字紫極宫。

《文集》卷三十四《論積欠六事并乞檢會應詔所論四事一處行下狀》敍自潁移揚途中所見民間疾苦。

詞見《東坡樂府》卷下，云「風和約柳春」，此時作。豫嘗以集賢校理為太常博士，《王臨川集》卷五十一有制文。

碑見《文集》卷十七，云「我停單車，思人望古」，知作於過楚州（淮陰）時；又云「書軌新邦」，知作於此時，以楚州屬淮南東路也。《輿地紀勝》卷三十九《楚州》有《淮陰侯廟記》，謂為蘇軾文，知碑即記；又云「紫極宫，在城西南隅，熙寧中楊傑為之記」，「有李伯時畫馬，東坡有題字，陳後山有題詩」；又謂嘗有神仙來遊，題詩於壁云云。軾題字時不詳，亦不見，姑次此。《後山集》卷三《猴馬》乃為紫極宫作。

晤徐積（仲車），積贈詩，次韻積詩。

次韻見《詩集》卷三十五（一八七一頁）。《節孝集》附録《蘇東坡帖》有此詩，題云：「昨日見仲車先生，耳疾雖未甚痊，而神氣已一，真得道者，輒次韻奉答。軾上。」

《節孝集》卷三《贈子瞻》三首，其一：「翰林主人其姓蘇，左臂不任十上書。幾年乞得江與湖，吴中父老爭歡呼。玉堂金户不肯居，肯來南郭尋樵夫。樵夫所識山與水，除此如何論奇偉。八月十五錢塘江，海門山下潮頭起。」其二：「翰林豈特文章工，赤心白日相貫通。先與吴人除二凶（原注：謂法外除二顔），次與吴田謀常豐。乃與徒役開西湖，狹者使廣塞者除。溉田不知幾萬夫，其田立變為膏腴。世世可知無旱枯，吴人衣食常有餘。有餘之人善可趨，官司亦可省刑誅。無窮之利誰與俱？前有白傅後有蘇。翰林如此能成務，吴人叩額呼為父。未知何處立生祠，定是吴山行坐處。翰林却過淮之東，無人不看眉陽公。玉堂氣貌將以恭，又到城南尋老農。仍使尊中酒不空，玉泉最好白醅醲。便將玉水傾喉嚨，須臾醉倒無憂翁。老翁雖醉不敢迂，記得杭州三事書。欲毗堯舜臯陶謨，事防阻隔有所拘。翰林此説若行諸，聖朝惠澤可大敷。譬如雷雨動天衢，曠然霈然而廓如。無分草木與蟲魚，一時奮振皆霑濡。滿堂飲酒盡歡娛，更無一人泣向隅。老農雖然無所通，願同衆口齊歡呼。」其三：「昔者益州牧，意欲見杜微。不能以身往，使人輦致之。雖用為諫議，待士禮已非。而況君房輩，端坐呼子陵。子陵胸中氣，直與青雲平。豈肯為人屈，彼亦徒驕矜。孰如揚州牧，自處遜與恭。德不矜其盛，事不矜其功。南郭已三顧，迂身為衰翁。以手書所問，視面歎厥容。移時能立語，避乘乃鞠躬。不知古之人，幾人能如公。」蘇軾所次之韻，乃積另一詩，今不見《節孝集》。此二詩，用明本校。

二十六日，到揚州任，有謝表及謝執政啟。前任為李承之。

表見《文集》卷二十四（六九五頁），啟見卷四十六（一三三三頁）。《紀年録》謂十六日到任，不從。揚州：縣一，江都；州十，揚、亳、宿、楚、海、泰、泗、滁、真、通；軍二，高郵、漣水。《長編》卷四百六十八謂樞密直學士、朝請大夫、知揚州李承之上年十二月戊辰卒。軾繼其任。

《韓文公廟碑》撰成，簡告王滌、蔡朝奉。寄碑文與吴復古（子野）。

《文集》卷五十九與潮守王滌第二簡謂碑撰成，「付來价」帶回潮州。卷五十七與蔡朝奉第二簡云碑撰成「付來人」。又云「足下書中云，王守六月替此」，與滌簡云及「若公已替」，知蔡朝奉乃替滌而為潮州守者。與朝奉簡云「初到揚州」，點明作簡時間，碑見《文集》卷十七。《朱子語類》卷一百三十九：「向嘗聞東坡作《韓文公廟碑》，一日思得頗久，不能得一起頭，起行數十遭，忽得兩句，云『匹夫而為百世師，一言而為天下法』，遂掃將去。」附此。

《文集》卷五十七與復古第七簡敍寄碑文。卷五十九與王滌第二簡：「若公已替，即告封此簡與吴道人勾當也。」道人乃復古。

《苕溪漁隱叢話》前集卷十六：「東坡云：退之《示兒》云：『主婦治北堂，膳服適戚疎。恩封高平君，子孫從朝裾。開門問誰來，無非卿大夫。不知官高卑，玉帶懸金魚。』又云：『凡此坐中人，十九持鈞樞。』所示皆利禄事也。至老杜則不然，《示宗武》云：『試吟青玉案，莫羡紫香囊。應須飽經術，已似愛文章。十五男兒志，三千弟子行。曾參與游、夏，達者得升堂。』所示皆聖賢事也。」此文，《佚文彙編》失收，兹附此。

與鄧潤甫（温伯、聖求）簡，以得揚州為樂。

簡乃《佚文彙編》卷三《與鄧聖求》第一簡。《宋史》潤甫傳謂哲宗立，進承旨，旋得罪遷亳，復以承旨召。《蘇魏公文集》卷十二有《鄧聖求承旨迭貽佳句（下略）》詩。知鄧承旨為潤甫。

撰張方平墓誌銘，與方平子恕（厚之、忠甫）簡，謂誌文不可冗。

簡乃《佚文彙編》卷二與恕第一簡，云：「誌文路中已作得大半，到此百冗，未絶筆，計得十日半月乃成。」作於到揚之初。

曾旼罷揚州教授，過真州，與吕惠卿（吉甫）論蘇軾。

《隨手雜録》：「曾旼過泗州，謂余曰：『某罷揚州教授時，子瞻守揚，某往見吕吉甫真州。吉甫問曰：

「軾何如人也？」旼曰：「聰明人也。」吉甫怒，厲聲曰：「堯聰明耶？舜聰明耶？大禹之聰明耶？」旼曰：「非三者之聰明，亦是聰明也。」曰：「所學如何？」旼曰：「學孟子。」愈怒，愕然而立曰：「是何言歟？」曰：「孟子以民為重，社稷次之，此其所以知學孟子也。」吉甫默然久之。」」旼字彥和，龍溪人。熙寧六年進士。熙寧七年五月，以吴縣尉為提舉修撰經義所檢討。元豐間，以秀州軍事推官監潤州羅納倉，太守許遵令採諸家文集，始東漢，終南唐，凡五百餘篇，十卷，名曰《潤州類集》。《雞肋集》卷十六有詩及之。參《長編》卷二百五十三、《嘉定鎮江志》卷十六、《福建通志》卷三十三。

晤米黻（元章）。時黻將知雍丘。

《晚香堂蘇帖》：「元章一日從衆中問云：『人皆謂芾顛，請以質之子瞻。』老坡笑曰：『吾從衆。』」以下有「東坡」印章。《佚文彙編》未收。《侯鯖録》卷七：「東坡在維揚設，客十餘人，皆一時名士，米元章在焉。酒半，元章忽起立，云：『少事白吾丈，世人皆以芾為顛，願質之。』坡曰：『吾從衆。』坐客皆笑。」《京口耆舊傳》卷二、《宋史》卷四百四十四黻傳皆言黻知雍丘，參本年此以下「米黻自雍丘來簡」條。

劉季孫自隰州寄詩來。

《瀛奎律髓》卷四十七劉季孫《題子瞻揚州借山寺》：「給事風流在，虛亭景趣閑。全臨故宮水，盡致别州山。峰勢晴相向，嵐光夜不還。無時供勝賞，歷歷白雲間。」《宋詩紀事》卷三十録此詩，詩題「寺」作

「亭」。

罷揚州萬花會。與王鞏(定國)簡,言花會之害。

《詩集》卷三十五《次韻林子中春日新隄書事見寄》自注、《文集》卷七十二《以樂害民》均敍罷萬花會。《墨莊漫録》卷九:「揚州產芍藥,其妙者不減於姚黄、魏紫。蔡元長知維揚日,效洛陽,亦作萬花會。其後歲歲循習而為,人頗病之。元祐七年,東坡來知揚州,正遇花時,吏白舊例,公判罷之,人皆鼓舞欣悦。作書報王定國云:『花會檢舊案,用花千萬朵,吏緣為姦,乃揚州大害,已罷之矣,雖殺風景,免造業也。』公之為政惠利於民,率皆類此,民到於今稱之。」書,《佚文彙編》未收。

《東坡樂府》卷下《浣溪紗》:「芍藥櫻桃兩鬬新,名園高會送芳辰,洛陽初夏廣陵春。」為贊美萬花會者,殆他人詞誤入。

四月己未(初七日),哲宗立皇后孟氏。上賀表。

四月己未云云,見《宋史·哲宗紀》。表見《文集》卷二十四(六九七頁)。

寄《醉翁操》并書與本覺法真禪師;二十四日,為跋。郭祥正因是亦作《醉翁操》。

跋見《文集》卷七十一(二二四九頁)。

《澠水燕談録》卷七:「(沈)遵之子為比丘,號本覺真禪師,(東坡)居士書以語之。」遵,見元豐五年「為崔閑作《醉翁操》」條紀事。

《至元嘉禾志》卷三十一有吴潛《醉翁操》,《全宋詞》謂吴潛乃郭祥正之誤,是。調下有題,云「效東坡」。有序：「予甥法真禪師以子瞻内相所作《醉翁操》見寄，予以為未工也，倚其聲作之，寫呈法真，知可意否？謝山醉吟先生書。」詞云：「冷冷潺潺。寒泉。瀉雲間。如彈。醉翁洗心逃區寰。自期猿鶴俱閒。情未闌。日暮造深原。異芳誰與搴。忘還（原注：泛聲同）。瓊樓玉闕，歸去何年。遺風餘思，猶有猿吟鶴怨。花落溪邊。蕭然。鶯語林中清圓。空山。春又殘。客懷文章仙。度曲響涓涓。清商回徽星斗寒。」祥正此詞，見《青山集》卷一。謝山醉吟，祥正自號。

《青山集》卷六有《送外甥法真一師》、《送甥沈濟秀才下第南歸》詩，知法真俗名沈濟。《詩集》卷四十七《題沈君琴》之沈君，疑即為濟。

法真全稱「秀州本覺寺守一法真禪師」，乃青原下十二世，慧林宗本禪師法嗣。《五燈會元》卷十六有傳，稱法真乃沈氏子，與《青山集》合；傳稱法真乃江陰人。

二十五日，記弟轍言静坐修身。同日，書若逵所書二經後。

文分别見《文集》卷七十三（二三七七頁）、卷六十九（二二〇七頁）。

《攻媿集》卷七十二《跋吴僧若逵所書觀經》：「太府卿蘇公伯昌謂為明州長史，僧有獻少公《維摩經》手澤，蓋為老泉小祥書此。後以示蜀士，士曰：『蜀有長公書《圓覺經》，與此同時，字體亦相類。』以所攜石本示公，且許求墨蹟以來，後不知曾得之否？若逵《二經》，元祐諸名公為之跋而增重。《觀經》儼然如新，不知《法華經》何在，安知他日不能復合耶！」少公乃蘇轍，長公乃蘇軾，老泉乃蘇洵。

賜郵刑詔書，上謝表。

表見《文集》卷二十四(六九六頁),表有「麥秋已至」之語,約為四月事。

張大亨(嘉父)來訪,有詩贈之。簡大亨,以加意人命為勉;時大亨為縣官。

《詩集》卷三十五《送張嘉父長官》:「於今三會合,每進不少留。」此次相晤,實為第四次,參元祐六年「張大亨來訪於京師」條;或以元祐六年「不遂款奉」而略去也。又云:「微官有民社,妙割無雞牛。」大亨時為縣官。《文集》卷五十三與大亨第三簡:「君為獄吏,人命至重,願深加意。」《雞肋集》卷十八《再和嘉父見貽》云「曾共廣陵花下醉」,可參。

大亨此後與蘇軾無直接文字交往。據《文集》卷五十三《與錢濟明》第九簡,建中靖國元年除《春秋》博士。《金石萃編》卷一百四十六有與米黻崇寧五年題名。《東萊詩集》卷一有《遊南山歸簡張嘉父博士》詩,作於大觀二年。《山陽藝文志》謂政和七年為司勳員外郎,歷官直秘閣。《眉山先生文集》卷二十有《張嘉父生日》詩。

潁州西湖治成,趙令時(德麟)寄詩來,次韻。

次韻詩見《詩集》卷三十五(一八七六至一八七八頁),凡三首。蘇軾在潁,與令時同治西湖,未成,改揚州。三月十六日,西湖成。

《文集》卷五十二與令時第九簡云及「惠示二首」,「今且次韻二首」。令時詩已佚。

五月五日,小集石塔寺,作詩謝毛漸惠茶。晁補之有次韻。

詩見《詩集》卷三十五(一八七九頁)。

《雞肋集》卷六《次韻蘇翰林五日揚州石塔寺烹茶》：「唐來木蘭寺，遺迹今未滅。僧鐘嘲飰後，語出飢客舌。今公食方丈，玉茗攄噫噎。當年卧江湖，不泣逐臣玦。中和似此茗，受水不易節。輕塵散羅麹，亂乳發甌雪。佳辰雜蘭艾，共弔楚纍潔。老謙三昧手，心得非口訣。誰知此間妙，我欲希超絶。持誇淮北士，湯餅供朝啜。」

《詩集》「諸案」謂「公自杭召還，毛正仲已在揚州」，誤。時知揚者乃王存（正仲），非毛漸（正仲）也。參元祐六年有關紀事。

十一日，跋舊與元浄（辯才）書。

跋見《文集》卷六十九（二一九九頁）。時元浄弟子惟楚攜元祐五年爲元浄所書數紙來，乃太息書此。

十六日，奏論積欠六事并乞檢會應詔所論四事一處行下狀。

狀見《文集》卷三十四（九五七頁），謂：「臣自到任以來，日以檢察本州積欠爲事。内已有條貫除放，而官吏不肯舉行者，臣即指揮本州一面除放去訖。其於理合放而於條未有明文者，即且令本州權住催理，聽候指揮。其於理合放而於條有礙者，臣亦不敢住催。」

狀所論積欠六事爲元祐五年五月十四日勑、元祐五年四月九日朝旨、熙寧編敕、元豐三年九月二十八日明堂赦書、元祐元年九月六日明堂赦書、元祐六年五月二十六日聖旨所言積欠之除放或催納事。應詔所論四事，見元祐六年正月九日紀事。狀乞差官三五人置局看詳，立限結絶。

二十四日，會晁補之（無咎）隨齋消暑，賦《減字木蘭花》（「回風落葉」）。

詞見《東坡樂府》卷下，調下自註云是日「會於無咎之隨齋，主人汲泉置大盆中，漬白芙蓉，坐客翛然，無復有病暑意」。

本月，劉季孫卒於隰州官所。

《文集》卷三十五《乞賻贈劉季孫狀》及此。卷六十八《記劉景文詩》稱季孫「慷慨奇士，博學能詩，僕薦之，得隰州以歿，哀哉」。

本月，再奏論積欠六事、四事。

奏狀見《文集》卷三十四（九七〇頁）。

《文集》謂此狀本年六月十六日上。《長編》卷四百七十三本年五月紀事引軾此狀，注謂：「據蘇軾奏議，係六月十六日。按：六月一日已從軾言下詔，不應六月十六日又奏，此必印本『六月日』誤，今并附五月末。」今據《長編》繫入。

狀續陳兩浙、淮東西路嚴重災情，並云：「臣敢昧死請内降手詔云：『訪聞淮浙積欠最多，累歲災傷，流殍相屬，今來淮南始獲一麥，浙西未保豐凶，應淮南東西、浙西諸般欠負，不問新舊，有無官本，並特與權住催理一年。』」自「訪聞」以下云云，即見六月一日詔語，見該日紀事。亦可證明此狀作於五月。

與趙令畤（德麟）簡，言積欠為害，並詢李直方推恩有耗否；論獄官上下欺罔。

《文集》卷五十二與令畤第十一簡：「淮南夏頗熟，然積欠為害，疾瘵殆未有安理。」第十二簡亦作於夏，簡詢及李直方事，贊直方難得；敍及文廣獄，謂「上下欺罔，不得不令人憒憒」。時令時尚在潁任職。

作滕元發（達道）墓銘。先是張方平在世時令代作，至是作。方平亦嘗請代作孫公神道碑。令代作云云，見元祐六年「至南都謁張方平」條引《文集》卷五十二《與王定國》第三十四簡，簡云元發家「作行狀送至此」。簡云「致漕淮」，作於揚州。《文集》卷十五元發墓銘云「將以元祐七年八月二十二日」葬於蘇州長洲鄉，知此文作於到揚後不久。《紀年録》謂此文作於本年八月。簡又云方平嘗請代作孫公神道碑，軾「不敢違」。考此孫公，當爲固。固，鄭州管城人，《宋史》卷三百四十一有傳；卒於元祐五年，年七十五，傳稱其淳德。未知作與否。

得二石，賦《雙石》詩。

詩見《詩集》卷三十五，《淮海集》卷六有和。

作《和陶飲酒二十首》，是爲和陶之始。

詩見《詩集》卷三十五。《紀年録》謂作於七月，今從《詩集》編次。《詩集》卷三十九《和陶歸園田居》其六：「昔我在廣陵，悵望柴桑陌。長吟《飲酒》詩，頗獲一笑適。」《雞肋集》卷四、《欒城後集》卷一有和。後者其十五：「淮海老使君，受詔行當至。當官不避事，無事輒徑醉。平生自相許，兄先弟亦次。東南豈徒往，多難嫌暴貴。白首六卿中，嚼蠟那復味。」

秦觀（少章）自京師赴杭仁和簿，經揚。出示范祖禹（淳甫）送行詩，和之。晁補之、朱長文亦和。秦觀亦有送覯詩。

《詩集》卷三十五有《次韻范淳甫送秦少章》。《范太史集》卷三《送秦主簿赴仁和》中云：「秦君淮海彥，文鋒雄太阿。早依蘇揚州，匠手為礱磨。光芒侵星斗，氣象奔江河。青衫拾科第，試邑佐絃歌。」覯蓋新登第，其登第之歲，或在元祐六年。《雞肋集》卷七次韻云「蘇公門下客，事業皆不磨」，《樂圃餘稿》卷一次韻云「蘇范天下賢，閱士歲月多」。《淮海集》卷四《送少章弟赴仁和主簿》云「久從先生游，術業良未測」；先生，蘇軾。

《宋文選》卷二十九張耒《送秦少章赴臨安主簿序》末云：「元祐七年仲春十一日書。」覯過揚，當為夏季事。

蘇堅（伯固）遊蜀岡，賦詩，次其韻送李孝博（叔師、叔升）奉使嶺表。

軾詩見《詩集》卷三十五（一八九四頁）。堅詩不見。孝博乃拜廣東提點刑獄，見徐積《節孝集》卷八《送李守孝博》；卷九有《送山陽太守李公》：孝博為山陽守。

《長編》卷二百九十一元豐元年八月己酉，有「詔永興軍秦鳳路提舉折納李孝博具析違法令民折納因依以聞」記載。卷二百九十四十一月丁亥，徙秦鳳等路提舉常平。卷四百七十六本年八月癸丑，有都水監南外丞李孝博言事記載，是孝博赴廣東任後旋即調回也。《輿地紀勝》卷九十五《英德府》有孝博次韻蔣之奇詩。

六月癸丑（初一日），詔淮南東西路、兩浙路諸般逋負，不問舊新、有無官本，並特與權住催理一年。從蘇軾之言也。

據《長編》卷四百七十四，以「訪聞淮、浙積欠最多，累歲災荒，人民流移相屬，今淮南始得一麥，浙東未保收成」也。《長編》注引蘇軾《揚州上呂相公（大防）論稅務書》（《文集》卷四十八）：「頃者所論積欠，蒙示諭已有定議，此殆一洗天下瘡痏也。」

辛酉（初九日），弟轍自中大夫守尚書右丞為大中大夫守門下侍郎。父洵贈太子太師，母程氏追封成國太夫人為此時事。

辛酉云云，據《長編》卷四百七十四。《墓誌銘》：「考諱洵，贈太子太師。妣程氏，追封成國太夫人。」蓋以弟轍官位，此為最高。

庚午（十八日），程之元（德孺）罷廣南東路提刑為主客郎中。還，贈以仇池石。

庚午云云，據《長編》卷四百七十四。《詩集》卷三十六《僕所藏仇池石（下略）》敍贈石。

戊寅（二十六日），陳師錫（伯修）為校書郎。有送其赴闕詩。

戊寅云云，據《長編》卷四百七十四。詩見《詩集》卷三十五（一八七二頁）。

聞趙令時（德麟）將繼晁補之（無咎）為揚倅，致令時簡。

《文集》卷五十二與令時第三簡敍此，作於「畏暑」時，第八簡亦及此。《詩集》卷三十四《復次韻謝趙景貺陳履常見和兼簡歐陽叔弼兄弟》「施註」謂令時由潁徙揚。按：此事未行。《文集》卷六十《與人三首》其一 文字已見以上所云之第八簡，重出；其二、三兩簡，亦為與令時者。

七月七日，與晁端彦（美叔）、晁補之至大明寺校塔院西廊井與下院蜀井水高下。

據《墨莊漫録》卷三；以塔院水為勝；謂端彦為發運使。

十六日，坤成節，上賀表。

表見《文集》卷二十四（六九七頁），末云「出守淮海」。

二十一日，讀《後漢書·朱暉（文季）傳》，書其後。

文見《文集》卷六十五，題作《朱暉非張林均輸説》。

《王譜》本年紀事：「有《讀朱暉傳題文潛語後》。」按：「潛」為「季」之誤。軾文未引張耒（文潛）之語，而引朱暉（文季）之語。又按：查《張耒集》，無有關文字。

癸卯（二十二日），除兵部尚書充鹵簿使。

據《長編》卷四百七十五，又據《宋會要輯稿》第二十四册《禮》二八之八四；吕大防為大禮使，胡宗愈為禮儀使，李之純為儀仗使，韓宗道為橋道頓遞使：以哲宗將親郊。

二十七日，奏論倉法劄子。

劄子見《文集》卷三十四（九七二頁）。按：倉法全稱「諸倉乞取法」。神宗以前，倉吏類不支俸。熙寧三年，以京師諸軍糧倉吏人隨意剋扣軍糧，神宗命三司定約束十條，予倉吏俸，嚴厲處罰請托、勒索。其後，朝廷各司與監司、各州均仿之，吏人皆予厚俸，故倉法稱「重禄法」。見《宋史·食貨志》。此劄子謂哲宗即位後，「首寬此法」，即寬弛之，然尚未全罷，以「其間有要劇之司，胥吏仰重禄為生者，朝廷不欲遽奪其請受，故且因循至今」。以下，劄子謂：「今者又令真、揚、楚、泗轉般倉斗子行倉法」，使已罷之法又行，致「綱運敗壞」。按：斗子乃下等役人之一種，掌倉庫出納用斗。蓋予斗子厚禄，乃欲斗子盡力於職事。如盡力於職事，收糧時不取錢，裝發時無斗面（所謂「斗面」，即「斛面」，乃用斗或斛量租糧與税糧時，以斗或斛内之糧食平面堆高，借以多收租糧或税糧。宋時不少地方，斗或斛面實際上成為一石加納數升以至數斗之固定附加税，甚或有超過正税者），則「商賈通行，京師富庶」。如嚴行倉法，其違法收入，「不滿百錢入徒，滿十貫刺配沙門島」，則綱運兵梢生計不足，勢必偷盗，加甚欠折，遂影響綱運。劄子申明《元祐編敕》，乞轉運司不得違法收納糧綱税錢。參下條紀事。

同日，奏論漕運欠折嚴重，乞申明《元祐編敕》，廢罷近日倉部起請之倉法，仍取問官吏擅立隨船之法，罷沿路隨船檢税之法。朝廷從之。

《文集》卷三十四《論綱梢欠折利害狀》謂嘉祐以前歲運六百萬石，欠折多者為六七萬石；去年歲運四百五十餘萬石，而欠折至三十餘萬石。

狀謂《元祐编敕》規定：不得勒令糧綱住岸點檢。而今金部規定隨船點檢，收納税錢，緣此為姦，邀難乞取，刻剥兵梢。兵梢不得私載貨物，致窮困骨立，專仰攘取官米，無復限量，拆賣船板，動使净盡，事敗入獄，以命償官。

《文集》卷三十五《乞歲運額斛以到京定殿最狀》：「欠折之本，出於綱梢貧困；貧困之由，起於違法收税。」

《墓誌銘》:「發運司舊主東南漕法,聽操舟者私載物貨、征商,不得留難。故操舟者富厚,以官舟為家,補其弊陋,而周船夫之乏困,故其所載,率無虞而速達。近歲不忍征商之小失,一切不許,故舟弊人困,多盜所載以濟飢寒,公私皆病。公奏乞復故,朝廷從之。」

《濟南先生師友談記》:「國朝法,綱船不許住滯一時,所過稅場,不得檢稅,兵梢口食,許於所運米中計口分斗升借之,至下卸日,折算於逐人之俸糧除之。蓋以舟不住,則漕運甚速,不檢則許私附商販,雖無明條許人,而有意於兼容,為小人之啗利,有以役之也。借支口糧,雖明許之,然漕運既速,所食幾何,皆立法之深意也。自導洛司置官舟載客貨,沿途稅場既為所併,而綱兵搭附遂止。邇來導洛司既廢,然所過稅場,有隨船檢稅之滯,小人無所啗利,日食官米甚多,於是盜糶之弊興焉。既食之,又盜之,而轉搬納入者動經旬月,不為交量,往往鑿竇自沉,以滅其迹,有司治罪,鞭配日衆,大農歲計不充,雖令犯人逐月剋糧填納,豈可敷足。張文定為三司使日,云歲虧六萬斛,今比年不啻五十餘萬斛矣,而其弊乃在於綱兵也。東坡為揚州,嘗陳前弊於朝,請罷沿路隨船檢稅,江淮之弊,往往除焉。然五十萬之缺,未能遽復。數年之後,可見其效。淮南楚、揚、泗數州,日刑綱吏,不啻百人。能救其弊,此刑自省,仁人之言,其利溥哉!」《長編》卷四百七十五本年七月紀事亦引此段記載。此處文字,已用《長編》校訂。

《長編》卷四百七十五本年七月紀事引《徽宗實録·蘇軾傳》:「軾知揚州,發運司主東南漕。先是漕挽聽其私載,往往視官舟為家,以時修葺,故所載無虞。近歲嚴私載之禁,舟壞人貧,公私皆病,軾奏乞復故，從之。」

三十日，訪戒長老，留長老住石塔，長老留。有留疏。嘗為戒長老作戒衣銘。

疏見《文集》卷六十二（一九一一頁）。卷十九《石塔戒衣銘》作於揚。

《雞肋集》卷六十九《跋戒公疏後》：「元祐七年，翰林東坡先生守揚。七月，石塔禪師將還山，其徒詣府請留。公書其狀後，與之，曰：『傳語長老，三十日奉謁，議去住。』即以其日，從僚屬過師。出疏袖間，師去而復留。初，師欲去甚確，衆以為非東坡故不留也。師留而公去，室中塵凝，師坐晏然，如公未去時也。補之不學道，不足以知師得道之淺深，而徒識其貌淵然而靖，不可澄撓，忘其初不為東坡而去，亦忘其終為東坡而留也。姑留而已矣。後九十八日，晁補之記。」

《冷齋夜話》卷七《東坡留戒公長老住石塔》：「東坡鎮維揚，幕下皆奇豪。一日，石塔長老遣侍者投牒，求解院。東坡問：『長老欲何往？』對曰：『歸西湖舊廬。』即令出，別候旨揮。東坡於是將僚佐同至石塔，令擊鼓，大衆聚觀，袖中出疏，使晁無咎讀之。其詞曰（按：即疏，略）。予謂戒公甚類杜子美黄四娘耳，東坡妙觀逸想，託之以為此文，遂與百世俱傳也。」

晁端彦赴京師，有詩送行。

詩見《詩集》卷三十五（一八九五頁）。詩云：「我如懷祖拙自謀，正作尚書已過優。」其赴京師，當以罷江淮荊浙發運使任。

《詩集》卷四十八《和晁美叔老兄》，《外集》卷九次守揚卷中，附次此。

蘇軾與端彦文字記載止此。紹聖二年七月十四日，端彦以秘書少監、左朝議大夫為直秘閣、知峽州。見《宋會要輯稿》第一百二十册《選舉》三三之一九。乃以得罪章惇之故，見《曲洧舊聞》卷五。卒於紹聖二年，《雞肋集》卷六十有祭文。

作王琦（文玉）挽詞。

詩見《詩集》卷三十五（一八九八頁）。琦元豐七、八年知池州，參該二年紀事，卒時不詳。

詩題下「誥案」謂王幼安乃琦之子，誤。幼安名寧，乃陶之子。元祐二年七月辛未紀事已及寧。

與晁補之、法芝（曇秀）送客山光寺，法芝作詩，蘇軾有和。識法芝所藏龍尾硯。法芝遊廬山，作詩送之。

《文集》卷六十八《書曇秀詩》引法芝詩云：「扁舟乘興到山光，古寺臨流勝氣藏。慚愧南風知我意，吹將草木作天香。」和詩見《詩集》卷三十五（一八九八頁），送詩見同上（一八九九頁）。

《文集》卷七十《書曇秀龍尾硯》：「曇秀畜龍尾石硯，僕所謂『澀不留筆，滑不拒墨』者也。」以下謂「予頃在廣陵，嘗從曇秀識此硯」。硯蓋蔣堂（希魯）舊物。

《詩集》卷四十八有《和芝上人竹軒》詩。竹軒在廬山，見該卷校勘記第一百二十二條。竹軒當為法芝在廬山住地，此詩或亦為此時作。

《雞肋集》卷十六有《與曇秀師别垂二十年而後相會於金山作》詩，作於徽宗時。中有「何妨偶入東坡夢」之句，敍此時事。

程筠（德林）赴真州，有送行詩。詩並贊筠之子祁。

詩見《詩集》卷三十五(一八九九頁)。

筠，已見元豐七年「應同年程筠請題其先墳」條。筠，《新安文獻志》卷八十附兄節傳。筠登第後，授縣令。時新法方行，筠條其不便，調知陳留。陳留近帝畿，筠均田賦，平徭役，不避權貴。擢户部郎中。知真州，蘇軾美之以詩，有「君為赤縣有古風，政聲直入明光宮」之句。有《葆光集》。按：集已早佚。「君為」二句，即在送行詩中。

乾隆《浮梁縣志》卷八《程筠傳》謂嘗官御史，未一年，疏數十上，政府議出之，遂轉京東路按察使。節，參元符三年七月七日紀事。

與孔平仲(毅父)簡。

《文集》卷五十七與平仲第三簡首云「到揚吏事清暇」。作於揚。繼以積欠為憂。又云：「此間去公咫尺耳。」據《宋史》卷三百四十四平仲傳，時平仲提點江浙鑄錢。

作文祭張方平。

《文集》卷六十三《祭張文定公文》其二為此文。文云：「今公永歸，我留淮海。寓辭千里，濡袂有漼。」《總案》謂此為埋銘。

八月一日，乞罷轉般倉斗子倉法。

狀見《文集》卷三十四(九八〇頁)。狀并乞揚州轉般倉斗子依舊存留四十人；以倉部令逐處斗子只存留一半。

五日，乞罷税務歲終賞格。從之。上呂大防書，論税務。

狀見《文集》卷三十四（九八〇頁）。

狀引元豐敕及元豐賞格，謂賣鹽及税務監官、賣鹽務專副秤子税務專欄、酒務監官、酒務專匠年終課利增額，有賞格。狀謂「人人務為刻虐，以希終歲之賞」；又謂「上件條貫於税務施行，尤為害物」，乞先廢罷。

《長編》卷四百七十六本月丙辰紀事謂從之；原注：「元豐七年六月辛卯，初從京西漕司請，詔税務年終課利增額，依鹽、酒務賞格。軾此奏蓋得請，紹聖又改之。」

《文集》卷四十八有《揚州上呂相公論税務書》。相公乃大防。書云：「軾自入淮南界，聞二三年來，諸郡税務刻急日甚，行路咨怨，商賈幾於不行。」又謂揚州「有條，許酒税監官分請增剩賞錢。此元豐中一小人建議，羞污士風，莫此為甚」。書約作於奏狀同時，次此。

同日，上狀乞歲運額斛以到京定殿最。

狀見《文集》卷三十五（九八三頁），謂：「發運使歲課，當以到京之數為額，不當以起發之數為額也。」狀「乞立法，今後發運司歲運額斛，計到京欠折分釐，以定殿罰，則發運使自然竭力點檢」。即責以虧贏而為之責罰。蓋由於綱運欠折嚴重之故。此狀，為七月二十七日所上二狀之補充。

初六日，申明揚州公使錢。

狀見《文集》卷三十五（九八五頁），謂揚州每年公使額錢五千貫，與真、泗等州一般，較楚州少七百貫，支使不足。又謂此五千貫中之一半係賣醋錢，而實際「每年只收到一千六七百貫至二千貫以來」，乞於「係省官醋務錢内撥二千五百貫元額錢」。

與趙令時（德麟）簡，謝惠奇茗，并致意太守。時黄庭堅寄書來，并惠雙井茶。

《文集》卷五十二與令時第十三簡敍之。時令時仍在潁，太守，參本年此前「除命下」條。庭堅時在原籍服母喪，見《山谷全書》卷首《年譜》。蘇軾以雙井轉贈令時。

米黻（元章）自雍丘來簡。

《文集》卷五十八與黻第十二簡云「前在揚州領所惠書」，以未裁答為歉。作於本年回京師後。據《宋史》黻傳，時黻知雍丘。參本年以下「馬正卿自雍丘來訪」條、元祐八年五月初十日紀事。

陳師道上書，以為朝慎重為言。

書乃《後山集》卷九《上蘇公書》，云：「近見趙承議，説得閣下書，欲復伸理前所舉刺文廣獄事，聞之未以為然。」又云：「君子之於事，以位為限，居位而不言則不可，去位而言則又不可。其言之者義也，其不言者亦義也。閣下前為潁州，言之可也。今為揚守而與潁事，其亦可乎？豈以昔嘗言之而不置耶，此取勝之道也。近歲士大夫類皆如此，以為成言，而非閣下之所當為也。苟不公言而私請之，又不如已也。天下之事行之不中理使人不平者，豈此一事，閣下豈能盡争之耶！争之豈能盡如人意耶！徒使呫呫者以為多事耳。嘗謂士大夫視天下不平之事，不當懷不平之意，平居憤憤，切齒扼腕，誠非為己，一旦當事而發之，如決江河，其可禦耶！必有過甚覆溺之憂。」末云「為朝重慎」。書云「秋益高」，約作於八月。

書中所云趙承議，乃令畤，所云「得閣下書」，乃《文集》卷五十二與令畤第十二簡。參本年「與趙令畤簡言積欠為害」條紀事。

《文定集》卷十一《跋東坡書》：「『黄幡綽告明皇欲作白打使，此官真快人意哉！』此雖戲語，亦見蘇公忠憤之氣。陳無已與蘇公書云：『士於天下事，不當懷不平之意。』」「士於」二句，即在師道書中。「黄幡綽」二句，已以《偶題》為題，收入《佚文彙編》卷五。兹附此。

按：黄幡綽，乃伶人。《全唐詩》卷八百六十九：「安西牙將劉文樹，口辯善奏對，明皇每嘉之。文樹髭生頷下，貌類猴，上令黄幡綽嘲之。文樹切惡猿猴之號，乃密賂幡綽不言，幡綽許而進嘲：『可憐好個劉文樹，髭鬚共頦頤别住。文樹面孔不似猢猻，猢猻面孔强似文樹。』上知其遺賂，大笑。」

兵部尚書除命下，上辭免狀乞外郡，不許。

《文集》卷三十七《任兵部尚書乞外郡劄子》：「臣向在揚州，蒙恩除臣今任。臣於本州及緣路附遞入文字辭免，准聖旨劄子指揮，為已差充鹵簿使，大禮日迫，不許遷延。臣以此不敢堅辭。」辭免狀原文已佚。

癸酉（二十二日），蘇軾以兵部尚書、龍圖閣學士除兼侍讀。

據《長編》卷四百七十六。

二十六日，跋李氏述先記。

文見《文集》卷六十六(二〇八一頁)。文慨歎危亂之世，豪傑之士湮没而無傳者甚多。

在揚州，嘗簡弟轍，求為作元淨(辯才)塔碑。

《欒城先生遺言》：「東坡求《龍井辯才師塔碑》於黄門，書云：『兄自覺談佛不如弟。』」《欒城後集》卷二十四《龍井辯才法師塔碑》：「元祐六年，歲在辛未，九月乙卯，無疾而滅。」於是吴越之人，相與訃於淮南，「請於揚州太守蘇公子瞻，以志其塔。公曰：『吾固知師矣。予弟子由，雖未嘗識師，而其知師不在吾後，吾為汝請。』轍以公命不敢辭。」元浄年八十一。

在揚州，許安仁(仲山)從學詩。

《彦周詩話》：「季父仲山在揚州時，事東坡先生，聞其教人作詩曰：『熟讀《毛詩·國風》與《離騷》，曲折盡在是矣。』僕嘗以謂此語太高，後年齒益長，乃知東坡先生之善誘也。」同上書謂安仁乃《彦周詩話》作者許顗(彦周)之父同祖弟，讀書精苦，作詩有源流，晚以特奏名得一官，政和間，曾和徽宗所撰宫詞三百首，以害經旨，報罷，調南劍州順昌縣尉，後卒於揚州。《八閩通志》卷三十八《許安仁傳》謂「少從蘇軾學詩，有聲稱」，又謂「政和間為順昌尉，甚得士民之望」。安仁，安世從弟。

在揚州，撰文贊六合麻紙。

《文集》卷七十《書六合麻紙》贊麻紙之所以好，乃由於蜀岡之水質佳。同卷《書布頭牋》，謂六合人亦作布頭牋，當亦為揚州作。

晁補之薦從弟詠之於蘇軾，軾稱詠之為奇才；嘗修摘星樓；補之嘗賦呈《八聲甘州》；嘗與補之論陶詩；補之嘗代作贈戴嗣良詩：皆在揚州事。

《宋史》卷四百四十四《晁詠之傳》謂詠之字之道。以下云：「蘇軾守揚州，補之倅州事，以其詩文獻軾，軾曰：『有才如此，獨不令我一識面耶？』乃具參軍禮入謁，軾下堂挽而上，顧坐客曰：『奇才也。』」詠之初字深道，見《豫章黄先生文集》卷二十《晁深道祝詞》。乃端彦之子，見《曲洧舊聞》卷六。登進士第，又中宏詞第一，元符三年上書，入邪上，廢斥三十年，以朝請郎奉祠崇福宫而終，年五十二。有《晁氏崇福集》三十五卷、《四六集》十五卷。不傳。見《郡齋讀書志》卷四下、《宋會要輯稿》第九十九册《職官》六八之一至二。

《曲洧舊聞》卷三：「晁之道名詠之，黄魯直字之叔予，資敏強記。覽《漢書》，五行俱下。對黄卷答客，笑語終日，若不經意，及掩卷論古人行事本末始終，如與之同時者。東坡作《温公神道碑》，來訪其從兄補之無咎於昭德第。坐未定，自言：『吾今日了此文，副本人未見也。』啜茶罷，東坡琅然舉其文一遍，其間有蜀音不分明者，無咎略審其字，時之道從照壁後已聽得矣。東坡去，無咎方欲舉示族人，而之道已高聲誦，無一字遺者。無咎初似不樂，久之，曰：『十二郎真吾家千里駒也。』」據此，蘇軾或已早聞晁之道之名，特未識面耳。

《輿地紀勝》卷三十七《揚州・景物下》：「摘星樓：在城西角，江淮南北，一目可盡。」詳紹聖二年正月十日紀事。事涉補之。

《晁氏琴趣外編》卷一《八聲甘州·揚州次韻和東坡錢塘作》：「謂東坡、未老賦歸休，天未遣公歸。向西湖兩處，秋波一種，飛靄澄輝。又擁竹西歌吹，僧老木蘭非。一笑千秋事，浮世危機。應倚平山欄檻，是醉翁飲處，江雨霏霏。送孤鴻相接，今古眼中稀。念平生、相從江海，任飄蓬、不遣此心違。登臨事，更何須惜，吹帽淋衣。」軾原調見《東坡樂府》卷上。

《雞肋集》卷三十三《題陶淵明詩後》：「詩以一字論工拙。如『身輕一鳥過』、『身輕一鳥下』，『過』與『下』、與『疾』、與『落』，每變而每不及，易較也。如魯直之言，猶碱砆之於美玉是已。然此猶在工拙精粗之間，其致思未白也。記在廣陵日，見東坡云：陶淵明意不在詩，詩以寄其意耳。『采菊東籬下，悠然望南山。』則既采菊，又望山，意盡於此，無餘蘊矣。非淵明意也。『采菊東籬下，悠然見南山』，則本自采菊，無意望山，適舉首而見之，故悠然忘情，趣閑而累遠。此未可於文字精粗間求之，以比碱砆、美玉，不類。崇寧三年十月晦日，晁補之題。」「東坡」云云論陶詩之意，《文集》卷六十七《題淵明飲酒詩後》亦略及。

《雞肋集》卷十《贈戴嗣良歌，時罷洪府監兵，過廣陵，為東坡公出所獲西夏刀劍，東坡公命作》：「三郎少日如乳虎，代父搏賊驚山東。硬弓長劍取官職，自說九戰皆先鋒。將軍拳勇饋不繼，痛惜靈武奇謀空。城頭揶揄下俛走，壯士志屈羞填胸。平生山西踏霜雪，洪府下濕號兒童。聞名未識二十載，初見長揖東坡公。鋭頭短後凛八尺，氣似飲井垂檐虹。只令不語當陣立，望見已是千夫雄。往年身奪五刀劍，名玉所擐犀札同。晨朝攜來一府看，竊指私語驚庭中。紅粧擁坐花照酒，青萍拔鞘堂生風。

螺旋鉒鍔波起脊，白蛟雙挾三蒼龍。試人一縷立褫魄，戲客三招森動容。東坡喜為出好礪，洮鴨緑石如堅銅。收藏入匣人意定，蛾眉稍進琉璃鍾。太平君子尚小豈，戒懼邾小毋拚蜂。舞干兩階庶可覿，跳空七劍今何庸。我為蘇公起揚觶，雅歌緩帶聊堪同。從公請礪歸作硯，聞公嘗諫求邊功。」嗣良蓋為一勇武之士，立功疆埸。

傳嘗求徐守信（神翁）字。

《家世舊聞》卷下：「先君言：（蔡京）崇寧初作相，即為徽廟言：『泰州徐神翁，能知前來物。元祐中，蘇軾知揚州，遣人往來求神翁字，神翁大書曰：「泄慢墮地獄，禍及七祖翁。」神翁雖方外之士，而能嫉元祐人，所宜褒顯。』其言可笑如此。然上頗喜之。」以下敍徽宗召神翁至都下，以賓禮接之。《徐神公語録》謂徽宗崇寧二年，賜號虚静冲和先生。大觀二年卒，年七十六，賜大中大夫。《輿地紀勝》卷四十：「元符中，哲廟以嗣子未立，遣中使求字，翁書吉人以對。已而徽宗即位。『吉人』字，蓋析御諱也。」

傳嘗識破道士黠術。

《墨莊漫録》卷二：「東坡先生知揚州，一夕，夢在山林間，忽見一虎來噬，方驚怖，有一紫袍黄冠以袖障公，叱虎使去。明日，有道士投謁，曰：『昨夜不驚畏否？』公曰：『鼠子乃敢爾！本欲杖汝脊，吾豈不知子夜術也？』道士駭懼而退。」《賓退録》亦記載此事，文略同，不録。

賦《生查子》贈別蘇堅（伯固）。

詞見《東坡樂府》卷上；《詩集》卷三十五亦收，題作《古别離送蘇伯固》，云「白盡老髭鬚，明日淮南去」。

徐州教授何去非（正通）簡來。離揚前覆簡，以留徐有益士子為慰。

《文集》卷五十三與去非第一簡：「鄉校淹留，然使徐之士子識文章瑰偉之氣，非小補也。」簡又云「又復西上」，乃指揚州赴召；「又」承去年杭州赴召而言。簡末云「乍冷」，則已約及八月底矣。

離揚州。至宜興，行臨溪道中，見邑令張堂。九月二日，作記贈堂。離宜興。

記見《文集》卷七十一（二二六六頁）。記謂堂乃友人希元之子。

蘇軾友人中，有張次山字希元。《鴻慶居士集》卷七有《張希元承事挽詞二首》，其一有「膝上郎君雪滿顛」之句，知此希元享高壽，當即次山。記中之希元「有異材」，「不幸早世」，與字次山者非一人。《丹淵集》卷四十《張夫人墓誌銘》：年二十，嫁始平先生希元；希元有才名，喜接士，賓客日滿門下；督子學，「以願成汝父之志勵之」，似希元早逝；或為記中所云之希元。

《雲麓漫鈔》卷一：「常州宜興縣張渚鎮臨溪，有山水之勝，乃過廣德大路。鎮有張氏名大年，臨潤為圃號桃溪。嘗倅黄，藏書教子，一子登第，一恩科。」又謂岳飛嘗館於其家，建炎四年六月望日，嘗題於廳事之屏。

張渚鎮在宜興縣西南七十里，見《咸淳毗陵志》卷十五。據此，知蘇軾罷揚後，嘗至宜興。

丙戌（初六日），鄧潤甫知永興。蘇軾欲修啟為賀。

丙戌云云，據《長編》卷四百七十七。

《雲莊集》卷四《書鄧器先所藏蘇帖後》：「元祐初，俊傑滿朝。鄧（按：原作「劉」，誤）安惠公入居永轄，而東坡先生將修啟為賀，蓋二公玉堂對直之舊也。斯見一時人物之盛。器先聞斯帖有在，力致以歸，櫝而藏之，以永兩家之好，可為故家之勸。」永轄即指永興。「元祐初」之「初」當為「中」之誤。

《宋史》卷三百四十三《鄧潤甫傳》：「以龍圖閣學士知亳州。閱歲，復以承旨召。數月，除端明殿學士、禮部尚書。請郡，得知蔡州，移永興軍。」傳謂潤甫謚安惠，卒年六十八。《宋史·宰輔表》謂卒於紹聖元年。

都梁山途中，見杜輿（子師），應輿之請，授以種松法，戲贈二首。

詩見《詩集》卷三十五（一九〇二頁）；《雞肋集》卷二十二亦有詩賦此事，註引。

《文集》卷七十三《種松法》一文可參。

《後山集》卷二十一《談叢》：「中州松子雖秕小不可食，然可種，惟不可近手，以杖擊蓬，使子墮地，用探錐刺地，深五寸許，以帚掃入之，無不生者。東坡居士種松法。」此所敘，不為《種松法》一文所載，茲附於此。

經龜山，別龜山長老。

詳元祐八年「與龜山長老簡」條。

宿、泗途中，見張天驥（聖途），問何去非（正通）動止，致簡去非；次天驥舊韻。

詩見《詩集》卷三十五（一九〇三頁）。《文集》卷五十三與去非第二簡敍見天驥。

過宿州。上狀，乞罷宿州修城。

《文集》卷三十五《乞罷宿州修城狀》云「被召過所部宿州」，本月奏。

九日，至南都，與王鞏（定國）遇，有詩。

詩見《詩集》卷三十五（一九〇四頁），同上尚有《九日次定國韻》。時鞏衝替，見《長編》卷四百六十七元祐六年十月辛酉紀事。

祭張方平，有文。《張文定公墓誌銘》撰成。上奏狀，乞過南郊大禮，仍除一郡。

文乃《文集》卷六十三祭方平第三文，云「斂不拊棺，葬不執紼」，作於葬後；又云「以我此心，與此一觴，達於幽宮」，作於葬地。墓銘在《文集》卷十四，謂本年八月九日葬於南都宋城，其撰成在此略前。《文集》卷三十七《任兵部尚書乞外郡劄子》敍南京上奏狀，奏已佚。

途中，兼侍讀除命下，辭。

《文集》卷三十七《辭免兼侍讀劄子》云「出從吏役」，途中作。

將至京師，弟轍奉詔來迎，先寄以詩。到京師，復館於浴室東堂。

詩見《詩集》卷三十六（一九一九頁），中云「黄門殿中奏事罷，詔許來迎先出省」。《欒城後集》卷一有次韻。《道山清話》：「劉貢父一日問蘇子瞻：『老身倦馬河堤永，踏盡黄榆緑槐影。非閣下之詩乎？』子瞻曰：『然。』貢父曰：『是日影耶？月影耶？』子瞻曰：『竹影金瑣碎。又何嘗説日月也。』二公大笑。」「老身」二句，在軾寄轍詩中，時劉攽（貢父）已卒。此記載偶誤。然當時實有此傳聞，仍附此。

《詩集》卷三十七《東府雨中別子由》：「去年秋雨時，我自廣陵歸。」寫此時事。卷三十六詩題：本年「九月自廣陵召還，復館於浴室東堂」。

到兵部尚書兼侍讀任，詔賜對衣金帶馬，均有謝上表。陳師道有賀啟。

表見《文集》卷二十四（六九八、六九九頁）。賀啟乃《後山集》卷十五《賀兵部蘇尚書啟》。

兵部侍郎杜純謂蘇軾尚氣好辯，純壻晁補之答書釋之。軾嘗有答純啟。

書乃《雞肋集》卷五十二《答外舅兵部杜侍郎書》。書敍軾為人：「補之於蘇公為門下士，無所復讚，然剛潔寡欲，奉己至儉菲，而以身任官責，嫉邪愛物，知無不為，尤是不忽細務，其有所不得盡，視去官職如土芥。」書引純來書怪蘇軾「尚氣好辯」，謂「此非補之所能知，自非聖人，各有所長，亦有所短」，伯夷班聖人之列，而孟子尚謂「伯夷隘，君子不由」。以下舉西漢名臣汲黯、鄭當時：「汲黯好直諫，多大體，而性倨少禮，面折不能容人之過，士亦以此不附。而鄭當時性長者，常引丞史，以為賢於己，與官屬言，惟恐傷之，山東翕然稱鄭莊。」以下謂汲黯為直不為忮，鄭當時為和不為諛，同稱賢，「此其大體皆有所長，而亦皆有所短」，君子以同而異，若是可也。末謂「衆賢和於朝，則幽遠趣向自一，而事無不可為」，以此寄望於純。

杜純，字孝錫，濮州鄄城人。其長女適晁補之。事迹詳《雞肋集》卷六十二行狀、《宋史》卷三百三十傳。

《文集》卷四十七《答杜侍郎啟》中云「伏惟兵部侍郎」，知此侍郎即純。啟作於此略前。

與趙令時(德麟)簡。

《文集》卷五十二與令時第十四簡：「某到此半月，無可樂者。過大禮，即重乞會稽爾。」第十五簡云「大禮日近」，作於此略後。前者云「公未即解去」，令時猶在潁簽判任。

與吳安詩(傳正)為方外之遊。

《文集》卷六十六《書松醪賦後》謂與安詩遊乃在資善堂時。資善堂，乃宋代皇帝子孫讀書處。元豐八年，哲宗初開講筵，命講讀官員在資善堂講讀。《長編》卷四百七十八元祐七年十月辛酉紀事：「直集賢院兼侍講吳安詩為天章閣侍講。」時蘇軾兼侍讀。二人為方外之遊為此時事。又，《長編》同日注文謂安詩初兼侍講在元祐四年十月四日，時軾在杭。

十月辛酉(十二日)，喬執中為中書舍人。有啟與蘇軾，軾為答。

《宋史》卷三百四十七《喬執中傳》謂進中書舍人，論邢恕不宜復官。十月辛酉云云，據《長編》卷四百七十八。

答啟見《文集》卷四十七(一三六三頁)。啟稱執中為「淮海之英」，史稱執中為高郵人，合。

二十六日，晁補之為著作佐郎。

據《長編》卷四百八十四元祐八年五月壬辰紀事注文：《長編》引黃慶基奏狀，謂補之之除，乃蘇軾「力為援引」。

是月，乞擢用林豫。豫差知通利軍。

乞狀見《文集》卷三十五（九八八頁）。豫差知見《長編》卷四百八十四元祐八年五月壬辰紀事。《欒城集》卷四十七有《薦林豫劄子》。

豫字順之，熙寧九年進士。歷知保德、廣信、邵武軍及邢、邵、鄜、冀七州，有善政。為章惇所嫉，左遷雲騎尉。坐二蘇薦，入元祐黨籍。有《筆峰草録》十卷，佚。見《莆陽比事》卷二、卷三引墓誌及同治《仙遊縣志》卷二十四傳。

是月，上《乞賻贈劉季孫狀》。先是嘗與王仲志簡，商議有關賻贈奏狀事宜。至是上之。

狀見《文集》卷三十五。簡見《佚文彙編》卷三（二四九四頁），云季孫「奏狀草子拜呈，如可用，即乞令人寫净示下，同簽發去」。狀上於本月，簡約作於本年秋。仲志，待考。

與晁端仁有交往。

晁説之《嵩山文集》卷十七《汝南主客文集序》，建炎二年為其從叔端仁（堯民）作，云：「東坡為兵部尚書，公丞太僕，以事謁省部，時天寒甚，東坡命酒手以觴公，公色動，若不自安，東坡歎曰何姬（按：原文如此）。」公謂端仁。《汝南主客集》已佚。端仁卒於崇寧元年七月，年六十八。見《雞肋集》卷六十七墓銘，銘謂端仁有文集十卷，此文集或即《汝南主客集》。

書《魚枕冠頌》、《李潭馬圖》贈晁説之。

據《嵩山文集》卷十八説之跋。跋作於宣和七年，謂軾書於三十三年前任兵部尚書時。

再薦趙令時（德麟）。令時旋來京師。

狀見《文集》卷三十七(一〇四四頁),謂令時其人「近已替罷,旦夕赴闕朝見」,乃任兵部尚書日作。令時未赴揚倅。「替罷」乃指潁簽判。《詩集》卷三十六詩題:「沐浴啟聖僧舍,與趙德麟邂逅。」

至京師後,與王鞏(定國)有倡酬。

《詩集》卷三十六有《次韻定國見寄》及鞏來詩贊元豐八年建海神廟於文登之議因次韻(一九三八頁)。

嘗詢孫賁(公素)疾於趙令時。嘗有詩贈賁。

《侯鯖録》卷一:「孫賁公素居京師,大病,予數往存撫之。又數日,見東坡,云:『聞曾見孫公素,病如何?』予曰:『大病方安。』坡云:『這漢病中瘦則瘦,儼然風雅。』後見公素道此語,公素應曰:『那娘意下恨則恨,無奈思量。』坡大奇之。」此當為本年趙令時至京師以後事,其具體時間不詳,兹次此。

同上:「公素畏内,衆所共知。嘗求坡公書扇。坡題云:『披扇當年笑温嶠,握刀晚歲戰劉郎。不用戚戚如馮衍,但與時時説李陽。』公素昔為程宣徽門賓,後娶程公之女,性極妬悍,故云。」詩見《詩集》卷四十五,編次不當,姑改繫於此。宣徽為公闢,嘗知越州,見《嘉泰會稽志》。

《雞肋編》卷下:「蘇公嘗會孫賁公素,孫畏内殊甚,有官妓善商謎,蘇即云:『蒯通勸韓信反,韓信不肯反。』其人思久之,曰:『未知中否?然不敢道。』孫迫之使言,乃曰:『此怕負(婦)漢也。』蘇大喜,厚賞之。」此事與《侯鯖録》所言有相似處,姑次此。

南郊前,從駕景靈宮,賦詩。王欽臣(仲至)有和。

《詩集》卷三十六《次韻蔣穎叔、錢穆父從駕景靈宫二首》其二：「玉殿齊班容小語，霜廷稽首泫微温。」自註：「適與穆父並拜庭中，地皆流濕，相與小語道之。」

《詩人玉屑》卷七引《藜藿野人詩話》，謂王欽臣有和，末云「誰知第七車中客，天遣歸來助慶禋」，蘇軾稱歎久之。《次韻蔣穎叔、錢穆父從駕景靈宫》註詳引。

蔣之奇（穎叔）時為户部侍郎，錢勰（穆父）時權户部尚書。分別見《長編》卷四百七十四本年六月甲戌、丙寅紀事。王欽臣為工部侍郎，見《長編》卷四百七十七本年九月戊子紀事。

以月石硯屏贈范百禄（子功），以涵星硯贈范祖禹（淳夫），有詩，祖禹有和。百禄時為中書侍郎，祖禹時為侍講。

詩見《詩集》卷三十六（一九二四、一九二六頁）。祖禹詩，一九二六頁註已引。百禄為中書侍郎，見《宋史·宰輔表》。祖禹為侍講，見《宋史》本傳。

《濟南先生師友談記》：「東坡先生謂某曰：『范淳夫講書，為今經筵講官第一，言簡而當，無一冗字，無一長語，義理明白，而成文粲然，乃得講書三昧也。』」乃此時事。

蘇軾自揚州回朝後，與百禄簡多起，過從甚密。簡見《文集》卷五十；其第一簡弔百禄幼孫之殤，第四簡謝百禄餽團茶及匣子香藥夾，第五、第六簡敍約會。

《游宦紀聞》卷九：「胡堂長伯量《記度常卿涵星硯》云：寶慶丙戌秋八月，渝州度史君正奉詔入京，過金陵，出其所藏坡仙涵星硯，而廬山胡泳記之曰：硯，端石，以石眼在池得名。形方，以今尺度之，可廣四寸，其長倍蓰，高寸有半，上廣下殺，其陰容掌，不啻面出。玉斗為池，斗之半，微為窪坎如半月，用以限墨。星在池者十有三，下皆乘以雲氣，大者四，其二近半月，其二倚南壁，而一復差大而高，外微緑，中黄，瞳如針眼而紺碧，衆星此為獨勝。小者九，二倚東壁，二倚西壁，如參、商然；五者中立，一高二次而三低，如聚東井然。汲泉滿池，粲粲相輝，半月止墨，元雲黟黰而下。古人制作之精如此。星在陰者二，上列四字，曰『癸巳端巖』，下三字，曰『子容記』。子容蘇丞相頌，意其初得也。東壁之外，有墨書『子瞻』二字，下有三字，惟『泓』字髣髴，二不可辨。西壁外『子功』二字。史君云：硯陰七字，本亦未嘗刊，以借觀者衆，懼把玩之多，遂成泯没，故李氏刊之。按：坡詩有以《涵星硯贈范純夫侍講》、《風月石屏贈子功中書》，共二首。詩中模狀與此硯實合。以《年譜》考之，當在元祐八年癸酉。硯後歸李才元家，其孫家於成都之成都縣，史君以百五十緡購得之，外周以二髹匣，蓋陰各有朱字紀歲月及土人姓名。外者『乙亥（原校：案商刻作己亥）洋州造大方誌』，内者『辛未杭州後洋沈上牢』。坡仙元祐己巳，以龍圖閣直學士、左朝奉郎知杭州，至辛未二月九日，除翰林承旨。則内匣為坡仙在杭作無疑，距作詩為先三年耳。范、李後為姻家，故硯歸李云。」度正，已見嘉祐七年三月初五日紀事。蘇軾二詩之作，據《詩集》編次，實為本年事。

十一月初四日，再論李直方潁州捕賊功效，乞推恩。

劄子見《文集》卷三十五（九九〇頁）。劄子望朝廷檢會今年正月所奏《乞將合轉一官與李直方酬獎狀》，仍乞以合轉朝散郎一官與直方以推恩。

初七日，乞免五穀力勝税錢。

劄子見《文集》卷三十五（九九〇頁），謂「近歲法令，始有五穀力勝税錢，使商賈不行，農末皆病」。又謂：「五穀無税，商賈必大通流，不載見錢，必有回貨。見錢回貨，自皆有税，所得未必減於力勝。而災傷之地，有無相通，易為賑救，官私省費，其利不可勝計。」

癸巳（十三日），冬至，合祭天地於圜丘。蘇軾以鹵簿使劾奏貴戚車從爭道，不避仗衛。

據《長編》卷四百七十八。奏劄見《文集》卷三十五（九九二頁）。參十四日紀事。

十四日，哲宗可蘇軾之奏，申斥有司，嚴整仗衛。

《墓誌銘》：「是歲，親祀南郊。為鹵簿使，導駕入太廟。有貴戚以其車從爭道，不避仗衛，公於車中劾奏之。明日，中使傳命申斥有司，嚴整仗衛。」

《濟南先生師友談記》：「東坡不惟文章可以蓋代，而政事忠亮，風節凜凜，過人遠甚。元祐七年，上祀南郊，公以兵部尚書為鹵簿使。上因太廟宿齋行禮畢，將至青城，儀衛甚肅。五使乘車至景靈宮東欞輕門外，忽有赭傘覆犢車并青蓋犢車百許兩衝突而來。東坡呼御營巡檢使立於車前，曰：『西來誰何敢爾亂行？』曰：『皇后并某國太夫人（原注：國婆婆，乃上之乳母）、國大長公主也。』東坡曰：『可以狀來。』比至青城，諭儀仗使、御史中丞李端伯之純曰：『中丞職當肅政，不可不聞。』李以中宮不敢言。坡曰：『某自奏之。』即於青城上疏皇帝曰：『臣備員五使，竊見二聖寅畏祇慎，昭事天地，敬奉宗祧，而內中犢車衝突鹵簿，公然亂行，恐累二聖所以明祀之意，謹彈劾以聞。』上欣然開納。舊例，明日法駕回，中宫當迎於朱雀門下，是時因疏，明日中宫亦不復出。」「臣備員」云云，全文已佚，《佚文彙編》未收。

同日，郊祀禮成。上郊祀慶成詩與表。

詩見《詩集》卷三十六（一九三〇頁）。表見《文集》卷二十四（七〇〇頁），有「今月十四日郊祀禮成者」之句。《欒城後集》卷一亦有《郊祀慶成》詩。

奏南郊親祀得民心。

《文集》卷三十五《繳進免五穀力勝税錢議劄子》：「去歲扈從南郊，親見百姓父老，瞻望聖顔，歡呼鼓舞，或至感泣，或云不意今日復見仁宗皇帝。臣尋與范祖禹具奏其狀矣。」上於元祐八年。《范太史集》卷二十四有《進郊祀慶成詩狀》，又有《郊祀慶成詩》。二人合奏之狀未見。

癸卯（二十三日），朝廷置司看詳諸色人諸般欠負事宜。

據《長編》卷四百七十八。《長編》云：「三省言，檢會赦文，應官吏、軍民諸色人諸般欠負官錢，在元豐八年三月六日大赦以前者，五百貫以下並與除放，五百貫以上，奏裁差侍從官與户部同點檢催督，限一年畢。詔翰林學士顧臨、御史中丞李之純與户部長貳依赦施行，仍就本部置司。」本年五月十六日蘇軾奏議嘗乞置局看詳欠負事宜。

同日，乞越州，不允；除端明殿學士、禮部尚書兼翰林侍讀學士。

《文集》卷二十七《任兵部尚書乞外郡劄子》，乃乞越州。新除據《長編》卷四百七十八。

一再上劄子辭新除，不允。就新除，上謝表二首。

《文集》卷三十七有《辭兩職并乞郡劄子》、《第二劄子》。後者謂或受兩職乞除一邊難重郡。謝表見《文集》卷二十四（七〇〇頁）。《宋名臣奏議》收入第二表，題為《上哲宗論王道六事》，其六事為慈、儉、勤、慎、誠、明，規諫也。

陳師道寄詩，勸早休。

《後山集》卷六《寄侍讀蘇尚書》末云：「經國向來須老手，有懷何必到壺頭。遥知丹地開黄卷，解記清波没白鷗。」《韻語陽秋》卷十一謂蘇軾以侍讀為禮部尚書，時正得志之秋，師道「經國」四句云云，是勸其早休也。

王詵（晉卿）欲得蘇軾所藏仇池石，蘇軾欲詵以所藏韓幹畫馬易之。詵及錢勰、王欽臣、蔣之奇皆有詩。

軾詩凡三首，見《詩集》卷三十六（一九四〇、一九四五、一九四七頁）。勰等詩已佚。

《雲莊集》卷一《賦趙有翼仇池石次沈正卿用蘇翰林韻（原注：有翼名師嚴，正卿名清臣）》敍此石靖康之變後為趙有翼所藏，有云：「長公仙去後，胡馬遂南牧。尤物落何許，心知委溝瀆。何期超世賢，愛石不愛玉。夜半負之走，包裹隨竄伏。一朝返窗几，時清端可卜。」

次天字韻答岑象求（巖起），和趙叔盎（伯充）畫馬。

詩見《詩集》卷三十六（一九四二、一九四四頁）。本年六月，象求為户部郎中。見《長編》卷四百七十四。象求於建中靖國元年正月二十七日，以權尚書刑部侍郎為覆按山陵使，見《宋會要輯稿》第二十九册《禮》三三之三六。嘗守榮，《馮安岳集》卷七有詩；卷十二多詩及之。《淨德集》卷二有和詩。《全蜀藝文志》有《遊定林院》詩。參建中靖國元年「章惇之子援修簡致候」條。

《畫繼》卷二謂叔盎善畫馬，嘗以其藝並詩投蘇軾，軾次韻云云。《參寥子詩集》卷十一有《同趙伯充防禦觀東坡所畫枯木》。餘見注文。

甲辰（二十四日），哲宗至景靈宮；乙巳（二十五日），至凝祥池。與錢勰（穆父）、蔣之奇（穎叔）扈從。有詩。

甲辰云云，見《長編》卷四百七十八。《詩集》卷三十六《次韻蔣穎叔二首》，一為《扈從景靈宮》，一為《凝祥池》。前者云：「英姿連璧從多士，妙句鏘金和八鑾。」

《佚文彙編》卷三《與曾子開》：「來日欲同錢穆父略到池上扈駕。」池乃指凝祥池。為此時事。時肇（子開）為刑部侍郎，見《長編》卷四百七十七本年九月戊子紀事。

與錢勰（穆父）、蔣之奇（穎叔）、王欽臣（仲至）唱和。人稱錢、蔣、王與蘇軾為元祐四友。

《詩集》卷三十六收自揚回朝後至赴定前唱和詩凡二十首。四友見《老學庵續筆記》（涵芬樓《説郛》卷四）。

《佚文彙編》卷二與勰第十四、二十三、二十五、二十六各簡皆敍此一時期與三人過從之迹。第二十三簡所云「通叔」疑為「穎叔」之誤。

程之元（德孺）贈海中柏石，詩謝。訪姚安世，贈詩。

詩見《詩集》卷三十六(一九四九頁),後者云「剥啄扣君容膝户」。同上卷《次丹元姚先生韻》亦為安世作。《欒城後集》卷一有《次韻姚道人二首》。

十二月二十二日,三薦趙令時。

薦狀見《文集》卷三十五(九九三頁),謂令時「今已得替在京」。

歲末,與錢勰(穆父)簡。

《文集》卷五十一與勰第二十一簡云「除夜有婚會」,嘉節且一笑為樂。

畢仲游復來簡。

《西臺集》卷十《上蘇内翰》第一簡云今年「待罪河東」,作於年初。此簡乃《上蘇内翰》第二簡,敍自去冬至太原後,易帥多故,及被旨往河外體量,「近以詔使自京來,故且歸太原以待會議」,知簡作於太原,時約已及歲末。《西臺集》卷十《上范堯夫相公》第二簡云「某未離太原,傳聞中使齎詔至潁昌」。《宋史・宰輔表》:元祐八年七月朔,范純仁(堯夫)自知潁昌府加尚書右僕射兼中書侍郎。知仲游離太原為此以後事。

《西臺集》卷十《上蘇内翰》第三簡:「向在京師,嘗蒙借重,舉以自代。辱門下之顧有年矣。今日之禄食,未必不由平昔之許與,而又出力如此,區區感激,義當如何。惟謹職事,甘貧賤,庶幾不辱,以圖報於左右。伏惟台慈幸察。」或作於本年。

文彦博之子及(及甫)為河陽守,作堂以待其父,蘇軾應及之請,名堂為德威,並作銘。

銘見《文集》卷十九（五七二頁），有敍。《長編》卷四百六十八元祐六年十一月壬寅紀事：文及為集賢殿修撰、知河陽。據此，及作堂侍父，約為本年事。

馬正卿（夢得）自雍丘來訪，贊米黻（元章）之政。致黻簡，亦贊之。

《文集》卷五十八與黻第十二簡敍自揚還朝後，「夢得來談新政不容口，甚慰所望」。

嘗陳尹真事於朝廷。

《長編》卷四百八十四元祐八年五月壬辰引黄慶基奏謂蘇軾昨知潁州日：「失入丁真配罪，見係京西路提刑司，按發取勘干繫官吏。軾已移揚州，又入為兵部尚書矣。乃敢蓦越申陳，致朝廷徇其所請，將監司按發公事指揮不得取勘，致令遷延該赦。考軾之意，特欲姑息小人，蓋庇舊吏，以沮壞法令而已。」《文集》卷三十六《辨黄慶基彈劾劄子》謂「不是失入，却是提刑蔣之翰妄有按舉」，「丁真」作「尹真」。之翰，之奇兄，嘗守蘇，見《吴郡志》。元祐四年，提刑廣西，見《長編》卷四百二十二。細味《文集》，知尹真本無罪，軾為陳於朝，得免冤抑。其代陳文字，已佚。

薦吕陶自代。陶除起居舍人，約為本年事。

《長編》卷四百八十四元祐八年五月壬辰引黄慶基奏，謂軾與陶交結至厚，「昨者薦陶自代，遂除為起居舍人」。薦狀佚。《宋史》卷三百四十六《吕陶傳》謂陶元祐間由朝廷出為梓州、淮西、成都路轉運副使，入拜右司郎中，起居舍人，遷中書舍人。其遷中書舍人，為元祐八年六月八日，見上引《長編》注文。

蘇軾年譜卷三十二

元祐八年（一〇九三）癸酉　五十八歲

元日立春，秦觀、王欽臣有詩。次韻。

次韻見《詩集》卷三十六（一九五三頁）。觀在館。

王詵（晉卿）奉詔押高麗宴射，賦詩。次韻。

次韻見《詩集》卷三十六（一九五四頁）。詵詩佚。押高麗宴射，在正月初三日，見《東京夢華録》卷六。

蘇軾此略後有《戲答王都尉傳柑》詩。

十四日，慶上元節，侍飲宣德樓上，賦詩呈同列。

詩見《詩集》卷三十六（一九五五頁）。《長編》卷四百八十本日紀事：「御宣德門，召從臣觀燈。」元祐七年本日記載同。《東京夢華録》卷六謂本日駕登宣德樓。知提前一日慶祝上元節，已成定例。《欒城後集》卷一、《淮海集》卷十次韻。《詩集》卷三十九《上元夜》「前年侍玉輦，端門萬枝燈。璧月挂罘罳，珠星綴觚稜」。

十九日，文勛為福建路轉運判官。

據《長編》卷四百八十四本年五月壬辰注，是日引黄慶基奏，謂太府寺丞文勛，以篆字游蘇軾門，初不以公正吏才稱，「軾既援引，轍遂除為福建路轉運判官」。

太常博士陳祥道賜緋，來謝蘇軾。祥道旋卒。

《濟南先生師友談記》：「國朝面賜緋，即四䙆義，襴衫寶瓶銀帶，例服三日。元祐七年春末，陳祥道學士進《禮圖儀注》，已除館閣校勘。明年用為太常博士，乃賜緋，衣四䙆袍銀帶往謝禮部蘇尚書。公為言：『頃石參政中立為館閣時，亦賜緋，仍繫銀帶，石滑稽，服之無怍色。過司天監，馬驚墜地，銀帶頗傷。衆吏曰：何星也？石曰：吾不善推步，但怪土犯寶瓶爾。一時士人莫不以為笑也。』祥道聞之亦甚笑。祥道許少張榜登科，禮學通博，一時少及。仕宦二十七年，而官止於宣義郎。」以下云祥道嘗為《禮圖》一百五十卷，《儀禮説》六十餘卷，「内相范公為進之，乞送祕閣及太常寺，故有是命，没齒困窮而不遇賞音也，自賜緋不餘旬而卒」。少張，安世字。内相，范祖禹。中立，《宋史》卷二百六十三有傳。《長編》卷四百八十本年正月庚子（二十二日）紀事：「翰林侍講學士、國史院修撰范祖禹言太常博士陳祥道注解《儀禮》三十二卷，精詳博洽，非諸儒所及，乞下兩制看詳，并所進《禮圖》付太常，以備禮官討論。從之。」故繫祥道見蘇軾事於此。

二十六日，李廌來見，為言講筵為哲宗論進學須好樂中有所悟入事。

據《濟南先生師友談記》。《談記》引蘇軾言：「近因講筵，從容謂上言，人君之學與臣庶異。臣等幼時驅率讀書，初甚苦之，漸知好學，則自知趣向，既久則中心樂之，既有好樂之意，則自進不已，古人所謂知之者不如好之者，好之者不如樂之者。陛下上聖，固與中人不同，然必欲進學，亦須自好樂中有所悟入，且陛下之學，不在求名與求知，不為章句科舉計也。然欲周知天下章疏，觀人文章事實，又萬機之政，非學無所折衷。上甚以為然。退見宰輔，誦其語，且曰：『上天性好學，某將自漢至唐，擇其君臣大節政事之要，為一書以備進讀。今讀《三朝寶訓》，林子中所編也。』」

與錢勰（穆父）、王欽臣（仲至）餞蔣之奇（穎叔）帥熙州，有詩。

《詩集》卷三十六《送蔣穎叔帥熙河》引謂之奇出使臨洮，與勰、欽臣同餞之，各賦詩一篇。同卷《再送》、《次韻穎叔觀燈》，亦送之奇。《文集》卷五十一與勰第二十四簡敍餞之奇事，云「元日殿門外更議之」，餞行為正月。《長編》卷四百七十八：元祐七年十月乙亥，户部侍郎蔣之奇知熙州。

張敦禮（君予）為龜山長老奏海照之號，作簡報之。

《文集》卷六十一《答龜山長老》第二簡敍之。

以墨及端溪硯贈范祖禹（純父），祖禹有詩為謝。

《范太史集》卷三《謝子瞻尚書惠墨端溪硯二首》其一《墨》：「禹平洪流錫玄圭，班於羣神朝會稽。遼東飛烟過滄海，徂徠古氣臨天齊。丹砂化出黃金鼎，雄麝焚身何噬臍。魚膠清堅豈易致，燕支山北隨佩觿。雙龍蛇蟠戲缺月，吴軍破甲光水犀。黑雲如輪起端溪，揮灑倏忽奔鯨鯢。先生海內文章伯，窮年蒿目憂黔黎。玉堂新製自心巧，想見星象躔寶奎。落毫無脛走珠玉，雨雹霽止垂虹蜺。陋儒窮經脣欲腐，石室汗簡空沈迷。眼昏畫紙僅存字，何異月闇投玻瓈。唯當藏作篋中寶，併荷蓑笠歸鋤犁。」

其二《端溪硯》：「端溪清冥幾千尺，玄潭噴雲噓紫石。層空飛溜瀉珠璣，大古陰崖摧霹靂。剪裁巖屏作風字，琢磨水鏡成月魄。似聞松上颼颼聲，一洗塵埃傾七澤。先生每思窮禹穴，東吒天吴掛帆席。山祇水若獻幽寶，贈我不啻千金璧。玉堂金井汲寒泉，坐視青天浸虚碧。豈知來從海嶠外，鳥道穿雲下絶壁。嗟我本是山中人，慚無詞藻對卿客。鄉人子雲思奇古，終老漢庭長執戟。至今舊宅有墨池，何怪著書玄尚白。行當提攜返敝廬，更廣牢愁弔遺迹。」

范詩編年，此二詩前，為《送蔣穎叔赴熙河》、《和王都尉押高麗人燕射北園》，知作於今年，今次此。

送襄陽從事李友諒歸錢唐。

《詩集》卷三十六有詩（一九六〇頁）。

題下「施註」謂友諒字叔益，《侯鯖録》卷三謂字仲益。《侯鯖録》謂為「襄陽時同官」，則詩題所云之襄陽從事乃在京師新得，得後歸錢唐並由錢唐赴任也。《姑溪居士後集》卷一有《送李仲益赴濠梁司户》詩，有「人物南州龐士元」句。龐統（士元）乃襄陽人，此處以仲益比統。謂字仲益，是。

元符二年十一月乙亥，友諒以宣德郎特追一官勒停，以友諒以銀錢遺鄒浩，且致簡敍别也。見《長編》卷五百一十八。時鄒浩以諫官論事得罪。

吴安詩（傳正）作《枯木歌》，次其韻。

次韻見《詩集》卷三十六（一九六一頁）。詩云：「龍眠居士本詩人，能使龍池飛霹靂。君雖不作丹青手，詩眼亦自工識拔。」知此枯木為李公麟所畫。安詩時為秘書少監，見《長編》卷四百七十九元祐七年十二月壬子紀事。
黄寔(師是)為兩浙刑獄,有詩送行,以浙民瘡痍為憂。
詩見《詩集》卷三十六(一九六二頁)。中云:「哀哉吴越人,久為江湖呑。官自倒帑廩,飽不及黎元。」
末云:「比我東來時,無復瘡痍存。」以為祝。
二月初一日,上劄子論高麗買書利害,乞不得賣與。
劄子見《文集》卷三十五(九九四頁),此為第一首。
《墓誌銘》:「高麗遣使請書於朝,朝廷以故事盡許之。公曰:『漢東平王請諸子及《太史公書》,猶不
肯予,今高麗所請,有甚於此,其可予之乎!』」意為不可許。「漢東平王」云云,在此劄子中。
四日,於吕陶(元鈞)之家,見文同(與可)《槎竹圖》,為題贊。
《壯陶閣書畫録》卷四《宋蘇東坡題文與可槎竹圖八大幀》:「友人文與可,既殁十四年,見其遺墨於
吕元鈞之家,嗟歎之餘,輒贊之。」以下為贊,末云:「元祐七年二月四日東坡居士書。」此題贊,見《文
集》卷二十一,題作《文與可畫贊》,脱去「元祐七年」云云十三字。按:此「七年」乃「八年」之誤。據
《宋史》卷三百四十六《吕陶傳》,陶元祐七年此時為給事中,蘇軾在潁,無由至其家。文同卒於元豐二
年二月,至元祐七年二月,為十三年,亦不合。
《畫繼》卷八謂「成都吕給事陶元鈞家」藏有文同「六幅《槎竹圖》」。《壯陶閣書畫録》謂此即蘇軾題贊
之圖,《畫繼》誤八為六。

十五日，上劄子再論高麗買書利害，乞不得賣與。

劄子見《文集》卷三十五（九九九頁），以朝廷本月十二日命高麗使者曾經收買者可依例收買也。劄子引《元祐編敕》，以熟鐵及文字禁物與外國使人交易，罪輕者徒二年；立此法蓋以防意外之患。

二十五日，奏《上圜丘合祭六議劄子》，論合祭天地乃古今正禮。詔令集議聞奏。

劄子見《文集》卷三十五，稱「三月空日」上，今從《長編》卷四百八十一、《宋會要輯稿》第十一册《禮》三之一二至一八。詔令云云據《輯稿》。《文集》謂此奏乃應元祐七年九月二十二日詔書上；而《宋史·哲宗紀》謂詔書下於上年九月戊戌（十八日），《長編》亦以此為疑。

《容齋隨筆·四筆》卷十五《北郊議論》：「三代之禮，冬至祀天於南郊，夏至祭地於北郊，王莽於元始中改為合祭。自是以來，不可復變。元豐中，下詔欲復北郊，至六年，唯以冬至祀天，而地祇不及事。元祐七年，又使博議，而許將、顧臨、范純禮、王欽臣、孔武仲、杜純各為一說。逮蘇軾之論出，於是群議盡廢。當時諸人之說有六。一曰今之寒暑，與古無異，宣王六月出師，則夏至之日，何為不可祭。二曰夏至不能行禮，則遣官攝行，亦有故事。三曰省去繁文末節，則一歲可以再郊。四曰三年一祀天，又一年一祭地。五曰當郊之歲，以十月神州之祭，易夏至之方澤，可以免方暑舉事之患。六曰當郊之歲，以夏至祀地祇於方澤，上不親郊，而通爟火於禁中望祀。軾皆辟之，以謂無一可行之理。其文載於奏議，凡三千言。」《五筆》卷七《敍西漢郊祀天地》：「郊祀合祭、分祭之論，國朝元豐、元祐、紹聖中三議之矣，莫辯於東坡之立說，然其大旨駁當時議臣，謂周、漢以來皆嘗合祭，及謂夏至之日行禮為不便。」

二十六日，三論高麗買書利害，以高麗使者書已買到，恐遂成定例。劄子見《文集》卷三十五（一〇〇〇頁），謂所憂者，其書「流於北虜，使敵人周知山川險要邊防利害，為患甚大」。《墓誌銘》謂乞不賣書與高麗之請，朝廷不聽。

《長編》卷四百八十一本月辛亥（初四日）注：「詔高麗買書，自有體例，《編敕》乃禁民間，令依前降指揮。《新録》繫三月六日，今并附此。」《編敕》乃《元祐編敕》。按：詔云云當為朝廷就蘇軾本月初一日奏事所降之旨。《長編》以下云：「元符元年四月十二日：《宋球傳》，《舊録》云：副陳軒館伴。高麗使求《册府元龜》、樂譜、金箔。蘇軾為禮部尚書，以先朝柔遠非是，乘此沮之，且誣館伴規其私遺。陳請勿與。球曰：先朝蓋嘗賜之矣，此非中國所秘，不與，何以示廣大。朝廷是其議，卒與之。《新録》辨曰：按蘇軾奏狀，論高麗使買書籍、金箔利害甚詳，未嘗詆先朝柔遠為非是，亦未嘗謂館伴規其私遺也，不知史官何據而書，誣誕明矣。館伴人使者，陳軒也，球為之副爾。買書等事主議，亦不在球，今削去七十二字。」球，開封酸棗人，《宋史》卷三百四十九有傳。削去文字，當為此處所引《舊録》中之文字，所云新舊録，乃謂實録。

《長編》卷四百八十二本年三月紀事引御史董敦逸奏：「高麗買書之事，是陛下已降之命，因衆臣共為之議，得旨而後行，尋以蘇軾見拒而罷。」與蘇軾劄子及《墓誌銘》所敍不同。

本月，呂希哲（原明）除右司諫，蘇軾嘗戲之，希哲言受除命後當首論楊畏。蘇軾嘗為希哲言食河豚之美，又為希哲言慶曆三年李京事。

《三朝名臣言行録》卷八《崇政殿説書滎陽吕公》引《家傳》：「公既除諫官，累辭未獲。蘇公子瞻在邇英，戲謂公曰：『法筵龍象，衆當觀第一義。』公笑而不答，退謂范公淳夫曰：『若辭不獲命，必以楊畏為首。』時畏方在言路，以險詐自任，頗為子瞻所厚，公故及之。蘇公名重一時，在邇英直舍，凡寫一字，畫一竹石，必為同列争求去，雖吴公安詩方嚴，猶争取之，公獨未嘗起觀，蘇公亦不樂也。」《宋史全文續資治通鑑》卷十三入此事於二月。《太平治迹統類》卷十八亦載此事。吕公，希哲也。二書謂所除者為右司諫。法筵龍象乃佛語，喻高僧有大力負荷大法，以度衆生也。

希哲乃公著子，《宋史》卷三百三十六有傳。

《宋大事記講義》卷二十《小人進而君子退》條，有「蘇公悦於楊畏」之語。此蘇公，乃軾。畏字子安，其先遂寧人，父徙洛陽。《宋史》卷三百五十五有傳。時為侍御史，參本年五月壬辰紀事。

《能改齋漫録》卷十《東坡知味李公擇知義》：「東坡在資善堂中，盛稱河豚之美。吕原明問其味如何，答曰：『直那一死。』李公擇尚書，江左人，而不食河豚，嘗云：『河豚非忠臣孝子所宜食。』或以二者之言問予，予曰：『由東坡之言，則可謂知味；由李公擇之言，則可謂知義。』」《邵氏聞見後録》卷三十以下尚云：再會，蘇軾又稱猪肉之美。范祖禹（淳甫）曰：「奈發風何！」軾笑呼曰：「淳甫誣告猪肉。」

《厚德録》卷二：「蘇子瞻云：慶曆三年有李京者為小官。吴鼎臣在侍從，二人相與通家。一日，京薦其友人於鼎臣，求聞達於朝廷。鼎臣即繳其書奏之，京坐貶官。未行，京妻謁鼎臣妻以敍别。鼎臣妻慚不出，京妻立廳事，召鼎臣幹僕語之曰：『我來既為往還之久，欲求一别，亦為乃公嘗有數帖與吾夫禱私事，恐汝家終以為疑。』索火，焚之而去。」涵芬樓《説郛》卷九十四《厚德録》亦收。二書均云出《吕原明語録》。

《侍講日記》（涵芬樓《説郛》卷五十一，吕希哲撰）：「蘇子瞻嘗見文、富二公，言以武人為樞臣最非計。因彼讀書不知義理，臨大節不知所守。（下略）」兹附此。

與龜山長老簡，謂新命慰衆意。

《文集》卷六十一《答龜山長老》第三簡：「奉命忽半年。」元祐七年秋經龜山至此適為半年。又云「餘寒」，知作於二月間。「新命」乃指奏海照之號。

嘗作簡質謝薖（幼槃）取官稿事。

《盧川歸來集》卷九《跋東坡墨帖》：「在東都，見王丈樂道出示汝陰所藏歐陽文忠公雜書盈軸，多用片紙問事於宋景文諸公，不以前輩自居而恥於下問，此其為儒宗也。觀東坡先生帖尾所質謝幼槃取官稿事，諄覆尤審。乃知三蘇游文忠公門，同一關鍵，可為後生文字輕脱妄發之戒。」軾簡已佚。樂道名陶，見本年「辟王寔為屬」條紀事。

薖，臨川人，與兄逸齊名。同學於吕希哲。吕居仁稱逸詩似康樂，薖似玄暉。《直齋書録解題》卷二十著録薖《竹友集》七卷，《宋元學案》卷二十三有傳。軾簡不知作於何時，今以述吕希哲事附此。

三月十三日，繳連元祐七年十一月劄子，乞免五穀力勝税錢。

劄子見《文集》卷三十五（一〇〇一頁），謂去年十一月七日所奏乞放免五穀力勝税錢，「蒙降付三省，遂送户部下轉運司相度，必無行理」，乃再請。劄子並乞：「今後不問有無舊例，並不得收五穀力勝税錢，仍於課額内除豁此一項。」

十四日，太中大夫、中書侍郎范百禄罷為資政殿學士、知河中府，事涉蘇軾。

據《宋會要輯稿》第一百零六册《職官》七八之二七。《輯稿》云：先是蘇頌「以稽留詔書罷政，言者論百禄實位中書，豈有同罪異罰之理。且百禄援引親黨，與蘇軾、蘇轍結為朋比，徇私害政，故有是命」。

十八日，過柳子文（仲遠）試墨，盛贊第一綱龍團茶。

文見《文集》卷七十，題作《書柳氏試墨》。

二十二日，上《請詰難圜丘六議劄子》。

劄子見《文集》卷三十五（一〇〇九頁）。《長編》卷四百八十一本年二月壬申注文：「《范祖禹家傳》云：『朝廷欲從蘇軾之請，令議者相詰難。祖禹遽白吕大防曰：當自朝廷酌其可否行之，若使相詰難，必致紛争失體，於事何補也。大防以為然。』」參四月十一日紀事。時吕大防仍為左僕射。

二十四日，與錢勰、范純仁、王欽臣等會於信安西園，餞范子奇（中濟）帥慶，與錢等賦詩。

軾詩見《詩集》卷三十六（一九六四頁）；據該卷校勘記第一百三十九條引《寶真齋法書贊》，當日送行賦詩者，除錢、范、王外，尚有兵部侍郎王覿、刑部侍郎沈孝錫、吏部尚書彭汝礪三人。按：查《長編》、

《宋史》及有關别集，無沈孝錫其人。「沈」當為「杜」之誤，杜純字孝錫。子奇乃雍之孫，宗傑之子，太原人。事迹見《宋史》卷二百八十八本傳及《詩集》送范詩題下「施註」。傳謂卒年六十二，《長編》卷四百八十九謂卒於紹聖四年，與蘇軾同齡。

蘇軾數日後，有簡與子奇。簡在《佚文彙編》卷三(二四八六頁)。簡以「留别之作」一本為請。此留别之作，當指衆人送行詩。茲附志於此。

餞送范子奇歸，為李廌言五代時某僧事。

《濟南先生師友談記》：「東坡言：普安禪院，初在五代時，有一僧曰某者，卓庵道左，蓺蔬丐錢以奉佛事。一日，於庵中晝寢，夢一金色黄龍，來食所蓺萵苣數畦。僧寤驚曰：『是必有異人至此。』已而見一偉丈夫於所夢地取萵苣食之。僧視其貌，神色凛然，遂攝衣迎之，延於庵中，饋食甚勤。復取數鐶錢之，曰：『富貴無相忘。』因以所夢告之，且曰：『公它日得志，願為老僧只於此地建一大寺，幸甚。』偉丈夫乃藝祖也。既即位，求其僧，尚存，遂命建寺，賜名曰普安，都人至今稱為道者院。元祐八年因送范河中是院，閑言之爾。」永興軍路有河中府、慶州。此處所云之「河中」，當包括慶州。

又：「東坡云：郭子儀鎮河中日，河甚為患，子儀禱河伯曰：『水患止，當以女奉妻。』已而河復故道。其女一日無疾而卒。子儀以其骨塑之於廟，至今祀之。惜乎此事不見於史也。」因河中事附於此。

御史黄慶基、董敦逸連疏論蘇軾等。

據《施譜》。《施譜》謂為夏間事。今據下引《長編》，定為三月事。《長編》卷四百八十二本年三月戊子紀事注文：「《本傳》云：『慶基論(范)百禄與蘇軾、蘇轍朋比。』」此「本傳」，當為宋國史《黃慶基傳》。

同上三月甲辰紀事引董敦逸奏云：「臣近具奏乞減殺川人太盛之勢及乞廣為體訪等事，已塵聖覽，今採衆言，有合開陳下項。一、訪聞蘇軾、蘇轍、范百禄輩各有奏舉及主張差除之人，惟蘇軾為多。或是親知及其鄉人有在要近，有在館職，有為教官，有作監司，有知州軍，不可以數考，是致仕路有不平之歎。（下略）」（《長編》注：《編類章疏》係三月二十日）

敦逸，字夢授，吉州永豐人。《宋史》卷三百五十五有傳；時為監察御史。

《長編》卷四百六十八元祐六年十一月己酉紀事：「左朝請郎、梓州路轉運判官董敦逸，左朝請郎黃慶基並為監察御史。」原注引呂公著《掌記》：「黃慶基，袁州通判，王荆公表弟。荆公執政時，深欲引用，以論議不改，沈隱至此。近時運判，未有能逮此人者。又云鴻臚丞，又云慶基，人多知之。」慶基乃臨川人，見《鐵網珊瑚》卷一《蘭亭定武本題跋》。

本月，乞改居喪婚娶條貫。詔從所請。

狀見《文集》卷三十五（一〇〇九頁）。

狀乞削去元祐五年秋頒條貫：諸民庶之家，祖父母、父母老疾（原注：謂於法應贖者），無人供侍，子孫居喪者，聽尊長自陳，驗實婚娶。狀謂「人子居父母喪，不得嫁娶，人倫之正，王道之本也」。狀又謂近世始立女居父母喪及夫喪而貧乏不能自存，並聽百日外嫁娶之法，猶或可以從權，「今又使男子為之，此何義也哉」！

從請見《長編》卷四百八十四本年六月癸卯紀事，謂狀上於六月壬戌。今仍從《文集》繫入。

為晁説之（以道、景迂）《考牧圖》作詩。説之嘗與范正思同訪蘇軾，軾為二人論武宗元畫，説之嘗難軾所作《廣成子解》，軾許之，説之嘗與軾論軾所作《易傳》，軾為説之論文。

詩見《詩集》卷三十六（一九六六頁）。

《郡齋讀書志·後志》卷二：「《東坡廣成子解》一卷。右皇朝蘇軾撰。軾取《莊子》中黄帝問道於廣成子一章為之解。景迂嘗難之，其序略曰：『某晚玷先生薦賢中，安敢與先生異論，然先生許我不苟同，翰墨具在。』」《廣成子解》見《文集》卷六。云「翰墨」，知軾有簡與説之，其簡已佚。

《邵氏聞見後録》卷二十：「晁以道為予言：嘗親問東坡曰：『先生《易傳》當傳萬世。』曰：『尚恨某不知數學耳。』」

《嵩山文集》卷十八《東坡先生畫像》：「壯而見公中都兮，知其雖合而必不久容也。」「中都」疑應作「都中」。

《過庭録》：「光禄侍居相府，同晁以道往見東坡。頃有從官來，東坡揖坐書院中，出見良久，光禄於坡書笈中見一小策，寫云：『武宗元中岳畫壁，有類韓文《南海碑》。呵呵。』光禄與晁再三繹之，不曉。坡歸，疑不已。晁輒發問，具告曲折，云不知何義。坡曰：『此戲言耳。武宗元，真廟朝比部員外郎也，畫手妙一時。中岳告成，召宗元圖羽儀於壁，以名手十餘人從行，既至，武獨占東壁，遣羣工居西，幕以幃帳。羣工規模未定，武乃畫一長脚幞頭，執撾者在前。諸人愕然，且怪笑之，問曰：「比部以上命至，乃畫此一人，何耶？」武曰：「非爾所知。」既而武畫先畢，其間羅列森布，大小臣僚，下至厮役，貴賤形止，各當其分，幾欲飛動，諸人始大服。《南海碑》首曰「海於天地間，萬物最鉅」，亦何意哉！其後運思施設，極盡奇怪，宗元之畫，是以似之也。』」光禄即范正思，純仁第三子。《皇朝仕學規範》卷三十四引王立之《詩文發源》：「晁以道言：近見東坡説：『凡人作文字，須是筆頭上挽得數萬斤起，可以言文字也。』余曰：『豈非興來筆力千鈞重乎！』」

作《吕與叔學士挽詞》。

挽詞見《詩集》卷三十六。與叔名大臨，《宋史》卷三百四十有傳，末云：「元祐中，為太學博士，遷祕書省正字。范祖禹薦其好學修身如古人，可備勸學，未及用而卒。」祖禹薦大臨，乃元祐七年四月，見《長編》卷四百七十二。朱熹《伊洛淵源録》引大臨兄祭大臨文「以方暑之始，將卜辰祔於先塋，乃擇明日遷於西郊之僧舍，以待時」云云，知大臨卒於元祐七年五六月間。《籀史》卷上有大臨傳。其所撰《考古圖》，今傳，自序作於元祐七年二月。挽詞據《詩集》編次次此。

四月戊申（初二日），中書舍人陳軒知廬州。以蘇軾劾軒館伴高麗使臣失體也。

四月云云，據《長編》卷四百八十三。軾劾見《宋史》卷三百四十六《陳軒傳》。《文集》卷三十五《論高麗買書利害劄子》其一及軒失體事。

丁巳（十一日），命南郊合祭天地，罷禮部集官詳議。

據《宋史·哲宗紀》。此乃從蘇軾請。《哲宗紀》今年八月辛未，有「禱於天地、宗廟、社稷」之記載。

《曲阜集》卷二《上哲宗皇帝乞分祭》一文之後附有以下文字：「初，詔集議，顧臨、蘇軾、范祖禹等八人主合祭，范純禮、曾肇、劉安世等二十二人主分祭，肇又獨上此奏。至九月，宰臣呂大防進呈，卒從顧臨等議。」附此。

《齊東野語》卷五《二蘇議禮》：「《禮》家如聚訟，雖兄弟亦不容苟同。其大者，無如天地之祭分合一議。自昔諸儒之論，不知其幾，今姑摭二蘇之議言之。東坡則據《周頌・昊天有成命・序》云：『郊祀天地也。』以為此乃合祭天地之明文。潁濱乃據《周禮》為説，謂冬至祀天於圜丘，夏至祀地於方澤。其後朝廷迄從坡説，合祭以至於今焉。」

本月，上《奏馬澈不當屏出學狀》。

狀見《文集》卷三十六，謂太學內舍生馬澈進狀論《禮部韻略》有疎略未盡事件，以未經國子監「長貳看詳」，依條被屏出學。狀乞删去上條，依舊令馬澈充內舍生。狀謂諸色人苟有所見公私利害，皆得進狀，所以達聰明、防壅蔽。

五月庚辰（初四日），趙令畤以潁州簽判為光禄寺丞。

據《長編》卷四百八十四。以蘇軾薦，見《詩集》卷三十六《沐浴啟聖僧舍與趙德麟邂逅》「施註」。

初七日，與呂希哲、吴安詩、豐稷、趙彦若、范祖禹、顧臨上進所校正之陸贄奏議。

奏見《文集》卷三十六（一〇一二頁），謂陸贄奏議「實治亂之龜鑑」。《文集》卷五十九《答虔倅俞括》敍侍講時進御贄奏議事。豐稷，字相之。《宋史》卷三百二十一有傳。

初十日，雍丘令米黻（元章）來書，言縣有蟲食麥葉而不食實，金部郎中張元方論其理，乃記之。蘇軾時與黻、馬正卿（夢得）交往頗多。

文見《文集》卷七十三，題作《記張元方論麥蟲》。文引元方言：「方蟲為害，有小甲蟲，見，輒斷其腰而去，俗謂之旁不肯。」其不食實，蓋以此。

《文集》卷五十八與黻第五、六、七各簡敍與黻、正卿交往。第五簡云「元章想旦夕還縣」，乃指雍丘，雍丘乃京畿。第七簡「馬髯且為道意」，髯乃正卿，雍丘人，其時來往於京師、雍丘之間。

十一日，李廌（方叔）、李之儀（端叔）、秦觀（少游）來訪，為言祖父序事。時新遷東闕之第。

據《濟南先生師友談記》；祖父序事見本譜卷首。

辛卯（十五日），監察御史董敦逸、黃慶基皆罷，坐言尚書右丞蘇轍、禮部尚書蘇軾不當。

據《長編》卷四百八十四，敦逸罷為荆湖北路轉運判官，慶基為福建路轉運判官。《長編》云敦逸四狀言轍，慶基三狀言軾。慶基之狀曰：「蘇軾天資凶險，不顧義理，言偽而辨，行僻而堅，故名足以惑衆，智足以飾非，所謂小人之雄而君子之賊者也。陛下擢之於罪廢之中，置之於侍從之列，出守大藩，固宜奉法循理，而乃專以喜怒之私，輕廢朝廷之制。」以下論知潁州失入尹真；論知杭州刺配顏益顏章兄弟；論自進用以來，援引黨與王鞏、林豫、張耒、晁補之、秦觀等；論拒違詔旨，極言不可賣書與高麗。以下着重言：「二聖陛下臨御之初，以軾為中書舍人，軾因行制誥，公然指斥先帝時事，略無忌憚，傳播四方，士大夫讀之，有識者為之痛心，有志者為之扼腕。考軾之意，特欲刺譏先帝，以攄平日之憤爾。軾行《李之純除河北都轉運使誥》曰：「乃者役錢貸息之弊，民兵馬政之勞，萃於北方。」又云：「河溢為災，老幼奔走，流離道路，十年於此矣。嗚呼，其孰能為朕勞來安集，使復其舊乎！」夫宣王承厲王之後，萬民離散，不安其居，而能勞來安集之，故見於《鴻雁》之詩。先帝時，北方安得有老幼奔走流離道路之事，謂緣役錢貸息、民兵馬政以致天災，必待陛下然後能遣使以勞來安集，是以先帝方何代乎，乃以厲王之亂相擬也。軾行《蘇頌除刑部尚書誥》云：「乃者法病於煩，官失其守，盜賊多有，獄市紛然。」夫先帝明慎用刑，哀矜庶獄，始復大理寺、刑部詳定及三省點檢獄案之制，安得「法病於煩，官失其守，至於盜賊多有，獄市紛然」！惟漢武帝暴征遠戍，於是盜賊競起，至遣直指之使以督捕之，此乃可謂紛擾，先帝時何嘗聞有此也。軾為此言，是以先帝方何代乎，乃以武帝之暴相擬也。軾行《劉誼知韶州誥》云：「汝昔為使者，親見民病，盡言而不諱，阨窮而不憫，安知有今日之報乎！」夫劉誼得罪於先帝，自以職在奉行法度，有所不至，當公論之，而乃張皇上書，用此罷江西提舉，安得為「盡言」乎！至於「安知有今日之報」，此語尤不忍聞。陛下奉承宗廟，當有以顯揚先帝之鴻業休德，豈欲報先帝得罪之人乎！軾行《唐義問河北轉運使誥》云：「朕修賦役之法，黜聚斂之吏，去薄從忠，務以養民。」夫先帝立法，豈不欲養民耶！先帝用人，豈不欲去刻薄而從忠厚耶！今以為「務以養民」，是指先帝之不能養民也；今以為「黜聚斂之吏」，是指先帝用聚斂之吏也。軾行《貶呂惠卿誥》云：「苟可蠹國以害民，率皆攘臂而稱首。」夫先帝立法，乃欲與天下同利，豈有先帝之聖神英睿冠絕百王如此，而乃肯從蠹國害民之謀乎！軾所行制誥，皆在舍人院，願陛下試取而觀之，蓋有聲述不盡者。」以下言蘇軾自擢用以來，無毫髮功，行己貪污積惡，靡所不有，并云：「如結託常州宜興知縣李去盈，强買曹姓人抵當田産，致其人上下論訴進狀者凡八年，方與斷還，其穢惡之迹，則未敢上瀆聖聰。」最後乞「令中書省削去軾所行誥辭言涉刺譏者」。慶基又言「蘇轍懷邪徇私，援引黨與，怙勢曲法，務與其兄相為肘腋，以紊亂朝政」。以下舉附其兄弟者姓名，計有呂陶、趙令時、文勛、馮如晦、王鞏、程之邵；並舉不附者，有陳軒、趙挺之、趙卨，謂皆遭沮抑。

參以下本月壬辰（十六日）、十九日、二十四日紀事。

按：如晦字叔明，普州安岳人。慶曆六年進士。歷晉原令，累官知梓州。熙寧末范純仁帥環慶，時有訟純仁不法者，詔繫寧州，命如晦往訊之，力辨其誣。富弼、韓縝有詩述其事。事迹參《鶴山先生大全文集》卷三十九《綿州通判廳二賢祠堂記》、《宋元學案補遺》卷十。卨字公才，邛州依政人。《宋史》卷三百三十二有傳。卒年六十五。入黨籍。

壬辰（十六日），呂大防、蘇轍奏黄慶基以毁謗神宗為詞，意極不善。董敦逸及黄慶基再責。

《長編》卷四百八十四此日紀事引呂大防、蘇轍等奏，曰：「慶基言軾所撰李之純等六人誥文，涉譏毁先帝。其間陸師閔誥一道，係范百禄詞，非軾所撰。臣竊觀先帝聖意，本欲富國强兵，以鞭撻四夷，而一時群臣將順太過，故事或失當，及太皇太后與皇帝臨御，因民所欲，隨時救改，蓋事理然耳。昔漢武帝好用兵，重斂傷民，昭帝嗣位，博采衆議，多行寢罷，明帝尚察，屢興慘獄，章帝改之以寬厚，並當時天下悦服，未有以為謗毁先帝者也。至於本朝真宗，即位弛逋欠，以厚民財，仁宗即位，罷修宫觀，以息民力，凡此，皆因時施宜，以補助先朝缺政，亦未聞當時士大夫有以為謗毁先帝者也。近日，元祐以來言事官有所彈擊，多以毁謗先帝為詞，非唯中傷正人，兼欲摇動朝廷，意極不善，若不禁止，久遠不便。」以下，又引蘇轍奏曰：「臣昨日取兄軾所撰吕惠卿誥觀之，其言及先帝者，有曰：『始以帝堯之仁，姑試伯鯀；終焉孔子之聖，不信宰予。』兄軾亦豈是譏毁先帝者耶！臣聞先帝末年，亦自深悔已行之事，但未暇改耳。元祐初改正，追述先帝美意而已。」以下，《長編》云：「太皇太后曰：『先帝追悔往事，至於泣下。當時大臣數人，其間極有不善，不肯諫止。』」於是得旨，敦逸、慶基並與知軍差遣。本月丙申：敦逸責知臨江軍，慶基責知南康軍。見《長編》同上卷。

《宋史》卷三百五十五《董敦逸傳》亦詳載此事，文略同，不録。

《蘇穎濱年表》紹聖元年六月甲戌紀事引右正言上官均奏：「李之純、楊畏、來之邵希附軾、轍等，反指慶基、敦逸以為誣陷忠良，不當除監司，遂謫守軍壘。」「監司」參本月辛卯紀事。之邵，字祖德，開封咸平人。《宋史》卷三百五十五有傳，謂其資性姦譎。《朱子語類》卷一百三十：「子由深有物，作《穎濱遺老傳》，自言件件做得是。如拔用楊畏、來之邵等事，皆不載了（原注：『當時有楊三變兩來之號』）。」知上官均之言實有依據。

十九日，辨黄慶基彈劾，上劄子。

劄子見《文集》卷三十六（一〇一四頁），謂：「臺官黄慶基復祖述李定、朱光庭、賈易等舊説，亦以此誣臣，並言臣有妄用穎州官錢、失入尹真死罪及强買姓曹人田等。雖知朝廷已察其姦，罷黜其人矣，然其間有關臣子之大節者，於義不可不辨。」劄子詳敘各項事原委，不録。參元豐七年「買莊田於宜興」、元祐七年「嘗陳尹真事於朝廷」條。

二十四日，謝宣諭，上劄子。

劄子見《文集》卷三十六（一〇一六頁），謂：「臣伏准今月二十二日弟門下侍郎轍奉宣聖旨：『緣近來衆人正相捃拾，令臣且須省事』者。」蘇軾感激涕零。弟轍所宣聖旨「緣近來」云云，乃太皇太后令轍諭軾者，見《太平治迹統類》卷二十三。

癸卯（二十六日），上劄子乞增廣貢舉出題。詔依，今來一次科場未得出制度題目。

據《長編》卷四百八十四。劄子見《文集》卷三十六（一〇一七頁）。劄子引《元祐貢舉敕》：「諸詩賦論題，於子史書出；如於經書出，而不犯見試舉人所治之經者亦聽。」劄子謂如此，則所取者狹。劄子乞詩賦論題，許於《九經》、《孝經》、《論語》子、史並《九經》、《論語》注中雜出，更不避見試舉人所治之經。

《宋會要輯稿》第一百八册《選舉》三之五四載此事，謂為五月二十七日，并謂從之。

道人姚安世來訪，贈以詩。

詩見《詩集》卷三十六（一九六九頁）。參本年七月一日紀事。《欒城後集》卷一有《次韻姚道人》，可參。

王欽臣（仲至）惠稺栝，種之禮曹北垣下，喜作詩。范祖禹（夢得、純夫）、韋驤有和。

詩見《詩集》卷三十六（一九七〇頁）。祖禹和詩乃《范太史集》卷二《和子瞻尚書儀曹種栝》。《文集》

卷五十六與祖禹第七簡：「和篇高絶，木與種者皆被光華矣。」即謂此篇。

驤和詩乃《錢塘韋先生文集》卷三《和禮部蘇尚書穲栝》。驤字子駿，錢塘人。皇祐五年進士。事迹詳《錢塘韋先生文集》附録陳師錫所撰墓銘。《長編》卷四百七十七元祐七年九月戊戌紀事：「左朝奉大夫韋驤為主客郎中。」參墓銘，和詩時，驤在其任。

《能改齋漫録》卷十八《夢人送喜雪》：「東坡元祐末為禮部尚書，夢人送喜雪詩云：『是王仲至所與。』覺後唯記一聯，仲至因是以成章云：『曉雪誰驚最後時，土膏方得助甘滋。歲功已覺三元近，春事何憂一覺遲（原注：此一聯乃得於夢中）。不著寒梅容觸冒，半留紅杏惜離披。神交彼此無勞辨，更為公題述夢詩。』」兹附此。

蘇軾與欽臣文字聯繫止此。欽臣入黨籍。徽宗時卒，年六十七。見《宋史》卷二百九十四傳。

吴復古（子野）來京師，求度牒欲出家，屢勸不從，為求之。乃贈以扇山枕屏，有詩。

《佚文彙編》卷四《與友人》：「子野出家之議。前年在都下，始聞其言，私心亦疑之，屢勸不須如此，在家出家足矣，而子野意堅決不回。僕猶恐其難遂，再三要審，而子野確然自誓，欲僕與發言，求一度牒。難違其意，故為求之。」作於紹聖二年。

詩見《詩集》卷三十六（一九七四頁）。

《文集》卷六十一《與參寥子》第八簡作於本年九月，有「吴子野至」之語。第九簡云「吴子野至，辱書」，「畏暑，伏惟法履清勝」。則復古之來為夏季事，其來，攜有道潛與蘇軾之書，或來自杭州。

六月甲寅（初八日），乞知越州，詔不允。

據《長編》卷四百八十四。乞越狀已佚。

《范太史集》卷二十九《賜端明殿學士兼翰林侍讀學士守禮部尚書蘇軾乞越州不允詔》：「昔汲黯願拾遺補過，漢武帝終出之淮陽；魏徵每犯顏諫争，唐太宗不使之一日離左右。後世視武帝、太宗之得失，豈不相遠哉！卿望高一時，名滿四海，正直之節，冠於本朝。方以道學輔朕不逮，乃亟欲引去，兹所未諭也。所請宜不免。」

《詩集》卷三十七《次韻滕大夫三首·同前》：「我頃三章乞越州，欲尋萬壑看交流。」

壬申（二十六日），《長編》書禮部尚書、端明殿學士、翰林侍讀學士、左朝散郎蘇軾除知定州。

據該書卷四百八十四。《施譜》謂除定為六月。參本年九月戊子紀事。

錢勰（穆父）馬上寄蔣之奇（穎叔），蘇軾有次韻。

次韻見《詩集》卷三十六（一九七一頁）。勰詩，附《淮海集》卷十一《次韻出省馬上有懷蔣穎叔》後，知秦觀亦有作。

《文集》卷五十一與勰第二十二簡：「寄穎叔詩，和得，納去。」即敍此事。簡末云「某一章未允，方再上也」，謂乞越，見《詩集》卷三十六詩題。知和錢勰寄蔣之奇詩，作於本年六月。

與錢勰（穆父）簡，以響答詩筒為樂。時勰再知開封府。

《梁溪先生全集》卷一百六十七《宋故追復龍圖閣直學士贈少師錢公墓誌銘》謂除龍圖閣直學士，再知開封府。以下云：「視事不數日，滯訟一空，羣盜奔走。蘇軾時為禮部尚書，每俟公治事時，送詩求和，公不廢决遣，即次韻答之，辭意贍麗。軾大驚，以簡謝曰：『電掃庭訟，響答詩筒，亦數年來故事也。』」簡在《文集》卷五十一，為與勰第二十五簡。簡云「伏暑」，約作於六月。

《長編》卷四百八十四本年五月甲午紀事：權户部尚書錢勰為龍圖閣直學士、知開封府。《詩集》卷三十六《次韻錢穆父王仲至同賞田曹梅花》題下「施註」謂本年二月十八日勰再知開封，與《長編》不同。《文集》卷五十一與勰第二十三簡：「伏承涖事之初，雖稍勞神，而吏民欣悚，實為盛事。」謂勰再知開封也。

程之元（德孺）生日，賀詩。

詩見《詩集》卷三十六（一九七二頁）。詩首云「仗下千官散紫庭，微聞偶語説蘇程」，時同列。之元時以右朝奉郎為主客郎中，進金部。見題下「施註」。

姚安世復傳其所得李白詩《人生燭上花》、《朝披雲夢澤》二首，七月十日為之跋。

跋見《佚文彙編》卷五（二五五三頁）。《文集》卷六十七《記太白詩二首》其二即記此二詩。《式古堂書畫彙考·書》卷十《蘇文忠公書李太白詩卷》，即録此二詩，以下録軾之跋（即作於七月十日之跋），以下有蔡松年跋：「老坡平生多與異人遇。此詩帖云『傳於丹元』，丹元者，道人姚安世自號也。先生將赴定武，前兩月與姚相會於京師，出南岳典寶東華李真人像及所作二詩，言近有人於海上見之，蓋太白云。雖事涉荒怪，然决非烟火食肉人所能贋作。」末云：「正隆四年閏六月，西山蔡松年題。」正隆四年，當紹興二十九年（一一五九）。松年，字伯堅，真定人。宣和末從父守燕山，兵敗留金。事迹見元好問《中州集》卷一。安世又號真隱翁，見《清容居士集》卷四十六《書東坡寄真隱詩》。《避暑録話》卷上謂蘇軾：「晚因王鞏，又得姚丹元者，尤奇之，直以為李太白所化，贈詩數十篇，待之甚恭。姚本京師富人王氏子，不肖，為父所逐去，事建隆觀一道士，天資慧，因取道藏徧讀，或能成誦，又多得其方術丹藥。大抵有口才，好大言，作詩間有放蕩奇譎語，故能成其説。浮沉淮南，屢易姓名，子瞻初不能辨也。後復其姓名王繹。崇寧間，余在京師，則已用技術進為醫官矣。出入蔡魯公門下，醫多奇中。余猶及見其與魯公言從子瞻事，且云海上神仙宫闕，吾皆能以説致之，可使空中立見。蔡公亦微信之。坐事編置楚州。梁師成從求子瞻書帖，且薦其有術，宣和末，復為道士，名元城，力詆林靈素，為所毒，嘔血死。」《詩集》卷三十六《次丹元姚先生韻二首》題下「施註」「元城」作「元誠」。《次韻王定國書丹元子寧極齋》「願挂神虎冠，往卜飲馬橋」句下引「趙次公註」：「蘇州有飲馬橋，丹元子蓋蘇州人也。」

為内殿崇班馬惟寬作《法雲寺禮拜石記》。

文見《文集》卷十二；石，惟寬所捨也。記作於本月中旬。

二十四日，乞改知越州。

據《長編》卷四百八十四本年六月壬申注。《乞越州劄子》見《文集》卷三十七，云及「近者蒙恩知定州」、「辭定乞越，於義無嫌」。《施譜》：「七月，再乞越，不允。」又云：「先生雖補外，自此至九月尚留京師，行禮部事。」《范太史集》卷二十九《賜端明殿學士兼翰林侍讀學士守禮部尚書乞改知越州不允詔》（原注：元祐八年）末云：「眷吾北圉，雖無一日之虞，而中山巨屏，實難其帥，藉卿之重，姑輟以行。」又云：「以越為請，非朕所望也。所請宜不允。」

本月，以吕大防薦，秦觀以秘書省正字充編修官。與道潛簡，報大防為奏得妙總師號。

本月云云，據《山谷詩集注·目録》紹聖元年引《實録》。《淮海先生年譜》謂為八月十二日事。簡乃《文集》卷六十一《與參寥子》第十簡，云：「吕丞相為公奏得妙總師號，見託，寄上。」又云：「秦少游作史官，亦稍見公議，亦吕公薦也。」

曹焕來，為言過蔡州壺公觀晤老道士劉道淵，道士為敍歐陽修異事，弟轍有詩，軾有文。

詩乃《欒城後集》卷一《蔡州壺公觀劉道士》，其敍云：「元祐八年七月，彭城曹焕子文至自安陸，為予言過淮西入壺公觀。」以下敍晤劉道士，道士言歐陽修異事。文乃《文集》卷七十二《記神清洞事》，與轍詩略同，然不及轍詩之詳，並易蔡州壺公觀為嵩山。蓋轍詩作於當時，軾文作於以後，遂有所不同，然皆得之曹焕。

八月一日，妻王閏之卒。明日，作文致祭。殯於京師。弟轍與張耒有祭文。與楊濟甫簡，報閏之喪。友人慰疏，覆簡。

八月云云，見《文集》卷二十一《阿彌陀佛贊》，時閏之年四十六。祭文見《文集》卷六十三（一九六〇頁）。

《欒城後集》卷二十《祭亡嫂王氏文》有云：「兄剛而塞，物或不容。既以名世，亦以不逢。轍驟而從，初未免憂。嫂以婦人，處之則優。兄坐語言，收畀叢棘。竄逐郴城，無以自食。賜環而來，歲未及期。飛集西垣，遂入北扉。貧富感忻，觀者盡驚。嫂居其間，不改色聲。冠服肴蔬，率從其先。性固有之，非學而然。族人咨嗟，觀行責報。」又云：「兄牧中山，始殯而往。謂我在兹，屬以時享。」其殯地「距城半舍」。作於本月十八日。同卷有再祭文，作於崇寧元年四月，見該年紀事。

《柯山集》卷四十八《祭蘇端明郡君文》中云：「顯允夫人，簡儉純明。相其君子，險夷屢更。穆穆愉愉，何易何艱。能俾君子，即居而安。」又云：「蘇公執喪，盡禮致哀。」

《文集》卷五十九與濟甫第八簡謂閏之「此月一日以疾不起，非老人所堪」，又云因見王箴「亦為道此」。

《尊輝堂法帖》第一册收蘇軾與友人簡一首，《佚文彙編》未收，兹録於下：「軾頓首頓首。自拜違後，老婦卧病，竟不起，臨老遇此災，懷抱可知，摧剥衰羸，殆不能支，曲蒙仁念，特賜慰問，伏讀感愴。本乞會稽，今乃愈北，牢落可量。冗迫中，不盡區區，但恃知照而已。」

十一日，夢歸眉山穀行宅，坐於南軒，覺而記之。

文見《文集》卷七十一（二二七八頁）。

十五日，為吴復古作《北海十二石記》。

文見《文集》卷十二。

同日，范祖禹薦張舉。蘇軾亦嘗力薦張舉。

《范太史集》卷二十五《薦馮山張舉劄子》，作於本日，云：「臣於去年四月具劄子奏舉，未蒙施行。舉有節行文學，登科二十七年，年已五十，不為世用，二人者，皆可為朝廷惜也。」以下乞不次進用，置之清要。范去年所上劄，見《范太史集》卷二十三。《范太史集》卷五十五《手記》：「張舉：子厚。□志趣高節，詞學清贍，甲科登第二十餘年，侍親終養，屏居不仕。安恬之節，臣實不如。」張舉，《咸淳毗陵志》卷十七有傳，謂舉乃武進人。傳敍登甲科後，云：「親老，不忍朝夕去左右，閉門讀書四十餘年，多所論著，於古律詩尤清新。家藏書至數萬卷，工書，精真、草、隸三體，皆造古人妙處。以大臣薦，起為潁州教官，三辭不就。其後孫莘老、范純夫諸賢交薦，曰：某樂死草萊，後世必謂朝廷失士。東坡亦力薦之。以秘省校書召，將大用，舉迄不出。崇寧間，朝廷賜處士號。卒謚正素。郡守徐中表其里曰正素坊。」

光緒《滁州志》卷七之三《張次元傳》謂次元「子基有學行，舉進士，調睦州簿，以親老不赴，孫莘老、胡完夫、范祖禹交薦之，蘇子瞻亦時時為言，詔趣郡縣勸駕，終不出，卒贈金紫光禄大夫，謚正素先生」。據此，是基即舉。次元卒於紹聖四年，年六十七，事迹詳《道鄉先生文集》卷四十行狀，《滁州志》所云，疑有傳聞因素，録之以備參考。

辛酉（十六日），太皇太后高氏有疾。與范祖禹（純夫）簡，及問候高氏疾事。

辛酉云云，據《長編拾補》卷八；本月壬戌、丁卯，有吕大防、范純仁、蘇轍、鄭雍、韓忠彦、劉奉世問疾記載。

《文集》卷五十答祖禹第九簡：「所示連日入問聖候，極是！極是！見説執政逐日入問，宗室亦逐日問候也。」簡末云「已將簡報錢尹，令府中差人遍報諸公矣」。錢尹謂勰，時知開封。是相約問疾也。

十九日，與顧臨、趙彦若申省讀《漢唐正史》，上狀。

狀見《文集》卷三十六（一〇一八頁）。

據狀，《漢唐正史》蓋將漢、唐正史内可以進讀事迹鈔節而成。狀稱此書「已鈔節繕寫，稍成卷帙」。

辛未（二十六日），以太皇太后高氏疾，禱於天地、宗廟、社稷。蘇軾作疏文。

辛未云云，據《宋史·哲宗紀》。疏文乃《文集》卷四十四《景靈宫祈福道場功德疏文》。按：此文屬内制疏文，蘇軾時為禮部尚書，不應出自其手。或代人作，姑志此。

二十七日，於建隆章浄觀中書李德裕詩贈王覿。

《詩集》卷五十有《元祐癸酉八月二十七日於建隆章浄館書贈王覿》，館即觀。《王譜》誤為軾詩，「查註」謂為李德裕作，是。《詩集》卷三十六有《贈王覿》。覿字天粹，見《全宋詩》一四三六〇頁。

九月戊寅（初三日），太皇太后高氏卒。有挽詞盛贊之。嘗於經筵論高氏兼有明、仁二德。

九月云云，據《宋史·哲宗紀》。挽詞見《詩集》卷三十六，云「至矣吾三后，功高漢已還，復推元祐冠，蓋得永昭全」。三后謂真宗劉氏、仁宗曹氏及高氏，永昭謂仁宗。經筵論高氏盛德，見挽詞自注。其文佚。《文集》卷五十二《與王定國》第三十六簡敍高氏之逝，「中外哀慕，想同此悲痛，某蒙被知遇，尤增殖滅」。《欒城後集》卷一有挽高氏詩。

上疏，論暖孝俗禮不可從。朝廷從之。

《濟南先生師友談記》：「東坡為禮部尚書，宣仁上仙，乃與禮官與太常諸官直宿禁中，關決諸禮儀事。至七日，忽有旨下光禄，供羊酒若干，欲為太后、太妃、皇后暖孝。東坡上疏，以暖孝之禮出於俚俗，王后之舉當化天下，不敢奉詔。有旨遂罷。」疏佚。

畢仲游（公叔）代范純仁為《太皇太后哀册文》，蘇軾贊其文。

《永樂大典》卷二萬二百五引陳恬撰《西臺畢仲游墓誌銘》：「范丞相之作《太皇太后哀册文》，公實代焉。攝太尉蘇公子由跪讀之，歸以告其兄内相曰：『不意公叔文章一至於此。』内相曰：『豈惟品藻，抑又實録矣。』」《哀册文》見《宋文鑑》卷三十二，時仲游已自太原歸。

戊子（十三日），《長編》復書蘇軾以端明殿學士兼翰林侍讀學士、禮部尚書知定州。

據《長編拾補》卷八。該書編者引《王譜》：「九月十四日《東府雨中作示子由》詩云：『去年秋雨時，我在廣陵歸。今年中山去，白首歸無期。』蓋定州之除，必在九月矣。」謂「據此，則九月十三日為不誤」。考之宋代，州府除命下達後，官員動須月餘以至數月方能赴任，蘇軾本身經歷，已足證明。《拾補》編者所論，不足為據。詳考《文集》，仍應以六月壬申除知定之記載為得其實。《文集》卷五十九《與楊濟甫》第八簡作於本年八月，謂「受命出帥定武，累辭不獲，須至勉强北行」。卷五十二《與王定國》第三十六簡謂「某本自月初赴任，今須俟殿殯畢，乃敢朝辭」。月初謂九月初。此其一。其二，《長編》卷四百八十四本年六月壬申(二十六日)注明言:「六月八日,軾乞越州。七月二十四日,軾又以新知定州乞改越州,詔不允。《政目》亦以六月二十六日書軾知定州。」據注,復書乃據《實録》,或以六月二十六日初除,尋不行,故九月十三日再書,而《實録》不能詳記所以也。《紀年録》謂本年八月除知定州。

至東府,雨中別弟轍,有詩。

詩見《詩集》卷三十七(一九九一頁)。《紀年録》謂此詩九月十四日作。

十五日,與范祖禹同上《聽政劄子》,論當今所宜先者,在循太皇太后之法度而謹守之。

劄子見《佚文彙編》卷一。《長編拾補》卷八本月癸卯紀事引《續宋編年資治通鑑》:「蘇軾先約祖禹上章論列,軾章已就,見祖禹章,曰:公之文,經世之文,軾於朝廷文字,失於過當,不若公之言皆可行也。竊願附名於『臣』下,加一『等』字。」録此備參。按:劉時舉《續宋編年資治通鑑》無此則。

二十六日,朝辭赴定州,上論事狀。

狀見《文集》卷三十六(一〇一八頁)。

《施譜》:「先生將赴定,不得面辭,直批書令起發赴任。先生上疏言:『聖人有為,必先處晦觀明,處静觀動,默觀庶事之利害,與羣臣之邪正,以三年為期,切恐好利之臣,輒勸陛下輕有改變。』時朝廷議論已變,公不以身退而廢忠言。」「聖人」云云,在狀中。

《宋史》本傳:「時國是將變,軾不得入辭。既行,上書言(略)。」

陳師道寄送詩,復以早休相勸。

《後山集》卷六《寄送定州蘇尚書》：「初聞簡策侍前旒，又見衣冠送作州。北府時清惟可飲，西山氣爽更宜秋。功名不朽聊通袖，海道無違具一舟。枉讀平生三萬卷，貂蟬當復自兜鍪。」

《韻語陽秋》卷十一敍師道嘗勸蘇軾早休，及軾知定州，時事變矣，又為詩勸之，「功名」二句云云。以下云：「坡未能用其語，而已有南遷絶海之禍矣。所謂『海道無違具一舟』者，蓋用坡所作《八聲甘州》『約他年東還海道，願謝公雅志莫相違』之意以動公，而不知二句皆成讖也。」

出都前，嘗過雍丘訪米芾（元章），芾亦來。此前芾嘗應約來，飲酒作字甚歡。

《文集》卷五十八與芾第十五簡：「過治下得款奉，辱主禮之厚，愧幸兼極。出都紛冗，不即裁謝。」第十六簡：「辱臨訪，欲往謝，又蒙惠詩，欲和答，竟無頃刻暇，愧負可量。」以下言今出城，不煩芾送行。

《避暑録話》卷下云米芾：「元祐末知雍丘縣，蘇子瞻自揚州召還，乃具飯邀之。既至，則對設長案，各以精筆佳墨紙三百列其上，而置饌其旁。子瞻見之，大笑就坐，每酒一行，即申紙共作字，以二小史磨墨，幾不能供。薄暮，酒行既終，紙亦盡，乃更相易攜去，俱自以為平日書莫及也。」據此則記事，知軾此略前亦嘗應邀至雍丘，附此。

辟王寔（仲弓）為屬，寔不行。

《研北雜志》卷上：「王寔仲弓，許昌人，文恪公陶之子。未冠，從司馬温公學，温公不以膏粱蓄之，教以名節，授《禮》、《易》二經，仲弓亦超然不以仕宦進取為意。韓少師持國歸以女，仲弓又為授。詩祖陶、謝、韋、杜，故其文典雅温麗，華暢而不靡，詩静而深，婉而麗，有一唱三嘆之音，未嘗急於人知，人亦不皆知仲弓也。惟范蜀公以耆老退居，忘年接之。梁右丞燾首薦於朝，為藉田令。秩滿，蘇尚書軾鎮中山，辟為屬，不行。」又一則云：「王仲弓寔人物高勝，雖貴公子，超然不犯世故，居官數自免，博學多聞，尤長於醫。」寔，南渡後，死於鄂之咸寧。《范太史集》卷五十五《手記》有寔。

陶字樂道，《宋史》卷三百二十九有傳。傳稱陶為京兆萬年人，據《研北雜志》，萬年當為其祖籍；陶卒於元豐三年，年六十一。《欒城集》卷十二《王度支陶挽詞二首》其二有「京塵昔傾蓋」、「艱難孝弟兄」之句，知交往已久。

與陶約同時，有王萃者亦字樂道，汝陰人。萃乃《默記》撰者銍之父，《揮麈録》撰者王明清之祖父。見拙撰《陸游交游録》第九條《王銍》。與陶非一人。拙撰在《文史》第二十一輯。

辟孫敏行（子發）入幕。

《文集》卷五十六《與孫子發》第一簡云專人來辱書，蒙許就辟，慰浣深矣。敏行（子發）時不在京師。卷六十《與子由》第六簡亦及辟幕事。《佚文彙編》卷六《定州禱雨嶽廟題名》有孫敏行，知子發乃敏行字。

以小史高俅屬王詵（晉卿）。

《揮麈録·後録》卷七：「高俅者，本東坡先生小史，筆札頗工。東坡自翰苑出帥中山，留以予曾文肅，文肅以史令已多，辭之，東坡以屬王晉卿。」以下敍元符末，詵為樞密都承旨，徽宗時為端王，與詵善，因送物與端王，以俅善蹴鞠，為端王所留，端王即位，俅深受優寵，靖康間，俅死於牖下。

蘇軾與王詵交往文字記載止於此。兹略敍詵以後經歷於下：詵自紹聖起，與端王已有交往。見《鐵圍山叢談》卷一。元符初，詵求為樞密都承旨，不得。見《長編》卷四百九十七元符元年四月丙申紀事。《長編》卷五百一十六元符二年閏九月乙亥紀事謂詵以得罪罰銅三十斤。詵為樞密都承旨，當為元符三年徽宗即位後事，《揮麈録》謂徽宗時為端王，敍事不周密。卒謚榮安，見《宋會要輯稿》第四十册《禮》五八之九一。

傳弟轍嘗薦士。

《揮麈録·餘録》卷二：「東坡先生出帥定武，黄門以書薦士往謁之。東坡一見，云：『某記得一小話子，昔有人發冢極費力，方透其穴，一人裸坐其中，語盜曰：「公豈不聞此山號首陽，我乃伯夷，焉有物耶！」盜慊然而去，又往它山，钁治方半，忽見前日裸衣男子，從後撫其背曰：「勿開，勿開，此乃舍弟墓也。」』」

《墨莊漫録》卷五：「蘇子由在政府，子瞻為翰苑。有一故人，與子由兄弟有舊者來干子由求差遣，久而未遂。一日，來見子瞻，且云：『某有望内翰以一言為助。』公徐曰：『舊聞有人貧甚，無以為生，乃謀伐冢，遂破一墓，見一人裸而坐，曰：「爾不聞漢世楊王孫乎？裸葬以矯世，無物以濟汝也。」復鑿一冢，用力彌艱。既入，見一王者，曰：「我漢文帝也。遺制：壙中無納金玉，器皆陶瓦，何以濟汝？」復見有二冢相連，乃穿其在左者，久之方透，見一人，曰：「我伯夷也。」羸瘠面有飢色，餓于首陽之下，「無以應汝之求」。其人歎曰：「用力之勤無所獲，不若更穿西冢，或冀有得也。」羸瘠者謂曰：「勸汝別謀於他可（按：疑為「所」之誤），汝視我形骸如此，舍弟叔齊豈能為人也。』故人大笑而去。」附此。用《稗海》本校。

唐庚（子西）來謁。

《春渚紀聞》卷六《觀書用意》：「唐子西云：先生赴定武時，過京師，館於城外一園子中。余時年十八，謁之。問近觀甚書，予對以方讀《晉書》。猝問其中有甚亭子名，予茫然失對。始悟前輩觀書，用意如此。」

《四庫提要辨證》卷二十三《唐子西集》：「《宋史》庚本傳云：『卒年五十一。』宣和四年呂榮義序云：『先生死不一年，果有槖其文以來京師者。』陸心源《三續疑年録》據此以庚為生於熙寧四年辛亥，卒於宣和三年辛丑是也。」以下云：以此推之，蘇軾帥定武，庚年當二十三。「而云年十八者，蓋行父追録之時，記憶不真，遠亦失於不考也。然其言既出於行父與遠，則庚之及見東坡，固無可疑。」行父，强至孫。有《唐子西文録》，敍及庚見蘇軾。呂榮義序，作於宣和四年，見叢刊本唐集。

赴定前，醫工嘗以售藥之理質蘇軾。

《文集》卷五十九《答虔倅俞括》：「去歲在都下，見一醫工，頗藝而窮，慨然謂僕曰：『人所以服藥，端為病耳，若欲以適口，則莫如芻豢，何以藥為？今孫氏、劉氏皆以藥顯，孫氏期於治病，不擇甘苦，而劉氏專務適口，病者宜安所去取，而劉氏富倍孫氏，此何理也？』醫工不滿於劉氏。蘇軾舉此例，旨在論為文當治世之病。此簡作於紹聖元年。

迨之婦歐陽氏卒，有祭文，作《裝背羅漢薦歐陽婦疏》、《觀音贊》。

《文集》卷六十三《祭迨婦歐陽氏文》云「殯汝於京城之西惠濟之僧舍」，其卒在赴定州前。《濟南先生師友談記》：「東坡先生居閶闔門外白家巷中。一夕，次子迨之婦歐陽氏，產後因病為祟所憑，曰：『吾姓王氏，名靜奴，滯魄在此居久矣。』公曰：『吾非畏鬼人也，且京師善符劍遣厲者甚多，決能逐汝，汝以愚而死，死亦妄為祟。』為言佛氏破妄解脱之理喻之曰：『汝善去，明日昏時當用佛氏功德之法與汝。』婦輒合爪曰：『感尚書去也。』婦良愈。明日昏時，為自書《功德疏》一通，仍為置酒肉香火遣送之。」此疏不見。稱蘇軾為尚書，此所敍乃元祐七年末至今年赴定前事。今次此。

贊見《文集》卷二十一，其引云：「興國浴室院法真大師慧汶，傳寶禪月大師貫休所畫十六大阿羅漢，左朝散郎、集賢校理歐陽棐為其女為軾子婦者捨所服用裝新之。軾亦家藏慶州小孟畫觀世音，捨為中尊，各作贊一首，為亡者追福滅罪。」棐之贊不見。《晚香堂蘇帖》有此贊，末云「東坡居士蘇軾稽首贊」。另行書「道濳拜觀」。

疏見《文集》卷六十二。疏云：「今有禮部員外郎歐陽學士，為其亡女十四娘，捨所服用，重別裝新；禮部尚書蘇端明，親製頌文，更加題讚。」《長編》卷四百七十七元祐七年九月戊子紀事及禮部員外郎歐陽棐，則此歐陽學士即棐。

與聖用弟簡，勉其姪十郎官事勿苟簡。

《文集》卷六十《與聖用弟》第二簡謂十郎：「初官，但事事遵禀小二叔教誨。官事勿苟簡，公勤靜恕，勿急求舉主，曹事辦集，上官必不汝遺。」第一簡稱聖用為小二秀才弟，則第二簡所云小二叔即聖用。以下言及劉漕行父，乃求行父為舉主，云及「到定州欵曲作書」與行父，則此簡作於赴定前。

堂兄不危（子安）卒，有簡慰其子四九、五九。

《文集》卷六十《與子安兄》第七簡首云：「每聞鄉人言，四九、五九兩姪，為學勤謹，事舉業尤有功，審如此，吾兄不亡矣。」據此，知此簡乃與四九、五九兩姪以慰其父之喪者，此以下「惟深念負荷之重，益自修飾，乃是顏閔之孝，賢於毀頓遠矣」之句尤可證。簡又云「此間五郎、六郎乍失母」，五郎謂迨，六郎謂過，失母謂王閏之之逝，知此簡作於本年，時在定州，不危之卒，當即在本年。

劉安世（器之）是歲舉王發賢良。蘇軾稱發之文。

《盡言集》卷末王綯《盡言集跋》敍元祐三年復制科，其父發期以是舉進，久之，作書謁劉安世，安世「一見稱奬，乃録所撰策論，繼見則深愛之，遂應詔舉焉」。以下敍明年改元紹聖。又云其父「天性嗜學，於書無所不讀，問之亦無不知」，大觀戊子卒。

《范太史集》卷五十五《手記》有王發，謂「劉器之舉賢良，子瞻稱其文」。

《毗陵集》卷十三《資政殿大學士左光禄大夫王公（綯）墓誌銘》：考發，宣德郎，贈太師，學行著稱。以下云：「元祐中，應賢良方正直言極諫科。有《進策》十卷行於世。嘗上書論時政，坐黨錮幾二十年。」

《宋史·藝文志》著録發《元祐進本制舉策論》十卷，早佚。

《北山小集》卷二十三有《（王綯）故父任宣教郎贈太子少師發贈太子太保》制，稱發「育德寬裕，褆身肅恭，遹承詩禮之規，無愧循良之吏」。

《文集》卷六十《與王賢良》，乃與發者。簡首稱「近辱臨訪，連日紛冗，不及欵奉」，約為本年事。

孫樸（元忠）為其父固親書《華嚴經》，蘇軾為書其後。

文見《文集》卷六十九（二二〇八頁）。《欒城後集》卷二十一《書孫樸學士手寫華嚴經後》作於本年十二月八日，提及軾文，軾文作於赴定前。樸與軾直接文字聯繫止此。樸以後入黨籍，居潁，卒於鄭里。見《西臺集》卷六《歐陽叔弼傳》、卷十一《與歐陽學士》。

潘丙（彥明）來簡，答簡念及東坡。

簡乃《文集》卷五十三與丙第十簡，云「別來不覺九年」。

見文同（與可）遺墨於呂陶（元鈞）之家，作贊。

贊見《文集》卷二十一（六一三頁），謂同「歿十四年」。

與蒲宗孟（傳正）簡，以儉、慈為勸。或為本年赴定前事。

簡見《佚文彙編》卷四（二五〇四頁）。宗孟講奉養，性侈汰。《濟南先生師友談記》引蘇過語敘之甚詳。《宋史》卷三百二十八《宗孟傳》亦敘之。軾此簡箴其失。此前，《文集》卷六十與宗孟簡云「千乘姪屢言大舅全不作活計」，末云「且看公亡甥面，少留意也」。千乘乃宗孟甥，元祐三年末歸蜀。此簡亦箴宗孟侈汰。《宋史》宗孟傳謂晚年帥永興、大名，求河中，卒。《長編》卷四百七十一、四百七十七：元祐七年三月辛亥，宗孟知永興，九月壬午知大名。過之語及宗孟守永興時事。其卒約在紹聖、元符間。

元祐在朝時，黃庭堅、張耒、晁補之、秦觀俱游蘇軾門，稱四學士。

《石門文字禪》卷二十七《跋三學士帖》：「秦少游、張文潛、晁無咎，元祐間俱在館中，與黃魯直居（按：原文如此）四學士。而東坡方為翰林，一時文物之盛，自漢、唐已來未有也。」

《毘陵集》卷十《答晁公為顯謨書》：「自東坡先生主斯文之盟，則聞先公與黃魯直、張文潛、秦少游輩升堂入室，分路揚鑣，蔚乎其揚袂，炳乎其相輝，每文一出，人快先覩。」先公謂晁補之。

《宋史》卷四百四十四《黃庭堅傳》：「與張耒、晁補之、秦觀俱游蘇軾門，天下稱為四學士。」

元祐在朝時，劉跂（斯立）嘗知管城縣，蘇軾往訪之，得《杜員外詩集》。

《文集》卷六十七《記子美逸詩》：「《聞惠子過東溪》詩云：（略）此一篇，予與劉斯立得之於管城人家葉子册中，題云《杜員外詩集》，名甫字東美。」跂嘗知管城縣，見《四庫全書總目提要》卷一百五十五《學易集》條引晁説之《嵩山文集》跂墓銘。蓋為元祐時事。跂，摯子，《宋史》卷三百四十二附父傳。有《學易集》八卷，乃《永樂大典》輯本。《揮麈録·後録》謂跂乃王鞏之壻。管城屬京西北路鄭州，乃鄭州之治，距東京一百四十里。按：庫本《嵩山文集》無此文，四部叢刊本亦無。

元祐在朝時，張耒嘗來簡論史，又嘗與耒論詩。

《柯山集》卷四十六《與大蘇二簡》第一簡：「昨日欵舉教誨，開益多矣。但所論司馬遷《十二諸侯年表》，并周與吴實十四國，周不在數，固無足疑，并吴為十三而不數吴者。竊詳考之。吴比諸國見於表最晚，魯成公六年，當吴壽夢元年，始見於表，然吴已有國十餘世矣。遷不自共和敍年與諸國一概者，考《吴世家》，去齊卒，壽夢立。自去齊以上，皆不著即位年數，略敍傳世而已。是遷自去齊以上，但得其世，而不得其即位之年，無從為譜，自壽夢以後，《世家》每世輒載其即位年數，年既可考，故自壽夢，《表》乃見之，與十二國自共和至春秋，終不得一例。既謂之《年表》，而吴之年脱略不倫，但如附見，故止謂之十二國。其序曰：『譜十二諸侯，自共和迄孔子。』吴既不全，意不成為譜耳。而遷於是諸國，初無抑揚也。不然，吴、楚之僭，何有輕重，遷遽進楚而退吴，何也？考其本末，理似應爾。不審定是與否，更俟來教。」據「更俟」，知此前軾有簡與末，其簡佚。

同上第二簡：「昨日奉教賜，下情感慰。《唐六臣傳》，略得聞教誨，但意所未諭者，非以為史者不得少有抑揚。夫無抑揚褒貶，何用為史，顧所以抑揚之當有道耳。彼六人者，為唐大臣，挈國而輸之賊，北面而事之，為史者曰：『汝唐臣也，無臣梁之理。』汝雖苟免，吾從而正其罪，而其人之罪，無所逃此，其意何有不可。但其書謂之《五代史記》，而其中有一卷，忽謂之唐，唐非五代也，標卷為唐，於史之名似不順爾。雖不云爾，尚可以貶辱也。班固書有後漢事，范曄書亦有前漢事，末以謂若因及之，雖上越數代，猶為無害，但立名標卷，似不應爾。若魯《春秋》中忽有一篇為後漢，則事似難行，不審以為如何。此亦少不至者，不當反復致論，姑欲受教耳。」《唐六臣傳》，見《新五代史》卷三十五。軾與末「教賜」，未見。

《明道雜志》：「子瞻説：讀（韓）吏部古詩，凡七言者，則覺上六字為韻設，五言則上四字為韻設，如『君不强起時難更』、『持一念萬漏』之類是也。不若老杜語韻，渾然天成，無牽强之迹。則退之於詩，誠未臻其極也。（下略）」

同上：「蘇長公有詩云：『身行萬里半天下，僧卧一菴初白頭。』黄九云『初日頭』，問其義，但云『若此僧負暄於初日耳』。余不然，黄甚不平，曰：『豈有用「白」對「天」乎？』余異日問蘇公，公曰：『若是黄九要改作「日頭」，也不奈他何！』」

《道山清話》：「張文潛嘗云：子瞻每笑『天邊趙盾益可畏，水底右軍方熟眠』，謂湯燖了王羲之也。文潛戲謂子瞻：公詩有『獨看紅蕖傾白墮』，不知『白墮』何物？子瞻曰：劉白墮善釀酒，見《洛陽伽藍記》。文潛曰：白墮既是一人，莫難為傾否？子瞻曰：魏武《短歌行》云，何以解憂，惟有杜康。杜康亦是釀酒人名也。文潛曰：畢竟用得不當。子瞻又笑曰：公且先過共曹家那漢理會，却來此間廝磨。蓋文潛時有僕曹某者，在家作過亦失去酒器之類，送天府推治，其人未招承，方文移取會也。滿座大𩑛。」自「文潛戲謂子瞻」以下，亦見《拊掌録》，此一部分文字，用宛委山堂本《説郛》卷三十四校過。

《侯鯖録》卷三：「張文潛作《七夕歌》，為東坡所稱。」《七夕歌》在《張右史文集》卷五，起句為「人間一葉梧桐飄」。

元祐在朝時，嘗與張耒（文潛）、晁補之（無咎）評詞；嘗與秦觀調謔，嘗評觀之書，盛贊觀之詩、文、書。

《苕溪漁隱叢話·前集》卷四十二引《王直方詩話》：「東坡嘗以所作小詞示無咎、文潛曰：『何如少游？』二人皆對云：『少游詩似小詞，先生小詞似詩。』（下略）」

《侯鯖録》卷二：「少游嘗作《遊仙詞》，坡稱之云。」其詩乃《淮海集》卷十一《四絶》；題下注：「此贈道流，蓋有四時意，録者失其序耳。」

《邵氏聞見後録》卷三十：「秦少游在東坡坐中，或調其多髯者。少游曰：『君子多乎哉！』東坡笑曰：『小人樊須也。』」

《濟南先生師友談記》：「東坡言少游文章為美玉無瑕，又琢磨之功，殆未有出其右者。」稱之為天下奇作。《蘇門六君子文粹》卷首《宛丘集雜記》引葉夢得序謂張耒與秦觀同學文於翰林蘇子瞻，子瞻「以為秦得吾工，張得吾易，而世謂工可致而易不可致」，以耒為難云。謂為元祐間事。

《文集》卷六十九《跋秦少游書》贊觀書技道兩進。《晚香堂蘇帖》：「少游近日草書，便有東晉風味，乃知此人不可使閑。子瞻。」即在《跋秦少游書》一文中，此在前；文集之跋乃據此而增益。

元祐在朝時，嘗評王祈詩。

《詩話總龜》前集卷三十九引《王直方詩話》：「高愈主簿云：東坡云：『世間事勿笑為易，惟讀王祈大夫詩，不笑為難。』祈嘗謂東坡云：『有《竹》詩兩句，最為得意。』因誦曰：『葉垂千口劍，幹聳萬條鎗。』坡云：『好則極好，則是十條竹竿，一箇葉兒也。』」「因誦」二字原缺，據《苕溪漁隱叢話》前集卷五十五引《王直方詩話》補。王祈、高愈，待考。

元祐在朝時，嘗與惟湜（清隱）簡。

《文集》卷六十一《與清隱老師》第二簡敘熙寧在朝時與惟湜晤於淨因事，以下云：「何時得脱纓絆，一聞笑語，思渴！思渴！」

元祐在朝時，嘗應李彭（商老）之請，為彭父秉彝（德叟）寫墓蓋。

《佚文彙編》卷二《與李商老》敍其事。

《後村先生大全文集》卷九十五《江西詩派・李商老》：「公擇尚書家子弟也。東坡、山谷、文潛諸公皆與往還，頗博覽强記，然詩體拘狹，少變化。」據《東萊吕紫薇詩話》，彭乃常（公擇）從孫。《直齋書録解題》卷二十著録彭《日涉園集》十卷，原本已佚，今傳本乃《永樂大典》輯本。

元祐在朝時，嘗為李廌、李祉論寢寐。

《濟南先生師友談記》：「東坡謂廌與李祉言曰：某平生於寢寐時，自得三昧。吾初睡時，且於床上安置四體，無一不穩處，有一未穩，須再安排令穩。既穩，或有些小倦痛處，略按摩訖，便瞑目，聽息既匀直，宜用嚴整其天君。四體雖復有苛癢，亦不可少有蠕動，務在定心勝之。如此食頃，則四肢百骸，無不和通。睡思既至，雖寐不昏。吾每日須於五更初起，櫛髮數百，頮面畫，服裳衣畢，須於一净榻上再用此法假寐。數刻之味，其美無涯，通夕之味，殆非可比。平明，吏徒既集，一呼即興，冠帶上馬，率以為常。二君試用吾法，自當識其趣，慎無以語人也。天下之理，能戒然後能慧，蓋慧性圓通，必從戒謹中入，未有天君不嚴而能圓通覺悟者也。二君試識之。」

李祉，清臣之子。入黨籍。《元祐黨人傳》卷六有傳。嘗為承議郎，京西路轉運副使。見《雞肋集》卷二十六《李清臣行狀》。

元祐在朝時，嘗以歐陽修文章宗主之勉自勉，並勉李廌（方叔）等為異日文章盟主。嘗名廌所居齋為月巖齋。嘗與廌論俗語。嘗與廌簡，論人才决不徒出。

《濟南先生師友談記》：「東坡嘗言，文章之任，亦在名世之士相與主盟，則其道不墜。方今太平之盛，文士輩出，要使一時之文有所宗主。昔歐陽文忠常以是任付與某，故不敢不勉。異時文章盟主，責在諸君，亦如文忠之付授也。」《皇朝仕學規範》卷三十三《作文》引《方叔文集》：「東坡教人讀《戰國策》，學説利害；讀賈誼、晁錯、趙充國章疏，學論事；讀《莊子》，學論理性。又須熟讀《論語》、《孟子》、《檀弓》，要志趣正當，讀韓、柳文，令記得數百篇，要知作文體面。」不見今本《濟南集》。

《濟南集》卷一《月巖齋詩》：「南山之北，北山之南。環岡繞嶺，紫翠相參。奔騰蹲蹴，萬里驊驂。丘衍沃若，靈秀所涵。平巒蔽虧，餞日西崦。月生大東，錯落夕嵐。凝輝萬壑，澄若淵潭。有窶人室，架楹維三。其名實佳，佳哉月巖。窶人者何？贊皇之黔。伊誰名之？宗伯子瞻。」

《愛日齋叢鈔》卷五：「東坡作文字中，有一條以彭祖八百歲，其父哭之，以九百者尚在。李方叔問東坡曰：『俗語以憨癡騃駿為九百，豈可筆之文字間乎！』坡曰：『子未知所據耳。張平子《西京賦》云：乃有秘書小説九百。蓋稗官小説，凡九百四十三篇，皆巫醫厭祝及里巷之所傳言，集為是書。西漢虞初，洛陽人，以其書事漢武帝，出入騎從，衣黄衣，號黄衣使者，其説亦號九百，吾言豈無據也？』方叔後讀《文選》，見其事具《文選注》，始嘆曰：『坡翁於世間書，何往不精通耶？』」參《佚文彙編》卷七附録《艾子雜説·哭彭祖》。

《文集》卷五十三答廌第十六簡謂「比年於稠人中驟得張、秦、黄、晁及方叔、履常輩」，比來邈不可得，知人才決不徒出，不有益於今，必有覺於後。

元祐在朝時，王子韶（聖美）嘗專人致簡，答之。

《文集》卷五十九答子韶簡云「昨日庭中望見，甚慰久渴」，乃元祐在朝事；又云「人還書謝草草」。子韶，太原人。《宋史》卷三百二十九有傳。

在朝時，嘗為戒壇院、法雲寺畫枯木。

《石門文字禪》卷四《戒壇院東坡枯木張嘉夫妙墨童子告以僧不在不可見作此示汪履道》首云：「戒壇壁間枯木枝，東坡戲作無聲詩。雪川謫仙亦豪放，酒闌為吐烟雲詞。（下略）」張嘉夫當為張嘉父名大亨者。

同上《法雲同王敦素看東坡枯木》：「此翁胸次足江山，萬象難逃筆端妙。君看壁間耐凍枝，烟雨楂芽出談笑。　想當却立盤礴時，醉魂但覺千巖曉。（下略）」

戒壇在京師，見《文集》卷七十三《目忌點濯説》、卷二十一《戒壇院文與可畫墨竹贊》。在朝，包括治平在朝、熙寧在朝、元祐在朝。

趙令畤從游，或為元祐間赴定前事。

《平園續稿》卷三十《和州防禦使贈少師趙公伯驌神道碑》謂伯驌乃令畤之孫，紹興間，伯驌以米黻奉詔所書曾祖崇國世恬誌銘真迹進，高宗喜曰：「令畤及從蘇軾、黄庭堅，故子姪皆業儒，朕在宮邸知之。」據此，真迹當為令畤所藏。《神道碑》謂令畤乃太祖五世孫，封嘉國公。

令畯，一作令畯，字景升。師李公麟，善畫馬。官通州防禦使，贈威德軍節度使。《嵩山文集》卷十七有《威德軍節度使嘉國公詩集序》，《圖繪寶鑑・補遺》有傳。序作於建炎二年三月。

跋劉濤草書，為本歲赴定以前若干年事。

弘治《八閩通志》卷六十七《泉州府・人物》：「劉濤，字普公，昌言之曾孫。工詩及草書。蘇軾嘗跋其書，謂其奇逸多才，中有所得，不能自已，因以適情為樂。晚年讀書靈泉院，自號靈泉山人。」昌言字禹謨，泉州南安人。咸平二年卒，年五十八。嘗感趙普之遇，身後經理其家。《宋史》卷二百六十七有傳。軾跋已佚。

同治《泉州府志》卷五十《劉濤傳》謂濤為南安人，並云：「徽廟召入禁中，值天大雪，令草書雪詩，濤書唐鄭谷詩『亂飄僧舍茶烟溼』四句。上見其首書『亂』字，不懌，因問：『卿字孰師？』對曰：『臣無師。』不稱旨而退。晚年困躓。」以下敍讀書靈泉院。

傳元祐在朝時，嘗與侍兒及朝雲戲謔。

《梁溪漫志》卷四《侍兒對東坡語》：「東坡一日退朝，食罷，捫腹徐行，顧謂侍兒曰：『汝輩且道是中有何物？』一婢遽曰：『都是文章。』坡不以為然。又一人曰：『滿腹都是識見。』坡亦未以為當。至朝雲，乃曰：『學士一肚皮不入時宜。』坡捧腹大笑。」

傳元祐間宴客，嘗與優者笑樂。

《誠齋詩話》：「東坡嘗宴客，俳優者作伎萬方，坡終不笑。一優突出，用棒痛打作伎者，曰：『內翰不笑，汝猶稱良優乎？』對曰：『非不笑也，不笑所以深笑之也。』坡遂大笑。蓋優人用東坡《王者不治夷狄論》云『非不治也，不治乃所以深治之也』。見子由五世孫奉新縣尉懋說。」

《軒渠録》（見涵芬樓本《説郛》卷七，吕居仁撰）：「東坡有歌舞妓數人，每留賓客飲酒，必云：『有數箇搽粉虞候，欲出來祗應也。』」

《北窗炙輠録》卷下：「東坡待過客，非其人則盛列妓女，奏絲竹之聲，聒兩耳，至有終宴不交一談者。其人往返，更謂待己之厚也。至有佳客至，則屏去妓樂，杯酒之間，惟終日笑談耳。」

後二事與第一事有相類處，玆附此。

赴定州，留簡別朱長文（伯原）。

《樂圃餘稿》附編《都講書寄叔父弟姪》：「元祐初，諸公論薦，特起於鄉校，後召居太學。端明蘇公知定州，貽簡留別云：『縉紳諸公喜公疾平歸國，以為儒林光。但恨出處不同，止獲一見而已。』」據附編《國史文苑傳》，長文為太學博士。都講乃長文之子發。《北山小集》卷八本年所作《送朱伯原博士赴太學》：「朱公將赴成均時，炎炎六月雲峯奇。閶門鼓聲催畫鷁，陂塘菡萏方華滋。朝雲回首暮雲合，汗青嵬磊扃巖扉。先生顧此重惜去，片帆未肯乘風飛。」閶門在蘇州，長文乃蘇州人。朝廷召赴太學，長文原不欲往。以下作者以「醇儒」「生盛世，終老巖穴將何為」為言。長文從其言，於是「挽舟便出楓橋口」，赴京師。知長文到京師不久。

長文，元符元年二月卒，年七十。見《樂圃餘稿》附朱長文墓誌銘。

與道潛（參寥）簡，敍來日赴定。

《文集》卷六十一與道潛第八簡乃此簡。簡云「南北當又睽隔」。

吳安詩（傳正）以張遇墨為餽。

《文集》六十六《書松醪賦》後：「將赴中山，傳正贈予張遇易水供堂墨一丸而別。」

錢勰（穆父）、米黻（元章）贈詩并致簡。

《文集》卷五十一與勰第二十八簡敍勰贈詩并致簡，參以下「途中和錢勰所投贈行詩」條；卷五十八與黻第十九簡敍黻贈詩并致簡，參以下「途中致米黼簡」條。

陳師錫（伯修）、常安民（希古）、歐陽棐（叔弼）、張耒（文潛）、李廌（方叔）、王寔（仲弓）及諸館職餞送於惠濟。

《濟南先生師友談記》：「東坡帥定武，諸館職餞於惠濟。坡舉白浮歐陽叔弼陳伯修二校理、常希古少尹，曰：『三君但飲此酒，酒釂當言所罰。』三君飲竟。東坡曰：『三君為主司而失李方叔，茲可罰也。』三君者無以為言，慚謝而已。張文潛舍人在坐，輒舉白浮東坡先生，曰：『先生亦當飲此。』東坡曰：『何也？』文潛曰：『先生昔知舉而遺之，與三君之罰均也。』舉坐大笑。」《永樂大典》卷一萬二千四十四引《北窗叢録》轉引李廌《老歎》自跋，亦敍此事，文略同。「三君為主司」云云，或指本年開封秋試。

《詩話總龜》前集卷十一引《王直方詩話》：「元祐八年，東坡帥定武，李方叔、王仲弓別於惠濟，出示《南岳典寶》東華李真人像，又出此二詩，曰：此李真人作也。近有人於江上遇之，得此，云即李太白也。」二詩首句分别為「人生燭上花」、「朝披雲夢澤」，已見《文集》第二〇七九頁。參本年七月十日紀事。

《文集》卷五十一《與錢穆父》第二十八簡：「人客如織。」敍送行者之多。

至陳橋，與范祖禹（夢得、純夫）簡。

簡乃《文集》卷五十六與祖禹第五簡，云「乍寒」，知作於此時，云「已次陳橋，瞻望益遠」。

或過衛州。

《永樂大典》卷七千二百三十七引《元一統志》：七賢堂：堂在輝州之西南七十里山陽鎮重泉村。世謂之竹林七賢也。以下云：「或謂太守魯有開、白雲先生張俞、蜀公范鎮、老泉蘇洵、東坡蘇軾、潁濱蘇轍、山谷黄庭堅先後經行，取其詩章翰墨，刻置堂上，仍繪七賢像。右司陳損記。今廢。」北宋時，輝州地屬衛州。見《讀史方輿紀要》卷四十九及道光《輝縣志》。衛州治汲縣，距東京一百三十五里，屬河北西路。

《河朔訪古新録》卷十三《輝縣》：城内西街文廟，有宋蘇東坡遊百泉詩（原註：正書，無年月，在啟聖祠大門東壁）。《河朔金石目》卷五《蘇東坡遊百泉詩》，云「未著録」。

道光《輝縣志》卷十四《碑碣》：「湧金亭碣，在百泉湧金亭，大書『蘇門山湧金亭』六字，後題眉山蘇軾，字可七八寸，端楷有法。」卷十九有題為蘇軾所作之《嘯臺》詩，有「我來重遊覽」之句，非蘇軾作。

據以上所述，蘇軾或於此時過衛州。

過相州，晤運使謝卿材（仲適），送王古（敏仲）使遼，有詩。

詩見《詩集》卷三十七（一九九二頁）。卿材，臨淄人。知撫州臨川，修復陂防，溉頃畝甚多。熙寧初，王安石薦之。八年，為河東提刑。元豐六年，自歷下移守馮翊。七年正月，知福州。元祐元年五月，除本路轉運使。八月，移陝西路。十月，改河北路。三年十月間，赴召陳治河之法。四年六月，再任。七月，兼任都水使者。八月，改河東路。五年五月，孫升論回河，謂在河北時誠實有守。六年正月，改京東路。七年八月，為江淮荊浙等路轉運副使。八年二月，知相州。後入黨籍。《范太史集》卷五十五《手記》有卿材。《輿地紀勝》卷一百二十八有殘句。《文集》卷三十八有福建轉運使制。參《王臨川集》卷四十一、《淳熙三山志》卷二十二、《金石萃編》卷一百三十八及《長編》卷三百九十、四百十五、四百二十九至三十一、四百四十二、四百五十四、四百七十六、四百八十一。古乃鞏侄，《宋史》卷三百二十有傳。《長編》卷四百八十四：元祐八年五月，古以秘書少監兼國子祭酒，六月，為起居郎。《清江三孔集·宗伯集》有《次韻和王敏仲望祝融峯》詩。相州治安陽，距東京三百五十里，屬河北西路。

途中和錢勰（穆父）所投贈行詩，致米黻（元章）簡。

《文集》卷五十一與勰第二十八簡敍勰以詩贈行，云欲和「當俟前路」。卷三十七《和錢穆父送別並求頓遞酒》即和詩。《老學庵筆記》卷十：「都下九子母祠，作一巾紵美丈夫坐於西偏，俗以為九子母之夫，故都下謂穆父為九子母夫。東坡贈詩云：『九子羨君門户壯。』蓋戲之也。」「九子」句即在《和錢穆父送别》中。《獨醒雜志》卷五謂蘇軾多雅謔，嘗與勰同舍，以下云：「穆父眉目秀雅而時有九子，東坡曰：『穆父可謂之九子母丈人。』同舍皆大笑。」附此。

《文集》卷五十八與勰第十九簡敍勰致簡並贈詩，以下云：「途中賓客紛紛，裁答未能詳謹，千萬恕察。」

蘇軾與錢勰文字交往記載止於此。勰紹聖四年十一月卒，年六十四。見《梁溪先生全集》卷一百六十七勰墓銘。

十月二十三日，到定州任，進謝上表。上謝執政啟。

表見《文集》卷二十四（七〇四頁）。

《總案》：「此表獨不載到任日。《紀年録》載二十三日到任，而譌為十二月，今據後祭韓文改正。」《總案》定為十月到任，是。

謝啟見《文集》卷四十六（一三三三頁）。

知定州全稱為：「端明殿學士兼翰林侍讀學士、左朝奉郎、定州路安撫使兼馬步軍都總管、知定州軍州及管内勸農事、輕車都尉、賜紫金魚袋。」見《文集》卷六十二《北嶽祈雨祝文》。

《宋史·地理志》：「定州路安撫使，統定、保、深、祁、廣信、安肅、順安、永寧八州。」

定州治安喜縣，距東京一千一百二十里。

前任為趙偁。

《周益國文忠公集·平園續稿》卷十《跋趙弁雪圖》：祖吏部諱偁，元祐末以河北轉運使權中山府，「得蘇文忠公為代」。

偁，滑州韋城人。元祐中，嘗以河北轉運副使論黄河北流貯堤事，名敢直言，蘇軾兄弟曾手書慰勉。卒官朝請大夫、尚書吏部郎中，贈正奉大夫。見《浮溪集》卷二十七《承議郎通判潤州累贈朝議大夫趙君墓誌銘》。手書不見。

孫知損為河北路轉運使。

《文集》卷四十九《與孫知損運使書》云及弓箭社「虜所畏憚，公必舊知之」，又云已條上弓箭社事，「願公痛為（朝廷）一言」，知知損為河北路轉運使。《青山集》卷五《送廣東漕孫知損歸汶上》，作於元豐五年。詩云「五馳使者車，中道罹陷阱」、「鄉關今非遥，踴躍理三徑」。蓋知損凡五任轉運使或轉運判官之職，為汶上人。

曾孝廣（仲錫）、滕希靖（興公）為定州通判。

二人為通判，見《姑溪居士文集》卷三十八《跋戚氏》。《詩集》卷三十七及孝廣詩多首，其中有《送曾仲錫通判如京師》。孝廣乃公亮從子，《宋史》卷三百十二有傳。《參寥子詩集》卷七有詩及之。希靖父宗諒，參本書慶曆四年紀事。《宋會要輯稿》第九十九册《職官》六七之一一謂紹聖二年九月三日，希靖以齊州通判衝替。

劉肅為安撫使管勾，馬君為教授。蘇軾嘗薦肅文章典麗可備著述科。

《詩集》卷三十七有《次韻劉燾撫勾蜜漬荔支》。《文集》卷六十八《書石芝詩後》云「中山教授馬君」。蘇軾薦燾，據《嘉泰吴興志》卷十七《劉燾傳》。其薦當在燾元祐三年登第後至此以前事。

漕使、諸郡皆賀，有謝啟。

《文集》卷四十六《謝本路監司啟》，《七集·續集》作《答漕使啟》，今從；《謝監司禮啟》，《七集·後集》作《謝諸郡啟》，今從。前者有「遂分疆場之憂」，後者有「燕南趙北，昔為百戰之場」語，知作於此時。

有到狀。

《文集》卷四十七《定州到狀》：「得請近藩，假途治境。即諸披奉，預切忻愉。」味文意，乃與自京師至定沿途守官，不知何以題作「定州到狀」？今姑依題次於此。

趙鼎臣（承之）上賀啟、問候啟。

《竹隱畸士集》卷十有《上蘇内翰端明啟》、《問候蘇内翰啟》。鼎臣，韋城人。元祐甲科，紹聖宏詞。自號葦溪翁。官右文殿修撰。《直齋書録解題》著録《竹隱畸士集》四十卷，不傳，今傳者乃《永樂大典》輯本。《全宋詞》第七〇二頁鼎臣小傳謂生於熙寧三年。《斜川集》卷一《送趙承之官滿還朝》中云：「君方汗血駒，早就凌雲賦。千里不難到，乃願伯樂顧。懷謁來中山，自許相如慕。荆州一得見，意已輕萬户。我時望膺門，通家愧文舉。」伯樂謂父軾。

二十五日，謁孔子廟，作祝文，盛贊孔子。

文乃《文集》卷六十二《告文宣王祝文》，有「回狂瀾於既倒，支大厦於將傾」語，蓋慨乎言之，非應景之作。同上尚有《再謁文宣王廟祝文》、《謁諸廟祝文》。

王安中（履道）從學。

《平園續稿》卷十三《初寮先生前後集序》云蘇軾守定州，「尚書左丞王公，世家是邦，博學工文詞。年十六，即貢京師。後二年，坡至，奇之，公亦自謂得師也。明年，坡南遷，不能卒業」。安中乃元符庚辰進士。《直齋書録解題》卷十八著録《初寮集》四十卷、《後集》十卷、《内外制》二十四卷，佚。今傳本《初寮集》八卷，乃《永樂大典》輯本。《省齋文稿》卷十七《跋初寮先生帖》亦敍安中從學於蘇軾，「筆墨精妙，宜有傳授」。

李之儀（端叔）應辟離京師赴定。

《柯山集》卷四十《送李端叔赴定州序》敍之儀應辟佐幕，本年「十月過我，告以將北，求予言為贈」。

《雞肋集》卷十三有《送李端叔從定州先生辟》詩。

得雪浪石。滕希靖賦詩，次韻。弟轍、李之儀、道潛、秦觀、張耒、晁補之皆有和。

《墨莊漫録》卷八敍蘇軾知定，得黑石白脈，如孫知微所畫石間奔流，盡水之變；又作白石大盆以盛之，激水其上，名其室曰雪浪齋。

軾詩見《詩集》卷三十七（一九九七頁）。希靖詩已佚。轍詩乃《欒城後集》卷一《和子瞻雪浪齋》、之儀詩乃《姑溪居士文集》卷三《次韻東坡所和滕希靖雪浪齋詩》、補之詩乃《雞肋集》卷十三《次韻蘇門下寄題雪浪石》、觀詩乃《淮海集·後集》卷二《雪浪石》、耒詩乃《柯山集》卷十二《和定州端明雪浪齋》、道潛詩乃《參寥子詩集》卷八《次韻蘇端明定武雪浪齋》。餘參紹聖元年四月辛酉紀事。

賦《石芝》，并跋其後。

詩見《詩集》卷三十七，《文集》卷六十八有《書石芝詩後》。教授馬君有賦，乃同賦。《欒城後集》卷一《次韻石芝》言本年在京師，登州來客「言海上諸島，石向日者多生耳，海人謂之石芝」，以一籃遺兄軾。

武臣某上啟。

《太倉稊米集》卷四十九《記中山武臣啟語》：「蘇內相開幕府在中山，有武臣狀極樸陋，以啟事來獻。內相得之，甚喜，曰：『奇文也。』客退，公問李姑谿：『何者最為佳句？』曰：『「獨開一府，收徐、庾於幕中；並用五材，走孫、吳於堂下。」此佳句也。』公曰：『非君，誰識之者？』姑谿因笑謂公曰：『視此郎眉宇間，決無是語，得無假諸人乎？』公曰：『使其果然，固亦具眼矣。』即治具召之，與語盡歡，一府皆驚。紹興己未三月二十有七日，獨坐靜寄，偶追憶姑谿語，乃録之。」《梁溪漫志》卷四《武臣獻東坡啟》，亦載此事，不録。姑谿，李之儀也。

十一月初一日，祭故定州守韓琦（忠獻）。

祭文見《文集》卷六十三（一九五四頁）。

琦，慶曆末知定。見《長編》卷一百六十四慶曆八年四月辛卯紀事。

九日，翰林醫官王宗古至，齎詔傳宣存問，賜守臣等初冬衣襖，進謝上表。

表見《文集》卷二十四(七〇六頁)。

十一日,設水陸道場,薦妻王閏之,作《釋迦文佛頌》。

文見《文集》卷二十。

《佛祖統紀》卷四十六本年紀事:「知定州蘇軾繪水陸法像,作贊十六篇,世謂辭理俱妙(原注:今人多稱眉山水陸者,由於此)。」按:《文集》卷二十二有《水陸法像贊》十六篇,乃為駙馬都尉張敦禮作,《佛祖統紀》或誤此十六篇為定州作,今姑録於此。

同日,乞增修弓箭社條約,上奏狀。不報。

狀見《文集》卷三十六(一〇二四頁)。

狀論沿邊禁軍緩急終不可用。狀謂:今河朔西路被邊州軍,自澶淵講和以來,百姓自相團結為弓箭社,虜甚畏之,即須專用,名臣韓琦、龐籍,皆加意拊循。

狀謂龐籍舊奏約束,須稍加增損。狀乞應弓箭社人户,今後更不充保甲,仍免冬季勾集教閲。以弓箭社人户寢食起居,不釋弓馬,武藝無由生疎。如此,省時省費用,專心守禦,又免教集之月村堡空虚,以生戎心。狀乞應弓箭社人户,並免兩税折變科配,理合稍加優異。狀謂安撫司須逐時差官按視,内有武藝膽力出衆之人,即須與例物激賞,以便緩急驅使。

《墓誌銘》:「北戎久和,邊兵不試,臨事有不可用之憂,惟沿邊弓箭社兵與寇為鄰,以戰射自衛,猶號精鋭。故相龐公守邊,因其故俗立隊伍,將校出入,賞罰緩急可使。歲久,法弛,復為保甲所撓,漸不為用。公奏為免保甲及兩稅折變科配，長吏以時訓㔟。不報。議者惜之。」

再上狀乞增修弓箭社條約。

狀見《文集》卷三十六（一〇三三頁）。

狀謂北虜見今兵困於小國，盜賊充斥，虜自不能制，其餘波末流，必延及吾境；整葺弓箭社，名不張皇，其實可用。按：此小國乃後來之金。

《斜川集》卷五《送孫海若赴官河朔敍》：「中山府，昔吾先大夫之甘棠也。山川平易，控制北虜，獨無關防之阻。先君嘗論南北守盟，朝廷之德甚厚也，而邊臣翫習無事，武備少弛，則非所以稱吾君委寄之意。邊民有善騎射、耐辛苦、上下山谷、得虜之長技者，所在千百，自為屯聚，以衛親戚墳墓，其來遠矣。儻能聞諸朝，少有以鎮撫㔟來之，並塞精兵，坐獲數萬，不煩縣官一粒之費，凜然有長城千里之固，則虜不敢動矣。昔李抱真守澤、潞，教民為射，官給弓矢，而蠲其徭賦，山東有警，昭義步兵冠天下，古人思患預防有如此者。先君不果成而去，願吾友志此言，訪諸邑人之耆老，而以告夫元帥有志於經遠者，此太平之長策也。」

與運使孫知損書，論弓箭社極得力，當優異勸奬之，願知損痛為朝廷一言。

書見《文集》卷四十九（一四一四頁），謂「已條上」弓箭社數事。

本月，上奏狀乞降度牒修蓋禁軍營房，並奏整飾軍政，因事行法，初見治效。

狀見《文集》卷三十六（一〇二一頁）。《墓誌銘》：「定久不治，軍政尤弛，武衛卒驕惰不教，軍校蠶食其廪賜，故不敢何問。公取其貪污甚者，配隸遠惡，然後繕修營房，禁止飲博。軍中衣食稍足，乃部勒以戰法，衆皆畏服。然諸校多不自安者，卒史復以贓訴其長，公曰：『此事吾自治則可，汝若得告，軍中亂矣。』亦決配之，衆乃定。」據「繕修營房」云云，是乞降度牒得請也。《文集》謂此狀十月上，《墓誌銘》、《宋史》本傳先載軍營事，後載弓箭社事。《總案》引《文集》卷五十與劉奉世(仲馮)第六簡，謂以上並誤，因改載此狀於「十一月奏弓箭社之後」。與奉世簡云：「某近奏弓箭社事，必已降下。旦夕又當奏乞修軍營。」

李之儀(端叔)到定州，入幕，為言近日京師時事。

《姑溪居士後集》卷十五《仇池翁南浮集序》：「元祐末，予從辟中山，實東坡先生幕府，後先生到官。先生謂予曰：『子近離京師，時事如何？』予曰：『必有所更張。』先生曰：『有所聞乎？』予曰：『無所聞，以意得之爾。』先生曰：『何以得之？』予曰：『是固不難得，蓋平日未有為先生言者。』先生曰：『人有言我未嘗不聽，我豈拒人者哉！』予曰：『先生固不拒人，而人自難言爾。』又曰：『願為我言之。』予曰：『斯言近述，而不免謂之有二心，挾二心以幸其術之必售，是可陳於先生長者之前耶？此人所以難言，而先生所以無從而有聞也。且垂簾共政，八年於此，主上未嘗可否一事，諸公奏行，將太母之令，太母權為正，而正固在位也。其未嘗可否者，蓋退託而有所待也。方其政之在我也，豈無捨其舊而求同於我，或有所不納，既不得同，必退而為異日之謀，今日乃其所謀之時。以八年之所待，則聖志固已定矣。一旦翚然而進，如所定者，十有八九，欲不信渠可得乎？』先生曰：『太母受先帝顧託，保佑聖躬，主上孝養不匱，承順盡道，共成先帝之志，以圖至治，故八年之間，朝廷清明，天下無事，但恐不與其事者，或有所不知爾，又況人各有心，其可得而同耶？』予曰：『先生父子兄弟，超自窮遠，文舉業論，流布四方，莫非據古而切於事，比立朝，遂將力行其所言，雖見險猶不止也。今日之事已可知，然而君子消息盈虛，與時偕行，盍居易以俟之？』先生曰：『子之言是也。』又曰：『自是與子相從之日益難。』（原註：以下缺一百一十字）

《文集》卷三十六《乞降度牒定州禁軍營房狀》已有「臣近令所辟幕官李之儀」云云，則之儀抵定，當在十一月間。

賦《鶴歎》，作《劉醜廝詩》。

皆見《詩集》卷三十七。前者末云「難進易退我不如」，蓋有自慨之意。《唐子西文録》：「東坡作《病鶴》詩，嘗寫『三尺長脛□瘦軀』，缺其一字，使任德翁輩下之，凡數字。東坡徐出其稿，蓋『閣』字也。此字既出，儼然如見病鶴矣。」《貴耳集》卷下亦云之。紹聖元年，蘇軾與任伯雨（德翁）同舟，此處所敘或為彼時事。參該年有關紀事。《病鶴》即《鶴歎》。

後者敘望都劉醜廝殺二暴客事，乃收醜廝為小吏，使讀書、學弓矛，勉以忠孝。

與王鞏（定國）簡，求和《雪浪齋》，寄紫團參與鞏，有詩。

簡乃《文集》卷五十二《與鞏第三十八簡》，詩見《詩集》卷三十七（二〇〇八頁）。

十二月八日，興龍節。上功德疏。

疏乃《文集》卷四十四《興龍節功德疏五首》其三，云及「封疆之守」，為本年作。

二十五日，寄餾合刷瓶與弟轍，有詩。

詩見《詩集》卷三十七(二〇一〇頁)。作詩月日見注文。

上《慰正旦表》、《謝賜曆日表》。

二表見《文集》卷二十四(七〇四頁)。

歲末，與友人簡，論邊防事。

簡見《佚文彙編》卷四(二五〇八頁)，繼續强調弓箭社作用。

歲末，賦《戚氏》。

《姑溪居士文集》卷三十八《跋戚氏》謂蘇軾為定州安撫使：「開府延辟，多取其氣類。故之儀以門生從辟，而蜀人孫子發實相與俱。於是海陵滕興公、温陵曾仲錫為定倅。五人者，每辨色會於公廳，領所事竟，按前所約之地窮日力盡歡而罷，或夜，則以曉角動為期。方從容談笑間，多令歌妓，隨意歌於坐側，各因其譜，即席賦詠。一日，歌者輒於老人之側作《戚氏》，意將索老人之才於倉卒，以驗天下之向慕者。老人笑而頷之，邂逅方論《穆天子傳》，頗摘其虚誕，遂資以應之。隨聲隨寫，歌竟篇就，纔點定五六字爾。坐中隨聲擊節，終席不間他辭，亦不容别進一語，臨分曰：足以為中山一時盛事，前固莫與比，而來者未必能繼也。」以下云方圖刻石，以謫去未果。《老學庵筆記》卷九謂蘇軾作此詞「最得意」。《梁溪漫志》卷九《戚氏詞》謂詞非軾作。不足據，今不録。詞見《東坡樂府》卷上。

在定州，戲爲《定州學生硯蓋隱語》。

文見《佚文彙編》卷五。《王譜》謂作於本年。

是年，嘗讀柳宗元《五就桀贊》，謂其終篇皆妄。

據《文集》卷六十五《柳子厚論伊尹》：不滿宗元「欲以此自解其從王叔文之罪」。

是年，揭伯徽應解試。伯徽嘗有詩上蘇軾。

乾隆《南昌府志》卷六十一：「揭伯徽，名樞，以字行，豐城人。元祐領（按：疑應作『應』）解試。嘗有百韻詩上蘇軾。又有絶句一百首，譏評時俗，咸有深意。歐陽修讀其詩，有詩云：『劍氣光芒射斗牛，劍池風物占清幽。天教間出英雄士，人獨推先翰墨流。幾爲詩魔生太瘦，常因清聖肆狂遊。高吟逸軸成何事，可惜昇平自白頭。』」歐陽修卒於熙寧五年，見本譜該年紀事。《歐陽文忠公集》亦未收此詩。詩非修作。

同上書卷三十八：「揭伯徽，元祐八年解試。」今繫此事於本年。

道光《豐城縣志》卷十六謂伯徽爲豐城之東坑人。

是歲，蔣彝授太廟齋郎。蘇軾嘗跋彝祖父堂所藏楊億（文公）與王旦（魏公）帖。

跋文見《佚文彙編》卷五（二五四九頁）。

《北山小集》卷三十《朝散郎直秘閣贈徽猷閣待制蔣公墓誌銘》謂彝字子有，宜興人，謂彝弱冠以父長源遺表恩授太廟齋郎；彝宣和四年卒，年四十九。知授太廟齋郎爲本年事。軾跋約作於元祐期間，今以彝事繫此。

約自本歲起，人並稱蘇軾與黃庭堅為「蘇黃」。

《嵩山文集》卷十八《跋魯直嘗新柑帖》：「元祐末有『蘇黃』之稱。漸不平之。或曰：蘇公自有芍藥之評，恐未必然也。靖康元年十一月二十二日，箕山晁説之題。」《詩集》卷十六有《送筍芍藥與公擇》，或與芍藥之評有關。公擇乃李常字，庭堅舅父。

《邵氏聞見後録》卷二十一引庭堅語：「今江西君子曰『蘇黃』者，非魯直本意。」庭堅以為己乃蘇軾門下弟子。《宋史》卷四百四十四庭堅傳：「庭堅於文章尤長於詩，蜀、江西君子以庭堅配軾，故稱『蘇黃』。」

元祐中，從孫彭娶丁騭之女，得子，蘇軾報以詩，騭有和，蘇嘉宰富陽，有善政，軾贊之。

《咸淳毗陵志》卷十七《丁騭傳》：「公有女適二蘇從子彭孫，得甥，東坡報以詩，騭賡云：『秀出眉山有慶門，風流長與蜀山存。翰林未老生曾嫡，想見纍纍百世孫。』」《傳》中「從子彭孫」乃「從孫彭」之誤。《墓誌銘》有「當可蔭補，復以奏伯父之曾孫彭」語，并參紹聖二年「欲令姪孫彭般過之家小來惠」條紀事。騭賡詩「曾嫡」亦可證。蘇軾詩已佚。

騭卒於紹聖元年，見《長編》卷四百二元祐二年六月戊申紀事註文引蔣之奇所撰《丁騭墓誌銘》。

《丞相魏公譚訓》卷十：「大人宰富陽，富陽大邑號難治。既至，究心民事，辨滯訴數十，遂以大治。子瞻見祖父曰：『聞富陽之政，雖古循吏無以過。』」《京口耆舊傳》卷四《蘇嘉傳》謂神宗以後「知富陽縣，閲月庭無留訟，當路交章舉最」。今考蘇軾與嘉祖父頌交往之迹，嘉知富陽為元祐中事。嘉傳謂知富陽後，歷官太常寺簿、太常博士，倅常，入黨籍，建炎三年卒。

元祐中，或識釋惠洪。

《石門文字禪》卷二十四《寂音自序》謂生於熙寧四年，十九歲試經於東京天王寺，得度，冒惠洪名，依宣秘大師深公講《成唯識論》，凡四年，辭之南歸。據此，知惠洪元祐五年至八年在京師。參紹聖元年「釋仲仁試手作梅首肯之」條。

元祐中，或與二郎姪簡，論作文之道；或自石夷庚處購置王羲之古硯；或題章公量墓額。

簡見《佚文彙編》卷四（二五二三頁）。《文集》卷五十九《與張正己》：「二姪一書，煩從者附行。」二姪當即二郎姪。張正己，待考。

《書史》卷下謂石夷庚今居陳州，「有右軍古鳳池紫石硯，蘇子瞻以四十千置往矣」。

同治《饒州府志》卷二十四《隱逸》：「章公量，字寬夫，餘干人。性嗜學。元（按：當作嘉）祐間，從歐陽修、曾鞏遊。屢舉不第，遂隱居讀書。崇（按：當作熙）寧間，王珪薦之，不起。年七十六，卒。黄庭堅為作墓碣，蘇軾題其額。」《宋元學案補遺》卷四亦載。庭堅所作已佚。《中國古方志考》引嘉靖《餘干縣志》石簡序，謂餘干「縣舊無志，宋楊元鑑始為志」，知《饒州府志》有所本。楊志已佚。

元祐中，家勤國嘗作《室喻》，論熙寧、元豐、元祐人事紛更，蘇軾與弟轍敬歎。

《宋史》卷三百九十《家愿傳》：「熙寧、元豐諸人紛更，而元祐諸賢矯枉過正，勤國憂之，為築室，作

《室喻》，二蘇讀之敬歎。」愿，勤國之子。

元祐中，雍子儀築會經樓於閬中，蘇軾題額。

《輿地紀勝》卷一百八十五《利東路·閬州·景物下》：「會經樓：雍子儀元祐中家於將相坊，築會經樓，經史子集京本、蜀本、浙本各一本，總三萬餘卷。蘇公軾為題閣額，范百禄已下皆有詩，蒲宗孟為記。」

《蜀中名勝記》卷二十四《川北道·保寧府·閬中縣附郭》：「《通志》云：會經樓在府治將相坊。按《華陽國志》云：巴有將，蜀有相。後因有閬苑三學士、錦屏三狀元之盛，故以將相名之。樓，元祐中建，置經史子集三萬餘卷，蘇軾題額，蒲宗孟記。」

蘇軾年譜卷三十三

紹聖元年（一〇九四）甲戌　五十九歲

曾孝廣（仲錫）元日作詩見寄，並致曾坑茶。次韻為謝。

詩見《詩集》卷三十七（二〇一四頁），有「君家新致雪坑茶」之句。曾原韻不見。

正月十五日夜，慶上元節。

《詩集》卷三十九《上元夜》：「去年中山府，老病亦宵興。牙旗穿夜市，鐵馬響春冰。」紹聖二年作。

十六日，與李之儀、王幾仁、孫敏行（子發）讀陶詩，書之。

《文集》卷六十七《書淵明詩》記其事。幾仁，參本年二月十三日紀事。

十七日，立春小集，詩戲李之儀。

詩見《詩集》卷三十七（二〇一二頁）。

本月，乞減價糶常平米賑濟。朝廷從之。

乞狀見《文集》卷三十六（一〇三四頁），謂元祐八年河北諸路災傷，定州及五分以上。同上《乞將損弱米貸與上户令賑濟佃客狀》謂本路州、軍災傷缺食人户，已奏准朝旨，於法外減價出糶常平白米賑濟。

中山松醪寄雄州守王崇拯，有詩。

詩乃《詩集》卷三十七《中山松醪寄雄州守王引進》。崇拯於元祐元年己卯除知雄州。四年三月壬申，詔再任。八年五月辛巳，為引進使。見《長編》卷三百七十三、三百七十八、四百二十三、四百八十四。《詩話總龜》前集卷四十一引《王直方詩話》：「王崇拯字拯之，與先君同在熙河。先君自熙河入京，相別於中途，送先君云（略）。先君誦於吳沖卿丞相，緣此知名於朝廷。」直方之父名棫。沖卿名充，相於熙寧末、元豐初。《欒城集》卷十六有《贈知雄州王崇拯二首》。《文集》卷三十八有《王崇拯可遥郡刺史》制。

二月七日，宣仁聖烈皇后高氏山陵禮畢。上慰表。

《宋史·哲宗紀》：「二月己酉（七日），葬宣仁聖烈皇后於永厚陵。」

表見《文集》卷二十四（七〇五頁）。

十三日，與王彦超之玄孫訥敍彦超事，記之。

文見《文集》卷六十八，題作《書蜀僧詩》。文稱彦超為王中令，以彦超宋初為中書令。彦超，大名臨清人，雍熙三年卒，年七十三，《宋史》卷二百五十五有傳。

《總案》本年正月十六日紀事謂幾仁乃訥之字，其所據或為《書蜀僧詩》，然此文並未明言訥字幾仁，今不從。

己未（十七日），祔宣仁聖烈皇后高氏神主於太廟。上慰表。

己未云云，據《宋史·哲宗紀》。表見《文集》卷二十四（七〇五頁）。

二十日，弟轍生日，以詩及檀香觀音像等為壽。

詩見《詩集》卷三十七（二〇一五頁）。《欒城後集》卷一次韻。

二十三日，書《中山松醪賦》。

賦在《文集》卷一。《金石續編》卷十六著録此賦，末云：「元祐九年二月廿三日，中山雪浪齋書。」《經進東坡文集事略》卷二有此賦，題下引晁補之云：「《松醪賦》者，蘇公之所作也。公帥定武，飭厨傳斷松節以釀法（按：當作酒），云飲之愈風扶衰。松，大厦材也。摧而為薪，則與蓬蒿何異，今雖殘破，猶可收功於藥餌，則與世之用材者雖斲而小之為可惜矣，儻因其能，轉敗而為功，猶無不可也。」蓋有深意存焉。

本月，奏《乞將損弱米貸與上户令賑濟佃客狀》。

狀見《文集》卷三十六，謂豐熟日「令送納十分好白米入官」，公私俱便。

錢世雄（濟明）專使致簡，並惠洞庭珍苞，答簡。

《文集》卷五十三與世雄第一、二簡敍其事。第一簡云妻王氏卒已半年，知作於二月，簡敍邊政有起色；第二簡乃第一簡附簡，云書《松醪賦》以贈。洞庭乃平江吴縣山名，見《輿地紀勝》卷五，時世雄在平江。

致滕希靖(興公)簡，請約束有關官吏，予貸糧者以便利。

《佚文彙編》卷三與希靖第三簡敍之，以貸者「有住數日所費反多於所請者」。

得單鍔(季隱)書。

《文集》卷五十三《與錢濟明》第二簡敍之，簡云「寄惠洞庭珍苞，窮塞所不識」，作於定。此後與鍔無交往。鍔大觀四年卒，年八十。見《摛文堂集》卷十五墓銘。

李之儀送保倅翟安常赴闕，有詩，次其韻。王崇拯還朝過定，賦詩留別，次其韻。

次韻見《詩集》卷三十七(二〇一六、二〇二〇頁)。原韻皆不見。

三月一日，撰文祭滕希靖之母楊氏。

文見《文集》卷六十三(一九五七頁)。《佚文彙編》卷三與希靖第一簡及其母逝。

二十日，散父老酒食，開西園。時多葉杏盛開。

《詩集》卷三十七有詩(二〇二一頁)，云「明年花開時，舉酒望三巴」，欲請梓。

丁酉(二十六日)，弟轍罷門下侍郎，以端明殿學士知汝州。先是知貢舉李清臣發策絀元祐之政，弟轍抗疏争之，乃罷。

丁酉云云，據《蘇潁濱年表》。轍疏乃《欒城後集》卷十六《論御試策題劄子》，首云「策題歷詆近歲行事，有欲復熙寧、元豐故事之意」，末云陛下「若輕變九年已行之事，擢任累歲不用之人，人懷私忿而以先帝為詞，則大事去矣」。《宋史紀事本末》卷四十六《紹述》謂進士對策，「以主熙、豐者置前列，自是紹述之論大興，國是遂變矣」。

本月，乞降度牒十五道，修北嶽廟，上狀。

狀見《文集》卷三十七（一〇三九頁）。

本月，家愿（處厚）、張冕（君儀）、蔡康國（儒效）成進士。

愿據《蜀中廣記》卷四十六，其父勤國與從叔安國、定國俱與二蘇遊。冕據光緒《江西通志》卷二十一。冕乃永豐人，光緒《吉安府志》卷二十七謂冕「與蘇軾論文，有詩文集」。康國據同治《瑞州府志》卷九，新昌人。《石門文字禪》卷一《贈蔡儒效》謂康國長於詩，「東坡一讀不復和」，深贊之。

春，張舜民使遼，聞范陽書肆刻售蘇軾《大蘇小集》。

《郡齋讀書志》卷二下：「《浮休居士使遼録》二卷：右皇朝元祐甲戌春，張舜民被命為回謝大遼弔祭使，鄭价為副。録其往返地里及話言也。舜民字芸叟，浮休居士，其自號云。」時猶未改紹聖，故仍稱元祐。弔祭者，弔太皇太后高氏之逝也。《澠水燕談録》卷七：「張芸叟奉使大遼，宿幽州館中，有題子瞻《老人行》於壁者。聞范陽書肆亦刻子瞻詩數十篇，謂《大蘇小集》。子瞻才名重當代，外至夷虜，亦愛服如此！芸叟題其後云：『誰題佳句到幽都，逢着胡兒問大蘇。』」「幽州」之「幽」原缺，據《苕溪漁隱叢話》前集卷四十一補。

《苕溪漁隱叢話》後集卷二十八謂《老人行》非蘇軾作。同上書前集卷四十一引《澠水燕談録》「大蘇小集」作「大蘇集」，「問大蘇」之後，尚有「此二句與子由之詩，全相類，疑好事者改之也」十八字。弟轍詩乃《欒城集》卷十六《神水館寄子瞻兄》其三首二句：「誰將家集過幽都，逢見胡人問大蘇。」按：《澠水燕談録》當據《浮休居士使遼録》。惜後者早佚，不能知其詳。

春，大閱，舉舊典，復軍禮。

《墓誌銘》：「春大閱。軍禮久廢，將吏不識上下之分，公命舉舊典，元帥常服坐帳中，將吏戎服奔走執事。副總管王光祖自謂老將，恥之，稱疾不出。公召書吏作奏，將上，光祖震恐而出，訖事，無敢慢者。定人言，自韓魏公去，不見此禮至今矣。」《長編》卷四百四十七元祐五年八月丙辰有「客省使副、嘉州刺史王光祖為太原府路副總管」記載。光祖，《宋史》卷三百五十有傳。

春，祈北嶽、諸廟，作祝文。

《文集》卷六十二有《春祈北嶽祝文》、《春祈諸廟祝文》。

四月壬子（十一日），落端明殿學士、翰林侍讀學士，依前左朝奉郎知英州。同日，范純仁上疏乞貸蘇軾。不聽。時宰有加害意。趙令畤坐罰金。

《長編拾補》卷九本日紀事：「侍御史虞策言：吕惠卿等指陳蘇軾所作誥詞，語涉譏訕，望劾實施行。殿中侍御史來之邵言：軾在先朝，久以罷廢，至元祐擢為中書舍人、翰林學士。軾凡作文字，譏斥先朝，援古況今，多引衰世之事，以快忿怨之私。行吕惠卿制詞則曰：『始建青苗，次行助役。均輸之政，自同商賈，手實之禍，下及雞豚。苟可蠹國而害民，率皆攘臂而稱首。』行呂大防制詞則曰：『民亦勞止，願聞休息之期。』撰司馬光神道碑則曰：『其退於洛，如屈原之在陂澤。』凡此之類，播在人口者非一。當原其所犯，明正典刑。制曰云云。落端明殿學士兼翰林侍讀學士，依前左朝奉郎、知英州。制詞，中書舍人蔡卞所撰也。」虞策，《宋史》卷三百五十五有傳。來之邵嘗希附蘇軾兄弟，見元祐八年五月壬辰紀事。《宋大詔令集》卷二百六《蘇軾落職降官知英州制》(原注：紹聖元年四月壬子)：「訕上之惡，衆慾厥愆；造言之誅，法謹於近。矧彈章之荐至，孰公議之敢私。爰正常刑，以警列位。端明殿學士兼翰林侍讀學士、左朝奉郎、知定州蘇軾，行污而醜正，學辟而欺愚。頃在先朝，稍躋清貴。不惟喻德之義，屢貢懷諼之言。察其回邪，靡見聽用；遂形怨誹，自取斥疎。肆予纂服之初，開以自新之路。召從方郡，服在近班。弗訛爾心，覆出為惡。輒於書命之職，公肆誣實之辭。凡茲立法造令之大經，皆曰蠹國害民之弊政。雖託言於外，以責大臣；而用意之私，實害前烈。顧威靈之如在，豈情理之可容。深惟積辜，宜竄遠服。祇奪近職，尚臨一郡。是為寬恩，無重來悔。可特落端明殿學士兼翰林侍讀學士，依前左朝奉郎、知英州。」

《長編拾補》本日紀事引范純仁言：「竊見全臺言蘇軾行呂惠卿誥詞，言涉訕謗。伏緣熙寧法度，出於建議之臣，又州縣奉行之際，多有過當，不副神宗愛民求治之意。及至垂簾之後，惠卿方用諫官之言，特行重竄，蘇軾因撰詞之際，遂至過詆惠卿。今臺章攬歸先朝，事體不便。況今來言者多是垂簾時擢歸言路之言，當時畏避，不即納忠，今日觀望，始有彈奏。若便施行其說，亦恐玷垂簾之聖明，妨陛下純孝之德。三省進呈之際,伏望聖斷,特加容貸,不惟可全國體,亦可稍鎮澆風。」《太平治迹統類》「澆風」後尚有以下文字:「高士敏昔在成都,曾有犯罪,來之邵曾任本路監司,略無舉發;及至太皇上仙,高士敏特與改官。來之邵又彈奏蘇軾云執政時曾為人所彈擊,言者尋皆黜責,當臺諫略不辨明,及蘇軾得罪,便云所謫太近。吐剛茹柔,率多類此,使朝廷賞罰過中,莫不由此。」又言:「吕惠卿謫時,李清臣方為左丞。若言涉訕謗,清臣豈肯書誥行出。今舊臣惟有清臣在,更乞詢訪。不聽。」《墓誌銘》:「時方例廢舊人,公坐為中書舍人日草責降官制,直書其罪,誣以謗訕,紹聖元年,遂以本官知英州。」

《山谷詩集注》卷十七《跋子瞻和陶詩》:「子瞻謫嶺南,時宰欲殺之。」注謂時章惇為相。按:惇為相,為四月壬戌(二十一日)事。見《宋史·宰輔表》。《山谷詩集注》卷十七《次蘇子瞻和李太白潯陽紫極宮感秋詩韻追懷太白子瞻》:「平生人欲殺,耿介受命獨。」注謂亦謫嶺南時宰欲殺之意。《冷齋夜話》卷七《東坡和陶淵明詩》亦敍此事。庭堅詩作於黔南。

《宋史》卷二百四十四《趙令畤傳》:「軾被竄,令畤坐交通軾罰金。」軾與令畤文字交往記載止此。《侯鯖録》卷二:「余崇寧中坐章疏入籍,為元祐黨人,後四年牽復。」紹興四年卒,見本傳。年七十一。

甲寅(十三日),復降充左承議郎,仍知英州,胡宗愈繼知定州。

《長編拾補》卷九本日紀事:「侍御史虞策言:蘇軾既坐譏斥之罪,猶得知州,罪罰未當。詔軾降充左承議郎。」又:「資政殿學士、中奉大夫、吏部尚書胡宗愈為通議大夫、知定州。」《續資治通鑑》謂宗愈除知定州為本月十二日事，與此不同。宗愈卒於本年閏四月，見《宋會要輯稿》第三十三册《禮》四一之四四至四五《輟朝》。《宋史》卷三百十八宗愈傳謂卒年六十六。

十六日，北嶽祈雨，作祝文。嘗與李之儀、李士龍、鄗長卿、孫敏行、賈温之等禱雨嶽廟，題名。

祝文見《文集》卷六十二（一九二六頁），有「得請於朝，齋居以禱」之語，知有專疏奏定州旱情，疏文未見。

題名見《佚文彙編》卷六（二五八四頁）。

顧炎武謂此題名石刻舊在定州嶽廟，今移縣治賓館。見《求古録》。

李士龍、鄗長卿、賈温之，待考。

辛酉（二十日），作《雪浪齋銘》。

文見《文集》卷十九。

《河朔訪古記》卷上：「中山府學講堂前有雪浪石，承以丈八芙蓉石盆，盆口鎸蘇文忠公《雪浪石銘》。其石紋作波濤痕，復有若卧牛立鳳之狀者。昔蘇公守定日，甚愛此石，構小室置之，榜曰雪浪齋云。西廡下，一碑圖石之形，并刻其銘於右。」道光《定州志》卷五：「雪浪齋……建於文廟後者，古雪浪齋也，蘇文忠自為之。」又謂得「舊碑，原刻文忠公自書『雪浪齋』三字，並雪浪石圖，題名其上」。又：「雪浪齋雙槐：蘇文忠公手植，在古雪浪齋，東西各一。東者葱鬱如舞鳳；西者嘗自生火，救之而止，槎枒竦拔如神龍。」又：「壽星圖石刻：蘇文忠公筆，在州署鄭神廟。」

壬戌（二十一日），弟轍至汝州。

據《蘇潁濱年表》。

二十四日，作短論，論三國名臣，盛贊諸葛亮；并贊東漢之士尚風節。

文見《文集》卷六十五（二〇四二頁）。

《忠武誌》卷七《諸葛武侯畫像贊》：「密如神鬼，疾若風雷。進不可當，退不可追。晝不可收，夜不可襲。多不可敵，少不可欺。前後應會，左右指揮。移五行之性，變四時之令。人也？神也？仙也？吾不知之，真卧龍也。」謂蘇軾作。《佚文彙編》未收，附此。

《十百齋書畫録》卯集謂孫權有《千山競秀卷》，凡二卷，一山一水。權自跋：「舒清筆墨，變化無窮。想山川形質各異，以筆墨之變化，寫山川之形質，前有古人，後有作者。卷成，可題為《千山競秀圖》，更多江南佳麗之氣。孫權。」疑托名。蘇軾跋云：「孫仲謀作此卷，終不去拔刀砍柴時手段，敍列八法，以示己能，復云『多江南佳麗之氣』，則江南固佳麗地，仲謀腕不能出之，復有『作者』一語，其自謂也。無怪老瞞臨江作欣羡語，即此一事，非老瞞所能也。余常見老瞞書，終遜於彼，故并及之。豈弗具能為仲謀師耶？善別者能言之耳。眉山蘇軾。」亦疑托名。以論三國人物，姑附此。

《丞相魏公譚訓》卷十：「東坡常稱東漢多忠節之士，所以能扶危持顛者幾百年，雖曹孟德之奸雄，亦畏名節，故終躬不敢取漢。一日與大人語及。大人云：『近見新貴人為人作誌文，頗譏東漢之士專為詭行盜名，其風不可長。』東坡大駭，因問誰作，不得已言之。東坡云：『可作數字罵此小子。』大人不應。乃曰：『只教折了胡孫三十年草料。』」大人乃蘇嘉。以論及東漢士風，類繫此。

閏四月三日，除命下，罷定州任，責知英州。進謝上表。劉燾（無言）、王莊叔慰簡，答之。與滕希靖（興公）簡，請釋念。

《墨莊漫録》卷八：「閏四月三日，乃有英州之命。」表見《文集》卷二十四（七一四頁）。答簡見《文集》卷五十九（一八〇四、一八〇六頁）。與希靖簡見《佚文彙編》卷三第二簡。

同日，范百禄（子功）卒。

據《范太史集》卷四十四百禄墓銘，卒年六十五。《文集》卷五十《與范純夫》第十簡敍及。

在定州，勉李之儀寫《華嚴經》，書杜牧牧黄時詩，作《静安縣君許氏繡觀音贊》。

《姑溪居士文集》卷三十八《跋東坡書多心經》：「在中山時謂余曰：『早有意寫《華嚴經》，不謂因循，今則眼力不迨矣，良可惜者，子能勉之否？』余亦僅分黑白，每有愧於斯言也。」

《蜀道驛程記》：「定州覓韓忠獻閲古堂、衆春堂舊址不可得，唯蘇文忠公書杜牧之『得州荒僻中，更值連江雨』一篇石刻尚在。按此詩乃牧之刺黄州作，坡曾謫黄，後帥定武更書之耳。」《道山清話》：「子瞻愛杜牧之《華清宮詩》，自言凡為人寫了三四十本矣。」《東坡樂府》卷上《定風波》（重陽），乃括杜牧詩。並附此。

贊見《文集》卷二十一，首云「太岳之裔，邑于静安」。静安乃河北西路深州治。

將行，謁諸廟辭行，作祝文；醮北嶽，作青詞：以明心迹。定人謂蘇軾在定設施如韓琦。

祝文、青詞分別見《文集》卷六十二（一九二八、一九〇二頁）。前者云：「軾得罪於朝，將適嶺表。雖以謫去，敢不告行。區區之心，神所鑒聽。」軾歷典八州，其《辭諸廟祝文》傳者唯定州。

《參寥子詩集》卷十一《東坡先生挽詞》其四自注：「定武人謂公下車設施如韓魏公。」

既行，以未能致意郡中諸公為歉。李之儀之妻胡文柔手自製衣以贐。以道潛專人所送彌陀像隨行。

既行云云，據《文集》卷五十六《與孫子發》第六簡，離定甚迫促。《姑溪居士文集》卷五十《姑溪居士妻胡氏文柔墓誌銘》：「余從辟蘇軾子瞻府，文柔屢語余曰：『子瞻名重一時，讀其書，使人有殺身成仁之志，君其善同之邂逅。』子瞻過余，方從容笑語，忽有以公事至前，遂力為辨理，以竟曲直。文柔從屏間歎曰：『我嘗謂蘇子瞻未能脫書生談士空文游說之敝，今見其所臨不苟，信一代豪傑也。』比通家，命其子婦尊事之，常以至言妙道屬其子婦，持以論難，呼為法喜上人。子瞻既貶，手自製衣以贐曰：『我一女子，得是等人知，我復何憾。』」文柔字淑修，常州晉陵人，胡宿孫女。卒於大觀四年十一月，年五十八。宿，《宋史》卷三百十八有傳。

《文集》卷六十一《與參寥子》第十一簡敍道潛送彌陀像並帶行。

《善誘文·子瞻以己論雞》謂蘇軾獄中作二詩，「有『魂飛湯火命如雞』之句，神宗聞而憐之，事從寬釋。既而南行，子瞻猶有慊意，乃以阿彌陀佛一軸隨行。人問其故，答曰：『此余投西方見佛公據也。』」涵芬樓《説郛》卷四十九引《唾玉集·西方出處》亦敍此事。

過真定，嘗稱褚承亮（茂先）之文，晤楊采朝議，舉其子迪簡。

《金史》卷一百二十七承亮傳：「真定人。宋蘇軾自定武謫官過真定，承亮以文謁之，大為稱賞。」以下敍承亮登宣和六年第，調易州户曹，未赴。入金不仕，年七十卒，門人謚曰玄真先生。《南宋書》卷六十五有承亮傳，取《金史》。《河朔訪古記》卷上謂承亮墓在真定。

晤楊采據《文集》卷五十六《與孫子發》第六簡。簡謂迪簡亦善吏，求孫敏行（子發）「告提刑大夫來年一京削」。

嘉靖《真定府志》卷十：「水寶巖，在曲陽縣西北五里，水勢飛瀉於兩巖之間，巖巔有蘇軾書『浮休』二大字，元盧摯因取名曰坡仙峽。金章宗嘗游此賦詩。」按：浮休乃張舜民之號，亦嘗知定州，疑此二字為舜民作書。附此。

《河朔訪古記》卷上：臨濟寺，在真定府城中定遠門東街飛雲樓之東，其三門下有東坡墨竹綠筠軒詩石刻，極為精妙。真定府屬河北西路，治真定縣。

經臨城、内丘。

據《詩集》卷三十七《臨城道中作》之引。臨城屬河北西路趙州，内丘屬邢州。

過邢州。贊梁邢州善政。

《攻媿集》卷七四《跋沈智甫所藏東坡帖》首云蘇軾謫惠州，以下云：「帖中又言過邢州，疑是此時。再遭遠斥，不知所與何人，既言道友，恐是佛印、參寥諸公。以書唁之，公不領細人姑息之愛，而望其警策以進於道，一見梁邢州之善政而亟稱之，不計身之百謫，恐一善之不聞。嗚呼，此其所以不可及也。」帖已佚。邢州治龍岡縣。

過湯陰，得豌豆大麥粥，有詩示三子。

詩見《詩集》卷三十七(二〇二五頁)。邁侍行，見《臨城道中作》之引。

《清波别志》卷上：「煇北征回程，於欒城道間，忽傳前車少駐，乃羣入道旁茇舍，各啜豌豆大麥粥一盂。方過午，行役疲乏，食之美，喻大烹(自註略)。馮異以蕪蔞亭豆粥滹沱河麥飯，為漢世祖毋忘在莒之戒，以是知河朔素有此味以餉客。紹聖初，蘇文忠公自定武赴嶺表，過湯陰市，亦得豌豆大麥粥，有「逆旅唱晨粥，行庖得時珍，青斑照匕筯，脆響鳴牙齦，玉食謝故吏，風餐便逐臣」之句，某亦適解一時飢渴，故特誇於賦詠，「青斑」、「脆響」，實録也。」「逆旅」云云，乃蘇軾詩中語。

湯陰屬河北西路相州。

至滑州，上狀乞往汴泗之間舟行。

《文集》卷三十七《赴英州乞舟行狀》：「得罪以來，三改謫命。」又云擬「前去汴泗之間，乘舟泛江，倍道而行，至南康軍出陸赴任」。

十五日，過韋城，晤吴安詩(傳正)甥歐陽思仲，書《洞庭春色賦》、《中山松醪賦》使贈安詩。

《文集》卷六十六《書松醪賦後》敍之。思仲，修族人。《佚文彙編》卷六《跋歐陽文忠小草》及其人，蓋雅士。跋或作於此時。韋城在京西北路滑州，滑州治白馬，距東京二百一十里，韋城在州東南五十里。

十六日，詔蘇軾合敍復日未得與敍復，秦觀、李之純亦以牽連被分别謫降處州、單州。

《長編拾補》卷十本日（丙戌）：「詔蘇軾合敍復日未得與敍復。秦觀落館閣校勘，添差監處州茶鹽酒稅。」先是監察御史劉拯言蘇軾：「以私忿形於制誥中，厚誣醜詆，軾於先帝不臣甚矣。王得君憤其詆誣之甚，上書言之，旋被讒斥以死。秦觀浮薄小人，影附於軾。請正軾之罪，褫觀職任以示天下後世。」見同上書本月乙酉（十五日）紀事。拯字彥脩，宣州南陵人。《宋史》卷三百五十六有傳，傳詳敍此事。《宋會要輯稿》第九十九册《職官》六七之八謂蘇軾未得敍復云云為本月十八日事，引劉拯論秦觀語，與《長編》不同，參元祐元年「以賢良方正薦秦觀」條；又謂工部尚書李之純降知單州，乃以劉拯言其任御史中丞日，「阿附蘇軾、蘇轍，反為所用」。

過黄河，賦詩。

《詩集》卷三十七《黄河》末云「靈槎果有仙家事，試問青天路短長」，抒憤。軾乃由京師東北渡黄。

過陳留，楊明（子微）追遇。十八日，書其事贈明。

《文集》卷七十一《書贈楊子微》敍之。陳留屬畿，京東五十二里。

二十一日，大雨，留襄邑，自跋《洞庭春色賦》、《中山松醪賦》卷。

跋見《佚文彙編》卷五（二五四七頁）。襄邑在京東一百七十里，屬畿。

陳留、襄邑途中，米黻（元章）專使致簡，答簡謝其矜愍。

答簡乃《文集》卷五十八與黻第十七簡。黻時知雍丘，蘇軾此時未至雍丘。

抵汝州，視弟轍。題詩汝州龍興寺吴畫壁。弟轍分俸使邁等就食宜興。與友人簡。

襄邑東南爲南都，如至南都再折至汝州，則路程愈遠，今定自襄邑抵汝州。詩見《詩集》卷三十七（二〇二七頁），《欒城後集》卷二十一有《汝州龍興寺修吴畫殿記》。

《文集》卷六十一《與參寥子》第十三簡云「子由分俸七千，邁將家大半就食宜興」，乃此時事。

《晚香堂蘇帖》：「邁往宜興。迨、過隨行，此二子爲學頗長進，迨論古事廢興治亂，稍有可觀，過作詩、楚詞，亦不凡也。此亦竟何用，但喜其不廢家業耳。蒙問，亦及之。軾白。」此簡，《佚文彙編》未收。作於此略後，今次此。

途中，寄詩定州同僚。

《紀年録》：「途中寄定武同僚。」次「過杞」前。《詩集》卷四十七《被命南遷途中寄定武同僚》：「人事千頭及萬頭，得時何喜失何憂。只知紫綬三公貴，不覺黄粱一夢游。適見恩綸臨定武，忽遭分職赴英州。南行若到江干側，休宿潯陽舊酒樓。」此乃友人致軾詩，末二句告誡，意尤明。注文亦謂非軾作。此或步軾原韻作，而原韻已佚。

別弟轍，至陳留。得旨舟行。過雍丘，與米黻（元章）簡，亟願與黻晤；贈別馬正卿（夢得）。

《文集》卷五十三《與王文甫》第一簡敍元豐七年得汝州團練副使新任之命時，擬「沿流入淮，泝汴至雍丘、陳留間，出陸至汝」。《欒城後集》卷十八《分司南京到筠州謝表》云本年「六月十二日再被告降三官，知袁州，即治陸行，趨陳留，具舟赴任」。

以上有「至滑州上狀乞往汴泗之間舟行」條，據以後行程，是得旨也。舟行自陳留始。

《文集》卷五十八與𢼸第十八簡：「出城固不煩到，復得一見，幸矣。微疾想不為患，餘非面莫究。」其情既如此懇切，當與𢼸晤。

《詩集》卷三十七有《過杞贈馬夢得》。杞即雍丘，正卿乃杞人。蘇軾與正卿文字聯繫記載止此。

過寧陵，書唐人劉昌事。或為此時自汝州回事。

文見《文集》卷六十六（二〇五〇頁）。文謂劉昌事甚壯偉。

按：昌字公明，汴州開封人。安史之亂中，昌以三千兵守寧陵四十餘日，圍終解。昌，《舊唐書》卷一百五十二、《新唐書》卷一百七十有傳。寧陵在南都西五十五里。

至南都。與孫敏行（子發）簡，敍以委順適應事態發展。曾布（子宣）來簡，答簡云所託《塔記》已撰成，擬異時致之。

《文集》卷五十六與敏行第五簡：「某蒙庇粗遣，旦夕離南都，如聞言者尚紛紛，英州之命，未保無改也？凡百委順而已。幸不深慮。」時敏行仍在定州。

同上卷五十與布第十三簡敍布來簡，以下云：「《塔記》久草下，因循未曾附上，今不敢復寄，異時萬一北歸，或可録呈，為一笑也。旦夕離南郡，西望悵然，言不能盡意。」布屢求《塔記》，見元祐元年「曾布屢請撰《塔記》」條。《塔記》佚。

在南都。王鞏（定國）專使致書欲一見，辭以簡；并論禦瘴之法。

《文集》卷五十二與鞏第三十二簡末云「朝夕離南都」，知作於南都。簡云：「書意欲一相見，固鄙懷至願，但不如彼此省事之為愈也。禦瘴之術惟絶欲練氣一事，本自衰晚當然，初不為禦瘴而作也。某其餘坦然無疑，雞猪魚蒜，遇着便喫，生病老死，符到便奉行，此法差似簡要也。」知作於南遷時。

離南都，張元明追餞。

《文集》卷五十六與元明第三簡首云：「前日承追餞南都，又送子由至筠，風義之厚，益增感慨。」

《性善堂稿》卷十五《書東坡與元明帖後》：「昔文忠蘇公謫黄岡也，山谷之兄既餞公於南都，已而又送文定於高安，夫豈有為而為之者。方其熙、豐，顧安知有元祐，及其元祐，顧安知有紹聖，各適其適，而是非得失於是乎判矣。而或者當公道泯滅之時，不自植立，雷同苟且，摇尾於權貴人之門，希望驟用，及事定之後，又不知自悔其失，乃曰彼之從遊於大人君子者，偽也，徼福也，嗚呼！孟子曰：哭死而哀，非為生者也；經德不回，非以干禄也；言語必信，非以正行也。君子行法，以俟命而已矣。是道也，夫人皆可為，莫之禁而不為者也。有志於是者，宜自求之，因觀所藏文忠手帖，感歎古今人事之變，敬書其後。」此帖即與元明第三簡。《性善堂稿》謂元明乃黄庭堅之兄大臨（元明），誤。

五月九日，與顧道發句通直簡，辭諸人送行。

《晚香堂蘇帖》：「訪别，以舟出許口，勢不可住。又以屈煩諸公冠蓋出餞，非放臣所宜，故不敢見，只恃公知照，不深訝也。悚息！悚息！人至，領手教，益增佩荷。益遠風度，惟萬萬以時自重，不宣。軾再拜顧道發句通直閣下。五月九日。」《佚文彙編》未收。

許口不詳，據「諸公冠蓋出餞」云云，或在南都附近。

甲寅（十四日），張商英論蘇軾乞合祭天地非是，乞加罪。

《琬琰集刪存》卷三《張少保商英傳》謂本年「以右正言召，遷左司諫，論蘇軾乞合祭天地非是，乞加罪」。《長編拾補》卷十謂為本日事。

晤晁説之（以道）於符離，論邢居實（惇夫）；別，酒酣歌古《陽關》。贈説之歙硯。

《嵩山文集》卷十八《東坡先生畫像》：「及其南遷泣別隋岸兮，惜乎不克保厥躬也。」隋岸，當指運河之岸。《東坡樂府》卷下《江城子》下闋有「隋堤三月水溶溶。……回看彭城，清泗與淮通」之句可證。《老學庵筆記》卷五：「世言東坡不能歌，故所作樂府詞多不協。晁以道云：『紹聖初，與東坡別於汴上，東坡酒酣，自歌古《陽關》。』則公非不能歌，但豪放不喜裁剪以就聲律耳。」

《嵩山文集》卷十八《硯銘》（原註：歙石風字樣，自云應制舉時物）：「東坡居士，初謫嶺表。道扶疎園，遺此研寶。今公云亡，物不自足。敢是不祇，以為諂瀆。（原註：刻在硯背）」同上卷十九《邢惇夫墓表》：「東坡貶英州，道符離，予見之，語及惇夫。曰：自是國家失一文士，於邢氏何有。」

過泗州，與杜輿（子師）別。

《文集》卷五十六與輿第四簡：「泗上為別，忽已八年。」此簡作於建中靖國元年。

遇任伯雨（德翁）於泗、楚之間，伯雨扶母柩回蜀。因同行。

《文集》卷七十二《師續夢經》敍與伯雨遇。伯雨時以宣德郎為廣陵郡王院大小學教授。伯雨述其外甥進士師續夢經事，蘇軾為記之。

同行參本年以下「與任伯雨別」條。

過龜山，與龜山長老别。

《文集》卷六十一《答龜山長老》第四簡：「前者過謁，雖不欵留，然開慰已多矣。」所敍乃此時事。末云「未期會集」，益足證明以上所云乃此時事。簡約作於離龜山赴英途中。此長老，當為辯才師。參元豐七年「過龜山贈辯才師」條紀事。

過山陽，晤徐積（仲車），積贈言，大旨在立德。蘇軾甚為感佩。

過山陽云云，見《文集》卷七十二《記徐仲車語》。同上卷五十七與積第二簡云及「昨日既蒙言贈」，以下敍感佩意。簡作於此時。山陽乃楚州之治。

過高郵，寄孫升（君孚）詩。

詩見《詩集》卷三十七（二〇二八頁），云及升鄉居。升，高郵人。

《宋史》卷三百四十七《孫升傳》謂升知應天府，紹聖初遭劾削職。軾過高郵時，升正削職家居。升卒年六十二。《孫公談圃》劉延世序謂升卒於元符二年。

過揚州，晤州守蘇頌（子容）。

《畫墁録》謂嘉祐、治平間，有中官杜浙者，凡答親舊書，若此事甚大，必曰「兹務孔洪」。以下云：「蘇子瞻過維揚，蘇子容為守，杜在座，子容少怠。杜遽曰：『相公何故溘然？』其後子瞻與同會，問典客曰為誰，對曰『杜供奉』。子瞻曰：『今日直不敢睡，直是怕那溘然。』」

《蘇魏公文集》附曾肇撰墓誌銘、《輿地紀勝》卷三十七《揚州》謂頌元祐八年九月知揚，紹聖初復知。

過揚、真之間，晤吳復古（子野）。復古以佛理喻之。

《文集》卷五十七《與吳秀才》第二簡敍之，作於惠州，時復古猶未歸惠州。

過儀真，少留。淮南漕莊公岳（希仲）差卒津送。作簡謝公岳並為書《白紵詞》。

《文集》卷五十八《與莊希仲》第一簡：「某少留儀真，旦夕出江。」第二簡謝借三卒，云暑毒，第三簡亦謝差人津送，云秋暑。《雞肋編》卷上謂父公岳元祐中為尚書郎。「後領漕淮南，諸公皆南遷，率假舟兵以送其行」。以下節引蘇軾與其父簡，雜見《文集·與莊希仲》各簡，惟云軾簡為惠州書，誤，簡乃此時所書。以下云「余池飭寶之」，大觀間，晁補之為跋。據光緒重修《儀徵縣志》卷二十五：莊公岳時為淮南東路發運副使。即淮南漕。儀徵即儀真，發運司駐地。希仲乃公岳之字。

《雞肋編》卷上又云：「東坡書《白紵詞》，與四學士各寫其詩詞，凡二十軸。懸之（按：指其父公岳），照耀堂宇。為利誘勢脅，於大觀之後，幸能保守。」

公岳，福建惠安人，嘉祐四年進士。見《福建通志》卷三十三。熙寧八年為司農寺丞，十年為秘書丞，元豐四年為河東路轉運判官，同年降一官，職如故，七年以奉議郎權河東路轉運判官。見《長編》卷二百六十八、二百八十、三百六、三百十八、三百十九及《宋會要輯稿》第九十八册《職官》六六之三〇。

《淨德集》卷八有《尚書吏部郎中莊公岳可鴻臚少卿制》，《欒城集》卷二十七有《莊公岳成都提刑》制，皆為元祐中事。光緒重修《儀徵縣志》卷二十五謂公岳官淮南漕時，「嘗奏追還侵借錢穀，令當職官依限給散，以濟乏缺，財不失而民益」。公岳妻孫氏，沔之女，見《琬琰集刪存》畢仲游所撰《孫沔神道碑》。子綽，字季裕，有《雞肋編》傳世。

過真州長蘆，見僧思聰（聞復），作詩呈之並請轉呈道潛。嘗有簡與道潛（參寥）。

詩見《詩集》卷三十七（二〇二九頁），云思聰「扶病江邊送客，杖拏浦口回頭」，過浦口即金陵。《文集》卷六十一《與參寥子》第十三簡云「已達江上」，作於此前後。

是月，賀鑄聞蘇軾謫英州，賦詩；跋陳瓘（瑩中）題朱表臣所藏歐陽修帖。

《慶湖遺老詩集》拾遺《聞蘇眉山謫守英州作》：「嶺首登臨楚粵分，披襟先洗得南薰。座隅鵩鳥敢要賦，溪下鱷魚知畏文。酒洗黃茅瘴時雨，嘯驅碧落洞中雲。高才何假江山助，來擬區區詠五君。」序謂「甲戌五月海陵賦」。

跋見《文集》卷六十九（二二〇〇頁）。瓘，南劍州沙縣人。《宋史》卷三百四十五有傳。宣和六年卒，年六十五。表臣名處仁，營丘人。景祐二年進士。見《宋元學案補遺》卷十。《文恭集》卷四有《覽朱表臣卷》、《寄江淮太守表臣職方》。

知潤州張耒（文潛）遣兵王告及顧成奉事路途。

《文集》卷五十二答耒第四簡敘之。簡云「某流離道路時，告奉事無少懈，又不憚萬里再來」，知告送至惠州。簡云「當時與同來者顧成亦極小心」。簡作於惠州。

《宋史》卷四百四十四《張耒傳》：「紹聖初，請郡，以直龍圖知潤州。」《柯山集》卷二十三詩題：「紹聖甲戌，侍立集英殿，臨軒試舉人。」知耒乃新到潤。

六月甲戌（初五日），來之邵等疏蘇軾詆斥先朝，詔謫惠州。

據《宋史·哲宗紀》。《施譜》：「六月，御史來之邵等復言先生自元祐以來多託文字譏斥先朝，雖已責降，未厭輿論，責授寧遠軍節度副使、惠州安置。」

《宋大詔令集》卷二百六《蘇軾散官惠州安置制》（原註：紹聖元年六月甲戌）：「左承議郎新差知英州蘇軾。元豐間，有司奏軾罪惡甚衆，論法當死，先皇帝特赦而不誅，於軾恩德厚矣。朕初嗣位，政出權臣，引軾兄弟，以為己助，自謂得計，罔有悛心。忘國大恩，敢以怨報。若譏朕過失，何所不容；仍代予言，誣詆聖考。乖父子之恩，害君臣之義。在於行路，猶不戴天；顧視士民，復何面目。乃至交通閹寺，矜詫倖恩，市井不為，搢紳所恥，尚屈典章，但從降黜。今言者謂軾指斥宗廟，罪大罰輕，國有常刑，非朕可赦，宥爾萬死，竄之遐服。雖軾辯足惑衆，文足飾非，自絶君親，又將奚懟。保爾餘息，毋重後悔。可特責授寧遠軍節度副使、惠州安置。」

《野老紀聞》：「紹聖初，（林文節）在外制，行元祐諸公謫詞，是非去取，固時相風旨，然而命詞似西漢詔令，有王言體，於蘇子瞻一詞，尤不草草。蘇見之，曰：『林大亦能作文章耶！』」林文節、林大，謂林希。《清波雜志》卷六亦謂軾謫惠州制乃林希所草。

同日，弟轍降授左朝議大夫、知袁州。

據《蘇潁濱年表》。《年表》引《制詞》：「父子兄弟挾機權變詐之學，驚愚惑衆。」「在神考時，獻書縱言時事，召見詢訪，使預討論，與軾大倡醜言，未嘗加罪。」

七日，泊金陵。晤鍾山法泉佛慧禪師，法泉説偈，蘇軾有詩。

《詩集》卷三十七有《六月七日泊金陵阻風得鍾山泉公書，寄詩為謝》。

《羅湖野録》卷三：「蔣山佛慧泉禪師，叢林謂之泉萬卷。紹聖元年，東坡居士有嶺外之行，舟次金陵，阻風江滸，既迎其至，從容語道。東坡遂問曰：『如何是智海之燈？』泉遽對以偈曰：『指出明明是甚麼，舉頭鷂子穿雲過。從來這碗最希奇，解問燈人能幾箇。』東坡于是以詩紀其事，曰：（按：即以上所云《詩集》卷三十七之詩，略）泉復説偈送行曰：『脚下曹溪去路通，登堂無復問幡風。好將鍾阜臨岐句，説似當年踏碓翁。』噫東坡平生夷險一致，非無憂患争者，不然，正當放浪嶺海之時，豈能問智海燈耶！泉奮霹靂舌為吹散千峯雲云云，在東坡不為無得也。」

法泉，俗姓時，隨州人。《五燈會元》卷十六有傳。屬雲門宗，乃青原下十一世，雲居舜禪師法嗣。郭祥正《青山集》卷六有詩及之。

九日，迨、過以與其兄邁遵母遺命所共畫阿彌陀像奉安金陵清涼寺，蘇軾作贊，并贈詩和長老。

贊見《文集》卷二十一（六一九頁）。詩見《詩集》卷三十七（二〇三二頁），云「施佛空留丈六身」，記奉安畫像。《輿地紀勝》卷十七《建康府》謂清涼寺在石頭城，去城一里，吳號興教寺，南唐改石城清涼禪寺，太平興國改今額。《景定建康志》卷四十六《清涼廣惠禪寺》謂「東坡嘗捨彌陀畫像於寺中」。

在金陵，晤杜傳（孟堅）及傳子唐弼，禱於崇因禪院觀世音菩薩。

《大觀録》卷五《與杜道源五首》建炎己酉魏郡吴幵跋：「孟堅金陵丁外艱，子瞻赴英州，阻風石頭，唐弼方少，往見從容累日，所為求哀挽者。」哀挽不見。幵謂唐弼才而賢，能世其家，「出眉山蘇公父子與其先世十一帖（原注：除東坡五帖外，有老泉與杜君懿一帖、潁濱、伯達等帖）以示予」，謂蘇軾「交接杜氏四世」。幵有《優古堂詩話》傳世。《佚文彙編》卷四《與知縣一首》即與杜傳者，簡首云「江上邂逅，俯仰八年」。作於建中靖國元年，首尾為八年。

《文集》卷二十《觀世音菩薩頌・引》敍禱崇因禪院事。

離金陵，過慈湖夾，阻風。至姑熟，得謫惠命，乃命迨歸陽羡從邁居。二十五日，書六賦贈迨，有跋。獨挈過及朝雲赴惠。

《詩集》卷三十七有《慈湖夾阻風》。《文集》卷五十六《與任德翁》第二簡言阻風累日。跋敍得謫命事，見《文集》卷六十六（二〇七二頁）。跋稱「道貶建昌軍司馬」，與《宋大詔令集》所言「寧遠軍節度副使」不同。前者屬江南西路，後者為廣南西路普州。《文集》卷五十三《與陳季常》第十六簡敍「獨與幼子過及老雲並二老婢共吾過嶺」；卷六十《與王庠》第一簡云「與幼子過一人來」。《斜川集》卷一《將至五羊先寄伯達仲豫二兄》：「憶昔與仲别，秦淮漲秋潦。相望一葉舟，目斷飛鴻杳。」乃此時事。

經彭澤，或於舟中書陶潛《歸去來辭》，舒胸中結滯，有跋。

跋見《佚文彙編》卷五（二五五一頁），蓋用顔真卿書法書陶作。

至湖口，觀李正臣所蓄異石，名之曰壺中九華。過廬山下。皆有詩。

詩皆見《詩集》卷三十八(二〇四七、二〇四八頁)。《斜川集》卷二有《湖口人李正臣蓄異石，廣袤尺餘，而九峯玲瓏，老人名之曰壺中九華，且以詩紀之，命過繼作》。《豫章黄先生文集》卷二十五《書壺中九華山石》謂此石「九峯相倚」；《雞肋集》卷三十三《書李正臣怪石詩後》謂「石高五尺而狀異甚」，元符三年爲郭祥正所得；《萍洲可談》謂此石「廣尺餘，宛然生九峯，下有如巖谷者」；涵芬樓本《説郛》卷十六《漁陽公石譜》謂蘇軾獲此石於「壺口民家，名曰壺中九華，謂具九華之體而小也」；《永樂大典》卷三千四百零一引《二蘇江州寓公傳》敍及蘇軾見異石，他略同。

在九江，晤蘇堅(伯固)。堅往澧陽，賦《歸朝歡》(「我夢扁舟浮震澤」)别之。

詞見《東坡樂府》卷上。《艇齋詩話》：「東坡詞中《歸朝樂·和蘇伯固》者，爲送伯固往澧陽，故用靈均、夢得等事。」《詩集》卷四十四詩題：「昔在九江，與蘇伯固唱和。」以下引此詞前四句，云「蓋實夢也」。

滕希靖(興公)簡來，致存撫之意，覆簡致謝。

覆簡乃《佚文彙編》卷三與希靖第一簡，云「旦夕出江」。

與任伯雨(德翁)别。

《文集》卷五十六《與程德孺》第一簡：「任德翁同行月餘。」同上卷五十七與伯雨第二簡：「半月不面，思仰深劇。」「金陵雖久駐，奉伺不至，知亦滯留如此。」「不知德翁今晚能到此否？」作於慈湖夾阻風時。據簡，軾與伯雨至金陵後，有短暫停留，忙於各自事務，未能晤面，致軾先離金陵。自楚、泗間至金陵，舟行方便，為時當不逾一月。細考當時來往踪迹，伯雨當應約至，然後同舟至江州，伯雨回川，軾遵陸赴惠，其時在七月上旬。庶與「同行月餘」之語合。

七月十三日，為黃庭堅銅雀硯作銘。時與庭堅相會於彭蠡之上。相會凡三日。

七月十三日云云，據《山谷全書》卷首年譜本年紀事。銘見《文集》卷十九，題作《黃魯直銅雀硯銘》。年譜並謂「親筆刻硯上」，或指蘇軾。

《山谷全書·別集》卷六《題東坡像》：「紹聖之元，吾見東坡於彭蠡之上。」年譜及《山谷詩集注》目録均引黃庭堅《與佛印書》：「惠州偶阻風，相會三日。」惠州指蘇軾，以軾謫其地也。二書謂是歲，庭堅除知宣州，自家鄉分寧赴宣城，五月，舟行至豫章城下，六月八日至彭澤，有題名。正當庭堅赴宣城新任時，朝廷命庭堅改知鄂州。旋於六月十八日，罷庭堅知鄂州新命，命管句亳州明道宮，於開封府界居住。七月十三日，得管句勅。因舟行向淮南。《山谷全書·別集》卷三《銅雀臺硯銘》：「惟曹氏西陵之陶瓦，堙伏千齡，深淵而出，逢世清明。當其貯歌舞，蔽風雨，初不期為翰墨主。嗚呼，不有君子，長與甓為伍。分寧王文叔為洛川守，得此於千仞之淵，舉以畀余，余申以為硯。雙井黃庭堅銘。」故蘇軾之銘文謂：「天實命我，使與其蹟。」以不易見也。據此，知庭堅以硯相示，軾即為之銘。銘文又曰：「人亡臺廢，得反天宅。」有深沉感慨在，與二人當時處境有關。

《西清硯譜》卷一《漢銅雀瓦硯說》謂硯高八寸六分，厚五分，上方左鐫「雪堂」二字，知蘇軾亦有銅雀硯。茲附此。

或謂在都昌遺侍妾碧桃，無據。

《總案》引石刻題爲軾所作詩「鄱陽湖上都昌縣，燈火樓臺一萬家，水隔南山人不渡，東風吹老碧桃花」云云，見《詩集》卷四十八。《總案》云：「衡山王泉之漢槎，作宰西江，嘗至韻山堂舉問之，泉之云：向以差至都昌，并見《都昌誌》稱，時公南遷，遺侍妾碧桃於縣，因爲此詩。」以下，《總案》謂蘇軾以六月二十五日在姑熟，而行於九江、南康間者至一月有餘，不應如是濡滯，「此蓋改命之後，尚有經紀之事，而開閤一説，未爲無因」。清人葉廷琯《鷗陂餘話》據《總案》入其事。

按：此事乃後代好事者造作，以爲傳聞之資。軾濡滯九江，或以會黄庭堅之故。同治《都昌縣志》無遺碧桃記載。

丁巳（十八日），陳衍白州編管，吕希純奪職。事涉蘇軾兄弟。同日，弟轍筠州居住。

《長編拾補》卷十七月丁巳紀事：「詔陳衍追毁出身已來文字，除名勒停，送白州編管，仍仰所在官司差得力人轉押前去。」謂衍編管，乃因右正言張商英之言；衍爲内臣，先管句儲祥宫；「姦狀」之一，乃檢討官張耒、秦觀因衍與蘇轍兄弟道達言語。本年六月初五日紀事所引《蘇軾散官惠州安置制》云及「交通閹寺」，當指衍。《蘇潁濱年表》本年六月甲戌引右正言上官均奏，有吕大防、蘇軾「便辟柔佞，陰結宦官陳衍，伺探宫禁密旨，以固寵禄」語。衍，開封人。《宋史》卷四百六十八有傳。《長編》卷四百九十五元符元年三月戊午注謂衍紹聖二年正月二十六日配朱崖軍。《太平治迹統類》卷二十四謂元符元年詔衍特處死。

希純奪寶文閣待制，據《宋會要輯稿》第九十九册《職官》六七之九：「以張商英論於元祐中繳駁詞頭不當及附會吕大防、蘇軾」。

同日云云，據《蘇潁濱年表》：弟轍守本官試少府監、分司南京，筠州居住。

八月初，渡彭蠡湖，至吴城山望湖亭，有題。旋至豫章。了元（佛印）遣書追至。

《詩集》卷三十八《望湖亭》：「八月渡長湖。」以下有「八月七日初入贛」條，此八月乃八月初。彭蠡湖接南康、饒州、隆興，瀰茫浩渺，故稱長湖。

《石門文字禪》卷二十七《跋順濟王記》：「東坡昔自定武謫英州，夜宿分風浦，三鼓矣。發運司知有後命，遣五百人來奪舟。東坡曰：『乞夜艣至星江就聚落買舟可乎？』使者許諾。即默禱順濟王曰：『軾往來江湖之上三十年，王於軾為故人，故人之失所，當哀憐之。達旦至星江出陸至豫章，則吾事濟矣。不然，復見使至，則當露寢潊浦。』言未卒，風掠耳，篙師升帆，帆飽，炊未及熟，已渡楊瀾，泊豫章，日亭午。」楊瀾在南康軍潯陽門外，吴城山在隆興府北一百八十里，屬新建，山有龍王廟，即順濟王廟。分見《輿地紀勝》卷二十五、二十六。參建中靖國元年四月甲午紀事。

《冷齋夜話》卷七《哲宗問蘇軾襯章道衣》：「哲宗問右璫陳衍，蘇軾襯朝章者何衣？衍對曰是道衣。哲宗笑之。及謫英州，雲居佛印遣書追至南昌，東坡不復答書，引紙大書曰『戒和尚又錯脱也』。」戒和尚軾自謂。

行豫章、廬陵間，賦《江西》。

詩見《詩集》卷三十八，首云：「江西山水真吾邦，白沙翠竹石底江。舟行十里磨九瀧，篙聲犖确相舂撞。」《欒城後集》卷一次韻。

過廬陵，見曾安止（移忠）。安止出所作《禾譜》，惜其不譜農器，乃作《秧馬歌》附其末。歌贊秧馬效率高，節省勞力。

歌見《詩集》卷三十八（二〇五一頁）。秧馬，農民栽秧之器。歌之引云及秧馬「日行千畦，較之傴僂而作者，勞佚相絕矣」。出之以歌，欲其易誦易背，以廣秧馬之傳也。

《文集》卷六十八《題秧馬歌後》其四：「吾嘗在湖北，見農夫用秧馬行泥中，極便。頃來江西，做《秧馬歌》以教人。」

《平園續稿》卷十《跋東坡秧馬歌》云：「東坡蘇公年五十九，南遷過太和縣，作《秧馬歌》遺曾移忠。心聲心畫，惟意所適，如王湛騎難乘馬於羊腸蟻封之間，姿容既妙，回策如縈，無異乎康莊，殆是得意之作。既到嶺南，往往録示邑宰。予家亦藏一本，然不若。初本尤精，李璆「遒潤」之語，庶得其彷彿。」又云：「近歲移忠姪孫之謹，已譜農器，成公素志。予嘗為之序，其與《禾譜》並傳無疑矣。璆字西美，宣和中書舍人，紹興四年守廬陵，此必當時所題也。嘉泰壬戌正月戊午。」太和屬廬陵郡。

同上卷十四《曾氏農器譜題辭》謂移忠名安止，蘇軾過太和時，已以宣德郎致仕，撰有《禾譜》；軾謂其文溫雅詳實，惜其不譜農器，時曾已喪明，「不暇為」。又謂「後百餘年其姪孫耒陽令之謹始續成之」。

《直齋書録解題》卷十著録《禾譜》五卷、《農器譜》三卷、續二卷。謂安止乃熙寧進士，嘗為彭澤令，右丞黄履誌其墓。

在盧陵，遇劉弇。

《獨醒雜志》卷一：「劉偉明弇，少以才學自負，擢高第，中詞科，意氣自得，下視同輩。紹聖初，因遊一禪刹，時東坡謫嶺南，道盧陵，亦來遊，因相遇互問爵里姓氏。偉明遽對曰：『盧陵劉弇。』蓋偉明初不知其為東坡，自謂名不下人，欲以折服之也。乃復問東坡所從來，公徐應曰：『罪人蘇軾。』偉明始大驚，逡巡致敬，曰：『不意乃見所畏。』東坡亦嘉其才氣，相與劇談而去。」弇，吉州安福人。登元豐二年進士第，繼中博學宏詞科。《宋史》卷四百四十四有傳。有《龍雲集》，今有豫章叢書本。

八月七日，初入贛，過惶恐灘。

據《詩集》卷三十八詩題。詩云：「七千里外二毛人，十八灘頭一葉身。」又云：「地名惶恐泣孤臣。」《雞肋编》卷下：「吉州萬安縣至虔州，陸路二百六十里，由贛水經十八灘三百八十里，去虔州六十里始出贛石，惶恐灘在縣南五里。」

萬安在吉州南一百八十里。

九日，評孔融（文舉）、陶潛（淵明）詩。

據《紀年録》。

《文集》卷六十七《書淵明詩》其一云及孔融、陶潛有關酒之詩，當即《紀年録》所云之文。

宿萬安縣造口，聞夜雨，賦《木蘭花令》寄弟轍及張庭堅（才叔）。

《注坡詞》此詞調下原注：「宿造口，聞夜雨寄子由、才叔。」上闋：「梧桐葉上三更雨，驚破夢魂無覓處。夜涼枕簟已知秋，更聽寒蛩促機杼。」乃此地八月景象。

《稼軒詞編年箋注》卷一《菩薩蠻》調下原注：「書江西造口壁。」鄧廣銘注：「造口，在今江西萬安縣西南六十里，有皂口溪，水自此入贛江。皂口，即造口也。」

張庭堅，廣安軍人。《宋史》卷三百四十六有傳。傳稱：「進士高第，調成都觀察推官，為太學《春秋》博士。」

與虔州守黄元翁簡。至虔州，登鬱孤臺，遊廉泉、塵外亭，皆有詩。至是出陸。

詩皆見《詩集》卷三十八（二〇五三至二〇五五頁）。簡見《文集》卷五十七，云「到治下當作陸行，必留數日款見」。又云「見孫提點言，獨有存恤孤旅之意，感激不已」。提點，待考。

《輿地紀勝》卷三十二《贛州》：「鬱孤臺：在郡治，隆阜鬱然孤起，平地數丈，冠冕一郡之形勝，而襟帶千里之山川。登其上者，若跨鼇背而升方壺。」贛州即虔州。又云塵外亭：「在州治東，形勢最高絶，下瞰環城如巨圃。凡四境之山川，可以枚閲。」又：「廉泉：在州報恩光孝寺。宋元嘉中，泉涌，因施為寺。時郡太守以廉名，因名曰廉泉。」《斜川集》卷三有《題鬱孤臺》詩。《文集》卷三十七《赴英州乞舟行狀》云「至南康軍出陸」。《輿地紀勝》謂贛州乃古南康郡。

十五日夜，獨歌彭城觀月詩，書並跋。

跋見《文集》卷六十八（二一五〇頁）。彭城觀月「暮雲收盡溢清寒」云云，見《詩集》卷十五。

十七日，游天竺寺，書白居易贈韜光禪師詩，並賦詩。

《文集》卷六十七《書樂天詩》敍其事。

《輿地紀勝》卷三十二《贛州》：「天竺寺白樂天詩：在水東三里。白樂天贈韜光禪師墨迹，舊存。」

《詩集》卷三十八有《天竺寺》詩。

十九日，應虔州士大夫之請，書舊作《虔州八境圖》八首，以便刻石，為跋。

跋附《詩集》卷十六《虔州八境圖》八首之後。

二十三日，與王嵓翁同謁祥符宮乞籤。

據《文集》卷七十一《題虔州祥符宮乞籤》。

在虔州，自題出潁口初見淮山詩。

《佚文彙編》卷五有《自題出潁口初見淮山詩》。

在虔州，作《馬祖龐公真贊》。

文見《文集》卷二十二，自注：「曇秀作六偈，述龐公事，東坡讀而首肯之，為書此贊。」馬祖乃江西馬祖道一禪師，六祖大鑒禪師法嗣，龐公乃龐藴居士，馬祖道一禪師法嗣，見《五燈會元》卷三。《輿地紀勝》卷三十二《贛州》：「道一禪師，姓馬氏，漢州什方人，駐錫於馬祖巖。」又謂：「馬祖巖：在贛縣。

六祖禪師，天下謂之馬祖，故以名巖。昔馬祖棲於此巖。」康熙《贛縣志》卷十四《方外・釋氏》謂曇秀嘗駐錫贛縣廉泉院。

庫本《山谷集》內集卷十四《見翰林蘇公馬祖龐翁贊戲書》：「一口吸盡西江水，磨却馬師三尺嘴。馬駒踢殺天下人，驚雷破浪非凡鱗。馬祖、龐公泄不通，游儵方樂，科斗生角。」

在虔州，嘗與州通判俞括遊崇慶院，晤惟湜，觀寶輪藏。括以詩文求教，答簡論為文之道。

《文集》卷十二《虔州崇慶禪院新經藏記》敍與括遊，括求蘇軾為記長老惟湜等修禪院之勞。記作於紹聖二年五月，見該年紀事。《文集》卷五十九《答虔倅俞括》敍括以詩文求教，引孔子語「辭達而已矣」，謂「所謂文者，能達是而已」。卷五十八《與俞承議》亦為括作。

括字資深，熙寧六年進士，延平府人。見《八閩通志》卷五十二。父備，字幾甫。以特奏名為河南府助教，調汀州寧化縣主簿，為本州司法參軍。見《演山集》卷三十四《法曹俞君墓銘》。括，元豐間以宣德郎通判漳州。見《演山集》卷三十三《夫人陳氏墓誌銘》。郭祥正《青山集》卷二十二《次韻俞資深承事二首》其一有「三年共佐閩中郡」之句，時祥正倅汀；卷二十九《寄資深承事行營》有「縱横才略領千兵，雕鶚羣飛戰艦輕，海浪掀天須破賊，始知名將是儒生」之句，蓋括亦諳戎行。《輿地紀勝》卷一百一十一《貴州》有括詩，並謂嘗為郡守。參紹聖二年五月二十七日紀事。

與方子容（南圭）相遇贛上。

《晚香堂蘇帖》：「《與方南圭》：廢逐之餘，始獲傾蓋贛上，歡逾平生。」《後村先生大全文集》卷一百四《與方南圭十四帖》亦及此簡。子容詳紹聖三年「方子容來知惠」條紀事。

離虔州，過上猶，傳賦詩。

上猶，縣名，在南安軍東北二百里。光緒《上猶縣志》卷二謂有上猶江，流過南康界，入章水，水流透迤，凡九十九曲，「蘇子瞻南遷過之，有詩」。詩見卷十八：「長河流水碧潺潺，一百灣兮少一灣。造化自知太元巧，不留足數在人間。」

道經南安，傳於一寺壁作竹石。

《鶴林玉露》乙編卷三《東坡書畫》謂蘇軾南遷，道經南安，以下云：「於一寺壁間作叢竹醜石，甚奇。韓平原當國，劄下本軍取之，守臣親監臨，以紙糊壁，全堵脱而龕之以獻。平原大喜，置之閱古堂中。平原敗，籍其家，壁入秘書省著作庭。辛卯之火，焚右文殿道山堂，而著作庭幸無恙，壁至今猶存。」《齊東野語》卷十四《館閣觀畫》：「乙亥歲秋，秘書監丞黄怪汝濟，以蓬省旬點，邀余偕行，於是具衣冠望拜右文殿，然后遊道山堂。」以下謂：「堂屏，坡翁所作竹石，相傳淳熙間，南安守某人，乃取之長樂僧寺壁間，去其故土，而背施髹漆，匣以持獻曾海野，曾殂後，復獻韓相平原，韓誅，簿録送官。」

過大庾嶺，題詩龍泉鐘上。宿建封寺，曉登盡善亭，望韶石，有詩。

詩均見《詩集》卷三十八（二〇五六至二〇五七頁）。卷四十五詩題：「余昔過嶺而南，題詩龍泉鐘上。」時當及九月。

《輿地紀勝》卷三十六《南安軍》謂大庾嶺在大庾縣西南二十里，卷九十三《南雄州》謂嶺去州城八十里。《南雄州》謂州北道旁有龍泉寺，有蘇軾留題，龍泉鐘當在寺内；又謂有上封寺，在始興縣東南三里，不知是否為建封寺？同上卷九十《韶州》：「韶石：在曲江縣。《郡國志》云：斗勞水間，有兩石相峙，高百仞，廣五里，相去一里，大小略均，似雙闕，州取名焉。永和二年，有飛仙衣冠遊二石上。昔舜遊登此石奏韶歌。隋開皇九年，取以名郡。」又：「韶石山：在州東北八十里，高七千丈。昔舜登此山，石奏樂，因名。州之得名亦本此。」

度嶺，傳訪二道人。

《清波雜志》卷五：「東坡南遷，度嶺次於林麓間，遇二道人，見坡，即深入不出。坡謂押送使臣：『此中有異人，可同訪之。』既入，見茅屋數間，二道人在焉，意象甚瀟灑，顧使臣：『此何人？』對以蘇學士。道人曰：『得非子瞻乎？』使臣曰：『學士始以文章得，終以文章失。』道人相視而笑曰：『文章豈解能榮辱，富貴從來有盛衰。』坡曰：『何處山林間無有道之士乎？』煇頃得《詩話》一編，目曰《漢臯》，王季羔嘗端朝借去，親為是正，亦言不知何人作。前説，《漢臯》所書也。一小説云：漢臯張姓，不得其名。」《宋詩話輯佚》卷上疑《漢臯》即《漢臯詩話》。

至韶州，過月華寺，值寺遭火災重建，應僧之請，為題梁，並有詩。

康熙《曲江縣志》卷二：「月華寺，在城南一百里，天竺僧智藥開創。」以下云：「紹聖初重建，東坡為題梁曰：『上祝天子萬年，永作神主。斂時五福，敷錫庶民。地獄天宫，皆為净土。有性無性，齊成佛道。』」「上祝」八句，乃《文集》卷十二《方丈記》末八句。《方丈記》此前有「年月日，住持傳法沙門惟謹，重建方丈」十五字。《詩集》卷三十八《月華寺》謂寺遭火災。《鶴林玉露》乙編卷三《東坡書畫》：「坡之北歸，經過韶州月華寺，值其改建法堂，僧丐坡題梁。坡欣然援筆，右梁題歲月，左梁題云(按：即【上祝】八句)。右梁題字，一夕為盜所竊，左梁字尚存。余嘗見之，墨色如新。」據此，「年月日」云云十五字，乃右梁字；《方丈記》實應作《韶州月華寺題梁》。蘇軾北歸時，未至月華寺，應據《詩集》及《曲江縣志》，定《題梁》作於本年。此條敍述，參《蘇文繫年考略》。

過南雄州，傳題字天峯山真仙巖。

道光《南雄州志》卷十《山川》謂天峯山在城東八十里，山形陡峻，高插霄漢，山半有洞，曰真仙巖，其上有泉。以下引宋人李儀《天峯山記》：「昔唐李衛公謫雷，訪至其地，優遊偃息數月而去。蘇文忠聞名而至止，顏其穴曰【石髓橫開】，字迹宛然。」此事或出傳聞，姑志此。

入曹溪，至南華寺。皆有詩。在南華，晤重辯長老，作《卓錫泉銘》、《蘇程庵銘》。為南華寺書寶林二大字為額，謁六祖普覺大鑒禪師塔。

《詩集》卷三十八有《南華寺》。《輿地紀勝》卷九十《韶州》謂南華寺：「梁天監元年，有天竺國僧智藥自西土來，泛舶至漢土，尋流上至韶州曹溪水口，聞其香掬嘗其味，曰：此水上流有勝地。尋之，遂開山立石名寶林。乃云：此去一百七十年，當有無上法寶，在此演法。今六祖南華寺是也。」又云「開寶八年，准勅賜額，乃六祖大鑒禪師道場，為嶺外禪林之冠」。

《文集》卷六十六《書南華長老重辯師逸事》謂遷嶺南始識重辯，語終日。此文作於元符三年，時重辯已卒。同上卷六十一《與南華辯老》第一簡亦敍晤面。二銘見同上卷十九。前者之敍有「今長老辯公」語，知此時作。後者所云程，乃之元（德孺），之元元祐五年間為廣東提刑，見《長編》卷四百四十六該年八月乙未紀事。韶乃提刑駐地，見《輿地紀勝》卷九十。書額見《南華寺》注文，謁塔據《文集》卷六十二《南華寺六祖塔功德疏》。《筠溪集》卷二十二《福州仁王謨老語録序》謂重辯「非凡僧」。

至英州，嘗憩於州治小廳之西。

據《輿地紀勝》卷九十五《英德府》：「迄今思慕，名為坡公堂」。

游英州碧落洞，有詩。子過同游，亦有作。

詩見《詩集》卷三十八（二〇六一頁）；卷三十九《次韻程正輔游碧落洞》：「我頃嘗獨遊，自適孤雲情。」《斜川集》卷三有《遊英州碧落洞》；《總案》謂「未到朱明」句，即未到羅浮也，定為此時作。《輿地紀勝》卷九十五《英德府》謂洞在州南十五里。

九月十二日，與子過同游壽聖寺，遇隱者石汝礪（器之）話羅浮之勝，至暮乃去，留題。

留題見《文集》卷七十一（二二六七頁）。《輿地紀勝》卷九十五《英德府》：「寒翠亭：在晞陽島之北石壁，有東坡留題。」島在州南鳴絃峯下涵暉谷南隅。又：「石汝礪：真陽人。問學淹該，撰《易解》、《易圖》，擬進於朝，為王荆公所抑。有《水車賦》，刻南山石壁。」以下引蘇軾留題南山寺之文，其文即在《文集》留題中。據此，知南山寺即壽聖寺。嘉靖《廣東通志》卷四十三著録汝礪《水車記》，或即《水車賦》。

十三日，與子過同游清遠峽山寺，有詩。

十三日云云，據《文集》卷七十一《題廣州清遠峽山寺》。詩見《詩集》卷三十八（二〇六三頁）。《詩集》卷四十《次韻高要令劉湜峽山寺見寄》敍及游清遠峽山寺。

《輿地紀勝》卷九十五《英德府》謂峽山在真陽縣南五十里，卷八十九《廣州》謂在清遠縣東三十里，蓋在英德、廣州之間。《廣州》謂廣慶寺居峽山之中，有殿甚古，乃梁武帝時物。據光緒《清遠縣志》卷十五，峽山寺即廣慶寺，即峽山飛來寺。

遊真陽峽，覽前人留題，贊元祐間英守廖君玉詩。

《輿地紀勝》卷九十五《英德府》：「真陽峽：在真陽東南百十五里。」以下云：「元祐間郡守廖君玉詠峽山，其警句云：『清人耳目中流水，壯客精神兩岸山。』東坡南遷，覽前人之留題，大稱賞，謂狀盡峽中景也。」

清遠舟中寄湖州賈收（耘老）詩。舟行至清遠縣，見顧秀才，有詩。

寄收詩見《詩集》卷四十七（二五五七頁）。詩首云「小寒初度梅花嶺」，與赴惠季節合，屢云「苕水」，收居湖州苕水。蘇軾與賈收文字聯繫止此。見顧秀才詩見《詩集》卷三十八（二〇六四頁）。

癸亥（二十五日），弟轍至筠州。

據《蘇潁濱年表》。

過廣州，訪崇道大師何德順，德順為言廣州女仙事。

據《文集》卷七十二《廣州女仙》。

《文集》卷二十七《繳進陳繹詞頭狀》已言及德順。該文作於元祐元年四月。

晤廣州推官程全父(天侔)。

《文集》卷五十五與全父第一簡:「去歲過侍下,幸獲接奉。」《七集·續集》卷七稱程全父為推官。考蘇軾與全父各簡,前八作於惠,後四作於儋;全父實官於廣。此推官當為廣州推官。第十二簡云:「如聞浙中去歲不甚熟,曾得家信否?」知全父乃浙人。

時譚掞(文初)為廣州通判。

《永樂大典》卷二萬一千九百八十四《南海志》轉引章楶《廣州府移學記》:「譚文初,前通判此州。」作於紹聖三年七月六日,時知廣州。楶於紹聖二年元月除知廣州任,見該年紀事。蘇軾經廣州時,掞正在廣州通判任。參紹聖四年「在惠嘗為譚掞所書《金剛經》跋尾」條紀事。

游白雲山、蒲澗寺、滴水巖。留詩贈信長老。傳嘗寓瑞澤堂。遂發廣州,登浴日亭,有詩。

《詩集》卷三十八有《廣州蒲澗寺》、《贈蒲澗信長老》、《發廣州》、《浴日亭》。

《輿地紀勝》卷八十九《廣州》謂白雲山在景泰山之東絕高處;州東北二十里有菖蒲澗,舊有菖蒲,一寸九節,安期生嘗服之;滴水巖在蒲澗上,峭壁屹立,飛泉下瀉,勢如建瓴。

《南海百詠》有《菖蒲觀覺真寺》題下自注:「寺觀並在蒲澗東。東坡詩云:『昔日菖蒲方士宅,後來蒼蔔祖師禪。』是以寺為安期生宅也。而圖經載遺履之事,乃以觀為宅,今未詳。觀今名碧軒,中有劉氏碑，東坡題名其上。」同上有《浴日亭》，題下自注：「在扶胥廟前之小山上，東坡有詩，《番禺雜志》謂之看海亭。」

嘉靖《廣東通志》卷十九《輿地志七・古迹・廣州府》：「瑞澤堂：在官園巷。堂有古檜，雷轟為三。父老傳云：東坡南來，寓此信宿，時有甘露降其上。」

二十六日，艤舟泊頭鎮。

詳以下二十七日紀事。

二十七日，與子過等游羅浮山，飲梁僧景泰禪師卓錫泉，至長壽觀、冲虛觀、丹竈、朝斗壇、朱明洞，宿寶積中閣，與進士許毅晤。有詩示子過，過及弟轍次韻。或作鐵橋銘。

《文集》卷七十一《題羅浮》：「紹聖元年九月二十六日，東坡翁遷於惠州，艤舟泊頭鎮。明晨肩輿十五里至羅浮山。」以下敍游羅浮山。同上《書卓錫泉》敍飲景泰禪師卓錫泉事，署九月二十六日書，今從《題羅浮》。《詩集》卷三十九《次韻定慧欽長老見寄》其三：「羅浮高萬仞，下視扶桑卑。默坐朱明洞，玉池自生肥。」卷四十一《和陶雜詩》其六：「我頃登羅浮，物色恐相值。徘徊朱明洞，沙水自清駛。滿把菖蒲根，歎息復棄置。」皆寫此時事。

示過詩見《詩集》卷三十八（二〇六八頁）。過詩乃《斜川集》卷二《和大人游羅浮山》，轍詩乃《欒城後集》卷一《次韻子瞻游羅浮山》。

乾隆《博羅縣志》卷十三蘇軾《鐵橋銘》：「維鐵在冶，五經（疑應作「金」）之堅。藏精於地，受質於天。

日用攸需，能人則然。匪釜無食，匪耜無田。利用者兵，皇武用宣。未聞為橋，橋涉於川。茫茫南海，浴日浮天。蛟鱷之窟，蛇龍之淵。洪濤巨浪，駭波泊沿。易橋為舍，以淑羣賢。」《佚文彙編》未收。

《輿地紀勝》卷八十九《廣州》：「景泰禪師：梁大同中，駐錫羅浮山，結庵小石樓下。廣州刺史蕭譽召與語，甚異之。朝游南海，夕返羅浮，時謂之聖僧。」

《文集》卷七十一《書天慶觀壁》有「許毅甫自五羊來」語，毅或為廣州人。

在羅浮，書《晉書·單道開傳》贈冲虛觀道士鄧守安，傳為丹竈題字。

書傳據《文集》卷六十六《書單道開傳後》。嘉靖《惠州府志》卷五謂羅浮山丹竈，有蘇軾書「稚川丹竈」四字。《羅浮山志會編》卷三謂冲虛觀中有東坡山房，并引舊志謂軾貶惠，「嘗遊羅浮，宿道士鄧守安館，嘗托人市丹砂與守安煉丹」。又謂冲虛觀右曰葛仙祠，祠後有丹竈。又謂冲虛觀之東三里有明福觀，「宋賜額，東坡所書」。

唐庚聞蘇軾謫惠，賦詩。

《眉山唐先生文集》卷十七《聞東坡貶惠州》：「元氣脱形數，運動天地內。東坡未離人，豈比元氣大。天地不能容，伸舒輒有礙。低頭不敢仰，閉口焉敢欬。東坡坦率老，局促因難耐。何當與道俱，逍遥天地外。」

吴復古南往惠州謁蘇軾，陳師道有送行詩。

《後山集》卷四《送吴先生謁惠州蘇副使》中云：「百年雙白鬢，萬里一秋風。」詩或作於秋。此乃今年事，見任淵注《後山詩》，時師道在京師。聯繫本年以上「過揚真之間晤吳復古」條，知復古晤蘇軾後至京師。

十月二日，到責授寧遠軍節度副使、惠州安置貶所，上謝表。

表見《文集》卷二十四（七〇六頁）。惠州屬廣南東路，治歸善縣，轄歸善、河源、博羅、海豐四縣。

寓居合江樓，有詩。

詩見《詩集》卷三十八（二〇七一頁）。《輿地紀勝》卷九十九《惠州》謂合江樓在郡東二十步。乾隆《歸善縣志》卷四謂樓在「府治東城上，東、西二江之水，至此合流，環抱如帶」。《總案》：「合江樓在三司行衙之中，為三司按臨所居。公到日，有司待以殊禮，暫請居之。」又：「合江樓在惠州府，為水西。」

時詹範為州守，蕭世京為廣南東路提舉常平。

《詩集》卷三十八詩題云「惠守詹君」。查嘉靖《惠州府志》，知為範。府志謂範為福建崇安人。《名賢氏族言行類稿》卷三十三謂唐有詹豪者，乃範遠祖。《詩集》卷三十九《和陶貧士》其六首云：「老詹亦白髮，相對垂霜蓬。賦詩殊有味，涉世非所工。杖藜山谷間，狀類渤海龔。」敍其為人。

本年閏四月二日，世京為廣南東路提舉常平。見《宋會要輯稿》第八十四册《職官》四三之六。《文集》卷五十八與世京第一簡云及「罪譴得託迹麾下」，作於此時。世京字昌孺，龍泉人，嘉祐中進士，常平任中能撙節出入。見嘉靖《廣東通志》卷四。元符二年三月十八日，以管句剩員為吏部員外郎，見《宋會要輯稿》第一百五十七册《食貨》六五之七一。嘉靖《廣東通志》卷九謂建中靖國元年二月為廣南東路轉運副使。

十八日，遷居嘉祐寺。

據《詩集》卷四十《遷居》之引。《文集》卷七十一《題嘉祐寺壁》謂寓居嘉祐寺松風亭，同卷有《記游松風亭》。《詩集》卷四十《和陶移居》其一首云：「昔我初來時，水東有幽宅。晨興鴉鵲朝，暮與牛羊夕。」《斜川集》卷二有《松風亭詞》。

《輿地紀勝》卷九十九《惠州》謂嘉祐院在通潮門之側，「松風亭在彌陀寺後山之巔，始名峻峯，植松二千餘株，清風徐來，因謂松風亭」。《總案》：「嘉祐寺在歸善縣城内，為水東，城沿江，一面跨山為之據。」

二十日，作《思無邪丹贊》，作思無邪齋。

贊見《文集》卷二十一。蓋謂致身煉養，其道之旨在思無邪。

《王譜》：「就嘉祐寺所居立思無邪齋，有贊，乃紹聖元年十月二十日所作也。」然《思無邪丹贊》未言及齋事，疑另有一贊。

二十二日，撰短文《事不能兩立》。

文見《文集》卷七十三，論世間、出世間事不兩立。

二十三日，與程鄉令侯晉叔、歸善簿譚汲同游大雲寺，賦《浣溪沙》。

據詞之序，詞見《東坡樂府》卷下。《注坡詞》、《東坡先生全集》「二十三」作「十三」，《外集》作「十二月二十六」。乾隆《歸善縣志》卷五：「大雲寺，在邑治西八十里。」程鄉爲梅州之治。嘉靖《廣東通志》卷五十六《侯晉叔傳》：「字德昭，曲江人，登元豐八年進士。爲程鄉令。與蘇軾兄弟往還歎密，家藏二公墨帖甚富。」又云：「後知南恩州，賑恤窮寡，禮待英賢，期年而卒。」光緒《韶州府志》卷三十二《侯晉叔傳》録蘇軾與晉叔一簡：「蒙示新論，利害炳然，文亦温麗，歎伏不已，但恨罪廢之餘，不能少有發明爾。」《佚文彙編》未收。譚汲，待考。

與程之元（德孺）、蘇頌簡。

《文集》卷五十六與之元第一簡：「在定孱書，未裁答間，倉猝南來，遂以至今。」到惠初作。簡叙兄弟俱竄，「然業已如此，但隨緣委命而已」。

《竹溪鬳齋十一稿續集》卷十三《跋東坡與蘇丞相頌五帖》謂「第二帖獲譴時」作。已佚。按：蘇軾元豐二年獲譴時，頌亦在詔獄，此帖約作於初到惠時。

常瓌（子然）致簡相慰。

《斜川集》卷六《祭常子然文》：「嗟我先君，昔遷南夷。萬里致書，公時布衣。同臭使然，忘其禍危。先君即世，義不敢遺。請婚後人，不謀於龜。」《永樂大典》卷二千四百一引《蘇過墓誌銘》，謂長女適「將仕郎常任俠」。按：「俠」乃「佚」之誤。任佚乃瓌子；瓌，河朔人，字子然，官御史。見《老學庵筆記》卷四。《雞肋集》卷五十二有《答常瓌秀才書》。

十一月二十三日，論董秦。

文見《文集》卷六十七（二一一四頁），謂秦本忠臣，盧仝之論為非是，論人當考其終始。

二十六日，松風亭下，梅花盛開，賦詩。並寄晁補之，補之有和。

詩見《詩集》卷三十八（二〇七五、二〇七六頁）。補之和詩見《雞肋集》卷三。

本月，贈朝雲詩。

本月云云，據《詩集》卷四十《悼朝雲》之引。《詩集》卷三十八有《朝雲詩》，即贈詩。詩云及「經卷藥爐」、「丹成」，時朝雲學道。

錢世雄（濟明）專人致簡存問，答簡。

答簡乃《文集》卷五十三與世雄第四簡，為到惠後與世雄第一簡。簡云：「近來親舊書問已絕，理勢應爾。濟明獨加於舊，高義凜然，固出天資。」知簡作於初到惠時。簡云「郡事餘暇」，時世雄通判平江。參紹聖二年「吴復古南歸蘇軾與晤」條。

十二月十二日，與過游白水山佛迹院，浴於湯泉，記以付過。並有詩。過亦有詩。

文見《文集》卷七十一（二二六九頁）。《白水山佛迹巖》、《咏湯泉》見《詩集》卷三十八。《斜川集》卷二有《白水巖湯泉》詩。

《輿地紀勝》卷九十九《惠州》：「白水山：去郡三十餘里，有瀑布泉百二十丈，下有湯泉、石壇，佛迹甚異。」又：「佛迹巖：羅浮之東麓也。在惠州東北二十里佛迹院。有懸水百仞崖，有巨人迹數十，所謂佛迹也。」

十九日，生日，有詩，過次韻。過又有壽詩。

《斜川集》卷二《次大人生日韻》云「萬里遠謫南海濱」，知為今年作。蘇軾原韻佚。

《斜川集》卷三《大人生日》第三首：「昔將直道破羣纖，出走寧逃此日讒。塞馬未還非叟病，莫邪偶棄豈鉛銛。長生有道因辭寵，造物無私獨與謙。從此軒裳真敝屣，世間出世固難兼。」蘇軾至惠後，有《事不能兩立》一文，論世間出世，見本年十月二十二日紀事。過詩當為本年作。

守歲，書二十年前潤州道上除夜所作詩赴過。

《文集》卷六十八《書潤州道上詩》敍此。

新釀桂酒，有詩。並作《桂酒頌》。

詩見《詩集》卷三十八（二〇七七頁）。頌見《文集》卷二十。《文集》卷六十六《書東臯子傳後》、卷六十四《東坡酒經》敍作酒。

《避暑録話》卷上謂蘇軾在黄作蜜酒，不甚佳。以下云：「嘗一試之，後不復作。在惠州作桂酒。嘗問其二子邁、過。云：『亦一試之而止，大抵氣味似屠蘇酒。』二子語及，亦自撫掌大笑。二方未必不佳，但公性不耐事，不能盡如其節度，姑為好事，借以為詩，故世喜其名。」

蒼梧太守李亨伯（安正、安止）來訪，留十日。

《斜川集》卷六《書漳南李安正防禦碑陰》：「紹聖初，先君子謫羅浮，是時法令峻急，州縣望風指，不敢與遷客游。一夕，蒼梧守李公安正引車騎叩門，請交於衡門之下，先君子初不識面也。慨然論世間事，商略古今人物，下至醫卜技藝，皆出人意表。先君驚喜，以相見為晚。而公冒犯簡書之畏，卒留十日而後行。嗚呼，真天下奇男子！」同上《跋李防禦遺文》：「防禦公以儒者尉南海，設方略，破劇賊，進秩至蒼梧太守，知名南服，受代還漳江，過羅浮，為先君留十日。飲酒論道，商略古今，自恨相見之晚。過方侍行，具見其事。」以下言亨伯終老鄉里。

《輿地紀勝》卷六十《全州》：「李亨伯，字安正，换武為全州。年六十四，即上章乞骸骨，上俞所請，里人榮之。鄒浩為之銘，王鞏為作神道碑，劉安世書其碑陰。」以下引安世文，以歐陽修六十五致政、范鎮六十三謝事為比。卷一百八《梧州》節引亨伯《東山記》。

乾隆《漳州府志》卷三十六亨伯傳：「字安止，龍溪人，治平二年進士。授福州懷安尉，遷知東莞縣。縣有巨盜，出没海島中，為邑大害。亨伯率軍士乘夜渡三洋，潛行七百里，抵香山賊藪。出不意，扼之，皆就縛，海濱帖然。以功遷知梧州。興學舍，立六賢堂以振士風。再遷知全州，經理西原諸蠻，威名大振。終忠州防禦使。」以下謂「為文有體，尤長於詩」。

吴芘仲自潮陽專使餽物，簡謝。芘仲復呈所作《歸鳳賦》，答簡贊所作興寄深遠。

《文集》卷五十七《與吴秀才》第二簡云「喜子野之有佳子弟」，知秀才乃復古（子野）之子。嘉靖《廣東通志》卷五十六復古傳謂其子名芘仲。簡有「深念五十九年之非」之語，知作於今年。與吴秀才第三簡贊其所作。

釋仲仁（仁仲、華光、花光）試手作梅，首肯之。

《石門文字禪》卷二十六《題華光梅》:「華光紹聖初試手作梅,便如迦陵鳥方雛,聲已壓衆鳥。東坡見之,如黄梅視無姓兒,便肯之。無姓兒今將以衣鉢授嶺南撩,予惜黄梅破頭老人不及見也。圓禪者當還舉似乃翁,問甘露滅法喻齊否。政和五年十一月十二日夜石門精舍題。」

《山谷詩集注》卷十九詩題:「花光仲仁出秦、蘇詩卷,思兩國士不可復見,開卷絶歎。(下略)」仲仁蓋服膺蘇軾之詩。仲仁,會稽人,住衡州花光山。善墨梅。《畫繼》卷五、《圖繪寶鑑》卷三有傳。為僧。

《陳氏香譜》卷三《韓魏公濃梅香》(原注:又名返魂梅):「黄太史跋云:余與洪上座同宿潭之碧湘門外舟中,衡嶽花光仁仲寄墨梅二枝,扣船而至,聚觀於燈下。余曰:只欠香耳。洪笑發谷董囊,取一炷焚之,如嫩寒清曉,行孤山籬落間。怪問其所得,云自東坡得於韓忠獻家。(下略)」忠獻、魏公皆韓琦。洪上座乃惠洪,據此則紀事,知惠洪與蘇軾有交往,其交往時間,或在南遷之前。

周彦質(文之)為循州守,餽米。

《詩集》卷三十八《惠守詹君見和復次韻》:「欲求公瑾一囷米,試滿莊生五石樽。」「諳案」謂上句:「公屢託循守周文之代致米石,文之亦常以此為餽。據此句,是時文之已來納交,故下句為得米多釀之詞,蓋特以公瑾為喻也。」彦質於紹聖四年二月罷循州,見該年紀事。《詩集》卷四十《和陶答龐參軍》之引云:「周循州彦質,在郡二年。」實為二年餘。據此,知彦質乃新知循。

彦質,江山人,熙寧六年進士。見影印《浙江通志》卷一百二十四。元祐六年上元後,嘗與米黻游金山,見《寶晉英光集》卷三。嘗官主簿,《清江三孔集·朝散集》有詩送之。為韶州通判,見《詩集》卷四十

《循守臨行出小鬟復用前韻》自注。

蘇軾年譜卷三十四

紹聖二年（一〇九五）乙亥　六十歲

正月二日，作詩寄鄧守安。

詩見《詩集》卷三十九（二〇九七頁）。詩之引謂是日讀韋應物《寄全椒山中道士》詩，因次其韻；並謂「羅浮山有野人，相傳葛稚川之隸」，嶺南遺書本《羅浮志》卷五謂此野人姓黃。守安字道玄，蘇軾稱之為有道者。見《文集》卷七十一《題羅浮》；同上卷《與王敏仲》第十一簡謂守安字道立。守安又字安道，《文集》卷六十《與鄧安道》，即與守安者。

《斜川集》卷一有《用韋蘇州寄全椒道士韻贈羅浮鄧道士三首》，當為同時作。

十日，晁補之自知齊州降通判南京。以在揚州時嘗修摘星樓。蘇軾以為乃己所累。

十日云云，據《雞肋集》卷五十五《亳州謝到任表》。

《雞肋集》卷五十五《南京謝到任表》敍自齊州通判南京，乃「為揚州修過摘星樓事」。

《文集》卷五十二《答張文潛》第二簡：「無咎竟坐修造，不肖累之也。愧怍！」是摘星樓之建乃蘇軾知揚時事；修樓之謀，當出自蘇軾。其詳不知。參元祐七年「在揚州修摘星樓」條。

程之才（正輔）為廣南東路提點刑獄，巡視廣州，因俟晉叔來惠，致簡。答簡以一晤為幸。

《文集》卷五十四《與程正輔》（《文集》卷五十四皆收與之才簡，本年與下年敍事，但云與之才第幾簡，略去「文集」與卷次字樣）第一、二簡敍之。前者有「比日履茲新春」語。紹聖二年閏月，立春在十二月，此所云「新春」乃指新正，今次本年。《總案》謂之才按廣州，軾欲通問而未便，俟晉叔為先之，乃「託俟晉叔致詞，相與釋憾」。第一簡有「俟長官來，伏承傳誨，意旨甚厚」。廣東提刑駐韶州，見紹聖元年「至韶州」條。《邵氏聞見後録》卷二十謂執政「妄以程之才姊之夫有宿怨，假以憲節」，「使之甘心焉」。之才到任約為上年末事。

《長編》卷二百七十五熙寧九年五月辛巳：河東路體量程之才言河東路和糴之害，獨異他路；卷二百九十元豐元年六月己酉，提及梓州路轉運司判官程之才；卷二百九十六元豐二年二月丁未，詔程之才升一任，以討瀘州夷事饋之有勞；卷三百十月己酉，利州路轉運判官太常博士程之才、夔州路轉運判官職方郎中徐師旦兩易其任。《范太史集》卷五十五《手記》有程之才。

十一日，書黄庭堅《遠近景圖跋》後。

文見《文集》卷七十（二二一八頁），前附庭堅跋文，首云：「此圖燕（文）貴之來昆仍雲也。」

十二日，書黄庭堅《北齊校書圖跋》、《右軍斫膾圖跋》後；後者乃應徐常（彦和）請。

文皆見《文集》卷七十（二二一九頁）。《北齊校書圖》，唐閻立本作。庭堅跋見《豫章黄先生文集》卷二十七，紹聖元年四月作。《宋會要輯稿》第八十四册《職官》之六至七：紹聖元年閏四月二日，徐常以奉議郎為廣南西路提舉常平。《桂勝》卷二有徐常與胡宗回等題名，署奉議郎徐常彥和，時為本年季冬甲辰。常求跋時仍官廣西。常，建安人，元豐二年進士，嘗知吉州。見嘉靖《建寧府志》。《山谷老人刀筆》卷三有與常簡。

同日，章楶除知廣州。蘇軾嘗與楶簡，請奏朝廷罷香藥草。

同日云云，據《宋會要輯稿》第一百二十册《選舉》三三之一九。《輯稿》云：「直龍圖閣章楶為集英殿修撰權知廣州。」

《名賢氏族言行類稿》卷二十六《章楶傳》附蘇軾與楶簡，云：「屢承下訪芻蕘，不肖豈復有所見出公之意表者。但竊聞一事，公會用香藥，皆珍異之物，極為番商坐賈之苦。蓋近歲始造此列（按：「列」疑應作「例」），公若一奏罷之，雖不悦者衆，然於陰德非小補也。某與公皆高年，實無復絲毫有求於人者，所孜孜慕望，唯及物之功，以資前路，不厭多爾。非質夫豈出此言，千萬裁察。」此簡全文，《佚文彙編》失收。

《鼠璞》節引此簡，並云：「廣通舶出香藥草，時好事者創為之，它處未必然也。」

十三日，撰《書東皋子傳後》，敍南雄、廣、循、惠、梅州州守餽酒。

書後見《文集》卷六十六。東皋子乃唐初詩人王績。

十五日夜，惠守詹範置酒觀燈，作詩。

《詩集》卷三十九《上元夜》：「使君置酒罷，簫鼓轉松陵。」《欒城後集》卷二次韻首云：「誰憐東坡老，獨看南海燈。」

十六日，書所跋《東皐子傳》，贈梅州譚使君，復跋。

《文集》卷六十六《跋所書東皐子傳》謂譚餽以酒，故以為報。此譚使君當為梅守。卷五十三《與陳伯修》第五簡：「譚文之，南方之瑚璉杞梓也。」

二十四日，與兒子過、賴仙芝、王原、僧曇穎、行全、道士何宗一同遊羅浮道院及棲禪精舍，次過韻，並寄邁、迨。原、仙芝新自虔州至。

過詩見《斜川集》卷一。次韻見《詩集》卷三十九（二〇九九頁），時邁、迨在宜興。曇穎，寶積寺長老，見《文集》卷七十三《服黄蓮法》。原及仙芝詳本年「四月初王原歸」條紀事。行全，待考。宗一乃羅浮道士，見《文集》卷十《何苓之名説》。

二十六日，訪嘉祐僧舍東南民家。

《詩集》卷三十九有詩（二一〇〇頁），詩題云時雜花盛開，主人林氏媪出應。

答陸惟忠（子厚）簡，望惟忠如諾今春來惠。

簡見《文集》卷六十（一八五三頁）。簡云：「見許今春相訪，果能踐言，何幸如之。」簡中云及桂酒，時酒釀成不久。此簡作於春初。

吴復古（子野）南歸，蘇軾與晤。復古攜錢世雄（濟明）簡來。世雄復專人惠白朮至。

《文集》卷五十三與世雄第五簡：「近在吴子野處領來教。」時世雄官吴中。《楊龜山先生集》卷二十五

《冰華先生文集序》謂世雄嘗官平江通判，實為此時事。復古自吳中歸，當為歲初。簡復敘「遠蒙差人」，佩荷契義，寄惠白朮，極所欲得。

寄龍尾石硯與姪遠，有詩。

詩見《詩集》卷三十九（二一〇一頁）。

《斜川集》卷三《送李植秀才歸盱眙》「妙年肯作小坡客」句下自注：「先君以硯付八舍弟，有詩曰：吾衰此無用，寄與小東坡。」八弟乃遠。「吾衰」二句即在軾詩中。時遠侍父居筠，見《欒城後集》卷二《次遠韻》。植，《宋史》有傳。

《詩集》題下「合註」引蘇籀《雙溪集》謂此硯乃贈籀父者。查《蘇潁濱年表》，籀父乃轍之次子适，字仲南。《斜川集》卷二有《送仲南兄赴水南倉》詩。蘇軾此硯非贈适者。遠後改名遜，見《詩集》卷十二《虎兒》題下注文。遜字叔寬，《斜川集》卷二有《送叔寬弟通判瀘南》詩。

道潛（參寥）專使至。應道潛請，作《海月辯公真贊》。與許毅遊近城小山，作詩使專使持示西湖諸友，時專使欲歸。

贊見《文集》卷二十二，云「師沒後二十一年」。海月熙寧六年卒，贊作於本年。《文集》卷六十一與道潛第十六簡敘作贊。第十七簡云道潛「專人遠來」，道潛居杭，蓋自杭來。詩見《詩集》卷三十九（二一〇二頁），次《二月十九日攜白酒鱸魚過詹使君食槐葉冷淘》詩前。其專使至在二月十九日前，或在正月。今依《詩集》編次，次此。《寶晉英光集》補遺《書海月贊跋》謂嘗於杭州天竺淨惠禪師處見軾贊，贊軾書法遒勁。《文集》卷七十一《書天慶觀壁》敍與毅遊天慶觀，時毅自廣州來，「邂逅一杯而別」，當為此時事。

自二月一日起，習道家龍虎鉛汞説，調息煉功，以百日為期。書寄弟轍敍之。

《文集》卷七十三《龍虎鉛汞説》敍之。未知實行與否。《豫章黄先生文集》卷二十五《題東坡書道術後》：「東坡平生好道術，聞輒行之，但不能久，又棄去。」可參。

二月十一日，默坐思無邪齋，書陶潛《東方有一士》詩示子過，並為跋。

跋見《文集》卷六十七（二一一五頁）。《紀年録》繫於紹聖三年二月二十一日。

十九日，攜白酒、鱸魚過惠守詹範，食槐葉冷淘。

據《詩集》卷三十九詩題（二一〇二頁）。

三月二日，卓契順自宜興徒步抵惠州，致其師蘇州定慧寺僧守欽《擬寒山十頌》與長子邁之書。傳卓契順亦攜了元（佛印）致書。

三月二日云云，據《文集》卷六十九《書歸去來詞贈契順》、《詩集》卷三十九《次韻定慧欽長老見寄八首》之引。《文集》卷七十二《守欽》、《記卓契順答問》亦敍契順來。

涵芬樓本《説郛》卷四十五宋錢世昭《錢氏私誌》：「東坡在惠州，佛印居江浙，以地遠無人致書為憂。有道人卓契順者，慨然歎曰：『惠州不在天上，行即到矣。』因請書以行，佛印因致書云：『常讀退之《送李愿歸盤谷序》，愿不遇知於主上者，猶能坐茂樹以終日。子瞻中甲科，登金門，上玉堂，遠放寂寞之濱，權臣忌子瞻為宰相耳。人生一世間，如白駒之過隙，二三十年功名富貴轉眄成空，何不一筆勾斷，尋取自家本來面目，萬劫常住，永無墮落，縱未得到如來地，亦可以驂駕鸞鶴，翱翔三島，為不死人，何乃膠柱守株，待入惡趣。昔有問師，佛法在甚麽處？師云：在行住坐卧處，着衣喫飯處，痾屎刺溺處，没理没會處，死活不得處。子瞻胸中有萬卷書，筆下無一點塵，到這地位，不知性命所在，一生聰明要做甚麽？三世諸佛，則是一個有血性的漢子。子瞻若能脚下承當，把一二十年富貴功名，賤如泥土，努力向前，珍重珍重也。』又傳是王喬書。」

《紀年録》謂卓契順紹聖三年三月二日來。

四日，應詹範請，與王原、賴仙芝遊白水山佛迹寺，歸，和陶《歸園田居》；接陳慥書，答之。

《文集》卷七十一《題白水山》敍遊白水山。《詩集》卷三十九有《和陶歸園田居》，並寄道潛（參寥）。《苕溪漁隱叢話》前集卷四引《王直方詩話》謂紹聖間黄庭堅盛贊「惠州《和歸田園》六首，乃與淵明無異」。

《文集》卷五十三與慥（季常）第十六簡云「今日遊白水佛迹山」，「自山中歸，得來書，燈下裁答」。又云「到惠將半年」，勸慥「安心家居，勿輕出入」，並約林下遊。

程之才將來惠，命過舟次相迎。約於五日，之才來，欵語甚歡。之才子十郎同行。之才出《桃花》詩，有和。

第六簡敍命過相迎，又云「十秀才侍行」，十秀才即十郎。《佚文彙編》卷三《與程六郎、十郎》簡，並云及大郎、三郎，當皆為之才子。

《總案》謂之才「當以七日來」，誤。與之才第六十三簡作於三月十七日與之才別後，有「別來三得書教」之語。以一日一書或一日兩書為計，則之才之別，當在十四日或十五日。與之才第八簡云「十日之會」，《詩集》卷三十九《聞正輔表兄將至以詩迎之》亦云及「樂哉十日留」。據此，之才之來，約在三月五日，以三月四日蘇軾與詹範等遊白水山也。第六十三簡西樓帖真迹，《總案》撰者未見。

第六十三簡云「《桃花》詩再蒙頒示」。《總案》以為之才出其《桃花》「初作以示公，因以索和，乃相見時事」，是。之才之再作，亦緣蘇軾之和。

軾和詩見《詩集》卷三十九，題作《次韻正輔表兄江行見桃花》。

約於六日，程之才贈貺甚厚。

與之才第七簡敍「昨日辱臨」之後，敍次日事：「所貺皆珍奇，物意兩重，敢不拜賜。」

參以上「約於五日」條紀事。

九日，記外曾祖程公逸事。

文見《文集》卷六十六（二〇五二頁）。文謂：「軾在惠州，讀陶潛所作外祖《孟嘉傳》云：『凱風寒泉之思，實鍾厥心。』意悽然悲之。乃記公之逸事以遺程氏，庶幾淵明之心也。」此文當緣之才而撰。與之才第二十八簡有「《外曾祖遺事》錄呈」之語。

十三日，書《桂酒頌》，為跋。

文見《佚文彙編》卷五（二五四八頁）。

《文集》卷五十三《與錢濟明》第五簡：「嶺南家家造酒，近得一桂香酒法，釀成不減王晉卿家碧香，亦謫居一喜事也。有一頌，親作小字録呈。」其頌即《桂酒頌》。

約於十四日，追餞之才於博羅，夜半之才行，有二詩。

詩見《詩集》卷三十九（二一〇九、二一一〇頁），有「忽驚鐃鼓發夜半」之句。

參以上「約於五日」條紀事。

以病酒留博羅一日，晤鄧守安。

與之才第二十八簡云「某前日留博羅一日，再見鄧道士，……方欲邀來郡中欵問也」。第二十六簡：「某别時飲，過數日，病酒昏昏，如夢中也。」

遊博羅香積寺，屬縣令林抃（天和）作碓磨。以《秧馬歌》製作秧馬之法示抃，抃率田者製作並改進之。從翟東玉請，贈秧馬製作之法。

《詩集》卷三十九《遊博羅香積寺·引》敍利用寺下溪水作碓磨，築塘百步閘而落之，可轉兩輪舉四杵，有利麥禾生産，「屬縣令林抃使督成之」。

《文集》卷六十八《題秧馬歌》其一贊抃勤民恤農，故以此歌示之，抃喜甚。此則及下則敍抃改進製作，惠民以為便。卷五十五與抃第十六簡云「加減秧馬，曲盡其用」，功在抃「撫字究心」；第十七簡盛贊抃治績，甚慰所望，「秧馬聊助美政萬一爾，何足云乎」，謙意之中，肯定秧馬作用。卷五十四與程之才第十八簡贊抃有心力，可委。

抃，福州閩清人，熙寧九年進士。見《福建通志》卷三十三。翟東玉將令龍川，求秧馬式而去，並為跋贈之。《題秧馬歌》其三乃跋文，跋贊東玉志在民。參本年「與翟東玉簡」條。跋作時不詳，今因林抃事併繫此。龍川乃循州治。

十七日，因卓契順之便，答程之才簡。簡贊之才所和「菅」字韻詩及所寄「一字」詩。

與之才第六十三簡謂之才所和「菅」字韻，句句奇警，「『一字』雖戲劇，亦人所不逮」。「菅」字韻詩，即追餞博羅二首。

次韻守欽《擬寒山十頌》八首，寫付卓契順以寄之。卓臨行，蘇軾焚詩不寄。

詩見《詩集》卷三十九（二一一四頁）。焚詩云云，見《文集》卷五十三《與錢濟明》第九簡。簡云：「蓋亦知其必厄於此等也。」「此等」乃指助桀為虐之宵小之徒。

卓契順行，應其請書陶潛《歸去來辭》以贈，為跋。並託卓致簡錢世雄（濟明）。

跋見《文集》卷六十九（二二〇一頁）。跋謂：「庶幾契順託此文以不朽也。」

簡見《文集》卷五十三（一五五一頁），為與世雄第五簡。簡贊卓契順之卓行，並謂：「兩兒子曾拜見否？凡百想有以訓之。」並請卓契順以親作《桂酒頌》贈世雄。時世雄為平江通判，已見本年「吳子野南歸」條。時邁、迨居宜興，已見本年正月二十四日紀事。

十九日，復遷於合江樓之行館。與南華辯老簡，為報之。

十九日云云，據與之才第六十三簡及《詩集》卷四十《遷居》引。《詩集》同上《和陶移居》其一中云：「誰令遷近市，日有造請役。歌呼雜閭巷，鼓角鳴枕席。出門無所詣，樂事非宿昔。」近市謂合江樓。簡乃《文集》卷六十一與辯老第四簡。

二十三日，書所善吴、越名僧十二人事授永嘉羅漢院僧惠誠，使歸見之，致問候之意。

據《文集》卷七十二《惠誠》，時惠誠將還浙東。十二人為：妙總（即道潛）、維琳、圓照、秀州長老、楚明、仲殊、守欽、思義、聞復、可久、清順、法穎。

二十七日，簡程之才，報遷居並致謝。

簡乃與之才第二十九簡，謂遷居已八日。

改熙寧九年四月一日在密州所賦《臨江仙》，與詹範共賞。

改詞見《東坡樂府》卷上，所改乃下闋，云：「我與使君皆白首，休誇年少風流。佳人斜倚合江樓。水光都眼凈，山色總眉愁。」調下原注「惠州改前韻」。參熙寧九年四月一日紀事。使君謂詹範，時居合江樓。

四月初，王原（子直）歸。贈詩。賴仙芝或同歸。

《文集》卷七十一《題嘉祐寺壁》：「虔州鶴田處士王原子直，不遠千里，訪予於此，留七十日而去。」原於正月二十四日來，已見前。《詩集》卷三十九有《贈王子直秀才》。《斜川集》卷一有贈原詩。同時有王向，亦字子直，與原非一人。

仙芝亦虔州人，為布衣。《文集》卷七十二《黄僕射得道》乃記賴仙芝之言。

四月八日，書嵇康《養生論》贈鄧守安，並跋。

跋見《文集》卷六十六（二〇五六頁）。

同日，佛生日，畫壽星。嘗畫月梅。

《東坡赤壁藝文志》卷五：「宋蘇軾畫壽星石刻，同治戊辰翻刻『紹聖二年四月，佛生日，蘇軾寫』，存坡仙亭。」並謂軾畫月梅石刻，同年翻刻，亦存坡仙亭。茲附此。

《東坡赤壁》謂「壽星畫係以德、壽、殿、寶四個字組成的一幅組字畫」，「月梅畫半鐮新月，一株老梅，老枝虬勁，嫩枝茁壯，花蕊初吐，於凄清中露出一縷生機」。

十一日，初食荔枝。

《詩集》卷三十九有詩（二一二一頁）。

十三日，應梁璫之請，書熙寧三年為璫父所作《緑筠亭詩》。

據《文集》卷六十八《書緑筠亭詩》。

璫，衢州人，時過惠回浙。見《文集》卷六十八《題秧馬歌》其一。

二十二日，題《秧馬歌》付梁璫，使歸浙見張弼（秉道），以推廣秧馬。

《題秧馬歌》其一謂指示璫以製作秧馬之法，「口授其詳，歸見張秉道，可備言範式尺寸及乘馭之狀，仍製一枚，傳之吴人，因以教陽羨兒子，尤幸也」。

粥，已見元祐六年三月「奏乞相度開石門河狀」紀事。蓋以浙中稻米幾半天下，推廣秧馬，有利於發展生產。

二十三日，黄庭堅到達黔州貶所。修簡相慰。

《山谷全書》卷首《年譜》：紹聖元年十二月丙申，謫涪州别駕、黔州安置；本年四月二十三日，到達黔州。

《文集》卷五十二與庭堅第四簡：「即日想已達黔中，不審起居如何，土風何似？或云大率似長沙，審爾，亦不甚惡也。惠州已久安之矣。度黔亦無不可處之道也。」又云：「數日來苦痔疾，百藥不效。」知作於六、七月間。参本年以下「五六月間痔作」條。

與惟簡（寶月大師）簡。時王覿（明叟）知成都。

簡見《佚文彙編》卷四（二五二九頁），云及「成都大尹」王覿（明叟）。《宋史》卷三百四十四《王覿傳》：「紹聖初，以寶文閣直學士知成都府。」《北宋經撫年表》卷五《成都四路》列王覿於紹聖元年，二年列劉奉世。按：史傳謂覿頗有建樹，非倉促可辦，其離任當在紹聖二年。簡約作於今年春夏間。

道潛（參寥子）專人回，答簡。與南華重辯（辯老）簡。徐大正（得之）專人致簡，答簡。

三簡均謂到惠半年，分别為《文集》卷六十一與道潛第十七簡、與重辯第三簡、卷五十七與大正第十三簡。與道潛簡敍在惠生活，參本年此前「道潛專使至」條。

五月四日，賦《殢人嬌》、《浣溪紗》贈朝雲。

《注坡詞》之《殢人嬌》調下原注：「或云贈朝雲。」《東坡樂府》卷下收此詞，無注。《東坡先生全集》調下原注：「贈朝雲。」今從《東坡先生全集》。

詞首云「白髮蒼顏，正是維摩境界」。《文集》卷五十二《答張文潛》第一簡，作於今年，中有云：「某清净獨居。」詞蓋寫實。詞云「明朝端午」，知作於今日，詞云「紉蘭為佩」，出《離騷》「紉秋蘭以為佩」，贊朝雲高潔。詞末云：「尋一首好詩，要書裙帶。」此「好詩」，曹樹銘先生所著《東坡詞》謂即《浣溪紗》（「輕汗微微透碧紈」）。

此《浣溪紗》，收《東坡樂府》卷下，調下原注：「端午。」詞亦云「明朝端午」，知作於上詞同時。詞末云「佳人相見一千年」，曹先生謂「非朝雲莫克當之」。今從其說，並參《東坡詞論叢》曾棗莊《東坡詞中的朝雲》。張志烈《論東坡惠州詞》謂《浣溪紗》中「浴芳蘭」、綵線纏臂、掛符皆當時習俗，乃為辟邪；「佳人」句乃祝朝雲健康長壽，並有天長地久永諧情好之意。張文見《論蘇軾嶺南詩及其他》。

八日，黄庭堅跋《宋太宗勅蔡行帖》。此前，蘇軾有文及此帖。

《式古堂書畫彙考・書》卷九《宋太宗勅蔡行帖》：「天生聖人，與物自殊，拜觀是勅，蓋可見矣。行公在當朝功績大著，宜膺是寵，亦為不薄，其德望之盛，子瞻已詳述，庭堅不暇及，聊志歲月云。時元祐乙亥五月八日，山谷黄庭堅。」文中「元祐」乃「紹聖」之誤。蘇軾之文，不傳。

張耒（文潛）遣兵王告來，因以桄榔杖為寄，有詩。

詩見《詩集》卷三十九（二一一二二頁）。依《詩集》編次，次此。《文集》卷五十二與耒第二、三、四簡，為同時作，三、四簡乃第二簡附語。第四簡云：「來兵王告者，又不憚萬里再來。乃指此次之行。第二簡云：「屏居荒服，真無一物為信，有桃榔方杖一枚，前此土人不知以為杖也，勿誚微陋，收其遠意爾。」時未當仍在潤州任。

杜輿（子師）慰簡，答之。

《文集》卷五十六與輿第三簡：「貶竄皆愚暗自取，罪大罰輕，感恩念咎之外，略不置胸中也。」作時不詳，以張耒送杖相慰事，類次此。

望日，真一酒造成。請羅浮道士鄧守安（安道、道玄）拜奠北斗真君，記其事。有《真一酒》詩，並題其後。嘗以真一酒法寄徐大正（得之）。

文乃《文集》卷七十一《記朝斗》。《紀年録》謂為元符元年五月望事，不從。寄大正據《文集》卷七十一《真一酒法》。《真一酒》在《詩集》卷三十九，《題真一酒詩後》在《佚文彙編》卷五。

二十七日，作《虔州崇慶禪院新經藏記》。

文見《文集》卷十二。

五六月間，痔作。

《文集》卷六十一《與南華辯老》第八簡云「近苦痔疾」。簡云及「張惠蒙到惠」，知痔約作於五月至六月初間。參本年六月十一日紀事。

作《荔支歎》，責李林甫貢荔支乃害民虐政。

詩見《詩集》卷三十九(二一二六頁),次《六月十二日酒醒步月理髮而寢》前,今依。

詩謂貢荔支害民,「至今欲食林甫肉」。詩末云:「君不見武夷溪邊粟粒芽,前丁後蔡相寵加。爭新買寵各出意,今年鬬品充官茶。吾君所乏豈此物,致養口體何陋耶。洛陽相君忠孝家,可憐亦進姚黄花。」責丁謂、蔡襄、錢惟演貢茶、花。

《欒城後集》卷二《奉同子瞻荔支歎一首》末云:「平居著鞭苦不早,東坡南竄嶺南道。海邊百物非平生,獨數山前荔支好。荔支色味巧留人,不管年老白髮新。得歸便擬尋鄉路,棗栗園林不須顧。青枝丹實須十株,丁寧附書老農圃。」

六月九日,書柳宗元《大鑒禪師碑》,并跋。蓋應南華重辯(辯老)之請。

跋見《文集》卷六十六(二〇八四頁)。《文集》卷六十一與重辯第十簡敍寫碑,云「仍作一小記」,乃謂此跋。第八簡謂王維、劉禹錫二碑,不欲寫,以其「格力淺陋」。《眉山唐先生文集》卷九《書大鑒碑陰記》謂軾所寫柳碑,崇寧中毀去。

十一日,從張惠蒙請,遣惠蒙往南華寺謁重辯禪師。

《文集》卷六十一《與南華辯老》第十一簡敍之,第八簡敍惠蒙事。

十二日,寶月大師惟簡卒。同日,書一紙付龔行信。同日,月中梳頭,賦詩。

惟簡卒據《文集》卷十五塔銘(四六七頁),卒年八十四。

《文集》卷六十一有《付龔行信一首》,謝其承南華重辯(辯老)禪師之命遠道來通書。

《詩集》卷三十九有《六月十二日酒醒步月理髮而寢》、《和子由次月中梳頭韻》。後者自注及《文集》卷六十《與子由弟》第一簡論草木之長與弟轍養生之説契合。《欒城後集》卷二有《次韻子瞻梳頭》。

二十八日，與程之才簡，謝惠蜜。

《晚香堂蘇帖》：「軾啟。適草草作得一書，託郡中附上次。專人至，伏讀手教，感悵不已。別來尊體佳勝，眷聚各康健。惠蜜，愧佩。數日天氣斗熱，惟若時倍萬保嗇，不宣。軾再拜正輔老兄閣下。六月廿八日。」《佚文彙編》未收。

本月，與羅秘校簡。

《文集》卷五十八與秘校第一簡云「守局海徼」，知為官惠屬濱海縣。云「伏暑」，本月作。

本月，答王鞏（定國）簡，敍近況。鞏嘗來簡欲蘇軾作書自辯，有答。

《文集》卷五十二與鞏第四十簡敍「到此八月」，凡百不失所，作於六月。第四十一簡：「所云作書自辯者，亦未敢便爾。不怨天，不尤人，下學而上達，知我者，其天乎！」作於此略後。《總案》：「公所坐呂惠卿責詞等事，元祐中皆辯雪有案，至謫英州謝表，已直認不辭，絶不申理。如更辯，即負司馬光引薦及宣仁特拔之知遇，故率性一擔挑回也。」

弟轍賦詩，以修無生法為勸。

《欒城後集》卷二《勸子瞻修無生法》：「除却靈明一一空，年來丹竈漫施功。掌中定有菴摩在，雲際懸知霧雨濛。已賴信心留掣電，要須淨戒拂昏銅。誰言逐客江南岸，身世雖窮心不窮。」次《次韻子瞻梳頭》後。

與劉誼（宜翁）書，求授道方。書託任伯雨（德公）轉致；伯雨或專人來惠。《文集》卷四十九與誼書云「軾齠齔好道」，「今遠竄荒服，負罪至重，無復歸望，杜門屏居，寢飯之外，更無一事，胸中廓然，實無荆棘。竊謂可以受先生之道，故託里人任德公親致此懇」，口陳其詳，「幸不惜辭費，詳作一書付德公，以授程德孺表弟，令專遣人至惠州」。以下又請誼來嶠南一遊。細味書意，實作於本年。書首云「秋暑」，點明節候。參本年七月二十六日紀事。

《輿地紀勝》卷四《兩浙西路·安吉州·人物·劉誼傳》：長興人，從異人授出世法，遂隱三茅山，十年不出。以下云蘇軾以書問道。其書當即上所引之書。同上《景物上》：「茅山：《寰宇記》云，在德清縣北一十五里。《入東記》云：三茅君隱於此，與延陵句容之茅山同也。」

《詩集》卷十八《送劉寺丞赴餘姚》題下「施註」亦云劉誼「學道欲輕舉，自稱三茅翁」。

七月十三日，王庠（周彦）、王序（商彦）兄弟萬里遣人遺藥物相問，抵惠州。蘇軾與庠書，論為文在辭達，贊庠所作《經説》。庠欲往黔南見黃庭堅，軾為書紹介。軾又與庠書，論八面受敵乃治學之道。

《文集》卷四十九《與王庠書》：「遠蒙差人致書問安否，輔以藥物，眷意甚厚。自二月二十五日至七月十三日，凡一百三十餘日乃至，水陸蓋萬餘里矣。」知到惠之日為七月十三日。以下云所差凡二人。同上卷六十《與王庠五首》其一云：「二卒遠來，承手書累幅，問勞教誨，憂愛備盡。」又云：「寄遺藥物并方，皆此中無有。」簡中云及「近日又苦痔疾，呻吟幾百日」，知作於今年。同上卷六十《與王序一首》：「足下昆仲，曲敦風義，萬里遣人問安否，此意何可忘。」所敍皆一事。末云：「來歲科詔，佇聞竣擢，以慰願望。」謂明年秋試。

《與王庠書》：「前後所示著述文字，皆有古作者風力，大略能道意所欲言者。孔子曰：『辭達而已矣。』辭至於達，止矣，不可以有加矣。」

《文集》卷五十二《答黄魯直五首》其五：「某有姪壻王郎，名庠，榮州人。文行皆超然，筆力有餘，出語不凡，可收為吾黨也。自蜀遣人來惠，云：『魯直在黔，决當往見，求書為先容。』嘉其有奇志，故為作書。」《與王庠五首》其三所敍亦為此事。庭堅謫黔，見本年四月二十三日紀事。

《豫章黄先生文集》卷十九《與王觀復書》其三及王庠，云庠：「行己有恥，不妄取與。其外家連戚里向氏，屢當得官，固辭，以與其弟或及族人。作詩文雖未成就，要為規摹宏遠。此君又東坡之兄壻也，故亦有淵源耳。」《經進東坡文集事略》卷四十六《答王庠書》郎曄注謂庠乃轍之壻，誤，當為不欺等堂兄之壻。《山谷别集詩註》卷下《元師自榮州來》詩注文引庠詩二首。

《與王庠五首》其五：「卑意欲少年為學者，每一書，皆作數過盡之。書富如入海，百貨皆有之，人之精力，不能兼收盡取，但得其所欲求者耳。故願學者，每次作一意求之。如欲求古人興亡治亂聖賢作用，但作此意求之，勿生餘念。又别作一次求事迹故實典章文物之類，亦如之。他皆倣此。此雖迂鈍，而他日學成，八面受敵，與涉獵者不可同日而語也。」此書當亦作於惠。

《山谷全書·别集》卷八《書王周彦東坡帖》：「當先生之棄海瀕，其平生交游多諱之矣，而周彦萬里致醫藥，以文字乞品目，此豈流俗人炙手求熱、救溺取名者耶！蓋見其內而忘其外，得其精而忘其麤者也。」作於建中靖國元年正月乙酉。

《宋史》卷三百七十七《王庠傳》首云：庠字周彥，榮州人，累世同居，號「義門王氏」，父夢易，登皇祐第。庠幼穎悟，七歲能屬文，儼如成人，年十三，居父喪，哀憤深切。以下云：「早歲上范純仁、蘇轍、張商英書，皆持中立不倚之論，呂陶、蘇轍皆器重之。嘗以《經說》寄蘇軾，謂：『二帝三王之臣皆志於道，惟其自得之難，故守之至堅。自孔、孟作《六經》，斯道有一定之論，士之所養，反不逮古，乃知後世見《六經》之易，忽之不行也。』軾復曰：『《經說》一篇，誠哉是言。』」「軾復曰」云云，即在上所引《與王庠書》中。《傳》又謂：大觀間，嚴元祐黨禁，自陳蘇軾、蘇轍、范純仁為知己，不求仕。後，賜號處士。卒，孝宗謚曰賢節。弟序，附庠《傳》，宣和間官至徽猷閣直學士。《蜀中廣記》卷四十六有《王庠傳》。

曹組（元寵）嘗受「文章八面敵」之教。

《松隱文集》卷十一《敬題箕潁集後》其二：「太史推經學（原注：東坡謂先公深於明經史學），先君得最深。文章八面敵，辛苦一生心。禁掖傳新句，公卿録苦吟。遺留示有子，捧卷淚盈襟。」《箕潁集》，曹組撰。組，潁昌人。以諸生為右列，六舉未第。宣和三年，殿試中第五甲，賜同進士出身。官止閤門宣贊舍人，睿思殿應制。集二十卷，《直齋書録解題》卷十七著録，不傳。事迹參《解題》、《松隱文集》之跋、《揮麈録·後録》卷二。子勛撰《松隱文集》，今傳。

組初舉或在元祐末。蘇軾與組之直接文字佐證，今未見。組與蘇過厚善，見《松隱文集》卷十三《題三蘇圖後》，或與父軾有關。勛詩「文章八面敵」，與軾致王庠書中「八面受敵法」意同。今因王庠，次曹寵於此。

二十六日，與程之元（德孺）簡。

《景蘇園帖》：「軾啟。春中□□□□□必達，久不聞□，渴仰坊積。比日履茲餘□，尊候何似，眷聚各無恙。軾蒙庇如昨。二哥上春□□□，時有書問往還，甚安也。子由不住得書，甚健。會合何時，惟祝倍萬保嗇，不宣。軾再拜德孺運使金部老弟左右。七月二十六日。」以下有「眉陽蘇軾」印章。《佚文彙編》未收。二哥乃之才，程氏堂兄弟排次，之才居第二。見《詩集》卷二十七《送表弟程六知楚州》「施注」。據「二哥上春」云云，知此簡作於今年。之元時為江淮荆浙轉運使，蘇軾求劉誼道方書中及之。參本年以上「與劉誼書」條。

陳師錫（伯修）專使致簡，答之。

答簡乃《文集》卷五十三與師錫第三簡，云「久不通問」，此乃來惠後首次與師錫簡。簡敍近年師錫出使畿甸，據《宋史》卷三百四十六師錫傳，乃提點開封縣鎮。簡云「暑溽」、「秋熱」，約作於七月。

與鄧守安（安道）簡，望其來郡城。

《文集》卷六十與守安第四簡敍之。簡云「痔疾至今未除」、「乍涼」，作於今年七八月。

翟東玉到龍川令任。與東玉簡，求於其友人循州興寧令歐陽叔向處致地黃。

《文集》卷五十八與東玉簡敍求地黃。《詩集》卷三十九《小圃五詠》中有《地黃》。此五詠作於歲末，時地黄已移栽圃中。致東玉簡爲此以前事。簡云地黄「以二、八月採者良，如許以此時寄惠爲幸」，則此簡至遲當作於八月稍前。時東玉已至龍川令任。龍川乃循州之治。

《雲溪居士集》卷九《歐陽叔向見余試卷中詩作詩見譽次韻酬之》之後，有《再酬叔向見謝》，後者首云「詞鋒筆力勢憑陵，高共飛雲天上行」句，知叔向能詩。同卷尚有及叔向詩多首。叔向爲蘇軾晚輩。

聞堂妹小二娘四月十九日訃，作祭文。

文見《文集》卷六十三（一九五九頁），文云：「萬里海涯，百日赴聞。」作於七月底。

與之才第六十五簡：「近得柳仲遠書，報妹子小二娘四月十九日有事於定州，柳見作定簽也。」小二娘乃子文（仲遠）之妻。

八月一日，書《金光明經》後。《金光明經》蓋子過所寫，以資母冥福。

文見《文集》卷六十六（二〇八六頁）。文謂過念其母將祥除，故親書《金光明經》四卷，手自裝治，送虔州崇慶禪院新經藏。

聞程之才之妻壽安君有疾，簡之才致候。壽安君旋卒，作慰疏，并致奠。

與之才第四十二簡敍壽安君疾事。簡有「秋色漸佳」之語，約爲八月初。

與之才第五十六簡乃慰疏，第五十七、四十四簡皆致慰意。壽安君約卒於八月。

二十七日，書養生三法：食芡法、胎息法、藏月砂法，寄弟轍。

文見《文集》卷七十三（二三三七頁）。

與程之才簡，敍颶風異常，望來廣、惠視察災情。命子過作《颶風賦》。

與之才第四十一簡敍廣州災情，並云之才「早來民受賜多矣，必察此意」。《總案》謂此處專指估價掊剋之事。

賦見《文集》卷一，首云「仲秋之夕」，乃八月作。《宋史·蘇過傳》謂賦乃過作。

九月五日，題合江樓。

文見《文集》卷七十一（二二七二頁）。

和陶潛《貧士》七首。

詩見《詩集》卷三十九（二一三六頁）；其引云及遷惠一年，重九伊邇。

重九後，程之才視察風災。將至惠，以詩迎之。之才至惠，與晤。之才旋東按，歸途復經惠，有詩篇來往。

與之才游白水山，浴湯池，復同游香積寺。

迎之才詩見《詩集》卷三十九（二一四二頁）。與之才第四十六簡云及之才「過重九啟行，計已在途」，知簡作於重九後；簡又云「餘暑跋涉」，當作於重九後數日。第五十簡云「聞東行已決，但未聞離五羊的日，故未敢往迎」，作於第四十六簡之後。第五十一簡、第四十六簡約遊羅浮。

與之才第六十七簡敍與晤，並云「承即解舟，恨不克追餞，涉履慎重，早還為望」，《總案》謂之才「此次到惠，必當東按梅、循諸州」。第六十六簡首云「聞歸艎到岸」，乃之才自東按回也。又云「新詩輒次韻」，次韻乃《詩集》卷三十九《正輔既見和復次前韻慰鼓盆勸學佛》。其所云和，乃以上所云迎之才詩。

游白水山、浴湯池、游香積寺，有詩，見《詩集》卷三十九（二一四七至二一五〇頁）。

辛亥（十九日），大饗明堂，赦天下。聞此訊，與程之才簡，望量移稍北；陳述州縣加三以上估價，違赦掊剋，乞之才與蕭世京、傅才元集議，依市賣實直折納。與之才簡，陳述嶺南稅役折納掊剋。

辛亥云云，據《宋史·哲宗紀》。與之才第四十、四十九簡敍聞赦後心情。第四十九簡引赦文：「訪聞折科二稅過重，致民間倍費，涉於掊剋者，令覺察改正。」而惠州二斗以上方納得一斗。簡又引赦文：「所有今年折科秋米，並只依見在市賣實直估定。」而州郡加三以上估價，致人户只願納米。簡乞之才「與傅、蕭面議，反覆究竟」，「三司連銜入一文字，專牒逐州知道，一依見在市賣中價，不得有絲毫加擡，仍具結罪保明申上。」參本年十一月三日紀事。與之才第四十七簡：「今年秋大熟，米賤已傷農矣。所納秋米六萬三千餘石，而漕府乃令五萬以上折納見錢。」以下云嶺南錢荒久矣，見今質庫皆閉，連車整船，載米入城，掉臂不顧，不知如何了得賦稅役錢去。簡乞「戒約州、縣大估米價」，蓋州縣往往以高於實直收農民稅錢，致農民重困。簡乞之才與轉運司及提舉常平司共入一奏：「乞今後應役人、公人庸錢及重法錢並一半折米，却以見錢還運司。」簡謂如此則公私皆便，「免得稅米積滯，年年抑勒，人户多納見錢，此大利也」。

二十七日，於思無邪齋書《外曾祖程公逸事》。

文見《文集》卷六十六。《王譜》同。

壬戌（三十日），監察御史常安民罷。先是安民勸董敦逸勿劾蘇軾兄弟，至是為敦逸論罷。

據《長編拾補》卷十二。《拾補》云：「先是安民上言，今大臣為紹述之説者，其實皆假借此名以報復私怨，一時朋附之流從而和之，遂至已甚。」以下謂張商英元祐時上呂公著詩求進，近為諫官，上疏乞毁司馬光、呂公著神道碑。此輩之言非公論。又謂：「初，安民與國子司業安惇、監察御史董敦逸同在國子監考試所折號，對敦逸稱：二蘇天下文章之士，負天下重望，公不當彈擊。至是，敦逸奏訐安民前語，上言乃軾、轍之黨，平日議論多主元祐。安民遂責，詔語皆惇批也。」安民送吏部與監當差遣。惇，章惇。《宋會要輯稿》第九十九册《職官》六七之一一謂安民罷於九月二十日。

《宋史》卷三百四十六《常安民傳》：「董敦逸再為御史，欲劾蘇軾兄弟，安民謂二蘇負天下重望，恐不當爾。」於是，敦逸奏之，罷安民監察御史，為監滁州酒務。

本月下半月，作《江月》五首。

詩見《詩集》卷三十九，其引云：「今歲九月，殘暑方退，既望之後，月出愈遲。予嘗夜起登合江樓，或與客游豐湖，入棲禪寺，叩羅浮道院，登逍遥堂，逮曉乃歸。」知作於本月下半月。《斜川集》卷一次韻。

秋，法芝（曇秀）來，留十日。贈以詩并書其在揚州所作詩。録孫真人《千金方》數紙贈之。

《文集》卷六十八《書曇秀詩》敍元祐七年在揚同游，云：「後三年，秀來惠州見予。」《詩集》卷四十《贈曇秀》云「瘴雲應逐秋風靡，胡為只作十日歡」。同上有《和郭功甫韻送芝道人游隱静》。隱静山在太平州繁昌縣東南七十里，有寺，見《輿地紀勝》卷十八。法芝蓋北歸也。祥正（功甫）詩已佚。《總案》

謂法芝來自端州，誤。郭祥正知端州乃元祐三年事，見《金石續編》卷十六。

《文集》卷七十三《書諸藥法》（原注：贈曇秀）末云：「恐山中有能哀東坡之流落而又不忍獨不死者，或能為致之。果爾，便以此贈之耳。」則是轉託法芝以此諸藥法轉贈友舊並求致其藥寄惠。此諸藥法乃自《千金方》録出。

《後村先生大全文集》卷一百四《墨林方氏帖·蘇文忠公·書千金方帖》：「仙者葛洪、孫思邈著有方書傳世。《抱朴子》方最多，世未有試之者。若《千金方》，則試而驗者多矣。坡公於其中録出此方，豈以其言高虛似《抱朴子》者。輒恨吾老矣，不能以身試方，當俟諸識者。」晚歲時書，附此。

道潛（參寥）欲自杭轉海相訪，止之。

《文集》卷六十一與道潛第十八簡云「轉海相訪，一段奇事」，以下云「千萬勿萌此意」。簡有「穎師喜於得預乘桴之游」語，蓋道潛擬與法穎同行。簡云「雪浪齋詩尤奇瑋」。道潛有和蘇軾《雪浪石》詩，見元祐八年「得雪浪石」條紀事。此簡乃至惠後答道潛作，為本年事。《總案》次此事於元符元年，蓋誤。

《斜川集》卷二《次韻伯達仲豫二兄和參寥子》首云「羅浮插天猿晝號」，知作於惠，中云「道人航海曾何勞」，蓋謂道潛欲轉海相訪。道潛原韻乃《參寥子詩集》卷八《重居夜坐懷蘇伯達昆仲》，中云「隔垣洶洶如秋濤」、「星斗挂檐霜月高」，作於深秋。今繫此。

杭州慧淨琳老等默禱於佛，令蘇軾亟還中州。簡道潛（參寥）致意，并及秦觀。

《文集》卷六十一與道潛第十九簡敍之。簡云「萬里之行」，知為今年事。姑次第十八簡後。秦觀於紹聖元年閏四月十八日謫處州，簡云觀「不憂其不了此境」，謂此也。

與程之才、傅才元、詹範籌建東新橋，尋動工，以道士鄧守安(道安)董其事。

《詩集》卷四十《兩橋詩・引》云惠州東「江溪合流，有橋，多廢壞」，需修。與之才第二十七、三十六簡商議修橋事。其一，修橋乃急務，以橋多廢壞，「冬有覆溺之憂」，應太守詹範之求，求之才支持；其二，鄧守安肯管修橋事，「其工必堅久」；其三，修橋需八九百千，「若減省即做不成」，縱成亦不堅，今猶少四五百千，於法當提刑司、轉運司分認。

與之才第三十六簡謂才元必欲修成此橋，「選一健幹吏令來權簽判，專了此事」。第四十七簡云及傅同年，第四十九簡云及傅公，皆涉及漕司事。《文集》卷五十六《與王敏仲》第八簡云及傅同年，卷六十《與陸子厚》亦云及，並云「近傅得廣東漕幕」。據此，知才元、傅同年、傅公為一人，才元官廣南東路轉運司。嘉靖《惠州府志》卷三紹聖間「通判、簽判、判官」一欄有傅知柔，光緒《惠州府志》卷十九謂知柔嘗為循州通判，不知是否即才元。光緒《江西通志》卷二十一：傅燮，清江人，嘉祐二年進士，官少府少監。錄備參。

與之才第六十簡云入冬，「時走湖上，觀作新橋」。則籌建為秋季事。《文集》卷六十與守安第三簡：「橋，想益督工，何日訖事？船橋尤不可緩，不知已呼得斫船人與商量未？」又云太守詹範「再三託致意，不敢不達也」。

詹範聚枯骨為叢冢，蘇軾與其事，並為文祭之，又作銘與疏。

《詩集》卷三十八《惠守詹君見和復次韻》「查注」謂範知惠，「時兵荒之後，野多暴骨，範取而掩之，為叢冢焉」。與之才第六十簡謂入冬「掩骼之事亦有條理」。收葬枯骨，軾嘗有所獻助，見紹聖三年六月紀事。祭文見《文集》卷六十三（一九六一頁），卷六十二有《葬枯骨疏》；《佚文彙編》卷一有《惠州官葬暴骨銘》。 祭文云「監司舉行無吝財之意」，《總案》謂乃之才舉行之。

欲游半徑，未果，作文志之。

《晚香堂蘇帖》：「惠州西南五里所，地名半徑，皆美田，宜秔稌，自豐湖泛舟可至焉。 前輩有詩云：『半徑雨餘香稻熟，豐湖波煖鯽魚肥。』予至惠一年，欲游而未果也。」《佚文彙編》未收。

與朝雲閑坐，命唱《蝶戀花》「花褪殘紅」，朝雲頗傷感，遂罷。

詞見《東坡樂府》卷下。宛委山堂《説郛》卷八十四《林下詩談》：「子瞻在惠州，與朝雲閑坐，時青女初至，落木蕭蕭，悽然有悲秋之意。 命朝雲把大白唱『花褪殘紅』，朝雲歌喉將轉，淚滿衣襟。 子瞻詰其故，答曰：『奴所不能歌，是「枝上柳綿吹又少，天涯何處無芳草」也。』子瞻翻然大笑，曰：『是吾政悲秋，而汝又傷春矣。』遂罷。 朝雲不久抱疾而亡，子瞻終身不復聽此詞。」《文學遺産》一九八三年第二期吴世昌《有關蘇詞的若干問題》謂「天涯」句乃用《離騷》「何所獨無芳草兮」，朝雲蓋以蘇軾比屈原。

十月初，和陶《己酉歲九月九日》。

《詩集》卷三十九《和陶己酉歲九月九日》：「十月初吉，菊始開，乃與客作重九，因次韻淵明《己酉歲九月九日》一首。」《紀年録》謂此詩今年作。

為朝雲賦《三部樂》。

詞見《東坡樂府》卷上。

詞云「何事散花却病，維摩無疾」。散花謂朝雲，維摩乃蘇軾自謂。《東坡樂府》卷下《殢人嬌》，亦為朝雲所作，詞首云「白髮蒼顔，正是維摩境界」，「空方丈散花何礙」，可參。《三部樂》又云「却低眉慘然不答，唱《金縷》一聲怨切」，正寫朝雲此時心境。詞有「落盡一庭紅葉」之句，知作於十月間。

聞有旨不敍復，簡程之才、曹輔（子方），以任運自慰。之才贈朝雲牙梳。

《佚文彙編》卷三與之才第一簡：「軾近得子由書報，近有旨，去歲貶逐十五人，永不敍復，恐赦書量移指麾，亦未該也。行止孰非命者！譬如元是惠州人，累舉不第，雖欲不老於此邦，豈可得哉！」簡末謝贈朝雲牙梳。《文集》與之才第十三簡亦略及此。

《文集》卷五十八與輔第三簡云：「近報有永不敍復指揮，正坐穩處，亦且任運也。」又云：「見今全是一行脚僧，但吃些酒肉爾。」

《佚文彙編》與之才簡中及《次韻正輔同遊白水山》添「蛙」字韻事，知約作於十月間。

和陶讀《山海經》。

詩見《詩集》卷三十九（二一二九頁）。其一首云「今日天始霜」。同上卷《江月》引云「今歲九月殘暑方退」，是始霜為冬初事。《欒城後集》卷二有次韻。

長子邁、次子迨將入京師授差遣，求程之才致宜興家書。

《文集》卷五十四與之才第四十七簡：「宜興一書，煩為入一皮角遞。兒子輩開歲前皆入京授差遣。此書告為便發，庶速得達也。」約作於冬初。參紹聖三年「欲長子邁來廣南東路指射差遣」條紀事。

子過畫寒松偃蓋為護首小屏，蘇軾為作《偃松屏贊》。

贊見《文集》卷二十一。贊之引盛贊北嶽之松瘠而不瘁，乃植物之英烈，「謫居羅浮山下，地煖多松，而不識霜雪」，與北方之松不同，士踐憂患，當以北方之松自勉。《總案》謂此贊為今年作，今從。贊約作於入冬後。

作《藥誦》。

文見《文集》卷六十四，謂遷嶺表「逾年無後命」，痔大作，呻呼幾百日，約作於冬初。

程之才寄柑子來。

《晚香堂蘇帖》：「軾啟。近檢法行，奉書未達間，伏蒙賜教，並寄惠柑子，此中雖有，似此佳者，即不識也。但十有一二壞爾。謹如教略嘗，不多啖也。軾頓首。」見《文集》卷五十四與程之才第十簡。《文集》無「軾頓首」三字，以下尚有「比日還府以來」云云四十四字，中有「歲暮」語，疑乃另一簡簡文，誤合為一。以柑子初冬結實，距歲暮尚有時日。

《晚香堂蘇帖》：「柑子已絶多日，忽有好事者分此數十枚，蓋於百中揀得此一二耳。聊持獻，恐要與柑子送路，呵呵。」以下另行書：「監司有來耗否？略批示。」《佚文彙編》未收。此乃與某友人簡附簡，作於上簡略後，附次此。

十一月三日，簡程之才，言作橋、掩骼事。

與之才第六十簡敍此，謂二事「有條理，皆粗慰人意」。又云：「比來數事，皆蒙賜左右，此邦老稚，共荷戴也。」謂營房、税役、違赦掊剋諸事。

九日，夜夢與人論神仙道術。作詩。

詩見《詩集》卷三十九（二一五四頁）。

十日，與程之才簡，言痔疾不免時作。

此簡乃與之才第六十一簡。

章楶（質夫）送酒，書至而酒不達，作詩問之。

詩見《詩集》卷三十九（二一五五頁），末云：「南海使君今北海，定分百榼餉春耕。」期明春來酒，詩當作於本年十一二月間。

十二月臘日，與黄庭堅（魯直）書《硯銘》。

《晚香堂蘇帖》：「魯直黄君足下。或謂居士：『吾當往端溪，可為公購硯。』居士曰：『吾兩手，其一解寫字，而有三硯，何以多為？』曰：『以備損壞。』居士曰：『吾手或先硯壞。』曰：『真手不壞。』居士曰：『真硯不損。』紹聖二年臘日。」《八代文鈔》第二十九册有此文，題作《硯銘》，篇首無「魯直黄君足下」六字，篇末「臘」上有「十月」二字。「損壞」之「損」原作「積」，今從《八代文鈔》。此文，《佚文彙編》

未收。

本月，書《管幼安傳》後。

文乃《文集》卷六十五《管幼安賢於荀孔》。

鍾山泉公（法泉、佛慧禪師）卒。與道潛（參寥）簡，慰之。

《慶湖遺老詩集·拾遺·贈僧彥》序：「丙子三月，再由金陵，泉公化去已累月。」泉公約卒於本年末。

簡乃《文集》卷六十一與道潛第十二簡。

孫立節（介夫）卒，與其子勰（志康）慰疏。又有簡與勰。

《文集》卷五十六與勰第一簡乃慰疏。第二簡云及「春末聞訃」，即欲奉疏，「又聞志康往西路迎護」。據《斜川集》卷五《孫志康墓銘》，立節終於桂州節度判官任，勰蓋往桂州也。桂州屬廣南西路。第二簡云明年長子邁來惠，又云及「示諭開歲來此相見」，知作於本年歲末，簡切告勰寢來惠之意。

李格非（文叔）來書。

《文集》卷五十六《與孫志康》第二簡：「李文叔書已領。」《宋史》卷四百四十四格非傳謂以文章受知蘇軾。《邵氏聞見録》卷二十四謂格非「出東坡之門，其文亦可觀」。入元祐黨籍，名在餘官第二十六人，見《長編拾補》卷二十。女清照，見《李清照集校注》。有詩文四十五卷，已佚；其卒，張耒誌墓。見《後村詩話》續集卷三。耒文佚。

法舟、法縈二僧自成都來，求撰寶月大師惟簡塔銘。應其請，撰文。

與之才第十五簡敍法舟來。《文集》與之才第一簡至第十七簡係編年，第十五簡歲末作。塔銘見《文集》卷十五（四六七頁）。《文集》卷六十一《與僧隆賢》敍二僧來，並敍作塔銘。《山谷全書》外集卷二十三《書簡公畫像贊後》贊法舟萬里走惠州，求惟簡塔銘，「冒蛟鼉虎豹蟲蛇之險而不悔」。以後又走戎州，求黃庭堅為惟簡畫像作贊，庭堅作贊並跋。

經營藥圃（種人參、地黃、枸杞、甘菊、薏苡）、菜圃，常獨出尋幽。

《詩集》卷三十九《小圃五詠》、《雨後行菜圃》、《殘臘獨出》，皆歲末作。

與曹輔（子方）簡，請載陳曉事於祀典；吴復古（子野）出家，友人來簡請阻之，回簡；答程全父簡；弟轍買田陽翟：皆本年事。

《輿地紀勝》卷四十三《高郵軍》：「陳崇儀：儂賊犯交廣，狄武襄責崇儀使陳□以示威，首斬之，軍聲大振，竟破賊。而桂人為崇儀建廟貌祀事至今。東坡先生以書抵廣西憲曹子方云：『故崇儀陳侯，忠勇絶世，死非其罪，乞載祀典，使此侯英魄少信眉於地中。』武襄必無濫誅，而廣人奉事之益嚴，又東坡之説如此，不可曉也。侯，高郵人。」卷一百十五《賓州》：「陳崇儀威顯廟，在州治西，即本朝崇儀使陳曉也。皇祐四年，曉以廣西鈐轄知賓州，狄青以袁用失律，併害曉，嶺民泣下，立祠祀之。」以下引蘇軾與輔簡中語，末云：「乾道中，始賜額曰威顯廟。」軾簡在《文集》卷五十八（一七七四頁），云「得罪幾二年」，今年作。簡云「願公與程之邵議之」，查《詩集》卷三十二《新茶送簽判程朝奉以饋其母有詩相謝，次韻答之》「施註」，時遵彥（之邵）使廣西。

《佚文彙編》卷四收與友人簡(二五〇七頁)。簡云「今蒙示諭,深認一宅骨肉至意,專在下懷」,一則復古度牒乃蘇軾求得,二則復古與軾友情甚深。簡敍復古出家,家人勸阻不成,乃答以「俟他到此,即取其度牒收之,力勸令且更與宅中評議也」。簡云「前年在都下」,作於今年。

答全父簡乃《文集》卷五十五與全父第一簡,云「去歲過治下」。

轍買田據《詩集》卷四十《次韻高要令劉湜峽山寺見寄》自注。

作《海會殿上梁文》,殿乃海會長老建。於海會院旁陂作放生池,後人祀之。

文見《文集》卷六十四。與程之才第二十三簡敍海會長老建法堂甚宏壯,「今起寢堂,歲終當完備也」。此寢堂當即殿。以下敍欲買旁陂作放生池。《總案》謂海會院今名永福寺,寺旁之陂「皆昔時景狀」,惠人磨穹碑,表曰「宋蘇文忠公放生湖」,歲時伏臘有祀。知蘇軾終作之。

錢世雄(濟明)之獄,約起於本年。

《墨莊漫録》卷一:「吕温卿為浙漕,既起錢濟明獄,又發廖明略事,二人皆廢斥。」温卿,惠卿之弟。紹聖中除直秘閣,遷鴻臚寺卿,江淮等路發運使。《宋史翼》卷四十有《傳》。《文集》卷三十八有《吕温卿知饒州》制。

欲令姪孫彭般過之家小來惠,未果。或為本歲事。

《佚文彙編》卷四《與友人一首》:「近得姪孫行唐主簿彭書,其母四娘者又逝去,彭已扶護入京葬訖。本令此子般小兒子房下來,此今又丁憂,亦災滯中一撓也。」過家小住宜興。彭之岳父丁騭,為宜興人，彭或住宜興，故以此為託，參元祐八年「從孫彭娶丁騭之女」條紀事。

周彥質（文之）惠米，謝以詩。

《詩集》卷三十九《答周循州》：「時叨送米續晨炊。」《文集》卷五十八與彥質第三簡敘彥質「惠米五碩，可得醇酒三十斗」，又云彥質「惠栗極佳」。簡作時不詳。

蘇軾年譜卷三十五

紹聖三年（一〇九六）丙子　六十一歲

正月一日夜，博羅大火。簡程之才薦林抃、黄燾處理災後事宜。

與之才第十八簡云及一邑灰燼，百姓千人，露宿沙灘。建議以茅竹蓋房；起造物料，依實價和買而不行科配，依實支破；修復公宇、倉庫；存撫災民，彈壓寇賊。建議委托博羅知縣林抃、本州推官黄燾處理災後事宜。

與林抃（天和）簡，贊其盡力火災善後事宜。

《文集》卷五十五與抃第一簡：「火後，凡百勞神，勤民之意，計不倦也。」知之才從蘇軾之請，委托抃處理火後事宜。

新年作詩，以居惠為樂。

《詩集》卷四十《新年》五首其三：「豐湖有藤菜，似可敵蓴羹。」惠州可與眉州比美。

初五日，與法舟夜坐，談不二法，應舟之請記之。

文見《文集》卷七十一（二二七〇頁）；原謂紹聖二年作，誤，時法舟未至也。「紹聖二年」應作「紹聖三年」。

十二日，題所書寶月塔銘付法舟。

文見《文集》卷六十九（二二〇二頁）。

與僧隆、賢作慰疏，慰惟簡（寶月大師）之化去。

疏乃《文集》卷六十一《與僧隆賢》第一簡。

隆乃士隆，賢乃紹賢，為寶月大師弟子，為成都副都統。見《文集》卷十五《寶月大師塔銘》。熙寧四年，文彥博嘗許為士隆奏請紫衣師號，見《文集》卷六十一《與寶月大師》第一簡。慰疏乃由法舟攜回。

本月，與程之才簡，時之才將召還；法舟去惠回成都。

與之才第十六簡云：「履茲新春。」又云「聞有北轅之耗，尤副卑望」。第二十簡云「開歲忽將一月」，「兄北歸，別得近耗否」，云法舟去，附致弟轍書。據第二十一簡，此第二十簡乃由法舟攜來。法舟歸途經高安，《欒城後集》卷二有詩。

作《和陶詠二疏》、《和陶詠三良》、《和陶詠荊軻》。

詩見《詩集》卷四十。依《詩集》編次。

欲長子邁來廣南東路指射差遣，欲次子迨試法赴舉。復求程之才寄家書與邁。時邁、迨在京師。

與之才第十七簡：「當令長子邁來此指射差遣，因挈小兒子房下來。次子迨，且令試法赴舉也，恐欲知之。今有一書與邁。輒已作兄封題，乞令本司邸吏分明付之，邁必已到都下也。」簡云及「兄去此後」，是之才行將離任。簡作於今年之初。簡中「來此」之「此」，乃指廣南東路。時邁、迨在京師。

黄庭堅（魯直）自黔州寄詩來。

《詩集》卷四十《次韻高要令劉湜峽山寺見寄》「便回爇天焰，長作照海燭」句下自註：「近黄魯直寄詩云：蓮花合裏一寸燭，牝馬海中燒百川。魯直蓋近有得也。」黄時在黔州，見紹聖二年四月二十三日紀事。據此，劉當識黄。次劉湜韻次本卷二月八日詩後，黄寄詩來或為正月間事。

康熙《徽州府志》卷四謂元祐八年知祁門者有劉湜。

二月八日，與黄燾、僧曇穎過逍遥堂何宗一道士問疾。

《詩集》卷四十有詩（二一八七頁）。

二十日，弟轍生日，送香合。

據與程之才第六十八簡。

二十三日，與方子容（南圭）簡。時子容將知惠。

《晚香堂蘇帖》：「軾啟。使至，伏辱賜教，眷待有加，感慰無量，仍起居清勝。治行有日，併增欣抃。軾蒙庇如昨，既獲所依，願受一廛而為氓矣。餘非面莫究。漸暄，萬萬若時自重。謹奉手啟上謝，不宣。軾再拜南圭使君閣下。二月廿三日。」《後村先生大全文集》卷一百四《與方南圭十四帖》節引此簡。此簡，《佚文彙編》失收。

本月，程之才召還。以和陶潛《飲酒》二十篇寄之，並薦侯晉叔。

與之才第二十一簡敍寄和陶《飲酒》詩，末云「未由會合，日聽召音而已」；第二十二簡薦晉叔，中云「恐兄不久歸闕」；第六十八簡敍送弟轍生日香合，欲於生日前送達，託之才尋便附達。則之才二月初當尚在韶。《文集》卷五十六《與程德孺》第四簡云「正輔知已到京」，作於建中靖國元年。文字交往止此。《洪龜父集》卷下有《次韻程正輔春日催諸公行樂之什》，或作於徽宗時。

三月五日，作《祭寶月大師文》。

據《紀年録》。文已佚。

六日，跋柳宗元南遷後所作《南澗》詩。

跋文見《文集》卷六十七（二一一六頁），贊柳文「清勁紆餘」；跋文全録宗元詩。

十日，寒食日，寶積長老曇穎為言雄略指揮使姚歡服黃連法，記之。

文見《文集》卷七十三（二三五四頁）。文謂歡服黃連，年八十餘，鬢髮不白。

作《和陶移居二首》。

詩見《詩集》卷四十。參本年四月八日紀事。

春，朝雲生日，作致語口號。

《詩集》卷四十六有《王氏生日致語口號》，《外集》卷二十七題即作「朝雲生日致語」，是；《詩集》失校。致語云「海上三年」，知作於本年。又云「江月升樓」，知作於寓居合江樓時，乃春季事。

痔疾全愈；張耒（文潛）專人來，答簡及此。耒作和陶《飲酒》。

簡見《文集》卷五十二，為與耒第一簡。首云：「忽辱專人手教，伏讀感歎。」又云：「疾久已掃除。」簡有「清淨獨居一年有半」之語，蓋作於三月間。與之才第十七簡，作於正月，有「痔疾亦漸去矣」之語。據《宋史》卷四百四十四《張耒傳》，時耒知宣州。耒本年作和陶《飲酒》，據《桐江續集》卷五《和陶淵明飲酒二十首》之序。詩佚。

作《和陶桃花源》。録所作《和陶桃花源·引》等贈卓契順，有跋。

詩見《詩集》卷四十。

跋見《佚文彙編》卷五（二五六一頁）。跋作於「清和月」。按：清和月乃初夏，即四月。録所作篇目，見校註第一條。其所録《和陶桃花源·引》，較《詩集》多「故和《桃源》詩以廣其説」九字。據此，知《和陶桃花源》作於此前。今姑繫於此。

卓契順紹聖二年來惠，已見該年紀事。此次録所作贈之，似卓契順復來，然無踪迹可考。

《和陶桃花源》云及「杞狗或夜吠」，「施註」引《羅浮山靈異事迹記》，謂為羅浮山事；又云「蒲澗安期境，羅浮稚川界」，為廣州及羅浮山事：皆在惠州附近。其引敍在潁時夢仇池事，《詩集》卷三十九《和陶讀山海經》其十三自注亦敍之。

四月八日，卜新居。蓋得歸善縣後隙地數畝為古白鶴觀者經營之，子過亦預其事。

四月八日云云，據《紀年録》。《詩集》卷四十《和陶移居》之引敍得古白鶴觀地，欲居之。《文集》卷六十一《與南華辯老》第五簡：「行館僧舍，皆非久居之地，已置圃築室，為苟完之計，方斫木陶瓦，其成當在冬中也。」卷五十五《與程全父》第六簡敍請木匠作頭王皋計料數間屋材，督蔣生所斫木；《與林天和》第十八簡敍請抃（天和）催豐樂橋數請假木匠回；卷五十六《與王敏仲》第十二簡敍起宅子，囊為一空；卷五十三《答毛澤民》第四簡謂作屋二十間。

《文集》卷五十八《與曹子方》第四簡：「小兒數日前暫往河源，獨幹築室，極為勞冗。」謂過也。《晚香堂蘇帖》：「軾近買地江上，方購瓦木作小宅，雖頗勞費，亦且老病有所歸宿，知之，一笑。兒子近入府，凡百極荷照顧，感佩不可言，無由面謝，書不能盡意也。軾再啟。」《佚文彙編》未收。此乃與某友人簡；據「再啟」，當為附簡。

與文公大夫簡，敍在惠生活。曹輔（子方）惠芽蕉并簡，答之。

與文公簡見《佚文彙編》卷三（二四八七頁），云「謫居已再經春」。《文集》卷五十八與輔第四簡敍專使惠芽蕉，及子過預營新居事。

食太守東堂將軍樹荔枝，作詩，願長作嶺南人。

詩見《詩集》卷四十（二一九二頁）。將軍樹乃陳堯佐知惠時所植。詩其二云：「日啖荔支三百顆，不辭長作嶺南人。」《詩集》次《遷居》前。堯佐，《宋史》有傳。

二十日，復遷嘉祐寺，作詩。

《詩集》卷四十《遷居・敍》敍此事。

五月二日，或書元祐三年所作和王詵（晉卿）題李公麟（伯時）畫馬等三詩後。

文見《佚文彙編》卷五（二五五四頁），末署「五月二日」，未著年份。今以本年痔疾已愈，故繫之於此（文有「謫居惠州」之語）。

五日，應惠州道士鄒葆光之請，書《天蓬咒》，并跋。

跋見《文集》卷六十九（二二〇二頁）。

十七日，作詩示子過。

據《紀年録》。詩不見。

二十七日，過水西，買筆。歎嶺南無善筆。

據《文集》卷七十《書嶺南筆》。

本月，為周彦質（文之）題「默化堂」榜，堂名乃蘇軾所定。

《總案》：「默化堂」榜，「今在惠州府廳事，款署紹聖丙子年仲夏月寧遠軍節度副使、惠州安置蘇軾題」。

《文集》卷五十八與彦質第一簡敍為循州州治之堂立名事，並敍以「默化」名堂之義。

《竹溪鬳齋十一稿續集》卷十三《跋東坡默化堂三大字帖（原注：堂名，坡所命也）》云：「三大字，神全而韻勝，其説尤美。」以下云：「公方見仇於世，而能求此於公，亦賢守將矣。體四時之運，而無容心於其間，付苦樂於偶然，而隨所寓以自適，此先生養性之法也，豈直為牧養之妙乎！『默化』之名奇矣哉。雖然，四時化，萬物亦化，其不化者長存，此先生之帖所以傳，先生之名所以在也。」

《輿地紀勝》卷九十一《循州》：「默化堂：在郡治。東坡在惠州時，為循守周彥質命名，大書其榜。」

程全父之子儒來訪。

《文集》卷五十五《與程全父》第六簡：「令子先輩辱訪及，客衆，不及欵語。」約作於本年夏，參本年四月八日紀事。第八簡云：「令子先輩辱書及新詩，感慰彌甚，筆力益進，家有哲匠矣，何復下問乎！」《文集》同上卷《與程秀才》第一簡云「近與小兒子結茅數椽居之」，《王譜》謂此乃與程儒簡中語，知秀才乃儒。第三簡云「丈丈惠藥、米、醬、薑、糖」，《與程全父》第十簡有謝全父惠「糖冰精麪等物」云云，知儒乃全父之子。

六月八日，與方子容（南圭）簡，企望來惠。

《晚香堂蘇帖》：「軾啟。奉別忽將再期，思企之懷，與日俱增積。即辰，履兹畏暑，起居清勝。日與吏民引望前塵，尚未聞近耗，但當馳仰，伏冀若時保練，少慰區區。謹奉狀上問，不宣。軾再拜南圭知郡朝奉閣下。六月八日。」《後村先生大全文集》卷一百四《與方南圭十四帖》節引此簡。此簡，《佚文彙編》未收。

《晚香堂蘇帖》：「軾啟。昨日附來使拜狀，必已塵覽。即日治行勞神，竊計起居佳勝。企望軒旆，何翅飢渴。乍暄，跋履之外，精調寢味。謹因候吏上問，不宣。廿六日，軾再拜南圭知郡朝奉閣下。」據「乍暄」，此簡早於六月八日簡。此簡，《佚文彙編》未收。附此。

本月，東新橋、西新橋落成，有詩。嘗與弟轍之妻史氏助之。

詩見《詩集》卷四十（二一九九頁），其引云「紹聖三年六月畢工」。詩自注「余嘗助施犀帶」；「子由之婦史，頃入內，得賜黃金錢數千助施」。《文集》卷六十一《與南華辯老》第十二簡敘及捐貲「收葬暴骨，助修兩橋」。

乾隆《歸善縣志》卷六引宋許騫《西新橋記略》：「環惠皆水也，左合雙江，右并長湖，江以東為橋，湖以北為堤，皆往來之衝，捨斯二者弗濟。乃若自湖以西，不過禱祀遊玩者往焉，樵蘇者往焉，雖一葦可航，亦必築堤建橋，意者導湖山之勝，據登覽之會，以成此邦之偉觀耶！橋故千柱橫跨一湖，雨潦弗支。紹聖二年冬，僧希固築進兩岸而堤之，東坡蘇公捐腰犀以倡其役，黃門公遺金錢以助其費，而西新之名遂為南州甲。閱歲浸久，所謂頂椿者屹如砥柱，不可動搖，蓋其度材用功不苟如此。（下略）」寧宗慶元丙辰作。同上謂西新橋在郡城西湖，「人稱為蘇公堤」。

《輿地紀勝》卷九十九《惠州》：「蘇公堤：在豐湖之左岸。紹聖間，東坡出上所賜金錢築焉。」

長子邁授韶州仁化令，擬九月或冬中挈家來。

《文集》卷六十一《與南華辯老》第五簡：「九月中，兒子般挈南來。」作於伏暑中。卷五十三《與毛澤民》第四簡言邁授韶州仁化令，冬中當挈家來；約作於秋間。同上卷與陳師錫（伯修）第四簡，亦言及邁授仁化令事。韶州屬廣南東路，仁化在州東一百五十里。

與重辯南華辯老簡，報近況。

《文集》卷六十一《與南華辯老》第五簡：「至此二年，再涉寒暑，粗免甚病。」簡作於伏暑，朝雲未病也。第十三簡亦作於此前後，云「在此凡百如宜」。

歐陽知晦惠桃、茘、米、醋，簡謝。

《文集》卷五十八《與歐陽知晦》第一簡乃謝簡。簡末云「蒸暑異常」，點明季候。簡末云痔疾，作於今年。第二簡云及「治下」，知知晦為官，或即官於二廣。

七月五日，朝雲病卒。有詩、詞悼之。

《詩集》卷四十有《悼朝雲》，其引敍朝雲之卒。詞乃《全宋詞》第三二九頁《雨中花慢》（「嫩臉羞娥」）。

《文集》卷六十二《惠州薦朝雲疏》：「遭時之疫，遘病而亡。」卷五十五《與林天和》第十五簡謂「瘴疫横流，僵仆者不可勝計」，「某亦旬浹之間喪兩女使」。朝雲亦女使。知時疫即瘴疫。卷五十二《與李端叔》第七簡敍朝雲之死，云「最荷夫人垂顧」。夫人乃之儀（端叔）之妻胡氏。

《萍洲可談》卷二：「廣南食蛇，市中鬻蛇羹。東坡妾朝雲隨謫惠州，嘗遣老兵買食之，意謂海鮮。問其名，乃蛇也。哇之，病數月竟死。」此屬傳聞，姑録此。

孫賁（公素）寄毛滂（澤民）所撰《雙石堂記》來，與滂簡，盛贊滂文。

《文集》卷五十三答滂第三簡敍其事。《記》見《東堂集》卷一，言賁知衢（《畫墁集》卷三詩題作衡）州時破疑塚事，作於本年二月二十五日。簡謂滂文乃韶濩之餘音。簡言秋暑，點明季候。

八月庚申（初三日），葬朝雲於棲禪山寺。作墓誌銘。寺僧為建六如亭。

銘見《文集》卷十五（四七三頁）。《文集》卷六十二《惠州薦朝雲疏》：「念其忍死之言，欲託棲禪之下。」葬棲禪乃從其遺言。

《文集》卷五十二《與李端叔》第七簡敍朝雲葬棲禪寺，「僧為亭覆之，榜曰六如亭」。

上條所引之《悼朝雲》，乃銘墓後作。「施註」有「先生於朝雲墓前作六如亭」之語。

《總案》：「棲禪寺，泗州塔、朝雲墓、放生湖、海會院皆在湖濱而各占一坡，若連若續，不出二里餘也。自惠州西門之外過橋隄，沿豐湖而北，至棲禪寺，寺面湖負山，山之左折出一坡，則泗州塔峙其上，塔之左又一坡，則朝雲墓在焉。墓之左一坡為殿，坡盡，即公因舊葺築之隄，以界豐湖與放生池者，長約半里餘，隄盡則海會院也。其自棲禪寺歷數坡谷，皆摺疊詰曲而行，最為幽勝。在寺不知有塔，登塔不見有墓，至其墓上，坡壠又復障蔽，塔甚近，微露上級，風過則鈴語悠揚，與松楸相答，凄然欲絕。」

九日，視朝雲墓。薦朝雲，作疏。

《文集》卷七十一《題棲禪院》：「紹聖三年八月六日夜，風雨，旦視院東南，有巨人跡五。是月九日，蘇軾與男過來觀。」院東南，朝雲墓也。

同上卷六十二《惠州薦朝雲疏》云：「既葬三日，風雨之餘，靈跡五蹤，道路皆見。」又云：「伏願山中一草一木，皆被佛光；今夜少香少花，遍周法界。湖山安吉，墳墓永堅。」薦於九日之夜。

與章楶（質夫）簡，報朝雲之逝。楶有簡相慰，復答簡。

《名賢氏族言行類稿》卷二十六《章楶傳》附蘇軾與楶第三簡：「多日不奉書狀，蒙庇如昨，但侍者病亡，旅懷不免牢落，方營葬之，更何可了，目前紛紛，須已事，乃釋然耳。有詩悼之，其略曰：『傷心一念還前債，彈指三生斷後緣。」恐公欲知鄙意，不深念也。數日前，颶風淫雨繼作，寓居牆穿屋漏，草市已在水底。蔬肉皆缺，方振履而歌商頌，書生强項類如此。想聞此捧腹掀髯一絶倒也。」第四簡：「朝雲葬豐湖上棲禪寺松林中。前瞻大聖塔，日聞鐘梵。墓得如此，不負其宿性。頃嘗學佛法於泗上比丘尼義空，亦粗知大意，且死，誦《金剛經》四句偈乃絶。因蒙公記憐之，故一報也。」二簡，《佚文彙編》未收。

《文集》卷五十五與粢第三簡：「近承手書，以侍者化去，曲垂開諭，感佩深矣。」

方子容來知惠，詹範罷。

《詩集》卷四十《丙子重九》其三：「餘子誰復數，坐閱兩使君。」謂範與子容。子容來，當為秋季事。嘉靖《廣東通志》謂子容紹聖間通判循州，以朝請郎知惠。

《莆陽比事》卷二：方子容守惠陽；軾常留郡齋，家藏文集、古畫，軾多所校正題跋，今手迹俱存。乾隆《莆田縣志》卷二十四《方子容傳》：「字南圭。皇祐五年進士。歷守惠州。蘇東坡謫惠時，日相唱和。嘗為點勘六經，終朝請大夫。」卷三十三《藝文》著録《南圭詩集》一卷。不傳。

九月九日，與詹範、方子容及鄰翁等登白鶴山强醉，有詩；并作《龍山補亡》。過亦有詩。

《詩集》卷四十有《丙子重九》。《補亡》詩在同上卷四十八。

清舊抄本《斜川集·九日詩》：「火雲初收旦，凄露净中夕。良辰非虚名，菊秀萸更實。世間孰真樂，心境遇相值。華屋與茅茨，何足繫欣戚。勿云瘴海惡，山水侶吴浙。我有環堵居，危臺俯清絶。及時要行樂，鷄黍隨豐乏。真一撥新釀，九華襲前哲。西鄰有書生，破帽衣百結。勿憚往來頻，杯中猶有物。」此詩，不見知不足齋本《斜川集》。西鄰書生乃翟逢亨。

十月二十日，與程全父（天侔）簡。

《晚香堂蘇帖》：「白鶴新居成，求數色果木，太大則難活，太小則老夫不能待，當酌中，又須土碪稍大不傷根者為佳。軾上天侔足下。十月廿日。」此乃《文集》卷五十五與天侔第七簡中語，文字略有異。

參本年十二月七日紀事。

二十九日，再書柳宗元《南澗》詩。

《晚香堂蘇帖》録柳宗元《南澗》詩，跋云：「紙墨頗佳，殊可發興也。丙子十月廿九日。」以下有「東坡居士」印章。跋，《佚文彙编》未收。參本年三月六日紀事。

與陳師錫（伯修）簡。

簡乃《文集》卷五十三與師錫第四簡，云及邁「今挈家來矣」，約作於冬初。

十一月四日，記黃脽道人語。

《晚香堂蘇帖》：「卓然精明而念不起，兀然灰槁而照不滅，二法相反當融為一：黃脽道人語也。丙子十一月四日燈下書。」《佚文彙编》未收。

二十一日，作《野吏亭記》。

記見《文集》卷十二。

吳復古（子野、遠遊）、陸惟忠（子厚）自筠州來。蹇拱辰（翊之、葆光）託復古帶來墓頭回草。《文集》卷六十八《書陸道士詩》敍二人來，《總案》謂為十一月。《詩集》卷四十《和陶歲暮作和陶常侍》引謂二人「皆客於余」，作於十二月。拱辰云云，據《文集》卷七十三《墓頭回草録》。

賦《西江月》詠梅悼朝雲。

詞見《東坡樂府》卷上。《芥隱筆記》謂此詞「不與梨花同夢」，蓋用王建夢中梨花詩。《歷代詞話》卷五《蘇軾過海》引《太平樂府》：東坡貶惠州日，晁以道見公詞有「海仙時遣探芳叢，倒掛緑毛幺鳳」，便云：「此老須過海，只為古今人不能道及，應罰教去。」「海仙」二句，即在《西江月》。

十二月初一日，書陸惟忠鏡、硯。

文見《文集》卷七十（二二四二頁）。

七日，致簡程全父（天侔）。

《文集》卷五十五與全父第七簡，求柑、橘、柚等十種果木，以植之白鶴峯新居。

八日，與吳復古、陸惟忠、翟逢亨、江秀才會，試曇穎之谷董羹。

《文集》卷六十八《書陸道士詩》敍之。

十九日，生日，過壽詩。南華辯老亦有餉。

《斜川集》卷三《大人生日》其七：「窮寓三年瘴海濱，簞瓢陋巷與誰鄰。維摩示疾原非疾，原憲雖貧豈是貧。紡嫗固嘗占異夢，肉芝還已獻畸人。世間出世何由並，一笑榮枯等幻塵。」

《文集》卷六十一《與南華辯老》第九簡云餉生日，并云「庶緣道力，少安晚境」，至惠後漸趨安定，繫此。

二十一日，書吴復古（子野）墨，論辨墨之真僞；欲作容安亭，作文誌之。

《文集》卷七十《書李承宴墨》敘辨墨（《紀年録》謂十一日事）；卷七十一《名容安亭》敘欲作亭。

二十五日，酒盡米盡，和陶《歲暮和張常侍》贈吴復古、陸惟忠。

和陶見《詩集》卷四十。

除夜前兩日（二十七日），吴復古以煨芋見啖，乃記之并論煨芋之法。

文乃《文集》卷七十三《記惠州土芋》。

弟轍寄《寓居六詠》來，次其韻。

轍詩見《欒城後集》卷二，敘在筠生活。次韻詩見《詩集》卷四十（二二〇六頁），敘惠州生活。其六首云「新居已覆瓦，無復風雨憂」，謂白鶴新居將成也。其一云及「草木如有情，慰此芳歲闌」，作於歲末。

章楶（質夫）移江、淮發運使，有簡為慶。王古代楶知廣州。

《宋史》卷三百二十八《章楶傳》謂知廣州後，「徙江、淮發運使」。

《文集》卷五十五與楶第二簡：「伏承被召，移漕六路，輿論所期，雖未厭滿，而脱屣炎州，歸覲闕庭，茲可慶也。」

嘉靖《廣東通志》卷九謂古紹聖二年十二月知廣州。按：「二年」為「三年」之誤。

本歲，嘗與羅秘校簡，贊其掩骼。

簡見《文集》卷五十八，為與羅第二簡（一七六九頁）。

簡云：「掩骼之事，知甚留意。旦夕再遣馮、何二士去面稟，亦有少錢在二士處。」《總案》謂據此簡，掩骼一事，已設立專司，已成盛舉。

道潛（參寥）得罪，約於本年竄兗州，簡京東轉運使黃寔（師是），望為之地。

《墨莊漫録》卷一敍呂温卿為浙漕，錢世雄、廖正一皆被廢斥後，云：「復欲網羅參寥，未有以中之，會有僧與參寥有隙，言參寥度牒冒名，蓋參寥本名曇潛，因子瞻改曰道潛，温卿索牒驗之，信然，竟坐刑之，歸俗，編管兗州。」以下謂「未幾温卿亦為孫傑鼎臣發其贓濫繫獄」。

《攻媿集》卷七十二《跋參寥詩》：「參寥以東坡門人得罪。黄師是，坡之姻家，時為京東漕使。坡與之書曰：『參寥以某故竄兗州，望為之地。』師是曰：『昨方有兗州樓教授見過，其人必長者，遂以為屬。』教授，鑰大父少師也，領其意而行。既至兗，與之定交。後宰登封。」以下云：「嘗同登嵩嶽之頂，游從唱和。參寥集中所稱試可，即少師之字也。」試可名異。與寔簡，《佚文彙編》失收。

《風月堂詩話》卷下：「東坡南遷，參寥居西湖智果院，交游無復曩時之盛者。嘗作《湖上十絶句》，其間一首云：『去歲春風上苑行，爛窺紅紫厭平生。如今眼底無姚魏，浪蕊浮花懶問名。』」以下舉另一首，云「詩既出，遂有反初之禍」。

《長編》卷四百九十七元符元年四月甲辰紀事：「詔京東轉運使黄寔、判官趙竦各減二年磨勘。」以

「紹聖三年分上供金帛錢物數目」為各路之最。據此，繫道潛被竄、致簡黄寔事於本年。知本年寔已為京東轉運使。

蘇軾年譜卷三十六

紹聖四年（一〇九七）丁丑　六十二歲

法芝（曇秀）復來。為作《夢齋銘·敍》。

敍見《文集》卷十九。謂與法芝相識「今二十四年」。蘇軾嘗「題其所寓室曰夢齋，而子由為之銘」。《詩集》卷四十《吴子野絶粒不睡過作詩戲之芝上人陸道士皆和予亦次其韻》自註：「芝有夢齋，子由作銘。」弟轍之銘約作於上年。今繫作敍事於本年歲首。

《欒城後集》卷五《夢齋頌·敍》：「曇秀上人游行無定，予兄子瞻作『夢齋』二字，名其所至居室，為作頌。」法芝蓋自高安來。

《總案》謂軾「所載銘，即子由所作頌」，合觀兩敍，「蓋公向已為作『夢齋』榜，俾所至懸之，未有説也；曇秀過高安，子由為之頌，公至是見之，復伸其頌中所蓄之意，發而為敍，因改頌為銘」。

紹聖二年有「秋法芝來」條，可參。

正月四日，了元（佛印禪師）卒。

《禪林僧寶傳》卷二十九《雲居佛印元禪師》及《指月録》謂了元卒於元符元年此日。證以下引蘇軾與王古(敏仲)簡,「元符元年」乃本年之誤。《文集》卷五十六與古第五簡云「浮玉遂化去」。浮玉乃了元,見元祐四年「訪了元於金山」條。簡作於今年。簡云:「其母今安在,謗者之言,何足信也。」《老學庵筆記》卷一謂其母仇氏乃風塵中人;生了元後,為李氏妾,生定;嫁郜氏,生蔡奴。《總案》謂「熙寧中,言者攻李定不服母仇氏喪」,知此仇氏非了元母仇氏。並謂「了元者,僅一才富僧耳,其在浮玉多得賜物,又以其機警從名公卿游,頗自驕倨」,「其為人所憎惡,宜矣」。《禪林僧寶傳》謂了元「閱世六十有七」。

同日,跋黄庭堅草書陶潛詩。法芝所出也。

跋見《文集》卷六十九(二二〇二頁)。《苕溪漁隱叢話》後集卷三十二謂此草書乃庭堅晚年再遷宜州,道出祁陽時所書,譽之為「草聖」;蓋庭堅於黔中得懷素自序,自是「恍然自得,落筆便覺超異」。《盧溪文集》卷四十八《跋蕭岳英家黄魯直書》:「山谷至黔,字書一變,嘗自言元祐以前字後字中無筆,東坡亦云山谷老人亦棘道舟中觀長年撥棹,乃覺稍進。」以下謂庭堅「暮年筆力乃有三峽倒流之勢」。卷四十九《跋黄魯直帖》首云:「東坡先生嘗言山谷老人來僰道觀長年撥棹,乃覺稍進,山谷自論亦然。」再引之。

贈陳守道詩,復作《辨道歌》。

二詩闢辨道家龍虎鉛汞之説,俱見《詩集》卷四十(二二一〇、二二一一頁)。依《詩集》編次。吴復古絶粒不睡,子過作詩戲之,法芝(曇秀)及陸惟忠皆和,蘇軾亦和。

《斜川集》卷三《戲贈吴子野》：「從來非佛亦非仙，直以虚心謝世緣。饑火盡時無内熱，睡蛇死後得安眠。饑腸自飽無非藥，定性難摇始是禪。麥飯葱羹俱不設，館君清坐不論年（原注：子野絶食不睡）。」法芝、惟忠詩不見。蘇軾詩見《詩集》卷四十（二二一三頁），有「不妨詩酒樂新年」之句，作於本年之初。

六日，法芝（曇秀）出劉季孫（景文）詩，為跋其後。

《文集》卷六十八《書劉景文詩後》即此跋。

十九日，録所作《海上道人傳以神守氣訣》示吴復古（子野）。

詩見《詩集》卷四十。《晚香堂蘇帖》有此詩，末跋云：「丁丑正月十九日録示子野，向嘗論其詳矣。」以下為「東坡居士」印章。跋文，《佚文彙編》未收。《詩集》「查註」謂有石刻。

二十一日，書過送法芝（曇秀）詩以贈法芝之行。復作書託法芝致江浙友舊。

《文集》卷六十八《書過送曇秀詩後》、卷六十九《跋所贈曇秀書》分别敍之。

二十八日，與方子容（南圭）簡，贈子容白朮、鰕、魚、紫菜。

《晚香堂蘇帖》：「軾啟。聞買白朮不得，兒歸，令於篋中搜得半斤，納上。又有鰕、魚、紫菜數品，同為獻。不罪！不罪！軾再拜南圭使君閣下。廿八日。」兒謂過。以下正月晦日簡，云贈白朮，此簡在前，次此。此簡，《佚文彙編》未收。

同上：「軾啟。數日知監司在此，不敢上謁，亦自紛紛少暇也。辱簡，具審起居佳勝，存問之厚，感怍兼至。謹奉啟上謝，不宣。軾再拜。」《佚文彙編》未收。此簡繫次二十八日簡後，或是與子容者，今姑次此。

晦日，與方子容（南圭）簡，贈子容墨、白朮等。

《晚香堂蘇帖》：「軾啟。昨日幸陪勝遊，信宿起居佳否？遠信寄墨二丸，試之，膠清烟細，似非凡品，故分獻其一。東海白朮，亦納少許。又有棗柿一合，漫馳上，不罪，不罪。軾再拜南圭使君閣下。正月晦。」《佚文彙編》未收。

月末，邁自宜興挈兩房赴惠，抵贛上。過往循州相迎。邁之來，為就仁化令任。

《文集》卷五十五《與林天和》第十一簡謂邁「正月末已到贛上」。第十簡云「小兒往循」，卷五十《答范純夫》第十簡謂過往循迎其兄，並謂邁自宜興挈兩房來，又謂「次子迨在許下」。兩房謂邁房及過房。《墓誌銘》：孫男六人，簞、符、箕、籥、筌、籌。《宋史·蘇過傳》：七子，長名籥；其餘六子，蘇軾皆未見。簞乃楚老，已見元豐元年八月十二日紀事。符，已見元祐二年「是歲次孫符生」條紀事。則邁所挈兩房成員，包括邁之妻，過妻范氏，簞、符、籥。「為就仁化令任」云云，參本年「邁罷仁化令任」條。

與虔州通判蕭世範（器之）簡，求借白直數人助子邁運送家人及什物。

《文集》卷五十八《與蕭朝奉》：「兒子邁般挈數房賤累，自虔易小舟，由龍南江至方口出陸至循州，下水到惠。賤官重累，敢望矜恤。特為於郡中諸公，醵借白直數十人送至方口，計未遠出州界，切望垂念。」此朝奉，名世範，字器之，嘉祐癸卯進士，龍泉人，時為虔州通判。見《詩集》卷四十四《廣倅蕭大夫借前韻見贈復和答之二首》題下「查註」引《龍泉舊志》。該簡首云「近得見令兄提舉」，知世範乃世京之弟。龍南在虔之南四百五十里，龍南江當在其境内。

世範嘗為南雄推官，憫遠夫之苦，制小車以代人，一車可勝數人之載，公私便之。又嘗官廣西轉運判官。嘉靖《廣東通志》卷四十七、道光《南雄州志》卷六均有傳。《清江三孔集·朝散集》卷九有《蕭器之小飲誦王舒公藥名詩因效其體》詩。《龍雲先生文集》卷六《次韻酬蕭器之朝奉》有「蕭侯金閨彦，憐我升斗秩，洗以古襟期，如邑發新篘」之句。參元符三年「時蕭世範為廣州通判」條。

白鶴峯新居欲成，夜過翟逢亨秀才，作詩抒安於惠之意。

詩見《詩集》卷四十(二二一四頁)，云「中原北望無歸日，鄰火村舂自往還」。《欒城後集》卷二有次韻，云「伏臘便應隨俚俗，室廬聞似勝家山」。

吴復古往桂管曹輔處，陸惟忠往河源令馮祖仁處。嘗與二人及程儒遊逍遥堂、羅浮道院，嘗為復古遠遊庵作銘，嘗欲以美石為惟忠志墓，嘗與惟忠論韓、柳詩，嘗戲判惟忠倖酒。

復古往曹輔處，見《文集》卷五十八與輔第五簡；惟忠往馮祖仁處，見《文集》卷十五惟忠墓銘。二人離惠約為正、二月間事。馮祖仁見元符三年「馮祖仁自曲江專使來迎」條。

《詩集》卷四十二詩題：「去歲，與子野遊逍遥堂，日欲没，因並西山叩羅浮道院，至，已二鼓矣。」元符元年作。《文集》卷五十五與程秀才第一簡云「去歲僧舍屢會」，第二簡首云復古(子野)、惟忠，然後云

「前會」，知程秀才與其遊。皆作於元符元年。秀才乃儒，見紹聖三年「程全父之子來訪」條。《文集》卷十九《遠遊庵銘》謂復古歸老江湖之上，「相逢乎南海之上」，乃此時作。嘉靖《廣東通志》卷十九《潮州府》：「遠遊庵：在潮陽縣北麻田山中，前後高山羅列，中有麻田寺，即其故址。」《西塘先生文集》卷三《吴子野歲寒堂記》謂堂乃復古所居，堂前古柏數株，「堂南為小沼，沼之南為二石山，山之南為遠遊庵，庵之南為知非軒，堂東為日益齋，凡此皆出於歲寒」。又謂「遠遊之意，則子瞻之銘備矣」，知記作於銘稍後。

為惟忠志墓，與惟忠論詩，見惟忠墓銘。《文集》卷六十四《判倖酒狀》首云「道士某面欺主人」；卷六十與惟忠簡云惟忠「拘戒錄不飲」，此特戲之。

白鶴山新居鑿井四十尺，遇磐石，石盡乃得泉，有詩。新居上梁，作《上梁文》，有終焉之意。

詩見《詩集》卷四十（二二一七頁）。文見《文集》卷六十四，云「鑿井疏畦散鄰社」，欲分惠於鄰；又有「盡道先生春睡美」之句，時為春季。《艇齋詩話》謂章惇見「春睡」云云，以為居惠安穩，「故再遷」。然軾謫儋，朝命乃閏二月十九日，距此時間甚短，此事或出傳聞。

二月初六日，周彥質（文之）罷循州，來訪。

《詩集》卷四十《和陶答龐參軍》引謂彥質來留半月，去於二月二十一日。據是推。

十四日，白鶴峰新居成，自嘉祐寺遷入。新居之成，方子容（南圭）助以帑，鄰里亦助作。

十四日云云，據《詩集》卷四十《和陶時運》引。《晚香堂蘇帖》：「軾啟。辱教字，伏審起居清勝，為慰。

厄困塗窮，衆所鄙棄，公獨收卹有加，不可一一致謝。既蒙公庫贶遺，又煩費宅帑，重疊愧荷。香粳淳釀悉已拜賜。匆匆復謝，不宣。軾再拜南圭使君閣下。」《佚文彙編》未收。乾隆《莆田縣志》卷三十六謂子容嘗割俸以助築新居。《上梁文》云「里閭助作」。

白鶴峯新居門外橘花，牆頭荔子，舍南種柑。有德有鄰堂、思無邪齋，並題榜。江山之觀，杭越勝處。林行婆、翟逢亨所居在西。

《詩集》卷四十《三月二十九日》其二：「門外橘花猶的皪，牆頭荔子已斕斑。」《上梁文》：「舍南親種兩株柑。」

《總案》謂蘇軾題「德有鄰堂」榜，以下云：「以今之匠尺計之，每字縱横二尺二寸，榜長一丈數尺，可想見原屋高廣。」又云：「方子容《過新居》詩云『遥瞻廣厦驚凡目，自是中臺運巧心』，其登堂震炫，可想見其舊矣。榜白粉為質，石緑為字，天骨開張，神彩四射。」又云「思無邪齋」每字縱横一尺五寸，白粉為地，黑為字，二榜雖同時作，結構稍別。乾隆乙卯觀此二榜，完好如故。《總案》謂德有鄰堂在左，思無邪齋在右。

《總案》又謂蘇軾所建白鶴峯所居，後人改為祠，以下云：「公手書堂齋二舊榜，字極大，榜亦寬闊，今懸於祠，適相稱。是當日屋之高廣，略與今同。此峯（按：指白鶴峯）高約四丈，自地歷百餘級，即祠門也。中為德有鄰堂，方井大數尺，當兩楹之中，以欄扶之。後為正室以祀公，而肖過像於左，皆三間，其後即縣治也。自峯至地右繞出城，凡數百步，之江口，今居民皆取汲於江。考公和子由所居六詠，蓋初意亦擬食江，後以不便，而又復為井，事在新居覆瓦之後，必不掘於堂中也。據王註云：井在德有鄰堂前。相其地勢，公當日為屋二層，其前三間為門户以處僕隸，中為廣院，後為堂三間，堂前雜植松、柏、柑、橘、柚、荔、茶、梅諸樹。既欲植此，必當有其地也。其自門升堂，亦無中隔一井之理。此蓋堂門二層舊址尚偏右一丈數尺，而井在院落之左花木之下，其左較寬，則為居室庖湢之處，其右就山為城，峯前角稍缺，後為思無邪齋，與翟鄰相接，周以廊廡，計二十間。此公新居圖樣，限於地勢，證以榜井，無可移易也。」

《夷堅志·甲志》卷十《盜敬東坡》：「紹興二年，虔寇謝達陷惠州，民居官舍，焚蕩無遺。獨留東坡白鶴故居，並率其徒葺治六如亭，烹羊致奠而去。」

《誠齋集》卷十八《正月十二日游東坡白鶴峯故居，其北思無邪齋真迹猶存》：「獨遺『無邪』四箇字，鸞飄鳳泊蟠銀鉤。」

《輿地紀勝》卷九十九《惠州·古迹》：「東坡故居：在歸善縣治之北白鶴觀基也。紹聖間，東坡請其地築室。室中塑東坡像。堂曰『德有鄰』，齋曰『思無邪』。」同上《四六》引留正《東坡故居》文：「豐湖十里，面德有鄰堂而環合；東溪千頃，並思無邪齋而落成。」

嘉靖《廣東通志》卷十九《古迹·惠州府》：「東坡故居：在白鶴峯上。宋蘇軾謫惠，卜居於此。有堂曰德有鄰，軒曰思無邪。小齋二，曰睡美處，曰來問所。有亭曰娛江。亭之左有硃池，右有墨沼。有小圃，中有亭曰悠然。」

周彦質(文之)二十一日去,賦詩贈行。並賦《減字木蘭花》贈彦質小鬟。與王古簡薦彦質,因彦質附致。《詩集》卷四十有《循守臨行出小鬟復用前韻》、《和陶答龐參軍六首》,皆為贈彦質之行作。前者題下「施註」引蘇軾與方子容簡:「蒙示二十一日別文之後佳句。」

《減字木蘭花》見《東坡樂府》卷下。《東坡先生全集》卷七十五調下原註:「贈小鬟琵琶。」詞有「年紀都來十一二」之句,與《和陶答龐參軍》其四「丱妙侍側,兩髦丫分」合,與《循守臨行出小鬟復用前韻》之「小鬟」合。《循守臨行出小鬟復用前韻》有「要求國手教新音」之句,與詞中所云「撥弄么絃,未解將心指下傳」有緊密聯繫。詩、詞為同時作。參張志烈《論東坡惠州詞》,見《論蘇軾嶺南詩及其他》。

《文集》卷五十六與王古(敏仲)第九簡薦彦質。彦質此後經歷:元符元年八月二十六日,以監京東抽稅竹木箔場,為兵部侍郎黄裳所舉堪臺閣監司,詔令閤門引見上殿,見《宋會要輯稿》第一百十八册《選舉》二八之二七;《道鄉集》卷十六有除彦質户部郎官制,中云「不負先帝臨遣之意」,為徽宗初事;崇寧二年二月初五日,以朝請郎到浙東提刑任,十二月二十五日移淮南轉運副使,見《寶慶會稽續志》卷二;《丹陽集》卷二十有《周文之彦質運使巡按海寧》詩,贊其孝,知以後彦質嘗任兩浙轉運使。《二老堂雜志》卷五《記閤皂登覽》謂盧陵閤皂有彦質詩。《十家宫詞》有彦質宫詞。光緒重刊康熙《衢州府志》卷二十九謂彦質有《齊峰集》,不傳。據《文集》卷五十八與彦質第二、四簡,似彦質復官海南,恐誤。此二簡疑乃與他人者。

丁亥(二十二日),詔毀上清儲祥宫蘇軾所撰碑文。或謂蘇軾所録沿流館中二絶句,乃軾緣毀碑而作。

丁亥云云，據《長編拾補》卷十四，令蔡京撰文并書。

《苕溪漁隱叢話・前集》卷三十九：「東坡云：紹聖間人，得二詩於沿流館中，不知何人作也，今録之，以益篋笥之藏。『淮西功德冠吾唐，吏部文章日月光。千載斷碑人膾炙，不知世有段文昌。』『李白當年流夜郎，中原無復漢文章。納官贖罪人何在，壯士悲歌淚萬行。』苕溪漁隱曰：或云此二詩，乃東坡竄海外時作，蓋自況也。不知其果然否？」此二詩已收入《詩集》卷四十八，題即作《沿流館中得二絶句》。

《甕牖閒評》卷五：「蘇東坡奉敕撰《上清儲祥宮記》，後朝廷磨之，別命蔡元度作，故東坡有詩云：『淮西功德冠吾唐（以下略）。』退之《淮西碑》亦是磨後復使文昌再作，此二事大相類也，東坡遂託為此詩紹聖間有人於沿流館中得之，蓋亦有少不平故耳。而苕溪漁隱不知有此，乃謂東坡竄海外時作，欲以自況，非也。」元度乃卞之字，此處所云，與《長編拾補》略不同。

《梁谿漫志》卷四《東坡録沿流館詩》：「東坡在翰林，被旨作《上清儲祥宮碑》，哲宗親書其額。紹聖黨禍起，磨去坡文，命蔡元長別撰。玉局遺文中有詩曰：『淮西功德冠吾唐（以下略）。』其題云：『紹聖中，得此詩於沿流館中，不知何人作也，戲録之，以益篋笥之藏。』此詩乃東坡自作，蓋寓意儲祥之事，特避禍，故託以得之。味其句法，則可知矣。」《文集》卷六十八《記臨江驛詩》即敍録詩事。元長乃京之字。

清紀昀定《沿流館中得二絶句》為蘇軾作。見《詩集》卷四十八校記第一百五十一條。參《沿流館中得二絶句》其二「査註」、「合註」。

二十八日，弟轍責授化州别駕、雷州安置，張耒、晁補之亦謫降，秦觀自郴編管移横編管。

據《宋會要輯稿》第九十九册《職官》六七之一五至一七。耒紹聖三年罷守宣城，管勾明道宫，至是謫監酒税欒務。見《張耒集》附年譜。

《宋大詔令集》卷二百八《蘇轍散官安置制》謂「降授左朝議大夫、試少府監分司南京、筠州居住蘇轍，操傾側孽臣之心，挾縱横策士之計，始與兄軾肆為抵巇，晚同相光協濟險惡」，可責授云云。

致簡范祖禹（純夫），敍養生之道；時子邁已至循州。

《文集》卷五十與祖禹第十簡敍之，謂「盡絶欲念為萬金之良藥」。邁至循，約為二月。

應王古（敏仲）詢，建議引蒲澗山滴水巖甘涼水入廣州城，薦鄧守安可任引水事；古引水。與古簡，建議廣州設病院，以防疾疫；為醫人林忠彦謀補授，古從。

《文集》卷五十六與古第十一簡謂廣州一城人，飲鹹苦水，「春夏疾疫時所損多」，故建議改善引水以利健康。第十五簡云「聞遂作管引蒲澗水，甚善」，未及守安，未知任用與否。第九簡建議設病院，以防疾疫。第十二簡薦忠彦，第十三簡云「蒙補授」。

與陳師錫（伯修）、毛滂（澤民）簡，敍新居之樂。徐大正（得之）來簡。

與師錫簡乃《文集》卷五十三與師錫第五簡，並薦滂，又云「徐得之書信已領，當遞中答謝」。與滂簡乃同上卷與滂第五簡；《晚香堂蘇帖》：「新居在大江上，風雲百變，足娱老人也，有一書齋名思無邪。子瞻。」「新居」云云二十三字，即在簡中。知蘇軾甚喜愛此段文字。
軾與師錫、滂文字交往止此。徽宗立，師錫為殿中侍御史。與陳瓘同論蔡京、蔡卞，號二陳。卒年六十九，見《宋史》卷三百四十六師錫傳。元符二年，滂為武康令，有善政。見《嘉泰吳興志》卷十五。《鐵圍山叢談》卷二謂大觀、政和間，滂有時名，「上一詞，甚偉麗，而驟得進用」，有微詞。《浙江師範學院學報》一九八四年第四期周少雄《毛滂生卒考略》謂宣和六年春，滂尚在。
子邁挈孫簞、符等至惠州，作《和陶時運》。林抃（天和）以羊麪、鱸魚等物為饋。
詩見《詩集》卷四十。《文集》卷五十五與抃第十簡云邁「閏月初可到此」，十一簡云「閏月上旬必到此」；卷五十六《與王敏仲》第四簡云「閏月可至此」。邁至惠約在閏二月初。與抃第十三簡敍抃饋物。《斜川集》卷一《將至五羊先寄伯達仲豫二兄》：「伯兄陽羨來，萬里踰煙嶠。」寫此時事。《詩集》次《和陶時運》於《次韻惠循二守相會》至《和陶答龐參軍》五題之前，不當。《和陶時運》之引既敍及邁至，當次《和陶答龐參軍》之後，參本年二月二十一日紀事。
閏二月十三日，記道人養生語。
《晚香堂蘇帖》：「有道人教予曰：『欲延年，清小便，欲輕舉，止小府。心如嬰，小便清，心如水，小便止。小便一清，萬法自成，未免溲膏，一生徒勞。』此言雖鄙淺，然近於實，若究如嬰如水之言，亦自不鄙淺。丁丑閏二月十三日書。」以下有「趙郡蘇氏」印章。《六硯齋三筆》卷四亦云：「東坡云：『要長生，小便清；要長活，小便潔；要延年，清小便。』」此乃蘇軾溶道人之語，而出以己意。二書所載，《佚文彙編》均未收。

甲辰(十九日),責授瓊州別駕,移昌化軍安置。

據《宋史·哲宗紀》。《老學庵筆記》卷四謂軾謫儋,轍謫雷,乃「戲取其字之偏旁」,並云「時相之忍忮如此」。《鶴林玉露》丙集卷五《蘇黄遷謫》謂軾謫儋,以「瞻」與「儋」字相近,轍謫雷,以「雷」下有「田」;庭堅謫宜,以「宜」類「直」,並云此章惇「駁謔之意」。二書所云有傳聞因素,姑次此。明危素《説學齋稿》卷二《惠州路東坡書院記》謂「權臣聞公之安於惠」,乃謫儋。

三月三日,與方子容(南圭)簡。

《晚香堂蘇帖》:「軾啟。前日辱臨顧,既缺往拜,又稽裁謝,慚負深矣。領教字,承齒疾未平,佳節塊坐,同此牢落耶!惠貺珍味,感怍不可言喻。人還,草率,不宣,不宣。軾再拜南圭使君閣下。上巳。」《佚文彙編》未收。

同上:「軾啟。數日尊體佳勝,水落路未成,尚阻趨詣。謹且奉啟,不宣。軾再拜南圭朝奉使君閣下。廿三日。」此簡,約作於上巳簡前後,《佚文彙編》未收。

同上:「所欲《書東臯子傳後》,當時率然寫與梅守,不曾留本,今不復記其全矣。公不過欲得軾書字,有近録《左傳》多紙,寄去,不克如命,悚惟(按:以下缺)。軾再啟。」《後村先生大全文集》卷一百四《與方南圭十四帖》言子容藏有蘇軾所寫《左傳》三數紙,則此殘簡或與子容者,兹次此。此殘簡,《佚文彙編》未收。參紹聖二年正月十三日、十六日紀事。

五日，與范祖禹（純夫）簡，書《和陶時運》與之。

簡乃《文集》卷五十與祖禹第十一簡，末署「閏三月五日」，《總案》以為「閏」衍，今從。時祖禹移賓州安置（據《宋史·哲宗紀》），尚未聞訊。

十四日，為李公麟所畫西域所貢三馬圖作贊。

贊見《文集》卷二十一（六一〇頁）。

二十九日，作詩。

詩見《詩集》卷四十（二二二六頁），其一末云「閉門隱几坐燒香」。未聞謫儋命。

邁罷仁化令任，聞弟轍貶訊，專人簡王古（敏仲）乞其詳。

《文集》卷五十六與古第六簡云「小兒授仁化令，又礙新制不得赴，蓋惠、韶亦鄰州」，乞其詳，以便「作打疊擘劃」。

為次孫符求婚於王蘧（子開），作啟。

啟見《文集》卷四十七（一三七一頁），云「故令弟子立先輩之愛女第十四小娘子」。據《文集》卷十五適（子立）墓銘，其女時九歲。《總案》次此事於今年，今從。《蘇符行狀》謂夫人王氏，適女。蘧卒於大觀三年，見《老學庵筆記》卷五。

鄧守安嘗來訪於白鶴新居。

《文集》卷七十二《記授真一酒法》敍其事。

《六硯齋二筆》卷四：「東坡海外一帖，字如五銖錢，行草法相雜，渴潤兼出，一任天行，奇品也。（以下録《記授真一酒法》全文，略）」

在惠，與州守方子容往還甚密。或為題子容書畫，或為書佛經，或為書史傳，或為寫碑，又或勸棄火葬，或為子容夫人沈氏書佛經。

《後村先生大全文集》卷一百四《跋墨林方氏帖·蘇文忠公·與方南圭十四帖》：「方子容，字南圭。金紫功名。峻之第四子，擢皇祐甲科。坡公貶惠州，南圭為守，相處甚歡。方氏書畫，多經坡公題品。或為書佛經，或為書史傳，往還簡帖尤多。其家舊有萬卷樓，所收坡公遺墨，至四百餘紙。後羽化略盡，墨林僅有寫《心經》及《左傳》三數，手簡十四幅而已。前二帖云：『日與吏民望前塵。』又云：『治行有日，併增欣抃。』可見坡先至惠，南圭後臨郡也。其三云：『厄困塗窮，衆所鄙棄，公獨收恤。』其四寫碑。其五答林媪酒。其六借《真誥》，可見太守之厚於黨人也。其七、其八、其九皆言蔣簿葬事。按《列子》：極西儀渠之國，親死則取柴焚之，然後為孝子。蓋荒唐之寓言，以謂尤而效之者，謂後世中國真以火葬為俗，蔣簿賴公一言，免於荼毗之苦。前輩雖困厄中，而濟人利物之念，終不少忘如此。」

同上《跋墨林方氏帖·蘇文忠公·書左傳帖》：「鮒與祁大夫皆欲脱叔向子。雖然，叔向拒鮒不達，卒賴祁大夫以免者。古之君子，非但不肯因小人以求福，亦不肯因小人以避禍也。陳太丘弔張讓母喪，荀緄為文若娶唐衛女，雖非求福，未免畏禍，此在叔向下矣。欽、永附王氏，劉、柳黨叔文，既非避禍，專欲求福，此遠在荀、陳下矣。坡公書此有深意。世言章子厚本與坡善，為蔡卞所劫，故坡亦南遷。豈非子厚嘗密導此意，坡公拒而不受乎？余讀而深悲之。」蘇軾所書《左傳》文字，見《昭公》。

同上《跋墨林方氏帖・書多心經帖》：「西域文字與中華絶異，然流傳既久，雖華人未免為胡語。」以下云：「至坡公則手書佛經非一種，《心經》在貝葉中尤古奥簡捷，蓋在惠州時為沈夫人所作。夫人乃南圭使君之内，嘗夢僧伽送子瞻過海者。」

同上卷一百七《跋聽蛙方氏帖・坡二帖》：「余嘗考坡公先至惠，而南圭後至。以前一帖觀之，稱『荔支、龍眼、柑、橘之珍相續，日望公來同樽俎之樂』，益信余言之不謬。後一帖諾諾南圭早膳之招，又云：『幸遺白直數人見取。』可見前輩居是州斂縮省事之意。赴郡集，旋借人肩輿，若平居，則竹笠杖藜，與黎秀才、翟夫子、春夢婆輩相爾汝，是豈權貴之所能害，烟瘴之所能死哉！坡與南圭帖散落四出，此帖在其族孫立之家，尤可寶。立之名審權。」二帖，《佚文彙編》未收。

在惠，嘗藏書潮州開元寺。

《夷堅志・甲志》卷十《盜敬東坡》：「海寇黎盛犯潮州，悉毁城堞，且縱火。至吴子野近居，盛登開元塔寺見之，問左右曰：『是非蘇内翰藏圖書處否？』麾兵救之，復料理吴氏歲寒堂，民屋附近者賴以不爇甚衆。」則蘇軾嘗至潮也。《夷堅志》此所敍乃紹興三年事。

在惠，嘗為何宗一之姪苓之命名立字。

《文集》卷十《何苓之名説》敍命名立字事，為苓之字表絲。

《文集》卷六十《與何德順》第一簡：「何苓之更長進。」德順在廣州，故為言之也。苓之或為德順之子。

在惠，封州守朱振嘗借示藏書，簡謝。時作《書傳》。

《文集》卷五十八與振第一簡首云「前日蒙示所藏諸書」，繼云「恕先所訓，尤為近古」。恕先乃郭忠恕字，及史書小學，通九經，後周時為《周易》博士。見《文集》卷二十一《郭忠恕畫贊》。入宋，《宋史》有傳。有《汗簡》、《古文四聲韻》，有中華書局整理本。振所借書，當有忠恕撰者。簡又云「老拙不揆，輒立訓傳，尚未畢工」。《文集》卷五十五《與鄭靖老》第三簡云及在儋《書傳》十三卷成書，知與振簡所云「訓傳」乃《書傳》。《邵氏聞見後録》卷二十七有與震此簡節文，謂與滕元發者，收《佚文彙編》卷三。

按：《後録》誤。《後録》引文後引李廌云：「東坡每出，必取聲韻音訓文字復置行篋中。」與振第二簡謂振於《春秋》有發明。道光《肇慶府志》卷十一：朱振，朝請郎，元符三年知封州。「元符」當為「紹聖」之誤。光緒《江西通志》卷二十：朱振，熙寧九年進士。乾隆《浮梁縣志》卷七「振」作「震」，卷八有傳，謂字伯起，一字振甫，及第後授迪功郎，後官工部郎中。

在惠，嘗與游嗣立書簡往來。嗣立嘗為致家書，答簡感其存庇弟轍。

《文集》卷五十八《與游嗣立》第二簡：「使人久留海豐，裁謝稽緩，想不深責。舍弟謫居部中，尤荷存庇。家書已領，併增感怍。」海豐屬惠州，已見紹聖元年十月二日紀事。是此簡作於惠州。味簡意，嗣立專使至惠，併致家書。弟轍荷嗣立「存庇」，嗣立當為江南西路監司。《總案》引此簡謂嗣立官循州守，失之。第一簡云及「忽奉手教」，是嗣立先有簡與蘇軾。《八瓊室金石補正》卷一百八有《游嗣立爛柯巖題名》，元符二年九月題，云「朝散大夫提點刑獄公事游嗣立茂先，歲巡浙東諸郡縣」。

《長編》卷五百一十六元符二年閏九月戊寅有新提點秦鳳等路刑獄游嗣立降一官記載。

在惠，簡謝張元明惠藥物；答王莊叔簡；老者徐中來訪，哀其窮困；簡泉老求分粥飯養人。

《文集》卷五十六與元明第四簡謝元明專人惠書寄藥物，卷五十九答莊叔第二簡敍莊叔來簡，與泉老簡在卷六十一。

在惠，弟轍嘗有簡來，贊蘇軾撫恤病苦。

《陵陽先生集》卷十七《跋三蘇帖》：「蘇氏一翁二季，詞旨翰墨，具見於三紙間，斂衽伏讀，因有感焉。前二紙，老泉為編禮，東坡為鳳翔簽判時也。後一紙，東坡謫海豐、潁濱謫高安時也。未四十年，而盛衰之變如此，可以觀世道矣。然東坡不以患難流落為戚，方且施藥葬枯骨，造橋以濟病涉，此與陸敬輿在南賓集名方同一意，故潁濱有能安遐陋撫恤病苦之語，萬里兄弟，依依至情，尤使人慨然，上有學士院印章，程滄洲家舊物，良可寶也。」程滄洲名許，有《滄洲塵缶編》，四庫全書著録。此段紀事，用庫本《陵陽集》校過。

在惠，戒食生，作《食雞卵説》：嘗與弟轍簡，論食羊脊骨有味、有補。

文見《文集》卷七十三，簡乃卷六十與轍第七簡。

在惠，嘗醉書《赤壁賦》。

《秋澗先生大全文集》卷七十三《跋東坡赤壁賦後》：「余向在福唐，觀公惠州醉書此賦，心手兩忘，筆意瀟灑，妙見法度之外。今此帖亦云醉筆，與前略不相類，豈公隨物賦形，因時發興，出奇無窮者也！」

在惠，嘗書劉禹錫（夢得）《竹枝歌》及晚唐詩，嘗書韓詩。

《後村先生大全文集》卷一百四《墨林方氏帖·蘇文忠公·書劉夢得竹枝歌帖》：「公自跋云：『書夢得詩數首。』今僅存二首，前幅似為人截去。『巫峽蒼蒼烟雨時』，『時』誤為『枝』。」跋已早佚。同上《書晚唐詩》：「余評此詩，在張籍、王建之下，望盧仝、劉叉，尚隔幾水。坡公取其自在。前輩論文氣象，門闊如此。」

《式古堂書畫彙考·書》卷十有蘇軾録晚唐方干詩六十三首。附誌於此。

「巫峽」云云，見《劉夢得文集》（四部叢刊初編影宋本）卷九《竹枝歌》。

《後村先生大全文集》卷一百七《跋坡公書韓詩》：「韓詩蘇字，希世寶也。按《惠州圖經》，松風亭在彌陀寺後山之巔。所謂『潮士吴、許二君』，吴當是子野，許當考。」按：許乃毅，參紹聖二年「與道潛專使」條。「潮士」云云，當是跋語，已佚。

在惠，嘗書秦觀五言詩及張耒《寒衣歌》。

《後村先生大全文集》卷一百四《墨林方氏帖·蘇文忠公·書少游五言帖》：「退之效盧、益，歐公效蘇、梅，坡公效黄、秦，輒逼真而反勝之。譬如老禪與學人問答，機鋒當有餘。郭功甫效太白，潘邠老效老杜，用盡氣力而不近傍，譬如窶人學富家調度，事力苦不足也。」

同上《書文潛寒衣歌》：「唐樂府惟張籍、王建，本朝惟一張文潛爾。坡公手録此篇，亦如退之於舊輩乎！然文潛每篇語意有緩弱處，不如籍、建句句緊切。」《張耒集》卷三有《寄衣曲》，卷四有《寒食歌》，無《寒衣歌》。

在惠，丘崇（執禮）嘗受教。

弘治《八閩通志》卷六十七《丘崇傳》：「字執禮，晉江人。工詩文，尤精天文象數之學。嘗侍父官惠之河原，時蘇軾謫居於惠，嘗因得聞其餘論。而李邴亦與之唱和，有遺稿六帙。」已佚。

在惠，嘗飲酒西溪之下；嘗於嘉祐寺植樅樹。

《眉山唐先生文集》卷三《乙未正月丁丑，與舍弟棹小舟窮西溪，至愁絶處，度不可進，乃歸溪側，有兩榕甚奇，清陰可庇數十榻，水東老人常飲酒其下云》：「楊梅溪上柳初黃，荆竹岡頭日正長。獨木小舟輕似紙，一尊促席穩於床。樹從坡去無人識，水出山來帶藥香。應有居民解秦語，為言昭代好還鄉。」同上書卷五《西溪》詩有「惠州城下有江南」之句，是西溪在惠州。乙未乃政和五年（一一一五），時庚亦謫惠州。水東老人乃蘇軾，時黨禁尚嚴，諱言之也。

《後村先生大全文集》卷二十一《寄題惠州嘉祐寺坡公手植樅樹》首云：「誰道炎州無勁松，君看韓木與蘇樅。」

在惠，首晤鄭俠，為名晉公之集曰曳尾，並作詩示晉公。

《西塘先生文集》卷二《晉公曳尾堂集序》：「晉公形貌清古，而志所趣向，一如其表。與之久，如對晴霄皎月，不知其為常見，欣愛之心，常自然也。夫人一也，而所得者，內則所以獨成，飢食渴飲，宮室以處，皆所不得不與衆同。吾於窮而樂，閉而泰，則所成者獨矣。所謂眇然小乎其屬於人，曠哉大乎獨成其天者也。晉公居室卑湫，而升其堂者，雖九層之臺，廣宇華構，無晉公之堂之樂也。食飲儉約，食其食者，雖糗飯菜羹，而珍羞列鼎，無晉公之食之美也。道使之然也。其堂有龜焉，得之圃中，移之庭下，愛其外無營逐而長存，因感莊生曳尾泥中以謝楚王齊國之召，又悟其二大夫者，以是朝夕與此而不厭也。蓋龜惟食氣，外無營逐，故能獨靈以壽。惠陽遇東坡居士子瞻，因語及此，而子瞻親筆命名曰曳尾，為詩以示晉公，因語不肖，晉公之於我，豈亦所謂喜愛常自然者耶！（下略）」晉公，待考。《曳尾堂集》及蘇軾示晉公詩，不傳。

在惠，有老舉人生子，戲贈聯。

《侯鯖録》卷三：「東坡再謫惠州日，一老舉人年六十九為鄰，其妻三十歲誕子。為具邀公，公欣然而往。酒酣，乞詩。公戲一聯云：『令閤方當而立歲，賢夫已近古稀年。』」《古今事文類聚·前集》卷四十六引《侯鯖録》，此二句作：「聖善方當而立歲，頑尊已及者稀年。」

《續墨客揮犀》卷六《豐城老人生子》：「東坡居士在豐城，有老人生子，為具召東坡，且求一詩。東坡問翁年壽幾何，曰七十。翁之妻幾何，曰三十。東坡即席戲作八句，其警聯云：『聖善方當而立歲，乃翁正及古稀年。』」豐城屬江南西路洪州，在州南一百五十五里。查蘇軾現存文字資料，無至豐城記載。蘇軾於元豐七年、紹聖元年、建中靖國元年三經江西，皆行役匆匆，無戲題之環境。「豐城」當為「豐湖」之誤。豐湖在惠州，見《文集》卷十五《朝雲墓誌銘》。

《冷齋夜話》卷五《東坡滑稽》：「有村校書年已七十，方買妾，饌客，東坡杖藜相過，村校喜，延坐其東，起為壽，且乞詩。東坡問所買妾年幾何，曰三十，乃戲為詩，其略曰：『侍者方當而立歲，先生已是者稀年。』此老滑稽於文章如此。」傳聞異詞，兹附於此。

同上條「如此」之後，云：「（東坡）又云：『世間事無有無對，第人思之不至也。』如曰：我見魏徵嘗嫵媚，則對曰：人言盧杞是奸邪。』又曰：『無物不可比類，如蕎花似石榴花，紙花似罌粟花，通草花似梨花，羅絹花似海棠花。』」

同上書卷一《的對》亦云：「東坡曰：世間之物，未有無對者，皆自然生成之象，雖文字之語亦然，但學者不思耳。如因事，當時為之語曰『劉蕡下第，我輩登科』，則其前有『雍齒且侯，吾屬何患』。太宗曰『我見魏徵嘗媚嫵』，德宗乃曰『人言盧杞是奸邪』。」兹附此。

在惠，嘗為譚掞（文初）所書《金剛經》跋尾。

文見《文集》卷六十六（二〇八七頁）。

《西塘先生文集》卷二《譚文初字序》：「友人譚君名掞，君子人也。」

《桂勝》卷一《伏波山》有紹聖三年十月二十二日掞與胡宗回等題名，署奉議郎、提舉常平。此當為提舉廣南西路。同卷尚有本年孟秋二日、建中靖國元年清明前二日與程節等題名。

嘉靖《廣東通志》卷五十六《列傳十三・人物三》：「譚掞，字文初，曲江人。父昉，刻苦種學，四上計偕，而親老家貧，無以為養，不獲已請補吏外臺。久之，授海豐簿，英州司理。平樂令王益守韶州，延至門下教子弟。時益子安石方髫齔，與掞兄弟同學。後安石為相，而昉為虞部郎官，卒，掞狀其行求銘。安石方行新法，未暇及之，但作挽詩（詩略）。安石後為《字説》，引掞入局為郎官。掞不苟從。累遷廣文館學士，副廣東、西漕，移本路憲，知南恩州。從弟昂，亦登進士，能自植立。」（原注謂據《韶州志》修）同上書卷十一謂掞登元豐二年進士第。

以大字書韓愈《雉帶箭》詩，約為惠州事。

《容齋隨筆·三筆》卷三《曹子建七啟》：「『原頭火燒凈兀兀，野雉畏鷹出復没。將軍欲以巧伏人，盤馬彎弓惜不發。地形漸窄觀者多，雉驚弓滿勁箭加。衝人決起百餘尺，紅翎白鏃隨傾斜。將軍仰笑軍吏賀，五色離披馬前墮。』此韓昌黎《雉帶箭》詩，東坡嘗大字書之，以為絶妙。予讀曹子建《七啟》，論羽獵之美，云：『人稠網密，地逼勢脅。』乃知韓公用意所來處。」

《誠齋集》卷九十九《跋東坡所書雉帶箭大字帖》：「東坡先生所挾，孰非招尤取嫉之具，復出此掀天決地大字，投畀嶺海，豈元符大臣罪哉！」味文意，是《雉帶箭》帖約作於惠。帖不傳。

嘗作應身彌勒，傳寄秦觀（少游）。

《石門文字禪》卷十九《東坡畫應身彌勒贊·序》：「東坡先生遊戲翰墨，作大佛事，如春形容，藻飾萬像，又為無聲之語，致此大士於幅紙之間，筆法奇古，遂妙天下，殆希世之珍，瑞圖之寶。相傳始作以寄少游，卿上人得於少游之家。二老流落萬里，而妙觀逸想，寄寓於此，可以想見其為人。余還自海外，見於湘西，謹拜手稽首為之贊曰：（贊略）」惠洪見之於湘西，則此畫或作於秦謫郴時也。

四月十五日，贈别長子邁。囑邁慎言語，節飲食。自寫影贈邁，或為此時事。以家累托方子容(南圭)。

四月十五日云云，據《文集》卷六十《付邁》。文謂：「使人謂汝庸人，實無所能，聞於吾者，乃吾之望也。」以庸可以避禍也，蓋慨乎言之。留邁居惠州，蓋已知再謫之信耗。

《佚文彙編》卷一《自畫背面圖並贊》敍寫影事。《佩文齋書畫譜》卷八十二引元吴師道《吴禮部集》，亦敍寫影事，並謂楊萬里有跋。按：今影印四庫全書文淵閣本《吴禮部集》無敍寫影之文。楊跋亦不見《誠齋集》。

以家累托方子容，詳見本年以下「在赴廣州道中」條紀事。

十七日，得瓊州别駕、昌化軍安置告命。惠守方子容攜告命來。

十七日云云，據《文集》卷二十四《到昌化軍謝表》。

《文集》卷七十二《僧伽同行》敍子容攜告命來，并云：「此固前定，可無恨。吾妻沈素事僧伽，謹甚。一夕夢和尚告别，沈問所往？答云當與蘇子瞻同行，後七十二日，當有命。今適七十二日矣。」《隨手雜録》謂為蕭士(世)京妻事。《參寥子詩集》卷十一《東坡先生挽詞》其十一：「臨淮大士本無私，應物長於險處施。親護舟航渡南海，知公盛德未全衰。」原注：「鄒至完言：在嶺外，嘗聞人傳惠州太守方君家人素奉佛。一夕，夢泗州大聖來别，云將送蘇某過海，遂詰之曰：『幾時當去？』答曰：『八日去矣。』後果如期。公得命移儋耳，至完始未信，後遇方君，問之，信然。」至完，浩字。參本年十二月十九日紀事。

書《松醪賦》與幼子過。

《愛日齋叢鈔》卷二：「東坡《松醪賦》，李仁甫侍郎舉賦中語，謂東坡蓋知之矣。又云：東坡既再謫，親舊或勸益自儆戒，坡笑曰：『得非賜自盡乎？何至是！』顧謂叔黨曰：『吾甚喜《松醪賦》，盍秉燭，吾為汝書此，倘一字誤，吾將死海上，不然，吾必生還。』叔黨苦諫，恐偏旁點畫偶有差訛，或兆憂耳。坡不聽，徑伸紙，落筆，終篇無秋毫脱謬，父子相與粲然。」仁甫，燾字，《長編》撰者。

與王古（敏仲）簡，催求變賣折支，以為赴儋之用；求古謀借舟與弟轍。

《文集》卷五十六與古第八簡敍赴儋「惟待折支變賣得二百餘千」，第十七簡敍借舟，時弟轍將由英、韶間赴容州。林語堂《蘇東坡傳》：「政府一共欠了他兩百貫的貨幣，照京師幣估算，也一百五十貫。」謂折支。

十九日，與過離惠，與家人痛苦訣別。李思純之子光道送行。惠人盛贊蘇軾浩然之氣。

十九日云云，見《文集》卷二十四《到昌化軍謝表》。嘉靖《惠州府志》卷九謂留家惠州，「獨與子過渡海」。《佚文彙編》卷五《跋追和違字韻詩示過》云「過子不眷婦子從余此來」，知過妻范氏亦隨行。然《文集》卷五十六《與鄭靖老》第二簡云「聞過房下卧病」，似范氏仍在惠。《文集》卷五十六《與王敏仲》第十六簡，敍與邁訣，「今到海南，首當作棺，次便作墓」。蘇軾離惠後，與方子容簡，云「邁時去請見，兩新婦許拜老嫂」，見本年以下「在赴廣州道中」條。此兩新婦當為邁妻及過妻。過妻未隨行。《斜川集》卷一《將至五羊先寄伯達仲豫二兄》敍邁至，「未溫白鶴席，已餞羅浮曉，江邊空忍淚，我亦肝腸繞」，乃此時事。

《名賢氏族言行類稿》卷六十引《惠州圖經》：「君子素行乎患難，能困其身而不能殞其名。方東坡先生自英之惠，自惠之儋，小人挫之惟恐不深，而先生氣不少衰，筆力益放，無一毫不滿之意介於胸次，孟子所謂『浩然之氣充塞於天地之間』，先生一人而已。」

《墓誌銘》：「公以侍從齒嶺南編户，獨以少子過自隨，瘴癘所侵，蠻蜑所侮，胸中泊然無所蒂芥。人無賢愚，皆得其歡心，疾苦者畀之藥，殞斃者納之竁。又率衆為二橋以濟病涉者，惠人愛敬之。」

《梁溪漫志》卷四《東坡謫居中勇於為義》：「陸宣公謫忠州，杜門謝客，惟集藥方。蓋出而與人交，動作言語之際，皆足以招謗，故公謹之。後人得罪遷徙者多以此為法。至東坡則不然。其在惠州也，程正輔為廣中提刑，東坡與之中外，凡惠州官事，悉以告之。諸軍缺營房，散居市井，窘急作過，坡欲令作營屋三百間，又薦都監王約、指使藍生同幹。惠州納秋米六萬三千餘石，漕符乃令五萬以上折納見錢。坡以為嶺南錢荒，乞令人户納錢與米，並從其便。博羅大火，坡以為林令在式假，不當坐罪，又有心力，可委，欲專牒令修復公宇、倉庫，仍約束本州科配。惠州造橋，坡以為吏孱而胥横，必四六分了錢，造成一座河樓橋，乞選一健幹吏來了此事。又與廣帥王敏仲書，薦道士鄧守安，令引蒲澗水入城，免一城人飲鹹苦水、春夏疾疫之患。凡此等事，多涉官政，亦易指以為恩怨，而坡奮然行之不疑。其勇於為義如此。謫居尚爾，則立朝之際，其可以死生禍福動之哉！」

《六硯齋三筆》卷三：「東坡嘗謂延州季子、張子房不死，嶺南之人亦言東坡不死。」此乃記乾道戊子冬至後二日莆田陳雅跋蘇庠帖中語。「延州季子張子房不死」語，見《文集》卷二十一《延州來季子贊》。

李光道送行及李思純，見以下「與李思純之子光道別」條。

與李思純之子光道別，作《潛珍閣銘》贈之。嘗以手抄《金剛經》置潛珍閣。

《味水軒日記》卷七明萬曆四十五年五月二十七日紀事：「東坡書《汩玔（按：實為『潛珍』二字）閣銘》，大如當五錢，有顏、徐兩家法，款云：『余渡海，北海進士李光道自番陽送至曲江，求此文，余為作之。元符三年八月，東坡蘇軾。』」味此文口吻，乃追述前事。《佚文彙編》未收。

《潛珍閣銘》即《文集》卷十九《惠州李氏潛珍閣銘》。銘云「逮公子之東歸」，此公子乃思純之子，即光道。「東歸」謂歸惠州，乃臨分時語。又云「悼此江之獨西」，點明送別之地。「番陽」乃「惠陽」之誤。曲江乃韶州，赴海南，不經其地；此「曲江」為另一地。乾隆《梧州府志》卷二謂州屬容縣有渭龍江，「自東而西溯流」；今地圖册有倒水，在梧州州治西，藤縣東北：李光道送別之地，或在此一帶。《蘇文繫年考略》謂惠州有龍川江經過，「該江自東北流經惠州，然後即向西流入珠江口，軾時正離惠西行，因知必在此江上，此時惠州在東而江水西流，故軾欲托江水投文而不可得」，乃於公子東歸時作此文。備參。

《輿地紀勝》卷九十九《廣南東路·惠州·古迹》：「李氏潛珍閣：郡人進士李光道所建，在郡之南面龍堂，東坡為記。」「記」即銘。乾隆《歸善縣志》卷四則云：「李氏山園，在郡城南龍塘，宋瓊州安撫使李思純之別墅。高下數十畝，草木華實，無所不有。臨江有閣曰潛珍。」卷十四：「李思純，皇祐五年以三禮出身，歷官朝奉郎知封州、瓊州安撫使。其弟思義相繼守封，皆有遺愛於民。」《夷堅志》甲志卷十一《東坡書金剛經》：「東坡先生居黄州時，手抄《金剛經》，筆力最為得意。然止第十五分，遂移臨汝，已而入玉堂，不能終卷，旋亦散逸。其後謫惠州，思前經不可復尋，却取十六分以後續書之，置於李氏潛珍閣。李少愚參政得其前經，惜不能全，所在輒訪之，冀復合。紹興初，避地羅浮，見李氏子輝，輝以家所有坡書悉示之，而秘《金剛》殘帙，少愚不知也。異日偶及之，遂兩出相視，其字畫大小、高下、墨色深淺，不差毫髪，如成於一旦。相顧驚異，輝以歸少愚，遂為全經云。」少愚名回，琮子，見《宋史》卷三百三十六《李琮傳》。

《秋澗先生大全文集》卷七十二《題臨潛珍銘後》：「《潛珍閣銘》，坡公渡海北，為李光道書於曲江。當時真迹入石，為龍潭絶勝。逮淳祐乙巳，東嘉趙汝駇求訪百至，已不復得，惜哉！今所傳者，蓋漢中石刻濮之板本，再一傳也。此則以濮本較之，迫視筆勢，往往有形似者，豈踐其迹庶入室之意歟！然龍為神物，唯劉累乃能擾之，或者輒攀鱗進技，其氣亦可尚也。」作於元世祖至元壬辰。此龍潭當即以上所引《輿地紀勝》、《歸善縣志》所云之「龍堂」。

泊扶胥，聞王古（敏仲）遷袁州。古簡來，期於道中相遇，以為不可。

《文集》卷五十六與古第十八簡：「舟行至扶胥，急足示問，乃知有袁州之命。」扶胥屬番禺，在廣州境内。《宋史》卷三百二十《王古傳》：「知廣州。言者論其常指平歲為凶年，妄散邦財，奪職知袁州。」

《文集》與古第十六簡云「所云途中邂逅，意謂不如其已」，「故覼縷此紙，以代面別」。繼古任者乃柯述，見嘉靖《廣東通志》》卷九。

過廣州。與方子容（南圭）簡。

《文集》卷六十《與史氏太君嫂》：「某謫海南，狼狽廣州。」

《晚香堂蘇帖》：「軾啟。廢逐之餘，始獲傾蓋贛上，歡逾平生。遂復託迹治下，薰濡之喜既深，煩恩之愧亦厚矣。狼狽遠斥，悼懼失圖，仁人愍側，所以慰藉津遣之者，可謂備至，求之古人，亦未易得，況世俗乎！懷感之極，殆難云喻。違闊數日，起居何如？回望羅浮，蔚然天表，如見顏色，此心可知。有少幹，留此四五日乃去。江海闊絶，復見何日，然共此大塊耳，亦奚足云。惟萬萬為民慎夏自重。人還，奉手啟上謝萬一，不宣。軾再拜南圭知郡朝奉執事。」此簡約作於廣州，亦有可能作於扶胥，今次此。

《佚文彙編》未收。

過新會。傳值潦漲，止累日，遊月華寺。又傳訪道人鍾鼎。

道光《鶴山縣志》卷二下：「坡亭：在鶴山縣東北五十五里石螺岡。岡前危石飲江，奔濤齧岸，東望則澄江如練，一碧千里。宋紹聖中，蘇軾謫儋州過此，留數日。居人慕之，築亭於上，遺址尚存。陳獻章詩：『水繞寒柯霧半籠，遊絲輕曳釣船風。三洲覽遍題名處，閑向坡亭説長公。』」獻章乃明新會人，當英宗時。知坡亭之建已久。

同上：「東坡里：在坡亭東南。公嘗於此摘荔支食之，美，因以指掐其核，後所生荔支有指甲痕。」又云：「去亭數十步為坡公泊舟處，僅一穴可下撅，餘皆頑石也。泊舟於此，可以避蚊云。」

康熙《新會縣志》卷十四《人物志·流寓·蘇軾》：「再謫儋州安置，道出新會，愛月華寺之勝，徘徊題詠。常過古勞鄉，行山中，士人競延，留為築亭以居。去後，名其亭曰坡亭，鄉曰坡山焉。孫典籍遊月華寺有詩云：『急喚梢人早繫舟，月華寺裏散離憂。苔生曲徑人稀到，門繞長溪水自流。兩岸峯巒千古畫，一川松檜四時秋。坡仙遺墨成灰燼，老衲如今說未休。』孫典籍乃蕡，字仲衍，明人，《明史》卷二百八十五有傳。

民國《開平縣志》卷四十四《古迹略二·前賢遺迹》：蘇公渡，在縣城東南六十里。宋蘇軾貶南海，自惠至瓊，道經新會，值江潦暴漲，乃從山僻小徑取道新興，故新會有坡亭，開平有蘇渡，皆因蘇軾所過而名之。

嘉靖《惠州府志》卷十四：「鍾鼎：不知何許人也。遊於新會之金溪寺，託以燒鉛煮汞為事。寺有丹竈三十六。一日，因涉，溺死。有人見之於廣州。或曰：鼎，羅浮人，東坡嘗與友也（原註：《壬寅志》）。」《萬姓統譜》卷二有《鍾鼎傳》，謂為上猶人，置義莊，建書院，未及鍊丹事。

光緒《新寧縣志》亦載鍾鼎事，並云：「東坡謫官至廣，枉道訪之，今蘇渡猶傳其名。」

《總案》：「瓦窯灣即蘇渡也。其旁瓦窯灣村猶存。考宋時二邑（按：指鶴山、開平）並隸新會，而兩公集載巢谷自惠赴儋，並云由新會至新州，是公亦由此道以往矣。」新會屬廣州，在州西南三百三十里。以上各書記載有不同處，有傳聞因素。然軾取道新會，則大致可信。

五月十一日，與弟轍相遇於藤州，自是同行至雷。在藤，為江月樓題榜。共食湯餅。

《文集》卷四十一《和陶止酒》敍相遇，時弟轍與其妻攜子遠同行。

《廣輿記》：「江月樓，在藤縣治，蘇軾題。《永樂大典》卷二千三百四十一引《古藤志》謂樓在州治東北，本舊城北門，「二蘇寓此」。

同治《藤縣志》卷四謂樓「在城東橫街。俯臨繡江，宋紹聖間蘇軾登此，有記。秦少游嘗留題焉，即今之東門樓」。軾記不見。

同上《藤縣志》卷四：「浮金亭，在縣東浮金渡頭山阜之上，山勢高挺，俯瞰繡江，宋時建。紹聖間蘇軾南遷嘗艤舟登焉，賦詩其上。」又：「流杯橋：世傳蘇子瞻與子由游宴處。」

《老學庵筆記》卷一：「呂周輔言：東坡先生與黃門公南遷，相遇於梧、藤間。道旁有鬻湯餅者，共買食之。觕惡不可食，黃門置箸而歎，東坡已盡之矣。徐謂黃門曰：『九三郎，爾尚欲咀嚼耶？』大笑而起。秦少游聞之，曰：『此先生飲酒但飲濕而已。』」「飲酒但飲濕」，為《詩集》卷二十三《岐亭五首》其四語。九三郎，弟轍。呂周輔名商隱，輯有《成都文類》，今傳。

經容州，晤邵道士彥肅。

《輿地紀勝》卷一百四《廣南西路・容州・仙釋》：「邵道士：東坡之儋州，經此，惟都嶠邵道士從坡三年。」道士名彥肅，見元符三年「至容州」條紀事。

經高州，過冼夫人廟。

《詩集》卷四十一《和陶擬古九首》其五："馮冼古烈婦，翁媪國於兹。策勳梁武後，開府隋文時。三世更險易，一心無磷緇。錦繖平積亂，犀渠破餘疑。廟貌空復存，碑版漫無辭。我欲作銘誌，慰此父老思。遺民不可問，傻句莫予欺。犦牲菌雞卜，我當一訪之。銅鼓壺盧笙，歌此送迎詩。"據"廟貌"二句，是親見其廟，並非得之傳聞。"犦牲"四句，乃言欲以禮祭之，所云"訪"，乃專意拜訪，即謁之之意。詩第二句云及"於兹"，似此詩即作於高州。

《輿地紀勝》卷一百一十七《廣南西路·高州·古迹》有"冼氏廟"條。高州治電白縣。

光緒《高州府志》卷九《建置二·壇廟》謂冼夫人古廟，在浮山下霞洞坡；又謂至雷、瓊者皆經過此廟。

將至雷之境，雷守張逢以書通殷勤。

據《獨醒雜志》卷四。

六月五日，與弟轍同至雷州。雷守張逢至門首接見。

《欒城後集》卷十八《雷州謝表》云"今月五日"至雷。按："今月"乃"六月"。《輿地紀勝》卷一百十八《雷州·詩》："折彦質：二蘇翰墨仙，謫墜百蠻裏。弟兄對牀眠，此意孤一世。"為此時事。

"雷守"云云，見本年十一月二十九日紀事，又參元符元年三月癸酉紀事。

《獨醒雜志》卷四謂蘇軾兄弟至，逢"延入館舍，禮遇有加"。

六日，張逢延蘇軾兄弟入館舍。

詳本年十一月二十九日紀事，又參元符元年三月癸酉紀事。

乾隆《浮梁縣志》卷七：張逢，治平二年進士；並謂通志、府志「二年」作「四年」。

離雷州，張逢差人津送，親送於郊。

《文集》卷五十八與張逢第二簡：「蒙差人津送，極得力，感！感！」

《獨醒雜志》卷四：「東坡將渡海，逢出送於郊。」

至徐聞，得馮大鈞之助。將渡海。

得馮助，見以下「十日止遞角場」條。

《文集》卷十七《伏波將軍廟碑》：「自徐聞渡海，適朱崖，南望連山，若有若無，杳杳一髮耳。艤舟將濟，眩栗喪魄。」伏波者，路博德、馬援也。

朱崖謂朱崖軍，在瓊州之南。徐聞時屬海康縣。

十日，止遞角場，謝馮大鈞簡；致簡堂兄不危（子安）之妻史氏，賀其子時登第；致簡楊濟甫，以墳墓為託。

《文集》卷五十八《與馮大鈞》第一簡：「經由煩溷鈐下，佩荷深矣。比惟起居佳勝。某來早發去，自是嶺海闊絶，悵然。」時馮大鈞當為官雷州。《總案》謂大鈞為徐聞令，誤。時海康令為陳諤，見本年以下「弟轍遷居吴國鑑宅」條。

同上卷六十《與史氏太君嫂》云：「某謫海南，狼狽廣州，知時姪及第，流落中尤以為慶。」又云：「明日當渡大海，聊致此書。」

《跨鼇集》卷九《挽史太君詞》：「吴楚雲帆萬里風，元歌來哭舊江東。梁城皓鶴千年恨，蜀壟青松一夢空。溢水波聲天地遠，灞陵山色古今同。碑陰且刻東坡語，勳烈將收國史中。」此史太君，當即嫂史氏。「東坡語」不知内容為何，惜不得其傳。史氏之卒，不詳歲月，姑附於此。

《文集》卷五十九《與楊濟甫（按：「楊」原作「林」，今依《外集》改作「楊」）》云「某與幼子過南來，餘皆留惠州」；「今日到海岸，地名遞角場。明日順風，即過瓊矣」。又：「某兄弟不善處世，並遭遠竄，墳墓單外，念之感涕。」明日謂十一日。

《輿地紀勝》卷一百一十八：乾道七年，復置徐聞縣，治隸角場；在雷州南二百二十里。

十一日，和陶潛《止酒》，贈别弟轍，渡海。與弟轍相伴一月中，嘗教姪遠之詩。

《詩集》卷四十一《和陶止酒·引》敍與弟轍同行至雷，以下云：「六月十一日，相别，渡海。余時病痔呻吟，子由亦終夕不寐，因誦淵明詩，勸余止酒。乃和原韻，因以贈别，庶幾真止矣。」《欒城後集》卷二次韻，中云：「誰言瘴霧中，乃有相逢喜。連牀問動息，一夜再三起。」同上《次遠韻》：「兄來試謳吟，句法漸翹秀。」《輿地紀勝》卷一百二十五《昌化軍》：「軾初與弟轍相别渡海，既登舟，笑謂曰：『豈所謂道不行乘桴浮於海者耶！』」乃此時事。

渡海，達瓊州岸，張景温欲慰蘇軾稍留，不可。

《文集》卷五十八與景温第一簡首云「久不上問」，則景温乃舊交。又云「按撫多暇」，景温當官瓊管安撫之類職務。又云「知舟御在此」，知景温有意接待蘇軾。又云「以病不果上謁，愧負深矣」，以病為辭，益見景温有留之之意。第二簡亦有此意。

《長編》卷二百六十三熙寧八年閏四月乙酉紀事：「大理寺丞張景温提舉出賣解鹽，請給行移，視諸路提舉常平官。」卷二百六十四五月辛未紀事：「詔提舉出賣解鹽張景温相度鹼地可淤溉處以聞。」卷二百八十九九月癸未有景温言事紀事。

至瓊州，得雙泉於城之東北隅，其味甘，乃告瓊人；簡張逢，致謝意。

《詩集》卷四十三《泂酌亭·引》敍本月過此得雙泉。《莊簡集》卷十六《瓊州雙泉記》謂雙泉：「蓋一井而有兩脈，其一自西南，其一自正北，皆噴湧而出，水既渴，泉益湍駛，因各盛以器皿，色味初若不可辨。久之，衆皆謂西南來者尤清甘，然後知『咫尺而異味』者，非虛語也。泉自小溝南走十餘步，溢為方池，又自兩龍口入下池，則泉之觱發者益衆，水益深廣，每當暴雨漲溢，衆流散漫灌注於外，四方之民無男女少長，挈缾罌就浣濯者，無晝夜常滿。雙泉之名聞於遠近，實自蘇公發之。」作於紹興乙丑。「咫尺」云云，乃詩引中語。

《文集》卷五十八《與逢第一簡：「某已到瓊，過海無虞，皆託餘庇。」

瓊州倅黃宣義來，託以郵遞。

《文集》卷五十六《與鄭靖老》第二簡敍及書簡「附瓊州海舶或來人之便，封題與瓊州倅黃宣義託轉達，幸甚也。見説瓊州不論時節有人船便也」。《總案》：黃宣義為言人船之便，當在此時。

肩輿行瓊、儋間，夢中得「千山動鱗甲，萬谷酣笙鏞」之句，覺而作詩。

詩見《詩集》卷四十二(二二四六頁),首云:「四州環一島,百洞蟠其中。我行西北隅,如度月半弓。」四州,瓊、崖、儋、萬。自瓊州經澄邁至儋州,皆在島之西北隅,如月半弓。《詩集》緊次此詩,尚有《次前韻寄子由》;《欒城後集》卷二《次韻子瞻過海一首》,即次軾此詩韻。

七月二日,到昌化軍(儋州),上謝表。

表見《文集》卷二十四(七〇七頁)。

昌化軍屬廣南西路,治宜倫縣,距東京七千二百八十五里。昌化軍乃唐儋州昌化郡,熙寧六年廢為昌化軍。

《輿地紀勝》卷一百二十五《廣南西路·昌化軍·縣沿革·宜倫縣》:「倚郭。《元和郡縣志》云:本漢儋耳郡地。《寰宇記》云:本漢儋耳縣地。」故亦以儋耳稱儋州、昌化軍。

潘大臨(邠老)、賀鑄聞蘇軾謫儋州,有詩懷之,陳師道亦有作。

《慶湖遺老詩集》拾遺《潘邠老出十數詩,皆有懷蘇儋州者,因賦二首,丁丑四月江夏作》其一:「人烟寂絶鬼門關,更指儋州杳莽間。三四月間天漏雨,東南地盡水浮山。依迷春草鴿原失,想像秋風鶴馭還。回羡河陽賢父子,雪堂曾伴十年閑。」其二:「舊隱江城東復東,堂前楊柳付春風。猶傳白雪興中曲,俄失黄粱夢後翁。儋耳吉音無雁使,峨眉爽氣屬狙公。不應更廣窮愁志,悟取平生坐底窮。」潘詩不見。

《後山集》卷四《懷遠》(原注:任淵注云:「此詩屬東坡。」):「海外三年謫,天南萬里行。生前只為累，身後更須名。未有平安報，空懷故舊情。斯人有如此，無復涕縱橫。」

赴廣州道中及至海外，多簡與惠州守方子容（南圭）。

《後村先生大全文集》卷一百四《跋墨林方氏帖・蘇文忠公・與方南圭十四帖》謂此十四簡之後四簡乃至番禺道間及至海外時所作，敍紹聖元年與方會贛上云云。以下云：「又云：『薰濡之喜既深，煩恩之愧亦厚。』又云：『慰藉津道，求之古人，亦未易得。』又云：『家累托治下，無內顧憂思之心。』又云：『邁時去請見，兩新婦許拜老嫂。』又云：『白首投荒，佩公閉門杜口，謝絶萬事之戒。』又托諸家書至昌化。黨禍人所共畏，賢者遜之，小人或反以為奇貨。潭帥温益迫道鄉夜絶大江；宜守囚山谷於譙樓，遂死樓上；台守脅了翁；廣漕怖元城；雷守罪以屋僦子由之人。南圭當是時，獨能調護遷客，待之如骨肉，寧傲章、蔡之凶焰，不畏瘵疫之傳染，有東都節義之風，自惠州歸，年未七十，即挂其冠，蓋勇退之志素定矣。晚年夫婦考壽，見其孫略登科顯仕，抑天報歟？今直下雖微，坡帖雖散，其族人往往有珍藏者。墨林亦族也。又坡公手點《漢書》，見在方南圭族孫長溪宰之泰處。」「薰濡」云云，已見本年此前「過廣州」條，有全文；其他殘簡，《佚文彙編》未收。文中道鄉乃鄒浩，了翁乃陳瓘，元城乃劉安世。

始至，居桄榔林下，作庵，且為之銘。

《輿地紀勝》卷一百二十五《昌化軍》謂蘇軾始至居桄榔林下。銘見《文集》卷十九（五七〇頁）。正德《瓊臺志》卷二十五謂庵在州城南。

作《和陶還舊居》，敍夢歸惠州白鶴山居。

詩見《詩集》卷四十一。敍初至儋心情。

十三日，夜夢，作詩。

詩乃《詩集》卷四十一《夜夢》。

同日，中書舍人蹇序辰繳蔡肇除太常博士詞頭，肇改除寺丞。以事涉蘇軾兄弟。

據《長編》卷四百八十九本月甲子（十三日）紀事。《長編》云：「中書舍人蹇序辰言：吏房送到蔡肇除太常博士詞頭。按，肇本從王安石學，及元祐間，群姦用事，凡安石所論著建立，悉遭詆毁。肇於此時不能守節顧義，遂附會軾、轍，忘其舊學。軾、轍喜其背師附己，遂擢置黄本書局，由是為清議所棄。紹聖初，與舒焕、李格非等俱補外任，已而獨用肇為正字，復因言者論列寢罷。則今日除授，其班品乃在正字之上，不當前後自為異同。况太常禮樂之司，博士與聞議論，由此可以循致顯塗，當操行純一守正不撓之人以稱所任。肇與除寺丞。」

謝張逢簡。

《文集》卷五十八與逢第二簡敍到昌化後情况，中云：「蒙差人津送，極得力，感感！」則此簡乃遣津送者還雷所致也。

中秋夜，賦《西江月》懷弟轍。

《苕溪漁隱叢話》後集卷三十九引《古今詞話》：「東坡在黄州，中秋夜對月獨酌，作《西江月》詞曰：

世事一場大夢(餘略)。坡以讒言謫居黄州，鬱鬱不得志，凡賦詩綴詞，必寫其所懷，然一日不負朝廷，其懷君之心，末句可見矣。」苕溪漁隱曰：「《聚蘭集》載此詞，注曰『寄子由』，故後句云『中秋誰與共孤光，把酒淒涼北望』，則兄弟之情，見於句意之間矣。疑是在錢塘作，時子由為睢陽幕客，若《詞話》所云，則非也。」詞見《東坡樂府》卷上，《注坡詞》題下注云：「中秋和子由。」《總案》繫此詞於元豐三年。詞首云「世事一場大夢」，與倅杭不符。「世事」云者，乃遭受極大打擊以後之心態，倅杭可云不得志，而非極大打擊。詞不作於黄州，弟轍時在筠，筠居黄之南，位置不符。詞云「夜來風葉已鳴廊，看取眉頭鬢上」，為居儋情景。《詩集》卷四十一《和陶怨詩示龐鄧》：「如今破茅屋，一夕或三遷。風雨睡不知，黄葉滿枕前。」可參。

和陶《勸農》六首以勸漢民、黎民和睦相處，種樹、勤耕以致富裕。

詩見《詩集》卷四十一，《欒城後集》卷五有和。和詩之引云作於至雷半年之時。軾詩作於初到儋後不久。

聞弟轍瘦，作詩寄雷州。

《詩集》卷四十一《聞子由瘦》：「海康别駕復何為，帽寬帶落驚童僕。」《欒城後集》卷二有次韻。《詩集》同上卷尚有《客俎經旬無肉又子由勸不讀書蕭然清坐乃無一事》。

九月八日，作《和陶九日閑居》。

詩見《詩集》卷四十一，詩之引謂「明日重九」。此下為和陶《擬古》、《東方有一士》。

十三日，借《嘉祐補注本草》，撰《辨漆葉青黏散方》。
文見《文集》卷七十三。
弟轍遷居吴國鑑宅，以所作《東亭》、《東樓》及《過姪寄椰冠》為寄，有和。
《太平治迹統類》卷二十四元符元年三月癸酉紀事：三省提舉荆湖南路常平等事董必奏，體量到知雷州、朝請郎張逢又令僦進納太廟齋郎吴國鑑宅（按：謂使蘇轍居之），逢每月率一兩次移厨管待，差白直七人，借事本州海康縣令陳諤，差雜直追呼工匠等應副吴國鑑修宅，又勸居民折退籬脚，闊開小巷，通行人馬，以避轍門巷及借手力等事。《長編》卷四百九十六同。所敍為此時事。參元符元年三月癸酉紀事。
轍詩見《欒城後集》卷二。軾詩見《詩集》卷四十一（二二六七頁）。「誥案」謂遷居吴宅為九月後事。
《斜川集》卷三有《椰子冠》詩，轍乃次過之韻，是此詩倡者乃過；同卷有《東亭》詩。
《王譜》：「過海，得子由書律詩一首。」所得律詩，或即《東亭》等詩，「一」或為「三」之訛。
《輿地紀勝》卷一百十八《雷州・人物》：「吴國鑑：海康人，為太廟齋郎。紹聖中，蘇轍貶雷州，僦國鑑宅居。為創一小閣。」
嘉靖《廣東通志》卷五十六：「吴國鑑，雷州海康人。紹聖中為太廟齋郎，後退居於家。先是寇準謫雷州，人有舍之者，為丁謂所害。自是無人敢舍遷客。及蘇轍安置雷州，莫謀所止，國鑑慕義而不顧害，特創一室館之，轍與之立僦券。」

康熙《雷州府志》卷十《古迹》：「蘇公樓：城西南隅。蘇子由謫雷，時宰禁住官舍，郡民吴國鑑建屋以居之。時子瞻亦謫儋耳。兄弟處此月餘。後，靖康丙午，海康令余惇禮又買居前隙地，建遺直軒，繪二蘇像於軒。嘉定丁丑，郡守毛當時即其地建樓以表之。郡守薛直夫復修樓為祠。」以下言咸淳八年郡守陳大震遷樓於城西西湖之西與寇準祠對峙，元末廢。

軍使張中到任，出張逢簡，答逢簡。中修倫江驛館，僦居之。

《文集》卷五十八《與張逢》第三簡：「新軍使來，辱教字。」《總案》謂新軍使乃張中，是。軍使，乃昌化軍使，即知昌化軍。參《輿地紀勝》卷一百二十五《昌化軍·軍沿革》。簡云「久不上狀」，參元符元年「本月致張逢簡」條紀事，知約作於冬季，中到任約為冬季事。

《長編》卷五百八元符二年四月丙子紀事：「昌化軍使張中役兵修倫江驛，以僦房店為名，與别駕蘇軾居。」《施譜》：張中役兵修驛館先生。昌化軍有倫江。

《墓誌銘》：「初僦官屋以庇風雨。」《文集》卷五十五《與程全父》第九簡：「初至，僦官屋數椽。」此官屋即倫江驛舍。

《家世舊聞》卷下謂中為熙寧三年進士及第第四人。又云：「中為明州象山縣官，坐私與高麗人朴寅亮和倡詩，停官。終身沉滯。」

中，開封人。及第後為初等職官。元豐二年十一月辛卯，以明州象山縣尉衝替。三年四月庚子，以救高麗人船有勞，落衝替。分别見《長編》卷二百一十、三百一、三百三。

作《和陶擬古九首》、《和陶東方有一士》。

詩見《詩集》卷四十一。

前者其四：「稍喜海南州，自古無戰場。奇峰望雲母，何異嵩與邙。」其七：「來孫亦垂白，頗識李崖州。再逢盧與丁，閱世真東流。」其八：「城南有荒池，瑣細誰復采。幽姿小芙蕖，香色獨未改。」其九：「黎山有幽子，形槁神獨完。負薪入城市，笑我儒衣冠。」寫海南。其八又云：「欲為中州信，浩蕩絶雲海。」時趙夢得未致中州問，知作於初到儋時。其五似作於高州（參本年以上「經高州」條），以後彙入此組組詩之中。

《和陶東方有一士》，乃《和陶擬古九首》其九之韻，或為同時作，兹并繫於此。

立冬後，風雨無虚日，海道斷絶，不得弟轍書，乃和陶《停雲》以寄，致思念之意。

詩見《詩集》卷四十一（二二六九頁）云：「念彼海康，神馳往從。」《欒城後集》卷五有次韻。

作《和陶怨詩示龐鄧》。

詩見《詩集》卷四十一。詩有云：「如今破茅屋，一夕或三遷。風雨睡不知，黃葉滿枕前。」題下「誥案」：「如謂後兩年秋冬作，公已在新居，何至破敗若是哉！」其説是。

所居黎檬子熟，懷故人黎錞（希聲），以人戲錞為黎檬子也。

《文集》卷七十二《黎檬子》記其事。文有「霜實纍纍」之語，作於入冬以後。《總案》謂文作於八月，不當。

十一月望，與客汎菊作重九，并為記。

記為《文集》卷七十三《記海南菊》。蓋以地暖，菊至冬乃盛發。

己卯（二十九日），廣西經略安撫司走馬承受段諷言張逢周恤蘇轍、蘇軾兄弟，詔提舉荆湖南路常平董必具實狀以聞。

據《蘇潁濱年表》及《長編》卷四百九十三。後者並云：「段諷言，知雷州張逢照管安置人蘇轍及蘇軾兄弟，與之同行至雷州相聚，請下不干礙官司再行體量。」《太平治迹統類》卷二十四：「元符元年三月癸酉，……董必奏：體量到知雷州朝請郎張逢同本州官吏至門首接見蘇轍，次日為會，召轍在監司行衙安泊。」此處所云「次日」，乃指蘇軾兄弟到雷之次日，即六月六日。此處僅云蘇轍，實則為軾、轍兄弟二人。

作《和陶雜詩》。時吴復古（子野、遠遊）將渡海相訪。

詩見《詩集》卷四十一，其七云「潮陽隔雲海，歲晚倘見客」。復古，潮陽人。

弟轍所寓堂後月季再生，賦詩，與子過皆次韻。

《欒城後集》卷二有《所寓堂後月季再生與遠同賦》。軾次韻乃《詩集》卷四十一《次韻子由月季花再生》，云「臘果綴梅枝」，作於冬末。過詩乃清舊抄本《斜川集·次韻叔父月季再生》，中云：「海康接儋耳，雲水何由躡。俯檻獨四顧，悵此波濤匝。」

與軍使張中訪黎子雲兄弟，賦詩，名子雲所居曰載酒堂。又為植樹。讀子雲家所藏柳文。

詩乃《詩集》卷四十一《和陶田舍始春懷古》。正德《瓊臺志》謂堂在州東南二里許李許都。《欒城先生遺言》：「東坡在海外，方盛稱柳柳州詩。後嘗有人得罪過海，見黎子雲秀才，説海外絶無書，適渠家有柳文，東坡日夕玩味。」《彦周詩話》亦云。《莊簡集》卷二《載酒堂》：「獨餘黎氏舊園亭，喬木森森免薪槱。半是東坡親手植，老幹樛枝互纏糾。」又同卷詩題云蘇軾「嘗與軍使張中遊黎氏園，愛其水木之勝，勸坐客醵錢作堂，黎氏名子雲，因用揚雄故事，名其堂曰載酒」。

鄭嘉會（靖老）欲於海船載書千餘卷見借，和陶潛《贈羊長史》詩以謝。

詩見《詩集》卷四十一（二二八一頁）。

時嘉會約在廣州，參元符元年「鄭嘉會書到」條紀事。《總案》謂嘉會在惠州，不知何據。

十二月十七日，夜坐達曉，作詩寄弟轍。

詩見《詩集》卷四十一（二二八四頁），末云：「雷州别駕應危坐，跨海清光與子分。」《欒城後集》卷二有次韻。

《詩集》此詩前，有《獨覺》詩，其後，有《謫居三適三首》（旦起理髮、午窗坐睡、夜卧濯足）詩，《欒城後集》卷二均有次韻。

十九日，生日，子過賀詩。

清舊抄本《斜川集·大人生日》其一：「天爵□□□，名高實自分。云何困積毁，抑未泯斯文。欲救微言絶，先徽百氏紛。韋編收斷簡，魯壁出餘焚。論斥諸儒陋，功逾絳帳勤。吾庸亦多矣，奚恤彼狺狺。」其二：「天定人勝難，誠哉申子言。不須占倚伏，久已恃乾坤。八郡褌襦德，三吴肉骨恩。少卿真不病，廷尉自高門。勿歎乘桴遠，當知出世尊。無邪有妙理，一悟可長存。」其三：「大士來淮泗，神交寤寐中。應緣濟物意，豈為寫經功。惻隱仁之本，慈悲佛所同。雖無逮焚溺，尚欲起疲癃。五鼎榮何有，三光路已通。回看種桃處，葵麥卷春風。」詩中所云「乘桴」、「大士」，乃本年事，分見本年六月十一日、四月十七日紀事。此三詩當為初到儋時作，今繫於此。

同日，弟轍應請作《東坡先生和陶淵明詩引》。

引見《詩集》卷三十五《和陶飲酒》注文。參《佚文彙編》卷四與轍第五簡、卷五《自述》。

是歲，李廌（方叔）為趙令畤《汝陰唱和集》作後序。時令畤官襄陽。

文見《濟南集》卷六，謂軾守潁後六年，遇令畤襄陽，令畤出《汝陰唱和》，乃作序。

黄庭堅與程之元（德孺）簡，念及蘇軾。

《山谷老人刀筆》卷八黔州與《程德孺金部》第二簡：「儋耳寂寂，不聞音耗。」《山谷全書》卷首年譜：紹聖三、四年，在黔州，元符元年春遷戎州，六月至戎。今次與之元簡於此。

入儋後，李公麟（伯時）為蘇軾畫像，弟轍及黄庭堅有贊，翟汝文為賦《遠遊》；公麟又作《東坡乘槎圖》。

《永樂大典》卷八千八百四十五引《翟忠惠先生集·東坡遠遊并序》。其序云：「龍眠居士畫東坡先生，黄冠野服，據磯石横策而坐。子由聞而贊之。始公在北門，某為童子，欲見公而公出定武，復旋謫儋耳，竟不及見公之南也。其門人皆在坐，憮然流涕。某笑之，以謂儋島(瓊)居絕，正如龍眠所見，置公於水間一石耳。安知造物者不故使之遺世絕俗，以全其天乎？仲尼乘桴浮於海，又欲居九夷。彼遭世不用，顧有不能忍以去父母之國，而終其身無意於斯世也。況公以君命，獨安適而非此者歟！必將俯萬物而磅礴一世，尻輿神馬，挾宇宙而隨其所如往。世之人自以為愛者之悲，而惡者之善，果何足以病公哉！然士無賢不肖皆曰東坡之門人，唯某未之識。傷後生不復見其餘風遺烈，與之並世猶若此，況讀其書，追其人於千載之上。嗚呼，天孰能使余不遇哉！雖然，得其像而朝夕見之，亦足以為之師矣。始之贊而子由已盡其略，復為《東坡遠遊賦》云。」其賦曰：「吁嗟先生，逝將去此兮，四方慨其何從。超虛無以上徑兮，襲一氣之鴻濛。乘飛霆而跨箕尾兮，與汗漫而相期。紛屬車之驂乘兮，駕六龍而逶迤。酌匏尊以自觴兮，罄天漢之流源。挾須彌而納芥子兮，恒遊戲於其間。形骸付於電泡兮，變詭幻之奇服。亂焦螟於蚊睫兮，騁蝸角之蠻觸。何鄉其無上下兮，欒容與而淡忘歸。回車獨來兮，忽何所見宛在水之中坻。乘雲輿與寶璐兮，儼黃冠而葛巾。狹一世邈無人兮，吾將自棄於魚鳥。窺游鰷之闖萍兮，送飛鴻之西矯。湛揚揚其獨存兮，鬱山林之深渺。馳余神於霄(宵)夢兮，徑從公而往遊。摶扶搖之九萬兮，歷九疑而望崇丘。俯黃州之舊邦兮，雪堂岌乎臨臯。望東坡之美人兮，枕灘流而漱松醪。哀余癯以好脩兮，使哺啜其醨糟。覺遽然涕垂膺兮，像漠乎其無言。有無變化吾誰執兮，莽其乘風雲而上天。誦斯文以卒歲兮，猶足以續《遠遊》而賦超然者也。」弟轍之贊，不見《欒城集》，佚。公麟畫像，當為蘇軾入儋初作，今次於本年。

翟汝文字公巽，潤州丹陽人。登元符三年進士第。紹興元年，為翰林學士兼侍講，除參知政事。秦檜相，汝文性剛不為屈。《京口耆舊傳》卷四、《宋史》卷三百七十二有傳。

《蜀中廣記》卷一百八：「蘇氏祠有碑刻李龍眠畫東坡水坻小像，山谷、潁濱各為之贊。出《眉志》。」此所云蘇軾像，當即《永樂大典》所云之像。

《蜀道驛程記》：「眉州遥望蟆頤山，蒼然可愛。入城謁三蘇公祠，蘇氏紗縠行舊第也，在城西偏，三面環水。堂三楹，中祀文公，文忠、文定二公左右侍。」又云：「坡公石像，明洪武中重刻，李龍眠筆也，潁濱題贊。」是轍之贊，清初尚在。

《豫章黄先生文集》卷十四《東坡先生真贊三首》其二：「岌岌堂堂，如山如河。其愛之也，引之上西掖鑾坡。是亦一東坡，非亦一東坡。槁項黄馘，觸時干戈。其惡之也，投之於鯤鯨之波。是亦一東坡，非亦一東坡。東坡之在天下，如太倉之一稊米，至如臨大節而不可奪，則與天地相終始。」云「鯤鯨之波」，作於蘇軾謫儋時，或為題李公麟此畫像而作。

《邵氏聞見後録》卷二十七：「東坡南遷，公麟在京師，遇蘇氏兩院子弟於途，以扇障面，不一揖。」有微辭。然徵以入儋後畫像，邵氏之記載或出傳聞。參元符三年「與李惟熙公寅簡」條紀事。

《太倉稊米集》卷四十三《李伯時畫東坡乘槎圖贊》：「博望侯乘槎而游，吾夫子乘桴而浮。仲尼固厄窮於四海，而張騫又功名之流也。韙哉！東坡高目九州，視死生猶大夢，均溟渤於一漚，故能以巨海為家，以枯木為舟，風濤如山而神色甚休。蓋入火不爇，入水不濡，其古至人之儔歟！」畫當亦作於入儋後。

蘇軾年譜卷三十七

元符元年（一〇九八）戊寅　六十三歲

正月十五日夜，子過赴儋守張中召。有詩。

詩見《詩集》卷四十二（二三〇一頁）。《佚文彙編》卷五《跋追和違字韻示過》可參。

弟轍作《浴罷》，與子過皆次韻。

轍詩在《欒城後集》卷二。軾詩見《詩集》卷四十二（二三〇二頁），中云：「老雞卧糞土，振羽雙瞑目。倦馬驟風沙，奮鬣一噴玉。垢浄各殊性，快愜聊自沃。」旨在順其自然。過詩見《斜川集》卷一。

過、遠倡和，粲然可觀。次過韻寄諸子姪，以文字相勉。弟轍亦有次韻。

軾次韻見《詩集》卷四十二（二三〇四頁），云「但令文字還照世，糞土腐餘安足夢」。過詩佚。轍詩在《欒城後集》卷二。

二十三日，書陶潛《形贈影》、《影答形》、《神釋》付過，和潛韻。

據《紀年録》。

致張逢簡。

簡乃《文集》卷五十八與逢第五簡，云「新春」，作於正月。並云「子由荷存庇深矣」。

作《和陶使都經錢溪》。

詩見《詩集》卷四十二，云「新年」；云「仰看桄榔樹」，作於初到海南；云「相如賣車騎，五畝亦可易」，「詣案」謂「是時尚無卜居之事」，故如是云。

吴復古（子野）書報陸惟忠病亡并葬於河源。撰惟忠墓誌銘。

復古書報云云，見《文集》卷五十五《與程秀才》第二簡；墓誌在卷十五（四六八頁）。惟忠紹聖四年五月十九日卒，年五十。時復古回潮陽。

朝廷置局編録司馬光、吕公著、蘇軾、蘇轍等「悖逆」罪狀成書。由蹇序辰主其事。

《長編》卷四百九十四本年二月壬辰（十三日）紀事：「知虔州鍾正甫言：伏聞朝廷以司馬光、吕公著、蘇軾、蘇轍等悖逆罪狀，命官置局，編録成書，以正邦刑，為世大戒。」以下敍司馬光等「悖逆」事，云：元祐元年明堂，光等心懷怨懟，建議不以先帝配宗祀，而欲祀仁宗皇帝，先帝幾不得與祭，賴禮官何洵直力争，其議遂寢，而先帝始不廢於宗祀。末云：「詔劄與編類姦臣事狀蹇序辰等。」知編類乃由蹇序辰主其事。以下，《長編》注文責鍾正甫「詆誣」、「顛倒是非」。

參元符三年九月十六日紀事。

二月二十日，弟轍六十歲生日，以沈香山子寄之，作賦。

賦見《文集》卷一（一三頁）。《欒城後集》卷五有和。

三月三日，上巳日，攜酒尋諸生，獨符林在，作詩。

詩見《詩集》卷四十二（二三〇八頁）。末云：「記取城南上巳日，木棉花落刺桐開。」正德《瓊臺志》卷三十七：「符林，儋人。蘇軾稱為安貧守静，謂之老符秀才。」

癸丑（初四日），詔吕升卿差充廣南西路察訪指揮更不施行。以曾布奏升卿與二蘇有切骨之仇，不可遣，乃罷。

癸丑云云，據《長編》卷四百九十五。

《蘇潁濱年表》：本年二月丙申：「詔差河北路轉運副使吕升卿、提舉荆湖南路常平董必並充廣南西、東路察訪。」謀起大獄，悉誅元祐臣僚。「西、東」原作「東、西」，據以上所引《長編》改。

《長編》本月辛亥（初二日）紀事：曾布奏：「升卿兄弟與軾、轍乃切骨仇讎，天下所知，軾、轍聞其來，豈得不震恐，萬一望風引決，朝廷本無殺之之意，使之至此，豈不有傷仁政？兼升卿凶燄，天下所畏，又濟之以董必，此人情所以尤驚駭也。」升卿，惠卿弟。《施譜》略及此事。

丙辰（初七日），董必由廣南東路察訪改西路。

據《長編》卷四百九十五。

十五日，作《衆妙堂記》，應何德順之請也。

記見《文集》卷十一（三六一頁）。記云：「廣州道士崇道大師何德順，學道而至於妙者也。作堂榜曰衆妙，以書來海南，求文以記之。」乃作記。

二十日，聞柳子文（仲遠）卒，為祭之。

據《紀年録》，《紀年録》稱子文為承議郎。祭文見《文集》卷六十三（一九五四頁）。

二十二日，書張耒（文潛）論治眼、治齒語於瓊州開元寺壁。蘇軾嘗寓開元寺。又嘗有治齒痛方。

《晚香堂蘇帖》：「眼惡點濯，齒便漱琢。治眼當如治民，治齒當如治軍。治民如曹參之治齊，治軍如商鞅之治秦。此張文潛之言也，而予喜書之。戊寅三月廿二日題開元寺壁。」《佚文彙編》未收。《文集》卷七十三《目忌點濯説》亦記耒論治眼、治齒語，文字略有不同；該文首云「前日與歐陽叔弼、晁無咎、張文潛同在戒壇」，作於元祐間。

《輿地紀勝》卷一百二十四《瓊州》：「開元寺，在東坡亭之右，有蘇東坡書額。」又：「東坡臺，在開元寺，東坡常寓其間。今有祠堂。」正德《瓊臺志》卷二十四引《一統志》謂：「臺在府城東南舊開元寺東。」《蘇文忠公海外集》卷四：「東坡井，在郡城内北隅，東坡曾飲息於此。」

蘇軾此次來去瓊州始末不詳。

《晚香堂蘇帖》：「齒痛，風熱在骨耳。軾近苦此，服地黄丸，似有效（原注：地黄、地骨皮、枳殼、菊花），試服一帖；又將天麻煎（原注：必味五兩者）一丸，齧定在痛齒上，亦頗能已甚痛：皆非十分捷效之藥。漫持去，或能有解耳。軾白。」《佚文彙編》未收。此乃與某友人簡，不詳何時作，兹以其言齒痛，附此。

癸酉（二十四日），董必論張逢等；詔蘇轍移循州安置，張逢勒停，陳諤衝替，吴國鑑編管。

《蘇潁濱年表》本日紀事：「提舉荆湖南路常平董必言：『朝請郎知雷州張逢於轍初到州日，同本州官吏門接。次日為具召之，館於監司行衙，又令僦進見人吴國鑑宅居止，每月率一再移厨管待轍，差借白直七人。海康縣令陳某遣工匠應副國鑑修宅。』詔轍移循州安置，逢勒停，謬衝替。」必當仍為廣南西路察訪。陳鍔參紹聖四年「弟轍遷居吴國鑑宅」條。

吴國鑑編管，據《輿地紀勝》卷一百十八。《太平治迹統類》卷二十四並云「本路提點刑獄梁子美既與蘇轍係親姻之家，不申明回避，並其餘監司失覺察，各罰金三十斤」。《長編》卷四百九十六同。

清周亮工《書影》敍及郟縣蘇墳，謂：「南一冢為盗發矣，俯其穴，得誌銘，始知為夫人。……夫人姓梁氏，為宋狀元顥之曾孫，適蘇遲，為子由長子。」《宋史》卷二百八十五，梁子美與梁顥同傳，為顥曾孫。傳謂子美紹聖中提舉湖南常平。時新復役法，子美先諸路成役書，就遷提點刑獄。徽宗初，諫議大夫陳次升奏子美連使湖外，一時逐臣在封部者，多被其虐。蘇氏兄弟極少提及，當以此。

《獨醒雜志》卷四敍張逢厚蘇軾、蘇轍兄弟，以下云：「帥臣段諷聞之，大怒，劾逢館留黨人蘇軾及為蘇轍賃屋等事，逢坐除名勒停，子由移循州。」

董必議遣人過儋，賴彭子民勸而止，然蘇軾仍被逐出官舍。

《甲申雜録》：「潭州彭子民隨董必察訪廣西時，蘇子瞻在儋州。董至雷，議遣人過儋。彭顧董泣涕，曰：『人人家各有子若孫。』董遂感悟，止遣一小使臣過儋，但有逐出官舍之事。」

《文集》卷五十五《與程全父》第九簡：「初至，僦官屋數椽，近復遭迫逐。」

彭子民，字彦修，湘陰人。有元符戊寅九月二十五日遊七星山曾公巖題名。見《桂勝》卷二。子民當為董必幕官。

和陶潛《歸去來兮辭》，邀弟轍同作。

和辭見《詩集》卷四十七(二五六〇頁)。《欒城後集》卷五《和子瞻歸去來兮辭·引》：「昔予謫居海康，子瞻自海南以和淵明《歸去來》之篇，要予同作。時予方再遷龍川，未暇也。」知軾作詩時，轍在海康，已得移循(龍川)之命。今次此。轍詩作於建中靖國元年十月。

秦觀在横州，賦《醉鄉春》抒懷。蘇軾愛其句。

觀詞見《淮海居士長短句》：「喚起一聲人悄，衾枕夢寒窗曉。瘴雨過，海棠開，春色又添多少。社甕釀成微笑，半缺椰瓢共舀。覺傾倒，急投牀，醉鄉廣大人間小。」此詞，《詩話總龜·前集》卷十五、《苕溪漁隱叢話·前集》引《冷齋夜話》轉引，謂蘇軾愛之，「恨不得其腔」。《淮海先生年譜》本年紀事：「自郴州至横州，荒落愈甚，寓浮槎館，居焉；城西有海棠橋，明日題其柱云，此詞刻於州志，海棠橋至今有遺迹云。

吴復古(子野)來儋，作詩贈之。旋離儋。

詩見《詩集》卷四十二(二三〇九頁)。復古蓋自潮陽來。詩題云「索居」，復古之來，或在起屋前。參元符三年「吴復古自廣州來」條，知復古來儋後旋離儋。

買曾氏地南污池之側，起屋五間，客王介石及其他學生為助之。張中亦助之。並手植果實。

《宋史》本傳：「初僦官屋以居，有司猶謂不可，軾遂買地築室，儋人運甓畚土以助之。獨與幼子過處，著書以為樂，時時從其父老游，若將終身。」

《文集》卷五十六《與鄭靖老》第一簡：「初賃官屋數間居之，既不可住，又不欲與官員相交涉。近買地起屋五間一龜頭，在南污池之側，茂林之下，亦蕭然可以杜門面壁少休也，但勞費窘迫耳。」又：「小客王介石者，有士君子之趣，起屋一行，介石躬其勞辱，甚於家隸，然無絲髮之求也。」《墓誌銘》謂築屋三間。

同上卷五十五《與程秀才》第一簡：「賴十數學生助工作，躬泥水之役，愧之不可言也。」第二簡：「新居在軍城南，極湫隘，粗有竹樹，烟雨濛晦，真蜒塢獠洞也。」

《詩集》卷四十二《和陶和劉柴桑》：「漂流四十年，今乃言卜居。且喜天壤間，一席亦吾廬。稍理蘭桂叢，盡平狐兔墟。黄櫞出舊枿，紫茗抽新畬。我本早衰人，不謂老更劬。邦君助畚鍤，鄰里通有無。」

《永樂大典》卷七千二百三十七引《瓊臺郡志》：「尊賢堂：昔東坡買得曾氏地，作屋，手植果實尚存。郡守譚景先新創先生故居為堂，立先生祠。楊誠齋萬里有詩云：東坡無地隱危身，天賜黎山活逐臣。(下略)」以下引景先和萬里詩，有云：「潛心學《易》忘憂患，築屋閑居度歲年。」又云：「鄉時寓客共千載，今日新堂恰百年。」知景先知儋為寧宗初事。正德《瓊臺志》謂堂在州東二里李許都。

屋成，遷居，有詩。

《詩集》卷四十二有《新居》、《遷居之夕聞鄰舍兒誦書欣然而作》詩。後者云：「幽居亂蛙黽，生理半人禽。」約為五月間事。

居鄰天慶觀。得甘泉，作《天慶觀乳泉賦》。

賦見《文集》卷一。或為卜築初作。

正德《瓊臺志》卷六：「乳泉井，在城東南朝天宮前。舊志云：東坡居天慶觀，得井泉，味美，色白如乳，作《乳泉賦》，未嘗示人。及還渡海，方手書三本與秦少游。」

王介石、許珏以酒之膏液酒子為餉，作《酒子賦》。為入儋後至此以前事。

賦見《文集》卷一。過此，王介石即離儋，見下條。珏，正德《瓊臺志》卷三十四有傳，云：「字君瑤，久寓儋。……蘇文忠公喜與談論，往來甚密，每以醴飲公。」子康民，字廷惠，於建炎中建橋利儋之人，同上書同卷有傳。康熙《儋州志》卷二《許珏傳》謂為福泉人，「年九十餘，精於《易》書，論災祥有驗」。

鄭嘉會（靖老）所借之書到，有簡與嘉會，以照庇王介石為託；請致候廣州守柯述（仲常）。

《文集》卷五十六與嘉會第三簡云及「兩借書籍」。第一簡云：「諸史滿前，甚有與語者也。借書，則日與小兒編排整齊之，以須異日歸之左右也。」又有「近買地起屋五間」語。本年九月七日、八日、十一日及十一月冬至日，皆云及讀《晉書》。此《晉書》當為嘉會所借。第一簡約作於九月前。《總案》繫此事於元符二年五月，誤。此當為第一次借書。其第二次借書時間，待考。

第一簡敍介石起屋勞辱，時辭赴廣州，故以託嘉會。《總案》謂介石辭赴惠，誤，蓋以柯仲常為柯節推。柯仲常乃述，時知廣州，見紹聖四年「泊扶胥」條。時嘉會在廣州，故簡云「柯仲常有舊契，因見道區區」。述，已見元祐四年「賦《異鵲》」條。

與程全父（天倬）簡，敘居儋心境。

《文集》卷五十五《與程秀才》第一簡：「此間食無肉，病無藥，居無室，出無友，冬無炭，夏無寒泉。然亦未易悉數，大率皆無耳。」《輿地紀勝》卷一百二十五《昌化軍·碑記·六無帖》：「東坡謫儋耳，貽書江浙士友云：『食無肉，出無友，居無屋，病無醫，冬無炭，夏無寒泉。』見《瓊管志》。」知《與程秀才》第一簡即《六無帖》，當日曾上石。《七集·續集》卷七謂此簡乃與程全父（天倬）者。全父乃浙人，見紹聖元年「晤廣州推官程全父」條。程秀才名儒，乃全父之子，見紹聖三年「程全父之子來訪」條。則《輿地紀勝》所云江浙士友者，乃程全父。《佚文彙編》卷二《答程大時一首》首云：「此間食無肉，病無藥，居無室，出無友，冬無炭，夏無寒泉，大率皆無耳。」（以下文字與《與程秀才》第一簡不同，蓋以輾轉流傳，致有此異）則全父與大時為一人。《與程秀才》第一簡云及學生「躬泥水之役」助築屋，知為今年作；云「乍熱」，點明季節。

《晚香堂蘇帖》：「家書承寄示，感！感！但得達，七十日敢言遲乎。賤累極荷大庇，未易言謝。孫子瘡病遂愈，皆出餘蔭。但中間失一孫，遷徙中增牢落耳。此間食無肉，病無藥，夏無絺葛，冬無炭，獨有一窮命耳。以此一有而傲四無，可乎？聊發千里一笑也。軾再啟。」《佚文彙編》未收。據「再啟」，此乃與某一友人之附簡。簡云「家書」，乃與迨者，時迨居宜興，知此友人亦江浙士友。《與程秀才》第一簡云及「僕離惠州後」，大兒房下失一男孫，此則云「中間失一孫」，作於同時。

《與程秀才》第一簡又云：「尚有此身，付與造物，聽其運轉，流行坎止，無不可者。」《總案》：「公在海外，未嘗自明心迹，惟見此書中。所云『造物』，謂二惇、二蔡也。」同上第二簡云「惠酒絶佳」，作於此略後。

七月十六日，題陶潛《自祭文》後。

《紀年録》本年紀事：「七月十六日，跋淵明祭文後。」

《文集》卷六十五《淵明無絃琴》有陶潛「《自祭文》出妙語於纊息之餘」語，《外集》此文題即作《書淵明自祭文後》，見該文校記第一條。

弟轍寄《老子新解》，跋其後。

跋見《文集》卷六十六（二〇七二頁），有「不意老年見此奇特」之語。

《直齋書録解題》卷九著録《老子新解》二卷。

《蘇潁濱年表》：「晚在海康刊定舊解《老子》，寄子瞻。」以下引蘇軾跋文。知《老子新解》成於雷州，雷州治海康。

八月，弟轍至循州（龍川）。轍在循，嘗讀白居易集，書其後寄來。

八月云云，據《蘇潁濱年表》。

《欒城後集》卷二十一《書白樂天詩後》：元符元年夏六月，轍自海康再謫龍川，秋八月始至。末云寄此《書後》與其兄軾。

九月庚戌（初五日），秦觀移送雷州編管。

《長編》卷五百二本日紀事：「追官勒停横州編管秦觀特除名，永不收敍，移送雷州編管，以附會司馬光等同惡相濟也。」

七日，書《陶淡傳》。

文見《文集》卷六十六（二〇四七頁）。文謂淡父夏兄弟輩皆凶暴，而乃有淡之高逸；潛係淡之近親，而無一言及之；以為「未喻」。淡傳在《晉書》。

同日夜坐，復讀《晉書》，書郭文語。

文見《文集》卷六十六（二〇七九頁）。文，《晉書》有傳。

八日，作《和陶九日閑居》。

詩見《詩集》卷四十一；引首云「明日重陽」。《紀年録》謂今年作，今從。《總案》繫於紹聖四年。

同日，讀《晉書·隱逸傳》，書董京詩。

文見《文集》卷六十七（二一一七頁）。京，《晉書》有傳。

九日，次韻黄庭堅（魯直）《食笋》詩。

據《紀年録》。軾詩今不見。

《山谷詩集注》卷十二《從斌老乞苦笋》：「南園苦笋味勝肉，籜龍稱冤莫採録。煩君便致蒼玉束，明日風雨皆成竹。」該書目録謂元符二年夏初作。如蘇軾所次原韻乃此詩，則軾詩應作於明年九月。今姑次此，待考。
十一日，夜讀《晉書·鮑静傳》，書後。
文見《文集》卷六十六(二〇四六頁)。《晉書》「静」作「靚」。
十二日，與客飲薄酒小醉，試筆自慰。
文見《佚文彙編》卷五(二五四九頁)，有「天地在積水中，九州在大瀛海中，中國在少海中，有生孰不在島者」之語。
十五日，作《書筮》。
文見《文集》卷七十一，時久不得弟轍書，乃筮以《周易》也。
二十七日，作《書海南風土》。
文見《文集》卷七十一，述壽夭無定，在習而安之之理。
甲戌(二十九日)，孔武仲(常父)卒。
甲戌云云，據《長編》卷五百二。《文集》卷五十七《與毅父》第六簡：「中間常父傾逝，不能一奉慰疏，但荒徼一慨而已，慚負至今。」作於北歸時。
晦日，遊天慶觀，探靈籤，作《書北極靈籤》，論信道法智之義。
文見《文集》卷七十一，謂「古之真人未有不以信入者」，又謂「守法而不智，則天下之死法也」。《王譜》謂文作於九月四日。

程全父寄簡來，并致佳酒、糖冰、精麪等物。答簡爲謝，并敍及近況。

《文集》卷五十五《與程全父》第九、第十簡乃同時作，第九簡稱「某啟」，第十簡稱「某再啟」，可證。皆答全父之簡。

第九簡首云：「别遽逾年，海外窮獨，人事斷絶，莫由通問。舶到，忽枉教音，喜慰不可言。」第十簡云及「焚筆硯已五年」，自紹聖元年至是，首尾計之，爲五年；並有「引領素秋」之語，知作於秋。

十月七日，作《書王太尉送行詩後》，贊慶曆、皇祐間朝廷得士之美。太尉乃王周。

文見《文集》卷六十八，謂送行詩作者凡六十六人，多一時之傑，時太尉掛冠歸江陵。此六十六人首杜衍。《宋史·藝文志》著録《送王周歸江陵詩》二卷（原注：杜衍等所撰）。知王太尉乃王周。《苕溪漁隱叢話》後集卷二十一有衍《送王周歸江陵》詩。

周乃大中祥符五年進士，奉化人。見影印本《浙江通志》卷一百二十三。嘗知無錫縣、知明州，見《咸淳毗陵志》卷十、《寶慶四明志》卷十二。

甲午（初十日），責授昭州别駕、化州安置范祖禹（純夫）卒。多簡慰其子沖（元長）。

甲午云云，見《長編》卷五百三。《宋史》卷三百三十七祖禹傳謂卒年五十八。

《文集》卷五十與沖第一、二、三、五各簡致慰意。沖，祖禹長子，紹聖元年進士。《宋史》卷四百三十五有傳。

二十一日，作《記藷米》。

文見《文集》卷七十三；南海以藷米為糧，時歲艱米不熟，故書而「以時圖之」。

二十三日，新除京東路轉運判官秦定知濠州，以涉及蘇軾兄弟之故。

據《宋會要輯稿》第九十九册《職官》六七之二一：以權殿中侍御史鄧棐言，定頃緣姪覯與蘇軾、蘇轍厚善，遂擢監司，乞罷新命。

是月，與進士何旻游城西，作《處子再生》。

文見《文集》卷七十二；旻，儋人，參元符二年三月丙寅紀事。

十一月一日，撰《海漆録》，記倒黏子葉乃奇藥。此前後有《墓頭回草録》、《益智録》、《蒼耳録》、《薞草録》諸文，意在自醫療實踐中，了解藥性，總結藥效，為補注《本草》者助。

以上諸文皆見《文集》卷七十三。《海漆録》謂「私記之，以貽好事君子」。《益智録》謂「記之以俟後日好事補注《本草》者」。簡言之，即為豐富藥典。《墓頭回草録》、《蒼耳録》分别參紹聖三年「吴復古陸惟忠自筠州來惠州」條、元符二年二月望日紀事。

二十五日，冬至日，讀《晉書》，論阮籍。

文見《文集》卷六十五（二〇二一頁）。同卷《阮籍求全》，或作於同時。

十二月五日，作《書藥方贈民某君》。此人以相毆内損，乃以家傳藥方治愈之。

文見《佚文彙編》卷六，勉其人多植地黄，以救人命。《省齋文稿》卷十八《題蘇季真家所藏東坡墨迹》：「陸宣公為忠州别駕，避謗不著書，又以地多瘴癘，抄集驗方五十卷，寓愛人利物之心。文忠蘇公手書藥法，亦在瓊州别駕時，其用意一也。淳熙戊申三月十七日。」墨迹或即此文。

十四日，試新端硯，作《書柳子厚覺衰詩》。

文見《佚文彙編》卷五。《覺衰》在《河東先生集》卷四十三。

子過作《志隱》，敍人生苦樂之理，贊海南風土。蘇軾是之，欲作《廣志隱》。

《嵩山文集》卷二十《宋故通直郎眉山蘇叔黨墓誌銘》：「其初至海上也，為文一篇曰《志隱》，效於先生前，先生攬之，曰：『吾可以安於島夷矣。』先生因欲自為《廣志隱》，以極窮通得喪之理焉。嘗命叔黨作《孔子弟子列傳》，則固有以處其子矣。」《宋史》卷三百三十八《蘇過傳》亦敍此。《廣志隱》、《孔子弟子列傳》，未見。

《志隱》見《斜川集》卷六；首云「居島夷之二年」，乃入儋之第二年，即今年。文假許來唁客之口，謂儋耳「其民卉服鼻飲，語言不通，狀若禽獸，既嚚且聾，海氣鬱雺，瘴烟溟濛，而子安之，豈亦有道」；「如子之年，鳴鐘鼎食者多矣，曷亦有意於世」。文盛贊儋耳：「天地之氣，冬夏一律。物不凋瘁，生意靡息。冬絺夏葛，稻歲再熟。富者寡求，貧者易足。績蘂為衣，蓺根為糧。鑄山煮海，國以富强。犀象珠玉，走於四方。士獨免於戰争，民獨勉於農桑。其山川則清遠而秀絶，陵谷則縹緲而岪鬱，雖龍蛇之委藏，亦神仙之所宅，吾蓋樂遊而忘返。」以釋客之疑。文復謂「功高則身危，名重則謗生」，「探虎穴、索驪珠而得全者，蓋無一二」，故以置身遐荒，逃空谷之寂寥，為「天下之至樂」，以明己之志。文雖為過作，實為軾意。文後有過跋：「昔余侍先君子居儋耳，丁年而往，二毛而歸，蓋嘗築室有終焉之志，遂賦《志隱》一篇，效昔人解嘲、賓戲之類，將以混得喪，忘羈旅，非特以自廣，且以為老人之娛，先君子覽之，欣然嘉焉。」以下謂逮今二十年，作於政和間。

與姪孫元老（在廷）簡，敍儋中近況。時元老在京師。

簡乃《文集》卷六十與元老第一簡。簡云「海南連歲不熟」，為今年事。以明年己卯乃豐年也，《斜川集》卷三《己卯冬至儋人攜具見飲既罷有懷惠許兄弟》「藷芋人人送，囷庖日日豐」句可證。

《東都事略》卷一百一十六、《宋史》卷三百三十九有元老傳。

歲末，小圃栽植漸成，取陶潛詩有及草木蔬穀者五篇，即《西田穫早稻》、《下潠田舍穫》、《戴主簿》、《酬劉柴桑》、《和胡西曹示顧賊曹》，次其韻。

前三詩見《詩集》卷四十二（二三一五、二三一六、二三一七頁），後二者見卷四十（二二一六、二二〇五頁）。該五詩，宋刊《東坡先生和陶淵明詩》連載，亦皆及草木蔬穀；第一篇云及「晚菘先破寒」，第三篇云及「安知歲將窮」，第四篇云及「窮冬出甕盎」，第五篇云及「凋零豈容遲」，皆歲暮景象，作於同一時。《總案》謂第四詩乃白鶴山新居蒔植之作，第五詩為悼朝雲；前者次於紹聖三年之末，後者次朝雲卒後：並誤。

此五詩之第一詩有引：「小圃栽植漸成，取淵明詩有及草木蔬穀者五篇，次其韻。」第二詩云及「跨海得遠信」，知作於海南。小圃栽植，在遷居之後。

參拙撰《蘇軾詩集編次訂誤》，見《社會科學戰綫》一九八八年第四期。

除夕，訪吴復古(子野)，食燒芋。

《詩集》卷四十八有《除夕訪子野食燒芋》詩。

是歲，趙明誠十八歲。明誠篤好蘇軾、黄庭堅文、詩。其時，明誠與陳師道有交往。

明誠生元豐四年，據李清照《金石録後序》。明誠《金石録》卷三十《漢重修高祖廟碑》跋尾謂年十七八歲時，陳師道嘗為言「豐縣有此碑」；同上《唐起居郎劉君碑》跋尾謂紹聖間，陳師道有書與之。《後山集》卷十《與魯直書》其四：「正夫有幼子明誠，頗好文義，每遇蘇、黄文詩，雖半簡數字，必録藏，以此失好於父，幾如小邪矣，乃知歆、向無足怪者。」書作於元符間，今次此。時陳師道在家鄉徐州。正夫，挺之字。

子過以山芋作玉糁羹，有詩贊之。約為本年事。

《詩集》卷四十二詩題：「過子忽出新意，以山芋作玉糁羹，色香味皆奇絶。天上酥陀則不可知，人間決無此味也。」

《墓誌銘》：「公食芋飲水，著書以為樂。」

宛委山堂《説郛》卷七十四《山家清供·玉糁根羹》：「東坡一夕與子由飲，酣甚，搥蘆菔，爛煮不用它料，只研白米為糁食之。忽放箸撫几曰：『若非天竺酥陀，人間決無此味。』」涵芬樓《説郛》卷二十二有《山家清供》，謂林洪撰，題作《玉糁羹》，原注：「或用山芋。」皆傳聞，附此。

《菜羹賦》或為今年作。與友人簡謂視蘇武啖氈食鼠為太靡麗，或亦今年作。

賦見《文集》卷一，敍菜羹有自然之味，可常享。簡見《佚文彙編》卷四（二五〇六頁）。旨意有同處。

蘇軾年譜卷三十八

元符二年(一〇九九)己卯　六十四歲

正月五日,與過出游,作《和陶游斜川》。

詩見《詩集》卷四十二,首云「謫居澹無事」,乃元符元年入新居後心情。今依《總案》次此。《斜川集》卷一有《次陶淵明正月五日游斜川韻》。

立春日(十二日),賦《減字木蘭花》。

詞乃《東坡樂府》卷下《己卯儋耳春詞》。

十三日,廣州舶信到,得柴胡等藥,書杜甫之詩及柴胡者,并録盧仝詩。蓋以遣懣。

《王譜》:「己卯正月十三日,録盧仝、杜子美詩遣懣。」《文集》卷六十七《書盧仝詩》當為此日作。同上《書杜子美詩》,書此日作。

上元夜,作《書上元夜游》。

文見《文集》卷七十一,蓋應老書生數人之請,步城西,入僧舍,歷小巷,三鼓乃歸。

程全父寄近詩來,答簡歎親友疎絶。

《文集》卷五十五與全父第十一簡乃答簡。答簡首稱「便舟來」，當即本月十三日所云之廣州船；云「新春」，知收簡後即答簡；感激全父「收恤加舊」。

巢谷至循州，見弟轍，欲來海南。

《欒城後集》卷二十四《巢谷傳》敍谷自眉山于本年正月徒步至梅州，不旬日，晤弟轍於循州，「將復見子瞻於海南」，閱其槖中，無數千錢，弟轍乃勉力强資遣之。弟轍贊為「古之人」。谷至循，約為正、二月間事。

與鄭嘉會（靖老）簡，詢子邁等近況；寄《衆妙堂記》與嘉會。

《文集》卷五十六與嘉會第二簡云「邁後來相見否」，知邁與嘉會時有交往；云「聞過房下卧病」，知過妻范氏時猶在惠；云「正月尚未得耗」，知此簡作於二月，託嘉會致惠州家書於邁。記乃應何德順之請而作，所記皆夢中語，「又皆養生事，無可醖釀者，故出之」。當託嘉會轉德順。

二月己卯（初六日），程之邵以都大管勾陝西路茶馬公事放罷，以為御史鄧棐所論。以事涉蘇軾兄弟也。據《長編》卷五百六。《長編》謂：「鄧棐言：之邵頃在元豐，常為監司，至元祐初年，臣僚言之邵緣鹽法進用，尋送吏部，不數月，除知祥符，未幾除知泗州，遂擢監司提舉茶事。臣聞之邵與蘇軾、蘇轍是親表兄弟。初為元豐監司，與軾、轍異趣，則以私忿交惡，及軾、轍用事，而之邵卑辭厚賂以事軾、轍。初見惡於軾、轍，則言者交攻，及為軾、轍所喜，累有進擢，則言者緘口。大抵元祐臣僚觀望用事者，喜怒以為語默，朝廷是非出於頃刻，而榮辱無復公論，故之邵得以纖巧附勢而不失其進取。伏望聖慈察之邵前後踪跡，特賜放罷。從之。（原註：之邵除茶馬，在正月九日。）」

棐，登熙寧三年進士第，毗陵人。見《咸淳毗陵志》卷十一。

十五日，書《蒼耳録》。

文見《文集》卷七十三。參元符元年十一月一日紀事。

二十日，弟轍生日，以詩及黄子木拄杖為壽，轍次韻。

詩見《詩集》卷四十二（二二三一九頁）。轍次韻詩見《欒城後集》卷二。

二月丙寅（二十四日），買鯽放於城北淪江之陰。

《文集》卷七十一《書城北放魚》敍其事：陳宗道誦經，會者六人，吴氏之老劉某，南海符某，儋耳何旻，潮陽王介石，温陵王懿、許琦。

《紀年録》繫此事於元符三年三月，今不從。

「淪江」疑即「倫江」，參紹聖四年「軍使張中至任」條紀事。

春日，嘗獨行遍至黎子雲、黎威、黎徽、黎先覺之舍，遇符林，黎家兒童口吹葱葉迎送；又嘗負大瓢行歌田間，與老嫗共語。有詩。

詩見《詩集》卷四十二（二二三二二頁）。其二曰：「總角黎家三四童，口吹葱葉送迎翁。」《莊簡集》卷二《載酒堂》「當日」句下自注：「子雲之子今六十餘矣，東坡所謂小童，即此人也。」蓋宋刊十行本《東坡後集》（《蘇詩佚注》影印本）、黄州刊《東坡先生後集》「四」俱作「小」。其三曰：「投梭每困東鄰女，換扇惟逢春夢婆。」《侯鯖録》卷七：「東坡老人在昌化，嘗負大瓢行歌於田間，有老婦年七十，謂坡云：『内翰昔日富貴，一場春夢。』坡然之。里人呼此媪為春夢婆。」其三尚云及符老。蓋寫實。其二云「溪邊自有舞雩風」，乃暮春。

春末，作《記松》。

文見《佚文彙編》卷六，論松之有利於世者凡十有一，并以閑居能精究物理為喜。

四月丙子（初四日），程節等坐不覺察昌化軍使張中周恤蘇軾而降授，以董必之奏也。張中貶雷州監司。

四月丙子云云，據《長編》卷五百八。《長編》云：「朝散大夫、直秘閣、權知桂州、廣南西路都鈐轄程節降授朝奉大夫，户部員外郎譚掞降授承議郎，朝散郎、提點湖南路刑獄梁子美降授朝奉郎。先是昌化軍使張中役兵修倫江驛，以就房店為名，與別駕蘇軾居。察訪董必體究得實，而節等坐不覺察，故有是命。」《太平治迹統類》卷二十八、《永樂大典》卷八千六百四十八引《衡州府圖經》，亦有此記載。《施譜》：「時軍使張中既官滿，坐役兵修驛館先生，董必體究，貶中雷州監司，程節坐不覺察降官。」程節，見元符三年七月七日紀事。譚掞，已見紹聖四年「在惠時嘗為譚掞所書《金剛經》跋尾」條紀事。梁子美，已見元符元年三月癸酉紀事。

十五日，作《十八大阿羅漢頌》。頌緣蜀金水張氏之畫而作。

十五日云云，見《紀年録》。

頌見《文集》卷二十。頌之敍云：「蜀金水張氏，畫十八大阿羅漢。軾謫居儋耳，得之民間。」張氏以畫羅漢有名，蘇軾稱之為奇勝，并以得此乃希闊之遇。

十七日，書潘衡墨。衡來海南凡一年，製成「海南松煤東坡法墨」。

文見《文集》卷七十（二二二九頁）。《後村先生大全文集》卷一百四《墨林方氏帖·蘇文忠公·書與何智翁四帖》謂衡「渡海忍飢為公留一年」。《避暑録話》卷上：「宣和初有潘衡者，賣墨江西，自言嘗為子瞻造墨海上，得其秘法，故人争趨之。余在許昌見子瞻諸子，因問其季子過，求其法，過大笑曰：『先人安有法！在儋耳無聊，衡適來見，因使之別室為煤，中夜遺火幾焚廬，翌日，煨燼中得煤數兩，而無膠和，取牛皮膠以意自和之，不能為挺，磊塊僅如指者數十，公亦絶倒，衡因是謝去。』蓋後別自得法，借子瞻以行也。天下事名實相蒙類如此，子瞻乃以善墨聞耶！衡今在錢塘，竟以子瞻故，售墨價數倍於前，然衡墨自佳，亦由墨以得名，其用功可與九華朱覲上下也。」製墨室失火，見本年十二月二十三日紀事。

十九日，書《學龜息法》授過，欲與過共行之。

文見《文集》卷七十三。時儋耳米貴，「有絶糧之憂」。文敍有人墮洛下深穴中，見無數龜蛇每旦輒引吭東望，吸初日光嚥之，其人效之不復飢。則所謂龜息法，乃不食之法也。

五月十六日，書贈游浙僧，囑到杭後謁元凈（辯才）遺像，致意法穎。

文見《文集》卷七十一（二二七六頁）；文中尚有「仍尋參寥子妙總師之遺迹」之語。道潛（參寥）其時得罪，見紹聖三年「道潛得罪」條。

六月甲午(二十三日),李之儀(端叔)以牽聯蘇軾,罷監内香藥庫,勒停。

據《長編》卷五百十一,殿中侍御史石豫言之儀乃奸臣蘇軾「心腹之黨」。《宋史》卷三百四十四《李之儀傳》亦及此。《文集》卷五十二與之儀第四簡言及「罪垢深重」,「竟不免累公,慚負不可言」,乃指此。

賦《和陶與殷晉安別》,初送張中。

詩見《詩集》卷四十二。張中罷,據本年四月丙子紀事。

七月十五日,以金水張氏所畫羅漢并頌寄弟轍,作跋。

跋見《文集》卷二十,附《十八大阿羅漢頌》後。

巢谷徒步遠訪,病亡於新州途中。

《文集》卷五十六《與程懷立》第五簡敍谷病亡。《總案》謂谷以己卯正月在梅,至循復留月餘,其至廣州,當在春夏之交,困死則秋。新州在廣州西,治新興縣。

閏九月丁丑(初八日),弟轍作《春秋傳後序》。譽其書以為古人所未至。

閏九月云云,據《蘇潁濱年表》。此《春秋傳》即《春秋集傳》。《欒城先生遺言》謂其書始撰於元豐謫高安時,最後成於龍川,轍自歎為「千載絶學」,并謂軾盛譽之。凡十二卷,《郡齋讀書志》卷一下著録。

十七日,書杜甫夔州老女詩後,使諭海南父老,以變老女之俗。

《文集》卷六十七《書杜子美詩後》敍此事。文所引之杜詩首云:「夔州處女髮半華,四十五十無夫家。更遭喪亂嫁不售,一生抱恨長咨嗟。」以下歷敍老女之苦。蘇軾引杜詩後,云:「海南亦有此風,每誦此詩，以諭父老，然亦未易變其俗也。」

《輿地紀勝》卷一百二十五《昌化軍·風俗形勝》：「東坡《老女文》引杜詩云：『夔州處女髮半華，十有八九無夫家。』吾來儋耳，亦多老女，至四五十者。作文付黎先覺秀才，使諭其里黨。」《老女文》當即《書杜子美詩後》。「吾來」云云，當另有一文，已佚。

本月，姜唐佐（君弼）來從學。

《文集》卷六十七《書柳子厚詩後》：「元符己卯閏九月，瓊士姜君來儋耳，日與予相從。」

姜唐佐來簡，有答。嘗題唐佐課册，示作文之法。

《文集》卷五十七與唐佐第一簡：「特辱遠訊，意甚勤重。」又云：「長箋詞義兼美，窮陋增光。」

《詩集》卷五十有《跋姜君弼課册》詩，乃録劉禹錫《楚望賦》中語。

十月十三日，姜唐佐來，夜話。

十四日，姜唐佐惠奇荈。

十五日，與姜唐佐簡，約來飲茶，并謂來早必如諾赴唐佐處早飯。

《文集》卷五十七《與姜唐佐》第二、三、四簡，時間實相連續。第二簡云：「昨日辱夜話，甚慰孤寂。」又云「奇荈佳惠，感服至意，當同啜也」。簡作於十四日。第三簡：「今日雨霽，尤可喜。食已，當取天慶觀乳泉潑建茶之精者，念非君莫與共之。」以下約「只今相過」。第四簡首云「適寫此簡」，當指第三簡。以下敍知唐佐有會不能來，並云：「會若散早，可來啜茗否？」末云：「來早飯必如諾。」尾署「十月十五日白」。知第三簡亦作於十月十五日。

鄭總（清叟）秀才過海相訪，以詩贈之。

詩見《詩集》卷四十二（二三二一頁）。詩云：「風濤戰扶胥，海賊橫泥子。胡為犯二怖，博此一笑喜。問君奚所欲，欲談仁義耳。」詩云及「冬日」，作於冬。《輿地紀勝》卷九十五《英德府》：「鄭總，字清叟。東坡贈詩云：『年來萬事足，所少惟一死。澹然兩無求，滑靜空棐几。』公平生達性命，了死生，齊物我。」「年來」四句，在贈詩中。《詩集》卷四十一《和陶雜詩》其七「施註」謂鄭總撰有《藍喬傳》。《永樂大典》卷八千六百四十七引《衡州府圖經志》有鄭總為治平四年進士，《眉山唐先生文集》作序者有鄭總字太玉。不知《藍喬傳》作者鄭總屬誰。

十一月初六日，海上漁民贈蠔，記之。

文乃《佚文彙編》卷六《食蠔》，謂為冬至前二日事。是年十一月初八日冬至。

冬至，符林、吴翁及諸生攜具來飲，過賦詩懷惠、許二兒，次韻。

《斜川集》卷三有《己卯冬至儋人攜具見飲既罷有懷惠許兄弟》，時邁居惠，迨居許。《詩集》卷四十二《用過韻冬至與諸生飲酒》云及吴翁，或即《文集》卷七十一《書城北放魚》中吴氏之老，所云符老為林。

同日，作《四神丹說》，并書。

文見《文集》卷七十三。

十五日，作《記海南菊》。

文見《文集》卷七十三，敍於所藝九畹菊中與客作重九。文未著年份，今姑繫此。

十九日，得弟轍書，作《書柳子厚詩》。

文見《文集》卷六十七。所書柳詩首云「客有故園思」，蓋抒此時心境。

賦《和陶王撫軍座送客》，再送張中。

詩見《詩集》卷四十二，云「懸知冬夜長，不恨晨光遲」，告別時夜坐達旦。

張中三來告別，燈坐達曉，賦《和陶答龐參軍》贈行。

詩見《詩集》卷四十二。中曉軍事，富謀略，然功名無緣，詩及之。

十二月十九日，生日，過有詩為壽。

《斜川集》卷三《大人生日》其二：「未試陵雲白日仙，此聲固已速郵傳（原注：公在海南，四方傳有白日上升事）。陰功何止千人活，法眼要求一大緣。枕上軒裳真昨夢，腹中梨棗是歸田。他時漢殿觀遺鼎，猶記曾陳柏寢年。」白日上升謂死去，參本年以下「京師、廣州皆傳蘇軾死去」條。

二十八日，作《記海南作墨》，敍二十三日墨竈火發救滅得佳墨五百丸事。賦《夜燒松明火》。

文見《文集》卷七十。詩見《詩集》卷四十二，敍火發；云「歲暮風雨交」，歲暮作。

與程全父（天侔）簡，求毗陵藥，欲以濟人。全父、儒父子贈藥、米等，簡謝；敍過抄《唐書》成，欲抄《前漢書》。

求藥簡乃《文集》卷五十五與全父第十二簡，謝簡乃同上《與程秀才》第三簡。作於本歲。清舊抄本《斜川集·借書》詩，云及「海南寡書籍，蠹簡僅編綴」。

劉沔（元中）過海至儋來謁。沔呈所編録蘇軾詩文二十卷以就正，答書贊沔所録詩文無一篇僞者，并論識真者少，蓋從古所病。

答書見《文集》卷四十九（一四二九頁）。書謂李陵、蘇武詩，陵與武書，皆非西漢之作，而《文選》之編集者蕭統不知；范曄《後漢書·蔡琰傳》載二詩，謂為琰作，亦非是。前者之意，《文集》卷六十七《題文選》已及；後者之意，同上卷《題蔡琰傳》及之。

答書云：「幼子過，文益奇，在海外孤寂無聊，過時出一篇見娛，則為數日喜，寢食有味。」《經進東坡文集事略》卷四十六收此書，郎曄註謂當指《志隱》之類文字。《志隱》作於元符元年，見該年「子過作《志隱》」條紀事。今據此定本書為今年作。

《永樂大典》卷八百九十九引徐恢《月臺集·蒙劉元中沔數示東坡詩》：「無邪公文天所贊，汩汩詞源倒河漢。一篇新出紙為貴，萬國爭傳金可換。晚節投荒無芥蔕，畢景著書自娱玩。天之所寶雷電取，渠不愛惜風雨散。兩河漕僚真好事，五筦遺文盡堆案。似聞傾蓋劇推許，親以削牘定真贋。分傳餉我枉銀鉤，貧室驟驚滿珠貫。無玷共推玉界尺，爭求當置鐵門限。世人不識蔡伯喈，欲問圖書覓王粲。」

蘇軾在惠有無邪齋，徐恢詩中所云「無邪公」，乃蘇軾。「天之」二句謂蘇軾於個人所作，不甚愛惜，隨作隨散。「兩河」二句乃指劉沔不遺餘力搜求蘇軾散失詩文。蘇軾答沔書稱沔為都曹，乃幕職。詩中「兩河漕僚」即指沔。瓊州稱瓊管。宋太祖開寶四年（九七一），以儋、崖、振、萬四州屬瓊州。見《輿地紀勝》卷一百二十四《廣南西路·瓊州·州沿革》。詩中「五筦」當指此。然聯繫「晚節」二句，實泛指嶺南，即包括惠州。則沔所呈之詩文二十卷，乃南遷惠州以後所作。「似聞」二句敍沔謁見及蘇軾作答書。「傾蓋」出《孔叢子·雜訓》，朋友相遇，停車交蓋。此乃寫蘇軾、劉沔親切交談。蘇軾在交談時，十分稱許劉沔。沔向徐恢轉述當時情景，恢深為之動，如在其場，故用「似聞」一詞。是沔親至儋謁軾。「親以削牘」乃指蘇軾此時作答沔書。

《内簡尺牘》卷七《與蘇守季文》其二：「《欒城三集》，黃門手自編次，固無遺矣。《東坡後集》，或云即劉元忠所集二十卷，則容有未盡也。奏議、制誥，世間所傳，初無定本，公家集，可以一見乎！」又：「如制誥、奏議及二集所不載者，願季文速出與天下共之，不惟一新學者耳目，庶幾不為庸俗所亂，亦先生之志也。」季文名籍，過之子，見本譜卷末「孫篳符」條。

《韻語陽秋》卷十八謂劉沔（元忠）傳得蘇軾《子由新修汝州龍興寺吴畫壁》詩。詩見《詩集》卷三十七。光緒《吉安府志》卷四十五《金石·黃庭堅詩刻》謂「彭城劉沔書」，知沔為彭城人。

《文集》卷五十五有《答劉元忠》簡四首。宛委山堂本《説郛》收有王鞏《續聞見近録》，中有「劉瑾元忠知真定」之語。《長編》卷二百五十三熙寧七年五月戊戌有河北轉運使劉瑾知瀛州之記載。則瑾為蘇軾同時代人。細味《答劉元忠》簡，知此元忠乃蘇軾之晚輩，則「元忠」即「元中」，即沔。自上所引答沔書，知沔之父與蘇軾為同年。《答劉元忠》第三簡云：「先公《傳》久欲作，以官事衮衮未暇，成，當即寄去也。」則交誼頗深。沔父之《傳》未見，不知作與否。同上簡末云「黄素却寫一絶句納去」，此絶句亦不見。參元豐七年「在黄嘗書離騷九歌卷贈人」條紀事。

是歲，嘗書杜甫詩。

《後村先生大全文集》卷一百四《墨林方氏帖·蘇文忠公·書杜詩帖》：「公自紹聖以後，詩文未嘗有貶謫之歎。己卯，元符二年也。公在昌化。」以下云：「所書子美『天寒翠袖薄，日暮倚修竹』之句，可謂哀而不怨，婉而成章矣。」蘇軾所書杜甫詩，見《九家集注杜詩》卷五《佳人》。

《風月堂詩話》卷上：「東坡云：老杜自秦州，越成都，所歷輒作一詩。數千里山川在人目中，古今詩人殆無可擬者。獨唐明皇遣吴道子乘傳畫蜀道山川，歸對大同殿，索其畫，無有，曰：『在臣腹中，請疋素寫之。』半日而畢。明皇後幸蜀，皆默識其處，惟此可比耳。」

《雲烟過眼録》卷下：「東坡書《杜少陵驃騎圖》并詩，後有子由跋山谷二絶句。」并謂「高仲器鑄所藏」。

以上二書所記，不知為何時事，姑類附此。《分門集注杜工部詩》卷十六有《天育驃騎歌》首云：「吾聞天子之馬走千里，今之畫圖無乃是。是何意態雄且傑，駿尾蕭梢朔風起。」《宣和畫譜》卷七《人物》李公麟著録「《天育驃騎圖》一」。此《天育驃騎圖》，當即《雲烟過眼録》所云之《杜少陵驃騎圖》。蘇軾跋文已佚。

《野客叢書》卷二十四《張祐經涉十一朝》：「《百斛明珠》載楊妃竊笛，張祐詩云云。」文未見。附此。

是歲，萬安守約游岑公洞，作詩。

《紀年録》謂本年作「《萬安守約游岑公洞》」詩，佚。瓊州有萬安軍，治萬寧縣。

京師、廣州皆傳蘇軾死去，憤而撰《書謗》。

文見《文集》卷七十一，謂京師之傳，得自兒子之書，此兒子乃迨；迨之書，當由趙夢得（或其子）自京師帶回。文謂廣州之傳，乃今日從廣州來者謂太守柯述所言，為同一年事。

趙夢得（或其子）為蘇軾送簡至京師與姪孫元老（在廷），教元老多讀史，勉力進道。夢得（或其子）亦為蘇軾致書許州。元老因夢得（或其子）之便，致秦觀《千秋歲》與孔平仲酬觀詞與軾，軾次觀韻。

《省齋文稿》卷十六《跋東坡與趙夢得帖》稱夢得為南海義士，肯為蘇軾「致中州家問」。時迨居許州。參本年「與趙夢得簡」條。

《文集》卷六十收與元老四簡。其第四簡云：「趙先輩儈人，此中凡百可問而知也。」蘇軾所生活之時代，「先輩」意為晚輩。蘇軾元符三年六月十三日與趙夢得簡，末稱「軾頓首夢得秘校閣下」，以平輩相稱；簡中云及夢得有「令子」。竊謂此「趙先輩」乃夢得之子。與元老第一簡，作於元符元年，見該年「與姪孫元老簡」條紀事，故繫此第四簡於今年。此簡乃第三簡附語，非另為一簡。與元老第三簡：「望勉力進道，起門户為親榮。」第二簡亦約作於本年，勉元老「多讀史，務令文字華實相副」。

《揮麈録·餘話》卷二謂元老「自幼即卓然，東坡許之」；又謂「元符末入太學」，疑此時已入也。

和觀詞，見《全宋詞》第三三二頁。《能改齋漫録》卷十七《秦少游唱和千秋歲詞》：「秦少游所作《千秋歲》詞，予嘗見諸公唱和親筆。乃知在衡陽時作也。少游云：『至衡陽，呈孔毅甫使君。』……毅甫本云：『次韻少游見贈。』……其後東坡在儋耳，姪孫蘇元老，因趙秀才還自京師，以少游、毅甫所贈酬者寄之。東坡乃次韻録示元老，且云：『便見其超然自得不改其度之意。』」觀詞見《淮海居士長短句》卷中：「水邊沙外，城郭春寒退。花影亂，鶯聲碎。飄零疎酒盞，離別寬衣帶。人不見，碧雲暮合空相對。憶昔西池會，鵷鷺同飛蓋。攜手處，今誰在？日邊清夢斷，鏡裏朱顏改。春去也，飛紅萬點愁如海。」《石湖居士詩集》卷十一《次韻徐子禮提舉鶯花亭·序》謂觀此詞作於處州。觀至衡陽時，孔平仲（毅甫）為守（《永樂大典》卷八千六百四十七引《衡州府圖經》：孔平仲於紹聖三年二月到任，元符元年三月滿）。《能改齋漫録》所云趙秀才乃夢得或其子。

《斜川集》卷二《送人泛海北歸兼寄諸兄弟》，乃為夢得（或其子）作，今録於此。詩云：「冥冥天水呑為一，夜依北斗占南北。危樓時吐蛟蜃氣，半山忽隱長鯨脊。起看檣頭雉尾轉，一帆千里日未足。此身何止輕鴻毛，到家始覺是真肉。怪君胡為冒此險，象犀珠玉非所役。凜然風義照古人，尺書為我通消息。我似當時常校尉，掘鼠餐氊從屬國。茫茫海闊雁不到，長欲繫書空憫默。憑君為語諸季孟，耐事忍慚真子職。面唾勿嫌解自乾，盜金却償安用詰。杜門只作田舍子，來往江鄉乘下澤。三吳想見稻如雲，舶還時救陳、蔡厄。」

與趙夢得簡，請來嘗舊藏龍焙；為夢得書字、題字：約為本年事。

簡見《佚文彙編》卷二(二四三八頁)。《二老堂詩話・記趙夢得事》：「廣西有趙夢得，處於海上，東坡謫儋耳時，為致中州家問。坡嘗題其澄邁所居二亭曰清斯，曰舞琴，仍錄陶淵明、杜子美詩及舊作數十紙與之。夢得以綾絹求東坡，答云：『幣帛不為服章，而以書字，上帝所禁。』又有帖云(略)。真佳句也。後趙君子婦將產，夢有題開國男來謁者，生子，名之曰荆，而字夢授。紹興末登科，豐厚夷雅，所至榜書室曰見坡。乾道中，以左奉議郎知吉州龍泉縣，余因得盡觀坡之翰墨。荆去，調欽倅，未上而卒。」《省齋文稿》卷十六《跋東坡與趙夢得帖》稱蘇軾嘗大書姓字以為贈。跋作於乾道九年。「幣帛」云云，《佚文彙編》未收。

秦觀自雷州惠書詩累幅，題其後付過；陳提刑來簡，答啟謝之：約為本年事。

《佚文彙編》卷五《書付過》敍得觀書詩，「如在齊聞韶」；盛贊觀與張耒才識學問。

《文集》卷四十七《答陳提刑啟》云「久竄島夷」，知作於儋。又云「暫屈雲霄之步，來蘇嶺嶠之民，憐遷客之無歸，墜尺書而起廢」，知此提刑乃廣南東西路提刑。

蘇軾年譜卷三十九

元符三年（一一〇〇）庚辰　六十五歲

正月初一日，記養黃中。

文見《文集》卷七十三（二三四〇頁），謂歲庚辰，正月朔戊辰，是日辰時乃丙辰，三辰一戊，四土相會，加丙與庚，丙，土母，庚，土子，土之富未有過於斯時，當以斯時肇養黃中之氣。于是記之。按：《左傳·昭公十二年》云「黃，中之色也」，《易》曰「黃裳元吉」。五行土為中。養黃中即養中，蓋以求吉也。

六日，讀《後漢書·世祖本紀》，撰《金穀説》論培植五穀須講求「衛生之方」。

文見《文集》卷七十三，謂五穀耗地氣最甚，地氣不耗，為野蠶旅穀，農事修而野穀漸少。衛生之方要旨即在養地氣。

七日，復書《節飲食説》。同日，聞黃河已復北流，喜作詩。

文見《文集》卷七十三，復書見該文校記第三條。

詩見《詩集》卷四十三（二三四一頁）。《續資治通鑒》卷八十六：元符二年六月己亥，河決內黃口，東流斷絶。

十二日，天門冬酒熟，且漉且嘗，大醉，作詩。

詩見《詩集》卷四十三（二三四四頁）。中云：「天門冬熟新年喜。」

己卯（十二日），哲宗卒，徽宗即位。

據《宋史・哲宗紀》。

《總案》卷四十三：「公是時不敢作挽詞，故於後《和狄咸見贈》自述云：『才疎正類孔文舉，癡絶還同顧長康。萬里歸來空泣血，七年供奉殿西廊。』又自註云：『邇英閣，在延和殿西廊下。』竊窺公意，緣無以著其悲痛，故特見於此耳。曰『才疏』，曰『癡絶』，曰『泣血』，曰『七年』，道其君臣之義已盡，此即哲宗挽詞也。」和狄詩，見《詩集》卷四十四（二四〇七頁）。

十三日，書陶潛「結廬在人境」詩，跋其後。

《晚香堂蘇帖》：「『結廬在人境，而無車馬喧。問君何能爾，心遠地自偏。採菊東籬下，悠然見南山。山氣日夕嘉，飛鳥相與還。此中有真趣，欲辨已忘言。』陶公此詩，日誦一過，去道不遠矣。庚辰歲正月十三日，飲天門冬酒，醉書。」《佚文彙編》未收。

庚辰（十三日），赦天下。賦和陶《始經曲阿》，抒聞赦後心情。

庚辰云云，據《宋史・徽宗紀》。

詩見《詩集》卷四十三（二三五五頁）。詩云：「幸收廢棄餘。」又云：「北郊有大賚，南冠解囚拘。眷言羅浮下，白鶴返故廬。」欲返惠州白鶴峯故居。時尚未聞以登極恩移廉州安置之訊。

十五日，念子過與其婦皆篤孝，追和戊寅歲上元違字韻詩，并跋。

詩見《詩集》卷四十三（二三四五頁），跋見《佚文彙編》卷五（二五六二頁）。時過婦范氏已自惠州至。

廣東提刑鍾正甫奉旨拘羈管人鄒浩，旋以哲宗卒釋之。蘇軾聞其事，嘲鍾正甫。

《萍洲可談》卷二：「鄒浩志完以言事得罪，貶新州，媒孽者久猶不已。元符二年冬，有旨付廣東提刑鍾正甫就新州鞫問志完，事不下司。是時，鍾挈家在廣州觀上元燈，得旨即行。漕、帥方宴集，怪其不至，而已乘傳出關矣。衆愕然。鍾馳至新，召志完，拘之浴室。適泰陵遺詔至，鍾號泣啟封。志完居暗室，不自意得全，又聞使者哭泣，罔測其事，意甚隕穫。良久，鍾遣介傳語，止言為國恤，不及獻茶，且請歸宅。志完亦泣而出。其後東坡聞之，戲云：『此茶不煩見示。』」蓋嘲鍾正甫輩巧於「應變」也。泰陵，哲宗。

《宋史》卷三百四十五《鄒浩傳》：章惇獨相用事，浩數上章論惇，乃削官，羈管新州。徽宗立，復召為右正言。

鍾正甫，武陵人。治平二年進士。後入黨籍，《元祐黨人傳》卷八有傳。

本月，嘗飲於黎子雲及其弟威家，見五色雀俗所謂鳳凰者，賦詩，過有和。嘗與子雲論農事。與子雲兄弟過從甚密。應其兄弟請，題字甚多。

詩乃《詩集》卷四十三《五色雀》。《文集》卷六十八《書羅浮五色雀詩》亦及儋州見五色雀事。過詩見《斜川集》卷一，云「與公作新年」，知軾詩作於正月。《文集》卷七十三《馬眼糯説》記子雲論海南稻種。

《佚文彙編》卷三《與黎子雲》敍贈子雲墨戲事；卷五有《題贈黎子雲千文後》。《莊簡集》卷二《載酒堂》中云「先生已去五十年，遺墨殘篇尚多有」，自注：「東坡真迹多為有力者取去，所存但摹本耳。」《貴耳集》卷上：「東坡在儋耳，無書可讀。黎子雲家有柳文數册，盡日玩誦。一日，遇雨借笠屐而歸，人畫作圖，東坡自贊：『人所笑也，犬所吠也，笑亦怪也。』用子厚語。」《梁溪漫志》卷四《東坡戴笠》謂蘇軾「從農家借篛笠戴之，著屐而歸，婦人小兒相隨争笑，邑犬群吠」，并引周紫芝詩，有「憑誰喚取王摩詰，畫作東坡戴笠圖」之句。《廣輿記》亦敍此事。嘉靖《廣東通志》卷五十六《黎子雲傳》：「儋州人，家居州東二里許。昆弟貧而好學。城南有別墅。所居皆林木水竹，清幽瀟灑。蘇軾雅敬禮之。每與弟載酒過從，請益問奇，日相親炙。」以下敍遇雨借笠而歸事，并云：「子雲兄弟恭敬自將送軾至館，未嘗懈也。」

題子過所畫枯木竹石。黄庭堅嘗次韻贊之。

題過詩，見《詩集》卷四十三(二三四七頁)。

庭堅詩見《山谷別集詩註》卷上，題作《題子瞻墨竹》，云：「眼入毫端寫竹真，枝掀葉舉是精神。因知幻物出無象，問取人間老斲輪。」詩註引《山谷年譜》謂為元祐間館中作。按：黄詩作於題過詩後不久，時蘇軾尚在。詩註引庭堅跋：「東坡畫竹數本，筆墨皆挾風霜，真神仙中人，惜無賀監賞之，但有衆人皆欲殺之耳。」可證。庭堅誤過之畫為軾之畫，跋作於北歸前。

二月十一日，記劉攽戲王安石軼事。

據《文集》卷七十二《劉貢父戲介甫》，譏安石多思而喜鑿。

二十日，記鄉老唐允從論青苗。

文見《文集》卷七十二（二二九七頁），謂允從之言，乃得之黎子雲。允從不滿青苗法，子雲以為青苗法在均貧富，允從以為貧富之不齊，自古已然，雖天工不能；蘇軾是允從之言，以為可作負薪能談王道之證。

清明（二十四日），以聞子過誦書，追懷父洵，作《和陶郭主簿》。

詩見《詩集》卷四十三，編年從《紀年録》。和陶詩止此。《冷齋夜話》卷一《古人貴識其真》：「東坡每曰古人所貴者貴其真。陶淵明恥為五斗米屈於鄉里小兒，棄官去，歸久之，復游城郭，偶有羡於華軒。（下略）」不知為何時語，兹以繫和陶終止事，附次此。

是月過黎君郊居，作詩。

《詩集》卷四十七《過黎君郊居》。《紀年録》謂本月作。

是月，以徽宗登極恩移廉州安置。同時，弟轍移永州；有《次韻子瞻和陶淵明雜詩》十一首。秦觀、張耒、晁補之、黄庭堅皆有新授。

《施譜》：「二月，先生以登極恩移廉州安置。同時，化州別駕、循州安置蘇轍移永州，追官勒停人、雷州編管秦觀移英州，承議郎、添差監復州在城鹽酒税張耒通判黄州，承議郎、監信州酒税晁補之簽書武寧軍判官，涪州別駕、戎州安置黄庭堅為宣義郎、添差鄂州在城鹽税。」

《蘇潁濱年表》：「二月癸亥，轍量移永州安置。轍有《次韻子瞻和陶淵明雜詩十一首》。」詩見《東坡先生和陶淵明詩》卷三，詩之全題，「首」字下尚有「時有赦書北還」六字。其五云：「念兄當北遷，海闊煎百慮。往來七年間，信矣夢幻如。」其十有「舉眼即見兄」之句。

《經進東坡文集事略》卷二十六《量移廉州表》註文：「自昌化軍貶所，該徽廟登極大赦，故量移廉州安置。」

《宋會要輯稿》第一百四册《職官》七六之二一至二二二月二十六日，有弟轍及秦、張、黄等新授記載。

趙屼（景仁）卒。嘗為屼作竹篠怪石。

《宋會要輯稿》第三十四册《禮》四四之一七：本年三月，賜屼賻絹一百疋。其卒當在本月。《山谷全書·别集》卷六《為鄒松滋題子瞻畫》：「子瞻嘗為趙景仁作竹篠怪石一紙，余贊之曰：趙景仁，守宗祊。游軒冕，有丘壑。彈鳴琴，無歸鶴。蘇仙翁，留醉墨。」竹篠怪石不知何時作，姑次此。

三月七日，書王光禄送行詩後。

據《紀年録》。《文集》卷六十八《書王太尉送行詩後》云「故光禄卿贈太尉王公掛冠歸江陵」，知光禄即太尉即王周。文佚。參元符元年十月七日紀事。

十五日，書柳宗元《牛賦》並作《書柳子厚牛賦後》贈瓊州僧道贇。

文見《文集》卷六十六，謂海南「病不飲藥，但殺牛以禱」，至人、牛皆死而後已。文勉道贇曉喻鄉人之有知者，使此種陋俗庶幾其少衰。《紀年録》亦謂作於本日。

二十一日，姜唐佐辭歸，書柳宗元《飲酒》、《讀書》二詩贈别。并贈詩以及第爲祝。

《文集》卷六十七《書柳子厚詩後》敍其事。唐佐歸瓊。贈詩詳《欒城後集》卷三《補子瞻贈姜唐佐秀才》，亦見《詩集》卷四十八（二六五〇頁）。

唐佐登崇寧二年進士第，見民國《瓊山縣志》卷二十五。《石門文字禪》卷十六《補東坡遺真姜唐佐秀才飲書其扇》：「此生身世兩茫茫，醉裏因君到故鄉。滄海何曾斷地脈，白袍從此破天荒。」似軾别時以真贈唐佐。

辛卯（二十四日），詔求直言。族子迥上言切直，其後入黨籍。

辛卯云云，據《宋史·徽宗紀》。《揮麈録·後録》卷一：「迥字彦遠，東坡先生之族子。登進士第，爲瀘川令。元符末，應日食上言，尤爲切直。蔡元長既使其徒編類上書邪等，彦遠爲邪上尤甚。又入元祐黨籍之石，坐削籍編管華州。遇赦，量移潼川，牽復爲普州岳安尉，卒於官。紹興初，特贈宣教郎。事見王望之賞所作彦遠妻史夫人墓誌及重修瀘川靈濟廟碑。」嘉慶《眉州屬志》卷十引宋鴈塔題名碑，元祐二十六人，迥次第十八。其登第或爲元祐六年。

姪千鈞上書言事。

《永樂大典》卷二千四百四引《輿地紀勝》：蘇千鈞，眉州人，元符年間上書言事。今本《輿地紀勝》缺。千鈞當亦應詔言事。千鈞乃不欺第五子，見《净德集》卷二十七《静安縣君蒲氏墓誌銘》。

偶與慧上人夜話誦《金剛經》有善報，慧因求繕寫此經，閲月乃成。

《文集》卷七十二《金剛經報》敍其事。文云本年□月二日與慧夜話。今姑次此。

四月十五日，作《五君子説》，以蠶蛹、蒸餅、漿水、粟米飯、不拓為五君子，以其味美。文見《文集》卷七十三。五者皆北方物。蛹乃指齊、魯、趙、魏所産者，不拓産關中。同上《二紅飯》言用漿水淘麥飯，則漿水或為黄州産。自海南言，黄州亦北也。

丁巳（二十一日），以生皇子恩，詔授舒州團練副使、永州居住；弟轍移岳州。

《宋史·徽宗紀》本日紀事：詔蘇軾等徙内郡居住。轍移岳見《蘇潁濱年表》。《施譜》：「四月，先生以生皇子恩，詔授舒州團練副使、永州居住。」並云「張耒與知州，晁補之與堂除通判，黄庭堅與奉議郎堂除簽判，秦觀英州別駕移衡州」。

吴復古（子野）自廣州來，出弟轍循州所贈詩，次轍韻。作《真一酒歌》贈復古。

《欒城後集》卷二《雨中招吴子野先生》（題下原注：循州作）：「柴門不出蓬生徑，暑雨無時水及堂。辟穀賴君能作客，暫來煎蜜餉桃康。」《答吴和二絶》其一：「三間浰水小茅屋，不比麻田新草堂。問我秋來氣如火，此間何事得安康。」其二：「慣從李叟游都市，久伴藍翁醉畫堂。不似蘇門但長嘯，一生留恨與嵇康。」自注：「子野昔與李士寧縱游京師，與藍喬同客曾魯公家甚久。」

《文集》卷五十二《與秦太虚》第七簡云「吴子野自五羊來」。簡作於五月中，見以下「五月中」條。次韻見《詩集》卷四十三（二三五四頁），《真一酒歌》見同上卷。

錢世雄（濟明）寄來太清中丹。

《文集》卷五十三與世雄第六簡：「去年海南得所寄異士太清中丹一丸，即時服之，下丹田休休焉。」簡作於建中靖國元年，所敍為今年事。

五月中，告命下，量移廉州，進上謝表。先是秦觀來簡，報蘇軾移廉州，答簡期與觀一見。得告命後，復與觀簡，報登舟日期及經行路綫。欲居廉終老。

《文集》卷十七《峻靈王廟碑》：「元符三年五月，有詔徙廉州。」謝表見《文集》卷二十四(七一六頁)。《文集》卷五十二《與秦太虛》第七簡敍觀來簡報移廉州，云「不知猶及一見否」，時觀有移英州新命，見本年二月紀事。《與秦太虛》第六簡：「某書已封訖，乃得移廉之命，故復作此紙。」其已封之簡，即第七簡。第六簡又云「治裝十日可辦」，約此月二十五六間方可登舟，「並海岸行一日，至石排，相風色過渡，一日至遞角場」。知告命下為五月中。又云：「有書託吳君，雇二十壯夫來遞角場相等。」吳君，或為海康令。又云：「今有一書與唐君，內有兒子書，託渠轉附去。料舍弟已行矣。」兒子乃邁，時已聞弟轍永州之命。第七簡云：「廉州若得安居，取小子一房來，終焉可也。」謂過房也。簡云「毒暑」，點明季候。海南夏早。

《曲洧舊聞》卷五：「東坡在儋耳，謂子過曰：『吾嘗告汝，我決不為海外人，近日頗覺有還中州氣象。』乃滌硯索紙筆焚香，曰：『果如吾言，寫吾平生所作八賦，當不脱誤一字。』既寫畢，讀之，大喜曰：『吾歸無疑矣。』後數日而廉州之命至。八賦墨迹在梁師成家，或云入禁中矣。」

以所借《烟蘿子》、《吳志》、《會要》等書歸姜唐佐(君弼)，報離儋日期，致意瓊倅。

據《文集》卷五十七與唐佐第六簡。簡云「不過六月初離此，只從石排或澄邁渡海，無緣更到瓊會見」。又云「因見貳車，略道下懇」。此貳車乃指瓊倅，或即黃宣義，參紹聖四年「瓊州倅黃宣義來」條。

別海南父老賦詩，抒依戀之情，嘗有終焉之志。

《詩集》卷四十三《儋耳》云：「野老已歌豐歲語，除書欲放逐臣回。」「嘗有」云云，參元符元年「子過作《志隱》」條。

辭峻靈王廟，作碑文。

文見《文集》卷十七（五一〇頁）。文云「得生還者，山川之神實相之」。《輿地紀勝》卷一百二十五《廣南西路·昌化軍·古迹·峻靈王廟》：「在儋州昌化縣之西北，有山若冠帽者，里人謂之山落膊。五代末，望氣者言是山有寶氣，上通於天，艤舟其下，斲山求之。夜半，大風浪駕其舟空中，碎之石峯之上，夷皆溺死，今碇石猶存。元豐中封峻靈王，東坡有碑。」同上《碑記》：「《峻靈王廟碑》，東坡文。」

臨行，留別黎民表詩，並求新釀一具理。贈許珏茶盂。

詩乃《詩集》卷四十三《別海南黎民表》。

《墨莊漫録》卷四：「東坡自儋耳北歸，臨行以詩留別黎子雲秀才云（按：即《別海南黎民表》，略）。後批云：『新釀佳甚，求一具理，臨行寫此，以折菜錢。』宣和中，予在京師相藍，見南州一士人攜此帖來，麄厚楮紙，行書，塗抹一二字，類顏魯公祭姪文，甚奇偉也。具理，南荒人缾罌名也。」據此，知民表即子雲。

《蘇文忠公海外集》卷四引《瓊州志》：「公北歸，贈許珏茶盂，曰：『無以為清風明月之贈，茶盂聊見意耳。』後為樞密折彥質所得，有詩謝許云：『東坡遺物來歸我，兩手摩挲思不窮。舉室吾家阿堵物，愧無青玉案酬公。』」正德《瓊臺志》卷四十二引《舊志》、康熙《儋州志》、民國《儋縣志》卷十八俱載此。

在儋，葛延之自江陰來訪。留一月。教以作文作字之法，贈以詩。

詩見《詩集》卷四十三（二三五四頁）。

《韻語陽秋》卷三：「東坡在儋耳時，余三從兄諱延之，自江陰擔簦萬里，絶海往見，留一月。坡嘗誨以作文之法，曰：『儋州雖數百家之聚，州人之所須，取之市而足，然不可徒得也，必有一物以攝之，然後為己用。所謂一物者，錢是也。作文亦然。天下之事，散在經子史中，不可徒使，必得一物以攝之，然後為己用。所謂一物者，意是也。不得錢不可以取物，不得意不可以明事，此作文之要也。』吾兄拜其言而書諸紳。嘗以親製龜冠為獻，坡受之，而贈之詩云：（略）。」以下言「余嘗見其親筆」。《容齋隨筆·四筆》卷十一《東坡誨葛延之》條同。費衮《梁溪漫志》卷四《東坡教人作文寫字》條所記教作文事，與上略同；其教延之學書云：「世人寫字，能大不能小，能小不能大，我則不然，胸中有個天來大字，世間縱有極大字，焉能過此。從吾胸中天大字流出，則或大或小，唯吾所用，若能了此，便會作字也。」又云：葛延之嘗「以語胡蒼梧，蒼梧為記之」。據《梁溪漫志》卷三《元祐黨人》條，蒼梧先生名珵。參本譜建中靖國元年「氣逆不能卧」條紀事。費衮又云：蘇軾《龜冠》詩，乃為送延之之行而作。

蜀老僧奉忠，欲渡海見蘇軾，次於途中，不及至。

《苕溪漁隱叢話》前集卷五十七《夏雲詩》引《冷齋夜話》：「章子厚謫海康，過貴州南山寺，寺有老僧，名奉忠，蜀人也。自眉山來，欲渡海見東坡，不及，因病於此寺。（下略）」今石印本《冷齋夜話》無此則。

杜輿（子師）欲攜家往儋相依，會蘇軾内徙而止。

《姑溪居士文集》卷三十八《跋東坡與杜子師書》敍蘇軾謫儋，輿「遂欲盡鬻其家所有，攜妻以往相依，未及行」，會軾内徙乃已。

與范沖（元長）簡，敍歸途不能越境往弔其父祖禹苦衷。

據《文集》卷五十與沖第八簡。簡云「不敢」往。又云：「臨行，預有書相報。」知作於儋。

在儋，嘗自為誌墓文，嘗戲贈鄰嫗詩，嘗作《論食》，嘗戲咏黎女，嘗題楊成墓。

《春渚紀聞》卷六《秦蘇相遇自述輓誌》敍「自為誌墓文，封付從者，不使過子知」。參本年六月二十五日紀事。文不見。

《雞肋編》卷上：「食物中有『饊子』，又名『環餅』，或曰即古之『寒具』也。」以下言：「東坡在儋耳，鄰居有老嫗業此，請詩於公甚勤。戲云：纖手搓來玉色匀，碧油煎出嫩黄深。夜來春睡知輕重，壓匾佳人纏臂金。」按：此詩見《詩集》卷三十二，題作《寒具》，前二句文字略不同。《詩集》從《外集》編守杭卷，今不從。

《論食》見《佚文彙編》卷六。

《冷齋夜話》卷一《東坡留題姜唐佐扇楊道士息軒姜秀郎几間》：「有黎女插茉莉花，嚼檳榔。戲書姜秀郎几間曰：暗麝著人簪茉莉，紅潮登頰醉檳榔。其放浪如此。」《詩集》未收此戲書。

民國《丹稜縣志》卷二：「大夫楊成墓：在眉北二里。宋元符間蘇軾有詩題墓，年湮莫考。」詩不見。成，不詳。

在儋，嘗有詩題楊道士息軒，嘗與王肱（公輔）、何旦、王霄有交往。

詩見《詩集》卷四十三（二三五二頁），云「時來登此軒」。正德《瓊臺志》卷二十五謂息軒在州城東南天慶觀司命宮。

《輿地紀勝》卷一百二十五《昌化軍》：「王公輔，俗呼王六公，居儋城。東坡甚重之。世傳知天文。」以下謂折樞密彦質亦與相厚，六公年一百三歲，卒號百歲翁。又謂彦質建炎四年貶昌化軍，移郴，有詩別六公，云「六公八十尚占星，授法東坡今大成」。康熙《儋州志》卷二《王肱》：「字公輔。居城東，童顏鶴髮，壽一百四歲。……與蘇文忠公最友善，公授以占星圖，習之。……後以占星圖授一室女。遇夜觀，忽燈蕊墜，圖為煨燼。當時家壁有蘇東坡書曰：軾來奉謁，往莊未還。」《東坡樂府》卷下《減字木蘭花》序：「以大琉璃勸王仲翁。」首云「海南奇寶」，知敍海南事；又云「絳州王老，百歲癡頑推不倒」，此王老當為肱。

《輿地紀勝》卷一百二十二《宜州》：「何旦：為士人，以邊賞補三班借職官，至武經郎。嘗為海南四州都巡檢使。時東坡先生謫海外，旦嘗往來於東坡之門，片紙問訊，得先生真染頗富。」《增補事類統編》卷三十一《慶遠府》:「何旦,宜州人,為海南四州都巡檢司。蘇軾謫海外,旦與友善。及還家,無所有,惟多藏蘇軾手書而已。」

正德《瓊臺志》卷三十六、嘉靖《廣東通志》卷五十六有《王霄傳》,後者云:「字霞舉,儋州人。嘗事東坡蘇軾筆硯間。年餘七十,發貢至京,住辟雍者三年。建炎初歸鄉,潛德不仕,李光以宿學稱之。年至九十六。衆推為鄉先生。……授初品官。」《輿地紀勝・昌化軍》及霄,未及事蘇軾事。

在儋,嘗答羅祕校簡,嘗與何德順簡,嘗有簡喜五雲仙構落成,有簡市雲母煮膏,亦有簡與中朝士大夫。

《文集》卷五十八與羅祕校第三、四簡,海南作,求蒼朮、橘皮之類藥品。

同上卷六十與德順簡,謝德順寄抱朴子小神丹方來,云「後會無期」,知作於儋。

《北磵集》卷七《跋東坡海外三帖》:「一帖喜五仙雲構落成。一帖市雲母煮膏,見公衛生有經,謂其求長生,恐不見後一帖(按:此處有脱訛)。(原注:樓攻媿跋此帖云:坡《彭祖廟》詩云:『空餐雲母連山盡,不見蟠桃着子時。』今有十斤之需,何耶!)」樓鑰跋,未見《攻媿集》。

《石門文字禪》卷二十七《跋東坡緘啟》:「東坡海外之文,中朝士大夫編集已盡,雖予之篤好者,亦以為無餘矣,佛鑑輒出此帙為示,皆中朝士大夫,集中所無者。」

在儋,嘗於天慶觀内鑿石得泉,嘗於城東清水池内種蓮。

《南海古迹記》(宛委山堂本《説郛》卷六十七):「東坡泉:在西城内天慶觀。蘇文忠公初鑿得一石,狀如龜,泉涌出,號龜泉,清洌亞達磨泉。淳祐間,經略使方大琮浚泉,護以定林廢寺鐵井欄,大琮有鐵井欄銘。」西城者，儋之西城也。《蘇文忠公海外集》卷四：「坡井：在儋城西南坡口，泉四時不竭，傳云公所鑿。嘗與諸生王霄擕瓢汲水於此。因名坡井。」民國《儋縣志》同。

《輿地紀勝》卷一百二十五謂清水池在城東四里，荷花不絕，臘月尤盛。正德《瓊臺志》謂在城南。《蘇文忠公海外集》卷四謂池在桄榔庵西，「環池有蓮，皆公手植」。

南遷期間，撰成寓言小品集——《艾子雜説》。

《太倉稊米集》卷七《夜讀艾子書其尾》：「萬里投荒海一隅，八年蜑子與同居。可憐金殿鑾坡日，渾在蠻烟瘴雨餘。奇怪誰書《方朔傳》，滑稽空著子長書。不知平日經綸意，晚作兒曹一笑娛。」

《艾子雜説》收入《佚文彙編》卷七。參拙撰《艾子是蘇軾的作品》一文，載《文學遺産》一九八五年第三期。並參《蘇東坡寓言評注》附録《論艾子雜説確為東坡所作》（朱靖華撰）。

在儋，嘗作《老饕賦》、《濁醪有妙理賦》等五賦，作《志林·論武王》等篇，作《續養生論》。

《文集》卷一《老饕賦》云「列百柂之瓊艘」，為海外作。《冷齋夜話》卷一《鳳翔壁上題詩》謂《濁醪有妙理賦》乃海上作。《春渚紀聞》卷六《翰墨之富》：「於先生諸孫處，見海外五賦。」其他三賦為《沉香山子》、《天慶觀乳泉》、《酒子》，前已敘。老饕主旨在贊揚老人善飲食，見《能改齋漫録》「饕餮」條。

《論武王》等十四篇，見《文集》卷五；「作《志林》」云云，見《論武王》校記第一條。《經進東坡文集事略》卷十二謂見於《文集》卷三之《宋襄公論》、《士燮論》亦在《志林》中。按：《士燮論》亦見《斜川集》卷六。《文集》卷五十五《與鄭靖老》第三簡：「《志林》竟未成。」《邵氏聞見後録》卷十四：「蘇叔黨為葉少藴言：東坡先生初欲作《志林》百篇，才就十三篇而先生病，惜哉。」今傳五卷、十二卷本《東坡志林》，非海南所撰《志林》原貌。

作《續養生論》，見《文集》卷五十五《與章致平》第二簡。文在《文集》卷六十四。

在儋，訂補《易傳》、《論語傳》，撰成《書傳》十三卷，跋其後，囑諸子。

跋乃《文集》卷六十六《題所作書易傳論語説》。《文集》卷五十二《與李端叔》第三簡：「所喜者，海南了得《易》、《書》、《論語傳》數十卷。」《易傳》、《論語傳（即論語説）》作於黄州。兹所言「了得」，蓋謂修改、補充。同上卷五十六《與鄭靖老》第三簡：「草得《書傳》十三卷，甚賴公兩借書籍檢閲也。」《墓誌銘》：「最後居海南，作《書傳》，推明上古之絶學，多先儒所未達。既成三書（按：謂《易傳》、《論語傳》、《書傳》），撫之歎曰：『今世要未能信，後有君子，當知我矣。』」《蘇潁濱年表》謂轍歸潁昌，時方詔天下焚滅元祐學術，敕諸子録以上三書，「以待後之君子」。《雙溪集》卷十一《跋摹連昌宫辭》謂「《易傳》以真書發揚伏羲西伯之言，嶺海草書，老筆精勁，自云不愧二王」。當指稿本。《參寥子詩集》卷十一《東坡先生挽詞》其三敍南遷，末云「準《易》著《書》人不見，微言分付有諸郎」。

南遷期間，或撰《忼池録》。

《石門文字禪》卷二十七《跋東坡忼池録》：「歐陽文忠公以文章宗一世，讀其書，其病在理不通，以理不通，故心多不能平。以是後世之卓絶穎脱而出者，皆目笑之。東坡蓋五祖戒禪師之後身，以其理通，故其文涣然如水之質，漫衍浩蕩，則其波亦自然而成文，蓋非語言文字也，皆理故也。自非從般若中來，其何以臻此！其文自孟軻、左丘明、太史公而來，一人而已。然予有恨，恨其窺夢幻，如霧見月，雖老而死，古今聖達所不免。譬如晝則有夜。而東坡喜學煉形蟬蛻之道，期白日而骨飛，竟以病而歿。使其如魯仲連之不受萬鍾之位而肆志，則寧復有遺恨哉！佛鑑能珍敬其書，則其趣味，乃真是山邊水邊之人，與夫假高尚之名，心悦孔方道人者異矣。」

《忼池録》，公私書目未著録，已早佚。據跋，知為談道之書。蘇軾自稱鐵冠道人，人稱海上道人，見本書卷首。姑繫之於此。

「忼」，字書未見，意者疑為「仇」之誤。然蘇軾《仇池筆記》，並未及煉形蟬蛻之道，是另有一書。

鑑老，《石門文字禪》又稱佛鑑、鑑上人，卷十、十六、二十四、二十六多處及之。

在儋，嘗與文之秀才簡。

《晚香堂蘇帖》：「海州窮獨，見人即喜，況君佳士乎！軾再拜文之秀才。十四日。」自「海州」至「佳士乎」十三字，乃《文集》卷五十八《與周文之》第四簡中語。蘇軾有友人周彦質，字文之，知循州，紹聖二年、四年已及。此簡稱文之為秀才，非彦質。

南遷後，與毛庠有交往。

《石門文字禪》卷二十四《季子夢訓》：「湘山逸人毛文仲，蓋東坡蘇公江湖遊舊也。公歿餘十年，而文仲之子學成，更其名曰在庭，已而夢公授以字，曰季子。（下略）」

同上卷二十二《思古堂記》：「三衢毛庠文仲，少有英氣，深於學問而善功名，富於翰墨而飽籌策，……所與游皆天下第一流。遭時外平，疆埸久空，無所施其材，蹇寓一官，不甘憂患，折困袖手，來歸圃於衡岳之下。」可參。

陳慥(季常)刻蘇軾之詩集，為南遷時事。

《山谷全書·別集》卷十八《答何斯舉》第二書：「陳季常所刻蘇尚書詩集，煩為以厚紙印一本見寄，只封在鴻父處亦可爾。」鴻父乃洪羽，庭堅甥。同上第三書：「寄惠蘇公詩集，亦自有用處，要欲得一本厚紙者藏之名山耳。季常所寄，亦是此一種紙，當料理季常為用厚紙印耳。」第四書有「宗伯蘇端明之詩筆，語妙天下，於今為獨步，當激賞其妙處，率馬以驥也」云云，當與刻印詩集有關。

南遷期間，王直方(立之)傳播蘇軾所作歌詩。

《嵩山文集》卷十九《王立之墓誌銘》：「時遐荒窮海，有先生居焉。立之身不出京師，而傳彼所賦歌詩獨早且多，若與彼咫尺居而手相授也。」先生，蘇軾也。

南遷期間，嘗書桃竹。

《苕溪漁隱叢話》前集卷十一引「東坡云」：「《桃竹杖引》：江心蟠石生桃竹，斬根削皮如紫玉。桃竹，葉如椶，身如竹，密節而實中，犀理瘦骨，天成拄杖也。嶺外人多種此，而不知其為桃竹，流傳四方，視其端有眼者，蓋自東坡出也。」《佚文彙編》未收。

傳嘗遊紫霞洞，賦詩。

咸豐《瓊山縣志》卷二十八《紫霞洞》：「仙人乘鶴去，空崗獨巍然。發草山山緑，題痕日日鮮。兩巖門未掩，七里事何玄。欲問希彝子，楓林隔紫烟。」謂蘇軾作。

同上卷三：「蒼屹山，在縣南二里許洗馬橋南，石峯屹立。……其陰有仙人洞，又名紫霞洞。」

離儋，儋人争致饋，不受。遂與過及吴復古行。父老送於舟次。

《文集》卷五十八《與歐陽晦夫》第二簡：「離海南，儋人争致贍遺，受之則若饕餮然，所以一路俱不受。」《斜川集》卷一《用伯充韻贈孫志舉》敍儋人厚情，可參。

《遯齋閑覽·海南人情不惡》（涵芬樓鉛印本《説郛》卷三十二）：「（蘇軾）初離昌化時，有十數父老皆攜酒饌，直至舟次相送，執手泣涕而去，且曰：『此回與内翰相别後，不知甚時再得來相見。』」

據以下「宿澄邁」條，蘇軾離儋約在六月上旬之末。《總案》謂約在六月中旬，非是。

與吴復古行，見以下「約吴復古、姜唐佐會食」條。

宿澄邁，趙夢得之子來訪。六月十三日，作簡留别夢得。

《晚香堂蘇帖》：「軾將渡海，宿澄邁。承令子見訪，知從者未歸，又云恐已到桂府，若果爾，庶幾得於海康相遇，不爾，則未知後會之期也。區區無他禱，惟晚景宜倍萬自愛耳。忽忽留此紙令子處，更不重封。不罪！不罪！軾頓首夢得秘校閣下。六月十三日。」《佚文彙編》未收。此前一二日，軾已至澄邁。

據簡，夢得其時在海北。《總案》引《二老堂詩話·記趙夢得事》謂蘇軾「過趙夢得家見其子荆」。案：據《二老堂詩話》，荆乃夢得之孫，《總案》誤。參元符二年「與趙夢得簡」條。

又：正德《瓊臺志》卷三十八有《趙荆傳》，謂荆登高宗紹興二十四年（一一五四）進士第，官至朝奉郎，欽、高二州判官。康熙《儋州志》卷二、民國《儋縣志》卷四亦有《趙荆傳》。二《傳》俱謂荆字道授，當從《二老堂詩話·記趙夢得事》作夢授。

過澄邁驛，題通潮閣詩并額。

《詩集》卷四十三有《澄邁驛通潮閣二首》。

《冷齋夜話》卷五《東坡屬對》：「予遊儋耳，……登望海亭，柱間有擘窠大字曰：『貪看白鳥横秋浦，不覺青林没暮潮。』」「貪看」二句，即《詩集》中詩句。據此，知通潮閣一名望海亭。

《輿地紀勝》卷一百二十四：「通飛閣：在澄邁縣，東坡嘗憩其上，有『眼明飛閣俯長橋』之句。紹興己巳，縣令崔若舟創閣其上，李泰發書榜，胡邦衡和東坡二詩，題於其上。」「眼明」句，亦《詩集》中詩句。泰發名光，邦衡名銓，《宋史》俱有傳。

《范德機詩集》卷三有《澄邁縣有蘇内翰所題通潮閣在海上》詩。

正德《瓊臺志》：「通潮閣，一名通明，在（澄邁）縣西，乃宋澄邁驛閣。」

至瓊州之東五十里三山庵。十七日，應庵僧惟德之請，作《瓊州惠通泉記》。

記見《文集》卷十二。《輿地紀勝》卷一百二十四《瓊州》謂惠通泉在城東，紹興間有詩云「試問庵何有，東坡墨迹存」。

同日，重過瓊州城東北隅雙泉，瓊人已作亭其上，爲名曰洞酌，作詩。

詩見《詩集》卷四十三(二三六五頁)。《永樂大典》卷九百七引《李莊簡公文集·跋東坡雙泉詩》謂詩有讖,以下云:「先生度嶺海,雖黎童蠻婦,亦知愛敬,而士大夫或致厚薄愛憎於去來之間。故其詩曰:『一瓶之中,有澠有淄。』又曰:『豈弟君子,江海是儀。』雖先生曠懷雅量,亦未能忘情於此時也。今四十有六年矣,先生親筆,已為好事者取去。」正德《瓊臺志》卷二十四謂亭在雙泉上,與臨清、濯纓二亭相連,「導其泉環流,以石作龍頭,水從口噴出,轉成九曲」。

晤姜唐佐,約吳復古、唐佐會食。復古嘗勸食白粥。

《詩集》卷四十八有《約吳遠遊與姜君弼喫蕈饅頭》。《梁溪漫志》卷九《張文潛粥記》:「東坡一帖云:『夜坐飢甚,吴子野勸食白粥,云能推陳致新,利膈養胃。僧家五更食粥,良有以也。粥既快美,粥後一覺,尤不可說,尤不可說。』」《佚文彙編》未收,兹附此。

過姜唐佐(君弼)家,書張巡、顏真卿事。贈唐佐端硯,並為銘。

《冷齋夜話》卷五《東坡屬對》:「謁姜唐佐,唐佐不在,見其母,母迎笑,食余檳榔。予問母:『識蘇公?』母曰:『識之,然無奈其好吟詩。公嘗杖而至,指西木橙自坐其上,問曰:秀才何往哉?言入村落未還。有包燈心紙,公以手拭開,書滿紙,祝曰:秀才歸,當示之。』今尚在。予索讀之,醉墨欹傾,曰:『張睢陽生猶罵賊,嚼齒空齦,顏平原死不忘君,握拳透爪。』」

《海外奇蹤·瓊島珍物西蜀藏》引四川眉山三蘇祠所藏端溪硯背面姜唐佐題記:「元符三年,東坡移廉州,過瓊,端溪硯贈余為別。余得之,不勝寶愛之至。而歲月遷流,追維先生言論,邈不可即。因志之以示不忘云。崇寧元年十月十九日。瓊州姜君弼謹識。」銘見《文集》卷十九(五五二頁)。光緒《臨高縣志》卷二十三謂此銘「寓臨邑作」,非是。

二十日,渡海,有詩抒懷。達徐聞。

詩見《詩集》卷四十三(二三六六頁),末云:「九死南荒吾不恨,兹遊奇絶冠平生。」卷四十五《次韻江晦叔兼呈器之》:「扁舟夜渡海無濤。」趙次公注:「先生渡海北還,以三更發瓊州,晚到遞角場。」《文集》卷七十一《書合浦舟行》云「已濟徐聞」。《斜川集》卷一《用伯充韻贈孫志舉》:「海風吹余舟,夜渡徐聞垠。」

《萍洲可談》卷二:「東坡……元符末放還,與子過乘月自瓊州渡海而北,風静波平,東坡叩舷而歌,過困不得寢,甚苦之,率爾曰:『大人賞此不已,寧當再過一巡。』東坡矍然就寢。」

既過海,乃祀伏波將軍廟,作碑文。

文見《文集》卷十七(五〇五頁)。

伏波將軍廟,又名威武廟。見《輿地紀勝》卷一百一十八《雷州·古迹》。同上《碑記·威武廟碑陰記》:「『故翰林蘇公謫儋耳,既北歸,作漢伏波將軍廟記,迨今逾三十年,未克建立。綱以罪謫居萬安,遣子宗之攝祭,默禱於神,異時倘得生還,當書蘇公所作碑刻石廟中,以答神貺。』時建炎三年,李丞相綱文。」

至雷州。晤秦觀、歐陽獻(元老)。

觀移衡州，時尚未赴。《文集》卷五十八《與歐陽元老》簡，詳敍秦事，末稱長官。《總案》謂元老乃海康令，與秦觀厚善，是。

獻為幕府。後卜築渚宮，為終焉計。其友田端彦聞蔡京拜相，欲見之，説以勿興朋黨，獻以詩贈其行。《豫章黄先生文集》卷三十《跋歐陽元老王觀復楊明叔簡後》謂元老名獻。元祐中，李清臣帥真定時，獻與黄庭堅善。《豫章黄先生文集》卷十九與獻書，謂獻嘗「寄示東坡嶺外文字」；卷二十六《跋歐陽元老詩》謂「入陶淵明，格律頗雍容」；上引卷三十跋云獻「好學幾於智，篤行幾於仁，居其鄉使人遠罪，與之處使人寡過」。《山谷老人刀筆》卷十一與獻凡十一簡，作於荆州；同卷《與劉温如》，贊獻「才器不在人下」。獻與吴則禮交往頗多，《北湖集》卷一及詩甚多，其《過歐陽元老草堂》，有「知子廊廟器，誅茅楚江邊，緬懷靖節意，心遠地自偏」之句。獻與蘇轍亦有交往，《五總志》謂學轍詩「登堂入室」。

《文集》卷五十《與范元長》第九簡謂見委文字，「今託少游議其詳」。知與觀相晤時，當及撰范祖禹行狀及墓銘事。

見張敦禮（君俞、君予）。得鄭嘉會（靖老）留簡，知嘉會為人掊摭罷去，方往邕。

《文集》卷五十六與嘉會第三、四簡敍之。《宋史》卷四百六十四《張敦禮傳》云「崇寧初，拜寧遠軍節度使」。寧遠軍乃容州，與雷州同屬廣南西路，相見有由。「崇寧初」為「徽宗初」之誤。

與范冲（元長）簡，以未能相晤及弔其父祖禹之靈為歉；允為祖禹撰墓銘。

簡乃《文集》卷五十與冲第九簡，云「到雷獲所留書」。蓋冲先至雷，候軾不到，留書去。

二十五日，與秦觀別。觀自作挽詞。

《文集》卷六十八《書秦少游挽詞後》敍其事。《春渚紀聞》卷六《秦蘇相遇自述挽誌》敍二人晤，云：「二公共語，恐下石者更啟後命。少游因出自作挽詞呈公，公撫其背曰：『某常憂少游未盡此理，今復何言。某亦嘗自為誌墓文，封付從者，不使過子知也。』遂相與嘯咏而別。」

自雷適廉道中，宿於興廉村净行院。為净行院書碑，並晤鄉士陳夢英。

自雷云云乃詩題，在《詩集》卷四十三；同上有《雨夜宿净行院》。《輿地紀勝》卷一百十八《雷州》：「净行院：在敬德門外西湖之西北隅，舊號西山寺。有人竊興廉村净行院東坡先生所書院碑來，遂以為額。」嘉靖《廣東通志》卷十九《雷州府》：「文明書院：在縣西南樂民千户所城内。」以下言蘇軾：「宿净行院，回顧山川，謂鄉士陳夢英曰：『此地勝景，當有文明之祥。』即以其地建文明書院。後歲久傾圮，今悉為軍營。」以下引元凌光謙記略，謂軾「去踰月，而瑞芝生，諸儒皆以蘇公之言為神，即其地建書院，扁曰文明」。

連日大雨，橋梁盡壞，自净行院下乘小舟至官寨。三十日，碇宿大海。

據《文集》卷七十一《書合浦舟行》；文云「或勸乘蜒舟並海即白石」。白石為鎮，在廉州石康。

經高州。或謂建書院。

康熙《高州府志》卷六謂蘇軾以赦徙廉州。以下云：「時廉州路由石城松明以達。軾歷其地，見其浩淼晴濤，蒼虬盤結，爰構書院於松陰之下，顏曰松明，刻孔子像及兗國、沂國二公像以祀，燃松枝為火，脱然不為物累。」以下謂軾平易近人，婦人女子「亦莫不以為東坡相公」，其書院，元末廢。建書院，蘇軾行旅匆匆，未必能為之。當為蘇軾去後，人慕其名、仰其德而建。石城今廉江。

七月四日，至廉州。時張仲修為廉守。

《文集》卷七十一《書合浦舟行》作於七月四日。《詩集》卷四十三《梅聖俞之客歐陽晦夫使工畫茅庵己居其中一琴橫牀而已曹子方作詩四韻僕和之云》「施註」：「七月四日，至廉。」廉州治合浦縣。張仲修為守，見八月二十四日紀事。

七日，廉州官舍借桂林帥程鄰（欽之）所藏錢易（希白）書。此前後，尚觀鄰所藏唐太宗書、庾翼書、晉法帖二。為題跋。

《文集》卷六十九《跋希白書》，乃七月七日所跋者。

洪邁《容齋隨筆·四筆》卷十《東坡題潭帖》：「潭州石刻法帖十卷，蓋錢希白所鐫，最為善本。吾鄉程欽之待詔，以元符三年帥桂林，東坡自儋耳移合浦，得觀其藏帖，每帖各題其末。」以下，洪氏舉蘇所題唐太宗書，見《文集》卷六十七《書唐太宗詩》。所舉題庾翼書，見《文集》卷六十九《跋庾征西帖》。洪氏謂：「庾亮及弟翼，俱為征西將軍，坡所引者翼也。坡又有詩曰：『暮年却得庾安西，自厭家雞題六紙。』蓋指庾前所歷官云。」所舉題晉帖，一見《文集》卷六十九《題法帖二》其一。一為：「謝安問獻之，君書何如尊公，答曰：『故自不同。』安曰：『外人不爾。』曰：『人那得知。』」《文集》未見。

乾隆《浮梁縣志》卷八謂鄰乃節子，節字信叔，哲宗譽為奇才，遷廣南西路轉運使，帥桂府久之。謂鄰以行藝列上舍生，國子祭酒豐稷奇其才；元祐辛未釋褐於馬涓榜，再與館選，除校書郎；紹聖間，獲罪李清臣，謫監虔州税；召授秘書省右丞，調博士，轉右正言。以下云：「論事號切直，議兵尤中要領。……徽宗立，陳初政四事：一曰勤御經筵，以啟聖明之治；二曰敷求賢能，以收忠良之效；三曰廣闢言路，以采是非之公；四曰務審民情，以循好惡之乎。上嘉納之。節之去桂也，蠻日久反側，廷議以鄰夙帥子且才可任，遂以翰林承制為廣西安撫使、知融州。」以下敍在任幾十年，「請代不允，進徽猷閣待制，階銀青光禄大夫」。

十一日，跋張田書，贊其潔廉。

《文集》卷六十六有《跋張廣州書》，廣州乃田。《宋史》卷三百三十三《張田傳》謂田字公載，澶淵人。謂熙寧間，加直龍圖閣，知廣州；臨政以清，女弟聘馬軍帥王凱，欲售珠犀於廣，顧曰：「南海富諸物，但身為市舶使，不欲自汙爾。」謂：蘇軾嘗讀其書，以侔古廉吏。「以侔」云云，乃跋中語。

十三日，應廉州推官歐陽闢（晦夫）請，書贈《乳泉賦》，與闢簡。書《壽命説》。在廉，闢出師梅堯臣贈詩，為跋之；又應請跋《地獄變相》；闢嘗惠琴枕，作二詩及之。

《詩集》卷四十三《梅聖俞之客歐陽晦夫使工畫茅庵己居其中一琴横牀而已曹子方作詩四韻僕和之云》「施註」謂闢「以匹紙求字，為書《乳泉賦》及跋《梅聖俞詩稿》」。以簡與晦夫云：（略）賦與簡皆題七月十三日」。《味水軒日記》卷六明萬曆四十二年十月五日紀事：「東坡小行書《壽命説》，筆筆用徐季海而蒼勁有加。」以下言：「卷後題云：庚辰歲七月十三日書。」與闢簡，見《佚文彙編》卷二。

《文集》卷六十八有《書聖俞贈歐陽閥詩後》。卷五十八與閥第二簡云「《地獄變相》已跋其後」，跋乃卷二十二《地獄變相偈》。詩乃《詩集》卷四十三《歐陽晦夫惠琴枕》、《歐陽晦夫遺接䍦琴枕作此詩謝之》。

《山谷全書·別集》卷八《跋梅聖俞贈歐陽晦夫詩》：「元祐己巳、庚午，乃見歐陽君於京師。其人長鬣，眉目深沉，宜在丘壑中也。用聖俞之律作詩數千篇，今世雖已不尚，而晦夫自信確然。」作於元祐五年正月。《桂勝》卷二《七星山》有曹輔《同歐陽晦夫邂逅游風洞詩》，洞在七星山。《桂故》卷六謂此洞乃玄風洞。

八月十日，游愈上人精舍，和其韻。

詩見《詩集》卷四十三（二三七一頁）；題詩月日，據題下「施註」。

十二日，秦觀卒於藤州。

見本年以下「至白州」條。

與鄭嘉會（靖老）簡，敍聞其離邕，為悵然；敍與邁約，令般家至梧相會，時迨亦至惠。

簡乃《文集》卷五十六與嘉會第三簡，云「留此過中秋，或至月末乃行」，作於八月。

二十二日，作《臞仙帖》，謂司馬相如《大人賦》乃以侈言廣漢武帝之意。

文見《文集》卷六十五。同上有《司馬相如創開西南夷路》斥以患苦加父母之邦；有《司馬相如之諂死而不已》，斥其諂。

二十四日，三宿清樂軒題壁。留別廉守張仲修。

據《文集》卷七十一《題廉州清樂軒》。《總案》謂讀題壁，「蓋是日迎勞於廨，即留榻其中」。軒蓋在署内。《王譜》本年有《别廉守張左藏詩》，當即《詩集》卷四十三《留别廉守》，知仲修嘗官左藏。

同日，跋秦觀（少游）學書。

《王譜》：「又有《題少游學書》，乃云庚辰八月二十四日書於合浦清樂軒。」

《文集》卷六十九《跋秦少游書》，謂觀近日草書，技道兩進。此文當即《王譜》所云之《題少游學書》。

老人蘇佛兒來訪，記其語。

據《文集》卷七十三《記合浦老人語》；文謂老人年八十二，不飲酒食肉，無妻子，兄弟三人，皆持戒念道。記其語，蓋有養生借鑒之意。文謂爲八月事。

告命下，授舒州團練副使、永州安置。上謝表。

授舒州云云，見《紀年録》。

謝表見《文集》卷二十四（七一八頁）。中云：「駐世之魂，自招合浦。」得告命時在廉州。

舒州屬淮南西路，治所在懷寧；永州屬荆湖南路，治所在零陵。

二十八日，劉幾仲餞飲，奏瓶笙，有詩。

詩見《詩集》卷四十三，題作《瓶笙》，引云：「庚辰八月二十八日，劉幾仲餞飲東坡。」以下敍奏瓶笙。

二十九日，離廉。歐陽闕臨行餽物，不受。

二十九日云云，據《文集》卷五十八《與歐陽元老》簡。《文集》卷五十八與歐陽閥（晦夫）第二簡敍及自儋至此一路俱不受餽贈，「若至此獨拜寵賜，則見罪者必衆」。

郭祥正（功父、功甫）寄詩，以謹言慎行為戒。

《鶴林玉露》乙編卷四《詩禍》：「東坡文章，妙絶古今，而其病在於好譏刺。」以下言：「晚年自朱崖量移合浦，郭功父寄詩云：『君恩浩蕩似陽春，海外移來住海濱。莫向沙邊弄明月，夜深無數採珠人。』其意亦深矣。」《困學紀聞》亦有此記載。

本月，跋《潛珍閣銘》。

文見紹聖四年「與李思純之子光道別」條紀事。

至白州，得秦觀凶問。

《文集》卷五十八《與歐陽元老》敍之。簡謂觀「過容留多日，飲酒賦詩如平常，容守遣般家二卒送歸衡州，至藤，傷暑困卧，至八月十二日，啟手足於江亭上」。歸衡乃以得旨移該地。白州治博白縣。至白州約在九月上旬初。

九月初三日，黄庭堅與王蕃（觀復）簡，時蕃有為蘇軾所作詩。蕃嘗欲從軾學文。

《山谷老人刀筆》卷十五答蕃第四簡：「《茶》詞及為東坡與不肖所作十韻，皆欲奉答而未成。」《山谷詩集注》目録：庭堅於本年七月自戎州舟行省其姑於青神。簡及省姑，為本年作。同上第二簡：「東坡先生猶在海濱，未知公幾時得掃其舍人之門，既不能縣記作書，然他日便可袖此書求見矣。昔合浦吏貪，珠還交阯，及孟嘗政清，去珠復還。東坡胸中有百斛明珠。昔遷於儋耳，今還合浦，蓋天公之政清耶！公學問行己之意甚美，但文章語氣，務奇詭不平淡。昔東坡常云：熟讀《檀弓》二篇，當得文章體制。此確論也，願以此求之。」本年作。

蕃乃曾裔。曾，《宋史》有傳。蕃官閬中時，多以書尺至戎州從庭堅問學。《山谷詩集注》卷十四有《和王觀復洪駒父謁陳無已長句》。《眉山唐先生文集》卷二十七《送王觀復序》謂紹聖元年官益昌時與蕃遊，元符元年相會於南隆，謂蕃「自言從蘇子於湘南，過涪翁於宜城」。據以上所引庭堅簡，「湘」乃「海」誤，以蘇軾從未至湘南；「從」蓋為「欲從」之意。據序，蕃蓋欲從軾等得作文之法。

六日，至鬱林。與歐陽獻（元老）簡，哀秦觀之死。晤梁詔。和王守詩。

《文集》卷五十八《與歐陽元老》：「九月六日到鬱林。」簡稱觀：「乃當今文人第一流，豈可復得。」

《輿地紀勝》卷一百一十一《廣南西路・貴州・人物・梁詔》：「州東下郭人。少孤，事母孝，任廣東提幹。母封蓬萊縣君。將之官廣東，而蓬萊不肯行，乃俾其弟奉養於家。之官未幾，聞蓬萊病，乃掛冠而歸。母病卒，廬於墓側，手蒔松柏，經歲成林，號曰碧林亭。次年，甘露降，芝草生。東坡自海外北歸，道出於貴，聞其孝節，往見焉。坡為易其亭曰甘露，林曰瑞松，坡皆為親染，墨蹟尚存。」

同上《州沿革》：「今領縣一，治鬱林。」

同上《景物下・甘露亭》：「梁詔，字君俞，貴州人。仕為將作監簿，事母孝謹。蓬萊縣君卒，廬墓。東坡名其墓亭曰甘露。」

同上《景物下·薰風亭》：「梁詔有讀書樓，東坡易名曰薰風，扁皆東坡親染。」

同上《景物下·蓮巢亭》：「在郡治蓮池之北，有東坡書帖石刻。」

《詩集》卷四十四有《次韻王鬱林》。

七日，離鬱林。

《文集》卷五十八《與歐陽元老》：「七日遂行。」

過容南。與范沖（元長）簡，約會於梧州；留梧待惠州人至同泝賀江；時傳有移黄之命；悼沖岳父秦觀之逝。為十日以前事。

《文集》卷五十與沖第十一簡云到容南，十六七間可到梧州，「到梧，當留以待惠州人至，同泝賀江」。第十簡云：「某如聞有移黄之命，若果爾，當自梧至廣，須惠州骨肉到同往。」第十一簡並云秦觀之逝，乃天「喪此傑」。沖為觀壻，見《淮海居士長短句》附《泗涇秦氏族譜小傳》。

至容州，晤都嶠山道士邵彦肅。為十日事。

《詩集》卷四十四《送邵道士彦肅還都嶠》：「相從十日還歸去。」其歸去，見本月二十日紀事。《輿地紀勝》卷一百四《容州·景物下》謂都嶠山在普寧縣，山有八峯，其中八疊峯奇秀，視諸峯最高，有南北二洞，天造地設，非他處洞穴幽翳之比。容州治普寧。都嶠山乃道家洞天福地，《詩集》題下宋人注：其山洞周回一百八十里，名寶玄之天。

至藤，江上對月贈邵彦肅；藤守徐疇（元用）與其子端邀遊東山浮金堂。爲十六、七日前事。

有詩，見《詩集》卷四十四（二三八六、二三八七頁）。前者云：「仍呼邵道士，取琴月下彈。相將乘一葉，夜下蒼梧灘。」約同舟。後者《斜川集》卷一有次韻。《輿地紀勝》卷一百九謂東山在縣衙。《宋詩紀事補遺》卷二十九徐元用《約東坡遊金山》：「黯淡灘頭一艇横，夕陽西下大江平。與君不負平生約，同向金鼇背上行。」疇與軾爲舊交。此詩，一見《輟耕録》卷七，「黯淡」作「牡蠣」，「下大江平」作「去待潮生」，「平生」作「登臨」，「向」作「上」，謂爲徐守信（神翁）高宗潛邸時作。然高宗生於大觀元年，而據《徐神公語録》，守信卒於大觀二年，則此詩非守信作。彦肅詳本月二十日紀事。

疇於元祐六年八月，以通直郎權知連州。父師民，致仕居蘇州。同年十二月，兩浙路提刑馬瑊奏，乃罷疇任侍養。見《長編》卷四百六十八。以上「至容南」條云「十六七間可到梧州」。

十六日，蹇序辰等除名，蔡渭等與遠小監當。渭嘗以傅致之言進狀追訴司馬光等十五人（其中有蘇軾、蘇轍）害其父確。

《宋會要輯稿》第九十九册《職官》六七之三〇：「（元符三年）九月十六日，詔蹇序辰、安惇並特除名，追毁出身以來文字，放歸田里，文及甫、蔡渭送吏部與遠小監當。紹聖中，安惇奏乞委官取元祐理訴所公案看詳改正申明從初加罪之意，復依元斷施行，詔委蹇序辰、徐鐸，而序辰輒將臣僚章疏傅致語言，指爲謗訕，凡因看詳施行者千餘人。又乞以其事付史館修入實録并編類貶責臣僚所言所行事狀，内有文及甫與邢恕書。蔡渭援以爲證，進狀追訟司馬光、吕公著、劉摯、吕大防、劉燾、王巖叟、劉安世、吴安詩、傅堯俞、朱光庭、范祖禹、蘇軾、蘇轍等害其父確，謀危宗社，乞奪逐人所得子孫恩澤，其間存者乞正反坐之法，投之嶺外，以為姦臣賊子之戒。至是中書省檢會，故有是責。」

抵梧州，范冲（元長）已去，邁、迨亦未至，賀江水乾無舟，乃改道經廣州北歸，報冲簡；復悼秦觀之逝。

《文集》卷五十與冲第十二簡云「永州人來，辱書」，「比謂至梧州追及，又將相從泝賀江，已而水乾無舟，遂作番禺之行」。又云：「少游真為異代之寶。」痛其逝。

二十日，書《楞嚴》經義贈鄧彦肅，并跋；彦肅還都嶠山，嘉魚亭作詩贈别。

跋乃《文集》卷六十六《書贈邵道士》。詩乃《詩集》卷四十四《送鄧道士彦肅還都嶠》，末云：「相隨十日還歸去，萬劫清游結此因。」《紀年録》元符三年紀事：「九月二十日，嘉魚亭下作送邵進士詩。」按：此乃本年事，其詩即《送邵道士彦肅還都嶠》，「進」乃「道」之誤。跋與詩為同日作。《輿地紀勝》卷一百九《廣南西路·藤州·景物上》謂夏初有嘉魚，自南海來。則嘉魚亭乃緣嘉魚而建。藤、梧密邇，地理狀況多同，嘉魚至藤當經梧，亭當在梧。

《晚香堂蘇帖》有《書贈邵道士》文字，文末書「元祐三年九月書贈都嶠邵道士」，知蘇軾與邵彦肅相交已久。書於此時者乃重書。

《苕溪漁隱叢話·後集》卷三十七引《東皋雜録》：「蓬州道士賈善翔，字鴻舉。能劇談，善琴，嗜酒；士大夫喜與之游。東坡嘗過之，戲書問曰：『身如芭蕉，心如蓮花，百節疎通，萬竅玲瓏。來時一，去時八萬四千。』末云：『鴻舉下語。』賈答曰：『老道士這裏没許多般數。』張天覺跋其後云：『去時八萬四千，不知落在那邊。若不斬頭覓話，誰知措大參禪。』」「身如芭蕉」六句，為《書贈邵道士》中語。茲附録於此。

《輿地紀勝》卷一百八十八《蓬州》：「賈善翔，儀隴人，年十五，超然有出塵之志。」以下言：「《圖經》云：至都下，與陳太初為方外友。神宗時簽書教門公事。（下略）」

離梧州，至德慶。二十四日，與弓允及幼子過同游三洞巖，題名。同日，游回，舟中題自作字。

題名見《佚文彙編》卷六（二五八四頁）。

題自作字見《文集》卷六十九《書舟中作字》。

商務印書館影印本《廣東通志》卷二百九《金石略》十一謂此題名在德慶，修志時猶存。

《輿地紀勝》卷一百一《廣南東路・德慶府・景物下・三洲巖》：「在端溪縣東。《舊經》云：即西江之三島也。」三洲巖即三澗巖。《總案》：「三洲巖，從江岸平地拔起，陡數十丈，四無聯屬，若挂榜於虛空者。」

將至廣州，過作詩寄兄邁、迨，和之；舟敗亡墨。

《斜川集》卷一《將至五羊先寄伯達仲豫二兄》首云「人皆有離別，我別不忍道，惟應付夢幻，事已共一笑」。以下云與迨、邁之別。末云：「崎嶇七年中，雲海同浩渺。豈知羌村晚，驚拜杜陵老。干戈雖事異，歡喜動夷獠。山川舊悽慘，雲物今清好。不似玄都桃，秋風不堪掃。」和詩見《詩集》卷四十四（二三九〇頁）。中云：「大兒牧衆稺，四歲守孤嶠。」邁等留於惠，近四年。

《老學庵筆記》卷五：「東坡自儋耳歸，至廣州，舟敗，亡墨四篋，平生所寶皆盡。僅於諸子處得李墨一丸，潘谷墨兩丸。自是至毘陵捐館舍，所用皆此三墨也。此聞之蘇季真云。」「至廣州」蓋為將至之意。將抵廣州，程懷立專使來迎，簡謝。

《文集》卷五十六與懷立第六簡，即此簡。簡云「秋涼」，又云「少選到岸」。懷立詳以下「時程懷立」條。據「秋涼」云云，到廣州約為九月底。

至廣州，與邁、迨及孫簞、符等會。得錢世雄（濟明）簡。

《詩集》卷四十四《將至廣州用過韻寄邁迨二子》：「北歸為兒子，破戒堪一笑。」至是相見。邁一房尚有邁妻石氏等。

《文集》卷五十三與世雄第六簡云「得迨賫來手書」。世雄居吴中，是迨自宜興至。

時程懷立約以轉運使攝知廣州事，王進叔為部刺史，孫鼛（叔静）為廣南東路提舉常平，蕭世範（器之）為廣州通判。

《文集》卷五十六與懷立第二簡有「枉使旌」之語，第五簡云及「因巡檢至新」，第六簡敍懷立以專使來迎致謝意。時柯述（仲常）已去知廣州任，新知廣州朱服（行中）尚未到。《總案》以為懷立時以轉運使攝守事，今從。按：宋制，節鎮員缺，由轉運使兼攝，見《文集》卷三十六《朝辭赴定州論事狀》。進叔為部刺史，見《文集》卷六十八《書王公峽中詩刻後》，《詩集》卷四十四《跋王進叔所藏畫五首》「查註」據此以為進叔時為嶺南監司，當為提刑。《斜川集》卷二《題王進之緑蔭軒》有「公庭無事白日長，寒影參差亂書帙」之句，知進之收藏頗富，與《詩集》、《文集》有關進叔記敘有相類處；又有「君家將相山西種，世世剖符門列戟」之句，進叔之父為太尉，與此亦有似處。疑進之即進叔。進叔並參本年十月十六日紀事。

鼛任職，見《詩集》卷四十四《和孫叔靜兄弟李端叔唱和》題下「施註」。

世範任職，見《詩集》卷四十四《廣倅蕭大夫借前韻見贈復和答之二首》題下「查註」。

應程懷立之約，遊净慧（六榕）寺，憩寺六榕下，題「六榕」。感疾，懷立數來視，并餽藥。

《文集》卷五十六與懷立第三簡云「來約净慧」、「無緣重詣」，知嘗詣。《總案》引紹聖四年七月趙叔盎《廣州净慧寺塔記》，詳敘修塔經過，稱塔「為東南廟塔之冠」；塔成於紹聖四年二月。《總案》又云：「六榕寺在廣州城西北隅，今圈入駐防中。前明嘉、萬間累有興修，輒新此榜，是以致壞。榜懸寺門，刻凸字，朱質金文，猶前明之舊。（六榕）二字皆大尺有咫，精采雖稍失，較惠州新壞三榜猶勝。後有【眉山軾題并書】六字，亦凸，僅存字形而已。寺誌謂公憩此六榕之下，因為題字榜於山門，邦人為建瀟灑軒於榕陰間，存公遺迹。後，明洪武六年，建永豐倉，毀寺殿廡，僅存塔殿，逮僧愈堅重建佛廬，改寺門為東向，其榕與軒遂不可考矣。（下略）」

與懷立第二簡敘視疾。

東莞縣資福禪寺羅漢閣成。應僧祖堂請，十月十五日作記。

記見《文集》卷十二（三九六頁）。《文集》卷五十八《與朱行中》第九簡敘作記。民國《東莞縣志》卷八十九引此記，末云：「元符三年十月望蘇軾記。」《南海百詠·資福寺羅漢閣》自注：「在東莞縣市中。」《能改齋漫録》卷七《衆心回春柏再榮》敍閣成，祖堂走惠州，以下云：「求碑於東坡，諾之矣。心欲以犀帶所易得者佛腦骨，骨出舍利，薦以白玉璧施之，而未言也。祖堂歸累月，一夕，夢赤蛇吐珠白璧上，驚悟曰：『蘇公之文且成矣。』即往速之，且告以夢。坡大喜，出腦骨舍利璧視之。祖堂因請歸，作金銀琉璃窣堵坡，藏閣上。遂併付之，仍別作舍利塔銘文。」「視之」之「視」，疑為「施」之誤。

十六日，晤王進叔，觀其父周峽中石刻詩及所藏唐咸通湖州刺史牒、石延年（曼卿）詩筆，作跋。又嘗觀其所藏畫，作詩。

跋分見《文集》卷六十八（二一五九頁）、六十九（二一七九頁）。前者有云：「庚辰歲，蒙恩移永州，過南海，見部刺史王公進叔，出先太尉峽中石刻諸詩，反復玩味，則赤甲、白鹽、灩澦、黃牛之狀，凜然在人目中矣。」太尉乃周，見元符元年十月七日紀事。

詩見《詩集》卷四十四，題作《跋王進叔所藏畫五首》。

二十三日，與孫鼛（叔静）論王進叔所蓄琴。

據《文集》卷七十一《書王進叔所蓄琴》。文末稱「與孫叔静皆云」，知作於廣州。文署元符二年作，「二」乃「三」之誤。

與李之儀（端叔）簡，以各宜闔嗇為勉。之儀將官於潁昌。復與簡，詢及黃庭堅、張耒、晁補之音信。蘇軾居儋州時，之儀嘗修簡致候，軾嘗以未答為歉。

《文集》卷五十二答之儀第三簡首云「某年六十五矣」，又引子迨之言云之儀「鬚髮已皓然」，知作於迨等至廣州後，作於廣州。簡云：「兒姪輩在治下，頻與教督之。有一書，幸送與。」弟轍家居潁昌，時之儀將赴潁昌，詳以下「李之儀抵潁昌」條紀事。所云「送與」之書，乃與轍及轍房下者。

同上答之儀第六簡：「黃魯直、張文潛、晁無咎各得信否？文潛舊疾，必已全愈乎？」簡云「子由近得書，度已至岳」、「三兒子在此」。作於廣州。

《竹隱畸士集》卷二十《書楊子耕所藏李端叔帖》：「東坡先生既謫儋耳，平日門下客，皆諱而自匿，惟恐人知之。如端叔之徒，終始不負公者，蓋不過三數人。」《文集》答之儀第四簡：「辱書多矣，無不達者，然終不一答，非獨衰病簡懶之過，實以罪垢深重，不忍更以無益寒温之問，玷累知交。」知蘇軾居海南時，之儀嘗修簡致候。

過天慶觀，訪何德順道士，觀所作衆妙堂，飲於東軒，作詩。

《詩集》卷四十四《廣州何道士衆妙堂》云「我獨觀此衆妙門」，又云：「道人晨起開東軒，趺坐一醉扶桑暾。餘光照我玻璃盆，倒射窗几清而温。」

訪孫鼛(叔静)，飲官法酒，書之；題鼛所蓄諸葛筆、常和道人墨。與鼛及蕭世範有唱和。

《文集》卷七十有《書贈孫叔静》、《書孫叔静諸葛筆》、《書孫叔静常和墨》。《春渚紀聞》卷八《紫霄峰墨》、《墨工製名多蹈襲》稱「大室常和，其墨精緻」，極善用墨；《墨工製名多蹈襲》謂和有子名遇。《書孫叔静常和墨》及朱觀，《避暑録話》卷上亦及之。《詩集》卷四十四有和鼛詩、答世範和詩、呈世範詩

（二二三九一、二二三九三、二二三九四頁）。

鄭嘉會（靖老）來簡，欲相從溪山間。答簡以更一赦歸田為望。

《文集》卷五十六與嘉會第四簡敍之；簡或作於廣州。

謝舉廉（民師）來見，有詩示之。過有次韻舉廉詩。

詩見《詩集》卷四十四（二二三九二頁）。過詩見《斜川集》卷三。《文集》卷四十九《與謝民師推官書》云「數賜見臨」，卷五十八《與朱行中》第二簡稱舉廉為帳勾。

《獨醒雜志》卷一：「謝民師名舉廉，新淦人。博學工詞章，遠近從之者嘗數百人。民師於其家置講席，每日登座講書一通。既畢，諸生各以所疑來問，民師隨問隨答，未嘗少倦。日辦時果兩盤，講罷，諸生啜茶食果而退。東坡自嶺南歸，民師袖書及舊作遮謁，東坡覽之，大見稱賞，謂民師曰：『子之文，正如上等紫磨黃金，須還子十七貫五百。』遂留語終日。民師著述極多，今其族摘坡語，名曰《上金集》者，蓋其一也。嘗有稿本數册，在其壻陳良器處，予少從良器學，屢獲觀焉。」

《誠齋集》卷一百二十一《故工部尚書焕章閣直學士朝議大夫贈通議大夫謝公神道碑》謂謝公諱諤，世家臨江之新喻；其先世有懋者，與弟岐、子舉廉世充，同登元豐八年進士第，時稱臨江四謝。謂：「舉廉字民師，有《藍溪集》。東坡蘇公與之論文，有書，尤稱其世上無真是之詩，蓋公四世伯祖也。」

《平園續稿》卷二十八亦有《朝議大夫工部尚書贈通議大夫謝諤神道碑》，亦略及此。

十一月初一日，授蘇軾朝奉郎、提舉成都府玉局觀、外州軍任便居住，授蘇轍太中大夫、提舉鳳翔府上清宫，外州軍任便居住。

《經進東坡文集事略》卷二十六《提舉玉局觀謝表》注文：「時元符三年十一月癸亥朔，有玉局之命。」授朝奉郎云云，《謝表》内敍及。　蘇轍提舉上清宫，見《蘇潁濱年表》。

將離廣州，與程懷立簡，以新州巢谷旅殯修治、謹護為託。先是聞谷卒，使人呼其子蒙來迎喪，更資其歸葬，至廣州後，嘗言於王進叔。至是復言於懷立，以須其子之至。簡别謝舉廉(民師)。

《文集》卷五十六與懷立第五簡敍巢谷至新州病亡，官為槀葬。以下言：「有子蒙在里中，某已使人呼蒙來迎喪，頗助其路費，仍約過永而南，當更資之。但未到間，其旅殯無人照管，或毁壞暴露，願公愍其不幸，因巡檢至新，特為一言於彼守令，得稍為修治其殯，常戒主者謹護之，以須其子之至，則恩及存没矣。」簡又云：「公若不往新，則告言於進叔，尤幸。亦曾懇此。」簡又云「令子重承訪及，不暇往别」，知作於將行。　别舉廉簡乃《文集》卷五十六與舉廉第一簡。

登舟風作，未能發。　惠州曇潁、祖堂、通老三道人來。　程懷立約重游浄慧寺，婉辭。

《文集》卷五十六與懷立第三簡敍其事。　三道人來見《佚文彙编》卷六《遊廣陵寺題名》。

離廣州，孫鼛(叔静)與其子挐舟相送，餞别金刹崇福寺。　與李之儀(端叔)、鼛簡。

《文集》卷五十二與之儀第四簡云「叔静挐舟相送數十里」，卷五十八與鼛第三簡云「更勤從者遠至金刹」，「令子煩追餞」。「金」原作「今」，今依《七集·續集》改作「金」。《總案》謂金刹乃崇福寺，寺在廣州城西四十餘里金利山，謂離廣州約為十一月五六日事。

登崇福寺鑑空閣，和黄洞（明達）秀才詩。登靈峰山，題詩寶陀寺壁。

詩見《詩集》卷四十四（二三九九、二四〇一頁）。《輿地紀勝》卷一百二十四引《南海志》謂鑑空閣在城西五十里金利崇福寺。《南海百詠》謂閣在寺前。《輿地紀勝》此條誤入《瓊州》，所云「城西」乃廣州城西。靈峰山即靈洲山，見詩注。《輿地紀勝》卷八十九《廣州》引《寰宇記》謂山在南海縣。《總案》引和黄詩：「我登鑑空閣，缺月正凄冷。黄子寒無衣，對月句愈警。」謂此乃孫轡等去後，月上復入，而秀才亦出也。當在十一月五六日，即蘇軾發廣州日之夜。嘉靖《廣東通志》卷五十六《黄洞傳》：「南海人。性度玄曠，博學能文，自經史百家以至浮屠老子之書，罔不究心焉。」不第。為詩瑰奇，時出新意。《文集》卷五十七有與洞簡。

道過清遠峽寶林寺，頌禪月所畫十八大阿羅漢。十四日，留題。

頌見《文集》卷二十二（六二六頁）。留題見卷六十六，題作《書羅漢頌後》。

《紀年録》繫此事於本年十月十四日，不從。

《益州名畫録》卷下：「禪月大師，婺州金溪人也。俗姓姜氏，名貫休，字德隱。」善畫羅漢，詩名亦高。十五日，吴復古（子野）、何德順（崇道）、曇穎、祖堂、通老、黄洞（明達）、李公弼、林子中自番禺追餞至清遠峽，同游廣慶寺，題名。

題名見《佚文彙編》卷六（二五八四頁）。

「慶」原作「陵」，校記一作「慶」。郭祥正《青山集》卷五有《題清遠峽廣慶寺壁》詩，作「慶」是。

《長編》卷五百十六元符二年閏九月丁丑有李公弼衝替記載，以言涉詆訕。《文集》卷五十八《與周文之》第四簡言公弼欲渡海遠訪，蘇軾稱之為佳士。《咸淳毗陵志》卷十一謂公弼為治平四年進士。此林子中，非字為子中者之林希，其仕歷待考。

至峽山寺，答謝舉廉（民師）書，論為文在辭達。

書見《文集》卷四十九（一四一八頁），云：「今日已至峽山寺，少留即去。」此書總結數十年創作經驗，謂：「求物之妙，如繫風捕影，能使是物了然於心者，蓋千萬人而不一遇也。而況能使了然於口與手者乎？是之謂辭達。辭至於能達，則文不可勝用矣。」

孫鼛（叔靜）、謝舉廉（民師）報將有玉局觀之除，答簡以為厚幸。

答簡乃《文集》卷五十八與鼛第二簡、卷五十六答舉廉第二簡，時尚未到英州。二簡皆云「得免湖外之行」。湖外指永州，永州屬荆湖南路。鼛與蘇軾文字交往記載止此。據《宋史》鼛本傳，鼛靖康二年卒，年八十六。

至英州。州守何及之（智甫）建石橋方成，應請作《何公橋》詩。多簡與及之。

詩見《詩集》卷四十四。《容齋隨筆·三筆》卷十一《何公橋詩》敍作詩原委，注文已引。《輿地紀勝》卷九十五《英德府》謂軾詩刻於郡治，何公橋今名政和橋。

《鴻慶居士集》卷四十《宋故永嘉郡太君劉氏墓誌銘》謂劉氏乃何守之妻，云「石橋者，故朝請大夫建安何公字□□諱及之守英州時所作」。同治《連州志》卷五《宋知州》有何及之。《劉氏墓誌銘》云：

「真陽之民病涉久矣，公梁石為橋，以便行者，老幼闐道，爭勸之趨。橋成，壯麗甲於南海，州人畫像祠公。如朱仲卿食於桐鄉，至於今不廢。」公謂及之。真陽乃英州治。

《西塘先生文集》卷九《和英州太守何智翁次韻馮仲禮麻江橋》其一首云：「疊石梁空太守賢，一年功力倍千年。惠從今日流終古，智是當時決九川。」是何公橋原名麻江橋。同卷有《元符放還謝英守何智翁》。

《後村先生大全文集》卷一百四《墨林方氏帖・蘇文忠公・書與何智翁四帖》：「公貴盛時，士競趨其門，考文者托公以重其文，挾藝者托公以售其藝。及其遷謫也，未聞一士如韓生從殷浩至東陽、李商隱從鄭亞來循州者。蓋有相遇都城，以扇障面，不揖叔黨者矣。潘衡何人，乃渡海忍飢，為公留一年，其人賢於李公麟輩遠矣。」知蘇軾與何及之簡中及潘衡。同上《書與何智翁四帖》：「英州題名：朝散郎何甫，元符三年為守。帖云『朝散使君郎』，其人也。《容齋三筆》云：英州江水貫市，架木為橋，郡守建安何智甫始疊石為之，橋成，坡自海外歸，為作《何公橋詩》。然則何名甫而字智甫。帖云『智翁』者，豈避其名耶！南山之遊，寧並轎而不先升車。以一代元老，過荒遠小郡，執謙特甚，若不敢與太守鈞敵者，前輩厚德如此。海島非人所居，韋執誼、李文饒、盧多遜皆往而不返。此老羈囚屢載，白首北還，乃云『何時得却掃一空，復如猶在海外時』，其浩然不屈之氣，非黨禍所能怖，烟瘴所能死也。」此所引《容齋三筆》，在該書卷十一《何公橋詩》條。「何時」云云，乃軾簡中語，《佚文彙編》未收。今據《鴻慶居士集》，定何守名及之；從《容齋三筆》，定何守字智甫。

在英州，與新知廣州朱服（行中）遇，各示詩文，論神宗末取士及教坊瑟二事。晤服子彧。時面多土色。

《文集》卷五十八與服第三簡云「承旌馭已至，即欲走謁」；第四簡：「某屏居歲久，未嘗冠幘，比日又苦小瘡，不能巾裹。欲服帽請見，先令咨稟，如許，乃敢前詣，幸不深責。」服子彧（無惑）《萍洲可談》卷一節録此簡，謂時猶未受復朝奉郎、提舉玉局觀之告，欲着帽相見，「蓋不欲青衣耳」，並謂「坡於外物宜不能動，惜其猶以此介胸中」。第一簡云「真陽一見，大慰宿昔」，知軾在途中遇服。軾在英州略有停留，其初到，即遇服。《宋史》卷三百四十七《朱服傳》謂服為湖州烏程人，徽宗即位，知廬州，越兩月，徙廣州。《萍洲可談》謂服生慶曆戊子，小軾六歲。嘉靖《廣東通志》卷九謂服於本年十一月知廣州。蓋謂抵任。

《萍洲可談》卷一謂其父與蘇軾遇，「各出詩文相示」。《文集》與服第二簡云「前承借示新詩，久矣不見斯作也」。論神宗末取士事，見元豐八年「晤章惇」條。

《萍洲可談》卷一：「子瞻曾為先公言：『書傳間出疊字，皆作二小畫於其下，樂府有瑟二調歌，平時讀作瑟瑟。後到海南，見一鯨卒，自云元係教坊瑟二部頭，方知當作「瑟二」，非「瑟瑟」也。』子瞻好學，彌老不衰，類皆如此。余嘗訪教坊瑟二事，云：每色以二人，如笛二、箏二，總謂之色二，不作瑟字，不知果如何？」卷二：「余在南海，逢東坡北歸，氣貌不衰，笑語滑稽無窮。視面，多土色，靨耳不潤澤。別去數月，僅及陽羨而卒。東坡固有以處憂患，但瘴霧之毒，非所能堪爾。」

服以與蘇軾交往故，入黨籍。參建中靖國元年「作詩寄知廣州朱服」條。《四庫全書總目提要》謂《萍州可談》於二蘇頗有微詞，以其父實非黨人，欲回護之。

《太倉稊米集》卷四十三《東坡先生過海畫像贊》：「儋耳炎荒，海嶠孤絶。蠻蜑往來，蛙蛇咀嚙。瘴霧薰毒，肌理皸裂。誰堪一朝，歲星七閱。萬里南歸，黧面如鐵。蓬首斷髭，叢霜點雪。高文偉度，冠世之傑。雖駕傾河，疇能贊説。（下略）」與《萍洲可談》所述，可相互補充，蓋寫實。茲附此。

晤鄭俠（介夫），俠贈詩，次其韻。

次韻見《詩集》卷四十四（二四〇四頁）。俠贈詩見《西塘先生文集》卷九，注文引，時俠編管英州。

本月，陳師道除秘書省正字。答其兄師仲（傳道）簡，贊其兄弟操守。

師道除正字，見《後山詩注》卷十一。

《文集》卷五十三《答陳傳道》第四簡：「見近報，履常作正字。伯仲介特之操，處窮益勵，時流孰知之者！用是占之，知公議少伸也耶？」第五簡言及除宮觀事，作於同時或稍後。

馮祖仁、南華明老分别自曲江、曹溪遣專人來迎，答簡。

答祖仁簡乃《文集》卷五十五與祖仁第二簡，云「更二十日方至曲江，首當詣宇下」。時「未拜告命」。祖仁自罷河源令後，即居曲江。答明老簡乃《文集》卷六十一與明老第一簡，云「不即會見，企望之極」。

在英州，得旨復朝奉郎、提舉成都府玉局觀，上謝表。弟轍至鄂州，得旨奉祠，因往潁昌居住。

表見《文集》卷二十四（七〇八頁）。為十一月事，參以下「赴韶州」條。《詩集》卷四十五《過嶺》：「乘興真為玉局游。」《用前韻再和孫志舉》：「灑掃真玉局。」《永和清都觀道士童顔鬢髮問其年生於丙子蓋與予同求此詩》：「鏡湖勅賜老江東，未似西歸玉局翁。」

弟轍云云，見《蘇潁濱年表》；謂轍得旨提舉鳳翔府上清宫。

賀州守彭醇來啟，作《答彭賀州啟》。

答啟見《文集》卷四十七，云「灑掃真祠，拜賜散人之號」，作於提舉玉局觀後。

《平園續稿》卷十四《澈溪居士文集序》：醇字道原，盧陵人。幼穎悟，年三十一登第。攝臨川、靖安，令石首、湘陰，守康、賀、南安，有循良之目。垂七十，納禄而歸，自號定庵，又號卧雲翁。有《澈溪居士集》五十卷（按：已佚）。序中並引軾答啟中文字。《輿地紀勝》卷三十一《吉州》謂「軾北還，醇嘗走書致饋，范祖禹卒於化州，醇為文以祭，又上書譏切王氏之學，崇寧三年，編入黨籍」。

連州守丁連來啟賀北歸，作《答丁連州朝奉啟》。

答啟見《文集》卷四十七。同治《連州志》卷五《宋知州》有丁連，次徐常、徐疇、王寘、何及之後，謂連「番禺人，知連州，築隄防，興水利，民甚便之」。

與范冲（元長）簡，并致銀五兩與秦觀之子湛（處度），為其父齋僧。

簡乃《文集》卷五十與冲第十三簡，云及「玉局之除」。又云「早收拾事迹，編次著撰，相見日以見授也」，以便為祖禹撰行狀或墓銘。

《宋史》卷四百三十五冲傳謂冲卒年七十五，《建炎以來繫年要録》卷一百四十三謂卒於紹興十一年十二月。蘇軾與范冲文字交往記載止此。

《文集》卷五十八《與歐陽元老》贊湛甚奇俊，有父風。《姑溪居士文集》卷二、《日涉園集》卷一、五、七、八及《東萊詩集》卷一、三均有詩及湛。官宣教郎，紹興二年添差通判常州，四年致仕。見《咸淳毗陵志》。《唐宋諸賢絶妙詞選》有湛詞。

韶倅李公寅（亮工）自韶專使來迎，答簡。

《文集》卷五十八與公寅第一簡乃答簡，云「更半月乃可造謁」。

公寅，公麟弟。有文名，舉進士。見《詩集》卷四十四《次韻韶倅李通直》注文。道光《南雄州志》卷二十三謂英德南山有《譚粹題名》：「靖國辛巳仲秋中澣，郡守凌江譚粹文叔邀金陵李公寅亮工同遊。」金陵似為公寅祖籍。《輿地紀勝》卷九十三《南雄州》有公寅殘句。入黨籍，為邪下。見《長編拾補》卷二十崇寧元年九月乙未紀事。家藏周昉畫《美人琴阮圖》，崇寧三年在長沙，黄庭堅謫宜州，過而見之，《山谷別集詩注》卷下有詩。

吴復古（子野）卒，為文祭之。

《文集》卷六十三《祭吴子野文》云卒於「送我北還」途中。此文首署「朝奉郎、提舉成都府玉局觀」，作於英州得告命以後。《總案》次復古卒於到英州前，誤。

離英州，朱服（行中）借搬行李人。至金山寺下，與蘇堅（伯固）簡，言舟行艱澀。

《文集》卷五十八與服第七、八簡敍借搬行李人。卷五十七答堅第一簡敍至金山寺，《輿地紀勝》卷九十五《英德府》謂寺在城北三十里。

赴韶州。與新任廣南東路轉運判官文勛（安國）遇。與朱服（行中）簡。舟中作字，書之。

《文集》卷五十八與服第九簡云「途中爲告文安國，篆得閣額，甚妙，今封付去人」，「乞差一小人賫送祖堂者」。嘉靖《廣東通志》卷九：本年十一月，文勛爲廣南東路轉運判官。此爲勛到任月。知軾離英州爲十一月。所篆閣額，乃謂東莞縣資福禪寺閣額。《文集》卷六十九有《書舟中作字》。勛旋漕湖南，見建中靖國元年正月初二日紀事。卒，黄庭堅有挽詞，見《山谷全書》正集卷六，作於崇寧二年。

陳縝（公密）專使來迎。將達蒙里，欲遵縝意赴南華曹溪，與縝簡。

《文集》卷五十六與縝第一簡：「來日晚方達蒙里，即如所教，出陸至南華，南華留半日，即造宇下。」縝字公密，嘗官刑部，見《甲申雜録》；嘗知端州，見《硯箋》卷一《石病》。簡云「差借白直」，其時縝當令曲江。南華山在曲江縣治南六十里，見同治《韶州府志》卷十二。

至蒙里，與陳承務簡。

《文集》卷五十七《與陳承務》第一簡云「奉違信宿」，以下云：「已到蒙里，承丈丈差借人轎，孤旅獲濟，感激不可言。」吴雪濤《蘇文繫年考略》：「檢康熙《曲江縣志》卷一所附『都場』、『村落』項下，城南六十里爲仁務都，該都所屬則有名『舊濛瀼村』者，以方位、距離而論，該地正在南華山一帶，因疑軾書中所謂『蒙里』，即是志書中的『舊濛瀼村』。由此可知，陳承務其時爲官之所，必在曲江縣南，且距蒙里僅二日路程。」以下謂曲江南百餘里有翁源縣，蒙里既距縣城六十里，翁源距蒙里亦當有六十餘里，出陸二日而至，合，謂承務其時似為翁源令。簡首云「傾蓋一笑」，非舊交。簡作於與陳縝簡第二日。《誠齋集》卷十六有《上濛瀼灘詩》。

與承務第二簡稱「少年」，受簡者乃蘇軾晚輩。此簡係與他人之簡，誤入於此。

馮祖仁來迎，與祖仁同抵韶，州人士紛來相訪。抵韶第二日，祖仁惠羊邊、酒壺。

《文集》卷五十五與祖仁第三簡：「昨日辱遠迓，喜慰難名。客散，已夜，不能造門。」第四簡謝祖仁惠羊邊等，乃第三簡附言。

次韶守狄咸（伯通）韻見贈。寄蘇固（伯固）詩，以將游南華為報，時堅在南華。

詩見《詩集》卷四十四（二二四〇七、二二四〇八頁）。

狄咸，衡山人。《詩集》卷四十四《狄韶州煮蔓青蘆菔羹》「誰知南岳老」之句可證。熙寧間，咸入章惇幕，經略南江蠻地；元豐間，官汀州：均與郭祥正同僚。郭祥正《青山集》卷二十八《狄倅伯通席上》有「梅山曾共聽蠻鼙，又看汀州白鷺飛」之句。參安徽《古籍研究》一九八八年第一期拙撰《郭祥正與王安石》及《文學遺產增刊》第十八輯拙撰《郭祥正略考》二文。《青山集》卷十三有《即席和酬金陵狄倅伯通》。咸倅金陵（建康），約為元祐末事。《輿地紀勝》卷十七《建康府》有咸詩。

與李公寅遊曹溪。至南華寺，晤明老、蘇堅（伯固）。全家瞻禮南華寺六祖普覺禪師之塔，作功德疏。堅設榻明老之談妙齋，為作《談妙齋銘》。

公寅同遊，見以下「在南華寺」條紀事。銘見《文集》卷十九。

《文集》卷六十二《南華寺六祖塔功德疏》有「飯僧設浴，以致感恩念咎之意，為禳災集福之因」語。全家瞻禮，是邁、迨、過皆至也。《貴耳集》卷下：「韶州南華寺，乃六祖大鑒禪師真身。」又云：「有黄葉齋僧文，自稱率土大將軍，唐之丁酉年。後，彭帥為經略，適有曾忠之變，亦是丁酉年，遂碎此碑。碑陰乃東坡飯僧疏文。」

在南華寺，追和沈遼贈南華韻；夜觀《傳燈録》，口占詩；從李公寅勸，欲卜居龍舒；潘衡亦在寺。留數日，登舟去。蘇堅（伯固）以子疾，仍留南華。南華明老寄四偈，作一偈以報。

詩見《詩集》卷四十四（二四〇九、二四一〇頁）。《詩集》同上卷《次韻韶倅李通直》自注：與公寅「同游南華，宿山水間數日」，公寅「且勸我卜居於舒」；詩首四句云「青山只在古城隅，萬里歸來卜築初，會見四山朝鶴駕，更看三李跨鯨魚」，欲居舒。《文集》卷六十一《與南華明老》第三簡敍登舟去；云「潘生果作墨否？如成，寄一丸」，知潘生亦在南華寺。《總案》謂潘生乃衡，是。云「寵示四揭，可謂奇特，聊答四句」，此四句，見《詩集》卷四十七（二五六四頁），乃詩；云「伯固懷歸念親甚矣，道話解之」，《文集》卷五十七與固第三簡云及「令子疾」，其留南華當以此，子或為庠，庠見建中靖國元年三月一日紀事。

與李惟熙、公寅（亮工）簡，欲卜居龍舒晤李公麟（伯時）。

與惟熙簡，見《佚文彙編》卷三（二四八八頁）。

惟熙乃舒州人，醫者。為人清妙，善論物理，見《文集》卷七十三《菱芡桃杏説》。《文集》卷五十五《與章致平》第一簡言及「舒州李惟熙丹，化鐵成金」，「服之皆生胎髮，然卒為癰疽大患」，知惟熙又為方士。

《青山集》卷十《贈舒州李居士惟熙》：「李居士，存心最慕韓伯休，州城賣藥不二價。世人求我我何求，顏如渥丹眼如漆。和氣酣酣吐朝日，偶來握手為一言，照盡五臟平生疾。篋中自取三粒丹，瘦骨坐使陽春還。便當投印棄冠帶，與君海上巢名山。深鋤茯苓釀濃酒，極飲形骸可長久。乘槎鼓枻入雲濤，醉放一絲攜六鼇。」郭祥正此詩作於熙寧間。

《梁溪漫志》卷四《東坡緣在東南》：「晚自儋北歸，愛龍舒風土，欲居焉。乃令郡之隱士李惟熙買田以老。已而得子由書，言桑榆末景，忍復離別。遂欲北還潁昌，作書與惟熙云：『然某緣在東南，終當會合，願君志之，未易盡言也。』至儀真，乃聞忌之者猶欲攻擊，遂不敢兄弟同居，竟居毗陵以薨。」

《文集》卷五十八與公寅第四簡云更旬日乃行，「意決往龍舒，遂見伯時為善」。蘇軾言及公麟之文字，止此。公麟卒於崇寧五年，見《畫繼》卷三。

十二月十九日，生日，過壽以詩。同日，書《馮祖仁父詩後》；書《南華長老重辯師逸事》。

《斜川集》卷三《大人生日》：「七年野鶴困雞羣，匪虎真同子在陳。四海澄清待今日，五湖光輔屬何人。從來令尹元無慍，豈獨原生不病貧。天欲斯民躋仁壽，卧龍寧許久謀身。」二文分別見《文集》卷六十八、六十六。《詩集》卷四十四《題馮通直明月湖詩後》，約作於同時。

二十三日，書曹植（子建）《飛龍篇》。

《壯陶閣書畫録》卷三《宋蘇東坡大楷飛龍篇卷》：「『晨遊泰山，雲霧窈窕。忽逢二童，顏色鮮好。乘彼白鹿，手翳芝草。我知真人，長跪問道。西登玉堂，金樓複道。授我仙藥，神皇所造。教我服食，還精補腦。壽同金石，永世難老。』書曹子建《飛龍篇》。元符三年十二月廿三日，眉山蘇軾。」《佚文彙編》未收。

按：此以下，有金王庭筠、元康里巎巎、明舒芬等人題跋。

朱服（行中）自廣州專使致簡，答之。

答簡為《文集》卷五十八與服第一簡，有「更五六日離韶」之語。

讀程全父（天倅）詩，十二月，作《書程全父詩後》。

文見《文集》卷六十八，贊全父為君子，屬子過使善藏之。

為陳縝（公密）之祖隱居先生之書作跋。銘縝之子石硯。飲縝家，為侍兒素姐賦《鷓鴣天》。

跋見《文集》卷六十九（二一八四頁），銘見卷十九（五五二頁），詞見《東坡樂府》上。

李彭（商老）聞蘇軾北歸，作詩。

《日涉園集》卷六《何生復用塗字韻，喜予從東坡游，作三篇見寄，次韻答之，後篇柬劉壯輿》其一：「嶠南將成金匱書，喜又賜環香拂塗。萬釘圍腰乃為祟，慣作臞仙多槁枯。元符相國泣前魚，長流百粤復羌胡。周、漢二宣果明哲，金玉王度復闢渠。」其二：「東坡十年作謗書，多情杖屨作歸塗。雪堂公去頗削迹，來禽青李皆已枯。秋風醉索武昌魚，脚敲兩舷聲函胡。只今諸生典刑在，他日期公游石渠。」其三：「冰玉堂前十國書，君能讀之行坦塗。一洗談天千古舌，吕梁大壑何時枯。願君不用校魯魚，亦須談笑酒家胡。玉局仙翁無浪語，大禹以來未有渠。」「玉局」云云，是作於今年十一月以後，今姑次於此。

將離韶，簡馮祖仁、李公寅(亮工)辭行。

《文集》卷五十五與祖仁第十簡：「昨日奉辭，瞻戀殊甚。」以下言「先什輒已題跋」。謂《書馮祖仁父詩後》也。此簡約作於題跋後一、二日。卷五十八與公寅第三簡云「旌旆之還，想已新歲，伏冀珍重以迎多福。臨行，冗迫」。時公寅行部在外。《詩集》卷四十四《李伯時畫其弟亮功舊隱宅圖》，當為在韶時應公寅請而作。

發韶。馮祖仁專使追送，答簡。

《文集》卷五十五與祖仁第十一簡首云「辱箋教累幅」。以下言：「到韶累日，疲於人事，又苦河魚之疾，少留調理乃行。益遠，極瞻繫也。歲暮，更惟節哀自重。」《總案》：「此書作於道中，故有『益遠』之句，作於除夕之前，故云『歲暮』，皆不在韶度歲之證。」

《佚文彙編》卷五《書贈徐信》，作於建中靖國元年正月三日，時在南雄州。上引與馮祖仁簡所云「少留調理」之地，在韶州與南雄州之間。蘇軾離韶在本月下旬。

北歸，書宋玉《九辯》。

見《晚香堂蘇帖》。元郭畀有跋，云：「東坡先生中年愛用宣城諸葛豐鷄毛筆，故字畫稍加肥壯，晚歲自儋州回，挾大海風濤之筆，作字如古槎怪石，如怒龍噴浪，奇鬼搏人，書家不可及也。郭畀拜觀於靈濟寺。」蓋謂《九辯》乃北歸所書，今次此。

黃庭堅聞蘇軾北歸，為作軾畫像贊。

《豫章黃先生文集》卷十四《東坡先生真贊三首》其一：「子瞻堂堂。出於峨眉，司馬、班、揚。金馬石渠，閱士如牆。上前論事，釋之、馮唐。言語以為階，而投諸雲夢之黃。東坡之酒，赤壁之笛，嬉笑怒罵，皆成文章。解羈而歸，紫微玉堂。子瞻之德，未變於初爾，而名之曰元祐之黨，放之珠厓儋耳。方其金馬石渠，不自知其東坡赤壁也；及其東坡赤壁，不自意其紫微玉堂也；及其紫微玉堂，不自知其珠厓儋耳也。九州四海，知有東坡。東坡歸矣，民笑且歌。一日不朝，其間容戈。至其一丘一壑，則無如此道人何！」據「歸矣」云云，知作於聞北歸之訊後，今次此。

右正言張庭堅薦蘇軾兄弟可用，忤旨，曾布復沮之，庭堅乃徙為郎。

《宋史》卷三百四十六《張庭堅傳》：徽宗召對，除著作佐郎，擢右正言。為帝言司馬光、呂公著之賢。薦蘇軾、蘇轍可用，頗忤旨。曾布因稱其所論不當，帝命徙為郎，俄出為京東轉運判官。

《宋史紀事本末》卷四十八《建中初政》、《續資治通鑑》卷八十六本年五月乙酉蔡卞罷條下，有「臺諫陳師錫、陳次升、陳瓘、任伯雨、張庭堅相繼論列」之語，知庭堅時已為右正言。曾布入相，為本年十月事。庭堅薦二蘇，當不出本年冬。

李之儀（端叔）抵潁昌。

《文集》卷五十二與之儀第四簡云及「比日計赴潁昌」，簡作於本年十一月初間。《揮麈録·後録》卷三謂之儀「暫泊潁昌，值范忠宣公疾篤，口授其指，令作遺表」。范忠宣公乃純仁，卒於建中靖國元年正月二日，見《范忠宣公集》附行狀。是為歲末之儀抵潁昌之證。

參建中靖國元年「與李之儀簡三」、「李之儀除輦運」條紀事。

京師印本《東坡集》行世，令孫符（仲虎）誦其中詩而己書之。

《邵氏聞見後録》卷十九：「蘇仲虎言：有以澄心紙求東坡書者。令仲虎取京師印本《東坡集》誦其中詩，即書之。至『邊城歲暮多風雪，强壓香醪與君別』，東坡閣筆怒目仲虎，云：『汝便道香醪。』仲虎驚懼，久之，方覺印本誤以『春醪』為『香醪』也。」

《蘇符行狀》謂「事東坡公凡十五年」。蘇軾謫惠時，京師印本未出，符及其父邁未隨行至惠；紹聖四年三月，符隨其父邁至惠，至惠不旋踵，而蘇軾有謫儋之命，令符取書誦詩事，未必能從容為之，且其時京師印本《東坡集》傳世及傳至惠與否，亦不能肯定。今繫其事於此。

按：「邊城」二句，見《詩集》卷三十七《送曾仲錫通判如京師》，紹聖元年作。京師印本《東坡集》傳世，當為紹聖元年至此前不久事。送曾詩在今本《東坡後集》卷三，今傳四十卷本《東坡集》，收詩止於《渾令公燕魚朝恩圖》，元祐六年春在杭作。據此，知京師印本《東坡集》，屬另一系統。

蘇軾年譜卷四十

宋徽宗建中靖國元年(一一〇一)辛巳　六十六歲

正月初一日,為韶守狄咸(伯通)作《九成臺銘》,并書。為咸銘思古堂,并書。

《九成臺銘》見《文集》卷十九。《輿地紀勝》卷九十《韶州》謂臺在州衙,堂在宅堂,皆咸建,蘇軾銘并書。《思古堂銘》未見。影印《廣東通志》卷二百九:「蘇軾『思古堂』三字,存。」謂「右曰伯通作,左曰子瞻書」。又謂「蘇軾『九成臺』三字,後人所摹,右曰狄咸作,左曰蘇軾書」。又:「篆書『九成臺』三字,存。新湖南漕文公篆,郡守狄咸模上石。」又謂三刻俱在武溪深碑陰,不著年月;並謂「文公疑即文勛」,按:是。勛漕湖南為此略後事。

嘉靖《廣東通志》卷十九《韶州府》:「政實堂:在府治西花園中,宋時有蘇軾、黄庭堅石刻。楊萬里跋云:『蘇、黄皆落南,而嶺南無二先生帖,大似魯人不識麟。維韶有之,耿光異氣,上燭南斗,下貫碧海。』宋末兵廢。」附此。

同日,作《南華長老題名記》。

文見《文集》卷十二。此南華長老乃南華明老、南華明公。

作《英宗皇帝御書頌》。先是在韶，周超出英宗賜其祖父秉手書示之，至是為頌。

頌見《文集》卷二十，謂為過韶時事，末署「建中靖國月日」，今姑次此。

至南雄州。三日，過徐信書齋，論作詩當日煅月煉，淘汰出合用字，以贈之。

《佚文彙編》卷五《書贈徐信》敘之。《東坡詩話録》卷下引《遺珠》謂信乃保昌縣沙水村進士，軾過其書齋，煮茗題壁。保昌乃南雄州治。

發南雄州，至大庾嶺，抵龍光寺，留詩珪首座。贈嶺上老人詩。嶺上梅已開過，賦詩。

詩皆見《詩集》卷四十五(二四二三、二四二四頁)。《總案》以至大庾嶺為四日事。《欒城後集》卷二有《子瞻贈嶺上老人次韻代老人答》、《參寥子詩集》卷二有《次韻代嶺上老人答》。

至嶺巔，次前所題龍泉鐘韻，寓召用之望。過嶺，作詩。弟轍、李之儀、張耒、道潛有詩。

《詩集》卷四十五《余昔過嶺而南題詩龍泉鐘上今復過而北次前韻》末云：「遙知叔孫子，已致魯諸生。」《渭南文集》卷十五《施司諫注東坡詩序》：「建中初，韓、曾二相得政，盡收用元祐人，其不召者亦補大藩。惟東坡兄弟猶領宮祠。此句寓所謂不能致者二人，語深意緩。」《詩集》同上有《過嶺二首》。《總案》以過嶺為五日事。《詩集》卷四十八復有《北歸度嶺寄子由》。《姑溪居士文集》卷三十八《跋東坡大庾嶺所寄詩》：「自海外歸，至大庾嶺上，作二詩見寄。」過嶺詩，《欒城後集》卷二、《姑溪居士文集》卷四次韻，注文已引。《參寥子詩集》卷十《次韻東坡居士過嶺》：「一時遷客盡難堪，二老高懷默自甘。造物定知還嶺北，暮年寧許喪天南。安排拄杖尋廬阜，斗擻征衣洗瘴嵐。他日相逢長夜語，殘燈飛燼落毿毿。」

《柯山集》卷十三《聞子瞻嶺外歸贈邠老》：「今晨風日何佳哉，南極老人度嶺來。此翁身如白玉樹，已過千百大火聚。望天留之付真主，世間毒烈計已誤。柯山潘子應鼓舞，與子異時從杖屨。」

《姑溪居士後集》卷三《和張文潛喜東坡過嶺》：「紛紛擾擾何為哉，一身之餘皆儻來。當前荆棘誰所樹，到了醯酸蚋方聚。公歸斯文乃有主，公去妖淫幾人誤。狐狸罷嗥蛟龍衆，户外何嫌常滿屨。」

五日，至南安，書《石鐘山記》之末。

文見《文集》卷六十六（二〇七四頁）。

七日，賦詩。

《詩集》卷四十八《雅安人日次舊韻二首》，「雅」乃「南」之誤。次舊韻者，次《詩集》卷四十三《庚辰歲人日作時聞黄河已復北流老臣舊數論此今斯言乃驗》之韻也。

九日，銘南安軍常樂院新作經藏。

銘見《文集》卷十九（五八〇頁）。《紀年録》謂銘作於本日。

在南安，遇劉安世（器之）。時已精力不濟，鬢髮盡脱。

《施譜》：「正月，先生自韶至南雄，度嶺，經行南安，與劉安世器之遇。」

《邵氏聞見後録》卷二十：「元符末，東坡、器之各歸自嶺海，相遇於道，始交歡。器之語人曰：『浮華豪習盡去，非昔日子瞻也。』東坡則云：『器之鐵石人也。』」《宋史》卷三百四十五《劉安世傳》：紹聖、元符間，章惇、蔡卞用事，安世初黜知南安軍，再貶少府少監，三貶新州別駕，安置英州，徙梅州，「投荒七年，甲令所載遠惡地無不歷之」。蘇軾謂「鐵石人」，蓋以安世意氣不少衰也。

《朱子語類》卷一百三十：「草堂劉先生嘗見元城，云：『……在贛上相會，坐時已自瞌睡，知其不永矣。』」安世稱元城先生，其集即名《元城先生盡言集》。「坐時」云云謂蘇軾。

《山谷詩集注》卷十四《病起荆江亭即事》其七「須得儋州禿鬢翁」句下注文：「東坡歸自嶺海，鬢髮盡脱。」

離南安。

據《文集》卷十一《南安軍學記》，南安士人求蘇軾紀南安太守曹登建學之功，以作學記，贏糧而從軾北行者三百餘里。

甲戌（十四日），皇太后陳氏卒。進慰上仙表。

甲戌云云，據《宋史·徽宗紀》。表見《文集》卷二十四（七〇八頁）。

簡陳縝（公密），報已度嶺。此略前，簡謝縝遣曹三班遠送，遣曹三班還。

《文集》卷五十六與縝第三簡報度嶺，云「新春」，正月作。第二簡：「曹三班廉幹非常，遠送，愧感。二絶句發一笑。」二絶句當為《贈嶺上老人》、《贈嶺上梅》。

至浮石，留題顯聖寺。重經田氏水閣，望獨秀峯，留詩。

詩皆見《詩集》卷四十五（二四二七、二四二八頁）。

《輿地紀勝》卷三十六《南安軍·景物上·浮石》:「在大庾,形如覆鐘,水環其外,東坡詩所謂『浮石已乾霜後水』是也。」「浮石」句在《詩集》二四二七頁。《景物下·獨秀峯》:「在南康縣東,舊名雞籠,東坡南遷,更名獨秀。」《人物》:「田闢:其先大名人,樞密況之族也。遊上庠二十年,無所成,浩然歸隱,自號大隱居士。」以下言教子姪甚嚴,子姪之登第及特恩者凡七人,言義方者必稱田氏;九子,季如鼈,最知名。《詩》欄有如鼈詩。

下旬,抵虔州。以贛水不足,乃少留。與錢世雄(濟明)簡,商議於常州買房或僦房。

《文集》卷五十八《與朱行中》第五簡:「已達虔州,少留,須水度贛。」卷五十三與世雄第十簡:「某已到虔州,二月十間方離此。」知簡作於正月,以道途遠近計之,時在下旬。簡又云:此行決往常州居住。以下言僦、典買、買房事。時世雄「尚棲遲田間」。

黄敷言赴廣州替謝舉廉(民師),簡敷言以未能往别為歉,并附致惠州李念四簡。

《文集》卷五十七與敷言第一簡云「衰疾畏寒」,作於二月間。第二簡云「交代民師」,知乃替舉廉;云致李念四秀才簡,「告為到廣州日專遣人達之」。念四或是思純子。

登鬱孤臺,賦詩。知虔州霍漢英(子侔)、虔倅許朝奉有和,復次前韻。

軾詩見《詩集》卷四十五(二四二九、二四三八、二四三九頁)。漢英,毗陵人,登熙寧六年進士第,見《咸淳毗陵志》卷十一。《道鄉集》卷十《懷霍子侔》首云「平時咳唾落珠璣」,知善文。許為虔倅,據《紀年録》。二人次軾韻,不傳。

遊景德寺湛然堂，為僧榮顯賦詩。

詩見《詩集》卷四十五（二四三〇頁）。《輿地紀勝》卷三十二《贛州》謂寺乃贛州第一大刹，堂在寺内。

贈陽孝本（行先）詩。嘗訪孝本，為號曰玉巖居士，作真贊。孝本嘗以《登真隱訣》見借。

詩見《詩集》卷四十五（二四三一頁）。《泊宅編》卷上：「陽孝本，字行先，居虔州城西一圃，甚幽邃，學博行高。」以下云：蘇軾「號曰玉巖居士，仍作真贊。居士平生不娶，坡每來謁，直造其室，嘗戲以元德秀呼之。居士曰：『某乃陽城之裔。』故坡詩曰：『衆謂元德秀，自稱陽道州。』皆謂無妻也」。《文集》卷二十二有《玉巖隱居陽行先真贊》。孝本，《宋史》卷四百五十八有傳，謂隱居城西通天巖。《輿地紀勝》卷三十二謂通天巖在贛縣西二十里，有廣福院，院後多嵌石如房，有石穴，上徹山頂，「元祐中郡人陽行先棲遁巖中」。與《泊宅編》所敍非一地。《詩集》卷四十五《和猶子遲贈孫志舉》云「西郭有逸民」，自注謂孝本，與《泊宅編》合。知孝本郭内外皆有住地。孝本借書，亦見上引詩自注。

《嵩山文集》卷十八《題東坡試袁紹先筆借登真隱訣》：「袁紹先筆，予亦近得試之。《登真隱訣》在道藏中，公何必苦求耶！靖康元年十一月二十二日，晁説之題。」蘇軾求借《登真隱訣》簡，已佚。今以陽孝本借《登真隱訣》事附此。其簡或為與孝本者。袁紹先當為當時有名筆工。

《道鄉集》卷六《寄陽先生》題注：「來京師，買書數萬卷以歸。老於通天巖。鄆帥蒲公上書蘇公薦之。」蒲公乃傳正，蘇公乃頌。

宋子房（漢傑）來簡話舊，答簡。

《文集》卷五十九與子房第一簡云「某初仕即佐先公」。子房乃選子，選已見嘉祐六年「時宋選知鳳翔」條；又云「三十餘年矣」，「僕亦僅能生還」，知作於北歸途中；又云「候水來即行」，知作於虔州。第二簡云「寵賜新詩」，未見。

晤父洵之友鍾棐（子翼）之子志仁等，為棐作哀詞。

《文集》卷六十三《鍾子翼哀詞》云自海南還，過贛上，見志仁等，乃追作此詞。

乞數珠崇慶院，贈長老惟湜詩，惟湜和不已，復作。為惟湜作真贊及《清隱堂銘》。

軾詩見《詩集》卷四十五（二四三二、二四三三、二四三六頁）。《輿地紀勝》卷三十二《贛州》：「僧惟湜，福唐人，住州之崇慶院，有禪行，能詩。黃太史嘗贈之詩，有『擘開華岳三峯手，參得浮山九帶禪』之句。」崇慶院之建，惟湜實主其事。參紹聖元年「在虔州」條。

真贊見《文集》卷二十二（六三七頁）。贊云「彼真清隱」。惟湜亦號清隱禪師，《山谷老人刀筆》卷四有《答清隱禪師二首》。光緒《都昌縣志》卷十一録黃庭堅《清隱禪院記》：熙寧乙卯、丙辰間，「長老惟湜自廬山來，百事權輿，願力成就」，「於今八年，宮殿崇成」；謂惟湜林氏子，飽諳方學，最後入浮山圓鑒清遠之室，而浮山乃臨濟七世孫，「如雷如霆，觀父可以知子矣」。知惟湜由清隱而崇慶。銘見《文集》卷十九，首云「已去清隱，而老崇慶」。

孫勴（志舉、志同）來訪，為其父立節（介夫）作《剛説》。和姪遲贈勴詩，并用其韻贈立節甥崔甲。

《詩集》卷四十五《和猶子遲贈孫志舉》：「小孫又過我，歡若平生親。」據《斜川集》卷五《孫志康墓銘》，勵乃虔州虔化人，蓋自其鄉里來訪也。志康名勰，勵兄。虔化在虔州東北五百三十五里，故《文集》卷五十六與勵第一簡謂「去家往返已千里」。《斜川集》卷一《用伯充韻贈孫志舉》：「重尋江南遊，再款空同闉。山中有異士，束書來卜鄰。胸中出虹霓，奮袂勇宜仁。索居□枯槁，賴此意少春。」乃寫此時事。空同指虔州，見《輿地紀勝》卷三十二。伯充，遲字。見《蘇潁濱年表》。

《剛説》見《文集》卷十，云：「建中靖國之初，吾歸自海南，見故人問存没，追論平生所見剛者，或不幸死矣。若孫君介夫諱立節者，真可謂剛者矣。」

贈甲詩見《詩集》卷四十五（二四四一頁）。時甲攜文見過。甲字次之，見《王譜》。

二月二十八日，王箴（元直）自蜀遠道來訪，卒於夔州途中。

據《斜川集》卷五《王元直墓碑》。《碑》云：「先君之遷於南也，平昔親舊，屏迹不敢問安否者七年，舅氏慨然奮不顧身，曰：『公盛時在朝廷，典方面，則往見之，今厄窮瘴癘之地，吾等乃畏避形迹，非夫也。』率同往者，無一人。遂獨浮江而下，將自洞庭、桂嶺而南。會先君有詔北還，而舅氏遇疾於塗以卒。」卒年五十三。

與蘇堅（伯固）簡，報弟轍已歸至潁昌；報江公著（晦叔）來為虔守，云《春暉亭記》未作。有《寄題潭州徐氏春暉亭》、《次韻江晦叔》。

《文集》卷五十七與堅第二簡云「子由聞已歸至潁昌」，時「留虔州已四十日」，知作於二月末或三月初。第三簡云「江晦叔已到，霍子侔往太和聽命」，「《春暉亭記》亦以忙未暇作」。二詩見《詩集》卷四十五。前者當為應堅之請而作，後者表明心迹，有「浮雲時事改，孤月此心明」之句。

三月二日，書蘇庠（養直）《清江曲》，贊其詩有太白風。蘇軾嘗贈庠端硯，並為銘。

《文集》卷六十八《書蘇養直詩》贊所作《清江曲》。卷五十七《與蘇伯固》第三簡云「令子疾知減退」，時庠仍在南華寺。卷十九《端硯石銘》為庠作；《晚香堂蘇帖》收此銘，云贈庠以璞硯，謂庠「少而好直」，文字有不同處。

《蘆川歸來集》卷九《蘇養直詩帖跋尾·丁卷》：「養直未見東坡時，出語落筆，便脱去翰墨畦徑，自有一種風味，真所謂飄然凌雲之志，所以受知於東坡先生，許其為神仙中人也。」（按：此所引文字，用庫本校過）庠，《京口耆舊傳》卷四有傳。紹興十七年正月丙寅卒，年八十三，見《建炎以來繫年要録》卷一百五十六。有《後湖集》，不傳。《樂府雅詞》有庠詞二十三首。

四日，作《南安軍學記》。同日寒食，與劉安世（器之）遊南塔寺寂照堂，有詩。

文見《文集》卷十一。詩見《詩集》卷四十五（二四四六頁）。《詩集》卷四十八《和代器之》：「普天冷食聞前古，蕭寺清游屬兩人。」作於同時。

十五日，弟轍因姪千之西歸，作文祭父洵、母程氏。

《欒城後集》卷二十《北歸祭東塋文》告已還許下。

二十一日，跋秦觀《好事近》（「山路雨添花」），贈供奉官儂沔。

跋見《文集》卷六十八（二一六〇頁），謂沔居湖南，喜從遷客游。

蘇軾絶愛秦觀所作《踏莎行》尾二句：「郴江幸自繞郴山，為誰流下瀟湘去。」自書於扇云：「少游已矣，雖萬人莫贖。」見《佚文彙編》卷五（二五六七頁）。觀詞，紹聖四年謫郴時作。軾書扇約作於此時，或因晤儂沔，及此詞，因而有發。

廖正一（明略）來簡戚戚於既往，答簡以復見天日為幸，廣其意；贊其守常政績。

答簡見《文集》卷五十三，凡二簡，此其一。簡云「俯仰十年」，蓋自元祐六年以後即無直接交往。元祐六年，正一充館閣校勘，倅杭。十一月，除秘閣校理。孔武仲舉以自代，見《清江三孔集・宗伯集》卷九《舉自代》。紹聖初，貶信州玉山鹽稅，見《山谷詩集注》卷十八《次韻廖明略（下略）》注。紹聖二年知常，見《咸淳毗陵志》卷八。在常「恩威並行，善良得所」，「只緣不能曲奉本路監司，為其深怒，遂以鍛鍊慘酷」（《道鄉集》卷二十《雪廖正一奏狀》）。與李格非、李禧、董榮號後四學士，見《澗泉日記》卷上。上引《山谷詩集注》注謂有《白雲集》，《郡齋讀書志》卷四下著録《竹林集》三卷，《遂初堂書目》有《廖明略集》，《宋史・藝文志》有《廖正一集》八卷，俱佚。《四六談麈》謂正一工四六。卒於崇寧五年丙戌後不久，見《北湖集》卷四詩題。

《文集》卷五十三《與錢濟明》第九簡云及正一復官，約作於本年四月間，參以下「録寄定慧守欽詩八首與錢世雄」條。此處致正一簡，約作於二三月間。

約劉安世（器之）山行訪玉版長老，至廉泉寺食燒筍，作詩戲安世。

詩見《詩集》卷四十五（二四四七頁），詩題有「器之好談禪」之語。

《冷齋夜話》卷七《東坡與劉器之同參玉版禪》：「嘗要劉器之同參玉版和尚，器之每倦山行，聞見玉版，忻然從之。至廉泉寺，燒筍而食。器之覺筍味勝，問此筍何名？東坡曰：『即玉版也。此老師善説法，要能令人得禪悦之味。』於是器之乃悟其戲，為大笑。東坡亦悦，因作偈曰（略）。」偈即詩。廉泉寺當即報恩光孝寺，參《輿地紀勝》卷三十二。

《元城語録》卷上：「僕又問：『東坡稱先生喜談禪，何也？』先生曰：『非也。北歸時與東坡同途，極款曲，故暇日多談禪。某嘗患士大夫多以此事為戲，且此事乃佛究竟之法，豈可戲以為一笑之資乎？此亦宜戒。』」「僕」乃《元城語録》編者馬永卿自謂。

晤王原（子直），作詩留別。過慈雲寺，戲贈長老明鑑。呂倚（夢得）借示古今書一軸，作詩代跋，并示明鑑。

詩皆見《詩集》卷四十五（二四四八、二四四九頁），并參該卷校記第八十九條。

《景蘇園帖》：「呂夢得承事，年八十三，讀書作詩，手不廢卷，室如懸磬，但貯古今書帖而已，作詩以示慈雲老師。」此慈雲老師，當即明鑑。此帖，《詩集》二四四九頁「查註」亦引，個別文字不同。

虔人王正彦餽茗布領抹，簡謝。

簡見《文集》卷五十九（一八〇七頁）。正彦，道人，與弟轍有交往，嘗教轍以拔除白髮之法。見《詩集》卷三十九《和子由次月中梳頭韻》注文引弟轍次韻詩之敍。字邦美，崇寧乙酉三月十七日，嘗遊都梁，有題名，見光緒《盱眙縣志稿》卷十三。

江淮荆浙發運使程之元（德孺）專使餽時服寢衣，簡謝。南華明老專使來，答簡。

《文集》卷五十六與之元第二簡，《七集・續集》作《與程德孺運使》，簡有「巡按至常、潤」之語。簡云「近蒙專使至虔」。同上卷六十一與明老第二簡云「久留贛上待水」。

與李之儀（端叔）簡。與李廌（方叔）簡，喪范祖禹、秦觀之逝。與黃寔簡敍及聞章惇貶雷。

《文集》卷五十二與之儀第五簡敍到虔，即往淮浙間居，度多在毗陵。時之儀在潁昌。卷五十三與廌第十七簡云祖禹、觀「安所獲罪於天，遂斷棄其命」，悲憤不能自抑。卷五十七與寔（師是）第三簡云聞惇貶，「驚歎彌日」，并云雷「雖地遠，無瘴癘，舍弟居之一年，甚安穩，望以此開譬太夫人」。惇貶，見《宋史・徽宗紀》本年二月丁巳紀事。據元吳師道《禮部集》卷十六《東坡二帖》，知惇乃寔之舅父；軾簡中所云太夫人乃寔之母。

在虔，作水陸道場，薦孤魂滯魄，作疏。

疏見《文集》卷六十二（一九一〇頁），云「久墜三塗，備嘗萬苦」，此時作。

在虔州日，常漫遊市肆、寺觀，施藥於人，並為人書字。

《春渚紀聞》卷六《饋藥染翰》：「先生自海外還至贛上，寓居水南日，過郡城攜一藥囊，遇有疾者，必為發藥，并疏方示之。每至寺觀，好事者及僧道之流，有欲得公墨妙者，必預探公行遊之所，多設佳紙，於紙尾書記名氏，堆積案間，拱立以俟。公見即笑視，略無所問，縱筆揮染，隨紙付人。至日暮筆倦或案紙尚多，即笑語之曰：『日暮矣，恐小書不能竟紙，或欲齋名及佛偈者幸見語也。』及歸，人人厭滿，忻躍而散。」

《林下清録》（宛委山堂本《説郛》卷七十五）：「或謂東坡曰：『子無病而多蓄藥，不飲而多置酒，勞己以為人，何也？』坡笑曰：『病者得藥，吾為之體輕，飲者困於酒，吾為之酣適。專以自為也。』」兹附於此。

將發虔州，簡孫勴（志舉、志同）。

《文集》卷五十六與勴第一簡云「明旦决行」，辭追餞。第二簡重申前語。

與劉安世（器之）發虔州。遇謝舉廉（民師）舟中。

《詩集》卷四十五《永和清都觀道士童顔鬒髮問其年生於丙子蓋與予同求此詩》自注：「予與劉器之同發虔州，江水忽清漲丈餘，贛石三百里，無一見者。」《泊宅編》卷三：「贛石數百里之險，天下所共聞。若雨少溪淺，則舟舫皆檥以待，有留數月者。虔州水東有顯慶廟甚靈，或至誠禱之，則一夕長水數尺，送舟出石。故無雨而漲，士人謂之清漲。前此，士大夫有禱輒應，刻石以識於廟庭者甚多。東坡北歸，行次清都觀，有『自笑勞生消底物，半篙清漲百灘空』之句。」「自笑」云云，乃詩中語。《獨醒雜志》卷三敍蘇軾舟中遇謝，以下云：「因謂曰：『舟行江漲，遂不知有贛石，此吾《龍光》詩讖也。』民師問其故，東坡因舉以詩之本末。」《龍光》詩乃《詩集》卷四十五之《東坡居士過龍光求大竹作肩輿得兩竿南華珪首座方受請為此山長老乃留一偈院中須其至授之以為他時語録中第一簡》；詩末二句「竹中一滴曹溪水，漲起西江十八灘」，謂贛石。時舉廉自廣州罷歸。

至永和，劉安世（器之）解舟先去，獨遊清都觀，贈道士謝子和詩，並作真贊，為題字。

詩見《詩集》卷四十五（二四五〇頁），真贊見《文集》卷二十二（六四〇頁）。《王譜》謂蘇軾為子和寫「清都臺」三字。《輿地紀勝》卷三十一《吉州》：「清都觀，在廬陵之永和鎮，舊曰西臺觀，蘇公軾南歸嘗遊焉，有書『清都臺』三字。」永和鎮在廬陵南，見題下注文。

《淳熙稿》卷五詩題：「達觀僧紹本，年九十，能記東坡建中靖國題詩之事。且云：清都道士者，坡同游此寺，坡題詩後，道士臨之而滅其迹。」「者」下疑脱去「與」字。

至吉州，致簡錢彀（志仲），謝借舟。復致彀簡薦柳致。

《文集》卷五十九與彀第二簡謝借舟，云「不覺到吉」。第三簡薦柳致，作於將去吉時。志仲名彀，見《山谷全書》卷首《年譜》。《山谷詩集注》卷三有《同錢志仲飯藉田錢孺文官舍》有「王孫守耒耜」句，蓋為錢鏐裔。《總案》：「虔、吉皆錢志仲所部，其為監司無疑，以借舟論，則又漕使也。」《獨醒雜志》卷三謂蘇軾自贛「越日而至廬陵」。廬陵，吉州治。

至新淦，時方立橋，應父老之請，書「惠政橋」三字以贈。

《獨醒雜志》卷六云蘇軾北還，舟次新淦。以下云：「時人方礎石為橋，聞東坡之至，父老兒童二三千人，聚立舟側，請名其橋。東坡將登舟謁縣宰，衆人填擁不容出，遂就舟中書『惠政橋』字與之，邑人始退。然字畫差褊小，不似晚年所書，蓋當時倉卒迫促而然爾。」新淦屬臨江軍，在軍東南六十里。

臨江軍知軍王承議來啟相慰，答啟。

《文集》卷四十七《答臨江軍知軍王承議啟》云及王承議「不忘疇昔」，「豈獨憐衰朽而借餘光，蓋將敦風義以勵流俗」，知承議於蘇軾為故人。查有關方志，未知承議名字。臨江軍屬江南西路，治清江縣。在虔州之北，洪州之南。此答啟作於至洪州途中。《總案》繫此啟於本年五月，以為臨江軍乃鎮江軍，失考。

至南昌，晤葉祖洽。

《冷齋夜話》卷七《東坡和陶淵明詩》謂蘇軾北歸：「時章丞相方貶雷州。東坡至南昌，太守葉公祖洽問曰：『世傳端明已歸道山，今尚甘遊戲人間耶！』東坡曰：『途中見章子厚，乃迴反耳。』」

《長編拾補》卷十六：元符三年十月乙卯，葉祖洽知洪州，落龍圖閣待制；卷十八：建中靖國元年十二月，祖洽自洪州改知瀛州。知蘇軾至洪州時，祖洽正在任。南昌，洪州治。

四月甲午（初四日），艤舟吴城山順濟龍王祠下。作《順濟王廟新獲石砮記》。

記見《文集》卷十二。《輿地紀勝》卷二十六《隆興府・景物下》：「龍王廟，在新建縣北一百六十里吴城山。東坡北歸，艤舟祠下，忽得古石砮矢於岸側，旋失之，禱於神，許留廟中，復獲焉，因為之記。」又：「吴城山，在郡北一百八十里，岸臨大江。」

八日，母程氏忌日，寫《圜通偈》伸追往之懷，為跋。

跋見《文集》卷六十九（二二〇四頁）。時舟行豫章、彭蠡間。

錢世雄（濟明）來簡報道潛（參寥）復服落髮。覆簡並寄録《次韻定慧欽長老見寄》。

《文集》卷五十三與世雄第九簡謂得來書乃知道潛復服落髮。涵芬樓《說郛》卷三十八引朱弁《續骫骳説》：「建中靖國元年，曾子開為翰林學士，言其（按：指道潛）非辜，詔復祝髮紫方神，師號如故。」《嵩山文集》卷十五《答李持國先輩書》謂建中靖國間，蘇軾《和歸去來》初至京師，軾門下賓客從而和之者數人，自謂得意，道潛亦和。似道潛復服後即至京師。道潛和詩未見。

次韻定慧詩見《詩集》卷三十九，寄録之蓋欲以此寫於定慧舊居，志悼念之意。世雄來簡乃答蘇軾虔州所與之簡，蘇軾此覆簡約作於四月間，時世雄尚未復官。

至南康軍。簡程之元（德孺）約會於金山。

《文集》卷五十六與之元第二簡敍此。簡云「約程，四月末間到真州」。南康軍治星子，已至大江、廬山矣。

得孔平仲（毅父）寄到弟轍家訊并平仲簡。答簡贊劉安世（器之）為鐵人。

《文集》卷五十七與平仲第五簡：「忽辱手書及子由家訊，窮途一笑，豈易得哉！」此家訊不知是否為致軾之簡。簡云：「仙舟想非久到闕，某當老江淮間矣。」并未言及歸許下。《總案》以為「家訊」即致蘇軾之簡，而簡之内容為「勸公同居潁昌」，屬臆想，無佐證。第六簡慰武仲（常父）之喪，已見元符元年九月紀事。簡云：「承諭，子由不甚覺老。」是弟轍北歸途中與平仲相見也。簡末云「江上微雨」，時舟已至大江。《宋史》卷三百四十四《孔平仲傳》謂「責惠州別駕、安置英州」，徽宗立，召為户部、金部郎中。其赴闕當以赴新任也。此簡又云「劉器之乃是鐵人」。

《三朝名臣言行録》卷十二《諫議劉公》引《言行録》：「昔有與蘇子瞻論元祐人才者，至公，則曰：『器之真鐵漢，不可及也。』」參本年此前「在南安與劉安世遇」條紀事。

錢勰（志仲）以烏絲欄求書蘇軾自作詩，乃書《廣成子解》以報，簡劉安世（器之）報其事。

《文集》卷五十九與勰第三簡：「烏絲當用寫道書一篇，非久納上。惡詩不足録也。」

同上卷五十六與安世第二簡：「某自出意，欲與寫《廣成子解》篇。舟中熱倦，遂忘之，然此意終在也，今豈可食言哉！病不能作志仲書，乞封此紙去。」「此紙」當即《廣成子解》。

《廣成子解》在《文集》卷六。

與劉安世（器之）同入廬山。晤山中道友。重游棲賢寺、開先寺，題漱玉亭柱石。為簡寂觀雲卿閣書榜。

《文集》卷五十三《與劉壯輿》第一簡言久闊，「便欲造門，以器之率入山，還當奉謁」。《施譜》：「與劉安世同游廬山。」卷六十《與胡道師》第四簡：「再過廬阜，俯仰十有八年，陵谷草木，皆失故態，棲賢、開先之勝，殆亡其半。」又云：「獨山中道友契好如昔，道在世外，良非虛語。」此胡道師為洞微。

《梁溪先生全集》卷十八《偶成》自注：「東坡題漱玉亭柱石云：『玉局散吏來遊。』」《周益國文忠公集·泛舟遊山録》卷一乾道丁亥三月丁未紀事：「上漱玉亭，觀石柱間東坡辛巳四月題名。」知原題名有年、月。

《日涉園集》卷十詩題：「老坡自海外歸，為書簡寂觀雲卿閣榜，今為煞風景者毀之。」參崇寧二年四月丁巳紀事。

在廬山，晤崔閑（玉澗道人），畫海榕，復作「海榕」二字於其下。

《嵩山文集》卷十六《海榕記》：「東坡先生謫南海，自廬山遇門下士玉澗道人崔閑者，命酒獻酬，淋漓之餘，墮案上，自然成根柢輪囷之狀，取筆墨絪緼之，偃然海上之榕也。復作『海榕』二字於其下，蕭散不飾，實與畫稱。其後閑舉以遺京師周侯，高魯王諸孫世則從周侯得之，乃懼夫觀者非所覯也，屬嵩山晁説之識之。説之伏念九州之中，山川草木皆出先生之文章，先生晚於禹迹之外、海嶠之上所得者又如此，恨不能從吾先生遊於斯時也，今日可勝歎哉！宣和二年庚子七月六日甲辰，説之記。」

《永樂大典》卷二千七百四十一引《九江府志》，謂閑卒年七十八。葉夢得《避暑録話》卷下敍大觀末與閑遇於廬山，閑授夢得以樂理。《北山小集》卷一有《送崔閑歸廬山四首》，《北湖集》卷一亦有詩及之，《梁溪先生全集》卷十七有《過玉澗道人草堂》詩。

作枯木怪石於天籟堂。

《永樂大典》卷六千六百九十八引《江州志·宮觀·德化縣》：「天籟堂：有東坡畫壁，洪芻跋。」堂在太平興國宮内。以下引洪跋：「東坡先生頃作枯木怪石於天籟堂壁間，有力者負之而走矣，獨留其影於瑑玉坊，李氏因刻之琬琰。靖康元年六月癸丑，豫章洪芻書。」跋中此「頃」字，當為近之意。若為元豐、紹聖過江州時所作，芻當明言。故繫入本年。芻字駒父，為黄庭堅之甥。見《豫章黄先生文集》卷十六《洪氏四甥字序》。屬江西詩派，見《後村先生大全文集》卷九十五。

欲見隱士王元甫，元甫辭。

《能改齋漫録》卷十一《王元甫有詩名》敍之。參本年此後「讀王元甫所作景陽井詩」條。《獨醒雜志》卷八亦敍之。

王寧（幼安）許於潁昌假大第居住，答啟與簡謝之。

《文集》卷四十七有《答王幼安宣德啟》。啟首云「俯仰十年，忽焉如昨」，知結交已久。以下有「偶然生還」之語，知此啟作於北歸途中。

幼安名寧，乃寔（仲弓）之弟，陶之次子，兄弟卜居許昌（即潁昌），見《過庭録》。《研北雜志》即稱寔為許昌人。參元祐八年「辟王寔為屬實不行」條。

《文集》卷五十九《答王幼安三首》，皆作於此時。其第一簡云：「屢得許下兒姪書云，比來親族或斷往來，唯幼安昆仲待遇加厚。聞之，感激。」昆仲謂寔與寧也。第二簡云：「某初欲就食宜興，今得子由書，苦勸歸潁昌，已決意從之矣。舟已至廬山下，不久當獲造謁。」益足證明寧其時居潁昌。第三簡云：「許暫假大第，幸甚！幸甚！非所敢望也。得託庇偏廡，謹不敢薰污。稍定居，當求數畝荒隙，結茅而老焉。」已決計歸許，就歸許立計。故答啟中有謝寧「講修舊好，收録陳人」之語。

《斜川集》卷一有《和王仲弓雪中懷友之什》、《次韻王仲弓贈史得之》詩。卷三有《次韻王幼安哭韓君表》詩，云：「公子雖軒冕，山林契夙心。坐禪新活計，脱屣舊冠簪。共笑謀生拙，知非涉世深。頌詩留纊息，妙意可銷沉。」《全宋詞》第二册有葉夢得及寧詞多首。

贈廬山宣秘大師（道通、惠通）詩；并念思聰（聞復）、仲殊二僧，贊其詩。

詩見《詩集》卷四十五，題作《贈詩僧道通》，贊宣秘詩無蔬筍氣。

孫覿《内簡尺牘》卷九《與李主管》注文引蘇軾之詩，謂為贈廬山宣秘大師詩；並謂蘇軾有自注，曰：「賈島事，見《長江集》。」軾詩末句為「從今島、可是詩奴」，其自注乃緣此而發。 此自注，《詩集》無。

《石林詩話》卷中引此詩，「道通」作「惠通」，詩之注文已引。

贈詩有「雄豪而妙苦而腴，只有琴聰與蜜殊」句。 思聰，見元祐六年「錢塘僧思聰歸孤山」等條紀事。《省齋文稿》卷十八《題蘇季真所藏墨迹》謂蘇軾愛重思聰。此外，軾尚多處念及思聰。元豐三年與道潛簡中，贊其詩長進（《文集》卷六十一《與參寥子》第四簡）；惠州書贈惠誠游吴中代書十二僧，其中即有思聰，贊其詩清遠，見《文集》卷七十二《聞復》。 然思聰於「大觀、政和間，挾琴游梁，日登中貴人之門，久之，遂還俗，為御前使臣」（《老學庵筆記》卷七），有負軾望。

《參寥子詩集》次韻思聰詩頗多，上引《與參寥子》第四簡有「名僧法足」之語，蓋思聰為道潛詩弟子。

《避暑録話》卷下亦及思聰。

仲殊卒於崇寧間，《詩集》卷三十二《安州老人食蜜歌》「施註」已及。 仲殊善詞，《全宋詞》、《全宋詞補輯》輯有七十餘首。

晤張競辰（熙明），題其永康所居萬卷堂，并别山中諸道友。

詩見《詩集》卷四十五（二四五二頁），并參該卷校記第一〇四條。據校記，此詩應次《劉壯輿長官是是堂》前。《宋會要輯稿》第九十九册《職官》六七之一五紹聖四年二月七日紀事： 承議郎張競辰罷提舉夔州路常平等事，以御史蔡蹈言其嘗諂事呂大防、蘇轍故也。知競辰與蘇氏兄弟早有交往。《揮麈録・後録》卷三謂競辰子德遠，字文老，華陽人，博極群書，尤長史學。知詩所云永康，乃成都府永康軍。蔡蹈，毗陵人，熙寧六年進士。見《咸淳毗陵志》卷十一。

與蘇堅（伯固）簡，言住計龍舒為多。

此乃與堅第四簡，見《文集》卷五十七。簡云「暑中」、「源、修二老」，知作於江州。堅嘗官江州，源、修當為廬山二僧。簡云：「龍舒聞有一官莊可買，已託人問之。」

過劉羲仲（壯輿）是是堂，有詩。以重修《三國志》相屬。與羲仲論陶侃折翼事不可信。為羲仲書弟轍所作羲仲祖父渙（凝之）哀詞。

詩見《詩集》卷四十五（二四五二頁）。《默記》卷中謂蘇軾歸至南康軍，語羲仲，王安石嘗以重修《三國志》相託，「軾今以付壯輿」。又謂「僕聞此於壯輿，盡直記其舊言」。《曲洧舊聞》卷五：「東坡嘗謂劉壯輿曰：『《三國志注》中好事甚多，道原欲修之而不果，君不可辭也。』壯輿曰：『端明曷不為之？』坡曰：『某雖工於語言，也不是當行家。』」《困學紀聞》卷十三：「東坡謂劉壯輿曰：『陶威公忠義之節，横秋霜而貫白日，晉史書折翼事，豈可信乎！』」威公名侃，《晉書》傳在六十六。折翼事涉神怪。哀詞見《欒城集》卷十八。《文集》卷五十三與羲仲第二簡云「舍弟所作詞，當續寫去」。

羲仲父恕，字道原，佐司馬光修《資治通鑑》。元豐八年，追論修書功，録羲仲為郊社齋郎。《豫章黄先生文集》卷二十三恕墓銘謂羲仲「不倦學，猶能力其家」；卷二十六《書歐陽子傳後》贊羲仲筆端有「史氏風氣，它日當以不朽之事相傳」；卷二十七《書劉壯輿漫浪圖》謂義仲「讀書數千卷，無不貫穿」。《雞肋集》卷二有《是是堂賦》，卷三有《漫浪閣辭》，謂義仲年四十，築屋廬山其先人之居，自號漫浪翁。《柯山集》卷三有《劉壯輿是是堂歌》，卷九有《漫浪翁》詩。《嵩山文集》卷七有《談易寄壯輿》詩，卷十五《九學論》謂嘗與「壯輿論《春秋》」。《范太史集》卷五十五《手記》有義仲。

十二日，題義仲文編。旋別義仲，義仲以茶簞為餽，不受，受其茶一袋。

跋見《文集》卷六十六（二〇七四頁），謂是日晨起，患頭風，讀義仲文編，疾若失。《文集》卷五十三與義仲第二、三簡亦敍之；第二簡並云及題寫墓表，《總案》謂所題寫者乃義仲祖父渙墓表。第四簡敍送茶簞，辭之。第六簡敍將別。

離廬山，胡洞微負笈相從數百里。

《文集》卷六十《與胡道師》第四簡敍過廬，以下云：「道師又不遠數百里負笈相從，秉燭相對，恍如夢寐。」《總案》據此謂蘇軾至南康軍，胡洞微「自九江來迎」，與簡意不符。洞微送至何地，無記載。

十六日，過湖口，訪壺中九華石，已為友人郭祥正取去。復和紹聖元年所作詩。

詩見《詩集》卷四十五（二四五四頁），題作《予昔作壺中九華詩其後八年復過湖口則石已為好事者取去乃和前韻以自解云》。《山谷詩集注》卷十七詩題云：「湖口人李正臣蓄異石九峯，東坡先生名曰壺中九華，并為作詩。後八年，自海外歸，過湖口，石已為好事者所取，乃和前篇以為笑，實建中靖國元年四月十六日。」

《雞肋集》卷三十三《書李正臣怪石詩後》言石「為當塗郭祥正以八十千」於元符三年七月前取去。參紹聖元年「至湖口」條紀事。

至池州。題詩五松山李白祠堂及陳公園雙池。

《輿地紀勝》卷二十二《池州》：「李翰林祠堂：在銅陵五松山寶雲院。太白遊五松山詩云『證古絕遺老』，因名五松山。後，東坡、鄭獬、米芾與李綱俱有詩。」《詩集》卷四十八《題銅陵陳公園雙池詩》其二：「落帆重到古銅官，長是江風阻往還。要似謫仙迴舞袖，千年醉拂五松山。」當即《輿地紀勝》所云詩。「重到」，以元豐七年嘗過也。

至蕪湖，題韋許（深道）寄傲軒。

詩乃《詩集》卷三十一《寄傲軒》。《姑溪居士文集》卷五《題韋深道寄傲軒》有「一時收拾付新堂」之句，知李之儀作此詩時，寄傲軒新作不久。《宋史》卷三百四十四《李之儀傳》謂徽宗初，「坐為范純仁遺表，作行狀，編管太平，遂居姑熟」。《姑溪居士文集》卷五十《姑溪居士妻胡氏文柔墓誌銘》云「余以崇寧二年，以撰故宰相范忠宣公行狀，逮御史獄」。編管太平即為崇寧二年或三年事，距蘇軾過此時為二、三年。知軾過此時，寄傲軒新作。《詩集》次《寄傲軒》於元祐四年，時距之儀編管太平十餘年，之儀自不得稱寄傲軒為新，《詩集》誤。

現存與韋許交往詩篇，皆作於徽宗、高宗時。如《斜川集》卷一《湖陰有隱居子（下略）》、《日涉園集》卷一《奉酬湖陰韋深道》、《筠溪集》卷十一《寄題蕪湖韋深道所居》。《太倉稊米集》及許詩甚多，卷三有

《次韻韋深道獨樂堂十絶》，卷二十四有《寄韋深道寄茗霅舟中十六言五首》，約作於紹興十四年。亦可為《寄傲軒》作於建中靖國佐證。

《輿地紀勝》卷十八《太平州》有許傳，謂許從李之儀學，不事科舉，「《繫年録》云『紹興二年，蕪湖縣進士韋許為迪功郎，以其獻書籍也』」。康熙《太平府志》卷二十八亦有傳，謂家世蕪湖，志尚矯潔，赴善如饑渴，讀書明大義。又謂喜延知名士黄庭堅兄弟、蘇堅父子、陳瓘等，朱熹盛贊其卓行。

抵當塗。二十四日，郭祥正（功甫）來訪，呈詩。

《文集》卷五十一與祥正第六簡云「昨辱寵臨」。此簡作於二十五日，見二十五日紀事。第七簡云及「辱詩」。《總案》謂《詩集》卷四十五《次韻郭功甫觀予畫雪雀有感二首》題下「王子仁註」所引郭詩，即所呈之詩。第一詩王子仁云「寄惠州」，第二詩云「用前韻寄詩」。據此，是祥正欲寄而未寄也。

二十五日，郭祥正致餽，蘇軾欲報謁；既而以是日乃父洵忌日，不赴；和祥正詩。蘇軾嘗贊祥正有詩名。

《文集》卷五十一與祥正第六簡：「閑居致厚餽，拜賜慚感。只今上謁次，一肉足矣，幸不置酒。」是致餽與欲報謁為一日之事。第七簡：「某今日私忌，未敢上謁。辱詩和呈，為一笑。」是二簡寫於二十五日一日之內。

和詩即二十四日紀事所云「次韻郭功甫」云云。

蘇軾當回訪祥正。《總案》遽謂回訪為二十六日，無佐證。

蘇軾旋别祥正。蘇軾嘗贊云云，見以下「讀王元甫所作《景陽井》詩」條。祥正卒年七十九，見嘉靖《太平府志》卷六。當政和三年。

撰《戒酒詩碑》，當塗有石刻。

清抄本《當塗縣志》第二册《名迹》：「蘇軾《戒酒詩碑》（原注：在府學尊經閣牆下）。」

此《戒酒詩碑》，不知作於何時，姑附次於此。

在當塗，錢世雄（濟明）寄簡并詩來，欲遠迎。答簡約會於金山，并寄十一詩。

《春渚紀聞》卷六《坡仙之終》引世雄跋蘇軾帖：「四月，自當塗寄十一詩，且約同程德孺至金山相候。」

《文集》卷五十三與世雄第八簡：「人來，領手教及二詩。」又云：「某此去不住滯，然風水難必期，公閑居難以遠涉，須某到真遣人奉約，與德孺同來金山乃幸也。」此即世雄所跋之簡。

在當塗，與胡仁修簡。

《文集》卷六十《與胡郎仁修》第三簡：「小二娘知持服不易，且得無恙，伯翁一行並健。得翁翁二月書及三月内許州相識書，皆言一宅康安。」以下云「今已到太平州」。簡中「伯翁」，蘇軾自謂；「翁翁」乃轍，「二月書」，參以下「得黄寔寄弟轍二月二十日簡」條。小二娘當為轍女，胡仁修為其壻。《蘇潁濱年表》載轍五女之壻，無仁修。待考。簡所云小二娘「持服」，據與仁修第一簡，其時仁修母死，小二娘乃為姑持服。與仁修一、二簡皆為慰簡。

甲子（二十八日），李仲琬（德華）卒。蘇軾嘗贊其夫董文和（景仁）為古君子。

據《雞肋集》卷六十六《李氏墓誌銘》。《銘》謂仲琬贄皇人，父無競，官至尚書都官郎中。文和，東平人，《銘》云「眉山蘇先生嘗稱之曰此古君子者」。《銘》謂文和嘗為曹州司户、招安主簿，性方潔。

李之儀（端叔）除輦運，有簡與之。

《文集》卷五十二與之儀第九簡：「見報，除輦運，似亦不惡。近日除目，時有如人所料者，則此後端叔必已信眉矣乎？」簡有「漸近中原」之語，又謂「乍熱」，約作於四月。《宋史》卷一百六十七《職官志》七：「（提舉）撥發司、（提舉）輦運司：掌以時起發綱運而督其滯留，以供京師之用。」

《姑溪居士後集》卷十五《跋東坡諸公追和淵明歸去來引後》敍在潁昌，一日，蘇轍出蘇軾所作和陶《歸去來詞》，居數日，轍復出其所和。轍之作，作於本年十月，見《蘇潁濱年表》。之儀之和作，亦作於潁昌，見《姑溪居士後集》卷十三。是為之儀官於潁昌之證。蘇軾靈柩至潁昌時，李之儀致奠，見該年紀事。知之儀自本年夏起，即官輦運於潁昌。

《宋史》卷三百四十四《李之儀傳》謂「徽宗初，提舉河東常平」。《總案》據是繫入，誤。之儀為輦運事，《宋史》失載。河東路治太原府。之儀此時未至太原也。詳考李之儀及二蘇之集，並未言及此事，疑河東常平之任，甫除即罷。

復與劉安世（器之）同道至金陵，吴默（可、思道）以詩來贄。

《三朝名臣言行録》卷十二引《劉元城言行録》：「建中年間，公與蘇子瞻自嶺外同歸，道出金陵，時有吏人吴默者，以詩贄二公，子瞻稱之，跋數語於詩後，公亦題其末以勉其學。」以下敍梁師成得用，默

「攜二公所跋詩謁之，梁甚悦，奏之以官」，後改名可。軾跋已佚。

《文集》卷五十七《與吴秀才》第一首敍秀才「曲賜臨顧，一見灑然，遂若平生之歡，典刑所鍾，既深嘆仰，而大篇璀璨，健論抑揚，蓋自去中州，未始得此勝侶」，贊秀才之作品；末云「早晚過金陵，當得欵奉」，此秀才即可。

《姑溪居士文集》卷三十六《吴思道藏海齋記》謂可名其居曰藏海，蓋引蘇軾「惟有王城最堪隱，萬人如海一身藏」之句。卷四十《跋吴思道詩》：「東坡嘗謂余曰：『凡造語貴成就，成就則方能自名一家，如蠶作繭，不留罅隙，吴子華、韓致光所以獨高於唐末也。』吴君詩咄咄逼近，時人未易接武。」可見可詩有蘇軾影響。

五月一日，舟至金陵，作崇因院觀音頌。

據《紀年録》。頌見《文集》卷二十（五八六頁）。

《姑溪居士文集》卷三十八《跋東坡觀音贊》引崇因寺長老欽之語謂：蘇軾南遷，嘗禱於寺之觀音大士前而應，遂頌之，欽為刻石。後有詔，所在蘇軾文皆毀棄，欽不肯違，用巨斧斧數十，應斧斷裂。李之儀得斷石於欽。石之先，刻馬祖、龐居士像，已斷裂，而頌獨完。

讀王元甫所作《景陽井》詩，跋贊之。

《能改齋漫録》卷十一《王元甫有詩名》：「『動地隋兵至，君王尚宴安。須知天下窄，不及井中寬。樓外鋒交白，溪邊血染丹。無情是殘月，依舊照闌干。』廬山王元甫紹聖間敕賜高尚處士所作《景陽井》

詩也。東坡嘗跋云：『余聞江南王元甫、郭功甫皆有詩名。余南歸過九江，因道士胡洞微求謁之。元甫云：吾不見士大夫五十年矣。竟不可見。後予過秣陵，有以元甫《景陽井》詩示予，乃知其得名不虛也。』」跋，《佚文彙編》未收。

與杜傳（孟堅）簡，或與傳及其弟俣（碩甫）晤。

《大觀録》卷五蘇軾《與杜道源五首》建炎己酉吴幵跋：「晚與孟堅《江上帖》，筆勢欹傾而神氣橫溢，蓋似其暮歲之文，然不數月而病且死矣。」《江上帖》乃《佚文彙編》卷四《與知縣一首》。簡末稱「軾再拜知縣朝奉閣下」。知傳嘗為知縣，官朝奉郎。

將往真州，次舊韻贈清涼和長老。

詩見《詩集》卷四十五（二四五六頁）。《總案》謂詩有「送我長蘆舟一葉」之句，所云「長蘆」乃真州長蘆院。

得黄寔（師是）寄到弟轍二月二十二日簡，罷居舒州議，決計歸許下。欲溯汴至陳留出陸，求舟於程之元（德孺），得之；求挽舟人於寔以濟淮汴。欲七月到許下。與錢世雄（濟明）、李之儀（端叔）、程之元、黄寔簡及其事。時寔為江淮發運副使。

《文集》卷六十與轍第八簡：「得黄師是遣人賫來二月二十二日書。」《總案》謂《宋史》（按：在《徽宗紀》）建中靖國元年三月乙丑遣黄寔使遼之記載「誤甚」，以「使還甫出，必無此神速之事」。

《宋史》卷三百五十四《黄寔傳》亦載寔使遼。蘇軾北歸，與寔簡頻繁，未及使遼事。疑使遼之命，甫出即罷。《黃寔傳》謂寔為江淮發運副使(即《總案》所云之「出」),乃此時事。

《文集》卷五十三與世雄第十二簡:「居常之計,本已定矣,為子由書來,苦勸歸許,以此胸中殊未定,當俟面議決之。」卷五十二與之儀第十簡:「得子由書及見教語,尤切至,已決歸許下矣。但須至少留儀真,令兒子往宜興,刮刷變轉,往還須月餘,約至許下,已七月矣。」卷五十六與之元第三簡:「近得子由書,苦勸來潁昌相聚,不忍違之,已決從此,計泝汴至陳留出陸也。今有一狀干漕司,一坐船乞早為差下,令且在常州岸下,候邁到彼乘來,切望留意早早得之。」狀已佚。卷五十二與之儀第九簡云「已得舟,決歸許」。卷五十七與寔第五簡云「某已決意北行」,「行期約在六月上旬,不知其時使舟已到真否?或猶得一見於揚、楚間爾」。以下敍求挽舟人。

北歸後,撰文贊程奕筆,簡程之元(德孺)求為買百枝并越州紙二千幅。

文乃《文集》卷七十《書錢塘程奕筆》,簡乃《文集》卷五十六與之元第四簡,以備至潁昌後用之。《六硯齋二筆》卷二:「東坡海外歸,買剡紙二千幅。」剡屬越,越紙產於剡。

北歸後,傳嘗答人敍遷謫艱苦之因。

《瑞桂堂暇録》(涵芬樓鉛印《説郛》卷四十六):「東坡自謫海南歸,人有問其遷謫艱苦者,坡答曰:『此骨相所招。少時入京師,有相者云:一雙學士眼,半箇配軍頭。異日文章雖當知名,然有遷徙不測之禍,今悉符其語。』」此事有傳聞因素,姑附此。

楊明(子微)奉其父濟甫命自眉山至海外相訪,聞蘇軾兄弟已北歸,乃赴潁昌,並修簡致候。答簡約七月中見明於潁昌，並謝其父照管墳墓。

據《文集》卷五十九與明第一簡。簡云明「遠來海外，訪其生死，此乃古人難事」。又云：「某七月中必達潁昌矣，回馭少留，一須欵見。」是明轉赴潁昌。

民國《丹稜縣志》卷六：「楊明字子微，邑人。篤學有文，知術數。讀書城東龜山，遂自號龜山。……官朝請郎，知合州，以清節著。子煒，通敏能文，官修職郎。」同上書卷五謂明登崇寧二年進士。

《欒城後集》卷三有《次前韻示楊明二首》，作於潁昌。

與友人簡敍舊，簡及宗人蘇棫。

《文集》卷五十一《與李公擇》第十七簡：「夷中送王徐州詩，有見及語。方是時，人以相識為諱，欲一見面道此為笑，竟不見，可太息也。適所白，是宗人棫，雅州幕。」

此簡所敍乃徽宗即位後北歸時事，時李常（公擇）卒已久。簡當為與某友人者。

棫字公美，莆田人，燁弟。兄弟同登元符三年進士。徽宗時由尚書郎為辟雍司業，將擢置翰苑而卒。見《莆陽比事》卷三、卷五，《莆陽文獻傳》卷十五附《蘇燁傳》。味簡意，是蘇軾嘗晤棫。

至真州，答杜輿（子師）簡，報月末北赴潁昌，并書《和陶飲酒》與之。

答簡乃《文集》卷五十六與輿第四簡，以輿專使來簡也。簡云「某已到儀真少幹，當留旬日」。《姑溪居士文集》卷三十八《跋東坡與杜子師書》敍書《和陶飲酒》贈輿。

與程之元（德孺）、錢世雄（濟明）會金山。登妙高臺觀畫像，題詩。聞時論變，決計歸常。

《文集》卷六十與弟轍第八簡：「適值程德孺過金山，往會之，并一二親故皆在坐。頗聞北方事，有決不可往潁昌近地居者(自注：事皆可信，人所報，大抵相忌安排攻擊者衆，北行漸近，決不静耳)。」《春渚紀聞》卷六《坡仙之終》引世雄所跋蘇軾帖，謂軾約世雄「同程德孺至金山相候，既往迓之，遂決議為毗陵之居」。《施譜》：「初，先生決計與子由同居潁昌，俄聞時論已變，自度不可居近地。」遂決計歸常。

《周益國文忠公集・奏事録》乾道庚寅閏五月辛巳紀事：「至金山龍游寺。」以下言：寺有雄跨堂，會飯於方丈，「登妙高臺，烹茶。壁間有坡公畫像。初，公族姪成都中和院僧表祥畫公像求贊，公題云：『目若新生之犢，心如不繫之舟。要問平生功業，黄州、惠州、崖州。』集中不載，蜀人傳之，今見於此。」《誠齋詩話》亦記此詩。此詩，即見於《詩集》卷四十八《自題金山畫像》，詞句略異。

自書與柳瑾(子玉)、寶覺禪師會金山詩，并跋。

《晚香堂蘇帖》有此詩(詩見《詩集》卷十一第五四四頁)。自書後有跋：「與柳子玉、寶覺師會金山作此詩，今三十年矣。」《佚文彙編》未收。詩作於熙寧六年，距今首尾二十九年，舉成數，可云三十年。

復回真州。覆弟轍二月二十日簡，報將渡江往常住孫氏宅。此宅乃借得，係出錢世雄(濟明)力。與黄寔(師是)簡，亦報往常，並録所作詩呈寔。賀寔除少御。

《文集》卷六十與弟轍第八簡云「更留真十數日，便渡江往常」。借宅見《文集》卷五十三與世雄第十一簡。《文集》卷五十七與寔第一簡云：「自慜一年在道路矣，不堪復入汴出陸，又聞子由亦窘用，不忍更以三百指諉之，已決意旦夕渡江過毗陵矣。」所録詩乃《詩集》卷四十八《無題》（二六三九頁）；《文集》卷六十八《記沿流館詩》乃此《無題》詩，與簡不同。

與寔第二簡賀除少御，云「畏暑」，點明季候。《宋史》卷三百五十四《黄寔傳》云及「除太僕卿」。《文集》卷六十與弟轍第九簡：「今師是已除太僕卿，恐遂北行。」少御或即太僕卿。

真州守傅質邀蘇軾、程之元（德孺）為會，既罷，與之元約米黻（元章）舟中夜話。

《文集》卷五十八與黻第二十簡：「傅守會已罷而歸矣，風止江平，可來夜話。德孺同此懇。」《施譜》：時黻為發運管句，日來會。質，參以下「體中微不佳」條。

程之元（德孺）兄弟借銀二百星，不受，簡弟轍報其事，并報少留真欲葺房緡。

《文集》卷六十與弟轍第九簡敍其事。兄弟當指之才、之邵。《總案》：「公赴臨汝，當寄家於真州，當時置市屋以資餬口，此時或有變易，故經理之也。」

庚辰（二十日），蘇頌卒於潤州。同日，書王鞏（定國）贈吴説帖。

庚辰云云，據《蘇魏公文集》附録曾肇所撰墓銘，頌卒年八十二。《文集》卷七十有《書王定國贈吴説帖》。同卷尚有《書吴説筆》、《試吴説筆》。皆贊説筆。

二十三日，答孔平仲（毅父）簡。

簡乃《文集》卷五十七《與毅父宣德》第七簡，首云「日至陽長」，即夏至。今年夏至為五月二十三日。簡云「仁者履之，百順萃止」，其時平仲已至京師。簡云「病發掩關，負暄獨坐，醺然自得」，知病初起，然自覺無甚緊要，故泰然處之。

此則參《蘇文繫年考略》。

二十九日，手簡別發運司屬官。

《平園續稿》卷九《題東坡晚年手帖》引。簡佚。有離真意，然未即去。

六月初，與米黻（元章）遇於白沙東園，同游於西山，逭暑南窗松竹下，話羅浮見赤猿事。

《寶晉英光集》卷四《蘇東坡輓詩》序云「季夏相值白沙東園，云羅浮嘗見赤猿，後數入夢」。詩其一云「六月相逢萬里歸」，其三云「小冠白氎步東園」。其五「曾借南窗逃蘊暑，西山松竹不堪過」，自注：「南窗乃余西山書院。」《輿地紀勝》卷三十八《真州》有白沙鎮。東園詳《詩集》卷四十五《睡起聞米元章冒熱到東園送麥門冬飲子》注文，謂可通舟。

體中微不佳，始病。答傅質簡及之，簡並及傅將大用事。

簡見《文集》卷五十八（一七四九頁），云「體中微不佳」；時酷暑。《文集》卷六十一《與維琳》第一簡首云「某卧病五十日」，作於卒前數日，知始病為六月初事。

《欒城後集》卷二十《祭亡兄端明文》：「秋暑涉江，宿瘴乘之。」疾於是作。《梁溪漫志》卷四《東坡嬾版》謂「東坡北歸，至儀真得暑疾」。

答傅質簡云「見諭，某何敢當，徐思之，當不爾」，謂傅將大用也。《總案》謂質所報事與章援簡中所言「一一符合」，謂質即真守，是。參「章惇子援修書求見」紀事。

與弟轍簡，預以後事為託。

《墓誌銘》：「公始病，以書屬轍曰：『即死，葬我嵩山下，子為我銘。』」簡佚。

病暑，暴下。

據《墓誌銘》。《文集》卷五十八《與米元章》第二十六簡敘之。

瘴毒旋大作。米黻（元章）時至問疾，嘗冒熱到東園送麥門冬飲子。

《佚文彙編》卷一《乞致仕狀》云「至真州瘴毒大作」。《文集》卷五十八與黻第二十四簡云「食則脹，不食則羸甚，昨夜通旦不交睫」。第二十五簡云「嶺海八年，親友曠絶，亦未嘗關念」，蓋因黻時至問疾而發之也。黻送麥門冬，《詩集》卷四十五（二四五七頁）敘之。《寶晉英光集》卷四《蘇東坡輓詩》其五：「今看麥飲發悲哦。」

疾有增無減，遷舟過通濟亭，泊閘外。

《文集》卷五十八《與米元章》第二十三、二十一簡敘之。

閘外，與米黻（元章）簡，贊所作《寶月觀賦》，恨知之不盡，黻覆簡。

簡乃《文集》卷五十八與黻第二十一簡。《寶晉英光集》卷四《蘇東坡輓詩》其四「碧落新添幾侍宸」自注：「公簡云：『相知三十年，恨知公不盡。』余答曰：『更有知不盡處，修楊、許之業，為帝宸碧落之游，異時相見乃知也。』今思之，皆訣別之語。」「相知」云云，在第二十一簡中。

米黻以所作誇耀於蘇軾，軾有疏慵不進、自歎不如之意。

《後村先生大全文集》卷十詩題：「米元章有帖云：老弟《山林集》多於《眉陽集》，然不襲古人一句。子瞻南還，與之説，茫然，歎久之，似歎渠偷也。戲跋二首。」其二云：「二集一傳一不傳，可勝寶晉勝坡仙？蘇郎不醉常如醉，米老真顛却辨顛（原注：世傳米老有辨顛帖）。」蓋諷之也。詩題所云之「偷」乃慵懶之意。此處乃作者客觀抒敍，「渠」蓋謂蘇軾。

薛紹彭（道祖）與米黻書，謂蜀人望蘇軾歸。軾實有歸意。

《寶晉英光集》卷四《蘇東坡挽詩五首》其一云：「書到鄉人望還舍，晉陵玄鶴已孤飛。」自註：「梓路使者薛道祖書來云：鄉人父老，咸望公歸也。」書到時，蘇軾已離世。紹彭之書當作於夏間。

《欒城後集》卷二十四《亡姊王夫人墓誌銘》敍元符三年「轍與兄子瞻皆自嶺南蒙恩北還，將歸掃先墓」，知蘇軾實有歸蜀之意。此亡姊，乃伯父渙之女，適王東美者。

米黻（元章）出太宗草聖及謝安帖求跋，欲跋以病而力不從，還黻帖。

《文集》卷五十八與黻第二十三、二十四簡敍之。《海岳題跋》卷一《跋晉太保謝安石帖後》謂謝安帖乃黻新藏。

將發真州，别米黻（元章）。既發，乘船赴潤州，昏不知人者累日。

《寶晉英光集》卷四《蘇東坡輓詩》其四「力疾來辭如永訣」自注：「公别於真閘屋下，曰：『待不來，竊恐真州人俱道放著天下第一等人米元章，不别而去也。』」既發云云，據《佚文彙編》卷一《乞致仕表》。

至潤州，晤州守王覿。

涵芬樓《説郛》卷三十二《遯齋閑覽·海南人情不惡》：「東坡自海南還，過潤州。州牧，故人也。出郊迓之。因問海南風土人情如何，東坡云：風土極善，人情不惡。」

《嘉定鎮江志》卷十五謂王覿建中靖國元年再守潤，未言月份。《宋史》卷三百四十四《王覿傳》謂元符三年日食四月朔，徽宗下詔自責，覿當制，有「惟德弗類，未足以當天心」語，乃力請外，以龍圖閣學士知潤州。知是時覿知潤。

甥柳閎來謁，共論嶺南所作文；跋閎手寫《楞嚴經》；祭閎父子文及閎母之墓，有文。

《梁溪漫志》卷四《柳展如論東坡文》：「東坡歸自海南，遇其甥柳展如閎，出文一卷，示之曰：『此吾在嶺南所作也，甥試次第之。』展如曰：『《天慶觀乳泉賦》詞意高妙，當在第一。《鍾子翼哀詞》別出新格，次之。他文稱是。舅老筆，甥敢優劣耶！』坡歎息以為知言。展如後舉似洪慶善，慶善跋東坡帖，具載其語。」慶善，潤人，《宋史》有傳。跋見《文集》卷六十八（二〇八五頁）；經，閎為弟闢寫，闢早亡。祭文乃《文集》卷六十三《祭柳仲遠文》；仲遠，子文字，閎母，蘇軾堂妹，伯父渙之女。閎居北固山下，見《嘉定鎮江志》附録。洪跋不見。

命子過往弔蘇頌（子容）之逝，并作功德疏。次日，頌外孫李儆（季常）及頌諸孫來謝。

《邵氏聞見後録》卷十五記儆言：「東坡歸自儋耳，舟次京口，子容初薨，東坡已病，遣叔黨來弔，自作《飯僧文》。」以下云：「明日，季常與子容諸孫往謝之，東坡側卧，泣下不能起。」《飯僧文》乃《文集》卷六十二《薦蘇子容功德疏》。

在金山作水陸，邀米黻，黻以足疾不能至，作詩寄蘇軾。

《寶晉英光集》卷二《東坡居士作水陸於金山，相招，足瘡不能往，作此以寄之》：「久陰障奪佳山川，長瀾四溢魚龍淵。衆看李郭渡浮玉，晴風掃出清明天。頗聞妙力開大施，足病不列諸方仙。想應蒼璧有垂露，照水百怪愁寒烟。」

《文集》卷六十二《醮上帝青詞》其一敍一生遭遇，取三科，臨八郡，「兩遇禍災，皆由滿溢」，以退歸林下為幸，願「稽首投誠，洗心歸命」。約作於此時。

《米海岳年譜》本年紀事：「温叔皮跋米帖云：京口耆舊云，建中靖國改元，坡歸自嶺外，與客遊金山，有請坡題名者，坡云：『有元章在。』米云：『某嘗北面端明，某不敢。』坡撫其背云：『今則青出於藍矣。』元章徐曰：『端明真知我者也。』自爾益自負矣。」似蘇、米嘗晤於金山，待考。叔皮名革，惠安人，政和五年進士。見《南宋館閣録》卷八。

章惇（子厚）子援修書求見，並敍士大夫日夜望大用之意。時岑象求等皆望蘇軾兄弟復起。

《雲麓漫鈔》卷九：「東坡先生既得自便，以建中靖國元年六月，還次京口，時章子厚丞相有海康之行，其子援尚留京口，以書抵先生。」以下録援書全文，約千字。援書反覆敍求見之意，並云：「邇來聞諸道路之言，士大夫日夜望尚書進陪國論。」書稱蘇軾「固聖時之蓍龜」，欲就其父惇之前途吉凶而穆卜之，其意望朝廷稍弛其父之罪，使得「東歸田里，保養垂年」，蓋欲動軾之情，勿念其父舊惡，使「還朝廷登廊廟地」後為回護之。書首云「離遠門牆，於今九年」，援為蘇軾門生，元祐三年進士第一。由今年上溯九年為元祐七年，蘇軾別章援，為元祐七年事。

《長編拾補》卷十七建中靖國元年六月甲辰紀事：右司諫陳祐通判滁州，祐劾曾布乞罷布，徽宗不從。布右紹述，言「衆人謀欲逐臣，聚其黨與復行元祐之政」，以此觀察徽宗，徽宗乃言：「安有是理，若更用蘇軾、轍為相，則神宗法度無可言者。」徽宗又言：「岑象求輩揚言云：軾、轍不相則不已。當并逐之。」據此，知當時欲二蘇復起之呼聲頗高。象求時不知為何官。

十四日，答章援簡，并贈援白朮方，以備其父惇之用。

《雲麓漫鈔》卷九：「先生得書大喜，顧謂其子叔黨曰：『斯文，司馬子長之流也。』命從者伸楮和墨，書以答之。（書略）此紙乃一揮，筆勢翩翩。後又寫白朮方，今在其孫洽教授君處。」「先生得書」云者，謂蘇軾得章援書也。

覆簡并白朮方，并見《文集》卷五十五（一六四三至一六四五頁）。《晚香堂蘇帖》有此簡，自「丞相知養内丹」至「當録呈也」，末云「軾悚息」。較略。

軾與惇交往止此。大觀元年惇卒於潤，見《宋史》卷四百七十一本傳。

舟赴常，坐艙中，千萬人隨瞻風采。

《邵氏聞見後録》卷二十：「李㑊言：東坡自海外歸毗陵，病暑，着小冠，披半臂，坐船中。夾運河岸，千萬人隨觀之。東坡曰：『莫看殺軾否？』其為人愛慕如此。」《太平治迹統類》卷二十五《蘇軾立朝大槩》亦及此事。

至奔牛埭。錢世雄來迎，以《易傳》、《書傳》、《論語説》相託。至常寓孫氏館，將歸休焉。

《春渚紀聞》卷六《坡仙之終》引世雄《跋施純叟藏(東坡)先生帖後》云：「(先生)六月自儀真避疾渡江，再見於奔牛埭。先生獨卧榻上，徐起謂某曰：『萬里生還，乃以後事相託也。惟吾子由，自再貶及歸，不復一見而訣，此痛難堪。』餘無言者。久之，復曰：『某前在海外，了得《易》、《書》、《論語》三書，今盡以付子，願勿以示人。三十年後，會有知者。』因取藏篋，欲開而鑰失匙。某曰：『某獲侍言，方自此始，何遽及是也。』即遷寓孫氏館。(下略)」常屬縣武進，有奔牛鎮；《咸淳毗陵志》卷三謂武進東南二十七里有奔牛市；奔牛埭或即其地。參元符三年「在儋訂補《易傳》」條。

《欒城後集》卷二十《祭亡兄端明文》：「終止毗陵，有田數頃。逝將歸休，築室鑿井。」

錢世雄日往造見致候。

《春渚紀聞》卷六《坡仙之終》引世雄《跋施純叟藏(東坡)先生帖後》云：「(先生)遷寓孫氏館，日往造見，見必移時，慨然追論往事，且及人，間出嶺海詩文相示，時發一笑，覺眉宇間秀爽之氣照映坐人。」

傳買宅於常，聞其宅乃百年祖業，賣者之母不欲賣，乃焚券不索其直還之。

《梁溪漫志》卷四《東坡卜居陽羨》：「建中靖國元年，東坡自儋北歸，卜居陽羨，陽羨士大夫猶畏而不敢與之游。獨士人邵民瞻從學於坡，坡亦喜其人，時時相與杖策過長橋、訪山水為樂。邵為坡買一宅，為錢五百緡，坡傾囊僅能償之。卜吉入新第，既得日矣，夜與邵步月，偶至一村落，聞婦人哭聲極哀，坡徙倚聽之，曰：『異哉，何其悲也！豈有大難割之愛觸於其心歟？吾將問之。』遂與邵推扉而入，則一老嫗，見坡泣自若。坡問：『嫗何為哀傷至是？』嫗曰：『吾家有一居，相傳百年，保守不敢動，以至於我，而吾子不肖，遂舉以售諸人。吾今日遷徙來此，百年舊居，一旦訣別，寧不痛心，此吾之所以泣也。』坡亦為之愴然。問其故居所在，則坡以五百緡所得者也。坡因再三慰撫，徐謂之曰：『嫗之舊居，乃吾所售也，不必深悲，今當以是屋還嫗。』即命取屋券，對嫗焚之，呼其子，命翌日迎母還舊第，竟不索其直。坡自是遂還毗陵，不復買宅，而借顧塘橋孫氏居暫憩焉。是歲七月，坡竟殁於借居。前輩所為類如此，而世多不知，獨吾州傳其事云。」《深雪偶談》亦有此記載，不録。

天旱，欲禱雨黄筌所畫龍。得雨，常人袁點（思與）呈詩，答簡褒之。

《文集》卷五十三《與錢濟明》第十五簡敍欲禱雨；約世雄（濟明）來燒香。此簡，《晚香堂蘇帖》有，略殘，現存蘇軾碑帖，以此為最晚。《玉照新志》卷五：「東坡先生南遷，北歸次毗陵，時久旱得雨，有里人袁點思與有一絶云：『青蓋美人回鳳帶，繡衣男子返雲車，上天一笑渾無事，從此人間樂有餘。』書以呈東坡，坡大喜，為之重寫，且以手柬褒之。至今袁氏刻石藏於家。」以下謂點仕至朝請大夫，以名才典郡。答點之簡已佚。點乃元豐八年進士。見元修《無錫縣志》卷三下。

翟汝文來見。

《京口耆舊傳》卷四《翟汝文傳》謂「少從蘇軾、黄庭堅游」。《宋史》卷三百七十二汝文傳謂登第後「以親老不調者十年」，徽宗時，除中書舍人，以「言者謂汝文從蘇軾、黄庭堅游」，乃出知襄州。《永樂大典》卷八千八百四十五引汝文《翟忠惠先生集·東坡遠遊并序》敍及蘇軾入儋，「未之識」。知汝文從軾游，乃軾北歸次京口時事。參紹聖四年「入儋後李公麟為蘇軾畫像」條。

本月，上表請老，以本官致仕。

據《王譜》。《紀年録》謂本月「以疾告老於朝，以本官致仕」。表乃《佚文彙編》卷一《乞致仕狀》，云：「今已至常州，百病横生，四肢腫滿，渴消唾血，全不能食者二十餘日矣，自料必死。」《墓誌銘》謂本官乃朝奉郎，並謂：「公自元祐以來，未嘗以歲課乞遷，故官止於此，勳上輕車都尉，封武功縣開國伯，食邑九百户。」

庫本《聖宋名賢五百家播芳大全文粹》卷七下題蘇軾作《乞致仕表》首云「七十致仕」，又云「空縻厚禄，已復三年」，不合軾經歷，非軾作。宋本《播芳大全》無此文。

《文集》卷六十一《與參寥子》第二十一簡：「見知識中病甚垂死因致仕而得活者，俗情不免效之，果若有應，其他不恤也。」可參。

撰《遺表》，道潛（參寥）欲刻之，簡道潛，囑勿刻。

簡乃與道潛第二十一簡，見《文集》卷六十一。簡首云「病甚，幾不相見，兩日乃微有生意」；又云「致仕」，作於乞致仕後；末云「《遺表》千萬勿刻，無補有害也」。

蘇軾自知將不久人世，病中預作《遺表》。宋以前及宋代，朝廷官員，臨終前預作奏文，就朝廷興革事宜，提出建議，身後上之朝廷，以備採擇，以示忠藎。《宋史》卷三百四十四《李之儀傳》即載之儀為范純仁作《遺表》。據簡，知軾《遺表》曾在若干親知内傳寫。道潛讀《遺表》後，乃致簡蘇軾，欲刻之。此簡乃為答道潛簡而作。蘇軾此表，當一如以往奏文，披肝瀝膽，原意自欲上之朝廷，後或以朝政日非，表文觸忤權要，不獨於個人，於子孫、於友人均不利，遂改變初衷，不欲上之，不欲傳於世，故囑道潛勿刻。蘇軾臨終前，當就此吩咐諸子，諸子遵行之，其文遂不傳。

立秋日（七月十二日），與米黻簡。同日，書惠州所撰《江月》五詩贈錢世雄（濟明）。

簡乃《文集》卷五十八與黻第二十八簡。《寶晉英光集》卷四《蘇東坡輓詩》其四「古書跋贊許猶新」句自注：「公立秋日，於其子過書中批云：謝跋在下懷。」「謝跋」云云乃簡中語。

《春渚紀聞》卷六《坡仙之終》引世雄跋：「七月十二日，疾少間，曰：『今日有意喜近筆硯，試為濟明戲書數紙。』遂書《惠州江月》五詩。」

十三日，書《跋桂酒頌》贈錢世雄。自爾疾稍增。

據《春渚紀聞》卷六《坡仙之終》引錢世雄跋。

陳輔（輔之）來問疾，以病倦不及見，簡輔希輔來。

《文集》卷五十七《與陳輔之》：「若得少駐，復與故人一笑，此又出望外也。」據「少駐」云云，是輔之專程來常也。

《京口耆舊傳》卷四《陳輔傳》：「其詩文自治平至元祐二十卷，為前集；自元祐抵政和二十卷，為後集。」則輔及政和。集不傳。《家世舊聞》卷下敍及輔與陸游之父宰有交往。《禮部集》卷十六《東坡二帖》：「坡與之帖云（按：即上所引見於《文集》卷五十七之簡，略）。此在毗陵屬疾時，時輔來訪，其於蘇公，亦甚惓惓矣。」

熱毒轉甚，錢世雄（濟明）欲以神藥進，不服。

《文集》卷五十三與世雄第十六簡、第十三簡敍之。

氣逆不能卧，晉陵縣令陸元光以嬾版爲獻。

《梁溪漫志》卷四《東坡嬾版》：「（東坡）止於毘陵顧塘橋孫氏之館，氣寖上逆不能卧，時晉陵邑大夫陸元光，獲侍疾卧内，輟所御嬾版以獻。縱横三尺，偃植以受背，公殊以爲便，竟據是版而終。後，陸君之子以屬蒼梧胡德輝，爲之銘曰：參歿易簀，由殪結纓。斃而得正，匪死實生。堂堂東坡，斯文棟梁。以正就木，猶不忍僵。昔我邑長，君先大夫。侍聞夢奠，啟手舉扶。木君戚施，匪屏匪几。詒萬子孫，無曰不祥之器。」又見《咸淳毘陵志》卷三十。

陸元光於元符元年六月，以通直郎知晉陵縣，繼任者張德洵，本年十月到任。元光爲熙寧六年進士。見《咸淳毘陵志》卷十、卷十一。胡德輝名珵，毘陵人。宣和三年進士。《宋史翼》卷十一有傳。《誠齋集》卷七十九有《胡德輝蒼梧集序》，集佚。

《欒城後集》卷二十《祭亡兄端明文》：「上燥下寒，氣不能支。」可印證「氣逆」云云。

作詩寄知廣州朱服（行中），以廉潔箴之。

詩乃《詩集》卷四十五《夢中作寄朱行中》。《風月堂詩話》卷下：「坡還嶺北，聞行中到廣，士大夫頗以廉潔少之。至毗陵，夢中得詩一首，寄行中云：（略）。紙尾又題云：『夢中得此詩，自不曉其意，今寫以奉寄，夢中分明用此色紙也。』或言東坡絶筆於此詩。其愛行中也甚矣，不欲正言其事，聊假夢以諷之耳。其後行中果以此免，坡真知言哉。」《王譜》：「按先生寄朱行中詩，有『至今不貪寶，凛然照塵寰』之句。先生注云：『前一日夢中作此詩寄行中，覺而記之，自不曉。』按近日曾端伯《百家詩選》，至朱行中事迹云：『東坡《夢中寄朱行中》一篇，南遷絶筆也。』」

《宋史》卷三百四十七《朱服傳》敍知廣州後，以下云：「哲宗既祥，服賦詩有『孤臣正泣龍髯草』之語，為部使者所上，黜知袁州。又坐與蘇軾游，貶海州團練副使、蘄州安置。改興國軍，卒。」《能改齋漫録》卷十二《責降朱師復制》：「崇寧元年八月，廣州制勘院勘到前知廣州朱師復贓私不法，及交通蘇軾等事。」以下引制謂朝散郎知袁州朱師復，諂交軾、轍，密於唱和，賄賂公行，貪贓具得，可責受建安軍節度副使、興國軍安置；其《安置興國軍謝表》有云貪緣軾、轍之度嶺，初一承顏。《長編拾補》卷二十崇寧元年八月己卯紀事：「朱師服安置興國軍。」知師復、師服即服。《能改齋漫録》謂服與蘇軾交往故，入元祐黨籍。服在黨籍中為邪下，見《長編拾補》崇寧元年九月乙未紀事。《能改齋漫録》謂紹興五年六月服復官。《元祐黨人傳》、《北宋經撫年表》誤以朱服、朱師服為二人。

十八日，命諸子侍側。

《墓誌銘》：「未終旬日，獨以諸子侍側，曰：『吾生無惡，死必不墜，慎無哭泣以怛化。』」自今日至二十八日卒為十日，故繫此事於此。

旋微有生意，適長老維琳來問疾，乃簡邀晚涼相對卧談。

《文集》卷六十一與維琳第一簡敍之，然扶行亦不過數步，亦不能久坐。

《嘉泰吳興志》卷十三《寺院·武康縣·隆教院》：「在縣西北十八里銅山之麓，石晉天福三年建。」以下云：建中靖國初維琳居之。

二十六日，惟琳來説偈，答之；與惟琳簡，絶筆。

《紀年録》：「徑山老惟琳來，説偈，答曰：『與君皆丙子，各已三萬日。一日一千偈，電往乃能詰。大患緣有身，無身則無疾。平生笑摩什，神咒真浪出。』琳問神咒事，索筆書：『昔鳩摩羅什病亟，出西域神咒，三番令弟子誦以免難，不及事而終。』併出一帖云：『某嶺海萬里不死，而歸宿田里，有不起之憂，非命也耶！』蓋絶筆於此。」以下云後二日卒。與惟琳簡全文，見《文集》卷六十一（一八八五頁）。

「昔鳩摩羅什」云云，《佚文彙編》未收。惟琳偈，見《詩集》卷四十五《答徑山琳長老》「王堯祖注」。維琳此時實居武康銅山，見上條，云「徑山」，乃沿舊稱。

丁亥（二十八日），卒。卒前思弟轍。諸子、維琳、錢世雄在側。遺言葬汝州。

《欒城後集》卷二十《祭亡兄端明文》：「啟手無言，時惟我思。」參本年此前「至奔牛埭」條紀事。同上卷《再祭亡兄端明文》：「瘴暑相尋，醫不能痊。」《墓誌銘》：「諸子……問以後事，不答，湛然而逝，實七月丁亥也。」

《豫章黄先生文集》卷十九《與王庠周彥書》：「有自常州來云：東坡病亟時，索沐浴，改朝衣，談笑而化。」

《紀年録》：「將屬纊，而聞、觀先離，琳叩耳大聲曰：『端明宜勿忘。』『西方不無，但箇裏著（力）不得。』世雄云：『固先生平時履踐，至此更須著力。』曰：『著力即差。』語絶而逝。」《清波雜志》卷三亦有此記載，較略。「聞、觀」乃指耳、眼。《宋稗類鈔》卷六《傷逝》引李禿翁曰：「『西方不無』，便是疑信之間，若真實信有西方，正好著力，如何謂著力不得也。」

《石門文字禪》卷二十七《跋李豸弔東坡文》謂蘇軾彌留之際，「錢濟明侍其旁，白曰：『端明平生學佛，此日如何？』坡曰：『此語亦不受。』遂化。（下略）」

「遺言」云云，詳崇寧元年閏六月癸酉紀事。

《寶晉英光集》補遺《書紫金硯事》：「蘇子瞻攜吾紫金硯去，囑其子入棺。」

《甕牖閑評》卷八謂卒於錢公輔家。按：公輔乃世雄（濟明）之父，見熙寧五年五月紀事。《春渚紀聞》卷六《坡仙之終》並未言蘇軾至常後自孫氏館遷他處；《梁溪漫志》謂卒於孫氏居（見以上「傳嘗買宅於常」條）。有不同處。

其卒也，四方震悼。

《墓誌銘》：「吳越之民相與哭於市，其君子相弔於家，訃聞四方，無賢愚，皆咨嗟出涕。」

弟轍、晁補之、錢世雄有祭文。

弟轍祭文，一作於本年九月初五日，一作於崇寧元年五月初一日，皆見《欒城後集》卷二十。參崇寧元年五月初一日紀事。

補之祭文見《雞肋集》卷六十一。

世雄祭文見《春渚紀聞》卷六《鄱陽十三世》條，乃節文，云：「降鄱陽於十三世，天豈偶然；繼孟軻於五百年，吾無間也。」并引世雄之語，云：「元祐初，劉貢甫夢至一官府，案間文軸甚多，偶取一軸展視，云在宋為蘇某，逆數而上十三世，云在西漢為鄱陽。蓋如黄帝時為火師，周朝為柱下史，只一老聃也。」

補之卒於大觀四年，年五十八，見《柯山集拾遺》補之墓銘。世雄晚年自號冰華老人，見《道鄉集》卷三《讀錢濟明書》。晚年與鄒浩、釋惠洪有交往，《道鄉集》卷三、卷十四及《石門文字禪》卷十一有詩及之。《楊龜山先生集》卷二十五《冰華先生文集序》謂世雄以蘇軾「取重於世，亦以是得罪於權要，廢之終身，卒以窮死」。《鐵網珊瑚》有世雄崇寧間所作陳亞之詩跋，其卒在此以後。

黄庭堅與弟轍簡，致悲痛之意。

《豫章黄先生文集》卷十九《寄蘇子由》第二書：「端明二丈，人物之冠冕，道德文章，足以增九鼎之重，不謂遂至於此，何勝殄瘁之悲。」第三簡：「伏承端明二丈，窀穸有期，天下失此偉人，何勝霣涕。石刻得三丈論撰無憾矣。」前者作於本年年末。三丈謂轍，石刻謂《墓誌銘》。

《拊掌録》：「黄魯直在荆州，聞東坡下世，士人往弔之，魯直兩手抱一膝起行獨步。」《邵氏聞見後録》卷二十一：「趙肯堂親見魯直晚年懸東坡像於室中，每早作，衣冠薦香，肅揖甚敬。或以同時聲實相上下為問，則離席驚避曰：『庭堅望東坡，門弟子耳，安敢失其序哉！』今江西君子曰『蘇黄』者，非魯直本意。」

庭堅卒於崇寧四年九月三十日，時在宜州，年六十一。見《山谷全書》卷首年譜。

陳師道記太學生為蘇軾舉哀。

師道之語，見《後山集》卷二十一《談叢》，詳以下「太學生侯秦舉哀」條。《風月堂詩話》卷上謂師道建中靖國間到京師，見晁冲之（叔用）詩，以下云：「曰：『子詩造此地，必須得一悟門。』叔用初不言，無已再三詰之。叔用云：『別無所得，頃因看韓退之雜文，自有入處。』無已首允之，曰：『東坡言杜甫似司馬遷，世人多不解，子可與論此矣。』」蓋師道（無已）以蘇軾論詩之言勉之也。冲之，説之從弟。《嵩山文集》卷四有《題冲弟詩》。有《晁具茨集》十五卷傳世。師道卒於本年十二月二十九日，見《後山集》卷首《集記》。

徐積、潘大臨、張耒、李之儀、道潛、張舜民、米黻、李彭、晁説之、惠洪有挽作。

積挽詩見《節孝集》卷二十七。大臨挽詩見《紫微詩話》。《張耒集》卷八《寓陳雜詩十首》其六乃耒挽詩，同上卷五和蘇軾所和陶淵明《歸去來辭》，亦為挽作；耒聞軾卒時，知潁州，乃出己俸於薦福禪院為軾飯僧縞素而哭，並以此謫黄州，見《長編拾補》卷二十崇寧元年七月庚戌紀事。《姑溪居士文集》卷五《觀東坡集》、卷十一《東坡挽詞》為之儀挽作。道潛挽作見《參寥子詩集》卷十一。舜民哀作見《墨莊漫録》卷八，時守定州，凡哀辭一、哀詩一；哀詩亦見《畫墁集》卷二。《寶晉英光集》卷四《蘇東坡輓詩五首》，《詩集》卷四十五已附録。《日涉園集》卷六《雪夜書懷》，乃彭挽作。《嵩山文集》卷十八

《東坡先生畫像·又》及卷九《題六一東坡像》，乃説之挽作。《石門文字禪》卷十五《袁州聞東坡歿於毗陵書精進寺壁三首》、卷十一《與客論東坡作此》，乃惠洪挽作。

《節孝集》附録王資深撰《徐積行狀》謂積卒於崇寧二年，年七十六。《張耒集》卷四十八《潘大臨文集序》敍「去黄居於淮陰」聞大臨客死蘄春，以下敍政和初事；大臨約卒於大觀間。耒卒於政和四年，年六十一，見《張耒集》附年譜。涵芬樓《説郛》卷三十八朱弁《續骫骳説》謂道潛「崇寧末歸老江湖，既示寂，其傳孫法穎以其集行於世」；今所傳四部叢刊影宋本《參寥子詩集》，即法穎本。《永樂大典》卷三千四百一引舜民《祭子由門下文》；按：蘇轍（子由）卒於政和二年，舜民卒在此以後。黻卒於大觀元年，年五十九，見《北山小集》卷十六《題米元章墓》。彭，徽宗時灌園修水之上，筆畫一出，人争傳寶，《石門文字禪》卷二十七多跋及之，《宋史翼》卷二十六有傳。説之卒於建炎三年正月七日，年七十一。見《嵩山文集》卷末附録《晁氏世譜節録》。惠洪卒於建炎二年五月，年五十八，在同安。見《指月録》卷二十八《瑞州清涼慧（惠）洪覺範禪師》。

王鞏、李廌、黄寔有疏文。

《蘇門六君子文粹》卷首《六君子雜説》云軾訃至京師，鞏有疏文。已佚。

廌疏文見《太平治迹統類》卷二十五《蘇軾立朝大節》、《宋史》卷四百四十四《李廌傳》，皆節文，前者較詳。中有「皇天后土，知一生忠義之心，名山大川，還千古英靈之氣」之語，一時傳誦。

《清波雜志》卷七謂寔（原誤作「定」）有疏文，已佚。

《墨莊漫録》卷三有鞏作《蘇黄門(轍)挽詩》，知鞏卒在政和二年轍卒後。《永樂大典》卷二萬二千五百三十七引李之儀《濟南月巖集序》，政和六年作，謂時乃廌「歿後八年」，知廌大觀二年卒。《宋會要輯稿》第五十一册《儀制》一一之一三：「朝請大夫寶文閣待制黄寔，崇寧四年閏二月贈龍圖閣直學士。」其卒當亦在崇寧四年。

太學生侯秦、廖嶢，武學生楊選舉哀；僧榮顯舉哀；錢唐游衲有挽詩。

《墓誌銘》：「太學之士數百人，相率飯僧慧林佛舍。」《後山集》卷二十一《談叢》：「眉山公卒，太學生侯秦、武學生楊選素不識公，率衆舉哀，從者二百餘人。飯僧於法雲，主者惟白下聽慧林佛陀禪師，聞而招致之。」乾隆《延平府志》卷二十七：「廖嶢字次山，順昌人。元符間入太學。屬蘇軾卒，諸生相與飯僧。以嶢工於文，推為薦疏，又自為詩悼之。語皆妙絶。崇寧中上書言時政，黜還鄉。未幾卒。有《雲溪集》十卷。」集不傳。

《輿地紀勝》卷三十二《贛州》：「僧榮顯：(上略)東坡去虔之後，聞訃，為設齋供佛，哭之盡哀。鄰僧與榮不善者，怵榮曰：『近張耒學士為蘇掛服，已送獄矣。』榮曰：『使吾得為元祐黨人，非幸耶！』」

《樂庵語録》卷三：「崇、觀間，朝廷禁元祐學甚切，皆號為頗僻之文。舉子在學校及場屋，一字不敢用，雖碑刻亦盡仆之。時錢唐有一遊衲，以隱税逮繫於州，發篋得詩稿數編，首篇哭東坡，其辭曰：『文星落處天為泣，此老已亡吾道窮。功業漫誇生仲達，文章猶忌死姚崇。人間便覺無真氣，海内何由見古風。平日百篇誰復愛，六丁收拾上瑶宫。』守見而奇之，因釋其罪。前輩謂治平之世，則公議在廟堂，上無道揆，下無法守，則公議在草茅。斯言信哉！」

《墓誌銘》著録蘇軾之著述，有《易傳》、《論語説》、《書傳》、《東坡集》、《後集》、《奏議》、《内制》、《外制》、和陶詩。

《墓誌銘》敍《易傳》、《論語説》、《書傳》之語，已見元豐四年「述父洵遺志」條、元符三年「在儋撰成《書傳》」條。《墓誌銘》敍《易傳》等三書後，云：「至其遇事所為詩騷銘記書檄論譔，率皆過人。有《東坡集》四十卷、《後集》二十卷、《奏議》十五卷、《内制》十卷、《外制》三卷；公詩本似李、杜，晚喜陶淵明，追和之者幾遍，凡四卷。」

以上各書，蘇軾在世時，行於世者，有《東坡集》四十卷，見元祐六年「作《書渾令公燕魚朝恩圖》詩，《東坡集》止於此」條。《苕溪漁隱叢話》後集卷二十八謂「《後集》乃後人所編」，據《墓誌銘》，所云後人，當為弟轍及三子邁、迨、過。

《昭德先生郡齋讀書志》卷一上著録《毗陵易傳》十一卷（即《易傳》）、《東坡書傳》十卷。卷一下著録《東坡論語解》十卷（元豐四年已略及）。卷四下著録《東坡前集》四十卷、《後集》二十卷、《奏議》十五卷、《内制》十卷、《外制》三卷、《和陶集》四卷，與《墓誌銘》同。《昭德先生郡齋讀書志》撰者晁公武自序，作於紹興二十一年（一一五一）元日，是《易傳》等書已於此前行世。今惟《論語解》不傳。

除《墓誌銘》所述者外，蘇軾著述（如《應詔集》等）尚多，自南宋以後，以多種編纂方式及不同版本刊行，有存有佚。除學術著作外，其存於今者，已彙入《蘇軾詩集》、《蘇軾文集》及《全宋詞》所收蘇軾之詞中。其源流演遞，將另文考述，此不贅。

傳嘗注杜詩，爲《東坡事實》、《杜陵句解》，乃僞撰，不可信。

《苕溪漁隱叢話·前集》卷十一：「苕溪漁隱曰：余觀注《詩史》，是二曲李歜，述其自序云：『歜上書之明年，言狂意妄，聖天子不賜鑊樵全生，棄逐嶺表。東坡先生亦謫昌化，幸忝門下青氈，又於疑誤處，授先生指南，三千餘事，疏之編簡，聊自記其忘遺爾。』然三千餘事，余嘗細考之史傳小説，殊不略見一事，寧盡出於異書耶！以此驗之，必好事者僞撰以誑世，所謂李歜者，蓋以詭名耳。其間又多載東坡語。如『草黄騏驥病』，則注云：『陳畯卧疾，粱拘過門曰：霜經草黄，騏驥病矣，駑駘何以快駃？蓋言君子不得時，小人自肆也。少游一日來問余曰：某細味杜詩，皆於古人語句，補綴爲詩，平穩妥貼，若神施鬼設，不知工部腹中，幾個國子監耶！余喜此譚，遂筆寄同叔（原注：子由，一字同叔），使知少游留心於老杜。』『意欲鏟疊嶂』，則注云：『袁盎曰：諸侯欲鏟連雲疊嶂，而造物夫復如何。余因舟中與兒子迨同注，檢書倦，先卧，余繼燭至曉，遂疏之。』似此等語甚衆，此聊舉其一二言之，當亦是僞撰耳。近時又有箋注東坡詩句者，其集刊行，號曰《東坡錦繡段》者是也，亦隨句撰事，牽合殊無根蒂，正與李歜注《詩史》同科，皆不可信也。」元劉壎尚見《詩史》，並信之，見《隱居通議》卷七。

《猗覺寮雜記》卷上：「近世所傳東坡注杜詩，李歜編者，誕妄無根，不可名狀。」又云：「有灼然有出處而歜不知者。又，東坡雜説中論杜詩及録出處者極多，無一字及此，以是知其尤妄誕。」末云：「小兒輩好奇，未多讀書，真以爲東坡所注，故爲辨之。」

《九家集注杜詩》卷十八《巳上人茅齋》趙次公注：「又有所謂《杜陵句解》者，南中李歜所為也。且云聞於東坡云。」又云：「《東坡事實》乃輕薄子所撰。」

《晦菴先生朱文公文集》卷八十四《跋章國華所集注杜詩》：「《東坡事實》者，非蘇公作，聞之長老，乃閩中鄭昂尚明偽為之，所引事皆無根據，反用杜詩見句增減為文，而傳其前人名字，託為其語。至有時世先後，顛倒失次者。舊嘗考之，知其決非蘇公書也。」

四部叢刊影宋刊本《分門集注杜工部詩》卷首《集注杜工部詩姓氏》有蘇軾之名，謂「著《釋事》」。按：《釋事》當即《東坡事實》；《分門集注杜工部詩》引蘇軾注頗多。

《文定集》卷十《書少陵詩集正異》：「閩中所刻東坡《杜詩事實》者，不知何人假託，皆鑿空撰造，無一語有來處。如引王逸少詩云：『湖上春風舞天棘。』此其偽謬之一也。今乃用此改『天棘夢青絲』為『舞青絲』，政使實有此證，猶未可輕改，況其不然者乎！」

自此以後，弟轍居潁昌不仕，卒於政和二年十月三日。

據《蘇潁濱年表》；年七十四。《東都事略》、《宋史》轍傳同。

《何譜》謂轍卒於政和八年，年八十。《三朝名臣言行録》卷九、《名賢氏族言行類稿》卷七同。今從《年表》。

子邁、迨、過從叔轍居潁昌。邁大觀間官嘉禾，政和二年歸潁昌；與何薳有交往。

《欒城先生遺言》：「東坡病殁於晉陵，伯達、叔、仲歸許昌，生事蕭然。公（按：指蘇轍）篤愛天倫，曩歲別業在浚都，鬻之九千數百緡，悉以助焉，囑勿輕用。時公方降三官，謫籍奪俸。」浚都，開封。

《斜川集》卷一《送伯達兄赴嘉禾》：「五載卧箕潁，分甘一廛氓。」是居潁昌凡五年，則赴嘉禾，約為大觀元年事。詩又云：「君乃簿書嬰。」嘉禾為秀州，治嘉興。邁入嘉興幕。《名賢氏族言行類稿》卷二十六《章惇傳》、《章楶傳》引蘇軾與二人之簡，簡後，該書作者章定有跋，跋云簡後有「蘇邁大觀四年八月二十九日嘉興幕下跋語」之語，邁跋不見。

《欒城第三集》卷四《喜姪邁還家》：「一別怱怱歲五除，還家怪我白髭鬚。懷中初見孫三世，巷口新成宅一區（原註：姪房添一男孫，予亦葺成敝廬，皆別後事）。林下酒尊還漫設，牀頭《易傳》近看無。老年遊宦真安往，南北相望結草廬。」詩作於政和二年。時邁年五十四歲。

《名賢氏族言行類稿》卷七《蘇軾傳》：子邁，善為文，仕不顯。

《豫章文集》卷十二《誨子姪文》：「杜牧曰：願汝出門去，取官如驅羊。富鄭公曰：願汝出門去，錦繡歸故鄉。韓魏公曰：願汝出門去，早早拜員郎。范文正公曰：願汝出門去，翰林著文章。曾公亮曰：願汝出門去，錦繡為肝腸。（中略）其後蘇東坡打諢，示子蘇邁曰：願汝出門去，無玷辱爺娘。」此不知為何時事，姑附於此。

《式古堂書畫彙考·書》卷十有《蘇伯達辱書愈勤帖》，原注：行草書，紙本。同卷尚有《蘇伯達台眷帖》，在《蘇氏一門諸帖册》中。

《春渚紀聞》卷六《書明光詞》作者何薳敍與邁交往。

迨政和初為武昌筦庫官，宣和初葉夢得帥潁昌，與弟過與夢得有唱酬，宣和間與張元幹有交往。靖康初，官駕部員外郎。繼娶歐陽氏。卒後，歐陽氏移家宜興。

《斜川集》卷五《送仲豫兄赴官武昌敍》：「仲兄少不樂仕進，親戚强之，今四十有二，始為筦庫官。」時為政和元年，謂武昌筦庫官。

《研北雜志》卷上：「葉夢得少藴鎮許昌日，通判府事韓縉公表，少師持國之孫也，與其季父宗質彬叔皆清修簡遠，持國之風烈猶在。其伯父丞相莊敏公玉汝之子宗武文若，年八十餘致仕，耆老篤厚，歷歷能論前朝事。王文恪公樂道之子寔仲弓，浮沉久不仕，超然不嬰世故，慕嵇叔夜、陶淵明為人。曾魯公之孫誠存之，議論英發，貫串古今。蘇翰林二子迨仲豫、過叔黨，文采皆有家法。過為屬邑郾城令。岑穰彥休已病，羸然不勝衣，窮今考古，意氣不衰。許亢宗幹譽冲澹靖深，無交當世之志。皆會一府。其舅氏晁將之無斁，自金鄉來過，説之以道居新鄭，杜門不出，遥請入社，時相從於西湖之上，輒終日忘歸，酒酣賦詩，唱酬迭作，至屢返不已，一時冠蓋人物之盛如此！有《許昌唱和集》。」《宋史》卷四百四十五《葉夢得傳》：「政和五年，起知蔡州，復龍圖閣直學士。移帥潁昌府。」《四朝名臣言行録》：「夢得宣和初知潁昌，宣和二年提舉鴻慶宫。」張元幹《蘆川歸來集》卷十《附録·宣政間名賢題跋》有迨跋，約作於宣和七年。

《南澗甲乙稿》卷二十一《朝散郎祕閣修撰江南西路轉運副使蘇公（峴）墓誌銘》：「祖諱迨，朝散郎，尚書駕部員外郎。妣安人歐陽氏。……始文忠愛陽羨山水，買田欲居，僅數百畝、屋數楹也。而家於許昌，至離亂，駕部即世，歐陽夫人始居陽羨。」迨原娶歐陽棐之女，卒於元祐八年，已見該年紀事，此歐陽氏乃另一人。據此處所記，迨實卒於靖康、建炎中原板蕩之時。

《名賢氏族言行類稿》卷七《蘇軾傳》：迨，善為文。靖康初為駕部郎。《東都事略》卷九十七《蘇軾傳》謂「迨靖康初為駕部員外郎」。《宋史・蘇軾傳》謂邁官駕部員外郎，誤。

過，《宋史》有傳。

傳在卷三百三十八。《嵩山文集》卷二十有《宋故通直郎眉山蘇叔黨墓誌銘》。四川大學學報叢刊第二十七輯《古籍整理研究》有曾棗莊、舒大剛撰《蘇過年譜》。過卒於宣和五年十二月乙未，年五十二。參宣和六年紀事。

孫：簞、符、箕、籥、筌、籌、簣、籍、節、笈、簟、篋、笙，凡十三人。

《墓誌銘》：「孫男六人，簞、符、箕、籥、筌、籌。」

簞。見元豐元年八月十二日紀事。

符。字仲虎。紹興間，賜同進士出身。除中書舍人，為禮部尚書。事迹詳行狀、《永樂大典》卷二千四百一引《紹興正論・蘇符傳》。符卒於紹興二十六年（一一五六）七月丁未，年七十。邁第二子。

箕。《春渚紀聞》卷六《書明光詞》有「仲虎、叔平諸孫」之語。箕在諸孫間次三，叔平當為箕之字。邁第三子。

籥，過長子。《斜川集》卷六《志隱・跋》：「小兒籥在總角時，逮事先君子者。」

筌、籌，邁第四子、第五子。

簣。迨子。《南澗甲乙稿》卷二十一《朝散郎秘閣修撰江南西路轉運副使蘇公（峴）墓誌銘》謂簣為將仕郎，累贈朝奉大夫，早卒。《銘》謂迨「嗣無後」，乃以籥之子峴為後。則迨僅簣一子。《排韻增廣事類氏族大全》卷三「簣」作「簦」。

《永樂大典》卷二千四百一引《蘇過墓誌銘》謂過子七人，籥之外，為籍、節、笈、簞、篴、筌。「筌」原作「竺」，今從《萬姓統譜》卷十二。《宋史·蘇過傳》「簞」作「箪」、「筌」作「箾」。

籍字季文，官至荆湖南路提點刑獄公事。見《永樂大典》卷二千四百一引《紹興正論》。《吳興備志》卷二十五謂臨平廣嚴院僧普聞所藏《東坡趙令鑠唱和真迹》，有籍之題跋。

孫女可考者五。邁之女阿巽適范渼，過之長女適常任佚。

《山谷詩集注》卷五《子瞻詩句妙一世，乃云效庭堅體……次韻道之》，作於元祐二年。末云：「小兒未可知，客或許敦厖。誠堪壻阿巽，買紅纏酒缸。」任淵注謂「意且欲為其子求婚於蘇氏，抑東坡或嘗以此許之也」。注又云：「山谷在黔中與王瀘州帖云：『小子相，今年十四，骨氣差厖厚。』以此帖觀之，在京師時，三四歲矣。阿巽，蓋蘇邁伯達之女，東坡之孫。山谷雖有此言，其後契闊，竟不成婚。嫁范子功之孫渼，渼字箕叟。敷文學士蘇符仲虎，伯達之子也，其言云爾。」《斜川集》卷一有《與范箕叟避暑西湖》詩。此西湖在許州。子功，百禄字。本譜多處提及。

《永樂大典》卷二千四百一引《蘇過墓誌銘》：女四人，長適將仕郎常任佚。「佚」原作「俠」，據《老學庵筆記》卷四改。

崇寧元年（一一〇二）壬午

四月二十三日，弟轍作《再祭亡嫂王氏文》。先是軾卒，軾子邁、迨、過護父柩經淮汴赴汝州。邁途中往京師，遷繼母王閏之之柩。至是王閏之之柩至潁昌，轍乃為文以祭。

《欒城後集》卷二十《再祭亡嫂王氏文》：「嗚呼！天禍我家，兄歸自南，没於毗陵。諸孤護喪，行於淮汴，望之拊膺。自嫂之亡，旅殯西圻，九年於今。兄没有命，葬我嵩山，土厚水深。邁往告遷，及迨初歸，靈輀是升。道出潁川，家寓於兹，迎哭傷心。遠日孟秋，水潦方降，畏行不能。塋兆東南，精舍在焉，有佛與僧。往寓其堂，以須兄至，歸於丘林。雖非故鄉，親族不遐，勿畏勿驚。」

五月初一日，弟轍作《再祭亡兄端明文》。時柩至。柩至時，李之儀致奠。

文見《欒城後集》卷二十。四月二十三日祭王閏之之文，有「以須兄至」之語，知此文作於蘇軾靈柩到達之日。

《姑溪居士文集》卷二十五《與趙仲強兄弟》第八簡：「昨日已具馬將北去，遽報東坡喪舟來，亟往郊外致奠。」

同上書卷五十《姑溪居士妻胡氏文柔墓誌銘》：「崇寧二年，余以撰故宰相范忠宣公行狀，逮繫御史獄。方大暑，文柔親自潁昌兼程野宿追余至京師，就數椽地，手自執爨，具獄中飯。」是蘇軾靈柩至時，之儀在潁昌任。范忠宣公乃純仁，參《宋史》卷三百四十四《李之儀傳》。

《太倉稊米集》卷五十一《姑溪三昧序》謂之儀政和七年卒。之儀生慶曆八年，見該年紀事。據此，之儀享年七十一。《揮麈録・後録》謂之儀卒時年八十，誤。

蘇軾去世後，李之儀與友人汲汲多方搜求軾南遷期間所作詩文，以刊行於世。以下附録之二則事實，可見一斑。

《姑溪居士後集》卷十七《與王性之》第十簡：「伏蒙寵示所集六一翁遺文并蔡君書，與其編次東坡老南遷後詩文總目，且俾附名其後及序其前，皆巨題也。固當以不敏求免，然二公不可忘也。每得其緒餘之傳，無異自天而下，况探索討論，超出物表，非豪傑之勇，疇克爾爾，輒勉強索課，録呈左右。」同上卷十五《仇池翁南浮集序》：「蔡君家世輦轂之下，軒輊無所系，而能以退為進，父子之間，自為知己，獨於先生南遷已後所見於抑揚者，博訪兼收，所較他日之得為備。吾友汝陰王性之，實與討論，仍為手自鈔録，總若干篇，集成若干卷。性之將適宣城，道太平，蔡君以書并其總目因性之以相示，邀予為之序。」此序之前，為《歐陽文忠公別集後序》，作於政和四年三月，此序之末尚有「先生即世十餘年」之語，當為同時作。仇池翁，謂蘇軾。《南浮集》不知刊行與否，不傳。性之名銍。留意典籍，手自校讎，藏書達數萬卷。南渡後為樞密院編修官。寓居會稽，自號汝陰居士。卒約在高宗紹興十六年略前。著述甚多，其傳世者有《雪溪集》五卷。事迹詳拙撰《陸游交游録》，在《文史》第二十一輯。蔡君，待考。

庚午（初四日），詔蘇軾追貶崇信軍節度行軍司馬，其元追復舊官告繳納。

據《蘇穎濱年表》。

《宋大詔令集》卷二百十《故朝奉郎蘇軾降授崇信軍節度行軍司馬制》(原註：崇寧元年五月庚午)：「勑。爾早由藝文，擢置儒館。嘗以謗訕抵罪，神考赦而不誅。元祐之間，躐登華近。扶持親黨，鼓倡羣邪。肆為詆誣，以逞怨望。紹聖投之荒裔，聊正典刑。昨乃以誤恩，復還朝著。推原罪慝，在所當誅。追削故官，置之冗散。庶其黨類，知所懲創。可。」《長編拾補》卷十九謂此為五月乙亥事；并謂弟轍自太中大夫降復朝奉大夫。

閏六月癸酉(二十日)，葬於汝州郟城縣鈞臺鄉上瑞里，遵遺命也。弟轍作《墓誌銘》。

閏六月云云，據《墓誌銘》。《蘇穎濱年表》謂「葬軾於汝州郟城縣小峨眉山」。

《文集》卷六十與弟轍第八簡：「葬地，弟請一面果決。八郎婦可用，吾無不可用也。更破千緡買地，何如留作葬事，千萬勿徇俗也。」

《欒城後集》卷二十《再祭亡嫂王氏文》：「兄沒有命，葬我嵩少，土厚水深。」《祭亡兄端明文》：「卜葬嵩陽，既有治命。」《再祭亡兄端明文》：「先壟在西，老泉之山。歸葬其旁，自昔有言。勢不克從，夫豈不懷。地雖郟鄏，山曰峨眉。天實命之，豈人也哉。我寓此邦，有田一廛。子孫安之，殆不復遷。兄來自西，於是盤桓。卜告孟秋，歸於其阡。潁川有蘇，肇自兄先。」知葬期已屆秋令。《欒城三集》卷五《卜居賦·引》：「昔先君相彭、眉之間，為歸全之宅，指其庚壬曰：『此而兄弟之居也。』」「先壟」四句乃指此而言。《欒城後集》卷二十《遺适歸祭東塋文》：「兄軾已沒，遺言葬汝。」《再祭八新婦黃氏文》：「嗟哉吾兄，没於毗陵，返葬郟山。兆域寬深，舉棺從之，土厚且堅。」「八新婦」即與弟轍簡中「八郎婦」。轍作《墓誌銘》亦遵軾遺命。見本年此前「與弟轍簡預以後事為託」條。《豫章黄先生文集》卷二十八《跋翟公巽所藏石刻》：「陳留有王壽卿，得陽冰筆意，非章友直、陳晞、畢仲荀、文勛所能管攝也。」《雞肋編》卷下：「東坡葬汝州，其墓甓皆印東坡二字，洛人王壽卿所篆。」翟耆年《籀史》贊其「字畫端勁未易及」。壽卿字魯翁，事迹並見陸友仁《硯北雜志》、陶宗儀《書史會要》有傳，並參《金石録》卷十一。

《因樹屋書影》卷三：「喬鉢曰：蘇墳之大，不過三十畝，繚以土垣，古柏三十本。歲甲申，郟賊盡剪之。其中為老泉。老泉葬蜀，元郟令具衣冠為之，成三蘇耳。左子瞻，右子由，相去六七武。」

咸豐《郟縣志》卷三：「小蛾眉山，縣西北五十里，相傳蘇長公所名，以類蜀之蛾眉山也。」

同上卷十《蘇墳》：「全平山云：『《金史》謂二蘇及東坡之子過皆葬於郟之小蛾眉山。其地宋所謂釣臺鄉上瑞里也。元邑令楊允作老蘇衣冠葬其上，號曰三蘇墓。迨其後，兵亂相尋，墓為狐兔穴，松柏盡於斧斤。州守元叔儀，遺山子也，為之封樹，監縣忽欲里赤為之神道碑，守土者於崇奉先賢，固其職也。』正德中，邑人王方伯建石表墓，前書東坡《獄中寄子由》「是處青山可埋骨，他年夜雨獨傷神」之句，讀者壯而悲之。崇禎末，土賊吴宗聖發其塚，大木悉伐去。國朝順治初，邑侯張篤行始復為封樹，且立老蘇碑，主簿喬鉢又得蘇遲妻梁氏誌銘，於墓穴拾其骨，具衣冠葬焉。子由墓西有墓四，梁氏墓北有墓一，不知葬何人，過之骨豈在此五墓中與？」同上卷又謂「二蘇神道碑」，題曰「眉山兩蘇先生神道」，乃元虞集書。全平山，明弘治壬戌進士，見同上書卷十一。《金史》未載二蘇葬地，全平山所引有誤。叔儀名撫元，小字阿千，見施國祁《元遺山先生年譜》。

同上卷十《金石》：「郊行詩，蘇軾撰，正書。宋，無年月。」

同上：「蘇帖：正書，在東南城隅劉公祠。」

同上卷十一《謁蘇墳・序》（清道光間吴慈鶴撰）：「郟縣蛾眉山，乃兩小山也。東西對峙，燦若列眉。蘇文忠、文定兩公窆其東山之麓，中奉老泉衣冠為虛塚，迨、過六子咸東西祔墓。西南百步為蘇墳寺，前殿供佛，後為祠堂，祀三先生。七百年來興廢不常。（下略）」

八月丙子（二十四日），詔司馬光等二十一人子弟毋得官京師。其中有蘇軾子弟。

八月丙子云云，據《宋史・徽宗紀》。其中云云，據《長編拾補》卷二十。

九月己亥（十七日），籍元祐及元符末宰相文彦博等、侍從蘇軾等、餘官秦觀等立石端禮門。

據《宋史・徽宗紀》。《長編拾補》本日紀事：「御批付中書省，應係元祐責籍并元符末敍復過當之人，各具元籍，定姓名人數進入，仍常切契勘不得與在京差遣。」以下列一百一十七人之姓名，計文臣曾任執政官文彦博等二十二人，曾任待制以上官蘇軾等三十五人。餘官秦觀等四十八人，内臣張士良等八人，武臣王獻可等四人。

崇寧二年（一一〇三）癸未

四月丁巳（初九日），詔毁《東坡集》并《後集》印板。

據《長編拾補》卷二十一。《能改齋漫録》卷十一《除東坡書撰碑額》：「崇寧二年有旨，應天下碑碣牓額，係東坡書撰者，並一例除毀。蓋本於淮南西路提點刑獄霍漢英所請。時廬山簡寂觀牓亦遭毀去，李商老為賦云：『筆底飀風吹海波，牓懸鬱鬱照巖阿。十年呵禁煩神護，奈爾焚柎滅札何！』」詩見《日涉園集》卷十。《風月堂詩話》卷上：「崇寧、大觀間，海外詩盛行，後生不復有言歐公者。是時，朝廷雖嘗禁止，賞錢增至八十萬。禁愈嚴而其傳愈多，往往以多相夸。士大夫不能誦坡詩者，便自覺氣索，而人或謂之不韻。」《誠齋集》卷八十三《杉溪集後序》引王庭珪云：徽宗時遊太學，「坡、谷二書皆毁其印，獨一貴戚家刻印印之，率黄金斤易坡文十，蓋其禁愈急其文愈貴」。《永樂大典》卷一萬八千二百二十三引許翰《襄陵集》：「右文殿修撰孫宗鑑，平生常自言：『三朝德業，吾尊韓忠獻；四海文章，吾慕蘇東坡。』皆畫其像，事之私室。」宗鑑字少魏，尉氏人。元符三年進士。宣和五年卒，年四十七。事迹詳《襄陵集》卷十一墓銘。

九月辛丑（二十五日），列元祐黨人九十八人之名，下外路州軍監司廳，立石刊記。

據《長編拾補》卷二十二，較崇寧元年九月十七日所刻，少吕仲甫以下二十一人，增韓忠彦、鄭雍二人。

崇寧五年（一一〇六）丙戌

正月庚戌（十七日），追復宣義郎。

據《長編拾補》卷二十六。

宣和五年（一一二三）癸卯

七月十三日，令開封府，四川路、福建路毁蘇軾文集之板。

據《宋會要輯稿》第一百六十五册《刑法》二之八八，云：「中書省言，勘會福建等路近印造蘇軾、司馬光文集等。詔令後舉人傳習元祐學術，以違制論，印造及出賣者與同罪，著為令。見印賣文集，在京令開封府，四川路、福建路令諸州、軍毁板。」

政和六年，朱翼中「坐書東坡詩，貶達州」。見《北山酒經》卷末題後。附此。

宣和六年（一一二四）甲辰

二月二十八日，太常少卿蘇元老罷，以言者論元老乃蘇軾從孫。事涉梁師成。

二月云云，據《宋會要輯稿》第一百册《職官》六九之一四；《輯稿》云與元老外任宫祠。《家世舊聞》卷下謂元老罷，有表云「與彼逐臣，别由高祖，既同譜牒，難逭刑書」，「賢士大夫少之」。《蜀中廣記》卷四十六《蘇元老傳》敍梁師成自言母常事蘇軾，有娠，見逐而生己，欲見元老，且求軾文，元老拒之。以下云：「言者遂謂元老乃軾、轍之孫，學術議論皆倣從祖，不宜在朝，罷為提舉明道宫。元老笑曰：昔顔子以附驥尾顯名，吾乃為門第所累耶！」卷九十八著録元老《九峯集》四十卷，謂罷歸潁昌，「未幾卒，年四十七」。集已佚。

《家世舊聞》卷下謂梁師成自幼警敏知書，敢為大言，始自言母本文彦博侍兒，或告以貌類韓琦，因又稱韓公子，「久之，有老女醫言蘇内翰有妾出外舍，生子為中書梁氏所乞，師成於是又盡變其説，自謂真蘇氏子」。深斥其妄。《宋史》卷四百六十八師成傳則謂：「是時，天下禁誦軾文，其尺牘在人間者皆毀去，師成訴於帝曰：『先臣何罪！』自是，軾之文乃稍出。」此亦不可没。

《朱子語類》卷一百三十：「蘇東坡子過、范淳夫子温，皆出入梁師成之門，以父事之。然以其父名其(按：應作『在』)籍中，亦不得官職。師成自謂東坡遺腹子，待叔黨如親兄弟，諭宅庫云：『蘇學士使一萬貫以下，不須覆。』叔黨緣是多散金，卒喪其身。」附此。

宣和間(一一一九至一一二五)

追復龍圖閣待制。

據《宋會要輯稿》第一百四册《職官》七六之六三。《墨莊漫録》卷三：「宣和間有旨，蘇軾追復職名。」

高宗建炎二年(一一二八)戊申

五月十二日，追復端明殿學士，盡還合得恩數。

《宋會要輯稿》第一百四册《職官》七六之六三引本日詔：「蘇軾立朝履歷最為顯著，特先次追復舊官，仍與合得致仕遺表恩澤。」以孫符請於朝。《建炎以來繫年要録》卷十五本日紀事謂「追復端明殿學士，盡還合得恩數」。

《經進東坡文集事略》卷首《東坡先生言行》云「靖康中復故官」。《揮麈録·後録》卷八亦云「靖康中追復元職」，中書舍人汪藻當制。按：查《靖康要録》及《建炎以來繫年要録》，靖康間，藻未嘗為中書舍人。靖康、建炎相接，二書偶失考。

建炎四年(一一三〇)庚戌

六月十日,令蘇遲將蘇軾書上進。

《宋會要輯稿》第五十五册《崇儒》四之二〇本日紀事:「張守曰:『臣昨聞聖訓,欲就蘇遲宣取蘇軾書。遲近將到數軸,未敢投進。』上曰:『可令進來。軾書無非正論,言皆有益,朕不獨取字畫之工而已。』」

紹興元年(一一三一)辛亥

八月庚辰(十六日),特贈資政殿學士、朝奉大夫。

據《建炎以來繫年要録》卷四十六,以孫知蜀州符言復官未盡也。

紹興九年(一一三九)己未

九月丙申(十九日),詔汝州郟城縣故資政殿學士蘇軾墳寺,以旌賢廣惠為名。

據《建炎以來繫年要録》卷一百三十二,以孫禮部侍郎符援范鎮家賜刹例有請故也。

孝宗乾道六年(一一七〇)庚寅

謚蘇軾為文忠,從眉守何耆仲之請。

據《經進東坡文集事略》卷首《東坡先生言行》、《皇宋治迹統類》卷二十五。《宋會要輯稿》第四十册《禮》五八之八八至八九:「禮部尚書、端明殿學士、贈資政殿學士蘇軾謚文忠。」不著年月日。《四川志》卷三十七孫汝聽《石雁塔題名記》敍耆仲為眉守之二年,請於朝,朝廷賜謚「命下之日,不問高下,相顧動色，歡聲如雷」。

乾道九年（一一七三）癸巳

閏正月望日，孝宗為蘇軾文集作序賜蘇軾之曾孫嶠。

序見《文集》附録（二三八五頁）。

二月丁亥（二十四日），特贈太師。

據《宋史·孝宗紀》、《宋會要輯稿》第五十一册《儀制》一一之一九。

《經進東坡文集事略》卷首有《蘇文忠贈太師制》。乃王淮撰，見《困學紀聞》卷十九。

重印後記

一、《蘇軾年譜》(以下簡稱《年譜》)自問世後,發現了一些疏誤,學術界的朋友們也指出了一些疏誤。今依《年譜》先後順序,更正説明於後,並向學術界的朋友表示謝意。

(一)《年譜》第一九頁第九行(慶曆六年)「祖父序稱之」。按,「祖父序」爲「父洵」之誤。

(二)《年譜》第七五頁第一四行(嘉祐四年)原文「其中《巫山廟》」云云,不入蘇轍《欒城集》卷一《巫山廟》詩於《南行集》。按,應入《南行集》,拙撰《蘇轍年譜》(學苑出版社二〇〇一年版)第二三頁至二四頁經考證後已更正。故該行正文「除去此首」當改爲「包括此首」。下文相關統計數字亦應作調整。

同上頁第一五行「轍詩二十四首」。按「四」當改作「五」。

同上頁第一六行「計轍之詩文二十六首」。按「六」當改作「七」。又「三人現存詩文凡八十二首」。按,「二」當改作「三」。

(三)《年譜》第八一頁第一行(嘉祐五年)「四月八日」,第二行「四月八日」。按,此二處之「八」乃「二十五」之誤。

(四)《年譜》第八一頁第一一行(嘉祐五年)「五月戊申,蔡襄知開封。蘇軾嘗與襄論書」。按,據方健先生考證(方文之題爲《蘇軾年譜(上册)辨證釋例》,乃二〇〇一年中國第十三屆蘇軾學術研討會論文，載《蘇軾學術研討會論文集》，二〇〇一年巴蜀書社出版，以下簡稱方此文爲《方文》），蔡襄一再上辭狀，並未赴任；嘉祐六年歲初，始自家鄉興化軍赴福州，經浙赴京，四月至南京（治所今河南商丘）；八月二十五日，以翰林學士、權三司使充制科考試官；論書或在六年八月。方論是。

（五）《年譜》第八四頁第一三、一四行（嘉祐五年）謂「懷遠驛當在市區」；引《欒城集》卷一《辛丑除日寄子瞻》「城南庠齋静，終歲守墳籍」，謂「驛或在城南」。按，《方文》引《玉海》卷一七二《景德懷遠驛》，謂懷遠驛在汴河北，景德三年建。又謂「庠齋」指太學，在東京城南，非懷遠驛。《方文》是。

（六）《年譜》第一二八頁第一一行（治平元年）謂晁仲約字延之。按，謂字「延之」誤，《蘇轍年譜》第五八頁已改。

（七）《年譜》第一五六頁第九至一一行（熙寧元年）謂十二月「三十日，韓琦座上，觀王頤、石蒼舒草書，記之」；引《續資治通鑑長編拾補》卷三「本年十一月，韓琦判永興軍兼陝府西路經略安撫使」。按，本年云云，據《拾補》，乃治平四年事，早此一年，《年譜》誤。據《方文》，本年七月，韓琦已離任復請相州；觀草書云云，乃事後追記。

（八）《年譜》第一七六頁第一四、一五行（熙寧三年）引《經進東坡文集事略》郎曄註轉引司馬光《日記》云「熙寧三年春榜，韓秉國、吕惠卿初考策」。按，《方文》云：「此乃司馬光避其父司馬池之家諱（同音嫌諱），改持國爲秉國。」是。

（九）《年譜》第一八六至一八七頁（熙寧三年）繫曾鞏通判越州。按，鞏通判越州，乃熙寧二年事。

《曾鞏集》卷一三《越州鑑湖圖序》謂「鞏初蒙恩此州」，文末自署「熙寧二年冬卧龍齋」，可證。《烏臺詩案》繫鞏通判越州於熙寧三年，亦誤。並參《方文》。

（一○）《年譜》第一九九頁第二行（熙寧四年）謂「五月八日，作《净因院畫記》」。按，此文全稱爲《净因院文與可畫墨竹枯木記》。《西樓帖》文末有「□□三年十月初五日趙郡蘇軾」自署。「□□」乃「熙寧」二字。考蘇軾與文同（與可）交往，惟熙寧三年十月皆在京師，自應從。《年譜》誤。

（一一）《年譜》第一九九頁第四至五行（熙寧四年）謂《蘇軾文集》卷二二《净因净照臻老真贊》「當作於熙寧間在朝時」。按，此文篇末有「是故東坡」句，知作於元豐間自號東坡居士後。《年譜》誤。

（一二）《年譜》第二二一頁第七行至一四行（熙寧五年）謂道光《泰州志》謂張次山爲通州人，《惟揚志》卷七謂登慶曆壬午進士第；元祐初知泰州，後爲西京轉運判官，見《泰州志》卷二十；《鄖溪集》卷二七有詩及之云云。按，《方文》謂時有二張次山，一字希元，一字叔高，前者乃與蘇軾交游之人。以上所引《年譜》文字，《方文》謂乃屬之字叔高者。方論是。

（一三）《年譜》第二四○頁第一五至一六行（熙寧五年）引《蘇軾詩集》卷十《東陽水樂亭》題下自注「爲東陽令王都官槩作」；並謂「都官乃官署名，元豐前，縣設判都官事一員，見《宋史·職官志》」。《方文》謂當時王槩的階官爲都官員外郎，簡稱「都官」，是。《年譜》誤，應删去「都官乃官署名」云云二十三字。

（一四）《年譜》第二四八至二四九頁、第二五○頁、第二五六頁（熙寧六年）繫蘇頌與蘇軾同游西湖，有和軾《臘日游孤山詩》等事於熙寧六年二月；謂頌到婺州任，約爲熙寧五年夏；謂陳襄飲蘇頌，頌旋回婺州；謂蘇嘉赴亳掾，約爲夏秋間事，嘉既赴亳，頌當罷婺。按，據顔中其點校《蘇魏公文集》附録《蘇頌年表》，熙寧四年九月，蘇頌知婺州除命下，於五年正月在赴任途中經杭州，與蘇軾同游西湖，有追和軾《臘日游孤山》之作《次韻蘇子瞻學士》。蘇頌五年二月二十四日到婺州任。熙寧六年春，乃罷婺守移知亳州，於二月途經杭州，與杭州守陳襄、蘇軾等同游石屋洞，有題名，陳襄宴請蘇頌，餞送其過杭赴亳州任，三月二十七日到亳州任。顔論是，《年譜》誤。

（一五）《年譜》第二六一頁第八行云樂富國待考（熙寧六年）。按，樂富國，撫州宜黄人。景祐元年進士及第，寶元二年以殿中丞爲漳州龍溪縣令。事具《閩書》卷六四、嘉靖《龍溪縣志》卷五、道光《福建通志》卷一五。詳《方文》。

（一六）《年譜》第二六七頁第一四行至二六八第九行（共十二行）「楊繪自知鄆州來杭，旋別去，賦《定風波》送行，張先次韻贈繪及蘇軾」云云（熙寧六年）。按，楊繪無知鄆經歷，《年譜》此十二行文字應删去。其《定風波》及張先次韻，改繫熙寧七年。

（一七）《年譜》第二九八頁第三行「十月，至潤州。與胡宗愈、孫洙、王存會多景樓，賦《采桑子》，作《彈箏》詩」云云（熙寧七年）。按，胡宗愈未與其會，見《蘇軾詩集》卷一二《彈箏》詩引宋王堯卿注。「胡宗愈（完夫）」五字應删。

（一八）《年譜》第三六三頁第一行至三行「顔復爲彭城令」云云（熙寧十年）。按，顔復時罷官家居，

《欒城集》卷七《送顔復赴闕》(熙寧十年作)「不見失官愁戚戚，但聞高卧起徐徐」句可證。《年譜》誤。參《方文》。

(一九)《年譜》第五四六頁第八行云「因妄襲與可法則爲之」(元豐五年)。按，此句後，應據山東蓬萊之蓬萊閣《蘇東坡真迹》補「雖不能得與可萬一，聊以酬竹逸知遇耳」二句。

(二〇)《年譜》第八〇二頁第一行云「與[黄]庭堅同作《清人怨》」，第八〇三頁第三行至七行「《山谷詩集注》卷十《清人怨效徐庾慢體三首》」云云(元祐二年)。按，此《清人怨》三首，《山谷詩集注》卷首目録編元祐三年，蘇軾次韻乃《蘇軾詩集》卷三〇《次韻黄魯直戲贈》，亦次元祐三年。《蘇軾詩集》注文引《續資治通鑑長編》，元祐三年五月，詔新除著作郎黄庭堅仍舊著作佐郎，以趙挺之、劉安世論黄庭堅操行邪穢之故。蘇軾次韻詩有挖苦，諷刺趙挺之輩之意，以解庭堅之困。《年譜》誤。黄庭堅詩及蘇軾詩均應次元祐三年。

二、《年譜》自問世後，陸續見到了一些新出現的有關蘇軾的研究資料，其重要者有四。

(一)《三蘇全書》第一四册《蘇軾文集》卷九六有蘇軾所作《書大方廣圓覺修多羅了義經》叙爲追薦亡妻王弗而自寫此經，時乃治平二年九月初九日，距弗之卒凡百日。此文，《三蘇全書》未載所出，以情度之，當自《大方廣圓覺修多羅了義經》抄出。這是輯録蘇軾佚文的一項重要收獲，對研究蘇軾夫妻的真誠相愛很有意義。

（二）《年譜》第三三二頁云及李清臣作《超然臺賦》，又云其賦已佚（熙寧九年）。按，其賦尚存北京國家圖書館所藏宋刊孤本《新刊國朝二百家名賢文粹》卷一七九。詳拙撰《久佚復出的李清臣超然臺賦》一文，載山東諸城地方文化研究學會主辦的定期刊物《超然臺》二〇〇三年第一期。爲超然臺作賦今存者，尚有鮮于侁等四賦，惟李清臣之賦乃親臨臺上而作，尤爲重要。

（三）稀世珍品《鬱孤臺法帖》。南宋理宗紹定時刻，原刻石久佚，所幸尚有宋拓孤本，藏上海圖書館。一九九九年十二月上海書店出版社據此孤本影印出版。此帖收蘇軾作品二十篇，其九篇不見《蘇軾文集》、《蘇軾佚文彙編》、《蘇軾佚文彙編拾遺》。如其中《叠辱書教帖》、《數日遠勤徒馭帖》，作於宋哲宗紹聖元年遠謫惠州次江西途中，云及「野次竄逐」，備見途中苦況。現存蘇軾其他文章從未言及此。又如《府事想益清簡帖》、《知灼艾已有驗帖》乃哲宗元祐八年知定州時與知真定府劉安世（器之）者。自簡中知軾自京師赴定州時嘗與安世相晤。現在蘇軾其他文章亦未言及此者。其他各篇的重要異文，有的有很重要的價值。如《蘇軾詩集》卷二五《觀杭州鈐轄歐育刀劍戰袍》，《法帖》題作：「歐育舊爲南京將官，永樂之役育在焉。近除杭州鈐轄，出舊所賜刀劍戰袍，求詩贈行。」此題對研究此詩極爲重要。元豐五年（一〇八二），宋人與西夏開戰，西夏陷永樂城，宋以失敗告終。宋人朝野震動，宋神宗的情緒也受到很大的影響。蘇軾編集時，删去了「永樂之役」等等字樣而成爲今天見到之題，就是由於上述原因。説明蘇軾編詩時，永樂失敗的陰影還没有散去。不讀《法帖》的詩題，我們都以爲歐育不過是一個普通善戰的將軍。讀了《法帖》的詩題，我們才知道他在永樂戰役中的出色表現；永樂戰役雖然失敗了，但歐育個人仍不可掩没，蘇軾之所以熱情贊頌歐育者在此。詳拙撰《鬱孤臺法帖所收蘇軾作品考》，載《文史》二〇〇三年第三期。

（四）二〇〇二年湖北美術出版社影印出版的南宋理宗淳祐間曾宏父所輯刻的《鳳墅帖》殘本拓本，有蕭世範所作《拙句四篇奉簡故人兼呈蘇公端明》，不見今傳其他各種宋總集、宋别集。此蘇公端明，即蘇軾。蕭世範乃軾之友人，其名分别見於《年譜》第一二四一頁、一三五三頁。此四詩，作於哲宗紹聖、元符間，是研究蘇軾與蕭世範交往的第一手資料。

三、《年譜》問世後，我的蘇軾研究的主要成果，為以上提到的兩篇論文。除此以外，還有一些小的收獲，下面二者有代表性。

（一）《蘇軾詩集》卷一六有《密州宋國博以詩見紀在郡雜詠次韻答之》詩。此詩作於元豐元年。密州宋國博乃密州守宋靖國，見《續資治通鑑長編》熙寧十年八月紀事。

（二）《蘇軾佚文彙編》卷三《與王仲志三首》之「王仲志」即「王仲至」，名欽臣，《年譜》第八〇六、八四七、一〇六四、一〇七〇、一〇七三、一〇七五、一〇九二等頁多處提到王欽臣。

孔凡禮二〇〇三年十二月六日

時暫寓北京大興海子角